HERMANN MENGE

# REPETITORIUM DER LATEINISCHEN SYNTAX UND STILISTIK

HERMANN MENGE

# REPETITORIUM DER LATEINISCHEN SYNTAX UND STILISTIK

Bearbeitet von
ANDREAS THIERFELDER

Discite Donatum, pueri, puerilibus annis,
Ne spretus iuvenes vos notet atque senes.
Joannes Glandorpius.

Erste Hälfte: Fragen

Zweite Hälfte: Antworten

WISSENSCHAFTLICHE BUCHGESELLSCHAFT
DARMSTADT

Mit Genehmigung der Firma Georg Kallmeyer, Wolfenbüttel, veranstalteter unveränderter reprografischer Nachdruck der 11. Auflage

Vorbemerkung des Verlags zum Nachdruck:
Satz- und drucktechnische Mängel der Originalvorlage sind – dies ergab die Prüfung mehrerer Stücke der zugrundegelegten Ausgabe – in allen uns zugänglichen Exemplaren vorhanden und daher zwangsläufig auch in diesem Nachdruck enthalten

CIP-Titelaufnahme der Deutschen Bibliothek

**Menge, Hermann:**
Repetitorium der lateinischen Syntax und Stilistik / Hermann Menge. – 19. Aufl., unveränd. reprograf. Nachdr. d. 11. Aufl. 1953 / bearb. von Andreas Thierfelder. – Darmstadt: Wiss. Buchges., 1990
Enth.: Hälfte 1. Fragen. Hälfte 2. Antworten
ISBN 3-534-00135-4
NE: Thierfelder, Andreas [Bearb.]

Bestellnummer 00135-4



19. Auflage 1990

Gedruckt auf säurefreiem und alterungsbeständigem Werkdruckpapier
Druck und Einband: Wissenschaftliche Buchgesellschaft, Darmstadt
Printed in Germany

ISBN 3-534-00135-4

# Vorwort.

Eine neue Auflage der bewährten Repetitorien von **Hermann Menge** (1841—1939)*), die viele Jahre vergriffen waren, wurde seit langem als Bedürfnis empfunden: gibt es doch im In- und Ausland kein Lehrbuch, das in dem gleichen Maße wissenschaftlich gründlich und pädagogisch geschickt auf dem Wege des Selbststudiums die syntaktischen und stilistischen Erscheinungen der beiden klassischen Sprachen einübt.

Das „Repetitorium der lateinischen Syntax und Stilistik", das hiermit als erstes im Neudruck vorgelegt wird, ist aus der Praxis von Menges Gymnasialunterricht hervorgewachsen. Der junge Lehrer am Gymnasium in Holzminden bereitete sich auf die grammatischen Lehrstunden in der Weise vor, daß er die Darbietung des Stoffes vorher in Form eines Frage- und Antwortspiels festlegte. Um den Schülern die Möglichkeit zur Wiederholung zu geben, diktierte er ihnen den so gefaßten Stoff: in ein Heft wurden die Fragen, in ein anderes die Antworten geschrieben, jeweils Frage und Antwort mit der gleichen Nummer versehen. Auf Drängen seines Schuldirektors veröffentlichte Menge zunächst 1871 einen Teil dieser originellen lateinischen Syntax als Programmabhandlung, der zwei Jahre später die erste Gesamtausgabe folgte. Die Zielsetzung „für die oberste Gymnasialstufe" blieb bis zu der 4. Auflage (1881) beibehalten, deren Umfang denjenigen der ersten um mehr als die Hälfte übertraf. Dagegen brachte die „5., vollständig umgearbeitete Auflage" (1885) den Untertitel: „Ein Lernbuch für Studierende und vorgeschrittene Schüler, zugleich ein praktisches Repertorium für Lehrer". Und die Wandlung vom reinen „Repetitorium" zum „Repertorium" bedeutete mehr als ein artiges Wortspiel: das Buch brachte jetzt an Einzelheiten soviel, daß die gedächtnismäßige Einprägung des Inhalts aller Paragraphen nicht mehr erwartet werden konnte; manchen derselben sollte man offenbar bloß noch nachschlagen. Damit gab Menges Werk seine einheitliche Zielsetzung auf und trat teilweise in Konkurrenz zu wissenschaftlichen Darstellungen der lateinischen Syntax: in erster Linie zu der „Ausführlichen Grammatik der lateinischen Sprache" von **Raphael Kühner** (1878/79), die in der Tat nicht allen Ansprüchen genügen konnte. In der genannten Richtung hat Menge sein Buch durch die folgenden Auflagen hindurch verbessert und vor allem erweitert. Bei der Ausarbeitung der 8. Auflage (1905) ließ er einen großen Teil der mitgeführten Übungssätze samt zugehörigen Musterübersetzungen weg und ersetzte sie durch Hinweise auf ein anderes Werk — offenbar um Raum für immer neue Einzelheiten des „Repertoriums" zu schaffen. In der 10. und letzten Auflage (1914) ist auf 661 Seiten (gegenüber 400 der ersten) eine imposante Masse grammatischen Stoffs zusammengetragen; fast zu jeder Regel, die eingeprägt werden soll, findet sich angemerkt, daß davon gelegentlich auch Ausnahmen — vielleicht bei Cicero selbst, oder doch bei Nachklassikern, oder wenigstens bei Dichtern — vorkommen, und gerade solche vereinzelte Abweichungen werden eingehend belegt. Da Menge hierbei die Scheidung in Fragen und Antworten immer beibehielt, ist am Ende geradezu eine wissenschaftliche lateinische Syntax in Katechismusform entstanden: ein Gebilde, an dessen Zweckmäßigkeit man doch zweifeln muß.

*) Zur Biographie vgl. Bursians Jahresbericht 275 (1941) S. 59 ff.

Menge selbst hatte die Absicht, sein Werk in der genannten Hinsicht immer noch weiter auszubauen. Durch die Güte eines inzwischen verstorbenen Sohnes des Verfassers, des Herrn Erich Menge in Hagen, besitzt der unterzeichnete Bearbeiter seit 1942 Hermann Menges Handexemplar der 10. Auflage, in welchem der gesamte Text für die geplante 11. Auflage vorbereitet ist. Zahllose Einschaltungen betreffen jede Seite des Antwort-Teils und zeigen den Fleiß, den der Verfasser auch in den letzten Jahrzehnten seines Lebens noch an das lateinische Repetitorium gewandt hat. Daß es zu jener 11. Auflage nicht kam, mag wohl nicht allein an den äußerlichen Schwierigkeiten der Jahre nach dem ersten Weltkrieg gelegen haben. In dem gleichen Jahr mit Menges 10. Auflage, 1914, hatte die Neubearbeitung des syntaktischen Teils der Kühnerschen Grammatik durch Carl Stegmann ihren Abschluß erreicht. Diese vorzügliche Darstellung des lateinischen Sprachgebrauchs hauptsächlich der Klassiker, in zweiter Linie der Vor- und der Nachklassiker etwa bis Sueton, stimmte natürlich in vielen Dingen mit dem „Menge" überein, konnte aber noch bedeutend mehr an Einzelheiten und Belegen bringen als das Repetitorium, wenn dieses ein „Lernbuch für Studierende" bleiben sollte. Als weiteres mustergültiges Werk erschien 1928 die Neubearbeitung der „Lateinischen Grammatik" von Stolz-Schmalz, insbesondere ihres syntaktischen Teils durch Joh. Bapt. Hofmann: hier wurde der ganze syntaktische Stoff sprachwissenschaftlich neu durchdrungen und alle Erscheinungen an Hand weniger, sinnvoll ausgewählter Belege von der ältesten Stufe bis in das Spätlatein verfolgt. Mit diesen umfassenden Werken im Rahmen des „Repetitoriums" Schritt zu halten ist offenbar weder möglich, noch wäre der Nutzen ersichtlich. Vielmehr bleibt als Schlußfolgerung nur übrig, dem Repetitorium wieder mehr den Charakter eines Lernbuches zu geben, und das heißt in diesem Falle: auf eine Auflage zurückzugreifen, in der dieser Charakter noch überwog. Was Menge an gelehrter Arbeit an die folgenden Auflagen (einschließlich der Vorbereitung der elften) gewandt hat, soll darum nicht verloren sein: man müßte es wohl in geeigneter Art, etwa in Form von Anhängen, dem dringend erwünschten Neudruck der Syntax von Kühner-Stegmann zugute kommen lassen.

Der in dieser Bearbeitung durchgeführte Rückgriff auf die 7. Auflage von 1900 hat also vor allem den Vorteil, daß mehr Übungssätze und Musterübersetzungen geboten werden; ferner daß die Grundzüge des klassischen Sprachgebrauchs schärfer hervortreten. Um dieser pädagogischen Vorteile willen mußte anderes in Kauf genommen werden. Denn die Zeitverhältnisse schlossen leider einen Neusatz des Textes aus und erlaubten nur einen photomechanischen Neudruck der gewählten 7. Auflage. Davon zeugt augenfällig die vorputtkamersche Rechtschreibung: der Benutzer wird an ihr um so weniger Anstoß nehmen, als auch andere Neudrucke älterer Werke, durch die sich die Wissenschaftliche Buchgemeinschaft so verdient gemacht hat, die gleiche Eigenheit aufweisen. Ferner hatte Menge natürlich in den folgenden Auflagen von der achten ab sein Repetitorium nicht nur erweitert, sondern auch verbessert: das mußte auf dem Wege genauer Vergleichung festgestellt, und der berichtigte Text so formuliert werden, daß er ohne allzuviel Umsturz in die Anordnung der 7. Auflage eingeblendet werden konnte. Für die wohlgelungene Durchführung der technischen Seite dieser schwierigen Arbeit, bei der nur wenige ‚Zensurlücken' blieben, gebührt der Gottschalkschen Verlagsbuchhandlung und Druckerei lebhafter Dank.

Selbstverständlich konnte doch nicht alles, was zu berichtigen war, in dem Text selbst geändert werden: des öfteren war ein Verweis (durch Sternchen *) auf Nachträge nötig. Immerhin konnte der Grundsatz durchgeführt werden, daß nichts (mit Wissen des Herausgebers) im Text stehenblieb, was über den Sprachgebrauch unrichtige Auskunft gibt. Unvermeidbar war es, gelegentlich veraltete Erklärungen Menges im Text einfach stehen zu lassen und nur im Nachtrag auf die neuere Auffassung zu verweisen (fast durchweg handelt es sich übrigens um Erklärungsweisen, an denen Menge auch noch in der 10. Auflage festgehalten hatte). Jedenfalls ist es gelungen, den Umfang der „Nachträge" — die erfahrungsgemäß manchmal unbeachtet bleiben — ziemlich gering zu halten. Auf einige größere Stücke des Nachtrags, die aus der 10. Auflage stammen, ist übrigens im Text nicht bloß durch Sternchen, sondern außerdem mit ausdrücklichen Worten verwiesen. Die Herkunft des Nachgetragenen ist in den „Nachträgen" grundsätzlich angegeben. Im Text selbst waren derartige Angaben nicht möglich: auch dort ist die Quelle meist die 10. oder Menges Notizen für die 11. Auflage, sonst gelegentlich Kühner-Stegmann oder eigene Beobachtungen des Herausgebers. Übrigens ergaben sich (seltene) Fälle, in denen Menges Änderungen von der 7. zur 10. Auflage das Gegenteil von Verbesserung bedeuteten: hier ist also das Ältere absichtlich beibehalten worden.

In steigendem Maße war Menge dazu übergegangen, die lateinischen Beispielssätze mit Angabe des Fundortes zu versehen. Dies ist schon in der 10. Auflage der Fall und war für die 11. noch weiterhin geplant. Doch hatte sich auch in den nachgelassenen Notizen Menge noch nicht zu dem durchgreifenden Verfahren entschlossen, die Provenienz überall anzugeben. Das wäre ohne Zweifel wünschenswert und auch für die Musterübersetzungen, soweit sie Schriftstellern entnommen sind, zu erwägen. Aber beides ließe sich nur im Rahmen einer durchgreifenden Neubearbeitung ermöglichen, wie sie hoffentlich die Verhältnisse einer besseren Zukunft gestatten werden. Einstweilen wird der Interessierte die Fundorte an Hand der betreffenden Paragraphen bei Kühner-Stegmann, der Klassiker-Indices und Speziallexika und des Thesaurus ermitteln müssen.

Aufgabe einer Neubearbeitung wäre es auch, das „Deutsch" der Übungssätze zu reformieren. Dieses dem heutigen Leser in seiner Originalform darzubieten erregt dem Bearbeiter das größte Bedenken von allen. Ohne Zweifel hat auch Hermann Menge, als er vor hundert Jahren das Gymnasium besuchte, eine solche Sprache außerhalb des Unterrichts nicht geredet, wie wohl überhaupt niemand auf der Welt. Wer Sinn für Humor hat, findet in den Übungssätzen manche Anregung. Das Problem ist heute noch das gleiche wie zu Menges Probandenzeit: wie man durch eine vertretbare deutsche Formulierung den Lernenden zu einem bestimmten lateinischen Ausdruck hinführt. Neuere Schul-Übungsbücher verwirren den Anfänger leicht durch die Fülle der von vornherein mitgeteilten Möglichkeiten des deutschen Ausdrucks. Aber den „Studierenden und vorgeschrittenen Schülern" könnte man wohl etwas mehr Findigkeit zutrauen. Jedoch ist Menges Werk in seinem einübenden Teil von so einheitlichem Charakter, daß ohne große Änderungen, also ohne Neusatz langer Abschnitte, nicht auszukommen gewesen wäre. Einstweilen mag den Bearbeiter die Erwägung trösten, daß die Schriftsteller des 19. Jahrhunderts, darunter unsere besten deutschen Prosaiker, wohl ausnahmslos durch die Schule dieses Latein-Deutschs gegangen sind, ohne Schaden an ihrem Stil zu nehmen. Zumal bei Studenten wird die Festigkeit im eigenen deutschen Stil wohl so groß sein, daß sie das Vehikel zum Verständnis des Lateinischen, welches das „Menge-Deutsch" darstellt, sich nicht gerade zum stilistischen Vorbild erküren.

Der Untertitel, den Menge seinem Repetitorium von der 5. bis zur 10. Auflage beigab, bestimmte es in erster Linie als „Lernbuch für Studierende und vorgeschrittene Schüler". Mag sein, daß auch heute noch hie und da ein Gymnasiast zu dem Buche greift, an dem sich das von allerlei ‚Richtlinien' vorgeschriebene Wunder nicht vollziehen will, daß er Latein durch bloßes „Her-Übersetzen" lernt, und der gern auf eigene Hand weiterkommen möchte. In erster Linie wird das Werk wohl von Lateinstudenten benutzt werden, von denen die Examensordnung auch heute noch ein Mindestmaß aktiver Beherrschung des Lateinischen verlangt. Ein elementares Erfordernis philologischer Interpretation, nämlich die Aufgabe, stilistische Absichten zu erkennen, kann nur dann geleistet werden, wenn der Interpret in der Lage ist, anzugeben, wie der betreffende Gedanke in anspruchslos-nüchternem ‚Normallatein' ausgesprochen werden würde. Als eine weitere schöne Frucht denke ich mir die Freude an aktiver Sprachhandhabung: diese Freude, die der Student des Lateinischen wohl seinen neuphilologischen Kommilitonen absehen könnte, würde belebend wirken. Wieweit einer praktischen Handhabung des Lateinischen im Universitätsunterricht Raum gegeben werden kann, mag von den jeweiligen Verhältnissen abhängen: neben bloßen Übersetzungsübungen sollte doch auch Gelegenheit zu freien Ausarbeitungen, etwa über textkritische Themen, geboten werden. Die lateinische Dissertation gehört im wesentlichen der Vergangenheit an: sie ist dem lateinischen Schulaufsatz gefolgt, für den Menge noch in einem „Anhang" (S. 391—401) Regeln gab (sie sind beibehalten worden nicht zuletzt weil sie dem verständigen Benutzer allerlei von dem

Handwerklichen der antiken Rhetorik verraten). In heutiger Zeit, da die Zahl der wissenschaftlich tätigen Völker beständig anwächst, sollten die klassischen Philologen, die als einzige (neben den Theologen) noch eine wirklich internationale Gelehrtensprache haben, sich sehr bedenken, diesen Schatz, zu dessen Hütern und Wahrern sie berufen sind, zerrinnen zu lassen.

Die Hoffnung, daß sein Werk auch dem Gymnasiallehrer des Lateinischen zum mindesten als „Repertorium" treu bleiben würde, hat Hermann Menge durch viele Jahrzehnte nicht getrogen. Beobachtung des antiquarischen Marktes zeigte, daß sich nicht leicht ein Lateinlehrer von seinem „Menge" trennte: die Repetitorien waren seit langem gesuchte Raritäten. So darf die neue Auflage darauf rechnen, auch im Kreise der Lehrer an höheren Schulen Leser und Freunde zu finden. An alle Benutzer aber, lernende und lehrende, ergeht die Bitte des Herausgebers, ihn auf Mängel des Werkes hinzuweisen: auf kleine, die bei etwa nochmaliger photomechanischer Erneuerung, und auf größere, die bei einer durchgreifenden Neubearbeitung abzustellen wären. Hermann Menge hat, wie seine unablässige Weiterarbeit beweist, sein Repetitorium niemals als abgeschlossen betrachtet und in den Vorreden zu den verschiedenen Auflagen dankbar zahlreicher Philologen gedacht, die ihm Verbesserungsvorschläge sandten. Es sei gestattet, auch in dieser Hinsicht die Tradition des verdienten Mannes fortzuführen.

Mainz, September 1953. Andreas Thierfelder

# A. Syntaxis convenientiae.

## 1. Subjekt und Prädikat.

1. Wie wird im Lateinischen das unbestimmte Subjekt „man" übersetzt?
2. Übersetze: 1) Epikur, von welchem wir wissen, daß er persönlich der Sinnenlust nicht gefröhnt hat, behauptete, man könne nicht angenehm leben, wenn man nicht tugendhaft lebe. 2) Man darf dasjenige keine Last nennen, was man mit Freuden und Vergnügen trägt. 3) Man schläft ganze Nächte hindurch, und es giebt beinahe keine einzige, in welcher man nicht träumt. 4) Es ist etwas Schimpfliches, wenn man seinen Angehörigen nicht helfen will, und etwas Trauriges, wenn man ihnen Hilfe zu leisten nicht imstande ist. 5) Je schlauer man ist, um so verhaßter und verdächtiger ist man, wenn man den Ruf der Rechtschaffenheit eingebüßt hat. 6) Vielleicht wird man hier sagen: Was kann es für ein größeres Verbrechen geben, als wenn man nicht bloß einen Menschen, sondern sogar seinen vertrauten Freund tötet? 7) Man zweifle ja nicht daran, daß man durch Lüge und Heuchelei ebenso wenig erreichen wird als durch Unthätigkeit und Leichtfertigkeit. 8) Man kann sich leicht denken, daß den Tarentinern, welche sich geschmeichelt hatten, den Sieg für Geld erkaufen zu können, die Anordnungen des Pyrrhus nicht gefielen. 9) Es ist eine größere Schande, wenn man das Erworbene wieder verliert, als wenn man es überhaupt nicht erworben hat. 10) Man liest bei Cicero folgendes: Unter rechtschaffenen Männern gewährt die Freundschaft so große Vorteile, wie man kaum aussprechen kann; denn die andern Dinge, die man gewöhnlich begehrt, sind meist nur zu einzelnen Zwecken dienlich: der Reichtum, damit man ihn gebrauche, die Macht, damit man geehrt werde, die Ehrenstellen, um Ruhm zu ernten, die Vergnügungen, um sich zu freuen, die Gesundheit, damit man von Schmerz frei sei und die körperlichen Verrichtungen versehen könne. Die Freundschaft vereinigt aber sehr vieles in sich: wohin man sich nur wenden mag, ist sie zugegen, nie ist sie ungelegen, nie beschwerlich. Darum braucht man nicht Wasser, nicht Feuer, wie man im Sprichwort sagt, häufiger als die Freundschaft, und wenn man einen wahren Freund anschaut, so schaut man gewissermaßen sein zweites Ich an. 11) Es wurde versucht, ob man die Stadt überrumpeln könnte. Zweifelt nicht daran, daß wir es mit einem sehr entschlossenen Feinde zu thun haben werden. 12) Als die Thebaner einen des Krieges Unkundigen zum Feldherrn gewählt hatten und durch dessen Ungeschick es soweit gekommen war, daß die Soldaten bereits für ihre Rettung fürchteten, da begann man des Epaminondas Umsicht und Sorgfalt zu vermissen.
3. Welches sind die **kopulativen Verba** der lateinischen Sprache?
4. In welchen Fällen wird die Kopula *est* und *sunt* ausgelassen?
5. Wann nennt man das Verbum *esse* ein *Verbum substantivum?*

6. Gieb die für das Prädikat des Satzes geltenden Gesetze der *Syntaxis convenientiae* an.

7. Führe die wichtigsten Arten der sogen. *Constructiones ad sensum* an und gieb an, ob dieselben beim Lateinschreiben nachzuahmen sind oder nicht.

8. Übersetze: 1) Glaube mir, der Staat wird nicht bestehen, wenn nicht Feigheit, Habsucht und Ungerechtigkeit aus demselben weggeschafft werden. 2) Der Gesang des Orpheus war so wonnig, daß durch denselben nicht nur Menschen und Tiere, sondern sogar Felsen und Bäume angelockt sein sollen. 3) Daß sowohl Miltiades als auch sein Sohn Cimon durch kriegerische Tüchtigkeit ausgezeichnet gewesen sind, beweisen die Schlachten bei Marathon und am Eurymedon. 4) Es ist nicht zu befürchten, daß die Soldaten über die Strenge ihres Feldherrn klagen, wenn derselben nur Gerechtigkeit, Tapferkeit und Umsicht beigesellt sind. 5) Der römische Senat und das Volk trugen kein Bedenken, den schimpflichen Frieden, welchen Mancinus mit den Numantinern abgemacht hatte, zu verwerfen. 6) Wie hoch nach dem Glauben der alten Philosophen die Freundschaft zu schätzen ist, geht schon daraus hervor, daß sie ausgesprochen haben, wahre Freunde müßten für den besten und schönsten Hausrat gehalten werden. 7) Weder Demosthenes noch Hyperides ist eines natürlichen Todes gestorben; der erstere vergiftete sich, der letztere wurde hingerichtet. 8) Das kannst weder du noch irgend ein anderer in Abrede stellen, daß Athen im Wettstreit der Künste stets siegreich gewesen ist. 9) Die Rose ist anerkanntermaßen die schönste unter allen Blumen. 10) Ich empfehle dir nichts dringender, als dein Gedächtnis nach Kräften zu üben, damit du an demselben einen treuen Bewahrer alles Gelernten hast. 11) Eine große Zahl der geschlagenen Feinde zerstreute sich über die Felder; eine andere Abteilung suchte die benachbarten Städte zu erreichen; über dreitausend Gefangene wurden niedergemacht. 12) Sei überzeugt, die Furcht ist keine zuverlässige und ausdauernde Lehrerin der Pflicht. 13) Sage mir, wie ist es gekommen, daß man den Adler den Waffenträger des Zeus genannt hat? 14) Noch heutzutage giebt es Leute, die da meinen, daß die Kometen (stella crinita) Krieg, Pest und andere Trübsal vorherverkündigen. 15) Eine große Menge Wegelagerer und Gesindel war in der Stadt zusammengekommen; ein Teil von ihnen legte Feuer an die mit Stroh gedeckten Häuser, ein Teil besetzte die Thore, um den Einwohnern die Flucht abzuschneiden. 16) Den Lydern wurden, weil sie sich empört hatten, von Cyrus Waffen und Pferde weggenommen. 17) Fast kein Tag geht hin, an welchem nicht meine Mutter, sobald sie mich in irgend einer Beziehung unordentlich sieht, mir vorpredigt: Die Ordnung ist die Erhalterin des Lebens und die Mutter der Bequemlichkeit. 18) Welcher Grund liegt vor, daß du und dein Bruder, die bisher das größte Vertrauen zu meiner Treue gehabt haben, jetzt zu fürchten beginnet, daß ich und meine Freunde eure Angelegenheiten nicht aufmerksam genug besorgen werden? 19) Welchen bessern Gefährten könnte ein Mensch haben als ein gutes Gewissen? 20) Obgleich du und deine Angehörigen schreiben, daß bei euch alles gut und schön stehe, so werde ich doch nicht zu euch kommen, weil ich weiß, daß ich mich in Rom nicht sicher befinden würde. 21) Dasselbe, was Horaz von dem Gelde sagt, es sei die weltbeherrschende Macht (rex), gilt auch noch für unsere Zeit. 22) Kann jemand zweifeln, daß die Gesetze die stärksten Beschützer eines Staates sind? 23) Hannibal gelangte auf seinem Zuge nach den Alpen an die Druentia, einen Alpenstrom, welcher von allen gallischen Flüssen

am schwersten zu passieren ist; denn obgleich er eine gewaltige Wassermasse mit sich führt, ist er doch nicht schiffbar. 24) Wie ich gern zugebe, daß nicht jeder Irrtum eine Thorheit zu nennen ist, so behaupte ich auch, daß es Thorheit verrät, in einem Irrtum zu beharren. 25) Manche stolzieren vor euren Augen einher, indem sie ihre Priesterämter, Konsulate und Triumphe zur Schau tragen, gerade als ob ihnen dieselben zur Ehre gegeben und nicht vielmehr von ihnen geraubt wären.

## 2 Attribut und Apposition.

9. Übersetze: 1) Das Verbum poscere hat kein Supinum. 2) Es steht fest, daß das Wort lupus mit dem griechischen *λύκος* verwandt ist. 3) Das Wort Pietät scheint mir zu schwach für deine Verdienste gegen mich zu sein. 4) Der Fluß Euphrat entspringt in Armenien. 5) Die Stadt Sardes lag am Gebirge Tmolus. 6) Die Familie Scipio hat viele sehr tüchtige Männer hervorgebracht. 7) Entbehren ist ein trauriges Wort (= das Wort entbehren ist traurig), weil ihm die Bedeutung untergelegt wird: (etwas) nicht haben, was man zu haben wünscht. 8) Außerhalb Griechenlands herrschte ein hohes Interesse für die Beredsamkeit, und der große Ruhm, welchen man der Tüchtigkeit auf diesem Gebiete zollte, machte den Namen „Redner" zu einem ehrenvollen. 9) Wie verdient Cicero sich um den römischen Staat durch die Entdeckung der katilinarischen Verschwörung gemacht hat, geht schon daraus hervor, daß seine Mitbürger ihn bald darauf mit dem Titel „Vater des Vaterlandes" ehrten.

10. Welche Regel ergiebt sich aus Ausdrücken wie exercitus tiro, litterae victrices?

11. Welche Regeln für das attributive Adjektiv sind bei Übersetzung folgender Sätze zu beachten? 1) Alle Länder und Meere standen den Römern offen. 2) Der Sieg kostete die Punier viel Blut und Wunden. 3) Volusenus ist ein Mann von großer Umsicht und Tapferkeit.

12. Ist es erlaubt, die griechischen Ausdrücke *οἱ νῦν ἄνθρωποι* „die jetzigen Menschen", *πάντα τὰ πέριξ ἔθνη* „alle umwohnenden Völkerschaften", *δύο ἅμα πόλεμοι* „zwei gleichzeitige Kriege", *πολλὰ πρὶν κακά* „viele frühere Leiden", *οὐδεμία ἔξωθεν βοήθεια* „keine auswärtige Hilfe" im Lateinischen zu übersetzen durch *nunc* homines, omnes *circa* gentes, duo *simul* bella, multa *ante* mala, nullum *extrinsecus* auxilium?

13. Sind die Ausdrücke: „Ein Haus in der Stadt, Gesandte von Alexander, eine Bildsäule aus Marmor, Haß gegen Feinde, eine Schrift über die Freundschaft, die Schlacht bei Cannä" in folgender Weise richtig übersetzt? Domus *in urbe*, legati *ab Alexandro,* statua *ex marmore,* odium *in hostes*, liber *de amicitia*, pugna *ad Cannas*.

14. Welche zwei Arten von Appositionen sind zu unterscheiden?

15. Welche Regel hinsichtlich der Form des *Verbum finitum* ergiebt sich aus der Vergleichung folgender Sätze? Pompeius, nostri amores, ipse se affli*xit*. Tulliola, deliciae nostrae, munusculum tuum flagit*at*. Corinthus, totius Graeciae lumen, senatus iussu extinct*um* est. Athenae, civitas Achaiae, Mithridati tradit*a est*. Volsinii, Tuscorum oppidum, fulmine concremat*um est*. Flumen Dubis ut circĭno circumduct*um* est. Mons Aetna nocturnis incendiis mir*us* est.

16. Übersetze: 1) Syrakus, die berühmteste Stadt Siciliens, wurde nach ihrem Abfalle von Rom durch Marcellus, welcher bekanntlich schon von seinen Zeitgenossen das Schwert Roms genannt wurde, nach einer langen Belagerung erobert. 2) Es ist zweifelhaft, ob Marcius den Beinamen Coriolanus deshalb erhalten hat, weil Corioli, eine feste Stadt der Volsker, besonders durch seine Tapferkeit genommen worden war. 3) Wisset, daß schon oft der Charakter vieler Männer durch den Beifall des Volkes, einen unbesonnenen Lobredner der Fehler, verdorben ist. 4) Es kann nicht anders kommen, als daß die Freundschaft von Grund aus vernichtet wird, wenn man aus derselben die Scham, die Beherrscherin der Leidenschaften, hinwegnimmt. 5) In dem Kriege, welchen die Perser mit den Joniern führten, ereignete es sich unglücklicherweise, daß Sardes, die Hauptstadt der Lydier, in Flammen aufging. 6) Nachdem die mächtigsten Könige und Nationen von den Römern unterjocht waren und alle Länder um das Mittelmeer ihnen gehorchten, trat eine ungeheure Wandelung aller Dinge ein; denn für dasselbe Volk, welches Anstrengungen, Gefahren und Drangsale ohne Mühe ertragen hatte, war Muße und Reichtum, (welche) für andere wünschenswert (sind), verderblich. 7) Siehe da, die Störche, die Verkündiger des Frühlings, kehren zurück! 8) Durch den Zorn, den schlechtesten Ratgeber, geleitet, trug Marcius kein Bedenken, gegen sein Vaterland Krieg zu führen.

17. Wie ist die deutsche Partikel „nämlich" bei der Apposition im Lateinischen auszudrücken?

18. Übersetze: 1) Cicero widmete sich nicht nur dem einen Fache, in welchem er sicher alle Römer übertroffen hat, nämlich der Beredsamkeit, sondern blieb keiner von allen den Künsten und Wissenschaften fern, welche zu einer allgemeinen Bildung gehörten. 2) Selbst der rechtschaffenste aller griechischen Philosophen, nämlich Sokrates, mußte den Giftbecher trinken. 3) Es ist mir nicht unpassend erschienen, kurz über Brutus zu sprechen, nämlich denjenigen, welcher Rom von der Gewaltherrschaft der Tarquinier befreite. 4) In einigen Beziehungen stehe ich, wie ich gern zugestehe, hinter euch zurück, nämlich an Vornehmheit und Ruhm. 5) O du Thor, der du deinem eigenen Bruder, nämlich einem durchaus zuverlässigen und alles Vertrauens würdigen Manne, mißtraust! 6) Agesilaus forderte den Xenophon aus Athen, den er hochschätzte und bei sich hatte, auf, seine Söhne in Lacedämon zu erziehen, damit sie die schönste aller Wissenschaften lernten, nämlich zu gehorchen und zu befehlen. 7) Livius sagt im Anfange des 21. Buches, er wolle den denkwürdigsten aller Kriege, die jemals geführt seien, beschreiben, nämlich denjenigen, welchen die Karthager mit Rom geführt haben. 8) Was giebt es Angenehmeres als die Wissenschaften, ich meine nämlich diejenigen, durch welche wir die Unendlichkeit des Weltalls und der Natur, und in dieser Welt selbst Himmel, Erde und Meere erkennen? 9) Sokrates sagte nicht bald dieses bald jenes, sondern immer dasselbe, nämlich daß die Seelen der Menschen göttlich seien.

19. Wie ist die deutsche Partikel „als" bei der Apposition im Lateinischen auszudrücken?

20. Übersetze: 1) Pythagoras empfahl allen die Mäßigkeit als die Mutter der Tugenden; durch den gewichtigen Ernst seiner Rede erreichte er soviel, daß die Edelfrauen alle Zierden ihres hohen Standes als (verderbliche) Werkzeuge der Üppigkeit ablegten. 2) Was Wunder, daß die Gänse als die Retterinnen des Kapitols

von den Römerm hoch geehrt wurden? 3) Als bestes Erbteil wird den Kindern von den Vätern der Ruhm ihrer Thaten hinterlassen, und diesem Schande zu machen, muß als Sünde und Frevel angesehen werden. 4) Aristophanes hatte von Plato in einem Epigramme gesagt, daß die Grazien selbst in seiner Seele als in einem Tempel ihre Stätte aufgeschlagen hätten. 5) Die Natur hat dem Menschen die Hände als Dienerinnen in vielen Künsten gegeben. 6) Hast du vergessen, daß Cicero als Quästor Sicilien verwaltet, als Ädil den Verres angeklagt, als Prätor die manilische Bill empfohlen und als Konsul die katilinarische Verschwörung entdeckt hat? 7) Was man als Kind zu thun sich gewöhnt hat, das wird man als Greis zu thun nicht unterlassen. 8) Als die Seeräuber von Cäsar, welchen sie auf seiner Fahrt nach Rhodus gefangen hatten, zwanzig Talente für seine Loslassung forderten, verlachte er sie als Leute, die nicht wüßten, wen sie gefangen hätten, und versprach ihnen funfzig zu geben. 9) **Zur Zeit unserer Vorfahren haben die Feinde in unserem Lande** nicht als Eroberer, sondern als Räuber gehaust. 10) Ithaka war als gebirgige Insel zur Pferdezucht nicht tauglich. Archytas genoß als Pythagoreer keine Bohnen. 11) Zopyrus bat den Darius um die Erlaubnis, als Überläufer in das babylonische Lager hinüberzugehen. 12) Ich nehme deine Ankunft als gutes Vorzeichen auf. Man betrachtete die Sache als ein Wunder. 13) Das behaupte ich als gewiß, daß Cäsar als Feldherr und Staatsmann alle übrigen Römer weit übertroffen hat; aber dieser große Mann hat sich auch mit den Wissenschaften vielfach beschäftigt und als Schriftsteller wie als Redner ausgezeichnetes Lob davongetragen. 14) Als freundlicher, freigebiger Mann galt Dumnorix bei den Sequanern sehr viel und stand auch als Schwiegersohn des Orgetorix mit den Helvetiern auf freundschaftlichem Fuße. 15) Keiner hat sich als Redner jemals mehr ausgezeichnet als Demosthenes. 16) Germanicus, den ich als Enkel des Augustus schon oben erwähnt habe, zeichnete sich als Feldherr im Kriege gegen die Deutschen aus und war als ein Mann von dem edelsten Herzen und der seltensten Bildung bei allen Römern beliebt. 17) Vieles, was dir jetzt als einem Kinde noch dunkel erscheint, wird dich einst die Erfahrung lehren, die beste Lehrmeisterin des Lebens.

21. Warum wird der Satz: „Sokrates trank das Gift heiter und freudig" nicht Socrates venenum laet*e* et lib*enter* hausit, sondern Socrates venenum laet*us* et lib*ens* hausit übersetzt?

22. Übersetze: 1) Das Kommen des Todes nimmt nur derjenige in gefaßter oder gar freudiger Stimmung auf, der sich lange darauf vorbereitet hat. 2) Nicht ungern hatte ich mich dazu verstanden, über diese Sache dem Senate, welcher sich in voller Zahl versammelt hatte, Vortrag zu halten. 3) In dem ehernen Stiere des Tyrannen Phalaris wurde zuerst der Verfertiger selbst, Perillus, gebraten. 4) Tiefbetrübt schlug ich die Augen nieder, denn mir that das Weib leid, deren Sohn unschuldig zu Grunde gegangen war. 5) Als die Reiterschwadronen in dichten Kolonnen heransprengten, ergriffen die Söldnerscharen des Feindes ängstlich die Flucht. 6) Zuerst wollen wir von der Philosophie im allgemeinen reden, dann von der Philosophie des Plato im besondern. 7) Sei versichert, daß ich dich keineswegs wissentlich habe beleidigen wollen, sondern daß die Worte, die dich gekränkt haben, mir unabsichtlich entfallen sind. 8) Den Gegner von vorn anzugreifen, ist Tapferkeit; Meuchelmörder halten es für kein unwürdiges

Geschäft, ihre Opfer von hinten und unerwartet mit dem Dolche niederzustoßen. 9) Das böse Gewissen treibt die Schuldigen unruhig hin und her. 10) Aus dem Schlusse deines Briefes habe ich erfahren, daß du wohlbehalten zu Hause angekommen bist und dich ganz der Erziehung deiner Töchter widmen willst. 11) Mitten durch die Wiesen, die ganz mit Blumen übersäet waren, floß ein Bach klar und ruhig dahin; nicht weit davon entfernt war ein Hain, in welchem die Landleute häufig zusammenkamen. 12) Während die übrigen Legionen ängstlich von einer Schlacht nichts wissen wollten, erklärten die Soldaten der zehnten Legion unerschrocken, sie würden freudigen Muts dahin ziehen, wohin Cäsar sie führen würde. 13) Ganymedes wurde von dem Adler in die Höhe getragen. 14) Welches Land ist von den Römern zuletzt zur Provinz gemacht?

### 3. Übereinstimmung des Pronomens.

23. Welche Regeln rücksichtlich der Pronomina ergeben sich bei Übersetzung folgender Sätze? 1) Dies ist meine Meinung. Ich halte dies für Unbesonnenheit. Was du als Weisheit bezeichnest, das (idem) halte ich für Wahnsinn. Was ist die Ursache deiner Traurigkeit? Was ist Freundschaft? 2) Cäsar gelangte an den Scheldefluß (flumen), welcher sich in die Maas ergießt. 3) Es ist Leichtsinn, gerechten Ruhm zu verschmähen, welcher der ehrenvollste Lohn für wahre Tugend ist. 4) Auch dein Bruder hat mich im Stich gelassen, was mir sehr schmerzlich ist. 5) Ich bin nicht der Mann, der sich durch Todesgefahr schrecken ließe.

24. Übersetze: 1) Wenn ich und meine Eltern auch nur etwas bei dir gelten, so wirst du mich, der stets nur deinem Interesse gedient hat, nicht der Wut aller Schlechten preisgeben. 2) Was ist Weisheit? doch wohl die Kenntnis der göttlichen und menschlichen Dinge und der Ursachen, auf welchen dieselben beruhen. 3) Was ist das für eine Freundschaft, wenn man alles auf den Nutzen bezieht? 4) Du, der allen verziehen hat, wirst auch mir und meinem Vater, die im Bewußtsein ihrer Schuld reuig zu dir geflohen sind, Verzeihung angedeihen lassen. 5) Allzu unbeständig, sagte einer von den Volskern, ist der Unsrigen Sinn, was sich aus den bisher erlittenen Niederlagen leicht erkennen läßt. 6) Camillus sagte zu seinen Leuten: Was ist der Feind anderes als eine beständige Veranlassung zur Tapferkeit und zum Ruhme? 7) Als Cäsar im diesseitigen Gallien stand, drangen häufige Gerüchte zu seinen Ohren, daß alle Belgier, welche, wie schon gesagt, ein Drittel von Gallien ausmachten, gegen das römische Reich konspirierten und sich gegenseitig Geiseln stellten. 8) Die Etrusker hatten mit der von den Galliern überfallenen Stadt Rom so wenig Mitleid, daß sie nicht nur Einfälle in das römische Gebiet während dieser Zeit machten, sondern auch Veji, welches die letzte Hoffnung des römischen Namens war, zu bestürmen gedachten. 9) Mit Recht wirft Cicero die Frage auf, wenn in dem Menschengeschlechte Verstand, Vernunft und Sittlichkeit vorhanden seien, woher diese (Kräfte) auf die Erde haben gelangen können, es sei denn von den himmlischen Göttern. 10) Einige werden dies vielleicht für Starrsinn, andere für männliches Benehmen halten. 11) Das darf man keine Freundschaft nennen, wenn der eine (sc. Freund) die Wahrheit nicht hören mag, der andere zu lügen bereit ist. 12) Die meuterischen Soldaten streckten, sooft ihnen einer von den Freunden des Germanicus begegnete, die Faust gegen ihn aus, was eine Veranlassung

zum Streite und der Anfang der Waffengewalt war. 13) An dem Flusse Metaurus, der auf den Apenninen entspringt und ins adriatische Meer mündet, ist Hasdrubal im Jahre 207 v. Chr. besiegt worden. 14) Dem Cyrus, welchen die Perser bekanntlich als die Leuchte und den Stolz ihres Volkes priesen, folgte auf dem Throne Kambyses nach, der von der Tüchtigkeit seines Vaters ganz verschieden war. 15) Die Menschen sind von Gott zu dem Zwecke erschaffen, um die Kugel, welche Erde heißt und welche wir im Mittelpunkte des Weltalls sehen, einzunehmen. 16) Die Spartaner zeichneten den Themistokles durch herrliche Geschenke aus, was vorher noch keinem Ausländer zu teil geworden war. 17) Was bei den Römern die Konsuln waren, das waren in Karthago die **Sufeten.** 18) Unter Weisheit verstehen die Stoiker etwas derartiges, wie es bisher noch kein Sterblicher erreicht hat.

## B. Vom Gebrauch der Kasus.

### 1. Nominativ und Vokativ (Casus recti).

25. Wie wird der Nominativ im Lateinischen gebraucht?

26. Übersetze: 1) Das Wort religio wird entweder von relegere oder von religare abgeleitet. 2) Cicero hat seinen Namen von cicer, Lentulus von lens bekommen. 3) Das hättest auch du wissen müssen, daß das Wort tibīcen von tibiae und canere kommt. 4) Ἄριστος bedeutet an vielen Stellen nicht optimus, sondern fortissimus. 5) Zu Rom oder in der Umgegend geschahen in jenem Winter viele Wunderzeichen; so wurde unter anderem gemeldet, ein halbjähriges Kind habe auf dem Kohlmarkte bald Triumph! bald Victoria! gerufen.

27. Was ist über die Stellung des Vokativs im Satze und über die Hinzufügung der Interjektion *o* zu einem Vokativ zu merken?

28. Ist es gestattet, für den Vokativ die Nominativform zu gebrauchen?

### Casus obliqui. — 2. Accusativ.

29. In welchen Fällen kann zu einem intransitiven Verbum ein Accusativ treten?

30. Übersetze: 1) Über den Tod Alexanders weinte die Familie des Königs, den er vom Throne gestürzt, trauerten die Völker, die er sich mit Waffengewalt unterworfen hatte: gewiß ein unparteiisches Zeugnis von seiner Größe, wie es nur die wenigsten Helden (in der Geschichte) des Altertums davongetragen haben. 2) Als zu Solon, welcher sich über den Tod eines Sohnes leidenschaftlich grämte, jemand sagte: „Warum weinst du so sehr über den Verlust? Die Thränen nützen dir ja zu nichts“, antwortete jener: „Gerade darüber jammere ich“. 3) Wessen Perikles sich auf dem Sterbebette vor seinen Freunden rühmte, daß kein athenischer Bürger um seinetwillen je ein Trauerkleid angelegt habe, dessen können nicht alle Regenten und Staatsmänner sich rühmen. 4) Daß die Athener in den Perserkriegen sich durch Entschlossenheit und Kampfeseifer vor allen Griechen ausgezeichnet haben, darin werden alle dem Isokrates gern beistimmen. 5) Wie Äschines von den Reden des Demosthenes behauptete, sie röchen nach der Lampe und nach Öl, so behaupten wir, daß die von ihm selbst gegen Demosthenes gehaltenen Reden nach Bosheit und Verleumdung riechen. 6) Als

die Tarentiner über die Drohungen der römischen Gesandten lachten und sich sogar thätlich an ihnen vergriffen, sagte ihnen Postumius warnend, bald würden sie über ihren Unverstand und Leichtsinn jammern. 7) Als der Gefangene von allem, dessen er beschuldigt wurde, in Kenntnis gesetzt war und nun erkannte, daß er zum Tode verurteilt werden würde, rief er aus: „Dazu kann man mich nicht zwingen, den Mut zu verlieren; ich bebe nicht vor dem Tode und schaudere auch vor der Folter nicht; denn ich bin mir bewußt, die herrlichste That gethan zu haben". 8) Die über das Verbrechen des Sextus Tarquinius seufzenden Bürger und die über den Tod der Lucretia sich grämenden Verwandten wurden von Brutus aufgefordert, zu den Waffen zu greifen und zu verhüten, daß das Vaterland in der schimpflichsten Knechtschaft schmachte. 9) Wie ist es nur möglich, daß Menschen, von blinder Wut hingerissen, nach dem Blute derjenigen dürsten, von denen sie kein Unrecht erlitten haben? 10) Wundere dich nicht über die Mißgunst gewisser Leute; beherzige das, woran ich dich oft erinnert habe, daß, worüber die einen sich freuen, darüber die anderen Schmerz empfinden.

31. Welche mit Intransitivis zusammengesetzten Verba werden als Transitiva gebraucht?

32. Übersetze: 1) Schon im frühesten Altertum hat es Menschen gegeben, welche, um etwas (Neues) hinzuzulernen, keine Scheu trugen, über Meere zu setzen, die entferntesten Städte und Gegenden der Welt zu besuchen und sich den größten Gefahren zu unterziehen. 2) Als Xerxes den Marsch von Sardes aus angetreten und sein unzählbares Heer über den Hellespont gesetzt hatte und Griechenland mit Krieg überzog, wandten sich die Athener an die Spartaner, mit denen sie vor kurzem ein Bündnis geschlossen hatten, mit der Bitte, ihnen Hilfstruppen zu schicken und sich den Anstrengungen und Gefahren des Krieges bereitwillig zu unterziehen. 3) Wenn nicht Odysseus, der an Schlauheit sich vor allen auszeichnete, auf den Plan verfallen wäre, das hölzerne Pferd zu bauen und dadurch in die feindliche Stadt zu dringen, so würden die Griechen noch länger als zehn Jahre um die Mauern von Troja gelagert haben. 4) Die Feinde setzten über den Fluß und fingen die Schlacht auf einem für sie sehr ungünstigen Terrain an; nachdem sie daher vergebens versucht hatten, die Unsrigen im Rücken zu umgehen, wurden sie in die Flucht geschlagen und zersprengt; nur wenige, denen es gelungen war, durch den Fluß zu schwimmen, kamen mit heiler Haut davon und bestürmten, nachdem sie eine Zeitlang auf dem Lande umhergeschweift waren, ein Kastell, an dessen Mauern sie in der Stille der Nacht herangerückt waren. 5) Als die Gesandten lange an den Zelten herumgegangen waren und den Feldherrn angetroffen hatten, warfen sie sich ihm zu Füßen und baten ihn, ihrer Stadt die Strafe, welche dieselbe sich durch Abfall und Treulosigkeit zugezogen habe, zu erlassen oder doch wenigstens über ein (billiges) Maß im Strafen nicht hinauszugehen. 6) Hannibal und Scipio, die vor der Schlacht bei Zama zu einer Unterredung zusammengekommen waren, konnten sich, obwohl Hannibal über nichts mit Stillschweigen hinwegging, wodurch der Sinn des Römers erweicht werden konnte, über den Frieden nicht einigen. 7) Kaum war ich neulich, als ich meinen Freund besuchte, in das Zimmer desselben eingetreten: da standen plötzlich drei gewaltig große Hunde um mich herum und drohten, mich mit ihren Zähnen zu zerreißen; welche Furcht infolgedessen über mich kam, läßt

sich kaum beschreiben; aber jener trat an sie heran und befahl ihnen, sich niederzulegen; denn einem Freunde des Hauses mit den Zähnen zu drohen, passe nicht für Hunde.

33. Übersetze: 1) Als Odysseus sich dem Kriegsdienste heimlich entziehen wollte, entging es dem Palamedes nicht, daß der Wahnsinn jenes erheuchelt war. 2) Du hast keinen Grund, meine Aufrichtigkeit und Treue zu bezweifeln; oder glaubst du etwa, daß ich irgendwie dazu gebracht werden könnte, dir oder einem Höherstehenden auf kriechende Weise zu schmeicheln? 3) Ambiorix forderte die Nervier auf, sie möchten die Gelegenheit, sich von der drückenden Knechtschaft zu befreien und sich an den Römern wegen ihrer Grausamkeit zu rächen, nicht unbenutzt vorübergehen lassen. 4) Als Herostratus den Tempel der ephesischen Artemis eingeäschert hatte, schmeichelte er sich, bewirkt zu haben, daß sein Name vor Vergessenheit bewahrt werde, und in dieser Hoffnung hat er sich nicht getäuscht. 5) Pyrrhus von Epirus, welcher den Thaten Alexanders nacheiferte und dem Ruhme desselben gleichzukommen wünschte, versprach den Tarentinern, die sich nach fremder Hilfe umsahen und ihn deshalb herbeigerufen hatten, ihren Bitten zu willfahren; er hoffte nämlich, das schöne und reiche Italien sich mit leichter Mühe zu unterwerfen, und kümmerte sich gar nicht um die Warnungen des Cineas, welcher von (einer Teilnahme an) jenem Kriege abriet. 6) Als Timoleon von den Korinthern mit einem kleinen Heere nach Sicilien geschickt war und Syrakus erobert hatte, ließ er die Burg als das Bollwerk und Symbol der Tyrannei dem Boden gleichmachen; aber den Dionysius befahl er, nicht zu töten, weil sowohl von ihm als von dessen Vater den Korinthern mehr als einmal geholfen worden wäre. 7) Wenn es einem Bienenstocke an Nahrung zu fehlen beginnt, so fallen die Bienen die nächsten an. Als es dem Herkules an Pfeilen fehlte, wurde ihm von Jupiter mit einem Steinregen geholfen. 8) Die Gallier zogen vor des Labienus Lager in der Meinung, daß derselbe absichtlich einem Kampfe ausweiche; als aber plötzlich ein Ausfall aus dem Lager gemacht wurde, hielten sie, wiewohl sie eben noch mit ihrer Tapferkeit sich gebrüstet hatten, vor dem Angriffe der Römer nicht stand, sondern suchten ihr Heil in der Flucht. 9) Es geziemt sich für euch, Soldaten, dem Vorbilde eurer Vorfahren nachzuahmen und eher auf dem Schlachtfelde einen rühmlichen Tod zu finden, als in feiger Weise vor den Feinden zu fliehen; bedenkt, daß sie unser Land mit Verwüstung, unsere Stadt mit Zerstörung, unsere Weiber und Kinder mit Gefangenschaft, jeden einzelnen von euch mit dem Tode bedroht haben und auf nichts als auf Grausamkeit und Schandthaten sinnen. 10) Wem könnte es wohl entgehen, daß die meisten Menschen den äußeren Vorteil mehr als die Tugend im Auge haben und nach Reichtum, der doch der Tugend nicht gleichgestellt werden kann, in der leidenschaftlichsten Weise verlangen? 11) Odysseus ließ, als er in der Höhle des Cyklopen eingeschlossen war, den Mut nicht sinken, und es glückte ihm auch, sich an jenem Unholde schwer zu rächen und aus den Händen desselben zu entfliehen.

34. Die Sätze „Unterstütze deinen Bruder in seinen Bestrebungen", „Dein Bruder ist von mir in seinen Bestrebungen unterstützt worden" heißen lat. nicht: Adiuva fratrem in studiis suis, Frater tuus a me in Studiis suis adiutus est, sondern: Adiuva studia fratris (tui), Studia fratris tui a me adiuta sunt Denn wo es sich um etwas einer Person oder Sache unmittelbar Angehöriges

handelt, wird dasselbe zum Objekt — (bei passivischer Konstruktion zum Subjekt) — des trans. Verbums gemacht, während es im Deutschen häufig neben der zum Objekt — (resp. zum Subjekt) — gemachten Person oder Sache als adverbielle Bestimmung auftritt. Übersetze danach: 1) Keine Gewalt, keine Drohungen konnten den Regulus in seiner Treue wankend machen. 2) Mein Kind, ahme den Bienen in ihrem Fleiße nach. 3) Zu wiederholten Malen hat Christus die Pharisäer wegen ihrer Scheinheiligkeit an den Pranger gestellt. 4) Die Bienen haben den vorwitzigen Knaben im Gesicht und an der einen Hand zerstochen. 5) Selbst Pyrrhus mußte den Fabricius wegen seiner Rechtschaffenheit bewundern. 6) Die Strauße übertreffen einen auf dem Pferde sitzenden Reiter an Größe. 7) Der von Jugurtha aus seinem Reiche vertriebene Adherbal rief die Römer um Hilfe an. 8) Du versuchst vergeblich, mich in meinem Schmerze zu trösten und in meiner Bekümmernis aufzurichten. 9) Die Bundesgenossen in ihrer Hoffnung bestärken; die Soldaten in ihrer Treue wankend machen; die Eltern in ihren Erwartungen nicht täuschen; jemanden an seiner Ehre kränken; einem Freunde wegen seiner Übereilung verzeihen; jemanden an der Reise hindern; jemanden in der Kleidung oder Bewegung nachahmen. 10) Epaminondas beneidete den Miltiades um seinen Ruhm. 11) Von der Höhe des Rigi erblickt der Wanderer Berge, Thäler, Seen und Städte in großer Zahl. 12) Du hast deine Pflicht nach allen Seiten gethan. Italien seiner Länge nach durchlaufen. Einen Wald in allen Teilen durchsuchen. 13) Die Helvetier kauften Zugvieh und Packwagen in großer Menge. 14) Die Malerei verdankt der Stadt Athen zum großen Teile ihre Erfindung und Vervollkommnung. 15) Die Hamster tragen Getreidekörner zu großen Haufen zusammen. 16) Die berühmte Bibliothek der Ptolemäer war bereits in Cäsars ägyptischem Feldzuge zum größten Teile ein Raub der Flammen geworden.

35. Was versteht man unter Prägnanz der Verba, und wie sind folgende prägnante Ausdrücke zu übersetzen? 1) Consules bellum (castra) coniunxerunt. 2) Castra munire, stationes firmare. 3) Praeire verba. 4) Alexander duo cornua peditum diviserat. 5) Timeo, qui finis bello sit futurus. 6) Fama bellum auxerat. 7) Reus principi se paruisse defendebat. 8) Foedus ferire, icere. 9) Inopiam (morbum) excusare. 10) Cives mirabantur, quid rei esset. 11) Inscribere statuas. 12) Istud indicium corruptum est. 13) Haec iocatus sum.

36. Was versteht man unter absolutem Gebrauche von Verben? Gieb an, wie folgende Ausdrücke ins Deutsche zu übertragen und welche Objekte bei ihnen zu ergänzen sind: 1) Ad insulam appellere. 2) Rex Brundisio conscendit. 3) Consul movit atque ad hostem duxit. 4) Hostes ex portu solverunt. 5) Nondum pro vectura solvisti. 6) Milites sub monte tetenderunt. 7) De itinere cum fratre tuo communicavi. 8) Sol urit, calceus urit. 9) Romani vix sustinuerunt. 10) Modo gustavi. 11) Hasdrubal clauso fluminis transitu ad Oceanum flexit. 12) Dicere bene nemo potest, nisi qui prudenter intellegit. 13) Caesar circum omnes propinquas provincias dimisit atque inde auxilia evocavit.

37. Welche Verba haben ein Prädikatsnomen im Accusativ bei sich?

38. Welcher Unterschied entsteht, jenachdem man bei der Übersetzung der Ausdrücke „Jemanden besser (glücklich, reich ꝛc.) machen, die Menschen aus wilden zu sanften machen, eine Gegend vor dem Feinde sicher machen“ das Verbum *facere* oder *reddere* anwendet? Ist der Satz: „Die Menschen sollen von Orpheus aus wilden zu sanften gemacht sein“ richtig übersetzt Homines ab Orpheo ex agrestibus mites *redditi* esse dicuntur?

39. Darf man bei Übersetzung der Sätze: 1) Gott hat die Welt geschaffen. 2) Ich habe dich zum Freunde gewählt — das Verbum *creare* anwenden?

40. Wie heißt „Jemanden zum König, Konsul, Diktator, zur Vestalin, zum Interrex, Senator, Anführer wählen“? Welche Bedeutung haben in Bezug auf die Wahl römischer Beamten die Bezeichnungen *reficere, sufficere, cooptare?*

41. Übersetze: 1) Unter den hölzernen Mauern, welche das delphische Orakel bezeichnet hatte, verstand Themistokles richtig die Schiffe. 2) Valerius Publicola machte den Spurius Lucretius zu seinem Amtsgenossen und nahm, nachdem dieser durch eine Krankheit hingerafft worden war, den Horatius Pulvillus zu seinem Amtsgenossen. 3) Anfangs konnten Plebejer zu Senatoren nicht gewählt werden; aber Servius Tullius wählte auch Plebejer, die sich durch Tüchtigkeit empfahlen, in den Senat; zum ersten plebejischen Diktator wurde C. Marcius Rutilus im Jahre 356 v. Chr. gewählt. 4) Ein guter Fürst muß außer anderen guten Eigenschaften besonders auch Seelengröße besitzen, worunter ich jenen sich stets gleichbleibenden, charakterfesten und männlichen Sinn verstehe, der im Glück nicht übermütig, im Unglück nicht verzagt wird, sondern seinen Weg nach festen Grundsätzen konsequent verfolgt. 5) Zum Anführer der Flotte gewählt, machte Themistokles, indem er mit den Korcyräern Krieg führte, die Athener im Seewesen sehr erfahren und durch Bezwingung der Seeräuber das Meer sicher; derselbe wurde nach Beendigung der Perserkriege von dem gesamten Griechenlande einstimmig für den Retter der griechischen Freiheit erklärt und hoch gepriesen. 6) Aus der Geschichte der alten Zeit wissen wir, daß aus Agathokles, dem Sohne eines Töpfers, ein berühmter Regent Siciliens geworden ist, und ebenso hat es sich in neuerer Zeit ereignet, daß Bernadotte aus einem gemeinen Soldaten durch seine ausgezeichnete Tüchtigkeit schließlich schwedischer König wurde. 7) Ihr habt, Quiriten, an mir einen solchen Konsul, daß ihr ihm die Stadt, euch selbst, eure Gattinnen und Kinder gutes Muts anvertrauen dürft, zumal da ihr in mir bisher stets einen pflichttreuen (Mann) gefunden habt. 8) Caligula wurde aus einem bescheidenen und milden (Manne) ein ruchloser Unmensch, so daß viele ihn wegen der Scheußlichkeit seiner Frevel für wahnsinnig hielten. 9) Da Ancus Martius ebenso sehr wie sein Großvater Numa die Verehrung der Götter und die heiligen Gebräuche beobachtete, so wurde er von den Latinern nicht für das gehalten, was er wirklich war; denn diese glaubten, unter seiner Regierung werde das römische Volk aus einem kriegerischen zu einem feigen werden, eine Hoffnung, in der sie sich sehr täuschten; denn durch wahre Verehrung der Gottheit kann kein Volk aus einem tapferen schwach, sondern aus einem wilden kann ein gut gesittetes und starkes werden. 10) Lucumo, welchen sein Reichtum den Römern bald bemerklich machte, brachte es durch Freundlichkeit und Gefälligkeit, durch Gewandtheit und vielseitige Erfahrung dahin, daß nicht nur die Bürger, sondern auch der König Ancus ihn für einen vortrefflichen Mann hielten; ja, er wurde den Kindern des Königs durch ein Testament zum Vormunde gesetzt und schließlich vom Volke als König ausgerufen. 11) Philipp von Macedonien berief den Aristoteles, in welchem er mit Recht den gebildetsten Mann seiner Zeit erkannt hatte, als Lehrer für seinen Sohn Alexander.

42. Übersetze: 1) Trajan erfüllte die Hoffnung, welche das römische Volk von ihm gehegt hatte; denn da er sich zuvor in den Kriegen tapfer, im Frieden als Prätor gerecht, als Konsul weise gezeigt hatte, so behielt er, nachdem er Kaiser geworden war, diese Tugenden nicht nur bei, sondern erhöhte das Lob derselben noch durch viele andere. 2) Katilina hörte selbst dann, als der Senat ihn für einen Hochverräter und Feind des Vaterlandes erklärt hatte, nicht auf, sich trotzig zu benehmen; er begab sich nach Etrurien zu Manlius, den er von

seiner Ankunft benachrichtigt hatte, und benahm sich in dessen Lager als Konsul. 3) Da die Römer sich im Kriege höchst tapfer und entschlossen, im Frieden besonnen und charakterfest zeigten, glückte es ihnen, ihren Staat nach und nach mächtig und groß zu machen und die reichsten Gegenden der damals bekannten Welt sich zu unterwerfen. 4) Ich bitte euch, Richter, daß ihr, wie ihr euch schon früher bei anderen Prozessen benommen habt, so auch bei dieser Sache euch zeigt. 5) Als Cäsar im Senate seine Stimme über die Genossen des Katilina, Lentulus und Cethegus, abzugeben hatte, zeigte er sich (als einen Mann) von der größten Mäßigung.

43. Welche Regeln gelten über die Konstruktion von: a) *celare;* b) *docere* und *edocere;* c) den Verben des Forderns; d) den Verben des Bittens; e) den Verben des Fragens?

44. Übersetze: 1) Wenn der Konsul Flaminius seine Pflicht hätte erfüllen wollen, so hätte er Kundschafter vorausschicken müssen; in diesem Falle hätte ihm der von Hannibal am trasimenischen See gelegte Hinterhalt nicht verheimlicht werden können. 2) Nachdem Ceres ihre Tochter Proserpina weit und breit gesucht hatte, wurde sie von Helios, bei dem sie sich nach dem Geschicke der verlorenen (sc. Tochter) erkundigt hatte, über den Raub derselben in Kenntnis gesetzt. 3) Wer die Gottheit nur um Reichtum und Ehre bittet, der wisse, daß er um vergängliche Güter bittet. 4) Sokrates forderte von seinen Schülern keinen Lohn, sondern unterrichtete sie in der Weisheit unentgeltlich. 5) Angenommen, ein verbrecherischer Mensch fliehe aus Furcht vor Strafe in die äußersten Weltgegenden, so wird es ihm doch nicht gelingen, seine Verbrechen vor Gott zu verheimlichen. 6) M. Fabius Cäso, welcher in Cäre bei Gastfreunden erzogen worden war, war in etruskischer Wissenschaft unterrichtet worden und verstand das Etruskische gut; überhaupt pflegten damals die römischen Knaben in etruskischer Wissenschaft belehrt zu werden. 7) Bei ihrer Ankunft an den Grenzen Italiens forderten die Cimbern und Teutonen von den Römern Land und Wohnsitze: wenn sie diese erhielten, versprachen sie Kriegsdienste für Rom zu thun. 8) Der König, von allem unterrichtet, was ihm bis dahin von den Gesandten verheimlicht war, schwur, indem er den Feinden alles Schlimme anwünschte, für den Betrug Rache zu nehmen. 9) Obgleich der Epirotenkönig Pyrrhus nicht aufhörte, zu den Göttern zu beten und zu opfern und Weihgeschenke zu bringen, forderte er von ihnen doch nie einen Sieg oder Zuwachs an Macht oder Ruhm, sondern bat immer nur um das Eine, nämlich gesund zu sein. 10) Als der Angeklagte, welchen die Richter vergeblich nach den Namen seiner Mitschuldigen gefragt hatten, in das Gefängnis zurückgeführt wurde, konnte die aufgeregte Menge kaum abgehalten werden, Steine nach ihm zu werfen. 11) Dem Armen, welcher seine Not vor den Menschen aus Schamgefühl verborgen hält, hilf aus freien Stücken, auch wenn er dich nicht um Hilfe anflehen sollte. 12) Als Cäsar im Senate um seine Meinung gefragt wurde, erkärte er, nach seiner Ansicht müsse das Vermögen der Verschworenen konfisciert und sie selbst in den Municipien gefangen gehalten werden.

45. Welche Regeln gelten rücksichtlich des Accusativs beim Ausrufe?

46. Was ist über den sogen. *Accusativus Graecus* in Ausdrücken wie tremit art*us* „er zittert an den Gliedern"; man*um* aeger „an der Hand krank"; Rufus bracchi*um* gladio percussus; Cressa gen*us* „eine Kreterin von Geschlecht"; *os* umer*os*que deo similis; lacrimis perfusus gen*as*; ornatus floribus crin*es*; perfuncti faecibus or*a*; percussus ment*em* nova formi-

dine; membr*a* sub arbuto stratus; egreditur Medea nuda ped*em*; miles fractus membr*a* labore zu merken?

47. Wie kann man mit Anwendung des adverbiellen Accusativs statt eo tempore, ea aetate, magna ex parte „zum großen Teil“, maxima ex parte auch in guter Prosa sagen?

48. Übersetze: 1) O über den verhängnisvollen Ausgang dieser Schlacht! Römische Bürger, ach heiliger Jupiter, haben sich nicht geschämt, diese Schmach dem römischen Namen zuzufügen! Wehe uns Armen! 2) Bei allen Göttern und Menschen! ich wundere mich einigermaßen darüber, daß ihr von uns, so bejahrten Männern, Rechenschaft über unser Leben fordert, da ihr sie doch nicht über das eurige geben könnt. 3) **Sei mir gegrüßt, mein** lieber Freund! Was bist du doch für ein glücklicher Mensch, daß du den Gefahren des Meeres, der Wut der Feinde und anderem derartigen glücklich entgangen bist! 4) Porsena soll zum großen Teil durch das heldenmütige Benehmen des Mucius Scävola bewogen sein, Frieden mit den Römern zu schließen. 5) Siehe da, der Arzt, den du hast kommen lassen! Indessen derselbe wird deine Schmerzen nicht im geringsten heilen können, wenn du den Grund des Übels vor ihm verheimlichst. 6) Von den öffentlichen Geschäften ganz und gar oder doch zum größten Teile befreit, kehrte Cicero, der bekanntlich in griechischer Wissenschaft nicht minder als in römischer gebildet war, zur Beschäftigung mit der Philosophie zurück, die er in jungen Jahren liebgewonnen hatte.

## 3. Dativ.

49. Welche Verben werden abweichend vom **deutschen Sprachgebrauche** mit dem Dativ verbunden?

50. Übersetze: 1) Daß das Glück die Unternehmungen Octavians ganz außerordentlich begünstigt hat, bezweifelt niemand; denn obgleich viele, welche die alte Freiheit wiederhergestellt wissen wollten, ihn um seine Machtstellung beneideten und gegen seine Bestrebungen ankämpften, bemächtigte er sich doch der Herrschaft und erlangte so das, was Cäsar nicht hatte erlangen können, er, der unzweifelhaft würdiger gewesen wäre, den Erdkreis zu beherrschen. 2) Julia, die Tochter Cäsars, heiratete im Jahre 59 v. Chr. den Pompejus; als sie fünf Jahre darauf gestorben war, verheiratete sich Pompejus mit einer Tochter des Metellus Scipio. 3) Obgleich die Bürger der eroberten Stadt den siegreichen Feldherrn flehentlich baten, glimpflich mit ihnen zu verfahren, wurden doch weder die öffentlichen noch die Privatgebäude, ja nicht einmal die Tempel der Götter verschont; denn jener hatte geschworen, ihnen ihre Treulosigkeit nicht zu verzeihen. 4) Mögen auch viele darauf ausgehen, mich auf jede Weise zu schmähen und meine Verdienste um den Staat herabzusetzen: ich werde doch weder Mühe noch Geld sparen, um die dem Staate geschlagenen Wunden zu heilen. 5) Wenn irgend einer es verdient, seiner Beredsamkeit wegen von uns bewundert zu werden, so ist es sicherlich Cicero, dessen Ruhm freilich heutzutage von so vielen geschmäht und herabgesetzt zu werden pflegt. 6) Niemals werde ich mich dazu bereden lassen, dem Konsul zu widersprechen, welcher mit den wirkungsvollsten Worten dem Volke dieses Gesetz angeraten hat; denn vergessen wir nicht, daß in unserer Zeit die Kriege mit Menschlichkeit geführt und auch Feinde nach Möglichkeit geschont zu werden pflegen. 7) Amasis kündigte dem Polykrates die Gastfreundschaft auf, weil er die Überzeugung hatte, jener werde einen

unglücklichen Ausgang haben; denn er glaubte, daß die Götter den Sterblichen ein großes und dauerndes Glück mißgönnten.

51. Übersetze: 1) Da alle Ortschaften von den Feinden eingeäschert waren und es schwer hielt, Proviant für das Heer zu beschaffen, kam es vor, daß die Soldaten, weil sie ihren Zorn nicht mäßigen konnten, sich der Gewaltthätigkeit und Schadenstiftung nicht enthielten. 2) Obgleich mein Herz keinen Augenblick frei von Furcht ist und von solchem Schmerze gequält wird, daß ich mich kaum der Thränen enthalten kann, bleibt mir doch der Trost, daß alle Patrioten mir alles Gute wünschen und nicht daran zweifeln, daß ich mehr für das Wohl des Staates als für mein eigenes gesorgt habe. 3) Thucydides hat sehr richtig bemerkt, daß die griechischen Tyrannen deshalb oft gegen ihre Mitbürger aufs grausamste verfahren sind und ihre Macht nicht mit Maß gebraucht haben, weil sie mehr für ihre persönliche Sicherheit und für die Vergrößerung ihres Hauses als für die Hebung des Volkswohles Sorge getragen hätten. 4) Verres war nicht im geringsten Herr seiner Gier und enthielt sich des Unrechts so wenig, daß, sooft er irgend eine Stadt Siciliens betrat, die Einwohner für ihr Hab und Gut in Furcht waren. 5) Das kann niemandem von euch entgehen, daß derjenige von vielen Übeln und Irrtümern frei bleibt, der vor den Worten der Schmeichler auf seiner Hut ist. 6) Die Zukunft sehe ich insoweit voraus, als ich sage, daß unser Staat, welchen unsere Vorfahren durch Gesetze und Einrichtungen vortrefflich geordnet haben, zu Grunde gerichtet werden wird, wenn wir uns nicht vor den Ränken gewisser Demagogen hüten und aufs strengste gegen diejenigen einschreiten, welche bei allem, was sie reden und thun, Parteiinteressen im Auge haben.

52. Welche mit Präpositionen zusammengesetzten Verba regieren den Dativ?

53. Übersetze: 1) Legt euch mit allem Eifer auf diesen Krieg, welcher euch jetzt endlich angekündigt ist, nachdem er lange drohend über dem Staate geschwebt hat; duldet nicht, daß die Feinde, welchen infolge unserer Geduld der Mut gewachsen zu sein scheint, mit den Friedensbedingungen und dem Völkerrechte ein hochmütiges Spiel treiben. 2) Ich bin weit davon entfernt, euch Schreckbilder vorzuhalten; aber wie die Ärzte bei schwereren Krankheiten stärkere und oft gefährliche Heilmittel anwenden, so scheint mir jetzt in unserem Staate ein höchst gefährliches Unheil vorhanden zu sein, auf welches ihr sorgfältig achten müßt; denn zu dessen Heilung sind die energischsten Maßregeln erforderlich. 3) Der spartanische König Kleomenes verfiel nicht lange, nachdem er aus dem Kriege, mit welchem er die Argiver überzogen hatte, nach Hause zurückgekehrt war, in Wahnsinn und legte Hand an sich; denn er hatte sich nicht gescheut, Feuer an einen dem Argos heiligen Hain zu legen und den Priester der Hera, von welchem ihm das Herantreten an den Altar und das Darbringen eines Opfers verboten worden war, gewaltthätig zu behandeln. 4) Die Gesandten, welche damals gerade im Senate zugegen waren und kurz vorher an der Schlacht teilgenommen hatten, baten mit flehentlicher Stimme, die Senatoren möchten ihren Worten Glauben beimessen und nicht dulden, daß Barbaren, in denen keine Spur von Menschlichkeit und Milde sich fände, ungestraft ein Heer vor ihre Hauptstadt rücken ließen, um ihnen das Joch der Knechtschaft aufzubürden; sie möchten sich vielmehr in den Krieg einmischen und, nachdem sie eine Flotte an einem geeigneten Punkte gelandet hätten, sich dem Vordringen von Horden ent-

gegenstellen, welche nach dem Besitze von Land begehrlich trachteten und deshalb kein Bedenken tragen würden, mit dem römischen Prokonsul, welcher in der benachbarten Provinz kommandiere, Krieg anzufangen. 5) Die Feinde warfen sich mit solcher Wut auf unser Heer, daß sie, wenn nicht die Nacht über dem Kampfe hereingebrochen wäre, uns eine Niederlage beigebracht und sich des Lagers, an welches sie bereits heranzurücken begonnen hatten, bemächtigt haben würden. 6) Die Gesandten der Allobroger, denen die Leiter der katilinarischen Verschwörung alles mitgeteilt hatten, was sich auf die Pläne der Verschworenen bezog, machten, zumal da vor ihrem Geiste die Furcht schwebte, ihr Staat würde, falls sie mit den Verschworenen gemeinsame Sache machten, den größten Gefahren ausgesetzt werden, dem Konsul Cicero Mitteilung von allem, was sie mit jenen verabredet hätten.

54. Welche Regeln gelten über die Konstruktion der Verben *dono*, *circumdo*, *aspergo*, *induo*, *exuo* u. ä.?

55. Welcher Unterschied besteht zwischen dem *Dativus possessivus* und *Genitivus possessivus?*

56. Übersetze: 1) Da nach dem Willen Lykurgs Sparta durch die Tapferkeit seiner Bürger geschützt werden sollte, so befahl er, die Stadt nicht mit Mauern zu umgeben. 2) Während seines mehrjährigen Aufenthaltes zu Athen erwies Attikus den Bürgern so viele große Wohlthaten, daß sie ihm das Bürgerrecht zu schenken wünschten. 3) Als Hektor dem erschlagenen Patroklus die Rüstung abgezogen hatte, legte Achill die herrliche Rüstung an, welche Vulkan auf Bitten der Thetis für ihn verfertigt hatte, und stürmte in den Kampf, um an Hektor Rache zu nehmen. 4) Von zweien, welche gleich große Geschicklichkeit im Steuern besitzen, darf man nicht denjenigen als den tüchtigsten bezeichnen, welcher das größte und prunkvollste Schiff hat. 5) Es ist wahrscheinlich oder wenigstens glaublich, daß die Römer jene schreckliche Niederlage bei Cannä nicht erlitten hätten, wenn Terentius Varro nicht zu großes Selbstvertrauen gehabt hätte. 6) Ehe die Konsuln Horatius und Valerius aus der Stadt zogen, ließen sie die Gesetze der Decemvirn, welche den Namen der Zwölftafelgesetze führen, auf Erz schreiben und öffentlich aufstellen. 7) Reich ist, wer so viel besitzt, daß er nichts mehr wünscht. Keiner kann einen gerechten Grund haben, gegen sein Vaterland die Waffen zu ergreifen. 8) Pythagoras wollte dem delischen Apollo kein Thier opfern, um nicht den Altar mit Blut zu bespritzen. 9) Wenn du auch mit deinem Nachbar eine alte Feindschaft hast, so geziemt es sich doch nicht für dich, einen so rachgierigen Sinn zu haben, daß du seinem guten Namen einen Schandfleck anhängst. 10) Als die Einwohner von Ardea, welche wegen eines Landstückes lebhaften Streit mit den Einwohnern von Aricia hatten, die Römer ersuchten, zu entscheiden, wem von beiden der Acker gehöre, entschieden die Tribus, daß derselbe Eigentum des römischen Volkes sei. 11) Was nicht dir gehört, das begehre auch nicht. Wir können nur das verschenken, was uns selbst gehört. 12) Unter allen Verbindungen ist keine wichtiger als die, welche wir mit dem Staate haben. 13) L. Tarquinius hatte einen so heftigen und harten Sinn, daß man ihm den Beinamen des Stolzen gab. 14) Wie ist es nur möglich, daß du die Bedeutung des Namens Quirinus nicht kennst? Hast du nicht gehört, daß die Römer dem unter die Götter versetzten Romulus den Namen Quirinus gegeben haben?

57. Was versteht man unter dem *Dativus commodi* und *incommodi*?

59. Welche Adjektive regieren im Lateinischen den Dativ?

60. Auf welche doppelte Weise kann man folgende Ausdrücke übersetzen? 1) In aller Leute Munde sein. 2) Stadtkommandant sein; Lagerkommandant; zu jemandes Vormund eingesetzt werden. 3) Jemandem zu Füßen fallen. 4) Murena war Unterfeldherr bei Lucullus. 5) Hiero war ein Freund der Römer. Die Arpinaten waren Grenznachbarn der Atinaten. 6) Aristides war ein Zeitgenosse des Themistokles. 7) Setze deinen Beleidigungen endlich ein Ziel. 8) Einem Hunde den Schwanz abhacken. Einem die Ohren (Haare, Hände) abschneiden. 9) Jemandem den Dolch entwinden. 10) Jemandes Hoffnung herabstimmen.

61. Was versteht man unter dem *Dativus ethicus*?

62. Übersetze: 1) Als Fabius nach der Eroberung Tarents von seinem Schreiber gefragt wurde, was mit den ungeheuer großen Götterbildern geschehen solle, befahl er, die erzürnten Götter den Tarentinern zu lassen. 2) Wenn meine Kinder, sagte Phocion, mir ähnlich sind, so wird sie eben dieser Acker ernähren, der mich zu diesem Ansehen hat gelangen lassen; wenn sie mir aber unähnlich sind, so will ich nicht, daß ihre Schwelgerei auf meine Kosten genährt und vergrößert werde. 3) Die Flotte, welche die Athener auf den Rat des Themistokles gebaut hatten, ist nicht bloß für sie selbst, sondern auch für ganz Griechenland heilsam gewesen, besonders in der Schlacht bei Salamis, einer Insel, welche im saronischen Busen in unmittelbarer Nähe von Attika lag. 4) Dein Vater, mein bester Freund und ein vortrefflicher Mann, dem nur wenige unserer Mitbürger an Tugend gleich gewesen sind, pflegte zu sagen, nichts sei lobenswerter, nichts für alle ehrenvoller, als sich versöhnlich und wohlwollend gegen Feinde zu zeigen, wenn dieselben auch noch so übelwollend und gehässig gegen uns selbst seien. 5) Die Soldaten, welche an allen zum Leben notwendigen Dingen den größten Mangel litten und der feindlichen Übermacht durchaus nicht gewachsen waren, weigerten sich, in offener Feldschlacht zu kämpfen, obgleich das Terrain für eine Schlacht sehr günstig war. 6) Lissabon gewährt, vom Tajo aus gesehen, einen wunderschönen Anblick. 7) Wenn man von Süden durch die Meerenge von Sicilien fährt, so hat man zur linken Hand Messana, zur rechten Regium liegen. 8) Als Agesilaos nach seinem Siege bei Koronea gefragt wurde, was er mit denen gemacht wissen wolle, welche sich in den Tempel der Minerva gerettet hätten, setzte er, obwohl er allen, welche gegen sein Vaterland die Waffen getragen hatten, gewaltig zürnte, doch die Ehre der Göttin über seinen Zorn und befahl, dieselben zu schonen. 9) Was die Habsucht der **Greise** zu bedeuten hat, verstehe ich nicht; oder kann es etwas Thörichteres geben, als wenn man um so mehr Reisegeld verlangt, je weniger von der Reise übrig ist? 10) Agamemnon wünschte zehn Männer nicht vom Schlage des Ajax, sondern des Nestor zu haben; in diesem Falle zweifelte er nicht, daß Troja bald zu Falle kommen werde. 11) Die Griechen hielten den Kuckuck deshalb für einen der Hera heiligen (Vogel), weil jene im Frühling beim Rufe des Kuckucks sich mit Zeus vermählt haben sollte. 12) Gewisse Kunstgriffe sind allen Rednern gemeinsam, die aus der Schule des Äschines hervorgegangen sind. 13) Herodot, bekanntlich ein Zeitgenosse des Perikles, berichtet der Wahrheit gemäß, daß die Spartaner, auf den eigenen Vorteil zu sehr bedacht, mehr Sorge auf ihr besonderes als auf das allen gemeinsame Vaterland verwandten. 14) Mochte Varus die Schande nicht überleben wollen oder sich vor dem Zorne des Augustus allzusehr fürchten: er stürzte sich in sein Schwert, nachdem die römischen Legionen

von den Deutschen vernichtet waren. 15) Die römischen Jünglinge mußten, um sich für die Verwaltung öffentlicher Ämter fähig zu machen, eine Zeitlang Kriegsdienste thun, teils um sich dadurch um das Vaterland verdient zu machen, teils um den Befehlen der Vorgesetzten aufs Wort gehorchen zu lernen, ehe sie selbst über andere den Befehl führen würden. 16) Obgleich Lykurg jeder Prachtliebe ganz und gar abgeneigt war, glaubte er doch, daß es dem Verdienste derer, die den Heldentod für das Vaterland gestorben waren, angemessen sei, mit dem höchsten Aufwande begraben zu werden. 17) Du hast nie Ursache, dich zu schämen, deinen Eltern und Lehrern, wenn sie dir etwas zu thun befehlen, Gehorsam zu leisten; rechne es dir vielmehr zum Ruhme an, dir ihren Beifall zu erwerben.

63. Der Satz: „Die Tugend muß von allen geübt werden" ist zu übersetzen: Virtus *omnibus* (ja nicht *ab* omnibus!) colenda est; denn die handelnde Person steht beim Gerundivum regelmäßig im Dativ. Warum ist trotzdem in folgenden Sätzen das Gerundivum nicht mit dem einfachen Dativ, sondern mit *a* c. Abl. verbunden? Hisce civibus est *a vobis* consulendum. Mos *a me* gerendus est adulescentibus. — Nunc mihi tertius ille locus est reliquus orationis, purgatus ab his, qui ante me dixerunt, *a me* retractandus. Non si a populo praeteritus est, *a iudicibus* condemnandus est. — Haec *a me* in dicendo praetereunda non sunt. Admonendus potius *a me* quam rogandus es. Haec agenda sunt *ab oratore*.

64. Was versteht man unter dem griechischen Dativ bei Passivis?

65. Was ist in betreff folgender Dichterstellen zu bemerken? 1) Clamor it cael*o*. Orc*o* demissus. 2) Placitone etiam pugnabis amor*i*? Africus ventus decertat Aquilon*ibus*. Solus *tibi* certet Amyntas. 3) Invitum qui servat, idem facit occident*i*.

66. Welche Regeln gelten über den Gebrauch des Dativs des Zweckes in Ausdrücken wie *dono dare, testimonio esse, ludibrio habere?*

67. Übersetze: 1) Wenngleich Verräter in einem Kriege von großem Nutzen sein können, so sind sie doch auch denjenigen, denen sie genützt haben, mit Recht ein Gegenstand der Verachtung. 2) Die Tüchtigkeit des Agricola wurde von allen Zeitgenossen bewundert; denn er besaß eine außerordentliche Kriegskenntnis, Leutseligkeit, Ausdauer in Strapazen, praktische Klugheit und solche Uneigennützigkeit, daß er niemals, obgleich er es leicht hätte thun können, den Staat als Erwerbsquelle betrachtete; nichtsdestoweniger wurde er von Domitian gehaßt, welcher es ihm als Verbrechen anrechnete, daß sein eigener Ruhm von jenem verdunkelt werde. 3) Die heilige Schrift empfiehlt an vielen Stellen den Fleiß und macht darauf aufmerksam, wie verderblich Faulheit und Müßiggang für den Menschen sei. Ein fauler Mensch, sagt sie, sei einem Steine ähnlich, der im Kot liege; wer ihn berühre, der müsse seine Hände wieder abwischen. Darum, ihr Jünglinge, laßt es euch am Herzen liegen, euch an Fleiß und Thätigkeit zu gewöhnen; dann werdet ihr dereinst euch selbst eine Ehre, den Freunden ein Nutzen, dem Staate ein Segen sein. 4) Die dreißig Tyrannen verachteten den Thrasybul und dessen Alleinstehen, ein Umstand, welcher jenen verderblich, diesem förderlich war; denn Thrasybul wurde, weil ihm Zeit gegeben wurde und viele Bürger ihm zu Hilfe kamen, von Tage zu Tage stärker und vertrieb schließlich die Tyrannen, von welchen die Lacedämonier vergeblich zu Hilfe gerufen waren, aus der Hauptstadt. 5) Dem Äschines hätte es nicht begegnen können, von allen Guten gehaßt und verachtet zu werden, wenn er dieselbe Vaterlandsliebe wie Demosthenes besessen hätte. Aber es gereicht zu seiner Schande, daß er sich kein Gewissen daraus gemacht hat, sein Vaterland

an Philipp von Macedonien zu verraten und den Demosthenes wütend zu bekämpfen, welchem er sogar den Umstand zum Vorwurf machte, daß seine Großmutter eine Ausländerin gewesen sei. 6) Genügende Truppen zum Schutze des Lagers zurücklassen. Zum Rückzuge blasen. Das Zeichen zum Rückzuge geben. 7) Mein Reichtum ist mir eher eine Quelle der Sorge und des Verdrusses als der Freude und des Genusses. 8) Für viele Athener war der Tod des Sokrates höchst niederschlagend und betrübend. 9) Sachen, welche im Kriege gebraucht werden. Einen Tag zur Unterredung festsetzen. Einen Ort zum Wohnsitze wählen. 10) Deine Freundschaft ist mir bei vielen Gelegenheiten eine starke Stütze und Förderung gewesen. 11) Bei den Galliern rief die kleine Statur der Römer das Gefühl der Verachtung hervor. 12) Seinen Feinden zum Gespött dienen; jemanden zum besten haben. 13) Geld auf Wucher hergeben; etwas zum Pfande setzen; etwas als Mitgift bestimmen. 14) Wem kam es zu gute? Diese Einrichtungen sind allen heilsam (lästig, hinderlich). 15) Das möge euch ein Beispiel (Beweis) sein.

## 4. Genitiv.

68. Übersetze folgende Ausdrücke in möglichst kurzer (präciser) Weise mit Anwendung eines *Genitivus (subiectivus)*: 1) Die Bewunderung von seiten einfältiger Menschen. Was bedarf es des Rates von seiten der Pontifices? Ohne alle Schuld von seiten der Ädilen. 2) Die von den sieben Weisen herrührenden Aussprüche. Die unter allen Völkern bestehende Übereinstimmung. Die mit dem Frieden verbundenen Vorteile. Die zwischen den Athenern und Spartanern herrschende Zwietracht. 3) Die Ehrenerweisungen und Rechte, wie sie den Göttern gebühren. Die Strafe, welche das Gesetz verfügt. Pflichten, wie sie die Verwandtschaft auferlegt. 4) Der durch den Krieg verursachte Schrecken. Die Schmach, welche den Cäsar betroffen hat. Der Mißkredit, in welchem der ganze Stand steht. 5) Die den Jahren gebührende Ehre. Eine Volksversammlung zur Wahl von Konsuln, zur Entscheidung über Gesetzesanträge. Für den Prunktisch bestimmte Gefäße. 6) Sie banden den Gefangenen mit den an den Köchern befindlichen Riemen. 7) Räubereien auf den Landstraßen und auf dem platten Lande. Reden vor den Gerichten und im Senate. Eine auf Blutsverwandtschaft gegründete Verbindung. Eine auf Wohlwollen beruhende Liebe. 8) Der aus Beleidigungen erwachsene Haß. Die zahllosen Verbrechen, welche die Gewaltherrschaft des Sulla bezeichnen.

69. Was versteht man unter *Genitivus epexegeticus* oder *explicativus*? — Übersetze: 1) Es ist keine Entschuldigung für ein Vergehen, wenn jemand die Freundschaft als Entschuldigung benutzt. 2) Cäsar stellte zur Sicherung der Brücke zwölf Kohorten als Schutzmannschaft auf. 3) Der König wird euch nicht nur Ländereien, sondern auch Gold als Belohnung geben. 4) Das ausgezeichnetste Kunstwerk des Apelles, die aus dem Meere auftauchende Venus, wurde zu Cos in dem Tempel des Asklepios aufbewahrt. 5) Giebt es nichts, wodurch die Last, welche ich mit dir gemein habe, das bereits drückende oder wenigstens herannahende Alter, erleichtert werden kann? 6) Plato hat zu seinen abstrakten Untersuchungen eine bezaubernde Sprache gleichsam als Würze gethan. 7) Im Winter fehlt den Bäumen ihr schönster Schmuck, das Laub. 8) Gewiß verdiente Alexander in noch höherem Grade die allgemeine Bewunderung, wenn er sich

nicht öfters durch einen schlimmen Fehler, den Zorn, zu Grausamkeiten hätte hinreißen lassen. 9) Die Troglodyten haben ihren Namen von den aus Höhlen bestehenden Wohnungen erhalten. 10) Nur eine Klasse von Leuten ist uns feindlich gesinnt, nämlich diejenigen, welche, durch Geld bestochen, das Vaterland dem Feinde verraten haben. 11) Numa Pompilius setzte außer den drei Flamines noch fünf Priesterkollegien ein, nämlich die Pontifices, Augurn, Salier, Fetialen und vestalischen Jungfrauen. 12) Wer sollte nicht Mitleid mit einem Menschen haben, der das herrlichste Gut entbehren muß, nämlich die Gesundheit? 13) Täglich erweist uns der liebe Gott unzählige Wohlthaten, die in Gesundheit, Essen und Trinken, Freuden aller Art, Schlaf, Lust zur Arbeit u. s. w. bestehen; ist es nun nicht unsere Schuldigkeit, ihm für diese Güte unsere Dankbarkeit durch Liebe zu ihm und durch ein tugendhaftes Leben zu bezeugen? 14) Nach den römischen Gesetzen war es einem gewesenen Quästor nur nach einem Zeitraume von fünf Jahren erlaubt, sich um die nächste Würde, die Ädilität, zu bewerben.

70. Übersetze: 1) Verlangen nach Speise; Widerwillen gegen Wein; Durst nach Freiheit. 2) Einsicht in das Recht; Trost in Widerwärtigkeiten. 3) Gewalt über Leben und Tod; Verurteilung wegen Amtserschleichung. 4) Kriechendes Benehmen gegen Hochgestellte; Gehorsam gegen die Gesetze. 5) Ein Vorzug vor allen Geschöpfen; der Übergang über die Alpen. 6) Anhänglichkeit an Pompejus; Beteiligung an Unglücksfällen. 7) Ein Sieg in den olympischen Spielen; Krieg mit Pyrrhus; Ruhm bei der Nachwelt. 8) Eine Lobrede auf den Kaiser; ein Glückwunsch zu dem Siege. 9) Der Glaube an Gott; die Ehrfurcht vor Gott. 10) Aussicht auf das Meer; Trauer über einen Todesfall. 11) Enthaltsamkeit im Genusse von Wein; Erfahrung im Waffenhandwerk. 12) Kampf um das Leben; Wettstreit um Ehrenstellen. 13) Gericht über Leben und Tod; Triumph über die Bojer. 14) Scheidung von der Frau; Ruhe von der Arbeit. 15) Ein Mittel gegen den Zorn; Nachgiebigkeit gegen die Beamten. 16) Nachfolge in der Regierung; Übereinstimmung in allen Plänen.

71. Übersetze: Das Andenken an uns; Mitleid mit dir; Neid gegen dich; Rücksicht auf euch.

72. Setze in folgenden Beispielen statt des Genitivs ein einfaches Pronomen mit attraktionsartiger Kürze: 1) Dolor *huius rei* (= der Schmerz hierüber) animum meum fregit. 2) *Cuius rei* admiratione teneris? 3) Fama *illarum rerum* totam urbem pervasit. 4) *Cuius rei* pulchritudo maior est quam virtutis? 5) Scaevola in numero *eorum* fuit, qui Porsenam interimere parati erant. 6) Amicitia est ex genere *earum rerum*, quae vitam beatam reddunt. 7) *Quorum* in numerum me ascribes? 8) Ipsa *illius rei* mentio.

73. Welche Beobachtung knüpft sich an Ausdrücke wie Ptolomaeus *Lagi*, Dareus *Hystaspis*, *Ciceronis* Terentia, pugnatum est *ad Spei*?

74. Heißt „ein Mann von großem Geiste" vir magn*i* ingeni*i* oder vir magn*o* ingeni*o*? Heißt „ein Graben von funfzehn Fuß" fossa quindecim ped*um* oder fossa quindecim ped*ibus*? Heißt „die Auerochsen sind von der Gestalt der Stiere" uri sunt taurorum figur*a* oder figur*ae*?

75. Heißt „ein Mann von Geist, eine Frau von Schönheit, eine Sache von Wert, ein Vorfall von Wichtigkeit, ein Umstand von Bedeutung, ein Soldat von Mut" vir ingenii (oder ingenio), mulier pulchritudine, res pretii, casus discriminis, res momenti, miles virtutis?

76. Welchen Gebrauch hat der **prädikative** *Gen. possessivus* bei dem Verbum *esse*?

77. Übersetze: 1) Wenn du schreibst, das Andenken an mich sei dir und deinen Angehörigen eine große Freude, so bitte ich dich zu bedenken, daß ich vor Sehnsucht nach euch fast vergehe. 2) Der Senat wird es nicht über sich gewinnen, so große Geschenke von euch, den mächtigsten Regenten, zurückzuweisen. 3) Männer von Charakter werden seltener gefunden als Männer von Geist. 4) Sei entschlossenen und ungebeugten Sinnes und vertraue unserer Liebe zu dir; einen Mann von solcher Rechtlichkeit werden wir nicht im Stiche lassen. 5) Durch eine nachdrückliche Rede erreichte Cäsar, daß die Centurionen ebenso wie die Soldaten einsahen, daß nicht ihnen, sondern dem Feldherrn das Urteil über die Oberleitung des Krieges zustehe. 6) Alles, von welcher Art es nur sein mag, wissen zu wollen, verrät einen neugierigen Menschen; aber durch die Betrachtung der wichtigeren Dinge zu wissenschaftlichem Streben hingerissen zu werden, ist immer für eine Eigentümlichkeit der edelsten Männer gehalten worden. 7) Es ist hier nicht der Ort, weitläufig von der Vaterlandsliebe zu reden; soviel steht fest, daß es meine und eure und aller Soldaten Pflicht ist, mit Ruhe den Tod für das Vaterland zu leiden. 8) Nichts kennzeichnet so sehr einen kleinlichen, engherzigen Sinn als Liebe zum Reichtum. Als erkenntlich befunden zu werden, ist zu allen Zeiten von den Besten für das Zeichen einer edlen Gesinnung gehalten worden. 9) Als Cäsar den Rheinübergang beschlossen hatte, um die Germanen zu bekriegen, ließ er eine Brücke über den Rhein schlagen; denn das Heer zu Schiffe über den Fluß zu führen, schien ihm weder seiner Ehre noch der des römischen Volkes zu entsprechen. 10) Einer großen Seele ist es nicht gegeben, immer etwas zu argwöhnen und zu fürchten. Es bezeugt einen edlen Sinn, wenn man mit seinem Verstande und Wissen so viel als möglich zu umspannen strebt, um in der Welt nicht als Fremdling, sondern als Bürger zu erscheinen. 11) Bei Anfang des zweiten punischen Krieges gehörten alle Landschaften Spaniens jenseits des Ebro außer der Stadt Sagunt den Karthagern; aber durch die Bedingungen des Friedens, welchen die Punier im Jahre 201 v. Chr. schlossen, wurde bestimmt, daß Spanien in seinem ganzen Umfange Eigentum der Römer werden sollte. 12) Philipp von Macedonien eignete sich griechische Bildung in Theben, einer Stadt von alter Strenge, an und zwar im Hause des Epaminondas, eines Mannes, der bekanntlich außerordentliche wissenschaftliche und strategische Kenntnisse besaß. 13) Ich zweifle nicht, daß ein Urteil von mir, dem billigsten Beurteiler, dir den Schmerz über das erlittene Unrecht erleichtern wird. 14) Cäsar soll eine große Gestalt, weißen Teint, muskulöse Glieder, schwarze, lebhafte Augen und eine gute Gesundheit gehabt haben. 15) Das Jahr besteht aus 365 Tagen, das Schaltjahr aus 366 Tagen. 16) Catilina, der aus vornehmer Familie stammte, besaß Kraft des Geistes und Körpers, zugleich aber auch einen bösen und niederträchtigen Charakter. 17) Sei ja gutes Muts, denn die Liebe deines Bruders zu dir und die Sorge von uns allen sind derart, daß die Mißgunst der Gegner gegen dich erfolglos sein wird. 18) Ihr habt recht daran gethan, daß ihr euch gescheut habt, Dinge zu entscheiden, welche eurer Entscheidung nicht unterliegen.

78. In welcher Weise gebraucht die lateinische Sprache den **partitiven** Genitiv?

79. Welche Beobachtung ergiebt sich aus folgenden Sätzen? 1) Acerrimus *ex* omnibus nostris sensibus est sensus videndi. Dixit *ex* eis quidam. 2) Thrasy-

bulus habuit secum triginta *de* suis. 3) *Inter* maxima vitia nullum est frequentius quam ingrati animi. 4) Thales sapientissimus *in* septem fuit.

80. Übersetze: Nichts Neues. Etwas Merkwürdiges. Etwas Göttliches und Himmlisches. Nichts Merkwürdiges und Neues.

81. Übersetze: 1) Wir sind unser nur wenige. 2) Ihr seid euer nicht mehr als hundert. 3) Die römischen Tribus, deren es 35 gab, zerfielen in städtische und ländliche. 4) Wie viele sind euer? 5) Niobe verlor alle ihre Kinder, deren sie zwölf hatte. 6) Die Cedern, von denen es im Altertum eine große Menge auf dem Libanon gab, sind jetzt fast gar nicht mehr vorhanden. 7) Der Sterne giebt es so viele, daß sie nicht gezählt werden können. 8) Ich bitte dich, mir einige Bücher, wenn du deren hast, zu schicken. 9) Von allen Feldherren, soviele ich ihrer kenne, sind Cäsar, Friedrich d. Gr. und Napoleon die größten gewesen. 10) Wir haben der frohen Tage mehr als der traurigen erlebt.

82. Übersetze: 1) Es konnte nicht anders kommen, als daß die Römer und Karthager, welche beide die Weltherrschaft erstrebten, in Krieg gerieten, zumal da die Punier bereits einen bedeutenden Teil Siciliens ihrer Herrschaft unterworfen hatten. 2) Mehrere von unseren Mitbürgern haben ziemlich viel Geld zusammengebracht, um die Not der Fremden, von denen sehr viele kaum mit Lumpen bedeckt sind, zu lindern. 3) Die meisten von euch scheinen nicht zu wissen, daß Trajanus und Hadrianus, welche beide ein liebevolles Andenken an sich hinterlassen haben, geborene Spanier waren. 4) Jeder von den beiden Konsuln kämpfte glücklich. Neun von unsern Schiffen sind in den Grund gebohrt. Ich habe keinen deiner Briefe erhalten. Vergiß keines meiner Worte. 5) Von den Malern und Bildhauern wünscht ein jeder, daß seine Kunstwerke von der Menge der Beachtung gewürdigt werden. 6) Von den Akarnanen nahmen einige aus Beutelust und eigennützigen Motiven, die meisten aber aus Interesse für die Athener an dem Zuge gegen Syrakus teil. 7) Es scheint ein Schicksalsbeschluß gewesen zu sein, daß im ersten punischen Kriege von den Flotten des römischen Volkes die eine durch Schiffbruch, die andere dadurch, daß sie von den Puniern in den Grund gebohrt wurde, ihren Untergang fand. 8) In demjenigen deiner Briefe, welcher mir gestern übergeben worden ist, werden die meisten von meinen Mitbürgern und sogar einige von unseren höheren Beamten, die, wie die meisten von uns wissen, die ehrenwertesten Männer sind, in der leidenschaftlichsten Weise so verhöhnt, daß jeder von deinen Freunden (darüber) im höchsten Grade entrüstet ist.

83. Übersetze: 1) Daß jähzornige Menschen sich zu den größten Schandthaten hinreißen lassen, beweist Alexander, der in seiner Wut so weit ging, daß er seinen Freund Clitus, in welchem er einen Mann von ausgezeichneter Treue erkannt hatte, durchbohrte. 2) Als die Bürgerschaft von Rom durch Vertreibung der königlichen Familie die Freiheit gewonnen hatte, fingen nicht wenige von den jungen Leuten, die zu viel Zügellosigkeit und zu wenig Ehrgefühl besaßen, darüber zu klagen an, daß die Gesetze, welche keine Spur von Milde, keine Spur von Verzeihung wüßten, ihrer Ausschweifung im Wege ständen. 3) Als nach Eroberung und Plünderung von Megara der feindliche Feldherr einen ihm begegnenden Philosophen fragte, was für einen Verlust er erlitten habe, antwortete dieser: „Ich habe kein Stück von meinem Eigentum eingebüßt; denn Tugend und Weisheit hat keiner von deinen Soldaten geraubt“. 4) Hat sich einer ein-

mal heimlich dem Laster in die Arme geworfen, so wird er bald den Unverstand so weit treiben, daß er alles Schamgefühl ablegt und, wo er auch in der Welt weilen mag, offen ein schlechter Mensch sein will. 5) Wie ist dir ums Herz? Was für ein Unrecht hat man dir denn zugefügt, daß du (so) äußerst wenig Hoffnung hast? 6) Ich weiß, daß der Tyrann dir nichts von deinem Vermögen übrig gelassen hat; aber glaube ja nicht, daß ich irgend etwas meiner Treue Unwürdiges thun werde; nein, wo in der Welt ich auch bin, ich werde mich deiner und deiner Kinder so annehmen, wie es unsere Freundschaft verlangt, und dich in deinen Bestrebungen unterstützen, so gut ich es kann. 7) Diejenigen, welche nach Art des Viehs alles auf die Sinnenlust beziehen, können sich nichts Hohes, nichts Erhabenes, nichts Göttliches und Himmlisches vorstellen. 8) Der gallischen Truppen waren zu wenige, als daß sie der Übermacht der Punier gewachsen gewesen wären, zumal da Hannibal rücksichtlich der Aufstellung seines Heeres nichts zu wünschen übrig gelassen hatte. 9) Lag denn irgend ein Grund vor, daß du allein von allen meinen Freunden auf keinen meiner Briefe antwortetest? 10) Über die Wahl der Mittel zu seinem Zwecke hegte Chlodwig nicht die mindeste Bedenklichkeit, und wo es der Zweck zu erfordern schien, stieg er unbedenklich bis zum Meuchelmorde hinab.

84. Welche Adjektive regieren im Lateinischen den Genitiv?

85. Welche Regel kommt bei Übersetzung folgender Ausdrücke in Anwendung? 1) Wahrheitsliebend. 2) Arbeitsscheu. 3) Ein schiffbarer Fluß. 4) Pflichtgetreu, pflichtvergessen.

86. Übersetze: 1) Die Sophisten, welche bekanntlich der Prahlerei oder des Erwerbs wegen Philosophie trieben, urteilten absprechend über Dinge, wovon sie keine Kenntnis hatten; denn sie wollten nicht nur für Kenner der Künste und Wissenschaften, sondern auch für erfahren im Staatswesen und für rechtskundig gehalten werden. 2) Attika war im Altertum stark bevölkert, jedoch meistenteils arm an Getreide und Früchten, aber fruchtbar an Oliven und Feigen. 3) Ancus Martius, der zwar friedliebend war, aber Beleidigungen nicht ertragen konnte, überzog die Latiner mit Krieg, weil sie in der Erinnerung an ihre frühere Macht eine hochmütige Antwort gegeben hatten. 4) Weil ich mit den Verhältnissen in der Stadt ganz unvertraut bin, so bitte ich dich, mir, dem ratsbedürftigen, mit deiner Klugheit beizustehen und mich dem Varro, der, wie ich gehört habe, dir sehr zugethan ist, brieflich zu empfehlen. 5) Du bist arbeitsscheu und pflichtvergessen, dazu von zu großer Eigenliebe erfüllt und deinem Bruder ganz unähnlich, der auf den Nutzen anderer mehr als auf den eigenen bedacht ist. 6) Dionysius war inmitten seiner Mitbürger so arm an Freunden und sich seiner Schlechtigkeit so wohl bewußt, daß er aus Furcht vor Nachstellungen sich mit ausländischen Trabanten umgab. 7) Die einen glauben, die Natur sei eine vernunftlose Kraft, die anderen, sie habe Anteil an der Vernunft und Ordnung und ihre Geschicklichkeit könne keine Kunst, keine Hand, kein Künstler durch Nachahmen erreichen. 8) Bei der katilinarischen Verschwörung sind mehrere angesehene Römer beteiligt gewesen, besonders scheint aber Crassus um dieselbe gewußt zu haben. 9) Je weniger deren sind, denen du vertrauen kannst, um so höher mußt du die schätzen, von denen du glaubst, daß sie dich mehr als ihren Vorteil zu lieben fähig sind und ohne Furcht und Leidenschaft einen Fehler, den sie etwa an dir bemerkt haben, tadeln werden. 10) Was sollen wir mit

solchen Soldaten machen, die, an keine Strapazen gewöhnt und jede Zucht, jede Subordination verschmähend, nur nach Beute und Raub verlangen?

87. Welche Regeln gelten über die Konstruktion der Verba „sich erinnern, vergessen“ und „erinnern“?

88. In welcher Weise gebraucht der Lateiner den *Genitivus pretii?*

89. Welche Regeln gelten über den Gebrauch des *Genitivus criminis?*

90. Übersetze: 1) Phocion aus Athen, ein Mann von der größten Unbescholtenheit, wurde in dem hohen Alter von achtzig Jahren der Verräterei angeklagt und, obgleich viele, da sie sich an seine großen Verdienste um den Staat erinnerten, Mitleid mit ihm hatten, doch ohne Verhör zum Tode verurteilt. 2) Wem kommt nicht, wenn er über die Unbeständigkeit des Glücks nachdenkt, Crösus in den Sinn, welcher nach Verlust des Thrones, als er auf dem Scheiterhaufen stand, sich mit großem Schmerze an Solon und alles dasjenige erinnerte, was jener hochweise Mann über die Veränderlichkeit irdischer Dinge gesprochen hatte? 3) Als mein Großvater, auf den auch du, wie ich nicht zweifle, dich noch gut besinnen kannst, wegen Majestätsbeleidigung angeklagt war und von den Richtern gefragt wurde, ob er nichts von dem, was er in jener Nacht gesagt habe, vergessen hätte, erwiderte er, es verlohne sich für ihn nicht der Mühe, auf eine solche Frage zu antworten. 4) Das Unglück erinnert auch die an Gott, die ihn im Glücke zu vergessen pflegen. Vielen Menschen fällt es sehr schwer, im Glücke sich nicht zu vergessen. Wenn wir schlafen, kommt uns bisweilen das in den Sinn, was wir wachend gesehen oder gethan haben. Tarquinius erinnerte die Etrusker an die alten Beleidigungen, welche sie von dem römischen Volke empfangen hatten. 5) Es klingt unglaublich, wie vieler Verbrechen der neulich verhaftete Mensch schuldig ist; denn er ist durch viele Zeugen des Diebstahls, der Gewaltthätigkeit, der Urkundenfälschung, der Erpressung, des Mordes, der Giftmischerei u. s. w. überführt worden. 6) Von Jugend auf habe ich die Überzeugung gehabt, daß nichts im Leben höher zu schätzen sei als der Ruhm und die Tugend, und daß bei dem Streben nach diesen (Gütern) alle körperlichen Qualen, alle Gefahren des Todes und der Verbannung gering oder für nichts zu achten seien. 7) Von den Athenern sind nicht wenige der edelsten Männer, deren Macht ihnen verdächtig schien, auf irgend eine Beschuldigung hin angeklagt und höchst ungerecht zu hohen Geldstrafen oder zur Verbannung oder gar zum Tode verurteilt worden. 8) L. Licinius Lucullus, an den ich schon oben erinnert habe, wurde bei seiner Rückkehr nach Rom wegen Unterschleifs belangt und, da seine Schuld erwiesen war, nicht zu einer Geldbuße, sondern zur Verbannung verurteilt. 9) Nochmals erinnere ich euch an das, was ihr nicht vergessen dürft, daß es mehr wert ist, Beleidigungen zu vergessen als Rache für dieselben zu nehmen.

91. Gieb die Regeln über die Konstruktion der Impersonalien *piget, pudet, paenitet, taedet, miseret* an.

92. Welche Regeln gelten über die Konstruktion von *interest* und *refert?*

93. Übersetze: 1) Wer weder als Knabe der Arbeit noch als Mann seiner übernommenen Pflicht überdrüssig gewesen ist, der wird sich, wenn er ein Greis geworden ist, mit Freude an die vergangenen Jahre erinnern; wem aber weder an der Erlernung guter Künste noch an der Bildung seines Herzens gelegen ist, der wird einst vergebens die Rückkehr der verlorenen Jugendzeit wünschen.

2) Schäme dich der Behauptung, dir liege nichts an dem Lobe oder Tadel deiner Lehrer; denn es verrät geradezu einen sittlich entarteten Schüler, zu glauben, es sei gleichgültig, was die Lehrer von ihm denken. 3) Der Ausgang der Perserkriege gemahnt uns daran, daß es beim Kriegführen weniger auf die Zahl als auf die Beschaffenheit der Truppen ankommt. 4) Nach meiner Meinung ekelt uns nichts in kurzer Zeit mehr an als die Unthätigkeit, und es giebt kein sichereres Schutzmittel als die Arbeitsamkeit, damit man nichts thue, dessen man sich schämen oder womit man unzufrieden sein könnte. 5) Soviel kann man als sicher behaupten, daß, wenn die Griechen sich nicht vor Cyrus und sich selbst geschämt hätten, sie ihm nicht gefolgt sein würden. 6) Den Cicero richtete in der Verbannung allmählich die Hoffnung auf Rückkehr in das Vaterland wieder auf; denn er hatte Freunde und Gönner genug, welchen an der Zurückrufung des trefflichsten Bürgers viel gelegen war; auch fing das römische Volk selbst bald nachher an, sein Verfahren zu bereuen, da es eingesehen hatte, durch welche Gewaltthätigkeit und Beschuldigungen des Clodius, des frechsten Menschen, Cicero aus dem Vaterlande verstoßen worden war. 7) Als Lysimachus dem Theodorus, einem nicht unberühmten Philosophen, der Kreuzestod drohte, antwortete derselbe, es sei für ihn von keinem Belang, ob er am Boden oder in der Höhe verwese. 8) Für die geduldige Ertragung des Schmerzes ist die Erwägung, wie ehrenvoll es ist, von der größten Wichtigkeit; denn wir tragen von Natur nach nichts größeres Verlangen als nach Anerkennung. 9) Nicias zweifelte nicht, daß das athenische Volk bald anfangen würde, den auf Veranlassung des Alcibiades gegen Syrakus unternommenen Feldzug zu bereuen. 10) Bei der Nachricht, daß man den Tribunen tot in seinem Hause gefunden habe, konnten die Senatoren ihre Freude vor dem Volke nicht verbergen; keiner von ihnen schien mit dem begangenen Morde unzufrieden zu sein.

## 5. Ablativ.

94. In welcher Weise gebraucht der Lateiner den eigentlichen *Ablativus separativus?*

95. Welche Regel kommt bei Übersetzung des Satzes: „Merkur stammte von Jupiter und Maja ab" in Anwendung?

96. Bei welchen Verben steht der *Ablativus copiae et inopiae?*

97. Übersetze: 1) Auf Bitten seines Schwiegervaters Sp. Lucretius legte Tarquinius Collatinus nicht nur das Konsulat nieder, sondern entfernte sich auch aus der Stadt, um seine Mitbürger von aller Besorgnis zu befreien. 2) Möge Gott dir, der du dich stets alles Unrechts enthalten hast, eine glückliche Gesundheit schenken, dich von allen Sorgen frei machen und die Beschwerden des Alters von dir abwehren! 3) Meine Sinnesart ist von der meines Bruders sehr verschieden; denn während ich mich oft von Leidenschaft nicht freimachen und des Zornes nicht enthalten kann, ist mein Bruder allezeit frei von geistiger Erregung und würde von seiner Ruhe nicht einmal in dem Falle abgehen, wenn er in die Acht gethan und das Vaterland zu verlassen gezwungen würde. 4) Jetzt, wo du dir alle deine Freunde entfremdet hast, siehst du ein, daß dir jener Umgang geschadet hat; schon längst hättest du erkennen sollen, daß dir nicht ohne Grund der Verkehr mit jenem Menschen untersagt worden ist. 5) Obwohl Cäsars Soldaten seit mehreren Tagen des Getreides entbehrten und fast aller notwendigen Lebensbedürfnisse entblößt waren, wurde doch kein der Tapferkeit des römischen

Volks und der früheren Siege unwürdiger Laut von ihnen gehört. 6) Gerade die Talentvollsten bedürfen, weil sie sich am leichtesten von der Mäßigung und Besonnenheit entfernen, einer richtigen Unterweisung und Zucht am meisten. 7) Wie traurig war es für Dionysius, obgleich er an Reichtümern Überfluß hatte und sein Haus mit dem kostbarsten Gerät angefüllt war, den Umgang mit Freunden und alle vertrauliche Unterredung zu entbehren! 8) Wer sich den Wissenschaften widmen und einst in die Reihe der Gelehrten eintreten will, kann sich der Erlernung der lateinischen Sprache nicht entheben. 9) Freunde, betrauert und beweint meinen Tod nicht; denn ich bin mir keines Unrechts bewußt und bin stets ganz verschieden gewesen von der Schlechtigkeit meiner Feinde, welche mich aus allen meinen Ehren verdrängt haben und sogar jetzt von Beleidigungen nicht abstehen; indem ich daher ungerechterweise aus dem Leben scheide, bin ich glücklicher als die, welche mir das Leben rauben. 10) Der Feldherr hielt seine Leute vom Kampfe zurück und begnügte sich für den Augenblick damit, den Feind am Futterholen und Plündern zu hindern; denn er hatte die Hoffnung geschöpft, ohne Kampf und Verlust an Soldaten den Krieg zu beendigen, weil er die Gegner von den Anhöhen vertrieben und ihnen die Proviantzufuhr abgeschnitten hatte.

98. Welche Regeln kommen bei Übersetzung folgender Sätze in Anwendung? a) Jedes lebende Wesen braucht Luft zum Leben. b) Große Männer mißt man nach ihrer Tüchtigkeit, nicht nach ihrer äußeren Glücksstellung. c) Niemand ist dir in Bezug auf Beredsamkeit gewachsen. d) Pompejus war zwei Jahre älter als Cicero.

99. Übersetze: 1) Verdientermaßen trifft alle diejenigen unsere Verachtung, die den inneren Wert der Wissenschaften ausschließlich nach der Brauchbarkeit für das alltägliche Leben bemessen. 2) Es traf sich sehr unglücklich, daß Perikles gerade zu einer Zeit starb, in welcher die Athener am meisten eines erprobten Mannes Ratschläge bedurften. 3) Wozu bedarf es vieler Worte? als ob ihr nicht wüßtet, daß das, was ich empfehle, euch zum Nutzen gereicht; denn schnelles und entschiedenes Handeln ist jetzt vonnöten, nicht Zaudern und Überlegen. 4) Die Zuneigung der Menschen wollen wir nicht nach einem Aufwallen von Liebe, sondern vielmehr nach ihrer Beständigkeit und Festigkeit beurteilen. 5) Obrigkeiten sind erforderlich, damit das Wohl von Städten und Staaten erhalten und gefördert werde, und damit niemand des Schutzes entbehre, dessen er zu einem sichern Leben bedarf. 6) Sokrates ist nach dem Zeugnis aller Gebildeten und nach dem Urteil des gesamten Griechenlands unstreitig der erste unter allen Philosophen gewesen. 7) Die Kriegsthaten der berühmtesten Regenten des Altertums können meiner Meinung nach mit denjenigen Cäsars weder hinsichtlich der Größe der Kämpfe, noch an Zahl der Schlachten, noch an Schnelligkeit der Beendigung verglichen werden. 8) Es fehlte nicht viel daran, so wäre Epaminondas zum Tode verurteilt worden, weil er den Oberbefehl vier Monate länger, als das Volk befohlen, behalten hatte. 9) Mögen die Thaten der Athener immerhin groß und herrlich gewesen sein: sicherlich waren sie bedeutend kleiner, als sie von der Überlieferung dargestellt werden. 10) Mummius war nach der Zerstörung Korinths, der bei weitem reichsten Stadt Griechenlands, um nichts reicher als zuvor. 11) Die Türme, deren es auf den babylonischen Mauern eine große Zahl gab, sollen zehn Fuß höher gewesen sein als die eigentliche Mauer. England ist doppelt so groß

als Schottland. Rußland ist vielmal größer als Deutschland. Die Mathematiker behaupteten einst, die Sonne sei achtzehnmal so groß als der Mond. 12) Unter allen Helden des Altertums ist Alexander der bei weitem gefeiertste, eines großen Vaters viel größerer Sohn, ein geborener Macedonier, nach Bildung und Neigungen ein Athener, was Klugheit, Tapferkeit und Kriegsglück anbetrifft, ebenso ausgezeichnet wie durch Freundlichkeit, Freigebigkeit und edle Menschlichkeit. 13) Wer kann leugnen, daß die Weisheit (Philosophie) nicht nur der That, sondern auch dem Namen nach alt ist? erhielt sie ja doch infolge der Kenntnis des Göttlichen und Menschlichen diesen wunderschönen Namen bei den Alten.

100. In welcher Weise gebraucht der Lateiner den *Ablativus comparationis*?

101. Welche Regel ergiebt sich aus folgenden Sätzen? Non *plus* decem mili*a* hominum erant. In deditionem venerunt *amplius* viginti mili*a*. Galli non *longius* mili*a* passuum octo ab hibernis aberant. Commius cum equitibus non *amplius* quingent*is* venerat. Spatium est *minus* ped*um* sescent*orum*.

102. Übersetze: 1) Ich habe mir aus Homer hundert Verse aufgeschrieben, die besten, welche ich habe finden können. 2) Die Sonne, meine ich, nehmen die aus der Welt weg, welche die Freundschaft aus dem Leben wegnehmen, das Beste und Angenehmste, was wir aus der Hand der unsterblichen Götter haben. 3) Schwerlich würde Pausanias so weit in seinem Übermute gegangen sein und Pläne, den einen immer abscheulicher als den andern, gefaßt haben, wenn ihn die Ephoren nicht anfangs mehr als billig geschont hätten. 4) O ein herrlicher Tag, an welchem ich zu dem besten und liebevollsten Freunde, der je geboren ist, zurückkehren werde, nachdem ich länger als vier Jahre in der Fremde gelebt habe! 5) Datis, der persische Feldherr, begann in der Ebene von Marathon den Kampf mit dem größten Vertrauen auf den Sieg; denn er hatte nicht weniger als hunderttausend Mann zu Fuß und zehntausend Reiter unter seinem Oberbefehle. Gegen diese große Menge der Asiaten führte Miltiades nicht mehr als zehntausend Bewaffnete in die Schlacht; allein diese waren durch ihre Tapferkeit den Feinden so überlegen, daß sie die zehnfache Übermacht überwältigten. 6) Wer mehr als billig gegen die Fehler seiner Kinder nachsichtig ist, schadet ihnen sicherlich und zwar oft in solchem Grade, daß die Fehler derselben sich unerwartet schnell verschlimmern. 7) Philipp II., der bekanntlich unter allen Vorkommnissen seiner Regierung und seines Lebens einen ungewöhnlich großen Gleichmut zu bewahren wußte, sagte bei der ersten Nachricht von dem Siege bei Lepanto, dem größten, welchen die Christenheit seit dreihundert Jahren erfochten hatte, nichts weiter als: „Don Juan wagte sich mehr als recht“. 8) Dieses und noch mehreres derselben Art wirst du durch das Gerücht, über welches zumal bei unglücklichen Ereignissen nichts an Schnelligkeit geht, mehrere Tage früher als aus meinem Schreiben vernehmen. 9) In weniger als zwanzig Tagen hat die Pest mehr als dreihundert unserer Mitbürger weggerafft.

103. In welchen Fällen läßt der Lateiner die deutsche Präposition „mit“ bei Bezeichnung eines Zusammenseins oder einer Begleitung unübersetzt?

104. Darf man „mit Anstand leben“ übersetzen: *honestate vivere*?

105. Übersetze: 1) Wer sollte nicht gehört haben, daß, als Darius den Datis mit einem großen Heere nach Griechenland geschickt hatte, und später, als Xerxes persönlich mit einer unzähligen Flotte und einem unermeßlichen Landheere ein-

gefallen war, die Griechen durch geistige Mittel so viel ausgerichtet haben, daß sie mit nur wenigen Truppen die feindliche Übermacht in mehreren Schlachten besiegten? 2) Das Glück ändert sich mit dem Charakter, sobald statt Enthaltsamkeit und Billigkeit Ausschweifung und Übermut einreißen. 3) Dem Servius Tullius, der mit großer Einstimmigkeit der Väter und des Volkes zum Könige erwählt worden war, folgte L. Tarquinius, der weder auf Befehl des Volkes noch mit Bewilligung der Väter regierte; denn er hatte die Herrschaft mit Unrecht und Gewalt an sich gerissen. 4) Als die Augurn einmütig erklärten, der Diktator Claudius Regillensis sei, wie es den Anschein habe, auf fehlerhafte Weise gewählt, legte jener und sein Reiteroberst das Amt ohne Verzug nieder. 5) Es handelt sich nicht darum, unter welchen Verhältnissen wir leben werden, sondern ob wir überhaupt leben oder unter Marter und Schmach untergehen werden. 6) Als der Konsul P. Cornelius Scipio in Massilia angekommen war und sein Lager an der Rhonemündung aufgeschlagen hatte, hörte er zu seiner großen Verwunderung, daß Hannibal bereits mit einem großen Heere die Pyrenäen überschritten habe und durch das südliche Gallien mit außerordentlicher Schnelligkeit und fast ohne alle Schwierigkeit marschiert sei. 7) Wie Numa die Religionsgebräuche für den Frieden mit der größten Weisheit angeordnet hatte, so begründete Ancus die für den Krieg mit Sorgfalt und Aufmerksamkeit, damit Kriege nicht nur geführt, sondern auch in gehöriger und ordentlicher Weise angekündigt würden. 8) Die Alten glaubten, daß die Schwäne mit Freude und unter Gesang sterben. 9) Scipio mit dem Beinamen Africanus reiste unter großer Hoffnung und mit den Gelübden seiner Mitbürger nach Spanien ab. 10) Mit Schmerz und Unwillen verließ Hannibal Italien, welches er so viele Jahre mit Erfolg und auf die ruhmvollste Weise bezwungen hatte. 11) Die Gallier, welche ihre Befestigungen in aller Stille verlassen hatten, machten mit der größten Schnelligkeit plötzlich einen Angriff auf die mit Befestigung des Lagers beschäftigten Legionssoldaten; diese wehrten sich auf die tapferste Weise, ohne Ordnung, ohne Kommando; viele kämpften sogar in bloßem Kopfe, weil es ihnen an Zeit gefehlt hatte, die Helme aufzusetzen. 12) Warum kommst du mit Schwert und Dolch zu mir, um mich in Angst zu versetzen? Was du gestern auf dem Wege der List und unter dem Scheine der Freundschaft nicht erlangt hast, wirst du heute auf dem Wege der Gewalt nicht erreichen.

106. In welcher Weise gebraucht der Lateiner den *Ablativus instrumenti?*

107. Wie wird der *Ablativus pretii* angewandt?

108. Gieb das Nähere über den Gebrauch des *Ablativus causae* an.

109. Welche Deponentien haben ihr Objekt im Ablativ bei sich?

110. Übersetze: 1) Die Scythen lebten nicht viel von Getreide, sondern größtenteils von Vieh, Milch und Honig und genossen auch das Fleisch und die Milch der Pferde; den Gebrauch der Wolle und Kleider kannten sie nicht; um sich aber gegen die Heftigkeit der Kälte zu schützen, bedienten sie sich der Felle von wilden Tieren; denn an der Jagd vorzüglich fanden sie großes Vergnügen und suchten sich nicht nur der kleineren, sondern auch der größeren wilden Tiere zu bemächtigen. 2) Diejenigen zeigen sich der Liebe Gottes unwürdig, welche die guten Anlagen, mit denen sie ausgestattet sind, mißbrauchen oder gar nicht benutzen. 3) Niemals genoß Theben größeres Ansehen als damals, als Epaminondas, ein Mann, der gewiß die höchste Bewunderung verdient, an der Spitze

des Staates stand. 4) Soviel steht fest, daß viele Menschen weit besser wären, wenn sie eine bessere Erziehung genossen hätten. 5) Die menschliche Natur bringt es mit sich, daß wir denjenigen geneigt sind, welche sich denselben Gefahren unterziehen, die wir überstanden haben. 6) Die spartanischen Knaben erhielten an dem Altare der Artemis die schmerzlichsten Schläge und ertrugen sie schweigend, die einen aus Schamgefühl, die andern aus Furcht, die meisten aus Ruhmsucht. 7) Nicht aus Böswilligkeit oder Mißgunst, nicht aus Eitelkeit oder Ruhmgier, sondern aus Vaterlandsliebe unterdrückte Cicero den Catilina und dessen Genossen, welche, weil sie an Schulden litten, oder aus Gier nach Ehrenstellen oder aus irgend einem andern Grunde von dem Wunsche beseelt waren, den Staat über den Haufen zu stoßen. 8) Nicias, mutlos durch den Abfall der Bundesgenossen, krank durch Sorgen und Anstrengungen, dazu von Natur schwankend und unentschlossen, bat die Athener brieflich darum, aus Sicilien zurückberufen zu werden, da er ein heftiges Nierenleiden habe und die Feldherrnpflichten nicht genügend wahrnehmen könne. 9) Da die Geizigen niemals, selbst mit dem größten Reichtume nicht zufrieden sind, werden sie von Horaz mit denen verglichen, welche an der Wassersucht leiden. 10) Du behauptest, dir sei von der Natur das Streben eingepflanzt, den Notleidenden wohlzuthun, und du fändest in nichts eine größere Befriedigung als in der Mildthätigkeit und der Freude, von deinem Reichtume zu spenden; mir aber scheint derjenige nicht wahrhaft wohlthätig zu sein, welcher von seinen Wohlthaten viel Rühmens macht und nicht bloß in dem Bewußtsein seiner Menschenfreundlichkeit und Sittlichkeit Befriedigung findet, sondern aus Ruhmgier und Eitelkeit spendet. 11) Die Klugheit erkennt man besonders an der Selbstbeherrschung; denn es verrät Klugheit, weder zu viel noch zu wenig auf sich zu vertrauen und nicht aus Unkenntnis der eigenen Kräfte nach zu hohen Dingen emporzustreben. 12) Vollständig wahr ist die Behauptung Catos, diejenige Stadt könne nicht bestehen, in welcher ein Fisch teurer bezahlt werde als ein Rind. Der Hunger kostet wenig, der verwöhnte Geschmack (aber) viel. Der Sieg bei Asculum kostete den Pyrrhus viel Blut und Wunden. 13) Als Dejotarus, welcher wegen seiner vielen Verdienste um das römische Volk von dem Senate mit dem Titel „König" geehrt und mit andern Auszeichnungen und Belohnungen bedacht worden war, von seinem Enkel Castor angeklagt wurde, er habe den Julius Cäsar auf hinterlistige Weise ermorden wollen, wandte er sich durch seine Gesandten, welche er zu seiner Rechtfertigung mit Aufträgen nach Rom geschickt hatte, an Cicero mit der Bitte, er möge ihn, der in die höchste Bekümmernis versetzt sei, verteidigen. 14) Wahrlich, diejenigen sind in einen schweren Irrtum verstrickt, welche ihren Ruhm in Reichtum, Körperkraft und Schönheit suchen; wir müssen uns vielmehr angestrengte Mühe geben, Ruhm durch geistige Tüchtigkeit zu erringen.

## C. Orts-, Raum- und Zeitbestimmungen. Präpositionen.

### 1. Orts- und Raumbestimmungen.

111. Bekanntlich stehen im Lateinischen die einfachen Ortsbestimmungen auf die Frage „wo?" mit *in* c. abl., auf die Frage „wohin?" mit *in* c. acc., auf die

Frage „woher?“ mit *ex* c. abl., z. B. Pisces vivunt *in* mari; legati venerunt *in* castra; Catilina *ex* urbe profugit. Welche Ausnahmen von diesen Regeln kommen bei Übersetzung folgender Sätze und Ausdrücke in Anwendung? a) Der Diktator ließ die Kaufbuden in der ganzen Stadt schließen. In ganz Griechenland gab es keinen weiseren Mann als Sokrates. b) Pausanias wurde an demselben Orte beerdigt, wo er seinen Geist aufgegeben hatte. Die Reiter schweiften, wie ihnen vom Feldherrn befohlen war, allerorten umher. c) Die Perser wurden von den Griechen am Eurymedon zu Lande und zu Wasser besiegt. d) Cicero hat im ersten Buche seiner Tusculanischen Untersuchungen über die Verachtung des Todes gesprochen.

112. Übersetze: 1) Nachdem wir an der Insel gelandet waren, wurden wir von meinem Gastfreunde, in dessen Landhause wir einzukehren versprochen hatten, aufs freundlichste aufgenommen. 2) Als Cicero die Gefahr erkannte, welche dem allgemeinen Wohle durch die verbrecherischen Pläne Catilinas drohte, richtete er sein ganzes Dichten und Trachten auf die Rettung des Staates. 3) Als Artaxerxes heranrückte, verbrannten die Sidonier alle Schiffe, damit niemand seine Hoffnung auf die Flucht setze. Als Plato in der Wiege schlief, sollen sich ihm Bienen auf die Lippen gesetzt haben. Ich habe meine ganze Sache auf deine Nachsicht und Milde gestellt. 4) In Rom lief die Meldung ein, es habe an verschiedenen Stellen Blut und Steine geregnet. 5) Kaum war im punischen Lager gemeldet, daß römische Gesandte in Spanien angekommen seien, als Hannibal einen Boten entsendete, der ihnen verbieten sollte, zu ihm zu kommen. 6) Wohin soll ich mich setzen außer auf diesen Stuhl? Wo werden wir heute abend zusammenkommen? 7) Als der König in der Stadt angekommen war, versammelte sich eine große Menschenmenge auf dem Markte. 8) Der Hirt trieb die Rinderherde auf einer Wiese zusammen. Geizige Leute vergraben oft ihr Geld in der Erde. 9) Wie großer Reichtum in Rom nach der Zerstörung Korinths und Karthagos und nach Unterjochung der Macedonier zusammenfloß, dafür dient schon die Thatsache zum Beweise, daß seit jener Zeit die Bürger abgabenfrei waren. 10) Antonius schrieb auf die Bildsäule, welche er auf die Rednerbühne stellte: Meinem hochverdienten Vater. 11) Der Leichnam des Hanno wurde ans Kreuz geschlagen. 12) Lucretia stieß sich das Messer, welches sie unter ihrem Kleide verborgen hatte, ins Herz. 13) Einen Schwamm ins Wasser tauchen. Einen Vogel in einen Käfig einsperren. Einen Ring in einem Schranke verstecken. Ein Siegel in Wachs abdrücken. Die Truppen an einem Punkte konzentrieren.

113. Übersetze: 1) Ajax sagte prahlerisch: Auf meiner Seite wird die Schlachtreihe nimmermehr durchbrochen werden! Die tapfersten Krieger eröffneten auf beiden Seiten die Schlacht: auf Seiten der Sabiner Curtius, auf römischer Seite Hostius. 2) Die Schlachtreihe fing an, auf dem linken Flügel zu wanken. 3) Wenn man aus dem Schwarzen Meere durch den Bosporus segelt, so liegt zur linken Hand Bithynien, zur rechten Konstantinopel. 4) Die Wachtposten hörten den Klang der Trompeten im feindlichen Lager. Wenn ich mich nicht irre, knarrte eben die Thür bei dem Nachbar. 5) Sicilien ist auf allen Seiten vom Meere umgeben. 6) England stößt im Norden an Schottland, im Süden an den Kanal. 7) Karthago war auf der Land- und Meerseite stark befestigt. 8) Die alten Deutschen faßten die Hörner der Auerochsen am Rande mit Silber ein und gebrauchten sie bei den glänzendsten Gastmählern als Becher.

114. Welche Regel kommt bei Übersetzung folgender Ausdrücke in Anwendung? In einem Wagen fahren, eine Last auf den Schultern tragen, Fische in einem Netze fangen, auf der appischen Straße nach Capua reisen, die Soldaten machten aus allen Thoren einen Ausfall, das Getreide wurde teils auf Schiffen teils auf Wagen herbeigefahren, einen Jüngling in den schönen Künsten unterrichten.

115. Übersetze: 1) Auf die Kunde, daß die Flotte von dem Könige in den Hafen aufgenommen sei, machte der Legat, welcher sich lange müßig im Lager gehalten hatte, aus allen Thoren einen Ausfall, besiegte die Feinde in einem blutigen Kampfe und verheerte die ganze Landschaft mit Feuer und Schwert; darauf ließ er allen denen, welche sich tapfer gezeigt hatten, herrliche Geschenke zukommen. 2) Iphikrates übte das Mietheer, an dessen Spitze er stand, so sehr in jeder Art von Waffen, daß in ganz Griechenland niemandes Truppen für geübter gelten konnten. 3) Da der Vater des T. Pomponius ein reicher und den Wissenschaften ergebener Mann war, ließ er seinen Sohn in allen den Künsten und Wissenschaften unterrichten, in welche man damals die römische Jugend einzuweihen pflegte. 4) Als Alexander, welcher mit seinem ganzen Heere den Indus hinabgefahren war, an den Ocean gekommen war, ließ er die Soldaten teils zu Schiffe teils zu Fuß nach Mesopotamien zurückkehren. 5) Der Jäger, welcher zu Pferde bereits mehrere wilde Tiere mit seinem Geschosse erlegt hatte, begab sich mit einem Jagdspieße in das Dickicht, um einen Bären, welcher sich in seiner Höhle verborgen hielt, zu töten. 6) Die Soldaten machten einen Ausfall aus dem Hinterthore, durchbrachen die feindlichen Werke und schlugen ihr Lager an einer günstigen Stelle auf, zu welcher genügender Proviant teils auf dem Flusse teils auf dem Meere herzugefahren werden konnte. 7) Der Fährmann setzte uns in einem kleinen Kahne über den Fluß. 8) Jemandem im Testamente viel Geld vermachen. Einen Blinden an der Hand führen. Jemanden zur Wut entflammen. Wasser in einem Eimer schöpfen. Das Blut in einer Schale auffangen. Etwas in Worte fassen, in einer Rede zusammenfassen. In Volksversammlungen zusammenkommen. Zu Pferde oder zu Fuß dienen. Aus der hohlen Hand trinken. 9) Clodius lieferte dem Milo ein Gefecht auf der heiligen Straße.

116. **Gieb die Regeln über die Konstruktion der Städtenamen an.**

117. Warum ist in folgenden Sätzen zu dem Städtenamen eine Präposition gesetzt? 1) Caesar *a* Gergovia discessit. Classis *ab* Ostia profecta est. Naves *a* Messana conspectae sunt. 2) Proelium *ad* (od. *apud*) Marathonem commissum. Exercitus *ad* Numantiam perductus est. Tres sunt viae *ad* Mutinam. Omnes *a* Salonis usque *ad* Oricum portus classibus occupavit.

118. Was ist in Bezug auf folgende aus den besten Klassikern genommene Ausdrücke zu bemerken? 1) Macedoniam pervenire. Exercitum Etruriam transducere. Colonos Chersonesum mittere. Africam transire. Euboeam traicere. Domum Chersonesi habere. 2) Numquid Romam vis? Haec via est in silvam. In Pompeianum (in Italiam, Romam) cogitabam. Statueram statim Romam. 3) In alicuius potestatem esse. Aliquem in custodiam habere. Hostes in potestatem habere.

119. Übersetze: 1) Die Schiffe in den Hafen von Messana bringen. In das Lager bei Ardea kommen. Die Soldaten nach Apollonia in Epirus übersetzen. Das Heer in die Winterquartiere im Lande der Sequaner bringen. 2) Verres stahl eine große Menge korinthischer Gefäße aus allen Heiligtümern von Syrakus; auch das Denkmal des Scipio nahm er aus einem Tempel in Agrigent weg. Aus dem Hafen von Tarent absegeln. 3) Auf dem Markte von Rom stand die Rednertribüne. In dem Senatsgebäude von Syrakus.

120. Bekanntlich steht auf die Fragen „wie lange? wie lang? wie breit? wie hoch? wie weit?“ u. ä. der Accusativ der Ausdehnung, z. B. Caesar fossam quinque ped*es* altam, duodecim latam, centum ped*es* longam duxit. Non digit*um* progressus sum. Alexander tridui it*er* processit. Quaedam bestiolae un*um* di*em* vivunt. Pericles quadraginta ann*os* praefuit Athenis. Ist der Satz: „Dieser Nagel ist einen Zoll dick“ richtig übersetzt: Hic clavus digit*um* *crassus* est?

121. Welche Beobachtung ergiebt sich aus folgenden Sätzen? 1) Teanum abest a Larino duodeviginti mil*ia* passuum. Ariovisti copiae a Romanis triginta mil*ibus* passuum aberant. Turres octoginta ped*es* inter se distabant. Aesculapii templum quinque mil*ibus* passuum ab urbe distat. 2) Ariovistus mil*ibus* passuum sex a Caesaris castris consedit. Caesar mil*ia* passuum tr*ia* ab Helvetiorum castris castra posuit.

122. Übersetze: 1) Kaum war im punischen Lager, welches sich vor Numantia befand, die Meldung eingelaufen, daß römische Gesandte zur See in Spanien angekommen seien, als Hannibal einen Boten entsendete, der ihnen gebieten sollte, nicht zu ihm zu kommen. 2) Augustus starb in einem Alter von 76 Jahren in der campanischen Stadt Nola und wurde nicht in Rom selbst auf dem Forum, sondern auf dem Marsfelde verbrannt. 3) Viele vergessen, daß es ein bedeutender Unterschied ist, ob sie in ihrem eigenen oder in einem fremden Hause sich befinden. 4) In ganz Griechenland gab es keinen weiseren Mann als Sokrates, in dessen Haus alle kamen, welche nach Weisheit begierig waren. 5) Horaz hielt sich gern in dem lieblichen Tibur auf. Der Konsul zog von Sora aus in das Gebiet der Samniten und führte seine Truppen geradeswegs vor Feritrum. 6) Der Wurm, der auf der Erde kriecht, und der Adler, der hoch oben in der Luft fliegt, sind Geschöpfe desselben Gottes. 7) Streckt euch ohne alles Bedenken auf den Boden, denn der Rasen ist an dieser Stelle nicht mehr feucht. 8) Die Stelle, welche Cäsar und Ariovist für die Unterredung gewählt hatten, war von dem Lager beider gleich weit entfernt; zweihundert Schritte von diesem Platze stellte Cäsar eine Legion auf; in gleicher Entfernung nahmen Ariovists Reiter Stellung. 9) Hannibal gelangte in zwei Tagen und ebenso vielen Nächten nach Hadrumetum, einer Ortschaft, welche von Zama ungefähr sechzig deutsche Meilen entfernt war. 10) Nachdem ich viele Widerwärtigkeiten und Gefahren daheim und im Felde überstanden hatte, begannen endlich meine Verhältnisse sich besser zu gestalten.

## 2. Zeitbestimmungen.

123. Wann wird bei Zeitbestimmungen auf die Frage „wann“ der bloße Ablativ, wann *in* c. abl. gesetzt?

124. Auf welche dreifache Weise kann man den Satz übersetzen: „Man kämpfte ununterbrochen fünf Stunden lang“?

125. Übersetze: 1) Alexander starb in einem Alter von 33 Jahren und einem Monat. Galba folgte in einem Alter von 73 Jahren dem Nero auf dem Throne nach. 2) Dionysius der Ältere behauptete sich in seiner Tyrannis mit großem Glücke und starb in einem Alter von über 60 Jahren. Auf den Antrag des Pompejus wurde durch ein Gesetz verordnet, daß niemand unter dreißig Jahren ein Staatsamt annehmen solle. Hannibal, jünger als fünfundzwanzig Jahre Feldherr geworden, unterjochte in den nächsten drei Jahren fast alle Völker Spaniens. 3) Der König befindet sich schon seit sechs Tagen in unserer Stadt. Der Bürgerkrieg wütet nun schon seit drei Jahren in unserem Vaterlande. Die Spartaner leben schon seit mehr als siebenhundert Jahren nach ganz denselben Sitten und unveränderten Gesetzen.

126. Übersetze: 1) Wenige Tage nach dem Tode des Scipio. Sechs Jahre früher. Neun Tage später. Nicht lange nachher. Kurz vorher. Geraume Zeit vorher. 2) Aus dem Vaterlande vertrieben, ertrug Themistokles das Unrecht des undankbaren Vaterlandes nicht, sondern that dasselbe, was zwanzig Jahre früher bei den Römern Coriolan gethan hatte. Einige Jahre nach Beendigung des Sklavenkrieges begann Cäsar sich um Ehrenstellen zu bewerben. 3) Heute vor zehn Jahren wurde mein jüngster Sohn geboren. Es sind jetzt vierzehn Tage her, daß meine älteste Schwester starb. 4) Am Tage vor den Kalenden des Mai. Am Tage nach den Iden des Dezember. 5) Die Gesandten erwirkten einen Waffenstillstand auf dreißig Tage. Bei aller Ungewißheit des Lebens schmieden wir Pläne auf viele Jahre hinaus. Cäsar ermahnte den Dumnorix, für die Zukunft alle Veranlassung zum Verdacht zu vermeiden. Wir haben die Abreise auf morgen verschoben. Lebe wohl für immer. 6) Gegen das Ende des Jahres. Gegen acht Uhr. Gegen Abend. 7) In den Tag hinein leben. Bis in die tiefe Nacht hinein wachen. Die Zahl der Feinde vermehrte sich von Tage zu Tage. Die Krankheit verschlimmerte sich von Stunde zu Stunde. 8) Auf den bestimmten Tag kommen. Wir erwarten dich auf den Januar. Pyrrhus gestattete den römischen Gefangenen, das Lager zu verlassen, unter der Bedingung, daß sie auf den vierten Tag zurückkehrten. 9) Noch während der Nacht. Noch während der dritten Nachtwache. Wir werden noch im Laufe des Dezember die Reise antreten. 10) Ich werde vor Ablauf von sechs Tagen nach Hause zurückkehren. Vor Ablauf dieses Monats.

127. Übersetze: 1) Wenn du in deinem Briefe, der heute vor vierzehn Tagen in meine Hände gekommen ist, schreibst, du lebtest viel lieber in der Stadt als auf dem Lande und würdest trotz der Einladung deines Freundes während des ganzen Sommers nicht aufs Land kommen, (so wisse): ich verweile von Frühlingsanfang an nun schon seit drei Monaten auf dem Landgute meines Freundes und bedauere es sehr, daß ich in den nächsten acht Tagen vom Lande zurückkehren muß, um zur Zeit der Wahlen in der Stadt anwesend zu sein. 2) Fast hätte ich vergessen, dir zu schreiben, daß unser Freund, welcher gerade an seinem Geburtstage nach der Hauptstadt gereist ist, um einen Arzt zu Rate zu ziehen, am Feste der Saturnalien krank geworden ist und nun bereits seit zehn Tagen das heftigste Fieber hat; jedoch hat der Arzt, welcher ihn täglich zweimal besucht, versichert, daß jener auf den Monat Oktober (wieder) in der Heimat bei uns sein werde. 3) Es ist oft ein größerer Ruhm, zu rechter Zeit ein Heer gerettet, als viele tausend Feinde getötet zu haben.

### 3. Präpositionen.

128. Welche Präpositionen werden auch als A d v e r b i e n ohne folgendes Substantiv gebraucht?

129. Welche Präpositionen werden regelmäßig ihrem Nomen n a c h g e s t e l l t?

130. Welche Regeln in Beziehung auf die S t e l l u n g der Präpositionen ergeben sich aus folgenden Beispielen? 1) Per ego te deos oro. Per ego vos deos patrios oro, vindicate ab ultimo dedecore nomen gentemque Persarum. 2) Magno cum periculo. Gravi de causa. Quibus de rebus. Qua in urbe. Istis in silvis. Tanto in honore. 3) Ante urbis portas. Ad iudiciorum certamen. In avium rostris. 4) Ad beate vivendum. Ad recte discendas litteras. De praeclare gestis rebus. 5) Post autem Alexandri Magni mortem. Praeter enim tres disciplinas. 6) Propter vel gratiam vel dignitatem. Cum et diurno et nocturno metu. 7) Segetes, quas inter et castra unus omnino collis interest. Is, quem contra dicis. Res, qua de agitur. Illud, quo de agitur. Hunc adversus Pharna-

bazus habitus est imperator. Hunc post. Dies, quam ante. Urbes, quas circa. Modus, quem ultra progredi non oportet. 8) Hannibal patriam reliquit ad Antiochumque confugit. Milites fusi in urbeque obsessi sunt. Recte et ordine ex reque publica facere. Pro vita civium proque universa re publica. Atticus pecuniam sine fenore sineque ulla stipulatione ei credidit. 9) Campi, qui Faesulas inter Arretiumque iacent. Saxa inter et alia loca periculosa.

131. Welche Fehler sind in folgenden Beispielen? 1) Cum ex Graecia arcessitis militibus. In ad mare sita urbe. 2) Ad praesidiis firmanda moenia. A proelii cupidis militibus. In mihi invisum locum.

132. Warum ist in dem Satze Milites *pro uxoribus et liberis* pugnant die Präposition nur einmal, nämlich bei dem ersten Begriffe gesetzt, während sie in dem Satze Persae *et apud Salamina et apud Plataeas* pugnaverunt vor beiden Begriffen steht?

133. Übersetze: 1) Vor und in dem Lager. 2) Diesseits und jenseits des Oceans. 3) Über und unter der Erde. 4) Einige sprachen für, andere gegen den Gesetzesvorschlag. 5) Einige Tiere können ebensowohl innerhalb als außerhalb des Wassers leben. 6) Die Pferde weideten teils vor teils in dem Walde. 7) Die Sophisten behaupteten, zur Auffindung der Wahrheit müsse man für und wider alles reden, damit die Zuhörer sich mehr durch ein vernünftiges Denken als durch eine Auktorität (sc. des Redners) leiten ließen. 8) Die Stoiker behaupteten, nur das Sittlichgute sei ein Gut; die Peripatetiker dagegen, der Sittlichkeit sei die erste, ja weitaus die erste Stelle einzuräumen, doch gebe es auch innerhalb und außerhalb des Leiblichen mancherlei Güter.

134. Wie unterscheiden sich bei Angabe einer Trennung oder Entfernung die drei Präpositionen *ab*, *de* und *ex*?

135. Ist der Satz: „Ich habe gestern bei meinem Onkel gespeist" richtig übersetzt: Heri *ad* avunculum meum cenavi?

136. Übersetze: 1) Bei Homer prahlt Nestor oft mit seinen Tugenden. Wen sollte nicht der Thersites bei Homer zum Lachen bringen? 2) Bei den Göttern schwören. Ich beschwöre euch bei der Erinnerung an unsere gemeinschaftlich verlebte Jugend. 3) In einer Monarchie ist die Macht beim Regenten. In eurer Hand liegt die Entscheidung des Sieges. 4) Beim Spazierengehen vom (rechten) Wege abkommen. Bei Tische einschlafen. Während des Gastmahles ging kein Wort über seine Lippen. 5) Cäsar nahm bei der Festung Stellung und schlug sein Lager dicht bei der Mauer auf. Cäsar fiel, von 23 Wunden durchbohrt, dicht bei der Bildsäule des Pompejus nieder. Der Schwan baut sein Nest dicht neben die Ufer. 6) Gesandte bei den benachbarten Völkerschaften herumschicken. In den Städten von Etrurien herumirren. 7) Bei der Wiese fließt ein Bach hin. Die Teutonen führten ihr Heer an dem Lager des Marius vorbei. 8) Ich habe in der letzten Nacht vieles bei mir überlegt. Ich habe bei mir beschlossen, nach Amerika auszuwandern. 9) Bei aller deiner Klugheit hast du dich doch täuschen lassen. Der Schlechte ist bei dem größten Reichtum unglücklich.

137. Wie unterscheidet sich *causa* „wegen" von *propter*, *ob*, *prae* und *gratia*?

138. Übersetze: 1) Du bist mir wegen deiner Dünkelhaftigkeit verhaßt. Cicero schickte seinen Sohn Marcus nach Athen zu Cratippus wegen der hohen Bedeutung der Stadt wie des Lehrers. 2) Die Jäger dressieren die Hunde der Jagd wegen. Die Kaufleute durchfahren die Meere des Gewinnes wegen. 3) Christus ist um der Menschen willen in den Tod gegangen. 4) Wie vieles, was wir unser selbst wegen nicht thun würden, thun wir nicht den Freunden zuliebe! 5) Es war des Lärmes wegen unmöglich, die Worte des Redners zu verstehen. 6) Als ein

Perser prahlte: Ihr werdet die Sonne wegen der Unmasse der Pfeile nicht sehen, erwiderte Leonidas: Nun, dann werden wir im Schatten kämpfen. 7) Das Mädchen konnte vor Thränen nicht sprechen. 8) Meinetwegen darfst du bleiben oder weggehen. 9) Nach den Gesetzen ist es erlaubt, eine Waffe der Selbstverteidigung wegen zu gebrauchen. 10) Meinetwegen mögen alle Diebe aufgehängt werden. 11) Wenn du deiner Gesundheit und der Jahreszeit wegen eine Seereise machen kannst, so komm zu uns. 12) Wir haben ein Bündnis mit euch geschlossen nicht zum Zwecke der Knechtung Griechenlands, sondern zur Befreiung von den Persern. 13) „Unsertwegen", sprechen gottlose Bürger, „mag das Vaterland zu Grunde gehen; für uns allein leben wir, für uns allein sorgen wir".

139. Wann wird das deutsche „für" durch *pro* übersetzt?

140. Übersetze: 1) Der junge König wurde für tot vom Schlachtfelde weggetragen. 2) Die Römer waren der Ansicht, sie seien nicht für sich, sondern für das Vaterland geboren. 3) Alcestis trug kein Bedenken, für ihren Gemahl Admetus zu sterben. 4) Wenn mir doch endlich der Lohn für meine Mühe zu teil würde! 5) Es ist unmöglich, die Tugend für Gold und Silber zu kaufen. 6) Ich für meine Person bin der Ansicht, daß es sich für niemanden gezieme, für sich allein zu sorgen. 7) Wir wollen alle, ein jeder für seinen Teil, danach streben, daß jener schamlose Verräter unserer Sache für seine Schandthat büße. 8) Von einem jeden, der nicht für mich ist, glaube ich, daß er gegen mich sei. 9) Für alle Fälle gerüstet sein. Die Rüstungen für den Krieg vernachlässigen. Geld für den Krieg beisteuern. 10) Den Soldaten war Proviant für sechs Tage zugeteilt. 11) Es ist abscheulich, sich für Wohlthaten nicht dankbar zu beweisen. 12) Es ist mehr als einmal vorgekommen, daß die Athener Mitbürgern für die größten Verdienste um das Vaterland mit Undank gelohnt haben. 13) Hannibal lieferte alle Latiner, soviele er deren gefangen genommen hatte, ohne Lösegeld aus, indem er erklärte, er sei deshalb nach Italien gekommen, um für die Freiheit der Latiner gegen die Römer zu kämpfen. 14) Sinn für Wahrheit; Sinn für Ehre; Gefühl für das Schöne; Gefühl für die Pflicht; Gefühl für Anstand und Scham. 15) Als einmal der Kaiser Nero vom Schnupfen befallen war, stellte man in Rom öffentliche Gebete für seine göttliche Stimme an, die an und für sich schwach, jetzt aber vollends ganz heiser war. 16) Hüte dich, einen Menschen für deinen Freund zu halten, der sich nicht schämt, dir ins Gesicht zu schmeicheln.

141. Wie wird im Lateinischen das örtliche „vor" übersetzt?

142. Welcher Unterschied ist zwischen den Ausdrücken Ego *prae ceteris* beatus sum und Ego *praeter ceteros* beatus sum?

143. Wie unterscheidet sich *circa* von *circum*?

144. Welcher Unterschied ist zwischen *cis* und *citra, trans* und *ultra*?

145. Ist es erlaubt, die Präposition *absque* (= sine) beim Lateinschreiben zu gebrauchen?

146. Welchen Gebrauch haben: 1) *pone;* 2) *tenus;* 3) *usque;* 4) *infra;* 5) *supra;* 6) *ultra?*

147. Ist es richtig, *super* und *subter* auf die Frage „wo?" mit dem Ablativ zu verbinden?

148. Ist es erlaubt, die Redensarten „Über die Unsterblichkeit der Seele sprechen, über die heiligen Kriege schreiben" zu übersetzen: *Super* immortalitate animorum dicere, *super* bellis sacris scribere?

149. Welcher Unterschied entsteht, wenn man in den Sätzen: Hanc epistulam tibi *in itinere* scripsi; Milites *in fuga* praedabantur statt *in* die Präposition *ex* setzt?

150. Welche Regeln kommen bei Übersetzung folgender Sätze in Anwendung? 1) Die eine Seite von England liegt Frankreich gegenüber. Auch Feinden gegenüber

muß man gewisse Pflichten beobachten. 2) Wann hat Cicero die Reden gegen Catilina gehalten? Während du früher stets durchaus wohlwollend gegen uns gewesen bist, handelst du jetzt stets rücksichtslos gegen uns. 3) Diese Brücke hat an zwanzigtausend **Denare** gekostet. An zweihundert Häuser sind durch die Feuersbrunst vernichtet worden. 4) Es ist viel schwerer, gegen den Strom, als mit dem Strome zu schwimmen. 5) Du hast zu große Strenge gegen deinen Sohn angewandt. 6) Der Hund ist klein gegen den Elefanten, aber groß gegen die Maus. Cicero war gelehrt, aber nichts gegen den Varro. 7) Gegen unsere Hoffnung. Gegen alle Erwartung. Gegen Ordnung und Sitte. Gegen meine Gewohnheit. Gegen die Ansicht des Feldherrn. Jemanden gegen die Gesetze zum Tode verurteilen. 8) Nichts ist, um mit Juvenal zu reden, besser als ein gesunder Geist in einem gesunden Leibe. 9) Unter allen Besitztümern im Leben ist nächst den Göttern die Seele das göttlichste. Nach Paris ist Lyon die größte Stadt Frankreichs. Nach meinem Bruder bist du mir der liebste unter allen Menschen. Der sechste König nach Romulus war Servius Tullius. Die Kriegerkaste ist in Indien die nächste nach derjenigen der Priester. Zur Zeit des Kaisers Tiberius galt Patavium als die erste Stadt Italiens nach Rom. 10) Das Lager wurde unmittelbar nach der Schlacht genommen. Die Senatssitzung war zahlreicher besucht, als es in der Regel gleich nach den Festtagen der Fall ist. Ich halte es nicht für zuträglich, auf das Mittagbrot zu schlafen. 11) Die Meerenge, in welcher Helle von dem goldenen Widder herabgefallen war, hieß nach ihr der Hellespont. Ich habe meinen jüngsten Sohn nach seinem Großvater Friedrich genannt. 12) Der Bau der Knospen ist nach der Verschiedenheit der Pflanzen verschieden. Unterstütze die Armen nach Kräften. Numa teilte das Jahr nach der Bewegung des Mondes in zwölf Monate. Falsche Leute reden alles nach Wunsch, nichts nach der Wahrheit. Sklaven thun alles nach dem Befehle und Winke ihres Herrn. Die Soldaten zogen sich nach Vorschrift zurück. Einen Entschluß nach den Zeitumständen (Verhältnissen) fassen. Etwas nach historischer Treue schildern. Nach der Natur leben. Mörder werden nach dem Gesetze mit dem Tode bestraft.

151. Übersetze: 1) Bei Platää haben die Griechen einen herrlichen Sieg über die Perser davongetragen. 2) Über einen Gegner triumphieren. 3) Eine Brücke über einen Fluß schlagen. Über den Tiber führte eine hölzerne Brücke. 4) Seinen Weg über die Alpen nehmen. Über Wien nach Venedig reisen. Einen Balken über den Markt tragen. Sich über die Leichen der Gefallenen einen Weg bahnen. Der Weg vom Isthmus nach Megaris und Attika geht über die skironischen Felsen. 5) Briefe über Briefe schreiben. Sünde über Sünde begehen. Geld über Geld ansammeln. Die Rehe liefen eins nach dem andern ins Dickicht. Einen Tag nach dem andern warten. Einen Krieg nach dem andern führen. 6) Ohne dich wäre mein Sohn ertrunken. Ohne Themistokles wäre die griechische Freiheit untergegangen. Ohne den einen Mann Horatius Cocles wären die Etrusker über die Brücke in die Stadt gedrungen. Der Name des Herodot würde ohne seine Geschichte nicht mehr da sein. 7) Ohne Zweifel hast du dies nur im Scherz gesagt. Der Bauer warf sich ohne alles Bedenken in den Strom, um das Kind zu retten. 8) Die Soldaten fochten, so gut sie konnten, ohne Kommando, ohne geordnete Aufstellung. 9) Wir werden alle ohne Ausnahme auf dem Markte zusammenkommen. Der Sturm hatte die Bäume ohne

Ausnahme umgeworfen. 10) Von einer Reise zurückkehren. Vom Schlafe erwachen. Von einer Krankheit genesen. Sich von seiner Angst erholen. Von den überstandenen Strapazen ausruhen. 11) Ich habe diese Nachricht von dem Konsul selbst gehört. 12) Aus welchem Grunde wurde Miltiades ins Gefängnis geworfen?

152. Übersetze: 1) In den Krieg ziehen. 2) Brunnen waren in der ganzen Stadt Athen, aber nur eine Quelle. 3) Die Soldaten müssen sich täglich in den Waffen üben. 4) Es ist die Pflicht der Jüngeren, auf die Worte der Älteren zu hören. 5) Auf der Partei der Optimaten stehen. 6) Einen Dieb auf frischer That ertappen. 7) Auf meinen Brief hat der Vater noch nicht geantwortet. 8) Außer dem Anführer und einigen wenigen Soldaten wurden die übrigen niedergehauen. Der Hirsch war durch das Gestrüpp so verdeckt, daß man von ihm nichts außer seinem Geweihe sehen konnte. 9) Sich Verdienste um das Vaterland erwerben. Eure Verdienste um das Vaterland werden von allen gebührend gelobt. 10) Es ist eine schöne Sache um den Ruhm. Es ist etwas Erhabenes um die Feindesliebe. 11) Siehst du nicht, daß es sich jetzt um das Leben deines Freundes handelt? 12) Die Beute ungerecht unter die Soldaten verteilen. 13) Der Friede kam unter billigen Bedingungen zustande. 14) Unter der Herrschaft (Botmäßigkeit) jemandes stehen. Der Schüler steht unter der Aufsicht des Lehrers. Mein Vater hat unter Napoleon bei Leipzig gekämpft. Dein Bruder sitzt in der Schule unter mir. Auch die am höchsten entwickelten Affen stehen sowohl in körperlicher als geistiger Hinsicht tief unter dem Menschen. 15) Eine ansehnliche Barschaft bei sich tragen. Für manche Menschen bringt der Reichtum nicht Freude, sondern Überdruß mit sich. Die Habsucht bringt allerlei Laster mit sich. Die Natur bringt es so mit sich, daß wir denen geneigt sind, die unser Mitleid anflehen.

153. Was bedeutet: 1) Apud exercitum esse und in exercitu esse. 2) Per mare navigare; trans mare navigare. 3) De alieno largiri nefas est. 4) Multa secundum causam nostram disputavi. 5) Hector, Parmenionis filius, inter paucos Alexandro carus erat. 6) Magistratuum est facere, quidquid e re publica sit. 7) Sub corona vendere; sub hasta venire. 8) Sub pellibus hiemare. 9) Heres ex asse; heres ex semisse. 10) Alicui esse ab epistulis, a bibliotheca, a rationibus, a supellectile, a veste, a pedibus, a balneis. 11) Cotta ex consulatu in Galliam profectus est. 12) Aliquem inter sicarios accusare. 13) Inter falcarios (lignarios) habitare. 14) Ad vivum aliquid resecare. 15) Caesar aggerem in altitudinem pedum octoginta exstruxit. 16) A re frumentaria laborare. Nihil isti adulescenti neque a natura neque a doctrina deest. Dux militibus ad pugnam non multum confidebat. Milites nihil ad celeritatem sibi reliqui fecerunt. 17) Invidia non cadit in sapientem. 18) Sermones hominum nihil ad sapientem pertinent. 19) Haec omnia pertinent ad fidelitatem. 20) In manibus esse. 21) Per manus tradere. 22) Studiis hominum, praesertim in re bona, obsistere aequum non est.

154. Wie in den Ausdrücken: „Nach wenigen Tagen" paucis diebus *interiectis*, „in einem Kahne fliehen" scaphā *exceptum* fugere, „im Zorne erschlagen" irā *incensum* occidere, „durch List besiegen" dolo *usum* vincere die deutsche Präposition durch einen b e z e i c h n e n d e r e n Ausdruck ersetzt ist, so möge auch in folgenden Sätzen der Präpositionalbegriff energisch u m s c h r i e b e n werden: 1) N a ch kurzer Zeit legten die aufrührerischen Soldaten die Waffen nieder. 2) N a ch einer Zwischenzeit von wenigen Tagen stand er a u f meine Bitten von seinem Plane ab. Napoleon fing mit Rußland Krieg an u n t e r dem Vorwande, daß die Engländer mit Rußlands Hilfe ihre Waren verkauften und seinen Anordnungen trotzten. 3) Ein Schwert hing a n einem Pferdehaare über

dem Haupte des Damokles. 4) Mein Freund schreibt in seinem Briefe vom ersten Februar, daß er einer Krankheit wegen seine Geschäfte nicht versehen könne. 5) Von Kato sagt Cicero, daß er bei der besten Gesinnung und der größten Redlichkeit dem Staate bisweilen geschadet habe. 6) Gustav Adolf blieb auch in seinem höchsten Kriegsglücke noch Mensch und Christ. 7) Die Bäume schwanken im Sturmwinde. Fruchtgärten mit Weinreben und Feigenbäumen. 8) Mancher hat seinen Ruhm mehr durch glücklichen Zufall als durch Verdienst erlangt. 9) Jugurtha hatte durch Bestechungen viele Römer auf seine Seite gebracht. 10) Joseph rettete die Ägypter in einer Hungersnot. 11) Vorgestern hat uns der Lehrer das Märchen vom Könige Midas mit seinen Eselsohren erzählt. In dem nördlichen Teile der Insel Cos befand sich der berühmte Tempel des Asklepios mit reichen Weihgeschenken. 12) Pyrrhus besiegte die Römer zweimal durch seine Elefanten. 13) Ein Mensch ohne Bildung ist wie ein ungeschliffener Edelstein. Ein Staat ohne Gesetze; eine Stadt ohne Verteidiger; ein Weib ohne Scham; ein Leben ohne Freunde. 14) Große Steinblöcke bewegt man auf Walzen. Den Vater auf dem Rücken, den Sohn an der Hand, gelangte Äneas nach Antandros. 15) Alexander löste den Knoten des Gordius vermittelst einer List. 16) Alte Leute gehen an einem Stocke. Die Alten erzählten von der Ohreule, sie söge den Kindern in der Wiege das Blut aus. 17) Durch die Wissenschaften werden Jünglinge zu edlen Menschen gebildet. 18) Der triumphierende Feldherr fuhr auf einem goldgeschmückten Wagen in der tunica palmata und toga picta durch die Stadt nach dem Kapitol. 19) Als Napoleon nach der Schlacht bei Waterloo von den Preußen auf der Flucht überrascht wurde, warf er sich ohne Hut und Degen aufs Pferd. 20) Ich kann vor lauter Sorgen nicht schlafen. 21) Den Epimenides haben die Athener bei einem bürgerlichen Zwiste nach Athen geholt. 22) Der Grieche Strabo erzählt, daß Alexander nach der Hinrichtung des Philotas etliche Männer auf Dromedaren nach Ekbatana gesandt habe, um daselbst auch den Vater des Philotas, Parmenio, ums Leben zu bringen. 23) Ohne Wahrhaftigkeit ist weder Treue noch Gerechtigkeit noch irgend eine Tugend denkbar. 24) Die Soldaten kehrten mit reicher Beute in die Heimat zurück. 25) Die Richter wollten trotz der größten Gefahr lieber in den Tod gehen als für Geld den Angeklagten, welcher inmitten eines großen Volkshaufens zu dem Tribunal gekommen war, freisprechen.

154b. Übersetze: 1) Oberhalb der Stadt dicht bei der Brücke, welche über den Fluß führt, wird gegen Ende des Herbstes ein Denkmal aus Erz errichtet werden. Der Hirt trieb die Schafe längs eines Baches über die Wiesen vor sich her. Bei Homer schwören die Götter bei der Styx, welche unter der Erde nahe am Eingange des Hades wohnend gedacht wurde. 2) Magst du auch den Schein des Glückes zur Schau tragen: du bist doch trotz des größten Reichtums unglücklich. Ich habe nicht genug Geld bei mir, um dir für die Ware den ausgemachten Preis zu bezahlen. 3) Geh, Mucius, sagte der König Porsena; nach dem Rechte des Krieges entlasse ich dich unberührt und unverletzt aus meiner Hand; daß doch deine Tapferkeit auf seiten meines Vaterlandes stände! 4) Auf Veranlassung des Themistokles erbauten die Athener von dem Gelde, welches aus den Bergwerken einkam, die Flotte, mit der sie bald darauf die griechische Freiheit vor der persischen Knechtschaft schützten. 5) Du bist jetzt vor vierzehn Jahren bei dem

Konsul Papirius Quästor gewesen; was du seit jener Zeit bis auf den heutigen Tag zum Unheil des Staates gethan hast, werde ich vor den Richtern erwähnen, das übrige aber mit Stillschweigen übergehen. 6) Vor Thränen kann ich das übrige, was ich aus dem Munde deines Bruders selbst gestern gegen Abend gehört habe, nicht schreiben; nur das eine füge ich hinzu, daß jener selbst vor Schmerz kaum reden konnte. Die zurückkehrenden Verbannten weinten vor Freude, als sie von der Spitze eines Berges ihre Vaterstadt aus der Ferne sahen. 7) Kaum war es Tag geworden, als die Römer vor und in dem feindlichen Lager ungewöhnliches Stillschweigen wahrnahmen, wodurch es denn geschah, daß alle meinten, die Feinde seien noch in der Nacht nach dem Meere zu entflohen. 8) Achilles verachtete das Leben und die anderen irdischen Güter im Vergleich mit der Freundschaft und ging lieber dem sicheren Tode selbst entgegen, als daß er den Patroklos, den er seit der Kindheit von Herzen liebte, ungerächt gelassen hätte. 9) Glückselig kann man nach meiner Überzeugung niemanden vor dem Todestage nennen; denn schon oft sind Menschen, welche vor den anderen glücklich zu sein schienen, wider Vermuten in die größten Unfälle geraten. 10) Hannibal entfloh während des Getümmels mit nur wenigen Reitern von Zama nach Hadrumetum, nachdem er sowohl vor als während der Schlacht alles nach Zeit und Umständen versucht hatte, um entweder billige Friedensbedingungen von Scipio zu erlangen oder als Sieger aus dem Kampfe hervorzugehen. 11) Wer trotz der mißlichsten äußern Umstände nichts als das Sittlichgute im Auge hat und stets ohne Verschuldung zu sein sucht, wird mit Recht für groß gehalten; wer aber von dem Urteile der unerfahrenen Menge abhängt und alles nach dem Wunsche anderer thut, der kann nicht unter die großen Männer gerechnet werden. 12) Groß ist die Kraft des Gewissens und zwar nach beiden Seiten, so daß einerseits die, welche nichts gegen Pflicht und Gesetz gethan haben, keine Furcht hegen, andrerseits aber denen, welche sich vergangen haben, immer die Strafe vor Augen schwebt. 13) Ich lobe es an euch, daß ihr, obgleich ihr vor allen reich und glücklich seid, dennoch niemanden neben euch verachtet und einen im Verhältnis zu eurem Vermögen mäßigen Aufwand macht. 14) Wachen waren vor dem Feldherrnzelte aufgestellt. Vor dem Dorfe am Fuße eines steilen Berges liegt ein klarer Teich, um welchen herum viele Pappeln gepflanzt sind. In der Hoffnung, Capua zu entsetzen, rückte Hannibal vor die Stadt Rom und schlug sein Lager direkt vor den Thoren der Stadt auf. 15) Euböa, eine Insel, welche Attika und Böotien gegenüber lag, wurde durch die Meerenge des Euripus vom Festlande getrennt. Wer lesen lernen will, muß mit der Erlernung der Buchstaben anfangen. Falsche Leute reden alles nach Wunsch, nichts nach der Wahrheit. 16) Der Sprecher der Gesandtschaft stand vorn auf dem Tribunal und las seine Rede nicht vom Blatte ab, sondern redete aus dem Stegreife. 17) Außer dem Anführer wurden die übrigen Gefangenen, an fünfhundert Menschen, bis auf den letzten Mann niedergehauen. 18) Bei Salamis wurde die persische Flotte, die größte seit Menschengedenken, vernichtet. 19) Der Centurio, welcher aus der Schlachtreihe herausgeritten war, wurde von einer Lanze durch den Panzer verwundet. 20) Alle Gallier bis auf einen einzigen trugen sowohl goldene Ketten um den Hals als Ringe an den Fingern.

# D. Eigentümlichkeiten im Gebrauch der Substantiva und Adjectiva.

## 1. Singular und Plural.

155. Welchen Gebrauch hat der kollektivische Singular im Lateinischen?

156. Was ist in folgenden Sätzen gegen den Gebrauch der Klassiker? 1) Rex egregiis vestibus ornatus erat. 2) Inimicitia acerbissima erat inter Romanos et Carthaginienses. 3) In hoc puero magnae indoles („große Anlagen") inesse videntur. 4) Nostra aetate scientiae admodum auctae sunt. 5) Etruria a Gallia Cispadana dividebatur Apenninorum dorso.

157. Übersetze: 1) Warum hast du dein Haupt mit Rosen bekränzt? 2) Laßt uns den Boden des Zimmers mit Veilchen bestreuen und die Wände mit Lilien, Hyacinthen, Kornblumen und Epheu schmücken. 3) Die Pythagoreer aßen keine Bohnen. 4) England hatte im Altertum Überfluß an Holz aller Art, nur keine Buchen und Tannen. 5) Diese Teiche wimmeln von Fischen und Schaltieren. 6) Offenbar sind meine Anlagen weniger gut als die deinigen; trotzdem glaube ich mit vollem Rechte behaupten zu dürfen, daß meine Kenntnisse nicht geringer sind als deine. 7) Da Hiero, der König von Syrakus, wußte, daß das römische Volk keine (andern) Fußsoldaten und Reiter in den Legionen hatte als Römer und Latiner, so schickte er demselben nur Bogenschützen und Schleuderer zu Hilfe, eine Mannschaft, von der er hoffte, daß sie eine passende Verwendung gegen die Balearier und Mauren finden würde. 8) Bei den alten Deutschen trugen die Frauen in der Regel dieselben Kleider wie die Männer, nur daß sie sich öfter in leinene Kleider hüllten und dieselben mit Purpur besetzten.

158. Achte in folgenden Ausdrücken und Sätzen genau auf den Gebrauch des Singulars und Plurals: 1) Eine Reise zu Fuß antreten; Tag und Nacht lernen; den Schmeichlern sein Ohr leihen; Gesetz und Sitte verhöhnen. 2) Sein Auge an der Qual jemandes weiden. An der katilinarischen Verschwörung waren viele beteiligt, welche ihr Erbe verschwendet hatten. Die Freunde gaben **einander** die Hand. 3) In alten Zeiten trugen die Sieger in den olympischen Spielen nicht einen von Gold und Edelsteinen schimmernden Kranz, sondern einen von Ölzweigen geflochtenen, der nicht die Belohnung, sondern (nur) das Kennzeichen des Verdienstes sein sollte. 4) Die Bürger griffen zum Schwerte; die Feinde wandten den Rücken; den Gefangenen wurde der Kopf abgeschlagen; die Reiter sprangen vom Pferde. 5) Klein ist aller Dinge Anfang. 6) Nimm dir die besten Schriftsteller zum Muster. 7) Die Herren halten ihr Gesinde in Zucht. Es giebt sehr viele Vögel, die zu gewissen Zeiten ihren Wohnsitz verändern. 8) Den Lauf der Sterne beobachten; aus dem Fluge und Gesange der Vögel die Zukunft vorhersagen. 9) Die Schauspieler schminken ihr Gesicht; die griechischen Schauspieler gingen auf **dem Kothurn**. 10) Großer Männer Leben und Charakter, mögen sie sich im Kriege oder im Frieden ausgezeichnet haben, kennen zu lernen ist nicht allein angenehm, sondern auch nützlich und notwendig. 11) Oft ist es schwer, den Geist und die Gesinnung der Leute zu durchschauen. 12) Wir bewundern die Höhe und Schlankheit dieser Bäume, das saftige Grün

der Flußufer, die durchsichtige Flut der Ströme. 13) Kleanthes behauptete, der Gottesbegriff sei im Geiste des Menschen ausgeprägt. 14) Die Kranken müssen den Vorschriften des Arztes nachkommen, um von ihrer Krankheit frei zu werden. 15) Fasset Mut, Jünglinge! Dem Mutigen steht das Glück bei. 16) Zu Athen lernten die freigeborenen Knaben fleißig die Zither spielen und nach dem Klange der Saiten singen, um so die zarte Brust gleichsam mit dem Tau der Aganippe früh zu benetzen. 17) Solon wollte, daß die Söhne ärmerer Eltern wenigstens ein sitzendes Handwerk lernten. 18) Die Erscheinung ist oft zu Tage getreten, daß große Geister den Haß und Neid ihrer Mitbürger sich zugezogen haben. 19) Bei den alten Persern setzte sich der Sohn nicht in Gegenwart seiner Mutter. 20) Nach dem Willen unserer Vorfahren sollte in schweren Kriegen die ganze militärische Gewalt in der Hand des Diktators liegen, dessen Name schon die Größe der ihm zustehenden Amtsbefugnis bezeichnete. 21) Tacitus sagt in seiner Schrift „Germania", er pflichte der Ansicht derer bei, welche glaubten, die Deutschen seien durchaus nicht durch die Ankunft und Einkehr anderer Völker vermischt und deshalb ein eigener, reiner, nur sich selbst ähnlicher Stamm.

159. a) Bezeichnet *litterae* nur „einen Brief" oder auch „Briefe"? b) Bedeutet *loci* auch „Örter, Gegenden"?

160. Übersetze: 1) Ein schwarzes und ein weißes Schaf. Ein goldener und ein silberner Becher sind mir geschenkt. In dem Hafen von Brundisium und Tarent. Die zweite und dritte Legion. Die Feldmark von Falerii und Capua. 2) Tiberius und Gajus Gracchus. Cassius und Mälius Spurius. Lucius und Gaius Quinctius Cincinnatus. 3) Inter Britannos multi Croesi sunt. Sint Maecenates: non deerunt Vergilii. Non omnes possumus esse Scipiones aut Maximi. 4) **Philippische Goldstücke (Philippes d'or).**

## 2. Substantiva.

161. Welche Beobachtung rücksichtlich der Bedeutung mancher Substantiva läßt sich an folgenden Sätzen machen? Non est consilium in vulgo, non *discrimen*, non *modus*. *Libertas* Germanorum abhorrebat a dominatione Romanorum.

162. Welche Regel tritt bei Übersetzung folgender Sätze hervor? Cicero beschäftigte sich schon in seiner Jugend mit der Philosophie der Peripatetiker. In der Kindheit oder im Jünglingsalter wird man leichter gesund als im höhern Alter. Im Lande der Volsker wurde glücklich gekämpft.

163. Übersetze: 1) Wie C. Marius in jungen Jahren erzogen war, so ist er während seines ganzen Lebens gewesen, ein schlichter Landmann, aber ein ganzer Mann, rauh und abstoßend, aber von unbescholtenem Lebenswandel. 2) Hiero versprach, er wolle in seinem Greisenalter den Römern mit derselben Gesinnung und (demselben) Pflichtgefühle helfen, wie er es in seinen Jünglingsjahren zur Zeit des vorigen Krieges gethan habe. 3) Wahrlich, bewundernswürdig war die Denk- und Handlungsweise des Themistokles, welcher, von dem Kleinmute der übrigen Griechen weit entfernt und ohne sich von eitler Ruhmsucht leiten zu lassen, die Veranlassung zu der Schlacht bei Salamis und die Rettung für das gesamte Griechenland wurde. 4) C. Junius Bubulcus weihte den Tempel der Salus, den er während seines Konsulats gelobt und während seiner Censur zum Bau verdungen hatte, während seiner Diktatur ein. 5) C. Julius Cäsar wurde während des

sechsten Konsulats des Marius 100 v. Chr. im Monat Quintilis geboren. 6) Wie groß die Lasterhaftigkeit der römischen Aristokratie, wie verderbt das Gerichtswesen und die Verfassung, wie wenig Gefühl für Recht und Billigkeit in der Bürgerschaft überhaupt, besonders aber bei der Optimatenpartei war, hat Sallust an mehr als einer Stelle mit ganz außerordentlicher Kraft der Sprache dargestellt. 7) In unserer Kindheit, sagt Cicero, als Cotta und Hortensius lebten, stellte da wohl jemand, vorausgesetzt daß er die freie Wahl hatte, irgend jemanden über diese Männer? 8) Schon von Kindheit an müssen wir anfangen, uns an Strapazen und Abhärtung zu gewöhnen; denn wenn wir in der Jugend unsere Kräfte nicht üben, werden wir uns im Alter erfolglos anstrengen. 9) Ein Gegenstand des gewaltigsten Grausens war für die (Seelen) in der Unterwelt der dreiköpfige Höllenhund, welcher gerade am Eingange zum Hades seinen Stand hatte und keinen von dort hinausließ.

164. Übersetze mit Anwendung abstrakter Substantiva statt der deutschen Konkreta folgende Sätze: 1) Es ist besser, unter wilden Tieren zu leben, als bei solchen Unmenschen zu verweilen. 2) Cicero hat durch die Kraft seiner Beredsamkeit öfters unschuldige Menschen vor der gerichtlichen Strafe gerettet. 3) Der Sieg bei Salamis hat die ganze Menschheit vor dem Eindringen der Barbarenvölker bewahrt. 4) Ist es nicht jammervoll, daß die Herrschaft in die Gewalt höchst thörichter, nichtswürdiger Menschen geraten ist? 5) Wie lange wollen wir denn eigentlich diesen greulichen Menschen noch leben lassen? 6) Die Alten haben über viele Sachen nicht richtig geurteilt. 7) Die Ländereien der reichen Römer waren den Sklaven zur Bebauung übergeben. 8) Alle Nachbarn versammelten sich in unserm Hause, um meinem Vater die letzte Ehre zu erweisen. 9) Greise sind bisweilen etwas mürrisch. 10) Auch hierin ist Ajax ein Ebenbild der Titanen, daß er mit Gewalt alles vollbringen und ausführen zu können meint und Maßregeln der Klugheit als eine Zufluchtsstätte für Feige und Unkriegerische verschmäht.

165. Sind die Sätze: 1) Cäsars Tapferkeit und Einsicht siegte über Gallien. 2) Dies Buch handelt von der Jagd und dem Fischfange. 3) Athen hat die persischen Angriffe zu schanden gemacht. 4) Die Grausamkeit riß den Kambyses zu den abscheulichsten Gewaltthaten hin. 5) Platää allein schickte den Athenern Hilfstruppen. Rom hatte die Stadt Sagunt in Bundesgenossenschaft aufgenommen — in folgender Weise richtig übersetzt? 1) Caesaris virtus et consilium Galliam perdomuit. 2) Hic liber agit de venatione et piscatu. 3) Athenae impetus Persarum irritos reddiderunt. 4) Crudelitas Cambysem ad turpissima scelera rapuit. 5) Plataeae solae Atheniensibus auxilia miserunt. Roma urbem Saguntinorum in societatem receperat. — Übersetze: 1) Der Übergang über den Granicus machte den Alexander zum Herrn der griechischen Kolonien; die Schlacht bei Issus öffnete ihm Tyrus und Ägypten; die Schlacht bei Arbela gab ihm die ganze Erde. 2) Ein anhaltender Regen und Kälte vergrößerten das Ungemach aller derjenigen, die unter freiem Himmel kampieren mußten. 3) Vergebens versuchten die Seldschukken den Kreuzfahrern zu widerstehen: die religiöse Begeisterung entflammte diese zu übermenschlichen Thaten. 4) Der deutsche Kaiser Konrad und der König Ludwig VII. von Frankreich unternahmen i. J. 1147 den zweiten Kreuzzug, wodurch aber nichts ausgerichtet wurde, da Unordnungen aller Art, Mangel und Krankheiten ihre Heere ver-

tilgten. 5) Dieses Gemälde fesselt das Auge wunderbar. Das Beispiel des Krösus lehrt, daß niemand vor seinem Tode glücklich gepriesen werden darf. 6) Was mag wohl der Grund gewesen sein, daß unter allen griechischen Stämmen jene Kolonisten, welche die Westküste Kleinasiens besetzten, zuerst zu jener außerordentlichen Höhe gelehrter und geselliger Bildung gelangt sind, deren Anblick uns jetzt noch in Erstaunen setzt? 7) Als Cicero die Gefahr erkannte, welche dem allgemeinen Wohle durch die verbrecherischen Pläne Catilinas drohte, richtete sich sein ganzes Dichten und Trachten auf die Rettung des Staates. 8) Wie groß muß der Feuereifer für Wissenschaft gewesen sein, der den Euklides von der nächtlichen Ruhe abzog und ihn antrieb, ungeachtet der Todesgefahr den Sokrates aufzusuchen!

166. Was ist im allgemeinen über die Bedeutung und den Gebrauch der *Substantiva mobilia* auf *tor* (*trix*) zu merken?

167. Wende in folgenden Sätzen die in der vorhergehenden Frage gegebenen Regeln über die Substantiva auf *tor* an: 1) Du sprichst zu leise und zu schnell, du bist ein schlechter Vorleser. 2) Catilina, jener Aufwiegler und Verführer römischer Bürger, trat mehrmals als Bewerber um das Konsulat auf. 3) Diebe bedienen sich oft der Hilfe von Hehlern. 4) Theseus war der Stifter des Festes der Panathenäen, an welchem der Wohlstand und die ganze Pracht der Stadt und der Einzelnen unter allgemeiner Teilnahme der Einwohner öffentlich zur Schau getragen wurde. 5) Tänzerinnen und Schauspielerinnen sind oft leichtfertige Frauenzimmer. 6) Eine ungeheure Menschenmasse strömte alle vier Jahre nach Olympia, um Zuschauer bei den dortigen Spielen zu sein. 7) Obgleich meine Schwester eine leidenschaftliche Tänzerin ist, hat sie sich doch vorgenommen, das Tanzen von jetzt an ganz zu unterlassen. 8) Die Sieger in den nemeischen Spielen wurden mit einem Kranze von Eppich beschenkt. 9) Camillus, der Besieger von Veji, zog triumphierend auf einem mit vier Schimmeln bespannten Wagen in Rom ein. 10) Die Tugend ist die Schöpferin eines glücklichen Lebens. 11) Du bist selbst der Schöpfer deines Unglücks. 12) Diejenigen befinden sich in einem gewaltigen Irrtume, die den Horaz für einen bloßen Lobredner des Augustus ausschreien. 13) Ein jeder Schriftsteller wünscht Leser für seine Schriften. 14) Athen belohnte den Themistokles, den Retter von Griechenland, mit dem schnödesten Undanke. 15) Cornelius Nepos sagt von Atticus, er habe trotz seines Reichtums weniger als jeder andere Lust zum Bauen gehabt. 16) Als die Perser ihre Kriegsmacht in die marathonische Ebene rücken ließen, schickten die Athener den Schnellläufer Phidippus nach Sparta. 17) Aus Paulus, dem anfänglichen Verfolger der Christen, wurde bald ein eifriger Verteidiger der neuen Lehre. 18) Soliman II. setzte dem Überbringer von Zrinys Kopf tausend Zechinen als Lohn aus. 19) Eine unendliche Fülle des Stoffes bietet sich hier dem Erzähler dar. 20) Die Furien hatten das Amt, die Unthaten und Verbrechen zu erforschen und zu rächen. 21) Das Andenken Keplers wird leben, solange die Astronomie, diese erhabene und bewundernswürdige Wissenschaft, Verehrer findet.

168. Was ist über den Gebrauch der Verbalsubstantiva auf *io* zu bemerken?

169. Übersetze: 1) Was nützt dir eine große Sammlung von Büchern, wenn du dieselbe nicht benutzest? 2) Die aus ihrer Heimat fliehende Medea zerstreute die Glieder ihres kleinen Bruders an viele Orte, damit die Sammlung derselben

den Vater bei der Verfolgung aufhielte. 3) An mehr als einer Stelle macht Cicero darauf aufmerksam, daß es für einen Redner ungemein wichtig sei, auf die passende Stellung und Anordnung der Worte zu achten. 4) Nur mit Mühe behaupteten die Soldaten ihre Stellung. 5) Die Soldaten kämpften in einer ungünstigen Stellung. 6) Die Erfindung dieser Maschine hat jedenfalls viel Scharfsinn erfordert. 7) Das Schießpulver soll eine Erfindung von Berthold Schwarz sein. 8) Catilina war ein Meister in der Heuchelei und Verstellung. 9) Halte deine Versprechungen. 10) Das besiegte Heer suchte seine Rettung in der Flucht. 11) Für mich giebt es keine Rettung mehr. 12) Dem Cicero lag die Rettung des Staates am Herzen. 13) Massilia ist eine Gründung der Phocäer. 14) Die Sicherheit der Bürger beruht zum größten Teile auf den Gesetzen und Einrichtungen des Staates. 15) Ich weise deine Forderungen entschieden zurück. 16) Die Römer gaben den Forderungen des Pyrrhus nicht nach. 17) Im Jahre 1812 suchten die Russen den Angriff Napoleons durch Verödung aller Gegenden, durch welche der Feind ziehen mußte, zu vereiteln oder wenigstens zu erschweren. 18) In den einst so blühenden Gefilden Mesopotamiens herrscht jetzt Verödung. 19) Die ganze Stadt hallte wieder vom Jammer der Frauen. 20) Ohne meine Schuld bin ich in Jammer und Elend geraten. 21) Wie klein sind die Schöpfungen der Menschen! 22) Nach gethaner Arbeit ist die Erholung süß. 23) Durch schnelle Abreise sind wir der Gefahr entgangen. 24) Ein Satz ist ein in Worten ausgesprochener Gedanke. 25) Demosthenes richtete alle seine Gedanken auf die Rettung des Vaterlandes. 26) Die Überlieferung stellt den Cecrops als einen Ägypter aus Sais dar. 27) Die Römer forderten die Auslieferung aller Überläufer.

170. Was ist rücksichtlich der Bedeutung der Deminutivsubstantiva zu bemerken?

170b. Wie werden deutsche zusammengesetzte Substantiva (z. B. Seereise, Völkerrecht, Bürgerkrieg, Fieberhitze) im Lateinischen ausgedrückt?

171. Wie hat man es beim Lateinschreiben nach dem Vorgange der Klassiker mit dem Gebrauche griechischer Wörter zu halten?

172. Welche latein. Wörter entsprechen den griechischen *Ἀδείμαντος; Αἰγαί; Αἴπεια; Κροῖσος; Κεραμεικός; Φοινίκη; Πτολεμαῖος; Μαία; Φαίδων; Φείδων; Ὀδυσσεύς; Ἡρακλῆς; Ἥβη; τὸ Αἰγαῖον πέλαγος; Κοῖος; Ἥρα; Ποσειδῶν; Ἅιδης; Ἀθηνᾶ; Μοῖραι; Ἑρμῆς; Γαία* oder *Γῆ; Νίκη; Αἰδώς; Οὐάρρων; Κλυταιμνήστρα; Κυιρῖνος; Ἄρειος πάγος; Ἐρινύες; Ὕπνος; Περσεφόνη; Δημήτηρ; Ἠώς; Ἑστία; Ἀφροδίτη; Ἄρτεμις; Τύχη; Χάριτες; Σελήνη; Διόνυσος; Πόπλιος; Κόϊντος; Σερούϊος; Καίσων; Οὐεργεντόριξ; Αἰκανοί; Ἀβεντῖνος λόφος; Ἐνυώ; Αἰγὸς ποταμοί; Διόσκουροι; Ἀσκληπιός; Λίγυες; Πολυδεύκης; Τεῦκρος; Περσεύς?*

173. Was ist über die Deklination von *nemo* und *nihil* zu bemerken?

174. Welches ist die Bedeutung und Gebrauchsweise von: 1) *instar.* 2) *mane.* 3) *pondo.* 4) *sponte?*

175. Übersetze: 1) Die alten Ägypter bauten Pyramiden so groß wie Berge. 2) Dein lateinischer Aufsatz ist so umfangreich wie ein Buch. 3) Ist nicht die Verbannung ebenso schlimm wie der Tod? 4) Es erregte bei dem Heere die höchste Entrüstung, als der Konsul erklärte, er nehme im Lager die Stellung eines Königs ein. 5) Gestern morgen früh kam dein Vetter zu mir, um mich um Verzeihung zu bitten. 6) Die Alten thaten freiwillig aus Vaterlandsliebe vieles, was man heutzutage nicht freiwillig thun würde. 7) Als nach einem höchst mühseligen Marsche die ersten Unsern sich auf den Feind stürzten, rief der Feldherr: Bravo! ich kenne euch, Kameraden; heute wollen wir uns die Feinde von hinten besehen! 8) Dieser Rehbock wiegt 43 Pfund. 9) Die Gefangenen

wurden teilweise niedergemacht, teilweise als Sklaven verkauft. 10) Wer in die Schriften Ciceros auch nur einen Blick wirft, wird leicht finden, wie hoch er den Plato, gleichsam den Gott unter den Philosophen, stellte, von dem er sagte, daß er ihm für viele Tausende gelte.

176. Übersetze: 1) Ich halte die Ansicht fest, daß nur der Weise glücklich ist. 2) Posidonius redete weitläufig gerade über den Grundsatz, daß nur das Sittlichgute ein Gut sei. 3) Vor allen Dingen suchten die Druiden den Glauben beizubringen, daß die Seele nicht untergehe, sondern nach dem Tode aus einem (Körper) in den anderen übergehe, und sie meinten, daß man durch diese Lehre ganz besonders zur Tapferkeit begeistert werde, wenn man sich aus dem Tode nichts mache. 4) Es ist ein alter Spruch: Aus einem Narren kann viel leichter ein reicher Mann als ein (guter) Hausvater werden. 5) Die Überzeugung spreche ich frei aus, daß ein Riesenleib ohne weisen Sinn nichts vermag. 6) Die Hoffnung lebt im Geiste des Menschen, daß die Seele nach dem Tode fortlebe. 7) Viele wundern sich über die Maßregel, daß Hannibal nach der Schlacht bei Cannä nicht sofort Rom angegriffen hat. 8) Die katholische Kirche hat den Satz aufgestellt, die Armut sei eine heilige Tugend. 9) Hannibal verfolgte sein ganzes Leben hindurch nur das eine Ziel, Rom zu vernichten. 10) Wenn du meinen Anweisungen folgst, wirst du zugleich den Vorteil gewinnen, daß du mit Nutzen zu arbeiten lernst. 11) Man darf keine Mühe und Arbeit scheuen, wenn es gilt, eine Quelle zu finden, aus welcher der Erkenntnis der Wahrheit einiges Licht zuströmt. 12) Der Kaiser Maximilian I. verstieg sich in jungen Jahren auf der Gemsenjagd zu einer Stelle, von wo er weder vorwärts noch rückwärts konnte. 13) Wir werden Mittel und Wege suchen, um eurem Übermute ein Ziel zu setzen. 14) Die Männer, welche den Isokrates am meisten bewundern, rechnen ihm das Verdienst besonders hoch an, daß er seine Prosa rhythmisch geschrieben habe. 15) Der Lehrer stellte uns ein Thema, worüber wir aus dem Stegreif sprechen sollten. 16) Es ist ein ganz gewöhnlicher Fall, daß Eltern mit ihren Kindern zu nachsichtig sind. 17) Hipparch soll die Einrichtung getroffen haben, daß die homerischen Gesänge alle vier Jahre an dem Feste der Panathenäen von den Rhapsoden recitiert wurden. 18) Thucydides faßte den Entschluß, die wechselvollen Schicksale und Katastrophen des verderblichsten Krieges zu schildern. Diese Aufgabe hat er in einer Weise gelöst, daß man von ihm sagte, er singe vom Kriege ein förmliches Kriegslied. 19) Sooft sich auch die Wahrnehmung uns aufdrängt, daß nichts in der Welt zuverlässig und dauerhaft ist, so scheint es doch, als ob die meisten Sterblichen mit dieser Wahrheit gänzlich unbekannt wären, da sie so gierig nach den vergänglichen Gütern der Erde trachten. 20) Auch das ist am Thrasybul ein herrlicher Zug, daß er bei dem großen Einflusse, den er nach Wiederherstellung des Friedens im Staate hatte, das Gesetz einbrachte, niemand solle wegen seiner früheren Handlungen angeklagt und bestraft werden. 21) Aristoteles hat das wahre Wort seines Lehrers treulich festgehalten, daß sich ein gemeinsames, verwandtschaftliches Band um alle Wissenschaften schlinge, und hat das hohe Ziel erreicht, daß er den ganzen Kreis der Wissenschaften nicht bloß mit seinem Geiste, sondern auch mit der Feder umfaßte. 22) Doch ich kehre zurück zu dem Punkte, von wo ich abgeschweift bin.

177. Deutsche Substantiva müssen im Lateinischen oft umschrieben werden, sei es

daß der Lateiner gar kein entsprechendes Substantiv für den deutschen Ausdruck hat, oder daß der Begriff des entsprechenden lateinischen Substantivs so allgemein und unbestimmt ist, daß speciellere Modifikationen desselben durch die Tempora und Modi des Verbs angegeben werden müssen, um die Zeit, welcher die Thätigkeit des Substantivs angehört, sowie andere bei der Handlung in Betracht kommende Verhältnisse genauer zu bezeichnen. Bringe solche Verbalumschreibungen in folgenden Sätzen an:

a) Umschreibungen durch Participialformen: 1) Die Sonne bewirkt durch ihren Auf- und Untergang Tag und Nacht. 2) Alle Übel werden im Entstehen leicht unterdrückt. Das Aufsteigen des Staubes war ein Zeichen des Heranrückens der Feinde. 3) Der Anblick der Mauern schreckte den Hannibal von dem gegen Neapel beabsichtigten Sturme ab. 4) Kein Umstand hat den Lacedämoniern so viel Schaden gebracht als die Abschaffung der lykurgischen Zucht. 5) Niemand hat mich in meiner Not unterstützt. 6) Äneas und Antenor hatten immer zur Zurückgabe der Helena geraten. 7) Den Germanicus befiel auf seiner Rückkehr aus Ägypten eine böse Krankheit. 8) Bekanntlich hat Cäsar beim Anblicke des Hauptes des Pompejus Thränen vergossen. 9) Im Tode (= auf dem Sterbebette) tröstet uns die Hoffnung auf Unsterblichkeit. Allen Völkern ist der Wunsch gemeinsam, von Personen, die sie im Leben geachtet, auch nach dem Tode ein Denkmal zu besitzen. 10) Die Mäßigkeit zeigt sich im Nichtgenusse von Vergnügungen. 11) Ihr gebt euch den Schein eines ehrbaren Wandels. 12) Den Geburtsort des Caligula macht die Verschiedenheit der Tradition ungewiß. Beim Angriff pflegt der Mut größer zu sein als bei der Verteidigung. 13) Alle deine Ansichten sind bloße Träume krankhafter Schwärmerei. In der ganzen Stadt ließ sich das Geschrei der Angst hören. 14) Nur mit großer Mühe konnte man den Aufstand unterdrücken; allein die Kraft des Widerstandes war nur niedergehalten und noch lange nicht gänzlich gebrochen. 15) Man darf solche Gegenstände nicht Güter nennen, in deren überreichem Besitze man höchst unglücklich sein kann. 16) Auf der Wanderung (= auf dem Wege) von Epirus ist Gomphi die erste thessalische Stadt. 17) Am Ende des Jahres legten die Konsuln ihr Amt nieder mit dem Eide, dasselbe nach den Gesetzen verwaltet zu haben.

b) Umschreibungen durch Relativsätze: 18) Für Gott giebt es keine Unmöglichkeit. Die Leiter des Staates müssen alle ihre Maßregeln auf den Nutzen der Bürger beziehen. Um sein Ziel zu erreichen, ertrug Odysseus im eigenen Hause sogar die Schmähreden von Knechten und Mägden. 19) Entschlossen, Rußland zu bekriegen, bot Napoleon seine ganze Macht zu dem Riesenkampfe auf. 20) Die größten Bewunderer des Isokrates rechnen dies zu seinen höchsten Verdiensten, daß er zuerst der ungebundenen Rede die rhythmische Bewegung gegeben habe. 21) Asien ist so reich und fruchtbar, daß es durch seinen bedeutenden Export unstreitig über allen andern Ländern steht. 22) Nicht bloß das hervorstechend Schöne, sondern auch das hervorstechend Häßliche erregt das Interesse der Menschen. 23) Während Hipparch auf der einen Seite die Stadt Athen mit Bauwerken verherrlichte, suchte er andrerseits auch die Landbewohner aufzuklären. 24) Den Nutzen höher zu schätzen als die Rechtlichkeit, ist im höchsten Grade unsittlich. Den Siegern steht es frei, nach Belieben zu schalten. Die ganze Kraft meines Ansehens werde ich dir zuwenden, damit du deine Absicht erreichst. 25) Die bekannte Geschichte von Arion erzählt der deutsche Dichter **Schlegel** in dichterischer Ausschmückung auf folgende Weise. 26) Als Xerxes Griechenland den Krieg erklärte, da suchte jedermann in seiner Umgebung den stolzen Fürsten, der nicht bedachte, wie eitel all sein Hoffen sei, noch mehr zu entflammen.

c) Umschreibungen durch Infinitivsätze: 27) Aristoteles hat die Nichtexistenz eines Orpheus zu beweisen gesucht. Gieb die Beweise für das Dasein Gottes an. 28) M'. Curius erklärte den Gesandten der Samniten, ihm erscheine nicht der Besitz von Gold rühmlich, sondern die Herrschaft über die Besitzer von Gold. 29) Endlich erklärte der Gefangene in trotziger Weise seine Bereitwilligkeit zum Gehorsam. 30) Leugnest du etwa den göttlichen Ursprung der christlichen Religion? 31) Demosthenes war von der Möglichkeit einer erfolgreichen Bekämpfung des Philipp von seiten der Griechen überzeugt. 32) Für die Weisheit des Solon spricht schon der Umstand, daß er zu den sieben sogenannten Weisen gerechnet wird. 33) Eine Menge Menschen schreit heutzutage über die Unbrauchbarkeit der sogenannten Humanitätsstudien für das Leben. 34) Die Nachricht von Hannibals Übergange über die Alpen und seinem Erscheinen auf italischem Boden rief zu Rom die größte Bestürzung hervor. 35) Es tritt gar oft der Fall ein, daß wir ein Vergnügen entbehren müssen, dessen Genuß uns höchst angenehm gewesen wäre. 36) Arion prophezeite den Schiffern großes Unglück, wenn sie sich an ihm vergriffen. 37) Die ausgezeichneten Verdienste Keplers um die Astronomie hat die Nachwelt bereitwillig anerkannt.

d) Umschreibungen durch abhängige Fragesätze: 38) Hannibal erkannte sofort die gefährliche („kritische") Lage des römischen Heeres. 39) Wir fühlen tief die Schande, einem **grausamen Tyrannen zu gehorchen, der** uns unterjocht. 40) Die große Vorliebe des Hipparch für die Dichter zeigt sich deutlich in der vertrauten Freundschaft, in der er mit Anakreon und Simonides stand. 41) Cäsar berief die Häupter der Gallier zu einer Versammlung, teils um ihnen über seine Angelegenheiten seinen Willen zu eröffnen, teils um ihre Gesinnungen gegen ihn zu erforschen. 42) Sorgsam muß man die Folgen jeder Handlung überlegen. Ich werde den Hergang der Sache von Anfang an möglichst kurz erzählen. 43) Roscius war nicht nur nicht in Rom, sondern kannte überhaupt die Vorgänge in Rom deshalb nicht, weil er beständig auf dem Lande war. 44) Obgleich Cäsar von überallher die Kaufleute zu sich beschied, konnte er doch die Größe der Insel Britannien nicht ausfindig machen. 45) Mit Recht läßt sich behaupten, noch nie habe es einen Menschen gegeben, der nicht selbst die Erfahrung von der Hinfälligkeit der irdischen Güter gemacht hätte. 46) Die Prophezeiung des Demaratus traf ein, und durch einen Verlust in Griechenland über den andern lernte Xerxes den großen Abstand eines Haufens von einem Heere kennen.

e) Umschreibung durch Konjunktionalsätze: 47) Sokrates setzte während der Herrschaft der dreißig Tyrannen seinen Fuß nicht vor das Thor. 48) Hektor ließ sich weder durch die Bitten seines Vaters noch durch die Thränen der Mutter vom Kampfe mit Achilles abbringen. 49) Bei der Verlesung von Ciceros Namen klatschte die Versammlung Beifall. 50) Bei dem Gefühle der Nähe des Todes wird der Böse mit Furcht und Unruhe erfüllt. 51) Eine aufmerksame Beobachtung dessen, was in jedem Augenblicke geschieht, wird uns zeigen, daß nichts Neues in der Welt geschieht. 52) Ajax machte in der Überzeugung, den Schmerz über den Verlust seiner Ehre nicht länger ertragen zu können, seinem Leben ein Ende. 53) Durch die entscheidende Schlacht bei Tours hinderte Karl Martell die weitere Ausbreitung der arabischen Eroberungen. 54) Phidias entlehnte bei der Verfertigung seiner Minervastatue die Züge von dem erhabenen Ideale der Schönheit, das vor seiner Seele schwebte. 55) Alexander ließ gleich nach seiner Thronbesteigung die Vaterstadt des Aristoteles, welche Philipp in seinen Kriegen mit den Thraciern zerstört hatte, wiederaufbauen und ihm zu Ehren eine Statue daselbst errichten. 56) Wenn der menschliche Geist kein anderes Vermögen besäße als das Begehrungsvermögen, so hätte er dies mit den Tieren gemein.

### 3. Adjectiva.

178. Warum wird der Satz: „Die Deutschen zeichneten sich vor den Römern durch ihre große Statur aus" nicht Germani Romanis praestiterunt *magnis corporibus* übersetzt, sondern: Germani Romanis *magnitudine (proceritate) corporum* praestiterunt? — Übersetze: 1) Weißt du nicht, daß Milo seinen Tod fand, weil er sich zu sehr auf seine kräftigen Arme verließ? 2) Die Vögel, welche in der gemäßigten Zone leben, zeichnen sich durch ihren lieblichen Gesang aus, die in der heißen Zone durch ihr prachtvolles Gefieder. 3) Glaube ja nicht, daß das Glück des Menschen auf großem Reichtume beruht. 4) Mögen andere das Leben in der Stadt loben: mich entzückt nichts mehr als eine stille und ruhige Ländlichkeit. 5) Nachdem Pythagoras seinen Wohnsitz zu Kroton genommen hatte, gewann er sich bald durch seinen untadelhaften Wandel und seine kräftige Beredsamkeit die Herzen aller, die ihn hörten, und führte das in Üppigkeit versunkene Volk durch sein gewichtiges Beispiel zu einer mäßigen Lebensart zurück. 6) Die Hasen können sich vor den Hunden nur durch ihre schnellen Füße retten. 7) Die über ihren harten und grausamen Feldherrn erbitterten Soldaten gingen zur Empörung über und verschonten weder die heiligen Tempel noch die schwachen Frauen. 8) Ich zweifle, ob die Macht Athens durch den schlauen Themistokles mehr als durch den rechtschaffenen Aristides gehoben ist. 9) Es ist wahrhaftig Undankbarkeit, dem blinden Glücke das zuzuschreiben, was so handgreifliche Beweise der göttlichen Vorsehung an sich trägt. 10) Die tragischen Dichter beschuldigen den Odysseus, daß er durch erheuchelten Wahnsinn sich dem Kriegsdienste habe entziehen wollen. 11) Dem Ajax ging nicht bloß ein feiner und sinniger Geist ab, sondern sein kolossaler Körper hinderte auch die Beweglichkeit. 12) Als bei Salamis sehr viele Griechen darauf drangen, in ihre Heimat abzusegeln, zwang der kluge Themistokles sie durch List zum Bleiben. 13) Wer die Wissenschaften so treiben will, daß er es nicht ohne Nutzen und des eitlen Rufes wegen gethan zu haben scheint, der darf ebensowenig vor anhaltendem Lernen zurückbeben, als im fleißigen Selbstdenken ermüden. 14) Welcher vernünftige Mensch wird die Ansicht des Demokrit teilen, der da behauptet hat, diese wohlgeordnete Sternenwelt und dieser große, schöngeschmückte Himmel habe sich aus Atomen gebildet, die in unruhiger Bewegung seien?

179. Übersetze: 1) Der weise Sokrates; der schlaue Odysseus; der glaubwürdige Plutarch; das so berühmte Korinth. 2) Bekanntlich hat Sokrates nie irgend eine

Belohnung von einem seiner Schüler, nicht einmal von dem reichen Alcibiades angenommen. 3) Der grausame und habsüchtige Tiberius starb zu großer Freude aller im dreiundzwanzigsten Jahre seiner Regierung. 4) Die Werkstätte des Vulkan war unten im feuerspeienden Ätna. 5) Die Athener nahmen viele Gelehrte, die der grausame Ptolemäus Physkon vertrieben hatte, mit dem größten Wohlwollen auf und sorgten für ihre Existenz. 6) Da die Römer fürchteten, es möchte sich vielleicht den kriegerischen, freiheitsliebenden Galliern bald eine Gelegenheit darbieten von ihnen abzufallen, hatten sie zwei Kolonien in ihrem Lande angelegt in der Hoffnung, sie um so leichter im Zaume zu halten. 7) Die Gallier machten einen heftigen Angriff auf das römische Gebiet und trieben viele Einwohner, unter ihnen die Triumvirn selbst, in das feste Mutina. 8) Nachdem der milde, volksbeliebte Valerius zum Diktator ernannt war, suchte er die Senatoren zu überreden, das Los des Bürgerstandes zu erleichtern; aber dieser Antrag wurde verworfen.

180. In welcher Weise gebraucht der Lateiner die Adjektive als Substantive?

181. Wann wird „das Wahre, das Nützliche, das Schändliche" durch ver*um*, util*e*, turp*e*, wann durch ver*a*, util*ia*, turp*ia* übersetzt?

182. 1) Was heißt non mult*a* legi, sed mult*um*? 2) Heißt „die Wahrheit sagen" *veritatem dicere*?

183. Wende bei der Übersetzung folgender Ausdrücke und Sätze substantivierte sächliche Adjektive an: 1) Seine Kräfte auf einen Punkt konzentrieren. 2) Den Feind heimlich aus einer sichern Stellung beobachten. 3) Von Anfang bis zu Ende; bis zum letzten Augenblicke tapfer kämpfen; von hinten anfangen. 4) Ins Lächerliche ziehen. 5) Die Schiffe aufs Trockene ziehen. 6) Ins Gedränge kommen; in Verlegenheit gebracht werden; in der Klemme sein. 7) In Zweifel ziehen. 8) In gerader Linie vorwärts dringen. 9) Zur höchsten Vollkommenheit gelangen. 10) Eine Sache übertreiben. 11) Nach getroffener Verabredung. 12) Eine Streitfrage unentschieden lassen. 13) Eine Sache unter das Publikum bringen. 14) Vor aller Augen ermordet werden; jemanden aus dem Wege schaffen. 15) In Feindesland. 16) In der Öffentlichkeit sich befinden. Auf die Straße gehen. 17) Nach der entgegengesetzten Richtung streben. 18) Die Wahrheit ist in die Tiefe versenkt. 19) Auf freiem Felde ein festes Lager aufschlagen. 20) Sich in Sicherheit bringen. 21) Für den Augenblick; für immer; in alle Ewigkeit. 22) Von seinem Vermögen geben. 23) Ins Unendliche wachsen. 24) Infolge eines Komplottes, abgekartetermaßen. 25) Eingestandenermaßen. 26) In unerwarteter Weise. 27) Für das allgemeine Beste sorgen. 28) Wenn Leute, die unbeachtet in einer niedrigen Stellung leben, sich im Jähzorn einen Fehltritt zu schulden kommen lassen, so erfahren es nur wenige; aber wer mit hoher Gewalt bekleidet ist und im Leben eine sehr hohe Stellung einnimmt, dessen Thun kennt alle Welt.

184. Ist es erlaubt, die Ausdrücke: „Durch die abgelegenen Teile der Stadt fliehen; die höchsten Punkte der Berge besetzen; die letzten Teile des Heeres überfallen" zu übersetzen: Per aversa urbis fugere; summa montium occupare; extrema agminis opprimere?

185. Darf man die Ausdrücke: „Das Andenken an das Vergangene; die Beschaffenheit alles Irdischen; der Haß gegen alles Gute; das Verderbliche von dem Heilsamen unterscheiden" folgendermaßen übersetzen: Memoria praeterit*orum*; condicio omn*ium* human*orum*; odium omn*ium* bon*orum*; secernere pestifer*a* a salutar*ibus*?

186. Kann *mortales* ohne weiteres für das deutsche „die Menschen" stehen?

187. Sind die Ausdrücke: „Ein tapferer Tod, weise Mäßigung, mitleidige Bitten, wohlwollende Liebe, feiger Verrat" in folgender Weise richtig übersetzt: Fortis mors, sapiens moderatio, preces misericordes, benevola caritas, ignava proditio?

188. Sind die Ausdrücke: „Eine ergötzende Erzählung, ein drückender Krieg, eine rührende Melodie, verheerende Seuchen, mit bittender Stimme“ in folgender Weise richtig übersetzt: Narratio oblectans, bellum premens, numeri commoventes, morbi vastantes, voce oranti?

189. Übersetze mit *einem* Worte: 1) Die sinnliche Lust. 2) Äußerer Glanz. 3) Der innere Wert; der äußere Wert. 4) Äußere Freude; innere Freude. 5) Praktische Erfahrung. 6) Praktischer Verstand; praktisches Geschick. 7) Theoretisches Wissen. 8) Theoretische Einsicht. 9) Persönlicher Feind. 10) Produktiver Geist. 11) Materielle Genüsse; materielles Bedürfnis. 12) Materieller Gewinn. 13) Gründliche Erkenntnis. 14) Harmonische Bildung. 15) Gute und schlechte Eigenschaften. 16) Gute Beschaffenheit. 17) Würdevolle Haltung. 18) Untadelhafter Wandel. 19) Rasendes Treiben. 20) Subjektive Meinung, Willkür. 21) Am rechten Orte, zu rechter Zeit. 22) Politische Parteiungen. 23) Stille Freude, laute Freude. 24) Der denkende Geist. 25) Das fühlende Herz. 26) Leichtsinniges Wesen. 27) Sorglose Gleichgültigkeit. 28) Gelehrte Bildung. 29) Lieblicher Reiz = anmutige Schönheit. 30) Gewaltsame Heftigkeit. 31) Ernste Natur. 32) Munteres Wesen. 33) Sittliche Würde. 34) Ein alter Mann, ein junger Mann. 35) Ein gewesener Quästor, Censor, Prätor, Konsul, Ädil. 36) Lange Dauer. Ewige Dauer. 37) Schonungsloses Verfahren. 38) Nachteilige Wirkung. 39) Weichliche Empfindsamkeit. 40) Trübe Stimmung. 41) Der gemeine Menschenschlag. 42) Prachtvolle Ausstattung. 43) Wilder Mut. 44) Heitere Laune. 45) Rechtliche Befugnis.

190. Übersetze folgende Ausdrücke durch ein substantivisches Hendiadyoin: 1) Lebendige Erinnerung. 2) Wohlmeinende Liebe. 3) Praktische Übung. 4) Blinder Zufall. 5) Laute Bewunderung. 6) Schmachvolles Unglück. 7) Meine natürliche Schüchternheit. 8) Hitziger Angriff. 9) Mitleidige Bitten. 10) Bange Furcht. 11) Feiger Verrat. 12) Rasender Frevel. 13) Rüstige Kraft. 14) Unverdrossener Fleiß. Thatenlose Muße. 15) Entschlossene Strenge. 16) Krankhafte Leidenschaft. 17) Prahlerische Eitelkeit. Stolzes Selbstvertrauen. 18) Fieberhitze. 19) Gewissenhafte Treue. 20) Weise Mäßigung. 21) Mit Gewalt der Waffen unterwerfen. Die Zeit beim schwelgerischen Mahle vergeuden. 22) Die alte Komödie zügelte zur Zeit der demokratischen Verfassung oftmals die *zügellose Ungebundenheit* der Bürger. 23) Wer die heroischen Mythen der Griechen näher betrachtet, wird bald finden, daß in denselben fast überall ein ewiges Gesetz ausgeprägt ist, welches die schwachen und blinden Menschen unter die *strafende* Macht der Götter gestellt hat. 24) Oft reißt eine *leidenschaftliche Verblendung* auch die Begabtesten dahin. 25) In einem solchen Staate lebt die echte Freiheit, die fern von *mutwilliger Ungebundenheit* mit *anspruchsloser Mäßigkeit* gepaart ist. 26) M. Tullius Cicero stammte aus einer sehr alten Ritterfamilie und wurde zugleich mit seinem Bruder Quintus unter der *sorgfältigen Aufsicht* seines Vaters zuerst auf dem Landgute bei Arpinum, dann zu Rom erzogen.

191. Übersetze: 1) Geistige Güter; innere Zufriedenheit. 2) Sinnliche Vergnügungen. 3) Körperlicher Schmerz; momentaner Schmerz. 4) Wissenschaftliche Beschäftigung. 5) Geschichtliche Wahrheit. 6) Philosophische Lehrsätze. 7) Mathematische Berechnungen. 8) Politische Umwälzungen. 9) Staatswissenschaftliche Kenntnisse. 10) Militärische Erfahrung. 11) Nach tierischer Weise leben. 12) Allgemeine Bestürzung. Allgemeine Zustimmung. Allgemeiner Mangel. Wider die all-

gemeine Meinung. Vollständige Verzweiflung. 13) Eine vielseitige Erfahrung. 14) Priesterliche Rechte. 15) Wissenschaftliche Hilfsmittel. 16) Mündliche Mitteilung. 17) Revolutionäre Pläne. 18) Barbarenhorden. 19) Er ist gegen alle Erwartung von seiner Krankheit genesen. 20) Ich will nicht davon reden, daß auf dem Markte von Syrakus unschuldiges Blut in Strömen geflossen ist. 21) Rednerische Fülle. 22) Ein neunjähriges Kind. 23) Ein kleinlicher (engherziger) Mensch.

192. 1) Heißt „das feindliche Lager" castra *hostilia?* — 2) Ist der Satz: „Tiberius starb in Campanien in seinem achtzigsten Jahre" richtig übersetzt: Tiberius in Campania *octogesimo anno* mortuus est? — 3) Was ist in folgenden Sätzen gegen den Gebrauch der Klassiker? a) Xerxes cum *multis* copiis Graecos adortus est. b) In hac crumena *multa* pecunia inest. c) Pericles *peste* mortuus est. d) Plutarchus librum de educandis *liberis* scripsit. e) Romani totum fere *mundum* subegerunt.

193. Bringe in folgenden Ausdrücken ein Adjektiv zur Anwendung: 1) Der Krieg gegen die Cimbern, gegen die Sklaven, gegen die Bundesgenossen. 2) Der Sieg über den Mithridates. 3) Gorgias aus Leontini, Cicero aus Arpinum. 4) Die Reise nach Brundisium. 5) Ein Erdbeben bei Nacht. 6) Verluste im Würfelspiel. 7) Die Rede gegen Catilina, gegen Verres, für Milo. 8) Der bei Homer geschilderte Thersites. 9) Märsche durch die Ebene. 10) Tod im Kriege, Leben in der Fremde. 11) Ein Verbrechen gegen Götter und Menschen. 12) Unterricht der Kinder, Klugheit der Greise, Schlauheit der Sklaven, den Rat eines Weibes befolgen. 13) Die üble Stimmung gegen den Diktator, Haß gegen die Decemvirn, der Rang eines Senators. 14) Sitten der Ausländer, Zwistigkeiten der Bürger. 15) Die Herrschaft eines Einzelnen, die Fehler anderer. 16) Sich das Ansehen eines Konsuls geben, den Aufwand eines Königs machen. 17) Kürze im Ausdruck ist ein großes Lob für einen Redner. 18) Beliebtheit beim Volke, **die Gunst des Volkes**, die Leichtfertigkeit eines Demagogen. 19) Fleisch vom Schweine, vom Rinde, Kalbe, Hammel, Hasen, Pferde. 20) Ein Weingeschäft, ein Getreidehändler, ein Augenarzt. 21) Alfons IV., König von Portugal, mit dem Beinamen der Kühne, bestieg den Thron seiner Väter in der Blüte seiner Jahre. 22) Die Sprache des gemeinen Volkes. 23) Die Ehre erleichtert die Mühe eines Feldherrn. 24) Ein Feldzug im Winter (im Sommer). Stein- und Blutregen.

194. Übersetze: 1) Im Hochsommer. Der Fuß des Hügels. Die Spitze des Baumes. 2) Am Schlusse des Briefes. Vorn in der Ebene waren die Fußgänger, hinten die Reiter aufgestellt. 3) Auf dem Grunde des Meeres. Bei Tagesanbruch. In der Mitte der Burg. 4) Sulla opferte gerade im Gebiete von Nola vor dem Feldherrnzelte, als plötzlich eine Schlange unten am Altare hervorschoß. 5) Pompejus rüstete sich am Ende des Winters, begann den Krieg im Anfange des Frühlings und beendigte ihn Mitte Sommers. 6) Die Araber drangen nach Überschreitung der Pyrenäen fast in das Herz von Europa ein. 7) Der Nachtrab des Heeres. Die höchsten Interessen (od. der ganze Bestand) des Staates.

195. Wie sind folgende Adjektive auf — lich, — bar im Lateinischen zu übersetzen? 1) Unersättliche Habsucht. 2) Ein beweglicher Turm. 3) Eine unheilbare Krankheit. 4) Ein jämmerlicher Anblick. 5) Ein versöhnliches (unversöhnliches) Gemüt. 6) Ein an Beredsamkeit unübertrefflicher Mann. 7) Ein unbesiegbares Heer. 8) Eine unermeßliche Anzahl. 9) Eine unerschöpfliche Fülle. 10) Ein unbestechlicher Zeuge. 11) Eine verächtliche Lebensweise. Ein unerbittliches Herz. 12) Die unverletzlichen Tribunen. 13) Unzugängliche Berge. 14) Unverletzliches und

unantastbares Recht. 15) Ein rühmlicher Tod. 16) Ein verzeihlicher Irrtum. 17) Ein leicht bezähmbares Tier. 18) Unvergänglicher Ruhm.

196. Achte in folgenden Beispielen auf die aktive oder passive Bedeutung der Adjektive: 1) Naves hostium spoliis graves. Grave bellum. 2) Senex caecus. Caecum periculum. Caeca nox. Caeca exspectatione suspensum pendere. 3) Gens nomini Romano infesta. Iter infestum. Via infesta. 4) Civis turbulentus. Contio turbulenta. 5) Matres anxiae. Curae anxiae. 6) Angusta domus. Angusta paupertas. 7) Familia honesta. Homines honesti. Mors honesta. Officium honestum. 8) Pueri laeti. Victoria laeta. Prodigium laetum. 9) Saluberrimae regiones. Saluberrima corpora. 10) In tam suspiciosa civitate. Negotium suspiciosissimum. 11) Vultus tristis. Eventus tristis. Triste responsum. 12) Suspicio falsa. Adulatores falsi.

197. Was versteht man unter *Hypallage adiectivi?*

198. Was versteht man unter *Prolepsis adiectivi?*

## E. Komparativ und Superlativ.

199. Übersetze: 1) Wenn die Sinnenlust zu stark und von zu langer Dauer ist, löscht sie das ganze geistige Licht aus. Cimon vertrieb die Doloper von der Insel Scyrus, weil sie sich zu trotzig benommen hatten. Archias war selbst dem Marius angenehm, der doch ziemlich gleichgültig gegen die Beschäftigung mit der Poesie war. Der Stand der Schauspieler war ehedem ziemlich verachtet. Wenn dir in dieser Schrift einiges etwas dunkel erscheint, so wirst du bedenken müssen, daß keine Wissenschaft ohne einige Übung begriffen werden kann. 2) Im höchsten Grade angenehm. Außerordentlich sauber. Überaus lästig. Es ist mir überaus willkommen gewesen, daß ich durch deinen Brief über alle Vorgänge in Rom in äußerst sorgfältiger Weise unterrichtet bin. Ganz sichere Beweise. Wunderbar scharfsichtig. 3) Ein großer Gelehrter. Der beste Freund des Mäcen. Der schlimmste Feind der Römer. Ein großer Lügner. Ein großer Patriot. Der größte Narr in der Welt. Das größte Mißgeschick (res adversae). Nicht einmal im größten Glücke (res secundae). Jemandem einen sehr großen Gefallen thun. 4) Cicero verfuhr gegen die Verschworenen mehr mit Energie als mit Besonnenheit. Bei Streitigkeiten sagt man manches mehr in leidenschaftlichem als in höflichem Tone. Glaubet nicht, Richter, daß ich, von Haß entflammt, mehr aus Liebhaberei als mit gutem Grunde den Clodius anklage. 5) Der Aufwand, den viele Leute machen, ist größer, als ihr Vermögen es erlaubt. Alles durch Lernen sich anzueignen, übersteigt das Maß menschlicher Kräfte und die kurze Spanne unsers Lebens. 6) Cicero behauptet, die lateinische Sprache sei noch reichhaltiger als die griechische. 7) Hektor war an körperlicher Stärke und Tapferkeit schwächer als Achilles, aber weit vorzüglicher an Milde und menschlichem Gefühle. Als Mummius Korinth, bei weitem die reichste griechische Stadt, zerstört hatte, war er um nichts reicher als zuvor. 8) Selbst der Weiseste kann irren. Selbst der Beste ist nicht frei von Fehlern. Mögen große Schätze immerhin angenehm sein: dem Unglücke und dem Tode können selbst die Reichsten nicht entfliehen. 9) Ich werde dir so kurz als möglich meine Meinung mitteilen. Die meisten Vögel bauen sich Nester und polstern dieselben so weich als möglich mit Flaumfedern aus. 10) Die Verworfenheit Catilinas war so groß, daß sie nicht größer sein konnte. 11) Catilina, der frevelhafteste Mensch, den die Erde trägt. 12) Die Feinde ergriffen unerwartet schnell die Flucht. 13) Im Winter sind die Tage mehrere Stunden kürzer als

im Sommer. Das Jahr der Ägypter war fünf Tage zu kurz. Schottland ist halb so groß als England. 14) Das Silber ist schlechter als das Gold. 15) Ich bin mir sehr wohl bewußt, in keiner Beziehung absichtlich gefehlt zu haben.

200. Übersetze: 1) Die kleinen Fische nähren sich von Wasserinsekten, die großen von Fischen. 2) Wenn zwei dasselbe gethan haben, so fragt es sich, wer es am besten gethan hat. 3) Hätte Rehabeam nach dem Tode seines Vaters den Rat der Alten nicht verworfen, so hätte er nicht den größten Teil seines Reiches verloren. 4) Die sellae curules der obersten römischen Beamten waren aus Elfenbein verfertigt. 5) Von den zwölf Büchern Fasti des Ovid haben sich nur die sechs ersten, welche die Hälfte des Jahres umfassen, bis auf unsere Zeit erhalten.

201. Sind die Sätze: 1) Mummius zerstörte das so schöne Korinth. 2) Krösus verachtete das Urteil des Solon, eines so weisen Mannes. 3) Aristoteles, jener so berühmte Philosoph, hat das so wahre Wort seines Lehrers treulich festgehalten, daß sich ein gemeinsames Band um alle Wissenschaften schlinge — in folgender Weise richtig übersetzt? 1) Mummius Corinthum, urbem tam pulchram, vastavit. 2) Croesus Solonis, hominis tam sapientis, iudicium aspernatus est. 3) Aristoteles, philosophus ille tam praeclarus, praeceptoris tam vere dictum constanter tenuit, omnes artes habere quoddam commune vinculum et quasi cognatione quadam inter se contineri.

202. Durch welchen Zusatz kann der Superlativ in Sätzen wie: Miltiades modestia maxime floruit. Eloquentia res est difficillima bedeutend verstärkt werden?

203. Darf in Ausdrücken wie: „ein geringer Grad von Ruhm, einen höhern Grad von Ansehen haben, der höchste Grad von Kälte, ein hoher Grad von Beredsamkeit, bis zu dem Grade von Kühnheit gehen, im höchsten Grade bescheiden, in nur mäßigem Grade gelehrt" das lateinische Substantiv *gradus* angewandt werden?

204. Welcher Unterschied ist zwischen 1) *plures* und *complures;* 2) *plurimi* und *plerique;* 3) *ceteri* und *reliqui?*

205. Welches ist die Bedeutung von *serus* und *sero?*

206. Wie verhält es sich mit der Komparation von Participialformen, z. B. *amans, amantior, amantissimus?*

207. Wie unterscheidet sich *plus* von *magis* und *amplius?*

208. Übersetze: 1) Was verlangst du noch mehr? 2) Du hast mehr gegessen als ich. 3) Ich habe dies mehr durch die Praxis als durch Unterricht gelernt. 4) So viel und noch mehr ist er mir schuldig. 5) Kodros liebte sein Vaterland mehr als sich selbst. 6) Ich habe ihn nicht mehr als drei= oder viermal gesehen. 7) Mehr als 700 Bürger sind an der Pest gestorben. Mit nicht mehr als zehn Reitern. 8) Ich habe dir mehr als einmal bewiesen, daß ich dich mit mehr als brüderlicher Zärtlichkeit liebe. 9) Diese Dampfmaschine zieht mehr als hundert Pferde. 10) Heutzutage giebt es keine Löwen in Griechenland mehr. Die Genossen Catilinas haßten den Cicero nicht nur deshalb, weil er ihre frevelhaften Wagnisse und ihre verbrecherische Wut unterdrückt hatte, sondern noch um so mehr, als sie bei seinen Lebzeiten nichts Ähnliches mehr unternehmen zu können glaubten. 11) Mehr durch seinen Geist als durch seine leiblichen Kräfte herrscht der Mensch über die Tierwelt. 12) Der Mensch vermag durch seinen Geist mehr als durch seinen Körper. 13) Fürchte dich vor nichts mehr als vor Schmeichlern. Zögert nicht mehr! 14) In allen seinen Hoffnungen getäuscht, konnte Catilina nicht umhin einzugestehen, daß er in Rom selbst nichts mehr ausrichten

könne. 15) Nach dem peloponnesischen Kriege sank die Macht Athens mehr und mehr. 16) Die Feindschaft zwischen Cäsar und Pompejus wuchs täglich mehr. 17) Horaz sagt an mehr als einer Stelle, Homer sei der vorzüglichste aller Dichter. 18) Themistokles wurde von den Athenern verbannt und, was noch mehr sagen will, zum Tode verurteilt. 19) Ich bin Konsul, das ist mehr als ein Prätor. 20) Sokrates verteidigte sich vor den Richtern mehr mit Würde als mit Klugheit. 21) Philipp von Macedonien wußte wohl, daß die griechischen Staaten, welche durch kein gemeinsames Band mehr verbunden und durch die Ungeschicklichkeit oder Schlechtigkeit ihrer Obrigkeiten und Heerführer preisgegeben seien, ihm zuletzt nicht widerstehen könnten.

209. Welcher Unterschied entsteht, jenachdem man den Satz: „Alle Bösen sind unglücklich" übersetzt: *Omnes improbi* miseri sunt oder *Improbissimus quisque* miserrimus est? — Übersetze: 1) Unter den Philosophen erklären alle tüchtigen und bedeutenden gern, daß sie vieles nicht wissen. 2) Das Geld ist immer von allen berühmten und ausgezeichneten Männern verachtet worden. 3) Wir wollen uns stets so benehmen, daß unsere Sitten und Handlungen den Beifall aller Guten finden. 4) Der Ruhm edler Thaten wird durch das Zeugnis aller Edlen und sogar des großen Haufens anerkannt. 5) Wer wollte in Abrede stellen, daß es dem Augustus gelungen ist, den Frieden wiederherzustellen, nach welchem alle Guten sich sehnten? 6) Thöricht ist es, nicht das Beste zur Nachahmung zu wählen. 7) Wer sich nicht entblödet, seine Beredsamkeit schmutzigen Gewinnes wegen zu mißbrauchen, der wird sich auch nicht scheuen, das Schändlichste zu verüben.

210. Auf welche dreifache Weise kann man im Lateinischen folgende Sätze übersetzen? 1) Je seltener etwas ist, um so höher wird es geschätzt. 2) Je verborgener ein Übel ist, um so gefährlicher pflegt es zu sein und um so schwerer geheilt zu werden. 3) Je tiefer die Flüsse sind, desto stiller fließen sie dahin.

## F. Zahlwörter.

211. In welchen Fällen kann *unus* auch im Plural gebraucht werden?

212. Sind die Sätze: „Aristides, einer der rechtschaffensten Männer, mußte der Mißgunst seiner Mitbürger weichen. Korinth, eine der blühendsten Städte Griechenlands, wurde von Mummius zerstört. Scipio zerstörte Karthago und Numantia, zwei sehr blühende Städte" in folgender Weise richtig übersetzt? Aristides, *unus ex* probissimis viris, civium invidiae cessit. Corinthus, *una ex* opulentissimis Graeciae urbibus, a Mummio deleta est. Scipio Carthaginem et Numantiam, *duas* florentissimas urbes, extinxit.

213. Welchen Gebrauch haben *unicus* und *singularis?* Wie heißt „ein Mann von einziger Gelehrsamkeit. Dein Scharfsinn ist unvergleichlich"?

214. Übersetze: 1) Sulpicius kommandierte die halbe Flotte. Die Hälfte der Soldaten wurde von der Pest weggerafft. Frisch gewagt ist halb gewonnen. Es ist etwa 5 Uhr. Es ist halb sechs Uhr. Eine halbe Stunde. Ein halbes Jahr. Ein halber Fuß. Anderthalb Jahr. 2) 21 Legionen; 86 Dörfer; 18 Stufen; 29 Tribus; 892 Keulen; 1278 Reihen. Die Säule des Trajan war 128, die des Antoninus Pius 176 Fuß hoch. 3) Der elfte, zwölfte, dreizehnte, sechzehnte, achtzehnte. 4) 4500 Soldaten wurden gefangen genommen. 5) Dieser Balken ist einen Fuß lang. Die römischen Hausmütter betrauerten den Brutus ein Jahr lang wie einen Vater. Niemand ist so alt, daß er nicht noch ein Jahr

lang leben zu können glaubte. 6) Die Katze hat zwei Mäuse gefangen. 7) Ich habe dir schon tausendmal gesagt, daß das Verb excellere kein Perfekt hat. Zu sterben scheint mir tausendmal besser zu sein als mit Schande bedeckt zu leben. 8) Ich könnte Hunderte von Beispielen anführen. 9) Zweimal zwei ist vier. 6 × 8 ist 48. 10) Nach der Ansicht des Posidonius ist die Entfernung von der Erde bis zum Monde zwei Millionen Stadien, von da bis zur Sonne fünf Millionen Stadien. 11) Die Tauben legen zwei Eier. Eine Wölfin pflegt fünf Junge zur Welt zu bringen. Der römische Staat ist 478 Jahre lang von zwei Konsuln verwaltet worden. Viele Kamele haben einen, andere zwei Höcker auf dem Rücken; die ersteren sind die eigentlichen Kamele, die letzteren Dromedare. 12) Die Türme auf den babylonischen Mauern waren zehn Fuß höher als die Mauer. Die Soldaten marschierten vier Mann hoch. Cäsar verteilte die campanische Feldmark an 20,000 Bürger, welche drei oder mehr Kinder hatten. 13) Du hast mich kein einziges Mal gewarnt. 14) Wie viele Schüler sitzen in jeder Klasse eurer Schule? 15) Heute waren in einem Hause (aedes) zwei Hochzeiten. In unserer Stadt werden jährlich vier Jahrmärkte abgehalten. 16) Drei Lager. Cäsar schlug zwei Lager auf und zog von dem größeren zu dem kleineren zwei Gräben, jeden von zwölf Fuß. 17) Die pythischen Spiele wurden anfangs alle acht Jahre, hernach alle vier Jahre gefeiert. 18) Der Ölbaum trägt ein Jahr um das andere. 19) Eine fünffache Schlachtordnung. 20) Verse von 3, 4, 5, 6, 7, 8 Füßen. 21) Eine Zeit von 2, 3, 4 Tagen. Eine Zeit von 2, 3, 4, 5, 6 Jahren. 22) Zum erstenmal, zum zweitenmal, drittenmal, viertenmal, fünftenmal, siebentenmal, zehntenmal, letztenmal. 23) $^1/_2$, $^1/_3$, $^1/_{12}$, $^2/_5$, $^4/_5$, $^7/_8$. 24) $^1/_2$ und $^3/_7$ und $^9/_{14}$ sind $1^4/_7$. 25) Ein Vierzigjähriger ist rüstiger als ein Achtzigjähriger. 26) Bei Marathon wurde die zehnfache Zahl Perser von den Athenern besiegt. 27) Amerika ist viermal so groß als Europa. 28) 2, 3, 4, 5 Prozente. 29) Archidamus vermachte in seinem Testamente jedem seiner Freunde fünf Talente. 30) Am zweiten Tage der Saturnalien; am dritten Tage der Megalensischen Spiele. 31) Nur ein einziges Mal. Ein für allemal. Unter hundert kaum einer. 32) Einer oder zwei müssen bestraft werden. Alle ertranken, ausgenommen einer oder höchstens zwei. 33) Der Staat galt den Alten nicht, wie uns, für einen Quell, aus welchem der Einzelne seine Felder und Gärten bewässern könnte, und aus welchem die größte Wassermasse zu seinem eigenen Vorteile abzuleiten die größte Klugheit sei; sondern er galt ihnen für einen Strom, in den jeder Einzelne seinen kleinen Bach leitete, damit jener selbst so prächtig und schön als möglich dahinströmen könnte. 34) Es ist unmöglich, daß alle Menschen nach einer Sitte leben. 35) Die Zweimänner. Die Triumvirn. 36) Als die Römer mit Antiochus ein Bündnis schlossen, stellten sie außer anderen Bedingungen auch diese, daß er zwanzig Geiseln geben solle, nicht jünger als achtzehn und nicht älter als fünfundvierzig Jahre. 37) Drei Tage und drei Nächte. Zehn Sklaven und zehn Sklavinnen. 38) Innerhalb seiner vier Wände. Binnen vierundzwanzig Stunden. 39) Um zwölf Uhr mittags. Um zwölf Uhr nachts. 40) Nach Verlauf von 14 Tagen. Alle 14 Tage.

215. Welcher Unterschied ist: 1) zwischen *duo*, *ambo* und *uterque;* 2) zwischen *secundus* und *alter?*

216. Ist es fehlerhaft zu sagen mille equi*tum?*

217. Was ist in folgenden zwei Horazischen Stellen in betreff des Gebrauchs der Zahlwörter zu bemerken? 1) Tabulae, quas *bis quinque* viri sanxerunt (Epist. 2, 1, 24). 2) Hoc frementes verterunt *bis mille* equos Galli canentes Caesarem (Epod. 9, 17).

218. Wie wird im Lateinischen bei Aufzählungen das deutsche „erstens, zweitens, drittens“ u. s. w. behandelt.

## G. Pronomina.

### 1. Pronomina personalia, possessiva, reflexiva, reciprocum.

219. Wann werden im Lateinischen die Nominative der Personalpronomina mitübersetzt? — Übersetze: 1) Ateas schrieb an Philippus: Du herrschest über die Macedonier, welche zu kriegen gelernt haben, ich aber herrsche über Scythen, welche auch mit Hunger und Durst kämpfen können. 2) Ein gewisser Demetrius sagte zu Nero: Du drohst mir den Tod, die Natur aber droht ihn dir. 3) Den Schülern des Pythagoras genügte das Wort: Er hat es gesagt. 4) Habe Mitleid mit den Tieren, denn auch sie freuen sich des Lebens. 5) Als der Dichter Pindar gefragt wurde, warum Simonides zu den Herrschern nach Sicilien gegangen sei, er aber nicht wolle, antwortete er: „Weil ich für mich, nicht für einen andern leben will.“ 6) Wir Griechen haben, obwohl unser nur wenige waren, einen herrlichen Sieg über die Feinde davongetragen. 7) Die Reichen mögen ihren Reichtum für sich behalten, ziehe du die Tugend dem Gelde vor.

220. Was ist bei der Übersetzung folgender Sätze, in welchen „zwar — aber“ durch *quidem — sed* gegeben werden soll, zu beachten? 1) Ich verachte zwar den Reichtum nicht, aber ich schätze doch die Tugend höher. 2) Du hast zwar in der letzten Zeit gute Fortschritte in den Wissenschaften gemacht, aber du würdest noch mehr gelernt haben, wenn du auf meine Ratschläge eingegangen wärest. 3) Ihr habt mich zwar nicht beleidigen wollen, aber eure Reden waren derart, daß sie beleidigen mußten. 4) P. Scipio redete zwar nicht viel und nicht oft, aber er stand doch an Witz und Geistreichtum über allen seinen Zeitgenossen. 5) Dem Spiele und Scherze darf man sich zwar hingeben, aber nur dann, wenn man den wichtigen und ernsten Angelegenheiten Rechnung getragen hat. 6) Wir hassen zwar deinen Freund nicht, aber sind gewiß nicht mit ihm einverstanden. 7) Die Sophisten haben zwar viel Unheil in Griechenland angerichtet, aber sie haben auch manchen Segen gestiftet. 8) Die Spartaner waren zwar ein Heldenvolk, aber Liebe zu den Künsten, Streben nach Wissenschaft und jede sanftere Regung des Herzens war ihnen fremd.

221. Was ist für den Gebrauch der Beteuerungspartikel *ne* „fürwahr, wahrhaftig“ zu bemerken?

222. An welche Pronomina können **die Suffixe *met* und *pte* („selbst, eigen“) treten?**

223. Welches ist die Bedeutung und Gebrauchsweise von *equidem*?

224. Wie verhält es sich mit dem Gebrauche des Plurals *nos* statt *ego* in Sätzen wie: Virtutem satis posse ad beate vivendum supra dix*imus* (= dix*i*)?

225. Welches ist die Gebrauchsweise von *nostri* und *nostrum, vestri* und *vestrum*?

226. Sind die Sätze: 1) Ihr habt euren Feinden durch eure Feigheit Gelegenheit gegeben, euch zu verlachen. 2) Geizige Leute scheuen sich vor keinem Verbrechen, um sich zu bereichern. 3) Die Tomyris schnitt, um sich zu rächen, dem Leichname des Cyrus den Kopf ab — in folgender Weise richtig übersetzt? 1) Inimicis ignavia (vestra) facultatem dedistis vestr*i* irridend*orum*. 2) Homines avari su*i* locupletand*orum* causa nullum scelus reformidant. 3) Tomyris su*i* ulciscend*ae* causa corpori Cyri caput abscidit.

227. Sind die Sätze: 1) Ziehe dir das Kleid aus. 2) Ich habe mir ein wollenes Kleid angezogen. 3) Stelle dir vor, du seiest plötzlich ein König geworden. 4) Aristides zog sich den Neid vieler Mitbürger zu. 5) Ihr habt euch durch Unvorsichtigkeit eine Krankheit zugezogen. 6) Die alten Grammatiker haben uns viel Unwahres überliefert — in folgender Weise richtig übersetzt? 1) Exue *tibi* vestem. 2) Vestem laneam *mihi* indui. 3) Finge *tibi* subito regem te esse factum. 4) Aristides invidiam multorum civium *sibi* contraxit. 5) Morbum nimia neglegentia *vobis* contraxistis. 6) Veteres grammatici multa falsa *nobis* tradiderunt.

228. Welche Fehler sind in folgenden Sätzen? 1) Caesar hostibus a se fusis („nachdem die Feinde von ihm geschlagen waren") in castra rediit. 2) Socrates Xenophonti se consulenti („dem ihn befragenden Xenophon") exposuit, quae videbantur. 3) Carthaginienses Regulum resectis ei palpebris („nachdem ihm die Augenlider weggeschnitten waren") vigilando necaverunt. 4) Occasione mihi oblata („nachdem mir eine Gelegenheit geboten war") Romam profectus sum. 5) Custodes portas ab iis clausas lapidibus obstruxerunt.

229. Wie man die Ausdrücke „sich auf ein Bett legen, sich in den Wissenschaften ausbilden" übersetzt imponere *corpus* lecto, *animum* litteris excolere, so möge auch in folgenden Sätzen statt des einfachen persönlichen Pronomens ein bezeichnendes Substantiv gesetzt werden: 1) Ich habe bei mir beschlossen, mein Amt niederzulegen. 2) Die beiden Konsuln hatten sich vereinigt, um mit desto größerer Gewißheit zu siegen. 3) Die ermüdeten und verwundeten Soldaten hatten sich überall an jedem Bache niedergeworfen, um mit lechzendem Munde das vorüberfließende Wasser aufzufangen. 4) Wir wollen dir gern gehorchen. 5) Die Römer unterwarfen sich allmählich alle Völker Italiens. 6) Du kannst als Schüler nicht verlangen, daß sich der Lehrer nach dir richte. 7) Ihr bemüht euch vergebens, mich durch eure Verleumdungen in Schatten zu stellen. 8) Als meine Krankheit ein wenig nachgelassen hatte, riet mir der Arzt, mich durch Wein und Bouillon zu kräftigen. 9) Du sprichst so leise, daß ich dich nicht verstehe. 10) Alte Leute schützen sich gemeiniglich ängstlicher vor Kälte als junge. 11) Dem Freunde kommt es zu, danach zu streben und zu bewirken, daß er den niedergeschlagenen Freund aufrichte und ihn zur Hoffnung und zu besseren Gedanken hinführe. 12) Ängstige dich nicht mehr um mich. 13) Durch euch bin ich gerettet. 14) Wenn du dich nicht besserst, wirst du dir alle Freunde entfremden. 15) Wer unter den schottischen Landleuten gelebt hat, weiß es, wie mächtig ihre Volkslieder auf sie wirken. 16) Prägt euch dies tief ein, daß alles nach dem Willen Gottes, nichts durch Zufall oder von ungefähr geschieht.

230. Welche Regeln rücksichtlich der Possessivpronomina kommen bei Übersetzung folgender Sätze in Anwendung? 1) Wir können Gott mit unsern Augen nicht sehen. Ich habe meine Lebenszeit in der Beschäftigung mit der Philosophie hingebracht. Cyrus sprang von seinem Wagen und zog seinen Panzer an. 2) Ich habe dies Verbrechen mit eigenen Augen gesehen. Nach meinem Urteile ist M. Curtius von keinem Römer an Vaterlandsliebe übertroffen. Soviel steht fest, daß Karl V. die Krone freiwillig niederlegte. Die Menschen dürfen die Tiere zu ihrem Nutzen verwenden. 3) Du hast mit gutem Rechte behauptet, daß Hannibal, der größte Feldherr, welchen Karthago hervorgebracht hat, bei Zama nicht durch eigene Schuld besiegt sei. Cicero wurde in dem gesetzlich bestimmten Jahre Konsul. Ich werde jetzt weggehen, aber zu gehöriger Zeit zurückkommen.

231. Darf man in dem Satze: „Cicero spricht an unserer Stelle (d. h. an der Stelle, mit welcher wir augenblicklich beschäftigt sind) von dem Argwohne des Dionysius" das Pronomen „unser" durch *noster* übersetzen?

232. Welche Regeln gelten über den Gebrauch der Reflexivpronomina *sui, sibi, se, suus* und der obliquen Kasus von *is*?

233. Übersetze: 1) Themistokles beredete die Athener, sie möchten ihm ihr Wohl anvertrauen. Themistokles hatte solchen Einfluß in Athen, daß ihm seine Mitbürger ihr Wohl anvertrauten. 2) Den Sokrates, den weisesten Mann, welchen Athen hervorgebracht hat, haben die eigenen Mitbürger zum Tode verurteilt. 3) Die Allobroger baten den Umbrenus, er möchte sich ihrer annehmen. Die Allobroger erreichten durch ihre Bitten, daß Cäsar sich ihrer annahm. 4) Polyphemus, des Auges beraubt, erinnerte sich daran, daß ein gewisser Telemus, ein sehr gefeierter Seher, das Verhängnis ihm vorausgesagt hatte. 5) Die Thoren sehen die ihnen selbst angeborenen Fehler selten. 6) Die Thoren merken es nicht, wie sehr ihr Hochmut andern zum Gelächter dient. 7) Als Darius das Ende seines Lebens merkte, wünschte er, daß seine beiden Kinder bei ihm sein möchten. 8) Gott hat die Menschen geschaffen, damit sie ihm gehorchen und einst mit ihm selig seien. 9) Odysseus forderte seine Gefährten auf, mit ihm in die Höhle des Polyphem zu gehen. 10) Pausanias begab sich nach Colonä, welches der Hauptort in Phrygien war, und faßte daselbst einen für sein Vaterland sowohl als für ihn selbst verderblichen Plan. 11) Die Karthager schickten den Mago mit seiner Flotte nach Spanien. 12) Curius wies die ihm von den Samnitern dargebrachten Geschenke zurück. 13) Als Cäsar nach errungenem Siege in die Stadt zurückgekehrt war, verzieh er nach seinem Edelmut allen, die gegen ihn die Waffen getragen hatten. 14) Die Geizigen schweben stets in Furcht, daß ihnen ihr Geld geraubt werde. 15) Auf die Frage, was denn eigentlich Plato und die Philosophie ihm genützt habe, gab der jüngere Dionysius die freimütige Antwort: er habe den Nutzen davon gehabt, daß er den Verlust der Herrschaft und das Schreckliche seiner Lage mit geduldiger Ruhe ertrage. 16) Tarquinius bereiste schutzsuchend die Städte Etruriens und bat besonders die Bewohner von Veji und Tarquinii, ihn nicht mit seinen Söhnen vor ihren Augen umkommen zu lassen. 17) Cäsar gestattete, daß der Monat Quintilis nach seinem Namen Julius genannt wurde. 18) Clodius beunruhigte alle Guten so, daß seine Raserei nicht länger zu ertragen war.

234. Wie erklärt sich das Reflexiv in folgenden Sätzen? 1) Deforme est de *se* praedicare. 2) Difficile est *sua* vitia nosse. 3) Ab Ariovisto responsum est *se* Aeduorum iniurias non esse neglecturum. 4) A Caesare invitor, ut *sibi* sim legatus. 5) Faustulo spes fuerat regiam stirpem apud *se* educari.

235. Ist es erlaubt, in dem Satze: Romani a Prusia petiverunt, ne inimicissimum *suum* *se*cum haberet *sibi*que dederet, lediglich um die Zweideutigkeiten, welche durch den Gebrauch des *suum, se, sibi* entstehen, zu beseitigen, die auf das Subjekt des Hauptsatzes sich beziehenden Pronomina suum und sibi durch *ipsorum* und *ipsis* zu ersetzen?

236. Übersetze: 1) Die Menschen müssen einander lieben. Wir sahen uns gegenseitig an. Die Soldaten ermunterten sich gegenseitig zur Tapferkeit. 2) Als Xerxes mit seinem unermeßlichen Heere über den Hellespont gegangen war, legten die Griechen die Feindschaften bei, welche sie untereinander hatten, und wandten sich gegen den Barbaren. 3) Anstatt daß die Athener, durch Eintracht mit einander verbunden, das öffentliche Wohl förderten, schädigten sie sich oft gegenseitig und waren auf sich neidischer als auf die anderen Menschen. 4) Scipio und Hannibal waren einander an militärischer Tüchtigkeit gewachsen. 5) Die Heere waren nur 500 Schritt von einander entfernt. 6) Mann und Weib müssen

sich innig lieb haben. 7) Kleopatra und Antonius suchten es einander an Verschwendung zuvorzuthun. 8) Eteokles und Polynices durchbohrten sich im Zweikampfe gegenseitig mit ihren Lanzen. 9) Die Piraten halfen einander, auch ohne sich zu kennen. 10) Das Staatsinteresse wird uns unter einander verbinden. 11) Sie gaben die Hoffnung nicht auf, daß das Staatsinteresse sie einst wieder unter einander vereinigen würde. 12) Eine Generation folgt auf die andere. Ein Tag drängt den andern. 13) Eine Tugend ist der andern so ähnlich, wie eine Sünde der andern. 14) Eine solche Finsternis soll einmal durch einen Ausbruch des Ätna die benachbarten Gegenden verdunkelt haben, daß zwei Tage lang kein Mensch den andern erkannte. 15) Dem einen gefällt dieses, dem andern jenes. 16) Der eine ist in dieser, der andere in jener Sache mehr zu gebrauchen. 17) Du urteilst über dieselben Dinge das eine Mal so, das andere Mal anders. 18) Die einen kamen von hier, die andern von da.

237. Wie unterscheiden sich *vicissim*, *invicem* und *mutuo* von *inter se*?

## 2. Pronomina demonstrativa.

238. Welcher Unterschied ist zwischen *hic*, *iste* und *ille*?

239. Wird in guter Prosa die enklitische Demonstrativpartikel *ce* an alle Formen des Pronomens *hic* gehängt?

240. Ist es erlaubt, die Pronomina *hic—ille* so zu gebrauchen, daß sich *hic* auf den zuerst genannten, *ille* auf den zuletzt angeführten Begriff bezieht? Kann man z. B. sagen: Scipio et Hannibal summi imperatores fuerunt; *hic* Romanus, *ille* Carthaginiensis fuit?

241. Wie unterscheidet sich *hoc* dico von *tantum* dico, *hoc* constat von *tantum* constat? Übersetze: 1) Soviel will ich sagen, daß die Weichlichkeit der jetzigen Zeit viel größer ist, als sie zur Zeit unserer Vorfahren war. 2) Ich sage nur soviel, daß die Lehre der Akademiker eine andere war als die der Stoiker; ich streite hier nicht mit dir, welche die beste oder richtigste ist.

242. Wie kann man die Ausdrücke hic immensus campus, magnus hic vir, hae variae artes, illud parvum regnum bedeutend verstärken? — Übersetze: 1) Nachdem wir diese große Niederlage erlitten haben, scheint jede noch so harte Friedensbedingung erträglicher als der Krieg zu sein. 2) Wer hätte jemals geglaubt, daß dieser große, alte und weit verteilte Krieg von einem Feldherrn zu Ende gebracht werden könnte? 3) Darüber herrscht nur eine Stimme, daß Cäsar durch Erfahrung im Kriegswesen und politische Einsicht alle anderen Römer weit übertroffen hat; aber dieser große Mann hat sich auch mit den Wissenschaften vielfach beschäftigt und durch seine Schriften ausgezeichnetes Lob davongetragen.

243. Sind die Sätze: 1) Es hielt sich damals im Lager unter den vornehmsten Jünglingen ein gewisser C. Marcius auf; dieser Mann vereitelte den Angriff der ausfallenden Feinde. 2) Themistokles war der Sohn des Neokles; die Fehler dieses Mannes im angehenden Jünglingsalter sind durch große Tugenden wieder gutgemacht. 3) Horaz war im Jahre 689 u. c. zu Venusia geboren; die Oden dieses Dichters sind unübertrefflich schön — in folgender Weise richtig übersetzt? 1) Erat tum in castris inter primores iuvenum C. quidam Marcius; *is vir* impetum hostium erumpentium rettudit. 2) Themistocles Neocli filius fuit; *huius viri* vitia ineuntis adulescentiae magnis emendata sunt virtutibus. 3) Horatius anno sescentesimo undenonagesimo u. c. Venusiae natus erat; *huius poetae* carmina tam praeclara sunt, ut nihil supra possit.

244. Welche Beobachtung ergiebt sich bei Übersetzung folgender Sätze rücksichtlich des deutschen Pronomens „dieser“? Neokles, der Vater des Themistokles, stammte aus einer adligen Familie; dieser (Mann) heiratete eine Bürgerin aus Halikarnaß; von dieser wurde Themistokles geboren; da dieser sich die Zufriedenheit seiner Eltern nicht erwarb, weil er zu ungebunden lebte, wurde er vom Vater enterbt; diese Schmach brach ihn aber nicht, sondern richtete ihn empor, und dieses bewirkte, daß er in kurzer Zeit berühmt wurde.

### 3. Pronomina determinativa (is, idem, ipse).

245. Welches ist die Gebrauchsweise des Pronomens *is, ea, id?*

246. Welche Bedeutung hat in folgenden Sätzen der Ausdruck *hic-qui* (statt des gewöhnlichen *is-qui*)? Moneo obtestorque te, ut *hos, qui* tibi genere propinqui sunt, caros habeas. Quis *hunc* hominem dixerit, *qui* cum tam ratos astrorum ordines tamque inter se omnia conexa viderit, neget in his ullam inesse rationem? Hunc locum satis in *his* libris, *quos* legistis, expressit Scipio.

247. Kann in den Sätzen: 1) Is, qui deum amat, vitia fugit. 2) Qui deum amat, ei praecepta divina sancta sunt. 3) Qui deum amat, eum mali homines ad nequitiam abducere frustra conabuntur das Pronomen *is*, (*ei, eum*) weggelassen werden?

248. Sind die Sätze: 1) Die Tugend knüpft Freundschaften und erhält dieselben. 2) Die Federn der Vögel und ihre Knochen sind mit Luft angefüllt. 3) Cäsar besiegte den Pompejus bei Pharsalus und verfolgte ihn bis nach Ägypten. 4) Die alten Griechen nannten die Ceres die Gesetzgebende und verehrten sie als solche — folgendermaßen richtig übersetzt? 1) Virtus amicitias conciliat et *eas* conservat. 2) Avium pennae *earum*que ossa aëre repleta sunt. 3) Caesar Pompeium apud Pharsalum devicit *ac eum* usque in Aegyptum persecutus est. 4) Prisci Graeci Cererem legiferam vocabant et *talem* venerabantur.

249. Übersetze nach Analogie von „Die Feinde eroberten die Stadt und verbrannten sie darauf" hostes urbem *expugnaverunt, expugnatam* combusserunt folgende Sätze: 1) Der feindliche Feldherr ließ die Gefangenen vorführen und sie darauf in seinem Zelte niedermachen. 2) Die Freiheit zu erwerben ist unstreitig ein großes und herrliches Werk, doch nichts so gar Seltenes; sie dagegen zu behaupten ist die erhabenste und seltenste Großthat. 3) Die Räuber erschlugen den Wanderer und knüpften ihn dann an einem Baume auf. 4) Die Athener schickten Gesandte nach Delphi, um zu fragen, was sie in ihrer Lage anfangen sollten; da gab ihnen die Pythia den Bescheid, sie möchten sich hinter hölzernen Mauern verteidigen. 5) Vercingetorix entließ nächtlicherweile die ganze Reiterei; dabei gab er ihnen den Auftrag, ein jeder Mann sollte sich in seinen Staat begeben. 6) Pisistratus soll die früher zerstreuten und untereinandergeworfenen Gesänge Homers gesammelt und sie dann geordnet haben. 7) Als Mohammed Mekka genommen hatte, unterwarf er die benachbarten Völker und zwang sie durch Feuer und Schwert, seine Religion anzunehmen. 8) Philipp gab die Stadt Olynth, die er nicht sowohl durch Waffengewalt als durch Verrat eingenommen hatte, seinen Soldaten zur Plünderung preis und ließ sie dann zerstören.

250. Übersetze: 1) Die Flotte der Engländer ist größer als die der Franzosen. 2) Man muß den Geboten Gottes mehr gehorchen als denen der Menschen. Der Körper eines Schlafenden liegt da wie der eines Toten. 3) Ein Stadtteil in Syrakus hieß die Insel; auf dieser lagen mehrere Tempel, aber zwei standen in besonderer Achtung, nämlich derjenige der Minera und sodann der der Diana. 4) Die Schwerter der römischen Reiterei waren länger als die des Fußvolkes, um vom Pferde herab den Feind treffen zu können. 5) Bekanntlich sind die Sitten der Römer denen der Griechen in vielen Beziehungen unähnlich gewesen.

251. Übersetze: 1) Er drohte mir mit einer Heftigkeit, welche auch den Sanftmütigsten empören mußte. 2) Sei überzeugt, daß dein Vater dich mit einer Zärtlichkeit liebt, wie sie gar nicht größer gedacht werden kann. 3) Leicht kann ein Feldherr, der sich selbst in Schranken hält, auch sein Heer zügeln. Du stehst in einem Alter, daß du selbst erkennen kannst, was dir in deiner Lage zuträglich ist. 4) Da Titus Pomponius Atticus zu einer Zeit lebte, wo der römische Staat durch innere Kriege beunruhigt wurde, so hütete er sich, an den bürgerlichen Unruhen und Kriegen teilzunehmen. 5) Jedermann erkennt leicht, daß eine Gelehrsamkeit, die des Lobes der Tugend ermangelt, mit Recht für gering oder vielmehr wertlos gehalten wird. 6) Obgleich Isokrates nicht ans Licht der Öffentlichkeit getreten ist, hat er sich doch einen Ruhm erworben, den nach meinem Urteile wenigstens kein Redner in der Folgezeit erreicht hat. 7) Nach seiner Ankunft in Oberitalien entwickelte Hannibal sogleich eine Thätigkeit, Schnelligkeit, Tapferkeit und Umsicht, wie sie sich kaum je bei einem Feldherrn gefunden hat.

252. Übersetze: 1) Der Mensch hat ein Gedächtnis und zwar ein **unbegrenztes.** 2) Kolumbus unternahm mit drei und zwar schlecht ausgerüsteten Schiffen die Fahrt nach Amerika. 3) Du beklagst dich und zwar mit gutem Grunde. Ich wohne jetzt in Paris und zwar nicht weit von der Kirche Notredame. 4) Eine ganz unersättliche Liebe zum Lernen und Wissen ist uns angeboren, so daß niemand bezweifeln kann, daß die menschliche Natur zur Erforschung der Wahrheit unwiderstehlich hingerissen wird und zwar, ohne daß sie durch einen äußern Gewinn dazu aufgefordert wäre. 5) Gieb mir, bitte, ein Messer und zwar ein scharfes. 6) Gieb mir gefälligst ein Beil und zwar kein stumpfes. 7) Ich habe mich in die Zunge gebissen und zwar so heftig, daß das Blut hervorspritzt. 8) Zur Verteidigung des Timotheus kam auch Jason, der Tyrann von Thessalien, nach Athen und zwar mit eigener großer Gefahr. 9) Cicero versichert, daß der Redner L. Torquatus viele wissenschaftliche Kenntnisse besessen habe und zwar keine gewöhnlichen, sondern eindringende und tiefe.

253. Übersetze: 1) Es sind gerade vier Wochen, daß meine Großmutter starb. 2) Die Thracier nahmen dem Alcibiades alles, was er mitgebracht hatte; ihn persönlich konnten sie nicht gefangen nehmen. 3) Zu Theben öffneten sich im Tempel des Herkules die verriegelten Flügelthüren plötzlich von selbst. 4) Unmittelbar nach der Schlacht brach ein entsetzliches Unwetter los. 5) Der Reichtum an und für sich kann keinen Sterblichen glücklich machen. 6) Gleich in der Einleitung zu deinem Aufsatze finden sich abgeschmackte Äußerungen. Jetzt will ich von der eigentlichen Anklage reden. 7) Gerade jetzt möchte ich bei dir sein. 8) Cato tötete sich in Utica selbst. 9) Ihr liebt nur euch selbst. 10) Wenn wir uns selbst loben, so ist es nicht nötig, daß andere uns loben. 11) Wir haben die Burg für uns allein verteidigt. 12) Die Schüler lernen nicht für die Lehrer, sondern für sich selbst. 13) Nero pflegte in den heiligen Wettspielen sich selbst als Sieger auszurufen, nicht der Herold. 14) Den Lentulus ziehe ich allen und mir selbst vor. 15) Du läßt deinen eigenen Vorteil außer acht. 16) Karl XII., König von Schweden, ging durch eigene Schuld zu Grunde. 17) Ich habe dies lediglich euretwegen gethan. 18) Die Athener stellten zu den Perserkriegen für sich allein mehr Schiffe als die andern Griechen zusammen. 19) Selbst die

gelehrtesten Leute können sich irren. 20) Der Weise ist an und für sich glücklich. 21) Der eigentliche Kern der griechischen Heere lag in den Schwerbewaffneten. 22) Demosthenes steht keinem, selbst dem Cicero nicht nach. 23) Ich wohne unmittelbar über dem Badehause. 24) Hannibal bedrohte die Hauptstadt Rom mehr als einmal, aber er richtete niemals einen wirklichen Angriff gegen dieselbe.

254. Ist der Satz: „Schon das tägliche Leben zeigt, daß aus kleinen Dingen große entstehen" richtig übersetzt: *Iam* vita cotidiana demonstrat ex parvis rebus magnas oriri?

255. Wann wird das deutsche „auch, gleichfalls, ebenfalls" durch *ipse quoque* (oder *et ipse*), wann durch *idem* übersetzt?

256. Welcher Unterschied ist zwischen *etiam* und *quoque?*

257. Übersetze: 1) Was wahrhaft schön ist, ist auch sittlich gut. Viele Leute sind reich und dabei unglücklich. Die Elefanten sind sehr stark und zugleich sehr klug und gelehrig. 2) Als dem Konsul L. Sulla die Provinz Asien und der Krieg gegen Mithridates vom Senat zuerkannt worden war, versuchte C. Marius, welcher damals Privatmann und hochbejahrt, aber dabei von maßlosem Ehrgeize war, demselben beides zu entreißen. 3) Wenn du dir auch größere Verdienste um den Staat erworben hast als ich, so wisse dennoch, daß auch ich meinen Mitbürgern in nicht geringem Grade förderlich gewesen bin. 4) Bevor Pyrrhus weiter rückte, beschloß er, um die Truppen sich erholen zu lassen, mit den Römern wegen des Friedens zu unterhandeln, zumal da er nicht zweifelte, daß die Römer ebenfalls, durch eine so große Niederlage erschöpft, den Frieden wünschten. 5) Der Diktator Fabius erkannte, daß ein auch noch so energischer Mann dem Hannibal unmöglich gewachsen sein könnte, wenn er ihm nicht auch zugleich an Umsicht und Schlauheit gleichkäme. 6) Kein Lüftchen, auch nicht das kleinste, bewegte die Wellen. 7) Gerechtigkeit muß man auch den Niedrigsten angedeihen lassen. 8) Ich für meine Person bin außerordentlich erfreut, ein solcher Mann zu sein, dem du keine Ehrenkränkung hast zufügen können, welche nicht zugleich auf einen großen Teil der Bürger paßte. 9) Wie große Kriegskenntnis, Tapferkeit und Ansehen ein Feldherr auch besitzen mag, so wird doch, wenn er in seinen kriegerischen Unternehmungen nicht auch von seiten des Glücks begünstigt wird, zu befürchten stehen, daß er nicht selten einen Verlust oder eine Niederlage erleidet. 10) Micipsa übertrug auf dem Totenbette das Reich seinen Söhnen Adherbal und Hiempsal und setzte zugleich den von ihm adoptierten Jugurtha, den Sohn seines Bruders Mastanabal, zum Mitregenten ein. 11) Ich könnte hier viele Genüsse des Landlebens besprechen; aber ich merke, daß schon die angeführten zu umfangreich gewesen sind. 12) Zuerst glaubten die Anführer der Gallier, die Römer würden nicht in die Ebene herunterkommen; als sie dann plötzlich sahen, daß sie herabmarschiert seien, stürzten sie sich gleichfalls voll Kampflust in die Schlacht. 13) Um nicht davon zu reden, wie schnell Pompejus den Seeräuberkrieg beendet hat: hat er nicht ebenfalls in kurzer Zeit den Mithridates besiegt, Syrien den Römern unterworfen und Palästina zinspflichtig gemacht?

### 4. Pronomen relativum.

258. Übersetze: 1) Auf der großen Ebene bei Augsburg, das Lechfeld genannt, hat Otto I. die Magyaren 955 besiegt. 2) Pittacus befand sich unter der Zahl der

sieben sogenannten Weisen. Im höchsten Grade bewunderungswürdig sind die Bewegungen der fälschlich sogenannten Irrsterne. 3) Welches traurige Ende haben nicht Pompejus und Cäsar gehabt! Welch ein herrlicher Anblick, welch ein großartiges Schauspiel! 4) Er versprach vieles, was er aber nicht hielt. Sehr scharf ist bei uns der Gesichtssinn, mit welchem wir aber die Weisheit nicht wahrnehmen. Manche Leute kaufen viele Bücher zusammen, welche sie indessen nicht lesen. 5) Ich bin nicht der Mann, der eine ihm zur Überzeugung gewordene Meinung ohne weiteres fahren ließe. 6) Manche Menschen finden sich, was man kaum glauben sollte, leichter in das Unglück als in das Glück.

259. Übersetze: 1) Frankreich, ein Land, welches sich von den Pyrenäen und dem Mittelmeere bis an den Rhein und den Kanal erstreckt, hat Überfluß an Wein. 2) Unsterblichen Ruf hat Salamis erlangt als Zeugin jenes glänzenden Sieges, welcher die Griechen vor der Oberherrschaft der Perser sicherte, ein Verdienst, das hauptsächlich der Einsicht und Entschlossenheit des Themistokles verdankt wird. 3) Die Krokodile, Tiere, welche ehemals die Ägypter göttlich verehrten, kommen heutzutage im eigentlichen Ägypten nicht mehr vor. 4) Manche Leute behaupten, es bestehe keinerlei Rechtsverhältnis, keine gemeinsame Verbindung des Nutzens wegen zwischen ihnen und ihren Mitbürgern: eine Ansicht, welche alle bürgerliche Gesellschaft auseinanderreißt. 5) Numa Pompilius, der zweite König, der über die Römer herrschte, unternahm es, nachdem er zur Herrschaft gekommen war, die neue Stadt, welche durch Waffengewalt gegründet war, durch Recht, Gesetze und Sitte aufs neue zu gründen. 6) In jener Nacht ereignete es sich, daß Vollmond war, der Tag, welcher die stärkste Flut im Ocean hervorzurufen pflegt.

260. Ziehe in folgenden Sätzen das Substantiv, auf welches sich im Deutschen das Relativ bezieht, in den **Relativsatz** selbst hinein: 1) In demselben Jahre, in welchem Tarquinius Superbus aus Rom vertrieben wurde, verjagten die Athener den Hippias. 2) Laßt uns die Götter anflehen, daß sie diese Stadt, welche sie so schön und blühend haben werden lassen, nach Überwindung aller feindlichen Streitkräfte zu Wasser und zu Lande vor dem ruchlosen Verbrechen der verderbtesten Bürger beschützen mögen. 3) Die Kräuter, welche die Tiere nicht fressen, essen oft die Menschen. 4) Bald nach der Eroberung Jerusalems hatte der Kaiser Vespasian befohlen, daß die jährliche Abgabe, welche die Juden nach Gesetz und Herkommen an den Tempel zu Jerusalem bezahlt hatten, künftig für den Gottesdienst Jupiters nach Rom geliefert werden solle. 5) In der Kunst, die ein jeder versteht, möge er sich üben. 6) Die Tage, an welchen die Prätoren Gericht hielten, hießen Gerichtstage und die Tage, an welchen kein Gericht gehalten wurde, Gerichtsfeiertage. 7) Zu der Zeit, wo ganz Europa noch in die Finsternis der Barbarei gehüllt war, war ein nicht unbedeutender Teil Asiens und ebenso Ägypten längst vom Lichte der Weisheit erleuchtet. 8) Ein König, der seine Pflichten nicht erfüllen will, kann auch nicht auf gute Unterthanen rechnen. 9) Atticus half den Freunden des Antonius mit den Sachen, deren sie bedürftig waren. 10) In den Fächern, zu denen wir am geschicktesten sind, werden wir mit dem meisten Erfolge arbeiten. 11) Nichts war bewundernswürdiger als die Art, wie Perikles die Vorwürfe seiner Gegner ertrug.

261. Welche Eigentümlichkeit des Lateinischen tritt in folgenden Sätzen zu Tage?

1) Magnas opes habuit Viriathus,

quem C. Laelius fregit ferocitatem*que eius* repressit. 2) Finem definiebas id esse, quo omnia referrentur *neque id* ipsum usquam referretur. 3) Omnes admiramur Fabricium, qui aurum a Pyrrho oblatum repudiavit *nec eum* blanditiae promissaque a virtute deduxerunt. Bestiis aliud alii praecipui datum est, quod suum quaeque retinet *neque* discedit ab *eo*.

262. Was ist über die im Lateinischen so beliebte Relativverbindung und Relativverschränkung zu merken?

263. Achte bei der Übersetzung folgender Sätze auf die Verbindung oder Verschränkung derselben durch das Relativpronomen: 1) Nichts ist wünschenswerter als Gemütsruhe; denn wer diese nicht hat, dem hilft selbst fürstlicher Reichtum nichts. 2) Der Arzt des Pyrrhus kam bei Nacht zu Fabricius und versprach den Pyrrhus zu vergiften; Fabricius aber ließ ihn binden und zu Pyrrhus zurückführen. 3) Die Vernunft zeigt das Dasein Gottes; wenn man aber dieses zugiebt, so muß man auch bekennen, daß durch seinen Rat die Welt regiert wird. Auch Cilix war von Agenor ausgesandt worden, um die Europa zu suchen; da er sie aber nicht fand, wagte er nicht nach Hause zurückzukehren und ließ sich in Cilicien nieder. 4) Ptolemäus hatte nie aus Hunger gegessen; als ihm daher auf einer Reise durch Ägypten gemeines Brot gegeben wurde, dünkte ihm nichts schmackhafter als dieses Brot. 5) Wer wollte sich nicht aller Dinge enthalten, von denen er weiß, daß man durch sie die Gesundheit einbüßt? 6) Befreie dich vom Aberglauben; denn wer von ihm erfüllt ist, kann nie ruhig sein. 7) Die meisten scheuen Arbeit und Schmerz und versuchen alles, um von ihnen frei zu sein. 8) Das Vaterland ist unser aller Mutter; welcher brave Mann sollte daher anstehen, im Notfalle für dasselbe zu sterben? 9) Man erwartete ängstlich die Rückkehr der Gesandten, von denen noch nicht gemeldet war, was sie ausgerichtet hatten. 10) Marcellus wünschte den Archimedes zu erhalten und war betrübt, als er von der Ermordung desselben Kenntnis erhielt. 11) Das ist allein ein Gut, dessen Besitzer notwendig glückselig ist. 12) Du hast mit Recht behauptet, daß es mancherlei Eigenschaften gebe, die der Redner von Natur besitzen müsse, wenn ihm der Lehrmeister förderlich sein solle. 13) In Oberitalien wohnten damals die Bojer und Insubrer, zwei gallische Völkerstämme, von denen wir wissen, daß die Römer sie sich wenige Jahre zuvor unterworfen hatten. 14) Noch bei Lebzeiten des Solon bemächtigte sich Pisistratus der Herrschaft, von welchem, obgleich er viele Söldner in seinem Dienste hatte, doch soviel feststeht, daß er milde regiert hat. 15) Wer wollte nicht den Leonidas bewundern, welcher, obgleich sein Untergang unzweifelhaft war, dennoch auf dem angewiesenen Posten blieb? 16) Mir gefällt jener König, der, als einige ihm einreden wollten, für einen König sei alles ehrenvoll und gerecht, die Antwort gab: „Für Könige von Barbaren allerdings". 17) Dem Thrasybul wurde für seine großen Verdienste eine Ehrenkrone vom Volke verliehen, welche, weil die Liebe der Bürger und nicht Gewalt dieselbe abgenötigt hatte, keinen Neid erweckte. 18) Sokrates meint, daß nichts Schlimmes im Tode sei, welcher, wenn Empfindung bei ihm übrig bleibe, vielmehr für Unsterblichkeit als für Tod gehalten werden müsse. 19) Der Schein des Nutzens bewegte das Herz des Romulus, welcher seinen Bruder tötete, da es ihm nützlicher schien, allein als mit einem andern zu regieren.

264. Zu welchen Konjunktionen wird das Relativum *quod* gefügt, um eine engere Verbindung mit dem Vorhergehenden herzustellen?

265. Übersetze: 1) Hannibal hatte nicht gehofft, daß so viele italische Völkerschaften zu ihm abfallen würden, als nach der Schlacht bei Cannä wirklich zu ihm abfielen. 2) Viele sind nicht so beschaffen, wie sie gern erscheinen möchten. 3) Cicero glaubte, daß auch Rom Männer wie Polyklitus und Parrhasius gehabt haben würde, wenn die Römer der Kunst ebenso große Ehre erwiesen hätten wie die Griechen. 4) Die Kaufleute verkaufen die Waren nicht ebenso teuer, wie sie dieselben eingekauft haben. 5) Niemals ist jemand so unbescheiden gewesen, daß er gewagt hätte, von den unsterblichen Göttern auch nur im stillen so viele und so große Dinge zu wünschen, wie die unsterblichen Götter selbst dem Pompejus verliehen haben. 6) Xerxes griff die Griechen mit solcher Heeresmacht an, wie vorher keiner gesehen hatte. 7) Die Sklaven haben gewöhnlich denselben Charakter wie ihr Herr. Hasdrubal gelangte auf demselben Wege nach Italien wie Hannibal. 8) Eines Verständigen Sache ist es, das zu sein, wofür er von andern gehalten sein will. 9) Verzweifle nicht daran, lieber Freund, einen solchen Redner zu finden, wie du ihn suchst.

266. Was ist bei der Übersetzung folgender Sätze zu beachten? 1) Die Religion allein ist es, welche das Trachten nach irdischen Gütern in weisen Schranken hält. 2) Die erste Vorschrift, welche Lykurg den Spartiaten für den Krieg gab, war die, daß sie, so sehr ihnen auch der Feind an Zahl überlegen wäre, niemals fliehen, sondern entweder siegen oder sterben sollten. 3) Chiron, der Centaur, war es, der die berühmtesten Helden des Altertums, z. B. den Achilleus, Kastor und Polydeukes, Amphiaraos u. s. w., auf dem Pelion erzog. 4) Wie groß die Verehrung war, welche dem Philosophen Pythagoras seine Schüler erwiesen, ersieht man daraus, daß sie seine Aussprüche wie Orakel ansahen und, wenn jemand irgend einen Satz derselben bezweifelte, nur dies eine erwiderten: Er habe es gesagt. 5) Sicilien war die erste Landschaft, welche die Römer zur Provinz machten. 6) Du bist es gewesen, von dem ich das Schlimmste erduldet habe. 7) Bei Ausbruch des Krieges 1813 sagte Scharnhorst mit Bestimmtheit, Blücher müsse das Oberkommando erhalten, denn er sei der einzige, der sich nicht vor Napoleon fürchte. 8) War es nicht Zeno, der die stoische Schule zu Athen gründete? 9) Als Sulla nach der Besiegung seiner Gegner sowohl an andere als auch an Cäsar das Machtgebot ergehen ließ, daß sie sich von ihren Gattinnen, weil diese mit Cinna verwandt wären, trennen sollten, war der damals noch sehr junge Cäsar der einzige, welcher nicht vermocht werden konnte, seine Gattin Cornelia, Cinnas Tochter, zu verstoßen. 10) Themistokles brachte die Athener zu dem Entschlusse, sich mit ihrer Habe auf die Schiffe zu begeben; denn das sei die hölzerne Mauer, welche das Orakel meine. 11) Cäsar ließ auskundschaften, welches der bequemste Weg sei, auf dem er das Thal passieren könne.

267. Wende in folgenden Sätzen, um eine größere Bestimmtheit des Ausdrucks zu erreichen, statt des deutschen Relativs im Lateinischen eine Konjunktion an: 1) Dionysius, welcher nicht wagte, auf der gemeinsamen Rednerbühne aufzutreten, pflegte seine Reden von einem hohen Turme herab zu halten. 2) Xenophon, welcher sich weder in Gehalt noch Form mit Thucydides messen kann, nimmt dennoch unter den Geschichtschreibern eine bedeutende Stelle ein. 3) Perikles, der erkannte, daß nur Kräfte zur See die Stütze der athenischen Freiheit und Macht sein könnten, trat in die Fußstapfen des Themistokles. 4) Gastfreunde,

welche man einmal seines Schutzes versichert hat, muß man auf alle Weise schützen. 5) Wenn die alten Griechen und Römer, die in die Grundsätze einer reineren Religion noch nicht eingeweiht waren, so von der Frömmigkeit gegen die Götter urteilten, was in aller Welt werden wir dann thun müssen, die wir uns der Lehre einer vom Himmel entsprungenen Religion erfreuen? 6) Die Feinde des Alcibiades, welche einsahen, daß man ihm (sc. dem Alcibiades) keinen Schaden zufügen könne, beschlossen, sich für den Augenblick ruhig zu verhalten. 7) Die Phocäer, welche überzeugt waren, daß sie sich gegen die persische Übermacht nicht würden halten können, wanderten nach Alalia auf Korsika aus.

### 5. Pronomina interrogativa.

268. Wie unterscheidet sich *quis* vir? *quis* senator? von *qui* vir? *qui* senator?

269. Welcher Unterschied ist zwischen den Fragewörtern *quid* und *quod?*

270. Welcher Unterschied ist zwischen den Ausdrücken *Quid* amicitia est? und *quae* amicitia est?

271. Was ist über den Gebrauch der Fragewörter a) *quot,* b) *quotus quisque* zu merken?

272. Wie ist das quī in Redensarten wie *qui fit* „wie kommt es?“ zu erklären?

273. Wie ist das „wo, wann, wie“ in folgenden Fragen zu übersetzen? 1) Wo giebt es unter unsern Mitbürgern einen Menschen, der nicht lesen und schreiben könnte? 2) Wo ist jemand, der aller guten Eigenschaften ledig wäre? 3) Wo, frage ich, findet sich ein Mensch, der verruchter wäre als eine Mutter, welche ihrer Kinder vergißt? 4) Wie könnte jemand zweifeln, daß Cicero sein Vaterland gerettet habe? 5) Wie könnte jemand so wahnsinnig sein zu behaupten, der Himmel sei grün? 6) Wo giebt es jemanden, der zu leugnen wagte, daß jener Frieden, den Antalcidas im Jahre 387 mit den Persern abgeschlossen hat, für Griechenland eine Schande gewesen sei? 7) Wann hätte es früher jemals einen Staat gegeben, der nicht seinen Bundesgenossen in der Not Beistand geleistet hätte?

### 6. Pronomina indefinita.

274. Welcher Unterschied ist zwischen *aliquis, aliqui, quis, quidam, quisquam, quispiam* und *ullus?*

275. Welche Bedeutung hat *aliquid,* wenn es im Gegensatz zu „nichts“ steht?

276. Welcher Fehler ist in dem Satze: Hostes *non sine ulla spe* praedae in fines nostros irruerunt „die Feinde sind nicht ohne einige Hoffnung auf Beute in unser Land eingebrochen“?

277. Welche Veränderung des Sinnes erleidet der Satz: Metellus edixit, ne quis in castris coctum cibum venderet, wenn statt *ne quis* das seltenere *ne quisquam* gesetzt wird?

278. Welche Bedeutung hat *quidam* in Sätzen wie: Te natura excelsum *quendam* genuit. Mithridates mira *quadam* memoria fuit. Stentoris vox incredibilis *quaedam* fuisse dicitur. Alcibiades incredibili *quadam* magnitudine consilii fuit. Maxime iustitia mirifica *quaedam* multitudini videtur. Praeclara *quaedam* indoles. Graecia parvum *quendam* locum Europae tenet.

279. Auf welche Weise mildert die lateinische Sprache kühne bildliche Ausdrücke? Wie wird man z. B. den Satz übersetzen: Napoleon drückte die unterworfenen Völker mit eiserner Knechtschaft?

280. Können die Substantiva *nemo* und *quisquam* auch adjektivisch gebraucht werden?

281. Ist der Satz: „Keiner traut einem Lügner“ richtig übersetzt: *Nullus* mendaci homini credit?

282. Übersetze: 1) Wenn dich jemand schmäht, so achte nicht darauf. 2) Unzählige Beispiele der alten und neuen Geschichte beweisen, daß kaum jemand von der Natur so kümmerlich ausgestattet ist, daß er durch beharrlichen Fleiß nicht wenigstens etwas erreichen könnte. 3) Wenn irgend jemand gelehrt gewesen ist, so ist es Aristoteles gewesen. Du siehst gemäß deiner ausgezeichneten Klugheit klar ein, daß, wenn Antonius auch nur einige Stärke erlangt, alle deine herrlichen Verdienste um den Staat in ein Nichts zerfallen werden. Wenn irgend etwas schön ist, so ist es gewiß nichts in höherem Grade als der Gleichmut im ganzen Leben. 4) Ich glaube nicht, irgend etwas übergangen zu haben, was zur Sache gehört. Niemand ist jemandem so ähnlich wie sich selbst. 5) Die Familie der Cassier konnte, ich will nicht sagen die Zwingherrschaft, sondern auch nicht die Übermacht irgend eines Menschen ertragen. 6) Es ist etwas Schönes, für das Vaterland zu sterben. Die Schmeichelei ist etwas Häßliches. Was für dich etwas Leichtes ist, ist für mich etwas sehr Schweres. 7) Der junge König bestieg ohne alle Furcht das wilde Roß. 8) Es ist nichts Geringes, als Feldherr an der Spitze eines Heeres zu stehen. 9) Den Gesandten der Korinther war es durch ein Gesetz verboten, von irgend einem Tyrannen Geschenke anzunehmen. Glaubst du, daß jemals irgend einer in Rom mächtiger gewesen sei als Cäsar? Du meinst doch nicht etwa, daß Homer als Dichter von irgend jemandem übertroffen ist? 10) Vielleicht möchte einer einwenden, daß sich kaum jemand finde, der das Geld für gar nichts achte. 11) Necho forderte phönicische Schiffer auf, Afrika zu umsegeln. Manlius hatte den Beinamen Torquatus, weil er einen Gallier, nachdem er ihn im Zweikampfe besiegt, seiner goldenen Halskette beraubt hatte. 12) Als Tilly von Offizieren angegangen wurde, dem Blutvergießen ein Ende zu machen, entgegnete er: Der Soldat muß für seine Mühen auch etwas haben. 13) Der Kuckuck ist etwas größer als eine Taube. 14) Die Holztauben sind beträchtlich größer als die Haustauben. 15) Wenn in irgend einer Sache der Anfang schwer ist, so ist er es gewiß in Künsten und Wissenschaften. 16) Die Tugend ist das höchste Gut: oder glaubst du, daß es etwas Besseres als die Tugend giebt? 17) Ich bin mir bewußt, nichts begangen zu haben, was irgend einen Guten beleidigen könnte. 18) Irgend einer von euch möge morgen nach meinem Hause kommen. 19) Nach der Niederlage von Cannä sahen sich einige junge Männer, die an der Rettung des Staates verzweifelten, nach Schiffen um, um Italien zu verlassen und zu irgend einem Regenten zu entfliehen.

283. Übersetze: 1) Kein Verständiger glaubt, daß der Friede teurer zu stehen komme als der Krieg. 2) Auf den Rat des Appius Claudius wurde dem Cineas geantwortet, daß der römische Senat mit niemandem Friedensunterhandlungen führe, der innerhalb der Grenzen von Italien auswärtige Truppen befehlige. 3) Welcher Gebildete sollte wohl irgend eine Kunst deshalb gering achten, weil manche von denjenigen, welche sie ausüben, sich zu Irrtümern haben hinreißen lassen? 4) Nach meinem Urteile hat niemals irgend ein Römer den M. Curtius an Vaterlandsliebe übertroffen.

284. Welche Fehler sind in folgenden Sätzen? 1) Vix aliquis est, qui mortem contemnat. 2) Veni Athenas et nemo me ibi agnovit. 3) Inimicis non irasci magnum aliquid est. 4) Quo doctior aliquis est, eo modestior esse solet. 5) Delii Apollinem maiore religione colunt quam aliquem deorum. 6) In rege Mithridate devincendo Pompeius felicior fuit quam aliquis superiorum ducum. 7) Ne divitissimi quidem homines semper beati sunt; an aliquis Croeso divitior fuit? 8) Nulla gens est, quae non ullam opinionem dei habeat. 9) Catilinae corpus inediae patiens erat supra quam alicui credibile. 10) Ubi aliquis est, qui metui quam amari malit?

285. Wann wird der Plural *utrique* gesetzt?

286. Welche Wörter entsprechen dem deutschen „jeder", und wie unterscheiden sie sich voneinander?

287. Was ist über die Stellung von *quisque* zu merken?

288. Welcher Unterschied ist zwischen *non nemo* und *nemo non?*

289. Ist der Satz: „Du hast mir keine besonders erfreuliche Nachricht gebracht" in folgender Weise richtig übersetzt? *Nullum* iucundissimum nuntium mihi attulisti.

290. Was ist in Bezug auf den Gebrauch der verallgemeinernden Pronomina *quicunque* und *quisquis* in folgenden nichtciceronianischen Sätzen zu bemerken? Victi quamcunque condicionem paciscendi acceperunt. Cuicui hostium fortiter me opponam.

291. Übersetze: 1) Hannibal war auf dem einen Auge blind. 2) Mithridates von Pontus, bisweilen an Glück, stets an Tapferkeit und Geist sehr groß, war an Römerhaß ein zweiter Hannibal. Ich lobe keinen, weder den Tollkühnen noch den Verzagten. Titus Pomponius Atticus schloß sich, als der römische Staat von Bürgerkriegen beunruhigt wurde, an keine Partei an. 3) Den größten Teil des Jahres bringe ich auf dem Lande zu, den andern in der Stadt. 4) Nicht immer siegt der, welcher zuerst den Feind angreift. 5) Oft wird die Frage aufgeworfen, wer am meisten zu bewundern sei, Schiller oder Goethe. 6) Hephästos soll an beiden Füßen lahm gewesen sein. 7) Dieser Hund hinkt mit dem einen Beine. 8) Demosthenes und Cicero waren zwei sehr berühmte Redner; wer von ihnen der vorzüglichste gewesen ist, lasse ich unentschieden. 9) Als Herkules zwei Wege sah, den einen des Vergnügens, den andern der Tugend, war er in Zweifel, welchen einzuschlagen das beste sei. 10) Die Römer nannten den Camillus den zweiten Gründer der Stadt und den Mithridates einen neuen Hannibal. 11) Ich habe zwei Briefe von dir empfangen; ich beantworte daher zuerst den ersten. 12) Der Feldherr stellte die Armee in einer doppelten Linie in Schlachtordnung, daß die zweite nachrücken konnte, wenn die erste zum Weichen gebracht war. 13) Nicht jede beliebige Persönlichkeit hat ein vollwichtiges Zeugnis: um Glauben zu finden, ist auch ein gut Teil von Ansehen erforderlich. 14) Nach den solonischen Gesetzen wurde derjenige mit Verbannung bestraft, welcher bei einem Bürgerzwist sich nicht zu der einen oder andern Partei geschlagen hatte.

# H. Das Verbum.

## 1. Aktiv und Passiv. Gebrauch einzelner Verba und Verbformen.

292. Welche Beobachtung rücksichtlich der Bedeutung einzelner Verba ergiebt sich aus Vergleichung folgender Ausdrücke? 1) Auriga remittit habenas. Ventus remisit. Dolores remiserant. 2) Caesar regnum appetivit. Nox appetit. Dies comitiorum appetebat. 3) Amico pecuniam suppeditabo. Terra cibos suppeditat. Nec consilium nec ratio suppeditat. 4) Consul aciem Gallorum perrupit. Equites per medios hostes perruperunt. 5) Alicui negotium facessere. Coniurati propere ex urbe facessiverunt. 6) Culpam in aliquem inclinare. Fortuna se inclinat. Senatus inclinavit ad pacem cum Pyrrho faciendam. 7) Bellum in aliud tempus differre. Vos a nobis plurimum differtis. 8) Hannibal Alpes superavit. Pecunia tibi superabat. Hostes numero superabant. 9) Consul iter hostium moratus est. Consul tum forte in provincia morabatur.

293. Welche Bedeutung hat das Activum in dem Satze: Cimo complures pauperes mortuos suo sumptu extulit?

294. Welche Bedeutung hat das Passiv in Sätzen wie: Tempora mutantur et nos mutamur in illis. Stellae tum occultantur, tum rursus aperiuntur. Pares cum paribus facillime congregantur.

295. Welcher Unterschied entsteht, wenn der Satz Libris *me delecto* verändert wird in Libris *delector?*

296. Übersetze: 1) Viele lassen sich durch Habsucht zu den abscheulichsten Verbrechen hinreißen. 2) Der Schmeichler läßt sich oft nicht leicht von einem Freunde unterscheiden. 3) Willst du dich durch meine Thränen nicht rühren lassen? 4) Herden von Rindern, Schafen und Ziegen weiden auf der Wiese. 5) Reiche Leute fahren in prächtigen Wagen. 6) Die Rhone läßt sich an einigen Stellen durchwaten.

297. Wie ist „lassen, zulassen" in folgenden Beispielen zu übersetzen? 1) Cicero ließ mehrere Catilinarier durch Henkershand im Tullianum erdrosseln. 2) Auf dem Gipfel der Alpen angekommen, ließ Hannibal die ermüdeten Soldaten sich zwei Tage erholen. 3) Laß mich leben! 4) Laß dich nicht von Zorn hinreißen! Cäsar ließ sich durch keine Drohungen dazu bewegen, seine Gemahlin, eine Tochter des Cinna, zu verstoßen. 5) Wie groß der Haß des Mithridates gegen die Römer war, läßt sich teils aus dem schweren und langwierigen Kriege, den er mit denselben führte, teils aus jener Rede erkennen, durch welche er den Mut seiner Soldaten zu entflammen suchte. 6) Nero ließ seinen Lehrer Seneca umbringen; auch ließ er die Stadt Rom anzünden, um zu sehen, wie einst Troja gebrannt habe. 7) Schiller läßt die Maria Stuart sagen: Ich bin besser als mein Ruf. 8) Laß den Bedienten die Bücher von der Bibliothek holen, die wir uns dort haben geben lassen. 9) Hast du dich scheren lassen? 10) Die Gesetze lassen nicht zu, daß jemand in das Eigentum des andern greift. 11) Das böse Gewissen läßt die Schuldigen nicht ruhig schlafen. Die Sommerwärme läßt die Früchte reifen. 12) Marius ließ sich bei einer Operation nicht binden; vor ihm soll keiner operiert worden sein, ohne sich binden zu lassen. 13) Augustus ließ die Gedichte des Vergil gegen den Willen des Dichters nicht verbrennen. 14) Laß Wein und Gläser holen. 15) Warum läßt du dir gefallen, daß man dich durch Beleidigungen reizt? 16) Liebe Freunde, laßt euch durch nichts entmutigen. 17) Tarquinius ließ die sibyllinischen Bücher auf dem Kapitol nieder-

legen. 18) Laß mich einen Augenblick hinausgehen, ich werde gleich wiederkommen. 19) Laß endlich das Plaudern! 20) Der Vater des Sesostris ließ alle Knaben, die mit seinem Sohne an einem Tage geboren waren, zusammenbringen und mit ihm zugleich erziehen. 21) Lysander ließ, als er den Sieg über die Athener davongetragen hatte, 4000 Gefangene hinrichten und ließ nicht zu, daß sie begraben wurden. 22) Die Dichter lassen den Seher Tiresias niemals über seine Blindheit klagen.

298. Was versteht man unter phraseologischen Verben, und wie verfährt der Lateiner bei der Übersetzung deutscher phraseologischer Verben? — Übersetze: 1) Philipp berief Abgeordnete der griechischen Staaten nach Korinth und wußte hier teils durch seine Freigebigkeit teils durch die klug berechneten Vorträge seiner bezahlten Redner die Griechen so zu gewinnen, daß er zum obersten Feldherrn im Kriege gegen die Perser erwählt wurde. 2) Bei seinem Abgange aus der Provinz sah sich Cicero in der Hoffnung eines Triumphes, die er gefaßt hatte, wegen der ungünstigen Zeiten getäuscht. 3) Kaum hatte sich der römische Staat von der Niederlage bei Cannä einigermaßen erholt, als derselbe sich von einem neuen, noch schwereren Schlage getroffen sah. 4) Bisher, sagte Appius Claudius, betrübte ich mich über den Verlust meiner Augen; jetzt aber muß ich bedauern, daß ich nur blind und nicht auch taub bin und von euch schimpfliche Ratschläge und Beschlüsse hören muß, die den Ruhm unserer Stadt untergraben. 5) Die Gewalt erzwingt alles, nur Liebe kann sie nicht erzwingen. 6) Als Tyrus sich nicht ergeben wollte, sah Alexander sich genötigt, die Stadt zu belagern. 7) Die Häupter der Sokratiker verstanden es, durch den Reiz und Zauber ihrer Sprache die Liebe zu dem Edelsten auf außerordentliche Weise zu entzünden und zu nähren. 8) Von Friedrich dem Großen können wir wohl mit vollem Rechte behaupten, daß er seinen Beinamen vollkommen verdient habe; denn er war nicht nur ein vollendeter Feldherr und persönlich tapfer, sondern ließ sich auch durch keinen Unfall, keine Niederlage außer Fassung bringen und wußte die Verluste, die er erlitt, schnell durch Umsicht und Tapferkeit wieder gutzumachen. 9) Demosthenes soll sich bisweilen zwei bis drei Monate hintereinander in einem unterirdischen Kämmerchen eingeschlossen haben und zwar den einen Teil des Kopfes geschoren, so daß er sich scheuen mußte, unter die Leute zu gehen. 10) Als der König Eumenes vom römischen Senate zu sprechen aufgefordert war, sagte er: Das Schlimmste, was es im Kriege giebt, habe ich erleiden müssen, nämlich eine Belagerung; denn in Pergamum habe ich mich müssen einschließen lassen unter der größten Gefahr sowohl für mein Leben als auch für meinen Thron.

299. Übersetze: 1) Man hat angefangen, das Obst von den Bäumen abzunehmen. 2) Nachdem man angefangen hatte, die Erde zu bebauen, legten die Menschen allmählich ihre Wildheit ab. 3) Tyrus, eine durch ihr Alter berühmte Stadt, wurde von den Macedoniern sieben Monate später, als man mit der Bestürmung angefangen hatte, erobert. 4) Unmittelbar nach den Perserkriegen fing die Macht Athens an, sich in unglaublicher Weise zu heben. 5) Obgleich Odysseus den Nachstellungen der Circe entgangen war, hörte er doch nicht auf, auf den Meeren umhergetrieben und von Gefahren bedrängt zu werden. 6) Auf den Rat des Priesters Las Casas fing man an, Neger aus Afrika nach Amerika zu bringen, damit dieselben auf den Pflanzungen und in den Bergwerken arbeiteten.

7) Da im Kriege gegen Veji die römischen Feldherren sich mehr Erfolg von einer Blockade als von einer Bestürmung versprachen, so fing man an, Winterzelte, die für das römische Militär etwas ganz Neues waren, zu bauen. 8) Diejenigen Staaten müssen zu Grunde gehen, in denen man aufgehört hat, Mäßigkeit und Genügsamkeit als die Grundlagen öffentlicher Wohlfahrt zu betrachten.

300. Welche Participia *Perf. Pass.* von transitiven Verben haben aktive Bedeutung?

301. In dem Satze: Labienus *veritus*, ne hostium impetum sustinere non posset, litteras Caesari mittit hat das Partic. Perf. *veritus* die Bedeutung des Part. Praes. „fürchtend". Welche Participia Perf. können in dieser Weise gebraucht werden?

302. In dem Satze: Populus Romanus Ciceronem a porta in Capitolium *comitatum* honestavit hat das Particip comitatus (vom Deponens comitari) offenbar passivische Bedeutung. Welches sind die wichtigsten Deponentien, welche diesen Gebrauch zulassen?

303. In dem Satze: Expetuntur divitiae a multis ad *fruendas voluptates* ist das Gerundivum. *fruendus* so gebraucht, als ob *frui* den Akkusativ regierte. Welche Gerundiva von ebenso konstruierten Verben lassen diesen Gebrauch zu?

304. Wie heißt das Passiv von 1) *vendere*, 2) *perdere*, 3) *facere*, 4) *verberare*, 5) *odisse?*

305. Welches ist die Gebrauchsweise von *forem* und *fore?*

306. Welche Bedeutung und Gebrauchsweise haben folgende Verben und Verbformen? 1) *Aio.* 2) *inquam.* 3) *ave* oder *have.* 4) *salve.* 5) *age, agite.* 6) *cĕdo.* 7) *apage.* 8) *quaeso.* 9) *infit.* 10) *reri.* 11) *fari.* 12) *assolere.*

307. Was ist über den Gebrauch von *quire* und *nequire* zu bemerken?

308. Welche Bedeutung haben und auf welche Weise werden gebildet: 1) die Verba *intensiva (frequentativa)*; 2) die Verba *desiderativa;* 3) die Verba *incohativa;* 4) die Verba *diminutiva?*

309. Was versteht man unter Verbis *decompositis?*

310. Wie sagte man in der Umgangssprache statt: 1) *si vis.* 2) *si vultis.* 3) *visne.* 4) *cape si vis.* 5) *aisne.* 6) *videsne.* 7) *satisne?*

311. Welche archaistischen Verbformen finden sich in einzelnen Formeln auch in Prosa?

312. Wie verhält es sich mit dem Gebrauche der Perfektformen laudav*erunt* und laudav*ere*, scrips*erunt* und scrips*ere?*

313. Heißt bei Cicero „du wirst gelobt werden" laudaber*is* oder anders?

## 2. Gebrauch der Tempora.

314. Gieb im allgemeinen die Regeln über die Bedeutung der Tempora an.

315. Gieb an, was das Präsens in folgenden Sätzen bezeichnet: 1) Soror carmen discit. Ego nunc ludo, vos discitis. Iam intellego, quid dicas. 2) Cotidie corpus frigida aqua lavo. Nilus quotannis super ripas effunditur. Virtus sola homines beatos reddit. Fortes fortuna adiuvat. Vulpes gallinis insidiantur. 3) Chrysippus disputat aethera esse Iovem. Homerus Iovem appellat patrem deorum hominumque. Thucydides in altero libro vim pestilentiae describit. Iuvenalis censet nihil melius esse quam mentem sanam in corpore sano.

316. Was ist bei der Übersetzung folgender Sätze zu beachten? 1) Ich bin gezwungen, dich zu tadeln. 2) Dieses Stück ist „der gefesselte Prometheus" betitelt. 3) Diese Städte sind einen Tagemarsch von einander entfernt. 4) Allen ist heutzutage Gelegenheit gegeben, sich wissenschaftlich auszubilden. 5) Ägyptische Kolonisten sollen die Nacht der Unwissenheit, von welcher Attika damals bedeckt war (opprimi), gelichtet haben. 6) Ich bin durch deine Thränen gerührt. Ihr scheint von heftigem Zorne beherrscht zu sein. 7) Die Tiere sind teils mit Häuten, teils mit Stacheln, teils mit Schuppen, teils mit Federn bedeckt. 8) Alle Bürger

sind an die Gesetze gebunden. 9) In dieser einen Tugend sind alle übrigen enthalten. 10) Sicilien ist überall vom Meere umgeben. 11) Die Baumstämme sind mit Rinde und Bast überzogen, um desto gesicherter gegen die Einwirkung der Kälte und Hitze zu sein.

316 b. Welche Bedeutung haben im allgemeinen die beiden Futura?

317. Gieb den Unterschied zwischen Perfectum *praesens (logicum)* und Perfectum *historicum* an.

318. Wie unterscheidet sich laudatus *sum* von laudatus *fui*, amatum *esse* von amatum *fuisse*? — Übersetze: 1) Bei seinem Triumphe brachte Marcellus viele berühmte Statuen nach Rom, mit denen Syrakus geschmückt gewesen war. 2) Der Janustempel ist nach der Regierung des Numa nur zweimal geschlossen gewesen. 3) Prometheus soll, weil er den Menschen das Feuer mitgeteilt hatte, auf Jupiters Befehl lange Zeit an einem Felsen auf dem Gebirge Kaukasus angeschmiedet gewesen sein, bis er von Herkules erlöst wurde. 4) Die Eumolpiden, die den Alcibiades verflucht hatten, mußten ihn wieder vom Fluche lösen, und die Pfeiler, auf denen die Verfluchung geschrieben gestanden hatte, wurden ins Meer gestürzt. 5) Sultan Soliman I. rückte 1566 nach der Unterjochung von fast ganz Ungarn mit ungeheurer Heeresmacht gegen die Feste Sigeth, deren Belagerung er schon einige Jahre früher mit schwerem Verluste hatte aufgeben müssen.

319. Der Satz: „Die Stadt wurde von den Feinden belagert“ kann in bezeichnender Weise, um den dauernden Zustand nachdrücklich hervorzuheben, übersetzt werden: Urbs ab hostibus *obsessa tenebatur*. Übersetze in ähnlicher Weise die folgenden Sätze so, daß das einfache Verbum mit Hilfe eines signifikanten Verbs umschrieben wird. 1) Diese Sorge beschäftigt gerade jetzt die Senatoren aufs lebhafteste. Fast 40 Jahre lang hat Dionysius der Ältere Syrakus geknechtet. 2) Ich nehme meine Zuflucht zu deiner Zuverlässigkeit, welche ich kenne. Der Aberglaube beunruhigt viele Menschen. 3) Zu jener Zeit war ganz Europa noch in die Finsternis und den Schmutz der Barbarei gehüllt. Bei den Spartanern, welche hauptsächlich für Kriegsruhm glühten, wurden die schönen Künste und Wissenschaften vernachlässigt. 4) Zu nichts nützt dem Geizhals das Geld, welches er gesammelt hat. 5) Ich habe diese Regel endlich begriffen. 6) Ich habe beschlossen, mich mit aller Kraft auf die lateinische Sprache zu legen. 7) Ich bin überzeugt, daß unser Heer in dieser Schlacht siegen wird. 8) Manche Ebenen sind häufigen Überschwemmungen ausgesetzt. 9) Die Wahrheit ist oft in der Tiefe verborgen. 10) Im Geiste des Menschen lebt der Glaube an eine Unsterblichkeit. 11) Gott umfaßt alle Menschen mit gleicher Liebe. 12) O die Thoren, die andere das lehren wollen, was sie selbst nicht kennen!

320. Welchen Gebrauch hat im Lateinischen das *Imperfectum*?

321. Was versteht man unter dem *Imperfectum de conatu*?

322. In welcher Weise wird im Lateinischen das *Praesens historicum* und der *Infinitivus historicus* gebraucht?

323. Welchen Gebrauch hat im Lateinischen das *Plusquamperfectum*?

324. Wie unterscheidet sich *scripturus sum* „ich will schreiben“ von *scribam* und *scribere volo*?

**325.** Gieb an, welche Eigentümlichkeiten des Lateinischen bei Übersetzung folgender Sätze hervortreten: 1) Morgen reisen wir aufs Land, in acht Tagen aber kommen wir wieder, und dann besuchen wir dich gewiß. Im nächsten Winter sind wir wahrscheinlich in Rom. Ich hoffe, dies bald zu erreichen. 2) Wenn wir der Führung der Natur folgen, werden wir nie irre gehen. Wenn man in allen Dingen unschuldig ist, was werden einem dann die Feindschaften schaden? Ich höre mit meinen Bitten nicht auf, bis du mir nachgiebst. Wer mit seinem Nebenmenschen kein Mitleid hat, der wird die Barmherzigkeit vieler vergebens anflehen, wenn er selbst von Mißgeschick heimgesucht wird. Sobald ich in Erfahrung gebracht habe, was der Senat in dieser Sache beschlossen hat, werde ich dir ausführlich schreiben. Wir haben Briefe von Cicero an Tiro, und wer diese liest, wird gestehen, daß sich nichts sagen ließ, wodurch eine rücksichtsvollere Sorge um das Wohl und die Gesundheit des Freundes ausgedrückt würde. Wie man säet, so erntet man. 3) Spiel und Scherz darf man nur dann treiben, wenn man die ernsten Geschäfte abgethan hat. Es ist notwendig, daß, wer dem Könige vor die Augen kommt, ihm seine Huldigung bringt. Wenn jemand einmal falsch geschworen hat, so darf man ihm später nicht wieder trauen, wenn er auch bei noch mehr Göttern schwören sollte. Wenn man sich gehörig beraten hat, ist rasches Handeln am Platze. Bösewichter sind zu bestrafen, aber ebensowohl die, welche sich haben verführen lassen, als die, welche die Verleiter zum Bösen gewesen sind. 4) Sooft ich deinen Brief zu lesen beginne, kann ich mich kaum der Thränen erwehren. Wenn ich am Morgen aus dem Schlafe erwache, spreche ich ein kurzes Gebet. Was Themistokles einmal hörte und sah, das saß in seinem Gedächtnis fest. Die Alten spieen sich, wenn sie sich selbst lobten, dreimal in den Busen oder sprachen die Worte: absit invidia verbo. Sooft beide Konsuln starben oder ihr Amt vor der (gesetzmäßigen) Zeit niederlegten, wurde ein Interrex gewählt. Solon, der in der Jugend keine Gelegenheit zum Lernen unbenutzt gelassen hatte, lernte auch im Greisenalter, sooft sich die Gelegenheit zum Lernen bot. 5) Als die Perser nach Athen kamen, töteten sie die Priester, welche sie in der Burg fanden. Iphikrates tötete einen Wächter, den er schlafend fand, mit seinem Spieße. Als dem Cäsar gemeldet wurde, daß die Helvetier sich anschickten durch die römische Provinz zu marschieren, machte er sich eilig aus Rom dorthin auf den Weg. Als zwei Söhne des Diagoras in Olympia als Sieger bekränzt wurden, setzten sie ihre Kränze dem Vater auf und trugen ihn unter dem Zujauchzen der Menge umher. Als ein Barbier den Agesilaos fragte, wie er ihn scheren solle, antwortete er: Ohne dabei zu reden! Von der Sphinx wurde ein jeder zerrissen, der ein aufgegebenes Rätsel nicht lösen konnte.

326. Was ist über die Tempora im lateinischen Briefstile zu bemerken?

### 3. Consecutio temporum.

327. Gieb im allgemeinen die Regeln über die *Consecutio temporum* an.

328. Welche Regeln rücksichtlich der *Consecutio temporum* ergeben sich bei Übersetzung folgender Sätze? Niemand ist so niedergebeugt, daß wir ihn nicht trösten könnten. Es hat niemals einen Menschen gegeben, der tausend Jahre gelebt hätte. Oktavian empfahl seine Söhne dem Volke niemals, ohne daß er hinzugefügt hätte: „Wenn sie es verdienen werden“. Wo gäbe es einen Staat, der

niemals schlechte Bürger gehabt hätte? Die Stadt war zu stark befestigt, als daß sie beim ersten Angriff hätte genommen werden können. Du klagst über dein Unglück, gerade als ob deine Freunde dich vergessen hätten.

328 b. Welche Regeln rücksichtlich der Umschreibung oder des Ersatzes der fehlenden Konjunktive der Futura kommen bei Übersetzung folgender Sätze in Anwendung? Ich zweifle nicht, daß der Freund sein gegebenes Wort halten wird. Niemand wußte, warum du morgen nicht in die Stadt kommen würdest. Es war niemandem zweifelhaft, daß das Lager von den Feinden erobert werden würde. Ich behaupte, daß, wenn wir der Führung der Natur folgen werden, wir niemals irre gehen werden. Xerxes versprach, er werde demjenigen eine Belohnung geben, der eine neue Sinnenlust erfinden würde. Die Pythia gab den Athenern die Weisung, den Miltiades zu ihrem Feldherrn zu wählen; wenn sie das gethan haben würden, würde ihr Unternehmen glücklich ausfallen. Als Philipp den Lacedämoniern brieflich drohte, er werde alles, was sie versuchen würden, hindern, fragten sie ihn, ob er sie auch hindern werde zu sterben.

329. Übersetze: 1) Was ist es, das ich herzlicher wünschen könnte, als daß du gesund ins Vaterland zurückgekehrt wärest und den Zweck deiner Reise erreicht hättest? 2) Gar bald wird es geschehen, daß du das Wohlwollen deines besten Freundes und die Zuverlässigkeit eines so ehrwürdigen Mannes vermissen wirst. 3) Der alte Cato erinnert seinen Sohn in einem Briefe, er solle sich ja nicht in ein Treffen begeben, da er kein Soldat wäre. Der Konsul Lentulus versprach (Praes. historicum), er werde den Senat und das Gemeinwesen nicht im Stiche lassen, wenn die Senatoren kühn und energisch abstimmen wollten; wenn sie aber Rücksicht auf Cäsar nähmen und dessen Gunst im Auge hätten, wie sie es in früheren Zeiten gethan, so werde er seinen eigenen Weg gehen. 4) Bei Sophokles namentlich erkannte man, was es heiße, wenn man sage, daß die Tragödie die Läuterung des Gemüts bewirke. 5) Viele meinen, es sei möglich gewesen, daß Hannibal nach der Schlacht bei Cannä Rom erobert hätte. 6) Ich behaupte, daß es kein Gemälde gegeben hat, welches Verres nicht aufgesucht und gestohlen hätte. 7) Ich hatte deinem Bruder aufgetragen, er möge an dich schreiben; aber ich weiß nicht, wie es gekommen ist, daß er dir nicht geschrieben hat. 8) Du kannst dir leicht denken, mit welchem Jubel die gesamte Stadt das siegreiche Heer empfing. 9) Es hat viele gegeben, die sich von den öffentlichen Geschäften zurückgezogen und die Einsamkeit aufgesucht haben. 10) Man sieht leicht ein, daß Cicero Ursache hatte, die gefangenen Catilinarier hinrichten zu lassen. 11) Der Kaiser Titus war eine zu wohlwollende Natur, als daß er Bittsteller barsch angeredet hätte; wie vortrefflich aber sein Charakter war, geht am besten daraus hervor, daß man ihn die Freude und Wonne des Menschengeschlechts nannte. 12) Wir haben Briefe von Cicero an Tiro, und wer diese liest, wird gestehen, daß sich nichts sagen ließ, wodurch eine rücksichtsvollere Sorge für das Wohl und die Gesundheit des Freundes hätte ausgedrückt werden können. 13) Die Soldaten wußten nicht, ob am folgenden Tage eine Schlacht geliefert werden würde. Ich zweifle nicht, daß innerhalb weniger Tage jene Schwierigkeiten überwunden sein werden. 14) Es giebt niemanden, der dir weiser und besser raten könnte als du selbst; denn ich zweifle nicht, daß du nie straucheln wirst, wenn du nur dich selbst hören wirst. 15) Deutschland hat in neuerer Zeit so viele ausgezeichnete Dichter hervorgebracht, daß es in diesem Zweige

der Litteratur alle übrigen Völker übertroffen hat. 16) Soviel behaupte ich, daß es niemals jemanden gegeben hat, der in der Leitung des Staates den Wunsch aller gleichmäßig befriedigt hätte. 17) Cineas wurde von Pyrrhus mit ungeheuren Geschenken nach Rom gesandt, fand aber niemanden, dessen Haus für (solche) Gaben offen gestanden hätte. 18) Nicht leicht wird irgend ein Schriftsteller sich finden, über den die Alten ehrenvoller geurteilt hätten als über Xenophon; Cicero z. B. sagt, Xenophons Sprache sei so süß, daß die Musen selbst gleichsam aus seinem Munde gesprochen hätten. 19) Was der Grund war, warum die Korinther Haß und Feindschaft gegen die Athener schürten, ist bekannt. 20) Im Partherkriege erlitt Crassus eine so große Niederlage, daß die Römer dieses Unglück lange in der Erinnerung behalten haben. 21) Bevor ich den Krieg der Römer mit Jugurtha erzähle, will ich etwas weiter ausholen und auseinandersetzen, wie es gekommen ist, daß jener sich des Thrones von Numidien bemächtigt hat. 22) Es ist nicht selten vorgekommen, daß Sünder und Verbrecher, auch wenn sie noch so schlau verfahren haben, dennoch am Ende, durch den Stachel des bösen Gewissens getrieben, sich selbst als schuldig angeklagt und freiwillig die verdiente Strafe gelitten haben.

## 4. Modi des Verbums.

### a) In Hauptsätzen.

330. In welchen Fällen gebraucht der Lateiner den Indikativ abweichend vom Deutschen?

331. Übersetze: 1) Ich könnte aus der Geschichte aller Jahrhunderte Beispiele von reichen Männern entnehmen, die nicht glücklich gewesen sind. 2) Es wäre zu weitläufig, alle Künstler anzuführen, die Athen hervorgebracht hat. 3) Alles, was nur immer der Feldherr befehlen mag, müssen die Soldaten thun. 4) Beinahe hätte ich vergessen, was doch die meiste Erwähnung verdient. 5) Wer auch immer derjenige gewesen sein mag, welchen wir unter den Namen des Homer kennen, soviel ist wohl gewiß, daß es von allen Dichtern keinem mehr als ihm gelungen ist, zu nützen und zu ergötzen. 6) Schon längst hättest du, Catilina, auf Befehl des Konsuls zum Tode geführt werden müssen. 7) Wo Schweigen not thäte, da schreist du; wo aber Reden angebracht wäre, da bist du stumm. 8) Es wäre gewiß in der Ordnung gewesen, daß Sokrates nicht zum Tode verurteilt worden wäre. 9) Wenn die Menschen die Vernunft, welche ihnen von den unsterblichen Göttern in guter Absicht verliehen ist, zum Betruge und zur Bosheit verwenden, so wäre es besser gewesen, daß dieselbe dem Menschengeschlechte gar nicht verliehen würde. 10) Es wäre besser, unter wilden Tieren zu leben, als mit solchen Unmenschen zu verkehren. 11) Als der siegreiche Lukull aus dem Kriege mit Mithridates heimgekehrt war, triumphierte er drei Jahre später, als es hätte der Fall sein müssen. 12) Die meisten Tiere haben ein Mittel, womit sie sich sicher stellen, sei es nun daß sie mit ihren Hörnern stoßen oder mit ihren Zähnen beißen oder sich auf andere Art schützen. 13) Als Philipp, der bei allem, was er auch thun mochte, auf die Erweiterung seines Reiches ausging, die mit Athen verbündete Stadt Amphipolis überfiel, da hätten die Athener bereits merken können, was er gegen sie im Schilde führe, und hätten nichts für wichtiger halten dürfen, als sofort ein Hilfskorps in jene Gegenden zu

schicken und ihre Bundesgenossen zu schützen; denn damals wäre es noch leicht gewesen, die Macht Philipps zu überwinden, und wenn die Athener nur wenige Truppen zu Hilfe geschickt hätten, so hätten sie die verbündete Stadt erhalten können; aber sie thaten nicht, was nötig gewesen wäre. 14) Schon lange erkannte ich, daß im Staate ein gewaltiges wahnsinniges Treiben herrsche, daß eine Revolution im Werke sei und Unheil angestiftet werde; aber ich hätte nie geglaubt, daß eine so verderbliche Verschwörung von Bürgern gestiftet sei. 15) Alles andere hätte ich eher vermutet, als daß du dein Versprechen nicht gehalten hättest. 16) So hätte ich denn hinreichend nachgewiesen, daß die Stadt Athen alle Künste und Wissenschaften nicht bloß aus ihrem Schoße geboren, sondern auch großgezogen und zugleich zum Heile der Menschheit über den Erdkreis weithin verbreitet hat. 17) Die Not dieses Mannes ist, sollte ich meinen, so groß, daß sie das Herz eines jeden rühren müßte. 18) Es ist eine alltägliche Erfahrung, daß die meisten Menschen bei fremden Fehlern Luchsaugen haben, bei ihren eigenen dagegen durch die Finger sehen; umgekehrt sollte es sein: wenn jeder nur an seiner eigenen Besserung arbeitetete, so würde es bald besser in der Welt stehen. 19) Beweise von Menschenliebe erregen immer unsere Bewunderung, sie mögen gegeben werden, von wem sie wollen; aber doppelt erfreulich sind sie von Leuten, von deren Stande und Berufe man sie nicht erwartet hätte. 20) Damit endlich der so viele Jahre zur größten Schande der Römer hingezogene Krieg mit Numantia zu Ende gebracht würde, trugen Senat und Volk dem Scipio Ämilianus das Konsulat an; und einen bessern Leiter des Krieges hätte man nicht wählen können. 21) Das war die Weisheit unserer Vorfahren, daß sie, mochten sie Krieg führen oder Gesetze geben, nichts als das Wohl und den Nutzen des Staates im Auge hatten.

332. Wie viele Arten des Konjunktivs in Hauptsätzen unterscheidet man?

333. Übersetze: 1) Ich hätte wohl dein Gesicht sehen mögen, als du dies lasest. 2) Die Römer kehrten betrübt ins Lager zurück, man hätte sie für besiegt halten können. 3) Ich möchte, daß du mir eine Definition des Begriffes „sinnliche Lust“ gäbest. 4) Je höher wir stehen, desto herablassender wollen wir uns benehmen; denn nichts dürfte sich weniger für uns geziemen, als im Glücke übermütig und gewaltthätig gegen andere zu verfahren; oder wer wollte zweifeln, daß es ebensosehr von Charakterschwäche zeugt, das Glück nicht ertragen zu können, als dem Unglücke zu unterliegen? 5) Wer sich leichtfertig in Gefahren begiebt, mag zusehen, wie er wieder herauskomme. 6) Was man andern als Fehler anrechnet, möge man bei sich nicht als Lob auslegen. 7) Zugegeben, daß hohe Ämter, Reichtum und Vergnügen Güter seien, wofür man sie ja insgeheim hält, so ist dennoch eine übermäßige und ausschweifende Freude bei der Erlangung derselben entehrend. 8) Ich hätte dir zürnen sollen, lieber Bruder? 9) Das Urteil meines Lehrers stelle ich, nimm es mir nicht übel, weit über das deinige. 10) Die Könige mögen ihre Reiche für sich behalten. 11) Nach beendigter Schlacht hätte man sehen können, wie groß die Kühnheit im Heere des Catilina gewesen war. 12) Sardanapal ließ auf seinen Grabstein die Inschrift setzen: Was ich gegessen habe, das ist mein Besitz. Hätte man wohl, sagt Aristoteles, etwas anderes auf das Grab eines Ochsen schreiben können? 13) Was sich auch ereignen mag, wir wollen den Mut nicht sinken lassen und nicht zögern, die Gefahren tapfer zu bestehen; zugleich wollen wir zu Gott beten, daß er seine Hand über uns

halten möge. 14) Wer wollte wohl in allen Dingen und gegen jedermann Nachgiebigkeit gutheißen? wer wollte wohl nicht vielmehr Laster, Bosheit und Bestechung der kräftigsten Verfolgung oder des Tadels für wert halten? 15) Was hätte ich antworten sollen? 16) Es mag sein, daß Pelopidas Theben allein befreit hat: ist deshalb sein Verdienst um das Vaterland größer als das des Epaminondas? 17) Mit deinen Plänen bin ich, so wahr ich lebe, völlig unbekannt. 18) **Mag es so gewesen sein, wie du sagst: mag dein Freund im Alltagsleben gefehlt, mag er einen der Mächtigen beleidigt, gegen den Volkswillen verstoßen, sogar gesetzliche Strafe verdient haben: war das Grund genug, die Freundschaft sogleich zu brechen?** 19) Von Homer ist beinahe nichts überliefert außer etwa die Nachricht, welche niemand glauben dürfte, daß er blind geboren sei: wir müßten denn etwa meinen, daß ein blinder Mensch so vieles und mannigfaltiges so treu und deutlich habe darstellen können, (als es von Homer geschehen ist). 20) In der Stadt ist alles gerüstet: laßt uns selbst nicht zögern näher heranzugehen. 21) Warum habt ihr eure eigenen Beschlüsse aufgehoben? Ihr hättet thun sollen, was ihr beschlossen hattet. 22) Mit Recht kann man sagen, daß der Tag von Chäronea für die Griechen weit verhängnisvoller geworden sei als der von Cannä für die Römer. 23) Mit der größten Kühnheit legte der junge Cato im Senate die Gefahren des Vaterlandes dar: hätte er etwa schweigen sollen?

334. Übersetze folgende Wunschsätze: 1) Die Götter mögen dir alles Gute vergönnen. 2) Als Aristipp gefragt wurde, wie Sokrates gestorben sei, sagte er: Wollte Gott, daß ich so stürbe! 3) Wenn doch mein Vater diesen frohen Tag erlebt hätte! 4) Möchten doch alle, die nach Ruhm trachten, denselben auf dem Wege der Gerechtigkeit und Menschlichkeit suchen und nicht vergessen, daß viele Regenten, welche durch Eroberung von Städten, durch den Umsturz von Reichen und durch Unterwerfung von Nationen Ruhm suchten, nicht Glück und Wohlstand, sondern Verwüstung und Elend auf die Erde gebracht haben! 5) Ich möchte, daß es dir bei uns gut gefiele. Ich hätte gewünscht, daß du dich heute nicht gebadet hättest. 6) Wenn sich doch bei Tib. Gracchus und C. Carbo ein solcher Sinn zu einer guten Staatsverwaltung gefunden hätte, als sich Talent zum guten Redner fand! Dann hätte gewiß niemand diese Männer an Ruhm übertroffen. 7) Möchte ich doch die Zeit nicht erleben, wo Bürgerkrieg in unserm Vaterlande tobt! 8) Da habt ihr die Ansicht eines wollte Gott! falsch urteilenden Mannes. 9) Als zu dem athenischen Feldherrn Timotheus einer seiner Mitfeldherren sagte: „Wird wohl, o Timotheus, das Vaterland uns Dank erstatten?“ sagte er: „Möchte es vielmehr uns gelingen, ihm würdigen (Dank) zu erstatten!“ 10) O daß doch Ikaros die Vorschriften seines Vaters nicht außer acht gelassen hätte! Dann wäre er nicht in die Flut gestürzt.

335. Übersetze: 1) Bei allen Göttern und Menschen! ich will nicht gesund sein, wenn ich anders rede, als ich denke. 2) Ich will des Todes sein, wenn ich dir nicht alles mitgeteilt habe. 3) Die Götter sollen mich strafen, wenn ich deine Hühner vergiftet habe.

336. Welche beiden Arten des Imperativs unterscheidet man?

337. Heißt „fliehe nicht, lüget nicht“ *ne fuge, ne mentimini?*

338. Übersetze: 1) Laß mich ja dieses Wort nicht wieder von dir hören. 2) Schicke mir, bitte, das Buch so bald als möglich. 3) Mein Sohn, bleibe der Religion deiner Väter getreu, verachte jedoch keine andere; nicht die Frömmelnden, son-

dern die wahrhaft Frommen ehre und eifere ihnen nach. 4) Was du erfaßt hast, das suche durch Übung festzuhalten und zu vermehren; was du nicht gelernt hast, das lerne doch ja hinzu; laß dich nicht verdrießen, zu denen, welche etwas Nützliches zu lehren versprechen, einen weiten Weg zu unternehmen; bedenke, daß Gelehrsamkeit mehr wert ist als ein großes Erbgut; denn dieses schwindet leicht, jene niemals. 5) Beamte sollen Geschenke nicht geben und nicht annehmen. 6) Rechne ja jenen Menschen nicht zu deinen Freunden. 7) Wenn du auf mich hörst, so meide die Gesellschaft jenes Jünglings. 8) Weine nicht mehr; denn alles, was dich getroffen hat, ist dir nach Gottes Willen geschehen. 9) Wünscht das nicht, was doch nicht eintreten kann. 10) Hege doch ja gute Hoffnung. 11) Bei einer neuen und wunderbaren Erscheinung erforsche, wenn du kannst, den Grund; findest du keinen, so halte doch das für ausgemacht, daß nichts ohne einen Grund habe geschehen können. 12) Thut nichts gegen die Gesetze. Thue nichts aus Gunst, nein, widerstehe der Gunst, wenn Pflicht und Treue es verlangt. 13) Wohlan, faßt jetzt die übrigen Punkte der Anklage ins Auge. 14) Wo du auch sein magst, rede die Wahrheit. 15) In Bezug auf mich hege keine Besorgnis. 16) In dem Vertrage, welchen die Römer mit Antiochus von Syrien schlossen, standen folgende Bestimmungen: Der König soll kein Heer, das mit dem römischen Volke Krieg führen will, durch die Grenzen seines Reiches ziehen lassen und dasselbe nicht mit Proviant noch mit irgend einer andern Hülfe unterstützen. Die Städte und Festungen diesseits des Gebirges Taurus soll er räumen und nichts außer Waffen daraus mitnehmen; alle seine Elefanten soll er ausliefern und keine anderen sich anschaffen. 17) Es ist Gesetz: Wenn ein Hausvater ohne Testament stirbt, so soll sein Gesinde und Vermögen den Verwandten väterlicherseits und den Familiengliedern gehören. 18) Wenn das Glück eurer Tapferkeit nicht günstig ist, so lasset doch ja euer Leben nicht, ohne euch zu rächen, und lasset euch nicht lieber in der Gefangenschaft wie das Vieh abschlachten, als nach Männerart zu kämpfen und den Feinden einen blutigen, trauervollen Sieg zu vergönnen.

### b) Von den Modis in Nebensätzen.

#### α. Coniunctiones consecutivae und finales.

339. Gieb die Regeln über den Gebrauch des konsekutiven *ut* an.

340. Was ist über den Gebrauch von *tantum abest, ut-ut* zu merken? — Übersetze: 1) Weit entfernt, daß die Philosophie entsprechend den Verdiensten gelobt würde, welche sie sich um das menschliche Leben erworben hat, wird sie vielmehr von den meisten vernachlässigt, von vielen sogar getadelt. 2) Die meisten Römer, welche sich mit stoischer Philosophie beschäftigten, waren so weit davon entfernt, Philosophen zu sein, daß sie dieses Studium vielmehr nur aus Liebhaberei betrieben.

341. Bringe in folgenden Sätzen eine nachdrucksvolle Umschreibung des einfachen Verbums durch *est, fit, accidit, evenit, facio, ut* od. dergl. an: 1) Das Licht wird mit größerer Geschwindigkeit fortgepflanzt als der Schall; daher sieht man den Blitz eher, als man den Donner hört. 2) Die Spartaner hatten Grund, den Pausanias zu hassen; denn durch dieses Mannes Hochmut und Hochverrat hatten sie ihr früheres Ansehen eingebüßt. 3) Bevor die Flotte aus dem Piräeus

auslief, wurden in einer Nacht alle Hermen in Athen umgestürzt. 4) Oft streitet die Gewinnsucht mit der Rechtlichkeit. Cäsar erzählt, er habe, sei es durch Zufall oder durch göttlichen Ratschluß, von den Helvetiern diejenigen zuerst besiegt, welche dem römischen Volke funfzig Jahre früher eine große Niederlage beigebracht hätten, nämlich die Tiguriner. 5) Gegen meinen Willen und wider Erwarten war es für mich notwendig, in die Provinz zu reisen. 6) Ich habe geglaubt, auf deinen Brief kurz antworten zu müssen. 7) Du sollst mich künftig nicht wegen Nachlässigkeit tadeln können. 8) Vor alten Zeiten wollte einmal ein berühmter Dichter und Sänger Namens Arion über das Meer in ein fremdes Land reisen. 9) Infolge des übermütigen Benehmens des Pausanias und der Gerechtigkeit des Aristides übertrugen die Griechen den Oberbefehl von den Lacedämoniern auf die Athener. 10) Gemeiniglich erdichten diejenigen, welche etwas Gutes hinterbringen, noch etwas dazu, um das, was sie melden, desto erfreulicher zu machen. 11) Als jemand fragte, wie er sich Ruhm erwerben könne, antwortete ihm Sokrates: Wenn du immer so sein wirst, wie du gern scheinen möchtest.

342. Gieb die Regeln über den Gebrauch des finalen *ut* und *ne* an.

343. Wann darf man statt *ne* das verstärkte *ut ne* setzen?

344. Welche Verben haben statt des finalen *ut* auch den einfachen Konjunktiv bei sich?

345. Gieb den Unterschied von *ut non dicam* und *ne dicam* nach Vergleichung folgender Sätze an: 1) Alexander cognomine Magni dignissimus fuit; nam *ut* de rebus praeclarissime ab eo gestis *non dicam*: quis rex bonarum artium amantior, quis clementior, quis liberalior fuit? 2) Crudelis, *ne dicam* sceleratus fuisti. Vehementer errasti, *ne dicam* turpiter. — Übersetze: 1) Für unbedachtsam, um nicht zu sagen unsinnig, halte ich denjenigen, der nach den Ratschlägen des Gegners sich richtet. 2) Ist nicht, um anderes nicht anzuführen, des Africanus Uneigennützigkeit des größten Lobes würdig? 3) Wegen deiner Bewerbung sei ja gutes Mutes; denn um von meiner Treue und meinem Pflichtgefühl nicht zu reden, so sehe ich, daß die eifrige Bemühung aller, welche das Glück des Staates wollen, dir gesichert ist.

346. Darf *imperare* mit dem *Acc. c. inf.* verbunden werden?

347. Wann steht nach den Verbis dicendi nicht der *Acc. c. inf.*, sondern *ut*? — Übersetze: 1) Mein Bruder schrieb mir, ich möchte nach Hause zurückkommen; der Vater sei plötzlich krank geworden. Themistokles schrieb seinen Mitbürgern, die Gesandten der Spartaner nicht eher fortzulassen, als bis er selbst zurückgeschickt wäre. 2) Solon suchte vergeblich den Krösus zu überzeugen, daß niemand vor dem Tode glücklich zu preisen sei. Themistokles überredete das Volk, man möge für die Einkünfte aus den Bergwerken eine Flotte von hundert Schiffen beschaffen. 3) Wer hat dir gesagt, daß du dieses Buch abschreiben sollst? 4) Ich gebe gern zu, daß dein Wissen größer ist als das meinige. Die Römer wollten nicht zugestehen, daß die Karthager nach eigenem Ermessen Kriege führten. Es giebt Leute, die nicht gern einräumen, daß sie sich geirrt haben. 5) Als Epaminondas auf Leben und Tod angeklagt war, erinnerte er seine Mitbürger daran, daß unter seiner Führung die Spartaner bei Leuktra geschlagen worden seien. Cäsar ermahnte die Soldaten, nicht zu dulden, daß der Ruf und die Ehre ihres Feldherrn herabgesetzt oder verletzt werde. Ich mache dich darauf aufmerksam, daß einem Menschen außer einer Verschuldung und

Versündigung nichts zustoßen kann, was schrecklich oder furchtbar wäre. 6) Die Pythia gab den Athenern den Bescheid, sich hinter hölzernen Mauern zu verteidigen. 7) Im valerischen Gesetze steht geschrieben, daß die Güter derjenigen verkauft werden sollen, welche in die Acht erklärt sind. 8) Cäsar schickte an die Lingonen den schriftlichen Befehl, sie möchten die Helvetier nicht mit Getreide oder in irgend einer andern Beziehung unterstützen. 9) Antonius schrieb mit eigener Hand an Atticus, er möge sich nicht fürchten, sondern möglichst bald zu ihm kommen.

348. In welchem Falle steht nach *auctor sum* der *Acc. c. inf.* und wann *ut?* — Übersetze: 1) Als die Griechen den Andrang der Trojaner nur noch mit Mühe aushielten, machte Nestor den Vorschlag, die Hülfe Achills anzuflehen, der allein ihnen in ihrer Not Schutz und Rettung bringen könne. 2) Bei Sallust findet sich die Angabe, Catilina habe keine Kosten und Mühe gespart, um alle Jünglinge, welche Verbrechen, Armut und Schuldbewußtsein drückte, sich zu verpflichten. 3) Thucydides hat berichtet, die Gebeine des Themistokles seien von seinen Freunden heimlich beigesetzt. 4) Dio veranlaßte den Dionys, Plato aus Athen zu berufen, um sich seines Rates und seiner Mitwirkung in der Staatsverwaltung zu bedienen.

349. Welche verschiedenen Bedeutungen haben *facio* und *efficio* in folgenden Sätzen? 1) Facio libenter, ut per litteras tecum colloquar. Facite, ut eius vultum atque amictum recordemini. Faciendum mihi putavi, ut tuis litteris brevi responderem. 2) Fac, qui ego sim, esse te. Fac animos non remanere post mortem. 3) Polyphemum Homerus cum ariete colloquentem facit. Xenophon facit Socratem disputantem dei formam quaeri non oportere. Isocratem Plato admirabiliter in Phaedro laudari a Socrate facit. Plato mundum a deo construi atque aedificari facit. 4) Fac (ut) cogites, qui sis. Fac (ut) valeas; fac animo forti magnoque sis. 5) Sol efficit, ut omnia floreant. 6) Hinc efficitur, ut, quidquid honestum sit, idem sit utile. Hinc efficitur hominem naturae oboedientem homini nocere non posse. Dicaearchus vult efficere animos esse mortales.

350. Welche Regeln über die Konstruktion von *censeo* ergeben sich aus folgenden Beispielen? 1) Aristoteles omnia aut natura moveri censet aut vi aut voluntate. Nonne censetis Caesarem cognomine Magni digniorem fuisse quam Pompeium? 2) Ceterum censeo Carthaginem esse delendam. Bona regia censeo reddenda. Bellum Samnitibus indicendum patres censuerunt. Senatus captivos non redimendos censuit. 3) Plerique censebant, ut noctu iter fieret. Senatus censuit, ut proconsul provinciam defenderet.

351. Welche Regeln über die Konstruktion der Verba *statuo, constituo* und *decerno* ergeben sich aus folgenden Sätzen? 1) Laudem sapientiae statuo esse maximam. Senatus decrevit Ciceronis opera coniurationem esse patefactam. 2) Caesar bellum cum Germanis gerere constituit. Sabini ferro arcere contumeliam statuunt. Dareus Scythis bellum inferre decrevit. 3) Decrevit senatus, ut consules viderent, ne quid res publica detrimenti caperet. Statuitur, ne post M. Brutum proconsulem sit Creta provincia. Lentulus constituerat, ut Bestia tribunus plebis quereretur de actionibus Ciceronis. 4) Tironem ad te mittendum esse statui. Senatus legatos mittendos decrevit. Caesar non exspectandum sibi statuit. Petebant

legati a Caesare, ut, si forte statuisset Aduatucos esse conservandos, ne se armis despoliaret.

352. Übersetze: 1) Als die Punier schon auf dem Punkte standen, das ganze Heer des Minucius zu vernichten, kam Fabius den Bedrängten zu Hülfe; denn weit entfernt davon, daß er diese Gelegenheit benutzt hätte, um sich an dem Minucius zu rächen, strengte er sich vielmehr nachdrücklich an, den Feinden den fast schon erlangten Sieg zu entreißen. 2) In Theben war ein Gesetz, derjenige, welcher den Oberbefehl länger behalte, als das Volk bestimmt habe, solle den Tod erleiden. 3) Zopyrus bat den Darius um die Erlaubnis, unter dem Scheine eines Überläufers in das feindliche Lager zu gehen. 4) Als Sokrates den Alcibiades, welcher auf seinen Reichtum und Adel stolz war, überzeugt hatte, daß kein Unterschied sei zwischen dem vornehmen Alcibiades und jedem beliebigen Tagelöhner, wurde dieser betrübt und bat, ihm den Weg der Tugend zu zeigen. 5) Anstatt die Weissagungen der Kassandra zu beachten, glaubten die Trojaner vielmehr, daß die Jungfrau rase. 6) Die Veranlassungen zum peloponnesischen Kriege glaube ich genügend dargelegt zu haben; es bleibt nur noch übrig auseinanderzusetzen, welche Bundesgenossen und welche Kriegsmittel sowohl die Athener als die Lacedämonier hatten. 7) Als Agesilaos zur Nachtzeit von einer Verschwörung benachrichtigt wurde, setzte er ohne alles Bedenken jenes Gesetz außer Kraft, durch welches die Bestimmung getroffen war, daß keiner unverurteilt die Todesstrafe erleiden solle. 8) Den Otho beschworen die Truppen vergebens, dem Vitellius nicht zu weichen und vom Kriege nicht abzustehen. 9) Cäsar ermahnte die Soldaten, sich ihrer früheren Tapferkeit zu erinnern und sich nicht aus der Fassung bringen zu lassen. 10) Mit Hasdrubal, der darauf ausging, den karthagischen Staat nicht durch Krieg und Waffengewalt, sondern durch Überredung und Güte zu vermehren, erneuerten die Römer den Vertrag, daß der Ebro die Grenze beider Reiche bilden und Sagunt (von ihnen) nicht angegriffen werden solle. 11) Die kraftvollen Stämme der Germanen wurden von den Römern so wenig unterjocht, daß sie vielmehr das mächtige Römerreich durch unaufhörliche Einfälle beunruhigten und der Herrschaft desselben ein Ende machten. 12) Fabius schrieb aus der Provinz an das Kollegium der Augurn, sie möchten nicht daran zweifeln, daß von ihm die Schauhütte fehlerhaft gewählt worden sei; daraus folge, daß die Konsuln fehlerhaft gewählt seien, und es bleibe nichts übrig, als daß sie auf das Amt verzichteten.

353. Wie heißt „daß, daß nicht" nach den *Verbis timendi?* — Übersetze: 1) Wir fürchten nicht, daß wir nicht bald in eine höhere Klasse versetzt werden. 2) Fürchte nicht, daß dein Sohn nicht wieder gesund wird. 3) Ich fürchte, daß du nicht gern, sondern gezwungen gehorchst. 4) Fürchtet ihr etwa, daß ich nicht die Interessen des Staates, sondern meine eigenen im Auge habe? 5) Es ist zu fürchten, daß die Feinde die Bestürmung der Stadt fortsetzen und die Bürger zur Gegenwehr zu schwach sind. 6) Obgleich Cäsar nicht mehr zu fürchten brauchte, daß Ambiorix ihm noch mehr Schaden zufügen werde, scheute er sich doch nicht, das Land der Eburonen zu verheeren, damit sie seine Landsleute nicht ungestraft ermordet zu haben schienen.

354. Ist der Satz: „Ich fürchte, er wird uns nicht freundlich aufnehmen" richtig übersetzt: Timeo, ne nos non benigne *excepturus sit?*

355. Wann werden die *Verba timendi* mit dem einfachen Infinitiv verbunden?

356. Übersetze: 1) Das Fleisch wird gebraten oder gekocht, damit es dadurch verdaulicher und wohlschmeckender werde. 2) Ein Gesetz muß kurz sein, damit es desto leichter von jedem behalten werde. 3) Der Partherkönig Phraates schickte seine Söhne als Geiseln nach Rom, damit er daheim um so sicherer vor ihren Nachstellungen wäre. 4) Gustav Adolf teilte gewöhnlich seine Reiterei in kleinere Haufen, daß sie sich leichter und schneller bewegen konnte. 5) Gute Eltern haben keine heiligere Pflicht, als ihren Kindern die Liebe zum Guten einzupflanzen und sie in nützlichen Künsten und Wissenschaften unterrichten zu lassen, damit dadurch für die Zukunft, auch nach dem Tode der Eltern, ihr Fortkommen gesichert werde.

357. Gieb die Regeln über den Gebrauch der Konjunktion *quin* an.

358. Welche Bedeutung hat *quin* in folgenden Sätzen? 1) Quin conscendimus equos? Quin expergiscimini? Quin tu urges istam occasionem? 2) Quin eamus. Quin attendite, iudices. Quin bono animo es. Quin omitte me. 3) Multum scribo die, quin etiam noctibus. Octavianus multis, qui contra eum pugnaverant, ignovit, quin inter amicos recepit. Delectatio nulla extitit, quin etiam misericordia consecuta est.

359. Welche Regeln gelten über den Gebrauch von *quominus?*

360. Übersetze: 1) Parmenio wollte den Alexander davon abbringen, die von Philippus verordnete Medizin zu nehmen. 2) Mein Befinden war schuld daran, daß ich, während ich es doch versprochen hatte, gestern nicht zu euch kam. An den Römern lag die Schuld nicht, daß keine dauernde Freundschaft mit den Samniten bestand. 3) Der Kaiser Titus soll keinen Tag vorübergelassen haben, daß er nicht irgend einem Bürger eine Wohlthat erwies. 4) Der viele Regen hat die Landleute am Einernten der Feldfrüchte behindert. 5) Cäsar weigerte sich, dem Senatsbeschlusse, daß er nach Entlassung seines Heeres als Privatmann nach der Hauptstadt kommen sollte, zu gehorchen. 6) Trag kein Bedenken mir mitzuteilen, was auf deinem Herzen lastet. 7) Wenig hätte gefehlt, so wäre Napoleon auf seinem Rückzuge von Moskau mit seinem ganzen Heere am Flusse Beresina gefangen. 8) Der weise Salomo konnte sich nicht enthalten auszurufen: O die Eitelkeit des Irdischen! 9) Sogar der Anblick des unwegsamen Alpengebirges hat den Hannibal nicht abschrecken können, den Kriegsschauplatz nach Italien zu verlegen. 10) Nur mit Mühe hielt man die Soldaten davon ab, die Gefangenen über die Klinge springen zu lassen. 11) Alcibiades sprach nach seiner Rückkehr in die Vaterstadt vor dem Volke in der Weise, daß niemand so hart war, daß er nicht seinen Unfall beweint hätte. 12) Die Phocier machten sich kein Gewissen daraus, die Schätze des delphischen Tempels zu plündern. 13) Es ist mir durchaus unmöglich, dir dieses Buch zu leihen. Endlich sah auch Friedrich der Große ein, daß es ihm unmöglich sei, sich des Schlafens zu entwöhnen. 14) Als der Senat in Erfahrung gebracht hatte, mit welchem Übermute sich Philipp von Macedonien gegen Bundesgenossen des römischen Volkes benommen hatte, glaubte er kein Bedenken tragen zu dürfen, demselben den Krieg zu erklären. 15) Ich glaubte es mir selbst schuldig zu sein, dich zu warnen. 16) Histiäus aus Milet war allein daran schuld, daß die Brücke, welche Darius über die Donau geschlagen hatte, nicht abgebrochen wurde. 17) Es kann nicht anders kommen, als daß die Heilung einer Wunde oft mehr Schmerz verursacht als die Wunde selbst. 18) Für gefühllos und verbrecherisch gilt der Ausspruch solcher Leute, die da erklären, sie hätten nichts dagegen, daß nach ihrem Tode ein allgemeiner Weltbrand eintrete.

361. Wie ist „ohne daß, ohne zu“ in folgenden Beispielen zu übersetzen? 1) Ich esse niemals, ohne hungrig zu sein. Warum habt ihr den Krieg begonnen, ohne dazu durch eine Beleidigung gereizt zu sein? Die Römer boten, ohne darum gebeten zu sein, den Griechen Hilfe gegen den Tyrannen Nabis an. 2) Cicero hat dem Demosthenes nachgeahmt, ohne ihn zu erreichen. 3) Es ist eine weise Einrichtung Gottes, daß ein Tier diese, das andere jene Nahrung genießt; denn so können sehr viele Tiere von verschiedener Gattung an einem Orte leben, ohne daß es einem von ihnen an Nahrung gebricht. 4) Die Gallier zogen in die Stadt ein, ohne Widerstand zu finden. Niemand kann Gott lieben, ohne zugleich die Menschen zu lieben. 5) In den caudinischen Pässen hat das römische Heer, ohne einmal den Kampf versucht zu haben, die Waffen dem Feinde ausgeliefert. 6) In einem und demselben Staate können nicht viele ihr Hab und Gut verlieren, ohne daß sie noch mehrere in dasselbe Unglück ziehen. 7) Die gütige Natur giebt den meisten Tieren, ohne daß sie arbeiten, Nahrung und Kleidung. 8) Sisyphus mußte im Hades einen Stein bergauf wälzen, ohne ihn jemals auf die Spitze zu bringen. 9) Der ältere Plinius las kein Buch, ohne Auszüge zu machen. 10) Auf den katalaunischen Feldern besiegten zwar die Römer und die mit ihnen verbündeten Deutschen den Attila, aber ohne ihn zu vernichten oder am Rückzuge hindern zu können. 11) Alexander der Große ist niemals mit irgend einem Feinde zusammengetroffen, ohne ihn zu besiegen, und hat nie eine Stadt belagert, ohne daß er sie erobert hätte. 12) Die Mutter gab dem Kinde das Messer, ohne etwas Böses zu ahnen. 13) Die Flotte kehrte nach Hause zurück, ohne etwas ausgerichtet zu haben. Warum schuldigst du mich an, ohne daß ich etwas gegen dich verschuldet habe? 14) Die Alten aßen nie, ohne die Hände gewaschen zu haben. Ohne den Marsch bei Tag und Nacht auszusetzen, eilte Cäsar ins Land der Lingonen. 15) Wir haben Beschimpfung und Beleidigungen erfahren, ohne uns rächen zu können. 16) Hannibal bedrohte Rom mehr als einmal, ohne jemals einen wirklichen Angriff zu unternehmen. 17) Viele loben die Dichter, ohne sie zu verstehen. Daß du diese großen Dinge vollbracht hast, darüber freue ich mich, ohne mich jedoch zu wundern; denn ich kenne deine Umsicht und Sorgfalt. 18) Oft entfließen uns Thränen, ohne daß wir es wollen. Gott will, daß die Menschen die Tiere zu ihrem Nutzen gebrauchen, aber ohne sie zu quälen. 19) Die Athener zogen, ohne die Hilfe der Spartaner zu erwarten, gegen das gewaltige Heer der Perser in den Kampf. 20) Von Sokrates ist geschichtlich überliefert, er sei so mäßig gewesen, daß er fast seine ganze Lebenszeit hingebracht habe, ohne daß sein Wohlbefinden gestört worden sei. 21) Pyrrhus entließ die Gefangenen, ohne Lösegeld genommen zu haben. Ein römischer Feldherr fing nie eine Schlacht an, ohne vorher Auspicien angestellt zu haben. 22) In der entscheidenden Schlacht bei Tours besiegt, zogen die Araber nach Spanien zurück, ohne je wieder einen Versuch zur Eroberung Frankreichs zu machen. 23) Der Mond scheint größer als die Sterne, ohne es jedoch sein. 24) Dem Ovid war das Dichten so geläufig, daß er nicht leicht etwas sagen oder schreiben konnte, ohne einen oder mehrere Verse mit einfließen zu lassen. 25) Sextius, ein Schüler des Pythagoras, schlief keinen Abend ein, ohne sich zu fragen: Von welchem Fehler hast du dich heute befreit? worin bist du besser geworden? 26) Zu Rom war es Gesetz, daß niemand zum Konsul

gewählt werden solle, ohne daß er vorher die unteren Staatsämter alle bekleidet hätte.

β. Die Konjunktion cum und die Coniunctiones temporales.

362. Gieb die Regeln über die Konstruktion der Konjunktion *cum* an.

363. Übersetze: 1) Konon war am Ende des peloponnesischen Krieges Feldherr, nämlich zu der Zeit, als die Athener bei Aigospotamoi besiegt wurden. 2) Da niemand den andern entbehren kann, so reich und geehrt er auch ist, so stoße niemand einen stolz zurück. 3) Wahrlich dann stirbt man in Frieden, wenn sich das verlöschende Leben mit eigenen Lobeserhebungen trösten kann. 4) Als Timoleon seinen Bruder ermordet hatte, sah ihn seine Mutter nie an, ohne ihn einen Brudermörder zu nennen. 5) Dadurch daß ich dir in deiner Not zur Seite gestanden, habe ich bewiesen, daß ich dein Freund bin. 6) Damals war der Staat nicht in unserer Gewalt, als die Gesetze in ihm nichts galten, als die Gerichte darniederlagen und die vaterländische Sittenzucht gesunken war. 7) Niemand hat dem greisen Cato, ob er gleich viele Feinde hatte, niemand dem Marius, wiewohl ihn viele beneideten, je vorgeworfen, daß sie aus Landstädten stammten. 8) Ich hatte den einen Brief schon zugesiegelt, als auf einmal der Briefträger mir deinen Brief überbrachte. L. Tarquinius hatte bereits Anstalt getroffen, die Stadt Rom mit einer steinernen Mauer zu umgeben, als der sabinische Krieg störend in dies Unternehmen eingriff. 9) Indem du schweigst, gestehst du zu, mein Gebot übertreten zu haben. 10) Leiden Schiffe an jener Küste Schiffbruch, so finden die Schiffbrüchigen weder Hilfe noch Erbarmen bei den Eingeborenen. 11) Ach, es hat einst eine Zeit gegeben, wo selbst die Gelehrten sich nicht schämten, ihre Sprache durch Einmischung unzähliger Fremdwörter zu entstellen. 12) Alcibiades besaß solchen Scharfsinn, daß man ihn nicht täuschen konnte, besonders wenn er auf seiner Hut sein wollte. 13) Jedesmal wenn ich dies Gedicht lese, treten mir die Thränen in die Augen. Sooft es Sommer wurde, gingen die persischen Regenten nach Ekbatana. 14) Unter allen Verbindungen giebt es keine vorzüglichere, als wenn gute und ihrem Charakter nach ähnliche Männer in inniger Freundschaft verbunden sind. 15) Es sind über zwanzig Jahre her, seitdem der Graf dieses Landhaus erbaut hat. 16) Die Römer hatten noch nichts gehörig zum Kriege gerüstet, hatten noch kein Heer, keinen Feldherrn, während Perseus schon vollständig kriegsbereit war. 17) Andere Gesetze sind bei der Geschichtschreibung, andere in der Poesie zu befolgen, da ja in der ersteren das meiste auf Wahrheit, in der letzteren auf Ergötzung ankommt. 18) Die Seeräuber schweiften damals, als die Führung des Seekrieges dem Pompejus übertragen ward, auf dem ganzen Meere in Abteilungen umher. 19) Kalchas schildert den Charakter des Ajax am bündigsten, indem er ihn zu den kolossalen und zugleich verstandeslosen Körpern rechnet. 20) Kaum war Rom aus der Asche wieder erstanden, als die alten Feinde der Römer, die Äquer und Volsker, die Waffen ergriffen, um den römischen Namen zu vertilgen. 21) Wenn Apollo sagt: Lerne dich selbst kennen, so sagt er damit: Lerne deine Seele kennen. 22) Was für eine Ergötzung kann darin liegen, wenn ein schwacher Mensch von einem so starken Tiere zerfleischt wird? 23) Unter Meeresstille versteht man denjenigen Zustand des Meeres, wenn kein auch noch so geringes Lüftchen die Wellen bewegt. 24) Mit (bewaffneter) Hand gegen einen

Feind zu kämpfen ist etwas Entsetzliches; aber wenn die Umstände und die Not es verlangen, muß man mit bewaffneter Hand kämpfen und den Tod der Knechtschaft und Schande vorziehen.

364. Wie heißt „während, solange als, indem“ in folgenden Sätzen? 1) Während die Römer sich noch berieten, wurde Sagunt schon mit allem Nachdruck belagert. 2) Während Ardea belagert wurde, kam im Zelte der Tarquinier die Rede auf die Frauen. 3) Solange die Gesetze des Lykurgos galten, blühte der spartanische Staat durch den Ruhm der Tapferkeit und Biederkeit. 4) Alexander wurde, indem er unter den Vordersten kämpfte, von einem Pfeile getroffen; als sein Arzt Philippus ihm denselben aus der Schulter herauszog, veränderte er die Farbe nicht, solange das Blut gestillt und die Wunde verbunden wurde. 5) Jedesmal solange das römische Heer auf freiem Terrain marschierte, blieb es von den Feinden unbehelligt. 6) Solange du glücklich bist, wirst du viele Freunde zählen. 7) Warum thust du nichts für das allgemeine Wohl, während du es doch solltest und könntest? 8) Solange solche Männer an der Spitze unserer Heere stehen, wird die Disciplin nie gelockert werden. 9) Sobald die Feinde unsere Reiter erblickt hatten, deren Zahl fünftausend Mann betrug, während sie selbst nicht mehr als achthundert Reiter hatten, machten sie einen Angriff und schlugen unsere Leute in die Flucht. 10) Solange Cicero Konsul war, zeigte er sich als den energischten Verteidiger der römischen Freiheit. 11) Man sagt, solange ein Kranker noch atme, habe er Hoffnung. 12) Während die Lacedämonier im allgemeinen den poetischen Bestrebungen abhold waren und die Gesänge der Dichter nicht gern hörten, hielten sie den Tyrtäus in hohen Ehren, da sie glaubten, daß durch dessen Lieder die Herzen zu tapferem Kampfe und zu freudiger Aufopferung für das Vaterland begeistert würden. 13) Während Herkules sich am Schlafe erquickte, trieb ein gewisser Cacus einen Teil der Rinder, deren jener nach Ermordung des Geryon sich bemächtigt hatte, auf listige Weise fort. 14) Solange die dreißig Tyrannen in Athen die höchste Gewalt innehatten, waren alle griechischen Städte mit athenischen Verbannten angefüllt.

365. Welche Konjunktionen heißen „bis“, und wie werden sie konstruiert? — Übersetze: 1) Lerne dieses Gedicht, bis du es ohne Anstoß hersagen kannst. 2) Sorge und Angst quälte mich, bis ich hörte, daß alles gut abgelaufen sei. 3) Ein Soldat muß auf seinem Posten bleiben, bis er abgelöst wird. 4) Moses führte die Israeliten vierzig Jahre lang in der Wüste umher, bis eine kräftige und fromme junge Mannschaft heranwuchs. 5) Ich gehe nicht eher von der Stelle, als bis du meine Bitten erfüllt hast. 6) Die Athener ließen nicht eher ab, Sphakteria zu belagern, als bis sie die 120 Spartiaten gefangen hatten. 7) Die Maus nagte so lange an dem Speck, bis die Falle zuschlug. 8) Katzen liegen auf der Lauer, bis die Mäuse aus ihren Löchern hervorkommen. 9) Einen wütenden Streit führten die Tribunen unter einander und mit dem Konsul, bis endlich eine Senatssitzung von dem Konsul anberaumt wurde. 10) Cäsar lag eine Zeitlang entseelt, bis ihn drei Sklaven in eine Sänfte legten und nach Hause trugen.

366. Welche Beobachtungen ergeben sich aus folgenden Beispielen? 1) Hannibal tertio anno, postquam domo profug*erat*, in Africam rediit. Tyrus urbs septimo mense, postquam oppugnari coepta *erat*, ab Alexandro capta est. Die quinto, postquam barbari iterum

male pugnav*erant*, legati a Boccho venerunt. — 2) Hoc factum est tertio anno, *quam* Aristides mortuus *erat*. Anno trecentesimo altero, *quam* condita Roma *erat*, iterum mutatur forma civitatis. Sexti Roscii mors quadriduo, *quo* is occisus *est*, Chrysogono nuntiatur. Diebus circiter quindecim, *quibus* in hiberna ventum *est*, defectio orta est. — 3) Postquam perfugae murum arietibus feriri vid*ent*, aurum atque argentum in forum comportant. Quae ubi nunti*antur* Romam, senatus extemplo dictatorem dici iussit. — 4) Relegatus mihi videor, postquam in Formiano *sum*. Relegatus mihi videbar, postquam in Formiano *eram*. Pacem offero, postquam nec a Romanis ulla spes *est* nec vestra arma satis defend*unt*. — 5) Postquam nihil usquam hostile cern*ebatur*, Galli viam ingressi sunt. Appius paulisper moratus, postquam nemo ad*ibat*, domum se recepit. Equites, postquam facultas effugiendi non da*batur*, ad Pompeium transierunt. Rex, postquam et nox appet*ebat* et Darei consequendi spes non *erat*, in castra rediit. Postquam multa iam dies *erat* neque mov*ebatur* quicquam ab hoste, iubet signa ferri consul. Ubi nemo obvius *ibat*, ad castra hostium tendunt. Primo incredibilis visa res; deinde ut super alium alius idem omnes affirmantes veni*ebant*, tandem facta fides. Iuventus, simulac belli patiens *erat*, in castris militiam discebat.

367. Welche Regeln gelten über die Konstruktion von *antequam* und *priusquam*? — Übersetze: 1) Wir sehen das Leuchten des Blitzes, ehe wir den Donner hören. Livius Andronicus war der erste, der ein Schauspiel zur Aufführung brachte, gerade ein Jahr bevor Ennius geboren wurde. 2) Bevor die Horatier und Kuriatier mit einander zu kämpfen begannen, wurde zwischen den Römern und Albanern ein Bündnis unter der Bedingung geschlossen, daß dasjenige Volk, dessen Bürger in diesem Kampfe siegten, über das andere gebieten sollte. 3) Alexander von Pherä pflegte in das Gemach seiner Gattin, bevor er selbst zu ihr kam, Leute vorauszuschicken, um alle Schränke und Kleider zu durchsuchen, damit keine Mordwaffe versteckt würde. 4) Das Feuer hatte das ganze Haus ergriffen, bevor Wasser herbeigeschafft werden konnte. 5) Clodius hörte nicht eher auf, den Cicero zu verfolgen, als bis er es durchgesetzt hatte, daß jener aus seinem Vaterlande verbannt wurde. 6) Die zersprengten Feinde hörten nicht eher auf zu fliehen, als bis sie an den Rhein gekommen waren. 7) Prüfe deine Kräfte und Anlagen, ehe du etwas unternimmst. 8) Das Kauffahrteischiff wird nicht eher die Anker lichten, als bis der Sturm sich gelegt hat. 9) Der totgesagte Alexander stand vor Thebens Thoren, ehe man sich hatte auf Verteidigung einrichten können. 10) Nicht eher trat ein Ende des Mordens ein, als bis Sulla alle seine Leute mit Reichtümern versorgt hatte. 11) Pythagoras sagte: Laß den Schlaf nicht in deine Augen kommen, ehe du jede Handlung des vergangenen Tages sorgfältig überdacht hast. 12) Bevor ich in betreff der übrigen Punkte antworten werde, will ich über den Charakter des Catilina einiges sagen.

### γ. Coniunctiones causales.

368. Welche Konjunktionen heißen „weil“, und wie unterscheiden sie sich?

369. Wann wird das deutsche „daß“ durch *quod* übersetzt?

370. Wie verhält es sich mit dem *Acc. c. inf.* nach Verben der Gemütsstimmung?

371. Übersetze: 1) Sokrates verschmähte es, vor Gericht seine Zuflucht zu demütigen Bitten zu nehmen, nicht als ob er den Richtern hätte hohnsprechen wollen, sondern weil er sich keiner Schuld bewußt war. 2) Die Athener unternahmen den Zug gegen Syrakus, nicht als ob sie von den Syrakusanern beleidigt worden wären, sondern um die Vorherrschaft in Sicilien zu erlangen. 3) Hannibal be-

setzte einen Hügel, welcher sich zwischen beiden Lagern befand, nicht als ob ihm am Besitze desselben viel gelegen gewesen wäre, sondern um desto leichter eine Veranlassung herbeizuführen, mit dem Feinde handgemein zu werden. 4) Man lernt in den Schulen die Sprachen der alten Griechen und Römer, nicht als ob irgend ein Volk sich einer derselben heutzutage als seiner Muttersprache bediente, sondern weil eine Menge vortrefflicher Schriften in ihnen verfaßt ist. 5) Die Soldaten erteilen ungern eine Bürgerkrone und gestehen (ungern) ein, von jemandem gerettet zu sein; nicht als ob es eine Schande wäre, durch die Verteidigung jemandes in der Schlacht aus feindlicher Hand entrissen zu werden, sondern sie haben einen Widerwillen gegen die Last einer Wohlthat, weil es ja etwas sehr Großes ist, einem Fremden dasselbe zu verdanken wie dem (eigenen) Vater.

372. **Wie unterscheidet sich** *accedit quod* **von** *accedit ut?*

373. Was ist über den Gebrauch des Konjunktivs nach *quod* in folgenden Sätzen zu bemerken? **Legatus paulo post in castra rediit, quod se oblitum nescio quid dic*eret*. Ab Atheniensibus, locum sepulturae intra urbem ut darent, impetrare non potui, quod religione se impediri dic*erent*. Graeci obolum in os mortuorum iniciebant, quod illis eo nummo apud inferos opus esse put*arent*. Helvetii seu quod Romanos timore perterritos discedere a se existim*arent* sive quod re frumentaria intercludi posse confid*erent*, commutato consilio nostros lacessere coeperunt.**

374. Übersetze: 1) Es ist ein Fehler vieler Menschen, daß sie für ihre Verhältnisse zu üppig leben. 2) Das erste Gesetz für die Geschichtschreibung ist, daß sie nicht wage, etwas Unwahres zu erzählen. 3) Wer könnte zweifeln, daß es ein Geschenk Gottes ist, daß wir leben? 4) Wer könnte glauben, es sei Gottes Wille, daß wir den Lüsten fröhnen? 5) Wenn von manchen alten Autoren überliefert worden ist, flüchtige Trojaner hätten die Stadt Rom gegründet, so haben in unserer Zeit viele Geschichtsforscher nachgewiesen, daß dieser Ansicht viele triftige Gründe widersprechen. 6) Sokrates erklärte vor den Richtern: Mich beseelt die feste Hoffnung, daß es für mich ein glückliches Los ist, in den Tod geschickt zu werden. 7) Viele Menschen fehlen darin, daß sie blindlings dem Beispiele anderer nachfolgen. 8) Die Schnelligkeit des Lichtes kann daraus erkannt werden, daß es in viel kürzerer Zeit zu unseren Augen gelangt, als der Schall zu unseren Ohren. 9) Das war der größte Dienst, den Cicero dem Vaterlande geleistet hat, daß er die katilinarische Verschwörung entdeckte. 10) Ich muß mich darüber wundern, daß du nicht weißt, wann und wo Alexander gestorben ist. 11) Was konnte anmaßender sein, als daß dem Hannibal ein Grieche, der nie einen Feind und ein Lager gesehen hatte, Vorschriften über das Kriegswesen gab? 12) Bei der Freigebigkeit muß man vor allen Dingen darauf sehen, daß die Wohlthätigkeit niemandem schade. 13) Ich beschwere mich nicht darüber, daß mir ein wenig günstiges Los zu teil geworden ist. Demetrius von Phaleron tadelte den Perikles, daß er so viel Geld auf den herrlichen Propyläenbau verwandt habe. 14) Die Gesandten der Gallier wünschten dem Cäsar Glück dazu, daß er einen so schlimmen Krieg glücklich beendigt habe. 15) Zu den Vorrechten der Konsuln gehörte auch das, daß sie nach Niederlegung ihres Amtes unter dem Titel Prokonsuln in die bedeutendsten und reichsten Provinzen geschickt wurden, um sie im Namen des Senates zu verwalten. 16) Als Alcibiades in Sparta angekommen war, hatte er nichts Angelegentlicheres zu thun, als die Spartaner zur energischen Unterstützung der Syrakusaner anzutreiben. 17) Die Volsker nahmen

den verbannten C. Marcius um so freundlicher auf, als er den größten Haß gegen seine Mitbürger zur Schau trug. Der Sieg war für die Römer um so rühmlicher, da der feindliche Feldherr und sein Sohn lebendig gefangen genommen waren. 18) Nachdem Kodros sein Blut für das Vaterland freiwillig vergossen hatte, schafften die Athener das Königtum ab, weil niemand, wie sie meinten, nach jenem eines so großen Ansehens würdig sei. 19) Wenn du mich fragst, aus welchem Grunde jener Mensch alle deine Worte und Thaten lobt und bewundert, (so wisse): er thut es nur deswegen, weil er der Überzeugung ist, daß das erheuchelte Wesen ihm Nutzen bringe, zumal da er dich für urteilslos und blind hält; dazu kommt noch, daß er sieht, wie du Schmeichlern gern Gehör schenkst.

375. Wie ist „was den Umstand betrifft, daß; in betreff“ in folgenden Sätzen zu übersetzen? 1) Was den Umstand anbetrifft, daß du schreibst, du würdest dein Haus an deinen Nachbar verkaufen, so bin ich darüber in hohem Grade ungehalten. 2) Was die Erregung des Mitleids anbetrifft, so war hierin keiner größer als Euripides. 3) Auf zwei Dingen beruht meiner Meinung nach vorzugsweise das Wohl der Staaten, auf den Gesetzen und der Religion. Was die Gesetze betrifft, so haben dieselben vorzugsweise die Sicherheit der Bürger im Auge. 4) Was Körperkraft anbetrifft, so hat darin wohl niemals jemand über Milo aus Kroton gestanden. Was die Redner anbelangt, so ragt einer, nämlich Demosthenes, in wunderbarem Grade über alle anderen hervor. 5) In betreff meines jüngsten Bruders habe ich dir schon neulich geschrieben, daß er jetzt in Berlin studiert. 6) Was Philipp II. betrifft, so wird sein Charakter dadurch hinlänglich bezeichnet, daß man ihm den Beinamen „der Teufel“ gegeben hat. 7) Anacharsis war in betreff seiner Abstammung ein Scythe. 8) Was den Umstand anbetrifft, daß Livius dem Hannibal Grausamkeit und Treulosigkeit vorwirft, (so muß man bedenken, daß) er von dem schlimmsten Feinde spricht, den Rom jemals gehabt hat. 9) Was deinen Fleiß betrifft, so bin ich damit zufrieden; aber in betreff deines Dünkels muß ich dich tadeln. 10) Die Spartaner waren, was Tapferkeit anbetrifft, unstreitig der vorzüglichste Stamm Griechenlands; aber in Bezug auf Kunst und Wissenschaft standen sie weit hinter den Athenern zurück. 11) Was die Tugend anbetrifft, so hat Cicero im fünften Buche seiner tusculanischen Abhandlungen zu beweisen gesucht, daß sie allein zum glücklichen Leben ausreiche. 12) Was Ophir betrifft, so ist es auch heute noch nicht mit Sicherheit entschieden, ob dasselbe in Indien oder an der Ostküste Afrikas gelegen hat. 13) Die Beredsamkeit bringt von allen Künsten den größten Nutzen sowohl was die Veredlung des öffentlichen Lebens überhaupt, als insbesondere was die Verbannung der Borniertheit und Roheit anbetrifft.

### δ. Coniunctiones condicionales.

376. Gieb die drei Arten der hypothetischen Sätze im Lateinischen an mit Zugrundelegung des Satzes: „Wenn es regnet, wird es naß“.

377. Welcher Unterschied ist zwischen *nisi* und *si non*?

378. Übersetze: 1) Du wirst es in den Wissenschaften nicht weit bringen, wenn du dich nicht mit aller Kraft auf dieselben legst. 2) Wenn jemand atmet, so lebt er; wenn er nicht atmet, so ist er tot. Das menschliche Leben ist dem Eisen ähnlich: wenn man es gebraucht, wird es aufgerieben; wenn man es nicht ge-

braucht, tötet es der Rost. 3) Meine älteste Schwester würde in dieser Gesellschaft zugegen sein, wenn sie nicht krank wäre. 4) Wenn man einen großen Mann nicht erreichen kann, so kann man ihm doch nacheifern. 5) Ich wäre gefühllos, wenn ich meine Verwandten nicht liebte. 6) Du wirst umsonst arbeiten, wenn Gott dir nicht hilft. 7) Selbst mittelmäßige Fähigkeiten können durch Fleiß und Anstrengung so ausgebildet werden, daß sie dem von der Natur begünstigten Genie wo nicht gleichkommen, so doch wenigstens sich ihm nähern. 8) Die Gallier opferten Menschen statt der Tiere, weil sie von der Ansicht ausgingen, die Gottheiten könnten nicht besänftigt werden, wenn nicht ein Menschenleben für ein anderes Menschenleben hingegeben würde. 9) Wenn auch nicht alle, so doch viele Tiere übertreffen den Menschen bei weitem an Schnelligkeit und körperlicher Kraft. 10) Bewundernswürdig fürwahr zeigt sich Tacitus durch jene außerordentliche Kunst der Darstellung, worin er, wenn auch nicht alle Geschichtschreiber überhaupt, so doch wenigstens alle römischen übertrifft.

379. Ist es erlaubt, überall die Form *ni* statt *nisi* zu gebrauchen?

380. Wie heißt „wenn aber nicht, sonst, im andern Falle" in folgenden Sätzen? 1) Wenn du kannst, so besuche mich morgen; wenn aber nicht, so schreibe mir in wenigen Worten, wann du kommen willst. 2) Wenn unser Feldherr gesiegt hat, so wird der Krieg vorbei sein; im andern Falle werden wir neue Truppen ausheben müssen. 3) Meine Sorge pflegt darauf gerichtet zu sein, daß ich, wenn es irgend angeht, durch meine Reden etwas Gutes erreiche; im entgegengesetzten Falle, daß ich wenigstens nichts Schlechtes herbeiführe. 4) Nach der Einnahme von Alexandria soll nach einer bekannten Erzählung der arabische Feldherr Amru bei dem Kalifen Omar angefragt haben, was er mit der berühmten Bibliothek in jener Stadt anfangen solle; Omar habe ihm erwidert: wenn die Bücher der Bibliothek mit dem Koran übereinstimmten, so seien sie unnütz und brauchten nicht aufbewahrt zu werden; im entgegengesetzten Falle seien sie schädlich und müßten vernichtet werden.

381. Welche Regeln lassen sich in Bezug auf die hypothetischen Konjunktionen aus folgenden Beispielen entnehmen? 1) Noli putare me longiores epistulas scribere, *nisi si* quis ad me plura scripsit. Ego hinc abero, *nisi si* tu aliter censes. — 2) Nemo fere saltat sobrius, *nisi forte* insan*it*. Hostes facile vincemus, *nisi vero* cred*imus* eos, quos terra marique priore bello vicimus, a quibus stipendia per viginti annos exegimus, plus spei nactos esse. Scis hunc nihil habere, quod ei detrahere possis, *nisi forte* hoc indignum put*as*, quod vestitum sedere in iudicio vides. Erucii criminatio tota dissoluta est, *nisi forte* expect*atis*, ut illa diluam, quae de rebus commenticiis obiecit. — 3) Tusculanum et Pompeianum me valde delectant, *nisi quod* me aere alieno obruerunt. In isto homine nihil laudabile est, *praeterquam quod* dives est. — 4) Antiquissimum e doctis est genus poetarum, *siquidem* Homerus fuit ante Romam conditam. Ista sapientia non magno aestimanda est, *siquidem* non multum differt ab insania. Nos vero, *siquidem* in voluptate sunt omnia, superamur a bestiis. — 5) Mercatura, si tenuis est, sordida putanda est; *sin* magna et copiosa, non est admodum vituperanda. Si sunt boni viri, me adiuvant; *sin autem* minus idonei, me non laedunt.

382. Welche Beobachtung in betreff der hypothetischen Sätze ergeben sich aus Betrachtung folgender Beispiele? 1) Antea misissem ad te litteras, si genus scribendi inve*nirem*. Persas, Indos, alias gentes si adiunxisset Alexander, impedimentum magis quam auxilium *traheret*. Maiores nostri mortuis non tam religiosa iura tribuissent, si nihil ad eos pertinere arbitr*arentur*. — 2) Si bellum omitt*imus*, pace nunquam fruemur. Si urg*emus* hostes, bellum perficietur. Deserite eos, a quibus, nisi prosp*icitis*, brevi tempore deseremini. Nisi tu aliter cens*es*, ego hinc abero. Si quae*rimus*, cur Hortensius adulescens magis floruerit dicendo quam senior, causas reperiemus verissimas

duas. — 3) a) Deleri totus exercitus *potuit*, si fugientes persecuti victores essent. Res publica *poterat* esse perpetua, si patriis viveretur institutis et moribus. Contumeliis eum onerasti, quem patris loco, si ulla in te pietas esset, colere *debebas*. Si patriae salus in discrimine esset, omnes bonos arma capere *decebat*. b) Pons sublicius iter paene hostibus *dedit*, nisi unus vir fuisset Horatius Cocles. c) Si verum respondere velles, alia *erant* dicenda. In illa urbe si unum diem morati essetis, moriendum omnibus *fuit*. d) Mazaeus, si transeuntibus Macedonibus supervenisset, haud dubie oppressurus *fuit* incompositos. Illi ipsi aratores, qui remanserant, relicturi omnes agros *erant*, nisi ad eos Metellus Roma litteras misisset. e) Peractum *erat* bellum sine sanguine, si Caesar Pompeium opprimere Brundisii potuisset. Praeclare vice*ramus*, nisi inermem fugientemque Lepidus recepisset Antonium. Hoc ipsum fortuna eri*puerat*, nisi unius amici opes subvenissent. Lab*ebar* longius, nisi me retinuissem. Auctoritas tanta plane me mov*ebat*, nisi tu opposuisses tuam non minorem. Fabiorum paucitas auxilio loci vinc*ebat*, nisi Veientes in verticem collis evasissent.

383. Was ist über die Bedeutung und den Gebrauch der Konjunktion *si* in folgenden Sätzen zu bemerken? 1) a) Tentata res est, *si* primo impetu capi Ardea posset. Hostes exspectabant, *si* nostri paludem transirent. Helvetii *si* perrumpere possent conati repulsi sunt. b) Hannibal cum quinque navibus Africam accessit, *si* forte Carthaginienses ad bellum inducere posset. Hostes equitatum ostentare coeperunt, *si* ab re frumentaria Romanos excludere possent. Cum anceps diu pugna esset, Hannibal elephantos in primam aciem induci iussit, *si* quem inicere ea res tumultum ac pavorem posset. — 2) Ego, *si* essem tibi inimicissimus, nunquam tamen de fama tua in occulto detraxissem. *Si* ridere concessum sit, vituperatur tamen cachinnatio. Non possum disposite istum accusare, *si* cupiam.

384. Übersetze: 1) Wenn du wüßtest, daß irgendwo eine Natter verborgen säße, so handeltest du unrecht, wenn du nicht den andern warntest, sich daneben zu setzen. 2) Bei Thermopylä hätten die Griechen einen glänzenden Sieg davongetragen, wenn sie nicht infolge des Verrats eines Griechen im Rücken überfallen worden wären. 3) Wir zweifeln nicht daran, daß ihr jenen Vorschlag zurückweisen werdet; ihr müßtet denn am Ende gar der Meinung sein, Reichtum sei einem guten Rufe vorzuziehen. 4) Wenn ein Wahnsinniger von dir ein Schwert forderte, so wäre es Sünde, ihm ein solches zu geben. 5) Homer würde nicht schon zu den Zeiten des trojanischen Krieges dem Odysseus und Nestor so viel Lob in der Beredsamkeit gespendet haben, wenn nicht schon damals die Beredsamkeit in Ehren gestanden hätte. 6) Hättest du dieses Gift genossen, so hättest du sterben müssen. 7) Ja, dann wirst du glücklich sein, wenn du mit deinem Stande zufrieden bist. 8) Die Zeit würde mir fehlen, wenn ich hier weitläufig auseinandersetzen wollte, wie sehr damals Recht und Sittlichkeit verfiel und die Begierde nach Unzucht, Schlemmerei und den übrigen Lastern die Herzen der Menschen beherrschte. 9) Sokrates hätte dem Tode entfliehen können, wenn er vielmehr dem Rate der Freunde als dem Ansehen der Gesetze gehorcht, wenn er das Leben höher als die Treue geachtet hätte. 10) Wozu nützt der Reichtum, wenn man ihn nicht verwendet? 11) Der Weise zögert nicht zu sterben, wenn es so besser sein sollte. Wenn ich dich sehe, werde ich wieder aufatmen. 12) Wenn es bestimmt ist, sprach Laokoon, daß Troja untergehen soll, so wünsche ich, daß es mir vergönnt sein möge, sofort zu sterben, damit ich nicht die Vaterstadt erobert sehe. 13) Niemals, glaube mir, möchte ich deinem Willen und Rate widerstreben, auch nicht, wenn ich die größten und sichersten Vorteile im Geiste voraussehen sollte. Oder wird mir je wahres Glück zu genießen vergönnt sein, wenn ich die heiligste Pflicht kindlicher Liebe verletzt habe? 14) Ich würde mich schämen, wenn ich erführe, daß die Welt so schlecht von mir urteilte. 15) Ich

werde versuchen, ob ich diesen Paragraphen ins Englische übersetzen kann. 16) Ich müßte unverschämt sein, wenn ich mehr verlangte. Ich müßte lügen, wenn ich leugnen wollte, daß dieser Weg, den ich euch vorgeschrieben habe, rauh und steil und voll von Gefahren sei, zumal da ich dies selbst erfahren habe. 17) Ohne Mühe wird man Großes nicht erreichen; ihr müßtet denn etwa glauben, daß es allen, welche Großes erreicht haben, gelungen ist, durch Zufall bewundernswert zu werden. 18) Gustav Adolf gab den Offizieren, die ihn baten, sein Leben weniger zu wagen (magis cavere), zur Antwort: Was könnte mir Rühmlicheres begegnen, als wenn ich in der Verteidigung der Ehre Gottes und des Vaterlandes mein Leben verlöre? 19) Pyrrhus erklärte, daß er die Gefangenen ohne alles Lösegeld an die Römer ausliefern würde, wenn sie mit ihm Frieden schließen wollten; wenn sie aber bei dem Kriege beharrten, sei es seine Pflicht, darauf zu sehen, daß ihr Heer nicht durch so viele tapfere Männer vergrößert werde. 20) Hätte Ajax sich entschließen können, seine Zornsucht, sein Selbstvertrauen und seine Halsstarrigkeit abzulegen und dafür Mäßigung anzunehmen, so hätte er versöhnt mit Menschen und Göttern leben können. 21) Es ist traurig, wenn man von seinen Freunden verraten wird. Es ist schändlich, wenn ein Bürger sein Vaterland schädigt. Es ist nützlich, wenn viele Ankläger in einem Staate sind, damit der Frevelmut durch Furcht in Schranken gehalten wird. Allen Guten nützt es, wenn der Staat wohlbehalten ist. 22) Da im Kriege dem Feldherrn das Schicksal des ganzen Staates anvertraut wird, so müssen, wenn jener den Kampf mit Geschick führt, große Vorteile, wenn er aber Fehler macht, große Nachteile für die Mitbürger entstehen. 23) Gegen Ende des zweiten punischen Krieges hatte die Pest unter den Römern und Puniern gleich starke Verheerungen angerichtet, nur daß im punischen Heere außer der Krankheit auch noch eine Hungersnot wütete. 24) Alte Mütterchen ertragen oft den Hunger zwei oder drei Tage; entziehe dagegen die Speise einen Tag lang einem Athleten, und er wird den olympischen Jupiter anflehen und schreien, er könne es nicht ertragen. 25) Wenn Rom wirklich im zweiten Jahre der siebenten Olympiade gegründet ist, so ist das Leben des Romulus in ein Jahrhundert gefallen, in welchem Griechenland schon voll von Dichtern und Musikern war. 26) Wenn du jenen wirklich nicht zu seiner Pflicht zurückführen konntest, so hättest du ihn doch wenigstens nicht mit Haß verfolgen sollen.

385. Übersetze: 1) Es ist nicht zweifelhaft, daß niemand Philosophie treiben würde, wenn sie keinen Nutzen hätte. 2) Glaubst du wohl, daß Pompejus sich über seine drei Konsulate und seine drei Triumphe gefreut hätte, wenn er gewußt hätte, daß er in der Einsamkeit von Ägypten durch Mörderhand sterben würde? 3) Wäre die Energie Karls XII. von Schweden immer mit Klugheit verbunden gewesen und nicht so oft in Hartnäckigkeit ausgeartet, so wäre er vielleicht (nescio an) ein zweiter Alexander und Herr eines großen Teiles von Europa geworden. 4) Es ist unzweifelhaft, daß, wenn es nicht mit der Sittlichkeit des römischen Staates so schlecht gestanden hätte, es dem Catilina nicht möglich gewesen wäre, so viele Genossen seiner Schlechtigkeit um sich zu versammeln. 5) Das Volk war seines Zornes so wenig Herr, daß es den C. Marcius angegriffen haben würde, wenn nicht die Volkstribunen rechtzeitig dazwischen getreten wären. 6) Welches würde nach deiner Meinung das Geschick der Karthager gewesen sein, wenn sie den Hannibal nach dem Antrage Hannos den Römern

ausgeliefert hätten? Glaubst du etwa, daß jene Stadt (alsdann) von den Römern nicht bekriegt und zerstört worden wäre? 7) Catilina besaß derartige körperliche und geistige Vorzüge, daß, wenn er von denselben einen guten Gebrauch gemacht hätte, er nach unserer Überzeugung seinen Mitbürgern höchst nützlich hätte sein können. 8) Obgleich du wesentliche Fortschritte in den Wissenschaften gemacht hast, seitdem du begonnen hast, den Unterricht jenes Lehrers zu genießen, so glaube ich doch, daß du noch mehr gelernt hättest, wenn du meinen Ratschlägen gefolgt wärest. 9) Epaminondas griff Sparta mit solchem Nachdruck an, daß allen klar war, wenn Agesilaus die Stadt nicht mit der höchsten Kraftanstrengung geschützt hätte, würde dieselbe von den Thebanern erobert worden sein.

386. Übersetze nach Analogie des Satzes: Pecuniam, *si quam* habes, mihi dato „gieb mir das Geld, welches du etwa hast" folgende Beispiele: 1) Die Gipfel der Alpen sind fast durchgängig nackt, und das Futter, welches etwa da ist, bedeckt Schnee. 2) Sieh zu, daß du den Feinden, welche du etwa hast, durch deine Lebensweise keine Veranlassung zur Verspottung bietest. 3) Wer nie krank gewesen ist, weiß gewöhnlich den Wert der Gesundheit nicht zu schätzen. 4) Catilina lockte Vatermörder, Ehebrecher, Tempelräuber, kurz alle, von denen er etwa sah, daß sie auf dieselbe Weise wie er selbst vom bösen Gewissen gequält wurden, auf jede Weise an sich. 5) Verrate die Geheimnisse nicht, welche dir etwa anvertraut sind. 6) Wer einmal den Weg der Wahrheit verlassen hat, läßt sich gewöhnlich mit ebensowenig Bedenken zum Meineide wie zur Lüge verleiten.

387. Übersetze: 1) Sehen wir nicht, wie die, welche Interesse an den schönen Künsten und Wissenschaften haben, weder auf Gesundheit noch Vermögen Rücksicht nehmen und allen möglichen Mühsalen und Gefahren sich unterziehen, wenn sie nur ihre Kenntnisse bereichern können? 2) Wir wollen gern alle Gefahren bestehen, damit wir nur das Joch der Knechtschaft abwerfen. Nach Ehren zu streben steht jedem frei; nur muß er sie nicht auf dem Wege der List und Gewalt zu erlangen suchen. 3) Darf man die Freuden des Lebens genießen? Ja freilich, nur geschehe es mäßig. 4) Ein Lehrer liebt alle seine Schüler, wenn sie nur (= überhaupt) der Liebe wert sind. 5) Ich bin mit deinem Fleiße zufrieden; wenn du nur nicht so ehrgeizig wärest. 6) Mögen die Menschen in noch so stürmischen Zeiten leben, so gönnen sie sich doch, wenn sie überhaupt Menschen sind, bisweilen eine Erholung und geben sich der Fröhlichkeit hin. 7) Tanaquil, die Gattin des Lukumo, vergaß die natürliche Liebe zum Vaterlande und entschloß sich, um nur ihren Mann geehrt zu sehen, aus Tarquinii wegzuziehen.

388. Wie heißt „geschweige denn" in folgenden Sätzen? 1) Ein guter Mensch denkt nichts Unsittliches, geschweige denn, daß er es thäte. 2) Wir haben bei diesem Geschäfte nichts verdient, geschweige denn, daß wir reich dabei geworden wären. Kaum unter Dach und Fach geht man der Kälte aus dem Wege, geschweige denn, daß es leicht wäre, auf dem Meere von den Unbilden des Wetters verschont zu bleiben. 3) Das Volk klagte besonders darüber, daß man zu Konsuln Männer erwählt habe, die beide kriegerisch, allzu rasch und ungestüm wären und die selbst im ruhigen Frieden einen Krieg zu erregen imstande wären, geschweige denn, daß sie die Bürgerschaft im Kriege Atem schöpfen ließen.

4) An Gespenster glauben jetzt kaum noch Kinder, geschweige denn verständige Männer. 5) Cäsar lag nach seiner Ermordung so am Boden, daß keiner von seinen Sklaven, geschweige denn einer von seinen Freunden an seinen Leichnam trat.

### ε. Coniunctiones concessivae.

389. Welches sind die konzessiven Konjunktionen, und wie unterscheiden sie sich?

390. Übersetze: 1) Mag immerhin Neid und Bosheit meinem Eifer und Wohlwollen entgegentreten, so will ich doch nicht verzagen und frei und offen alle Beschuldigungen widerlegen. 2) Wie ein Acker, wenn er auch noch so fruchtbar ist, ohne Anbau nicht ergiebig sein kann, so wird der Geist ohne Bildung keine Früchte bringen. 3) Obgleich Brutus von Cäsar mit Wohlthaten überhäuft war, verschwor er sich doch mit vielen anderen gegen das Leben dessen, den er für einen Tyrannen hielt. 4) Tyrannen sind bei aller Macht furchtsam. Bei allem Reichtume darben die Geizigen. 5) Wie sehr auch Themistokles mit Recht gerühmt und Salamis als Zeugin des herrlichsten Sieges angeführt wird, so muß man doch die Weisheit des Solon, welcher zuerst den Areopag organisierte, für nicht weniger ruhmvoll halten. 6) Ein thätiger und entschlossener Mann läßt sich durch keine Schwierigkeit, wenn sie auch dem Anscheine nach noch so groß ist, abschrecken, seinen Plan durchzusetzen. 7) Apollonius aus Alabanda, ein gefeierter Rhetor, gestattete, obwohl er um Lohn lehrte, nicht, daß diejenigen, von welchen er die Überzeugung hatte, daß sie keine Redner werden könnten, ihre Mühe bei ihm verloren. 8) Achilles war so ruhmbegierig, daß er nicht daheim bleiben wollte, obgleich ihn ein sicherer Tod, wie er von seiner Mutter wußte, vor Troja erwartete. 9) Wiewohl ich mitten auf der Reise war, glaubte ich doch, mir so viel Zeit entziehen zu müssen, um an dich zu schreiben, damit du nicht glaubtest, ich sei undankbar und deiner uneingedenk.

391. Wie ist „indessen, jedoch, freilich, gleichwohl" in folgenden Beispielen zu übersetzen? 1) Strebe immer danach, im Zorn nicht etwas zu thun, das dich später gereuen könnte; freilich weiß ich recht gut, wie schwer es ist, sich vom Zorne nicht hinreißen zu lassen. 2) Ich habe nie aufgehört, dich an deine Pflicht zu erinnern; gleichwohl was haben alle Ermahnungen und Bitten genützt? 3) Jetzt büße ich für meinen Leichtsinn; indessen was habe ich denn Schlimmes begangen? 4) Laß es dir immer angelegen sein, gegen jedermann höflich aufzutreten; jedoch wozu soll ich dich ermahnen, da ich ja weiß, daß du von selbst die Vorschriften der Artigkeit befolgen wirst? 5) Höre die Lehren der weisesten und besten Männer, folge ihrem Beispiele, ahme ihr Leben und ihre Thaten nach. Doch was thue ich? Ich sporne den, der schon in vollem Laufe ist.

### ζ. Coniunctiones comparativae.

392. Übersetze: 1) Du klagst, als ob deine Freunde dich vergessen hätten. 2) Viele Menschen leben derart, als ob sie nur zum Vergnügen geboren wären. 3) Du verlangst von mir Beistand; als ob ich mich um deine Angelegenheiten zu kümmern hätte. 4) Jeder hofft für sich das größte Glück, gerade wie wenn es mehr glückliche als unglückliche Menschen gäbe, oder wie wenn etwas Sicheres in der Welt existierte. 5) Lysander stellte sich, als ob er das Orakel befragt habe. 6) Es scheint, als ob die Natur an Alcibiades versucht hätte, was sie zu schaffen imstande wäre. 7) Lysander erregte durch seine üppige Lebensweise den Ver-

dacht, als ob er sich von den heimatlichen Gesetzen lossagen wollte. 8) Im Jahre 9 nach Christi Geburt rückte der römische Feldherr Varus mit einem Heere gegen die Weser, und es hatte gar nicht das Aussehen, als ob die Deutschen sich widersetzen wollten. 9) Als Sokrates zum Tode verurteilt war und den Giftbecher schon in der Hand hielt, sprach er noch so, daß es nicht den Anschein hatte, als würde er zum Tode geführt, sondern als stiege er zum Himmel auf.

393. Welche Regeln kommen bei Übersetzung folgender Sätze in Anwendung? 1) Wie man säet, so wird man ernten. Wie über den Behörden die Gesetze stehen, so über dem Volke die Behörden. 2) Papirius hatte, kriegskundig wie er war, das Heer aufs beste aufgestellt. Zudringlich, wie du immer bist, verlangst du Hilfe von mir, gerade wie wenn ich mich um deine Angelegenheiten zu kümmern hätte.

394. Welche Bedeutung hat *ut — ita* (*sic*) in folgenden Sätzen? 1) Alpes ab Italia ut breviores, ita arrectiores sunt. 2) Ut nihil boni est in morte, ita certe nihil mali. Übersetze danach: 1) Hannibal hat die Römer zwar in vielen blutigen Schlachten besiegt, aber den römischen Staat nicht vernichten können. 2) Zwar erlangen wir große Vorteile durch das Zusammenwirken und die Übereinstimmung der Menschen; aber auf der andern Seite giebt es kein so verabscheuenswertes Unheil, das nicht dem Menschen vom Menschen erwüchse. 3) Die Feldherren kamen zu einer Unterredung zusammen, zwar einander noch nicht genau bekannt, aber doch beide von gegenseitiger Bewunderung durchdrungen.

395. Welche höchst verschiedenen Bedeutungen hat *ut* in folgenden beiden Sätzen? 1) Diogenes liberius ut Cynicus locutus est. 2) Clisthenes multum ut temporibus illis valuit dicendo.

396. Übersetze: 1) Unterstütze die Armen, jenachdem deine Mittel es erlauben. 2) Gott wird dir deine Sünden vergeben, jenachdem du andern ihre Schuld vergiebst. 3) Inwiefern ist dieses besser als jenes? 4) Hilf mir mit deinem Rate, soweit du kannst. 5) Ich habe die Gründe dieser Erscheinung erforscht, soweit es überhaupt möglich war. 6) Du würdest mir einen großen Gefallen thun, wenn du meinem Bruder, soweit es für dich ohne Beschwerde ist, Unterricht im Malen gäbest. 7) Die isthmischen Spiele wurden, soviel ich weiß, alle zwei Jahre gefeiert. 8) Ich will dir unter der Bedingung Geld leihen, wenn du mir versprichst, die Zinsen pünktlich zu bezahlen. 9) Auch die Tiere, insofern sie nämlich sinnreicherer und edlerer Art sind, rivalisieren unter einander.

397. Wie wird „zum Beispiel" in folgenden Sätzen übersetzt? 1) Die Athener haben viele der edelsten Männer, z. B. einen Themistokles und Aristides in die Verbannung gejagt. 2) Was die Vaterlandsliebe vermag, das zeigt uns z. B. Leonidas und seine dreihundert Spartaner. 3) Die Tiere gewähren dem Menschen außerordentlichen Nutzen; die Pferde und Ochsen z. B. könnte man schwerlich entbehren. 4) Nicht für alle ist ein und dasselbe Wissen nützlich; dem Landmanne z. B. ist die Kenntnis des Bodens, der Düngung, des Pflügens höchst nützlich, aber dem Seemanne unnütz. 5) Die Tierwelt ist der Menschen wegen geschaffen, z. B. das Pferd zum Ziehen, der Ochs zum Pflügen, der Hund zum Jagen und Wachen. 6) Die Fürbitte der Vestalinnen hatte immer großes Gewicht zur Entschuldigung oder Lossprechung von Beklagten; von C. Cäsar

z. B. wissen wir, daß er durch die Vestalinnen bei dem Diktator Sulla Begnadigung erlangt hat. 7) Bei den Tieren sprechen wir wohl häufig von physischem Mute, z. B. bei den Pferden und Löwen, aber nicht von Gerechtigkeit, Billigkeit und Güte. 8) Prophezeien kann man nur solche Zufälligkeiten, die sich durch keine Kunst und Weisheit voraussehen lassen; wenn z. B. jemand viele Jahre vorher gesagt hätte, jener Marcellus, der dreimal Konsul war, werde im Schiffbruche umkommen, so hätte er wirklich eine Prophezeiung gethan. 9) Wie schwankend die Volksgunst ist, hat gar mancher erfahren. So leitete z. B. Phocion im Jahre 322 den Staat; ebenderselbe wurde vier Jahre später des Hochverrats angeklagt und zum Tode verurteilt. 10) Nicht immer darf man anvertraute Sachen zurückgeben. Wenn z. B. jemand bei gesundem Verstande ein Schwert bei dir niedergelegt hätte und es im Wahnsinn zurückforderte, so wäre die Zurückgabe eine Sünde, das Nichtzurückgeben Pflicht. 11) Keine Herrschergewalt ist so groß, daß sie unter dem Drucke der Furcht von langer Dauer sein könnte. So wurden z. B. die Lacedämonier, weil sie ein ungerechtes Regiment führten, nach der Niederlage bei Leuktra plötzlich von fast allen ihren Bundesgenossen verlassen.

### η. Modus in Relativsätzen.

398. In welchen Fällen steht in Relativsätzen der Konjunktiv?

399. Übersetze: 1) Es hat nicht an Männern gefehlt, die dem Epaminondas an militärischer Tüchtigkeit oder an staatsmännischem Talente oder an Lauterkeit des Charakters gleichgekommen sind; aber wie wenige hat es gegeben, die durch eine Vereinigung der herrlichsten Tugenden unter ihren Landsleuten in gleicher Weise wie er hervorgeleuchtet haben! 2) Es giebt manchen, der da glaubt, er müsse sich lieber das Urteil des unerfahrenen Volkes als dasjenige der weisesten Männer gefallen lassen. 3) Viele Römer schickten ihre Söhne nach Athen, damit sie die Philosophenschulen besuchten und ihr Rednertalent ausbildeten. 4) Manche Leute messen auch heutzutage noch Weissagern Glauben bei, obgleich doch deren Prophezeiungen tagtäglich durch den Erfolg widerlegt werden. 5) Es giebt einzelne Tiere, welche nur einen Tag oder nur ein paar Stunden leben. 6) Es giebt Leute, die nichts Widriges ertragen können; ja es finden sich sogar solche, denen unter allen Tugenden diese eine fehlt, Gleichmut im Unglücke zu bewahren; und doch kenne ich kaum etwas, das zum wahren Glücke ebenso notwendig ist als Gleichmut im ganzen Leben. 7) Es giebt zwei Künste, die den Menschen auf die höchste Stufe der Ehre stellen können, einmal strategische, sodann rednerische Kunst. 8) Giebt es Fälle, wo das Lügen erlaubt ist? 9) Wer wollte glauben, daß es dem Brutus an Regsamkeit des Geistes gefehlt habe, da er das Orakel des Apollo so klug und scharfsinnig gedeutet hat? 10) Leicht kann man seine Untergebenen im Zaume halten, wenn man sich selbst im Zaume hält. 11) Die Ägypter hielten die Musik für schädlich, da sie den Geist verweichliche. 12) Die Reden des Cicero sind, soweit ich sie gelesen habe, nach Form und Inhalt vorzüglich. 13) Es ist höchst verwerflich, das, was nützlich scheint, höher zu schätzen als das sittlich Gute. 14) Die Geizigen wollen immer noch mehr haben, und man hat bis jetzt noch keinen unter ihnen gefunden, dem das genügt hätte, was er besitzt. 15) Bei Gemälden kömmt es vor, daß Unkundige solche Sachen loben, die kein Lob verdienen. 16) Wir wollen so gesinnt sein,

daß wir nichts zu den Übeln zählen, was entweder von den unsterblichen Göttern oder von der Natur bestimmt ist. 17) Ich habe niemanden, mit dem ich lieber leben möchte als mit dir. 18) O über den schlechten Schüler, dem an dem Lobe seiner Lehrer nichts liegt! O über den unglücklichen Staat, in welchem derjenige das höchste Ansehen genießt, der das meiste Geld hat! 19) Augustus schien allen Patrioten der geeignetste Mann zu sein, um dem so lange zerrütteten Staate die Ruhe wiederzugeben. 20) Es liegt in dem Wesen eines Zornigen, demjenigen, von welchem er sich verletzt glaubt, möglichst großen Schmerz zuzufügen. 21) Als Alexander von Macedonien beim Vorgebirge Sigeum an den Grabhügel des Achilles getreten war, sprach er die Worte: O beneidenswerter Jüngling, der du an Homer einen Herold für deine Tapferkeit gefunden hast! 22) Am meisten Eifer und Mühe verwendete Cicero in seinen Jünglingsjahren auf die Beredsamkeit, weil, wie er glaubte, durch diese ihm der Weg zu den höchsten Ehrenstellen offen stand. 23) Es hat niemals an Leuten gefehlt, welche geglaubt haben, daß Cäsar mit den Plänen Catilinas nicht unbekannt gewesen sei. 24) Pythagoras schrieb seinen Schülern vor, selten zu schwören, aber sich würdig zu zeigen, daß ihnen die Leute das Schwören gern erließen.

400. Übersetze: 1) Wenn Gott uns gnädig ist, so haben wir keinen Grund, zu befürchten, es möchte uns irgend ein Unglück begegnen; ist Gott wider uns, so wird uns nichts gelingen. 2) Wir haben keine Ursache, diejenigen zu beneiden, welche das Volk groß und glücklich nennt. 3) Was ist die Veranlassung gewesen, daß Romulus seinen Bruder erschlug? 4) Ihr habt nicht nötig, euch eurer Milde zu schämen. 5) Du brauchst nicht zu denken, daß ich dich jemals im Stiche lasse. 6) Die Tugend verlangt nach keinem andern Lohne für ihre Mühen und Gefahren als nach dem des Lobes und Ruhmes, und wenn ihr dieser entzogen wird, welch ein Grund liegt dann vor, daß wir uns auf der so kurzen Lebensbahn in so großen Anstrengungen abmühen? 7) Wer unanständigen Lüsten fröhnt, verdient nicht, ein Mensch genannt zu werden. Ich bin nicht wert, daß du unter mein Dach gehst. 8) Wahrlich, deine Sorglosigkeit verdient, aufs nachdrücklichste getadelt zu werden; oder hattest du keinen Tauglichen dorthin zu senden, um Kenntnis von der drohenden Gefahr zu erhalten? 9) Als Melanchthon vierzehn Jahre alt war, hielten ihn seine Lehrer für befähigt, die Universität zu beziehen. 10) Wie Cicero in seinem Cato maior, welcher über das Greisenalter handelt, den alten Cato redend einführte, weil ihm keine Persönlichkeit geeigneter schien, über dieses Lebensalter zu reden, so schien ihm die Persönlichkeit des Lälius angemessen, um über die Freundschaft eine Erörterung zu geben. 11) Wer ist so schuldlos, daß er nicht irgend eines Fehlers bezichtigt werden könnte? 12) Niemand ist so niedergebeugt, daß man ihn nicht trösten könnte. 13) Es giebt keinen Schmerz, daß ihn nicht die Länge der Zeit milderte. 14) Diese Sünde ist zu groß, als daß sie vergeben werden könnte. 15) Die Zeit ist zu kostbar, als daß wir sie durch Spielen verlieren sollten. 16) Gebrauche kein Wort, wodurch jemand beleidigt werden könnte. 17) O ich Thor, daß ich den Warnungen meiner Freunde nicht gefolgt bin! 18) Nachdem die Tarentiner die Überzeugung gewonnen hatten, daß Pyrrhus vor allen andern geeignet sei, sie gegen die Römer zu schützen, beschlossen sie seine Hülfe anzurufen und zwar um so mehr, als sie sich um ihn im corcyräischen Kriege durch Darbietung von

Schiffen sehr verdient gemacht zu haben glaubten. 19) Ist es möglich, den für glücklich zu halten, welcher immer fürchtet, daß er etwas von seinen Gütern verlieren wird?

401. Durch welche Partikeln wird die in einem Relative (c. coniunctivo) liegende kausale Bedeutung noch bestimmter bezeichnet? — Übersetze: 1) Die Centauren schritten, da ihre ursprüngliche Wildheit durch die Gewalt des Bacchus gemildert war, vor dem Wagen des Gottes einher, auf dem Horne oder der Lyra spielend und von Eroten gelenkt. 2) Wie es Leute giebt, welche den Gesetzen und Obrigkeiten ungern gehorchen, so fehlt es auch nicht an solchen, welche den Anordnungen der Obrigkeit gern Folge leisten, da sie ja einsehen, wie notwendig und wohlthätig Gesetze für den Staat sind. 3) Die Athener besetzten im peloponnesischen Kriege die Insel Cythera, weil dieselbe so gelegen war, daß man von dort aus den Spartanern großen Schaden zufügen konnte. 4) Ich werde als Schüler niemals etwas Schlechtes von meinem Lehrer reden, besonders da ich weiß, daß ich ihm immer lieb gewesen bin. 5) Brasidas verdiente es, da er durch Tapferkeit, Ehrlichkeit und Klugheit vor seinen Mitbürgern sich hervorthat, daß die Lacedämonier großes Vertrauen zu ihm hatten.

### 9. Anhang: Fragesätze.

402. Welche Arten von Fragen hat man zu unterscheiden?

403. Gieb im allgemeinen die Regeln über den Gebrauch der Fragepartikeln *ne, num, nonne* an.

404. Welche Fragen stehen ohne Fragepartikel?

405. Welche Fragepartikeln nimmt man in disjunktiven Fragen (Doppelfragen)?

406. Wie heißt „oder nicht“ in Doppelfragen?

407. 1) Darf in den Sätzen: Kennst du irgend einen dem Demosthenes oder dem Cicero ähnlichen Redner? Scheint euch diese Ansicht die bessere oder wahrere zu sein? Habe ich thöricht oder unbesonnen gehandelt? Macht denn das Vergnügen einen Menschen besser oder lobenswürdiger oder weiser? die Konjunktion „oder“ durch *an* übersetzt werden? 2) Welcher Unterschied ist zwischen non dicam, *quod* sentio und non dicam, *quid* sent*iam* „ich werde nicht sagen, was ich denke“?

408. Was ist über den Gebrauch von *an* in einfachen direkten Fragen zu bemerken? — Übersetze: 1) Im Kriege ist nichts wichtiger und nützlicher als Gehorsam; oder sollte wohl selbst die größte Kühnheit der Soldaten in der Schlacht etwas leisten, wenn sie nicht dem Kommando des Feldherrn sich zu fügen gelernt hätten? 2) Es giebt keine höhere Tugend als Gehorsam gegen Gott; oder wissen wir etwa nicht, daß Christus selbst nach seinem eigenen Geständnis seinen größten Ruhm darin gefunden hat, sein ganzes Leben lang bis zum blutigen Tode seinem himmlischen Vater gehorsam zu sein? 3) Wer ist der Stifter des Jesuitenordens gewesen? Doch wohl der Spanier Ignaz Loyola? 4) Wer hat die Griechen den Ackerbau gelehrt? Doch wohl Demeter, welche den Attikern das Pflügen und den Gebrauch der Stiere samt der Pflugschar, der Futterschwinge und den andern Werkzeugen dieser Art gezeigt haben soll? 5) Mit Recht sagt Cicero, daß das Studium der Beredsamkeit nicht allgemein in Griechenland, sondern in Athen zu Hause war; oder ist es etwa zweifelhaft, daß die eine Stadt Athen durch mehr Werke gediegener Beredsamkeit als ganz Griechenland ausgezeichnet war? 6) Wen lobt ihr am meisten? Doch wohl den, welcher nicht bloß für sich, sondern auch für seine Angehörigen und sein Vaterland sorgt?

7) Warum wünscht Agamemnon bei Homer, daß er zehn Männer wie Nestor haben möchte? Doch wohl, weil er diesen als den weisesten und treusten erkannt hatte? 8) Wer dürstet, dem wird nichts daran liegen, ob der Becher aus Gold oder aus Glas sei; oder weißt du nicht, daß Diogenes mit der hohlen Hand Wasser geschöpft hat?

409. Welche Beobachtungen ergeben sich in Bezug auf die Fragepartikeln aus folgenden Beispielen? 1) Deum ipsum *numne* vidisti? *Numne*, si Coriolanus habuit amicos, ferre contra patriam arma illi cum Coriolano debuerunt? — 2) *Numquid* duas habetis patrias? Quid est, Catilina? *ecquid* attendis, *ecquid* animadvertis horum silentium? — 3) *Nonne* hunc in vincula duci, *non* ad mortem rapi, *non* summo supplicio mactari imperabis? *Nonne* ad te L. Lentulus, *non* Q. Sanga, *non* L. Torquatus pater, *non* M. Lucullus venit? — 4) Quaerendum, utrum una species sit earum rerum *anne* plures. — 5) Quaeritur, *an* providentia divina mundus regatur. Consuluit Alexander, *an* totius orbis imperium fatis sibi destinaret pater. — 6) Nunquam desinam experiri, *si* quam opem rei publicae ferre possim.

410. Gieb die Regeln über das sogenannte argumentierende *quid* und die wichtigsten Verbindungen an, in denen dasselbe vorkommt.

411. Übersetze: 1) Der athenische Staat ist vielleicht durch nichts schlimmer in Verfall gekommen als durch die maßlose Ausgelassenheit der Volksversammlungen. Uns ist geglückt, was vielleicht noch keinem. 2) Sterben müssen wir gewiß und zwar vielleicht noch heute. 3) Wenn C. Gracchus länger am Leben geblieben wäre, so hätte er vielleicht keinen gefunden, der ihm an Beredsamkeit gleich gewesen wäre. 4) In meinem Herzen sitzt eine ganz unerklärliche Angst. Wissen wir nicht, daß manche durch eine unerklärliche Scheu sich abhalten lassen, ihre Überzeugung auszusprechen? In deinem Briefe an Lucceјus scheint irgend etwas geschrieben gewesen zu sein, wodurch jener schwer betrübt worden ist. Die ruhige und sanfte Rede eines beredten Greises verschafft sich oft unwillkürlich von selbst Gehör. 5) Wir wollen diese Hoffnung nicht aufgeben. Ist das dein Ernst? sagte jener. 6) Du hast nichts Schlimmeres gethan, als vielleicht schon viele andere früher. 7) Willst du etwas? Jawohl! 8) Ist dein Bruder krank? Nein. 9) Traust du seinen Versprechungen? Bewahre Gott! 10) Zweifelst du, daß ich Wort halten werde? Nein, durchaus nicht. 11) Bist du allein zu Hause? Ja. 12) Was geht das mich an? Allerdings geht es dich an. 13) Weißt du denn vielleicht nicht, wie sich lux von lumen unterscheidet? O doch. 14) Du schläfst doch wohl nicht? Keineswegs.

412. Welche Beobachtungen ergeben sich aus folgenden Sätzen? 1) Milo si Clodium interficere voluisset, *quantae quoties* occasiones fuerunt! Considera, *quis quem* fraudasse dicatur. — 2) Interrogavit me, *quid faciens* veniam impetrare posset. *Quam utilitatem petentes* scire cupimus illa, quae occulta sunt? — 3) Quaero, quid facturi fu*istis*? Dic quaeso, num te terr*et* triceps Cerberus? Vide, quam conversa res *est!* Meministis, quam popularis lex de sacerdotiis vide*batur!*

413. Sind die Sätze: 1) Ich möchte den Nutzen kennen, den dir diese Forderungen bringen werden. 2) Niemand kennt die Zeit, zu welcher er sterben muß — in folgender Weise richtig übersetzt? 1) Novisse velim utilitatem, quam tibi ista postulata afferent. 2) Nemo novit tempus, quo moriendum ei est. — Übersetze: 1) Anacharsis bat den Solon, ihm die Grundsätze anzugeben, welche die Athener bei der Erziehung der Jugend befolgten. 2) Viele kennen den Weg, der zur Tugend führt, aber nur wenige betreten ihn. Ihr seht die Schnelligkeit, mit welcher Pompejus alle diese Kriege beendigt hat. Die Reiter setzten dem Konsul die große Gefahr auseinander, in welcher sich der Unterfeld-

herr befinde. 3) Als die Trunkenheit vorüber war, erkannte Alexander die Größe der Schandthat, die er begangen hatte. 4) Oft hat mich mein Vater auf die Gefahren aufmerksam gemacht, die der Jugend aus einem unthätigen und müßigen Leben erwachsen. 5) Wer hätte nicht von den Gefahren und Mühseligkeiten gehört, die das Heer des Hannibal beim Alpenübergange zu bestehen hatte? 6) Die Ähnlichkeit, welche Hühnereier mit einander haben, ist bekannt; gleichwohl konnten in Delos, wo man des Erwerbes wegen viele Hühner hielt, nicht wenige, sobald sie ein Ei angesehen hatten, die Henne bezeichnen, welche dasselbe gelegt habe. 7) Die Art, wie Sokrates seine Schüler in der Philosophie unterrichtete, kennt man aus den zahlreichen Zeugnissen der alten Schriftsteller, besonders aber aus Xenophons und Platos Gesprächen. 8) In der Stadt selbst fehlte es nicht an solchen, welche von einem Bündnis mit Pyrrhus auf alle Weise abrieten, indem sie die Übelstände aufzählten, welche daraus erwachsen würden. 9) Als die Athener ihre Stadt mit stärkeren Befestigungen umgaben, fingen sie an, den Lacedämoniern verdächtig zu werden; denn diese erwogen den Vorsprung, welchen den Athenern eine befestigte Stadt geben würde.

## 5. Die Participialien.

### a. Der Infinitiv.

414. Was ist im allgemeinen über die Bedeutung der Infinitive im Lateinischen zu bemerken? Wie unterscheiden sich dieselben von wirklichen abstrakten Substantiven?

415. Gieb an, in welcher Weise der Infinitiv als Subjekt in einem Satze steht und zu welchen Verben der Infinitiv als ergänzendes Objekt tritt.

416. Übersetze: 1) Ist es nicht besser, stumm zu sein als beredt zum Verderben anderer? 2) Arm zu sein bringt keine Schande, aber durch eigene Schuld arm zu werden, ist schimpflich. 3) Es ist ein großer Gewinn, für dankbar und erkenntlich zu gelten. 4) In den Dichtern ganz und gar unbewandert zu sein, ist ein Beweis von der trägsten Gleichgültigkeit. 5) Cäsar wollte lieber in der kleinsten Landstadt der Erste sein als in Rom der Zweite. 6) Gut sein ist besser als gut scheinen. 7) Cato wollte lieber gut sein als gut scheinen. 8) Nicht zu wissen, was vor der eigenen Geburt geschehen ist, heißt immer ein Kind sein; denn was ist das Leben eines Menschen, wenn es nicht durch die Geschichte mit der Vorzeit verwoben wird? 9) Wahrlich, wir werden glücklich sein, wenn wir gelernt haben, mit wenigem zufrieden zu sein. 10) Keinem Patricier war es erlaubt, Volkstribun zu werden. Lentulus verlangte, daß es ihm gestattet sein möchte, triumphierend in die Stadt zu fahren. 11) Als Calanus krank geworden war, beschloß er freiwillig zu sterben; er bat Alexander, daß ihm gestattet würde, auf einem Scheiterhaufen sitzend umzukommen. 12) Eines Verständigen Sache ist es, das zu sein, wofür er gehalten sein will. 13) In Olympia als Sieger ausgerufen zu werden, galt bei den Griechen als höchste Ehre.

417. Welche Beobachtungen ergeben sich aus folgenden Beispielen? 1) Edixerunt deinde, ne quis quid fugae causa vend*idisse* neve emisse velit. Quia *pepercisse* vobis volunt, committere vos, cur pereatis, non patiuntur. Satis est *dixisse*, quam hoc pulchrum sit. Contenti simus id unum *dixisse*. Tunc *flesse* decuit, cum adempta sunt nobis arma, incensae

naves. Iuvabit rerum gestarum memoriae consul*uisse*. Non pigebit memoriam prioris servitutis ac testimonium praesentium bonorum compo*suisse*. Hoc iam pridem *factum (esse)* oportuit. Sunt, quos curriculo pulverem Olympicum coll*egisse* iuvat. — 2) Haec fere *dicere habui* de natura deorum. De re publica nihil *habui* ad te *scribere*. *Da* mihi *bibere*. Ganymedes Iovi *bibere ministravit*. — 3) Aristo et Pyrrho nihil prorsus dicebant interesse *inter* optime val*ere* et gravissime aegrot*are*. Multum interest *inter dare* et accip*ere*.

418. Was ist in folgenden größtenteils aus Dichtern genommenen Stellen gegen den Gebrauch der guten Prosa? 1) Proteus pecus egit altos vis*ere* montes. Descende prom*ere* vina. Ferro Libycos popul*are* Penates venimus. Coniuravere nobilissimi cives patriam incend*ere*. Graiis dedit ore rotundo Musa loq*ui*. — 2) Hortatur eum seq*ui*. Vesper deced*ere* campis admonuit. Neronem proximi amicorum rogabant cav*ere* insidias. Quae mens tam dira te impulit his cing*i* telis? — 3) Dederat comam diffund*ere* ventis. Quem virum aut heroa acri tibia sumis celebr*are*, Clio? — 4) Aiax ced*ere* nescius. Cupidus atting*ere* metam. Avidus committ*ere* pugnam. Cant*are* peritus. Mercator indocilis pauperiem pat*i*. Puer dignus cant*ari*. Lyricorum Horatius fere solus leg*i* dignus est. Cantaber indoctus iuga ferr*e* nostra. Vetus Neroni cura erat curriculo quadrigarum insist*ere*. Cupiditas vid*ere* Tartara. — 5) Milites ne conspectum quidem hostis sustin*ere* valuerunt. Res secundae valent commut*are* mores hominum. Dux suos a direptione castrorum contin*ere* non valuit. — 6) Cambyses Aethiopes imperio subic*ere* frustra quaesivit — 7) Multi hostium flumen nando super*are* tentaverunt. — 8) Nero in certaminibus ipse victorem se pronunti*are* amabat. Aurum per medios *ire* satellites et perrump*ere* amat saxa potentius ictu fulminis. — 9) Ibi vid*ere* et gem*ere* erat.

419. Übersetze folgende Sätze mit möglichster Kürze: 1) Es ist sehr thöricht von dir gewesen, dergleichen zu glauben. Es ist eine Unklugheit, daß ihr auf Verzeihung hofft. 2) Ich thue unrecht daran, die menschliche Natur mit der der Götter zu vergleichen. 3) Die Athener haben unrecht daran gethan, den Sokrates zum Tode zu verurteilen. Alcibiades that weise daran, von Syrakus nach Sparta zu fliehen. 4) Es ist ehrenvoller für dich, zu verzeihen als zu grollen. 5) Den Deutschen wird es leichter, Hunger zu ertragen als Durst. 6) Es ist besser für uns (= wir thun besser daran) unterzugehen, als solche Schmach zu ertragen. 7) Aristoteles hat recht, wenn er sagt, die Wurzeln der Gelehrsamkeit seien bitter, die Früchte aber süß. 8) Es ist gefährlich, im Winter eine Seereise zu unternehmen. 9) Es ist oft nicht leicht, wahre und falsche Liebe zu unterscheiden.

420. Gieb im allgemeinen die Regeln über den Gebrauch des *Accusativus cum Infinitivo* an.

421. Sind die Sätze: 1) Ich glaube dies mit vollem Rechte behaupten zu können. 2) Cäsar drohte die Stadt von Grund aus zu zerstören. 3) Regulus versprach nach Karthago zurückzukehren. 4) Die Soldaten schwuren, lieber zu sterben als die Waffen auszuliefern — in folgender Weise richtig übersetzt? 1) Hoc meo iure affirmare posse puto. 2) Caesar urbem funditus delere minatus est. 3) Regulus se Carthaginem reverti pollicitus est. 4) Milites se potius mori iuraverunt quam arma tradere.

422. In welchem Falle steht bei den Verben *sperare* und *iurare* nicht der Acc. c. inf. *futuri?* — Übersetze: 1) Die Räuber schwuren, nie in jener Gegend gewesen zu sein. 2) Ich hoffe, daß du dich nicht mehr über mein Schicksal beunruhigst. 3) Ich hoffe, du bist glücklich nach Hause gekommen. Ich will nicht fürchten, daß unser Heer eine Niederlage erlitten hat. 4) Ich hoffe dir bald das geforderte Geld schicken zu können.

423. Ist der Satz: „Es ist hinlänglich bekannt, daß Camillus den Brennus besiegt hat" richtig übersetzt: Camillum Brennum vicisse satis constat?

424. Welche Fehler sind in folgenden Sätzen? 1) Suspicor iisdem rebus te, quibus ego ipse, gravius commoveri. 2) Lazarum Bonamicum dicunt maluisse loqui sicut Cicero, quam Pontificem Romanum esse. 3) Iudicium feci paucos aeque eleganter scripsisse atque tu. — Übersetze: 1) Von allen Griechen, welche nach Zerstörung Trojas in die Heimat zurückkehrten, hat bekanntlich keiner die Seinen länger gemißt als Odysseus. 2) Mit Recht sagt Cornelius Nepos, daß die Macedonier in ihrem Zeitalter denselben Ruf gehabt hätten wie später die Römer. 3) Cicero trägt kein Bedenken, zu behaupten, Pompejus sei ebenso begierig nach der Königskrone gewesen wie Cäsar. 4) Ich gestehe gern ein, daß ich nicht dieselben politischen Ansichten habe wie du und deine Angehörigen.

425. Was ist über die Konstruktion von a) *iubere* und *vetare*, b) *sinere* und *pati* zu merken?

426. Wie werden die Verben *volo*, *nolo*, *malo*, *cupio* und *studeo* konstruiert?

427. Was ist über die Konstruktion von *necesse est*, *opus est* und *oportet* zu merken?

428. Welche Verben heißen im Lateinischen „müssen", und wie unterscheiden sie sich?

429. Welche Regeln über das Tempus eines von *memini* abhängigen Objektssatzes ergeben sich aus folgenden Sätzen? 1) Memini Catonem anno ante quam mortuus est mecum disser*ere*. **Meministis** tum, iudices, corporibus civium Tiberim compl*eri*, cloacas referc*iri*, e foro spongiis effing*i* sanguinem. Meministine me nuper in senatu gravissime in illos dic*ere*? 2) Memini Marium, cum vim armorum profugisset, senile corpus paludibus occult*asse*. Rogavit Maximum Salinator, ut meminisset opera sua se Tarentum rec*episse*. Nonne Attilam anno 451. p. Chr. n. in campis Catalaunicis victum disce*ssisse* meministi?

430. Bekanntlich ist der Satz: „Moses erzählt von Jakob, daß er heimlich aus Mesopotamien geflohen sei" nicht Moses *de* Iacobo narrat, *eum* clam ex Mesopotamia aufugisse, sondern Moses Iacob*um* narrat clam ex M. aufugisse zu übersetzen. Warum ist trotzdem in folgenden Sätzen gegen diese Regel *de* angewandt? 1) *De* Antonio iam ante tibi scripsi, non esse ***eum*** a me conventum. 2) *De* Africano iudico, non ***illum*** iracundia tum inflammatum fuisse. 3) *De* Dionysio sic scriptum accepimus, summam fuisse *eius* in victu temperantiam. 4) *De* me sic existima, non ***me*** incidisse in odium bonorum.

431. In welcher verschiedenen Weise kann man die Sätze: „Ich habe die Nachtigall singen hören", „Wir haben deine Schwester spazieren gehen sehen" übersetzen?

432. In welchem Falle ist es notwendig, für die Infinitive des Futuri Activi und Passivi die Umschreibung *fore, ut* (oder *futurum esse, ut*) anzuwenden?

433. Übersetze: 1) In Oberitalien wohnten damals die Bojer und Insubrer, zwei gallische Völkerschaften, von denen wir wissen, daß die Römer sie sich wenige Jahre vorher unterworfen hatten. 2) Sobald Pyrrhus die Stadt Tarent betreten hatte, rief er die Bürger durch eine strenge Verordnung zu den Waffen und traf Anstalten, die an Kriegsarbeit nicht gewöhnte Jugend zu üben. 3) Die Volkstribunen C. Licinius Stolo und L. Sextius wollten die Staatsländereien auch den Plebejern zugewiesen wissen. 4) Es ist bei uns, sagt Cicero, ein Beweis für die Wahrheit, daß alle dieselbe Meinung haben; daher schließen wir, daß es einen Gott und eine göttliche Vorsehung giebt, daraus, daß allen der Glaube an Gott eingepflanzt oder vielmehr angeboren ist. 5) Schon machte der Feldherr Anstalt, Feuer in die blockierte Stadt zu werfen, als die Städter, Bewaffnete und Unbewaffnete, Kinder und Greise von allen Seiten auf die

Mauer eilten und flehend die Hände ausstreckten und die Gnade des Siegers anriefen. 6) Ich sehe von Tage zu Tage mehr, daß das Wohl des Staates für Cäsar weniger Wert hat als seine Gewaltherrschaft; kurz er will König sein und heißen. 7) Als die römischen Gesandten ihre Rede vor dem Senate beendigt hatten, beschwor Hanno die Senatoren bei den Göttern, keine That zu begehen, von der er überzeugt sei, daß sie dieselbe bald bereuen würden. 8) Weil Onesimus, ein vornehmer Macedonier, den Frieden erhalten wissen wollte, riet er dem Könige Perseus, dem Beispiele seines Vaters Philipp zu folgen und zweimal des Tages den mit den Römern geschlossenen Vertrag durchzulesen. 9) Wenn der Landmann die Blüte des Ölbaums sieht, hofft er auch noch die Frucht zu sehen, nicht ohne Grund zwar, allein bisweilen wird er doch getäuscht. 10) Polyphemus, des Auges beraubt, erinnerte sich daran, daß ein gewisser Telemus, ein sehr gefeierter Seher, das Verhängnis ihm vorausgesagt habe. 11) Es ist empörend, wenn diejenigen bei ihren Mitbürgern den größten Einfluß haben, welche nicht erröten, des Gewinnes wegen das Schimpflichste zu begehen. 12) Als Odysseus hörte, wie Thersites den Agamemnon schmähte, befahl er dem unverschämten Menschen, er solle seine Zunge zügeln, und drohte, streng mit ihm zu verfahren, wenn er nochmals wagen würde, den Anführer der Griechen zu beleidigen. 13) Xanthippe erklärte öfters, sie habe den Sokrates stets mit einem und demselben Gesichte aus dem Hause weggehen und wieder zurückkehren sehen. Ein Jähzorniger ist nicht immer in Zorn; aber reize ihn, und du wirst ihn sofort toben sehen. 14) Datames befahl allen seinen Leuten, ihm augenblicklich zu folgen; wenn sie das mit Entschlossenheit thäten, würden ihnen die Gegner nicht widerstehen können. 15) Kritias sprach sich für die Hinrichtung des Theramenes aus, da von demselben ja erwiesen sei, daß er das Ansehen der höchsten Staatsbehörde untergrabe. 16) Vergebens hatte Ovid gehofft, der Tag werde anbrechen, an welchem ihm die Rückkehr nach Rom gestattet sein werde. 17) Wer wollte leugnen, daß Epaminondas der reichste Mann in Theben geworden wäre, wenn er sich dazu verstanden hätte, Geschenke anzunehmen? 18) Es ist besser, wenn man die Wahrheit sagt, zu unterliegen, als, indem man Lügen spricht, zu siegen.

434. Welche Regel kommt bei Übersetzung folgender Sätze in Anwendung? 1) Der Verdacht der Senatoren, daß M. Manlius nach dem Königtume strebe, scheint mir unbegründet gewesen zu sein. 2) Durch die Nachricht, daß das feindliche Heer vollständig geschlagen sei, wurde bei allen Bürgern die größte Freude hervorgerufen. 3) Billigst du die Lehre der Epikureer, daß bei allem die Sinnenlust maßgebend sein müsse? 4) Bald zeigte es sich, daß die Hoffnung vieler Athener, der Krieg mit den Persern sei nach der Schlacht bei Marathon beendet, eine eitle gewesen war. 5) Das Bewußtsein, daß ich mich um den Staat verdient gemacht habe, hält mich in meiner Niedergeschlagenheit aufrecht. 6) Ehrenvoll ist der Ausspruch Solons in einem kleinen Verse, er werde alt, indem er täglich mancherlei zulerne. 7) Verres strebte eifrig nach dem Rufe, ein Kunstkenner zu sein. 8) Alexander verschmähte vor der Schlacht bei Gaugamela den Rat seiner Feldherren, man müsse die Perser nachts überfallen.

435. Wie sind folgende Ausrufe der Klage oder Verwunderung und folgende Fragen des Unwillens zu übersetzen? 1) O daß du, mein lieber Sohn, jetzt von Leiden so heimgesucht wirst, so in Thränen und Jammer darniederliegst,

und daß dies durch meine Schuld geschieht! 2) Ach daß deine frühere Liebe und Freundlichkeit sich in solchen Haß und solche Rücksichtslosigkeit verwandelt hat! 3) Wie, ich sollte kleinmütig von meinem Vorhaben abstehen? 4) O du Thor! das nicht zu sehen! blindlings den Worten eines so erbärmlichen Menschen zu folgen! 5) Wie könnte wohl jemand so unglücklich sein, wie ich es bin? 6) O du Herz von Stein, daß du durch meine Bitten nicht gerührt wirst! 7) O das empörende Geschick! Du mußt das Vaterland verlassen, das du befreit hast? du wirst aus der Stadt verwiesen, die du gerettet hast?

436. Bei welchen passivischen Verben wird nicht der *Acc. c. inf.*, sondern mit persönlicher Konstruktion der *Nom. c. inf.* gebraucht?

436 b. Übersetze: 1) Der Kaiser Claudius ließ einem Gaste, von dem man glaubte, daß er den Tag vorher einen goldenen Becher gestohlen habe, am folgenden Tage einen irdenen Kelch vorsetzen. 2) Ich bin nicht in so großer Furcht, wie es dir vielleicht scheint. Ihr seht mich an und zwar, wie es scheint, erzürnt. 3) Eher wollen wir alles, was auch das Schicksal bringen wird, erdulden, als daß es scheinen soll, wir hätten die Bedingungen des Vertrages gebrochen. 4) Vom Laube des Lorbeerbaumes behauptet man, es werde nicht vom Blitze getroffen. Von P. Sulla urteilte man, er sei in der Bewerbung um das Konsulat leidenschaftlicher als die anderen gewesen. 5) Von den Stücken des Terenz glaubte man wegen der Schönheit der Sprache, daß sie von Lälius geschrieben würden. 6) Man leugnet, daß es einen Dichter Orpheus gegeben habe. 7) Den Soldaten war von Alexander verboten, das Haus des Pindar zu plündern. 8) Von Theseus wird erzählt, daß er die Bewohner der zerstreuten Flecken in Attika zu der einen Stadt und Gemeinde Athen vereinigt habe. 9) Unter allen griechischen Landschaften hat nach der gewöhnlichen Tradition vorzüglich Attika die Gunst des Schicksals erfahren. 10) Man gab dem Roscius schuld, seinen Vater ermordet zu haben. 11) Es ist überliefert, daß bei den Venetern die Böden der Schiffe bedeutend flacher gewesen seien als bei den Römern. 12) Wer im Alter von 43 Jahren Konsul wurde, von dem sagte man, er sei es im gehörigen Alter geworden; jedoch erlangten mehrere wegen ausgezeichneter Verdienste das Konsulat vor dem gesetzlichen Alter. 13) Sage, wie es gekommen ist, daß man von unglückseligen Menschen sagte, sie hätten das Pferd des Sejus. 14) Man hat uns dieses Buch nicht lesen lassen und wird es auch dich nicht lesen lassen. 15) Als Calanus krank wurde, beschloß er freiwillig zu sterben; er bat Alexander, daß ihm gestattet werde (sinere), auf einem Scheiterhaufen sitzend umzukommen. Man ließ nicht zu, daß in Olympia diejenigen um Ehrenpreise stritten, die bei ihren Mitbürgern in schlechtem Rufe standen. 16) Von Cicero läßt sich mit Recht sagen, daß er der Philosophie, welche lange zu Rom nur Fremdling zu sein schien, gleichsam das Bürgerrecht gegeben habe. 17) Es ist nicht zweifelhaft, daß die Karthager schon unter Hamilkars Anführung sich ganz Spaniens bemächtigt haben würden, wenn ihnen nicht von den Römern der Befehl zugekommen wäre, den Ebro nicht zu überschreiten. 18) Labienus, welcher in Cäsars Heere großes Ansehen gehabt hatte, hat denselben verlassen, und man glaubt, daß viele dasselbe thun werden. 19) Ich glaube hinlänglich gezeigt zu haben, wie sehr die Natur des Menschen diejenige aller anderen Geschöpfe übertrifft. 20) Wie man annehmen muß, war Epimenides aus Kreta, von dem es heißt, daß er Athen im Jahre 596 entsündigt habe, ein

Mann von außerordentlicher Klugheit und Beliebtheit. 21) Als man meldete, daß Agesilaos in Ephesos gelandet sei, fand es Tissaphernes, weil er zum Kriege nicht genügend gerüstet war, für gut, mit den Spartanern einen Waffenstillstand auf drei Monate abzuschließen.

437. In welchem Falle werden *dicitur, videtur, nuntiatur* mit dem *Acc. c. inf.* verbunden?

438. Gieb an, was in folgenden aus den besten Klassikern entnommenen Sätzen vom gewöhnlichen Sprachgebrauche abweichend ist: 1) Non dubitabant totam Hispaniam arsuram bello. Nemini dubium erat bellum a Tarquiniis imminere. Non dubito fore plerosque, qui hoc genus scripturae leve iudicent. — 2) Magnificum illud est Romanisque gloriosum, ut Graecis de philosophia litteris non egeant. Verum est, ut populus Romanus omnes gentes virtute superarit. Dionysio ne integrum quidem erat, ut ad iustitiam remigraret. Hoc novum est, ut homines servos, qui indicarat, statim e medio supplicio dimiserit. Rectum et aequum est, ut eos, qui nobis carissimi esse debeant, aeque ac nosmet ipsos amemus. Est hoc commune vitium in magnis liberisque civitatibus, ut invidia gloriae comes sit. — 3) Ingens metus erat ipsam coloniam esse defecturam. Timetis ne dignitatem quidem posse retineri. Nihil minus timebant quam arcem iam plenam hostium esse. — 4) Ratio ipsa monet amicitias comparare. Eum suae libidines flagitiose facere admonebant. Nemo adulescentibus suaserit histrionum more elaborare. Rei publicae dignitas, quae me ad sese rapit, haec minora relinquere hortatur. Hic postulat se absolvi. Illa phalanx non parere se ducibus, sed imperare postulabat. Nostram gloriam tua virtute augeri expeto. Te quam primum videre opto. — 5) Gratulor tibi, cum tantum vales apud Dolabellam. Cum in Matii familiaritatem venisti, gaudes. Tibi gratias ago, cum tantum litterae meae potuerunt. Te, cum eo animo es, satis laudare non possum. Gratissimum fecisti, cum eum nobis amicum quam servum esse maluisti. Praeclare facis, cum et eorum tenes memoriam et puerum diligis. — 6) Miraris, si liberi homines superbiam tuam ferre non possunt. Minime est mirandum, si et vita Cimonis fuit secura et mors acerba. Minime mirum, si ista res adhuc nostra lingua illustrata non est. Quid mirum in senibus, si infirmi sunt aliquando? — 7) Archiae celeriter antecellere omnibus ingenii gloria contigit. — 8) Natura non patitur, ut aliorum spoliis nostras facultates augeamus. Patiendum non est, ut quidquam isti se minis profecisse arbitrentur. — 9) Indigni, ut a vobis redimeremur, visi sumus. — 10) Galli pollicentur obsides dare atque imperio populi Romani obtemperare. Quae imperarentur, facere dixerunt. — 11) Confitere turpiter fugisse. Gravissime ferre dixit. Agrariae legi intercessores fore professi sunt. — 12) Creditur Numam Pythagorae auditorem fuisse. Non mihi videtur ad beate vivendum satis posse virtutem. Dicitur eo tempore matrem Pausaniae vixisse.

### b. Das Participium.

439. Was ist im allgemeinen über die Bedeutung der Participien im Lateinischen zu bemerken?

440. Welche beiden Arten von Participialkonstruktionen sind zu unterscheiden, und wie werden sie angewandt?

441. Wende in folgenden Sätzen die Regeln über *Participium coniunctum* und *Ablativus absolutus* an: 1) Alexander zog den Ring vom Finger und gab ihn dem Perdiccas. Als das hölzerne Pferd von den Trojanern in die Stadt gezogen war, sprangen bei Nacht die Griechen aus dem Bauche desselben hervor. 2) Wenn Reichtum mit Unrecht erworben ist, so liegt in demselben kein Segen. 3) Die Erde dreht sich in Begleitung des Mondes um die Sonne. 4) Wenn die Sonne aufgeht, zerstreut sich der Nebel. 5) Wenn die Sonne aufgeht, wird der Nebel durch ihre Strahlen verscheucht. 6) Wenn der Winter wiederkehrt, fliegen die meisten Vögel weg. Wenn die Störche zurückkehren, suchen sie ihr altes Nest wieder auf. 7) Hannibals Sitten waren so einfach, daß ihn viele oft

unter den Wachen und Posten am Boden haben liegen sehen. 8) Was helfen dem Menschen achtzig Jahre, wenn er sie mit Nichtsthun hingebracht hat? 9) Wenn die Witterung trocken ist, muß man die Gärten öfters wässern. 10) Die Römer glaubten, solange Hannibal lebe, vor Nachstellung nie sicher zu sein. 11) Als das Heer sich mit reicher Beute beladen hatte, führte Agesilaus dasselbe nach Ephesus zurück, um dort zu überwintern. 12) Romulus und Remus wurden der Acca Larentia übergeben, um von ihr aufgezogen zu werden. 13) Dies alles ist geschehen, ohne daß ich davon gewußt oder es gewollt habe. 14) Wenn ich den von Sternen funkelnden Himmel betrachte, so ist es mir nicht mehr zweifelhaft, daß ein allweiser Herrscher mit unendlicher Macht dies Weltall regiert. 15) Gewitter bilden sich besonders, wenn die Luft schwül ist. 16) Auch wenn die Ärzte den Tod eines Kranken vorhersehen, sagen sie ihm doch nicht, daß er sterben werde. 17) Alcibiades war wegen Religionsfrevels angeklagt; deshalb floh er nach Sparta. 18) Ich werde die Logik darzustellen suchen, indem ich dabei dem besten Gewährsmanne, nämlich dem Aristoteles, folgen werde. 19) Sokrates erklärte, er sterbe mit vollkommener Ruhe; denn weder als er aus dem Hause gegangen sei, noch als er die Rednertribüne betreten habe, sei ihm von der Gottheit irgend ein Anzeichen eines drohenden Unheils gegeben. 20) Der ebenerwähnte thracische Chersones liegt zwischen dem thracischen Meere und dem Hellespont. Das sogenannte Mausoleum hatte Artemisia zum Andenken an ihren Gemahl Mausolus erbauen lassen. 21) Ein geräumiges Haus gereicht häufig dem Besitzer zur Schande, wenn in demselben Öde herrscht und dies ganz besonders, wenn es ehedem unter einem andern Besitzer viel besucht zu werden pflegte. 22) Unzählige Künste sind unter Anleitung der Natur erfunden worden; dieser folgte die Vernunft und ahmte sie nach und erlangte so mit erfinderischem Geschicke alles zum Leben Nötige. 23) Brutus wählte sich zum Amtsgenossen den P. Valerius, mit dessen Hilfe er die Könige vertrieben hatte. 24) Beim Anblicke unserer Feldzeichen zogen sich die Feinde eiligst, wie wenn sich ihnen eine neue und ungewohnte Erscheinung dargestellt hätte, in ihre Verschanzungen zurück.

**442.** Welche Eigentümlichkeit zeigt sich bei der Konstruktion von *gratulari*, wenn man z. B. den Satz übersetzt: „Ich wünsche dir Glück dazu, daß du das Vaterland gerettet hast"?

**443.** Sind die Sätze: 1) Nach der Angabe des Livius ist Sagunt im achten Monate der Belagerung erobert. 2) Nach dem einstimmigen Urteile aller Gelehrten haben die Griechen alle übrigen Nationen in Kunst und Wissenschaft weit übertroffen — richtig übersetzt: 1) Livio auctore Saguntum octavo mense, quam oppugnari coeptum erat, captum est. 2) Omnibus doctis consentientibus Graeci ceteras omnes nationes artibus litterisque multo superaverunt?

**444.** Wie kann man mit e i n e m Worte übersetzen: „nachdem man gehört (erkannt, eingesehen, erfahren) hatte, nachdem die Meldung eingelaufen war, nachdem öffentlich bekannt gemacht war, nachdem man die Erlaubnis erteilt hatte, nachdem Kundschaft eingezogen war, nachdem Vogelschau gehalten war"?

**445.** Warum ist es unzulässig, die Sätze: 1) Die Feinde zogen ab, als sie die von den Bürgern verlassene Stadt erobert hatten. 2) Ich grüßte deinen Bruder, den ich beim Lesen traf. 3) Als Cn. Pompejus Strabo, vom Blitz getroffen, gestorben war, ließen sich viele zu übergroßer Freude hinreißen — zu übersetzen: 1) Hostes urbe a civibus relicta expugnata profecti sunt. 2) Fratrem tuum legentem inventum salutavi. 3) Cn. Pompeio Strabone de caelo tacto mortuo multi nimia laetitia elati sunt.

**446.** Ist es gestattet, zu einem Participium oder Adjectivum noch eine k o n z e s s i v e K o n j u n k t i o n wie *quamquam, quamvis, etsi* etc. hinzuzufügen? Darf man z. B. den Satz: „Die Römer ließen, **obgleich** besiegt, den Mut nicht sinken" übersetzen: Romani *quamquam* victi animo non ceciderunt?

447. Was ist in folgenden aus Klassikern genommenen Sätzen höchst auffällig? Nemo erit, qui credat te invito provinciam tibi esse decretam. Cato vivo quoque Scipione allatrare eius magnitudinem solitus erat. Vercingetorix convocatis suis clientibus facile (eos) incendit. Caesar centum obsidibus imperatis hos Aeduis custodiendos tradidit. Nostri pulsis hostibus castra eorum diripuerunt. Turribus excitatis tamen has altitudo puppium superabat.

### c. Das Gerundium und Gerundivum.

448. Welcher Unterschied ist zwischen dem **Gerundium** und **Gerundivum**?

449. Sind die Ausdrücke: 1) Die Kunst, einen Staat zu regieren; die Begierde, Reichtum zu erwerben. 2) Die Sucht, vielerlei zu lesen; der Eifer, etwas zu thun. 3) Die zum Einernten der Früchte passende Zeit; zu schwach, eine Last zu tragen. 4) Zur Erleichterung der Beschwerden; wegen der Kräftigung der Gesundheit; bei der Regierung des Staates. 5) Mit Lesen unnützer Bücher Zeit verlieren; durch Anwendung von Arznei — in folgender Weise richtig übersetzt? 1) Ars rem publicam administrandi; cupiditas opes comparandi. 2) Aviditas multorum legendorum; studium alicuius agendi. 3) Tempus demetendo fruges accommodatum; impar ferendo onus. 4) Ad levandum molestias; valetudinem firmandi causa; in administrando rem publicam. 5) Inutiles libros legendo tempus perdere; medicinam adhibendo.

450. Welche Regeln in Bezug auf die Konstruktion von *tempus est, consilium capio* etc. ergeben sich aus Vergleichung folgender Sätze? 1) Tempus iam est de hac re dic*ere*. Tempus est maiora con*ari*. Nunc non est tempus magnifice epul*ari*. Nunc alienum tempus est mihi tecum rix*andi*. Non est mihi tempus ad haec respond*endi*. Tempus est ced*endi* et ab*eundi*. Tib. Graccho breve tempus ingeni*i* aug*endi* fuit. 2) Lysander consilium cepit reges Lacedaemoniorum toll*ere*. Non fuit consilium meum socordia atque desidia bonum otium conter*ere*. Consilium ceperunt manu decert*are*. Thucydides consilium cepit res patrias describ*ere*. Turpe est consilium tuum fug*iendi*. Alexander Babylonem reversus nova consilia cepit imperi*i* aug*endi* atque amplific*andi*. 3) Mihi mos est plura aud*ire* quam loq*ui*. Eius mos est omnibus advers*ari*. Mos omnibus advers*andi* turpis est. Romae privatis ius non erat convoc*andi* senatum. Est ars difficilis recte rem publicam reg*ere*. Illis magnifice et molliter viv*ere* mos est. Nulla est ratio amitt*ere* eiusmodi occasionem.

451. Übersetze folgende Sätze und gieb die dabei zu befolgenden Regeln über den Gebrauch des **Gerundiums** und **Gerundivs** an: 1) Ambiorix ermahnte die Nervier, sie möchten die Gelegenheit, sich auf immer zu befreien und sich an den Römern zu rächen, nicht fahren lassen. Die Sparsamkeit ist die Kunst, überflüssige Ausgaben zu vermeiden, oder die Kunst, sein Vermögen mit Maß zu gebrauchen. In mir lebt eine unendliche Sehnsucht, das Vaterland, welches ich so lange habe entbehren müssen, wiederzusehen. 2) Ein großer Teil der Babylonier hatte sich auf den Mauern aufgestellt, begierig, den neuen König kennen zu lernen. Wie eifrig Cicero gewesen ist, sich eine Bibliothek anzuschaffen und sie zu verschönern, erhellt aus vielen seiner Briefe an Atticus. Die Truppen waren durch die Strapazen des Marsches so ermattet, daß sie kaum imstande waren (potentem esse), die Waffen zu halten. 3) Die Bäume sind im Winter bisweilen mit so viel Schnee bedeckt, daß sie kaum imstande sind (parem esse), die Last desselben zu tragen. Wer am Schnupfen leidet, ist nicht recht fähig,

einen Stoff scharf zu beurteilen und zu prüfen. Die Natur hat den Geist mit Sinnen ausgestattet, die zum Erkennen geeignet sind. Mit Recht glaubten die alten Perser, derjenige tauge zu keinem wichtigen Geschäfte, welchem das Schweigen zur Last werde. 4) Als Brutus erfahren hatte, daß seine Söhne auf Zurückführung der Könige in die Stadt sännen (studere), ließ er sie hinrichten. Germanicus verwandte wenige Tage auf die Wiederherstellung der Flotte. Cäsar richtete sein Augenmerk auf die Verbesserung des römischen Kalenders. Nach der Zerstörung von Troja kam Äneas nach Italien und suchte einen Ort für die Erbauung einer Stadt. 5) Alle Kräfte, welche Cicero hatte, verwandte er auf den Schutz der bürgerlichen Freiheit. Woher weiß die Ameise, daß der Sommer die zur Einsammlung von Nahrung geeignete Zeit ist? Duilius stellte zuerst Enterhaken her, mit denen er während des Kampfes dreißig Schiffe kaperte und dreizehn in den Grund bohrte. Die nötigen Ausrüstungsgegenstände für die Schiffe ließ Cäsar aus Spanien kommen. Die Zähne der Biber sind zum Abschälen von Rinden und die Zähne der Eichhörnchen zum Zerbeißen von Nüssen eingerichtet. 6) Viele wenden bei der Anschaffung von Pferden Sorgfalt an, sind aber bei der Wahl von Freunden gleichgültig. Die Ägypter ergänzten das Jahr durch Einschaltung. Numa Pompilius gab vor, er bediene sich bei Abfassung seiner Gesetze des Rates der Nymphe Egeria. Die Schönheit der Rede wird durch die Lektüre von Rednern und Dichtern gefördert. Viele, welche vorher so arm gewesen waren, daß sie zahlungsunfähig waren, scharrten bei der Verwaltung einer Prätur ungeheuren Reichtum zusammen. Nicht dadurch, daß wir uns schämen, sondern dadurch, daß wir das Ungeziemende nicht thun, müssen wir dem Namen der Unverschämtheit entgehen. 7) Die spartanischen Frauen ließen (curare) ihre Söhne, wenn sie mit Wunden auf dem Rücken tot zurückgebracht wurden, heimlich und ohne alle Leichenfeier begraben. Als Cäsar aus den Winterquartieren nach Italien abreiste, gab er seinen Unterfeldherren den Befehl, im Laufe des Winters möglichst viele Schiffe bauen und die alten ausbessern zu lassen. Die Spartaner übergaben die vornehmsten der Ägineten, welche als Geiseln hatten ausgeliefert werden müssen, den Athenern zur Bewachung. So schrecklich war die Grausamkeit des Astyages, daß er dem Harpagus die Kinder desselben als Mahl vorsetzte. Zur Zeit des Ägeus schickte Athen alle Jahre sieben Jünglinge und ebensoviele Jungfrauen nach Kreta, welche dem Minotaurus vorgeworfen werden sollten.

452. Welche Regeln über den Gebrauch des Gerundivs ergeben sich aus folgenden Beispielen? 1) Regium imperium initio conservandae libertatis atque augendae rei publicae fuerat. Et oppugnati et oppugnatores ea, quae diutinae obsidionis tolerandae sunt, ex agris convehunt. Studia cupiditatesque honorum evertendae rei publicae solent esse. Multa contra morem consuetudinemque militarem sunt facta, quae dissolvendae disciplinae essent. Cetera in duodecim tabulis minuendi sunt sumptus lamentationisque funeris. — 2) Decemviri legibus scribundis creati sunt. — 3) Via, quam nobis quoque ingrediendum est. — 4) Expetuntur divitiae ad fruendas voluptates. — 5) Mos a me gerendus est adulescentibus. — 6) Tum denique destiterunt impediendo bello.

453. Übersetze: 1) Durch Veränderung des Landes wird der Charakter nicht verändert. Zwischen Romulus und Remus brach ein Streit wegen der Benennung und des Besitzes der neuen Stadt aus. 2) L. Cornelius Scipio wurde, weil er den König Antiochus in Kleinasien besiegt hatte, der Asiat genannt nach dem Beispiele seines Bruders, welcher wegen der Unterjochung Afrikas der Afrikaner genannt worden war. 3) Der Weise läßt sich durch keine Gefahr von der Be-

trachtung der Dinge abschrecken. Den Sabinern flößte die Ernennung eines Diktators zu Rom außerordentliche Furcht ein. 4) Die Stadt Athen ist durch Erfindung und Förderung der Beredsamkeit die Lehrerin der Völker geworden. 5) Welch ein großes Vergnügen schöpft man aus der Erlernung der Wissenschaften! 6) Durch die Erfindung des Schießpulvers wurde die ganze Kriegführung eine andere. 7) **Gutenberg** wandte all sein Dichten und Trachten auf die Erfindung der Buchdruckerkunst. 8) Die Versammlung zur Wahl der Konsuln wurde auf dem Marsfelde gegen das Ende des Monats Juli gehalten. 9) Ein bleibendes Andenken hat sich Christoph Kolumbus aus Genua durch Entdeckung eines vorher unbekannten Erdteils erworben. 10) Mit Recht darf derjenige der zweite Gründer der Stadt genannt werden, welcher diese nach ihrer Gründung und Erweiterung vom Untergange gerettet hat. 11) Sieben Jahre verwandte Vergil auf die Abfassung jener vier Bücher, welche über die Landwirtschaft handeln. 12) Das Verdienst der Befreiung Thebens muß von uns allen dem Pelopidas allein beigelegt werden; die übrigen Verdienste hat er mit Epaminondas gemein.

454. Sind die Sätze: 1) Diese Krankheit ist nicht zu heilen. 2) Die Feuersbrunst war nicht zu löschen — in folgender Weise richtig übersetzt? 1) Hic morbus *sanandus non est.* 2) Incendium *restinguendum non erat.*

### d. Das Supinum.

455. Welche Regeln gelten über den Gebrauch der beiden Supina?

456. Wie ist „(um) zu" in folgenden Sätzen zu übersetzen? 1) Die Feinde beeilten sich, (um) die Stadt zu belagern. 2) Aus allen Teilen Griechenlands strömten alle vier Jahre unzählige Griechen nach Olympia, um den Spielen zuzuschauen. 3) Darius schickte an die griechischen Staaten Gesandte, um Erde und Wasser zu fordern. 4) Nicht jedes Wasser ist brauchbar, um die Wäsche zu reinigen. 5) Die Philosophie ist gewiß würdig, um sich mit ihr zu beschäftigen. 6) Gieb mir ein Beil, um damit diesen Baum abzuhauen. 7) Die Wohlthaten, welche wir den Eltern verdanken, sind zu groß, um sie auf irgend eine Weise vergelten zu können. 8) Perikles war zu sittenrein, um von seinen Gegnern verdächtigt zu werden. 9) Zwei Männer wurden gewählt, um die Tempel einzuweihen. 10) Schon seit den Zeiten des Kaisers Konstantin war es unter den Christen Sitte geworden, nach Jerusalem zu pilgern, um das heilige Grab zu besuchen und bei demselben ihre Andacht zu verrichten. 11) Ich schweige, um deinen Kummer nicht zu vermehren. 12) Den folgenden Tag verwandten beide Heere darauf, (um) die Gefallenen zu beerdigen. 13) Den Schafen giebt man Salz, um es zu lecken. 14) Astyages übergab den jungen Cyrus dem Harpagus, um ihn auszusetzen. 15) Mein Bruder kehrte wohlbehalten aus dem Kriege zurück, um bald darauf am Typhus zu sterben. 16) Pompejus floh nach der Schlacht bei Pharsalus nach Ägypten, um dort ermordet zu werden. 17) Ich habe dieses Landgut gewählt, um daselbst mein Leben zuzubringen. 18) Ein Soldat, der lieber durch feige Flucht sein Leben retten als in ehrenhafter Weise für das Vaterland fallen will, ist, um es gelinde zu sagen, allgemeiner Verachtung würdig.

## 6. Oratio obliqua.

457. Gieb die Hauptregeln über die lateinische *Oratio obliqua* an.

458. Welche Regel in Bezug auf die Konstruktion der Konjunktionen *dum, postquam* etc. ergiebt sich aus folgenden Sätzen? Nero Rufium Crispinum mergendum mari, dum pisc*aretur*, servis ipsius demandavit. Ex Africano saepe audivi Carneadem et Critolaum et Diogenem, dum Romae *essent*, a se frequenter auditos. Ubi signum datum *sit*, clamorem omnes tollere iubet. Divitiacus dixit: Postquam Germani agros et cultum et copias Gallorum adam*assent*, traductos esse plures. Fatetur se praedonum duces domi suae vivos, postquam Romam red*isset*, retinuisse. Platonem, cum ex alto tempestas in desertum litus *detulisset*, animadvertisse dicunt in arena geometricas quasdam formas, quas ut vid*isset*, exclamavisse videre se hominum vestigia. Qua nocte templum Ephesiae Dianae deflagravit, eadem constat natum esse Alexandrum atque, ubi lucere *coepisset*, clamitasse magos pestem Asiae proxima nocte natam.

459. Übersetze: 1) Romulus ging unter den entrüsteten Sabinerinnen umher und erklärte ihnen, dieses sei durch den Stolz ihrer Väter geschehen, welche den Nachbarn die eheliche Verbindung verweigert hätten; jedoch würden sie (sc. die Sabinerinnen) in einer Ehe leben und teilnehmen an allen Gütern und am Staate und, was dem menschlichen Geschlechte das Teuerste wäre, an Kindern. Sie möchten nur ihren Zorn mildern und denen ihr Herz schenken, welchen der Zufall ihren Leib geschenkt habe. Oft sei aus Beleidigung nachher Freundschaft entstanden, und sie würden desto bessere Ehegatten haben, weil sich jeder für sich bestreben würde, das Heimweh nach Eltern und Vaterland zu stillen. 2) Der Gesandte der Helvetier sprach mit Cäsar folgendermaßen: Wenn das römische Volk mit ihnen Frieden machen wolle, so würden sie in eine Gegend gehen und dort bleiben, wo Cäsar sie anweisen werde; wenn er aber fortfahre, sie zu bekriegen, so möge er sich sowohl an die alte Niederlage des römischen Volkes als an die frühere Tapferkeit der Helvetier erinnern. Daß er unvermutet den einen Teil von ihnen angegriffen hätte zu einer Zeit, da die, welche über den Fluß gegangen wären, den Ihrigen nicht hätten helfen können, deshalb möge er weder auf seine Tapferkeit zu viel bauen, noch sie verachten; sie hätten von ihren Eltern und Vorfahren die Lehre erhalten, mehr mit Tapferkeit als mit List zu kämpfen oder auf Nachstellungen zu bauen. Daher möge er es nicht herbeiführen, daß die Stelle, wo sie sich gelagert hätten, von einer Niederlage des römischen Heeres den Namen erhielte oder ein Andenken bekäme.

460. Verwandle die im folgenden Abschnitte enthaltene Oratio recta in *Oratio obliqua:* Nach Vertreibung der Könige aus Rom verwüsteten die Äquer und Volsker das Gebiet von Latium mit Feuer und Schwert und zogen bis vor die Thore der Stadt. Als sie von dort unangefochten mit der Beute nach Hause zu ziehen anfingen, berief der Konsul T. Quinctius eine Volksversammlung und hielt folgende Rede: „Wenn ich mich auch frei von Schuld fühle, so bin ich doch tief beschämt in die Versammlung gekommen. Denn ich fürchte, es wird der Nachwelt überliefert werden (cf. 354), daß in meinem vierten Konsulate die Äquer und Volsker mit den Waffen in der Hand bis an die Mauern der Hauptstadt vorgedrungen sind. Dieser Schmach würde ich durch Tod oder Verbannung aus dem Wege gegangen sein, wenn ich gewußt hätte, daß sie gerade d i e s e m Jahre bevorstehe. Ich weiß nicht, ob die Feinde mich, den Konsul, oder das Volk verachtet haben. Liegt die Schuld an mir,

so nehmt mir das Imperium ab; ist aber die Schuld auf eurer Seite, so ist niemand imstande, eure Fehler zu strafen: nur bereuet sie. Jedoch die Feinde haben weder eure Feigheit verachtet, noch auf ihre eigene Tapferkeit gebaut. Denn wenn nicht innerer Zwist das Gift unserer Stadt wäre, so würden die Felder nicht verwüstet sein. Oder zweifelt etwa jemand daran, daß ich die Feinde geschlagen hätte, wenn das Volk eine Aushebung zugelassen hätte? Warum fahrt ihr also fort, euch unter einander zu hassen? Wann sollen die Zerwürfnisse zu Ende sein? Das Volk möge in Zukunft keinen Widerwillen mehr gegen die patricischen Behörden, und die Patricier nicht gegen das Tribunat hegen. Alsdann wird die Eintracht im Staate wiederhergestellt werden und überall Glück und Segen sein".

## J. Adverbia.

461. Welcher Unterschied ist zwischen: 1) Cert*o* und cert*e*. 2) Postrem*o* und postrem*um*. 3) Ver*e* und ver*o*. 4) Prim*um* und prim*o*. 5) Contin*uo* und contin*enter*. 6) Consult*e* und consult*o*. 7) Dextr*a* und dextr*e*; rect*a* und rect*e*. 8) Commod*e* und commod*um*?

462. Was bezeichnet die adverbiale Endung *itus* in Wörtern wie *radicitus?*

463. Welche Bedeutung hat die Endung *im* (*tim, atim*) in Wörtern wie *furtim, gregatim?*

464. Welches ist die Etymologie und Bedeutung von *olim?* Wie unterscheidet sich *olim* von *aliquando* und *quondam?*

465. Welcher Unterschied ist zwischen *sponte* und *ultro?*

466. Welcher Unterschied ist zwischen: 1) *tum* und *tunc;* 2) *simul* und *una?*

467. Wie ist „jetzt, nun" in folgenden Sätzen zu übersetzen? 1) Nachdem wir im Vorhergehenden die Ursachen des peloponnesischen Krieges kurz dargelegt haben, wollen wir uns jetzt zur Schilderung des Krieges selbst wenden. 2) Die Schlacht bei Cannä erschütterte das römische Staatsgebäude in seinen Grundfesten, und es schien, als ob jetzt Hannibal den verhaßten Feind niedergeworfen habe. 3) Wie leid thut es mir, daß du gerade jetzt krank bist! 4) Erst jetzt, als Krösus auf dem Scheiterhaufen verbrannt werden sollte, sah er die Wahrheit der Worte Solons ein. 5) Es giebt auch jetzt noch Menschen, welche nicht an Gott glauben. 6) Ich sage es dir nun zum dritten- und letztenmal, daß das Supinum von bibere nicht bibitum, sondern potum heißt. 7) Als Hannibal die Niederlage und den Tod des Hasdrubal erfahren hatte, soll er ausgerufen haben, jetzt erkenne er das Schicksal Karthagos; und in der That, von nun an hörte das Glück auf, den Puniern zu lächeln. 8) Wenn ich reich wäre, würde ich in ein Bad reisen; nun aber bin ich arm. 9) Wohlauf nun, folgt mir! 10) Alle müssen sterben, sie mögen nun reich oder arm sein. 11) Für jetzt (= für den Augenblick) werden wir uns ruhig verhalten.

468. Wie heißt „niemals jemand, nirgends jemand; niemals einer, nirgends einer; niemals etwas, nirgends etwas"? — Übersetze: 1) Achill klagte vor Odysseus darüber, daß ihm von Agamemnon niemals irgend eine Ehre erwiesen, irgend ein Dank gezollt sei. 2) Soviel behaupte ich, daß es niemals jemanden gegeben hat, der in der Leitung des Staates den Wunsch aller gleichmäßig befriedigt hätte. 3) Es ist ausgemacht, daß nirgends zu irgend einer Zeit die Künste mehr geblüht haben als im Zeitalter des Perikles zu Athen.

469. Welcher Unterschied ist zwischen *haud* und *non*?

470. Übersetze: 1) Meine Bitten haben dich gar nicht gerührt. 2) Hat der Gärtner die Blumen schon begossen? Keineswegs. 3) Die Fische sind durchaus nicht ohne Gehör. 4) Das Blei ist keineswegs leichter als das Eisen, im Gegenteil, es ist bedeutend schwerer. 5) Es ist von den neueren Altertumsforschern bewiesen, daß zu der Zeit, in welcher Cecrops nach Griechenland gekommen sein soll, die Schiffahrt der Ägypter noch gar nicht existiert habe. 6) Fische finden sich im Toten Meere gar nicht. 7) Waffen wurden in den Häusern der Verschworenen gar nicht gefunden. 8) Schulden habe ich gar nicht gemacht. 9) Der Genuß des Weines war in den ältesten Zeiten bei den Römern nicht eben häufig.

471. Welche Eigentümlichkeit des Lateinischen tritt bei Übersetzung folgender Sätze hervor? 1) Die Stoiker haben behauptet, daß niemand außer dem Weisen ein guter Mensch sein könne. 2) Elpinice sagte, sie werde nicht dulden, daß der Nachkomme des Miltiades im Staatsgefängnisse umkomme. 3) Den Soldaten war der Befehl gegeben, im Lager keine Feuer anzuzünden. 4) Cäsar gebot seinen Leuten, die Brücke nicht abzubrechen. Ich möchte, unser Feldherr hätte keinen Waffenstillstand mit den Feinden geschlossen. 5) Philodamus sagte, es sei bei den Griechen nicht Sitte, daß beim Mahle der Männer auch Weiber mitspeisten. 6) Ich behaupte, daß die Zeugen nichts vorgebracht haben, was irgend einem von euch dunkel wäre oder die Beredsamkeit irgend eines Redners erforderte.

472. Sind die Sätze: „Dir gefällt dieses Buch, mir nicht“; „Es fragt sich, was zu thun ist oder nicht“ — richtig übersetzt: Tibi hic liber placet, mihi *non*; Quaeritur, quid faciendum sit aut *non*? — Übersetze: 1) Wie ich einen jungen Mann lobe, in welchem etwas von einem Greise wohnt, so einen Greis, in welchem etwas von einem Jünglinge sich findet; wer dies erstrebt, kann wohl leiblich ein Greis sein, geistig aber nicht. 2) Die Freundschaft steht in der Beziehung über der Verwandtschaft, daß aus der Verwandtschaft das Wohlwollen beseitigt werden kann, aus der Freundschaft aber nicht. 3) Laß es nicht dahin kommen, daß man von dir sage, du sehest wohl fremde Fehler, die deinigen aber nicht. 4) Wenn du verständig wärest, würdest du den Reichtum nicht höher schätzen als die Tugend, indem du bedächtest, daß du des Reichtums leicht beraubt werden kannst, der Tugend aber nicht.

473. Übersetze: 1) Wie groß ist nicht die Güte Gottes! 2) Wie viel Eitles giebt es nicht im menschlichen Leben! Wie viele sind nicht gestorben, ohne die Früchte der größten Anstrengungen zu ernten! 3) Nero starb mit dem Ausrufe: Welch ein Künstler geht nicht in mir verloren! 4) Wie angenehm ist nicht die Ruhe nach gethaner Arbeit! 5) Was ist das nicht für ein glücklicher Mensch, der eine gute Gesundheit hat!

474. Welcher Unterschied ist zwischen: 1) *frustra* und *nequiquam*; 2) *perperam* und *falso*?

475. Was heißt: 1) *Bene audire, male audire.* 2) *Bene vivere, male vivere.* 3) Latein verstehen; Griechisch lernen; Deutsch sprechen; ein vorzügliches Latein sprechen. 4) Jemandes Worte gut (übel) aufnehmen. 5) *Bene scire, male scire.*

476. Sind die Sätze: 1) Servius Tullius hat sich um den römischen Staat verdient gemacht. 2) Alle schätzen dich wegen deines edlen Sinnes — in folgender Weise richtig übersetzt? 1) Servius Tullius de re publica Romana meritus est. 2) Omnes propter animi ingenuitatem te aestimant.

477. Wie ist „noch“ in folgenden Sätzen zu übersetzen? 1) Ich habe noch nichts von dem Abschlusse eines Friedens erfahren. 2) Ein schimpfliches Leben ist noch schlimmer als der Tod. 3) Noch heutzutage giebt es in den Alpen Berge, welche noch kein Mensch erstiegen hat. 4) Noch bei Lebzeiten des Solon bemächtigte sich Pisistratus der Herrschaft über Athen. 5) Pyrrhus brachte die ersten Elefanten nach Italien, Tiere, welche noch kein Römer gesehen hatte. 6) Das Innere von Afrika ist noch immer nicht bekannt. 7) Wie lange willst du mich noch zum besten haben? 8) Erkläre mir diesen Punkt bitte noch einmal. 9) Er schlug mir meine Bitte ab und machte mir noch obendrein Vorwürfe wegen meiner Zudringlichkeit. 10) Der Krieg ist an und für sich ein Übel und hat auch noch andere Übel im Gefolge. 11) Deutschland ist noch einmal so groß als Italien. 12) Noch kein Weiser hat sich auf die Beständigkeit des Glücks verlassen. 13) Kaiser Friedrich der Rotbart soll noch immer im Berge Kyffhäuser schlafen. 14) Noch diesen Abend werde ich dir sein Schreiben vorlesen. 15) Wie das Obst, wenn es noch unreif ist, sich nur mit Mühe von den Bäumen abreißen läßt, dagegen bei vollständiger Reife abfällt, so raubt den Jünglingen eine äußere Gewalt das Leben, dagegen den Greisen das reife Alter.

478. Wie heißt „sonst“ in folgenden Sätzen? 1) Die Paradiesvögel leben in Australien und sonst nirgends. 2) Die Ritter waren sonst vom Kopf bis zum Fuße in Eisen gehüllt. 3) Über die zweckmäßige Einrichtung von Lazaretten werde ich sonst noch reden; jetzt will ich meine Ansicht über die Behandlung Schwerverwundeter entwickeln. 4) Gieb mir mein Geld wieder, sonst werde ich dich verklagen. 5) Wenn dir Gott Krankheit oder sonst ein Unglück schickt, so ertrag es mit Geduld. 6) Dieser Alte, der sonst so sparsam ist, verwendet ungeheure Summen auf den Ankauf von Gemälden. 7) Unser Wirt war etwas redselig, sonst interessant und liebenswürdig. 8) Die Soldaten, welche in der Burg eingeschlossen waren, aßen zuletzt Pferdefleisch, da sie sonst keine Nahrung hatten. 9) Cäsar wird siegen, sonst müßte mich alles täuschen. 10) Was das Glück des Pompejus betrifft, so werde ich (in Bezug darauf) Maß in meiner Rede beobachten, sonst möchte meine Darstellung den unsterblichen Göttern verhaßt erscheinen. 11) Ich habe euch sonst schon oft, besonders aber neulich darauf aufmerksam gemacht, mit wie großem Recht Tacitus behauptet, daß bei den alten Germanen gute Sitten mehr gegolten haben als sonst gute Gesetze. 12) Freunde müssen aufrichtig sein, sonst können Freundschaften keinen Bestand haben. 13) Ich habe auf diesen Prozeß mehr Fleiß und Mühe verwendet, als sonst Verteidiger zu thun pflegen. 14) Dieser eine Feldherr wird von dem Feinde gefürchtet, sonst keiner, und zwar habe ich dies auch sonst schon oft gesagt. 15) Warum hast du, während du sonst nur mit ehrenhaften Männern umgehst, jenen Menschen in deine Freundschaft aufgenommen? Mache dich ja bald von ihm los, sonst wirst du bald deine Unvorsichtigkeit bereuen.

479. Welche lateinischen Wörter entsprechen dem deutschen Adverb „vielleicht“, und wie unterscheiden sie sich voneinander?

480. Wie ist „wenig“ in folgenden Sätzen zu übersetzen? 1) Die Griechen fürchteten sich vor den Drohungen des Xerxes nur wenig. 2) Die Gesetzgebung des Solon unterschied sich nicht wenig von der des Lykurg. 3) Du hast wenig

oder nichts gelernt. 4) Die Leinweber in Schlesien verdienen so wenig Geld, daß sie kaum ihren Lebensunterhalt finden. 5) Mein jüngstes Kind ist ein wenig unwohl. Warte ein wenig. 6) Jetzt erst erkannte Minucius, wie wenig edel er daran gehandelt habe, den Diktator Fabius zu schmähen und herabzusetzen, und wie wenig heilsam es dem römischen Volke gewesen sein würde, wenn jener ihm die Führung des ganzen Heeres überlassen hätte. 7) Mucius fürchtete Martern so wenig, daß er seine Hand selbst ins Feuer hielt. 8) Wie wenig kennst du die Gefahren des Reichtums! 9) Wer im Zorn zur Bestrafung schreitet, wird nie jene Mittelstraße einhalten, die zwischen dem Zuviel und Zuwenig liegt. 10) Die Volksgunst ist ebensowenig zuverlässig wie die Meereswogen. 11) Wie wenig Gelegenheit finde ich in unserer kleinen Stadt, in welcher nur wenige wissenschaftlich gebildete Leute leben, mich in den Wissenschaften fortzubilden! 12) Da die Rhodier, in der Treue gegen die Römer zu wenig beständig, mehr als einmal auf Abfall sannen, so wurde ihnen die lange gewährte Freiheit entzogen und zuletzt die Insel unter Vespasian zur römischen Provinz gemacht. 13) Die Niederlage bei Cannä richtete den römischen Staat so wenig zu Grunde, daß sie den Grund zur Ausbreitung und Befestigung desselben legte. 14) Zu wenige Soldaten. 15) Wie wenige giebt es, welche die Weisheit dem Reichtume vorziehen! 16) Dein, dein, sage ich, ist diese Schuld, so wenig du es auch gestehst. An allen Orten fürchtet er Nachstellungen, so wenig solche auch vorhanden sind. Sokrates wurde, so wenig er auch der Gottlosigkeit überführt werden konnte, von ungerechten Richtern zum Tode verurteilt.

481. Welcher Unterschied ist zwischen *postremo, tandem, denique, demum* „endlich“?

482. Übersetze: 1) Was fällt dir denn eigentlich ein? 2) Wie lange sollen wir uns denn dies gefallen lassen? 3) Die Jungfrauen sangen der Reihe nach ein Lied, sodann fingen sie an zu tanzen. Bei unsern Vorfahren bestand die Sitte, daß die Tischgäste unter Flötenbegleitung der Reihe nach Lieder vortrugen. 4) Nachdem ich über die Beredsamkeit Ciceros kurz geredet habe, will ich nun weiter von seiner Philosophie einiges sagen.

483. Welches ist die Bedeutung und Gebrauchsweise von: 1) *hactenus.* 2) *ubique.* 3) *utique.* 4) *quidem.* 5) *praesertim.* 6) *publice.* 7) *mox.* 8) *paene.* 9) *fere.* 10) *aegre.* 11) *immo.* 12) *nuper.* 13) *pedetemptim?*

484. Welche lateinischen Adverbien entsprechen dem deutschen „so“, und wie unterscheiden sie sich voneinander?

485. Sind die Ausdrücke „ein schändlich undankbares Benehmen; ein übermütig trotziges Aussehen; eine kindisch alberne Hoffnung“ richtig übersetzt: impie ingrati mores; superbe contumax vultus; pueriliter inepta spes? — Übersetze mit Anwendung eines *Hendiadyoin:* 1) Der Ruhm des Reichtums und der Schönheit ist im höchsten Grade hinfällig. 2) Die Gesandtschaft war vollständig erfolglos. 3) Ein unvermutet überraschender Unglücksschlag. 4) Stürmisch aufgeregte Gemütsbewegungen. 5) Eine trügerisch eitle Hoffnung. 6) Eine allseitig willkommene Wohlthat. 7) Ein dem Tode unrettbar verfallener Verräter. 8) Ein wild ungeordneter Haufe von Soldaten. 9) Eine wohlverdiente Strafe. 10) Ein vielbewegtes Leben.

486. Übersetze: 1) Perikles war bekanntlich der Sohn vornehmer Eltern. 2) Die Triumvirn hatten bei ihrem Angriffe auf das Leben und Eigentum ihrer Mitbürger angeblich keine andere Absicht, als die Ordnung im Staate herzustellen und Cäsars Tod zu rächen. 3) Die Heloten haben ihren Namen wahrscheinlich von der Stadt Helos. 4) In der für die Preußen verhängnisvollen Schlacht

bei Ligny stürzte unglücklicherweise das Pferd, welches Blücher ritt, von einer Kugel getroffen, tot nieder und bedeckte ihn mit seinem Leibe. 5) Ancus Marcius war vermutlich ein Enkel des Numa. Lieber Freund, vermutlich wirst du durch dieselben Verhältnisse in Aufregung gesetzt wie ich selbst. 6) Das Schiff wäre untergegangen, wenn der Sturm sich nicht glücklicherweise gelegt hätte. 7) Was du versprochen hast, mußt du notwendigerweise halten. 8) Ich werde deinen Wunsch schwerlich erfüllen können. 9) Der vom Regen angeschwollene Fluß konnte unmöglich von dem Heere passiert werden. 10) Sicherlich ist dir das Geburts- und Todesjahr des Horaz bekannt. 11) Gewiß sind dir seine Briefe lästig. 12) Beinahe hätte er mich getötet. 13) Ihr seid sichtbar verlegen. 14) Eine Lacedämonierin, die gehört hatte, daß ihr Sohn in der Schlacht geblieben sei, sagte: Deshalb hatte ich ihn geboren, daß er unbedenklich für sein Vaterland stürbe. 15) Der schwedische König Gustav Adolf war ohne Frage der größte Feldherr seiner Zeit und der tapferste Soldat in seinem Heere. 16) Nachdem wir von den Thaten Alexanders hinlänglich geredet haben, wollen wir schließlich seinen Charakter kurz schildern.

487. Wie der Satz: „Die Hähne krähen gewöhnlich, wenn Regen bevorsteht" übersetzt wird: Galli, cum pluvia instat, *canere solent*, so möge auch in folgenden Sätzen ein Verbum für das deutsche Adverbium gesetzt werden: 1) Die Ringkämpfer bestrichen gewöhnlich ihren Körper mit Salben und Öl, ehe sie zum Ringkampfe auftraten. 2) Durch Überredung richtet man meistens mehr aus als durch Gewalt. Wie in einem Staate die Häupter sind, so sind meistens auch die übrigen Bürger. 3) Obgleich Diokletian die Christen unaufhörlich verfolgte, konnte er doch die weitere Verbreitung der neuen Lehre nicht hindern. 4) Cato riet den Römern fort und fort, Karthago zu zerstören. 5) Auf die Meldung, daß die Helvetier in Gallien einzudringen versuchten, eilte Cäsar schleunigst aus Rom. 6) Wenn man ohne eigene Mühe etwas lernen könnte, so würde man ohne Frage genug Gelehrte finden; allein weil man die Gelehrsamkeit nur durch eigenen Fleiß und durch eigenes Nachdenken gewinnen kann, so kommen die meisten höchst ungern ans Lernen. 7) Ich bitte dich, mir gütigst ein Glas Wasser zu holen. 8) Nach dem Mittagbrote halte ich gewöhnlich ein Mittagsschläfchen. 9) Seit den Zügen Alexanders verbreitete sich griechische Sprache und Bildung allmählich über den ganzen Orient. 10) Zufrieden mit dem Kriegsruhme, den sich Cato bei Thermopylä erworben hatte, dachte er von nun an auf nichts mehr, als durch seine Censur und sein Beispiel die in der Hauptstadt einreißende Sittenverderbnis hintanzuhalten. 11) Weil man sich durchs Gehen nicht gern müde Füße macht, so hat man Kutschen erfunden, damit man bequem von einem Orte zum andern kommen kann.

488. Wie ist das deutsche Adverb „gewiß, wohl" in folgenden Sätzen auszudrücken? 1) Als die zehntausend Griechen nach einem mühevollen Marsche von der Spitze eines Berges das Meer erblickten, da mögen sie wohl vor Freude entzückt gewesen sein. 2) Das Orakel, welches der pythische Apollo erteilt hat, Sparta werde nur durch Habsucht fallen, hat wohl nicht den Lacedämoniern allein, sondern allen reichen Völkern gegolten. 3) Daß Xanthippe oft mit ihrem Manne schalt, dazu hat sie gewiß guten Grund gehabt; denn Sokrates mag

wohl nicht gerade der sorglichste Hausvater gewesen sein. 4) Von welcher Freude mag wohl die Brust des Kolumbus geschwellt sein, als ein Matrose verkündete, daß Land in Sicht sei! 5) Was sollte wohl mehr geeignet sein, Menschen in ihrer Angst zu beruhigen, als ein inbrünstiges Gebet? 6) Von welcher bangen Furcht mußte wohl jener ältere Dionysius beständig gequält werden! 7) Obgleich dir dieses alles wohl schon von den Deinigen geschrieben ist, werde ich dir doch das in Kürze mitteilen, was du gewiß vorzugsweise aus meinem Schreiben zu erfahren wünschest. 8) Um das wahre Gefühl für das Menschliche im Geiste zu wecken und zu kräftigen, dazu sind zwar auch viele andere Wissenschaften geeignet, aber, wie ich gewiß mit vollem Rechte versichern darf, keine in höherem Grade als die sogenannten Humanitätsstudien. 9) Was würde wohl selbst die größte Kühnheit des Soldaten in der Schlacht leisten, wenn er nicht dem Kommando des Feldherrn sich fügte?

489. Übersetze: 1) Ich weiß recht wohl, daß du deinen Vormund immer mit kindlichem Sinne geehrt und seine Weisungen mit der größten Bereitwilligkeit befolgt hast. 2) Hannibal merkte recht wohl, daß der römische Konsul mit mehr Hitze als Vorsicht kämpfen würde. 3) Perikles konnte mit Wahrheit von sich rühmen, daß er das athenische Staatswesen mit der größten Uneigennützigkeit verwaltet habe. 4) Mit dem größten Mute kämpfen; mit der größten Aufmerksamkeit lesen; mit der größten Milde tadeln; in größter Eile vorrücken; mit Nachdruck und in schöner Form reden. 5) Jemanden schriftlich benachrichtigen. 6) Schicke mir den Hut gelegentlich. 7) Einen Prozeß ungesetzmäßig entscheiden. 8) Gewaltthätig und hinterlistig ausplündern. 9) In übermütigem Tone antworten; in rauhem Tone anreden. 10) Auf glänzendem Fuße leben; auf freundschaftlichem Fuße mit jemandem stehen. 11) Mit sinnigem Geiste erforschen und mit Glück erfinden. 12) Die Karthager glaubten, von den Römern in hochfahrender und habsüchtiger Weise beherrscht zu sein. 13) In der Weise eines Kindes schmeicheln; nach Art eines Weibes weinen; in freundschaftlichem Tone warnen; seine Gedanken in passender Form ausdrücken. 14) Mit weiser Mäßigung handeln; den Schmerz mit standhafter Ruhe ertragen; eine Krankheit mit geduldiger Ergebung tragen; mit ruhiger Mäßigung tadeln; mit großer Ausführlichkeit erklären; mit voller Unparteilichkeit urteilen; sich mit der größten Unvorsichtigkeit in eine Schlacht einlassen. 15) Aus dem Gedächtnisse hersagen; auswendig wissen. 16) Von den Thaten der Römer mit Verachtung reden. 17) Jemanden durch einen Biß töten. 18) Gründlich kennen lernen; genau erforschen; hin und her rennen. 19) Die Spartaner und Athener, die beiden (cf. 212) Hauptvölker des alten Griechenlands, waren an Denkart und Sitten außerordentlich verschieden. 20) Jemandem Gutes thun; jemandem Böses thun.

489b. Achte bei Übersetzung der folgenden Redensarten auf die Genauigkeit und Schärfe, welche der Lateiner bei dem Gebrauche der *Verba composita* rücksichtlich der Bezeichnung feinerer Nebenbestimmungen zeigt: 1) In die Knechtschaft schleppen. 2) An ein Werk gehen. Etwas in Gefahr bringen. Sich jemandem zu Füßen werfen. 3) Alle eilten zu den Waffen. Alle schrieen. Alle erhoben sich von ihren Sitzen. 4) Laßt uns zu den Altären der Götter fliehen. 5) Vom Pferde steigen. Von dem Felsen ins Meer springen. Eine Kolonie nach Kleinasien führen. Die Sache dahin bringen, daß . . . 6) Posten aufstellen. Die zur Versammlung gerufenen Soldaten gingen endlich in ihre Zelte.

7) Ans Land gehen. Das Heer aus dem Lager führen. Jemanden aus dem Vaterlande treiben. 8) Sich auf die Feinde stürzen. In die Stadt gehen. 9) Die Waffen zu Boden werfen. In die Öffentlichkeit treten. So weit im Übermut gehen. 10) Bei seiner Ansicht bleiben. Jemanden durch Drohungen schrecken. In die Heimat gelangen. 11) Jemandem die Daumen abhauen. 12) Im Gedächtnis behalten. Rechenschaft von jemandem fordern. Der Bote brachte die Antwort. 13) Die Schiffe aufs Trockene ziehen. An die Mauer rücken.

490. Übersetze nach Analogie von: „Das Heer des Mardonius wurde bei Platää gänzlich geschlagen“ exercitus Mardonii apud Plataeas *fusus fugatusque* est folgende Sätze mit Anwendung eines *Hendiadyoin:* 1) Pylades hatte sich innig an Orestes angeschlossen. 2) Der Staatsschatz war völlig erschöpft. 3) Priamus bat den Achilleus flehentlich, ihm den Leichnam des Hektor auszuliefern. 4) Die Sophisten waren dem Sokrates gründlich verhaßt. 5) Die Äduer baten den Cäsar dringend um Hilfe. 6) Räuber haben mich rein ausgeplündert. 7) Wir fühlen uns alle zu dem Streben nach Erkenntnis mächtig hingezogen. 8) Die Karthager wiesen die schmachvollen Friedensbedingungen, welche die Römer gestellt hatten, absolut zurück. 9) Es ist unsere Pflicht, alle Leidenschaften energisch zu unterdrücken. 10) Manchem Menschen macht es leider Freude, Tiere grausam zu quälen. 11) Schmählich vernachlässigen; frevelhaft verletzen; mit jemandem aufs schönste übereinstimmen; liebevoll pflegen; gewaltsam trennen; seine Mühe ganz erfolglos verschwenden. 12) Sokrates stellte den Irrtum und Dünkel der Sophisten in seiner ganzen Blöße dar.

491. Setze in folgenden Sätzen statt des Pronomens mit der Präposition ein pronominales Adverb: 1) Welches war die Stadt, aus welcher Lukull den Kirschbaum nach Italien verpflanzte? 2) Die Adler bauen ihre Nester gewöhnlich an solche Stellen, zu welchen man nur mit Lebensgefahr gelangen kann. 3) Die Germanen umgaben ihre Schlachtreihe mit Wagen und Karren und setzten ihre Weiber auf dieselben. 4) Der Prätor eilte der Flotte entgegen und eroberte sieben Schiffe von derselben. 5) Manche vornehmen Leute meinen, das gewöhnliche Volk sei zu nichts anderem als zum Dienen geschaffen. 6) Als man der Feinde ansichtig wurde, rief der Konsul: Auf jene laßt uns losstürmen! 7) Nirgends fand man eine Quelle, aus welcher man Wasser schöpfen, nirgends ein Dorf, in welchem man Nahrungsmittel kaufen konnte. 8) Wenn ich doch den Tag erlebte, an welchem uns die Freiheit wiedergegeben würde!

492. Welche Adverbien heißen im Lateinischen „wieder“, und wie unterscheiden sie sich?

493. Wie unterscheidet sich *cur* von *quare*, *cur non* von *quidni?*

494. Welche Adverbien hat der Lateiner für das fragende „wie?“, und wie unterscheiden sich dieselben?

495. Welches ist die Bedeutung von: 1) *modo, solum, tantum, tantummodo, dumtaxat;* 2) *saltem?*

496. Was ist über den Gebrauch von *non nisi* „nur“ zu merken? — Übersetze: 1) Die Festung Alesia lag oben auf einer Anhöhe, so daß man erkannte, daß sie sich nur durch eine Belagerung erobern lasse. 2) Zwar strebte Proxenus nach Ehre und Vermögen, doch wollte er sie nur besitzen, wenn sie auf ehrenhafte Weise erworben waren. 3) Den Gesandten der Völkerschaften, welche sich das eidliche Versprechen gegeben hatten, alles nur nach gemeinsamem Plane zu thun, gab Cäsar den Bescheid, eine Verhandlung über die Ergebung könne nur nach Auslieferung der Waffen stattfinden. 4) Wenn jemand vielleicht glauben sollte, daß Kleon nur nach Ehre gestrebt habe, so dürfte er irren; denn sowohl

Thucydides als auch Plutarch schreiben, daß er den Staat als Erwerbsquelle betrachtete. 5) Als Hannibal nach der Schlacht bei Cannä eine außerordentliche Menge goldener Ringe nach Karthago sandte, fügte er in seinem Schreiben an den Senat die Bemerkung hinzu, daß nur römische Ritter und auch von diesen nur die vornehmeren jenes äußere Ehrenzeichen trügen. 6) T. Pomponius verschmähte es, Staatsämter zu bekleiden, weil er bei der Verderbtheit der Sitten sie nur durch Bestechung erlangen und nur mit Vernachlässigung der Gesetze verwalten zu können glaubte.

497. Wie sind die Adverbien „nur, wirklich, noch, schon" in folgenden Sätzen auszudrücken? 1) Hannibal entfloh mit nur wenigen Reitern dem Blutbade bei Zama. 2) Nur selten geschieht es, daß der ganze Bodensee zufriert. 3) Cicero war ein ausgezeichneter Redner, aber ein nur mittelmäßiger Dichter 4) Dieses scheint mir nur teilweise wahr zu sein. 5) Zu dem schon oben Gesagten will ich nur noch einen Punkt hinzufügen. 6) Es ist wirklich so, wie du sagst. Die Ankunft der Feinde war für Hannibal am erwünschtesten; denn längst hatte er alle Vorbereitungen so getroffen, daß zur Vernichtung des römischen Heeres, welche auch wirklich eintrat, sich alles vereinigte. Dem Drusus, welcher bis zur Elbe vorgedrungen war, soll eine Prophetin den Tod vorausgesagt haben, welcher wirklich schon in kurzer Zeit eintrat. 7) Wenn du lügst, wie du es wirklich thust, so bedenke, daß du dich selbst dadurch entehrst. Wenn ich auch reich bin, wie ich es ja wirklich bin, so wird doch mein Leben nur durch wenige Freuden erheitert. 8) Man sagt, daß einige kleine Tiere nur einen Tag leben, und die Naturgeschichte bestätigt, daß es solche wirklich giebt. 9) Cato fing an, das Griechische zu lernen, als er schon ein alter Mann war. Manche Leute wollen mehr scheinen, als sie wirklich sind, und streben immer zu hoch hinaus. 10) Mag Epikur an noch so vielen Stellen über die standhafte Ertragung des Schmerzes nachdrücklich reden, wie er es ja wirklich thut, so steht doch alles, was er (darüber) vorträgt, im Widerspruch mit seinen sonstigen Anschauungen und Grundsätzen. 11) Diejenigen Helvetier, welche bereits über den Fluß gesetzt waren, konnten ihren Leuten, die noch auf dem andern Ufer standen, keine Hilfe leisten. 12) Cornelius Nepos erzählt von Atticus, er habe sich solcher Wohlthaten, die er erwiesen, nur so lange erinnert, als der Empfänger dankbar gewesen sei. 13) Xerxes hat wirklich, wie neuere Gelehrte bestätigen, die Landenge, welche den Gebirgszug des Athos mit dem Festlande verbindet, durchstechen lassen. 14) Leonnatus suchte den Eumenes zu ermorden und hätte es auch wirklich gethan, wenn derselbe nicht nächtlicherweile heimlich entflohen wäre. 15) Mein Vater ist schon längst tot; wenn er noch lebte, würdet ihr seine Worte zu hören bekommen. 16) Hätte Antiochus bei der Führung des Krieges mit den Römern den Ratschlägen Hannibals ebenso folgen wollen, als er sich's beim Beginne desselben wirklich vorgenommen hatte, so hätte er mehr in der Nähe des Tiber als der Thermopylen um die Oberherrschaft gekämpft. 17) Das Greisenalter ist nur unter der Bedingung ehrbar, wenn es seine Würde selbst zu schützen versteht.

498. Welche Verbalumschreibungen kann man, namentlich in Übergängen, für folgende deutsche Adverbien verwenden? 1) Unterdessen. 2) Darauf, dann. 3) Daher, demnach. 4) Schließlich. 5) Sonst. 6) Folglich. 7) Dadurch, infolge davon. 8) Ferner.

## K. Beiordnende Konjunktionen.

499. Welcher Unterschied ist zwischen *et*, *ac* (*atque*) und *que*?

500. Ist es erlaubt, das deutsche „und" ohne weiteres durch *nec non* zu übersetzen?

501. Ist es erlaubt, bei Aufzählung mehrerer Gegenstände oder Personen vor dem letzten Gliede *et* zu setzen? Heißt z. B. „Miltiades, Themistokles und Aristides" Miltiades, Themistocles *et* Aristides?

502. Kann man für *etiam* „auch" ohne weiteres überall *et* setzen?

503. Übersetze: 1) Eine alte, heilige Eiche. Ein langwieriger, verderblicher Krieg. Ein großes, prächtiges Gebäude. 2) Heftige bürgerliche Unruhen. Vorzüglicher roter Wein. Frische syrische Feigen. 3) Unter dem Konsulate des Cn. Pompejus und M. Crassus. Unter dem Konsulate des Pompejus und Crassus. 4) Demokrit konnte nach Verlust des Augenlichts Weiß und Schwarz nicht voneinander unterscheiden, wohl aber Gutes und Schlechtes, Billiges und Unbilliges, Schickliches und Unschickliches, Bedeutendes und Unbedeutendes. Die Sinne lassen uns erkennen das Süße und Bittere, das Weiche und Harte, das Runde und Eckige. Alle Welt haßt dich, Antonius, Götter und Menschen, Hohe und Niedere, Alt und Jung, Bürger und Fremde, Männer und Frauen, Freie und Sklaven. Alle müssen sterben, die Reichen wie die Armen, die Höchsten wie die Niedrigsten. 5) In deinem Aufsatze finden sich viele schlimme Fehler. In den Perserkriegen sind die Griechen durch viele glänzende Siege berühmt geworden. In dieser Klasse sind viele faule Schüler. Cäsar wurde von vielen dringenden Angelegenheiten nach Italien zurückgerufen. Cäsar sank, von vielen schweren Wunden durchbohrt, nieder. Das Kind war trotz der Kälte mit nur wenigen dünnen Kleidern angethan. Über dies Gebirge geht nur ein einziger beschwerlicher Saumpfad. 6) Befolge die Anordnungen des Arztes, und du wirst bald wieder gesund sein. Greift mutig die Feinde an, und der Sieg wird unser sein. Erinnere ihn an sein Versprechen, und er wird dir sofort willfahren. 7) Der allmächtige Jupiter. 8) Kein Tier ist anhänglicher und gelehriger als der Hund. Für vernünftige Geschöpfe ist keine Erkenntnis edler und notwendiger als die Erkenntnis Gottes. 9) Von namenlosen Eltern stammend, welche ihren Lebensunterhalt durch Handarbeit erwarben, verlebte C. Marius seine Jugendzeit in einem Dorfe des Gebietes von Arpinum. Herodot ist ein glaubwürdiger Schriftsteller, der gewiß nie mit Absicht hat täuschen wollen. Die Erkenntnis verborgener Dinge, die der Fassungskraft und dem Gedankenkreise der Laien ferner liegen, hat immer nur für wenige Interesse gehabt.

504. Warum sind in dem Satze: Commendo tibi L. Oppium, quem unice diligo *et* quo familiarissime utor die beiden Relativsätze mit *et* verbunden, während in dem Satze: Belgae proximi sunt Germanis, qui trans Rhenum incolunt, quibuscum continenter bellum gerunt die Relativsätze unverbunden neben einander stehen?

505. Wodurch kann man leicht folgenden Sätzen einen rhetorischen Anstrich geben? 1) Wie vergänglich und hinfällig ist alles Irdische! 2) Was giebt es Herrlicheres und Erhabeneres als die Uneigennützigkeit? 3) Kein Philosoph ist jemals so menschenfreundlich und anspruchslos und von allem Dünkel entfernt gewesen als Sokrates. 4) Solche Angst und Bestürzung herrschte, als ob der Feind schon vor den Thoren der Stadt stände. 5) Auf den Besitz äußerer Güter beziehen sich offenbar die Gesetze und Einrichtungen, durch die für den Ackerbau, für den Handel, für den gewerblichen Verkehr, für Handwerke und

Künste, kurz für die Geschäfte des öffentlichen und Privatlebens gesorgt wird. 6) Eine Erzählung muß die drei Eigenschaften haben, daß sie kurz, klar und glaubhaft ist. 7) Je weiter man auf dem Wege der Wissenschaften fortschreitet, desto leichter und angenehmer wird er.

506. Welche Bedeutung haben die Konjunktionen *et, que, atque* in folgenden Sätzen? 1) Errabas *et* vehementer errabas. Prohibiti estis in provincia vestra pedem ponere *et* prohibiti summa cum iniuria. Scribe saepissime maxime*que*, quid vobis faciendum putes. Vivis *et* vivis non ad deponendam, sed ad confirmandam audaciam. Magna vis est conscientiae *et* magna in utramque partem. Cecrops Aegyptius *et* Saita fuisse dicitur. — 2) Nostrorum militum impetum hostes ferre non potuerunt *ac* terga verterunt. Animo non deficiam *et* id, quod suscepi, quoad potero, perferam. Non nobis solum nati sumus ortus*que* nostri partem patria vindicat. Nulla nobis societas cum tyrannis *et* potius summa distractio est. Socrates iudicibus non supplex fuit adhibuit*que* liberam contumaciam a magnitudine animi ductam, non a superbia. — 3) Ad triumphum decessisse Romam Papirium Cursorem scribunt; *et* fuit vir haud dubie dignus omni bellica laude. Romani metuebant, ne Pyrrhus urbem oppugnaret; *atque* processit ille usque ad Praeneste milliario ab urbe octavo decimo. — 4) Canorum illud in voce non amisi, *et* videtis annos. Magister hic Samnitium summa iam senectute est *et* cotidie commentatur. — 5) Equi, canes omnes*que* bestiae. Nostra consilia quae*que* in castris geruntur hostibus prodita sunt. Chrysippus *et* Stoici. Ita comparata est ratio vitae naturae*que* nostrae.

507. Übersetze: 1) Cicero spricht die Ansicht aus, daß auch Rom Männer wie Polyklitus und Parrhasius gehabt haben würde, wenn die Römer der Kunst ebenso große Ehre erwiesen hätten wie die Griechen. 2) Welchen Genuß glauben wir, würde wohl Achill von seinem Glücke gehabt haben, wenn er nicht an Patroklos einen Mann gefunden hätte, der sich darüber ebenso gefreut hätte wie er? 3) Die meisten Dinge pflegen uns, wenn wir sie erreicht haben, nicht in gleichem Grade willkommen zu sein, wie während wir sie begehren. 4) Ich bitte dich, die Geschäfte meines Bruders ganz in derselben Weise zu versehen, wie wenn es die meinigen wären. 5) Über keinen Tempel gab es so viele Senatsbeschlüsse wie über das Haus des Cicero.

508. Gieb den Unterschied zwischen non alius *atque* non alius **atque und non alius *nisi* (nihil aliud *nisi*) nach** Vergleichung folgender Sätze an: 1) Nunc non alius sum *atque* antea fui. 2) Bellum ita suscipiatur, ut nihil aliud *nisi* pax quaesita videatur.

509. In welcher Weise kann man die Übersetzung des Satzes: „Viele Menschen reden anders, als sie denken" Multi homines aliud loquuntur atque sentiunt verändern?

510. Welche Konjunktion gebraucht man beim Übergange von der Einleitung zum Thema oder im Sinne des deutschen „ferner, weiter, sodann" von einem Teile der Auseinandersetzung zum andern?

511. Welche Konjunktion wird in dem Sinne von „und somit" gebraucht, um eine Argumentation zusammenzufassen und abzuschließen?

512. In welchen Fällen muß „und nicht" durch *et non, ac non,* nicht durch *neque* ausgedrückt werden?

513. Ist es erlaubt, im Anfange eines Satzes die Ausdrücke „aber nicht, jedoch nicht, denn nicht" durch *non vero, non tamen, non enim* zu übersetzen?

514. Ist es in guter Prosa gestattet, „sowohl — als auch" durch *que — et* oder *que — que* zu übersetzen?

515. Welches ist die Bedeutung von *cum — tum?* Wodurch kann *tum* verstärkt werden? Was ist rücksichtlich des Modus im ersten von *cum* abhängigen Gliede zu merken?

516. Welches ist die Gebrauchsweise von: 1) *qua — qua;* 2) *simul — simul;* 3) *tum — tum;* 4) *tam — quam;* 5) *nunc — nunc?*

517. Gieb den Unterschied zwischen *partim — partim* und *et — et* nach Vergleichung folgender Sätze an: Hostes partim caesi partim capti sunt. Hostes et circumventi tenebantur et inopia rei frumentariae laborabant. Pecudes partim ad vehendum partim ad agros colendos partim ad vescendum idoneae sunt. Boves et ad arandum et ad vehendum et ad vescendum idonei sunt. (Sic tecum agam, ut meo loco vel respondendi vel interpellandi tibi potestatem faciam vel etiam, si quid voles, interrogandi.)

518. Wann wird statt *non modo — sed etiam* einfach *non modo — sed* gebraucht?

519. Wann wird „nicht nur nicht — sondern nicht einmal" nicht durch *non modo non — sed ne — quidem*, sondern durch *non modo — sed ne — quidem* übersetzt?

520. Wann kann das deutsche „weder — noch" durch *aut — aut* übersetzt werden?

521. Wie unterscheidet sich *non magis — quam* von *non minus — quam?*

522. **Welche Wörter heißen im Lateinischen „oder", und wie unterscheiden sie sich?**

523. Welcher Unterschied ist zwischen ter *quaterve* und *quaterque?*

524. **Welche lateinischen Konjunktionen entsprechen dem deutschen „aber", und wie unterscheiden sie sich?**

525. Welches ist die Bedeutung und Gebrauchsweise von *atqui?*

526. Übersetze: 1) Die Handwerker gebrauchen oft bei ihren Gewerben Bezeichnungen, welche uns unverständlich, ihnen aber geläufig sind. 2) Welcher Grund liegt vor, daß dein Versehen von dem Lehrer nicht gerügt wird, wohl aber das meinige? 3) Lykurg wollte, daß Sparta durch die Tapferkeit seiner Bürger, nicht aber durch Mauern geschützt würde. 4) Fremde Fehler sehen wir leicht, nicht aber unsere eigenen. 5) Maharbal sagte: Wahrlich, die Götter haben nicht einem Menschen alle Gaben verliehen! Zu siegen verstehst du, Hannibal, aber nicht den Sieg auszunutzen. 6) So viel Speise und Trank muß man genießen, daß die Kräfte wiederhergestellt, nicht aber unterdrückt werden. 7) Die Muße, die mir vergönnt ist, genieße ich zwar, lasse aber die Einsamkeit, die mir die Notwendigkeit und nicht mein Wille auferlegt, nicht unthätig sein und widme der Philosophie und der Beschäftigung mit Schreiben allen Eifer und Fleiß. 8) Das sind die niederträchtigsten Leute, die uns ins Gesicht schmeicheln, aber uns hinter unserm Rücken verleumden. 9) Wie die Schwalbe im Sommer herbeifliegt, aber wenn der Winter vor der Thür steht, wieder wegfliegt: so ist der treulose Freund in günstigen Verhältnissen bei der Hand, verläßt aber seinen Freund mit dem Wechsel des Glücks.

527. Übersetze folgende Syllogismen (Schlußreihen): 1) Alle Menschen sind sterblich; nun ist aber Gajus ein Mensch: folglich ist er sterblich. 2) Alle vierfüßigen Raubtiere fressen Fleisch; nun frißt aber kein Wiederkäuer Fleisch: folglich ist kein Wiederkäuer ein Raubtier. 3) Alle Menschen wünschen, glückselig zu sein; nun macht aber die Weisheit die Menschen glückselig; daraus ergiebt sich, daß alle nach Weisheit streben müssen.

528. Was versteht man unter einem Enthymem? Gieb die hauptsächlichsten Formen des Enthymems im Lateinischen an. — Übersetze: 1) Während Kinder sich ernstlich bemühen, sich ihren Eltern dankbar zu erweisen, wollen Bürger Bedenken tragen, dem Vaterlande, ihrer gemeinsamen Mutter, ihre Glücksgüter zu opfern? 2) Selbst vernunftlose Tiere können durch Kunst bis zum täuschenden Ebenbilde des menschlichen Geistes abgerichtet werden, und das vernunftbegabte Geschöpf, der Mensch, sollte seine Natur nicht bezwingen können? 3) Wie? während die Jagdlust die Menschen durch Schnee und Reif in die Berge und Wälder zieht, sollten wir bei den notwendigen Lasten des Krieges nicht die Geduld gebrauchen, welche sogar die Spielerei und das Vergnügen zu erregen pflegt? 4) Während eure Väter Korinth, die Leuchte von ganz Griechenland, zerstört wissen wollten, weil man ihren Gesandten zu hochmütig begegnet war, wollt

ihr den Mithridates ungestraft lassen, der einen Gesandten des römischen Volkes unter Martern getötet hat? 5) Während du selbst gesehen hast, daß in Lacedämon Knaben, in Olympia Jünglinge die schwersten Schläge bekamen und mit Stillschweigen ertrugen, willst du wie ein Weib aufschreien, wenn dir vielleicht irgend ein Schmerz wehe thut? 6) Unsere Vorfahren haben, ohne persönlich durch ein Unrecht gereizt zu sein, ihrer Bundesgenossen wegen mit Antiochus Kriege geführt; um wie eifriger müßt ihr, da ihr durch Beleidigungen herausgefordert seid, das Wohl eurer Bundesgenossen zugleich mit der Würde eurer Herrschaft verteidigen!

529. Welche Bedeutung haben die Konjunktionen *atenim, enimvero* und *verumenimvero?*

530. Welche Konjunktionen entsprechen den deutschen „demnach, deshalb, darum", und wie unterscheiden sie sich?

531. Was ist über die Stellung von *igitur* und *itaque* zu merken?

532. Wie heißt „und daher, und deshalb, und also?" — Übersetze: 1) Das Wetter ist schlecht, und wir können daher nicht ausgehen. 2) Die Äduer konnten sich und ihren Besitz gegen die Feinde nicht verteidigen und schickten daher Gesandte an Cäsar mit der Bitte um Hilfe. 3) Das Altertum war reich an gewissen Sentenzen, welche viel Weisheit enthielten und daher oft sogar einem Gotte zugeschrieben wurden, wie z. B. jenes bekannte: Lerne dich selbst kennen. 4) Heroen wurden bei den Alten diejenigen Menschen genannt, welche mit göttlicher Tüchtigkeit begabt waren und deshalb für Söhne der Götter gehalten wurden. 5) Der Leichnam des Konsuls Decius lag unter ganzen Haufen von Galliern und konnte deshalb am ersten Tage nicht aufgefunden werden. 6) Ihr seid bereits recht verhärtet, und daher machen Ermahnungen gar keinen Eindruck mehr auf euch.

533. Wie unterscheiden sich *nam, namque, enim* und *etenim?*

534. Welche Partikeln dienen besonders zur Bezeichnung einer Ironie?

## L. Lehre von der Wortstellung, vom Periodenbau, von den Tropen und Figuren.

535. Welches sind die Grundregeln der lateinischen Wortstellung?

536. Was ist zu bemerken über die Stellung: 1) des Verbums *esse;* 2) der attributiven Adjektive; 3) der *Pronomina possessiva;* 4) der *Pronomina demonstrativa;* 5) der *Pronomina indefinita;* 6) der attributiven Genitive; 7) der Appositionen und Titel; 8) des Vokativs; 9) der Präpositionen; 10) des Pronomens *quisque;* 11) der Konjunktionen *itaque* und *igitur;* 12) der Negation *non;* 13) von *non nisi;* 14) der Verben *inquam* und *aio?*

537. Welche Regeln über die Wortstellung ergeben sich aus folgenden Beispielen? 1) Proelium equestre adversum; maxima navis oneraria; potentissimae finitimae gentes. 2) Helvetiorum iniuriae populi Romani. 3) Ceteri omnes philosophi; reliquae omnes urbes; alia omnia impedimenta.

538. Was versteht man: 1) unter *Hyperbaton* oder *Traiectio;* 2) unter *Chiasmus;* 3) unter Allitteration, Paronomasie und Homöoteleuton; 4) unter Kakophonie?

539. Welche Beobachtung ergiebt sich aus folgenden Beispielen? Manus manum lavat. Cives civibus parcere aequum est. Homines hominum causa generati sunt, ut inter se aliis alii prodesse possint. Arma armis propulsantur. Non omnia omnibus cupienda sunt.

Ut ad senem senex de senectute, sic hoc libro ad amicum amicissimus de amicitia scripsi. Quaedam falsa veri speciem habent. Omnes omnium aetatum philosophi. Omnes sunt in illo rege regiae virtutes. Mortali immortalitatem non arbitror esse contemnendam. Imponenda sunt nova novis rebus nomina. Q. Maximum senem adulescens dilexi ut aequalem. Artemisia, quamdiu vixit, vixit in luctu. Mea mihi conscientia plurimi est. Nostris nos armis defendemus. Fallaces homines ad voluntatem loquuntur omnia, nihil ad veritatem. Magni est iudicis statuere, quid quemque cuique praestare oporteat. Post eius diei diem tertium. Sublato tyranno tyrannida manere video.

540. Was versteht man unter usueller Wortstellung?

541. Was verstanden die Römer unter einer Periode? Welche Eigenschaften muß eine gute Periode haben? Wodurch unterscheidet sich hauptsächlich die historische Periode von der oratorischen?

542. Gieb an, welche Regeln in Bezug auf lateinische Periodenbildung bei Übersetzung folgender Sätze zu Tage treten: 1) Die Jonier wurden von Neleus und Androklos nach Kleinasien geführt, bewohnten dort das von ihnen benannte Jonien, gründeten mehrere Staaten und erhoben sich teils bald zu großem Reichtum, teils machten sie in der Bildung und den Künsten über alle Erwartung schnelle Fortschritte. Bevor die bestimmte Nachricht von der erlittenen Niederlage einlief, hatte Hasdrubal den Ebro überschritten, und als ihm nun der Verlust seines Lagers gemeldet wurde, wandte er sich nach dem Meere zu. Die Natur selbst hatte den Engpaß bei Thermopylä zu einer Festung gemacht; auf der einen Seite bildete das Seewasser einen tiefen Morast, auf der andern erhoben sich die Ausläufer des Öta; kaum blieb zwischen beiden eine Passage 60 Schritt breit übrig. Der glaubwürdige Plutarch erzählt, daß Epimenides auf Kreta geboren, bei einem bürgerlichen Zwiste nach Athen geholt sei und dort durch einige seiner Vorschriften den Gesetzen des Solon den Weg gebahnt habe. — 2) Alexander besiegte das persische Heer am Granicus vollständig, wodurch er ganz Kleinasien in seine Gewalt brachte. Camillus besiegte die Gallier und rettete Rom, weshalb er bei seinen Mitbürgern im höchsten Ansehen stand und der zweite Romulus genannt wurde. Cyrus fing einen Krieg mit den Scythen an, von denen er jedoch besiegt und getötet wurde. Xerxes erhielt von Themistokles die Kunde, die Griechen wollten die Brücke, die er über den Hellespont geschlagen habe, abbrechen und ihm die Rückkehr nach Asien abschneiden, wodurch er in solchen Schrecken geriet, daß er in hastiger Flucht nach Asien zurückkehrte. — 3) Wenn du wiederkommst und das Buch begehrst, so werde ich es dir gern geben. Als ein Dummkopf schwimmen wollte und beinahe ertrunken wäre, schwur er, das Wasser nicht anzurühren, bis er schwimmen gelernt habe. Als Hannibal Sagunt zerstört und Rom den Karthagern den Krieg erklärt hatte, stieg in den eben erst unterworfenen Galliern die Hoffnung auf Wiedergewinnung ihrer Freiheit auf.

543. Welche Regeln in Bezug auf die Stellung und den Kasus eines dem Haupt- und Nebensatze gemeinsam angehörenden Begriffs ergeben sich aus folgenden Beispielen? 1) Als Cicero die Hoffnung auf Freiheit verloren sah, beschloß er, Italien zu verlassen. Als Agesilaus aus Ägypten zurückkehrte, fiel er in eine Krankheit und starb. Wenngleich Thoren das erreicht haben, wonach sie verlangten, glauben sie doch nie genug erlangt zu haben. — 2) Obgleich alle den Demosthenes bewundert haben, hat ihn doch niemand erreicht.

Obgleich die Einwohner die Stadt Tyrus aufs tapferste verteidigten, eroberte Alexander dieselbe doch nach siebenmonatiger Belagerung. — 3) Als die Freunde den Sokrates aus dem Gefängnisse zu führen wünschten, wollte er lieber sterben. Als Hannibal, der bei dem Könige Prusias im Exil lebte, zum Kriege riet, entgegnete dieser, er wage nichts zu unternehmen, was die Opferzeichen nicht gutheißen. — 4) Als L. Manlius Diktator gewesen war, belangte ihn der Volkstribun M. Pomponius gerichtlich, daß er seine Diktatur einige Tage zu lange geführt habe. Als die Kretenser an Pompejus bis nach Pamphylien Gesandte nebst Fürsprechern geschickt hatten, nahm er ihnen nicht die Hoffnung, sich ihm ergeben zu dürfen.

544. Was ist in folgenden Beispielen bezüglich der die Sätze verbindenden Partikeln zu bemerken? 1) Miltiades entging dem Neide seiner Mitbürger nicht. Als er nämlich Paros nicht hatte erobern können, wurde er der Verräterei angeklagt und ins Staatsgefängnis geworfen: Miltiades civium invidiam non effugit; *cum enim* Parum insulam expugnare non potuisset, proditionis accusatus atque in vincula publica coniectus est. 2) Alle rühmen die Standhaftigkeit, Gerechtigkeit, Tapferkeit und überhaupt jede Tugend und bewundern diejenigen, bei denen sie solche Eigenschaften finden. Wiewohl sie aber einsehen und fühlen, daß die Tugend etwas Erhabenes und Vortreffliches sei, streben sie doch nicht danach, tugendhaft zu werden: Omnes constantiam, iustitiam, fortitudinem, quidquid denique rectum et honestum est, praedicant eosque admirantur, in quibus eas virtutes invenerunt. *Quamquam vero* virtutem rem magnam et praeclaram esse intellegunt atque sentiunt, tamen, ut virtutis participes fiant, nihil curant.

545. Was versteht man unter dem Fehler der Einschachtelung?

546. Was versteht man unter: 1) Solöcismus; 2) Archaismus; 3) Gräcismus und Germanismus; 4) Anakoluth?

547. Was versteht man unter: 1) Pleonasmus; 2) Tautologie?

548. Was versteht man unter einem Tropus und was unter einer Figur?

549. Was versteht man unter dem Tropus der Metapher? Gieb an, wie sich die Metaphern der deutschen Sprache zu denen der lateinischen verhalten.

550. Erkläre den Begriff folgender Tropen: 1) *Synekdoche;* 2) *Metonymie;* 3) *Antonomasie;* 4) *Hyperbel;* 5) *Ironie;* 6) *Periphrase;* 7) *Litotes;* 8) *Emphasis.*

551. Erkläre die Bedeutung folgender Figuren: 1) *Asyndeton;* 2) *Polysyndeton;* 3) *Ellipsis;* 4) *Aposiopesis;* 5) *Exclamatio*; 6) *Interrogatio;* 7) *Iteratio: Anaphora, Epiphora, Symploke, Epanalepsis;* 8) *Dubitatio;* 9) *Permissio;* 10) *Apostrophe, Sermocinatio* und *Personificatio;* 11) *Antithesis;* 12) *Oxymoron;* 13) *Paradoxon;* 14) *Hendiadyoin;* 15) *Distributio* und *Congeries;* 16) *Klimax;* 17) *Praeteritio;* 18) *Deminutio;* 19) *Correctio;* 20) *Occupatio* oder *Praemunitio;* 21) *Syllepsis* und *Brachylogie;* 22) *Hysteron proteron;* 23) *Zeugma.*

# Zweite Hälfte.

# A. Syntaxis convenientiae.

## 1. Subjekt und Prädikat.

1. Das unbestimmte Subjekt „man" wird im Lateinischen ausgedrückt:

a) durch das **Passiv, sowohl persönlich als unpersönlich**: Laud*or* „man lobt mich"; laudati *estis* „man hat euch gelobt"; boni cives am*antur* „man liebt die guten Bürger"; libidines coerc*endae sunt* „man muß die Leidenschaften zügeln"; inimico testi credi non licet; *itur* „man geht"; *itum est* „man ist gegangen"; ad arma concurs*um est;* id ag*itur,* ut . . . „man geht damit um";

b) durch die **3. Pers. Plur.**, wenn „man" so viel ist als „die Leute", besonders bei den Verben des Sagens, Nennens, Glaubens (*dicunt, ferunt, tradunt, narrant, vocant, putant* u. a.);

c) durch die **1. Pers. Plur.**, wenn der Redende sich selbst mit einschließt: Quae vol*umus*, libenter cred*imus*. Facile od*imus*, quem metu*imus*. Bono mentis fruendum est, si beati esse vol*umus;*

d) durch die **2. Pers. Sing.** (fast regelmäßig des **Konjunktivs**, wenigstens in Sentenzen und Nebensätzen), als Anrede an eine bloß **vorgestellte**, die Gesamtheit vertretende Person: Dic*as*, dix*eris* „man könnte sagen"; cred*eres*, put*ares* „man hätte glauben sollen". Quem docilem *velis* facere, simul attentum faci*as* oportet. Bis est gratum, quod ultro offer*as*. Memoria minuitur, nisi eam exerce*as*. **Daneben auch im Indikativ Futuri und im Imperativ.**

e) durch das Pronomen **„jemand"** (aliquis, quispiam, quisquam, quis) oder **„jeder"** (quisque), wenn es der Sinn gestattet: Dicet *aliquis* „man wird sagen"; forsitan *quispiam* dixerit; ne *quis* miretur „damit man sich nicht wundere". Illis promissis standum non est, quae coactus *quis* promisit. Ut *quisque* est sapientissimus, ita aequissimo animo moritur „je weiser man ist, desto ruhiger stirbt man";

Anm. 1. Das eingeschaltete *inquit* steht zuweilen ohne das Subjekt aliquis in dem Sinne „sagt man, heißt es", nam. bei einem Einwurfe, welchen der Redende von einem Gegner oder einer bestimmten Klasse von Leuten gemacht denkt, z. B. Cic. Tusc. 1, 93; 2, 29; Cluent. 92; Verr. 5, 148.

f) durch den **Infinitiv**, wenn derselbe als Subjekt bei einem unpersönlichen Verbum oder Ausdrucke steht; der Deutsche gebraucht in diesem Falle Umschreibungen mit „wenn man, daß man": Ment*iri* non licet „es ist nicht erlaubt, daß man lügt". Alteri noc*ere* nefas est „es ist eine Sünde, wenn man dem Nächsten schadet" (cf. 415, Anm. 2; 384, 21). Wenn zu solchen infinitivischen Ausdrücken noch abhängige Sätze treten, so kann in diesen das Pronomen „man" durch die 3. Pers. Sing. ausgedrückt werden: Mihi nihil praestabilius videtur **quam posse dicendo hominum mentes allicere, quo velit „wohin man will"; gewöhnlicher würde hier velis stehen.** Haec est una omnis sapientia non arbitrari („daß man nicht glaube") *sese* scire, quod nesci*at*. Alienum est a iustitia detrahere quid de aliquo, quod sibi adsum*at*. Cf. 234.

Anm. 2. „Man liest bei einem Schriftsteller" (im Sinne von „es steht bei ihm geschrieben") heißt *scriptum videmus, scriptum legimus,* oder einfacher *est, scriptum est apud scriptorem* (nicht lĕgimus im Präsens, zuweilen aber im Perfekt lēgimus). — „Wie man im Sprichwort sagt" *ut aiunt, ut dicitur* od. *quod aiunt = ut est in proverbio.* — „Man weiß, wir wissen" heißt, wenn von einem (durch mündliche oder schriftliche Überlieferung überkommenen) historischen Faktum die Rede ist, nicht scimus, sondern *accepimus* oder noch gewöhnlicher *constat (inter omnes), (memoriae) traditum* od. *proditum est, nemo ignorat, quis est qui nesciat, quis non audivit, quis non legit* u. ä. — „Man denke sich" *finge* od. *fingamus*; „man setze den Fall" *fac* od. *faciamus*; „man glaube ja nicht" *cave credas.* — „Allgemein wundert man sich" *omnes (*od. *vulgo)* mir*antur.*

Anm. 3. Das zur Bezeichnung unpersönlicher Verben dienende „es" bleibt im Latein. regelmäßig unübersetzt, namentlich bei solchen Verben, welche Naturerscheinungen oder eine Empfindung der Seele bezeichnen (wie *tonat, pluit ningit, miseret, piget, accidit, decet, constat* u. a.). Aber in manchen Ausdrücken, in welchen ein Vorgang, eine Lage, eine Beschaffenheit der Umstände bezeichnet wird, drückt der Lateiner das deutsche „es" durch *res* aus, z. B. *Res* venit ad arma atque pugnam „es kam zum Kampfe"; *res* venit ad manus (ad fustes, ad saxa, ad certamen, ad pactionem, in contentionem, prope secessionem, a consilio ad vim); *res* haud procul a seditione erat; *res* est in periculo, in angusto, in summo discrimine „es sieht (äußerst) kritisch aus"; *res* ad vim spectat „es ist auf Gewalt abgesehen"; *rem* ad arma deducere „es auf Entscheidung der Waffen ankommen lassen"; *res* eo (od. in eum locum) venit, deducitur, ut „es kommt dahin (od. so weit) daß"; *res* bene (praeclare, male) se habet „es steht gut"; *res* melius procedit (od. it) quam putaram „es geht besser"; tentata *res* est, si „es wurde versucht, ob"; quid *rei* est „was giebt es"; *res* mihi tecum est „ich habe es mit dir zu thun"; *rem* acu, ut aiunt, tetigisti „du hast es getroffen".

2. 1) Epicurus, quem ipsum voluptatibus deditum non fuisse *constat*, negavit iucunde posse viv*i*, nisi cum virtute viv*eretur.* 2) Non onus id *est* appell*andum*, quod cum laetitia ac voluptate fer*as.* 3) Totas noctes dorm*imus* neque ulla fere est, qua non somni*emus.* 4) Turpe est suos adiuvare *nolle,* triste adiuvare non *posse.* 5) Quo *quis* callidior est, eo invisior et suspectior est detracta opinione probitatis (od. ut *quisque* callidissimus est, ita invisissimus et suspectissimus est d. op. pr.). 6) Hic fortasse *quispiam* dixerit (od. dicat *aliquis*): Quod potest esse maius scelus quam non modo hominem, sed familiarem hominem occid*ere*? 7) Cave dubit*es*, quin mendacio et simulatione non plus effectur*us sis* (od. effectur*i simus* od. effic*iatur*) quam ignavia atque nequitia. 8) Facile suspicē*ris* Tarentinis, cum victoriam pecunia redimi posse speravissent, instituta Pyrrhi displicuisse. 9) Maius dedecus est parta amitt*ere* quam omnino non paravisse. 10) Apud Ciceronem haec *scripta videmus*: Bonos inter viros amicitia tantas opportunitates habet, quantae vix *possunt* dic*i*; nam ceterae res, quae plerumque expet*untur*, opportunae sunt singulae rebus fere singulis: divitiae, ut ut*are,* opes, ut col*are*, honores, ut laud*ere*, voluptates, ut gaud*eas*, valetudo, ut dolore car*eas* et muneribus fung*are* corporis. At amicitia res plurimas continet: quoquo *te* vert*eris,* praesto est, numquam intempestiva, numquam molesta est. Itaque non aqua, non igni, *ut aiunt*, crebrius ut*imur* quam amicitia, atque si *quis* verum amicum intuetur, tamquam exemplar aliquod intuetur sui. 11) Tentata *res* est, si oppidum primo impetu capi posset. Nolite dubitare, quin *res* nobis futura sit cum hoste acerrimo. 12) Cum Thebani belli ignarum aliquem ducem creavissent eiusque imperitia *res* eo deducta esset, ut milites iam saluti suae metuerent, Epaminondae consilium curaque desiderari est coepta.

3. **Das gebräuchlichste Bindewort (Kopula) zwischen Subjekt und Prädikatsnomen ist** *esse* (z. B. Vita est brevis. Ciconia est avis); **doch giebt es außerdem noch andere kopulative Verba, welche nicht für sich allein, sondern erst**

mit einem Nomen ein vollständiges Prädikat auszumachen pflegen. Solche kopulative Verba sind:

a) **werden, scheinen, bleiben** (*fieri, effici, evadere, exsistere, nasci* — *videri* — *manere*);

b) zu etwas **gemacht, gewählt, ernannt werden** (*fieri, creari, declarari, renuntiari, deligi, designari* u. ä.);

c) für etwas **gehalten werden**, als etwas **erkannt, befunden werden** (*putari, existimari, censeri, duci, iudicari, haberi* — *cognosci, inveniri, reperiri* u. ä.; das Perfekt von *putari* ist selten, von *duci* ungebräuchlich);

d) **genannt werden** (*dici, appellari, vocari, nominari, praedicari, salutari* u. ä.). Cf. 41.

Diese Verba haben das Prädikatsnomen (Adj. oder Subst.) im Nominativ bei sich **(doppelter Nominativ)**: Nemo fit casu bon*us*. Superioris anni munitiones integr*ae* manebant. Servius *rex* factus est. Caesar et Servilius consul*es* creantur. Pietas erga parentes iure maxim*a* virt*us* habetur. Homines facilius in timore benign*i* quam in victoria grat*i* reperiuntur. Iustitia erga deum r*eligio* dicitur. Socrates oraculo Apollinis omnium sapientissim*us* iudicatus est.

Anm. 1. **Werden. Fieri** heißt ohne Nebenbegriff „etwas werden" mit Rücksicht darauf, daß man es bisher nicht gewesen ist; — **effici** bezeichnet ein durch Konsequenz zuwege gebrachtes oder auf ein bestimmtes Ziel gerichtetes allmähliches Werden; — **evadere** (eigentl. herauskommen, hervorgehen) „schließlich werden" bezeichnet das Werden als Endresultat oder Ergebnis einer allmählichen, an Mühen oder Wechseln reichen Entwickelung; — **exsistere** „werden" im Sinne von „auftreten, hervortreten", um nach irgend einer Seite hin zu wirken und sich geltend zu machen.

Anm. 2. „**Werden aus** etwas" heißt *fieri* oder *exsistere* **ex** (selten *de*), wenn der betreffende Gegenstand aus einem früheren Zustande in einen andern übergegangen ist und demgemäß nicht mehr das ist, was er früher war: *Ex* amico inimicus mihi factus es. Ille *ex* oratore arator factus est. Alexandri amici reges *ex* praefectis facti sunt. Cf. dagegen: „Aus deinem Bruder wird nie ein großer Mann werden" frat*er* tu*us* vir magnus numquam evadet. „Aus Alcibiades wurde ein zügelloser und stolzer Mensch" Alcibiades ferox ac superbus factus est.

Anm. 3. **Apparere** heißt nicht „scheinen", sondern „erscheinen" im Sinne von „sichtbar werden, zum Vorschein kommen, sich präsentieren"; in übertragener Bedeutung „ersichtlich sein, einleuchten".

Anm. 4. Über haberi *pro*, duci *in loco* u. a. cf. 19, Anm. 2. — Manche der oben angegebenen Verben können, wenn sie nicht die Stelle der Kopula vertreten, in derselben Weise wie esse als konkretes Verb (cf. 5, Anm. 1) mit Adverbien verbunden werden, z. B. *Diu* Romae mansimus; Caesar ab omnibus *benigne* salutatus est; virtus a multis *parum* agnoscitur. Besonders stehen *ita* und *sic* prädikativisch, wenn sie auf ein vorhergebrauchtes Nomen zurückweisen: Poetae semper apud omnes sancti fuerunt et *ita* habiti ac dicti sunt. Cethegus eloquens fuit et *ita* habitus est. Laelius et sapiens (*sic* enim est habitus) et amicitiae gloria excellens fuit. Cur me peregrinum dicis? nam si *ita* sum, . . .

4\. Die **Kopula** *est* und *sunt* (sowie *esse* in Verbindung mit Participien, besonders denen auf -urus und -ndus) wird namentlich in Sprichwörtern und Sentenzen, kurzen, scharf markierten Gegensätzen, rhetorischen Fragen, affektvollen Ausrufen, lebhaften Schilderungen und Charakteristiken, energischen Schlußfolgerungen, raschen Übergängen u. ä. **ausgelassen**: Summum ius summa iniuria. Iucundi acti labores. Quot homines, tot sententiae. Quid tam dissimile quam ego in dicendo et Antonius? Sed haec leviora, illa vero gravia atque magna. Mirum! minime mirum! ridiculum! nec mirum. An ille mihi liber, cui mulier imperat? Cf. 551, 3, a („Nominalsätze").

Anm. Formen wie *erat, fuit, sit* u. a. werden in guter Prosa nur selten ausgelassen; bei den Historikern (bes. Tacitus) und Dichtern fehlen sie häufig in auffallender Weise. (Cic. Off. 1, 152; Divin. 2, 141; Att. 2, 5, 2; 2, 21, 1; 5, 3, 1; 9, 11, 1; Fam. 10, 25, 2; Liv. 3, 26, 5.)

5\. *Esse* heißt dann **Verbum substantivum**, wenn es nicht als einfache Kopula dient, sondern ein selbständiges (konkretes) Verbum ist in der Bedeutung „vorhanden sein, existieren, leben, sich befinden, sich verhalten, sich aufhalten" u. ä.: *Est* deus „es giebt einen Gott"; classis *est* in portu „befindet sich"; mons Iura *est* inter Sequanos et Helvetios „liegt"; in Gallia ulteriore una legio *erat* „stand"; obsidio triginta dies *fuit* „dauerte"; hic liber *est* de senectute „handelt"; mos *est* „herrscht, besteht"; ex familia vetere *fuit* „stammte ab"; epistula tua manu *est* „rührt her"; *esse* in armis, in periculo, in honore, pro hoste.

* Anm. 1. Als V. substantivum kann esse auch mit **Adverbien** verbunden werden: *bene* est „es steht gut"; hoc *aliter* (*secus*) est; *ita* (*sic*) res est, non *ita* est; *prope, proxime, procul, praesto* esse; id inceptum *frustra* fuit; haec *contra* sunt ac dixisti; dicta *impune* erant; haec commemoro, quae sunt *palam;* apud te *tuto* erimus; ubivis tut*ius* eris quam Romae; *diu* est, cum te vidi; ruri fui sane *libenter;* nunc mihi *melius* est; in convivio *iucunde* ac *comiter* fuimus; apud te omnia *rectissime* sunt u. ä.

Anm. 2. Dient das deutsche **„leben"** einfach zur Bezeichnung einer chronologischen oder lokalen Angabe (in Sätzen wie „Cäsar lebte im ersten Jahrhundert vor Christo", „Die jetzt lebenden Menschen", „Es lebte in Athen ein Mann Namens Diogenes"), so ist es nicht durch *vivere*, sondern durch *esse* zu übersetzen; denn *vivere* heißt „(noch) am Leben sein, sein Leben von etwas erhalten oder fristen, sein Leben (gut, schlecht, glücklich u. s. w.) hinbringen". — **„Herrschen"** (= vorhanden sein, verbreitet sein) in Ausdrücken wie „es herrscht die Meinung, die Sitte, das Gerücht; in der Stadt herrscht Hungersnot" heißt *esse;* (*vigere* und *valere* nur im Sinne von „Geltung haben, im Schwange sein, die Oberhand haben, sich wirksam und bedeutungsvoll erweisen"). — Bei Worterklärungen heißt esse „bedeuten, heißen", z. B. Sapienti vivere est cogitare; insbes. *id est, hoc est* „das heißt, das heißt nämlich".

## 6. I. Kongruenz des Prädikats bei einem Subjekt.

1) Das **verbale Prädikat** richtet sich nach dem Subjekt in Person und Numerus: Ego vale*o*, si vos vale*tis*. Virtus mane*t*, divitiae per*eunt*.

2) Besteht das Prädikat aus Kopula und Nomen, so richtet sich die **Kopula** als Verbum nach dem Subjekt in Person und Numerus.

a) Ist das Prädikatsnomen ein **Adjektiv** (Particip, Zahlwort, Pronomen), so stimmt es in Kasus, Genus und Numerus mit dem Subjekt überein (ebenso wie das attributive Adjektiv mit seinem Substantivum): Animus immortal*is* est, corpus mortal*e*. Ver*ae* amicitiae sempitern*ae* sunt. Verba consulis *haec* fuerunt.

Anm. 1. Ist das Subjekt ein Infinitiv oder ein ganzer Satz, so steht das prädikative Adjektiv im Neutrum Sing.: Mentiri turpe est. Quod bona valetudine uteris mihi pergrat*um* est.

Anm. 2. Wenn das Neutrum eines Adjektivs als **Substantiv** gebraucht wird, so richtet es sich im Geschlechte nicht nach dem Subjekt: Virtus bon*um* („ein Gut") est. Fidentiae contrari*um* est diffidentia. Turpitudo pei*us* („ein größeres Übel") est quam dolor. Mors est extrem*um* („das Ende") omnium rerum. Servitus postrem*um* malorum est. (Übrigens ist dieser Gebrauch in der Prosa auf ganz wenige substantivierte Adjektive beschränkt [cf. 180, 1, b]; in Sätzen wie „die Milde ist etwas Erhabenes", „die Schmeichelei ist etwas Häßliches" darf durchaus nicht das Neutrum des Adj. in Anwendung kommen, vielmehr entweder: Clementia divin*a* est, adulatio foed*a* est, oder clementia *res* divina, adulatio *res* foeda est (cf. 152, 10). Ganz anderer Art sind Sätze wie: *Idem* voluptas est, *quod* indolentia; tu *aliquid* esse videris; tu vero *quid* es? *quod* homo est, *hoc* non est equus; *alius* est oratio, *alius* disputatio; denn in derartigen Sätzen wird der im Pronomen liegende Begriff nicht auf die Sphäre des zu ihm gehörigen Substantivbegriffes beschränkt, sondern in seiner Allgemeinheit gedacht (esse = „bedeuten, vorstellen, Geltung haben"). Dichterstellen wie Triste lupus stabulis oder Vari*um* et mutabile semper femina sind dem Griechischen nachgebildet).

Anm. 3. Ist das prädikative Adjektiv ein **Superlativ**, von welchem noch ein partitiver Genitiv abhängt, so richtet es sich in der Regel nach dem Genus des Subjekts, nicht wie im Deutschen nach dem Genus des Genitivs: Elephantus omnium bestiarum maxim*us* est. Hordeum omnium frugum mollissim*um* est. Accipiter omnium avium rapidissim*us* est. So auch in der Anrede: Quid agis, dulcissim*e* rerum?

b) Ist das Prädikatsnomen ein **Substantiv**, so stimmt es mit dem Subjekt nur im Kasus überein: Romani fuerunt popul*us* fortissim*us*. Somnus est imag*o* mortis. Athenae fuerunt lum*en* Graeciae. — Ist es aber ein

*Substantivum mobile** oder *commune,*** so richtet es sich auch im Genus und Numerus nach dem Subjekte, wird also ganz wie ein Adjektiv behandelt, (für das fehlende Neutrum tritt das Maskulin als Ersatz ein): Stilus est optim*us* magist*er* dicendi. Vita rustica diligentiae magistr*a* est. Tempus est optim*us* vitae magist*er*. Sol temporum ac siderum rect*or* est. Aquila est *regina* avium. Athenae omnium doctrinarum inventr*ices* fuerunt. Invidia est assidu*a* comes eminentis fortunae. Divitiae duc*es* bland*ae* sunt ad voluptatem. Templum potest gravissim*us* test*is* esse. (Sehr auffallend Sall. Iug. 64, 5.)

Anm. 4. Wenn das Subjekt und das prädikative Substantiv verschiedenes Geschlecht oder verschiedenen Numerus haben, so darf sich das Verbum nach dem Prädikatssubstantive richten, wenn es diesem näher steht (z. B. Somnus imago mortis nominand*a* est. Paupertas mihi onus vis*um* est. Athenae clarissima urbs Graeciae fu*it*. Gens universa Veneti appellati *sunt*). Dieser Gebrauch findet stets statt, wenn ein Infinitiv Subjekt ist (z. B. Contentum suis rebus esse maximae *sunt* divitiae), selten jedoch, wenn das Subjekt eine Person ist (z. B. Iaculatores prima acies fact*a est*).

## II. Kongruenz des Prädikats bei mehreren Subjekten.

1) Sind die Subjekte **Personen** (oder persönliche Begriffe), so steht das Prädikat:

a) gewöhnlich im Plural, wenn es auf die Personen gleichmäßig bezogen wird, (besonders wenn es den Subjekten nachfolgt): Socrates et Gorgias ad summam senectutem vix*erunt*. Eius legationis Nameius et Verucloetius principem locum obtin*ebant* Hoc mihi promis*erunt* Pansa et Hirtius;

b) seltener so, daß daß es sich nach dem zunächststehenden Subjekt richtet, (besonders dann, wenn es den Subjekten vorausgeht oder zwischen dieselben eingeschoben ist, oder wenn es bei dem bedeutsamsten Subjekte steht, oder wenn die Subjekte jedes einzeln für sich genommen werden sollen): Condemn*atur* perpaucis sententiis Philodemus eiusque filius. Homerus fu*it* et Hesiodus ante Romam conditam. Consulares senatusque cunctus assens*us est*. Conon plurimum Cypri, Iphicrates in Thracia vix*it*. (Ungewöhnlich: Mater tua et soror a me dilig*itur*, Cic. Att. 1, 8, 1. In hac sententia Democritus, Empedocles, Aristoteles fu*it*, Cic. de fat. 39. Ibi Orgetorigis filia atque unus e filiis capt*us est*, Caes. b. g. 1, 26).

Anm. 5. Ist der Ausdruck *senatus populusque Romanus* Subjekt, so steht das Prädikat regelmäßig im Singular, weil jene Subjekte als eine Einheit betrachtet werden: Senatus populusque Romanus intelleg*it* bello opus esse. (Ausnahmen sehr selten, z. B. Liv. 37, 45 med.)

2) Sind die Subjekte **Sachen** (Konkreta, Abstrakta, Kollektiva), so richtet sich das Prädikat gewöhnlich nach dem nächststehenden Subjekt und zwar regelmäßig dann, wenn die Subjekte als eine Einheit betrachtet werden, (was namentlich bei Verbindung zusammengehöriger oder sinnverwandter Begriffe der Fall ist): Natura pudorque meus prohib*et* („mein schüchternes Wesen"). Religio et fides („gewissenhafte Treue") antepon*atur* amicitiae. Cingetorigi principatus atque imperium tradit*um est*. Vis*ae* nocturno tempore faces ardorque caeli. In me omnium ora atque oculi sunt convers*i*. Ad corporum sanationem multum ipsa corpora et natura val*et*. Impedimenta et omnis equitatus sequeb*atur*. Aetas et forma

---

* **Substantiva mobilia** sind: *deus dea, dominus domina, filius filia, magister magistra, minister ministra, nuntius nuntia, rex regina, victor victrix, adiutor adiutrix, effector effectrix, expulsor expultrix* u. a., (im weiteren Sinne auch *pater* u. *mater, frater* u. *soror).* — Im bildlichen Sinne heißt „Vater" fast stets *parens*, „Mutter" *parens* oder *mater;* Sohn, Tochter, Kind *alumnus alumna.* — Das Feminin von *auctor* heißt klassisch nicht *auctrix*, sondern *auctor* (Liv. 40, 4, 14). — „Sklavin" *ancilla*, nicht gut *serva.*

** Die wichtigsten **Substantiva communia** sind: *dux* Führer, Führerin; *artifex* Künstler, Künstlerin; *heres, comes, testis, vindex, parens, adulescens, iuvenis, sacerdos, custos, infans.*

et super omnia Romanum nomen te ferociorem fac*it*. Selten steht der Plural, wenn das Prädikat auf die sachlichen Subjekte gemeinsam bezogen wird: Vita mors, divitiae paupertas omnes homines permov*ent*. Laetitia et libido in bonorum opinione vers*antur*. *Sunt* in nobis consilium, ratio, prudentia.

3) Sind die Subjekte nicht einfach kopulativ verbunden oder asyndetisch aneinandergereiht, sondern durch korrespondierende oder disjunktive Konjunktionen voneinander gesondert oder ausgeschlossen (durch *aut*, *aut — aut*, *vel — vel*, *et — et*, *nec — nec*, *cum — tum*, *non modo — sed etiam* &c.), so daß eine Zusammenfassung derselben entweder unmöglich ist oder doch nicht beabsichtigt wird, so richtet sich das Prädikat nach dem nächststehenden Subjekt, (welcher Art auch die Subjekte sein mögen): Non ego, sed tu hoc dix*isti*. Et castra et legiones et imperator in periculo vers*atur*. Aut tu aut pater hanc epistulam scrips*it*. Aut tu hanc epistulam scrips*isti* aut pater. Et ego et Cicero meus flagitab*it*. Operam dabo, ut cum cetera tum res publica tibi not*a sit*. Cretum leges sive Iuppiter sive Minos sanx*it*. Nihil mihi novi neque Crassus neque Pompeius ad dicendum reliqu*it*. Non modo vires, sed etiam vita me defic*it*. Ebenso bei anaphorischer Anreihung: Una lex, unus vir, unus annus nos liberavit. Non castrorum munitiones, non altitudo montis, non murus oppidi nos tardare pot*uit*. — Zuweilen ist jedoch auch eine Zusammenfassung (besonders bei *et — et*) möglich: Et ego et tu consules fu*imus*. Et filius et patris filius remiss*i sunt*. In decemviris neque Caesar neque Lentulus habit*i sunt*. Cave, ne Sulpicius aut Cotta plus quam ego apud te valere vide*antur*.

4) Das **prädikative Adjektiv** (oder Particip) steht,

a) wenn die Subjekte **Personen** (oder persönliche Begriffe) von gleichem Geschlecht sind, in demselben Geschlecht: Hannibal et Philopoemen veneno absumpt*i* sunt. Iuno et Minerva Troianis inimic*ae* erant; sind sie von verschiedenem Geschlecht, so steht das Prädikatsadjektiv im Maskulin: Pater mihi et mater mort*ui* sunt. Pavones et columbae amic*i* sunt.

b) Sind dagegen die Subjekte **Sachen**, so richtet sich das Prädikatsadjektiv gewöhnlich nach dem nächststehenden Subjekt: In me omnium vestrum ora atque oculi convers*i sunt*. Impedimenta et omnis equitatus secut*us est* (cf. II, 2). Seltener wird es auf die Subjekte gemeinsam bezogen, und in diesem Falle steht es, mögen die Subjekte gleiches oder ungleiches Geschlecht haben, im Neutrum Plur.: Nox atque praeda hostes remor*ata sunt*. Stultitia et iniustitia et intemperantia fugien*da sunt*. Murus et porta de caelo tact*a erant*. Honores, imperia, victoriae fortu*ita sunt*.

Anm. 6. Nur wenn die leblosen Dinge sämtlich Feminina sind, wird das Prädikatsadjektiv zuweilen in das Femininum Plur. gesetzt, aber fast nur dann, wenn ein den Subjekten gemeinschaftlicher Pluralbegriff weiblichen Geschlechtes zu ergänzen ist: Carthago et Corinthus eodem anno delet*ae sunt* (sc. urbes). Sicilia Sardiniaque amiss*ae sunt* (sc. insulae). Grammatice quondam et musice iunct*ae* fu*erunt* (sc. artes). Sapientia, temperantia, fortitudo cum voluptate copulat*ae sunt*. (Ungewöhnlich Sall. Cat. 51, 12: fama atque fortuna eorum par*es* sunt).

Anm. 7. Bei der (seltenen) Verbindung von lebenden Wesen und Sachen richtet sich das Prädikatsadjektiv, wenn alle Subjekte handelnd (persönlich) gedacht werden oder die Personennamen den wichtigern Begriff enthalten, nach dem Geschlechte der lebenden Wesen; andernfalls wird das Neutrum Plur. gesetzt, indem alle Subjekte als Sachnamen gedacht werden: Rex regiaque classis una profect*i* sunt. Milites ipsi et signa militaria obscurat*i* erant. Naves captivique restitut*a* sunt. Romani regem regnumque Macedoniae su*a* futur*a* sciunt. Naturā inimic*a* inter se sunt libera civitas et rex.

5) Bestehen die Subjekte aus **verschiedenen Personen**, so hat die erste Person den Vorzug vor der zweiten und dritten, die zweite vor der dritten: Ego et tu et amicus vicissitudinem fortunae experti *sumus*. Si tu et Tullia val*etis*, bene est; ego et Cicero val*emus*. Illam meam cladem vos et omnes boni nov*istis*.

Anm. 8. Auch in diesem Falle wird das Prädikat oft nicht auf alle Subjekte gemeinsam, sondern nur auf das nächststehende bezogen: Vos ipsi et senatus restit*it*.

Anm. 9. Bei einer an mehrere Personen gerichteten Anrede oder Frage wird zuweilen das Prädikat in der Pluralform mit dem nur eine der angeredeten Personen bezeichnenden Vokativ verbunden, um dadurch die Hauptperson vor ihren Genossen hervorzuheben: *Vos* vero, *Attice*, praesentem me cura lev*atis*. Quid est, *Cotta*, quid tac*etis*? *Vos, o Calliope*, precor, adspir*ate* canenti. — Eine der Umgangssprache entlehnte Ausdrucksweise ist die Verbindung des indefiniten Pronomens *aliquis* (oder *quis*) mit der 2. Pers. des Imperativs im Plural: Aper*ite aliquis* ostium „mache doch einer die Thür auf“ (eig. „du oder wer sonst da ist, öffnet die Thür“). Ähnlich verbindet Vergil *aliquis* mit der 2. Pers. in dem bekannten Verse: Exori*are aliquis* nostris ex ossibus ultor (**Aen. 4,625**).

7. Die sogen. **Constructiones ad sensum** (*κατὰ σύνεσιν*) entstehen, wenn sich das Prädikat oder Attribut im Numerus und Genus nicht nach der grammatischen Form des Subjekts, sondern nach dem Sinne desselben richtet. Da diese Konstruktionen bei den besten Klassikern nur ausnahmsweise vorkommen — (bei Livius finden sie sich sehr häufig) —, so thut man am besten, sie beim Lateinschreiben ganz zu meiden. — Sie finden sich:

a) bei **Kollektiven** wie *multitudo, vis, numerus, turba, pars, manus, plebs, populus, civitas* u. a.: Magna multitudo hominum in urbem convener*ant*. Pars navium haust*ae sunt*. Nobilitas rem publicam deseruer*ant*. Cetera classis, praetoria nave amissa, fug*erunt*. (Auch bei Städte- und Ländernamen: Latium Capuaque agro multat*i* sunt.) Delecta iuventus magna vi obsisteb*ant*. (Cicero gebraucht diese Sinnkonstruktion nicht bei dem Prädikate desselben Satzes, sondern nur, wenn in einem folgenden Satze der betreffende Kollektivbegriff als Subjekt zu ergänzen ist: Multitudo contul*it* se ad Epicuri disciplinam, quod illecebris voluptatis invitab*antur*. Hoc idem generi humano evenit, quod in terra collocat*i sunt*);

b) bei **milia** mit einem Genitiv: Duo milia Tyriorum crucibus affix*i* sunt. Ad septem milia hominum in naves imposit*os* Neapolim transmisit;

c) bei **uneigentlichen** Ausdrücken: *Capita* coniurationis securi percuss*i* sunt. Illa *furia* (sc. Clodius) . . . impunitatem assecut*us* est. Duo *fulmina* imperii nostri, Cn. et P. Scipiones, in Hispania extinct*i* occiderunt. Duo importuna *prodigia* („Ungeheuer von Menschen“), qu*os* . . . .;

d) bei den **partitiven** Ausdrücken *uterque, quisque, alius — alium, alter — alterum* u. ä.: Uterque eorum exercitum ex castris educ*unt*. Levissimus quisque novas res maleb*ant*. Alius alium in pugna trucidav*erunt*. Livius verbindet auch *nemo, neuter, nec quisquam* u. ä., weil der Plural nulli homines darin enthalten ist, mit dem Plural, z. B. Nemo eorum aut ip*si* ven*erunt* aut nuntium mis*erunt*. Neuter consulum potuer*ant* bello abesse;

e) wenn zu einem Subjekt im Sing. noch ein anderes Nomen durch die Präpos. **cum** hinzugefügt wird: Ipse dux *cum* aliquot principibus capi*untur*. Hamilcar *cum* suis Sicilia decess*erunt*. Lentulus *cum* ceteris constituer*ant*. (Cicero aber sagt: Domitius *cum* Messala cert*us* esse vide*batur*. Tu ipse *cum* Sexto quid cogit*es*, scire velim).

Anm. 1. Bei *partim — partim* (= alii — alii) wird die Konstruktion nach dem Sinne stets beobachtet (cf. 47, Anm. c). — Bei *unus et alter* „einer und noch einer, ein Paar“ und *unus vel (aut) alter* „einer oder zwei, einer bis zwei“ steht der Singular: Unus et alter dies intercesser*at*.

Anm. 2. Beachte auch folgende Sinnkonstruktionen: Domitius Massiliam pervenit atque ab *eis* (sc. Massiliensibus) receptus urbi praeficitur. Veiens bellum est exortum, *quibus* (sc. Veientibus) Sabini arma coniunxerunt. Calliditas Graeca, apud *quos* (sc. Graecos) fallere hostem gloriosum fuit. Reliqua multitudo fugere coepit, ad *quos* consectand*os* Caesar equitatum misit.

8. 1) Rem publicam mihi crede staturam non esse, nisi ignavia, avaritia, iniustitia ex ea sublat*a erit*. 2) Orphei cantus tam dulcis fuit, ut non modo homines bestiaeque, sed etiam saxa arboresque allectat*a* (od. allectat*ae*) esse dicantur. 3) Et Miltiadem et Cimonem filium virtute bellica excellent*em* (od. excellent*es*) exstitisse proelia ad Marathonem et Eurymedontem commissa testimonio sunt. 4) Periculum non est, ne milites imperatoris severitatem conquerantur, dummodo iustitia, fortitudo, con-

silium ei adiunct*um sit*. 5) Senatus populusque Romanus turpem pacem a Mancino cum Numantinis pactam repudiare non dubit*avit*. 6) Quanti amicitiam faciendam esse veteres philosophi existimaverint, eo ipso apparet, quod veros amicos optimam pulcherrimamque supellectilem habend*os* (nicht gut habend*am*, weil das Subjekt ein Personenname ist) esse professi sunt. 7) Nec Demosthenes nec Hyperides naturae concess*it* (od. concess*erunt*); nam ille veneno mortem ipse sibi conscivit, hic supplicio affectus est. 8) Hoc nec tu nec quisquam alius negaver*it* (od. nec tu negaver*is* nec quisquam alius) Athenas in certamine artium semper vict*rices* fuisse. 9) Rosam omnium florum pulcherrim*am* esse constat. 10) Nihil magis tibi suadeo, quam ut memoriam quantum possis exerceas, ut eam habeas cert*am* omnium, quas didiceris, rerum custodem. 11) Magnus numerus hostium fugatorum per agros dilaps*us est* (nicht dilaps*i sunt*); aliud agmen propinqua oppida petiv*it*; plus tria milia captivorum trucidat*a* (nicht trucidat*i*) sunt. 12) Tibi persuade timorem nec cert*um* nec diuturn*um* officii magistr*um* esse. 13) Dic, qui sit factum, ut aquila appellaretur armig*era* Iovis. 14) Hodie etiam sunt, qui stellas crinitas bellorum, pestilentiarum, aliarum calamitatum praenunti*as* esse opinentur. 15) Magna vis latronum perditorumque hominum in urbem convener*at* (nicht convener*ant*); quorum pars domibus stramento tectis ignem subiec*it* (nicht subiec*erunt*), pars portas occupav*it*, ut civibus fugam intercluder*et* (od. Plur.). 16) Lydis, cum rebellavissent, arma equique a Cyro adempt*a* (od. adempt*i*) sunt. 17) Nullus fere dies praeterit, quin mater, simulatque cuiuslibet rei neglegentem me vidit, dictitet: Ordo conservat*or* vitae opportunitatisque *parens* est. 18) Quid est, quod tu et frater, qui plurimum adhuc fidei meae tribuer*itis*, nunc vereri incipi*atis*, ne ego amicique mei res vestras parum diligenter ger*amus*? 19) Qu*am* comitem homines habere possunt meliorem quam rectam conscientiam? 20) Quamquam omnia apud vos *bene* et *recte esse* tu tuique scrib*itis*, tamen ad vos non veniam, quia Romae tut*o* me non *fore* scio. 21) Quod Horatius pecuniam ait omnium rerum esse *reginam*, idem ad nostram quoque aetatem pertinet (od. in nostram aetatem cadit). 22) Quis est, qui dubitet, quin leges validissim*ae* rerum publicarum custodes (od. conservat*rices*) sint? 23) Hannibal, cum peteret Alpes, ad Druentiam pervenit, qui amnis (Alpinus) omnium Galliae fluminum difficillim*us* transitu est. 24) Ut non omnem errorem stultitiam dicend*um* (od. dicend*am*) esse facile concedo, ita in errore perseverare stultitiae esse dico. 25) Sunt qui per ora vestra magnifice incedant sacerdotia, consulatus, triumphos ostentantes, perinde quasi *ea* honori dat*a*, non vi rapt*a* ab eis sint.

## 2. Attribut und Apposition.

9. Im Deutschen werden oft zwei Substantive (nämlich Genus und Species) attributiv zusammengestellt, wie „das Wort Liebe", „das Verbum laufen". Eine solche Zusammenstellung ist im Latein. nur dann gebräuchlich, wenn dieselbe Sache zugleich durch einen Eigennamen und den betreffenden Gattungsnamen bezeichnet wird, wie: **Archias poeta, Taurus mons, insula Sicilia, flumen Rhenus, urbs Roma, oppidum Gergovia, mare Oceanus**; (der Gen. ist hier selten, wie **oppidum Antiochi*ae*, flumen Astur*ae*, promunturium Misen*i***). In allen

anderen Fällen muß das Wort, welches die Bestimmung enthält, im **Genitivus epexegeticus** (cf. 69) stehen, z. B. Nomen amor*is*, verbum curr*endi*, flos ros*ae*. Cf. jedoch 55, Anm. 4. Anm. Zu beachten ist *ludi* vor den Namen der Feste und Spiele: *ludi Olympia, ludi Floralia, Megalensia, Consualia* (nicht ludi Olympici, Florales etc.)

1) Verbum posc*endi* supino caret. 2) Vocem lup*i* constat propinquam esse nomini Graeco λύκος 3) Nomen piet*atis* levius pro tuis in me meritis videtur esse. 4) Euphrāt*es* fluvius ex Armenia oritur. 5) Sar**dis** urbs in Tmol*o* monte sita erat. 6) Gens Scip*ionum* multos fortissimos viros tulit. 7) Triste est nomen car*endi*, quia vis ei subicitur non habendi, quod requiras. 8) Extra Graeciam magna dicendi studia fuerunt maximique honores huic laudi habiti illustraverunt nomen orat*oris*. 9) Quam bene Cicero de re publica Romana meruerit patefacta coniuratione Catilinaria, eo ipso apparet, quod cives eum paulo post ornaverunt nomine patr*is* patriae.

10. Zuweilen werden Substantive als attributive **Adjektive** mit anderen Substantiven verbunden, namentlich die Substantiva mobilia auf *tor* (cf. 166). So sagt man auch in Prosa: exercitus *tiro* „ein ungeübtes Heer"; exercitus *victor* „ein siegreiches Heer"; *victrix* legio; *victrices* litterae „ein siegberichtendes Schreiben"; homo *gladiator*; filius *adulescens; iuvenis* consul; *infans* puer; soror *virgo* „unverheiratet" (innupta nur dichterisch); mulier *ancilla;* proavi *reges;* anus *sacerdos;* vulpes *mas*, anser *femina;* bos *arator* „Pflugstier"; foederum *ruptor* dux; *effector* mundi deus „Weltschöpfer"; fuit in Metello *contemptor* animus; in tam *corruptrice* provincia; *bellatrix* iracundia „die kriegerische Zornsucht"; *deletrix* huius imperii sica „der unser Reich meuchelnde Dolch"; *liberator* ille populi Romani animus u. a. Ebenso werden alle Völkernamen in Verbindung mit Personennamen adjektivisch gebraucht, wie: miles *Gallus*, milites *Persae*, philosophus *Syrus*, *Poenus* dux, equites *Thraces*, pedites *Hispani*.

Anm. 1. Dichter gehen in diesem Gebrauche außerordentlich weit: artifex motus, artifices manus, turba incola, iuvenes anni, senes anni, hospita aequora, servum pecus, victricia arma etc.

Anm. 2. Die römischen Gentilnamen auf *ius* (und bei der claudischen Familie der Vorname *Appius*) werden dann als Adj. gebraucht, wenn die Familie oder Gesetze, Bauten und öffentliche Stiftungen bezeichnet werden: gens Cornelia, lex Aemilia, leges Clodiae, via Flaminia, Appia via, theatrum Pompeium. Cf. dagegen classis Pompe*iana*, partes Sull*anae*, familia Cato*niana*, consulatus Mari*anus* etc.

11. **Gehört ein attributives Adjektiv zu zwei oder mehr Substantiven, so richtet es sich nach dem nächststehenden und wird entweder vor das erste oder hinter das erste oder hinter das letzte, aber nicht vor das letzte derselben gestellt.** Also „viele Söhne und Töchter" mult*i* filii et filiae oder filii mult*i* et filiae oder filii et filiae mult*ae*, (aber nicht filii et multae filiae, weil in diesem Falle multae nur zu filiae gehört). Cf. 536, 2. **Nur dann, wenn das Adj. einen besondern Nachdruck hat, wird es bei jedem Subst. wiederholt:** In Sempronia multae facetiae multusque lepos inerat. Suavissimum hominem et summi officii summaeque humanitatis. Homo summa potentia summaque fortuna. Mea opera meumque studium.

1) Cunct*ae* terrae mariaque (od. terrae cunct*ae* mariaque od. terrae mariaque cunct*a*) Romanis patebant. 2) Victoria Poenis mult*o* sanguine ac vulneribus stetit. 3) Volusenus consilii magn*i* et virtutis est. Cf. auch 160, 1.

12. Die griechische Sprache hat die Freiheit, **Adverbien** in Verbindung mit dem Artikel (ὁ, ἡ, τό) als **attributive Adjektive** zu behandeln, und auch im Deutschen kann zu jedem Substantiv ohne weiteres ein Adverb als Attribut hinzugefügt werden, wie: „Die Wälder umher, der Baum hier, die Wolken oben, das Dorf dort unten". Aber der Lateiner verbindet im allgemeinen keine Ad-

verbien **unmittelbar** mit Substantiven, sondern verwandelt dieselben entweder in ein entsprechendes **Adjektiv** (Pronomen), z. B. Hic homo „der Mann hier"; illa arbor „der Baum dort"; id iter „die Reise dorthin"; oder er bedient sich eines **Relativsatzes** (resp. **Participiums**), z. B. Homines, qui nunc sunt „die Menschen heutzutage"; gentes, quae circa incolunt (= gentes circa incolentes) „die Völkerschaften umher". Ausnahmen von diesem Gebrauche sind — abgesehen von den unten erwähnten Fällen — so selten, daß sie kaum zu einer Nachahmung berechtigen. Jedenfalls sehe man darauf, daß das Adverb nicht **allein** bei dem Subst. stehe, sondern noch durch ein anderes Attribut **gestützt** werde, so daß ein sogen. **geschlossener Ausdruck** entsteht (cf. 13, Anm. 3). In dieser Weise finden sich auch bei guten Schriftstellern zuweilen Ausdrücke wie: omnes *circa* gentes, duo *simul* bella, multa *ante* mala, multa *passim* agmina, nuda *infra* glacies, omne *inde* tempus, tanta *quasi* titillatio, deorum *saepe* praesentiae, discessus *tum* meus, omnes *undique* parricidae, nullo *publice* emolumento, magno *privatim* periculo, hi *deinceps* anni, mea *adhuc* lenitas, ego pacis *semper* laudator u. ä. — **Ausnahmen:**

a) solche sächliche Substantiva, die eigentlich *Partic. perf. pass.* sind, werden ebensowohl mit **Adjektiven** als (im ganzen häufiger) mit **Adverbien** verbunden, also: Praeclare od. egregie factum neben praeclar*um* od. egregi*um* factum; iniust*e*, improb*e*, nequ*iter*, superb*e* factum neben improb*um*, hostil*e*, illustr*e*, glorios*um* factum; stets *bene, male, recte* factum, aber mit dem Superlativ stets fortissim*um*, pulcherrim*um*, pessim*um* factum; — facet*e* und facet*um* dictum; brev*iter* et commode dictum neben breve et iocos*um* dictum; mea superi*ora* praedicta; acut*e* dicta et sapient*er* responsa; cogitabam eius multa iniqu*e* constituta et acta tollere; alicuius *bene* inventis obtemperare.

Anm. Neben *facta* wird besonders für Kriegsthaten auch **res gestae** gebraucht und zwar in Verbindung mit den Adjektiven *multae, magnae, memorabiles, praeclarissimae, praestantissimae*, während andere Attribute mit **Adverbien** angegeben werden, z. B. res *prospere* (*fortiter, feliciter, male, strenue*) gestae. Die **Person** steht bei res gestae gewöhnlich im **Genitiv**, (seltener mit *a* c. abl.); also Atheniens*ium* res gestae, clarissim*orum* reg*um* res gestae; so auch *meae* (*tuae* etc.) res gestae = res *a me* (*a te* u. s. w.) gestae. Cf. Omnes clarissim*orum* duc*um* res gestae cum *tuis* conferri non possunt. Mihi videor de omnibus rebus *eius* gestis dixisse. *Tuae* res gestae notae sunt. Consules de rebus *a se* gestis agunt. Meum illud iter ob praeclarissimas res *a me* gestas susceptum est.

b) **Zahladverbien werden mit Amtsnamen verbunden, welche in Apposition stehen:** Marius *primum (iterum, tertium, septimum* et *postremum)* consul. Marii *bis (ter, septies)* consulis vita.

c) **Adverbien geben bei einem Subst. nicht eine neu hinzutretende Eigenschaft desselben an, sondern bestimmen die in dem Begriffe desselben liegende Eigenschaft dem Grade nach:** *plane* vir „ein ganzer Mann", d. h. ein Mann im vollkommenen Sinne des Wortes (Gegens. *parum* vir „in zu geringem Grade ein Mann"); natura *plane* artifex „eine vollendete Künstlerin"; vir egregius ac *vere* Metellus „ein echter Metellus"; *vere* victor, homo *vere* Romanus, *paene* miles „ein halber Soldat"; homo *magis* vir inter mulieres proferri non potest; Cicero *admodum* puer, *admodum* senex.

13. **Zwar gilt im allgemeinen die Regel, daß der Lateiner es vermeidet, einen Präpositionalausdruck als Attribut** unmittelbar mit einem **Substantiv** zu **verbinden.** Er gebraucht statt dessen:

1. einen **Genitiv**: litterae Darei von Darius, bellum Poenorum gegen die Punier, transitus Alpium, triumphus Boiorum, prospectus maris etc.;
2. ein **Adjektiv**: bellum Punicum gegen die Punier, Cicero Arpinas aus Arpinum, corona aurea von Gold (193, c);
3. ein hinzugefügtes **Participium**: bellum cum Poenis gestum, urbes ad mare sitae, clades ad Trebiam accepta etc.;

4. einen **Relativsatz**: necessitudo, quae mihi est cum illo ordine meine Verbindung mit jenem Stande; Taciti liber, qui est de veteribus Germanis.

**Doch finden sich von dieser Regel vielfache Ausnahmen, und selbst bei Klassikern ist die unmittelbare Verbindung zweier Nomina durch eine Präposition nicht ungewöhnlich.** Sie findet statt:

a) sehr häufig bei Verbalsubstantiven, in welchen die verbale Kraft noch deutlich hervortritt: Reditus ad Antonium; transmissio ex Britannia in Galliam; a proposita oratione degressio; cursus ad gloriam; excessus e vita; concursus ex agris; veri a falso distinctio; exercitatio in armis; conspiratio contra dignitatem tuam u. ä.

Anm. 1. So auch bei Städtenamen: Alexandria discessus; Narbone reditus; nocturnus introitus Smyrnam; domum reditio; (iter Alexandream: Cic. Phil. 2, 48).

b) bei Substantiven, welche eine Gemütsstimmung bezeichnen (*Nomina affectuum*), bes. dann, wenn bei dem regierenden Nomen noch ein Attribut (Adj. oder Gen.) steht, oder wenn die Deutlichkeit es verlangt: Amor erga deum; pietas in parentes; mea adversus amicos benevolentia; Ciceronis de re publica cura; ex civibus amissis dolor u. ä. (cf. 70, Anm.).

c) bei Angabe des Ursprungs, der Herkunft, des Stoffes, des Ganzen in Beziehung auf einen Teil: Homo de plebe; malus poeta de populo; ex Arcadia hospes; incola a Tarquiniis; legati ab Alexandro; a Pyrrho perfuga; honos a senatu; rabula de foro; ex India elephanti; litterae a Caesare; statua ex marmore; signa ex aere; homo ex numero disertorum; commentarii de bello Gallico; oratio de imperio Cn. Pompei; oratio in Catilinam, pro Archia u. ä.

Anm. 2. Der Name der Tribus, zu der eine Person gehört, tritt im bloßen Abl. zu dem Namen hinzu, z. B. Q. Verres Romilia (= tribū̆s Romiliae).

d) bei Angabe des Ortes, der Zeit, des Grundes ꝛc.: Pugna navalis ad Tenedum; Thurii in Sallentinis; insula in lacu Prilio; omnes ante Socratem philosophi; remedium adversus dolorem u. a.

e) bei der Präposition **sine** zur Umschreibung deutscher Adjektive, welche einen Mangel bezeichnen, und bei der Präpos. **cum**, um ein Versehensein mit etwas anzugeben: Civitas sine imperio „herrscherlos"; sine luctu victoria „thränenlos"; exercitus sine duce; sacra sine sanguine „unblutige Opfer"; lectio sine ulla delectatione „unerquicklich"; homo sine sede „heimatlos"; vir temperatus et sine metu; miles ignavus et sine animo u. a. Mulier cum sordida veste; fletus cum singultu; otium cum dignitate „ehrenvoll"; interitus cum scelere; mors cum gloria; vitae cultus cum elegantia „geschmackvoll" u. a.

Anm. 3. Völlig tadellos sind solche präpositionale Ausdrücke dann, wenn sie zwischen Attribut und regierendem Substantiv stehen, weil hierdurch die sonst getrennten Begriffe zur Einheit der Vorstellung verschmelzen (**geschlossener Ausdruck**, cf. 12). Man sagt also gut. multae in Graecia urbes; tertius de philosophia liber; Marcelli ad Nolam proelium; Caesaris in Hispania res secundae; eius in provincia statuae; summi ex Graecia homines etc.

14. **Es giebt zwei Arten von Appositionen,** nämlich: 1) **relative** Appositionen, **welche für einen Relativsatz stehen,** z. B. Romulus, *Martis filius*, Romam condidit, d. h. qui Martis filius fuit; — 2) **adverbiale** (oder **prädikative**) **Appositionen, welche für einen Adverbialsatz stehen (oder den Zustand, das Verhältnis der betreffenden Person oder Sache während des ausgesagten Vorgangs näher bezeichnen), wo im Deutschen „als" zu der Apposition gefügt wird,** z. B. Cato *senex* historiam scribere instituit, d. h. cum senex esset, „als Greis".

Anm. Wenn sich eine Apposition auf einen ganzen Satz bezieht, indem sie eine aus der im Satze ausgesprochenen Handlung hervorgehende Wirkung oder einen Erfolg, ein Ergebnis oder eine Absicht bezeichnet, so wird sie regelmäßig durch einen vollständigen Relativsatz ausgedrückt. Cf. „Man brach das Lager ab, eine Ermutigung für die Römer" mota sunt castra, *quae res Romanis auxit animos.* „Mein Vater ist gestern gestorben, ein schreckliches Unglück für mich und meine Familie" pater meus heri mortuus est, *quae res mihi meisque calamitosissima est.* Lacedaemonii Agim regem necaverunt, *quod numquam antea apud eos acciderat* „ein bis dahin bei ihnen unerhörtes Ereignis". Ipsi milites quosdam turbatores tradiderunt, *quod erat documentum fidei* „ein Beweis ihrer Treue". — Selten steht in diesem Falle lateinisch eine Apposition (im Nom. od. Acc., jenachdem es die Konstruktion des Satzes verlangt): Vulgo ex oppidis Pompeio gratulabantur, *inceptum sane negotium*. Admoneor, ut aliquid etiam de humatione et sepultura dicam, *rem non difficilem*. Eine solche Apposition findet sich jedoch bei guten Schriftstellern fast nur dann, wenn sie den Sinn eines abschließenden Urteils (Epiphonems) hat oder einen (oft ironischen) Ausruf bildet: Numquam se minus otiosum esse Scipio dicebat, quam cum otiosus, nec minus solum, quam cum solus esset: *magnifica vero vox et magno viro digna!* Dicitis non intellegere vos, quam dicatis voluptatem: *rem videlicet difficilem et obscuram!* Cf. Cic. Tusc. 1, 102; 1, 65; 1, 86; 3, 49; Fin. 2, 75; Or. 75; de Or. 2, 79.

15. Hat das Subjekt eine Apposition bei sich, so richtet sich das Prädikat doch nach dem eigentlichen Subjekt, besonders wenn dasselbe eine Person bezeichnet. Wenn aber der Hauptnachdruck auf der Apposition liegt oder wenn ein geographischer Eigenname die Wörter *urbs, civitas, oppidum, colonia, flumen, mons* u. ä. als Apposition bei sich hat, so richtet sich das Prädikat nach der Apposition (cf. 23, 2).

16. 1) Syracusae, nobilissima Siciliae urbs, cum a Romanis defecisse*t*, a Marcello, quem ab ipsis aequalibus gladium Romanorum appellatum esse constat, diuturna obsidione capt*a est*. 2) Num Marcio cognomen Coriolanus propterea datum sit, quod Corioli, Volscorum oppidum, illius maxime virtute expugnat*um* er*at*, non constat. 3) Scitote multorum saepe hominum mores aura populari, temerari*a* vitiorum laudatr*ice*, pessumdatos esse. 4) Fieri non potest, quin amicitia funditus evertatur, si ex ea pudor, cupiditatum moderat*or*, erit sublatus. 5) In eo bello, quod Iones cum rege Persarum gesserunt, perincommode accidit, quod Sardes, Lydorum caput, incendio delet*um est*. 6) Postquam potentissim*i* reges nationesque (od. reges nationesque potentissim*ae*) a Romanis vi sunt subact*i* (od. subact*ae*) atque *omnes circum mare internum terrae* (= omnes terrae circum mare int. sitae) eorum imperio parebant, ingens omnium rerum mutatio facta est; nam populo eidem, qui labores, pericula, res asperas facile toleraverat, otium et divitiae, aliis optand*a* (od. optand*ae*), fuerunt perniciós*a* (od. perniciós*ae*). 7) En ciconiae redeunt, veris nunti*ae*! 8) Marcius ira, pessim*a* consultr*ice*, ductus bellum contra patriam gerere non dubitavit.

17. Die deutsche Partikel **„nämlich"** wird, wenn sie lediglich zur Einführung einer Apposition dient, gar nicht mitübersetzt: Avaritiam si tollere vultis, mater eius est tollenda, luxuries („nämlich die Schwelgerei"). Te, consulem, appello („dich, nämlich den Konsul"). Omitto illas omnium doctrinarum inventrices, Athenas. So fällt „nämlich" auch bei ganzen Sätzen weg, wenn dieselben eine Apposition bilden: Satis perspicio, quid nunc maxime agas, *ut* („nämlich daß") me pessumdes. Caesar ab Ariovisto idem postulat, quod legatis mandaverat, *ne* („daß nämlich nicht") Haeduis bellum inferret. — Nur selten wird das appositionelle „nämlich" im Latein. ausgedrückt, und zwar: a) durch **is est** oder **is qui est (fuit, erat** etc.) oder **dico**, um die Apposition mit größerem Nachdruck hervorzuheben oder jedes Mißverständnis zu beseitigen (gleich dem deutschen „ich meine nämlich"): Quam fuit imbecillus P. Africani filius, *is qui* te adoptavit! Florebat tum in Italia potentissimis urbibus Graecia, *ea quae* Magna dicta est. Dabei ist zu bemerken, daß bei *dico* der Nom. in den Acc. verwandelt wird, die übrigen Kasus aber unverändert stehen bleiben: Superiores ad omne genus magis apti erant, Crass*um dico* et Anton*ium* (Cic. Tusc. 4, 36 u. 106 u. 219; or. 197; de l. agr. 2, 95). Quam hesternus dies nobis, consular*ibus dico*, turpis illuxit! Non ignoro varias fuisse philosophorum sententias, *eorum dico*, qui summum bonum in animo ponerent (Cic. Tusc. 5, 105; Phil. 5, 49, Planc. 30); — b) durch **scilicet, videlicet, nimirum, quippe,** wenn die

Sache (oft mit Ironie oder Unwillen) als **selbstverständlich** oder **leicht erklärlich** bezeichnet werden soll: Senectus semper agit aliquid, tale *scilicet*, quale cuiusque studium in superiore vita fuit. Vocem consulis ferre non potuit Catilina, homo *videlicet* timidus et permodestus. Sol magnus videtur Democrito, *quippe* homini erudito; — c) durch **et**, **que**, **atque**, wenn „**nämlich**" im Sinne von „**und zwar**" an einen allgemeineren Begriff einen specielleren als genaue Bestimmung anknüpft (cf. 506, 1): Cecrops Aegyptius *et* Saita („nämlich aus Sais") fuisse dicitur. Morbus pestilentia*que* („nämlich die Pest"); — d) durch den **Genitivus epexegeticus** (cf. 69).

18. 1) Cicero non modo ad unum illud genus litterarum se contulit, quo omnibus Romanis longe eum praestitisse constat, eloquentiam, sed a nulla abhorruit omnium artium ac disciplinarum ad humanitatem pertinentium. 2) Etiam probissimus omnium philosophorum Graecorum, Socrates, poculum mortiferum hausit. 3) Haud alienum mihi est visum de Bruto eo, qui rem publicam Romanam in libertatem vindicavit, paucis exponere. 4) Quibusdam rebus facile concedo vobis me inferiorem esse, genere (dico) et fama. 5) O te stultum, qui tuo ipse fratri, homini *videlicet* certissimo omnique fide dignissimo, diffidas! 6) Agesilaus Xenophontem Atheniensem, quem diligebat et secum habebat, filios suos Lacedaemone educare iussit, ut omnium artium optimam discerent parendi imperandique. 7) Livius in principio unius et vicesimi libri bellum maxime omnium memorabile, quae unquam gesta sint, se scripturum esse dicit, quod Carthaginienses cum populo Romano gesserunt. 8) Quid est dulcius litteris, *eis dico*, quibus infinitatem rerum atque naturae et in hoc ipso mundo caelum, terras, maria cognoscimus? 9) Socrates non modo hoc modo illud, sed idem semper dicebat, animos hominum divinos esse.

19. **Die vor der Apposition stehende, zur Anknüpfung erklärender Zusätze dienende Partikel „als" wird höchst verschieden übersetzt je nach der Beziehung, in welcher sie zum Subjekt oder Prädikat steht.**

a) **Sie wird gar nicht besonders ausgedrückt: 1) bei den Verben, welche mit einem Prädikatsnomen im Nom.** (cf. 3) **oder mit dem doppelten Acc.** (cf. 37) **verbunden werden:** Praestitisti te virum. Cicero patronus extitit „trat als Anwalt auf". Somnium verum evasit „erwies sich als wahr". Pietas erga parentes maxima virtus habetur „gilt als". Hoc summum malum existimandum est „ist anzusehen als". Fortissimos viros imitandos mihi proposui „als Vorbilder"; — **2) wenn der mit „als" angeknüpfte Zusatz etwas Faktisches schlechtweg bezeichnet, besonders bei Angabe des Amtes, der Würde oder des Lebensalters, während dessen Dauer eine Person etwas thut oder leidet:** Cato *senex* historiam scribere instituit. Cicero *consul* patriam ab interitu vindicavit. Pelopidas *legatus* in Persas est profectus.

b) **Hat der mit „als" eingeführte Zusatz kausale Bedeutung oder motivierende, argumentierende Kraft, so muß „als" bald durch das begründende ut** (cf. 395), **bald in noch bestimmterer Weise durch einen Konjunktionalsatz oder einen Relativsatz (mit *cum, quippe qui, ut qui, utpote qui* u. ä.), bald durch eine Participialkonstruktion ausgedrückt werden:** Diogenes *ut* Cynicus proici se iussit inhumatum („Diogenes als ein Cyniker", d. h. weil er ein Cyniker war). Achaei, *cum* Romanorum socii essent, auxilia miserunt („die Achäer schickten als Bundesgenossen der Römer Hilfstruppen"). Illi, legati *cum* essent, certo in loco consederunt („dieselben saßen als Gesandte, d. h. in ihrer Eigenschaft als Gesandte, auf einem bestimmten Platze"). Philippus, *quippe qui* callidissimus esset (= *ut erat* callidus oder *qua erat* calliditate), Graecos decepit („Philipp wußte als schlauer Mann die Griechen zu täuschen“).

c) **Wenn „als“ beschränkende Kraft hat, wird es durch ut übersetzt:** Hominem *ut* oratorem probo, *ut* civem non probo „er hat meinen Beifall als Redner, als Bürger aber nicht“. Multae in Catone *ut* in homine Romano litterae erant „Cato besaß als Römer, für einen Römer eine bedeutende wissenschaftliche Bildung“. — **Wenn „als“ etwas bloß Vermeintliches, bloß auf subjektiver Annahme Beruhendes, oder gar bloß eine Ähnlichkeit, einen Vergleich bezeichnet, so ist es durch ut, tamquam, quasi zu übersetzen:** Quod non decet, poeta fugit *ut* maximum vitium („als den größten Fehler“, d. h. indem er es für den größten Fehler hält). Eloquentiae *ut* socia atque alumna se adiunxit historia. Animi mortuorum in caelum *quasi* in domicilium suum perveniunt. Erant qui censerent interfectores Caesaris *ut (tamquam)* parricidas maximis suppliciis esse afficiendos. Lycurgus auri argentique usum *tamquam* omnium scelerum materiem sustulit.

d) **Liegt in „als“ die Bezeichnung einer Absicht oder eines Zweckes, so ist in der Regel ein Finalsatz oder *causa, gratia* c. gen. oder eine ähnliche Wendung zu gebrauchen:** Alexander Persepolim incendit, ut Athenas deletas ulcisceretur („Al. steckte Persepolis in Brand als Rache für die Zerstörung Athens“). Canes alo domus custodiendae *causa* („als Wächter“). Aliquid monumenti *causa* sibi reservare „als Andenken“).

e) **„Als“ im Sinne von „zum Beispiel“ heißt *ut* oder *velut*; = „anstatt, ganz wie, so gut wie“ *pro, loco, numero*** (cf. Anm. 2); **= „nach Art und Weise“ *more, modo, in modum*; = „nach dem Rechte“ *iure*; = „zum Zwecke, zu“ wird es bei den Verben des Gebens, Schickens, Dienens, Kommens u. ä. durch den Dativ des Zweckes** (cf. 66) **übersetzt** (z. B. dono dare „als Geschenk geben“, vitio dare „als Fehler anrechnen“, praesidio relinquere „als Besatzung zurücklassen“).

Anm. 1. In den Redensarten „als etwas berühmt sein, sich auszeichnen, glänzen“ (z. B. als Dichter, Redner, Feldherr) kann im Lateinischen nicht, wie im Deutschen, ein appositives Nomen angewandt werden; vielmehr ist zu sagen: inter poetas oder in poesi excellere, dicendi vi, eloquentiae laude, imperatoria laude, rei militaris gloria florere. Ebenso heißt „als Redner unbedeutend sein“ nullo in oratorum numero esse; „als Redner viel leisten“ (in) dicendo multum consequi; „als Staatsmann (Anwalt) thätig sein“ in re publica (in foro, in iudiciis) versari. cf. 164, Anm. 2.

Anm. 2. Bei den Verben „halten, betrachten, behandeln, gelten, sich zeigen, sich benehmen“ u. a. wird das eine Stellvertretung ausdrückende „als“ im Sinne von „gerade wie, ganz wie“ überaus oft durch **pro, (in) loco, (in) numero** ausgedrückt: Aliquem servi loco habere, patris loco colere, in desertorum numero ducere; non pro amico, sed pro hoste habere; an pro nihilo id putas? Zeno Iovem (in) deorum numero non habet; innocentia pro malevolentia duci coepta est; videri possunt permulta somniantibus falsa pro veris; pro certo affirmare „als gewiß behaupten“ (aber certum affirmare „etwas Gewisses behaupten“); pro infecto habere „als ungeschehen ansehen“; pro cive se gerere; ille mihi parentis numero est; pro nihilo ducere. — Auch gehören hierher die Redensarten habere aliquid in beneficiis „als Wohlthat ansehen“, in damno, in rebus turpissimis, in laude ponere, in poena putare, in gloria ducere, in bonis numerare u. ä.

20. 1) Pythagoras omnibus temperantiam *ut* parentem virtutum commendabat gravitateque dicendi hoc consecutus est, ut matronae omnia dignitatis decora *ut* (od. *tamquam*) instrumenta luxuriae ponerent. 2) Quid mirum, quod anseres *ut* servatores Capitolii (od. *quippe qui* Capitolium servassent) a Romanis praecipuo honore colebantur? 3) Optima hereditas a patribus relinquitur liberis gloria virtutis rerumque gestarum, cui dedecori esse nefas et impium iudicandum est. 4) Aristophanes de Platone epigrammate quodam dixerat in animo eius *tamquam* in templo domicilium

sibi constituisse ipsas Gratias. 5) Natura manus homini dedit ministras multarum artium. 6) Oblitusne es Ciceronem et quaestorem Siciliam administrasse et aedilem reum fecisse Verrem et praetorem legem Maniliam suasisse et consulem coniurationem Catilinariam patefecisse? 7) Quae pueri agere assueverimus, ea senes agere non omittemus. 8) Cum piratae a Caesare, quem Rhodum navigantem ceperant, viginti talenta pro redemptione postulassent, ille eos irrisit *ut* ignorantes, quem cepissent, seque quinquaginta daturum pollicitus est. 9) **Temporibus maiorum nostrorum hostes fines nostros ingressi** non vict*orum*, sed latr*onum more* egerunt. 10) Ithaca insula, *cum* montium plena *esset* (od. *ut erat* aspera et montuosa), ad equos alendos idonea non fuit. Archytas *ut* Pythagoreus (= cum Pythagoreorum disciplinae addictus esset) faba abstinuit. 11) Zopyrus Dareum oravit, ut *pro* perfuga in castra Babyloniorum transire sibi liceret. 12) Adventum tuum *pro* omine (od. omin*is loco*) accipio. Res prodig*ii loco* habita est. 13) Hoc *pro certo* dico, Caesarem et *experientia rei militaris* et *prudentia civili* ceteris omnibus Romanis longe praestitisse; sed tantus hic vir etiam in litteris multum est versatus atque et *libris*, *quos scripsit*, et *orationibus*, *quas habuit*, insignem laudem tulit. 14) Dumnorix *gratia* et *largitione* apud Sequanos plurimum poterat et Helvetiis erat amicus, *quod* ex ea civitate Orgetorigis filiam in matrimonium *duxerat*. 15) Nemo unquam maiore dicendi laude floruit quam Demosthenes. 16) Germanicus, quem Augusti *nepotem fuisse* supra diximus, bello Germanico praepositus *laude imperatoria* floruit atque *propter liberalitatem animi doctrinaeque magnitudinem* gratiam omnium Romanorum sibi conciliaverat. 17) Multa, quae nunc tibi *ut* puero videntur obscura, aliquando te docebit usus, optimus vitae magister.

21. Weil die Begriffe „heiter und freudig" nicht als Adverbien zu dem Verbum „trinken" gezogen werden, sondern als prädikative **Adjektive** eine Eigenschaft des Sokrates ausdrücken sollen: „Sokrates trank das Gift, indem er dabei heiter und freudig war". In dieser Weise setzt der Lateiner sehr oft ein auf ein Subst. bezogenes Adjektiv als **prädikatives Attribut**, wo im Deutschen ein Adverb oder präpositionaler Ausdruck steht, namentlich bei folgenden Wörtern: 1) bei den Adjektiven, die einen körperlichen oder geistigen Zustand (bes. eine Gemütsstimmung) bezeichnen, wie *laetus*, *tristis*, *libens*, *timidus*, *maestus*, *trepidus*, *invitus*, *iratus*, *voluntarius* etc., (aber regelmäßig *cupide*, *avide*, *studiose*); *sciens*, *insciens*, *inscius*, *nescius*, *prudens*, *imprudens*, *inopinans*; *vivus*, *salvus*, *incolumis*, *tacitus*, *absens*, *praesens* u. ä.; — 2) bei zahlreichen Adjektiven, die einen **Ort**, eine **Zeit**, **Zahl**, **Menge**, **Reihenfolge** oder ein **Rangverhältnis** bezeichnen, wie *inferior*, *superior*, *summus*, *extremus*, *postremus*, *ultimus*, *medius*, *proximus*, *prior*, *primus*, *princeps*, *unus*, *solus*, *frequens*, *diversus* „nach verschiedenen Seiten", *rarus*, *confertus*, *universus*, *totus* etc.: Sequani *tristes* terram intuebantur. Hannibal *princeps* in proelium ibat, *ultimus* conserto proelio excedebat. Hispania *postrema* omnium provinciarum perdomita est. Sapiens nihil facit *invitus*, nihil *iratus*. Senatus *frequens* convenit. Alexander poculum *interritus* hausit. Duces *diversi* discesserunt. Legati *inanes* („mit leeren Händen") redierunt. Naves *totae* ex robore factae. Sapiens *unus (solus)* sine aegritudine vivere potest. Hostes *praecipites* se fugae mandaverunt. Themistocles *totum* se dedidit rei publicae. Nunquam *conferti*, sed *rari* hostes proeliabantur. Consul castris se *pavidus*

tenebat. Hostes *alacres* gaudio per totam aciem discurrunt. *Praesens* tecum propediem loquar.

Anm. 1. Man unterscheide von dem prädikativen Attribute eine wirklich adverbiale Bestimmung des Verbums. Im Deutschen steht nämlich häufig dieselbe Ausdrucksweise für verschiedene Beziehungen. So muß der deutsche Satz: „Ich habe diesen Brief heute zuerst gelesen" je nach dem Zusammenhange in folgender Weise übersetzt werden:

a) Ego *primus* hanc epistulam hodie legi „ich bin der erste, welcher . . . .";
b) Hanc *primam* epistulam h. l. „dieser Brief ist der erste, welchen . . . .";
c) Hanc epistulam hodie *primum* legi „ich habe diesen Brief heute zum erstenmal gelesen";
d) Hanc epistulam h. *primum* legi, deinde transcripsi „ich habe diesen Brief zuerst gelesen, dann abgeschrieben";
e) Hanc epistulam h. *primo* libenter legi, *postea* mihi displicere coepit „ich habe diesen Brief anfangs mit Vergnügen gelesen, nachher mochte ich ihn nicht mehr lesen." —

Anm. 2. Bisweilen kommt es vor, daß in einem Satze ohne bedeutenden Unterschied ebensowohl die adjektivische als die adverbiale Form Verwendung finden kann. So heißt rem familiarem tuam *strenuus* auge „mehre dein Vermögen, indem du dabei thätig bist", aber r. f. t. *strenue* auge „mehre dein Vermögen auf thätige Weise". Ebenso *tardus* oder *tarde* ad me venisti; *laetus* oder *laete* vivo; *tacitus* oder *tacite* rogo; hoc *prior* oder *prius* feci. In den meisten Fällen ist jedoch entweder nur das Adjektiv oder nur das Adverbium richtig; so wäre z. B. in dem Satze „Niemand tanzt in nüchternem Zustande" das Adverb *sobrie* barer Unsinn, und es ist ein gewaltiger Unterschied, ob man sagt *prudens* („mit Vorbedacht") hoc feci oder *prudenter* („auf verständige Weise") hoc feci; *sciens* („wissentlich") de hac re dixisti oder *scienter* („einsichtsvoll") de hac re dixisti u. dgl. m.

Anm. 3. Von vielen Adj. findet sich gar kein Adverb, oder es fehlt in einzelnen Komparationsgraden; alsdann tritt das Adj. als Ersatz ein, z. B. *tristis* vivo. So fehlt das Adverb von *amens, dirus, discors, imbecillus* (aber Komp. imbecillius), *rudis, socors* (aber socordius), *tristis* (aber tristius), *trux, immobilis, contentus* „zufrieden", *gnarus* etc.

Anm. 4. Dichter gehen nach griech. Weise in dem Gebrauche der Adjektive statt der Adverbien weiter: Lupus gregibus *nocturnus* obambulat. *Serus* in caelum redeas diuque laetus intersis populo Quirini. *Vespertinus* tectum peto. *Domesticus* otiatur.

Anm. 5. **Operam dare** „sich Mühe geben" wird, wenn ein Finalsatz folgt, gewöhnlich als ein Wort behandelt, und darum werden mit ihm meistens nur Adverbien, selten Adjektive verbunden, wie *studiose, enixe, diligenter, sedulo, maxime, frustra, omnino* etc. Daher heißt „ich habe mir die größte Mühe gegeben" *maxime* (nicht *maximam*) operam dedi. (Ausdrücke wie *egregiam, omnem* operam dare sind selten; doch sagt man *magnam operam* od. *multum operae dare alicui rei.*) — Ebenso: *acriter impetum facere* „einen hitzigen Angriff machen"; *prospere bellum gerere cum aliquo* „mit jem. einen glücklichen Krieg führen"; *diligenter rationem habere alicuius rei* „sorgfältige Rücksicht auf etwas nehmen" u. a.

22. 1) Mortem venientem nemo const*ans* aut laet*us* excipit nisi qui ad eam diu se composuerit. 2) Non invit*us* feceram, ut de hac re ad senatum, qui frequ*ens* convenerat, referrem. 3) In tauro aëneo Phalaridis tyranni Perillus ipse, qui fabricaverat, prim*us* tostus est. 4) Maest*us* oculos deieci, nam miserebat me mulieris, cuius filius innoc*ens* interierat. 5) Cum turmae confert*ae* advolarent, mercennarii hostium milites trepid*i* terga verterunt. 6) Prim*um* de univers*a* philosophia, tum de propri*a* Platonis philosophia disputemus. 7) Tibi persuade me haudquaquam scient*em* (od. prudent*em*) te laedere voluisse, sed ea verba, quae animum tuum momorderunt, mihi insci*enti* (od. imprud*enti*) excidisse. 8) Adversarium aggredi advers*um* fortium est; sicarii non indignum esse putant eos, quos petunt, avers*os* et inopinant*es* sica perfodere. 9) Scelerum conscientia nocentes sollicitat*os* agitat. 10) Extrema epistula tua didici salv*um* (od. incolum*em*) te domum advenisse et filiabus tuis educandis tot*um* te daturum esse. 11) Per med*ia* prata, quae tot*a* floribus conspersa erant, rivus liquid*us* et tranquill*us* fluebat; unde haud procul aberat lucus, quo agricolae frequent*es* conveniebant. 12) Cum ceterae

legiones certamen pavid*ae* detrectarent, milites decimae legionis sese alacr*es* esse profecturos, quo Caesar se duceret, interrit*i* sunt professi. 13) Ganymedes ab aquila sublim*is* ablatus est. 14) Quae terra a Romanis postrem*a* in provinciae formam redacta est?

### 3. Übereinstimmung des Pronomens.

23. 1) *Haec* mea sententia est. *Hanc* (od. *istam*) existimo temeritatem. *Quam* tu dicis virtutem, eandem ego existimo furorem. *Quae* causa tristitiae tuae est? *Quid* amicitia est? Das Pron. **demonstrativum, relativum** und **interrogativum** stimmt mit dem **Prädikatssubstantive** in allen Stücken überein; wenn man aber nach der Definition oder dem Wesen eines Begriffs fragt, so ist das Neutrum *quid* zu nehmen: Hiero quaesivit de Simonide, *quid* esset deus. *Quid* est gloria nisi frequens de aliquo fama cum laude? Dagegen *quae* gloria est miseriae inopum illudere „was für ein (od. welch ein = qualis) Ruhm ist es, über die Not der Armen zu spotten?" *Quid* esse dicis voluptatem „was verstehst du unter Lustgefühl?" Dagegen *quam* dicis voluptatem „was für ein Lustgefühl meinst du?".

Vgl. aber Cic. Tusc. 5, 41; parad. 27.

Anm. 1. Sätze wie si *hoc* profectio et non fuga est (Liv. 2, 38, 5); spem in discordia Romana ponebant, *eam* impedimentum delectui fore (3, 38, 3); *hic* lumen quondam rebus nostris erit (1, 39, 3) u. ä. berechtigen zu keiner Nachahmung; jedoch steht das Subjektspronomen zuweilen dann im Neutrum, wenn der Satz negativ ist, die Kongruenz des Subjekts- und Prädikatsbegriffs also ausdrücklich verneint wird: Non est ill*ud* liberalitas; non est *hoc* lusus aut iocus; non preces sunt ist*uc*, sed efflagitatio; quamquam *id* non vocatur voluptas. — Ganz anderer Art sind Sätze wie *idem* voluptas est, *quod* indolentia. Quod ita erit gestum, *id* lex erit. *Quod* ego fui ad Trasumennum, *id* tu hodie es (cf. 6, Anm. 2). — Merke *quod res est* „was Thatsache ist, was wirklich der Fall ist" (= *id quod est*), z. B. Velim existimes, quod res est, municipii fortunas omnes in isto vectigali consistere.

2) Caesar pervenit ad flumen Scaldim, *quod* od. *qui* in Mosam influit. Wenn ein Relativpronomen sich auf ein mit einem substantivischen Attribute versehenes Substantiv bezieht, so kann es sich nach dem einen oder dem andern Subst. richten. Cf. Flumen Rhenus, *qui* agrum Helvetiorum a Germanis dividit. Hostes ad flumen Axonam contenderunt, *quod* erat post nostra terga. Urbem Syracusas elegerat, *cuius* hic est situs. — 3) Levis est animi iustam gloriam, *qui* est fructus verae virtutis honestissimus, repudiare. Das **Relativpronomen** richtet sich nach dem **Prädikatsnomen**, wenn der Relativsatz eine nebensächliche Bemerkung enthält; doch geschieht dies nicht, wenn der Relativsatz eine für den Gedanken wesentliche Ergänzung enthält, gewöhnlich auch dann nicht, wenn das Prädikatssubst. ein Eigenname ist. Cf. Summa pars caeli, *qui* aether dicitur. Hoc animal plenum rationis, *quem* vocamus hominem, praeclara quadam condicione generatum est a deo. Est carcer a Dionysio factus, *quae* lautumiae vocantur. Thebae, *quod* Boeotiae caput est, in magno tumultu erant. Pompeius, *quod* imperii Romani lumen fuit, exstinctus est. Insula circumfusa illo mari, *quem* Oceanum appellant. Flumen, *quod* appellatur Tamēsis. Seditionem movit genus quoddam hominum, *quod* Hilotae vocatur. Castellum Phrygiae, *quod* Nora appellatur. Ist das Prädikatsnomen des Relativsatzes ein griechisches Wort, so richtet sich das Relativ meist nach seinem Beziehungsworte, oft aber auch nach dem Prädikatsnomen: Cohibere motus animi turbatos, *quos* Graeci πάθη nominant. Jovis stella, *quae* Φαέθων dicitur. Decretum illud Areopagitarum, *quem* ὑπομνηματισμὸν illi vocant. Enuntiatio, *quod* ἀξίωμα dialectici appellant. — 4) Etiam frater tuus, (*id*) *quod* maximo dolori mihi est, me dereliquit. Wenn das relative „was" sich nicht auf ein einzelnes Wort, sondern auf einen ganzen Gedanken bezieht, so wird es durch *quod* oder häufiger **id quod** (= *quae res*) übersetzt. Dabei

muß man darauf achten, daß man solche Relativsätze womöglich an einer passenden Stelle in den Satz, zu welchem sie gehören, einschiebe. Cf. Lacedaemonii Agin regem, *id quod* numquam antea apud eos acciderat, necaverunt. Magna totius exercitus perturbatio facta est, *id quod* necesse erat accidere. Aratus Sicyonius, *id quod* fuit praestantis viri, omnibus consulendum putavit. Timoleon, *id quod* difficilius putatur, multo sapientius tulit secundam quam adversam fortunam.

Anm. 2. Das Neutrum *quod* steht zuweilen auch trotz eines folgenden Prädikatsnomens in Beziehung auf einen ganzen Satz: Necesse est venerari te regem, *quod προσκύνησιν* illi vocant. Cum idem plura verba significant, *quod συνωνυμία* vocatur.

5) Non is sum, qui mortis periculo terre*ar*. Bezieht sich ein Relativ auf die **1.** oder **2. Person**, so muß diese Beziehung im Relativsatze streng festgehalten werden. Cf. Vos non ei estis, qui quidquam *vestra* potius quam *vestrorum* civium causa facere vel*itis*. Erravistis et tu et collegae tui, qui spera*vistis*....

Anm. 3. Diese Regel hat selbstverständlich auch dann Geltung, wenn sich das Relativ auf ein Possessivpronomen der 1. oder 2. Person bezieht: *Vestrae* vitae prospiciam, *qui* mea cupiditate gloriae in periculum deducti *estis* („für das Leben von euch, die..“). *Nostra, qui* remansisse*mus*, caede te contentum esse dixisti. Haec auctoritas *nostra, qui* — abstinu*imus*.

24. 1) Si ego parentesque mei quidquam apud te valemus, me, qui tuis semper commodis consul*ui*, furori improbissimi cuiusque non proicies. 2) *Quid* est sapientia? an scientia rerum divinarum et humanarum causarumque, quibus eae res continentur? 3) *Quae* est amicitia, si ad fructum omnia referantur? 4) Tu, qui omnibus ignov*isti*, etiam mihi patrique, qui culpae *nobis* conscii ad te maesti confug*imus*, veniam dabis. 5) Nimis inconstantes, inquit Volscus quidam, nostrorum mentes sunt, *id quod* ex cladibus adhuc acceptis facile colligitur. 6) Camillus suis: *Quid aliud*, inquit, hostis est nisi perpetua materia virtutis gloriaeque? 7) Cum esset Caesar in Gallia cisalpina, crebri ad eum rumores sunt allati, omnes Belgas, *quam* tertiam esse partem Galliae diximus, contra populum Romanum coniurare obsidesque inter se dare. 8) Tuscos urbis Romae a Gallis oppressae ita non miseritum est, ut non modo incursiones eo tempore in agrum Romanum facerent, sed etiam Veios, *quae* ultima nominis Romani spes er*at*, oppugnare cogitarent. 9) Iure Cicero quaerit, si in genere humano mens, ratio, honestas insint, unde *ea* in terram potuerint defluere nisi a dis immortalibus. 10) Nonnulli *hanc* fortasse pertinaciam, alii virtutem putabunt. 11) Non *haec* dicenda est amicitia, cum alter verum audire non vult, alter ad mentiendum paratus est. 12) Milites seditiosi, ubi quis amicorum Germanici occurrerat, manus intentabant, *quae* causa erat discordiae et initium armorum. 13) Ad flumen Metaurum, *qui* (od. *quod*) ex Apennino monte oritur et in mare superum influit, Hasdrubal anno a. Chr. ducentesimo septimo devictus est. 14) Cyro, *quod* lumen et decus gentis suae esse Persae praedicabant, in regno successit Cambyses, qui a virtute paterna longe diversus fuit. 15) Homines a deo hac lege (od. ita) generati sunt, ut tenerent illum globum, *quae* terra dicitur et *quam* in hoc templo medi*am* videmus. 16) Lacedaemonii Themistoclem, *id quod* nemini antea peregrino contigerat, amplis muneribus ornaverunt. 17) *Quales* (od. *qui*) apud Romanos fuerunt consules, *tales* (od. *ei*) Carthagine sufetes. 18) Sapientiam Stoici *eam* intellegunt, *quam* adhuc mortalis nemo est consecutus.

## B. Vom Gebrauch der Kasus.

Vorbemerkung. **Kasus** werden die verschiedenen Formen genannt, welche ein Nomen zum Ausdruck der verschiedenen (teils räumlichen teils logischen) Beziehungen im Satze annehmen kann. Jeder Kasus ist aufzulösen in den allen einzelnen Kasusformen zu Grunde liegenden Wortstamm und die Kasusendung, welche die geforderte Beziehung ausdrückt. Die Gesamtheit der Kasus nennt man die Flexion oder Deklination des Nomens. Die indogermanischen Sprachen haben ursprünglich acht Kasus; doch haben mehrere derselben Verluste von Kasus erlitten, so daß z. B. die deutsche nur vier hat, die griechische fünf, die lateinische sechs, indem sie die übrigen Verhältnisse durch Präpositionen genauer bezeichnen.

Von den sechs Kasus der lateinischen Sprache heißen der Nominativ und Vokativ **casus recti** (d. h. unabhängige, weil sie zu andern Satzteilen nicht im Verhältnis der Unterordnung stehen), der Genitiv, Dativ, Accusativ und Ablativ **casus obliqui** (d. h. abhängige, weil sie ein Verhältnis der Unterordnung des Gegenstandes zu anderen Teilen des Satzes ausdrücken).

Der **Nominativ** ist der Kasus des Subjekts und des auf einen Subjektsnominativ bezogenen Prädikatsnomens. Der **Vokativ** (eig. gar kein Kasus) bezeichnet eine außerhalb des organischen Satzverbandes stehende Anrede oder einen Ausruf. Der **Accusativ** ist der Kasus des nähern oder direkten Objekts, d. h. des Gegenstandes, auf welchen eine Thätigkeit sich unmittelbar erstreckt oder einwirkt.

**Der Dativ** dient meist im übertragenen Sinne zur Bezeichnung des entfernteren oder indirekten Objekts, d. h. des Gegenstandes, auf welchen eine Thätigkeit nur mittelbar gerichtet ist. Der **Genitiv** ist der Kasus des Attributs, d. h. des Gegenstandes, der mit einem andern zusammenhängt oder zu ihm gehört. Der **Ablativ**, welcher den meisten Sprachen fremd ist und ursprünglich zur Bezeichnung des Woher? dient, drückt im allgemeinen adverbiale Bestimmungen aus, d. h. solche bei einer Sache oder Handlung in Betracht kommende Umstände, welche nicht in einem objektiven Verhältnisse zu denken sind.

Die lateinische Sprache hat von den ursprünglichen acht Kasus zwei verloren, nämlich den **Lokativ**, welcher das räumliche Verhältnis des richtungslosen Wo? bezeichnet (cf. 116, Anm. 1), und den **Instrumentalis** (richtiger Sociativus genannt), welcher das Mittel oder Werkzeug (richtiger das Zusammensein oder Mitverhältnis) auf die Frage „womit?“ angiebt. Dieselben werden hauptsächlich durch den Ablativ ersetzt. Indessen haben sich wenigstens einzelne Überreste von diesen beiden Kasus auch im Lateinischen erhalten, namentlich in Gestalt von Adverbien.

### 1. Nominativ und Vokativ (Casus recti).

25. **Der Nominativ ist der Kasus a) des Subjekts, b) des auf einen Subjektsnominativ bezogenen Prädikatsnomens. Das Prädikatsnomen steht im Nom. bei den in § 3 angeführten kopulativen Verben.**

Anm. 1. Wenn das Subjekt selbst in einer abhängigen Satzkonstruktion (Acc. c. inf. oder Abl. absol.) nicht im Nom. steht, so steht auch das Prädikatsnomen nicht im Nom., sondern in demselben Kasus wie das Subjekt, z. B. Accepimus Ciceron*em* consul*em* creat*um* esse. Cicero*ne* consul*e* creat*o* (cf. 445, Anm.). — Über den Acc. des Prädikatsnomens bei einem Infinitiv cf. 416. — Über den Genitiv in Verbindungen wie nomen amor*is* „das Wort Liebe“, verbum curr*endi* u. ä. cf. 9.

Anm. 2. Wenn wir im Deutschen den Satz haben: „Die Dichter sagen Ceres statt Früchte, Neptun statt Meer“, so wird im Lateinischen alles Deklinierbare wirklich dekliniert, abhängig von einem Worte des Satzes gedacht und in den notwendigen Kasus gesetzt, nicht aber im Nom. gelassen; also Poetae Cer*erem* dicunt pro frug*ibus*, Neptun*um* pro mar*i*. (Nur wenn ein Wort lediglich als Lautkomplex in Betracht kommt, wird es als unflektierbar behandelt, z. B. Postremae duae litterae, quae sunt in *optimus*; *indoctus* dicimus brevi prima littera, *insanus* producta. So auch: Faxo, ne vos iuvet vox ista *veto* („dieses euer Wort ich protestiere“). Vielfach bleiben auch die deutschen Zusätze „das Wort, Adjektiv, Verbum, der Begriff“ u. a. ganz weg, z. B. „das Wort Iuno kommt, wie ich glaube, von dem Verbum iuvare“ Iunonem a iu*vando* credo nominatam. Cf. Nomen amicit*iae* ductum est ab *amando* „von dem Verbum lieben“. Inest *velle* in *carendo* „in dem Worte entbehren liegt der Begriff des Wollens“. *Sorites* satis Latino sermone tritus est „das Wort sorites ist im Lat. ziemlich häufig“. *Officium* late patet

„der Begriff Pflicht hat einen großen Umfang". His in verbis eaedem primae litterae sunt, quae in *sapiente* atque *felice* „wie in den Wörtern sapiens und felix". *Burrum* semper Ennius dicit, numquam *Pyrrhum.* — Merke besonders *triumphum clamare* „Triumph! rufen", *victoriam conclamare, ignem* oder *incendium conclamare, Ciceronem exclamare* „in den Ruf Cicero! ausbrechen", *vasa conclamare* „das Kommando Packen! erschallen lassen" (im Passiv ohne vasa, z. B. conclamatum est. conclamari iussit); *militiam crepare* „das Wort Krieg im Munde führen" (cf. 29, Anm. 5).

26. 1) Nomen religio*nis* aut a releg*endo* aut a relig*ando* ducitur. 2) Cicero nominatus est a cicer*e*, Lentulus a lent*e*. 3) Hoc etiam tu scire debebas, nomen tibic*inis* ductum esse a tibi*is* et can*endo*. 4) Ἄριστος multis locis non optim*um*, sed fortissim*um* significat. 5) Romae aut circa urbem multa illa hieme prodigia sunt facta; in quibus nuntiatum est infantem semestrem in foro olitorio modo triumph*um* modo victori*am* conclamasse.

27. **Der Vokativ steht fast nie im Anfang des Satzes, sondern wird — ausgenommen bei Ausrufen und dringlichen (affektvollen) Anreden** (z. B. Augustus vociferabatur: *Quintili Vare*, redde legiones! *O di immortales!* ubinam gentium sumus?) — **nach den ersten Worten eingeschaltet, am liebsten nach dem Worte, worin die 2. Person schon ausgedrückt ist,** (z. B. Quousque tandem abutere, *Catilina*, patientia nostra? Video, *patres conscripti*, in me omnium vestrum ora atque oculos esse conversos. Vincere scis, *Hannibal*, victoria uti nescis. **Namentlich ist dies für den Anfang von Reden zu bemerken, welche nicht, wie im Deutschen, mit dem Vok. beginnen:** Credo ego vos, *iudices*, mirari. — **Die Interjektion o, welche der Grieche auch bei ruhiger Anrede, Bitte, Aufforderung häufig gebraucht, wird vom Lateiner nur bei größerer Lebhaftigkeit und affektvoller (besonders unwilliger oder tiefschmerzlicher) Bewegung der Rede oder bei Ausrufen in Form einer Anrede zu dem Vok. gefügt:** *O* fortunate adulescens! ruft Alexander am Grabe Achills aus, qui tuae virtutis Homerum praeconem inveneris! Ähnlich *O* mi Furni, quam tu tuam causam non nosti, qui alienas tam facile discas! Arma in templo Castoris, *o* proditor templorum omnium, vidente te constituebantur. Aber die Mutter redet ruhiger ihren Sohn an: Quin prodis, *mi Spuri?*

Anm. „Mein" in der Anrede drückt der Lateiner als unwesentlichen oder selbstverständlichen Begriff häufig nicht aus, z. B. Laeli „mein Lälius", Marce fili „mein Sohn Markus". Bei inniger oder dringender Ansprache aber sagt er auch: *mi* Attice, *mi* Brute, und so besonders für die verwandtschaftlichen Beziehungen *mi* fili, *mi* frater, *mea* Terentia! — Das deutsche „geliebt" in der Anrede heißt *carissimus* oder *optimus* (nicht amatus oder dilectus). Cf. 188, Anm. 2.

28. Nur bei Dichtern und an ganz vereinzelten Stellen in der Prosa (bei feierlichen Anreden) findet man den Nominativ statt des Vok. gebraucht; so bei Horaz Vos, o Pompili*us* sanguis, und bei Livius Audi tu, o popul*us* Roman*us*. Agedum, pontifex public*us* populi Romani, praei verba. — Tritt zu einem Vok. eine Apposition, was jedoch nur selten vorkommt — (in Prosa gebraucht man dafür lieber einen Relativsatz) —, so tritt dieselbe gleichfalls in den Vok., selten in den Nom., z. B. Ruf*e*, mihi frustra ac nequiquam credite amic*e*. Audisne haec,. Amphiara*ë*, sub terram abdit*e*? Tu criminis auctor, nutrit*us* durae, Romul*e*, lacte lupae.

Anm. Hierher gehört auch **macte**, der Vokativ, nicht das Adverbium von *mactus* „gesegnet, gepriesen, gefeiert", welches als Apposition zu dem weggelassenen Vok. der Anrede *tu* angesehen werden muß. Ursprünglich wurde dies Wort nur in der röm. Religionssprache bei Anrufung einer Gottheit gebraucht, später aber auch sehr häufig außerhalb der Religionssphäre, namentlich in der Verbindung *macte virtute (esto)* als Anruf an einen durch seine Tüchtigkeit verherrlichten Mann im Sinne von „Heil dir wegen deiner Tugend! Preis deiner Bravheit!" Auch in Bezug auf einen Plural behält man macte virtute (este) bei, obgleich es streng genommen mact*i* virtute heißen müßte (**macti nirgends sicher belegt: Thesaur. VIII 23, 57**), z. B. Macte virtute, milites Romani, este. Cf. auch: iuberem (te) macte virtute esse ich würde dir zurufen: „Heil ob deiner Bravheit!" (Cic. Att. 15, 29, 3; 12, 6, 3; Liv. 7, 36, 5; 2, 12, 14; 10, 40, 11).

## Casus obliqui. — 2. Accusativ.

Vorbemerkung. Der **Accusativ** bezeichnet im Lateinischen:

1. zumeist das **nähere** oder **direkte Objekt**, d. h. den Gegenstand, auf welchen die Thätigkeit des Subjekts sich unmittelbar erstreckt. Dasselbe steht bei transitiven Verben auf die Frage „wen?" oder „was?", z. B. Caesar mult*as* gent*es* devicit. Romani Numanti*am* deleverunt. Deus aedificavit mund*um*.
2. das **Ziel** auf die Frage „wohin?" gewöhnlich in Verbindung mit Präpositionen (*in, ad* u. a.), z. B. Legati venerunt Rom*am*, *in* castr*a*, *ad* reg*em*.
3. die **räumliche** und **zeitliche Ausdehnung** auf die Fragen „wie weit? wie lange?" teils ohne Präposition, teils zur Bezeichnung der Verbreitung über einen Raum oder der Zeitdauer mit der Präpos. *per*, z. B. Haec arbor octoginta ped*es* alta est. Troia decem ann*os* obsessa est. Equites *per* or*am* erant dispositi. Bellum *per* decem ann*os* gestum est.
4. einen **Ausruf** mit oder ohne Interjektionen, z. B. (Heu) *me* miser*um*! O *me* perdit*um*!

29. a) **Manche ursprünglich intransitive Verben, besonders solche, welche eine Gemütsstimmung oder deren Äußerung oder einen Geruch oder Geschmack ausdrücken, können auch als Transitiva einen Objektsacc. (meist der Sache, seltener der Person) bei sich haben:**

| | |
|---|---|
| **quĕri** (*conquĕri*) klagen über (*de* re), | c. acc. beklagen, z. B. iniurias alicuius; |
| **dolere** (*re*, *de* od. *ex* re), **maerere** (re), **lugere** trauern, | c. acc. betrauern, z. B. mortem alicuius; |
| **flere** (*de* re) weinen über, **gemere** seufzen, **lamentari** jammern, | c. acc. beweinen (gew. *deflere*), beseufzen, bejammern, z. B. casum alicuius; |
| **horrere, perhorrescere, reformīdare** schaudern, | c. acc. vor etwas schaudern, z. B. scelus; |
| **mirari** (*in* re), **admīrari** (*de* od. *in* re) sich wundern, | c. acc. sich über etwas wundern; **etwas oder jn. bewundern;** |
| **indignari** unwillig sein (*de* re), | c. acc. über etwas unwillig sein; |
| **ridere** lachen, | c. acc. etwas verlachen, belächeln; |
| **fastidire** Widerwillen haben (*in* re), | c. acc. gegen etwas einen Widerwillen haben, etwas stolz verschmähen, z. B. preces alicuius. |

Ähnlich: **olēre, redolēre** *rem* = *ex re* „nach etwas riechen" (z. B. unguenta); **sapere, resipere** *rem* „nach etwas schmecken" (z. B. picem); **sitire** *rem* „nach etwas dürsten, lechzen" (z. B. sanguinem, libertatem).

Anm. 1. Die Dichter verbinden auch *tremere (tremiscere), plorare* (statt *deplorare*), *horrescere, pallere, stupere, pavere, erubescere, ardere, ingemere, suspirare, flagrare, gaudere, perire (deperire, demori)* „sterblich verliebt sein in jem." u. a. mit einem Acc.

Anm 2. Ein vollständiges Passiv bildet von diesen Verben nur *ridere;* sonst kommen passive Formen nur vereinzelt vor (z. B. hic status una voce omnium gemitur), am häufigsten **das Gerundivum** (dolendus, laetandus, horrendus u. a.).

Anm. 3. **Gaudere** wird fast nur mit dem einfachen Abl. verbunden, während **laetari** außer mit dem Abl. auch mit *de, ex, in* konstruiert wird. — Man sagt **stomachari** *re* „sich über etwas ärgern", **angi** *re* od. *de* re „sich ängstigen wegen", **erubescere** *in* re „vor Scham erröten über" (Livius setzt den bloßen Abl.), **exsultare** *re* od. *in* re „frohlocken über" (cf. 108) Über *gratulari* rem cf. 442. — **Desperare** wird, wenn jemand an sich oder seinem eigenen Geschicke verzweifelt, in der Regel mit dem Dat. verbunden, also *sibi, suis rebus, fortunae suae, saluti suae;* sonst wird es mit *de* oder mit dem Acc. konstruiert (de exercitu, de re publica, pacem, victoriam, reditum). Im Passiv wird es gewöhnlich wie ein transitives Verbum behandelt, also salus desperatur, salute desperata, fuga est desperata, desperatus ab omnibus, legibus et iudiciis desperatis (jedoch auch desperatur *de* re.)

Anm. 4. **Dolere** (und *condolescere*) wird in der Bedeutung „schmerzen, Schmerz verursachen" so konstruiert, daß der schmerzende Teil im Nom., die Person im Dat. steht: Pes mihi dolet, caput ei condoluit; ebenso unpersönlich cui dolet, meminit; mihi dolebit, non tibi, si... Dolet mihi, quod tu nunc stomacharis.

Anm. 5. Beachte auch den **transitiven** Gebrauch folgender Intransitiva: *ludere* „necken, verspotten"; *ludificari* „foppen, zum besten haben"; — **silere**, **tacere** „verschweigen" (gewöhnlich *de re*); *loqui* „im Munde führen" = in ore habere (z. B. Dolabella suis litteris merum bellum loquitur; nihil nisi classes et exercitus loquitur; ne semper Curios et Luscinos loquamur. Ähnlich calliditat*em clamitare* „über List schreien" und poetisch militi*am crepare* „stets im Munde führen", deorum fid*em clamare*, arm*a fremere* „laut nach Waffen schreien", de*os tonare* „mit Donnerstimme die Götter anrufen"; — **migrare** „übertreten, überschreiten" (z. B. leg*es*, communi*a* iur*a*); **cedere** alic*ui rem* „abtreten, einräumen" (häufiger *re* oder **concedere** alic*ui rem*, *re*, *de re*); **sortiri** „verlosen, erlosen"; — **respicere** „sich umsehen nach, berücksichtigen"; — **maturare** (selten *properare* oder *festinare*) „beschleunigen"; — **pergere** *iter* „die Reise fortsetzen"; — **iudicare** „beurteilen, entscheiden" (gewöhnlich *de re* oder *diiudicare rem*); — **cogitare** „bedenken, vorhaben" (statt *de re*, cf. 33, c); — **faenerari** „auf Wucher anlegen"; — **intrare** „betreten" (gewöhnlich transitiv, seltener intransitiv in Capitolium, in portum, intra praesidia. Aber im bildlichen Sinne regelmäßig intrare *in rem*, z. B. in familiaritatem alicuius). — Cicero sagt kühn Xerxes Hellesponto iuncto, Athone perfosso *mare ambulavit*, *terram navigavit* (cf. das griechische *γῆν πλεῖν, θάλασσαν πεζεύειν*). — Dichter und Spätere gebrauchen auch *penetrare, natare, regnare, triumphare, debellare, ruere, proruere, assuescere, insuescere* u. a. als Transitiva. Cf. auch 33, c u. 292.

b) **Zu Verben aller Art, auch zu intransitiven, kann als Objektsacc. ein Substantiv von demselben Stamme treten, um die Wirkung der in dem Verbum enthaltenen Thätigkeit auszudrücken,** z. B. *pugnam pugnare, facinus facere, vivere vitam, currere cursum* etc. **Ein solches Objekt heißt inneres, weil es in dem Begriffe des Verbs von selbst liegt. Es wäre aber eine Tautologie, wenn der Acc. bloß denselben Begriff wie das Verbum und nicht mehr enthielte; vielmehr muß er eine nähere Bestimmung (Adj. oder Gen. oder Pron.) bei sich haben, welche den wesentlichen Inhalt des Zusatzes ausmacht,** z. B. Vitam iucundam vivere, vitam exulis (deorum) vivere, iurare verissimum pulcherrimumque ius iurandum, mirum somnium somniare, praeclarum facinus facere, iter constitutum ire, Dentatus novem triumphos triumphavit, turpissimam servitutem servire, bonas preces precari, risum Sardonium ridere u. s. w. (Statt des Acc. findet sich mit veränderter Anschauung auch der Abl., z. B. inhonesta morte mori, insigni triumpho triumphare, ingenti pugna pugnare, ornatu regali ornare, occidione occidere „bis auf den letzten Mann niederhauen") —: **Figura etymologica, d. h. Verbindung eines Verbs mit einem Subst. von demselben Stamme. — Im allgem. macht die lateinische (wie auch die deutsche) Prosa im Vergleich mit der griechischen von dem inneren Objekt einen nur beschränkten Gebrauch.**

Anm. 1. Ein Subst. von demselben Stamme ohne attributiven Zusatz steht nur dann, wenn es eine prägnante oder in gewissen Redensarten bestimmte Bedeutung hat, z. B. *dicta dicere* „Witzworte sagen" (in alqm „Witze über jem. machen"), *acta agere* „Unnützes thun, leeres Stroh dreschen", *servitutem servire* „die gewöhnliche (einmal bestehende) Knechtschaft ertragen", *facinus facere* „eine Schandthat vollführen".

Anm. 2. Statt eines Subst. von demselben Stamme kann auch ein sinnverwandtes stehen: ***proelia pugnare, viam ire et redire, proficisci iter, aetatem vivere, Olympia vincere*** (= victoriam Olympiorum vincere), ***iudicium (causam) vincere*** „den Prozeß gewinnen" (= iudicio, causa vincere), *nugas garrire* „dummes Zeug schwatzen", *ludere aleam* (= ludum aleatorium), *Bacchanalia vivere* (= vitam Bacchanalem), *stadium currere* „in der Rennbahn laufen", *classicum canere* „das Signal geben", *bellicum canere* „zum Angriff blasen", ***ius respondere*** „einen Rechtsbescheid geben", *bonam spem praelucere* „ein Licht schöner Hoffnung vorleuchten", *censeri magnum agri modum* „sich abschätzen lassen auf", ***pacem hortari*** u. ä. — Livius sagt sehr kühn *bellum consentire* (= consensum belli gerendi consentire), z. B. 24, 37, 11; 1, 32, 12. — Hierher gehören auch die Redensarten *exsequias ire alicui* „einen Begräbnisgang gehen, bei jem. zur Leiche gehen" = funeris exsequias alicuius prosequi; — *suppetias ire, venire* „zu Hülfe kommen"; — ***infitias ire*** „leugnen" (bei **nichtklass. Autoren** statt des gewöhnlichen infitiari, aber fast nur in Verbindung mit einer Negation).

Anm. 3. Wie wir im Deutschen sagen können „Thränen weinen (d. h. weinend vergießen), Wut schnauben, Liebe lächeln, Freude atmen" u. a., indem wir in das intransitive Verbum den transitiven Begriff eines *Machens, Bewirkens, Äußerns* legen, so findet sich auch im Lat. *anhelare crudelitatem, scelus* „schnaubend kund geben, schnauben nach“ (Cic. Cat. 2, 1; Cornif. 4, 68); *amores spirare, scelus ex ore spumare, lacrimas ex oculis stillare, undare sanguine campos, choreas plaudere, libros vigilare, arbor mella sudat* u. a.

Anm. 4. Hierher gehört endlich auch der bei Dichtern so häufige Gebrauch eines *Adjektivs* im *Neutrum* statt eines *Adverbs*, z. B. *Dulce ridere* statt dulcem risum ridere (cf. ἡδὺ γελᾶν = ἡδὺν γέλωτα γελᾶν), *lucidum fulgere, acutum cernere, torvum* oder *torva clamare, immane fremere, indoctum canere, infanda furere, tristia ululare, crebra ferire* u. a. In Prosa findet sich so *falsum iurare* „unwissentlich falsch schwören“; *raucum* (*subrusticum, peregrinum, confusum, pingue quiddam* u. ä.) *sonare* „heiser (etwas bäurisch u. s. w.) klingen, in heiserem Tone reden“.

c) Das Neutrum eines Pronomens oder Zahladjektivs tritt im Acc. zu vielen Verben (nam. der Gemütsstimmung, des Fragens und Aufforderns), wenn dieselben auch sonst eine andere Konstruktion haben (**adverbialer Accusativ**), z. B. **Id** laetor, **hoc** gaudeo „darüber freue ich mich“ (obgleich laetor und gaudeo sonst den Abl. regieren); **illud** glorior „dessen rühme ich mich“ (sonst glorior c. abl.), non possum **idem** gloriari; **hoc** tibi assentiri non possum; **id unum** te moneo; Deiotarus tibi **aliquid** suscenset; si **quidquam** me amas; **utrumque** doleo; **omnia** stomachor; **multa** peccavi; dux milites **pauca** pro tempore hortatur; **omnia** edoctus „von allem in Kenntnis gesetzt“; **quid** mihi auctor es „was rätst du mir“; **hoc** pugnatur „um dieses wird gekämpft, dies ist der Gegenstand des Kampfes“ u. s. w. (Cf. auch 46 u. 47.)

Anm. 5. Zuweilen stehen solche Neutra auch als *Subjekt* einzelner (sonst) unpersönlicher Verben: *Id* me paenitet, *illud* mea interest, *haec* (od. *multa*) mihi in mentem veniunt.

30. 1) Mort*em* Alexandri et pulsi regis stirps (de)flevit et gentes vi subactae luxerunt, quod integerrimum sane magnitudinis documentum paucissimi antiquitatis imperatores clari tulerunt. 2) Solo, qui filii mort*em* vehementer maerebat, cum quidam dixisset: Cur amiss*um* adeo (de)fles? lacrimae *nihil* tibi prosunt: *Id ipsum*, inquit, lamentor. 3) *Quod* Pericles moriens neminem umquam civium Atheniensium propter se vestem mutasse coram amicis gloriatus est, *idem* non omnes reges aut principes rerum publicarum gloriari possunt. 4) Athenienses bellis Persicis animi praesentia bellandique studio omnibus Graecis praestitisse, *id* omnes Isocrati facile assentientur. 5) Ut Aeschines Demosthenis orationes lucern*am* ole*um*que olere (od. redolere) dixit, ita nos orationes ab ipso in Demosthenem habitas maliti*am* calumni*am*que olere dicimus. 6) Postumius Tarentinos, cum min*as* legatorum Romanorum riderent atque etiam manus eis inferrent, eos mox imprudenti*am* levitat*em*que suam esse lamentaturos monuit. 7) Captivus omn*ia*, *quae* accusabatur, edoctus, cum capitis damnatum se iri cognovisset, exclamavit: *Illud* cogi non possum, ut animo deficiam; supplici*um* ego non horreo ac ne torment*a* quidem reformido; nam praeclarissim*um* me *facinus fecisse* mihi conscius sum. 8) Cives Sexti Tarquinii flagiti*um* gementes et propinqui Lucretiae mort*em* maerentes a Bruto iussi sunt arma capessere ac cavere (od. videre), ne patria turpissim*am servitutem serviret*. 9) Qui tandem fit, ut homines caeco furore abrepti sangui*nem* sitiant eorum, a quibus nihil iniuriae acceperint? 10) Invidi*am* hominum quorundam mirari noli; recordare, (*id*) *quod* saepe te monui, *quae* uni gaudeant, *ea* alios dolere.

31. Viele intransitive Verben (bes. der Bewegung oder Lage) erhalten (wie auch vielfach in anderen Sprachen) durch *Zusammensetzung* mit *Präpositionen* **transitive** Bedeutung. Dies ist der Fall: a) *regelmäßig* in der

Zusammensetzung mit *circum*, *praeter* und *trans*; b) vielfach in der Zusammensetzung mit anderen Präpositionen (besonders *per*, *ad*, *in*, *cum*, auch *ante*, *in*, *prae*, *ob*, *sub*, *ex*, *inter*, *super*), jedoch meistens nur in einer übertragenen Bedeutung des Verbs, während in eigentlicher Bedeutung die Präposition gewöhnlich wiederholt wird. Die meisten der hierher gehörenden Verben lassen auch ein persönliches Passiv zu. Cf. *Circumire* castra, aciem, vigilias, *circumire* tentoria („an den Zelten herumgehen"); *circumvenire* hostes a tergo; *circumequitare* moenia; *circumsistere* curiam; *circumstare* tribunal; *circumsedere* urbem vallo; *praeterire* hortos, aliquid silentio; *praeterfluere* urbem; castra *praetergredi*; *praetervehi* Apolloniam; *transire* Alpes, modum; *transcendere* fossam; *transnare* flumen; *transvolare* Oceanum; *pervagari* orbem terrarum; *accolere* Rhenum; *adnare* insulam (oder *ad* insulam, cf. auch 52); *coire* societatem; *conscendere* navem; *impugnare* terga hostium; *inire* viam, magistratum, proelium, consilium; *antevenire* exercitum; *praegredi* nuntios; *obire* terras, maria, mortem; *oppugnare* oppidum; *subire* tectum, labores, poenam; *expugnare* castellum; *interequitare* ordines; *supervadere* ruinas muri.

Anm. 1. Die mit Transitivis zusammengesetzten Verben des Hinüberführens **transducere**, **traicere** und **transportare** haben einen doppelten Acc., indem neben dem Objekte zugleich der Ort, über den etwas geführt wird, im Acc. steht, z. B. Caesar exercitum flumen Axon*am* transduxit. Agesilaus copias Hellespont*um* traiecit. So steht auch beim Passiv die Örtlichkeit im Acc. (z. B. Plerique Belgae antiquitus Rhen*um* erant traducti. Exercitu flumen Genus*um* traducto. Inde exercitus Pad*um* confestim traiectus est). Wenn aber noch eine andere Zielbestimmung auf die Frage wohin? beigefügt ist, so wird die Präpos. trans meist wiederholt, z. B. Caesar exercitum *trans* Rhenum in Galliam transduxit. — *Traicere* steht auch ohne persönliches Objekt im Sinne von transire „überschreiten" mit einem Acc. des Ortes: Hannibal Hiberum traiecit; (daher auch im Abl. absol.: amne traiecto). Denselben Gebrauch läßt auch **transmittere** zu: Caesar Rhenum transmisit; (daher auch Rheno transmisso); doch stehen bei transmittere nie beide Accusative zugleich. — Bei Cäsar (b. c. 3, 61, 1) regiert auch *circumducere* zwei Accusative: Pompeius eos omnia sua praesidia circumduxit. — Über *adigere* mit doppeltem Acc. cf. 52, Anm. 5.

Anm. 2: **Übersicht in alphabetischer Ordnung:**

1) **a, ab:** *abiurare* „abschwören" (creditum); — *abnuere* „ablehnen, abschlagen" (pacem, imperium); in der besten Sprache nur intr.; — **aversari** „sich abwenden von, verschmähen" (filium, preces); klassisch nur intr. Statt aversari gebraucht Vergil (Georg. 3, 499) *averti*.

2) **ad:** *accolere* viam, Rhenum; — *adnare* navem, insulam, (meist *ad alqd*, z. B. ad urbem, ad insulam; cf. 52, 1, c); — *alloqui* alqm, z. B. neminem, milites; — *adoriri* hostes, navem, castra; — *allatrare, alluere;* nur poet. od. nachklassisch *advenire* u. *adventare, afferri, advehi* u. a. — **Adire** „herantreten an, sich nähern, sich einer Sache zuwenden od. widmen" verlangt *ad* (ad urbem, ad istum fundum, ad consulem, ad causas publicas, ad rem publicam in den Staatsdienst treten), „in etw. hineinkommen od. gehen" *in* alqd (in senatum, in conventum, in ius an das Gericht gehen); aber in den Bedeutungen „etw. betreten, besuchen, bereisen" (curiam, colonias, oppida, terras) od. „sich unterziehen, übernehmen" (labores, pericula, inimicitias, hereditatem antreten) od. „sich an j-n wenden", um Rat od. Hilfe zu erlangen (praetorem per epistulam, deos, oraculum, libros Sibyllinos) ist der einfache Akk. Regel (selten *ad* alqm). — **Aggredi** *alqm* u. *alqd* „j-n od. etw. angreifen" (hostem, murum) od. „sich an j-n machen", um ihn für sich zu gewinnen, od. „etw. in Angriff nehmen, beginnen" (ancipitem causam, maiora). Dagegen aggredi *ad alqd* „sich an etw. machen, sich zu etw. anschicken od. schreiten" (ad disputationem, ad dicendum, ad rem publicam in den Staatsdienst treten). — **Advolare** nur poet. m. (Akk. od.) Dat., z. B. Verg. Aen. 10, 509; in Prosa mit *ad alqm, ad* u. *in alqd* (auch Cic. Att. 1, 14, 5). — **Accurrere** *alqm* bei Tacitus (ann. 15, 53);

klassisch nur *ad alqm, in alqd,* meist absolut. — **Allabi** poet. m. Akk. od. Dat., klassisch nur absolut. — **Assidēre** „belagern, eingeschlossen halten" selten u. unklassisch m. Dat. od. Akk.; häufiger m. Dat. = „sich untätig vor od. bei etw. lagern" (z. B. intactis muris), oft *alci* „j-m Krankenpflege leisten" od. „j-m (helfend, ratend) zur Seite stehen" (aegro collegae). — **Assidĕre** m. Akk. „neben etw. od. j-m Platz nehmen od. sich setzen" (z. B. Adherbalem); in der gewöhnlichen Bedeutung „sich niedersetzen" kommt es nur mit Präpositionen vor (*in* sella, *in* bibliotheca, *propter* Tuberonem u. ä.). — **Assilire** u. **assultare** nachklassisch m. Akk. u. Dat. — **Ascendere** u. **conscendere** (selten *scandere*) „steigen, hinansteigen, besteigen", **escendere** „hinauf-, emporsteigen, ersteigen" stehen bald transitiv m. Akk., bald intransitiv m. *in* (od. *ad*), z. B. turrim, murum, vallum, malos, montem, (in) equum, (in) arcem, (in) navem, (in) aggerem, in tribunal, in contionem die Rednerbühne besteigen; „zu etw. emporsteigen" (bsd. bildlich) stets mit Präposition, z. B. in caelum, in altiorem locum, ad honores. — **Attendere** alqm u. alqd „auf j-n od. auf etw. achten" (me dicentem, primum versum legis, stuporem hominis); aber *animum attendere* steht mit *ad,* unklassisch mit Dat. — Über *accedere, accidere, adiacēre, advolvi* u. a. cf. 52.

3) **ante: antevenire** (selten), in Prosa nur m. Akk. (Metellum, consilia alcis), poet. auch m. Dat. — **Anteire** m. Dat. (z. B. Cic. Tusc. 1, 5; fin. 5, 93); der Akk. findet sich klassisch selten, aber unklassisch häufig (z. B. Cic. nat. d. 2, 153; Brut. 229. Sall. Iug. 6, 1. Liv. 6, 30, 3). — **Antecedere** u. (selten) **antegredi** „voran-, vorausgehen" (räumlich u. zeitlich) regieren den Akk.; in der Bedeutung „übertreffen" wird *antecedere* von Cicero mit dem Dat. (z. B. off. 1, 105; Brut. 82 u. ö.), von Cäsar u. a. mit dem Akk. verbunden (z. B. Caes. b. G. 3, 8, 1; 7, 54, 4; b. c. 2, 6, 1 u. ö. Nep. 15, 2, 2). — **Antecellere** cf. Anm. 4.

*

**Die Komposita mit con-, de, ex, in, inter, ob, per, prae, sub, subter und super siehe in den Nachträgen!**

Anm. 3. **Ambire** (eig. herumgehen um, umkreisen) wird klassisch fast nur mit dem Acc. einer Person verbunden, um deren Gunst (oder Stimme für eine Wahl) man sich in eigennütziger Weise bewirbt. Gewöhnlich heißt „sich um etwas bewerben" *petere* aliquid (z. B. consulatum, honores).

Anm. 4. Die Verba, welche „**sich auszeichnen vor**" bedeuten, werden in der besten Prosa folgendermaßen konstruiert: *anteire* alicui (weniger häufig aliquem); *antecedere* alicui (Cic.) oder aliquem; *praecedere* aliquem, (*praecurrere* aliquem od. alicui); *antecellere, excellere, praestare* alicui (aber excellere nie mit dem Dativ eines Singulars). „Sich unter allen auszeichnen" *praestare inter omnes, excellere ceteris* oder inter *omnes, florere* praeter *ceteros.* Cf. außerdem 19. Anm. 1.

32. 1) Antiquissimis iam temporibus fuerunt, qui ut aliquid addiscerent, mari*a* transmittere, remotissim*as* urb*es* loc*a*que obire (od. adire), maxim*a* pericul*a* subire non vererentur. 2) Cum Xerxes it*er* a Sardibus ingressus exercitu innumerabili Hellespont*um* traiecto (traducto, transportato) bellum Graeciae inferret, Athenienses Lacedaemoni*os*, quibuscum societat*em* paulo ante coierant (od. inierant), adierunt rogantes, ut auxilia sibi mitterent atque labor*es* pericul*a*que belli fortiter subirent. 3) Nisi Ulixes, qui calliditate omn*ibus* excellebat (od. praestabat, anteibat, antecedebat; od. omn*es* antecedebat, anteibat; od. *praeter ceteros* florebat; od. *inter omnes* praestabat), consili*um* inisset ligneo equo aedificato *in* hostium urbem invadendi (od. irrumpendi), Graeci plus decem annos moeni*a* Troiae circumsedissent. 4) Hostes *flumine transiecto* (od. copiis fluvi*um* transductis) proeli*um* loco ipsis iniquissimo inierunt; itaque postquam nostr*os* a tergo circumvenire frustra sunt conati, in fugam conversi disiectique sunt; pauci, quibus contigerat, ut fluvi*um* tranarent, incolumes discesserunt atque agros aliquamdiu pervagati castellum quoddam oppugnaverunt, (*ad*) cuius mur*os* silentio noctis subierant. 5) Legati, postquam tentori*a* diu circumierunt (od. tentori*is* diu circum*itis*), cum imperator*em* convenissent, ad pedes eius procubuerunt orantes, ut civitati suae poenam, qu*am* defectione perfidiaque subissent, remitteret aut mod*um* puniendi ne transiret (od. extra modum prodiret). 6) *Inter* Hannibalem et Scipionem, cum apud Zamam ante proelium in colloquium essent congressi, *pax* (od. *de pace*) non conven*it*, quamquam Hannibal nih*il* silentio praeterierat, quo animus Romani mitigaretur. 7) Vix nuper amic*um* conveniens (*in*) conclav*e* eius ingressus eram, cum subito tres canes ingenti magnitudine *me* circumstantes dentibus dilaceraturi esse sunt visi; qua re quantus terror mihi incesserit, incredibile est dictu; at ille *ad* eos accedens procumbere eos iussit; nam hospiti dentibus minitari can*ibus* non convenire.

33. Folgende Verben, welche im Deutschen **anders konstruiert zu werden pflegen, regieren im Lateinischen den Akkusativ:**

a) **iuvare, adiuvare** (nur selten *adiutare*) „helfen"; **deficere** „fehlen, mangeln"; **fugere** „fliehen vor" und seine Komposita; **adaequare** (unklassisch *aequare, exaequare, aequiperare*) „gleichkommen"; **sequi** „folgen" und **sectari** „im Gefolge jemandes sein" nebst den Kompositis (außer **obsequi** „willfahren", welches den Dat. regiert); **imitari** „nachahmen"; **aemulari** „nacheifern"; **adulari** „auf kriechende Weise schmeicheln".

Anm. 1. *Aequare* od. *aequiperare c. acc.* (klassisch dafür **adaequare** *c. acc.*) „gleichkommen, erreichen"; **aequare** *aliquid alicui rei* „gleichmachen" (z. B. omnia tecta solo, turrim muro); *aliquid cum re* „gleichstellen, auf gleiche Stufe stellen mit" (z. B. tenuiores *cum* principibus). — **Deficere** *c. acc.* „mangeln, fehlen, ausgehen" (von dem, woran man bis dahin einen Vorrat gehabt hat), z. B. vires me deficiunt; *ab aliquo* „von jem. abfallen"; *ad aliquem* „zu jem. abfallen, übergehen"; *deficere animo* „den Mut verlieren". Passivisch aliquis deficitur consilio, viribus, audaciā, cibo „wird im Stich gelassen von". — **Fugere** und seine Komposita *(refugere, effugere, subterfugere, defugere)* regieren den Acc. nur dann, wenn sie die Bedeutung „fliehen vor, vermeiden, entgehen" haben (z. B. fugere conspectum multitudinis, laborem; refugere impetum alicuius, iudicem; effugere invidiam, mortem; defugere proelium, disputationem; subterfugere poenam, militiam); aber in der Bedeutung „entfliehen aus, sich fernhalten von" oder „hinfliehen zu" werden sie mit den entsprechenden Präpositionen verbunden (z. B. fugere *ex* oppido, *ex* acie, *a* dicendo, *in* castra *ad* suos; refugere *ex* castris *in* montem, *a* consiliis fortibus; effugere *e* caede, *e* carcere, *e* od. *de* manibus alicuius; transfugere *ad* hostes; confugere *ad* fidem alicuius). — **Aemulari** *c. acc.* „nacheifern", *c. dat.* „eifersüchtig, neidisch sein auf" (z. B. *Eis* aemulamur, qui ea habent, quae nos habere cupimus: Cic. Tusc. 1, 44). — **Adulari** regiert bei Livius, Nepos u. a. auch den Dativ (cf. Quintil. 9, 3, 1). — **Manere** *c. dat.* „bleiben, verbleiben" (z. B. Manent ingenia senibus; manet mihi unum solacium); *c. acc.* „warten auf, erwarten, bevorstehen" (z. B. alicuius adventum; indigna manent victos; te triste manebit supplicium; hoc loco manebimus hostem).

b) Die Impersonalia **me iuvat** „es macht mir Freude"; **me fallit** „es ist mir unbekannt"; **me fugit** „es entgeht mir" (meide *effūgit* in diesem Sinne!); **me praeterit** „es bleibt mir verborgen"; **me decet** und **dedecet** „es ziemt sich für mich, es ziemt sich nicht".

Anm. 2. *Decet* und *dedecet* finden sich in der klassischen Prosa meist unpersönlich gebraucht; als Subjekt haben sie gewöhnlich einen Infinitiv oder das Neutrum eines Pronomens oder Adjektivs bei sich (z. B. Mentiri dedecet. Aliena nos non decent. Parvum parva decent). Jedoch sagt auch Cicero: illa ornamenta decere me non putabam und quem decet muliebris ornatus. — *Nisi me fallit (animus)* als Zwischensatz heißt oft „wenn ich mich nicht irre oder täusche" = nisi res (od. spes, opinio) me fallit, nisi omnia me fallunt, nisi fallor, nisi me fallo. — *Me fugit* heißt auch „ich habe versäumt, vergessen". — **Latere** „verborgen sein" wird klassisch stets ohne Objektskasus gebraucht (auch Cic. p. red. in sen. 13); unklassisch steht es mit dem Dat. od. Acc. Durchaus zu meiden ist das unpersönliche *latet me* „es ist mir unbekannt".

c) Auch andere Verben werden im Latein. mit dem **Acc.** verbunden, wo die gewöhnliche deutsche Übersetzung eine andere Konstruktion mit sich bringt. So: *parare* „sich rüsten zu" (*bellum*, iter); — *desiderare* „sich sehnen nach" (pacem, patriam); — *requirere* „fragen, verlangen nach" (virtus nullam voluptatem requirit); *circumspicere* „sich umsehen nach" (aliena auxilia); — *respicere* „Rücksicht nehmen auf" (rem publicam, commoda populi); — *ostentare* „mit etwas prahlen" (prudentiam, arma); — *iactare* „sich brüsten mit" (sapientiam, gratiam urbanam) = se iactare in re (in bonis Roscii, in pecuniis insperatis); — *obiurgare* aliquem „jemandem Vorwürfe machen" (de od. in re); — *luere* „büßen für" (= poenam rei dare); — *flectere viam* „vom Wege abbiegen", *fl. promunturium* „um ein Vorgebirge herumsegeln"; — *suadere* „raten zu etwas" und *dissuadere* „abraten von"; — *spectare ludos* „den Spielen zuschauen" (cf. auch 29, Anm. 5); — *cavillari* „sich lustig machen über, witzeln und spötteln über" (togam alicuius); auch *in re* (nicht in rem); — *liceri* rem „auf etwas bieten" (hortos). — **Curare** *rem* „sich um etwas kümmern" (aliena negotia) oder „etwas besorgen, sorgen für" (mandatum, provinciam), aber auch „abwarten, heilen, kurieren" (von Kranken und Krankheiten gesagt). — **Appellare** *aliquem* „an einen Beamten appellieren" (*a* praetore tribunos appellare *in* re od. *de* re), aber *provocare ad populum*. — **Cogitare** *rem* „denken auf, sinnen auf" = etwas vorhaben (proscriptiones, bellum), aber cogitare *de* re „denken an" = an etwas zurückdenken, über etwas nachdenken, für etwas bedacht sein. — **Purgare** *rem* nicht nur „etwas reinigen, säubern" (urbem, cloacas), sondern auch „sich von etwas reinigen, sich gegen etwas rechtfertigen" (crimen, suspicionem = *se purgare de re*). „Etwas (od. sich) rechtfertigen bei od. vor jemandem" rem (se) purgare alicui (nicht apud alqm). — **Ulcisci** *aliquem* heißt ebensowohl „jemanden rächen, für einen Beleidigten Rache nehmen" als „jemanden bestrafen, sich an jem. rächen"; *ulcisci iniurias alicuius* „sich an jem. wegen der Beleidigungen rächen"; *ulcisci hostes pro regis nece* (eig. „die Feinde für die Ermordung des Königs bestrafen") „sich an den Feinden wegen der Ermordung des Königs rächen". — **Excipere** aliquem heißt nicht bloß „auffangen, aufnehmen", sondern auch „auf jemanden (der Reihe oder Zeit nach) unmittelbar folgen, sich anschließen an" (z. B. In quibusdam regionibus hiems aestatem excipit). — **Sustinere** *c. acc.* heißt nicht nur „aufrecht erhalten, ertragen, aufhalten, hemmen", sondern auch „sich halten gegen, standhalten" (impetum hostium). — **Remunerari** hat die Person, der man vergilt, oder die Sache, welche man vergilt, im Acc., die Sache, mit welcher man vergilt, im Abl. bei sich (aliquem magno praemio, maleficia benefactis). Jedoch steht **remun. fast** nur im guten Sinne; „Gutes mit Bösem vergelten" heißt benefacta maleficiis pensare. — **Minari** und (häufiger) **minitari** haben die Person stets im Dat. bei sich; die Strafe, welche man jemandem androht, steht im Acc. (z. B. mortem, malum, bellum, crucem, tormenta, verbera), aber das Mittel, mit welchem man droht, im Abl., (z. B. gladio, virgis, igni ferroque). Das intransitive „drohen" im Sinne von „drohend bevorstehen" heißt *imminere, instare, impendēre,* z. B. periculum, nox, tempestas nobis imminet od. impendet. — **Animadvertere** *aliquid* entweder „etwas wahrnehmen, bemerken" oder „etwas ahnden, bestrafen" (peccatum, scelus); *animadvertere in aliquem* „gegen jemanden strafend einschreiten, vorgehen". — **Vindicare** *rem* (mit oder ohne *sibi*, bei Livius auch *ad se*) „etwas für sich in Anspruch nehmen, sich zueignen", z. B. Partem praedae (nobis) vindicamus; Homerum Chii suum vindicant; *vindicare aliquid* „etwas ahnden" (maleficia, Gracchi conatus perditos); *in aliquem* „gegen jem. strafend einschreiten" (severe in socios, vi in rebellantes); *vindicare aliquem ab re* „jem. vor etwas schützen, vor etwas retten" (amicum a miseria, domum a solitudine); *vindicare patriam ex (a) servitute in libertatem* „in Freiheit setzen". — **Dubitare** (*addubitare*) ist ein intransitives Verbum und kann als solches (abgesehen von dem in 29, c besprochenen Falle) keinen Acc. regieren, sondern muß mit der Präp. *de* verbunden werden; als Transitivum dient aliquid *in dubium vocare.*

1) Cum Ulixes militi*am* subterfugere vellet, insaniam eius simulatam esse Palamed*em* non fugit (od. fefellit). 2) Non habes, quod *de* veritate fideque mea dubites; an adduci ulla re me posse putas, ut aut *te* aut nobilior*es* homin*es* aduler? 3) Ambiorix Nervios hortatus est, ne sui ex gravissima servitute *in libertatem vindicandi* ac Roman*orum* saeviti*am* ulciscendi occasionem dimitterent. 4) Herostratus, cum aedem Dianae Ephesiae incendio delevisset, ut nomen suum *ab* oblivione vindicaretur, effecisse sibi est visus; quae *spes eum* non fefell*it*. 5) Pyrrhus, Epirotarum rex, qui Alexandri *res* gest*as* aemulabatur glori*am*que adaequare cupiebat, a Tarentinis, qui alien*um* auxili*um* circumspiciebant, accitus obsecuturum se prec*ibus* eorum promisit; sperabat enim Italiam, terram amoenissimam atque opulentissimam, facile dicionis suae se esse facturum, nec quidquam curabat verb*a* Cineae ill*ud* bell*um* dissuadentis. 6) Timoleon a Corinthiis cum parvis copiis in Siciliam missus Syracusis captis arcem ut propugnaculum imaginemque dominationis sol*o* aequavit, Dionysium autem interfici vetuit, quod et ab ipso et a patre eius Corinthii non semel adiu*ti essent.* 7) Cum alimenta alveari*um* deficere coeperunt, apes proximas petunt. Hercul*es*, cum sagittae (*eum*) deficere coepissent, a Iove imbre lapidum adiu*tus est.* 8) Galli ad castra Labieni profecti sunt eum consulto proeli*um* defugere rati; sed eruptione e castris subito facta, quamquam virtut*em* modo iactaverant, Romanorum impet*um* non sustinuerunt, sed salutem fuga petiverunt. 9) Decet *vos,* milites, maiorum exempl*um* imitari atque potius in acie gloriosam mortem occumbere quam host*es* per ignaviam fugere; mementote eos agr*is* nostr*is* vastation*em*, ur*bi* excidi*um*, coniug*ibus* liber*is*que servitut*em*, un*icui*que vestrum mort*em* esse minitatos nec qu*id*quam nisi saeviti*am* atque flagiti*a* cogitare. 10) Qu*em* fugiat (od. fallat) plurimos homines emolument*um* magis quam virtut*em* sequi et diviti*as*, quae *cum* virtute aequari non possint, vehementissime requirere? 11) Ulixes in Cyclopis specu inclusus anim*o* non defecit contigitque, ut *eius* immanitat*em* graviter ulcisceretur (od. vindicaret) et *ex* (od. *de*) manibus eius effugeret.

34. 1) Nulla vis, nullae minae fidem Reguli labefactaverunt. 2) Imitator, mi fili, industriam apium. 3) Christus fictam Pharisaeorum pietatem identidem notavit. 4) Apes temerarii pueri os alteramque manum acu-

leis compunxerunt. 5) Ipse Pyrrhus Fabricii probitatem admiratus est. 6) Struthiocameli altitudinem equitis equo insidentis excedunt. 7) Adherbal a Iugurtha ex regno expulsus Romanorum auxilium imploravit. 8) Dolorem meum consolari afflictumque animum erigere nequiquam studes. 9) Sociorum spem confirmare; militum fidem labefactare; parentum exspectationem non fallere; alicuius dignitatem violare (oder deminuere); amici festinationi ignoscere; alicuius iter impedire; alicuius amictum aut motum imitari. 10) Epaminondas Miltiadis gloriae invidit (cf. 49, Anm. 2). 11) Ex summo monte Rigi viatores magnum numerum montium, vallium, lacuum, urbium prospiciunt. 12) Omnes officii partes exsecutus es. Longitudinem Italiae transcurrere. Omnes partes silvae perscrutari. 13) Helvetii iumentorum et carrorum maximum numerum coemerunt. 14) Pingendi ars magnam inventionis atque emendationis partem arripuit ex urbe Atheniensium. 15) Mures **quidam** magnos granorum acervos comportant. 16) Clarissimae illius bibliothecae a Ptolomaeis collectae iam illo bello, quod Caesar in Aegypto gessit, multo maior pars flammis absumpta erat.

Anm. Selbstverständlich sagt man aber adiuvare *aliquem in* aedificanda urbe, confirmare *milites ad* dimicandum, consolari *aliquem de (in)* miseriis communibus, *socium* fallere *in* rebus minoribus u. ä.

35. Wenn der Lateiner sagt *bellum turbare*, so meint er damit nicht, einen schon vorhandenen oder begonnenen Krieg verwirren oder stören, sondern durch Erregung von Unruhen einen Krieg veranlassen: turbis concitandis efficere bellum. Es ist also mit turbare bellum nicht bloß ein Begriff gegeben, sondern zwei. Diese Konzentration zweier Begriffe in ein Verbum nennt man **Prägnanz**; dieselbe giebt dem lateinischen Ausdrucke einen Reichtum an Inhalt, dem gegenüber die deutsche Redeweise zerflossen erscheint. — 1) Die Konsuln führten den Krieg mit vereinten Kräften (schlugen ein gemeinschaftliches Lager auf). 2) Ein festes Lager aufschlagen, starke Wachtposten ausstellen. 3) Die Worte vorsagen (= praeeundo verba dicere). Cf. 31, Anm. 2. 4) Alexander hatte seine Infanterie geteilt, so daß er dadurch zwei Flügel hatte (= divisis peditibus duo cornua effecerat). 5) Ich denke mit Furcht daran (= cum timore cogito). 6) Das Gerücht hatte den Krieg als schlimmer dargestellt. 7) Der Angeklagte gab zu seiner Verteidigung an (= sui defendendi causa dixit). 8) Ein Bündnis unter Schlachtung eines Opfertieres schließen. 9) Armut (Krankheit) als Entschuldigungsgrund angeben. 10) Die Bürger fragten verwundert, was es gäbe. 11) Standbilder mit Inschriften versehen. 12) Diese Aussage ist durch Bestechung erwirkt. 13) Ich habe dies nur im Scherze gesagt (= iocans dixi). — Cf. auch: *iter avertere* „einen andern Weg einschlagen"; *foedare agros* (= foede vastare); *rupem munire* „gangbar machen"; *praemium exsudare* „im Schweiße seines Angesichts erringen"; *legem celebrare* „vielfach besprechen"; *conubia coniungere* „Schließung von Ehen bewirken"; *librum evigilare* = vigilando conficere; *et facere et pati fortia* Romanum est = et agendo et patiendo fortia facinora edere.

36. Wenn ein transitives Verbum keinen Objektskasus bei sich hat, so sagt man, es sei **absolut** gebraucht. Ein Objekt darf aber unter Umständen bei einem transitiven Verbum dann fehlen, wenn es entweder selbstverständlich ist, oder wenn auf die Angabe eines bestimmten Gegenstandes nichts ankommt, oder wenn die Gesamtheit aller möglichen Objekte vorschwebt. — 1) An einer Insel landen: appellere sc. navem. 2) Der König hat sich in Brundisium eingeschifft: conscendit sc. navem. 3) movit sc. castra; duxit sc. exercitum. 4) solverunt sc. naves. 5) Du hast noch nicht für den Transport bezahlt: solvisti sc. pecuniam. 6) Die Soldaten kampierten am Fuße eines Berges: tetenderunt sc. tabernacula. 7) In betreff der Reise habe ich mit deinem Bruder Rücksprache genommen: communicavi sc. sententiam meam. 8) Die Sonne sticht: urit sc. homines et omnes res; der Schuh drückt: sc. pedem. 9) Die Römer hielten kaum stand: sustinuerunt sc. impetum hostium. 10) Eben habe ich einen Imbiß genommen: gustavi sc. cibum, panem, carnem etc. 11) Hasdrubal wandte sich (marschierte) nach dem Ocean zu: flexit sc. iter. 12) Niemand

kann ein tüchtiger Redner sein ohne scharfes Denken: intellegit sc. rerum naturam oder dergl. 13) Cäsar ließ Sendungen ergehen an: dimisit sc. legatos, milites oder dergl. — — Cf. auch: Paupertas mordet, dolor pungit; vicimus „wir haben gewonnenes Spiel"; annona laxat „der Getreidepreis schlägt ab", dolor relaxat „läßt nach"; canes significant „schlagen an"; longe od. alte (paulo longius) repetere „weit (etwas weiter) ausholen"; brevi praecidere (brevi comprehendere, paucis absolvere) „sich kurz fassen"; alte spectare „Hohes im Auge haben, sich ein hohes Ziel stecken" (= magna spectare); bene, benigne polliceri (promittere) „Gutes versprechen", liberaliter poll. „freundliche Versprechungen machen"; ementiri „falsche Aussagen machen"; ad fidem acquirere „an Kredit hinzugewinnen"; impetrare „Erhörung finden", tueri „Schutz gewähren", traicere „übersetzen", hiems oppressit „der Winter überraschte" u. ä. Cf. auch 292.

37. Ein **doppelter Accusativ**, der des Objekts und des Prädikatsnomens, steht bei den Verben:

a. **nennen**, als *appellare*, *nominare*, *vocare*, *dicere*, *salutare* (von einer Mehrheit *consalutare*), *usurpare*, *laudare* „lobend anführen" u. ä.; — zu etwas **ernennen, wählen, machen, ausrufen**, als *facere*, *efficere* (selten *conficere*, *redigere*, *sistere*, *constituere*), *reddere* (nur bei Adjektiven), *creare*, *instituere*, *deligere*, *eligere*, *declarare*, *renuntiare*, *designare* u. ä.;

b. für etwas **halten, befinden, ansehen**, als etwas **erkennen**, wie *ducere*, *existimare*, *habere*, *iudicare*, *arbitrari*, *putare*; *credere* (selten), *putare*, *censere*, *numerare*, *cognoscere*, *agnoscere*, *reperire*, *invenire*, *nancisci* u. ä.;

c. als etwas **haben, geben, nehmen**, wie *habere*, *dare*, *addere*, *adiungere*, *tribuere*, *sumere*, *adsumere*, *asciscere*, *capere*, *accipere* u. ä.;

d. als etwas **sich zeigen**, wie *se praebere*, *se praestare*, *se ostendere* (vereinzelt), (*se impertire* selten mit einem Prädikatsadjektiv und zwar nur bei hinzugefügtem persönlichen Dativ, z. B. Talem me et vobis et rei publicae impertivi).

Bei Umwandlung in die passive Konstruktion tritt der doppelte Nominativ (des Subjekts und des Prädikatsnomens) ein (cf. 3).

Anm. 1. Derselben Konstruktion folgen die Verben, welche bedeuten **„verstehen unter, sich vorstellen unter, sich denken unter, deuten als"**, wie *intellegere*, *interpretari*, *significare*, *sentire* (= dicere, vocare, appellare), z. B. Sanguinem quid intellegis? *Εὐταξίαν* interpretamur modestiam. Amicitiam intellegimus omnium divinarum humanarumque rerum cum benevolentia et caritate consensionem. Quam intellegis voluptatem? Voluptatem intellego eam, qua sensus delectantur. Stultos senes significo credulos. Quem civem bonum sentis? Voluptatem sentimus hanc, quam .... Non habeo, quod intellegam bonum illud „ich weiß nicht, was ich unter jenem Gute verstehen soll". Apparet, quos dicam bonos „was ich unter Guten verstehe". Non video, quam dicatis voluptatem. — **Profiteri se** „sich offen erklären für, sich nennen" steht mit dem Acc. eines Personennamens (z. B. Huic ego me bello ducem profiteor; me ad eam rem profiteor adiutorem), besonders zur Angabe des Berufs oder Geschäfts (z. B. grammaticum, medicum, philosophum aliquis se profitetur „jemand giebt sich für einen Grammatiker aus, ist Arzt von Profession, Philosoph von Fach", wofür man auch sagt aliquis grammaticam, medicinam, philosophiam profitetur). — **Inscribere** (ein Buch oder Schriftwerk) „betiteln" läßt im Aktiv als Prädikatsacc. nur ein Adjektiv zu (z. B. Eos libros inscribunt rhetoricos); im Passiv kann als Prädikatsnomen ebensowohl ein Nom. (z. B. Is liber inscribitur Laelius, Oeconomicus, inscriptus est Hortensius), als ein Präpositionalausdruck (de iustitia, de voluptate, ab urbe condita) oder der Gen. eines Sachnamens (z. B. liber inscribitur Exemplorum, Antiquitatum) stehen.

Anm. 2. **Habere** mit doppeltem Acc. hat nur selten die Bedeutung „halten für" (z. B. Cic. de nat. deor. 1, 45); gewöhnlich bedeutet es „an jem. etwas haben", z. B. Te amicum habeo „ich habe an dir einen Freund, habe dich zum Freunde"; ebenso aliquem magistrum, dominum, conscium facti habere; Epaminondas philosophiae praeceptorem habuit Lysim. Sehr gebräuchlich ist jedoch das Passiv *haberi* mit doppeltem Nom. in der Bedeutung „gehalten werden für, gelten als". Einen für etwas halten heißt am gewöhnlichsten habere (ducere, putare) aliquem *pro* aliquo oder *(in) loco*, *(in) numero* alicuius (cf. 19, Anm. 2), seltener putare, existimare, ducere, iudicare, arbitrari mit doppeltem Acc. Nach ducere, existimare, iudicare, putare folgt meistens ein Acc. c. inf., wie puto te felicem esse „ich halte dich für glücklich".

Anm. 3. Bei den Verben des Nehmens und Wählens steht auch der Dativ oder die Präposition *ad*, wenn die Zweckbestimmung durch einen Sachnamen bezeichnet wird, z. B. Locum domicili*o* (castr*is*) capere; loca pacata *ad* hibernacula legere. Romulus trecentos armatos *ad* custodiam corporis elegit. Cf. 66, Anm.

Anm. 4. Die Verben *velle, nolle, malle, cupere* konstruiert der Lateiner (infolge der Weglassung des Infinitivs esse) mit dem doppelten Acc., z. B. Salv*um me* volo „ich wünsche mich gerettet, wohlbehalten". Strato physic*um se* vult „will gern ein Physiker sein". Quis est, qui se non *hunc* mathematic*um* (sc. Archimedem) malit quam ill*um* tyrann*um* (sc. Dionysium)? Qui *se* Attic*os* volunt; qui *se* popular*es* volunt. Cupit enim *se* audac*em* „er möchte gern als kühn erscheinen".

38. Die Anschauung bei **reddere** ist: etwas in einem gewissen Zustande empfangen oder finden und es in einem veränderten Zustande gleichsam zurückgeben; *reddere* legt demnach den Hauptnachdruck auf die eingetretene Veränderung (= „umgestalten"); dabei ist aber durchaus nicht nötig, daß jemand die Herbeiführung des neuen Zustandes beabsichtigt hat. **Facere** heißt gewöhnlich schlechtweg „machen"; zuweilen stellt es aber auch die Wirkung als beabsichtigt hin, als nach vorhergehender Entschließung herbeigeführt (= *efficere* „gestalten", cf. 3, Anm. 1). Daraus ergiebt sich, daß die Sätze: „Gott hat den Leib des Menschen aufrecht gemacht; die Natur hat den Mann kühner gemacht als das Weib; die Griechen machten bisweilen den Monat um einen oder zwei Tage länger" das Verbum *reddere* durchaus nicht zulassen, während Sätze wie: „Themistokles machte die Athener im Kriegswesen erfahren; das Glück macht die Menschen oft blind; Pompejus machte alle Meere vor den Seeräubern sicher" ebensowohl *reddere* als *facere* gestatten.

Anm. 1. Es heißt stets *certiorem facere* (aliquem alicuius rei od. de re). Ebenso sagt man nur *reum facere* aliquem „einen zum Beklagten machen, anklagen" und *planum facere* aliquid „etwas beweisen". — „Ein Land zur (römischen) Provinz machen" *terram in provinciam* oder *in provinciae formam redigere*.

Anm. 2. „Gemacht werden" heißt bei guten Schriftstellern nicht *reddi*, sondern stets *fieri* oder *effici* (cf. jedoch Cic. inv. 1, 95). Daher muß in dem letzten der vorgelegten Sätze statt redditi sunt notwendig facti sunt geschrieben werden. — Über facere *ex* „jemanden aus etwas zu etwas anderem machen" cf. 3, Anm. 2.

39. 1) Zwar heißt **creare** „schaffen, hervorbringen" und ist synonym mit gignere; aber es wird meist im übertragenen Sinne gebraucht = „verursachen, herbeiführen" (alicui periculum, odium, taedium creare, similitudo creat errorem). „Die Welt schaffen" heißt bei Cicero nie mundum creare sondern *procreare* und noch öfter *aedificare, efficere, fabricari.* Gott ist bei ihm nicht creator mundi, sondern *procreator, aedificator, effector, fabricator.* — 2) *Creare* entspricht dem deutschen „wählen" nur bei Ämtern und Würden; dagegen heißt „jemanden zum Freunde wählen" aliquem amicum *eligere (deligere, sibi adsciscere, sibi adiungere)* aliquem *in familiaritatem suam recipere;* „jemanden zum Schwiegersohn wählen" generum aliquem *deligere;* „jem. zum Sachwalter wählen" aliquem patronum (defensorem) sui iuris *adoptare;* „jem. für ein Amt wählen" munus alicui *mandare.*

40. *Creare* steht von der **Wahl jeder Magistratsperson durch das Volk**; daneben bestehen aber für die Wahl einzelner Beamten noch andere Ausdrücke, nämlich: dictator *dicitur* a consule; magister equitum *dicitur* a dictatore; interrex *proditur* a senatu; virgo Vestalis *capitur* a pontifice maximo; senatores *leguntur* (in senatum) a censore; dux *deligitur* a militibus. — *Reficere* heißt bei Wahlen „einen Beamten auch für das nächste Jahr wiederwählen". *Sufficere* aliquem in locum alicuius „an Stelle eines gestorbenen oder entsetzten oder abgedankten Beamten einen andern zum Ersatz wählen". *Cooptare* sagte man von einem Kollegium, z. B. der Augurn, welche die in ihrer Mitte entstandenen Lücken durch Selbstergänzungswahl ausfüllten. *Renuntiare* und *declarare* „einen Beamten als gewählt ausrufen, öffentlich bekannt machen"; *designare* jemanden als denjenigen „bezeichnen oder bestimmen, welcher im nächsten Jahre das Amt verwalten soll"; *constituere* jemanden als Beamten „einsetzen".

41. 1) Mur*os* ligne*os*, quos deus significaverat, Themistocles recte intellexit (od. interpretatus est) nav*es*. 2) Valerius Publicola Spuri*um* Lucreti*um* colleg*am* sibi fecit; qui cum morbo extinctus esset, Horati*um* Pulvill*um* colleg*am* sumpsit. 3) Initio homines plebeii (besser de plebe) senator*es*

*legi* non potuerunt; Servius autem Tullius plebei*os* quoque *in senatum legit*, qui virtute commendabantur; prim*us* dictat*or* plebei*us* anno a. Chr. trecentesimo quinquagesimo sexto *dictus* est C. Marcius Rutilus. 4) In bono rege cum alias virtutes inesse oportet tum animi magnitudinem, *quam* aequabilitat*em*, constanti*am*, fortitudin*em* ill*am* intellego, quae nec prosperi*s* rebus insolescat nec adversis frangatur, sed certis consiliis usa rerum gerendarum cursum constanter teneat. 5) Themistocles classi praefectus et bellum cum Corcyraeis gerens Athenienses rei navalis peritissim*os* et praedonibus perdomitis mar*e* tut*um* reddidit (od. fecit); idem bellis Persarum confectis ab universa Graecia una voce vind*ex* libertatis Graecae renuntiatus (od. iudicatus) atque summis laudibus celebratus est. 6) Antiquarum rerum memoriā constat Agathocl*em*, figuli filium, praeclar*um* Siciliae tyrann*um* evasisse, itemque nostris temporibus accidit, ut Bernadottius *ex* milite gregario singulari virtute postremo *rex* Suecorum fieret. 7) Habetis *me*, Quirites, *eum* consul*em*, cui urbem, vos ipsos, uxores liberosque bono animo committere debeatis, praesertim cum semper adhuc religiosissim*um* *me* cognoveritis (od. inveneritis). 8) Caligula *ex* modesto et benigno evasit improb*us* et imman*is*, ut multi *eum* propter atrocitatem flagitiorum vecordem (*esse*) putarent. 9) Ancus Martius, cum deorum cultum caerimoniasque non minus quam Numa avus observaret, a Latinis non *is* habitus est, qui erat; illi enim populum Romanum eo rege *ex* bellicoso ignav*um* evasurum esse putaverunt, quae spes eos magnopere fefellit; nam vero deorum cultu nullus populus *ex* forti infirm*us*, sed *ex* fero human*us* atque valid*us* fieri potest. 10) Lucumo, qu*em* divitiae Romanis brevi conspicu*um* faciebant, comitate officio, dexteritate usu multarum rerum assecutus est, ut non modo cives, sed etiam rex Ancus *eum* optim*um* vir*um* (*esse*) existimarent (od. *pro* optimo viro haberent); quin etiam liberis regis tut*or* testamento institutus postremoque a populo *rex* renuntiatus est. 11) Philippus Macedo Aristotel*em*, qu*em* eruditissim*um* illius aetatis homin*em* iure cognoverat, Alexandro filio doctorem adscivit.

42. **„Sich zeigen als, sich beweisen als“** heißt selten *se ostendere* im Sinne von „sich offen darstellen, bemerklich machen“ (z. B. hostem, inimicum alicui); gewöhnlich: a) se **praestare** im Sinne von „sich bewähren“, sich als das zeigen, was man sein soll oder muß, z. B. Praesta **te** dignum maioribus tuis; es kann folglich nur mit lobenden Prädikatsnominibus (Subst. oder Adj.) verbunden sein; — b) **se praebere** mit dem Acc. eines lobenden oder tadelnden Adjektivs, seltener eines Substantivs (z. B. se praebere severum, misericordem, liberalem, illiberalem; virum, talem imperatorem). Statt des Acc. kann auch ein *Abl. qualit.* stehen (z. B. pari se virtute praebere; victoria parta rex eadem se, qua antea, clementia praebuit); — c) **se gerere** „sich benehmen, sich betragen“ entweder mit einem Adverb oder bei einem Subst. mit *pro* (z. B. se gerere honeste, crudeliter; pro cive, pro consule **se gerere**); hiervon abweichend sagt Livius *medium* se gerere „sich neutral verhalten“. — d) Wo „sich zeigen“ mit einem Prädikatsnomen ohne besonderen Nachdruck steht, genügt im Lat. **esse**, z. B. fortissimum, iniustum, severum esse; nostri maiores domi parci erant.

1) Traianus omnem spem explevit, quam populus Romanus de eo habuerat; nam cum antea in bellis fortissim*um*, in pace praetor*em* iustissim*um* et consul*em* fortissim*um* se praestitisset (od. praebuisset; od. einfach fuisset mit Nom.), imperator factus eas virtutes non modo retinuit, sed etiam laudem earum aliis multis auxit. 2) Catilina ne tum quidem,

cum a senatu parricida et hostis patriae iudicatus esset, contumac*ius* se gerere destitit; in Etruriam enim se contulit ad Manlium, quem de adventu suo certiorem fecerat, in eiusque castris *pro* consule se gessit. 3) Romanis, quippe qui et belli fortissim*os* atque acerrim*os* et domi moderat*os* atque constan*tes* se praeberent (od. praestarent; od. einfach essent mit Nom.), contigit, ut rem publicam paulatim potentissimam et maximam facerent (od. redderent) regionesque opulentissimas orbis terrarum tum cogniti in potestatem suam redigerent. 4) Oro vos, iudices, ut, *quales* vos iam antea in aliis causis praebuistis, *tales* hoc quoque tempore vos praestetis. 5) Caesar, cum in senatu sententiam diceret de Lentulo et Cethego, Catilinae sociis, maxim*a* moderat*ione* (od. moderatissim*um*) se praebuit.

43. a) **Celare** *aliquem aliquid* „(vor) jemandem etwas verheimlichen, verbergen, verhehlen": Non *te* celavi sermon*em* Ampii. *Celare aliquem* **de** *re* „jemanden über etwas in Unkenntnis halten": Bassus noster me *de* hoc libro celavit. Im Passiv sagt man persönlich *celari de re* „in Unkenntnis über etwas gehalten werden": Imperator *de* illis insidiis celat*us* non est. Debes existimare *te* maximis *de* rebus a fratre esse celatum. Non est *de* illo veneno celat*a* mat*er*. Aber *id* imprimis te celatum volebam (cf. 29, c).

b) **Docere (nur selten** *edocere*) *aliquem aliquid*: Philosophia *nos* artem bene vivendi docet. Catilina iuventut*em* multis modis mal*a* facinor*a* edocebat (Sall. Cat. 16, 1). Die Sache kann auch durch einen Infinitiv ausgedrückt werden: Magister tuus te nihil *sapere* docuit. In der Bedeutung „benachrichtigen, in Kenntnis setzen von" konstruiert man *docere aliquem* **de** *re*: Caesar Boios *de* adventu suo docuit. *De* omnibus hostium consiliis edocti sumus.

Anm. 1. Das Instrument, in dessen Gebrauche man jemanden belehrt, steht im *Abl. instrum.*, z. B. docere aliquem tibi*is*, fidi*bus*, arm*is*, equ*o*, pil*a* „jemanden im Flötenspiel, im Leierspiel, in den Waffen, im Reiten, im Ballspiel unterweisen".

Anm. 2. Statt des Passivs *doceri* in der Bedeutung „unterrichtet werden in etwas" sagt man gewöhnlich *discere aliquid ab aliquo* oder *institui (imbui) re* oder *erudiri (in) re* (cf. 114), z. B. Pericles a Damone musicam didicit oder musicā (musicis) institutus est. Aus dem Passiv kommen hauptsächlich nur (cf. jedoch Cic. de or. 1, 194 u. 244; de fin. 2, 15; Nep. Epam. 2, 1; Sall. Iug. 85, 33) die Participien *doctus* und *docendus* vor, bei denen die Wissenschaft, in der die Unterweisung stattfindet, fast ausschließlich im Abl., nicht im Acc. (cf. jedoch Liv. 6, 32, 7 u. 25, 37, 3) steht, z. B. doctus et Graec*is* litter*is* et Latin*is*. Wenn die Sache durch das Neutrum eines Pronomens oder Adjektivs ausgedrückt ist, steht sie im Acc., z. B. Cicero per legatos *cuncta* edoctus (cf. 29, c).

Anm. 3. *Dedocere* „einer Sache entwöhnen, eines bessern belehren" kann nur einen Acc. der Person regieren. Daher wählt man bei Hinzufügung einer Sache entweder die Umschreibung facere, ut aliquis aliquid dediscat oder andere Wendungen.

c) **Postulare** *aliquid ab aliquo* „etwas von einem fordern". — **Petere** *aliquid ab* (selten ex) *aliquo* „jemanden um etwas bitten", (also „Cäsar wurde gebeten" *a* Caesare petit*um* est); *petere aliquid* „etwas erstreben, zu erlangen suchen" (z. B. castra, honores, consulatum „sich um das Konsulat bewerben"); *petere aliquem* „auf einen losgehen, ihn angreifen"; *petere aliquid ex loco* „herholen" (z. B. aquam ex fonte). — **Poscere** und **flagitare** *aliquem aliquid* oder (häufiger) *aliquid ab aliquo* „etwas von jem. fordern", (ebenso **reposcere** „zurückfordern"). Die Passiva *posci* und *flagitari* mit Acc. der Sache sind in Prosa höchst selten (z. B. Caes. b. c. 1, 87, 3: Legati stipendi*um* ab legionibus flagitabantur). — **Precari** *aliquem* (mit folg. abhängigem Satze) oder *aliquid ab aliquo* (bes. a dis) „jem. um etwas bitten". Dagegen bedeutet *precari* *alicui male* oder *omnia mala*, *bene* oder *bona*, *salutem*, *incolumitatem*, *reditum* „für jem. alles Gute, Schlimme u. s. w. erflehen, ihm anwünschen". — **Exigere** *aliquid ab* (unklassisch *de*) *aliquo* „etwas von jem. als Schuldigkeit (oder Schuld) einfordern, als Pflicht verlangen".

Anm. 4. **Deprecari** *aliquid* entweder „etwas erbitten, erflehen" (*ab* aliquo „von jem.", *pro* aliquo „für jem.", z. B. pacem *ab* hostibus, nihil *pro* se ipso) oder „durch Bitten etwas Schlimmes abzuwenden suchen" (z. B. mortem, poenam, iram senatūs, calamitatem a se, ignominiam a familia); absolut d. pro aliquo „Fürbitte für jem. einlegen". *Deprecari aliquem* entweder „jemanden inständigst bitten" oder „eine gefährdete Person (Sache) losbitten, sich als Gnade erbitten" (z. B. multorum vitam ab aliquo, sibi exilium, salutem a rege). **Ohne Beisatz deprecari „um Verzeihung bitten, sich entschuldigen."**

Anm. 5. *Velle* wird elliptisch mit dem Acc. eines Personennamens, besonders eines Personalpronomens, verbunden in der Bedeutung „ich will etwas von jem., will mit jem. sprechen", z. B. Mene vis „willst du mich sprechen?" Paucis te volo „ich wünsche dich auf einige Worte zu sprechen". Num quid aliud me vis?

d) Bei **orare** und **rogare** „bitten" wird gewöhnlich nur eins, entweder die Person, welche man bittet, oder die Sache, um welche man bittet, durch den Acc. ausgedrückt. Steht die Person im Acc., so wird die Sache durch einen Satz mit ut oder ne angegeben; wird die Person verschwiegen, so steht die Sache in der Regel im Acc., wie rogare auxilium, orare pacem. Beide Accusative zusammen stehen fast nur, wenn das sachliche Objekt das Neutrum eines Pronomens oder Adjektivs ist (z. B. Hoc te vehementer rogo; nihil aliud vos oro. Cf. jedoch Liv. 28, 5, 6). — **Implorare** *aliquid* oder *aliquem* „flehentlich anrufen" (auxilium, misericordiam alicuius, leges, deos, patres); *aliquid ab aliquo* „jem. flehentlich um etwas bitten" (auxilium a populo Romano = auxilium populi Romani); ganz selten *aliquem aliquid* (Liv. 34, 23, 3). — **Contendere** *aliquid ab aliquo* „jem. dringend, nachdrücklich um etwas bitten".

e) **Interrogare** und **rogare** *aliquem* „jemanden fragen, befragen", *de re* „nach (wegen) einer Sache"; der doppelte Acc. steht nur dann, wenn das sachliche Objekt das Neutrum eines Pronomens oder Adjektivs ist (z. B. Roga hoc idem Epicurum; Socrates pusionem quaedam geometrica interrogat, cf. 29, c). Aber in der bei Abstimmungen im Senate oder ähnlichen beratenden Versammlungen amtlichen (solennen) Phrase „jemanden um seine Meinung befragen" *sententiam rogare* (weniger gut *interrogare*) *aliquem*, im Passiv *sententiam rogari* (weniger gut *interrogari*) ist der Acc. der Sache feststehender Sprachgebrauch; sonst heißt „jem. um seine Meinung fragen" rogare (interrogare) aliquem, quid sentiat. — **Quaerere** *aliquem* „nach jem. fragen, jem. suchen"; *aliquid* „etwas zu erwerben, zu gewinnen suchen" (*alicui* „für jemanden", *sibi* „für sich", *ex re* „aus einer Sache"); *aliquid ex* (*ab*, *de*) *aliquo* „jem. nach (od. um) etwas fragen, etwas von jem. zu erfahren suchen", (also „Cäsar wurde gefragt" quaesitum est *ex* Caesare); *de re* „etwas (gerichtlich, wissenschaftlich) untersuchen, zum Gegenstande der Untersuchung machen". — **Sciscitari** *aliquem* (selten) „jem. befragen"; *aliquid ex* (*de*, *ab*) *aliquo* „bei jem. nachforschen, sich erkundigen nach etwas" (= *exquirere* aliquid ex, de, ab aliquo). — **Percontari** *aliquem* (*de re* oder mit indir. Fragesatze) oder *aliquid ab* (*ex*) *aliquo* „sich bei jem. nach etwas erkundigen, forschen". — **Consulere** *aliquem de re* „jem. wegen einer Sache um Rat fragen".

Anm. 5. Eine archaistische Redensart ist *populum* (od. *plebem*) *rogare magistratum* „dem Volke einen Beamten zur Wahl vorschlagen" (Liv. 3, 65, 4; 6, 42, 14).

**44.** 1) Flaminius consul, si officium voluisset praestare, speculatores praemittere debuit; quod si fecisset, *de* insidiis ab Hannibale ad Trasumennum collocatis celari non potu*it*. 2) Ceres, postquam Proserpin*am* fili*am* passim quaesivit, a Sole, qu*em de* fortuna amissae (od. *ex* quo fortun*am* amissae) percontata erat, *de* raptu eius edocta est. 3) Quisquis *a* deo *nihil* petit (od. precatur) nisi diviti*as* et honor*em*, fragil*ia* bon*a* se petere (od. precari) sciat. 4) Socrates *nihil* praemii discipul*os* (od. *a* discipulis) poscebat, sed sapienti*am* sine pretio *eos* docebat. 5) Scelesto homini, ut metu poenae in extremas oras fugiat, tamen non continget, ut scelera de*um* celet. 6) M. Fabius Caeso apud hospites Caere educatus litter*is* Etrusc*is* institutus (od. eruditus) erat linguamque Etruscam probe noverat; omninoque tum pueri Romani litter*as* Etrusc*as discere* (od. litter*is* Etrusc*is* institui od. erudiri) solebant. 7) Cimbri Teutonique, cum ad fines Italiae advenissent, Roman*os* poposcerunt (od. flagitaverunt; od. *a* Romanis poposcerunt, flagitaverunt, postulaverunt) agr*os* domicili*a*que; quae si impetrassent, stipendia pro populo Romano facturos se polliciti sunt. 8) Rex cunct*a* edoctus, *de* quibus antea a legatis er*at* celat*us*, omni*a* mal*a* host*ibus* precatus fraudem ulturum se iuravit. 9) Pyrrhus, Epirotarum rex, quamquam de*os* precari et sacra facere et dona ferre non desinebat, tamen numquam aut victori*am* aut increment*um* potentiae aut glori*am ab* eis postulabat (od. *eos* poscebat), sed un*um hoc* semper orabat, ut integra valetudine uteretur. 10) Cum reus, qu*em* iudices *de* nominibus consciorum frustra interrogaverant, in carcerem reduceretur, multitudo concitata retineri vix potuit, quin lapid*ibus eum* peteret. 11) Pauperem eum, qui inopi*am* su*am* propter verecundiam homin*es* celet, ultro adiuvato, etiamsi auxili*um a* te (besser auxili*um tuum*) non imploret. 12) Caesar in senatu rogatus sententi*am* censere se ait publicandas coniuratorum pecunias, ipsos in vinculis habendos per municipia.

45. **In Ausrufen der Verwunderung, des Schmerzes, des Unwillens, der Freude wird die Person oder Sache, welche das Gemüt erregt, durch den Acc. mit oder ohne die Interjektion o und heu** (selten eheu und em), **jedoch regelmäßig in Verbindung mit einem Attribute ausgedrückt:** (O) me miserum! Heu me infelicem! Meam stultam verecundiam! O virum simplicem, qui nos nihil celet!

Anm. 1. Wo der Ausruf ironisch gemeint ist, pflegt o zu fehlen, z. B. Constantem hominem et gravem, qui glorietur a gloria se afuisse! — Wird mit dem Substantiv das Demonstrativpronomen *hic* verbunden, so steht dasselbe gewöhnlich in der Frageform **hicine** (403, Anm. 1), z. B. Huncine hominem! hancine impudentiam, iudices! hanc audaciam!

Anm. 2. Bei **ecce** „siehe da" steht klassisch regelmäßig **der Nom. Bei dem gleichbedeutenden en zeigt die Überlieferung bei Cicero Nominativ oder Akkusativ. *Ecce* und *en* werden auch ohne Kasus mit einem vollen Satz konstruiert.** — Bei **vae** (unklassisch **u. poet.** *ei*) „wehe" steht der Dat., z. B. Vae misero mihi! — **Pro** tritt zum Acc. nur in der Verbindung *pro deum* (od. *deorum*) *hominumque fidem* „bei allem, was im Himmel und auf Erden heilig ist", sonst zum Vokativ (*pro dei immortales! pro sancte Iuppiter!*). — **Malum** wird im Sinne des deutschen „zum Henker" in Fragesätze eingeschoben, z. B. Quae, malum, est ista voluntaria servitus? — **Bene** steht mit dem Acc. od. Dat. beim Zutrinken im Sinne von „auf das Wohl!", z. B. Bene *tibi* od. bene *te* „auf dein Wohl! auf deine Gesundheit!".

Anm. 3. Der Acc. des Ausrufs entspricht oft volleren deutschen Wendungen, z. B. Me miserum „was bin ich doch für ein unglücklicher Mensch!" Praeclaram defensionem „das ist ja eine herrliche Verteidigung!" Me caecum, qui haec non viderim „wie konnte ich nur so blind sein, das nicht zu sehen!"

Anm. 4 Der Vokativ steht im Ausrufe nur dann, wenn derselbe zugleich Anrede ist, z. B. O miser, quod non sentis, quam miser sis! — Der Nom. steht nur dann, wenn das

Adjektiv prädikativ ist, z. B. O magn*a vis* veritatis (sc. *est*), quae facile se per se ipsa defendat! Calamitosus Deiotarus, qui a servo fugitivo accusetur! (Über den Acc. c. inf. im Ausrufe cf. 435.)

46. Der bei Dichtern und späteren Prosaikern häufige Accusativ der näheren Bestimmung (**Accusativus Graecus**) findet sich bei eigentlichen Substantiven in guter Prosa so gut wie gar nicht und wird meistens durch den Abl. vertreten. (Livius sagt einmal Hannibal adver*sum* fem*ur* tragulā ictus cecidit; Tacitus feminae Germanorum nudae bracchi*a* et lacert*os* u. ä.) Häufiger steht dieser Acc. nur von den substantivierten Neutris der pronomina und adiectiva numeralia (cf. 29, c), besonders: **ceterum** „im übrigen" (d. h. in sonstiger Hinsicht, sonst) und **cetera** „in den übrigen Stücken, Beziehungen" (beide fast nur bei Historikern und Dichtern, bei Klassikern nur ganz vereinzelt; dafür ceteris in rebus, ceteris rebus, auch ceteroqui); — **nihil** „in keiner Beziehung, nicht im geringsten" (stärker als non); **nonnihil** und **aliquid** „einigermaßen"; — **multum** „sehr, vielfach", **plus**, **plurimum**, **nimium** u. ä., z. B. Tulli regnum, *cetera* egregium, ab una parte haud satis prosperum fuit. Virum *cetera* bonum secuta ambitio est. *Nihil* te moror; *nihil* me fallis; *nihil* te impedio; Thraces *nihil* se moverunt; plebis Romanae *nihil* similis; senatus *nihil* sane intentus. *Nonnihil* me consolatur, cum recordor. Vereor, ne tibi me suscensere *aliquid* putes. Res *aliquid* differt. *Multum* te diligo (te metuo, tibi irascor). Suebi *multum* sunt in venationibus. Hunc tu *plus* quam te amas. — So auch **summum** „höchstens" und **minimum** „mindestens" bei Zahlbegriffen (cf. 495, Anm.), z. B. A te bis terve *summum* litteras accepi; **non minimum** „nicht im geringsten".

* Anm. Dichter und spätere Prosaiker verbinden nicht selten das Passivum derjenigen Verba, welche ein An- und Ausziehen, ein Bekränzen, Schmücken und Umhüllen bezeichnen, mit einem Objektsacc. ganz in derselben Weise, wie der Grieche das Medium gebraucht, z. B. Cingamur tempora myrto „wir wollen uns (nobis) die Schläfen mit Myrte umwinden". Priamus ferrum cingitur „gürtet sich (sibi) das Schwert um". Induitur galeam clipeique insigne decorum. Virgines longam indutae vestem. Cornua exuitur et cum cornibus annos. Floribus crines ornatur. Coronatus fronde capillos. Caput Phrygio velamur amictu. Redimitus tempora lauro. Innectuntur colla auro.

47. Adverbiale Accusative sind: **magnam (maximam) partem** = magna (maxima) ex parte; **id aetatis** oder **id temporis** = ea aetate, eo tempore; **id (hoc) genus** und **omne genus** = eius (huius) generis, omnis generis, z. B. *Magnam partem* ex iambis nostra constat oratio. Suebi *maximam partem* lacte atque pecore vivunt. *Maximam partem* ad iniuriam faciendam aggrediuntur. Purgavit se, quod *id temporis* venisset. Forum *id temporis* omni turba vacuum erat. Id nobis oneris, hominibus *id aetatis*, imponitur. In balneis fuit cum *id aetatis* filio. Alia *id genus* „anderes dergleichen", aliquid *id genus* „etwas derartiges". Boves et *id genus* pecora. Porticus avibus *omne genus* oppleta. Livius sagt auch: Quid *hoc noctis* venis? **(40, 9, 12).**

Anm. Zu den adverbiellen Accusativen sind auch noch folgende zu rechnen:

a) **Secus**, welches nur mit dem Zusatze *virile* oder *muliebre* bei Historikern vorkommt und stets unverändert zu allen Kasus gefügt wird, gleichbedeutend mit dem Genitiv sexūs virilis (muliebris), z. B. infans *virile secus* „ein Kind männlichen Geschlechts".

b) **Vicem** (vom ungebräuchlichen Nom. vicis) steht mit einem Genitiv oder Possessivpronomen im Sinne von „wegen, mit Rücksicht auf", besonders in Verbindung mit Verben, welche eine Gemütsbewegung (Sorge, Schmerz, Bekümmernis) bezeichnen, z. B. Rei publicae *vicem* saepe hoc doleo. Sollicitus sum non meam *vicem*, sed rei publicae et exercitus. Valde et meam et vestram *vicem* timeam necesse est. Seit Livius steht der Abl. *vice* in gleicher Bedeutung. (Selten hat vicem die Bedeutung „nach der Art und Weise", z. B. Sardanapali *vicem* in suo lectulo mori.)

c) **Partim** ist ein alter Acc. = partem und steht so auch öfters, z. B. Consul partim copiarum mittit, partim ipse ducit. Sodann kann *partim* — *partim* aber auch wie ein Nominativ stehen = alii — alii oder alia — alia und mit einem Gen. oder mit der Präpos. *ex* verbunden werden, wobei zu bemerken ist, daß das Prädikat immer im Plural stehen und sich im Geschlechte immer nach dem von partim abhängigen Substantive richten muß (cf. 7, Anm. 1); z. B. Bonorum *partim* necessari*a partim* non necessari*a sunt*. *Partim* e nobis timidi *sunt*, *partim* a re publica avers*i*. Reliqui sex fuerunt, e quibus *partim* plane tecum sentie*bant*, partim medium quendam cursum tene*bant*. Eorum *partim* in pompa *partim* in acie illustr*es* esse vol*uerunt*. Übrigens kann partim — partim auch als Apposition zum Namen des Ganzen treten, z. B. Ill*ae* tabul*ae partim* in hortos Pompei *partim* in villam Scipionis deportatae sunt.

48. 1) O fatal*em* huius proelii event*um*! cives Romanos, *pro sancte Iuppiter*, hac contumelia nomen Romanum afficere non puduit! Vae (unklassisch *ei*) *nobis* miser*is*! 2) *Pro deum hominumque fidem*! *aliquid* (od. *nonnihil*) miror vos a nobis, hominibus *id aetatis*, vitae rationem reposcere, cum non possitis reddere vestrae. 3) **Salve**, mi amice! (o) *te* fortuna*tum*, qui pericula maris, furorem hostium, alia *id genus* effugeris! 4) Porsena Mucii Scaevolae virtute *magnam partem* dicitur adductus esse, ut pacem cum Romanis faceret. 5) *Ecce* medic*us*! quamquam is doloribus tuis mederi *nihil* poterit, si causam mali eum celabis. 6) Cicero, quem litteris Graecis non minus quam Romanis doctum fuisse constat, a negotiis publicis omnino aut *maximam partem* liberatus studia philosophiae revocavit, quam adulescens adamaverat.

### 3. Dativ.

Vorbemerkung. Der **Dativ** ist der Kasus des **indirekten** oder **entfernteren Objekts**, d. h. des Gegenstandes, welcher von einer Thätigkeit nur **mittelbar** betroffen wird.

Der Dativ bezeichnet:

1. das **indirekte** oder **entferntere Objekt** auf die Frage „wem?“ ebensowohl bei (transitiven und intransitiven) Verben als bei Adjektiven, fast durchweg dem deutschen Dativ entsprechend, z. B. Deus *hominibus* omnia bona praebet. Cives *legibus* parent. Patria *omnibus* cara est.
2. das **beteiligte** oder **interessierte Objekt** auf die Frage „für wen? in wessen Interesse?“ z. B. Homo non *sibi soli* natus est, sed *patriae* et *civibus*.
3. den **Zweck** auf die Frage „wozu?, z. B. Caesar laborantibus suis quinque cohortes *subsidio* misit.

49. **Den Dativ regieren folgende deutsch anders konstruierte Verba: nubo, parco, studeo, incommodo, persuadeo, supplico, obtrecto, invideo, faveo, medeor, maledico. Im Passiv dürfen dieselben nur unpersönlich konstruiert werden,** z. B. Mihi invidetur „ich werde beneidet“, vobis persuadebitur „ihr werdet überredet werden“, vobis persuasum est „ihr seid überredet worden“, divitibus invideri solet, numquam vobis persuaderi potuit (cf. im Deutschen „mir wird geholfen, euch ist geschadet worden“).

Anm. 1. **Nubere** (eig. sich in einen Schleier hüllen, wie es die Braut bei der Hochzeit that) wird nur von der Frau gesagt; vom Manne sagt man *(uxorem) ducere*, *in matrimonium ducere*. Das Participium *nupta* (verheiratet an oder mit jemandem) wird ebensowohl mit dem Dativ als mit der Präpos. *cum* verbunden. — Von **parcere** ist das Perf. Pass. ungebräuchlich; statt parsum est sagt man *temperatum est alicui*. Auch invisum est alicui **ist selten, dafür wird meist** entweder die aktive Konstruktion genommen oder *invidiae esse alicui* oder *in invidia esse apud aliquem* oder *invidiam habere ex re* oder *obtrectari alicui* gesagt. — Die von **mederi** fehlenden Formen (z. B. das Perfekt und das ganze Passiv) werden durch *sanare* (unklassisch medicare) *aliquem* ersetzt.

Anm. 2. Zwar steht bei **invidere** der Dativ sowohl der Person als der Sache, z. B. invideo tibi, divitiis tuis; wenn aber zugleich eine Person und eine Sache als Objekte vorhanden sind, so tritt die Sache in den Dativ, während die Person attributiv durch den Genitiv (resp. durch das Possessivpronomen) ausgedrückt wird, also *invidere alicui rei alicuius*, z. B. Themistocles Miltiad*is* glori*ae* invidit; **null*ius*** ego invideo honor*i*; quidam homines dignitat*i tuae* inviderunt „haben dich um deine Würde beneidet“. Zuweilen findet sich auch invidere alicui *in re* (Cic. de Or. 2, 228; Flacc. 70); aber invidere alicui aliquid oder alicui aliqua re sind unklassische (oder wenigstens sehr fragliche) Konstruktionen. (Liv. 44, 30, 4; 2, 40, 11.)

Anm. 3. Wie man sagt *maledicere alicui* „von jem. Übles reden, ihn lästern, schmähen“, so auch **benedicere alicui** „von jem. Gutes reden, gut sprechen“. Erst bei den Kirchenvätern heißt benedicere alicui od. aliquem „jem. lobpreisen, benedeien, segnen“ (= laudare, praedicare, fortunare, bene alicui precari). — *Conviciari* „Vorwürfe machen, schimpfen“ steht klassisch ohne jeden Kasus, nachklassisch mit dem Dativ (statt convicium facere alicui oder conviciis insectari aliquem). — **„Jemandem widersprechen"** heißt klassisch nicht contradicere alicui, sondern *contra aliquem dicere* (= adversari, obloqui alicui); absolut findet sich auch contra dicere „Widerspruch erheben". Von Sachen, die einem Dinge oder einander widersprechen, sagt man repugnare alicui, pugnare cum re, inter se pugnare (repugnare, dissidere, discrepare). — **Obtrectare** „verkleinern, beneiden" klassisch nur c. dat., seit Livius auch c. acc. der Sache. — *Praestolari* „(als Diener) jemandes harren, warten auf" alicui od. alicui rei, seltener aliquid. Auch *apparere* in der Bedeutung „bedienen, aufwarten" regiert den Dativ.

Anm. 4. **„Jemandem lebewohl sagen"** heißt in guter Prosa nicht valedicere alicui, sondern *valere iubere aliquem, (multam) salutem dicere alicui.* — **Renuntiare** *alicui* „aufgeben, sich lossagen von" (Stoicis, officiis civilibus, rebus humanis); *renuntiare alicui aliquid* „jemandem etwas aufkündigen, absagen" (amicitiam, hospitium). — **Comitari** „begleiten" steht in seiner gewöhnlichen Bedeutung als Transitivum mit dem Acc.; nur im tropischen Sinne „zur Seite stehen, sich anschließen an" (= coniunctum esse) regiert es den Dat., z. B. Tardis ingeniis virtus non facile comitatur (Cic. Tusc. 5, 68 und 100). — *Patrocinari alicui* „in Schutz nehmen, beschützen" (= alicui patronum esse, adesse, praesto esse, patrocinium praestare) und *operari alicui rei* „einer Sache obliegen" kommen klassisch **nicht** vor. — **Suadere** „anraten" wird mit dem Dat. der Person oder mit dem Acc. der Sache verbunden; als Acc. der Sache neben dem Dativ stehen nur allgemeine Angaben wie multa, unum, nihil, hoc, illud, sonst de re oder ein Nebensatz. — **Dissuadere** „abraten" läßt einen Dat. der Person überhaupt nicht zu, sondern nur die Sache im Acc. (oder mit der Präpos. de) oder einen Nebensatz: dissuadere, ne quis faciat aliquid. — **Ignoscere** „verzeihen" (ergänzt durch *veniam dare*) steht mit dem Dat. der Person od. Sache (z. B. ignosce mihi, huic festinationi); aber „jemandem etwas verzeihen" heißt *ignoscere alicui aliquid* nur dann, wenn die Sache durch das Neutrum eines Pron. od. Adj. ausgedrückt ist (z. B. Tibi hoc ignosco, cf. Cic. Phil. 1, 13), sonst *alicui rei alicuius* (z. B. fratris temeritati, cf. Cic. Fam. 5, 12, 1). — **Imperare** „herrschen über, beherrschen" kann nur mit dem Dat. stehen (z. B. omnibus gentibus, etiam invitis, sibi, cupiditatibus); aber *imperare alicui aliquid* „jemandem die Lieferung einer Sache, eine Leistung auferlegen" (z. B. civitatibus obsides, sociis frumentum). — **Regnare** „König sein, Herr sein, regieren" und **dominari** „herrschen, den Herrn spielen" haben in guter Prosa weder den Dat. noch den Acc. bei sich, sondern werden nur intransitiv gebraucht; als Transitivum dient *regere* (*administrare, moderari, gubernare* u. ä). — **Reconciliare** aliquem (od. animum alicuius) alic*ui* „jem. mit jem. versöhnen"; reconciliari alic*ui* od. reconciliare *sibi* alqm. „sich mit jem. versöhnen" (= in gratiam *cum* aliquo redire).

Anm. 5. **„Ich bin überzeugt"** heißt lateinisch nicht nur *mihi persuasi* oder *persuasum mihi est* (nur vereinzelt persuasum habeo od. *mihi* persuasum habeo), sondern häufig auch *mihi persuadeo* = *confido, credo, plane non dubito* (z. B. velim tibi persuadeas „sei ja überzeugt"; tibi persuade). Wo wir im Deutschen „sich überzeugen" im Sinne von „erkennen, die Erfahrung haben oder machen, daß" gebrauchen, tritt im Lat. cognoscere, intellegere, videre u. ä. ein, z. B. „Ich habe mich von seiner Treue überzeugt" fidem eius cognovi oder cognitam (perspectam) habeo.

50. 1) Quin fortuna Octaviani *rebus* mirum quantum faverit (= affuerit), nemo est, qui dubitet; nam quamquam multi, qui pristinam libertatem restitutam volebant, *eius* potenti*ae* invidebant consiliisque adversabantur, tamen cum rerum esset potitus, id assecutus est, quod assequi non potuerat Caesar, qui quidem sine dubio dignior fuerat, qui orb*i* terrarum imperaret. 2) Iulia, Caesaris filia, Pompei*o* *nupsit* anno a. Chr. undesexagesimo; qua quinque annis post mortua Pompeius filiam Metelli Scipionis *uxorem* (od. *in matrimonium*) *duxit.* 3) Quamquam cives urbis expugnatae imperat*ori* vict*ori* supplicaverant, ut clementer secum ageret (od. *sibi* parceret), tamen aedifici*is* nec public*is* nec privat*is*, ne templ*is* quidem deorum *temperatum est;* ille enim *eorum* perfidi*ae* veniam se daturum (seltene Form ignoturum) non esse iuraverat. 4) Quamvis multi id agant, ut omni modo *mihi* maledicant me*is*que in civitatem merit*is* obtrectent, tamen nec oper*ae* nec pecuni*ae* parcam, ut vulner*ibus* rei publicae (inflict*is*) medear. 5) Si, quisquam dignus est, cuius eloquentia

nobis admirationi sit, is certe Cicero est, cuius quidem laud*ibus* a plurimis hodie maledici atque obtrectari sol*et*. 6) Numquam *mihi* persuadebit*ur*, ut *contra* consul*em* *dicam*, qui popul*o* *de* hac lege gravissimis verbis suasit; namque meminerimus bella hisce temporibus clementer geri atque etiam host*ibus*, quantum fieri possit, parci solere. 7) Amasis Polycrat*i* hospiti*um* renuntiavit, quod illius exitum vitae miserrimum fore *sibi* persuaserat (od. persuasum *ei* erat; weniger gut persuasum habebat); nam deos magn*ae* et stabil*i* fortun*ae* mortal*ium* invidere opinabatur.

51. Mehrere Verben haben, jenachdem sie mit dem Dat. oder Acc. oder einer Präposition verbunden sind, eine verschiedene Bedeutung:

**Metuere** und **timere** (auch *vereri*) *c. acc.* **„jn. (etw.) fürchten, sich fürchten vor . . .“**, *c. dat.* (oder *de;* sehr selten *pro*, z. B. ad Brut. 1, 16, 2) „für jem. fürchten, besorgt sein wegen jemandes“; *timere aliquid ab aliquo* „etwas Schlimmes von jem. fürchten“.

**Consulere** *aliquem* „jem. um Rat fragen“ **(*de re* „wegen“); *de re* (selt. *aliquid*)** „etwas erwägen, beratschlagen über“; *alicui* od. *alicui rei* „für jemanden oder etwas sorgen“; *in aliquem* graviter (crudeliter, superbe, violenter u. ä.) consulere „streng (hart, stolz ꝛc.) gegen jem. verfahren“.

**Prospicere** und **providere** *aliquid* „etwas vorhersehen“ (z. B. periculum, tempestatem futuram) oder „etwas (im voraus) beschaffen, besorgen“ (z. B. exercitui frumentum, commeatum; ***alicui (rei)*** „sorgen für, Vorkehrungen treffen für“ (z. B. patriae, saluti civium, rei frumentariae).

**Cavere *aliquid, aliquem* „zu vermeiden suchen, sich in acht nehmen vor“; *ab aliqua re, ab aliquo* „auf der Hut sein vor“; *alicui* „jem. Sicherheit schaffen“.**

**Moderari** *aliquid* „etwas gehörig lenken, leiten, einrichten, ordnen, regieren“ (z. B. equum, consilia audacium, sententiam suam timore, religionem; tibicines suo arbitrio cantus moderantur); *alicui* (*rei*) „Schranken (ein Maß und Ziel) setzen, im Zaume halten, das rechte Maß in einer Sache beobachten“ (z. B. irae, linguae, animo).

**Temperare** *aliquid* „richtig mischen“ (vinum, potum) oder „gehörig einrichten, regeln, ordnen“ (z. B. rem publicam legibus) oder „mit Maß gebrauchen“ (z. B. victoriam); *alicui* „schonen, mäßigen“ (z. B. sociis, templis, sibi, irae, risui); *temperare* (seltener ***sibi** temperare*) *a re* „sich einer Sache enthalten“ (z. B. a lacrimis, ab iniuria; Livius setzt statt *ab* auch den bloßen Abl.).

**Cupere** *aliquid* „etwas begehren, wünschen“; *alicui* (oder *alicuius causa*) „jemandem gewogen sein, wohlwollen, es gut mit ihm meinen“. — Ebenso **velle** *alicui* (od. *alicuius causa*) „jem. gewogen sein“ (auch omnia oder bene, magnopere alicui velle); *alicui* **nolle** „jemandem abgeneigt sein, ein Vorurteil gegen jem. haben“; *alicui aliquid* **malle** „jem. etwas lieber gönnen“.

**Vacare** *alicui rei* „Muße für etwas haben, einer Sache obliegen“ (selten); *re* od. *a re* „frei, leer sein (meist von etwas Lästigem), sich fern halten von“ (cf. 94, Anm. 3).

**Imponere** *alicui aliquid* „einem etwas aufsetzen, auferlegen“, um es zu tragen; *aliquid in rem* (seltener und fast nur in übertragener Bedeutung *in re*) „etwas auf eine Sache setzen oder legen“; *alicui* „jem. hinters Licht führen, betrügen“.

**Recipere** *aliquid* „etwas wiederbekommen, aufnehmen, (pflichtmäßig) übernehmen“; *se recipere ex re* „sich von etwas erholen“ (ex terrore ac fuga, ex timore) = se colligere, se recreare ex; *recipere alicui* „sich gegen jem. verpflichten, jem. zusagen, versprechen“ (omnia ei petenti recepi; vobis recipio celeriter me negotium confecturum).

1) Cum omnibus vicis ab hostibus combustis commeat*um* exercitui providere (od. prospicere) difficile esset, factum est, ut milites, cum ir*ae* moderari non possent, *ab* iniuria et maleficio non temperarent. 2) Quamquam animus meus (*a*) met*u* nullo omnino tempore vacat tantoque dolore cruciatur, ut *a* lacrimis vix possim temperare, tamen hoc solacium mihi manet, bonos cives omnes *mihi* (od. *mea causa*) omnia cupere (od. velle) nec dubitare, quin salut*i* public*ae* magis consuluerim quam me*ae*.

3) Thucydides tyrannos Graecorum verissime dixit propterea saepe *in* cives saevissime consuluisse nec potenti*am* temperasse, quod corporum suorum incolumitat*i* dignita*ti*que gentiliciae magis quam salu*ti* public*ae* consuluissent. 4) Verres libidin*i* minime moderabatur atque *ab* iniuria ita non temperabat, ut, cum Siciliae urbem aliquam intraverat, incolae (*de*) fortun*is* su*is* metuerent. 5) Illud neminem vestrum fugere potest, eum (*a*) mult*is* mal*is* error*ibus*que vacare, qui *a* verb*is* adulatorum caveat. 6) Futur*a* ita provideo (od. prospicio), ut rem publicam nostram, qu*am* maiores legibus institutisque optime temperaverunt, perversum iri dicam, nisi fallaci*as* (od. *a* fallaciis) contionatorum quorundam cavebimus ac severissime consulemus *in* eos, qui quidquid vel dicunt vel faciunt, partium rationibus consulunt.

52. **Viele mit Präpositionen *(ad, ante, cum [= con], in, inter, ob, post, prae, sub, super)* zusammengesetzte Verba, transitive wie intransitive, werden entweder mit dem Dativ** (cf. jedoch 31) **verbunden oder nehmen zum großen Teil dieselbe od. eine sinnverwandte Präposition zu sich. Ob der Dativ (bzw. Akkusativ) oder die Präposition vorzuziehen sei, darüber entscheidet lediglich der Sprachgebrauch; doch pflegt der Dativ nur zu stehen, wo geistige und sittliche Beziehungen stattfinden; wo rein örtliche, wird gewöhnlich eine Präposition angewandt.**

1) Von den mit **ad** zusammengesetzten Verben verbinden sich:

a) mit dem Dativ: **acclamare** „zurufen" meist vom mißbilligenden Zurufe: *alci* j-m (z. B. mihi); prägnant *alqm* „j-n durch Zuruf für etw. erklären" (z. B. alqm liberatorem). — **addicere** intr. *alci* „j-m beistimmen", nur in der Verbindung aves alci addicunt „sind günstig"; meist trans. *alci alqd* od. *alqm* „j-m etw. od. j-n als Eigentum zusprechen od. zuerkennen, zuschlagen, preisgeben, überlassen" (Caesio servum od. fundum, puellam libidini alcis od. morti, Galliam servituti, se senatui, fidem suam alteri). — **adhaerere** „festhangen an" (z. B. naves saxis adhaerent), selten *in re*, z. B. tela in visceribus. — **adiudicare** *alci alqd* „j-m etw. zusprechen". — **affingere** *alci alqd* „j-m od. einer Sache etw. anbilden = hinzubilden, -dichten, andichten" (z. B. membra corpori, improbo probam orationem, varia auditis). — **afflare** *alci alqd* „j-m etw. zuwehen = wehend zutragen" (z. B. odores, vaporem), auch *alqm* u. *alqd* „anwehen, anhauchen" (z. B. crinem, terga. P. alqs afflatur re, z. B. divino spiritu, incendio). — **affulgere** *alci* „j-m entgegenstrahlen, -leuchten" (unklassisch, bsd. bei Livius). — **allinere** *alci alqd* „j-m etw. anschmieren, ankleben" (sordes sententiis, vitia sua sodalibus). — **annuere** *alci* „j-m zunicken, zuwinken", unklassisch *alci rei* „etw. genehmigen, gutheißen" (alcis facinori od. coeptis, medicorum promissis); trans. selten *alci alqd* „j-m etw. zusagen, versprechen" (auch mit Acc. c. inf.), prägnant *alqm* „j-n durch Nicken bezeichnen" (Cic. Verr. 1, 158). — **arridere** *alci* „j-m zulächeln, j-n anlächeln". — **arrogare** *sibi alqd* „sich etw. aneignen, anmaßen" (sibi nomen od. sapientiam). — **assentiri** (seltener **assentire**) m Dat. „beistimmen, beipflichten", auch alci de od. in re. — **assentari** *alci* „j-m nach dem Munde reden". — Über **assidēre** cf. 31, II, 2;

b) mit einer Präpos. (bsd. mit *ad*): **accingi** od. **se accingere** *ad* u. *in alqd* „sich fertig machen, sich rüsten zu od. für etw.", unklassisch (ad iter, ad omnes casus, ad dicendum, in proelium, in hoc discrimen); auch *accingere alqm re* „j-n mit etw. ausrüsten" (z. B. facibus, ferro). — **accurrere** „herbeieilen zu" *ad alqm* (unklassisch *alqm*), *ad* od. *in alqd;* vereinzelt alci auxilio (Sall. Iug. 101, 10). **acquirere** *alqd ad alqd* „zu dem bereits Vorhandenen noch hinzuerwerben" (z. B. nihil ad vitae fructum); oft nur mit dem Akk. (z. B. novos amicos acquirere „hinzuerwerben"), nachklassisch in der Bedeutung „etw. (mit Anstrengung) erwerben od. verschaffen" (pecuniam, regnum, praedam, alci imperium). — **adhinnire** „zuwiehern" *alci* j-m; klassisch nur übtr. *ad alqd* „nach etw. lechzen" (ad alcis orationem). —

**adniti** *ad alqd* „sich an etw. anlehnen" (ad adminiculum; unklassisch mit Dat., z. B. oleae); übtr. „sich anstrengen, sich bemühen, auf etw. hinarbeiten" *de re, de alqo, ad alqd, pro alqo, pro re, adversus alqd.* — **advehere** *alqm* u. *alqd* (intr. **advehi**) „heranfahren" *ad* u. *in* alqd (ad urbem, in fanum; unklassisch mit bloßem Akk.); auch advehere *alci alqd,* z. B. sibi praedam. — **advertere** „nach etw. hinwenden od. hinlenken" *alqd ad* u. *in alqd,* unklassisch; klassisch nur **animum advertere** „seinen Geist auf etw. richten, achtgeben auf" meist mit *ad,* doch auch wie *animadvertere* trans. = „wahrnehmen, bemerken" mit dem bloßen Akk. (z. B. Cic. Tusc. 3, 48; 5, 65; Caes. b. G. 1, 24, 1; 4, 12, 6; b. c. 1, 80, 3; 3, 93, 4; 3, 94, 5. Nep. Dat. 9, 5; sogar qua re animum adversa u. animum adversum est: Caes. b. c. 1, 80, 4; 3, 85, 3); unklassisch mit Dat.; bisweilen auch *in alqm* „gegen j-n strafend einschreiten" (Cic. fam. 5, 2, 8). — **advocare** „herbeirufen" *alqm ad* u. *in alqd* (populum ad contionem, primores in consilium). — **advolare** cf. 31, II, 2. — **allicere** „anlocken, anziehen, gewinnen für" *alqm* u. *alqd ad alqd* (ad misericordiam, voluntatem alcis ad recte faciendum, bsd. alqm ad se), selten *in alqd.* — **allidere** „schleudern, werfen gegen etw." *alqm* u. *alqd ad alqd* (remiges ad saxa, navem ad scopulos). — **alligare** „anbinden an etw." *ad alqd* (puellam ad palum, orationem ad rhythmos). — **arrepere** „heranschleichen an" *ad alqd,* unklassisch mit Dat. — **aspirare** übtr. „förderlich od. günstig sein" *alci* u. *alci rei* unklassisch; klassisch nur „nach etw. trachten, sich zu etw. (Unerreichbarem) versteigen, sich in etw. eindrängen, j-m od. einer Sache nahekommen" *ad alqm* u. *ad alqd* (ad Africanum, ad spem consulatus, ad pecuniam alcis, ad eam laudem); bei Lokalwörtern auch *in alqd* (in curiam, in campum, in eculeum). — **assistere** „sich hinstellen an, hintreten zu etw." *ad alqd* (ad tumulum, ad fores) u. „bei etw. stehen" (ad epulas regis; vereinzelt mit Dat.: foribus principum). Nachklassisch mit Dat. im Sinne von „j-m beistehen" statt adesse (alci, causae alcis). — **astare** „dabeistehen, dastehen" klassisch mit Präpos., doch meist absolut gebraucht. — **astringere** „fest anbinden an" *ad alqd* (alqm ad statuam, übtr. milites ad formulam, se ad severitatem iuris); klassisch meist übtr. „durch etw. binden = verpflichten" *alqm* od. *se alqa re* (z. B. cives legibus, populum iure iurando, se scelere). — **attinere** „j-n od. etw. angehen, betreffen, Bezug haben auf" stets *ad alqm* u. *ad alqd* (haec attinent ad me, ad omnes, ad librum, ad colendam vitam); cf. 375, Anm. 2. — **attrahere** „anziehen, herbeiziehen, -schleppen" stets mit ad;

c) sowohl mit dem Dativ als mit einer Präpos. (bsd. mit *ad*): **accedere** *ad alqm* u. *ad alqd* „herantreten od. herankommen an, sich nähern, sich anschließen an, zu etw. schreiten, sich an etw. machen, etw. übernehmen, auf etw. eingehen" (ad Caesarem, ad aram, ad moenia, ad castra, ad Africam, ad Tarentum, ad alcis amicitiam, ad scelus, ad negotium, ad facinus, ad honores, ad periculum, ad rem publicam „sich den Staatsgeschäften widmen" = capessere rem publicam; ad alcis consilium, ad eas condiciones); bei Städtenamen kann ad auch fehlen (z. B. Lilybaeum accedere „an L. herankommen, bei L. landen", Syracusas, Lemnum); in Ausdrücken wie propius od. proxime tumulum, propius muros od. Ambiorigem u. ä. accedere hängt der Akk. von propius od. proxime ab, cf. 59, Anm. 4. Selten (unklassisch) steht accedere mit Akk. od. gar Dat. (z. B. Sall. Iug. 62, 1; 20, 4; 71, 5; 97, 3. Nep. Milt. 1, 4). Accedere *in alqd* „in etw. eintreten od. hineinkommen" (in aedes, in portum, in senatum, in Macedoniam, in funus); *alci* u. *alci rei,* auch *ad alqd* „zuteil werden, als Zuwachs hinzukommen, wachsen, zustimmen" (alci accedit animus od. dolor, fiducia, plus consilii, paulum roboris; rei accedit lumen, ad causam novum crimen accedit, ad has suspiciones certissimae res accedebant; manus extrema non accessit operi; alcis sententiae od. ad sententiam accedere „der Meinung j-s beitreten"). Cf. auch 372. — **accidere** *alci* „j-m begegnen, widerfahren" (omnia gratissima tibi acciderunt, hoc iucundum od. incommode nobis accidit); aber *ad pedes* od. *ad genua alcis* „bittend niederfallen vor j-m" (= procumbere, se abicere, se proicere ad pedes od. ad genua alcis; cf. jedoch Liv. 44, 31, 13), accidit alqd *ad aures alcis, ad oculos, ad animum alcis* „dringt zu, kommt vor, kommt in". — **accommodare** *alci alqd* „j-m etw. anpassen" (corpori vestem, sibi personam, orationem auribus multitudinis) od. „j-m etw. widmen, zuwenden" (curam od. operam alci rei); *alci rem ad rem* „j-m etw. an etw. anpassen" (sibi coronam ad caput); *rem ad rem* „etw. nach etw. einrichten" (sumptum ad mercedes, historiam ad humanitatem, meum consilium accommodabo ad tuum, ius ad populi iussa; selten mit Dat., z. B. Cic. or. 180; de or. 2, 159; Liv. 37, 52, 10); *se ad rem* „sich einer Sache anbequemen, sich nach etw. richten" (se ad popularem intellegentiam, ad mollitiam, ad alcis voluntatem); *rem in rem* „etw. auf etw. anwenden od. beziehen" (exordium in plures causas, consilia in omnem eventum). — **addere** „beigeben, hinzufügen, verschaffen, einflößen" u. **adicere** „auf etw. richten od. lenken, hinzufügen" haben die Person im Dat., die Sache im Dat. od. mit *ad* bei sich, (auch mit *in* c. acc. = „einflechten, einschalten, einschieben in", z. B. versus in orationem). — **adducere** *alci alqm* od. *alqd* „j-m etw. zuführen" (alci pueros venales, Caesari legiones subsidio), sonst = „hinführen, hinbringen, zu etw. veranlassen od. stimmen, versetzen in" mit *ad* (z. B. medicum ad aegros, puerum ad aram, alqm ad summam inopiam od. ad iracundiam, ad bellum suscipiendum), auch mit *in* c. acc. (milites in castra, alqm in invidiam od. in desperationem, in summas angustias). — **adequitare** „heranreiten" nimmt die Sache meist im Dat., die Person mit *ad* zu sich (portis, vallo, ad nostros); *in alqd* „in etw. hineinreiten" (in dextrum cornu, in primos ordines). — **adesse** „dabei sein, zugegen sein" örtlich meist *in re* od. *ad alqd* (in foro, in senatu, in convivio, in iudicio, ad iudicium, ad portam, ad vigilias; unklassisch mit Dat., z. B. urbi, portis); aber = „einer Sache beiwohnen, tätigen Anteil an etw. nehmen, sich bei od. zu etw. einfinden od. einstellen" meist mit Dat. (comitiis, proelio, omnibus periculis, colloquio, sermoni, scribendo), selten mit *ad* u. *in* c. abl. (ad suffragium, in magnis rebus); = „beistehen, zur Seite stehen, helfen" stets mit Dat. (amico, Deiotaro, rebus Romanis, armis nostris; *alci in re* „j-m bei etw.", *alci ad alqd* „j-m zu etw."). — **adhaerescere** „hangen bleiben an od. in etw." meist *ad rem* u. *in re, in alqo* (z. B. ad turrim, ad saxa, ad disciplinam, in his locis, in animis, in me); in übertragener Bedeutung „treu anhangen, festhalten an, sich fest anschließen an" steht auch der Dat. (z. B. honestati, fastidiis) od. *in* c. acc. (z. B. in seditionis materiam). — **adhibere** *alqm alci rei* u. *ad* od. *in alqd* „j-n zuziehen zu etw." (hospitem cenae od. ad cenam, convivio od. ad, in convivium, amicos consilio od. ad, in consilium); = „anwenden oder gebrauchen bei j-m od. bei, zu etw." (cf. 150, 5) *alqm* od. *alqd alci* u. *alci rei*, auch *in alqo*, *in alqm*, *in re* u. *ad alqd* (medicum od. medicinam aegroto od. corpori aegro, vim captivis, remedia morbis, cautionem privatis suis rebus, lictorem ad ministerium, diligentiam in periculis amicorum od. ad considerandas res, severitatem in filio, crudelitatem in servos); ganz selten *alqd ad alqm* (z. B. odores ad deos, Cic. nat. d. 1, 112; Tusc. 4, 60). — Während **adigere** „herantreiben, -bringen, schleudern" im eigentlichen Sinne gewöhnlich mit dem Dat. od. mit *in* u. *ad*, im übertragenen Sinne = „j-n zu etw. treiben od. bringen" mit *ad* verbunden wird (z. B. flammam turri, ferrum iugulo, telum in litus, clavum in arborem, alqm ad insaniam od. ad ultimam necessitatem), regiert es in den archaistischen Ausdrücken *adigere alqm arbitrum* „j-n vor den Schiedsrichter führen" (z. B. Cic. off. 3, 66) u. *alqm ius iurandum adigere* „j-n zum Schwur bringen, vereidigen" zwei Akkusative (cf. Cic. Acad. 2, 116. Caes. b. c. 1, 76, 3; 2, 18, 5. Liv. 43, 15, 8); jedoch findet sich auch alqm *iure iurando* (bzw. sacramento) u. *ad ius iurandum* adigere (z. B. Caes. b. G. 7, 67, 1. Liv. 2, 1, 9; 7, 9, 6; 22, 38, 2. Sall. Cat. 22, 1. Cf. auch Liv. 7, 9, 6). — **adiacēre** „an od. bei etw. liegen" *ad alqd*, aber auch mit Dat. u. Akk. (ad ostium Rhodani, ad Atuatucos, Atuatucis, mari, agro Romano, Etruriam, mare). — **adiungere** „beigesellen, beimessen, verleihen, verschaffen" wird mit dem Dat. (bsd. der Person) verbunden (alci collegam od. uxorem, alqm sibi socium, sibi auctoritatem od. alcis benevolentiam, fidem visis, honorem rebus populi Romani); in der Bedeutung „anfügen, hinzufügen zu, anschließen an, verbinden mit" steht bald der Dat., bald *ad* (accessionem aedibus, naves navibus, legionem legioni, insulam oppido, insolentiam honestati, auctoritatem ad vim, Ciliciam ad imperium populi Romani); auch *in alqd* „einfügen od. aufnehmen in" = addere in (z. B. epistulam in fasciculum, civitatem in societatem). — **admiscere** cf. 106, Anm. 4, d. — **admittere** „zulassen, Zutritt gewähren zu" *ad alqm*, meist auch *ad alqd* (alqm ad se, ad

**colloquium, ad consilium**), auch *in alqd* (z. B. **in cubiculum, scelus** od. **facinus in se**), seltener *alci rei* (z. B. **alcis preces auribus = ad aures**). — **admovere** „heranbringen an" *alqd ad alqm* u. *ad alqd*, seltener mit Dat. (**fasciculum ad nares, exercitum ad urbem, gladium iugulo, filium aris, armatos muris**); aber „anwenden, zu Hilfe nehmen bei, einflößen" mit Dat. (**equo calcaria** od. **stimulos, servo tormenta** od. **dolorum faces, nocentibus terrorem**), selten mit *ad*, z. B. **curationem ad aegrotum**. — **adnare** „heranschwimmen an" meist *ad alqd*, selten mit bloßem Akk., unklassisch mit Dat.; cf. 31, II, 2. — **adnectere** „anknüpfen an" mit Dat. od. mit *ad*. — **advolvere** „heranwälzen" *alqd ad* od. *in alqd* od. mit Dat., unklassisch; ebenso unklassisch *advolvi* od. *se advolvere* „sich niederwerfen vor" **alcis pedibus** od. **genibus** od. **genua**. — **afferre** „heranbringen, überbringen" *alqd alci* u. *ad alqm* (z. B. **litteras mihi** u. **ad me, nuntium consuli** u. **ad consulem**; rein örtlich **consulem lecticā in forum** od. **in castra, mensam ad introitum aedis, mortuos ex acie in urbem, consulatum in familiam**). Im bildlichen Sinne (bsd. = „verursachen, gewähren, einflößen") u. in mancherlei Verbindungen ist nur der Dativ gebräuchlich, z. B. **alci dolorem** od. **spem, metum, necem, manus, mortem, curas, alacritatem, sibi vim** „Hand an sich legen".

**Affigere** und die folgenden Verben mit **ad**, sowie die Komposita mit **ante, con-, in, inter, ob, post, prae, sub, super** und **circum** (Nr. 2—10) siehe in den Nachträgen!

53. 1) Omni studio incumbite *in* hoc bell*um*, quod postquam diu *rei* public*ae* impendit, nunc denique vobis indictum est; nolite pati hostes, *quibus* ex indulgentia nostra animi accessisse videntur, leg*ibus* gentiumque iu*ri* (od. auch der acc.) superbe illudere. 2) Longe abest, ut formidines vo*bis* opponam; sed ut medici gravior*ibus* morb*is* remedia acriora ac saepe periculosa adhibent, ita nunc *in* nostra re publica gravissimum malum inesse videtur, *quod* diligentissime attendere (od. *ad* quod animos attendere) debetis; nam ad id sanandum fortissimis remediis opus est. 3) Cleomenes, Lacedaemoniorum rex, non multo postquam ex bello, quod Argiv*is* intulerat, domum rediit, *in* insani*am* incidit atque manus *sibi* attulit (od. intulit); neque enim ignem luc*o* Argi sac*ro* subicere et Iunonis sacerdo*ti*, a quo *ad* aram accedere atque rem divinam facere vetitus erat, vim afferre (od. inferre) veritus erat. 4) Legati, qui tum forte *in* senat*u* aderant et paulo ante ipsi (*in*) proel*io* interfuerant, supplici voce oraverunt, ut senatores verb*is* su*is* fidem adiungerent neve paterentur barbaros, *in* quibus nihil humanitatis aut clementiae inesset, exercitum impune *ad* urbem suam admóvere, ut servitium *sibi* iniungerent; potius bell*o* se interponerent et classe *ad* locum idoneum appulsa sese opponerent caterv*is* longius progredientibus eis, quae *in* agrorum possession*em* imminentes proconsu*li* Roman*o*, qui provinci*ae* finitim*ae* praesideret, bellum inferre non essent dubitaturae. 5) Hostes tanto impetu *in* nostr*os* signa intulerunt, ut, nisi nox proel*io* intervenisset, cladem *nobis* illaturi castrisque, *ad* quae succedere iam coeperant, potituri fuerint. 6) Allobrogum legati, *quibuscum* principes coniurationis Catilinariae omnia communicaverant, quae ad consilia coniuratorum pertinebant, praesertim cum anim*is* eorum obversaretur metus, ne civitas sua, si consilia *cum* coniuratis coniunxissent, maxim*is* pericul*is* obiceretur, *ad* Ciceronem consulem attulerunt (od. detulerunt) omnia, quae *sibi* cum illis convenissent.

54. Die Verben **dono, circumdo, aspergo, induo, exuo, impertio, macto** werden konstruiert entweder *alicui aliquid* oder *aliquem re;* die Konstruktion mit dem

**Dat.** ist zu wählen, wenn die Person oder Sache nicht bloß leidend als Objekt der Handlung, sondern als bei der Handlung beteiligt dargestellt werden soll, oder wenn die Frage „wem zum Nutzen oder Schaden?“ besonders in Betracht kommt. Es ist also nicht dasselbe, ob man sagt *dono tibi librum* „ich schenke dir ein Buch“ oder *dono te libro* „ich beschenke dich mit einem Buche“; *circumdo urbem munitionibus* „ich umgebe die Stadt mit Befestigungen“ oder *circumdo urbi munitiones* „ich lege Befestigungen um die Stadt herum an“. — *Aspergere* aram sanguine (bespritzen), dignitatem maculis (besudeln); dagegen aspergere clarissimo viro labeculam (anspritzen, anhängen), gravitati comitatem (beigesellen). — *Impertire* alicui laudem, partem oneris (mitteilen, zukommen lassen), aber (selten) aliquem doctrinis (versehen mit). — *Mactare* deo victimam (opfern); aber Apollinem victimā, manes puerorum extis, hospites honoribus (durch Darbringung von etwas ehren, verherrlichen), aliquem crudelissima morte, aeternis suppliciis (heimsuchen, zu Grunde richten mit etwas).

Anm. 1. Im Aktiv sagt man gewöhnlich *induere (exuere) alicui aliquid* „einem etwas anziehen, anlegen (ausziehen)“, im Passiv *indui (exui) re*. Aber „sich etwas anziehen (ausziehen)“ steht gewöhnlich ohne das Reflexivpronomen sibi (also induo tunicam „ich ziehe mir eine Tunika an“, induis galeam „du setzest dir einen Helm auf“, exuimus togas „wir ziehen uns die Toga aus“; cf. 227). *Exuere* in der Bedeutung „berauben“ wird auch im Aktiv konstruiert aliquem re (z. B. hostem armis, castris). Se induere in aliquid (od. aliqua re) „sich in etwas hineinbegeben, geraten in“ in laqueos in captiones, hastis). Ähnlich se exuere *ex* laqueis.

Anm. 2. Wie aspergere, donare und circumdare können auch die Verben *illinere, inurere, circumfundere, praetexere, praefigere, praemunire, afflare* u. a. mit leichter Veränderung der Anschauung auf doppelte Weise konstruiert werden. — **Intercludere** *alicui aliquid* „jemandem etwas versperren, verlegen“ (z. B. viam, fugam, exitum); aber *aliquem aliqua re* und (bei Örtlichkeiten od. Personen) *ab re* „jemandem etwas abschneiden, jemanden von etwas abschneiden“ = excludere (z. B. commeatu, pabulatione, traiectu, a castris, a mari, ab exercitu). — **Interdicere** *alicui aliquid* „einem etwas untersagen, verbieten“ ist unklassisch; in der guten Sprache heißt es *alicui aliqua re* (z. B. Romanis omni Gallia, alicui foro, feminis purpurae usu; daher passivisch: populo Antiati interdictum est mari; hominibus rem male gerentibus interdicitur patriis bonis; cf. jedoch Cic. har. resp. 12). Stehend ist die publicistische Formel *interdicere alicui aquā et igni* „jemanden in die Acht erklären“.

55. **Esse** *c. dat.* heißt „haben, besitzen“, esse *c. gen.* „gehören, eigen sein“. Man sagt also ali*cui* aliquid est, wenn es darauf ankommt zu bezeichnen, was einer besitzt, so daß der Nachdruck auf der Sache liegt; aber ali*cuius* aliquid est, wenn es darauf ankommt zu sagen, wer etwas besitzt, so daß der Nachdruck auf der Person liegt; also: *patri* est domus „der Vater hat ein Haus“, *patris* est domus „das Haus gehört dem Vater“. Statt des Genitivs der Personalpronomina werden die entsprechenden Possessivpronomina gebraucht, z. B. Hic hortus est me*us* (nicht me*i*), haec domus tu*a* est; quae antea patri*s* fuerunt, nunc vestr*a* sunt.

Anm. 1. *Possidere* „im faktischen Besitze haben“ steht fast nur bei äußerem Hab und Gut (nam. bei Grundbesitz) und zwar nur dann, wenn das Eigentumsrecht hervorgehoben werden soll. — *Habere* „als Eigentum innehaben“ steht im allgemeinsten Sinne sowohl von äußern als innern Gütern; jedoch hüte man sich, Objekte damit zu verbinden, welche nicht als ein Besitz angesehen werden können; falsch wäre z. B. timorem habere „Furcht haben“ für timere oder in timore esse; falsch patientiam habere cum aliquo für patienter ferre aliquem. — *Tenere* „etwas Ergriffenes haben, etwas Erlangtes innehaben“, *obtinere* „einen Besitz festhalten, behaupten“ (seltener „erlangen“). — Sehr oft wird „haben, besitzen“ durch *uti* übersetzt, aber nur, wenn der Besitz einer Sache im Gebrauche derselben, in ihrer Benutzung zu etwas besteht; deshalb wird gewöhnlich entweder durch einen zweiten Abl. oder einen Präpositionalausdruck die Art der Benutzung speciell angegeben (z. B. Trebonio utor amico, teste, praeceptore; cornibus urorum *pro* poculis utuntur) oder durch ein zugefügtes Adj. (od. Pron.) eine Bezeichnung des praktischen Zweckverhältnisses gegeben, z. B. Uti bona valetudine, idoneis equis, minus exercitatis militibus, rebus optimis, ventis adversis, patre divite etc. Navis optime cursum conficit ea, quae scientissimo gubernatore utitur.

Anm. 2. Bei Bezeichnung eines gegenseitigen Verhältnisses („ich habe etwas mit jemandem") sagt man regelmäßig *est* (oder *intercedit*) *mihi aliquid cum aliquo*, z. B. *Est mihi cum* fratre tuo amicitia (consuetudo, controversia, simultas etc.). Homi*ni cum* deo similitudo *est*. Doch findet sich vereinzelt auch *habere*, z. B. Caes. b. g. 7, 67, 7; 1, 44, 9; b. c. 3, 16, 3 u. ö.

Anm. 3. Zur Bezeichnung des Besitzes geistiger oder körperlicher Eigenschaften möge man *esse* c. dat. nicht nehmen. Der Satz: „Themistokles besaß große Klugheit" möge nicht übersetzt werden Themisto*cli* magnum consilium *fuit*, sondern Themistocles magno consilio fuit oder in Themistocle magnum consilium fuit oder magnum consilium fuit Themistoclis. So auch: *In* Masinissa rege summa corporis siccitas erat (od. inerat) = Masinissa rex summa siccitate erat. In me sunt multa vitia, aber res habet hoc vitii. (Cf. jedoch Sall. Cat. 52, 2; 51, 42).

Anm. 4. In den Redensarten **alicui nomen** (*cognomen*) **est** oder **manet, alicui nomen dare, addere, indere, dicere, ponere, imponere, tribuere** steht der betreffende Name nicht im Gen. (cf. 9), sondern entweder im Dat. oder (häufiger) in demjenigen Kasus, in welchem das Wort *nomen* (*cognomen*) steht. Demnach werden die Sätze: „Die Häupter der Etrusker hatten den Namen Lukumonen"; „Antiochus gab dem einen seiner beiden Elefanten den Namen Ajax"; „Dem L. Papirius wurde von den Römern der Beiname Cursor gegeben" folgendermaßen übersetzt: Principibus Tuscorum nomen erat Lucumon*es* (Lucumon*ibus*); Antiochus alteri elephanto suo nomen dedit Aiacem (Aiaci); L. Papirio a Romanis cognomen inditum est Curs*or* (Curs*ori*). — Bei *nomen habeo* und anderen transitiven Verben ohne Dativ steht bei Eigennamen der Acc. als Apposition, bei Appellativen der Gen., z. B. Fluvius nomen Danuvi*um* habet. Eiusmodi animus audaci*ae* potius nomen habeat quam fortitud*inis*. Cato quasi cognomen iam habebat in senectute Sapient*is*. Fugienda sunt omnia, quae voluptat*is* nomen habent.

56. 1) Lycurgus, cum Spartam civium virtute defendi vellet, urb*em* moen*ibus* (od. urb*i* moeni*a*) circumdari vetuit. 2) Atticus complures annos Athenis versans tot tantaque beneficia in cives contulit, ut civitat*em ei* (od. civitat*e eum*) donare vellent. 3) Cum Hector Patrocl*um* occisum arm*is* exuisset, Achilles indut*us* splendid*is* arm*is*, quae Volcanus Thetidis precibus fabricatus ei erat, in pugnam ruit, ut Hectorem ulcisceretur. 4) Ex duobus, qu*i* par*i* exercitati*one* sunt gubernacula regendi, non is melior debet dici, *cui* nav*is* melior et speciosior *est*. 5) Verisimile aut probabile est, nisi Terentius Varro nimi*a* fiduci*a* sui (od. *in* Terent*io* Varr*one* nimi*a* fiduci*a* sui) *fuisset*, Romanos atrocem illam cladem Cannensem accepturos non fuisse. 6) Horatius et Valerius consules, priusquam ex urbe sunt egressi, leges decemvirales, *quibus* nomen est tabul*is* (od. tabul*ae*) duodecim, in aes incisas in publico proposuerunt. 7) Dives est, *cui* tantum *est* (od. qui tantum *possidet*), ut nihil optet amplius. Null*a cui*quam iust*a* caus*a esse* potest arma contra patriam capiendi. 8) Pythagoras Apoll*ini* Deli*o* victim*am* (od. auch Apollin*em* victimā) mactare noluit, ne ar*am* sangu*ine* aspergeret. 9) Etiamsi veteres *tibi cum* vicino inimiciti*ae sunt* (od. intercedunt), tamen te dedecet *ea* iracundi*a esse*, ut fam*ae* eius ignomini*am* aspergas. 10) Cum Ardeates, *quibus* magna de agro quodam content*io erat* cum Aricinis, Romanos orassent, ut, utr*orum* ager esset, decernerent, tribus eum popul*i* Roman*i* esse decreverunt. 11) Quae *tua* non sunt, cupere nolito. Ea dumtaxat possumus donare, quae *nostra* (ips*orum*) sunt. 12) Omnium societatum nulla est gravior quam ea, *quae nobis est cum* re publica. 13) L. Tarquini*us* tam vehemen*ti* et atro*ci* animo (od. *In* Tarquini*o* tam vehem*ens* et atr*ox* animus) *erat*, ut cognomen Superb*o* (od. Superb*us*) ei daretur. 14) Qui tandem fit, ut, quae vis subsit nomini Quiri*ni*, ignores? nonne accepisti Romanos Romulo inter deos relato cognomen indidisse Quirin*o* (od. Quirin*um*)?

57. Der **Dativus commodi** oder **incommodi** steht auf die Frage „wem? für wen?“ zur Bezeichnung der Person oder Sache, in deren Interesse, sei es zum Nutzen oder Schaden derselben, etwas geschieht, z. B. Non scholae, sed vitae discimus. Epaminondas imperium non *sibi*, sed patriae quaesivit. Non solum *nobis* divites esse volumus, sed liberis, propinquis, amicis maximeque *rei* publicae. Roscius praedia coluit aliis, non *sibi*.

Anm. 1. Der *Dat. commodi* entspricht oft den deutschen Wendungen „aus Rücksicht für, zu Ehren, zuliebe“, z. B. Aemilio Lepido filii ludos funebres dederunt („gaben ihm zu Ehren Leichenfeierlichkeiten“). Assurgere alicui „jemandem zu Ehren aufstehen“; decedere alicui „vor jem. aus dem Wege gehen“; condonare alicui aliquid „jemandem zuliebe etwas ungestraft lassen“; fasces populo demittere „vor dem Volke die Rutenbündel senken“; alicui caput aperire „vor jemandem das Haupt entblößen“. — „Jemandem Beifall klatschen, applaudieren“ heißt *plaudere* alicui (nicht applaudere; ebenso *plausus* und *plausor*, nicht applausus und applausor).

Anm. 2. Hierher gehört auch der sogen. Dativ des Standpunktes, welcher vorzugsweise mit dem Participium gebildet wird, um (bes. bei Lokalangaben) zu bezeichnen, von welchem Standpunkte aus eine Angabe gilt oder sich ergiebt, z. B. Gomphi primum oppidum Thessaliae est venientibus ab Epiro „für die, welche von Epirus kommen“ = „wenn man von Epirus kommt“. Sita Anticyra est in Locride laeva parte sinum Corinthiacum intranti „wenn man in den korinthischen Meerbusen einfährt“. Turres procul intuentibus pares erant. Ille locus nunc saeptus descendentibus inter duos lucos est. So auch im Griechischen, z. B. Ἐπίδαμνός ἐστι πόλις ἐν δεξιᾷ ἐσπλέοντι τὸν Ἰόνιον κόλπον. — In ähnlicher Weise Cic. Tusc. 5, 25: Haec tractanti animo et noctes et dies cogitanti existit illa a deo Delphis praecepta cognitio „für den, der sich damit im Geiste beschäftigt —, ergiebt sich jene Erkenntnis“.

Anm. 3. Zu bemerken ist auch der Dativ bei *facere (fieri)* in der Bedeutung „in Beziehung auf einen etwas thun, etwas mit einem machen, anfangen“, z. B. Quid huic homini facies „was willst du mit diesem Menschen anfangen?“ Quid mihi futurum est „was soll aus mir werden?“ Quid pecuniae fiet „was wird mit dem Gelde angefangen werden?“ Doch findet sich statt des Dativs auch der Abl. oder die Präpos. *de*, z. B. Quid illa nave factum est? Quid Tulliola mea fiet? Quid *de* te faciam? Dagegen heißt facere *cum* aliquo „es mit einem halten“ und ist der Gegens. von facere adversus aliquem „es wider einen halten“. — Merke auch *sibi videre* (z. B. locum, sedem) „sich nach etwas umsehen“, um es in Beschlag zu nehmen; dagegen circumspicere aliquid (z. B. auxilia) „sich umsehen nach etwas, was kommen soll“. — *Sibi habere* „für sich behalten“ in Ausdrücken wie: Tibi habeas hereditatem; iuvenes sibi habeant arma, sibi equos; sibi habeant nomen sapientiae „ich will ihnen den Namen Philosoph nicht streitig machen“.

59. **Der Dativ steht bei denjenigen Adjektiven (und Adverbien), welche nützlich, passend, angenehm, nötig, ähnlich, gleich, geneigt, nahe, treu, befreundet, leicht oder das Gegenteil bedeuten, um die Person oder Sache zu bezeichnen, in Beziehung auf welche die Eigenschaft Geltung hat,** z. B. Lacedaemonii id maxime intuebantur, quod ipsorum dominationi utile esset. Scientiae suavitate nihil est hominibus iucundius. Senectus plerisque molesta et odiosa est. Noxae poena par esto. Nihil naturae hominis accommodatius est beneficentiā. Aegritudini finitimus est metus. Sapientis est naturae convenienter vivere.

Anm. 1. Bei den Adjektiven „nützlich, schädlich, passend, angenehm, notwendig“ (*utilis, inutilis, salutaris, aptus, idoneus, accommodatus, commodus, necessarius* u. ä.) steht die Person stets im Dat.; aber zur Bezeichnung der Sache auf die Fragen wozu? wofür? wird gewöhnlich *ad*, seltener der Dat. genommen, z. B. Senatori necessarium est nosse rem publicam. Utilis *ad* multas res liber; locus *ad* pugnam idoneus; res *ad* vitam necessariae; lignum *ad* naves aedificandas aptissimum. Tumulus insidiis aptus; collis usui opportunus; vir communibus rationibus utilissimus; seges messi matura; homines militiae idonei. So auch *natus* „geboren für, geschaffen zu“ (Piso natus abdomini suo, non laudi et gloriae; loca insidiis nata; Pompeius vir *ad* omnia summa natus). — *Noxius* und *nocens* „schädlich“ stehen nur absolut. — Die Adjektive, welche eine freundliche oder feindliche Stimmung bezeichnen (z. B. *comis, benignus, benevolus, aequus, liberalis, fidelis, infidus, malevolus, infestus, iniquus, crudelis, saevus* u. ä.) werden nicht nur mit dem Dat., sondern auch mit den Präpositionen *erga* (freundlich), *adversus* und *in* (feindlich und freundlich) verbunden. — Die Adj. *promptus, pronus, propensus, paratus* „bereit, geneigt, willig“ finden sich in guter Prosa stets mit *ad*, erst nachklassisch c. dat. (od. *in* c. acc.).

Anm. 2. **Sacer** „heilig" = „einer Gottheit zu Ehren geweiht" steht klassisch mit dem Gen., z. B. Delos Apoll*inis* sacra fuit; aber in der Bedeutung „einer Gottheit zum Fluche geweiht" steht es mit dem Dat., z. B. Caput eius Iov*i* sacrum esto. Cf. auch: arbor pastor*ibus* sacra „für die Hirten heilig". — **Superstes** „überlebend" regiert ebensowohl den Dat. als den Gen. — **Alienus** „fernstehend, unangemessen für, nicht passend zu" steht mit *a* od. dem einfachen Abl., seltener mit dem Gen. od. Dat., z. B. Non alienum putant (*a*) dignitat*e*, (*a*) maiestat*e* su*a*; *a* sapiente nihil tam alienum est quam rei falsae assentiri; labor alienus (*ab*) aetat*e* nostr*a*; id alienum est *huic* caus*ae*; quis alienum putet *eius* esse dignitat*is*; domus non aliena consil*ii*. In der Bedeutung „abgeneigt, feindselig" steht alienus stets mit *a*, z. B. Alienis *a* te animis sumus; homo non alienus *a* litteris. Die Bezeichnung des Zweckes wird durch *ad* ausgedrückt, z. B. Tempus alienum *ad* committendum proelium.

Anm. 3. **Proprius** regiert regelmäßig den Gen.; **communis** den Gen. u. Dat., doch regelmäßig den Gen., wenn der Begriff des Besitzes od. Eigentums vorherrscht (= „als Eigentum gemeinsam angehörig"), z. B. Vir*i* maxime propria est fortitudo; id vitium non proprium senectut*is* est. Amic*orum* omnia communia sunt. Aer, aqua, ignis omn*ium* homin*um* communia sunt. Haec quaestio communis est omn*ium* philosoph*orum*, dagegen omn*i* aetat*i* mors communis est. „Ich habe etwas mit jem. gemeinschaftlich" heißt *mihi aliquid commune est cum aliquo* oder *aliquid cum aliquo commune habeo*. Wenn bei proprius in Verbindung mit einem Personalpronomen der Gen. stehen sollte, sagt man mit Verwandlung desselben ins Possessivum *meus proprius* od. *meus et proprius*, *tuus proprius* od. *tuus et proprius* 2c., z. B. Ademit nobis omnia, quae *nostra propria* erant. Ipsa calamitas communis est utr*ius*que nostrum, sed culpa *mea propria* est. *Suis et propriis* bonis gloriae mortui non carent. *Propriis et suis* argumentis tractanda quaeque res est.

Anm. 4. Ebenso wie *prope* werden auch der Komparativ **propior, propius** und der Superlativ **proximus, proxime** mit dem Acc. konstruiert, wenn ein räumliches Verhältnis angegeben wird, also proxime urb*em*; Crassus proximus mare Ocean*um* hiemavit; castra movit propius Avaric*um*; gloria Scipionis quo maior, eo propior invidi*am*. Sie stehen jedoch auch mit dem Dat., **der bei den Adjektiven *propior, proximus* sogar häufiger ist.**

Anm. 5. **Similis** (*consimilis*, ganz vereinzelt assimilis) und **dissimilis** regieren bei Personen gewöhnlich den Gen., besonders wenn von einer Gleichartigkeit oder Ungleichartigkeit, d. h. wesentlichen, in den hauptsächlichsten Beziehungen zutreffenden Ähnlichkeit oder Unähnlichkeit die Rede ist, so daß *similis* die Bedeutung „Abbild, Ebenbild", *dissimilis* den Sinn von „Gegensatz, Kontrast" hat. Bei Sachen haben sie den Gen. oder Dat. bei sich und zwar den Dat. besonders dann, wenn nur eine teilweise, entfernte, nur in gewisser Beziehung geltende Ähnlichkeit oder Unähnlichkeit bezeichnet wird, z. B. Hic adulescens est patr*is* similis. Ancus in civitate bellicosa plures Romul*i* quam Num*ae* similes reges putabat fore. P. Crassus, dum Cyr*i* et Alexandr*i* similis esse voluit, et L. Crass*i* et mult*orum* Crass*orum* inventus est dissimilis. Animus humanus consimilis est divin*i* anim*i*. Lucii Scipionis nepos patr*is* similis fuit ore, sed omn*ium* perdit*orum* homin*um* vita. Canis lupo non dissimilis est. Prodigi*i* simile est, quod dicam. „Meinesgleichen, unsersgleichen" heißt nur *mei, nostri* (*tui* etc.) similis, und „wahrscheinlich" bei Cic. stets ver*i* similis (bei Livius auch similis ver*o*, similia ver*is*). — **Par** und **dispar** regieren in der Bedeutung „gleich, ungleich" den Dat.; der Gen. steht gewöhnlich nur in Verbindung mit Pronomen (z. B. Ille, cu*ius* paucos pares haec civitas tulit. Animi natura nihil in se habet dispar *sui*) und zwar nur dann, wenn par und dispar substantivische Kraft haben. Es heißt stets par *alicui* „jemandem gewachsen" (Gegens. *impar alicui*).

60. In gewissen Wendungen und Verbindungen, in welchen eine Person neben einer ihr angehörigen Sache auftritt, kann ebensowohl der Genitiv als der Dativ angewandt werden. — 1) Omn*ium* oder omn*ibus* in ore esse. 2) Urb*i* oder urb*is* praefectum esse; castr*is* oder castr*orum* praefectum esse; alic*ui* oder alic*uius* tutorem institui (oder scribi). Ebenso alic*ui* und alic*uius* comes, heres, successor. 3) Alic*ui* ad pedes oder alic*uius* ad pedes accidere (procumbere, se abicere, se proicere); ad genua alic*ui* oder genibus alic*uius* accidere, se advolvere. 4) Murena legatus Lucull*i* oder Lucull*o* fuit. 5) Hiero Roman*orum* oder Roman*is* amicus fuit. Arpinates finitimi erant Atinat*ibus* oder Atinat*ium*. Die Wörter *amicus* (*amica*), *inimicus*, *familiaris*, *adversarius*, *contrarius*, *supplex*, welche eigentlich Adjektive sind und als solche den Dat. regieren, werden auch substantivisch gebraucht und alsdann mit dem Gen. (resp. dem Possessivpronomen) verbunden, die drei ersten sogar, wenn sie im Superlativ stehen, z. B. Amicissimus *meus* „mein bester Freund",

familiarissimus *tuus*, inimicissimus Maecenat*is* „der größte Feind des M.“, supplex *dei*, *vester* supplex, gravis adversarius imper*ii*; libido virtut*is* inimica habetur; vitia sunt virtut*um* contraria, Cic. Fin. 4, 67. (Ebenso auch *aequalis* in der Bedeutung „Zeit- oder Altersgenosse“. *Invidus* regiert bei Cic. als Subst. nur den Gen., bei anderen als Adj. auch den Dat.) — Ebenso regieren die Adjektive, welche eine Nähe, Angrenzung, Verwandtschaft anzeigen, wie *propinquus, vicinus, finitimus, confinis, affinis, cognatus, necessarius* den Dat., aber als Subst. den Gen. Merke *affinis* (eig. „verschwägert“) c. gen. od. dat. auch in der Bedeutung „mitschuldig bei, verwickelt in“ (sceleris od. sceleri). — 6) Aristides Themistocl*is* oder Themistocl*i* aequalis fuit. 7) Tandem finem fac iniur*iarum* oder iniur*iis*. Man sagt *finem facere alicuius rei* oder *alicui rei*, aber bei Handlungen nur mit dem Gen. Gerund., z. B. Cogitand*i* de te finem feci. (Vereinzelte Ausnahme Liv. 1, 44, 2.) 8) Can*i* oder can*is* caudam praecidere (desecare). Alic*ui* oder alic*uius* aures desecare, crines praesecare, manus praecidere. 9) Sicam de (ex) manibus alic*uius* oder alic*ui* extorquere. 10) Alic*uius* und alic*ui* spem minuere.

Anm. 1. Wenn auch in gewissen Fällen bei solchen Verbindungen der Dativ von dem Genitiv nicht verschieden erscheint, so liegt doch der verschiedenen Konstruktion immer eine verschiedene Auffassung zu Grunde, z. B. legatus fratr*is* „der Legat, den der Bruder hat“, legatus fratr*i* „für den Bruder bestimmt“. Im allgem. bezeichnet der Gen. ein bloßes Besitzverhältnis, der Dat. **die bei irgendeiner Handlung interessierte Person, der** etwas zum Nutzen oder Schaden gereicht. — In manchen Ausdrücken konstruiert der Lateiner anders als der Deutsche; so ist z. B. in den Wendungen: „etwas kommt einem zu Ohren“ aliquid ad aures alic*uius* accidit; „den Feinden in die Hände fallen“ in manus host*ium* incidere; „einem in die Flanke fallen“ in latus alic*uius* incurrere; „etwas kommt einem aus dem Sinn“ aliquid ex memoria alic*uius* excidit nur der Gen. gebräuchlich, während die Redensart „dem Befehle jemandes gehorsam sein“ *alicui dicto audientem esse* nur den Dat. der Person zuläßt.

Anm. 2. *Substantiva verbalia* nehmen selten den Dat. statt des Gen. zu sich, wenn das Stammwort ein Objekt im Dativ regiert: Obtemperatio script*is* leg*ibus*; Caesar exspectabat su*is* lenissim*is* postulat*is* responsa. Nicht selten dagegen sind solche Stellen, an welchen mit einem Substantiv ein die Bestimmung bezeichnender Dativ verbunden ist, wo nach gewöhnlicher Redeweise der schlichte Genitiv stehen würde: Capua brevi caput om*ni* Italiae erit. Quis hu*ic* bell*o* dux fuit? Ex multis herbis remedia morb*is* elicimus. Is finis populatio*nibus* fuit. Egregium solacium mor*ti* invenire. Capita hostium pretia liberta*ti* erant facta. Caesar tegumenta gale*is* milites ex viminibus facere iubet. In diesen Beispielen hängt zwar der Dativ nicht unmittelbar von dem Substantiv ab, sondern von dem Verbum; es giebt aber auch Stellen, wo er auf ein Substantiv allein bezogen ist (*σχῆμα Κολοφώνιον*), z. B. Arma clipeus sarisaeque erant Macedonibus, Romano scutum, maius corp*ori* tegumentum. Id modo plebs agitabat, quomodo tribuniciam potestatem, munimentum liberta*ti*, repararent. Augustus subsidia dominatio*ni* Marcellum et Agrippam consulatibus extulit. **Cf. 456,9.**

Anm. 3. Da der Dativ von *vulgus* wegen des gleichlautenden Adverbs vermieden wird, so sagt man *in vulgus notus* (*ignotus*) „dem Volke, dem gemeinen Manne bekannt (unbekannt)“, *in vulgus gratus* „bei dem gemeinen Manne beliebt“, obgleich sonst gratus *in* (*adversus, erga*) aliquem „dankbar gegen jem.“ bedeutet.

61. **Der Dativ der Personalpronomina der 1. und 2. Pers. *mihi, nobis, tibi, vobis* wird zuweilen zu Ausdrücken der Verwunderung, zu Aufforderungen oder Fragen hinzugesetzt, um auf eine vertrauliche und gemütliche Weise die Teilnahme des Redenden oder Angeredeten zu bezeichnen, (daher Dativus ethicus „gemütlicher Dativ“). Dieser Gebrauch des Dativs wird in allen Sprachen gefunden und scheint ganz eigentlich in der vertraulichen und gemütlichen Volkssprache zu wurzeln,** z. B. Tongilium *mihi* eduxit: reliquit quos viros! „einen Tongilius hat er mir mit hinausgenommen“, d. h. kann mir dies genügen? kann ich damit zufrieden sein? At *tibi* repente paucis post diebus venit ad me Caninius! „aber da kommt dir denn (d. h. denke dir nur einmal diese Überraschung!) plötzlich Caninius zu mir“. Haec *vobis* illorum per biduum militia fuit „das war euch nun ihr zweitägiger Feldzug“. Is *mihi* etiam gloriabitur se omnes magistratus sine repulsa assecutum esse? Quid *mihi* Celsus agit? „was macht mir der Celsus?“

Anm. 1. In der Formel, welche einen fremden Einwurf mit *hic* „hier“ u. dem Dativ *mihi* einführt (cf. *Hic mihi* etiam audebis mentionem facere Mamertinae laudis. *Hic mihi*

Fufius pacis commoda commemorat), kann es zweifelhaft sein, ob der Dativ *mihi* ein ethicus oder vielmehr deswegen gesetzt ist, um den Einwurf als einen gegen den Redenden gerichteten zu bezeichnen. — Bei *ecce* „siehe da" findet sich öfters der ethische Dativ *tibi* zugefügt, z. B. Ecce tibi consul nova edicta proponit.

Anm. 2. Zum Ausdruck der Verwunderung oder des Unwillens dienen auch die Redensarten: *quid tibi vis* „was hast du im Sinne, was fällt dir ein, was meinst du damit?", *quid sibi vult* haec oratio „was soll diese Rede bedeuten?" Pro deum fidem, *quid vobis vultis* „was wollt ihr denn nur?" *Quid* ergo illae *sibi* statuae equestres inauratae *volunt?* Avaritia senilis *quid sibi velit*, non intellego.

62. 1) Fabius Tarento expugnato scribae interroganti, quid sign*is* (od. *de* signis) deorum ingentis magnitudinis fieri vellet, deos iratos Tarentinis relinqui iussit. 2) Liberos meos, inquit Phocion, si *mei* similes erunt, idem hic agellus alet, qui me ad hanc dignitatem perduxit; sin dissimiles *mei* sunt futuri, nolo meis impensis illorum ali augerique luxuriam. 3) Classis, quam Athenienses Themistocle auctore aedificaverant, non modo ips*is*, sed (etiam) tot*i* Graeci*ae* saluti fuit maxime in proelio ad Salamina commisso, quae insula in sinu Saronico proxime Atti*cam* sita erat. 4) Pater tuus, amicissimus *meus* ac vir optimus, *cuius* pauci cives nostri virtute pares fuerunt, nihil laudabilius, nihil omn*ibus* honestius esse dicebat quam inimic*is* (od. *adversus, in* inimic*os*), quamvis malevoli et infesti illi no*bis*met ipsis (od. *in nos*met ips*os*) essent, placabilem et benevolum se praebere. 5) Milites, qui omnibus rebus *ad* vitam necessariis maxime egebant hostiumque multitud*ini* minime pares erant, acie decernere noluerunt, cum locus *ad* pugnam maxime idoneus esset. 6) Olisipo a Tago flumine spectant*ibus* iucundissimum praebet aspectum. 7) A meridie per fretum Siculum navigant*ibus* a sinistra Messana, a dextra Regium situm est. 8) Agesilaus hostibus ad Coroneam devictis, quid *eis* (od. *de* eis) fieri vellet, qui in templum Minervae confugissent, interrogatus, etsi vehementer suscensebat omn*ibus*, qui contra patriam ipsius arma tulerant, tamen deae honorem ir*ae* su*ae* antetulit *eis*que parci iussit. 9) Avaritia senilis *quid sibi velit*, non video; an quidquam ineptius potest esse quam quo minus viae restet, eo plus viatici quaerere? 10) Agamemno ut haberet decem viros non Aiac*is* similes, sed Nestor*is* optavit; quod si accidisset, quin Troia brevi esset peritura, non dubitabat. 11) Graeci cucūlum Iunon*is* sacrum esse propterea putabant, quod illa tempore verno inter cuculi cantum Iov*i* nupsisse ferebatur. 12) Artificia quaedam omn*ium*, qui ex Aeschinis disciplina profecti sunt, orato*rum* communia sunt. 13) Herodotus, quem Pericl*is* (od. Pericl*i*) aequalem fuisse constat, Lacedaemonios sui commodi nimis studiosos maiorem curam in *suam* (*et*) propriam quam in communem omn*ium* patriam impendisse vere narrat. 14) Varus, sive quod dedec*ori* (od. dedec*oris*) superstes esse nolebat seu quod Augusti iram nimis timebat, cum legiones Romanae a Germanis deletae essent, in gladium incubuit (od. gladio se transfixit). 15) Adulescentibus Romanis, ut *ad* munera publica gerenda idonei fierent, stipendia aliquamdiu facienda erant, ut et de patria bene mererentur et, priusquam ipsi ali*is* imperarent, praefect*is* dic*to* audientes esse discerent. 16) Lycurgus, quamquam *ab* omn*i* magnificenti*a* prorsus alienus erat, tamen laud*i* (od. *ad* laudem) eorum, qui gloriosam pro patria mortem occubuissent,

magnificentissime sepeliri accommodatum esse putavit. 17) Numquam habes, quod parentibus magistrisque, si quid facere te iusserint, morem gerere te pudeat; immo *eis* probari laudi tibi tribuito. Cf. 64, Anm. 2.

63. In den beiden ersten Sätzen ist *a* c. Abl. gesetzt, um eine Zweideutigkeit zu verhüten, weil in diesen Sätzen noch ein zweiter Dativ steht. (Doch findet sich auch Existimabas *multis tibi* multa esse tribuenda. Cic. Deiot. 35; Pomp. 64 u. ö.). — Im dritten und vierten Satze steht die Präposition *a* der Gleichmäßigkeit (Concinnität) wegen, weil bereits der Gegensatz ab his und a populo vorhergeht. — In den letzten Beispielen ist die Präposition *a* statt des einfachen Dativs lediglich zur stärkeren Hervorhebung der Person gesetzt; man ahme jedoch diesen Gebrauch nicht nach. Cf. Cic. Fam. 15, 4, 11; Att. 10, 4, 6; agr. 2, 95.

64. Zuweilen, jedoch selten, wird beim Passiv die thätige Person nicht durch *a* c. Abl. bezeichnet, sondern durch den Dativ, besonders bei den mit dem Part. Perf. Pass. gebildeten Temporibus, z. B. *Mihi* consilium captum iam diu est. Doch drückt dieser Dat. in der guten Prosa weniger die von jemand vorgenommene Handlung, als den für jemand vorhandenen Zustand aus. So können wir die Ausdrucksweise *mihi* deliberatum constitutumque est im Deutschen nachahmen durch „es ist für mich beschlossene Sache". Cf. Quidquid in hac causa *mihi* susceptum est („mir als übernommene Aufgabe vorliegt"), id omne me rei publicae causa suscepisse confirmo. *Tibi* consulatus quaerebatur, Metell*o* paternus honos neglegebatur „dir war das Konsulat der Gegenstand deines Strebens, dem Metellus war es gleichgültig". Magno studio *mihi* a pueritia est elaboratum, ut ... So auch *mihi provisum, perspectum, consultum, iudicatum, intellectum, auditum est. Cui* non sunt auditae Demosthenis vigiliae? *Mihi* res tota provisa et praecauta est. Ex hoc studio *illi* gloria opesque inventae sunt. Semper in his studiis viven*ti* non intellegitur, quando obrepat senectus. Honesta enim bon*is* vir*is*, non occulta quaeruntur.

Anm. 1. Die Dichter gehen in diesem Gebrauch weiter: Aeneas *nulli* cernitur. Non intellegor *ulli*. Nulla placere possunt carmina, quae scribuntur aquae potor*ibus* („von Wassertrinkern").

Anm. 2. Man unterscheide haec **res** *mihi probatur* „diese Sache wird mir glaublich, annehmbar gemacht, gewinnt meinen Glauben oder Beifall" von haec res *a me probatur* „diese Sache wird von mir gutgeheißen, bewiesen". **Probare** *alicui aliquid* heißt „Jemandem etwas glaublich, annehmbar machen, jem. für etwas einnehmen, gewinnen". Cf. Non dubito, quin probaturus sim vobis defensionem meam. Meos libros tibi iam valde probari gaudeo. Ista verba neque patribus neque plebi probabuntur. Causa Milonis semper a senatu probata est. *Se probare alicui* „sich bei jem. beliebt machen".

65. 1) Dichter setzen zuweilen auf die Frage wohin? den Dativ zur Bezeichnung der Richtung. So auch sternere terr*ae*, deturbare terr*ae*, prospectum pelag*o* petit, volvitur Euryalus let*o*, sol*o* effundere, hum*o* iacĕre, fluvi*o* proicere, alt*o* prospicere „aufs hohe Meer hinausblicken", neci mittere, facilis est descensus Avern*o*. — 2) Dichter verbinden zuweilen die Verba des Kämpfens *(pugnare, certare, contendere, bellare, luctari)* nach griech. Weise (cf. *μάχεσθαί τινι*) mit dem Dativ. — 3) Dichter und spätere Prosaiker verbinden nach griechischer Weise *idem* mit dem Dativ statt mit *ac, atque* oder *qui* (cf. 507): „Wer einen andern gegen dessen Willen vom Tode rettet, thut dasselbe wie ein Mörder" (*τὸ αὐτὸ ποιεῖ φονεύοντι*).

Anm. Ein Gräcismus liegt auch den Redensarten alicui aliquid *volenti, cupienti, invito* est oder putatur zu Grunde (cf. *βουλομένῳ, ἐθέλοντι, ἡδομένῳ μοί τί ἐστιν*), welche sich bei Livius, Sallust, Tacitus und Späteren finden, z. B. Nec plebi militia *volenti* erat. Ceteris remanere *volentibus* erat. Die echt lateinische Konstruktion ist aliquid mihi gratum, optabile, exoptatum, ingratum, molestum etc. est.

66. **Der Dativ abstrakter Substantive steht zur Bezeichnung des Zweckes oder der Wirkung auf die Frage wozu? (meist zusammen mit einem Dativ der Person, also doppelter Dativ) bei den Verben:**

a) **esse** (**nicht** *fieri*) „gereichen, dienen zu etwas" (z. B. *Est mihi aliquid laudi, honori, decori, dedecori, probro, infamiae, saluti, emolumento, detrimento, calamitati, impedimento, testimonio* etc.);

b) **dare, ducere, tribuere,** (vertere, habere) „anrechnen, auslegen als oder zu etwas" (z. B. *laudi, vitio, crimini, ignaviae* etc.);

c) **habere** „haben zu" (z. B. *quaestui praedaeque*); **dare** „geben zu" (z. B. *muneri, dono*); **accipere** „bekommen zu" (z. B. *praemio*); **arcessere** „herbeirufen zu"

(z. B. *auxilio*); **venire, mittere, relinquere** „kommen, schicken, zurücklassen zu" (z. B. *auxilio, praesidio*); *receptui canere* „zum Rückzuge blasen" u. a. (cf. 67, 6—13).

Über diesen Dativ ist zu merken:

1) daß er nie im Plural steht, also nie don*is* dare;

2) daß er keinen Genitiv bei sich hat, also nicht leges utilitati omn*ium* civ*ium* sunt „die Gesetze dienen zum Besten aller Bürger", sondern leges omn*ibus* civ*ibus* utilitati sunt. Ausnahmen ganz vereinzelt, z. B. Sall. Iug. 24, 10: Iugurthae sceler*um* ostentui essem);

3) daß er kein Adjektiv bei sich haben darf mit Ausnahme eines quantitativen, d. h. eines solchen, welches einen Grad bezeichnet, z. B. Haec res mihi *magnae* (*maiori, maximae, minori, minimae* u. ä.) curae est. Falsch wäre also haec res *tuo* honori est „diese Sache dient zu deiner Ehre" für haec res *tibi* honori est.

Anm. „Jemanden zu Hülfe rufen" heißt bei den Klassikern nicht aliquem auxilio vocare, sondern *auxilio arcessere* (wenn der Gerufene wirklich kommt) oder einfach *accire*. — „Zum Vorteil gereichen" heißt emolumento (nicht commodo) esse, „zum Nachteil gereichen" detrimento (nicht incommodo) esse. — Die Ausdrücke *admirationi, odio, usui esse* vertreten die Stelle des fehlenden Passivs von admirari, odisse, uti. (Im gleichen Sinne res *habet admirationem, odium, invidiam, usum*). Cf. 304, 5. — „Es liegt mir am Herzen" heißt *mihi cordi est* (= „es ist mir teuer, lieb, gefällt mir"), *mihi curae est* (= „es ist mir ein Gegenstand der Sorge"). — Um den Begriff des Zweckes bestimmter zu bezeichnen, findet sich bisweilen statt des gewöhnlichen Dativs die Präposition *ad* (selten *in*), namentlich bei dem Worte praesidium, z. B. Valerius *ad* praesidium urbis relictus est. Proditori magna pecunia *in* praemi*um* data est. *In* auxili*um* venire (Liv. 4, 17, 11). — Selten steht bei *esse* der Nom., bei *dare, mittere* u. ä. der Acc. statt des Dat., z. B. Eius mors tibi emolument*um* fuit; eae litterae argument*um* fuerunt; coronam auream Iovi don*um* mittunt. — In der Redensart *usu venit* „es kommt (vielfach) vor, es ereignet sich in der Wirklichkeit" ist usu nicht der Dat., sondern der Abl.

67. 1) Proditores, etsi in bellis magn*o* emolument*o* (od. us*ui*) esse possunt, tamen etiam *eis*, quibus profuerunt, iure contempt*ui* sunt. 2) Agricolae virtus omn*ibus* aequal*ibus* admirati*oni* fuit; erat enim singulari quadam belli scientia, comitate, patientia laborum, prudentia, tanta innocentia, ut numquam, cum facile posset, rem publicam quaest*ui* *haberet*; nihilo minus odi*o* erat Domitian*o*, qui crimin*i* *ei* dabat, quod ipsius gloria ab illo obscuraretur. 3) Libri christianorum sacri multis locis commendant industriam monentque, quant*ae* pernici*ei* (od. calamit*ati*) pigritia desidiaque homin*i* sit. Nam pigrum hominem aiunt similem esse lapidis (od. lapidi) in caeno iacentis (od. iacenti); quem qui attigerit, *ei* manus esse detergendas. Proinde cur*ae* (od. cord*i*) *vobis* sit, adulescentes, ut industria atque assiduitate assuescatis; quod si feceritis, aliquando et *vobis* ips*is* hon*ori* et amic*is* utilitat*i* (od. us*ui*) et *rei* public*ae* emolument*o* eritis. 4) Triginta (tyranni) Thrasybulum eiusque solitudinem contempserunt, quae quidem res et ill*is* perniciei (od. exit*io*) et ***huic*** us*ui* (od. salut*i*) fuit; Thrasybulus enim, cum tempore dato multi cives auxili*o* (od. subsidi*o*) venissent, in dies robustior factus ad extremum tyrannos, a quibus Lacedaemonii frustra erant *acciti* (od. *auxilio arcessiti*, nicht *auxilio vocati*), urbe expulit. 5) Aeschini, si eodem quo Demosthenes fuisset amore patriae, accidere non potuit, ut omn*ibus* bon*is* (od. optimo cuique) odi*o* et contempt*ui* esset; sed dedecor*i* (od. prob*ro*, infami*ae*, macul*ae* et turpitud*ini*) *ei* est, quod religi*oni* *non habuit* patriam Philippo, Macedonum regi, prodere atque acerbissime adversari Demostheni, *cui* etiam

illud crimi*ni* (od. opprobri*o*) dedit, quod avia eius fuisset peregrina. 6) Satis magnas copias castr*is* praesidi*o* relinquere. Recept*ui* canere. Signum recept*ui* dare. 7) Divitiae maio*ri* cur*ae* et offensio*ni* quam delectatio*ni* et volupta*ti* *mihi* sunt. 8) Multis Atheniensibus mors Socratis summ*o* dolo*ri* et maero*ri* fuit. 9) Res, quae bell*o* us*ui* sunt. Diem colloqui*o* constituere. Locum domicili*o* deligere. 10) Amicitia tua multis in rebus magn*o* praesidi*o* et us*ui* *mihi* fuit. 11) Gall*is* brevitas Romanorum contempt*ui* erat. 12) Inimic*is* ludibri*o* esse. Aliquem ludibri*o* habere. 13) Pecuniam faeno*ri* dare. Aliquid pigno*ri* ponere. Aliquid do*ti* dicere. 14) *Cui* bon*o* fuit? Haec instituta omn*ibus* salu*ti* (one*ri*, impediment*o*) sunt. 15) Hoc vob*is* sit exempl*o* (testimoni*o*, argument*o*, document*o*).

## 4. Genitiv.

Vorbemerkung. Der **Genitiv**, welcher im Lateinischen wie im Deutschen meistens auf die Frage „wessen?" steht, wird im allgemeinen gebraucht, um zu einem nicht vollständig bestimmten Begriffe die Ergänzung hinzuzufügen, rücksichtlich welcher der Begriff gedacht werden soll (Ergänzungskasus). Hauptsächlich und ursprünglich dient der Genitiv dazu, den Begriff eines Substantivs näher zu bestimmen; in einigen Fällen wird er auch dazu verwandt, um Adjektive und **Verben näher zu bestimmen.**

Der Genitiv erscheint im Lateinischen in folgender Weise:

I. in Verbindung mit einem Substantiv:

a. als **Gen. explicativus** oder **epexegeticus**, wenn einem allgemeinen Begriffe ein besonderer (dem Genus eine Species) als nähere Bestimmung beigefügt wird, wo man im Deutschen gewöhnlich die Form der Apposition anwendet, z. B. flos rosae „die Blume Rose", vox voluptatis „das Wort Vergnügen", virtus iustitiae;

b. als **Gen. subiectivus**, welcher zur Bezeichnung des Subjekts dient, von welchem eine Thätigkeit ausgeht (Urheber, Veranlassung, Ursache: *Gen. auctoris*), oder welchem etwas angehört (Besitzer, Zugehörigkeit: *Gen. possessivus*), z. B. oratio Demosthenis, calamitas belli, coniuratio Catilinae, domus regis;

c. als **Gen. obiectivus**, welcher das Objekt bezeichnet, auf welches die in dem regierenden Substantiv ausgedrückte Thätigkeit gerichtet ist oder sich erstreckt, z. B. cupiditas gloriae „die Begierde nach Ruhm", odium hostium „der Haß gegen die Feinde";

d. als **Gen. qualitatis**, welcher die Beschaffenheit oder Eigenschaft eines Gegenstandes bezeichnet, z. B. vir magni consilii, classis ducentarum navium, res exigui pretii;

e. als **Gen. partitivus**, welcher das Ganze bezeichnet, von dem ein Teil genommen ist, z. B. pars militum, magnus numerus civium. Verwandt damit ist der *Gen. generis* oder *materiae*, welcher den Stoff bezeichnet, aus welchem etwas besteht, z. B. acervus tritici, fasciculus florum, agmen elephantorum.

II. in Verbindung mit einem Adjektiv oder Verbum, um den Begriff derselben in irgend einer Weise zu ergänzen, z. B. peritus belli, omnium rerum rudis, oblivisci controversiarum ac dissensionum, misereri inopum, Miltiades accusatus est proditionis.

68. Der **Gen. subiectivus** (*possessivus* und *auctoris*) ersetzt nicht nur manche deutsche Präpositionen, sondern bietet auch durch seine Kürze und Präcision sehr oft die geeignetste Aushülfe für vollständige Verbalwendungen und relative Sätze. — 1) Admiratio hominum imperitorum. Quid opus est consilio pontificum? Sine ullo aedilium merito. 2) Sententiae septem sapientium. Consensio omnium gentium. Commoda pacis. Discordiae Atheniensium et Lacedaemoniorum. 3) Honores ac iura deorum. Legis poena. Officia necessitudinis. 4) Terror belli. Contumelia Caesaris. Totius ordinis offensio. 5) Aetatis honor. Comitia consulum, legum. Abaci vasa. 6) Captivum loris pharetrarum vinxerunt. 7) Itinerum atque agro-

rum furta et latrocinia. Orationes iudiciorum et senatus. Coniunctio sanguinis. Benevolentiae caritas. 8) Iniuriarum odium. Innumerabilia scelera dominationis Sullanae.

69. **Unter Gen. epexegeticus (explicativus,** ***appositivus*****)** versteht man einen solchen Gen., der einem allgemeinen Begriffe einen besonderen (dem Genus eine Species) als nähere Bestimmung beifügt, der sich demnach erklärend an das regierende Nomen anschließt und so die Stelle einer Apposition oder eines verkürzten Satzes vertritt, z. B. Pericula mort*is* atque exil*ii* „Gefahren, nämlich Tod und Verbannung". Athenienses ingenti calamitate pestilenti*ae* vexabantur „von einem entsetzlichen Unglück, nämlich der Pest". Auxilia pedit*um* „Hülfstruppen, welche in Fußgängern bestehen". Duae sunt huius obscuritatis causae, una pudor*is*, altera scel*eris* (d. h. quarum una est pudor, altera scelus). Mercedem glori*ae* flagitat „er verlangt Ruhm als Lohn". Semper eum duo genera lenon*um* et latron*um* delectarunt „zwei Menschenklassen, nämlich Kuppler und Banditen". Haec ducuntur ab optimis natur*ae* et veritat*is* exemplis „von den besten Mustern, nämlich von der Natur und der Wahrheit". Omnibus virtutibus continenti*ae*, gravitat*is*, iustiti*ae*, fid*ei* ornatus ille est. Dies Kalend*arum* Ianuari*arum* ascripta erat „als Datum war der 1. Januar beigeschrieben". Tanta onera nav*ium* „solche Kolosse von Schiffen". Monstrum homin*is* „ein Scheusal von einem Menschen". Miraculum audaci*ae* „Wunder von Kühnheit". Nur selten steht auch im Deutschen der Gen. in gleicher Weise, z. B. Vitium ignavi*ae* „das Laster der Trägheit", honor sepultur*ae* „die Ehre des Begräbnisses", gloria liberat*ae* patri*ae* „das Verdienst der Befreiung der Stadt", scelus legat*orum* interfect*orum* „das Verbrechen der Ermordung der Gesandten". Cf. auch 9.

1) Non est excusatio peccati, si quis amiciti*ae* excusatione utitur. 2) Caesar pontis tuendi causa praesidium decem cohort*ium* constituit. 3) Rex vobis non solum agr*orum*, sed etiam aur*i* praemia dabit. 4) Praestantissimum Apellis opus Ven*eris* ex mari emergent*is* Coi in templo Aesculapii servabatur. 5) Nihilne est, quo onus, quod mihi tecum commune est, senectut*is* aut iam urgent*is* aut imminent*is* levetur? 6) Plato ad rerum abstrusarum disputationes quasi condimentum quoddam oration*is* suavissim*ae* addidit. 7) Hieme arbores carent pulcherrimo ornamento frond*is*. 8) Maiore sane omnium admiratione dignus esset Alexander, nisi turpissimo vitio iracundi*ae* ad crudelitates saepe ablatus esset. 9) Troglodytae a domiciliis spec*uum* nomen invenerunt. 10) Unum genus est adversum infestumque nobis *eorum*, qui auro corrupti patriam hosti prodiderunt. 11) Numa Pompilius cum tres flamines instituit, tum quinque collegia pontific*um*, augur*um*, Sali*orum*, fetial*ium*, virgin*um* Vestal*ium*. 12) Quem non misereat eius, qui praestantissimo uno omnium careat bono valetudin*is*? 13) Innumerabilibus cotidie deus nos afficit beneficiis valetudin*is*, cib*i* et potion*is*, voluptat*um* omn*ium*, somn*i*, labor*is*, ali*arum* rer*um*; pro qua tanta benignitate nonne nostrum est gratiam referre amor*is* et honeste vivend*i*? 14) Legibus Romanis viro quaestorio interposito quinquennio proximam dignitatem aedilitat*is* petere licebat.

70. Der **Genitivus obiectivus**, welcher das (nähere oder entferntere) Objekt bezeichnet, auf welches die in dem regierenden Substantiv ausgedrückte Thätigkeit gerichtet ist oder sich erstreckt, hat ein außerordentlich weites Gebiet und vertritt präpositionale Verbindungen aller Art. Er wird vorzugsweise mit Substantiven verbunden, **die von Verben mit Akkusativrektion** abgeleitet sind, wie admiratio naturae, cupiditas gloriae, indagatio veri, profusio pecuniae, steht aber in weiterer Ausdehnung auch bei Subst. **anders konstruierter** Verben, wie studium litterarum, du-

**bitatio veritatis, invidia Ciceronis.** (Manche derartige Verbindungen sind so kühn, daß sie oft nur durch den Zusammenhang zu verstehen sind.)

1) Appetentia cibi; fastidium vini; sitis libertatis. 2) Intellegentia (od. peritia) iuris; consolatio rerum incommodarum. 3) Potestas vitae necisque; damnatio ambitus. 4) Adulatio principum; oboedientia legum. 5) Praestantia omnium animalium; transitus Alpium. 6) Studium Pompei; calamitatum societas. 7) Victoria Olympiorum; bellum Pyrrhi; gloria posteritatis. 8) Laudatio Caesaris; gratulatio victoriae. 9) Opinio dei; reverentia dei. 10) Prospectus maris, maeror funeris. 11) Abstinentia vini; usus armorum. 12) Dimicatio vitae; certamen (od. contentio) honorum. 13) Iudicium capitis; triumphus Boiorum. 14) Divortium uxoris; requies laboris. 15) Remedium irae; obsequium magistratuum. 16) Successio regni; consensio (od. consensus) omnium consiliorum.

Anm. Über den Gebrauch von **Präpositionen** statt des *Gen. obiect.* cf. 13. Regelmäßig tritt ein Präpositionalausdruck ein, wenn zu dem regierenden Nomen noch ein Possessivpronomen (gewöhnlich auch, wenn ein *Gen. subiect.*) hinzutritt, z. B. Meus in (od. erga) te amor, nostra in amicos benevolentia, Caesaris cum Pompeio amicitia, consulis in patriam beneficia. — Nicht eben häufig werden von einem Subst. zwei Genitive, ein subjektiver und ein objektiver abhängig gemacht, wie: Helvetiorum iniuriae populi Romani „Unbilden der Helvetier gegen das römische Volk“. Gewöhnlich werden in diesem Falle die beiden Genitive durch das regierende Subst. getrennt, also: Fratris repulsa consulatus; tanta fuit universae Galliae consensio libertatis vindicandae; doch auch: desperatio omnium salutis „die Verzweiflung aller an Rettung“; studia familiae vestrae virtutis atque humanitatis; superiorum dierum Sabini cunctatio. Der subjektive Gen. geht in der Regel dem objektiven voran. — Anderer Art sind solche (nicht seltene) Beispiele, bei welchen ein Gen. den andern regiert, z. B. Memoria rerum gestarum populi Romani; totius valetudinis corporis conquassatio.

**71.** Da der Gen. des Personalpronomens **mei, tui, sui, nostri, vestri** bei Substantiven als objektiver Genitiv steht, so sind die vorgelegten Ausdrücke für gewöhnlich zu übersetzen: memoria nostr*i*, misericordia tu*i*, invidia tu*i*, ratio vestr*i*, z. B. Iphicrates ipso aspectu cuivis iniciebat admirationem *sui*; memoriam *nostri* pie inviolateque servabitis; incredibile me desiderium tenet meorum atque imprimis *tui*. Aber zuweilen wird auch das Possessivpronomen für den objektiven Genitiv gebraucht in einer für uns oft auffälligen Weise, z. B. Vos oramus, ut memoriam *nostram* perpetuo servetis. Odio *vestro* commoveor. *Meam* quoque rationem habere debetis „ihr müßt auch auf mich Rücksicht nehmen“. Non *sua* solum ratio habenda est, sed etiam aliorum. Ea, quae faciebat, *tua* se fiducia facere dicebat. Demnach kann iniurias *tuas* persequar ebensowohl bedeuten „ich werde deine Beleidigungen (die du zugefügt hast) rächen“, als auch „ich werde die dir zugefügten Beleidigungen rächen“.

Anm. 1. Für den *Gen. subi.* der Personalpronomina werden regelmäßig die entsprechenden Possessivpronomina gebraucht, z. B. Amicus me*us* „ein Freund von mir“, epistulae tu*ae* „Briefe von dir“, nostr*a* origo „der Ursprung von uns“, imagines vestr*ae* „Bilder von euch“. Tritt zu einem solchen Possessivpronomen noch ein anderer attributiver Zusatz, so steht derselbe — (infolge einer Constructio ad sensum, weil das Possessivpronomen den Gen. eines Personalpronomens vertritt) — im Genitiv. Auch im Deutschen sagen wir: „Dein Eifer als (der) eines Jünglings“, was im Lateinischen heißt tuum studium adulescent*is* (Cic. fam. 15, 13, 1). Ebenso: Tuum homin*is* simplic*is* pectus vidimus. Vereris, ne tua domus tal*is* viri et civ*is* a ceteris deseratur? Cui nomen meum absent*is* honori fuisset, ei meas praesent*is* preces non putas profuisse? (Cic. Planc. 26). Noster du*orum* eventus ostendit (Liv. 7, 9, 8). Besonders gehört hierher der Zusatz der Genitive von *ipse*, *unus* und *solus*, z. B. Ex tua *unius* vita omnia pendent. Contentus ero nostra *ipsorum* amicitia. *Solius* meum peccatum corrigi non potest. Cf. jedoch 253, 15. — Über *nostrum omnium*, *vestrum omnium* cf. 225.

Anm. 2. Bei Personalsubstantiven, die den Begriff des entsprechenden aktiven Verbums enthalten, wie „Ankläger, Retter, Bewunderer, Liebhaber“, gebraucht die lateinische Sprache wie die deutsche das Possessivpronomen, wie accusator *meus*, *tuus* etc., z. B. Nosti Calvum, illum laudatorem *meum*. Doch kann zur stärkeren Hervorhebung der beteiligten Person auch der Gen. des Personalpronomens eintreten, z. B. Quintus misit filium non solum *sui* deprecatorem, sed etiam *mei* accusatorem „nicht nur als Fürsprecher für sich, sondern auch als Ankläger gegen mich". Messalla *nostri* laudator est. So dient besonders der Gen. des Reflexivpronomens *sui* dazu, unsere mit dem Worte selbst zusammengesetzten Substantiva „Selbstliebe, Selbsterhaltung, Selbstbewußtsein, Selbsterkenntnis, Selbstgefälligkeit" 2c. auszudrücken, wenn von einer dritten Person die Rede ist, wie amor *sui*, conservatio *sui*, conscientia *sui*, cognitio *sui*, adulatio *sui* etc., und so sagt man auch in den übrigen Personen, z. B. „Unsere Eigenliebe täuscht uns oft" amor *nostri* saepe nos fallit; „Deine Selbstgefälligkeit wird dich verderben" perdet te adulatio *tui*.

72. Demonstrative, relative und fragende Pronomina schließen sich häufig attributiv an ein Substantiv (meist der Gemütsstimmung) an und stehen mit demselben in gleichem Genus, Numerus und Kasus, während sie eigentlich, als von dem Subst. abhängig, im Genitiv stehen sollten. Cf. Per idem tempus adversus Gallos male pugnatum est; *eo metu* („durch die Angst hierüber" = eius rei metu) Italia omnis contremuit. Volsci comparaverunt auxilia, quae mitterent Latinis; *hac ira* („im Zorne hierüber") consules in Volscum agrum duxere. *Ea* desperatio („die Verzweiflung hierüber"); *qui* timor „die Furcht wovor"; *quo* gaudio elatus; *illa ipsa* mentio „gerade die Erwähnung dieser Sache". — Dies ist besonders häufig bei den beiden Substantiven *numerus* und *genus* der Fall, z. B. Sunt in *illo* numero multi boni. In *hoc* numero erant complures Pompei milites. *Quo* ex numero nobis exempla sumenda sunt? Aratores, *qui* numerus in agro Leontino maximus est. Ex *hoc* genere voluptas est. Wenn sich an einen solchen Ausdruck ein Relativsatz schließt, so wird das Relativpronomen in den Plural gesetzt, z. B. Unus ex *eo* numero, *qui* ad caedem par*ati erant*, inconsultius Massivam aggreditur. Roscius non est in *eo* numero, *quorum* bona sub hasta venierunt. Amicitia ex *eo* genere est, *quae* pro*sunt*. Virgines Vestales ex *eo* numero sunt, *quae* semper *sunt* sanct*ae* habit*ae*. (Nur selten findet sich hier auch der Gen. des Pronomens: *horum* numerus, *quorum* e numero etc., z. B. Cic. Mur. 69; de Or. 2, 56; Vat. 41). — 1) *Hic* dolor. 2) *Qua* admiratione. 3) *Illa* fama. 4) *Quae* pulchritudo. 5) In *eo* numero, *qui*. 6) Ex *eo* genere, *quae*. 7) *Quem* in numerum. 8) Ips*a* ill*a* mentio.

73. Das Verhältnis der Frau zum Manne, des Sohnes und der Tochter zum Vater, des Sklaven zum Herrn, ebenso das Verhältnis von Städten und Vorgebirgen zum Lande oder Volke wird zuweilen als bloßes Besitzverhältnis angegeben, während es im Deutschen, wie auch meistens im Lateinischen, durch ein zutretendes Subst. (Frau, Sohn, Tochter, Sklave — Stadt, Vorgebirge) specialisiert wird: Ciceron*is* Terentia Ciceros Terentia, d. h. Ciceros Frau Terentia, Hector*is* Andromacha, Caecilia Metell*i* des Met. Tochter Cäcilia, Byrrhia **Charini des Charinus** Sklave Byrrhia. Die Auslassung von „Sohn" findet sich am häufigsten bei ausländischen Namen wie: Ptolomaeus Lag*i*, Hannibal Gisgōn*is*, Seleucus Antioch*i* etc. — Actium Corcyr*ae*, Leucopetra Tarentin*orum*, Lugdunum Batav*orum*, Bibrax Rem*orum*, ad Erythras Aetol*orum*, ad Eretriam Phthiotic*i* agr*i*. — Öfters fallen die Substantiva *aedis (templum, fanum)* neben dem im Gen. stehenden Namen einer Gottheit in Verbindung mit der Präpos. *ad* (seltener bei *a, ante, in, propter*) weg: Pugnatum est ad Spei, habitabat rex ad Iov*is* Stator*is*, ventum erat ad Vest*ae*.

74. **Der Gen. und Abl. qualitatis, welche die Beschaffenheit oder Eigenschaft eines Gegenstandes bezeichnen, verbinden sich mit dem Substantiv entweder unmittelbar attributiv (z. B. vir magn*ae* sapienti*ae*, vir magnā sapientiā) oder prädikativ vermittelst des Verbums *esse* (z. B. Socrates *erat* magn*ae* sapienti*ae* oder magnā sapientiā), aber stets nur in Verbindung mit einem Adjektiv (cf. 75). Im allgem. hat der *Abl.* qual. klass. einen ausgedehnteren Gebrauch als der *Gen.* qual. — Im einzelnen ist zu merken:**

**1) Alle auf Maß, Zahl, Zeit, Gewicht, Raum, Wert, Rang, Stand, Gattung und Art bezüglichen Qualitätsbestimmungen dürfen nur im Gen. stehen, besonders wenn ein Zahlwort mit dem Subst. verbunden ist;** also kann es nur heißen fossa ped*um* quindecim; puer decem ann*orum*; navis trecent*arum* amphor*arum* („Tonnen"); ager quattuor iuger*um*; iter un*ius* die*i*; classis trecent*arum* nav*ium*; vir ordin*is* senatori*i*; anulus magni preti*i*; homines inferior*is* ordin*is*, magn*i* ponder*is* saxa; milites lev*is* armatur*ae*. (Ausnahmen sehr vereinzelt, z. B. amiculum grand*i* pond*ere* Cic. nat. deor. 3, 83; Verr. 4, 32; Liv. 24, 34, 8). Auch die beiden Substantive *modus* und *genus* kommen in Verbindung mit einem Pronomen nur im Gen. vor, z. B. *eius modi* naves, *huius generis* domus, *eiusdem generis* munitiones (cf. jedoch 47).

2) Solche Eigenschaften, die sich auf Körperteile und auf die äußere Erscheinung beziehen, stehen regelmäßig im Abl., z. B. Homo *humili* (*brevi*) *statura;* Agesilaus *corpore exiguo* fuit; Caesar *nigris vegetis*que *oculis* fuit; Thuys *capillo longo* et *barba promissa* erat; Britanni *horrido* in pugna *adspectu* sunt.

3) Zufällige und vorübergehende (in einem einzelnen Falle sich zeigende) Gemütsstimmungen und Eigenschaften stehen im Abl, z. B. *Bono* (*laeto, tranquillo, tristi, anxio*) *animo* esse; dux erat *vultu hilari* atque *laeto; ea mente* non semper fuisti; senatus fuerat *veste mutata*.

4) Man sagt immer sui iur*is*, su*i* iudici*i*, su*ae* sententi*ae* esse „selbständig, unabhängig, sein eigener Herr sein"; — von *res* hängt nur der *Gen. qual.* ab, z. B. res magni momenti, null*ius* preti*i;* bei den Adj. *par, (dis)similis, aequus, incredibilis* **steht regelm.** *Abl. qual.*, z. B. homines *pari* dignitate. — Wo ferner etwas nach äußeren Kennzeichen (Aussehen, Farbe, Gestalt, Größe) durch Vergleichung mit einem andern bestimmt wird, steht nur der *Abl. qual.* in Verbindung mit einem Gen. als Attribut, z. B. Uri sunt tauro*rum figura;* vicus erat oppid*i magnitudine*; Epicurus deum homin*is specie* esse censet; clavi erant digit*i* pollic*is crassitudine*.

Abgesehen von diesen Beschränkungen kann man den *Gen.* und *Abl. qual.* oft (besonders bei inneren bleibenden Eigenschaften) ohne bemerkenswerten Unterschied gebrauchen, so daß man ebensowohl praestant*i* prudenti*a* vir als praestant*is* prudenti*ae* vir sagt. Man vergleiche: Messalla in causis cognoscendis magn*i* labor*is* magn*ae*que oper*ae* fuit mit Cato in omnibus rebus singular*i* fuit prudenti*a* et industri*a*; Arruns iuvenis mit*is* ingeni*i* fuit mit Zeno vir summ*o* ingeni*o* fuit; Servilius, fervid*i* anim*i* vir, periculum audacia discussit mit Iphicrates fuit anim*o* magn*o* form*a*que imperatori*a*. Bisweilen finden sich sogar beide Kasus nebeneinander, z. B. Murena mediocr*i* ingeni*o*, sed magn*o* studi*o* litterarum, mult*ae* industri*ae* et magn*i* labor*is* fuit (Cic. Brut. 237; de leg. 3, 45).

Anm. 1. Selten stehen der *Abl.* und *Gen. qual.* als Apposition bei einem Eigennamen ohne Zusatz eines Gattungsnamens, z. B. Philippus summo ingenio statt Philippus, *vir* summo ingenio. Torquatus nimis durae severitatis; Tarquinius patriciae gentis; Hannibal novem ferme annorum; Agesilaus octoginta annorum in Aegyptum profectus est. So sagt Horaz auch formica magni laboris „die Ameise, ein Tier von großem Fleiße". — Prädikativ steht ein *Gen.* od. *Abl. qual.* nicht nur bei *esse*, sondern auch bei *videri, existimare, habere, cognoscere* und ähnlichen Verben, z. B. Critognatus magn*ae* habitus est auctoritat*is*. Consuli oppugnatio magn*i* oper*is* visa est. Te cognovimus paratissim*o* anim*o*.

Anm. 2. Statt des gewöhnlichen *supplicatio* („Dankfest") quindecim di*erum*, un*ius* die*i* u. ä. decreta est sagen Cäsar und Livius **manchmal** auch supplicatio di*es* quindecim, di*em* un*um* (Acc. der Zeitdauer) decreta est.

Anm. 3. Der *Gen.* und *Abl. qual.* ersetzen vielfach deutsche Adjektive, z. B. Homo *nullius animi, nullius consilii* „mutlos, ratlos"; bibliotheca *multorum nummorum* od. *magnae pecuniae* „teuer"; vir *magni animi, summi laboris, optimi consilii* „mutvoll, thätig, besonnen"; hospes *multi ioci* „launig"; dolor *brevis temporis* „vorübergehend"; dux *inferioris ordinis* „ein untergeordneter Offizier"; res *magni discriminis* „bedeutungsvoll"; homines *summa elegantia, subacti ingenii* „geschmackvoll, geistig durchgebildet". Cf. 191.

Anm. 4. Unsere Ausdrucksweise „Menschen jeder Art, Waffen aller Art" u. dgl. wird im Lateinischen häufig mit nachdrucksvollerer Umstellung durch „jede Art von Menschen, alle Art von Waffen" wiedergegeben, z. B. „Über Dinge jeder Art sprechen" de omni genere rerum disputare; „den Körper durch Anstrengungen aller Art üben" omni laborum genere corpus exercere. Naves omni genere armorum ornatissimae „mit

Geräten aller Art". Doch ist auch die andere Ausdrucksweise mit *omnis generis* od. *cuiusque generis* nicht selten (z. B. Caes. b. g. 7, 41, 3; b. c. 3, 63, 6; Nep. Ages. 8, 3; Liv. 32, 16, 10; 27, 17, 12; 34, 8, 5 u. ö.).

75. Ein *Gen.* oder *Abl. qualitatis* kann im Lateinischen niemals ohne ein passendes, den Grad der Eigenschaft bezeichnendes **Adjektiv** stehen. Die vorgelegten Ausdrücke sind demnach zu übersetzen: vir *magni* ingenii oder *summo* ingenio (= ingeniosus), femina pulchritudine *eximia* (= pulcherrima, formosa), res *magni* pretii (= pretiosa), casus *magni* discriminis, res *magni* momenti (= gravissima), miles *magnae* virtutis (= fortissimus).

76. Zu dem Verbum esse tritt ein **Genitiv**, um zu bezeichnen, daß etwas jemandem **gehört, angehört** (cf. 55) oder jemandes **Eigentum, Eigentümlichkeit** ist (**Gen. possessivus**), z. B. Bello Gallico praeter Capitolium omnia host*ium* erant. Divitias sine divit*um* esse: tu virtutem praefer divitiis. Iam me Pompe*i* totum esse scis. Temeritas est florent*is* aetat*is*, prudentia senescent*is*. Beim Übersetzen ins Deutsche verwendet man hier die mannigfaltigsten Ausdrücke, nämlich entweder die Substantive **Eigentum, Eigentümlichkeit, Sache, Zeichen, Merkmal, Natur, Gewohnheit, Pflicht, Schuldigkeit, Aufgabe, Geschäft, Amt, Beweis**, oder man bedient sich anderer Wendungen, wie: **es beweist, verrät, kennzeichnet, erfordert, es zeugt von, schickt sich für, ziemt sich für, es gehört zu, ist gegeben, verträgt sich mit, kostet, gilt für, ich muß, ich kann u. s. w.** (cf. 162, d), z. B. Adulescent*is* est maiores natu revereri. Petulantia magis est adulescent*ium* quam sen*um*. Miseros consolari humanitat*is* est. Moderari orationi, cum sis iratus, est non mediocr*is* ingen*ii*. Cuiusv*is* est errare, null*ius* nisi insipient*is* in errore perseverare. — Statt des Gen. der **Personalpronomina** (*mei, tui, sui, nostri, vestri*) steht zur Bezeichnung des Besitzers das **Possessiv** und zwar in dem Genus, welches das Substantiv des Satzes erheischt, z. B. Hic liber *meus* est, non *tuus*. Quae antea *nostra* fuerunt, nunc *vestra* sunt. Am häufigsten kommen in dieser Verbindung die Neutra *meum, tuum, suum, nostrum, vestrum est* „es ist meine (deine, seine u. s. w.) Pflicht, Eigentümlichkeit, Aufgabe" u. s. w. vor, z. B. *Meum est* ostendere, quid sentiam. Quis profitetur *esse suum* de omnibus quaestionibus dicere? (Über die Übersetzung der Apposition in Sätzen wie: „Meine, des Konsuls, Pflicht ist es" durch einen **Relativsatz**: meum est, *qui consul sum*, cf. 92, Anm. 2).

Anm. 1. Außer bei *esse* steht der Gen. possessivus auch bei: 1) **fieri** „jemandes Eigentum werden", z. B. Thebae popul*i* Roman*i* iure belli factae sunt. Omnia, quae mulieris fuerunt, vir*i* fiunt nomine dotis; — 2) bei *ducere, existimare, putare, arbitrari, videri, habere, facere, manere* u. ä., denn in ihnen liegt der Begriff des esse oder kann leicht hinzugedacht werden, z. B. Quaecunque sunt in omni mundo, de*orum* atque homin*um* putanda sunt. Tempori cedere semper sapient*is* est habitum. Dur*i* homin*is* videtur periculum capitis inferre multis. — Merke auch aliquid *suae dicionis, suae potestatis, sui imperii (arbitrii) facere* „etwas unter seine Botmäßigkeit bringen"; aliquid *lucri facere* „von etwas Gewinn ziehen, profitieren".

Anm. 2. Statt des unmittelbar von esse abhängigen Genitivs treten zuweilen ausdrückliche, dem Deutschen entsprechende Substantive oder Adjektive ein, wie *officium, munus, negotium, proprium*, z. B. Principum *munus* est resistere levitati multitudinis. Non horum hominum *negotium* est. Oratoris *officium* est dicere ad persuadendum accommodate. Sapientis est *proprium* nihil, quod paenitere possit, facere „es ist eine charakteristische Eigentümlichkeit des Weisen, ist für den Weisen charakteristisch". — Von *moris (consuetudinis) est* „es gehört zur Sitte, ist der Sitte gemäß" unterscheidet sich wenig *mos (consuetudo) est* „es besteht, es herrscht die Sitte" (cf. Cic. Verr. 1, 66; Br. 84; Verr. 2, 129; Caes. b. g. 4, 5, 2).

Anm. 3. Die deutschen Wendungen „**es ist thöricht (Thorheit), es verrät Treulosigkeit, es zeugt von Feigheit**" u. ä. können ebensowohl übersetzt werden **stult*i*** oder stultiti*ae*, perfid*i* oder perfidi*ae*, ignav*i* oder ignavi*ae* est, als stult*um* oder **stul-**

titi*a*, perfid*um* oder perfidi*a*, ignav*um* oder ignavi*a* est. Jedoch ist der Gen. häufiger (besonders von Adjektiven, welche eine subjektive Bedeutung haben), und bei einendigen Adjektiven der 3. Dekl. ist nur der Gen., nicht der Nom. des Neutrums zulässig. Demnach heißt „es ist weise" nicht sapiens est, sondern sapien*tis* (od. sapien*tia*, sapien*tiae*) est; „es ist unverschämt" nicht impuden*s* est, sondern impuden*tis* (impuden*tia*, impuden*tiae*) est. — Der Singular des Adjektivs ist übrigens in diesen Verbindungen ganz gewöhnlicher Sprachgebrauch statt des Plurals (cf. 180, 3).

Anm. 4. **„Bestehen aus"** heißt *esse c. gen.*, wenn die zählbaren und gleichartigen Bestandteile eines Ganzen ihrer Zahl nach angegeben werden, z. B. Classis ducent*arum* nav*ium erat*, sonst (= „zusammengesetzt sein aus") *constare ex*, z. B. Homo constat ex animo et corpore. Aliquis totus ex mendaciis et fallaciis constat. Concilium ex imperitissimis constat. Cf. 108, Anm. 5.

77. 1) Quod memoriam me*i* (od. me*am*) tibi tuisque iucundissimam esse scribis, cogita, quaeso, desiderio vestr*i* (od. vestr*o*) me paene confici. 2) Patres a se non impetrabunt, ut tanta *vestra* reg*um* potentissim*orum* munera repudient. 3) Homines magn*ae* constanti*ae* (od. constantes) rarius inveniuntur quam homines magn*i* ingeni*i* (od. ingeniosi). In diesem Satze ist auch der *Abl.* qual. richtig. 4) Fort*i* et erect*o* anim*o* es et nostro *in te* amori confide; virum tant*ae* probitat*is* (od. Abl.) non destituemus. 5) Caesar gravissima oratione assecutus est, ut et centuriones et milites iudicium summae belli non su*um*, sed imperator*is* esse intellegerent. 6) Omnia, *cuius*cunque mod*i* sunt, scire velle curios*i* est; sed maiorum rerum contemplatione ad litterarum studium duci optim*i* *cuius*que semper habitum est. 7) Non est *huius* loc*i* de patriae amore copiose disserere; hoc constat, me*um* et vestr*um* et omn*ium* milit*um* esse mortem pro patria aequo animo oppetere. 8) Nihil est tam angust*i* anim*i* tamque parv*i* quam divitias amare. Beneficiorum acceptorum memorem cognosci omnibus temporibus ab optimo quoque anim*i* ingenu*i* habitum est. 9) Caesar, cum Rhenum transire decrevisset belli Germanis inferendi causa, pontem in Rheno fecit: nam exercitum navibus flumen transportare neque su*ae* neque populi Romani dignitat*is* esse ei videbatur. 10) Homin*is* magno animo praedit*i* non est semper aliquid metuere aut suspicari. Est hoc quidem homin*is* praeclara indole praedit*i* mente et scientia quam plurima studere amplecti, ut inter homines non peregrinus, sed civis esse videatur. 11) Initio secundi belli Punici omnes Hispaniae trans Hiberum regiones praeter Saguntinorum urbem Carthaginiens*ium* erant; sed legibus pacis a Poenis anno ante Christum ducentesimo primo factae constitutum est, ut Hispania omnis fieret Roman*orum*. 12) Philippus Macedo Graecorum humanitate et doctrina imbutus est Thebis, in urbe prisc*ae* severitat*is* (et) in domo Epaminondae, quem singular*i* scienti*a* et litterarum et rei militaris fuisse constat. 13) Non dubito, quin *meum* aequissim*i* existimator*is* iudicium dolorem iniuri*ae* accept*ae* tibi sit levaturum. 14) Caesar fuisse traditur excels*a* statur*a*, color*e* candid*o*, teret*ibus* membr*is*, nigr*is* veget*is*que ocul*is*, valetudin*e* prosper*a*. 15) Annus trecen*um* sexagen*um* quin*um* die*rum* est, annus intercalaris trecen*um* sexagen*um* sen*um* die*rum* est. 16) Catilina nobili genere natus magn*a* *vi* et animi et corporis fuit, sed idem ingeni*o* mal*o* pravoque (od. Genitiv). 17) Fac bon*o* anim*o* sis; nam fratris *erga te* amor et omn*ium* nostr*um* cura *eiusmodi* est, ut inimicorum *ad-*

*versus te* invidia frustra sit futura. 18) Recte (fecistis, quod) ea iudicare veriti estis, quae iudici*i* vestr*i* non sint.

78. Der Gen. partitivus bezeichnet das Ganze, von welchem ein Teil genommen ist oder hervorgehoben werden soll, z. B. *Pars militum, magnus numerus civium, multi equitum.* Im weiteren Sinne rechnet man auch den *Gen. generis* oder *materiae* dazu, welcher freilich gar keinen Teil bezeichnet, sondern den Stoff, aus welchem etwas besteht, z. B. *Acervus frumenti, agmen elephantorum, decem iugera agri, magna vis auri, grex ovium, poculum vini, fasciculus florum, medimnum tritici* usw. *

Der partitive Genitiv steht:

a) bei Substantiven der Quantität und des Maßes, z. B. *Magna pars navium* fluctibus hausta est. *Magnus numerus domorum* incendio deletus est. Conon *pecuniae quinquaginta talenta* civibus donavit. *Magna frumenti vis* advecta est.

Anm. 1. Merke a) den Gebrauch von *numerus* bei ungezählten Dingen: maximus numerus („Masse") frumenti, vini, olei; — b) die Umkehrung des Verhältnisses der Begriffe in Ausdrücken wie sex dies spati*i* „sechs Tage Frist" (statt spatium sex dierum); bini sestertii accessioni*s* „zwei Sesterze Zuschuß".

b) bei Komparativen und Superlativen, z. B. *Omnium oratorum praestantissimus* fuit Demosthenes. *Minor fratrum.* Alexander *seniores militum* in patriam dimisit.

Anm. 2. Auch von einem superlativen Adverb kann der partit. Genitiv abhängig sein: Sulpicius *maxime omnium nobilium* Graecis litteris studuit. Crassus *omnium maturrime* ad publicas causas accessit. — Von einem männlichen oder weiblichen Adjektiv im Positive lassen nur Dichter und die Historiker seit Livius einen partit. Gen. abhängen, z. B. Cum *delectis peditum; expediti militum;* Iuno *sancta dearum;* sequimur te, *sancte deorum.* Dagegen wird der Plural substantivierter sächlicher Adjektive auch von Cicero nicht selten mit einem partit. Gen. verbunden, z. B. *Summa pectoris* „die obersten Teile der Brust"; *belli extrema; in occultis templi; reliqua superioris lustri* u. ä. Man sei aber in der Nachahmung dieses Gebrauchs vorsichtig (cf. 184).

c) bei Zahlwörtern (speciellen und generellen) und bei substantivischen oder substantivisch gebrauchten Pronominen (wie *uter, alter, neuter, nullus, nemo, quidam, quis, quisquis, quotusquisque* „wie wenige" u. ä.), z. B. *Tertius regum Romanorum; multi civium; solus omnium.* Non *paucae istarum arborum* mea manu satae sunt. *Quis mortalium* sine vitiis natus est? *Omnium societatum nulla* est gravior quam ea, quae cum re publica est *unicuique nostrum.*

Anm. 3. Übrigens ist der *Gen. partit.* bei allen Numeralien nur dann zulässig, wenn ein Gegensatz des Ganzen zu seinen Teilen beabsichtigt oder notwendig ist. Man sagt multi milites „viele Soldaten" (im Gegensatz zu anderen Menschen), dagegen multi milit*um* „viele von (unter) den Soldaten" (im Gegensatz zu anderen Soldaten). Ebenso alter cons*ul* und alter consul*um*, nemo Roman*us* und nemo Roman*orum*, miles quidam und mili*tum* quidam. Das Weitere cf. 79 u. 82.

d) bei den substantivisch gebrauchten Neutris von Quantitätsadjektiven und Pronominen, wie *tantum, quantum, aliquantum, multum, plus, plurimum, minus, minimum, nihil, paulum, paululum, nimium, hoc, id, idem, aliquid, quidquam, quidquid, quod, quodcunque, quid* u. ä. z. B. Iustitia *nihil* expetit *praemii.* Undique ad inferos *tantundem viae* est. *Quantum incrementi* Nilus capit, *tantum spei* in annum est. Potest exercitatio etiam in senectute conservare *aliquid pristini roboris.* Exordium *plurimum gravitatis* debet habere. *Quidquid militum* in Sicilia erat. — Über aliquid nov*i* oder nov*um* u. ä. cf. 80.

Anm. 4. Ein partit. Genitiv kann übrigens bei diesen Neutris nur in dem Falle angewandt werden, wenn sie selbst im Nom. oder Acc. stehen und zwar nur ohne Präposition. Obgleich man also richtig sagt *multum sapientiae, tantum virium, nihil praemii, minimum consilii* u. ä., darf man doch nicht sagen multo sapientiae, sondern *magnā sapientiā*; nicht ad tantum vir*ium*, sondern *ad tantas vires*; nicht propter nihil praemi*i*, sondern *propter nullum praemium*; nicht homo minimo consili*i*, sondern homo *minimo consilio*; nicht ad *id* audaciae progredi, sondern *ad eam audaciam progredi.* So heißt also auch „lange Zeit hindurch" nicht per mult*um* tempor*is*, sondern *per multum* (= longum) *tem-*

*pus*; „mit viel Speise angefüllt" nicht multo cib*i* completus, sondern *multo cibo*. Ausnahmen von dieser Regel sind selten und im allgem. nicht nachzuahmen, z. B. ad multum d*iei* (statt di*em*) dormire, ad id audaci*ae* (statt ad *eam* audaci*am*), ad id loc*orum* etc.

Anm. 5. Außer den angeführten substantivierten Neutris im Singular kommen bei Klassikern nur wenige andere mit dem partit. Gen. vor, wie *extremum*, *ultimum*, *summum*, welche auch sonst zuweilen als Substantive gebraucht werden, z. B. Caelum extremum atque ultimum mund*i* est. Aber die Dichter, die Historiker und Späteren erlauben sich hier viele Freiheiten; sie sagen z. B. Medium di*ei*, in medio aed*ium*, immensum loc*i*, exiguum camp*i*, in prominenti litor*is*, ad extremum vit*ae* (statt ad extre*mam* vit*am*), ad ultimum inopi*ae* adductus, ad ultimum labor*is* ac pericul*i* ventum est, extremo aestat*is*, ad summum mont*is* egressus u. ä.

Anm. 6. Der partit. Gen. hat in Verbindung mit den Neutris *id*, *hoc*, *illud*, *quid*, *quod*, *idem*, *nihil* u. a. oft eine eigentümliche Bedeutung, indem er ein gewisses Maß, einen gewissen Grad, eine gewisse Art des betreffenden Subst. bezeichnet. Während also *hic* oder *is honor* schlechtweg „diese Ehre" heißt, bedeutet *hoc* oder *id honoris* „dieser (große oder kleine) Grad von Ehre" oder „diese Art von Ehre"; tibi *idem consilii* do quod mihimet ipsi „dieselbe Art von Rat"; *quod operae* in rebus honestis ponitur „wie viel Mühe, welcher Grad von Mühe"; si *quid* in te residet *amoris* erga me „ein Fünkchen von Liebe"; *nihil animi* „keine Spur von Mut"; *hoc* ad te *litterarum* dedi „diesen Wisch von einem Briefe"; exponam vobis, *quid hominis* sit „was für eine Art von Mensch er ist, wie wenig von einem Menschen er an sich hat"; *quid rei* est „was giebt es"? *quid eius rei* est „was ist an der Sache"? *quid* hoc *rei* est „was soll das bedeuten"? *quid* tibi *animi* est „wie ist dir um's Herz"? — Zuweilen bildet der partit. Gen. in Verbindung mit *esse* dem Sinne nach das Prädikat des Satzes, z. B. Nihil satis praeparat*i* erat ad obsidionem tolerandam. Si quidquam humanorum cert*i* est. Id erit sign*i*, me invitum facere, quod ... Quid est mihi reliqu*i*? Capta urbe nihil fit reliqu*i* victis. — Besonders zu merken sind die Redensarten: *alicui nihil reliqui facere* „einem nichts übrig lassen" (z. B. Praeter animos nihil vobis fortuna reliqui fecit); *nihil mihi reliqui facio ad* „ich unterlasse nichts in Bezug auf" (z. B. Milites nihil ad celeritatem sibi reliqui fecerunt); — (bei Sallust und Livius) *nihil pensi habeo* oder *nihil pensi mihi est* „ich gebe keiner Erwägung Raum, bin gleichgültig gegen, kehre mich an nichts"; — *quod* (unrichtig quoad) *eius facere possum* (oder *fieri potest*) „so gut ich es thun kann, soweit es möglich (thunlich) ist"; **auch ohne *eius*, und dann *quoad* statt *quod* möglich.**

e) **bei den substantivischen Adverbien** *satis*, *nimis*, *parum*, *affatim* **und** *partim* (cf. 47, Anm. c.), **wenn sie als Subj. oder Akk.-Obj. stehen.** Veritati haud raro *parum virium* est. Nonnulli oratores *nimis insidiarum* ad capiendas aures adhibent. *Armorum affatim* erat capt*orum* Carthagine. — Unklassisch steht auch *abunde* mit dem Gen., z. B. bei Sueton (aber nicht bei Sallust: Catil. 58, 9). — Merke die Redensart *alicui satis superque suarum rerum est* „jemand hat genug mit sich zu thun", (dafür archaistisch und bei Späteren *satagere suarum rerum*).

Anm. 7. Man sagt *satis pecuniae*, aber häufiger *satis magna pecunia*; ebenso gewöhnlich *satis magnae copiae* „genug Truppen", *satis multi milites* „genug Soldaten" u. s. w. Analog *nimium multi milites* „zu viele Soldaten", *parum multi milites* „zu wenige Soldaten".

f) **bei den Ortsadverbien** *ubi*, *ubicunque*, *nusquam*, *unde*, *hic*, *huc*, *eo*, *quo* **u. ä., von denen oft die Genitive** *gentium*, *terrarum* **und** *loci* **abhängen**, z. B. *Ubi terrarum* sumus? *Ubicunque* eris *gentium*, a nobis diligēris. Migrandum Rhodum aut *aliquo terrarum* arbitror. *Longe gentium* absunt.

Anm. 8. Ganz vereinzelt stehen *postea loci* „nachher", *interea loci* „unterdessen" *adhuc locorum* „bis jetzt". Unklassisch ist *tum temporis*, wofür Cicero einfach *tum* oder *eo tempore* oder ähnliches sagt. Häufig ist dagegen *pridie (postridie) eius diei* (cf. 547, Anm. 2).

Anm. 9. Cicero und Cäsar verbinden die Adverbien *eo*, *quo*, *huc* nur mit den Genitiven *gentium*, *terrarum* und *loci*, aber nicht mit dem Gen. eines Abstraktums. Sie gebrauchen nicht die bei den Historikern seit Sallust gebräuchlichen Redensarten *eo audaciae procedere*, *eo miseriarum venire*, *quo amentiae progressi estis*, *huc arrogantiae venerat* u. ä., sondern sagen *ad eam audaciam*, *ad tantam amentiam* u. s. w. *progredi*, oder *eo audaciā procedere*, *tantum amentiā progredi*.

79. **Statt des *Gen. partitivus* werden bei Zahlwörtern, Komparativen und Superlativen zu schärferer Hervorhebung des Teilungsverhältnisses auch die Präpositionen ex und de, seltener inter und in, niemals *ab* gebraucht.**

Die Präposition steht:

a) **gewöhnlich**, wenn das Ganze ein von einem Numerale begleitetes **Substantiv** oder bloß ein **Zahlwort** ist, z. B. *Ex* duodecim cohortibus octo; minor *ex* duabus filiis Graccho nupta erat; uter exercitus *ex* duobus; optimus *de* viginti fundis; nullus *ex* ducentis civibus; *de* tribus hoc extremum; nulla *de* virtutibus tuis plurimis. Cf. jedoch: *trium rerum* aliqua (Cic. part. 30); *horum trium* gener*um* quodvis (Cic. rep. 1, 42). Lael. 57; Mur. 11; off. 1, 141; 2, 34; inv. 2, 154.

b) **regelmäßig** bei den **Kardinalzahlen** *unus, duo, tres* u. s. w., z. B. Duo *ex* decemviris; octo *ex* duodecim centuriis equitum; tres *de* consularibus (cf. jedoch 82, a). Was speziell **unus** anbetrifft, so hat es in der Regel *ex* oder *de* bei sich, z. B. Unus *ex* captivis, *ex* fortunatis hominibus, *de* multis, *de* tribus, *ex* omnibus; doch steht es mit dem *Gen. partit.*: 1) von *omnes (omnium)* beim **Superlativ**, z. B. Aristides *unus omnium* iustissimus fuisse traditur; 2) **von Pron. relat. u. dem.** besonders wenn bei einer Aufzählung und Einteilung *alius, alter, tertius* u. s. w. darauf folgt, z. B. Gallia est omnis divisa in partes tres, *quarum* unam incolunt Belgae, aliam Aquitani, tertiam Galli. Erant Phocionis aetate Athenis duae factiones, *quarum* una causam populi agebat, altera optimatum. (Ausnahmen von diesen Regeln sind bei Cicero und Cäsar ganz selten, z. B. Cic. Sest. 133; Att. 6, 1, 8; Caes. b. g. 5, 24, 1; 7, 35, 2; häufig dagegen bei Livius u. a.).

Anm. Daß jedoch *unus* überhaupt nur da steht, wo es sich wirklich um **einen** der Zahl nach handelt, darüber cf. 212.

c) wenn das Subjekt des Verbums nicht zu der zu teilenden Gesamtheit gehört, z. B. *Ex* omnibus oratoribus maxime admiror Demosthenem.

80. **Zu den Neutris der Quantitätsadjektiva und Pronomina können die substantivierten Neutra der Adjektiva der 2. Deklination ebensowohl attributiv als auch im Gen. Sing. treten, also nihil nov*um* u. nihil nov*i*, tantum mal*um* u. tantum mal*i*, plus ver*um* u. plus ver*i*, aliquid advers*um* u. aliquid advers*i* u. s. w. Aber die Adjektive der 3. Deklination stehen in diesen Verbindungen nicht im Gen., sondern nur attributiv; man sagt also nur aliquid caelest*e*, nihil memorabil*e*, quid meli*us*, quidquam simil*e*. Sind Adjektiva der 2. und 3. Deklination mit einander verbunden, so steht selten der Gen., sondern man behandelt sie wie die Adjektiva nach der 3. Deklination,** z. B. Nihil apparet in eo ingenu*um*, nihil moderat*um*, nihil pud*ens*. Nihil insol*ens* neque glorios*um* ex ore eius exiit. Quid habet ista res aut laetabile aut glorios*um*? **Nur ausnahmsweise steht der Gen. eines Adj. der 3. Deklin. infolge einer Attraktion (der Concinnität halber),** z. B. Ea species nihil concret*i*, nihil solid*i*, nihil emin*entis* habet. (Hart Liv. 5, 3, 9: Si quidquam in vobis non dico civil*is*, sed human*i* esset).

Anm. 1. *Aliud* kann nie im Genitiv mit diesen Neutris verbunden werden: nihil ali*ud*, quid ali*ud* u. s. w. — Der Gen. von Adjektiven der 2. Deklin. ist auch dann nicht gestattet, wenn von dem Adj. noch ein **Kasus** abhängig ist, oder wenn das Adj. durch ein **Adverb** oder einen folgenden **Satz** näher bestimmt ist, also: Nihil te dign*um* invenio; nihil fide sua indign*um* fecit; nihil prorsus ignot*um* vobiscum communico; nihil dign*um* faciebat, quare eius fugae comitem me adiungerem.

Anm. 2. Man unterscheide nihil nov*um* „nichts, was neu ist" von nihil nov*i* „nichts von Neuigkeiten"; der erste Ausdruck hebt die **Qualität**, der zweite die **Quantität** hervor. Cf. Qui se ipse noverit, aliquid divin*um* se habere sentiet. Diu nihil nov*i* ad nos allatum est. Nihil nov*um* dixisti. Caesar militibus suis ostendit, quantum bon*i* in se haberet constantia. Prima historiae lex est, ne quid fals*i* dicere audeat. Bei Adjektiven der 3. Deklin. muß man bei Bezeichnung der Quantität zu den entsprechenden abstrakten Substantiven seine Zuflucht nehmen, indem nihil turp*itudinis* dem nihil nov*i*, nihil turpe dem nihil nov*um* entspricht. — Übrigens beachte man, daß man allerdings aliquid pulchrum, nihil suave u. ä. sagt (Quantitäts**pronomina**!), aber nie multum pulchrum, plus suave u. ä. (Quantitäts**adjektiva**!).

81. Bei der Übersetzung der vorgelegten Sätze würde es durchaus fehlerhaft sein, den **partit. Gen.** „**unser, euer, deren** ꝛc.", dessen sich die deutsche Sprache bei bestimmten oder unbestimmten

Zahlwörtern oft in auffälliger Weise bedient, auch aufs Lateinische zu übertragen; denn es handelt sich in diesen Sätzen gar nicht um einen Teil, sondern um die ganze Anzahl. Also: 1) Pauci (*nos*) sumus. 2) Non plures estis quam centum. 3) Tribus Romanae, *quae* triginta quinque fuerunt, dividebantur in urbanas et rusticas. 4) Quot (*vos*) estis? 5) Nioba omnibus liberis, *quos* duodecim habuit, orbata est. 6) Cedri, *quae* permultae antiquis temporibus in Libano fuerunt, nullae fere hodie sunt. Cf. Tarquinius exaugurare fana statuit, *quae aliquot* („deren einige") a Tatio rege consecrata fuerant. Hominibus opus est eruditis, *qui* adhuc in hoc quidem genere nostri *nulli* fuerunt („deren es unter uns noch keine gegeben hat"). 7) Stell*ae* tot sunt, ut numerari non possint. 8) Te rogo, ut mihi libros nonnullos, si *quos* habes, mittas. 9) Omnium imperatorum, *quos* equidem cognoverim, Caesar, Fridericus Magnus, Napoleo fuerunt summi. 10) Laet*os* di*es* plures quam trist*es* vidimus.

82. Bei Übersetzung der vorgelegten Sätze sind folgende Regeln zu beachten:

a) Wenn zu einem (speciellen oder generellen) Zahlworte im Deutschen noch ein Gen. mit einem Possessivpronomen tritt, so pflegt im Lateinischen kein partit. Gen. zu stehen, sondern das Zahlwort wird attributiv (appositiv) hinzugefügt, z. B. Complures nostri milit*es* „mehrere von unsern Soldaten"; nullus me*us* lib*er* „keine von meinen Schriften"; multa institut*a* nostr*a*. Verres dat hospit*i* su*o* cuidam negotium „einem von seinen Gastfreunden". Cum paucis familiar*ibus* s*uis* colloquitur. Nostr*i* equit*es* centum fere ceciderunt. Nostr*ae* nav*es* duae in ancoris constiterunt. Quot ego tu*as* petition*es* effugi! (Doch findet sich nicht selten die Präpos. *ex* oder *de*, z. B. Multi *ex* nostris vulnerati sunt. Vidi paucos *de* tuis amicis). — Analog steht auch bei *is* nicht der partit. Gen., wenn das betreffende Substantiv ein Possessivpronomen bei sich hat, sondern is wird attributiv zu dem Subst. hinzugefügt, z. B. in ea *tua oratione*, quam mihi nuper misisti „in derjenigen deiner Reden, welche . . ."

b) Wenn ein Ganzes, das den Begriff einer Mehrheit ausdrückt, durch substantivische Pronomina oder Zahlwörter (*alius—alius, alii—alii, alii—reliqui, alter—alter, unus—alter* (*alius*), *uni—alteri, alius alium* u. ä.) in seine Teile zerlegt wird, so setzt der Lateiner dasselbe vielfach nicht in den partit. Gen., sondern bezieht die Aussage auf das Ganze und fügt diesem die Teile als Apposition in gleichem Kasus an: **Appositio partitiva** oder **distributiva.** So kann man z. B. den Satz: „Von den Häusern waren die meisten zusammengestürzt, nur wenige waren stehen geblieben" übersetzen: Dom*us* plures corruerant, paucae supererant. Cf. Tabul*ae* testamenti unae Romam erant allatae, alterae Antiochiae proferebantur. Du*o* consul*es* eius anni alter ferro, alter morbo periit. Du*os* consul*es* huius anni unum in Africam, alterum in Hispaniam miserunt. Reg*es* diversi alii ingenium, alii corpus exercebant. Maur*i*, impetratis omnibus, tres Romam profecti sunt, duo ad regem redeunt. Legion*es* aliae itinere terrestri in hiberna redierunt, plures impositae in classem sunt. Derselbe Sprachgebrauch findet sich auch bei *pars—pars* (= *alii—alii*) und *partim—partim*, z. B. Propinqu*i* capti ab Iugurtha

* pars in crucem acti, pars bestiis obiecti sunt. **Siehe den Nachtrag!**

Anm. 1. Von *quisque* und *uterque*, sowie von *tot, quot, aliquot, singuli* (und überhaupt den Distributivzahlen) hängt fast nie der partit. Gen. eines Substantivs ab. Cf. Duc*es* non militibus, sed sibi quisque consulebat „von den Offizieren sorgte ein jeder". Hannibal transfug*as* in suam quemque civitatem dimisit „einen jeden der Überläufer". Singulis milit*ibus* treceni nummi dati sunt „jedem einzelnen von den Soldaten". Milit*es* quaterni incedebant „von den Soldaten gingen immer vier zusammen".

c) *Plerique* „sehr viele, die meisten" kann allerdings einen partit. Gen. bei sich haben (Cic. or. 143; Verr. 3, 12; Cluent. 117); gewöhnlich aber steht es mit dem Nomen in gleichem Kasus; also: plerique civ*ium* populares sunt und (häufiger) plerique civ*es* p. s.; plerique nostr*um* sci*unt* und (häufiger) plerique sci*mus*; plerique vestr*um* id ignora*bant* und (häufiger) plerique id ignorab*atis*.

d) *Uterque* ist in Verbindung mit Substantiven stets attributives Adjektiv, also uterque cons*ul* (nicht consul*um*); dagegen stehen Pronomina, welche nicht mit Substantiven verbunden sind, bei uterque im Gen., also uterque nostr*um* audiv*it* „wir beide haben gehört", uterque vestr*um* consent*it* „ihr beide stimmt bei"; quo*rum* uterque; utrique *eorum* gratum feceris; wenn aber noch ein Substantiv hinzutritt, so kongruiert uterque **entweder damit, also uterque ille dux, quod utrumque exemplum, oder es steht der Genitiv: earum rerum utramque, quorum generum in utroque. Der Plural** *utrique* wird nur adjektivisch, also ohne einen Gen. gebraucht, z. B. Cum utrisque his; a quibus utrisque; quos ego utrosque in eodem genere praedatorum pono (Caes. b. g. 2, 16, 2. Cic. de Or. 3, 102; Cat. 2, 20).

Anm. 2. Im Neutrum Sing. findet sich oft auch *hoc (id, quod)* utrumque u. dergl. —

1) Fieri non potuit, quin Romani et Carthaginienses, *qui* utr*i*que imperium totius orbis terrarum appeterent, bello implicarentur, praesertim cum Poeni aliquantum Siciliae dicionis suae iam fecissent. 2) Complures cives nostr*i* satis magnam pecuniam confecerunt, ut inopiae peregrinorum, *qui* plerique (weniger gebräuchlich *quorum* plerique) vix pannis teguntur, succurrerent. 3) Plerique vestr*um* vid*entur* (gewöhnlicher plerique vid*emini*) ignorare Traianum et Hadrianum, *quorum* ut*er*que gratam sui memoriam reliqu*it*, Hispanos natione fuisse. 4) Uterque cons*ul* rem bene gessit. Novem nav*es* nostr*ae* demersae sunt. Nullam epistul*am* tu*am* accepi. Nullum verb*um* me*um* oblitus sis. 5) Pictor*es* et *ei*, qui signa fabricantur, sua quisque opera a vulgo considerari volunt (od. vult). 6) Acarnan*es* alii praedae cupiditate suique lucri causa, plures studio Atheniensium expedition*is*, quae contra Syracusanos suscipiebatur, participes erant. 7) Fatum videtur fuisse bello Punico primo class*es* populi Romani alteram naufragio, alteram a Poenis depressam interire. 8) In ea tu*a* epistul*a*, quae heri mihi reddita est, plurimi civ*es* me*i* atque etiam aliquot (nostr*i*) magistrat*us* maior*es*, quos viros esse honestissimos plerique *scimus*, vehementissime irridentur ita, ut nemo ami*cus* tu*us* non indignissime ferat.

83. 1) Iracundos homines ad maxima flagitia abripi documento est Alexander, qui *ad eum* furor*em* processit, ut Clitum amicum, quem praecipua fide (od. Gen.) cognoverat, hasta transfigeret. 2) Cum civitas Romana regibus expulsis in libertatem esset vindicata, non pauci iuven*um* (od. iuven*es*), in quibus nimium (od. nimis) licenti*ae* et parum honestat*is* erat (od. qui nimi*a* licenti*a* et parum magn*a* honestat*e* erant), queri coeperunt leges, quae nihil laxament*i*, nihil veni*ae* haberent, lasciviae suae officere. 3) Megaris captis atque direptis cum hostium dux philosophum quendam obviam factum interrogasset, quid detriment*i* accepisset, ille: Ego nihil, inquit, *rerum mearum* amisi; nam virtutem sapientiamque nullus mil*es* tu*us* (od. *de* militibus tuis) abstulit. 4) Si quis clam vitiis indulgere coeperit, is mox *ad eam* dementi*am* progredietur, ut, ubicunque *terrarum* (od. *gentium, loci*) versabitur, palam nefarius esse velit. 5) Quid tibi anim*i* est? quidnam iniuri*ae* tibi factum est, ut admodum nihil spe*i* habeas? 6) Tyrannum nihil *ex* bonis tuis reliqu*i* tibi fecisse scio; sed cave credas me quidquam fide mea indign*um* esse facturum; immo ubicunque *gentium* ero, te liberosque tuos ita tuebor, ut amicitia nostra postulabit, ac studia tua adiuvabo, *quod eius* facere potero. 7) Qui pecudum ritu ad voluptatem omnia referunt, nihil alt*um*, nihil magnific*um*, nihil divin*um* aut caelest*e* suspicere possunt. 8) Copi*ae* Gallorum minores erant, quam ut multitudini Poenorum par*es* essent,

praesertim cum Hannibal ad aciem instruendam *nihil reliqui sibi fecisset.* 9) Ecquid fuit caus*ae*, cur tu unus *ex* (od. *de*) amicis meis ad nullam epistul*am* me*am* responderes? 10) Chlodovicus, quibus modis quae vellet assequeretur, *nihil pensi habebat* et, ubi ex re esse videbatur, ne ad insidias quidem et caedem descendere dubitabat.

84. Den (objektiven) **Genitiv** regieren die **Adjektive**, welche zu den Begriffen **begierig, kundig, eingedenk, teilhaftig, mächtig, voll** oder deren **Gegenteil** gehören.

a) Adjektive der **Begierde**, der **Zuneigung** und **Abneigung**: *cupidus, avidus; studiosus, fastidiosus,* (unklassisch *avarus, curiosus, incuriosus, securus*).

Anm. 1. *Cupidus (studiosus)* in re „eifrig in" (z. B. *in* perspicienda natura). — *Securus* „unbekümmert um" wird in guter Prosa mit *de* konstruiert (cf. 141, Anm. 3).

b) Adjektive des **Kundig-, Eingedenk-** und **Gewohntseins**: *conscius, inscius; gnarus, ignarus; prudens, imprudens; providus,* (*improvidus*); *consultus, peritus, imperitus, sciens, rudis; memor, immemor; insolens, insolitus, insuetus,* (unklassisch *nescius, praescius, scitus* u. a.).

Anm. 2. *Rudis* wird oft auch mit *in* c. abl. verbunden (z. B. *in* iure civili); nicht so häufig geschieht dies bei ***prudens.*** — Bei **conscius** „sich bewußt" steht, wie im Deutschen, meistens noch ein Dativ der Person, z. B. Null*ius* culp*ae mihi* conscius sum. In dem Sinne von „mitwissend" hat es die Sache, um die einer weiß, nicht bloß im Gen. bei sich, sondern auch im Dat. (oder auch mit *de* und *in*), z. B. Conscius sum huius maleficii, illi facinori, his de rebus, in privatis rebus. Im Superlativ heißt es *maxime conscius* „sehr wohl bewußt". — Man sagt ebensowohl *iuris* als *iure consultus (peritus).* — *Insuetus* (vereinzelt *insolitus)* „nicht gewöhnt an" steht mit dem Gen. oder mit *ad* (ganz selten auch mit dem Dat.: Liv. 28, 18, 6); *insolens* „nicht gewöhnt an, ungeübt in etwas" mit dem Gen. oder *in* c. abl. (*Desuefactus a* re „einer Sache entwöhnt").

c) Adjektive des **Anteils**, der **Gemeinschaft** und des **Eigentums**: *particeps, expers; consors,* (*exsors*); *compos,* (*potens, impotens, impos, exheres, insons*); über *proprius, communis, affinis, sacer, alienus* u. ä. cf. 59 und 60. (*Compos* findet sich vereinzelt, *expers* z. B. Sall. Cat. 33, 2 mit dem Abl. verbunden.)

d) Adjektive der **Fülle** und des **Mangels**: *plenus, inops, fertilis, inanis, indigens, egens,* (*abundans, ferax, refertus, profusus, liberalis, immunis, otiosus, capax* u. ä. nur vereinzelt).

Anm. 3. *Plenus* findet sich zuweilen mit dem Abl. — *Refertus* „angefüllt mit" wird bei Personen zuweilen mit dem Gen. verbunden, aber gewöhnlich steht es mit dem Abl. sowohl bei Personen als auch bei Sachen). Cf. Antonii domus erat aleator*ibus* referta, plena ebri*orum*. Maria praedo*num* referta. Xerxes refertus fuit omn*ibus* praemi*is* don*is*que fortunae. Überhaupt werden außer *plenus, inops, inanis* und *fertilis* alle anderen Adjektive der Fülle u. des Mangels in guter Prosa fast ausschließlich mit dem Abl. verbunden, namentlich *praeditus* und *vacuus* (cf. 96); manche finden sich in guter Prosa nur absolut gebraucht, z. B. *dives* (cf. jedoch dives exempl*is*, Liv. 1, praef. 11), *pauper, fecundus, sterilis* u. ä. — *Immunis* „frei von Dienst, von Verpflichtung, von Abgaben" steht bei Cicero nur absolut, bei Livius und andern mit dem Abl. oder mit *a* oder (besonders in der allgemeinen Bedeutung „frei, ledig, rein von etwas") mit dem Gen.

Anm. 4. Dichter und spätere Prosaiker, besonders Tacitus, gebrauchen nach Analogie der genannten Adjektive und der griechischen Sprache eine Unzahl von Adjektiven mit einem ergänzenden Gen., vorzugsweise die Adjektive, welche eine Gemütsstimmung bezeichnen. Cf. Ambiguus consili*i*, anxius futur*i*, dubius vi*ae*, certus consili*i*, incertus sententi*ae*, interritus let*i*, timidus luc*is*, atrox odi*i*, integer vit*ae*, incautus pericul*i*, laetus labor*is*, lassus militi*ae*, purus sceler*is*, caecus ingeni*i* u. ä. Die gute Prosa verwendet bei solchen Verbindungen entweder den Abl. oder die Präpositionen *in, de, ad* (cf. auch 98, Anm. 5) oder hilft sich auf eine andere Weise. Besonders häufig steht in solchen unklassischen Verbindungen der Genitiv (eig. Lokativ, cf. 116, Anm. 1) **animi** (oder *ingenii*) „im Geist, im Herzen" bei Adjektiven wie anxius, aeger, certus, incertus, dubius, caecus u. ä. Bei Cicero findet sich dieser Lokativ animi (statt animo) nur in der Verbindung *pendeo animi* „ich schwanke in meinem Innern", aber nie pendemus animorum, sondern dafür animis. Andere Schriftsteller sagen auch angere se (discruciari, excruciari) animi, wo aber Cicero anim*o* gebraucht.

Anm. 5. Einzeln merke *medius* „in der Mitte zwischen" mit Gen. oder *inter*, z. B. Locus medius utrorumque castrorum; populus Romanus medius inter Latinos et Tuscos.

85. 1) Verita*tis* amans (od. diligens). 2) Labor*is* fugiens. 3) Flumen nav*ium* patiens. 4) Offici*i* diligens (neglegens). Die **Participia Präs.** von transitiven Verben stehen dann mit dem **Gen.**, wenn sie, ganz als Adjektive gebraucht, nicht sowohl eine Handlung oder Thätigkeit in einem bestimmten Falle als vielmehr eine dauernde Eigenschaft (Fähigkeit, Geneigtheit) bezeichnen. Während demnach in dem Satze: Homo glori*am* appetens saepe a virtutis via deflectit die Worte gloriam appetens zu übersetzen sind „wenn er nach Ruhm strebt", heißt der Satz: Semper glori*ae* appetentes fuistis „ihr seid stets ruhmgierig gewesen". Cf. Dionysius cultr*os* metuens tonsorios („weil er — fürchtete") candente carbone sibi adurebat capillum; dagegen homines leg*um* iudici*orumque* metuentes „Leute, welche Gesetz und Gericht zu scheuen haben". Hannibal aest*us* et frigor*is* patiens fuit „H. konnte Hitze und Kälte gut ertragen, war gegen Hitze und Kälte abgehärtet". Illud mare navigation*is* impatiens est. Sumus natura appetentissimi honestat*is*. Nemo amantior domin*i* est quam canis. Qui sunt sancti, qui religion*um* colentes, nisi qui meritam dis immortalibus gratiam iustis honoribus et memori mente persolvunt? Epaminondas adeo fuit verita*tis* diligens, ut ne ioco quidem mentiretur. Flaminius consul ferox erat et non modo leg*um*, sed ne de*orum* quidem satis metuens. Quidam virtutem ob eam rem laudaverunt, quod efficiens („Schöpferin") esset voluptat*is*.

Anm. Ausnahmen von dieser Regel sind selten, z. B. Te natura excelsum quendam et human*a* despicientem genuit. Tibi, ut aequum est, civi amanti patri*am*, omnia exponam. Si quisquam est timidus semperque magis advers*os* rerum exit*us* metuens quam secund*os*, is ego sum. Memmius orator argutus, sed fugiens non modo dicendi, verum etiam cogitandi labor*em*.

86. 1) Sophistae, quos ostentationis vel lucri causa philosophatos esse constat, arrogantius iudicabant de rebus, *quarum* erant ignari; nam non modo art*ium* litter*arum*que intellegentes, sed etiam *rei* public*ae* gnaros et iur*is* (od. iur*e*) consultos haberi se volebant. 2) Attica antiquis temporibus frequens fuit homin*ibus*, sed fere inops frument*i* frug*um*que, fertilis autem ole*ae* et fic*i*. 3) Ancus Martius, qui pac*is* amans ille quidem erat, sed impatiens iniuri*arum*, bellum intulit Latinis, quippe qui prior*is* potenti*ae* memores superbe respondissent. 4) Quia re*rum* urban*arum* omnino imperitus sum, te oro, ut consili*i* inopem me prudentia tua adiuves Varronique, quem tu*i* studiosissimum esse audivi, litteris commendes. 5) Labor*is* fugiens tu es offici*i*que neglegens atque idem tu*i* nimis amans dissimillimusque fratr*is*, qui aliorum utilitat*is* studiosior est quam su*ae*. 6) Dionysius inter cives suos amic*orum* tam inops su*ae*que *sibi* improbitat*is* tam conscius erat, ut insidiarum metu corpus peregrinis satellitibus stiparet. 7) Alii naturam censent esse vim quandam ration*is* expertem, alii vim participem ration*is* atque ordin*is*, cuius sollertiam nulla ars, nulla manus, nemo opifex consequi possit imitando. 8) Cum complures Romani nobiles coniuration*is* Catilinari*ae* participes fuerunt, tum Crassus *eius* (od. *ei*) videtur conscius fuisse. 9) Quo pauciores (ei) sunt, quibus confidere possis, eo pluris eos facere debes, quos tu*i* magis quam su*i* commod*i* amantes esse atque timor*is* et cupiditat*is* expertes, si quid vitii in te deprehenderint, vituperaturos esse credas. 10) Quid istis militibus faciemus, qui labor*um* insueti atque omn*is* disciplin*ae*, omn*is* modesti*ae* fastidiosi null*ius* *rei* avidi sunt nisi praed*ae* et rapin*ae*?

87. Bei den Verben sich erinnern und vergessen: **meminisse, reminisci**

**oblivisci** steht die Person im Gen., die Sache im Gen. od. Acc. **Recordari** „sich erinnern an" hat die Sache regelmäßig im Acc. (bisweilen mit *de*, ganz vereinzelt im Gen., Cic. Pis. 12), die Person regelmäßig mit *de* c. abl. bei sich. *Meminisse* (*commeminisse*) in der Bedeutung „ich kann mich noch jemandes entsinnen, den ich einst persönlich gekannt habe", regiert den Acc. (Die Pronomina Neutr. *id, hoc, illud,* sowie *multa, omnia, alia* etc. dürfen bei diesen Verben nur im Acc., nie im Gen. stehen, cf. 29, c). Cf. Non omnes possunt esse Scipiones, ut urbium expugnation*es*, ut pedestr*es* naval*es*que pugn*as*, ut bell*a* a se gest*a* triumph*os*que recordentur. Viv*orum* memini, nec tamen Epicur*i* licet oblivisci. Divico Caesarem hortatus est, ut pristin*ae* virtut*is* Helvetiorum reminisceretur. Alcibiades lacrimans benevolentiam civium accepit reminiscens pristini temporis acerbitat*em*. Homines interdum *res* praeclarissim*as* obliviscuntur. Est proprium stultitiae aliorum vitia cernere, oblivisci su*orum*. Offici*a* debet meminisse is, in quem collata sunt. Petimus, ut *de* suis liberis aut parentibus recordentur. Homo improbus aliquando cum dolore flagiti*orum* su*orum* recordabitur. Antipater ille Sidonius, qu*em* tu probe meministi. Cinn*am* memini, vidi Sullam. — Ein ganz zufälliges „sich erinnern" heißt **venit mihi in mentem** „es fällt mir etwas ein", welches gewöhnlich unpersönlich mit dem Gen. verbunden wird, wenn derselbe ein Substantiv ist, z. B. Venit mihi Platon*is* in mentem; quotiescunque gradum facies, totiens tibi tu*arum* virtut*um* veniet in mentem. Persönlich wird es gewöhnlich nur dann konstruiert, wenn der Gegenstand, dessen man sich erinnert, das Neutrum eines Pronomens oder Adjektivs ist, z. B. *Haec omnia* tibi veni*ent* in mentem. *Quae* mihi veni*ebant* in mentem, existimavi me ad te oportere scribere. Cf. jedoch auch (bei Cic., Liv. u. a.): Huius rei acti*o* in mentem maioribus nostris non venit. Quaerenti mihi non modo cert*a* *res* null*a*, sed ne gen*us* quidem litterarum usitat*um* veniebat in mentem. Non venit in mentem pugn*a* apud Regillum lacum? Cic. Caecin. 40; har. resp. 55. — „Jemanden an etwas erinnern" heißt monere (klassisch höchst selten), **admonere, commonere, commonefacere** *aliquem* **de** re, seltener *alicuius rei*, z. B. Legatos miserunt, qui tyrannum foeder*is* Roman*i* admonerent. Catilina alium admonebat egestat*is*, alium cupiditat*is* su*ae*. Ipse te veter*is* amiciti*ae* commonefecit. In ea epistula *de* aede Telluris me admones. *De* proelio antea vos invitus admonui. Quis venit, quin is unoquoque gradu *de* avaritia tua commoneretur? — „Jemanden von etwas benachrichtigen" *aliquem* **certiorem facere** *alicuius rei* oder (häufiger) *de re*. „Einer Sache Erwähnung thun" **mentionem facere** (habere, inferre, movere) *alicuius rei* oder *de re*, (zuweilen auch *meminisse alicuius rei* oder *de re*, z. B. Caes. b. c. 3, 108, 2).

Anm. 1. „Erinnern an etwas", ohne Beziehung auf eine Person, welche erinnert wird, z. B. „Ich will nicht an jene Zeit erinnern" heißt *memoriam rei renovare, repetere, excitare*; in dem Sinne „erwähnen, bemerken, anmerken" (z. B. von Schriftstellern) *commemorare, dicere*; „jemandem etwas ins Gedächtnis zurückrufen" *aliquid in memoriam alicuius redigere, reducere* od. *aliquem ad memoriam rei excitare*; „sich an etwas erinnern, sich etwas ins Gedächtnis zurückrufen" cf. 227, Anm. 2.

Anm. 2. *Meminisse* „noch im Gedächtnis, in der Erinnerung haben" = memoriā tenere, *μεμνῆσθαι*; — *reminisci* „sich wieder besinnen auf" = in memoriam reducere, memoriā repetere, *ἀναμιμνήσκεσθαι*; *recordari* „sich wieder vergegenwärtigen, um mit Teilnahme des Herzens dabei zu verweilen". Cf. Equidem *memoria teneo*, qualis Ligarius fuerit erga te, sed parum est me hoc *meminisse;* spero etiam te, qui nihil oblivisci soles nisi iniurias, *reminiscentem recordari*. — *Admonere, commonere, commonefacere* „erinnern" im Sinne von „auf etwas aufmerksam machen, zu bedenken geben, warnend hinweisen auf", um auf jemandes Erkennen zu wirken, dagegen *hortari, adhortari, cohortari* „ermuntern, antreiben", um auf jemandes Willen und Entschluß zu wirken.

88. Bei den Verben des **Schätzens** und **Achtens** (*aestimare*, unklassisch *existimare* und *pendĕre, facere, ducere, putare*), sowie bei *esse, fieri, haberi* „wert sein, gelten" **steht der Gen. pretii auf die Frage „wie hoch?" bei den allgemeinen**

Wertbezeichnungen *magni* (nicht multi!), *pluris* (nicht maioris oder magis!), *maximi, plurimi, parvi, minoris, minimi, tanti, tantidem, quanti, nihili,* z. B. Quant*i* quisque alios facit, tanti solet ipse fieri. Voluptatem virtus minimi facit. Commi regis virtus in Britannia magn*i* habebatur. Agere considerate plur*is* est quam cogitare prudenter. Magni mihi erunt tuae litterae. — Über den *Ablativus pretii* cf. 107.

Anm. 1. „Schätzen, achten" im Sinne von „hochschätzen, hochachten" heißt nicht aestimare (= abschätzen, taxieren), sondern *magni* aestimare (facere, ducere), bei Personen häufiger colere, diligere, revereri, observare aliquem oder multum tribuere alicui (cf. 476, 2). — Man sagt *nihili* facere (habere, pendere, esse), aber gewöhnlicher **pro nihilo**, besonders im ethischen Sinne.

Anm. 2. Merke die der Umgangssprache entlehnten (familiären) Ausdrücke *assis (pili, flocci, nauci,* **terruncii**) *non esse* oder *non habere, facere, pendere* „keinen Heller, keinen Schuß Pulver wert sein" oder „keinen Pfifferling wert achten". Auch *aequi bonique* oder *aequi boni facere*, **unkl.** *boni consulere* „etwas gut sein lassen, an etwas nicht mäkeln, für recht und gut gelten lassen, zufrieden sein mit etwas", z. B. Si vos cura eius civitatis non movet, nos aequi bonique facimus. — *Tanti est* „es verlohnt sich der Mühe", *tanti mihi est* „es ist für mich der Mühe wert" (oder ironisch) „es ist mir ganz gleichgültig, ich lasse es mir gern gefallen"), bei Cicero nur mit einem Infinitiv als Subjekt verbunden, z. B. Est mihi tanti huius invidiae tempestatem subire, dummodo a vobis huius belli invidia depellatur.

Anm. 3. Wenn von Geldwerten die Rede ist, werden die obengenannten Verben ganz wie die Verba des Kaufens und Verkaufens (cf. 107) konstruiert, namentlich *aestimare* und *putare* in der Bedeutung „abschätzen, einen Preis bestimmen", z. B. Si sapiens aliquis miser esse possit, ego virtutem non magn*o* aestimandam putem. Si callidi rerum aestimatores prata et areas quasdam magn*o* aestimant, quant*i* est aestimanda virtus? Lis quinquaginta talent*is* aestimata est. Denari*is* quadringent*is* statuam illam putavi. Man sagt in diesem Falle auch mit Adverbien *leviter, levius, tenuiter* und *care, bene, graviter* („niedrig" und „hoch") aliquid aestimare (cf. 107, Anm. 1).

89\. Der sogenannte **Gen. criminis** steht bei den Verben „**anklagen, beschuldigen, gerichtlich belangen, überführen, verurteilen, freisprechen**" (*Verba forensia*), als: *accusare, arguere, reum facere,* — (*incusare, insimulare, criminari* nur in außergerichtlichen Verhältnissen) —, *arcessere, citare, postulare,* (*lege*) *agere cum aliquo, diem dicere alicui, in ius* oder *in iudicium vocare, convincere, coarguere, damnare, condemnare,* (nachklassisch *iudicare*, z. B. Liv. 6, 14, 3; 26, 3, 8, und *purgare* 37, 28, 1), *absolvere,* seltener *liberare* u. ä. Dergleichen Genitive sind: *sceleris, peccati, maleficii, iniuriarum, caedis, parricidii, furti, peculatus* (od. *pecuniae publicae*) „wegen Unterschleifs", *falsarum tabularum* „wegen Urkundenfälschung", *maiestatis* „wegen Majestätsbeleidigung", *repetundarum* „wegen Erpressung", *perduellionis* „wegen Hochverrats", *captae pecuniae* „wegen Bestechung", *ambitus* „wegen Amtserschleichung", *rei capitalis* „wegen eines Kapitalverbrechens", *sacrilegii* „wegen Heiligtumsschändung", *proditionis, capitis;* dazu die Namen von Fehlern oder Schwächen wie: *avaritiae, neglegentiae, temeritatis, improbitatis, ignaviae, levitatis, vanitatis, impietatis* u. ä. — Wenn der Gegenstand der Anklage oder Beschuldigung durch ein Verbum angegeben ist, steht bei *accusare* ein Satz mit *quod*, bei *arguere* und *insimulare* der Infinitiv (cf. 370).

Anm. 1. Nach der Analogie von *convinci* alicuius rei sagt man auch **(nur selten)** *teneri* alicuius rei „einer Sache überführt sein, sich schuldig gemacht haben", z. B. cupiditatis, repetundarum (**meist** klassisch *in* re, z. B. in manifesto peccato); — nach *convictus* alicuius rei finden sich auch *compertus, manifestus, noxius, innoxius, insons, suspectus, reus* u. ä. mit dem Gen. verbunden, z. B. sceler*is* manifestus, probri compertus, crimin*is* innoxius, culp*ae* insons, facinor*is* reus. — *Voti damnari* (eigentlich „zur Lösung des Gelübdes verurteilt werden") gewinnt die Bedeutung von voti compotem fieri „seines Wunsches Gewährung erreicht haben" (Liv. 7, 28, 4; 10, 37, 16; Nep. Timol. 5, 3).

Anm. 2. Statt des Genitivs werden bei mehreren Verben auch Präpositionen gebraucht, am häufigsten **de**, z. B. Postulare *de* maiestate, *de* repetundis; damnare *de* veneficiis, *de* alea; nomen alicuius deferre apud praetorem oder apud iudices *de* parricidio, *de* ambitu; absolvi *de* praevaricatione; (accusare *propter* iniurias). Man sagt stets *de vi* und *inter sicarios* (z. B. accusare). *Convincere* steht nicht selten mit *in*, z. B. *in* hoc scelere, *in* pari peccato convictus.

Anm. 3. Bei *accusare, incusare, damnare, arguere, coarguere* u. a. findet, besonders in außergerichtlichen Verhältnissen, auch eine andere Auffassung statt, indem dieselben mit dem Acc. der Sache und dem Gen. der Person oder mit dem bloßen Acc. der Sache verbunden werden, z. B. Inerti*am* accuso adulescent*ium*; coarguit error*em eorum*, qui ita putarunt; non nostr*am* perfidi*am* coarguisti, sed indicasti tuam; frustra neglegenti*am* me*am* incusas.

Anm. 4. Statt des einfachen Genitivs finden sich bisweilen auch die Abl. *crimine, nomine, lege, (iudicio, scelere, causa)* u. ä. mit einem Gen. oder attributiven Adj., z. B. Aliquem *ambitus crimine* arcessere; servos *nomine sceleris* coniurationisque damnare; aliquem *iudicio capitis* arcessere; *lege repetundarum* citari; Miltiades *Pario crimine* est accusatus; ego *hoc uno crimine* (= huius unius rei crimine) illum condemnem necesse est.

Anm. 5 Die **Strafe**, zu welcher jemand verurteilt wird, steht, wenn sie bestimmt durch ein Substantiv mit oder ohne Zahl angegeben ist, in der Regel im **Abl.**, z. B. Decem mil*ibus* aeris damnatus est; so stets bei dem Verbum *multare* „bestrafen" (aliquem *morte, exilio, vinculis, pecuniā, bonis, tertia parte agri* „verurteilen zu"); — aber bei unbestimmten Geldstrafen (allgemeinen Wertbezeichnungen) steht der **Gen.**, wie *tanti, quanti, dupli, quadrupli, octupli, minoris* damnare. — Man sagt pecuni*ae* od. pecuni*a* damnare „zu einer Geldstrafe verurteilen"; capit*is* und (seltener) capit*e* damnare „zum Tode verurteilen"; capit*is* absolvere „von der Todesstrafe freisprechen"; capit*is* accusare „auf Leib und Leben anklagen". Man meide durchaus morte, morti, ad mortem damnare. — In der Kaiserzeit sagte man condemnare *ad bestias* „zum Kampfe mit wilden Tieren", *ad metalla* od. *in metallum* „zur Arbeit in den Bergwerken und Steinbrüchen", *ad (in) opus publicum* „zur Karre", *ad extremum supplicium*. Andere Strafen erfordern andere Ausdrucksweisen, z. B. Damnatus et in vincula coniectus est „er wurde zu Gefängnis verurteilt"; haec in me poena constituta est, ut rem restituerem „ich wurde zur Leistung von Schadenersatz verurteilt". — Merke auch: Solo capite sanxit, si „Solon setzte Todesstrafe darauf, wenn"; ignomini*a*, supplici*o* sancire aliquid „etwas bei Strafe der Ehrlosigkeit, bei Todesstrafe untersagen"; lege Corneli*a* damnari „auf Grund des cornelischen Gesetzes verurteilt werden".

90. 1) Phocion Atheniensis, vir maxima morum integritate, senex octoginta annorum proditionis accusatus, quamquam multi, qui magn*a* eius erga rem publicam merit*a* (od. Gen.) meminerant, eius miserebantur, tamen indicta causa capit*is* (od. capit*e*) damnatus est. 2) Quanta fortunae inconstantia sit, reputanti cui in mentem non venit Croes*i*, qui cum regno orbatus in rogum esset impositus, magno cum dolore *de* Solone recordatus est omnibusque eis, quae sapientissimus ille vir de rerum humanarum inconstantia dixerat? 3) Avus meus, *quem* quin tu quoque probe memineris non dubito, maiestat*is* accusatus iudicibus quaerentibus, num *nihil* oblitus esset eorum, quae illa nocte dixisset, sibi *tanti non esse* ait ad istam quaestionem respondere. 4) Res adversae etiam eos de*i* (od. *de* deo) admonent, qui rerum prosperitate florentes *eius* oblivisci solent. Multis hominibus difficillimum est in rebus secundis *sui* non oblivisci. Dormientibus nobis interdum *ea* in mentem ven*iunt*, quae vigilantes vel vidimus vel fecimus. Tarquinius Etruscos *de* veteribus iniuriis a populo Romano acceptis admonuit. 5) Quam mult*orum* sceler*um* homo nuper comprehensus teneatur, incredibile est dictu; nam multis testibus et furt*i* et *de vi* et fals*arum* tabul*arum* et repetund*arum* et caed*is* et *de* venefic*iis* et mult*is* ali*is* crimin*ibus* convictus est. 6) Ab adulescentia mihi persuasi nihil esse in vita plur*is* faciendum gloria virtuteque, in eis autem persequendis omnes cruciatus corporis, omnia pericula mortis atque exilii parv*i* aut nihil*i* pendenda (od. *pro* nihil*o* ducenda) esse. 7) Ab Athe-

niensibus non pauci viri optimi, quorum potentia suspecta erat, aliqu*o* crimine rei facti et iniustissime magn*a* pecuni*a* vel exili*o* aut capit*is* (od. capit*e*) condemnati (od. mort*e* multati) sunt. 8) **L.** Licinius Lucullus, quem supra commemoravi (od. cuius memoriam supra repetivi), Romam reversus peculat*us* arcessitus et (facinor*is*) convictus non pecuni*a*, sed exili*o* multatus est. 9) Iterum *illud* vos commoneo, *quod* oblivisci non debetis, plu*ris* esse iniuri*as* oblivisci quam ulcisci. **(Cf. 29 c)**

91. Bei den Impersonalien **piget, pudet, paenitet, taedet** und **miseret** (vereinzelt *miseretur* und *veretur*) steht die Person, welche die Empfindung hat, im Acc., aber der Gegenstand, welcher die Empfindung erregt, im Gen., z. B. Mult*os* homin*es* infami*ae* su*ae* neque pudet neque taedet. Geminat peccatum, *quem* delict*i* non pudet. *Me* non solum piget stultiti*ae* me*ae*, sed etiam pudet. Numquam suscept*i* negoti*i* *eum* pertaesum est. (Quando *te* nostr*i* et *rei* publicae miserebitur = miserebit?). Sapientia semper eo contenta est, quod adest, neque *eam* umquam *sui* paenitet. *Me* miseret *tui*. Numquam prim*i* consili*i* de*um* paenitet. Decemvir*orum* Roman*os* pertaesum est.

Anm. 1. Statt des Genitivs kann auch ein Infinitiv oder ein Satz mit *quod* folgen, z. B. Non me pudet *fateri* nescire, quod nesciam. Non me paenitet *vixisse*, quoniam ita vixi, ut non frustra me natum existimem. (Cyrenaicos veritum non est in voluptate summum bonum *ponere*.) Numquam me paenitebit, *quod* a me ipse non descivi. — Wenn die genannten Verben in Abhängigkeit von einem Modalverbum (wie *posse, debere, solere, incipere, desinere, videri* u. ä.) in den Infinitiv treten müssen, so geht ihre unpersönliche Konstruktion auf das Modalverbum über, z. B. „Ihr scheint jenes Verbrechen zu bereuen" illius sceleris vos paenitere vid*etur*. Vitae me taedere coep*it*. Levitatis te paenitere incip*iat* „fange an zu bereuen". Pauperum nos miserere deb*et* „wir müssen Mitleid haben".

Anm. 2. *Me pudet alicuius* heißt auch „ich schäme mich vor jemandem", z. B. Me pudet de*orum* homin*um*que. Te municipi*orum* non pudebat.

Anm. 3. Das Neutrum eines Pronomens steht bei diesen Verben nicht im Gen., sondern als Subjekt im Nom., z. B. Sapiens nihil facit, *quod* paenitere possit. Sequitur, ut *nihil* paeniteat (sc. eum), nihil desit (sc. ei), nihil obstet. Cic. Tusc. 5, 81 u. 53; inv. 2, 43; de or. 1, 40. Liv. 8, 4, 3. — Das Gerundivum hat die Person im Dativ bei sich, z. B. Consilii nostri *nobis* paenitendum est. Vom Gerundium kommen vereinzelte Formen vor, z. B. vis paenit*endi* „die Reue"; multitudo ad pud*endum* et pig*endum* inducitur; pud*endo* culpam minuere. (Der vollständig persönliche Gebrauch dieser Verben kommt ganz vereinzelt vor, z. B. Liv. 36, 22, 3; Cic. Phil. 12, 7.) Cf. auch 303, Anm.

Anm. 4. Statt des unpersönlichen *miseret me alicuius* kann man auch das persönliche Deponens **misereor** c. gen. gebrauchen, z. B. Eorum miseremur, qui propter fortunam, non propter malitiam in miseriis sunt. Miseremini aliquando sociorum. — Von *misereri alicuius* ist zu unterscheiden **miserari** *(commiserari) aliquid* „etwas bedauern, bejammern", z. B. Communem omnium nostrum condicionem satis miserari non possum. Commiseratus est fortunam Graeciae.

Anm. 5. „**Zufrieden sein** mit etwas" kann nur dann durch *contentum esse re* übersetzt werden, wenn es den Sinn hat „sich mit etwas begnügen"; bedeutet es aber „lobend anerkennen", so ist es durch *probare* oder *laudare* oder *mihi placet* oder *delectari (in) re* auszudrücken. Merke auch *facile patior* und *me non paenitet* = „ich bin wohl zufrieden", z. B. Sapientia semper eo contenta est, quod adest, neque eam unquam sui paenitet. Me novi status rerum paenitet. A senatu quanti fiam, minime me paenitet. Analog heißt „unzufrieden sein mit etwas" im Sinne von „mißvergnügt sein über etwas" *improbare, moleste ferre aliquid*, mihi displicet aliquid, oder es wird durch *me paenitet rei* ausgedrückt.

92. Bei **interest** und **rēfert** (**Perfektum:** ***rētulit***) „es ist von Wichtigkeit (Wert, Bedeutung) für jem., es liegt im Interesse jemandes, es muß jemandem daran gelegen sein, es kommt darauf an" steht:

a) die Person, welcher an etwas gelegen ist, im Gen., z. B. Patr*is* interest, omni*um* intererat; aber statt der Genitive der Personalpronomina mei

**tui, sui, nostri, vestri** treten die Ablative der **Possessivpronomina meā, tuā, suā** (nur bei Reflexivität, sonst *eius* oder *illius*), **nostrā, vestrā** ein. (Für nostrā omnium, vestrā omnium sagt man *omnium nostrum*, *omnium vestrum*; cf. 225.)

Anm. 1. *Refert* hat höchst selten einen Gen. der Person bei sich (Liv. 34, 27, 6; 40, 34, 10; Sall. Iug. 111, 1); häufiger wird es mit *meā*, *tuā*, *suā*, *nostrā*, *vestrā* verbunden.

Anm. 2. Wenn zu der Person, welcher an etwas gelegen ist, im Deutschen noch eine Apposition gefügt wird, so tritt statt derselben im Lateinischen ein Relativsatz ein, z. B. Mea, qui pater sum, interest „mir als Vater liegt daran"; Ciceronis, qui consul erat, multum intererat „dem Cicero als Konsul lag viel daran". Cf. Cic. pro Sulla 79.

b) die **Sache**, an der jemandem gelegen ist, kann nicht durch ein Substantiv ausgedrückt werden (cf. jedoch Cic. Att. 3, 19, 1), sondern entweder:

1. durch das **Neutrum eines Pronomens**, z. B. *Hoc* vestra maxime interest; *id* mea minime refert; *illud* tua magni interest; non adscripsi id, *quod* tua nihil referebat (cf. 29, Anm. 5);

2. durch einen **Infinitiv** oder (bei verschiedenem Subjekt) durch einen *Acc. c. inf.*, z. B. Interest omnium recte *facere*. In sole lucernam *adhibere* nihil interest. Vestra, iudices, maxime interest non ex levitate testium caus*as* honestorum hominum ponder*ari*. Magni mea interest una *nos esse*. (Daß zuweilen auch bei gleichem Subjekt der *Acc. c. inf.* steht, zeigen Stellen wie Cic. Verr. 3, 147; Cluent. 149);

3. durch einen **indirekten Fragesatz**, z. B. Non refert, quam multos libros, sed quam bonos habeas. Postrema syllaba brevis an longa sit, ne in versu quidem refert. Nihil mea interest, quid de me homines imperiti loquantur;

4. selten durch einen **Absichtssatz** mit *ut* oder *ne*, wenn bezeichnet werden soll, daß die Person einen Einfluß auf die Verwirklichung des Interesses beabsichtigt, z. B. Illud mea magnopere interest, te *ut* videam. (Cic. Att. 11, 22, 2; Fam. 12, 18, 2. Liv. 40, 34, 10.)

Anm. 3. Die Sache, in Hinsicht auf welche etwas von Wichtigkeit ist, steht mit **ad**, z. B. *Ad* discendum magni interest, quibus magistris utare. Magni interest *ad* decus et *ad* laudem civitatis res praeclaras litteris contineri. Caesar magni interesse *ad* opinionem Galliae existimabat, si quid esset in bello detrimenti acceptum, id brevi tempore resarciri. (Ausnahmsweise findet sich auch der Gen., z. B. Cic. fam. 4, 10, 2; Mur. 4. Caes. b. g. 2, 5, 2.)

c) **Wie viel oder wie wenig** an einer Sache gelegen ist, wird entweder durch die (adverbialen) **Neutra** *multum, plus, plurimum, tantum, quantum, aliquantum, nihil, aliquid, minus, minimum,* — oder durch die **Adverbien** *magnopere, magis, maxime, vehementer, parum, minime, tantopere,* — oder durch die **Genitive des Preises** *magni, permagni, parvi, nihili, tanti, quanti, pluris* ausgedrückt.

Anm. 4. *Interest* alicuius „es ist jemandem daran gelegen, liegt in jemandes Interesse" schließt die Bezeichnung einer geistigen Teilnahme oder eines Interesses ein, während *refert* „es kommt darauf an, es verschlägt jemandem" sich auf eine faktische Bedeutsamkeit bezieht. Besonders häufig sind die Wendungen *nihil refert* „es ist gleichgültig, ohne Belang" und *quid refert* „was kommt darauf an?" mit abhängigem Fragesatze. Hat aber die deutsche Wendung „es ist jemandem daran gelegen" den Sinn „es liegt jemandem am Herzen, jemand läßt es sich angelegen sein", so ist sie durch *alicui curae* oder *cordi est, aliquis laborat* oder *operam dat* oder *id agit, ut (ne)* zu übersetzen.

93. 1) *Quem* nec puer*um* labor*is* nec vir*um* offici*i* suscept*i* piguerit (od. pertaesum fuerit), is senex factus laeto animo annos praeteritos (od. Gen.) meminerit; *cuius* autem nec bonas artes disc*ere* nec animum excol*ere* interfuerit, frustra aliquando, ut amissa pueritia redeat, optabit. 2) *Te* pudeat profit*eri* nihil *tua* interesse, *utrum* laudere a magistris *an* vituperere; nam dissoluti omnino est discipuli putare, quid magistri de ipso

sentiant, nihil referre. 3) Eventu bellorum Persicorum monemur *ad* bella gerenda minus referre, *quantae sint copiae quam quales*. 4) Mea quidem sententia null*ius rei* brevi magis *nos* taedet quam inerti*ae* nec ullum certius est praesidium quam industria, ne (quid) faciamus, *quod nos* pudere aut paenitere possit. 5) Hoc pro certo licet dicere, Graecos, nisi et Cyr*i* et *sui*met ips*orum eos* puduisset, illum secuturos non fuisse. 6) Ciceronem exulantem paulatim spes reditus in patriam erexit; nam satis multi amici fautoresque ei erant, *quorum* civ*em* optim*um* restitu*i* magnopere (od. multum, magni) intererat; et popul*um* Roman*um* ips*um* paulo post fact*i* paenitere coepit, cum intellexisset, qua violentia atque criminibus Clodii, hominis insolentissimi, Cicero patria expulsus esset. 7) Theodorus, philosophus non ignobilis, cum rex Lysimachus crucem ei minatus esset, nihil *sua* interesse (od. referre) ait, humine an sublime putesceret. 8) *Ad* dolorem patienter ferendum maxim*e* (od. plurim*um*, permagn*i*) refert cogit*are*, quam sit honestum; nam naturā nullius rei appetentiores sumus quam laudis. 9) Nicias non dubitavit, quin popul*um* Atheniens*em* expedition*is* contra Syracusanos Alcibiade auctore suscept*ae* brevi paenitere coeptur*um* esset. 10) Nuntio allato tribunum domi suae mortuum esse inventum patres gaudium plebem celare non potuerunt: nemin*em* eorum caed*is* fact*ae* paenitere vis*um* est.

## 5. Ablativ.

Vorbemerkung. Der **Ablativ**, welcher den meisten Sprachen fremd ist, findet im Lateinischen eine sehr ausgedehnte Anwendung. Im allgemeinen drückt er adverbiale Bestimmungen aus, d. h. solche bei einer Sache oder Handlung in Betracht kommende Umstände, welche nicht in einem objektiven Verhältnisse zu denken sind. Im Deutschen werden diese begleitenden Umstände meist durch Präpositionen („mit, durch, von, an, in, aus“ ꝛc.), zuweilen auch durch andere Kasus wiedergegeben. — Die Grundbedeutung des Abl. ist die Angabe der Richtung auf die Frage woher? von wo? (**Abl. separativus**). Da aber der Abl. die Funktionen zweier verloren gegangener Kasus mit übernommen hat, nämlich **des Lokativus** (auf die Frage wo?) und **des Instrumentalis** (auf die Frage womit? wodurch?, cf. 24 g. E.), so entstehen drei Arten dieses Kasus:

| A. Woher? | B. Wo? | C. Womit? |
|---|---|---|
| *Abl. separativus.* | *Abl. localis.* | *Abl. instrumentalis* u. *sociativus.* |

Diese sinnlichen Grundbedeutungen sind jedoch in mannigfaltigster Weise auf geistige Verhältnisse übertragen. Im allgemeinen wird der Abl. in sinnlicher Bedeutung mit Präpositionen, in übertragener Bedeutung ohne Präpositionen gesetzt. Zur Erleichterung der Übersicht fügen wir zu jenen drei sinnlichen Arten des Abl. als vierte Art den sogen. *Abl. causae* hinzu:

A. 1. Der eigentl. **Abl. separativus** auf die Frage woher? von wo? steht meist mit den Präpos. *ex, de, ab,* z. B. patriā (ex patria) cedere, loco (de loco) movere, incepto (ab incepto) desistere. — Er wird übertragen als

2. **Abl. originis** bei den Verben des Entstehens und Geborenwerdens mit oder ohne die Präpos. *ex, de, ab,* z. B. Mercurius Iove et Maiā natus, nobili loco ortus, ex serva natus.

3. Der **Abl. mensurae** bei den Verben des Schätzens, Beurteilens, Messens auf die Frage wonach? oder bei Bezeichnung eines Unterschiedes auf die Frage um wie viel? steht gewöhnlich ohne Präpos., z. B. Magnos homines virtute metimur; annus solis reditu describitur; decem pedibus altior. — Eine eigentümliche Abänderung dieses Abl. ist der *Abl. comparativus,* der bei einem Komparative statt *quam* c. Nom. oder Acc. steht, z. B. Quis eloquentior fuit Demosthene? *

4. Der **Abl. limitationis** giebt eine Beschränkung auf die Frage in welcher Beziehung? hinsichtlich wessen? an, um zu bezeichnen, daß ein Urteil nicht allgemein, sondern

nur in einer bestimmten Rücksicht gelten solle, z. B. Nemo ei par est eloquentiā; debilis pedibus manibusque; maior natu.

B. 1. **Abl. localis** auf die Frage wo? steht fast immer mit der Präpos. *in*, z. B. Terra marique, tota urbe, (in silvis, in monte, in lacubus). — Er wird übertragen auf die Zeit als

2. **Abl. temporis** auf die Frage wann?, der fast stets ohne *in* steht, z. B. Hieme, insequenti nocte, illis temporibus.

Anm. Der Gebrauch des lokalen und temporalen Ablativs wird im folgenden Abschnitte (111 ff.) behandelt werden.

C. 1. a) Der eigentl. **Abl. instrumentalis** dient zur Angabe des Mittels und Werkzeuges auf die Frage womit? wodurch? Wenn eine Sache als Mittel oder Werkzeug bezeichnet wird, so steht der Abl. ohne Präpos.; der persönliche Urheber steht dagegen mit der Präpos. *ab* auf die Frage von wem? durch wen?, z. B. Oculis cernimus; piscibus se alere; Carthago a Scipione deleta est. — b) Der eigentl. **Abl. sociativus**, ein Zusammensein, eine Begleitung bezeichnend, steht fast nur mit der Präpos. *cum*, z. B. Veniemus cum amico. — Der Abl. instrumentalis (und sociativus) wird übertragen als

2. **Abl. modi** auf die Frage womit? wie? mit oder ohne die Präpos. *cum*, z. B. Aequo animo mori; cum celeritate accurrere; maxima (cum) celeritate fugere.

3. **Abl. qualitatis** zur Bezeichnung einer Eigenschaft steht ohne Präpos., aber stets in Verbindung mit einem adjektivischen Attribute, z. B. Vir summo ingenio.

4. **Abl. pretii** zur Bezeichnung des Preises, wofür oder wozu man etwas kauft oder verkauft, z. B. Quinque talentis emere, magno vendere.

D. **Abl. causae** zur Bezeichnung des Grundes, aus welchem oder warum etwas geschieht. Er ist zwar auf irgend eine der vorher genannten Arten des Abl. zurückzuführen, hat sich aber in seiner geistigen Übertragung oft so weit von der sinnlichen Grundanschauung entfernt, daß dieselbe nicht mehr mit Sicherheit zu bestimmen ist und verschiedene Auffassungen möglich sind. Er steht ohne Präpos., z. B. Res parvae concordiā crescunt; dolore moveor; nimiā laetitiā exsultare; officia deserere mollitiā animi.

94. Der Lateiner setzt auf die Frage woher? von wo?, um den Ausgangspunkt oder die Entfernung zu bezeichnen, regelmäßig die Präpositionen *ab*, *ex*, *de*. **Ab** bezeichnet am allgemeinsten die Bewegung von einem Orte weg, speziell aber von dem Orte, an oder bei welchem, **ex**, in welchem, **de**, auf welchem ein Gegenstand zuvor war (cf. 134). Ohne Präpositionen stehen auf die Frage „woher?" zunächst die Städtenamen (cf. 116). Sonst ist zu merken:

Die Verba der **Trennung** (*V. separativa*), welche bedeuten „entfernen, sich entfernen, vertreiben, scheiden, abhalten, lösen, befreien" u. ä., werden teils mit dem einfachen **Abl.**, teils mit den Präpositionen **ab, ex, de** verbunden; doch die Person steht bei ihnen stets mit der Präposition **ab**. Ob bei Sachnamen der bloße Abl. oder die Präposition vorzuziehen sei, darüber kann meist nur der Sprachgebrauch entscheiden. Cf. *Pellere* aliquem foro und e foro, possessionibus. ex Galliae finibus, (de) agro, (de) moenibus. *Cedere* loco und ex loco, (de) vita, (e) vita, (ex) urbe, (ab) oppido. *Movere* loco, statu, senatu, ex urbe, de sententia. *Arcere* aliquem tecto, Galliā, aditu, reditu, (ab) urbe, (a) vallo, ab iniuria. *Depellere* loco, ab urbe, (de) spe, de sententia, ex urbe. *Expellere* domo, civitate, possessionibus, ex urbe. *Egredi* (e) castris, moenibus, (e) finibus, ab oppido. *Degredi* colle, tumulis, de montibus, de causa, a proposita oratione. *Deicere* turribus, praetura, (de) muro, de ponte, ex aedibus, a cervicibus. *Deturbare* tribunali, de vallo, ex vallo, ex magna spe. *Exturbare* provinciā, civitate, ex agris, ex aedibus. *Exterminare* suis sedibus, (ex) urbe, (ex, de) civitate, (ex) agris. *Decedere* (ex, de, a) statione, (ex od. de) provincia, (de) via, (ex) Italia, (de) vita. *Excludere* moenibus, honore, (ab) hereditate, (a) re frumentaria, pullos ex ovis u. a.

Anm. 1. Nach dem besten Sprachgebrauche haben stets **ab** bei sich: 1) die Verba unterscheiden (*discernere, distinguere, internoscere*) und sich unterscheiden, verschieden oder verschiedener Meinung sein (*differre, discrepare, dissidere, dissentire, distare*);

— 2) **trennen** (*secernere, segregare, seiungere, dividere, separare*), überhaupt alle mit *dis* (*di*)-, *re-* und *se-* zusammengesetzten Verba (z. B. *digredi, dispellere, dilabi, dimittere, disiungere, discedere, dirimere, recedere, removere, secedere* u. ä.), bei denen auch die Präpositionen *e* und *de* vorkommen können, z. B. *Discedere ab* exercitu, *a* signis, *ab* officio, *ex* aede, *ex* proelio, *e* vita tanquam *ex* hospitio, *de* foro, *de* colloquio, *de* iure suo; — 3) **entfremden, abwendig machen** (*alienare, abalienare*; bei Livius wird *abalienare* auch mit bloßem Abl., *alienare* auch mit Dat. konstruiert), **abgeneigt sein** (*abhorrere*), **abschrecken** (*absterrere, deterrere*) und **abfallen** (*deficere, desciscere*). — Bei *differre, discordare, discrepare, dissentire, dissidere, distrahi* findet sich statt *a* zuweilen auch *cum*, z. B. Facta eius *cum* dictis discrepant „stimmen nicht überein mit"; distractus est *cum* filio = „ist zerfallen mit"; se*cum* discrepare „mit sich uneinig sein"; verba *cum* sententia scriptoris dissident „stehen im Widerspruch mit"; — bei *differre, dissentire, dissidere, discrepare* hin und wieder auch der Dativ. — **Abesse** „entfernt sein von" steht regelmäßig mit *ab* (sogar bei Städtenamen), selten mit bloßem Abl. od. *ex*. Aber res *alicui* abest „etwas geht jemandem ab, ist bei jem. nicht vorhanden".

Anm. 2. Nicht der einfache Abl., sondern die **Präposition** steht ferner bei: *abducere, aberrare, abicere, abiudicare* (aliquid *ab* aliquo, vereinzelt *alicui* aliquid: Cic. Caec. 99), *ablegare, abripere, abstrahere, amovere, avellere, avocare, decurrere, emigrare, demigrare, descendere, degenerare, deducere, defluere, desilire, detrahere, detrudere, deponere, deportare, evocare, excurrere, expedire, elicere, evehere* u. a. Fast stets mit einer Präposition stehen *delabi, elabi, demittere, educere, emittere, eicere, efferre*. — **Abire** steht mit Präpositionen (e conspectu, a iure, de provincia), außer in Verbindung mit dem Namen eines **Amtes** (magistratu, consulatu, dictaturā abire „zurücktreten von"). Auch **exire** höchst selten mit bloßem Abl., regelmäßig mit *ex, de*. — **Desistere** meist *c. abl.* (consilio, bello, sententiā, conatu), seltener mit *de* und *ab*; das wenig gebräuchliche *absistere* fast nur *c. abl.*; dagegen *exsistere* „hervorgehen, hervortreten aus" selten c. abl., meist mit *ex, de, ab* (e latebris, ex arvis, de terra, ab ara). — **Detrahere** wird in den Bedeutungen „abreißen, herabreißen, entreißen" nach Analogie des Deutschen konstruiert (z. B. alicui anulum de digito od. alicuius e manu, triumphantem de curru, sacerdotem ab ipsis aris, aliquem ex cruce); aber in dem Sinne von „herabsetzen, verkleinern, schmälern, Abbruch thun" stets mit *de* (de senatu, de auctoritate imperatoris, de alicuius gloria, de rebus gestis. — **Extorquere** „entwinden" *aliquid ex* od. *de* manibus alicui (od. alicuius, cf. 60, 9); „entreißen" im eigentl. Sinne *aliquid ab aliquo* (von Dingen, die sich fortschaffen lassen, z. B. pecuniam, frumentum); sonst *alicui aliquid* (z. B. regnum), besonders im Sinne von „benehmen", wenn von etwas Geistigem die Rede ist (errorem, opinionem). — **Eripere** *alicui aliquid* „jemandem etwas entreißen" (libertatem, spem, usum navium); = „etwas herausreißen aus" *aliquid ex, de re*, selten der bloße Abl. (tibias ex ore, telum ex od. de manibus). Eripere *aliquid ab* aliquo „jemandem etwas entziehen, rauben" (ab aliquo hereditatem, frumentum, duas legiones a Caesare); dagegen *ex* od. *ab re* „retten aus, bewahren vor" (aliquem ex insidiis, ex infamia, ex belli faucibus, a morte, a miseria). — **Auferre** *aliquid alicui* oder *ab aliquo* „jem. etwas wegnehmen, entreißen"; bei Angabe von Örtlichkeiten steht immer die Präpos. *ex, de, ab* (aliquid ex urbe, ex aede, de templo, de sacrario, a publico). — **Excerpere** „ausscheiden, absondern, streichen aus" verlangt *ex* od. *de*; in der Bedeutung „excerpieren" hat es klassisch die Schrift nicht im Acc., sondern mit *ex* bei sich: (multa) excerpere *ex* libro, *ex* Ciceronis epistulis. — **Abscedere** regelmäßig mit Präposition, aber *c. abl.* in dem Sinne „etwas aufgeben" (obsidione, incepto). — Stets *manu mittere* „freilassen".

Anm. 3. Die Verben des **Befreiens, Lösens**: *solvere, exsolvere* (selten *absolvere*), *levare, relaxare*, (nachklassisch) *exonerare* „entlasten", *eximere*) regieren den bloßen Abl.; ebenso *vacare* „frei sein" (cf. 51) und *supersedere* „sich ersparen, überhoben sein" (z. B. labore, oratione). **Liberare** (und das Adj. **liber** „frei") steht bei Sachen mit dem Abl. oder (seltener) mit *ab* (resp. ex), bei **Personen** stets mit *ab* (z. B. liberare aliquem metu, ab omni errore, (ex his incommodis), patriam a tyrannis). So auch: absolvit se *a* Fannio. — Über *intercludere* und *interdicere* cf. 54, Anm. 2.

Anm. 4. **Levare** *alicui aliquid* (z. B. molestias, curas) „jemandem etwas erleichtern"; levare alicuius metum, calamitatem „die Furcht, das Unglück jemandes erleichtern"; aber *levare aliquem re* (z. B. curis, onere, metu) „jemanden von etwas befreien". Cf. jedoch: Litterae tuae *me* molestia valde levarunt, utinam omnino liberassent (Cic. Fam. 16, 9, 2). — **Prohibere** *aliquem* (*a*) calamitate, (*a*) periculo, (*ab*) iniuriis „jemanden vor Unglück zc. bewahren"; *prohibere aliquem* (*a*) reditu, commeatu, frumento „jemanden hindern an (abhalten von) der Rückkehr, an der Zufuhr von Getreide"; *prohibere aliquid ab* aliquo „etwas abhalten, fernhalten von jem." (vim hostium ab oppidis, classem ab insula Sicilia). — **Arcere** gewöhnlich mit bloßem Abl.; *ab* steht meist nur dann, wenn es sich um **sittliche** Dinge handelt, von denen jemand abgehalten wird (aliquem *ab* improbitate, *a* libidinibus). — **Defendere** *aliquem ab* .. **oder** ***contra*** .... (z. B. *ab* iniuriis, ab hostibus, contra populi temeritatem, contra improbos cives; cf. 141 Anm. 3) „jemanden schützen, verteidigen gegen"; *defendere* **alqm. od. alqd.**" fernhalten, abwenden" (z B. iniuriam, civium pericula, bellum). — **Abstinere** *aliquem* oder *aliquid a re,* selten der bloße Abl. „zurückhalten, fernhalten von etwas" (z. B. milites a praeda, cives a violandis legatis, ignem ab aede, arma a Romanis; besonders manum od. manus, z. B. ab alienis pecuniis, a scelere, a se). „Sich einer Sache enthalten" (*se*) *abstinere re* od. *a re* (z. B. proelio, fabā, cibo, a voluptatibus, a defectione). — *Munere* (*magistratu*) **se abdicare** „ein Amt niederlegen" (= *magistratu abire*). Sallust und Livius sagen auch mun*us* (magistrat*um*) abdicare. — Die Adjektiva und Adverbien, welche eine wirkliche Trennung bezeichnen (*remotus, amotus, secretus, disiunctus, aversus, diversus, procul, longe, seorsus* od. *seorsum* u. a.) werden regelmäßig mit *ab* konstruiert, z. B. remotus *a* patria, procul *ab* urbe (cf. jedoch 128, Anm. 1). Auch bei *recens* „frisch von etwas weg" steht in guter Prosa (außer bei Städtenamen) die Präposition *ab* (und *ex*), z. B. recens *a* partu „eben geboren"; Homerus recens *ab* illorum aetate fuit; Hannibal recens *ab* excidio Sagunti Hiberum transiit; recens *e* provincia est. — *Profugus* und *extorris* werden mit **dem bloßen Abl., ersteres auch mit** ***ab*** **oder** ***ex*** verbunden. — Über *alienus* cf. 59, Anm. 2.

Anm. 5. Die Dichter gebrauchen den bloßen Abl. auf die Frage woher? mit der größten Freiheit (cf. 111, Anm. 3), z. B. Vina promere doli*o*; animas evocare Orc*o*; equi regem curr*u* excusserunt; columbae cael*o* venere volantes; depromunt tela pharetr*is*; man*ibus* effundere habenas. Dieselben gebrauchen auch nach dem Vorgange der griechischen Sprache den Genitiv statt des Abl. bei den Ausdrücken des Erlösens und Freiseins, z. B. Famuli oper*um* soluti; morbi purgatus; abstineto ir*arum* calid*ae*que rix*ae*; me labor*um* levas; desine moll*ium* querel*arum*; liberare labor*um*; oper*um* vacuus u. ä.

95. **Bei dem Verbum nasci und den Participien ortus, prognatus,** (*genitus, satus, editus, generatus, procreatus*) **werden die Eltern, die Familie und der Stand (unmittelbare Abstammung) durch den bloßen Abl. ausgedrückt, also:** Mercurius Iov*e* et Mai*a* natus erat; patre Mart*e*, Mus*ā* matre natus; **humil*ibus*** parent*ibus* ortus; consulari famili*a*, nobil*i* gen*ere*, equestr*i* (obscur*o*, honest*o*, humil*i*) loc*o* ortus; non silic*e* nati sumus. Fortuna tibi non dedit, ut patr*e* cert*o* nascerere. (Selten steht der Vater mit *ex*, noch seltener bei ortus mit *ab*, z. B. Cic. Rosc. 30; nat. d. 3, 57 u. 55 u. 53 u. 59). **Die Mutter wird ebenfalls gewöhnlich durch den bloßen Abl., seltener mit ex bezeichnet,** also: Servius Tullius ancill*a* oder *ex* ancilla natus; Cerer*e* nati nominati sunt Liber et Libera; filii Priami (*ex*) iust*a* uxor*e* nati; nepos (*ex*) fili*a* ortus. **Wenn die entferntere Abstammung (von den Ahnen) bezeichnet werden soll, so sagt man in der guten Prosa** *ortus* (*oriundus*) **ab** aliquo (auch *ab* urbe, *ex* terra) **oder** *prognatus* **ab (ex)** aliquo, z. B. Plerique Belgae orti sunt *a* Germanis; Cato Uticensis ortus *a* Censorio; Galli se omnes *ab* Dite patre prognatos praedicant. Oriundus *a* Troia, *ab* Syracusis, *ex* Achaia, *ex* Etruscis. (Abweichend Cic. off. 1, 117: obscur*is* orti maior*ibus*). **Im tropischen Sinne heißt es immer ab** (Ausgangspunkt) **oder ex** (Quelle), z. B. Nulla tam detestabilis pestis est, quae non homini *ab* homine nascatur. *Ex* nimia licentia tyrannis gignitur. Philosophi *a* Socrate orti („ausgegangen von"). Bellum ortum est *ab* Hannibale. *Ex* hoc nascitur, ut „daraus folgt, daß". — **Der Ort, wo ein Fluß entspringt, wird bei** *oriri* **(wie bei** *profluere***) mit ex (nachklassisch mit** *in***) angegeben,** z. B. Rhenus oritur *ex* Lepontiis. Mosa oritur (od. profluit) *ex* monte Vosĕgo.

Anm. Wird der Erzeuger durch ein Pronomen ausgedrückt, so muß die Präpos. stehen, z. B. Liberos *ex* se natos interemit. *Ex* me atque *ex* hoc natus es. Qui sunt *ex* his nati. *Ex* nobis natos liberos appellamus. (Vereinzelte Ausnahme Cic. Phil. 2, 118: *quibus* ortus sis, considera). — Wenn die Verben des Entstehens, Abstammens, Erzeugens in der Form des Verbi finiti erscheinen, so stehen sie (ausgenommen *nasci*) regelmäßig mit *ex* (selten *de* und *a*). Auch *esse* kommt in der Bedeutung von ortum esse mit *ex* vor, z. B. *Ex* Iove est is Hercules, qui ... — Zur Bezeichnung der Tribus, aus der jemand stammt, dient der bloße Abl., z. B. C. Verres Romili*a* (sc. trib*u*). — „Kinder mit einem Weibe erzeugen" liberos gignere *ex* (nicht cum!) aliqua.

96. **Der Abl. copiae et inopiae steht bei den Verben:**

1) **Überfluß haben an etwas: abundare, redundare, affluere, circumfluere** (*scatere* „wimmeln von", *florere*; *luxuriari* und *helluari* „schwelgen in");

2) **Mangel haben an etwas: carere**; — **frei sein von etwas: vacare**; — **bedürfen, entbehren: egere, indigere**;

3) **anfüllen mit etwas: complere, explere, implere, replere, opplere, referire**, (*cumulare, onerare, locupletare, satiare, obruere* u. ä.);

4) **berauben einer Sache: orbare, privare, spoliare, nudare, exuere**; — **betrügen um etwas: fraudare.**

Anm. 1. Bei *complere, replere, implere* findet sich auch bei den bessern Schriftstellern zuweilen der Gen. (namentlich von Personen). — *Egere* steht nur selten, aber **indigere** gewöhnlich mit dem Gen. — Über *vacare* cf. 51.

Anm. 2. Von den zugehörigen **Adjektiven** werden in guter Sprache konstruiert: *plenus, inops, fertilis c. Gen.*; — *onustus, praeditus*, (*opulentus*), *densus* und *frequens* „dicht besetzt mit", *creber* „reich an" *c. Abl.*; — *refertus* u. *completus* „angefüllt mit" meist *c. Abl.*, selten mit dem Gen. (bes. von Personen); — *purus* (fast nur poetisch) mit Abl. (z. B. Cic. Verr. 4, 116) oder *a*; *inanis* „leer von" häufiger mit Gen. als mit Abl.; *orbus* mit Abl., in übertragener Bedeutung auch mit *a*; *vacuus* und *nudus* mit Abl. oder *a*, bei Personen stets mit *a*. Im übrigen cf. 84, Anm. 3 u. 94, Anm. 3.

Anm. 3. Statt „berauben" gebrauchen wir im Deutschen häufig andere Ausdrücke: „einem etwas rauben, entziehen, nehmen, benehmen, (im Passiv: verlieren)". Daher sind bei der Übersetzung in das Lateinische für diese deutschen Ausdrücke oft die Verben des Beraubens als die bezeichnendsten zu wählen. Cf. „Das Alter entzieht uns fast alle Genüsse" senectus omnibus fere voluptatibus nos privat. „Das Vaterland hat viele ausgezeichnete Männer verloren" patria multis et claris viris orbata est. „Dem Feinde die Waffen, das Lager nehmen" hostem armis, castris exuere. „Einem Hause seine Zierde rauben" domum ornamentis nudare u. ä.

Anm. 4. „Etwas (od. jemanden) reinigen von etwas" heißt klassisch nicht *purgare* aliquid (od. aliquem) *re*, sondern muß mit Anwendung eines Verbums des Beseitigens, Wegschaffens, Befreiens ausgedrückt werden, z. B. „Ein Kleid von Flecken reinigen" maculas e veste abluere; „Italien vom Feinde reinigen" hostes tota Italia depellere; „das Meer von Seeräubern reinigen" mare piratis depulsis tutum reddere; „jem. von Schuld reinigen" culpam ab aliquo **demovere u. ä.**

97. 1) Rogatu Sp. Lucretii soceri Tarquinius Collatinus non solum consulat*u* se abdicavit (od. consulat*u* abiit), sed etiam, ut civium animos omn*i* sollicitudin*e* liberaret (od. levaret, exsolveret), (*ex*) urb*e* cessit. 2) Deus tibi, qui omn*i* semper iniuri*a* abstinuisti, integram det valetudinem, omn*ibus* cur*is te* levet, senectutis molestia*s abs* te defendat. 3) Meum ingenium *a* (od. *cum*) fratris magnopere discrepat; nam cum ego cupiditat*e* me exsolvere atque iracundi*a* abstinere non possim, frater omni tempore animi mot*u* vacat (od. caret) atque *a* tranquillitate non recederet, ne si aqu*a* et ign*i* quidem *ei* interdiceretur atque patri*a* cedere cogeretur. 4) Nunc, cum omnium amicorum animos *a* te abalienavisti, illam consuetudinem tibi nocuisse vides; iam pridem non sine causa us*u* illius hominis *tibi* interdictum esse intellegeres. 5) Quamquam milites Caesaris complures iam dies frument*o* carebant et omn*ibus* fere *rebus* ad vivendum necessari*is* nudi (od. orbi) erant, tamen nulla vox virtute populi Romani aut prioribus victoriis indigna ex eis est audita. 6) Ingeniosissimus quisque, quia *a* moderatione ac temperantia facillime recedit, rect*a* institution*e* et disciplin*a* maxime eget (od. indiget m. Gen.). 7) Quam miserum erat Dionysio, cum diviti*is* abundaret (od. circumflueret) domusque eius pretiosissim*a* supellectil*e* completa (od. referta; aber plena m. Gen.) esset, carere consuetudin*e* amicorum omn*i*que sermon*e* familiar*i*! 8) Quisquis litteris operam dare et in doctorum hominum numerum aliquando se adscribi vult, ei cognition*e* linguae Latinae supersedere non licet. 9) Mortem meam, amici, ne luxeritis neve

defleveritis; nullius enim iniuriae conscius mihi sum semperque longe diversus fui *ab* (od. dissedi *ab*, *cum*) improbitate inimicorum, qui omn*ibus* honor*ibus* me deiecerunt ac ne nunc quidem (*ab*) iniur*iis* desistunt; iniuste igitur moriens beatior sum eis, qui vit*a* *me* privant. 10) Dux suos *a* proelio continebat ac satis habebat in praesentia host*em* pabulation*ibus* et rapin*is* prohibere; nam in eam spem venerat, se sine pugna et sine vulnere suorum bellum esse confecturum, quod adversari*os* loc*is* superior*ibus* depulisset et *re* frumentari*a* interclusisset.

98. a) **Opus est** „es ist nötig, es ist Bedürfnis" wird gewöhnlich unpersönlich mit dem Abl., selten persönlich mit dem Nom. der erforderlichen Sache konstruiert, ohne daß opus dekliniert würde; die Person, die etwas nötig hat, steht immer im Dativ. Also heißt „Jedes lebende Wesen braucht Luft zum Leben" omn*i* animal*i* *aëre* (selten *aër*) ad vivendum opus est; „ich habe Bücher nötig" libr*is* *mihi* opus *est* (selten libr*i* mihi opus *sunt*). Cf. Auctoritat*e* tu*a* nobis opus est et consilio et etiam grati*a*. Ubi saeva orta tempestas est, tum vir*o* et gubernator*e* opus est. Quarundam rerum nobis exempl*a* permult*a* opus sunt. Chrysippus ait mult*is* *rebus* sapienti opus esse. (Unklassisch und gräcisierend ist der Gen. statt des Abl., z. B. Liv. 22, 51, 3. — Anstatt opus est findet sich selten auch *usus est*, z. B. Navibus consuli *usus* non *erat*.)

Anm. 1. Ist die Sache das substantivierte Neutrum eines Pronomens oder Adjektivs, so ist die persönliche Konstruktion erforderlich; man sagt also nur *quae* opus *sunt* und *quod* opus *est* (nicht quibus und quo opus est), ebenso *quantum* opus est, *multa* opus sunt etc., z. B. Themistocles celeriter, *quae* opus erant, reperiebat. Emas, *quod* opus est. — Dagegen steht der Abl. der Substantive regelmäßig in Sätzen mit der Negation *nihil* und dem Frageworte *quid*, z. B. Nihil opus est simulatione et fallaci*is*. Quid opus est exempl*o*, quid verb*is*? — Ist die Sache bei opus est durch ein Verbum ausgedrückt, so steht entweder ein Infinitiv oder ein *Acc. c. inf.* (cf. 427), z. B. Quid opus est de Dionysio tam valde affirm*are*? Opus est *te* animo val*ere*. — Ganz vereinzelt (unklassisch) steht das 2. Supinum auf *u*, z. B. Hoc *scitu* opus est; gebräuchlicher ist dafür der Abl. des Partic. Perf. Pass., z. B. Cur *properato* opus est? Priusquam incipias, *consulto* et, ubi consulueris, mature *facto* opus est; so auch in Verbindung mit einem Subst., z. B. Opus fuit *Hirtio convento* (= Hirtium convenire); nihil *Oeneo capto* opus est. — Wozu etwas nötig ist, wird durch *ad* od. *in* c. acc. (z. B. Si quid opus erit *ad* valetudinem, *in* sumptum), selten durch den einfachen Dativ (Liv. 1, 41, 1; 30, 30, 11) ausgedrückt.

b) Bei den Verben des Bemessens, Beurteilens, Schätzens, Bestimmens (**metiri, aestimare, existimare, iudicare, pendĕre, ponderare, examinare** u. ä.) steht der Maßstab der Beurteilung, d. h. der Gegenstand, nach dem das Urteil über etwas bestimmt wird, im **Abl.**, z. B. Magnos homines virtut*e* metimur, non fortun*a*. Hanc rem su*o*, non nomin*is* pond*ere* penditote. Verborum collocatio aurium iudici*o* ponderanda est. Galli spatia omnis temporis non numer*o* dierum, sed noctium finiunt. Epicurus omne bonum voluptat*e* definit. Discriptus erat populus Romanus cens*u*, ordin*ibus*, aetat*ibus*. Non debetis voluptat*e* omnia dirigere.

Anm. 2. Die meisten der hierhergehörigen Verben können auch mit **ex** verbunden werden, z. B. Fides non *ex* fortuna ponderanda est. Vulgus *ex* veritate pauca, *ex* opinione multa aestimat. Te non *ex* opibus, sed *ex* virtute tua pendemus. Civitatem describere *ex* censu. Aber *examinare*, *expendere* und *moderari* werden stets mit dem Abl. verbunden; *spectare* stets mit *ex* (z. B. Non *ex* singulis vocibus philosophi spectandi sunt); *dirigere* und *perpendere* mit Abl. oder *ad* (z. B. artes *ad* voluptatem dirigere; rem *ad* Stoicorum praecepta perpendere).

c) **Der Abl. limitationis** (d. h. Abl. der Rücksicht oder näheren Bestimmung oder Beschränkung) wird gebraucht, um anzugeben, in welcher Rücksicht oder von welcher Seite aus betrachtet eine Angabe Geltung habe. Er steht auf die Fragen woran? in welcher Hinsicht? wonach? namentlich bei

Angabe der Gleichheit und Verschiedenheit und in einer sehr großen Anzahl stereotyper Ausdrücke. Cf. Nemo tibi par est eloquenti*a*. Neminem huic praefero fide, constanti*a*, magnitudine animi. Neque ingeni*o* neque aetat*e* sum vobiscum comparandus. Agesilaus claudus fuit alter*o* pede. Omn*ibus* membr*is* debilis. Homo nation*e* Syrus. Hamilcar cognomin*e* Barcas. Agesilaus nomine, non potestat*e* rex fuit. Oratio verb*is* discrepans, sententi*is* congruens. Perturbationes sunt gener*e* quattuor, part*ibus* plures. Non tu quidem tot*a* re, sed tempor*ibus* errasti. Anim*o* angi, anim*o* deficere, anim*o* suspensus. Capi aur*ibus*, captus ocul*is* (omn*ibus* membr*is*, mente). Puer aetate; robustus corpore; aetate florens; aetate provectus; maturus ann*is*. Avus matern*o* genere „Großvater mütterlicherseits". *Meā sententiā* „nach meiner Meinung", *nostrā* (*quidem*) *sententiā* „unserer Ansicht nach", *tuo iudicio, nostro arbitratu*; *more* Persarum, *consuetudine* populi Romani; *testimonio* Allobrogum; *specie* „dem Scheine nach", *re* oder *re vera* „der Wahrheit nach, in Wirklichkeit"; *verbis* „den Worten nach" usw.

Anm. 3. Über den Gebrauch des sog. *Accusativus Graecus* zur Bezeichnung der Rücksicht cf. 46. — Über quid *hoc* homine fiet oder facies cf. 57, Anm. 3.

Anm. 4. Beachte die Verschiedenheit der lateinischen und deutschen Diktion in Ausdrücken wie: iuvenis ferox ingenio (*Abl. limit.*) „ein Jüngling von trotzigem Charakter" (*Abl. qualit.*); servus robustus corpore „von starkem Körperbau"; nauta Medus natione „von medischer Abkunft"; iudex aetate provectus „von vorgerücktem Alter"; pueri moribus similes „von ähnlichem Charakter"; homo vita integerrimus „von unbescholtenem Lebenswandel" u. ä.

Anm. 5. Adjektive werden nicht nur durch den *Abl. limit.* näher bestimmt, sondern auch durch die **Präpositionen ab** und **ad**, und zwar durch **ab**, wenn bezeichnet werden soll, von welcher Seite betrachtet der Begriff seine Geltung hat (z. B. inops *ab* amicis, firmus *ab* equitatu, imparatus *a* pecunia, *ab* omni laude felicior, mediocriter *a* doctrina instructus); durch **ad** im Sinne des deutschen „in Hinsicht auf, wenn es ankommt auf" (z. B. Hoc est *ad* severitatem lenius et *ad* communem salutem utilius; motus *ad* adspectum venusti; prudens *ad* consilia; rudis *ad* verborum certamina; nulla bellua *ad* figuram vastior est elephanto; facinus *ad* memoriam posteritatis insigne; accusare multos sordidum est *ad* famam; puer insignis *ad* deformitatem „von auffallender Häßlichkeit").

Anm. 6. *Meā sententiā, meo iudicio, mea opinione* „nach meiner Ansicht, nach meinem Urteile" ist oder geschieht etwas, wenn ich mich nicht irre; dagen *de* (selten *ex*) mea sententia, *ex* meo iudicio „meiner Ansicht gemäß, in Übereinstimmung mit meiner Ansicht, infolge meines Urteils, nach meinem Wunsche", wenn meine Ansicht, mein Urteil befolgt wird, z. B. Mea quidem sententia pueris nihil magis nocet quam mala exempla. *De* mea sententia arbor illa caesa est (= „nach meinem Vorschlage"). Rem gerere *ex* sententia imperatoris. Nihil faciam nisi *de* sententia tua. Minos leges sanxit *de* Iovis sententia.

Anm. 7. Hierher gehört auch der Abl. **natu** in Verbindung mit *grandis* (nicht magnus!), *maior, maximus, minor* und *minimus*, z. B. Omnes natu maiores occisi sunt; in omnibus iudicibus ille erat natu minimus; tu maior natu es quam ego. Dabei ist jedoch zu merken, daß in den angegebenen Verbindungen *natu* fast immer wegfällt, wenn es sich um Söhne, Töchter, Brüder und Schwestern handelt. Also heißt „mein ältester Bruder" maximus meus frater, „dein jüngster Sohn" minimus tuus filius; ebenso auch: Dionysius maior und minor, Cato maior und minor. — Wenn die deutschen Ausdrücke „der ältere, jüngere" zur Unterscheidung des Vaters vom Sohne dienen, werden sie im Lateinischen durch *pater* und *filius* (seltener *adulescens*) ausgedrückt, z. B. Crassus *pater*, Crassus *filius* (*adulescens*). — „Jüngere Leute" im Gegens. zu den älteren (seniores) heißen *adulescentes, iuvenes, aetate minores*, **amtlich, bes. militärisch** auch *iuniores* = die jüngere Altersklasse von Senatoren und Legionssoldaten.

d) **Der Abl. mensurae steht auf die Frage „um wie viel?" zur Bezeichnung des Maßes, um welches ein Ding ein anderes übertrifft oder von einem andern entfernt ist,** z. B. Pompeius bienni*o* maior fuit quam Cicero. Hibernia dimidi*o* minor quam Britannia existimatur. Sol mult*is* part*ibus* maior est quam terra universa. Proelium aliquant*o*, quam cetera, gravius atque atrocius fuit. Hor*a* citius „eine Stunde zu früh".

Anm. 8. Dieser Abl. steht nicht nur bei **Komparativen**, sondern auch bei solchen Verben und Adverbien, welche komparativischen Sinn haben, also bei **Verben** wie *superare, praestare, antecedere, vincere, malle* und bei **Adverbien** wie *ante, post, infra, supra, ultra, citra*. — Am häufigsten kommen die neutralen Ablative *multo, paulo, aliquanto, nihilo,* *tanto, quanto, altero tanto* „um das Doppelte" *(quinquies tanto* „um das Fünffache"), *eo, hoc, quo* vor. (Statt multo findet sich bisweilen das der Umgangssprache entlehnte *nimio)* — Über die Konstruktion von *abesse* und *distare* cf. 121.

Anm. 9. **„Bei weitem"** heißt vor Komparativen *multo*, vor Superlativen gewöhnlich *longe*, seltener *multo*. Longe bei Komparativen ist unklassisch (cf. jedoch Liv. 24, 28, 6; 37, 52, 10). — Bei Adjektiven und Verben der Entfernung, der Verschiedenheit und des Vorzugs (z. B. *alius, diversus dissimilis, abesse, abhorrere, dissentire, praestare, antecellere* u. a.) heißt das deutsche „bei weitem, weit" *longe*, seltener *multo*.

Anm. 10. Anstatt des Abl. *multo, plurimo, quanto, aliquanto* wird a) ausnahmsweise (unciceronianisch) bei Komparativen, b) nicht selten bei Verben (bes. des Vorrangs und Vorzugs) auf die Frage „um wie viel?" auch der adverbiale Acc. *multum, plurimum, tantum, quantum, aliquantum* gebraucht, z. B. Aliquant*um* maior (Liv. 1, 7, 9; 5, 21, 14; 3, 15, 2. Cic. de or. 3, 92 mult*um* maius?). Uterque aequalibus plurim*um* praestitit. Hostes numero aliquant*um* praestabant. Longe mult*um*que superare. Quant*um* augebatur militum numerus, tant*o* maiore pecunia in stipendium opus erat (Liv. 5. 10, 5; 6, 38, 5). Quant*um* procederet longius, eo maiorem . . . inopiam sentiens. Qui Cantium incolunt, non mult*um* a Gallica differunt consuetudine. Miramur hunc hominem tant*um* excellere ceteris. Zeuxis muliebri in corpore pingendo mult*um* aliis praestitit. Cic. off. 1, 105; Rosc. Am. 63; Brut. 82; 109. (Ganz gewöhnlich stehen diese Accusative bei *differre* und *distare*, aber nie bei *malle)*.

Anm. 11. Über die Konstruktion der Zeitadverbien *ante, post, pridie* und *postridie* cf. 126.

99. 1) Merito contemnimus omnes, qui litterarum vim praestantiamque (*ex*) null*a re* metiuntur nisi (*ex*) us*u* vitae cotidianae. 2) Perincommode accidit, quod Pericles eo ipso tempore mortuus est, quo Atheniens*ibus* spectati viri consili*is* maxime opus *esset* (selten consili*a* — *essent*). 3) Quid mult*is* verb*is* opus est? quasi vos ea, quae suadeo, vobis emolumento esse nesciatis; nam mature et strenue *facto* nunc opus est, non *cunctato* aut *deliberato*. 4) Benevolentiam hominum non (*ex*) ardor*e quo*dam amoris, sed (*ex*) stabilitat*e* potius et constanti*a* iudicemus. 5) Magistrat*ibus* opus *est* (selten magistrat*us* opus *sunt*), ut salus civitatum ac rerum publicarum servetur atque augeatur neve quis careat praesidio, cuius ad tuto vivendum indiget. 6) Socrates omnium eruditorum testimoni*o* totiusque Graeciae iudici*o* philosophorum omnium vel princeps fuit. 7) Clarissimorum antiquitatis regum res gestae *mea quidem sententia* cum Caesaris nec contentionum magnitudin*e* nec numer*o* proeliorum nec celeritat*e* conficiendi possunt conferri. 8) Non multum afuit, quin Epaminondas, quod imperium quattuor mens*ibus* diutius retinuerat, quam populus iusserat, capitis damnaretur. 9) Res gestae Atheniensium fuerint sane magnae atque praeclarae: certe *aliquanto* minores fuerunt quam fama feruntur. 10) Mummius, cum Corinthum, urbem Graecorum *longe* (seltener *multo*) opulentissimam, diruisset, *nihilo* opulentior fuit quam antea. 11) Turres, quae permultae erant in muris Babyloniis, den*is* ped*ibus* altiores fuisse dicuntur quam muri ipsi. Britannia *altero tanto* maior est quam Scotia. Russia mult*is* part*ibus* maior est quam Germania. Mathematici olim affirmaverunt solem duodeviginti part*ibus* (od. duodovicies tant*o*) maiorem esse quam lunam. 12) Virorum antiquitatis fortissimorum *longe* illustrissimus est Alexander, magni patris filius *multo* maior, natione Macedo, eruditione et studi*is* Atheniensis, prudenti*a*, fortitudin*e*, fortun*a* bellic*a* non minus insignis quam comitat*e*, liberalitat*e*, humanitat*e*. 13) Sapientiam quis negaverit non modo *re* esse antiquam, verum etiam nomin*e*? quae quidem divinarum humana-

rumque rerum cognitione hoc pulcherrimum nomen apud antiquos est assecuta.

100. **Der Abl. comparationis** steht bei Komparativen statt *quam c. Nom.*, und zwar mit besonderer Vorliebe in negativen und fragenden Sätzen, z. B. Certa pax melior est sperat*a* victori*a*. Tullus Hostilius ferocior Romul*o* fuit. Nihil est virt*ute* amabilius. Quid est in homine ration*e* divinius? Quid *hoc* victor*e* moderatius esse potest?

Anm. 1. Der Acc. des **Objekts** kann nur dann mit Auslassung von quam in den **Abl.** gesetzt werden, wenn er durch Umwandlung des Satzes zum Subjekt gemacht werden kann, z. B. Quem auctorem locupletiorem Platon*e* laudare possumus? (= qui locupletior sit quam Plato). Non tulit haec civitas clariores P. African*o* et C. Laeli*o*. Besonders ist dies der Fall bei den Verben nennen, sehen, wofür halten (man kann dann mit leichter Umwandlung den Acc. c. inf. mit esse setzen), z. B. Miserius stultiti*a* quid possumus dicere? Haud facile quis dixerit *hoc* exempl*o* praestantius. Nihil *te* un*o* sol indignius vidit. Nihil vit*a* antiquius existimo. Tuam vitam me*a* salut*e* potiorem duco. Qui nihil habet in vita iucundius vit*a*, is cum virtute vitam non potest colere. — Zuweilen steht der Abl. auch statt *quam* mit dem Acc. der räumlichen oder zeitlichen Ausdehnung, z. B. Palus non latior ped*ibus* quinquaginta. Non diutius ann*o* in provincia fuit. — Niemals darf aber durch den Gebrauch des Abl. compar. Zweideutigkeit entstehen, weshalb es heißen muß: Hibernia dimidio minor *quam* Britannia existimatur, nicht bloß Britanniā; ferner Romani graviores hostes non habuerunt *quam* German*os*, nicht bloß German*is*.

Anm. 2. Sehr häufig werden mit einem Komparativ die Ablative **opinione, spe, exspectatione**, (*aequo* **„als recht“**: bei Livius und anderen auch *iusto, solito, dicto, exspectato* u. ä.) verbunden, welche durch einen Vergleichungssatz mit *quam est, quam erat* u. s. w. aufzulösen sind, z. B. *Opinione celerius* veniet „er wird schneller kommen, als man glaubt“. Praeda *omnium spe maior* fuit (= „unverhofft groß“). *Opinione omnium maiorem* animo cepi dolorem. Consul *minus opinione sua* efficiebat. *Latius opinione* malum disseminatum est. Hiems *solito gravior* („ungewöhnlich streng“ = gravior quam solet). *Dicto* prope *citius* equum in viam Claudius deiecit. Nobis *plus iusto* nostra placet causa. In der Regel stehen diese Ablative vor dem Komparativ.

Anm. 3. Der *Abl. compar.* muß notwendigerweise dann gebraucht werden, a) wenn jemand oder etwas nach einer Eigenschaft mit dem verglichen wird, woran die Eigenschaft im höchsten Grade vorkommt, z. B. *nive candidior* „weißer als Schnee“, *pisce sanior, pisce taciturnior, melle dulcior, luce clarior, carbone nigrior, vitro splendidior* „klarer als Krystall“, onus *Aetnā gravius, plumā levior* (Hyperbel, cf. 550, 4); — b) wenn ein Gegenstand in Bezug auf eine Eigenschaft mit sich selbst verglichen wird, z. B. In Maniliano offendi *Diphilum Diphilo tardiorem* „auf dem manilischen Gute fand ich den Diphilus noch schläfriger als sonst“; — c) bei zweimaligem *alius* „der eine immer besser, schlechter u. ä. als der andere“, z. B. Litteras tuas sescentas uno tempore accepi *aliam alia iucundiorem* „einen immer erfreulicher als den andern“. Habes Sardos venales *alium alio nequiorem*; — d) beim **Relativ**, welches niemals mit quam steht, z. B. Animi virtutes ex ratione gignuntur, *qua* nihil est in homine divinius (eigentlich „im Vergleich mit welcher nichts im Menschen göttlicher ist“ = „das Göttlichste, was es im Menschen giebt“). Mater omnium bonarum artium sapientia est, *qua* nihil a diis praestabilius hominum vitae datum est. Phidiae simulacris, *quibus* nihil in illo genere perfectius videmus, cogitare tamen possumus pulchriora. Agamemno immolavit Iphigeniam, *qua* nihil erat eo quidem anno natum pulchrius. Ne offeramus nos periculis sine causa, *quo* esse nihil potest stultius. Non ego cum Dionysii vita, *qua* taetrius excogitare nihil possum, Platonis vitam comparabo; — e) beim Zusammentreffen verschiedener Vergleichungsstufen desselben Adjektivs, z. B. Quid *optimo melius* cogitari potest? — f) meistens bei **inferior, posterior** und **superior** „jemandem nachstehend, überlegen“, z. B. Sapiens omnia inferiora virtute ducit.

Anm. 4. Sätze wie: „Ich vertraue dem Marcus, einem klügeren Manne als Gaius“ müssen, weil das regierende Verbum zum zweiten Gliede nicht wiederholt werden kann, so übersetzt werden, daß das zweite Glied eine präcise Fassung erhält, und zwar gewöhnlich durch *quam — sum*. Also: Fidem habeo Marco, homini prudentiori *quam Gaius est*. Cf. Haec verba sunt Varronis, hominis doctioris *quam fuit Claudius*. Vicinus tuus meliorem equum habet *quam tuus est*. Magis idoneum *quam ego sum* ad eam causam reperies neminem.

Anm. 5. Wenn der Abl. *hoc* (od. *quo*) bei einem Komparativ als Ankündigung eines folgenden Satzes gebraucht ist, so wird vor diesem Satze dennoch immer *quam* gesetzt, z. B. Quid *hoc* miserius *quam* eum, qui tot annos designatus consul fuerit, fieri consulem non posse? *Quo* quid absurdius *quam* homines reponere in deos?

101. Nach **plus, amplius, longius, minus** wird *quam* vor Zahl- und Maßbestimmungen meistens schlechtweg ohne Veränderung der Konstruktion dann ausgelassen, wenn *plus, amplius, longius* soviel wie „über", *minus* soviel wie „nicht ganz, unter" bedeutet. Also heißt: „Ich habe mehr als (= über) **200 Denare" *plus* (oder *amplius*) ducentos denarios** habeo (Französ. J'ai plus *de* deux cents écus). Aber: „Du weißt mehr als zehn Professoren" (sc. wissen) tu scis plus *quam* decem professores (Französ Tu sais plus *que* dix professeurs).

Anm. Doch findet sich bei diesen Komparativen oft auch in ganz regelmäßiger Weise *quam* oder der *Abl. compar.* gesetzt, z. B. Non *plus quam* sescenti homines effugerunt. Zeuxis et Polygnotus non sunt usi *plus quam* quattuor coloribus. Haec res non *plus quam* in tres partes distribui potest. Catilina initio non *amplius* duo*bus* mili*bus* hominum habuit. Eo die caesi sunt Romanis *minus* quadringentis. Inter hostium agmen et nostrum non *amplius* quinque mili*bus* passuum intererat. Nostri *amplius* horis quattuor fortissime pugnaverunt.

102. 1) Ex Homero centum exscripsi versus, *quibus meliores* reperire *non* potui. 2) Solem e mundo tollere videntur, qui ex vita tollunt amicitiam, *qua nihil* ab dis immortalibus *melius* habemus, *nihil* iucundius. 3) Dubium est, an Pausanias ad tantam superbiam progressurus et consilia *aliud alio foedius* capturus non fuerit, nisi ephori ab initio *plus aequo* (od. *iusto* od. *quam par fuit*) ei pepercissent. 4) O praeclarum diem, cum amplius quadrienni*um* (od. quadrienni*o*) peregrinatus ad eum amicum revertar, *quo nemo* umquam *melior*, *nemo* pietate praestant*ior* est natus. 5) Datis, Persarum dux, in campo Marathonio proelium iniit maxima cum fiducia victoriae; nam non *minus* (*quam*) centum mil*ia* peditum et decem mil*ia* equitum (od. non minus centum mil*ibus* peditum et decem mil*ibus* equitum) (sub imperio) habebat. Contra hanc tantam barbarorum multitudinem Miltiades non *plus* (*quam*) decem mil*ia* (od. mil*ibus*) armatorum in aciem eduxit; sed hi fortitudine host*ibus* tanto superiores erant, ut decemplicem numerum profligarent. 6) Qui liberorum vitiis *aequo* (od. *iusto*) *magis* indulget, certe eis nocet idque saepe tantopere, ut vitia eorum *opinione celerius* ingravescant. 7) Philippus II., quem inter omnes imperii et vitae casus animi aequitatem *solito maiorem* servasse constat, cum primum nuntius victoriae ad Naupactum reportatae, *qua* inter tria saecula *non insigniorem* pepererant Christianorum arma, est allatus, nihil aliud nisi Ioannem ducem rem *iusto audacius* in discrimen dedisse ait. 8) Haec et plura eiusdem generis fama, *qua* praesertim adversis in rebus *nihil velocius* est, compluribus diebus citius quam ex litteris meis accipies. 9) *Minus* viginti die*bus* pestilentia *plus* (*quam*) trecent*os* civ*es* nostr*os* consumpsit.

103. Im allgemeinen wendet der Lateiner die Präpos. **cum** da an, wo ein Zusammensein, eine Begleitung bezeichnet wird, z. B. Ambulare *cum* amico; egredi *cum* manu sceleratorum; societatem *cum* hostibus inire: vivit habitatque *cum* Balbo; Crassus *cum* filio domum rediit; so auch *cum* animo suo cogitare (volvere, agitare) „mit seinem Geiste, d. h. mit oder bei sich überdenken". — Auch steht *cum* bei Angabe von Kleidungsstücken oder solchen Sachen, die jemand an sich trägt oder bei sich hat, z. B. Verres *cum* (= „in") pallio purpureo in conviviis versabatur; *cum* tunica pulla sedere; esse *cum* telo; venire *cum* donis; so auch *cum* febri domum redire; nihil recte fieri potest *cum* ira. — Ferner wird *cum* zur Bezeichnung eines

die Handlung begleitenden Nebenumstandes oder einer Folge oder Wirkung gebraucht, wo wir im Deutschen gewöhnlich „zu" oder „unter" anwenden, z. B. Verres Lampsacum venit *cum* magna calamitate civitatis. Miltiades Athenas magna *cum* offensione civium suorum rediit. Divitiacus Caesarem multis *cum* lacrimis obsecrare coepit. Consul agrum *cum* caedibus et incendiis populatus est. Hoc fecisti *cum* summa rei publicae salute et *cum* tua peste. Cycni *cum* cantu moriuntur. Hannibal ad Alpes pervenit *cum* bona pace Gallorum. Legati *cum* silentio auditi sunt. Ipse *cum* aliquo dolore flagitiorum suorum recordabitur. (*Ad* „zu" bezeichnet den Zweck oder die Absicht, z. A. *Ad* meam utilitatem semper cum Graecis Latina coniunxi).

Anm. Bei Angabe von Kleidungsstücken oder Schmuckgegenständen in Ausdrücken wie „in einer Toga, im Unterkleide, in einem Schleier u. ä. dasitzen, ausgehen ꝛc." wird das deutsche „in" klassisch durch *cum* (oder durch Participia wie *indutus, ornatus* u. ä. c. abl.) ausgedrückt; der bloße Abl. darf nur dann gesetzt werden, wenn das Subst. noch durch ein attributives Adj. bestimmt ist, z. B. Muliebri vestitu eo venit (Cic. ad Att. 1, 13, 3. Liv. 5, 22, 4; 21, 62, 5.)

**Cum fehlt** dagegen:

1) bei Bezeichnung von Körperteilen, z. B. Capite nudo, nudis pedibus incedere; crinibus passis inter tela volantia se inferre; maesto vultu; promissā barbā;

2) bei militärischen Ausdrücken, wenn das Militär als bloßes Werkzeug in der Hand des Feldherrn gedacht wird, z. B. Porsena urbem magn*is* copi*is* cinxit. Mult*is* milit*ibus* rem gerere. Pauc*is* milit*ibus* turrim cepit. Caesar *ea* legione milit*ibus*que murum fossamque perducit. — Auch bei Bezeichnung militärischer Züge lassen Cäsar und Livius die Präposition öfters weg, wenn das Subst. noch ein adjektivisches Attribut bei sich hat, z. B. Caesar *omnibus copiis* subsequebatur. *Toto exercitu* consul profectus est. Ipse eo *pedestribus copiis* contendit. Hostes ad castra Caesaris *ingenti exercitu* contenderunt. Häufiger steht jedoch in diesem Falle *cum*, und die Präpos. muß stets hinzugefügt werden, wenn bei dem Subst. kein Adj. steht, wie: Caesar *cum* exercitu accurrit. Auch erfordern *mittere* und seine Komposita bei Erwähnung militärischer Bewegungen immer *cum*;

3) zuweilen bei *coniunctus* (*iunctus, iungendus*), z. B. Cic. Cluent. 12; Phil. 5, 20, nur vereinzelt bei *iungi* als Verbum finitum (Cic. Tusc. 5, 96), z. B. Libido non solum dedecor*e*, verum etiam scelere coniuncta. Infinitum bellum iunctum miserrim*a* fuga.

104. Nein, es muß *cum* honestate vivere heißen; denn wenn ein vermittelst der Präposition „mit" gebildeter Ausdruck die Art und Weise, auf welche etwas geschieht, bezeichnet, so steht: a) der Abl. **mit cum** bei Substantiven ohne adjektivisches Attribut: *Cum* studio (= studiose) audire; *cum* ignominia (= ignominiose, turpiter) servire; *cum* virtute („tugendhaft") vivere; fictas fabulas *cum* voluptate legimus; *cum* ira nihil recte fieri potest; Metellus saucios *cum* cura refecit; multa fecimus *cum* temeritate atque imprudentia; — b) der Abl. **mit** oder **ohne cum** bei Substantiven mit adjektivischem Attribute: Summa *cum* dignitate und summa dignitate vivere; incredibili *cum* celeritate und incredibili celeritate volare. Miltiades summa aequitate res constituit. Hoc testimonium ipse magna (*cum*) cura et diligentia scripsit. Oro vos, ut attente bonaque *cum* venia verba mea audiatis. Orator res (*cum*) omni gravitate et iucunditate explicet.

Anm. 1. **Cum fehlt**, auch wenn kein adjektivisches Attribut vorhanden ist: a) bei solchen Substantiven, welche selbst schon Art und Weise, Sitte und Gewohnheit bedeuten, wie *modus, ratio, ritus, mos, consuetudo, institutum*, z. B. Hoc (quo, nullo, alio etc.) modo, nullo pacto „auf keine Weise", nulla ratione, pecudum ritu pugnare, more maiorum, consuetudine populi Romani etc.; — b) bei *animus, mens, consilium*, z. B. Aequo animo ferre; alacri animo proficisci; hac mente oder hoc consilio profectus sum „in der Absicht"; ebenso bei *lex* und *condicio*, z. B. Pacem fecerunt hac lege, his condicionibus, (Livius sagt auch sub lege, sub condicione u. ä.); — c) bei dem negativen Attribut *nullus* „ohne", z. B. Rem confeci *nullo negotio* „mit keiner Schwierigkeit, ohne alle Schwierigkeit"; nullā meā culpā, nullo meo merito „ohne alle Schuld von meiner Seite"; nullis impedimentis „ohne alles Gepäck"; nulla ratione „ohne allen Grund"; nulla probabili causa „ohne triftigen Grund"; nullo periculo, nullo studio u. ä.; — d) bei einzelnen Ausdrücken: *iure* „mit Recht" (*ex iure* „dem Rechte gemäß"), *iniuria* „mit Unrecht"; *lege* „auf gesetzliche Weise"; *ratione ac via* (z. B. philosophari, disputare) = „methodisch"; *ordine* „ordnungsmäßig"; *voluntate* „freiwillig"; *auspicio, auspiciis, imperio, ductu* alicuius facere aliquid; *merito* „nach Verdienst, mit Recht"; *immerito* „mit Unrecht"; *vi* „gewaltsam"; *silentio* „in der Stille"; magistratus *vitio* creatus „auf fehlerhafte Weise"; *bona fide, mala fide*; *dolo malo* dicere oder facere; *agmine* ire „in Marschkolonne", *commodo incommodo, damno* (z. B. rei publicae commodo aliquid facere); *nomine* „im Namen, unter dem Titel"; *specie, consensu, comitatu* „mit Gefolge, unter Begleitung" u. ä.

Anm. 2. Zur Bezeichnung der Art und Weise dient auch **per** = „auf dem Wege, vermittelst" wie: *per vim* „auf dem Wege der Gewalt, auf gewaltthätige Weise"; *per iniuriam* „unrechtmäßigerweise"; *per insidias* (ähnl. *per fidem* [*fallere* u. dgl.] d. h. „mittels des gegebenen und nicht gehaltenen Wortes"); *per fraudem*; *per dolum*; *per superbiam*; *per turpitudinem*; *per litteras* „brieflich, schriftlich"; *per simulationem*; *per scelus et latrocinium*; vitam *per dedecus* amittere; *per errorem* „aus Mißverständnis"; *per ludibrium*; *per calumniam* „durch Kabale"; *per iocum* „im Scherz"; *per occasionem* „gelegentlich" (= data od. oblata occasione); *per speciem* „unter dem Scheine" (aber *ad* od. *in speciem* „zum Scheine, zur Täuschung"); *per triumphum* (od. *in triumpho*) aliquem ducere. Doch bezieht sich dieses *per* weit mehr auf die äußere Art und Weise der Handlung und steht vorzugsweise bei solchen Substantiven, die eine sittliche Schlechtigkeit bezeichnen.

Anm. 3. Der Ablativ **modo** findet sich nur in den allgemeinsten Ausdrücken der Art und Weise: *hoc modo, simili* oder *pari modo, tali, omni, aliquo, nullo, quodam, ullo, eodem, altero, quo modo* u. ä., nicht aber zur Bezeichnung einer Handlungsweise, also nicht *fortissimo modo* pugnare, sondern *fortissime* oder *summa cum virtute* pugnare; nicht *hostili modo*, sondern *hostiliter* oder *hostilem in modum* (z. B. agros populari). *Mirum in modum* gaudeo, *miserandum in modum* necatus est. — Statt *hoc* (*eo*) *modo* sagt man auch *ad* oder *in hunc* (*eum*) *modum*, statt *quomodo* auch *quemadmodum*.

105. 1) Quis est, quin acceperit, cum et Dareus Datim *cum* magno exercitu in Graeciam misisset et Xerxes postea ipse innumerabil*i* (*cum*) classe ingent*i*que exercit*u* invasisset, Graecos animi virtutibus tantum effecisse, ut parv*is* copi*is* hostium multitudinem compluribus proeliis vincerent? 2) Fortuna *cum* moribus mutatur, ubi pro continentia et aequitate luxuria insolentiaque ingruere coepit. 3) Servio Tullio, qui magno consens*u* patrum populique rex creatus erat, successit L. Tarquinius, qui nec populi iuss*u* nec patrum voluntat*e* regnavit; nam imperium iniuri*a* atque v*i* (od. *per* iniuriam atque vim) occupaverat. 4) Cum augures Claudium Regillensem dictatorem viti*o* creatum videri un*o* consens*u* dixissent, ille ipse magisterque equitum magistratu null*a* mor*a* se abdicaverunt. 5) Non qu*a* condicion*e* victuri simus agitur, sed utrum simus victuri an *cum* supplicio et ignominia interituri. 6) P. Cornelius Scipio consul, cum Massiliam pervenisset, castris ad Rhodani ostium positis magna *cum* admiratione accepit Hannibalem iam Pyrenaeis montibus magno *cum* exercitu superatis per regiones Galliae meridianas singular*i* (*cum*) celeritate et nullo fere negoti*o* iter fecisse. 7) Ut Numa caerimonias pacis maxim*a* (*cum*) sapienti*a* (= sapientissime) constituerat, ita Ancus bellicas *cum* cura ac diligentia sanxit, ut bella non modo gererentur, sed etiam rit*e* et ordin*e* indicerentur. 8) Cycnos *cum* voluptate atque cantu mori veteres opinabantur. 9) Scipio cognomine Africanus *cum* magna spe votisque civium in Hispaniam profectus est. 10) Hannibal *cum* dolore et indignatione reliquit Italiam, quam per tot annos

prospere et maxim*a* (*cum*) glori*a* devicerat. 11) Galli munitionibus silenti*o* relictis maxim*a* (*cum*) celeritate subito impetum fecerunt in legionarios castrorum *in* munitione occupatos; qui summ*a* (*cum*) virtut*e* (= fortissime) se defenderunt *nullo* ordin*e*, *nullo* imperi*o*; multi etiam nud*o* capit*e* pugnaverunt, quod tempus galeas induendi eos defecerat. 12) Cur *cum* gladio pugioneque ad me accedis, ut terrore me afficias? quod heri *per* dolum speciemque amicitiae adeptus non es, hodie *per* vim non consequere.

106. **Der Abl. instrumentalis ohne Präposition steht bei Sachen auf die Fragen „wovon? womit? wodurch?", um das Mittel oder Werkzeug zu bezeichnen**, z. B. Corn*ibus* tauri, apri dent*ibus*, mors*u* leones se tutantur. Ocul*is* cernimus. Venen*o* exstingui; lact*e* vivere; alien*a* misericordi*a* vivere. Lictores nudatos virg*is* caedunt secur*i*que feriunt. Pyrrhus lapid*e* ictus interiit. Deorum providenti*a* mundus administratur. Sol omnia clarissim*a* luc*e* collustrat. Corpora iuvenum firmantur labor*e*.

Dagegen steht die thätige Person, der persönliche Urheber, von dem eine Handlung ausgeht, mit der Präposition ab, vorzugsweise beim Passiv, z. B. Roma *a* Romulo condita est. **Ebenso sachliche Personenbezeichnungen: *(a)* multitudine hostium opprimi; so *a* collegio, *a* provincia; *ab* ingenio prudentium repudiari u. ä.**

Die Mittelsperson steht mit **per** auf die Fragen „durch wen? vermittelst wessen?", z. B. Senones Caesarem adeunt *per* Aeduos „durch Vermittelung der Äduer". Xerxes certior factus est *a* Themistocle *per* servum. Caesar *per* exploratores cognovit. Hae insidiae Avito *ab* Oppianico *per* Fabricios factae sunt. Non tam utilitas parta *per* amicum quam amici amor ipse delectat. Quid ais? vulgo occidebantur? *per* quos et *a* quibus? Deus Israelitis *per* Mosem leges dedit (dagegen Israelitae *a* Mose ex Aegypto deducti sunt.) Cf. auch 154, 12.

Anm. 1. Auch Personen werden bisweilen als bloße Sachen, als bloße Werkzeuge aufgefaßt und durch den Abl. ohne *ab* bezeichnet, und zwar nicht nur Soldaten (cf. 103, 2), sondern auch Diener, Wächter u. dergl., z. B. Consul hostem tormentis *sagittariis*que et *funditoribus* eminus terruit. *Servis* agrest*ibus* et barbar*is* agros depopulatus est. Tabulis vobis *testibus*que planum faciam. Neque iure iurando neque *obsidibus* teneor. Stipatus *satellitibus*, saeptus *armatis*, domum *custodibus* saepire, comitatus *ministris*, multis *testibus* convictus, montem *hominibus* complere etc. — Tiere werden je nach dem Zusammenhange bald als Personen, bald als bloße Sachen behandelt, z. B. Actaeon *a* suis canibus dilaceratus est. Romulus et Remus *a* lupa nutriti sunt. Aber Currus *equis* vehitur. *Bubus* arare. Venatores lepores *canibus* venantur. Umgekehrt können Sachnamen (bes. *fortuna* und *natura*) mit *ab* stehen, wenn sie personificiert werden; das deutsche „von Natur" heißt *naturā*, aber „von der Natur" *a natura*, z. B. Brevis *a* natura vita nobis data est. Huic occasioni *a* fortuna oblatae deesse noli. Non est consentaneum, qui invictum se *a* labore praestiterit, eum vinci *a* voluptate. Animus occupatur *ab* iracundia. Cupiditates *a* ratione retinentur. Tanta est corruptela malae consuetudinis, ut *ab* ea tamquam igniculi exstinguantur *a* natura dati. So oft deseri *a* mente, *a* re familiari, destitutus *a* spe u. a.

Anm. 2. Wie die thätige Person beim Passiv mit *ab* ausgedrückt wird, so auch bei einigen aktiven Verben mit passivischem Sinne, z. B. *Interire* oder *perire ab* aliquo = pessumdari oder interfici *ab* aliquo (cf. ἀποθνήσκειν ὑπό τινος); *venire ab* aliquo „von jem. verkauft werden"; *poenam habere ab* aliquo (Liv. 8, 20, 11). *Salvebis* (= salutatus eris) *a* mea uxore „ich soll dich von meiner Frau grüßen". Si quid ei *a* Caesare gravius *accidisset*. Über *bene (male) audire ab* aliquo cf. 475.

Anm. 3. Auch bei Adjektiven, die ihrer Bedeutung nach einem Partic. Perf. Pass. entsprechen, steht der *Abl. instrum.*, z. B. *saucius* = laesus, *aeger* = confectus, *fessus* = fatigatus. Cf. Miltiades *aeger* erat vulner*ibus*, quae in oppugnando oppido acceperat. Minturnenses Marium, *fessum* inedi*a* fluct*ibus*que, recreaverunt. Cf. 108, Anm. 1.

Anm. 4. Über den ausgedehnten Gebrauch, welchen der Lateiner von dem *Abl. instrum.* anstatt deutscher Ortsangaben oder eigentümlicher Präpositionalausdrücke macht, cf. 114.

Hier mag nur noch auf folgendes hingewiesen werden:

a) **Afficere** *aliquem re* dient zur Bildung außerordentlich vieler Phrasen, die im Deutschen oft nur durch einfache Verba übersetzt werden, z. B. Afficere poenā „bestrafen, Strafe verhängen über"; iniuriā „beleidigen, eine Beleidigung zufügen"; supplicio „hinrichten lassen, die Todesstrafe verhängen über"; honore „Ehre erweisen, widerfahren lassen"; dolore „betrüben, in Schmerz versetzen, Schmerz verursachen"; magnis muneribus „reichlich beschenken, reiche Geschenke zukommen lassen"; praemio „belohnen"; ignominiā „beschimpfen"; admiratione „überraschen"; gravi morbo affici „schwer erkranken" u. s. w.

b) **Assuescere (aber *consuescere* klass. nur mit Inf.)** „sich gewöhnen", **assuefacere** „gewöhnen", **assuetus** „gewöhnt" (= *assuefactus;* unklassisch consuetus) haben auf die Frage woran? gewöhnlich den Abl., seltener den Dat. oder *ad* c. acc. bei sich, z. B. puro sermone, nullā disciplinā, labore assiduo, (operi atque aliis iustis militaribus, ad supplicia patrum. Liv. 3, 52, 11; 24, 48, 12. Caes. b. g. 6, 28, 4). Cf. auch 84, Anm. 2 a. E.

c) Bei den Verben des Opferns (*sacrificare, facere, sacrum facere,* ***rem divinam*** *facere, immolare, litare*) steht die Person, der man opfert, im Dat., die Sache gewöhnlich (bei ***facere* stets, bei *immolare* selten) im Abl.: Dis victimas** immolare, host*iis* maior*ibus* Iovi sacrificare, tur*e* ac vin*o* (sacra) facere; decemviri rem divinam Apollini fecerunt capr*is* du*abus* alb*is*. Über mactare cf. 54. — Bei den Verben „regnen, schwitzen, fließen, strömen" steht regelmäßig der Abl., z. B. Pluit sanguin*e* (lapid*ibus*, carn*e*, lact*e*). Signum sanguine sudaverat. Herculis simulacrum mult*o* sudor*e* manavit. Der Acc. ist hier sehr selten (z. B. Liv. 10, 31, 8; 28, 27, 16).

d) *Canere tubā, tibiis, fidibus, citharā* „auf der Trompete, Flöte blasen, auf einem Saiteninstrumente, auf der Zither spielen". — *Ludere pilā, aleā, talis* „Ball, Würfel spielen". — Bei *facere, fingere, formare, fabricari* wird der Stoff, aus welchem etwas gemacht wird, regelmäßig durch *ex* ausgedrückt. — *Miscere (commiscere)* „mischen mit" wird mit dem Abl. oder (besonders im bildlichen Sinne) mit *cum*, zuweilen auch mit dem Dat. konstruiert; *permiscere* steht mit Abl. oder *cum*; *admiscere* „beimischen, einmischen" *c. dat.* (= immiscere, 52), aber „vermischen, vermengen mit" *c. abl.* — *Compensare* „etwas ausgleichen, ersetzen, erkaufen durch oder gegen etwas" aliquid *re* oder *cum re.* — *Occupatum esse re* „von einer Sache ergriffen, erfaßt sein" (z. B. aegritudine, cur*is*), aber *in re* „beschäftigt sein mit etwas" (z. B. *in* munitione castrorum, *in* parando bello). Cf. 114, Anm.

107. Bei den Verben **kaufen (emere, redimere, mercari), verkaufen (vendere,** Passiv **venire), feilstehen (licere, venalem esse), kosten (esse, stare, constare), vermieten, verdingen (locare), mieten (conducere)** u. ä. steht der Preis, er mag unbestimmt (*magno, permagno, plurimo* [nicht *maximo* oder *summo*], *parvo, minimo, nihilo*) oder bestimmt (*auro, magnā pecuniā, duobus talentis* u. ä.) angegeben sein, **im Ablativus pretii; nur die vergleichenden Ausdrücke *tanti* (*tantidem*), *quanti, pluris* und *minoris* stehen im Genitiv.**

Anm. 1. Hierher gehören auch Ausdrücke wie: *magno* (= magna mercede) docet „er nimmt für seinen Unterricht ein hohes Honorar"; *quanti* cenas „wie viel bezahlst du für deinen Mittagstisch? *parvo* habito „ich zahle eine geringe Hausmiete"; scribit *mercede*, lavor *quadrante* u. ä. — Für *nihilo constare* „nichts kosten" findet sich bei Cicero nur *gratis* **(„umsonst") *stare*.** Ähnlich auch *bene, male, quam optime emere* od. *vendere, care constare* u. ä. — „Der Sieg kostet das Leben, viele Menschen, große Opfer, viel Blut und Wunden" victoria constat mort*e*, multorum mort*e*, magno detriment*o*, mult*o* sanguine et vulner*ibus*.

Anm. 2. Das Verbum **mutare** und seine Komposita *permutare* und *commutare* „vertauschen für, eintauschen gegen" werden fast stets so konstruiert, daß die Sache, welche man weggiebt, im Acc. steht, dagegen der Gegenstand, welchen man als Ersatz empfängt, in den Abl. tritt, z. B. montes ac silvas urbibus commutare; mutare bellum pace; fidem suam pecuniā; studium belli agriculturā permutare. Selten (nam. bei Dichtern) wird aber das Verhältnis umgekehrt, z. B. von Horaz: Cur valle permutem Sabina divitias operosiores „warum sollte ich gegen mein sabinisches Thal mühevolleren Reichtum eintauschen?" — Die Konstruktion mutare (com-, permutare) aliquid *cum* (oder *pro*) *re*, z. B. *cum* patriae caritate constantiae gloriam commutare, incerta *pro* certis mutare ist nicht häufig, aber tadellos Cic. Verr. 3, 19; Sest. 37. Sall. Jug. 83, 1).

108. Der **Abl. causae** bezeichnet den Grund, die Ursache, die Veranlassung, durch welche oder warum etwas geschieht; er steht ohne Präposition auf die Fragen wodurch? wovon? weswegen? woraus? worüber? infolgewessen? Man unterscheidet:

a) den inneren, in der Seele des Handelnden liegenden Grund oder Beweggrund, z. B. Multi officia deserunt mollitia animi. Plebs novarum rerum studio incepta Catilinae probabat. Nimio gaudio paene desipiebam. Nostri maiores Collatinum suspicione cognationis expulerunt. Desiderio tui misere tabesco. Gaudio oder laetitia exsulto;

b) **den äußeren, in den Verhältnissen liegenden Grund**, z. B. Gubernatoris ars utilitate, non arte laudatur. Gravitate valetudinis raro ad te epistulas do. Beneficio novo memoriam veteris doloris abieci.

Anm. 1. Dieser Abl. steht namentlich bei den Verben und Adjektiven der **Affekte**, wie *dolere, gaudere, laetari, exsultare, maerere, angi* u. ä., welche jedoch zum Teil auch mit dem Acc. oder mit einer Präposition verbunden werden (cf. 29, a, Anm. 3). Von Adjektiven gehören hierher *laetus, maestus, tristis, anxius, superbus* u. ä. — Man unterscheide *delectari* aliqua re od. aliquo homine „seine Freude haben, sein Gefallen finden an" von delectari *ab* aliquo „von jem. in heitere Stimmung versetzt werden".

Anm. 2. Statt des bloßen Abl. wird der Beweggrund auch sehr oft ausgedrückt: a) durch die **Präpositionen** *ob, propter, causa, de, ab* u. a., z. B. Ex castris in oppidum *propter* timorem se recipiunt. Sophistae ostentationis aut quaestus *causa* philosophabantur. Hoc certe scio, me *ab* singulari amore ac benevolentia, quaecunque scribo, tibi scribere. Romulus et Remus ab Amulio *ob* labefactandi regni timorem dicuntur expositi esse. Über *prae* beim hindernden Grunde cf. 137; — b) bei Gemütsstimmungen durch ein entsprechendes **Part. perf. pass.** *c. abl.*, z. B. Amore *impulsus*, aviditate *motus*, cupiditate *inductus*, misericordia *commotus*, odio *incensus*, invidia *adductus*, spe *incitatus*, superbia *elatus*, metu *perterritus*, cupiditate *incitatus*, desperatione *actus*, ira *inflammatus*, taedio *victus*, furore *percitus*, stultitia *occaecatus*, metu *coactus*, verecundia *deterritus* u. s. w.

Anm. 3. Ablativi causae sind auch die defektiven *iussu* „auf Befehl", *iniussu* „ohne Befehl", *concessu, permissu, monitu, accitu, arcessitu, impulsu, arbitratu, hortatu, mandatu, rogatu, missu, oratu* u. a., welche stets in Verbindung mit einem Gen. od. Possessivpronomen stehen, z. B. Haec omnia iussu imperatoris (od. meo iussu) facta sunt. — Ferner *eo* „deswegen" (= ideo, cf. 530, Anm. 2), z. B. Homines suorum mortem *eo* lugent, quod eos orbatos vitae commodis arbitrantur. — Über *causā, gratiā* und *ergo* cf. 137.

Anm. 4. Hierher gehört auch **laborare** „an etwas leiden", bei welchem das Übel und die Krankheit im Abl. steht, aber der leidende Körperteil, sowie überhaupt der Ursprung des Leidens mit *ex* (selten *a*) bezeichnet wird; also: laborare morbo, febri, fame, multis vitiis, aber *ex* capite, *ex* pedibus, *ex* alvo, *ex* aere alieno, *ex* invidia; (bei geistigen Krankheiten, Affekten gebraucht man *ex*, z. B. *ex* invidia, *ex* desiderio). Laborare *de* (od. *pro*) aliquo „wegen jemandes bekümmert, in Sorge sein" (= alicuius causa). Laborare *in* re entweder „sich mit etwas beschäftigen, mit etwas beschäftigt sein" oder „mit etwas in Bedrängnis, in der Klemme sein". — **Fidere** und **confidere** „vertrauen" haben die Person fast ausschließlich im Dat., die Sache im Dat. oder (seltener) im Abl. bei sich. **Diffidere** und **diffisus** werden nur mit dem Dat. verbunden; aber **fisus, confisus** und **fretus** stehen mit dem Abl. (höchst selten mit Dat.); nur sagt man *mihi, tibi, sibi fisus* und *confisus*.

Anm. 5. Der Abl. steht auch bei: a) **niti** „sich stützen auf" (z. B. baculo), welches aber im übertragenen Sinne auch mit *in* c. abl. steht, z. B. Salus rei publicae nititur *in* concordia civium. *Niti ad*, unklassisch *in* aliquid „nach etwas (Hohem) hinstreben, trachten" (z. B. ad gloriam, in vetitum). *Inniti re* od. (selten) *in rem*; — b) **constare** *re* oder *ex re* „auf etwas beruhen, in etwas bestehen", wenn es sich um die Grundlage einer Sache handelt, z. B. Domus amoenitas non aedificio, sed silva constabat. Argumentatio quattuor partibus constat. Temperantia *ex* praetermittendis voluptatibus constat; häufiger ist dafür *constare (consistere) in re*, z. B. Victoria *in* militum virtute *constat*. Über *constare ex* „aus etwas bestehen" cf. 76, Anm. 4. **Stare** *re* „fußen auf, gegründet sein auf" (z. B. iudicio suo, viribus suis, auctore aliquo) und „festhalten an, einer Sache treu bleiben" (z. B. foedere, iure iurando, promissis, pacto; seltener *in re*, z. B. *in* fide, *in* proposito, *in* eo quod iudicatum est); — c) **contineri** *re* „beruhen auf, bestehen in, bedingt sein durch" (eig. „Bestand und Halt haben durch etwas"). *Contentus re* (parvo, paucis, minimo) „zufrieden mit" (cf. 91, Anm. 5); — d) **acquiescere** *re* „durch etwas Ruhe finden, beruhigt, befriedigt werden" (z. B. Clodii morte, parva spe); *in re* „in etwas Befriedigung, Trost und Ruhe finden" (z. B. *in* litteris, *in* adulescentium caritate); — e) **dignari, dignus** und **indignus** *re*. *Dignari*, ein verhältnismäßig seltenes Verbum, heißt bei Cicero nur „würdig geachtet werden"; bei Dichtern und Späteren heißt dignari aliquem re meistens aktivisch „jemanden würdig achten", wofür klassisch aliquem *dignum* re *iudicare (habere, ducere)* gesagt wird. Dignus und indignus mit Gen. unklassisch; — f) **gloriari** *re* „sich einer Sache rühmen, stolz sein auf" (z. B. victoria sua);

*de re* „sich wegen einer Sache rühmen, viel Rühmens machen von etwas" (z. B. de suis beneficiis); in re „seinen Ruhm in etwas setzen, suchen" (z. B. *in* virtute). Über se iactare in re cf. 33, c.

Anm. 6. Der Abl. causae steht zuweilen auch bei den Verben der Wahrnehmung und Erkenntnis (*cernere, intellegere, agnoscere, cognoscere, scire, apparere* u. ä.), z. B. Aves penn*is* cognoscuntur, amicitiae caritate et amore cernuntur. Gewöhnlich steht aber bei diesen Verben *ex* (selten *ab, de*), bei cerni *in*, z. B. Deum agnoscimus *ex* operibus eius. Mores hominum *ex* oculis pernoscere, aetatem equorum *ex* dentibus cognoscere, magna *ex* parvis intellegere. Hae virtutes cernuntur *in* agendo. Cf. auch 98, b.

109. Die Deponentien **uti, frui, fungi, potiri, vesci** (und ihre Komposita *abuti, perfrui, perfungi, defungi*) haben das Objekt im Abl. bei sich. (In der älteren Sprache regierten dieselben als Transitiva den Acc.; eine Nachwirkung davon zeigt 303.)

Anm. 1. *Potiri* regiert bei den Klassikern nirgends den Acc. (cf. jedoch Cornif. 4, 51 u. 57; b. Afr. 36, 4), wohl aber zuweilen den Gen. (z. B. imperii, regni, totius, Galliae), stets in der Phrase *rerum potiri* „sich der Oberherrschaft, aller Macht bemächtigen".

Anm. 2. Uti kann noch einen zweiten prädikativen Abl. bei sich haben: *Vobis* utor amic*is* „ich habe euch zu Freunden". — **Abuti** bedeutet **im Altlatein (wo es mit Akkusativ verbunden wird) „verbrauchen, aufbrauchen". Dieselbe Bedeutung begegnet noch bei Cicero (mit Ablativ), daneben öfter in tadelndem Sinne: „mißbrauchen"; die jeweilige Bedeutung ergibt der Zusammenhang, z. B. Cic. Catil. I 1.**

**Eindeutige Ausdrücke für „mißbrauchen" sind** *male (prave, perverse, intemperanter, insolenter) uti (abuti) re.* — **Vesci** *re* „sich von etwas nähren" wird vorzugsweise von Menschen, *pasci* (gleichfalls *c. abl.*) vorzugsweise von Tieren gesagt, z. B. Fuit olim tempus, cum homines glande vescerentur. Claudius, cum pulli non pascerentur, mergi eos in aquam iussit. — **Frui** „Genuß von etwas haben, Behagen und Befriedigung in etwas finden" schließt den Begriff der Freude über den Genuß in sich (Gegens. carere), z. B. voluptate, bonis suis, amicitiae recordatione; es kann nicht da gebraucht werden, wo das deutsche „genießen" einfach den Sinn „haben, bekommen" hat. Daher heißt „Ehre, Auszeichnung, gute Gesundheit, Unterricht genießen" in honore esse, in laude esse, bona valetudine uti, erudiri. Cf. Sen. de vita beata 10: Tu voluptate *frueris*, ego *utor*. Cf. auch 55, Anm. 1. — **Fungi** kann als Objekt nur den Abl. — (unklassisch den Acc., z. B. Nep. Dat. 1, 2) — eines solchen Subst. bei sich haben, welches ein Amt, ein Geschäft oder eine Pflicht bezeichnet. *Perfungi* „völlig verrichten" (z. B. munere, rebus amplissimis) oder „überstehen" (laboribus, periculis, molestia). *Defungi* „beenden, überstehen" verbindet sich fast nur mit solchen Ablativen, die etwas Unerfreuliches und Drückendes bezeichnen (periculo, bello, laboribus u. a.): defungi vita „ein mühevolles Leben beenden". Zu vermeiden ist das absolute, in der nachklassischen Latinität häufige defunctus „verstorben" für mortuus.

110. 1) Scythae non multum frument*o*, sed maximam partem pecor*e*, lact*e*, mell*e* vivebant atque equorum etiam carn*e* et lact*e* vescebantur; lanae vestisque usum ignorabant; sed ut a frigoris vi corpora tutarentur, pel*libus* ferin*is* utebantur; nam venation*e* maxime delectabantur et non modo minor*ibus*, sed etiam maior*ibus* fer*is* potiri studebant. 2) Amor*e* dei indignos se praebent, qui bon*a*, qua praediti sunt, indol*e* aut perverse aut omnino non utuntur. 3) Numquam Thebani maior*e* auctoritat*e* sunt *usi*, quam cum Epaminondas, qui quidem summ*a* admiration*e* dignus est, rei publicae praeerat. 4) Hoc constat, multos homines, si melior*e* education*e* *usi* essent, multo meliores **futuros fuisse.** 5) Natura humana fert, ut eis faveamus, qui eadem pericula subeant, *quibus* nos perfuncti sumus. 6) Pueri Lacedaemoniorum ad aram Dianae gravissimas plagas taciti excipiebant, uni pudor*e*, alii timor*e*, plurimi glori*a* *ducti.* 7) Cicero non maliti*a* aut invidi*a* (ductus od. inductus), non vanitate aut gloriae cupiditat*e* (motus), sed patriae amor*e* (impulsus od. inflammatus) oppressit Catilinam eiusque socios, qui *ex* aere alieno laborantes vel honorum aviditat*e* (incensi) vel ali*a* qu*a*libet caus*a* (adducti) rei

publicae evertendae cupiditat*e* ardebant (od. flagrabant, tenebantur). 8) Nicias et sociorum defection*e* perculsus et cur*is* labor*ibus*que aeger, idem natur*a* dubius atque incertus Athenienses litteris (od. per litteras) oravit, ut ex Sicilia revocaretur, cum *ex* renibus graviter laboraret nec muner*e* imperatori*o* satis fungi posset. 9) Avari, cum numquam, ne maxim*is* quidem diviti*is* contenti sint, ab Horatio (cum) eis comparantur, qui hydrope laborant. 10) Studium tibi *a* natura insitum esse indigentibus bene faciendi et null*a* *in re* magis te acquiescere dicis quam *in* beneficenti*a* atque voluptat*e* de divitiis largiendi; at mihi non vere beneficus videtur esse, qui *de* benefici*is* glorietur et non un*a* *in* conscienti*a* humanitatis atque honestatis acquiescat, sed glori*a* atque vanitat*e* (impulsus od. adductus) largiatur. 11) Prudentia cum ali*is* (*ex*) *rebus* cognoscitur (od. cernitur *in*) tum temperanti*a*; nam prudentis est nec nimis nec parum *sibi* confidere nec suarum virium ignoranti*a* (ductum) *ad* maiora niti. 12) Cato eam urbem, in qua piscis plur*is* emeretur (od. esset, constaret) quam bos, stare (od. salvam esse) non posse verissime dixit. Fames parv*o* constat, fastidium magn*o*. Victoria ad Asculum parta Pyrrho mult*o* sanguin*e* et vulner*ibus* stetit. 13) Deiotarus, qui propter multa in populum Romanum merita nomin*e* regi*o* *a* senatu ornatus et ali*is* honor*ibus* praemi*is*que affectus erat, *a* Castore nepote reus factus, quod Iulium Caesarem *per* insidias necare voluisset, *per* legatos, quos sui purgandi causa *cum* mandatis Romam miserat, Ciceronem adiit rogans, ut maxim*a* sollicitudin*e* se affectum defenderet. 14) Grav*i* sane error*e* implicati sunt, qui *in* diviti*is*, corporis vir*ibus*, form*a* gloriantur; enixe potius operam debemus dare, ut animi virtut*e* gloriam consequamur.

# C. Orts-, Raum- und Zeitbestimmungen. Präpositionen.

## 1. Orts- und Raumbestimmungen.

111. a) Dictator tabernas tot*a* urb*e* claudi iussit. Tot*a* Graeci*a* nemo Socrate sapientior fuit. **Auf die Frage „wo?" steht bei totus gewöhnlich der bloße Abl. ohne *in*.**

Anm. 1. Jedoch findet sich in diesem Falle auch in guter Prosa häufig *in*, namentlich wenn ein Einzelnes innerhalb des ganzen Raumes bezeichnet wird, z. B. Unus venditor frumenti tota *in* provincia fuisti. *In* toto imperio unus. Nego *in* Sicilia tota ullum argenteum vas fuisse, quin Verres conquisierit. Zuweilen steht *in* auch aus Rücksicht der Koncinnität, z. B. Tota *in* Asia tot *in* civitatibus (Cic. Pomp. 7).

Anm. 2. Auch bei *omnis, cunctus, universus* und *medius* fehlt in beim Abl. auf die Frage „wo?" hin und wieder.

b) Pausanias *eo*dem loc*o* sepultus est, qu*o* vitam posuerat. Equites, ut ab imperatore iussi erant, omn*ibus* loc*is* vagabantur. **Bei loco und locis fällt die Präposition *in* gewöhnlich aus, wenn noch ein Adjektiv oder Pronomen damit verbunden ist,** z. B. Hoc loco, idoneo loco, aliquot locis, multis locis; castra Gallorum opportuno loco erant posita. (Nicht selten steht jedoch auch *in*, also: *in* hoc loco, multis *in* locis, *in* locis campestribus, certo *in* loco considere.) — **Auch dann, wenn locus die übertragene Bedeutung „Zustand, Lage"** hat, fällt *in* gewöhnlich weg, z. B. Res nostrae meliore (deteriore, peiore, eodem, hoc u. ä.) loco sunt; jedoch findet sich auch hier zuweilen *in* (z. B. Quo *in* loco res nostrae sint, intellegitis). — *Loco* (od. *in loco*) heißt nicht selten „an rechter Stelle, bei passender Gelegenheit" = *suo loco*, cf. 230, 3 (z. B. Versus *loco* ponere; offendunt saepe epistulae non *loco* redditae) oder oft *c. gen.* „anstatt, ganz wie" (z. B. Aliquem (*in*) parentis *loco* colere; cf. 19, Anm. 2).

Anm. 3. Wie locus wird auch *pars* und *status* öfters ohne *in* gebraucht, z. B. Hostes, qu*a* part*e* victi erant, mox proelium restituunt. Reliqu*is* oppidi part*ibus* acerrime est pugnatum. Nihil semper su*o* stat*u* manet. Ganz gewöhnlich sind *dextrā* (sc. parte) „zur Rechten", sinistrā und laevā „zur Linken". — Auch sonst stehen zuweilen Ortsbezeichnungen mit adjektivischem Attribute auf die Frage „wo?" im einfachen Abl., wo nach gewöhnlicher und besserer Redeweise *in* hätte hinzugefügt sein müssen, z. B. Aequ*o* camp*o*, dextr*o* corn*u*; Suebi equos *eo*dem remanere vestigi*o* assuefaciunt. — Bei Dichtern und Späteren stehen Ortsbestimmungen auch ohne adjektivisches Attribut im bloßen Abl., z. B. Silv*is* agr*is*que vi*is*que corpora foeda iacent. Nebula camp*o* densior quam mont*ibus* sederat. Stant vertic*e* cristae. Terr*a* caeloque aquarum penuria est.

Anm. 4. Dichter setzen auf die Frage „wohin?" öfters den einfachen Acc., z. B. Spelunc*am* deveniunt. Verba refers aure*s* non pervenientia nostr*as*. Ibimus Afr*os*. Desgleichen findet sich bei Dichtern und seit Livius vereinzelt auch in der Prosa der einfache Abl. auf die Frage „woher?" bei Appellativen und Ländernamen, z. B. Descendere cael*o*; labi equ*o*; vina promere doli*o*; animas evocare Orc*o*; auxilia Britanniā accire; redire Illyric*o*. Cf 94, Anm. 5.

c) Persae a Graecis ad Eurymedontem *terra marique* devicti sunt. Merke **terra marique** „zu Wasser und zu Lande". So auch *et terra et mari, terra et mari;* auch beide Wörter für sich allein, z. B. *terra* („zu Lande") iter facere, *terra* rem gerere; *mari* („zur See") vehi (cf. 114). Aber *in* terra „auf dem Lande", *in* mari „im Meere".

d) Cicero *primo libro* Tusculanarum disputationum egit de morte contemnenda. Schriften oder Bücherstellen werden bei den Verben des Berichtens, Schilderns, **Abhandelns meist ohne** *in* angegeben, wenn von einer Sache die Rede ist, welche den Inhalt der ganzen Schrift oder Bücherstelle bildet; dagegen mit *in*, wenn das in Rede Stehende nur in einem Teile der Schrift oder Bücherstelle vorkommt. Cf. Herodotus *secundo libro* de veteribus Aegyptiis narrat; aber Herodotus *in* secundo libro narrat de mortuis apud Aegyptios conditis. De amicitia *alio libro* dictum est, qui inscribitur Laelius. *Hoc capite* („Kapitel") disputatur de iustitia. Platonis *in libris* multis locis ita loquitur Socrates. Philosophiae vituperatoribus satis responsum est *eo libro*, *quo* a nobis philosophia defensa et collaudata est.

Anm. 5. Wenn man bei einem Citat das Kapitel, den Vers, Paragraphen u. s. w. mit bestimmten Zahlwörtern angiebt, steht der bloße Abl., z. B. Hoc vocabulum exstat apud Herodotum libro quinto capite decimo paragrapho quarta. Iliadis Homeri libro tertio versu decimo.

112. a) Bei den Verben **setzen, legen, stellen** (*ponere, locare, collocare, statuere, constituere*), **sich stellen** (*consistere*), **sich niederlassen** (*considere, subsidere*), **heften** (*figere, defigere*), **eingraben, einprägen** (*insculpere, inscribere, imprimere*), **rechnen unter** (*numerare, habere, putare, ducere*) steht **in c. abl.**, obgleich der Deutsche „wohin" fragt.

b) Dagegen steht bei den Verben **ankommen** (*advenire, pervenire*), **zusammenkommen** (*convenire, coire, concurrere, confluere*, aber nicht *congredi*), **versammeln, vereinigen, zusammenbringen** (*cogere, contrahere, congregare, convocare, congerere, conglobare, colligere* u. ä.), **melden** (*nuntiare*) **einkehren** (*deverti*), **landen** (*appellere* resp. *appelli*) **in c. acc.** (bei Personen *ad*, nicht *apud*), obgleich der Deutsche „wo?" fragt.

Anm. 1. Ausnahmen von der ersten Regel sind nicht selten, beschränken sich aber vielfach auf stereotype Redensarten, über die lediglich der Gebrauch entscheidet; so sagte man *filiam alicui in matrimonium* (aber auch *in matrimonio*) *collocare* „an jemanden verheiraten" (cf. auch Caes. b. g. 1, 18, 7); *in orbem consistere.* — **Incīdere** „einhauen, einschneiden" wird meist mit *in rem* verbunden (z. B. in aes), aber das Part. Perf. Pass. oft mit *in re* (z. B. leges in aere incisae). — Bei **imponere** steht gewöhnlich in *c. acc.* (z. B. exercitum in nav*es*, corpus in rog*um*, servum in eculeum); ebenso bei **exponere** „ausschiffen, ans Land setzen" (milites in terr*am*, in insul*am*, jedoch auch in Afric*a*, in lit*ore*). Man sagt **reponere (referre)** *in numero* „rechnen, zählen unter" (z. B. sidera in numer*o* deorum), aber *in numerum* „versetzen unter" (hominem in numer*um* deorum). — Daß sich sonst vereinzelt Ausdrücke finden, wie Visa in anim*um* imprimere, defigere oculos in possession*es* alicuius (Cic. Phil. 11, 10), oculos in terr*am* figere (Liv.) u. ä., hebt die Regel nicht auf. — *Numerare* hat statt des regelmäßigen *in* c. abl. selten *inter* c. acc.

Anm. 2. a) **Appellere** (od. *applicare*) navem, classem und *appelli* „landen" **ad** (seltener *in*) loc*um*; **exire** (mit oder ohne ex, de navi) „landen" ebensowohl *in* loc*um* als *in* loc*o*; — b) **deverti** „einkehren" **ad** aliquem oder **in** (seltener *ad*) loc*um*; (dagegen *deversari* „eingekehrt sein, als Gast verweilen" *apud* aliquem oder *in* loco); — c) *mergere, demergere, immergere* **„versenken"** in loc*um* (das Particip *demersus* auch in loco oder mit bloßem Abl.); — d) „in einen Ort **einschließen, einsperren**" *includere, concludere* (selten *claudere*) in loc*um* oder (besonders beim Part. Perf. Pass.) in loc*o* oder bloßer Abl.); — e) „an einem Orte **verbergen**" *abdere* in loc*um*; *condere* in loc*um* (vereinzelt in loc*o*, z. B. Cic. Tusc. 5, 27; Liv. 27, 26, 8; unklassisch mit bloßem Abl.); *recondere in* loc*um* (das Part. Perf. Pass. auch *in* loco); *occultare* in loc*o*, zuweilen auch bloßer Abl.; *abscondere* (selten) und *abstrudere* in loc*um* und *in* loc*o*; *occulere* (selten) mit bloßem Abl. Die Participia Perf. *abditus, conditus, absconditus* stehen, wenn der Zustand der Ruhe bezeichnet wird, mit in *c. abl.* (z. B. in silvis, in tectis, in tabernaculis). „Sich in die Wissenschaften vergraben" heißt *abdere se litteris* od. *in litteras*; — f) **vulnerare** hat den Körperteil sowohl mit in *c. acc.* als mit in *c. abl.* bei sich: vulnerari in os, in fronte; — g) **convenire** „zusammenkommen" *in* loc*um* (oder bei Personen *ad* aliquem); jedoch „mit jemandem irgendwo zusammenkommen" aliquem convenire in aliqu*o* loc*o* (oder *apud* aliquem); — h) „Grausamkeit, Milde u. ä. **üben gegen** jem." crudelitatem, clementiam etc. *exercere in* aliqu*o* (unklassisch in aliqu*em*) = *edere in* aliqu*em*, *expromere in* aliqu*em* od. *in* aliqu*o*. „Ein Beispiel **an jem. statuieren**" exemplum *edere in* aliqu*em* = *statuere in* aliqu*em* oder *in* aliqu*o*; — i) „Etwas verwenden auf etwas" aliquid **insumere** *in rem*, **consumere** *in re*, **conferre** *in* oder *ad rem*, (*ponere, collocare in re*).

Anm. 3. Stehen bei diesen Verben Ortsadverbien, so entsprechen:

*ibi, ubi, hic, illic, istic* dem **in** *c. abl.*;
*eo, quo, huc, illuc, istuc* dem **in** *c. acc.*

1) *Ad* insulam appulsi (od. nave *ad* insulam appulsa) ab hospite meo, cuius *in* vill*am* deversuros nos polliciti eramus, benignissime recepti sumus. 2) Cicero, cum cognovisset, quantum periculum saluti communi nefariis Catilinae consiliis immineret, totum animum atque curam in servand*a* *re* public*a* posuit (od. defixit). 3) Sidonii Artaxerxe appropinquante, ne quis spem in fug*a* reponeret, omnes naves combusserunt. Platoni in cunis dormienti apes in labell*is* consedisse dicuntur. Omnem causam meam in tu*a* clementi*a* et benignitat*e* reposui. 4) *Romam* nuntiatum est compluribus locis sanguine et lapidibus pluisse. 5) Vix in castr*a* Poenorum nuntiatum erat legatos Romanorum in Hispani*am* advenisse, cum Hannibal nuntium misit, qui eos ad se venire vetaret. 6) *Ubi* considam nisi in hac sella? *Quo* hodie vesperi conveniemus? 7) Cum rex in urb*em* advenisset, magna hominum vis in for*um* convenit. 8) Pastor gregem boum in prat*um* coegit. Homines avari saepe pecuniam in terr*am* abdunt. 9) Quantae divitiae Corintho Carthagineque deletis atque Macedonibus devictis Rom*am* confluxerint, illa ipsa res documento est, quod ab illo tempore cives omnium rerum immunitatem

habebant. 10) Antonius in statu*a*, quam posuit in rostr*is*, inscripsit: Parenti Optime Merito. 11) Hannonis corpus in cruc*e* fixum est. 12) Lucretia cultrum, quem sub vest*e* abditum habebat, in cord*e* defixit. 13) Spongiam in aqu*am* demergere. Avem in cave*am* (od. in cave*a*) includere. Anulum in armari*um* abdere (od. condere). Sigillum in cer*a* imprimere. Copias un*um* in loc*um* contrahere.

113. In vielfachen Ausdrücken und Wendungen drückt die Präpos. **ab** die Seite aus, auf welcher etwas geschieht oder woher etwas kommt; der Lateiner berücksichtigt hier das Woher?, der Deutsche das Wo? —

1) Aiax *a* sua parte aciem numquam perruptum iri gloriatus est. Fortissimi milites *utrimque* pugnam ciebant: *a* Sabinis Curtius, *a* Romanis Hostius. 2) Acies *a* sinistro cornu inclinare coepit. 3) Ex ponto Euxino per Bosporum naviganti (cf. 57, Anm. 2) *a* sinistra est Bithynia, *a* dextra Constantinopolis. 4) Excubiae tubas canentes *ab* hostium castris audiverunt. Nisi fallor, fores modo concrepuerunt *a* vicino. 5) Sicilia *ab* omnibus partibus (= *undique*) mari cingitur. 6) Britannia *a* septentrionibus Scotiam, *a* meridie fretum Gallicum attingit. 7) Carthago et *a* terra et *a* mari egregie munita erat. 8) Veteres Germani cornua urorum *ab* labris argento circumcludebant atque in amplissimis epulis pro poculis utebantur. Besonders häufig sind: *a fronte* „in der Front, vorn", *a tergo* „im Rücken", *a latere* „auf der Seite, in der Flanke", *ab utroque latere, a lateribus, ab altera parte, a dextrā, a sinistra* „zur Linken", z. B. Alexander a fronte et a tergo hostem habebat. Cf. auch *stare a senatu* „auf der Seite des Senats stehen", *stare ab adversariis, stare a bonorum causa* „für die Sache der Patrioten stehen" (so bes. gern im Gegensatz zu contra, z. B. a mendacio contra verum stare); gratiam inire *ab* aliquo „bei jem. Gunst erlangen, sich beliebt machen" (cf. jedoch Liv. 2, 27, 3; 33, 46, 7). Firmus *ab* equitatu „stark an Reiterei"; inops *ab* amicis (cf. 98, Anm. 5); paratus *ab* omni re; nihil est *ab omni parte* beatum. Hostes ex muro irriserunt, quod tanta machinatio *ab* tanto spatio instrueretur („in so großer Entfernung"). — Auch die Präposition **ex** entspricht oft der deutschen Frage „wo?", z. B. *Ex* pedibus laborare, *ex* equo pugnare, *ex* curru dimicare, *ex* vinculis causam dicere, mulieres *ex* muro pacem a Romanis petierunt, *ex* corporibus occisorum pugnare, una *ex* parte „**auf** einer Seite", alia *ex* parte, *ex* omnibus partibus, *ex* contrario im Gegenteil, *e* vestigio „**auf** der Stelle", *ex* parte „zum Teil, teilweise", magna *ex* parte „zum großen Teil, großenteils" u. a.

Anm. Zu bemerken ist: a) daß der Lateiner seine Briefe meist von dem Orte aus datiert: Brundisi*o*, Capu*a*, Formi*is*, *ex* castris, *ab* Appii foro, *de* Venusino, *a* Pontio *ex* Trebulano; seltener Brundisi*i* u. s. w. auf die Frage „wo?"; — b) bei (*navem*) *conscendere* „sich einschiffen" wird der Ort, wo man sich einschifft, im Lateinischen mit der Frage „woher?" bezeichnet, z. B. Navem conscendere Arent*o*, Ephes*o*, *ab* Herculis portu, *inde* (nicht ibi; cf. jedoch Liv. 44, 23, 9); — c) bei den Verben des Anfangens und Beginnens werden die deutschen Präpositionen „bei, mit" klassisch durch **ab** übersetzt, z. B. Incipio *a* praeceptis, desino in exemplis; omnium magnarum rerum initia *a* dis exordiri; sermonis initium *a* iurgio sumere; *a* facillimis ordiamur; rerum agendarum initium *a* precationibus ducere; *unde* incipiam „wo soll ich anfangen?" *unde* igitur ordiri rectius possumus quam *a* communi parente natura? *hinc* capiamus exordium; — d) bei den Verben des Hangens und Hängens wird das deutsche „an" gewöhnlich durch **ex** (*ab*, *de*) ausgedrückt, z. B. Servum suspendĕre *ex* od. *de* ficu; pendēre *ex* arbore; (*pendere ex* auch bildlich = „abhängig sein von etwas, beruhen auf": ex uno verbo tota haec causa pendet); gladius *e* lacunari aptus erat; officium *ex* honesto aptum est; sagittae pendent *ab* umero; *ex* bono casu omnia suspensa sunt. Tibi spes omnis pendet *ex* fortuna. Seltener steht *in* c. abl. oder der bloße Abl. (Auch die Verben des Anzündens, wie *inflammare, accendere, incendere*, können den Gegenstand, an welchem man etwas anzündet, mit *ex* (*de*, *ab*) bei sich haben, z. B. Cic. fin. 5, 43; de dom. 18). Die Verba des „Anknüpfens, Anbindens an etwas" werden meist mit *ad* konstruiert, z. B. *annectere, alligare, religare, deligare, astringere* u. ä. (cf. 52).

114. Curr*u* vehi, onus umer*is* ferre, pisces ret*i* capere, Appi*a* vi*a* Capuam proficisci, milites omn*ibus* port*is* eruptionem fecerunt, frumentum partim nav*ibus* partim plaustr*is* subvehebatur, adulescentem art*ibus* liberal*ibus* erudire. Solche Ortsbestimmungen, welche sich auch als Bestimmungen des Mittels oder der Ursache auffassen lassen, werden im Lateinischen durch den bloßen **Abl. instrum.** ausgedrückt; dies ist namentlich der Fall: a) wenn von einem Wege, Flusse, Thore u. a. die Rede ist, auf welchen oder durch welche (= mit deren Benutzung) eine Thätigkeit vor sich geht, z. B. Fugientes divers*is* itiner*ibus* in castra se receperunt. Iter conficiebamus pulverulent*a* vi*a*. Amnem vad*o* traicere. Flumin*e* frumentum subvehere. Mari Aegaeo navigare. Tiber*i* Romam venire. Hellespont*o* in Europam traicere. Du*abus* port*is* omnem equitatum emittere. Boves port*a* Collin*a* in urbem ducti. Omn*ibus* port*is* prorumpunt; (nur selten steht in diesem Falle *per* z. B. Liv. 9, 24, 12; 24, 46, 7); — b) bei sehr zahlreichen Verben und Redensarten, z. B. unterrichten in (*erudire, instituere; imbuere* „eintauchen, einweihen in"; auch *initiare* „in einen Geheimdienst einweihen", z. B. Bacchis, mysteriis, eo ritu), einladen in oder zu (*invitare* tecto ac domo, epul*is*, hospiti*o*), empfangen zu, aufnehmen in (*accipere* cen*a*, epul*is*, hospitio; *excipere* scaph*a*; *recipere* tect*o*, dom*o*, civitate), verwickeln in (*implicare* morb*o*, negoti*is*, bell*o*), anfeuern, reizen, herausfordern zu (*incendere, inflammare, incitare, lacessere, provocare*), verbergen in (latebr*is* se *occultare*, legionem silv*is* *abdere*, se litter*is*), sich halten in, sich ruhig halten in (*tenere* se castr*is*, exercitum *continere* castr*is*, munimentis, coll*e*, *se continere* oppid*o*, moen*ibus*), stark sein an (*valere* equitat*u*, ingeni*o*), üben in (*exercere* arm*is*, curs*u*) u. s. w.

Anm. Nicht selten findet sich jedoch statt des Abl. auch die **Präposition**, z. B. *Erudire* aliquem *in* iure civili, *in* re militari, *in* arte medica (bei einzelnen Wissenschaften und Künsten); — *implicare* aliquem od. implicari *in* difficultatem, *in* morbum; — *invitare* aliquem dom*um* su*am*, *ad* cenam, *in* hospitium; — *accipere* aliquem *in* arcem, *in* amicitiam; *recipere in* civitatem, *in* fidem; — milites *continere in* castris, *intra* vallum; bildlich stets *in*, z. B. aliquem *in* officio „in Gehorsam, in Unterwürfigkeit halten"; — provocare *ad* pugnam, lacessere *ad* certamen; inflammare *ad* cupiditates, incendere *ad* studium u. s. w. — Unterscheide *instituere* aliquem *re* „jem. in etwas unterrichten, unterweisen" (z. B. bon*is* art*ibus*, Graec*is* doctrin*is*) von *instituere* aliquem *ad* rem „heranbilden zu" (z. B. *ad* humanitatem, *ad* dicendum). — Man sagt regelmäßig *abdere* und *condere* aliquid *in rem* (cf. 112, Anm. 2); ferner *diffluere re* „ganz aufgehen in, verkommen in etwas" (delici*is*, luxuri*a*, oti*o*); aber *occupatum esse in re* „sich beschäftigen mit, arbeiten an etwas" (bei Livius auch der bloße Abl.). Cf. 106, Anm. 4, d.

115. 1) Legatus, **cum diu otiosus castr*is* se tenuisset,** classem a rege port*u* receptam esse certior factus, cum excursione omn*ibus* port*is* facta hostes atroc*i* proeli*o* vicisset omnemque agrum igni ferroque vastasset, omnes, qui fortes se praestiterant, magnificis donis affecit. 2) Iphicrates exercitum conducticium, cui praeerat, omn*i* gener*e* armorum ita exercuit, ut tota Graecia nullius copiae exercitatiores viderentur. 3) T. Pomponii pater, cum et dives et litterarum studiosus esset, filium omn*ibus* art*ibus* litter*is*que *eis* erudiendum curavit, *quibus* adulescentes Romani imbui tum solebant. 4) Alexander cum toto exercitu secund*o* Ind*o* vectus, ubi ad Oceanum pervenit, milites partim nav*ibus* partim ped*ibus* (od. itiner*e* terrestr*i*) in Mesopotamiam redire iussit. 5) Venator, **cum equ*o* vehens complures iam feras telis confecisset,** cum venabulo in virgulta ingressus est, ut ursum interficeret, qui speluncā se occultabat. 6) Milites eruptione portā decumanā facta, cum hostium munitiones perrupissent, castra opportuno loco collocaverunt, quo satis (multum) frumenti partim flumin*e* partim mar*i* subvehi posset. 7) Portitor parvā cymbā flumen nos traiecit. 8) Magnam pecuniam testament*o* alicui legare. Caecum hominem man*u* ducere. Aliquem furor*e* inflammare. Aquam ham*a* haurire. Sanguinem pater*a* excipere. Aliquid verb*is*,

oratione complecti. Comitiis (nicht *in* comitiis od. *in* comitia!) coire od. convenire. Equo (von mehreren equis) vel pedibus merere. Cava manu bibere. 9) Clodius proelium cum Milone commisit *in* sacra via (in diesem Satze kann die Straße durchaus nicht als Mittel gedacht werden. Cf. *In* Aurelia via aliquot homines de caelo tacti sunt. *In* eo itinere Orgetorix persuasit Castico, ut regnum occuparet).

116. a) **Die Namen der Städte, Dörfer und kleineren Inseln,** (die meistens nur eine, mit der Insel gleichnamige Stadt haben), stehen auf die Frage **wohin?** im **Acc.**; — auf die Frage **woher?** im **Abl.**; — auf die Frage **wo?** im **Abl.**, aber die *Singularia* der 1. und 2. Deklination im **Gen.**

Anm. 1. Die Formen Romae „zu Rom", Corinthi „zu Korinth" rc. auf die Frage „wo?" sind keine eigentlichen Genitive, sondern adverbiale, vermittelst des lokalen i gebildete **Kasus**formen (der sogen. „**Lokativ**"). „Zu Rom" hieß ursprünglich Roma-i, „zu Korinth" Corintho-i, woraus erst später Romae, Corinthi entstand. Das lokale i hat sich erhalten in *domi, humi, ruri, orbi, belli, ibi, ubi* u. ä; auch *animi* „im Geiste, im Herzen" (cf. 84, Anm. 4) ist ein Lokativ. Daher erklärt es sich auch, daß bei Städtenamen der 3. Dekl. auf die Frage „wo?" zuweilen nicht die Endung e, sondern jenes lokale *i* erscheint, z. B. Carthagini, Tiburi, Troezeni, Anxuri, Lacedaemoni. So auch die alte Formel *arbori infelici* aliquem suspendere „am Galgen aufhängen" (Liv. 1, 26, 6).

Anm. 2. Die griechischen Städtenamen der 1. Dekl. auf *e* bilden den Lokativ auf *ae*, z. B. Sinōpae. — Die zusammengesetzten Städtenamen, wie Alba Longa, Carthago Nova, Teanum Sidicinum, werden wie die einfachen Namen konstruiert, z. B. Carthaginem Novam proficisci, Teani Apuli habitare, **Carthagine Nova relictus.**

b) Wenn zu dem Namen einer Stadt oder Insel auf die Fragen wo? woher? wohin? eine **Apposition** (*urbs, oppidum, municipium, colonia, insula* etc.) tritt, so steht bei derselben regelmäßig die entsprechende Präposition. Hat die Apposition kein Attribut bei sich, so steht sie mit der Präposition voran und der Eigenname stimmt mit ihr im Kasus überein; hat sie aber ein Attribut bei sich, so wird sie mit der Präposition nachgestellt, und der Eigenname steht in dem regelmäßigen Kasus; also: in oppidum Cirtam, ex oppido Cirta, in oppido Cirta; aber Cirtam, in oppidum Numidiae; Cirta, ex oder ab oppido Numidiae; Cirtae, in oppido Numidiae. (Nur selten fehlt bei der nachgestellten Apposition die Präposition, z. B. Antiochiae, celebri urbe; deducetur Capuam, urbem amplissimam).

c) Wenn zu einem Städtenamen ein attributives Pronomen oder Adjektiv tritt, so bleibt auf die Fragen wohin? und woher? am besten der Acc. und der Abl. ohne Präposition; auf die Frage wo? aber stehen in solchen Verbindungen alle Städtenamen im Abl. mit oder ohne *in* (bei *totus* stets ohne in), z. B. *in* ipsa Alexandria, ipsis Athenis, tota Carthagine, tota Corintho, Athenis tuis; ipsa Samo profectus sum. — Ein angeknüpftes Relativum muß die Präposition bei sich haben, z. B. Athenae, *in quibus, in quas, a* (*ex*) *quibus*, wofür jedoch lieber *ubi, quo, unde* oder *in qua urbe, in quam urbem, a* (*ex*) *qua urbe* gesagt wird.

Anm. 3. Wie die Städtenamen werden auch konstruiert: a) **domus** (in dem Sinne „Wohnung, Heimat") und **rus** (das Land im Gegensatze zur Stadt): *domum* „nach Hause, in die Heimat"; *domi* „**zu Hause, daheim**"; *domo* „von Hause". *Rus* „aufs Land"; *rure* „vom Lande"; *ruri* „**auf dem Lande**". **Sind jedoch** Attribute mit *domus* verbunden, so stehen die Präpositionen *in* und *ex* (z. B. *in* veterem domum remigrare *e* nova, *in* amplam domum, *in* castissima Crassi domo, *in* illa domo, una *in* domo, *ex* pudica domo); sind aber die Possessivpronomina (*mea, tua, sua, nostra, vestra*) oder das Adjektiv *aliena* oder der Name des Besitzers dazugesetzt, so pflegt die Präposition zu fehlen, z. B. *domi meae, tuae, alienae, domi Caesaris; domum meam, nostram, domum Pomponi; domo nostra, domo Maelii.* Seltener stehen in diesem Falle die Präpositionen *in* und *ex*; — b) **belli** und **militiae** „im Kriege", aber fast nur in Verbindung mit domi: *domi bellique, domi militiaeque* „im Krieg und Frieden, zu Hause und im Felde"; *nec domi nec* *belli, et domi et belli, sive domi sive militiae, aut domi aut militiae* u. ä.; — c) **humi** „auf dem Boden" oder „zu Boden" (wofür die Dichter auch *terrae* sagen. Selten ist *humo* „vom Boden"); — d) die zeitlichen Ausdrücke *luci* „am (hellen) Tage" und *vesperi* „am Abend" (neben luce u. vespere).

Anm. 4. Wenn domus nicht „Wohnung, Behausung, Heimat" bedeutet, sondern nur das Gebäude oder Lokal bezeichnet, so wird es fast stets mit Präpositionen verbunden, z. B. Milites hieme saltem *in* domos ac tecta reduci oportet. Aqua *in* domos civium inducta est. — (Nicht selten ist bei domus die Präposition durch das Streben nach Concinnität veranlaßt, z. B. Ex vita discedo tanquam *e* domo; sicut in aram confugit *in* huius domum.) — Sind mehrere Personen da, die nicht dieselbe Heimat haben, so heißt „nach Hause" *domum* oder *domos*, „von Hause" *domibus*.

117. 1) Zu dem Städtenamen wird **ab** hinzugefügt, wenn das Weggehen aus der Nähe (der Umgegend, dem Weichbilde, dem Hafen) einer Stadt bezeichnet werden soll. — 2) Der Städtename hat **ad** bei sich: a) entsprechend dem deutschen „bei, in der Nähe" (= apud) oder „vor, in die Nähe" (Capu*ae* esse „in Capua sein", aber *ad* Capuam esse, proficisci „vor Capua stehen, marschieren"); b) wenn die Ausdehnung bis zu, die Richtung nach — hin, überhaupt der Gegensatz des Woher zu dem Wohin bezeichnet werden soll.

Anm. Livius gebraucht bei Städtenamen auf die Frage woher? meist die Präposition *ab*. — Man sagt stets longe *a*, gewöhnlich procul *a* und usque *ad*, (bei Ländernamen usque *in*). —**Notwendig ist die Präposition, wenn sie in prägnanter Bedeutung von einem Substantiv abhängt, z. B. via *ad* Casilinum; recentissimae *a* Cibystris meae litterae; quinto mense *a* Carthagine Nova „4 Monate nach dem Aufbruch von C. N."** — Zur Bezeichnung der Herkunft in Ausdrücken wie „Magius aus Cremona" dient regelmäßig das Adjektiv: Magius Cremonensis, (höchst selten Magius Cremonā od. a Cremona). Cf. auch 95, Anm.

118. 1) Zuweilen, jedoch im ganzen sehr selten, fehlt bei den Namen von Ländern oder großen Inseln auf die Frage wohin? und wo? die Präposition *in*. Es scheint nicht geraten, diesen Gebrauch beim Lateinschreiben nachzuahmen. — 2) Ausdrücke aus der Sprache des gewöhnlichen Lebens und des Briefstils im Sinne von: „Hast du etwas nach Rom zu bestellen?" „Dieser Weg führt in den Wald." „Ich gedachte auf mein pompejanisches Landgut (nach Italien, nach Rom)" sc. proficisci. Cf. auch: Eo die cogitabam in Tusculano (sc. manere). Cic. Att. 2, 8, 2; 5, 15, 3; 12, 1, 1; 9, 1, 3. — 3) In einigen prägnanten Ausdrücken, in denen die Begriffe Ruhe und Bewegung (esse und venire) unbewußt vereinigt sind, steht in *c. acc.*, wo man in *c. abl.* erwarten sollte. So heißt *in alicuius potestatem esse* „in jemandes Gewalt (geraten) sein" (Cic. Verr. 5, 98; pro leg. Man. 33); hostes *in potestatem* habere „Feinde in seine Gewalt (gebracht) haben" (Sall. Iug. 112, 3). Doch ist dergleichen selten. Cf. auch *esse in vadimonium* coepit (Cic. Quinct. 22); *in amicitiam pop. R. dicionemque esse* (div. Caec. 66); Vitruvium *in carcerem* asservari iussit (= in carcerem conici et ibi asservari). Adesse *in senatum* iussit. Militibus *in conspectum* fuit. Habere *in animum*, *in gratiam* (Sall. Iug. 111, 1). *In aciem stare; in orbem stare* (*pugnare, se defendere*). *Haerere in terga.*

119. Der Lateiner macht die näheren lokalen Bestimmungen eines Ortes bei Ausdrücken der Bewegung und Ruhe ebenfalls von dem Verbum abhängig, setzt also dieselben als Apposition. — 1) Naves Messanam in portum deducere. Ardeam in castra venire. Milites Apolloniam in Epirum traicere. Exercitum in hiberna in Sequanos deducere oder in Sequanis in hibernis collocare (cf. Caes. b. g. 1, 54 und 3, 29). — 2) Verres magnam vim vasorum Corinthiorum ex omnibus aedibus sacris abstulit Syracusis; idem Agrigento ex fano Scipionis monumentum sustulit. Tarento ex portu proficisci. — 3) Romae in foro rostra erant. In curia Syracusis. (Der attributiven Form des Deutschen entspricht in curia Syracusana, ex portu Tarentino etc.)

120. Nein; denn der Acc. der Ausdehnung steht nicht bei *magnus*, *crassus* und *profundus*. Man gebraucht statt derselben die Abl. *magnitudine*, *crassitudine*, *altitudine* mit dem Gen.; also Hic clavus digiti crassitudine est. Cf. Scrobis trium pedum altitudine (oder auch *in altitudinem*). Caesar murum duxit sedecim pedum altitudine (oder in altitudinem).

121. 1) Wenn eine Entfernung im Raume mit *abesse* u. *distare* auf die Frage „wie weit entfernt?" bezeichnet werden soll, so kann die Bestimmung des Maßes sowohl im Acc. als im Abl. stehen. — 2) Auch die Entfernung, in der etwas geschieht, kann mit beiden Kasus ausgedrückt werden. (Jedoch die Wörter spatium und intervallum stehen in beiden Fällen regelmäßig im Abl.).

Anm. Beachte die Ellipse von spatio in Ausdrücken wie: Castra aberant bidu*i*, tridu*i* (sc. spatio). — Ist der Ort, von dem aus die Entfernung gemessen wird, weggelassen, so wird das Entfernungsmaß durch *a* c. abl. bezeichnet, z. B. Ariovistus *a* milibus duobus passuum castra posuit „in einer Entfernung von zwei Meilen". Ingens turris *a* magno spatio instructa est. — Auf die Frage „wie weit entfernt?" steht auch *longe* c. acc., z. B. Copiae Treverorum tria milia passuum *longe* a castris Romanorum consederant.

122. 1) Vix in castra Poenorum, quae erant *ad* Saguntum, legatos Romanorum mar*i* (od. nave) *in* Hispani*am* advenisse nuntiatum erat, cum Hannibal misit nuntium, qui eos ad se venire vetaret. 2) Augustus septuaginta sex annos natus Nol*ae*, *in* oppido Campaniae, mortuus non (*in*) ips*a* Rom*a* (= in urbe ipsa) in foro, sed in campo Martio crematus est. 3) Multi aliquantum interesse obliviscuntur, utrum su*ae* an alien*ae* dom*i* (od. *in* su*a* an alien*a* dom*o*) versentur. 4) Tot*a* Graeci*a* nemo sapientior fuit Socrate, cuius (*in*) dom*um* veniebant omnes, qui sapientiae cupidi erant. 5) Horatius Tibur*e*, amoenissim*a* *in* urb*e*, libentissime commorabatur. Consul (*a*) Sor*a* in Samnites profectus exercitum rect*a* (sc. via) *ad* Feritrum perduxit. 6) Vermis, qui hum*i* repit, et aquila, quae sublimis in aere volat, ab eodem deo procreata sunt. 7) Sine ulla dubitatione corpora hum*i* prosternite, nam caespes *hoc* loc*o* umidus non iam est. 8) Locus a Caesare et Ariovisto ad colloquium electus a castris utriusque aequ*o* spati*o* aberat; pass*ibus* ducent*is* (od. pass*us* ducent*os*) ab eo loco Caesar legionem constituit; **pari** intervall*o* equites Ariovisti constiterunt. 9) Hannibal biduo et duabus noctibus Hadrumet*um* pervenit, quod oppidum *a* Zama circiter trecent*a* mil*ia* (od. trecent*is* mil*ibus*) passuum aberat. 10) Postquam multis laboribus periculisque dom*i* bell*i*que (od. et dom*i* et militi*ae*) perfunctus sum, tandem res meae melior*e* loc*o* esse coeperunt.

## 2. Zeitbestimmungen.

123. 1) Auf die Frage **wann?, in welcher Zeit?** steht der bloße Abl. (**Abl. temporis**) **und zwar nicht nur bei eigentlichen Zeitbegriffen** wie *tempus, annus, mensis, dies, aetas, hora, nox* u. ä. (z. B. Hoc anno, paucis diebus, horā octavā, supremo vitae die, aestate et hieme, antiquis temporibus „im Altertum", ineunte aetate „beim Eintritt in das bürgerliche Leben"), **sondern auch:**

a) **bei Namen der Feste, Spiele und Versammlungen,** z. B. Panathenaeis, ludis, ludis publicis, ludis Apollinaribus, Saturnalibus, gladiatoribus „bei den Gladiatorenspielen"; Latinis (feriis) „während des latinischen Bundesfestes"; comitiis consularibus „zur Zeit der Konsulwahlen"; proximo senatu „bei der nächsten Senatssitzung";

b) **bei** *initio, principio* **„anfangs" und namentlich bei den Substantiven der 4. Dekl. wie** *adventu* (*primo adventu*), *discessu, exitu, adspectu, ortu* (od. *occasu*) *solis* u. ä. Dabei ist noch zu bemerken, daß die Abl. *adventu* und *discessu* häufig nicht sowohl „bei der Ankunft, zur Zeit des Weggangs" als „nach der Ankunft, nach dem Weggange" bedeuten und dann außer der Angabe der Zeit oft auch die des Grundes enthalten, z. B. Bituriges eorum discessu statim cum Arvernis iunguntur. Eius adventu Bituriges ad Aeduos legatos mittunt;

c) **bei andern Substantiven, welche Ereignisse, Verhältnisse, Zustände bezeichnen, jedoch meist nur, wenn sie durch ein Attribut näher bestimmt sind,** z. B. Extremo spiritu „beim letzten Atemzuge", tumultu servili, bello Persarum, rebus secundis (adversis, dubiis) „in günstiger (ungünstiger, bedenklicher) Lage", prima luce „bei Tagesanbruch", silentio noctis „in tiefer Nacht" u. ä.

Anm. 1. Da das Wort „Zeit" im Sinne von „Zeitalter", besonders wenn dieses durch irgend eine historische Persönlichkeit näher bestimmt und charakterisiert wird, **meist durch den**

Plur. *tempora* oder den Sing. *aetas*, *memoria* ausgedrückt wird, so heißt „zur Zeit des Pyrrhus" Pyrrhi *temporibus* (oder *aetate*, *memoriā*). Clisthenes *illis temporibus* multum valuit dicendo. Memoriā maiorum nostrorum „zur Zeit unserer Väter". — „Im Altertum" heißt *antiquis temporibus*, unlateinisch (in) antiquitate. — Das relative „**wo**" wird in Bezug auf eine Zeit nicht durch *ubi*, (welches im relativen Gebrauche nur lokal ist), sondern durch das Relativpronomen oder durch die Konj. *cum* ausgedrückt, z. B. Fuit quoddam tempus, *quo* (oder *cum*) in agris homines bestiarum more vagabantur. — Bei Angabe der Tagesstunden und Jahreszahlen gebraucht man nicht die Kardinalzahlen wie im Deutschen, sondern die Ordnungszahlen, z. B. Hora nona „um 9 Uhr", anno centesimo „im Jahre 100".

2) **In c. abl. steht bei Zeitangaben:**

a) **bei Zahladverbien und Distributivzahlen zur Bezeichnung, wie oft innerhalb eines Zeitraumes eine Handlung sich wiederholt**, z. B. Bis *in* die, aliquoties *in* mense, ter *in* anno. Sol binas *in* singulis annis reversiones facit. Decies *in* hora. Nur ausnahmsweise fehlt in diesem Falle die Präpos. (z. B. Liv. 28, 6, 10);

b) **bei Angabe von Lebensaltern und Ämtern, wenn dieselben ohne Attribut stehen**, z. B. *in* pueritia, *in* senectute, aber primā pueritiā, extrema senectute; *in* consulatu, aber primo consulatu;

c) **in vereinzelten Ausdrücken, namentlich solchen, welche nicht sowohl eine Zeitbestimmung geben, als vielmehr die Umstände (Verhältnisse) bezeichnen, unter denen etwas geschieht.** Cf. *In praesentiā* (selten *in praesenti*) „vor der Hand, für jetzt, unter den gegenwärtigen Umständen"; *in fame* „zur Zeit der Hungersnot"; *in vita, in omni* (*tota*) *vita; in summa inopia* „zur Zeit der größten Not"; *in tempore* „zu rechter Zeit", wofür aber klassisch bloß *tempore* (*tempori*) steht; *in tali* (od. *eo, eiusmodi*) *tempore* „unter solchen Umständen, in solcher (kritischen) Lage". **Man sagt *in bello* „in Kriegszeiten", *in pace* „in Friedenszeiten" (ohne Präposition nur in gegensätzlicher Stilisierung, z. B. Cic. off. 2,16; Phil. 8,3; öfter bei Livius), dagegen mit Attribut gewöhnlich ohne *in* bes. zur Datierung: *bello Latino, bello praedonum*.**

Anm. 2. Wenn das deutsche „in" den Sinn von „**innerhalb, im Verlauf von, während**" hat, so steht entweder der Abl. mit oder (öfter) ohne *in* oder *intra* oder *inter* (= „während der ganzen Dauer"), z. B. Quattuor tragoedias *sedecim diebus* absolvisti. Roscius Romam *multis annis* non venit. *Hoc biduo* morietur. Senatus decrevit, ut legati Iugurthae *in diebus proximis decem* Italia decederent. Pompeio *in sex mensibus* ducenta talenta promissa sunt. O miserum senem, qui mortem contemnendam esse *in tam longa aetate* non viderit! *In hoc bello Asiatico* „während der Dauer dieses asiatischen Kriegs". *In tota vita* inconstans. *In bello civili* „im Verlauf des Bürgerkriegs". Agamemno cum universa Graecia *intra* decem annos vix unam cepit urbem. Germani *inter* quattuordecim annos tectum non subierant. Omnia commemorabuntur, quae *inter* decem annos facta sunt.

Anm. 3. Bei dem allgemeinen Ausdruck *res* „Umstände, Verhältnisse" wird meist der bloße Abl. gesetzt, z. B. *bonis, secundis, prosperis, dubiis, adversis rebus* „in günstiger u. s. w. Lage"; doch steht manchmal auch *in*.

124. 1) Pugnatum est continenter hor*as* quinque oder quinque hor*as* continu*as* (**Acc. der zeitlichen Ausdehnung** auf die Frage „wie lange?", z. B. Appius *multos annos* caecus fuit, cf. 120). — 2) Pugnatum est continenter *per* horas quinque. (**Per** bei Zeitbestimmungen bezeichnet die ununterbrochene Dauer.) — 3) Pugnatum est continenter hor*is* quinque. Zuweilen findet sich bei Zeitangaben auf die Frage „wie lange?" der **Abl.** zur Bezeichnung eines Zeitraumes, innerhalb dessen etwas geschieht, z. B. Bidu*o* ad Tigrin stativa Alexander habuit. Metellus in eisdem castris quadridu*o* moratus est. Abducillus principatum in civitate mult*is* ann*is* obtinuerat. Vixit ann*is* nonaginta. Ita Hamilcar se Africo bello *per quinque annos*, ita deinde *novem annis* in Hispania gessit.

125. 1) Alexander mortuus est un*um* mens*em* et triginta tr*es* ann*os* *natus*. Galba septuaginta tr*es* ann*os* *natus* Neroni in principatu successit. *
**Natus** „alt" erfordert allemal eine bestimmte Angabe des Alters im Acc. — 2) Dionysius

maior tyrannidem magna retinuit felicitate *maior*que ann*os* sexaginta *natus* decessit. Pompeio rogante sanctum lege est, ne quis *minor* triginta ann*os natus* magistratum caperet. Hannibal *minor* viginti quinque ann*os natus* proximo triennio omnes fere Hispaniae gentes subegit. Wie man sagt *natus viginti annos*, so sagt man auch *maior* (*minor*) *viginti annos natus* oder *natus plus* (*amplius, minus*) *viginti annos* oder (mit Weglassung von natus) *maior* (*minor*) *viginti annis*; selten maior (minor) viginti ann*orum* (als Gen. qualit.) oder maior (minor) viginti ann*is* natus. — 3) Sex iam dies (= septimum iam diem) rex in hac urbe versatur. Patria nostra tres iam annos (= quartum iam annum) bello civili ardet. Lacedaemonii septingentos iam annos amplius unis moribus et nunquam mutatis legibus vivunt. Wenn das deutsche **seit** in Verbindung mit einer Zeitangabe die Dauer bezeichnet, so wird es durch den Acc. der zeitlichen Ausdehnung ausgedrückt. Ist in diesem Falle die Zeitangabe mit einem bestimmten Zahlworte versehen, so kann im Lateinischen statt des Kardinalzahlwortes auch die Ordinalzahl (im Singular) stehen, wobei jedoch der Lateiner das noch laufende Jahr (Monat, Tag &c.) mitrechnet, z. B. Mithridates *annum* iam *vicesimum tertium* regnat „schon seit 22 Jahren" (= viginti duos iam annos). Iumenta *quartum* iam *diem* sine pabulo retinebantur „schon seit drei Tagen". Bezeichnet das deutsche „seit" nur den Anfangspunkt, von dem aus man rechnet, so wird es durch *ex* (bei Zeitangaben, Zeitpunkten) oder *ab* (bei Personen, Ereignissen, Zuständen; häufig auch *iam inde ab*, cf. 497, Anm. 1) oder *post* übersetzt, z. B. *Ex* Kalendis Ianuariis ad hanc horam invigilavi rei publicae. *Ex* adulescentia tua in amicitiam meam te contulisti. Animus vixit *ab* omni aeternitate. Centesima lux est haec *ab* interitu Clodii. Tertius *ab* eo casu dies. Dies *ex* eo die (oder *post* eum diem) quintus. (*Iam inde*) *ab* antiquissimis temporibus. Man sagt *a prima aetate* oder *ab ineunte aetate* „seit dem Eintritt in das bürgerliche Leben" (d. h. vom 16. oder 17. Lebensjahre an), *a* primo tempore aetatis, *ab* infantia, *a* pueritia, *ab* adulescentia, *a* puero oder (von mehreren Personen) *a* pueris „seit der Kindheit". „Seit Menschengedenken" heißt *post hominum memoriam* oder *post homines natos*.

126. 1) Pauc*is* di*ebus* post mortem Scipionis. Sex ann*is* ante **oder** sext*o* ann*o* ante. Novem di*ebus* post **oder** non*o* post di*e*. Non mult*o* post. Paul*o* **oder** brev*i* ante. Aliquant*o* ante. Auf die Frage „wie lange vorher? wie lange nachher?" steht der Abl. des Zeitmaßes (*Abl. mensurae*) mit nachgestelltem oder eingeschobenem **ante** oder **post** (nicht antea, prius oder postea! cf. jedoch Cic. Cluent. 130; inv. 2, 154; rep. 2, 60; Verr. 5, 142); also *tribus annis ante* oder *tribus ante annis* = *tertio anno ante* oder *tertio ante anno* „drei Jahre vorher oder früher"; *sex mensibus post* oder *sex post mensibus* = *sexto mense post* oder *sexto post mense* „sechs Monate später". Merke besonders: *multo ante* „lange vorher, viel früher"; *multo post* „lange nachher, viel später"; **paulo (nachkl. brevi)** *ante* (*post*) „kurz vorher (bald nachher)"; *aliquanto ante* (*post*) „geraume Zeit vorher (später)"; *non ita multo ante* (*post*) nicht eben lange vorher (nachher)". — An das nachgestellte *ante* und *post* kann sich noch ein Acc. schließen, z. B. Homerus multis annis ante Romul*um* fuit. Annis fere quingentis decem post Rom*am* condit*am* Livius fabulam dedit anno ante nat*um* Enni*um*. Folgt im Deutschen ein Satz mit „als" (z. B. „Drei Jahre früher, als (= bevor) er gekommen war", „Sechs Tage später, als (= nachdem) er abgereist war"), so wird „als" im Lateinischen mit *quam* übersetzt, welches ebensowohl unmittelbar hinter ante oder post stehen als auch von ihnen getrennt sein kann (z. B. Tribus annis ante quam venerat oder ante annum tertium quam venerat; sexto die post quam profectus erat oder post sextum diem quam profectus erat).

Anm. 1. Stehen *ante* und *post* **vor** der Zeitangabe, so erfordern sie den Acc. und sind gewöhnlich Präpositionen = „vor" und „nach", doch nicht selten auch Adverbia = „vorher" und „nachher", z. B. Post tres dies revertit (Cic. Sest. 89; Phil. 2, 89; Quinct. 41 u. 82. Caes. b. g. 4, 9, 1; 4, 28, 1; 6, 33, 4). — Nur vereinzelt finden sich Stellen, an denen *ante* und *post* in der Bedeutung „vorher" und „nachher" vor dem mit ihnen verbundenen Abl. stehen, z. B. post aliquanto, post non multo, ante paulo.

2) Themistocles patria pulsus iniuriam ingratae patriae non tulit, sed idem fecit, quod viginti annis (**oder** vicesimo anno) ante fecerat Corio-

lanus. Aliquot annis post confectum bellum servile Caesar honores petere coepit. — 3) *Abhinc* decem ann*os* minimus filius meus natus est. *Abhinc* quindecim di*es* maxima mea soror mortua est. **Abhinc** „heute vor, jetzt vor" steht mit dem Acc. (selten mit dem Abl., Cic. Rosc. 37), und zwar stets vor der Zeitbestimmung und nur mit Kardinalzahlen. Cf. Pater Sosippi abhinc viginti ann*os* mortuus est. Demosthenes abhinc ann*os* prope trecent*os* fuit. (Ganz vereinzelt steht abhinc ohne Bezug auf die Gegenwart für ante, z. B. Cic. Verr. 2, 130. Übrigens kann man statt abhinc decem annos auch sagen *his* decem ann*is* (cf. Cic. Verr. 4, 39; Sen. 50; Rep. 1, 58; Liv. 2, 34, 10) oder *ante* decem ann*os* (unklassisch *ante hos* decem ann*os*, z. B. Phaedr. 1, 1, 10). Cf. Anm. 2. — 4) Pridie Kalend*as* Mai*as*. Postridie Id*us* Decembr*es*. **Pridie** und **postridie** werden, gleichsam wie die Präpos. *ante* und *post*, mit dem Acc. der Monatstage sowie der Feste und Spiele verbunden (z. B. pridie Saturnal*ia*, postridie lud*os* Apollinar*es*); in allen anderen Fällen sagt man *pridie quam*, *postridie* (oder *postero die*) *quam* mit folgendem Perf. oder Plusqpf., z. B. pridie quam Athenas veni; postridie quam illa erant acta. Über *pridie (postridie) eius diei* cf. 547, Anm. 2. — 5) Legati indutias *in* di*es* triginta impetraverunt. Quamvis incerta sit vita, tamen consilia *in* mult*os* ann*os* inimus. Caesar Dumnorigem monuit, ut *in* reliqu*um* temp*us* omnes suspiciones vitaret. Profectionem *in* crastin*um* di*em* protulimus. Vale *in perpetuum*. Die Zeitbestimmung auf die Frage „auf wie lange Zeit?" wird mit **in** *c. acc.* bezeichnet; auch auf die Frage „auf wann? bis auf welche Zeit?" zur Bezeichnung eines noch bevorstehenden Termins nimmt man **in** *c. acc.*, z. B. Solis defectiones *in* mult*os* ann*os* praedicuntur. Ad cenam aliquem invitare *in* poster*um* di*em*. *In* ann*um* creatus „auf ein Jahr erwählt". *In praesens tempus* „für die Gegenwart"; *in omne tempus* „für alle Zeiten". Proelium differre *in* terti*um* di*em*. — 6) *Sub* exit*um* anni. *Sub* hor*am* octav*am*. *Sub* vesper*um*. **Sub** *c. acc.* „gegen" bezeichnet die Annäherung an eine Zeit; seltener hat es die Bedeutung „gleich nach", z. B. Sub eas litteras statim recitatae sunt tuae; sub haec dicta, sub hanc vocem. Dagegen bezeichnet **sub** *c. abl.* bald eine ungefähre Zeitbestimmung (z. B. sub bruma „um die Zeit der Wintersonnenwende"), bald eine Gleichzeitigkeit (z. B. sub decessu suo „während der Zeit, wo er die Provinz zu verlassen hatte"). Livius gebraucht bei Zeitbestimmungen auch *circa* c. acc. im Sinne von „um, gegen". — 7) In diem vivere. In (od. ad) multam noctem vigilare. Numerus hostium in dies (oder singulis diebus) augebatur. Morbus in horas (oder singulis horis) ingravescebat. — 8) *Ad* constitutam diem venire. *Ad* mensem Ianuarium te exspectamus. Pyrrhus captivis Romanis castra relinquere permisit ea condicione, ut *ad* quartum diem redirent. **Ad** dient nicht nur in der Bedeutung „bis zu" (= *usque ad*) zur Angabe der Zeit, bis zu welcher etwas dauert (z. B. *ad* centesimum annum vivere, *ad* lucem dormire), sondern wird auch in der Bedeutung „auf, an" zur Angabe eines Zeitpunktes gebraucht, mit welchem eine gegebene Frist abläuft. — 9) *De* nocte. *De* tertia vigilia. *De* mense Decembri iter ingrediemur. **De** bei Zeitbestimmungen heißt „noch im Laufe, noch während, schon während", z. B. multa *de* nocte „noch tief in der Nacht"; potare *de* die „noch am hellen Tage"; Milo in comitium *de* nocte venit „schon zur Nachtzeit"; Caesar media *de* nocte complures turmas eo misit. Seltener heißt es „unmittelbar nach". — 10) *Intra* sextum diem domum redibo. *Intra* finem huius mensis. **Intra** (meist mit einer Ordinalzahl) heißt „(noch) vor Ablauf", z. B. *Intra* decimum diem, quam Pheras venerat, Crañonem cepit. Omnes *intra* annum cum stirpe extincti sunt.

Anm. 2. Wie im Deutschen in Sätzen wie: „In einigen Tagen werde ich dir das Geld zurückgeben" die Präposition „in" den Sinn von „nach" hat, so dient auch im Lateinischen der einfache Abl. zur Bezeichnung des zeitlichen „nach", z. B. Huius ordinis auctoritas nunc intervallo longo restituta est. Ipse Tarraconem paucis di*ebus* pervenit. Dies ist besonders häufig bei folgendem Relativsatz der Fall, z. B. Mors Roscii quadriduo, quo is occisus est, Chrysogono nuntiatur (cf. 366, 2). So auch *eo biduo* „nach zwei

Tagen, zwei Tage nach dem erwähnten Ereignisse", *hoc triduo* „nach drei Tagen von heute an gerechnet". Hanc urbem *hoc biennio* evertes. (Übrigens kann *hoc biennio*, wenn es sich um vergangene Dinge handelt, auch bedeuten „vor zwei Jahren", *paucis hisce diebus* „vor wenigen Tagen", *his annis quadringentis* „vor vierhundert Jahren", cf. 126, 3.)

127. 1) Quod in epistula, quae *abhinc* quindecim di*es* (od. *his* quindecim die*bus* od. *ante* quindecim di*es*) mihi reddita est, te multo libentius in urbe quam ruri vivere scribis nec ab amico invitatum tot*a* aestat*e* rus esse venturum: ego *ab* initio veris *quartum iam mensem* in praedio amici commoror atque magnopere doleo, quod *intra* octo dies (od. einfach octo *diebus*) rure redeundum mihi est, ut comiti*is* in urbe adsim. 2) Paene oblitus sum tibi scribere amicum nostrum, qui ips*o* natal*i* su*o* in urbem profectus est medici consulendi causa, Saturnal*ibus* aegrotare coepisse et *decimum iam diem* gravissima febri laborare; sed medicus, qui bis *in* die eum visit, illum *ad* mensem Octobrem domi apud nos fore confirmavit. 3) Maior saepe gloria est (*in*) tempore servasse exercitum quam multa milia hostium occidisse.

## 3. Präpositionen.

128. Als **Adverbien** werden folgende Präpositionen gebraucht: *Adversus* „entgegen" (z. B. adversus resistere; nemo adversus prodibat); — *ante* „voran, vorher" und *post* „hinten, nachher" (z. B. Et feci ante et faciam post; paucis diebus ante oder post; servi, qui post erant); — *circa*, selten *circum* „ringsum", *contra* „gegenüber, im Gegenteil" (z. B. Omnia contra circaque hostium plena erant); — *coram* „von Angesicht zu Angesicht, persönlich" (= praesens); — *extra* „draußen, außerhalb" (z. B. Extra et intus hostem habemus; sensibus ea quae extra sunt percipimus); — *infra* „unten"; *intra* „innerhalb, inwendig"; *supra* „oberhalb, oben" (z. B. Iumenta supra atque infra constituere) oder „mehr als" (z. B. supra duo milia septingenti); *super* „oben darauf, darüber" (z. B. satis superque); *citra* „diesseits"; *ultra* „jenseits, weiter"; — *iuxta* „daneben, auf gleiche Weise" (z. B. iuxta consistere; obsidentes obsessosque inopia iuxta vexavit; iuxta aestimo „ich achte es gleichviel"); bei Cicero hat iuxta stets adverbiale Bedeutung; — *prope* „in der Nähe, beinahe"; *propter* „in der Nähe" (z. B. propter est spelunca; propter intueri); — *pone* „hinten"; — *prae* „voran" nur altlateinisch in i prae und abi prae. — Die Präposition *ad* wird zuweilen, wenn sie bei Zahlangaben den Sinn von „ungefähr" (= circiter, fere, selten quasi) hat, wie ein Adverb gebraucht und braucht alsdann keinen Acc. zu regieren, z. B. Fuimus omnino ad ducentos. Ad mille ducenti eo proelio ceciderunt. Occisis ad hominum milibus quattuor. — Desgleichen findet sich auch *praeter* „ausgenommen" vereinzelt adverbiell im Sinne von *praeterquam* bei dem durch die jedesmalige Konstruktion bestimmten Kasus der ausgenommenen Person oder Sache, z. B. Ne quis praeter armatus violaretur. Ab armis discedere licuit praeter rerum capitalium condemnatis. Cavendae sunt quaedam familiaritates praeter perpaucorum (Cic. Att. 5, 3, 2; Sall. Cat. 36, 2; Liv. 4, 59, 7).

Anm. 1. Umgekehrt werden (jedoch selten) auch einige Adverbien gleich Präpositionen mit einem Kasus verbunden, nämlich mit dem Acc. *circiter* (c. Kalendas, meridiem, noctem), und mit dem Abl. *palam* „öffentlich vor" (palam populo „vor den Augen des Volkes", Liv. 6, 14, 5); — *clam* „heimlich vor" (clam vobis; in der vorklassischen Zeit steht es stets mit dem Acc., z. B. clam patrem); — *procul* „fern von" (procul mari, haud procul moenibus, freto Siculo, procul dubio = sine dubio; haud procul seditione res erat; doch ist *procul a* ausschließlich klassisch). — Bei Dichtern und älteren Prosaikern steht *simul* mit dem Abl. statt des prosaischen *simul cum* (z. B. Hor. sat. 1, 10, 86), und *usque* mit dem Acc. statt des regelmäßigen *usque ad* (z. B. bei Curtius: Indi corpora usque pedes carbaso velant). Cf. 146, 3.

Anm. 2. Alle eigentlichen Präpositionen sind ursprünglich Adverbia loci und bezeichnen demnach zunächst Raumverhältnisse, werden aber dann auf zeitliche und überhaupt unsinnliche Verhältnisse übertragen. Je deutlicher deshalb erkannt wird, welches Raumverhältnis eine Präposition bezeichnet, desto deutlicher wird auch ihr metaphorischer Gebrauch begriffen werden.

129. *Versus, tenus* und die uneigentlichen Präpositionen *causā*, *gratiā*, *ergō* stehen fast ausnahmslos hinter ihrem Nomen. — **Cum** muß stets an die Personalpronomina angehängt werden,

also: *mecum, tecum, secum, nobiscum, vobiscum.* Auch an das Relativpronomen wird cum meist angehängt, also: *quocum, quacum, quibuscum*; doch findet sich oft auch *cum quo, cum qua, cum quibus.*

Anm. **Versus** (selten *versum*) erfordert, außer bei Städtenamen, regelmäßig die Präpos. *in* oder *ad* vor dem Substantiv, also: ad Oceanum versus, in Italiam versus proficisci; castra movere in Avernos versus; (Ausnahmen sehr selten, z. B. Cic. Fam. 3, 8, 10); dagegen Romam versus, Brundisium versus. Man gebrauche aber versus durchaus nur von einem Orte, nach welchem hin sich etwas bewegt, nicht von der Zeit; „gegen Mittag" (d. h. um die Mittagszeit) heißt nicht meridiem versus, sondern sub meridiem; „gegen Abend" nicht vesperum versus, sondern sub vesperum.

130. 1) **Per** wird in Beschwörungen und Bitten zuweilen durch (den Acc. und mit diesem auch durch den Nom. der persönlichen) Pronomina von seinem Kasus getrennt. Cf. Liv. 23, 9, 2. (Bei Cicero ist diese Trennung nicht nachzuweisen, nur vermutet Planc. 103. Cf. aber pro Deiot. 8.) — 2) Attributive Adjektiva werden vom Substantiv getrennt und vor die Präposition gestellt, wenn auf denselben ein stärkerer Nachdruck liegt. Ebenso tritt die Präposition gern zwischen ein Pronomen und das dazu gehörende Substantiv. (Dies ist jedoch nicht gerade häufig bei is, ea, id der Fall; man stellt gewöhnlich ob eam causam, de ea re). — 3) Die Präposition kann von ihrem Kasus durch einen Genitiv getrennt werden. Ist dieser Genitiv von einem Relativsatze begleitet, so kann die Präposition oft weit von ihrem Nomen entfernt sein, z. B. Haec officia pertinent *ad* earum rerum, quibus utuntur homines, *facultates.*

Anm. Beachte die Stellung der Präposition bei Begriffskomplexen in Beispielen wie: In bella gerentibus. In suum cuique tribuendo. Cum ignominia dignis. Opera ad beneficiis obstringendos homines. Dergleichen ist jedoch selten.

4) Die Präposition kann durch ein Adverb von ihrem Kasus getrennt werden, wenn das abhängige Wort ein Particip oder Gerundium ist. — 5) Die Präposition kann von ihrem Kasus durch die Konjunktionen *autem, vero, tamen, quidem, enim* getrennt werden. Doch ist diese Art der Stellung im allgemeinen selten; für gewöhnlich sagt man post Alexandri autem Magni mortem etc. — 6) Die Präposition wird bisweilen durch die Konjunktionen *et — et, aut — aut, vel — vel, simul — simul* von ihrem Kasus getrennt. — 7) Zuweilen tritt ein einzelstehendes Pronomen relativum oder (seltener) demonstrativum vor die Präposition, besonders wenn dieselbe zweisilbig ist; sehr gewöhnlich res, *qua de* agitur. Diese Stellung der Präposition hinter ihrem Nomen heißt *Anastrophe;* von derselben machen die Dichter und späteren Prosaiker nicht nur bei den demonstrativen und relativen Pronomen, sondern auch bei Substantiven Gebrauch und trennen wohl gar die Präposition ganz von ihrem Kasus, z. B. *Vitiis* nemo *sine* nascitur. — 8) Die Konjunktion *que* darf nicht an alle Präpositionen gehängt werden, sondern wird vielfach zu dem folgenden Nomen gefügt. Sie tritt bei Klassikern nie an die Präpos. *ab, ob, sub, apud, a* und *ad*, öfters an *post, pro, per, de, cum, in* und *ex*, regelmäßig an *sine, trans*, die zweisilbigen auf ā (z. B. contra, extra) und diejenigen Präpositionen, die auch adverbiale Bedeutung haben können (auch an *inter* und *propter* außer bei Pronominen). Dieselbe Regel scheint auch für die Suffixe *ve* und *ne* zu gelten. — 9) Die Präposition *inter* steht zuweilen, als beiden Substantiven gemeinschaftlich, zwischen ihnen und zwar unmittelbar hinter dem ersteren.

131. 1) Da im Lateinischen zwei Präpositionen nicht unmittelbar zusammenstehen dürfen, so muß man sagen cum militibus ex Graecia arcessitis oder cum arcessitis ex Graecia militibus. In urbe ad mare sita. — 2) Man muß sagen ad moenia praesidiis firmanda; a militibus proelii cupidis; in locum mihi invisum; denn die Präposition kann von ihrem Subst. nur in den oben (130, 2—4) besprochenen Fällen getrennt werden.

Anm. Nur bei Angabe der nach den Kalenden, Nonen und Iden zu bestimmenden Tage können zwei Präpositionen *in ante — ex ante — post ante* unmittelbar zusammentreffen, z. B. Comitia *in ante* diem VI. Kal. Iunias dilata sunt.

132. Die Präpositionen werden wie im Deutschen bei mehreren beigeordneten Substantiven jedesmal wiederholt, wenn jeder einzelne Begriff besonders gefaßt und nachdrücklich hervorgehoben oder der Gegensatz oder die Verschiedenheit der Begriffe bezeichnet werden soll, z. B. Helvetii *pro* multitudine hominum *et pro* gloria belli angustos fines habebant. Ea plaga accepta est *in* Asia, *in* Illyrico, *in* ipsa Alexandrea, *in* urbe, *in* Italia. Legati *ab* Aeduis *et a* Treveris venerunt. Orationes efflagitatas *pro* Scauro *et pro* Plancio absolvi. Mens sapientis *ad* iubendum *et ad* deterrendum idonea. Dieses ist besonders der Fall, wenn die Begriffe durch *et—et, tam—quam, non solum—sed etiam, cum—tum, aut—aut, nec—nec*

etc. auseinander gehalten werden, z. B. Et in senatu et in foro. Hoc ex te potius quam ex aliis velim cognoscere. Non solum a me, sed etiam a senatu. Non ex mea opinione, sed ex hominum rumore. — Dagegen unterbleibt die Wiederholung, wenn die Begriffe zu einer Einheit zusammengefaßt und zu einem Ganzen verbunden werden sollen, z. B. Ad ludum et iocum factus; misericordia utilis est ad opem ferendam et calamitates hominum sublevandas; pro aris focisque pugnare. Dieses ist besonders der Fall: a) vor Appositionen, z. B. Cum duobus ducibus de imperio in Italia decertatum est, Pyrrho et Hannibale. Aristoteles tribus in generibus rerum versari rhetoris officium putat, demonstrativo, deliberativo, iudiciali; b) in kurzen, lebhaften Aufzählungen und Einteilungen, z. B. Hoc apparet in bestiis, volucribus, nantibus, agrestibus, cicuribus, feris. In formis aliis dignitas inest, aliis venustas; c) bei unvollständigen Fragen, die sich eng an das Vorhergehende anschließen, oder in verkürzten Antworten, wenn die Präposition schon in der Frage steht, z. B. Ante tempus mori miserum est. Quod tandem tempus? — A Iove incipiendum putat. Quo Iove? — A rebus gerendis senectus abstrahit. Quibus? an eis, quae geruntur iuventute et viribus? — d) beim Relativum in abgekürzten Sätzen, wenn zugleich dasselbe Verbum ergänzt werden muß, welches bei dem vorausgehenden Demonstrativum steht, z. B. Sumus in eadem causa, *qua* vos. Cimo incidit in eandem invidiam, *quam* pater eius. In tantum luctum detrusus es, *quantum* nemo umquam. Me tuae litterae numquam in tantam spem adduxerunt, *quantam* aliorum. Stulti scriptoris est non posse omnibus de rebus cavere, *quibus* velit. Dagegen notwendig: In istis molestiis, *in quibus* es hoc tempore, non diutius eris; in eis autem, *in quibus* etiam nos sumus, fortasse semper eris.

Anm. Nach dem komparativischen *quam*, nach *nisi* und den vergleichenden Partikeln *ut*, *sicut*, *quasi*, *tamquam* wird die Präposition fast stets wiederholt. — Wenn zu einem Präpositionalausdrucke ein durch *hoc est*, *id est* „das heißt" eingeleiteter substantivischer Zusatz tritt, so wird die Präposition wiederholt, wenn das betreffende Substantiv eine bestimmte sachliche Erklärung bietet, nicht bloß eine nebensächliche Bemerkung oder etymologische Definition enthält. — Bei *interest* „es ist ein Unterschied" wird die Präpos. *inter* oft vor dem zweiten Substantiv wiederholt, z. B. Interest inter hunc *et inter* illum. Nihil inter te *et inter* quadrupedem aliquem interest. Notwendig ist diese Wiederholung der Deutlichkeit wegen, wenn auf einer oder auf beiden Seiten des Vergleichs mehrere Glieder stehen, z. B. Multum interest inter assentatorem et levem civem *et inter* severum et gravem.

133. Wenn zwei Präpositionen zu einem Substantiv gehören, so wird dieses im Lateinischen entweder zu jeder Präposition besonders gesetzt oder bei der zweiten durch das Pronomen *is* vertreten. Nur solche Präpositionen, welche auch adverbial gebraucht werden (cf. 128), wie *contra*, *ante*, *extra*, *citra* etc., können, wenn sie nachgestellt sind, auch ohne wiederholtes Nomen stehen. — 1) Ante castra et in castris (od. in iis) od. ante castra et intra. 2) Cis Oceanum et trans Oceanum (od. trans eum). 3) Supra terram et sub terra od. supra terram et infra. 4) Alii pro lege, alii contra (eam) dixerunt. 5) Nonnullae bestiae et intra aquam et extra (aquam) vivere possunt. 6) Equorum partim ante silvam partim in ea pascebantur. 7) Sophistae dicebant veri inveniendi causa contra omnia dici oportere et pro omnibus, ut, qui audirent, ratione potius quam auctoritate ducerentur. 8) Stoici negabant quidquam esse bonum nisi quod honestum esset, Peripatetici (sc. dicebant), plurimum atque adeo longe plurimum honestati esse tribuendum, sed tamen et in corpore et extra esse quaedam bona. Cf. auch: Quaeritur, quid ante rem, quid cum re, quid post rem evenerit. Et in consulatu et post consulatum defensor pacis fui. Amicitia per se et propter se expetitur. In caede atque ex caede vivere. Quae pro lege Licinia contraque eam dicta erant.

Anm. Sehr selten sagt der Lateiner gerade wie der Deutsche supra subterque terram, intra extraque munitiones etc. (Caes. b. c. 3, 72, 2; Liv. 39, 4, 9; 25, 5, 6).

134. Die drei Präpositionen *ab*, *de* und *ex*, welche eine Entfernung von einem Gegenstande bezeichnen, unterscheiden sich so: Ab bezeichnet einfach eine Entfernung oder ein Ausgehen von einem Gegenstande und heißt einfach „von",

z. B. Caesar maturat *ab* urbe proficisci; Aquitania *a* Garumna flumine ad Pyrenaeos montes pertinet; Hadrumetum *a* Zama milia passuum decem abest. — De bezeichnet zunächst „herunter, herab, hinab" von dem Bereiche eines höhern Gegenstandes nach einem niedrigeren, z. B. Descendit *de* rostris; decurrit *de* colle; dicitur panis *de* Capitolio iactatus esse in hostium stationes. Sodann bezeichnet de die Trennung einer wesentlichen Verbindung, eine Trennung vorher eng verbundener Gegenstände und heißt „von — her, von — weg", z. B. *De* digito anulum detraho; *de* praeda ne teruncium quidem attigit. — Ex bezeichnet eine Trennung aus dem Innern eines Gegenstandes, z. B. Dareus *ex* Asia in Europam traiecit; *ex* vita discedo tanquam *ex* hospitio; lucus *ex* insula conspiciebatur. Cf. Sagittae pendebant *ab* umero „von der Schulter"; *deque* viri collo dulce pependit onus „von dem Halse herab"; alii pendent *ex* arbore gleichsam „aus dem Baume", weil sie daselbst angeknüpft sind und so mit dem Baume verwachsen erscheinen. Am nächsten steht ex in der Bedeutung der Präposition de, so daß in vielen Verbindungen beide in fast ganz gleichem Sinne gebraucht werden. Cf. 94.

Anm. Die Form *a* steht nur vor Konsonanten, *ab* vor Vokalen und Konsonanten (jedoch selten vor b, v, m, f, p, g, q; häufiger vor d, j, l, n, r, s; nicht selten vor c und t), *abs* fast nur in der Verbindung abs te, wofür (häufiger) a te, aber nie (?) ab te gesagt wird. — *E* steht nur vor Konsonanten, das weit häufigere *ex* vor Vokalen und Konsonanten. Manche Verbindungen zeigen eine stereotype Form; so sagt man regelmäßig e regione, e re publica, ex tempore, ex parte, ex sententia, ex me, ex te, ex se u. ä.

135. Für *ad* ist nach gewöhnlichem Sprachgebrauche *apud* zu setzen; denn wenn die Präpos. „bei" vor einem Personennamen auf die Frage „wo?" steht (besonders in dem Sinne „in dem Hause, in der Umgebung, im Bereiche jemandes", französisch chez), so wird sie durch *apud*, zuweilen durch *cum* „in Gemeinschaft, in Gesellschaft" übersetzt, z. B. Neoptolemus *apud* Lycomedem erat educatus. Fuisti *apud* Laecam illa nocte. Cum Athenas venissem, sex menses *cum* Antiocho philosopho fui. Bei Verben wie *esse*, *habitare*, *cenare*, *vivere* u. ä. stehen apud und cum fast ohne Unterschied. — *Ad* findet sich auf die Frage „wo?" in Verbindung mit Personennamen so selten, daß es kaum nachgeahmt werden darf; es gehört fast nur der Umgangssprache an. (Cf. Ad me bene mane fuit Cic. Att. 10, 16, 1 u. 10, 4, 8; ad regem remanere Liv. 24, 48, 9; ad exercitum manere Caes. b. g. 5, 53, 3; segnius bellum ad hostes apparatur Liv.).

136. 1) *Apud* Homerum Nestor saepissime de virtutibus suis praedicat. Cui non risum moveat Thersites *Homericus?* Man sagt *apud* Homerum, *apud* Ciceronem, *apud* Livium u. s. w. (nicht *in* Homero, *in* Cicerone u. s. w.), wenn man sich auf Äußerungen oder Vorkommnisse in den Schriften der betreffenden Personen bezieht. Ausdrücke wie „Herkules bei Xenophon" (d. h. der bei Xenophon erwähnte oder von Xenophon geschilderte Herkules), „Odysseus bei Homer, Ajax bei Sophokles" übersetzt man in der Regel mit Anwendung eines aus dem Namen gebildeten Adjektivs: Hercules Xenophontius (= Hercules qualis est apud Xenophontem), Ulixes Homericus, Aiax Sophocleus. Seltener steht der Gen., z. B. Prometheus ille Aeschyli „der Prometheus bei Äschylus". — 2) *Per* deos *iurare*. *Per* vos memoriam adulescentiae una exactae obtestor (cf. 130, 1). „Bei" heißt *per* bei Schwüren und Beteuerungen. — 3) In regnis potestas *penes* reges est. *Penes* vos summa victoriae constat. *Penes* „in der Gewalt, im Besitze jemandes" wird nur auf Personen bezogen, z. B. Occiso Caesare res publica *penes* Brutos videbatur esse et Cassium. — 4) *Inter* ambulationem a via aberrare. *Inter* cenam obdormiscere. *Inter* epulas nullum verbum ex ore eius exiit. Das zeitliche „bei" im Sinne von „während, im Verlauf von" heißt *inter*, (unklassisch auch beim Gerundium, z. B. Mores puerorum *inter ludendum* simplicissime se detegunt, cf. 451, 5). — 5) Caesar *ad* (od. *apud*) oppidum constitit et *iuxta* (od. *propter*) murum

castra posuit. Caesar viginti tribus vulneribus percussus *iuxta* (od. *propter*) Pompei statuam concidit. Cycnus nidum facit *iuxta* (od. *própter*) ripas. Das lokale „bei“ heißt bei Sachnamen *ad* oder *apud* (cf. 135); „dicht neben, hart an“ *iuxta* (cf. 128) oder (bei Cicero) *propter*, z. B. Sepultus est *iuxta* viam Appiam; propter Platonis statuam consedimus. Im übertragenen Sinne steht *iuxta* erst seit Livius (9, 9, 4) im Sinne von secundum „gleich nach, zunächst nach“ zur Bezeichnung des Ranges, der Reihenfolge, z. B. *Iuxta* deos in tua manu positum est imperium. — 6) Legatos *circum* vicinas gentes mittere. *Circum* urbes Etruriae errare. „Bei—herum, in—herum“ in Verbindung mit einem Verbum der Bewegung heißt *circum* (seit Livius auch circa). — 7) *Praeter* (od. *secundum*) pratum rivus fertur. Teutoni copias suas *praeter* castra Marii traduxerunt. *Secundum* „entlang, längs—hin“; *praeter* „neben—vorbei, vor—hin“. — 8) Superiore nocte *cum animo meo* (od. *mecum*) multa consideravi. *Cum animo meo* constitui in Americam demigrare. In den Redensarten „bei sich bedenken, überlegen, beschließen“ *cum animo suo* (od. *secum*) agitare, cogitare, reputare, considerare, volvere, volutare, statuere u. ä. wird der Überlegende gleichsam im Verkehr mit seinem eigenen Geiste gedacht. Statt *cum* animo suo statuere sagt man auch *apud* animum suum statuere. Cf. 230. — 9) *In* summ*a* prudenti*a* (od. quamvis prudens sis) tamen deceptus es. Improbus *in* maxim*is* divit*iis* (od. licet omnibus rebus abundet) beatus non est. „Bei“ = „trotz, ungeachtet“ wird durch *in* c. abl. oder (öfter) durch einen vollen Konzessivsatz übersetzt.

137. **Propter „infolge von“ bezeichnet den thatsächlich vorliegenden, objektiven Grund, von dem oder durch den etwas geschieht,** z. B. Attius Navius *propter* paupertatem sues puer pascebat. *Propter* frigora frumenta in agris matura non erant. — **Causa „um — willen“ bezeichnet nicht einen schon wirklich vorhandenen Grund, sondern eine Absicht, etwas zu erreichen,** z. B. Sophistae appellabantur ii, qui ostentationis aut quaestus *causa* philosophabantur. Ad Druidas magnus adulescentium numerus disciplinae *causa* („um sich unterrichten zu lassen“) concurrit. — **Ob, von der Bedeutung „entgegen, gegenüber“ (cf. 141) ausgegangen, dient zunächst zur Bezeichnung eines Gegenwertes, Entgelts,** z. B. Cic. Font. 27 Qui ob aliquod emolumentum suum cupidius aliquid dicere videntur, iis credi non convenit. Dann selteneres Synonym für propter, hauptsächlich in den Ausdrücken *ob* hanc (hanc *ob*) causam, *ob* hasce (hasce *ob*) causas, *ob* eam causam, quam *ob* causam, quas *ob* causas, quam *ob* rem, *ob* eam rem, *ob* id ipsum. Einzeln merke: mortem obire (interfici, vulnus accipere) *ob* rem publicam im Sinne von pro. — **Gratiā heißt eigentlich „zu Gunsten, zuliebe, aus Liebe zu“, aber in der Regel schlechtweg wie causa „um — willen“** (Virgines Sabinae ludorum *gratia* Romam venerant); **doch sagt man in Prosa niemals mit dem Possessiv mea, tua, sua etc. gratia für mea, tua, sua etc. causa. — Prae „vor, wegen“ steht nur bei Angabe eines hindernden Grundes in negativen Sätzen,** z. B. *Prae* iracundia non sum apud me. Nomen alicuius *prae* metu ferre non posse. Matres ac coniuges *prae* gaudio non memores decoris obviam agmini procurrerunt. Cf. 108.

Anm. 1. Das archaistische *ergo* kommt nur selten in feierlicher Rede, in Urkunden und Gesetzesformeln in Verbindung mit einem Gen. vor, z. B. virtutis *ergo* donari; victoriae *ergo* donum dedit.

Anm. 2. *Causa*, aber nicht gratia, hat zuweilen auch in der besten Prosa dieselbe Bedeutung wie *propter*, z. B. Maxime *timoris causa* pro se quisque id munus legationis recusabat.

Anm. 3. „Wegen“ im Sinne von „soviel ankommt auf, mit Rücksicht auf“ heißt *per*, wenn es sich um eine Möglichkeit, ein Können, Dürfen, Erlauben, Zulassen handelt, z. B. Rex *per* valetudinem id bellum exsequi non potuerat. Antea *per* aetatem mihi nondum licebat auctoritatem huius loci attingere. Reliquum aestatis tempus quietum fuisset *per* Poenum hostem.

138. 1) *Propter* fastidium odiosus mihi es. Cicero Marcum filium Athenas ad Cratippum misit *propter* summam auctoritatem et urbis et magistri. 2) Venatores canes venationis *causa* condocefaciunt. Mercatores maria transmittunt quaestus *causa*. 3) Christus hominum *gratia* mortem subiit. 4) Quam multa, quae nostra ipsorum *causa* non faceremus, amicorum *gratia* facimus! 5) *Propter* (*per*) strepitum (od. *prae* strepitu) fieri non potuit, ut verba oratoris perciperentur. 6) Cum Perses quidam esset gloriatus: Solem *prae* sagittarum multitudine non videbitis, Leonidas respondit: In umbra igitur pugnabimus. 7) Puella *prae* lacrimis loqui non potuit. 8) *Per* me aut manere aut abire tibi licet. 9) *Per* leges licet telo sui defendendi *causa* uti. 10) Suspendantur (licet) *per* me omnes fures. 11) Cum *per* valetudinem et *per* anni tempus navigare poteris, ad nos venito. 12) Societatem vobiscum fecimus non Graeciae in servitutem redigendae, sed a Persis liberandae *causa*. 13) Impii cives: *Per* nos, inquiunt, patria licet pereat; nobis solis et vivimus et consulimus.

139. „Für" wird durch pro übersetzt, wenn es bedeutet: 1) „zum Schutze, zum Besten, zur Hülfeleistung" (Gegens. contra), z. B. Convenit dimicare *pro* legibus, *pro* libertate, *pro* patria; se diis immortalibus *pro* populo Romano devovere; hoc non modo non *pro* me, sed contra me est potius; so auch: Ciceronis orationes *pro* Milone, *pro* Sestio, *pro* Archia poeta etc.; — 2) „anstatt, so gut wie", z. B. Scythae plaustris utuntur *pro* domibus. Helvetii *pro* vallo carros obiecerant. Volsci *pro* victis abierunt; — 3) „zur Vergeltung, als Bezahlung, zum Lohne für", z. B. Nullam mercedem *pro* tanto beneficio accepi. Solvere *pro* vectura. *Pro* frumento pecuniam accipere. Gratum esse *pro* beneficio; — 4) „gemäß, im Verhältnis zu", z. B. Helvetii *pro* multitudine hominum et *pro* gloria belli angustos se fines habere arbitrabantur. *Pro* magnitudine periculi vos obtestor, ut paci consulatis. *Pro* auctoritate consulari vos hortor. Besonders zu merken: *Pro se quisque* „jeder für seinen Teil" = pro suis quisque viribus; *pro mea (tua, sua* u. s. w.) *parte* „an meinem Teile, soviel meinen Teil betrifft, nach meinen Kräften"; *pro rata parte* „nach dem berechneten Anteil, nach richtigem Verhältnis" (= pro portione); *pro virili parte* „soviel es ein Einzelner nur vermag, nach Manneskraft"; *pro tempore et re* „nach Zeit und Umständen".

140. 1) Rex iuvenis *pro mortuo* (= ut mortuus od. tamquam occisus) ex acie ablatus est. 2) Romani se non *sibi*, sed patri*ae* natos esse censebant (cf. 57). 3) Alcestis *pro* („anstatt") Admeto marito mori non dubitabat. 4) Utinam pretium labor*um* tandem percipiam! Cf. 70. 5) Fieri non potest, ut virtus aur*o* argent*o*ve ematur (Cf. 107). 6) Censeo *equidem* nemin*em* decere *sibi uni* consulere. 7) Omnes *pro sua quisque parte* id agamus, ut impudens ille causae nostrae proditor poenas scel*eris* persolvat (pendat, det). 8) Omnes, qui non *pro* me sint, contra me esse credo. 9) *Ad* omnes casus paratum esse. Apparatum bell*i* neglegere. Pecuniam *ad* bellum conferre. 10) Militibus frumentum *in* sex dies (= sex dierum) distributum erat (cf. 126, 5). 11) *Pro* beneficiis acceptis gratiam non referre turpe est. 12) Non semel accidit, ut Athenienses civibus *pro* maximis in patriam meritis iustam debitamque gratiam non referrent. 13) Hannibal omnes Latinos, quoscumque ceperat, sine pretio reddidit se propterea in Italiam pervenisse professus, ut *pro* Latinorum libertate contra Romanos pugnaret. 14) Veritas, honor, elegantia, officium; honestas et

pudor. Man hüte sich ja, in diesen Ausdrücken *sensus* anzuwenden! Cf. 161, Anm. 15) Imperator Nero cum quondam gravedine laboraret, Romae publicae supplicationes habitae sunt *pro* augusta eius voce, quae cum per se admodum exilis esset, tum vero plane erat obtusa. 16) Cave eum *pro* amico (cf. 19, Anm. 2 u. 37, Anm. 2) habeas, quem tibi praesenti (od. in os) blandiri non pudeat.

141. **Ante** bildet den Gegensatz von post „hinter" und bezeichnet, daß man einen Gegenstand v o r sich hat, z. B. Pythius a piscatoribus petivit, ut *ante* suos hortos piscarentur. Fit obviam Clodio *ante* fundum eius. Ipse *ante* se falcatos currus habebat. *Ante* pedes, *ante* oculos. — **Pro** bezeichnet, daß man sich v o r einem Gegenstande befindet und denselben im R ü c k e n hat, z. B. Caesar legiones *pro* castris constituit, *pro* vallo collocavit. Tarquinius *pro* curia sedebat. Sedens *pro* aede Castoris dixit. — **Prae** „v o r — h e r" kommt nur bei den Verben *agere, ferre, gerere, mittere, tenere* u. ä. und zwar nur in Verbindung mit einem Personalpronomen vor, z. B. Pugionem *prae me* fero „ich trage einen Dolch vor mir her, offen zur Schau"; orator fiduciam *prae se* tulit; armentum *prae se* agere; cultrum *prae se* tenere. — **Ob** hat nur in Redensarten wie *ob oculos versari* „vor Augen schweben" (= oculis obversari) lokale Bedeutung. — **Coram** „in Gegenwart, in Anwesenheit" einer Person, z. B. Mihi *coram* genero meo convicia facere ausus es.

Anm. 1. **Pro** hat nicht selten die Bedeutung „vorn auf, vorn in, auf der Vorderseite eines Ortes", z. B. Acies pro litore stabat „vorn an der Küste". Pro muro pugnare „vorn auf der Mauer kämpfen". Pro rostris dicere; pro vallo, pro tribunali stare; pro suggestu pronuntiare; litteras pro contione recitare „vorn in, vor der Volksversammlung". Mulieres pro tectis aedificiorum („vorn auf den Dächern der Häuser stehend") saxa certatim mittebant. Pro moenibus tela micabant.

Anm. 2. Das deutsche **vor** in den Redensarten „eine Rede halten, sprechen, verhandeln, schwören" heißt *coram* nur dann, wenn die zufällige, nicht zur Sache notwendige Gegenwart einer Person oder Versammlung gemeint ist; dagegen *apud*, wenn derjenige, vor welchem gesprochen wird, die eigentliche Person ist, an welche die Rede gerichtet ist, oder mit Beziehung auf eine Versammlung, welche die Entscheidung in der betreffenden Sache hat; also: *apud* senatum verba facere „v o r dem Senate reden", (dagegen *in* senatu v. f. „i n einer Senatsversammlung reden", *ad* senatum v. f. „eine Rede an den Senat richten"); *apud* populum loqui „v o r dem Volke reden", (dagegen *coram* populo l. „in Anwesenheit des Volkes das Wort nehmen"); *apud* iudices causam dicere (defendere, accusare), *apud* praetorem profiteri, *apud* tribunos militum iurare u. a. Cf. Liv. 35, 49: *Coram* quibus magis quam *apud* quos verba faceret, Archidamus rationem habuit. — „Jemanden vor Gericht fordern, bringen" aliquem *in* ius vocare (ducere) oder *in* iudicium adducere; „vor Gericht gehen, kommen" *in* ius adire, *in* iudicium venire, *ad* iudicium adesse; „einen Prozeß vor den Prätor bringen" litem *ad* praetorem deferre u. ä.

Anm. 3. **Ab** steht für das deutsche „v o r, g e g e n" bei den Ausdrücken „v e r t e i d i g e n, b e w a h r e n, s c h ü t z e n, s i c h e r n" (*defendere, custodire, munire, tegere, tueri, tutari, cavere* u. ä.), z. B. Defendere aliquem *ab* hostibus, *ab* inimicorum telis; tueri fines suos *ab* incursionibus hostium; tutus *a* periculo, *ab* insidiis; portus *ab* Africo tegebatur, *ab* Austro non erat tutus; legatos tegere *ab* ira hominum u. ä. Mit *contra* (od. *adversus*) werden diese Verben nur dann verbunden, wenn das B e f e i n d e n des abzuwehrenden Gegenstandes ausgedrückt werden soll (z. B. Cic. Verr. 1, 153; 5, 39; prov. 11 u. 41; Mur. 7; Cael. 63 u. ö.). *Tutus* regelmäßig mit *ab*, selten mit *ad*, unklassisch mit *adversus* verbunden. — *Securus a* „nichts Böses fürchtend von irgend einer Seite her", aber *securus de* „unbekümmert um". — *Cautus a* „gesichert vor", aber *cautus in re* (unklassisch ad, adversus, contra, erga rem) „vorsichtig in oder gegen etwas".

142. Bei Vergleichungen heißt **prae** einfach „i m V e r g l e i c h m i t", **praeter** dagegen „v o r", d. h. „m e h r a l s". Demnach heißt Ego *prae ceteris* beatus sum „ich bin im Vergleich mit den übrigen (vergleichsweise) glücklich", aber Ego *praeter ceteros* beatus sum „ich bin glücklich vor allen", d. h. „ich bin von allen der glücklichste. Cf. Se ita putat Atticum, ut veros illos *prae se* paene agrestes putet. Sunt qui omnia humana *prae divitiis* spernant. Gustatus *praeter ceteros* sensus

dulcedine commovetur. Phalaris, cuius est *praeter ceteros* nobilitata crudelitas. *Praeter ceteros florere* „mehr als die anderen, am meisten unter allen sich auszeichnen". Mit Negation heißt praeter ceteros „am wenigsten von allen", z. B. Invidiam praeter ceteros tu metuere non debes. — Über ad cf. 150, 6; über pro „im Verhältnis zu" 139, 4.

Anm. Livius und Spätere verwenden zur Bezeichnung des Vorranges neben praeter auch die Präpos. *ante*, bes. in Verbindung mit omnes, omnia, alios, ceteros.

143. **Circum** bezeichnet eine wirklich kreisförmige Bewegung, eine allseitige Umschließung oder auch das Umhergehen bei einer als Kreis gedachten Menge (cf. 136, 6), während **circa** allgemeiner „in der Umgebung, bei" bedeutet, ohne daß man gerade an die Kreisform zu denken hätte, z. B. Terra *circum* axem se summa celeritate convertit. Templa, quae *circum* forum sunt. Naevius pueros *circum* amicos dimittit. Venator canes *circa* se habet. *Circa* flumina et lacus frequens nebula est. Bei ungefähren Zahl- und Zeitbestimmungen nur (unklass.) *circa*, nie circum, z. B. Oppida *circa* (= ad, fere, circiter) septuaginta direpta sunt.

144. **Cis** und **trans** bezeichnen, daß der genannte Ort unmittelbar berührt wird; **citra** und **ultra** bezeichnen, daß der genannte Ort nicht berührt wird, sondern ein Zwischenraum übrig bleibt. Frankreich liegt *cis* Pyrenaeum montem, Italien *trans* Alpes; aber Portugal liegt *ultra* Pyrenaeum, Paris *citra* Pyrenaeum.

Anm. In ganz ähnlicher Weise, wie citra und ultra in der Bedeutung „in dem Raume diesseits, in der Gegend jenseits" nur eine unbestimmte Ortsangabe enthalten, bezeichnen auch die Präpositionen *intra*, *extra*, *infra* und *supra* den Ort in viel unbestimmterer Weise als *in*, *ex*, *sub* und *super*, gerade wie im Deutschen „innerhalb, außerhalb, unterhalb und oberhalb". So denkt man z. B. bei sub und super das unter und über in unmittelbarer Berührung mit dem Gegenstande, aber bei infra und supra in einer beliebigen Entfernung von demselben. Besonders bemerke man bei Verben der Bewegung *extra* „aus (den durch die Sache gegebenen Grenzen) hinaus", *intra* „in — hinein", z. B. Arma *extra* urbem efferri iussit, manum *extra* currum porrigere, aliquem *extra* Italiam ablegare; hostes *intra* moenia compellere, *intra* castra se recipere, *intra* regiones venire.

145. *Absque* „ohne" ist ein archaistisches Wort (cf. das deutsche „sonder") und darf beim Lateinschreiben nicht gebraucht werden, wenn auch Cicero dasselbe einmal (Att. 1, 19, 1) vielleicht (?) mit Absicht angewandt haben mag. Man sage also z. B. nicht absque dubio für sine dubio.

146. 1) *Pone* „hinter" (verwandt mit post) steht nur selten statt post und überall nur räumlich. — 2) *Tenus* „bis an" bezeichnet die Grenze oder das Ziel, bis wohin etwas sich ausdehnt oder erstreckt, z. B. Antiochus Tauro *tenus* regnare iussus est. Von der Zeit wird es bei Klassikern nie gebraucht. Es steht in der Regel mit dem Abl. (cf. 129), zuweilen aber auch mit dem Gen. besonders bei Namen von solchen Gliedern, welche doppelt vorhanden sind, z. B. crurum tenus, lumborum tenus; dagegen alvo, pectore, umbilico, collo tenus. (Dieselbe Bedeutung wie tenus hat das seltene *fini* oder *fine* c. gen.)

Anm. *Verbo tenus* bedeutet „bloß dem Worte, dem Namen nach" im Gegensatze zu „der Sache oder Wirklichkeit nach" (cf. Cic. leg. 3, 15. Liv. 34, 5, 4). „Wörtlich" heißt *ad verbum* (z. B. ediscere, exprimere) oder *totidem verbis* oder *eisdem verbis*, *verbum ex verbo*, *verbum pro verbo* (reddere, transferre).

3) Das Adverbium *usque*, eig. „in einem fort, in ununterbrochener Folge" wird klassisch nicht als Präposition gebraucht (cf. 128, Anm. 1), verbindet sich aber oft mit Präpositionen (nam. ab, ex, ad und in), um den Zusammenhang von einem Punkte zum andern auszudrücken, wo wir im Deutschen „von — an, von — her, bis — hin" gebrauchen, z. B. *Usque a* Dianio ad Sinopen navigaverunt; *usque ex* ultima Syria navigare; ab imis unguibus *usque ad* verticem summum; *usque in* Pamphyliam legatos mittere. Bei Städtenamen sagt man selbstverständlich usque Romam oder Romam usque. — 4) *Infra* „unterhalb, unter" (Gegens. supra) steht ebensowohl in Bezug auf den Ort (z. B. *Infra* lunam nihil est nisi mortale et caducum) als auch auf Größe, Würde und Rang = inferior c. abl. (z. B. Uri sunt magnitudine paulo *infra* elephantos; omnia humana *infra* me esse iudico), selten auf die Zeit = post (cf. Cic. Br. 10, 40). — 5) *Supra* „oberhalb, über" (Gegens. infra) steht räumlich (z. B. *Supra* lunam aeterna sunt omnia; accumbere *supra* aliquem), selten zeitlich = ante (z. B. *supra* hanc memoriam „vor unserer Zeit"); sodann oft in der Bedeutung „über — hinaus" in Bezug auf Ort und Maß (z. B. *supra* Maeotidis paludes; *supra* vires; *supra* hominis fortunam; *supra* duos menses). Bei Zahlangaben verwendet man jedoch besser plus oder amplius als supra (oder super); Cicero sagt plus du-

centi milites, amplius quingenti cives, nicht supra ducentos milites oder super quingentos cives (cf. 101). — 6) *Ultra* „jenseits" im Sinne von „über — hinaus" (cf. 144), bildlich von der Überschreitung eines Maßes oder einer Grenze (z. B. *ultra* vires, *ultra* numerum, *ultra* modum progredi. Nachklass. *ultra* feminam mollis „noch weichlicher als ein Weib", *ultra* fortem temerarius). Bei bestimmten Zahlangaben wird **ultra** nur selten gebraucht."

147. Nein; nur die beiden Präpositionen *in* und *sub* stehen auf die Frage wo? mit dem Abl., auf die Frage wohin? mit dem Acc., während *super* und das höchst seltene *subter* auf beide Fragen wenigstens in guter Prosa den Acc. regieren, z. B. Vesci super mensam „an einem Tische speisen". Galli super umbilicum erant nudi. Saguntini domos super se ipsos concremaverunt. Plato iram in pectore, cupiditatem subter praecordia locavit. (Über einen besonderen Gebrauch von super cf. 148).

148. Diese Redeweise ist nicht gerade falsch (*super* findet sich statt *de* einigemal in Ciceros Briefen und bei Livius); aber es ist doch viel gebräuchlicher, statt super die Präpos. de zu setzen.

149. *In* itinere scribere einfach „auf einer Reise, auf dem Marsche (= unterwegs) schreiben", *in* fuga praedari „auf der Flucht plündern". Aber *ex* itinere epistulam scribere „einen Brief unmittelbar von der Reise, vom Marsche aus schreiben" (die Reise als unmittelbarer Ausgangspunkt für die Handlung des Schreibens gedacht), also „unter den mit der Reise unmittelbar verbundenen Verhältnissen (Umständen) schreiben"; *ex* fuga praedari „auf der Flucht plündern und zwar so, wie es die mit der Flucht unmittelbar verbundenen Umstände bedingen". Cf. *In* itinere und *ex* itinere aliquem aggredi, cum aliquo confligere, proelium facere, proelio dimicare.

150. 1) Unum Britanniae latus *contra* (od. *adversus*) Galliam situm est. Etiam *adversus* hostes officia quaedam servanda sunt. Das örtliche **„gegenüber"** heißt *contra*, *adversus*, *adversum* (selten *exadversus* od. *exadversum*) c. acc., *e regione* („gerade gegenüber") c. gen. oder dat., ex adverso c. dat., z. B. Porta Iovis adversus castra Romana erat. Tumulum quendam adversus Elaeam castris cepit. Illa insula contra Brundisinum portum est. E regione oppidi collis egregie munitus erat. E regione castris castra posuit. Portus ex adverso urbi positus. Bezieht sich das deutsche „gegenüber" auf ein freundliches oder feindliches Verhalten (Benehmen) in Bezug auf eine Person oder Sache, so heißt es regelmäßig *adversus (adversum)*. — 2) Quando Cicero orationes *contra* (od. *in*) Catilinam habuit? Cum antea semper benevolentissimus *erga* (od. *in*, *adversus*) nos fueris, nunc acerbe semper *in* (od. *adversus*) nos agis. **Contra** bezeichnet bei Klassikern stets eine feindliche, **erga** fast ausschließlich eine freundliche Gesinnung oder Handlung; **in** drückt die Richtung einer (sei es freundlichen oder feindlichen) Neigung oder Handlung nach einer Person oder einem personificierten Gegenstande hin aus; **adversus** entspricht völlig dem deutschen „gegenüber" (cf. 150, 1). — 3) Hic pons viginti *fere* (od. *ferme*, *circiter*) milibus denarium constitit. *Ad* ducentas domus incendio deletae sunt. **„Gegen, an"** = „ungefähr, etwa" bei unbestimmten Zahlbestimmungen wird durch die Adverbien *fere*, *ferme*, *circiter* (selten *quasi*) oder die Präposition *ad* (cf. 128) ausgedrückt; Livius wendet auch *circa* c. acc. an. *Paene* kann in diesem Sinne nicht gebraucht werden, denn es bedeutet "fast, beinahe" (cf. 497, 8). *Admodum* bei Zahlen (z. B. admodum centum turres) heißt „mindestens, gut an die, volle". — 4) *Adverso flumine* natare multo difficilius est quam *secundo* (sc. *flumine*). 5) Nimiam severitatem in filium adhibuisti. Das Verbum **adhibere** kann nur dann für das deutsche „gebrauchen, anwenden" genommen werden, wenn zugleich der Zweck wozu oder der Gegenstand, wobei und worin etwas gebraucht wird, hinzugesetzt oder doch wenigstens hinzugedacht ist, z. B. Remedia morbis adhibere; aliquem adhibere testem; vim alicui, aliquem in consilium adhibere; auctoritas adhibeatur ad acriter monendum (cf. 52). — 6) Canis parvus est *ad* elephantum, sed magnus *ad* murem. Cicero doctus fuit, sed nihil *ad* Varronem. **„Gegen, gegenüber"** im Sinne von „rücksichtlich der Quantität (Größe, Bedeutung, Wert) zusammengestellt, verglichen mit" heißt bei Adjektiven oder quantitativen Ausdrücken *ad*, selten *adversus*. *Prae* „im Vergleich mit" (cf. 142) hebt den zwischen zwei Gegenständen bestehenden Unterschied oder Abstand hervor. — 7) *Praeter* (resp. *contra*) spem nostram. *Praeter* (resp. *con-*

*tra*) omnium exspectationem. *Praeter* (resp. *contra*) ordinem et morem. *Praeter* (resp. *contra*) consuetudinem meam. *Praeter* (resp. *contra*) sententiam ducis. Aliquem *praeter* (resp. *contra*) leges capitis damnare. Bezeichnet das deutsche **„gegen, wider“** bloß eine Abweichung von einer gegebenen Norm, so heißt es lateinisch *praeter*; bezeichnet es aber ein feindliches Entgegenhandeln, ein direktes Widerstreben, so wird es durch *contra* übersetzt. — 8) Nihil melius est, *ut Iuvenalis verbis utar*, quam mens sana in corpore sano. Zwar heißt *loqui cum aliquo* „mit jem. reden“ (= colloqui cum aliquo). Aber die Redensart „um mit jemandem (z. B. Cicero) zu reden“, d. h. „um mich der Worte Ciceros zu bedienen“ wird nicht ut cum Cicerone loquar übersetzt, sondern *ut Ciceronis verbis utar* oder *ut ait Cicero* oder *si Ciceronem audire volumus*. — 9) Omnium bonorum humanorum *secundum* deos nihil animo divinius est. *Secundum* Lutetiam Parisiorum Lugdunum maxima Francogalliae urbs est. Secundum fratrem meum tu mihi carissimus omnium hominum es. Sextus *ab* Romulo rex fuit Servius Tullius. Ordo militum apud Indos proximus est *a* sacerdotibus. Tiberii principis aetate Patavium urbs Italiae *a* Roma *secunda* (od. *proxima*) esse videbatur. Wenn **„nach“** im Sinne von „zunächst nach“ einen Rang, zumal vergleichend, angiebt, so heißt es *secundum*; aber bei einer durch ein Zahlwort oder Adjektiv bestimmt angegebenen Reihenfolge heißt „nach“ *ab*, z. B. Tertius *a* consulatu meo annus; proximus (= secundus) *ab* aliquo „der nächste (od. erste) nach jemandem“. Dabei beachte man, daß der Lateiner bei der Zählung von einem bestimmten Punkte aus den terminus a quo mitrechnet; demnach heißt „der erste nach jem.“ *secundus* ab aliquo, „der dritte nach jem.“ *quartus* ab. — 10) Castra *post ipsum* proelium (od. *secundum* proelium, *sub* proelium, *ex* proelio, *statim* od. *confestim ab* od. *ex* proelio) expugnata sunt. Senatus frequentior erat quam esse solet *secundum* dies festos. *Sub* cenam dormire mihi salubre esse non videtur. **„Unmittelbar nach, gleich nach“** heißt *post ipsum* (*ipsam* u. s. w.) od. *secundum, sub* c. acc. (cf. 126, 6), (*statim* od. *confestim*) *ab* od. *ex*. — 11) Fretum, in quo **Helle** ex aureo ariete delapsa erat, *ex* (od. *ab*) ea nominabatur Hellespontus. Minimo meo filio *ex* (od. *ab*) avo nomen dedi Fridericum. Man sagt *nomen accipere (capere, assequi, ducere, dare, indere, reperire, invenire), nominare* u. s. w. ex oder **ab** re **„nach** etwas“ (cf. *καλεῖν τινα ἐκ* oder *ἀπό τινος*), z. B. Non *ex* artis, sed *ex* gentis vocabulo nominati sunt. Urbem Romulus *e* suo nomine Romam nominavit. Aeneas *ab* nomine uxoris Lavinium appellavit. Illi nomen indiderunt *ex* nomine urbis. Tigri nomen est inditum *a* celeritate. Syrtibus nomen inditum est *ex* re. Ille cognomen *ex* contumelia traxerat. Pharus nomen accepit *ab* insula. — 12) Structura gemmarum *pro* varietate herbarum diversa est. Pauperes *pro* viribus adiuvato. Numa annum *ex* cursu (od. *ad* cursus) lunae in duodecim menses descripsit. Homines fallaces omnia *ad* voluntatem, nihil *ad* veritatem loquuntur. Servi omnia *ad* iussum nutumque dominorum faciunt. Milites *ad* praescriptum (od. *ex* praecepto) se receperunt. Consilium *pro* tempore et *pro* re capere. Aliquid describere *ad* historiae fidem. *Secundum* naturam vivere. Homicidae *ex* legibus supplicio multantur. **„Nach“** = „gemäß, in Übereinstimmung mit“ *secundum*; = „nach Maßgabe, im Verhältniß zu“ *pro*; = „nach einer bestimmten Norm und Regel, in Hinblick auf, in Rücksicht auf“ *ad*; = „entsprechend der von einer Seite her erfolgten Anregung, Bestimmung oder Veranlassung“ *ex* (z. B. vitam *ex* praeceptis philosophiae agere; *e* virtute vivere; *ex* senatus consulto; *ex* consuetudine sua. Cf. 98, Anm. 2).

151. 1) Ad Plataeas Graeci splendidam victoriam *a* Persis consecuti (od. adepti) sunt. „Einen Sieg davontragen über jem.“ heißt *victoriam consequi* oder *adipisci* **ab** *aliquo*, *victoriam parere* **de** (od. **ex**) *aliquo*, gewöhnlich aber einfach *vincere*

*(devincere) aliquem.* Die seltenen Ausdrücke *victoriam reportare* **ab** (od. **ex**) *aliquo* und *victoriam referre* **ex** *aliquo* bedeuten „den Sieg aus dem Kampfe mit in die Heimat zurückbringen". — 2) Triumphare od. triumphum agere *ex* (od. *de*) aliquo. 3) Pontem *in* flumine facere. *In* Tiberi ligneus pons erat. Nach römischer Anschauung liegt die Brücke a u f dem Flusse. — 4) Iter *per* Alpes facere. *Per* Vindobonam Venetiam proficisci. Trabem *per* forum portare. *Per* occisorum corpora viam sibi facere. Via ab Isthmo in Megaridem Atticamque *per* saxa Scironia fert. Der Ort oder Gegenstand, welchen man bei einer Bewegung passiert oder betritt, wird mit **per** „ü b e r" (nicht super) bezeichnet. — 5) Epistulam *super* epistulam (oder *ex* epistula od. aliam *super* aliam od. alias *post* alias epistulas) scribere. Facinus *super* facinus (od. alia *ex* aliis facinora) edere. Alias *ex* aliis pecunias colligere. Capreae alia *post* aliam in virgulta aufugerunt. Diem *ex* (od. *de*) die exspectare. Bella *de* bellis gerere.

Anm. 1. Das rein adverbiale „v o n T a g z u T a g" heißt *in dies*; „v o n J a h r z u J a h r" *in annos*; „v o n S t u n d e z u S t u n d e" *in horas*. Aber „Stunde auf Stunde verfloß" hora *ex* (od. *de*) hora praeteriit.

6) Nisi tu fuisses (od. auxilio venisses = sine tua opera), filius meus fluctibus submersus esset. Nisi Themistocles fuisset, libertas Graecorum interisset. Nisi unus vir fuisset Horatius Cocles, Tusci per pontem in urbem irrupissent. Nomen Herodoti non exstaret, nisi historiam scripsisset. Wenn das deutsche „o h n e" den Sinn hat „wenn jemand oder etwas nicht wäre, nicht gewesen wäre", muß es (bes. bei folgendem Personennamen) n i c h t durch *sine* übersetzt, sondern durch einen dem jedesmaligen Zusammenhange angemessenen Ausdruck gegeben werden. (Ausnahmen selten, doch auch bei Cicero, z. B. O vitae philosophia dux, quid vita hominum *sine te* esse potuisset! Quid enumerem artium multitudinem, *sine quibus* vita omnino nulla esse potuisset?). — 7) *Sine dubio* istud per iocum dixisti. Agricola *sine ulla dubitatione* in fluvium se proiecit, ut puerum servaret. **Sine dubio** = „u n z w e i f e l h a f t, s i c h e r l i c h" (= haud dubie); **sine (ulla) dubitatione** gewöhnlich „o h n e (a l l e s) Z ö g e r n, o h n e (a l l e s) B e d e n k e n", aber auch „u n s t r e i t i g, g a n z e n t s c h i e d e n" (= sine controversia), z. B. Cic. Tusc. 3, 5; Balb. 31; Verr. 4, 39.

Anm. 2. Das deutsche „o h n e **allen** Z w e i f e l" heißt nie *sine ullo dubio*, sondern bloß *sine dubio* (= haud dubie). Denn das Neutrum *dubium* wird zwar als Subst. gebraucht, aber nur in Redensarten wie *in dubio esse, in dubium venire* oder *vocare, in dubio ponere, sine dubio*, und nie tritt weder ein A d j. noch ein P r o n o m e n hinzu; f a l s c h ist also omne (nullum, illud, magnum, minimum etc.) dubium „jeder (kein, jener ꝛc.) Zweifel".

8) Milites, ut quisque poterat, dimicabant *nullo* imperio, *nullis* certis ordinibus (cf. 104, Anm. 1). — 9) *Ad unum omnes* in forum conveniemus. Procella arbores *ad unam omnes* prostraverat. *Ad unum omnes* „alle ohne Ausnahme"; *omnes praeter unum* „alle bis auf einen". *Sine ulla exceptione* steht nicht bei Zahlbegriffen, sondern bedeutet „ohne alle Beschränkung, unbedingt, schlechthin" (Gegens. *cum exceptione* „mit Einschränkung, bedingterweise"), z. B. Sit inter amicos omnium rerum sine ulla exceptione communitas. Interdixit praetor sine ulla exceptione. — 10) *Ex* itinere reverti (redire). *Ex* somno expergisci (expergefieri). *Ex* morbo convalescere (refici). *Ex* timore se recreare. *Ex* laboribus peractis requiescere. In diesen Verbindungen ist die Präposition *ab* zu meiden; doch sagt man respirare *a* (metu). — 11) Hunc nuntium *a* (od. *ex*) consule ipso audivi. Man sagt *audire* (*scire, cognoscere, discere*) *aliquid* **ab** *aliquo* („v o n jemandem") oder **ex** (selten *de*) *aliquo* („aus jemandes Munde"). — 12) Qua *de* causa (od. quam *ob* causam) Miltiades in carcerem coniectus est? In den Ausdrücken „aus diesem Grunde, aus vielen Gründen, aus keiner andern Veranlassung, aus mehreren Ursachen" u. a. steht klassisch selten *ex* (z. B. Cic. de rep. 2, 13), regelmäßig *de* oder *ob*.

152. 1) *Ad* bellum proficisci (od. ire); ebenso *ad* bellum mittere. Dagegen sagt man *in*

pugnam proficisci „in den Kampf ziehen" und *in* aciem descendere; auch *in* expeditionem proficisci. — 2) Putei *per* totam urbem Atheniensium erant, sed unus fons. Wenn das deutsche „in, auf" eine Verbreitung über einen Raum bezeichnet, so heißt es **per**, z. B. Vigilias disponere *per* urbem, *per* muros, *per* oram maritimam. Dissipati *per* proximas civitates sunt. Invitati hospitaliter *per* domos „Haus für Haus". — 3) Milites cotidie (in) armis exercendi sunt. **Exercere** „jemanden in etwas üben" oder „mit etwas plagen" wird konstruiert *aliquem re* oder *in re*, z. B. armis, hasta, pila, equis, cursu, luctando, hoc genere pugnae, in optimis rebus, in laboribus, in palaestra. *Exercitatus in re* „in etwas geübt"; *re* „hart geprüft, geplagt" (neben *exercitus re*). — 4) Minorum natu est verb*a* maiorum natu audire. *Audire aliquem* od. *aliquid* „auf jemanden od. auf etwas hören, einem zuhören"; zu meiden ist auscultare alicui. — 5) *Ab* optimatibus (unlateinisch *a partibus* optimatium) esse od. stare, *cum* optimatibus stare (od. facere), *a causa* optimatium stare, partes optimatium sequi. 6) Furem manifesto od. in ipso facinore (ja nicht in flagranti!) deprehendere. 7) Pater epistul*ae* me*ae* (od. *ad* epistulam meam) nondum respondit. *Respondere ad aliquid* oder *alicui rei* „auf etwas antworten". — 8) *Praeter* ducem paucosque milites reliqui occisi sunt. Cervus virgultis ita operiebatur, ut nulla eius pars *praeter* (od. *nisi* od. *praeterquam*) cornua appareret. Das deutsche „**außer**" = „ausgenommen, mit Ausnahme von" heißt gewöhnlich *praeter* (auch bei verneinenden Wörtern), selten *extra* (z. B. Nihil mihi mors eripiet praeter sensum doloris. In foro nemo erat praeter paucos seniores); doch ist auch *exceptus* in Verbindung mit dem Abl. eines Substantivs, und in negativen Sätzen *nisi* anwendbar, z. B. Me excepto, nobis exceptis; virtute excepta nihil amicitia praestabilius est; omnium vobis duobus exceptis eloquentissimos audivi. Ganz adverbial ohne Einfluß auf den Kasus steht *praeterquam* (selten praeter, cf. 128), z. B. Praeda omnis praeterquam hominum captorum militibus concessa est (Caes. b. g. 7, 77, 6; Cic. Cat. 3, 26; div. 2, 69; Cluent. 105). — 9) *De* patria bene mereri. Vestra *erga* (od. *in*) patriam merita ab omnibus satis laudantur. Das Substantivum *meritum* wird nicht, wie das Verbum mereri, mit *de*, sondern mit *erga* oder *in aliquem* verbunden. — 10) Praeclar*a* (*res*) est gloria. Divin*um* est amare inimicos. Für die dem Deutschen eigentümliche Wendung „es ist etwas um" gebraucht der Lateiner in der Regel die einfache Kopula *esse*, seltener übersetzt er das Wort „etwas" durch *res* od. *quiddam*; also: Periculosa est ambitio oder periculosa res est ambitio „es ist etwas Gefährliches um den Ehrgeiz". Fehlerhaft wäre es, in diesem Falle aliquid zu gebrauchen, welches niemals einfach prädikativ in Verbindung mit einem substantivierten Adjektiv steht (cf. 6, Anm. 2 u. 282, 6). — 11) Videsne vit*am* amici nunc agi? **Res agitur** „eine Sache kommt zur Entscheidung, ist in Gefahr, steht auf dem Spiele"; aber **agitur de re** „es wird über eine Sache verhandelt, gesprochen, die Frage dreht sich um etwas, die Rede ist von etwas". Cf. Agitur nunc populi Romani gloria, agitur salus sociorum, aguntur certissima populi Rom. vectigalia. Populus libertatem putabat agi suam. Non agitur nunc de hoc, num amicitia propter se ipsa expetenda sit. Agitur in senatu de civitate sociis danda. *Agere cum aliquo de re* „mit jem. über etwas verhandeln". *Bene, male, praeclare, inimice agere cum aliquo* „mit jem. gut, schlimm verfahren". *Bene agitur mecum* „es geht mir gut". *Actum de me est* (= perii) „es ist aus mit mir". — 12) Praedam milit*ibus* inique distribuere. *Distribuere* und *dividere* werden bei Angabe derer, unter welche verteilt wird, mit dem Dativ verbunden, mit *inter* nur bei Bezeichnung der Reciprocität *inter se*, cf. 236. (Vergl. jedoch Liv. 21, 17, 5; 23, 19, 9; 42, 61, 5). *In* c. acc. steht nur beim Zutreten von *singuli (viritim)* oder wenn ein Distributivzahlwort bei dem zu verteilenden Ganzen steht, z. B. Duceni sestertii *in* pedites divisi; quadragena sestertia *in* singulos iudices distributa. — 13) Pax aequ*is* condicion*ibus* (od. *in* aequ*as* condicion*es* = „auf billige Bedingungen hin") convenit. Man meide *sub* hac condicione (od. lege), *sub* gravibus condicionibus (od. legibus u. ä. Cf. freilich Liv. 6, 40, 8 und 21, 12, 4). Ebenso heißt „unter (od. in) dem

Namen jemandes" (etwas schreiben, melden, grüßen) einfach *nomine* od. *verbis* alicuius (scribere, nuntiare, **salutare**); *nomine* heißt auch „unter dem Titel, Vorwande". „Unter dem Scheine" *specie, per speciem* (selten *sub specie*), verschieden von „zum Scheine" *ad speciem, in speciem*; unter Vorspiegelung, unter dem Vorgeben" *simulatione, per simulationem, per causam.* — 14) *Sub* imperio (potestate, dicione) alicuius esse. Discipulus *sub* custodia magistri est. Pater meus Napoleone imperatore (od. ductu Napoleonis, auspicio Napoleonis, in exercitu Napoleonis) ad Lipsiam pugnavit. Frater tuus in schola *infra* me sedet. Etiam perfectissimae simiae corpore et mente multo *infra* hominem sunt. „**Unter**" wird im übertragenen Sinne durch **sub** übersetzt, wenn ein bestimmtes Verhältnis der Unterordnung oder Abhängigkeit ausgedrückt wird. **Infra** bezieht sich (im Gegens. zu supra) auf Größe, Rang und Würde (cf. 146, 4). „Unter den Auspicien, der Oberleitung jemandes" heißt *auspicio* (seltener *auspiciis*) oder *ductu auspicioque alicuius.* — 15) Aliquantum nummorum *secum ferre.* Multis hominibus divitiae non voluptatem, sed taedium *afferunt.* Avaritia omnia vitia *habet.* Natura *fert* (od. *ita fert, hoc habet*), *ut* eis faveamus, qui misericordiam nostram imploraverunt. „Bei sich tragen, mit sich führen" im eigentlichen Sinne heißt *secum ferre* (*ducere, portare*); aber im übertragenen Sinne steht *afferre* „verursachen" oder *habere* „als Eigenschaft oder Wirkung an sich, in sich haben". Ausdrücke wie „die Natur (Sitte, Zeit, Umstände u. ä.) bringt es so mit sich, daß" sind durch *ferre, ita ferre, hoc habere ut* zu übersetzen.

153. 1) *Apud exercitum esse* „beim Heere (im Gefolge des Feldherrn, als Zahlmeister ꝛc.) sein"; *in exercitu esse* „im Heere dienen". — 2) *Per mare navigare* „auf dem Meere fahren"; *trans mare navigare* „über das Meer nach dem jenseitigen Küstenlande fahren". — 3) Von fremdem Gute zu spenden ist unrecht. Merke: *de suo dare* „von seinem Vermögen geben"; *de alieno largiri* „von fremdem Gute spenden"; *de publico sumere* „aus Staatsmitteln entnehmen". — 4) Ich habe vieles zu Gunsten unserer Sache gesprochen. Die Bedeutung „zu Gunsten, zum Vorteil" (Gegens. contra) hat *secundum* besonders in Verbindung mit den Verben disputare, iudicare, sententiam dicere, decernere, also in der juridischen Sprache. — 5) Hektor war dem Alexander teuer wie wenige = außerordentlich teuer. So auch pietate *inter paucos* (od. *in paucis*) insignis „besonders ausgezeichnet"; homo *inter paucos* disertus. Übrigens findet sich dieser Gebrauch erst seit Livius. — 6) Den Behörden kommt es zu, alles zu thun, was dem Staate zum Nutzen gereicht, im Interesse des Staates liegt. So auch: hoc *est e re mea, tua, civium* „zu meinem, deinem Nutzen, zum Besten der Bürger"; *ex usu esse* „vorteilhaft sein". — 7) Kriegsgefangene als Sklaven verkaufen (weil sie wie Opfertiere bekränzt wurden); öffentlich versteigert werden. — 8) Im Winterlager liegen (eig. unter Zelten aus Fellen überwintern). — 9) Universalerbe; Erbe der Hälfte des Vermögens. — 10) Bei jemandem Sekretär, Bibliothekar, Rechnungsführer, Hausverwalter, Kleideraufseher, Läufer, Badediener sein. — 11) Kotta begab sich unmittelbar nach Ablauf seines Konsulates nach Gallien. Cf. 150, 10. — 12) Einen des Meuchelmordes anklagen. Cf. 89, Anm. 2. — 13) In der Sichelmacherstraße (Holzhändlerstraße) wohnen. — 14) Etwas bis auf das lebendige Fleisch, wo Gefühl und Leben beginnt, herausschneiden, d. h. etwas im strengsten Sinne, haarscharf nehmen. — 15) Bei Angabe des Maßes „in der Höhe, in der Länge, in der Breite" wird nicht in *c. abl.*, sondern in *c. acc.* gesetzt, also: in altitudin*em*, in longitudin*em*, in latitudin*em*. — 16) Wie bei Adjektiven (cf. 98, Anm. 5), so bedeutet auch bei Verben die Präposition *ab* häufig „von seiten", *ad* „in Hinsicht auf". — 17) Der Weise ist über den Neid erhaben, zum Neide nicht fähig. — 18) Das Gerede der Leute berührt den Weisen gar nicht, ist ihm gleichgültig. 19) Alle diese Umstände sind von wesentlicher Bedeutung für die Treue. — 20) *In manibus esse* bedeutet entweder „in nächster Nähe sein", — oder „in jemandes Hand liegen", so daß man nur zuzugreifen braucht — oder „unter den Händen sein", d. h. sich beschäftigen mit, arbeiten an etwas (z. B. Oratio mihi in manibus est „ich habe die Rede unter der Feder = orationem in manibus habeo) — oder „in den Händen des Publikums sein, bekannt sein" (oratio est in manibus). — 21) Von Hand zu Hand geben. Cf. 152, 2. — 22) Den Bestrebungen der Menschen entgegenzutreten, zumal wo es sich um etwas Gutes handelt, ist nicht billig. Die Präpositionen werden im Lateinischen oft mit präciser (prägnanter) Kürze so gebraucht, daß sie einem ganzen Nebensatze im Deutschen entsprechen. Cf. Quidam saepe *in parva*

*pecunia* (= wenn es sich um eine kleine Summe Geldes handelt") perspiciuntur, quam sint leves. Severitas iniqua non est *in tuo dumtaxat periculo* (= „wenigstens wo Gefahr für dich vorhanden ist"). Contraque *in laudibus* (= „wenn es zu loben gilt"), quae magno animo gesta sunt, ea quasi pleniore ore laudamus. Pompeius *in amicitia Lentuli* vituperatur (= „darin, daß er Freundschaft mit L. hat"). Antonii facilitas eripuit mihi *in optima mea causa* (= cum causa mea optima esset) libertatem recusandi.

154. 1) Brevi tempore *interiecto* milites seditiosi arma posuerunt. 2) Spatio paucorum dierum *intermisso* precibus meis *commotus* (cf. 108, Anm. 2) consilio suo destitit. Napoleo Russis bellum intulit *interposita* causa, quod Britanni Russorum auxilio merces venderent nec facerent imperata. 3) Gladius seta equina *aptus* Damoclis capiti impendebat. 4) Amicus meus in epistula Kalendis Februariis *data* mihi scribit morbo *impeditum* (*implicitum*) se negotiis fungi non posse. 5) Cicero Catonem optima mente maximaque probitate *utentem* rei publicae interdum nocuisse dicit. 6) Gustavus Adolphus numquam ne prosperrimo quidem rerum successu *elatus* ab officiis aut humanitatis aut religionis Christianae descivit. 7) Arbores procella *agitatae* nutant. Pomaria vite ficoque (cf. 155) *consita*. 8) Multi gloriam magis casu quam virtute *adiuti* assecuti sunt. 9) Iugurtha largitione *usus* multos Romanos sibi conciliaverat. 10) Iosephus Aegyptios fame *laborantes* servavit. 11) Nudius tertius magister nobis narravit fabulam de rege Mida auribus asininis *instructo*. In septentrionali parte insulae Co erat clarissima aedis Aesculapii opulentis donis *instructa*. 12) Pyrrhus Romanos elephantorum *auxilio* bis vicit. Das deutsche **„durch"** wird bei Personen und Sachen, durch welche etwas bewirkt wird, sehr oft durch die dem jedesmaligen Zusammenhange angemessenen Ablative *auxilio, opera, ope, beneficio, praesidio, iudicio, prudentia, gratia, arte, fraude, dolo, consilio, insidiis* etc. umschrieben. 13) Homo eruditionis *expers* tamquam gemma rudis est. Civitas legibus *carens*; urbs *nuda* defensoribus; mulier pudicitia *carens*; vita *inops* ab amicis. 14) Magna saxa *subiectis* phalangis moventur. Aeneas patrem umeris *sustinens* filiumque manu *ducens* Antandrum pervenit. 15) Alexander Gordii nodum arte *usus* solvit. 16) Senes baculis *nixi* ingrediuntur. Striges sanguinem infantium in cunis *dormientium* exsugere veteres narrabant. 17) Litterarum *opera* adulescentes ad humanitatem excoluntur. 18) Imperator triumphum agens per urbem in Capitolium vectus est in aureo curru *sedens* atque tunica palmata togaque picta *indutus*. 19) Napoleo, cum proelio apud Waterloo *commisso* fugiens a Borussis occupatus esset, pilleo gladioque *relictis* in equum insiluit. 20) Curis *obrutus* dormire non possum. 21) Epimenidem Athenienses *coorta* civium discordia Athenas arcessiverunt. 22) Alexandrum Strabo Graecus refert necato Philota homines aliquot camelis cursoriis *impositos* Ecbatana misisse, qui illic patrem quoque Philotae Parmenionem interficerent. 23) *Sublata* veritate nec fides nec iustitia nec ulla virtus potest cogitari. 24) Milites magna praeda *onusti* (od. *potiti*) in patriam redierunt. 25) Iudices summo *proposito* periculo perire quam pecunia *corrupti* (od. *accepta*) reum, qui magna turba *circumfusus* ad tribunal venerat, absolvere maluerunt.

154b. 1) Supra urbem iuxta (od. propter) pontem, qui in flumine est, sub exeuntem autumnum monumentum aëneum erigetur. Pastor oves secundum (od. praeter) rivum per prata prae se egit. Apud Homerum di iurant per Stygem, quae sub terra prope introitum locorum inferorum habitare putabatur. 2) Licet speciem beate viventis prae te feras, tamen in maximis divitiis miser es. Non satis magnam pecuniam mecum habeo, ut pretium pro mercibus pactum solvam. 3) Abi, Muci, inquit rex Porsena; iure belli intactum te inviolatumque ex manibus dimitto; utinam ista virtus a (od. pro) mea patria staret! 4) Themistocle auctore Athenienses de pecunia, quae ex metallis redibat, classem aedificaverunt eam, qua paulo post libertatem Graecorum a Persarum servitute defenderunt. 5) Abhinc quattuordecim annos quaestor apud Papirium consulem fuisti; quae ex illo tempore ad hunc diem cum calamitate civitatis feceris, apud iudices commemorabo, reliqua silentio praeteribo. 6) Prae lacrimis reliqua, quae ex fratre tuo ipso heri sub vesperum audivi, scribere non possum; hoc unum addo, illum ipsum prae dolore loqui vix potuisse. Exules redeuntes, cum de summo monte patriam procul vidissent, gaudio (od. propter gaudium) lacrimaverunt. 7) Vix luxerat, cum Romani ante hostium castra et in eis novum silentium animadverterunt, qua re factum est, ut hostes de nocte ad mare versus fugisse omnes opinarentur. 8) Achilles, vita ceterisque rebus humanis prae amicitia contemptis, certae morti potius ipse se obtulit quam Patroclum, quem a puero ex animo amabat, inultum esse sineret. 9) Beatum neminem ante supremum vitae diem nominari posse equidem censeo; nam multi saepe homines, qui praeter ceteros felices esse videbantur, praeter opinionem (= ex inopinato od. inopinantes) in maximas calamitates inciderunt. 10) Hannibal inter tumultum cum paucis equitibus (a) Zama Hadrumetum perfugit omnia et ante proelium et in proelio pro tempore et re expertus, ut aut aequas pacis condiciones a Scipione impetraret aut ex pugna victor abiret. 11) Qui in maxima rerum iniquitate nihil nisi honestum sequitur atque extra culpam esse semper studet, iure habetur magnus; at qui ex iudicio imperitae multitudinis pendet omniaque ad alienam voluntatem facit. is in magnis viris numerari non potest. 12) Magna vis conscientiae est eaque in utramque partem, ut nec ei metuant, qui nihil contra officium legesque fecerunt, et eis, qui deliquerunt, poena semper ob oculos versetur. 13) Hoc in vobis laudo, quod, quamquam praeter ceteros divites fortunatique estis, tamen neminem prae vobis contemnitis et mediocrem pro opibus vestris sumptum facitis. 14) Vigiles pro praetorio dispositi erant. Ante vicum sub monte praecipiti liquidus lacus est, circum quem multa populus (cf. 155, 1) sata est. Hannibal sperans fore, ut Capuam obsidione liberaret, ad urbem Romam profectus castra ad ipsas urbis portas posuit. 15) Euboea, quae insula contra (od. adversus) Atticam Boeotiamque sita erat, freto Euripi a continenti disiungebatur. Qui legere vult discere, eum a litteris ediscendis ordiri necesse est. Homines fallaces omnia ad voluntatem, nihil ad veritatem loquuntur. 16) Princeps legationis pro tribunali stabat et orationem non de scripto recitavit, sed ex tempore dixit. 17) Praeter ducem reliqui captivi quingenti fere homines ad unum omnes caesi sunt. 18) Ad Salaminem classis Persarum maxima post hominum memoriam deleta est. 19) Centurio extra aciem equo provectus hasta per thoracem sauciatus est. 20) Omnes praeter unum Galli et aureos torques circum colla et anulos in digitis gestabant.

## D. Eigentümlichkeiten im Gebrauch der Substantiva und Adjektiva.

### 1. Singular und Plural.

155. Der **Singular** der Substantiva steht im Lateinischen **kollektivisch**:

1. **bei den Namen von Bäumen, Garten- und Feldfrüchten und den Produkten des Ackerbaus, der Viehzucht und Industrie überhaupt, wenn dieselben als allgemeine Stoffnamen betrachtet werden,** z. B. Hae villae abundant porc*o*, haed*o*, agn*o*, gallin*a*, lacte, caseo, melle. In ros*a* et viol*a* potare „unter Veilchen und Rosen". Ripae fraxin*o* mult*a*, mult*a* popul*o* vestiuntur. Ager arbor*e* infecundus; pulvinus ros*a* fartus; turrim ex later*e* facere „einen Turm von Ziegelsteinen erbauen". Catinus ciceri*s* „eine Schüssel Erbsen". Gland*e* vesci „Eicheln essen". Cic*er*, lent*em*, rap*um* serere „Erbsen, Linsen, Rüben säen". Die einzelnen Bohnen, Linsen, Erbsen &c. heißen natürlich fab*ae*, lent*es*, pis*a* etc.
2. **gerade wie im Deutschen bei Bezeichnung von ganzen Klassen von Menschen, namentlich im historischen Stile zur Bezeichnung von Personen in soldatischer Rücksicht, wie** *miles*, *eques*, *pedes*, *hostis*, *sagittarius*, *Poenus*, *Romanus* **(statt Romani milites) etc.,** z. B. Volscis fugientibus, quoad insequi *pedes* potuit, terga caesa; *eques* usque ad castra pavidos egit; impedimenta cum equite relicta sunt. Affectabat ut Roman*us* ita Poen*us* Siciliam. Lucan*us* a nobis defecit. Host*is* adest. Conduxerunt ex Peloponneso milit*em*. Zuweilen findet sich der Singular und Plural nebeneinander, z. B. Hispani milite*s* et fundit*or* Baliari*s*; inter Roman*os* Poen*um*que. — **Im allgemeinen bleibt jedoch die Regel bestehen, daß der Lateiner im Gebrauche des Plurals strenger ist als der Deutsche, und daß er daher in der Regel, wenn eine Mehrheit von Gegenständen gedacht wird, den Plural setzt. Cf. 158.**

Anm. 1. Die Dichter erlauben sich im Gebrauche des kollektiven Singulars oft eine große Freiheit, wie sie umgekehrt auch sehr häufig den Plural nur zu dem Zwecke gebrauchen, um den Begriff des Nomens zu verstärken oder denselben nur im allgemeinen zu bezeichnen, oft auch wohl nur, um für den Vers gefügigere Formen zu gewinnen.

Anm. 2. Von Sachnamen werden kollektivisch nur im **Sing.** gebraucht: *vestis* „Kleidung, Kleider" (= vestimenta, cf. 156, 1); — *scientia* (cf. 156, 4); — *apparatus* „Vorbereitungen, Rüstungen, Erfordernisse" (z. B. belli apparat*um* non differre; inter apparat*um* belli fato opprimi; abundare omni apparat*u* oppugnandarum urbium; accipere aliquem apparat*u* regio. Der Plur. ist selten, doch klassisch); — *gestus* „Gebärden = Gestikulation", (der Plur. nur, wenn von mehreren Personen die Rede ist); — *fama* „Sage, Tradition" („einzelne Gerüchte, Sagen" heißen rumores, fabulae); — *indoles* „Anlagen" (cf. 156, 3); — *proles* und *suboles* „Nachkommen"; — *militia* „Kriegsdienste" (z. B. militiam facere, abnuere, suscipere); — *ambitus* „Wahlumtriebe"; — *supellex* „Gerätschaften"; — *specimen* „Kennzeichen"; — *aes alienum* „Schulden"; — *praestantia* und *excellentia* „Vorzüge vor"; — *fabrica* „Fabriken, Fabrikwesen"; — *pluma* „Flaumfedern, Gefieder". — *Instrumentum* bedeutet oft kollektivisch „die Geräte, die Hülfsmittel" (z. B. Caes. b. g. 5, 31, 4; Cic. Verr. 3, 57), kommt aber auch im Plur. vor (z. B. Cic. Cat. 2, 9; Brut. 268); der Sing. bezeichnet jedoch nie ein einzelnes Werkzeug. — Da *norma* und *regula* „das Richtscheit, den Maßstab" bedeuten, können sie eben dieser Bedeutung wegen im Plur. nur unter ganz besonderen Verhältnissen vorkommen. Einzelne Normen oder Regeln heißen leges, praecepta. — Kollektivisch steht auch der Abl. *manu* in der Bedeutung „mit bloßen Händen" (z. B. vallum *manu* scindere), oder „durch Menschenhände, künstlich" im Gegens. zu naturā (z. B. locus *manu* munitus, portus *manu* factus).

156. 1) Statt des Plurals vest*ibus* ist der Sing. **veste** zu setzen; denn **vestis** bezeichnet in klassischer Prosa nicht ein einzelnes Kleidungsstück *(vestimentum)*, sondern kollektivisch „die Kleidung" (*vestitus*). So sagt man vest*is* muliebr*is* „Frauenkleider", stragul*a* vest*is* „Teppiche, Decken", vest*is* lugubr*is* „Trauerkleider", vest*em* mutare „Trauerkleider anlegen". — 2) Statt des Sing. inimicit*ia* muß nach klassischem Gebrauche *inimicitiae* stehen; (der Sing. inimicitia steht nur in der philosophischen Sprache als abstrakter Begriff, z. B. Cic. Tusc. 4, 16). **Pluralia** sind in der besten Sprache auch: *septentriones* „der Norden"; *sordes* (Gen. sordium) „der Schmutz"; *cervices* „der Nacken"; *catenae* „die Kette"; *fauces* (Gen. faucium) „die Kehle"; *altaria* „der Hochaltar"; *claustra* (Gen. claustrorum) „das Schloß"; *compēdes* (Gen. compēdum) „die Fußfessel"; *preces* (Gen. precum) „die Bitten"; *scalae* „die Leiter"; *impendia* „der Aufwand, die Kosten" (der Sing. impendi*um* sehr selten, z. B. Cic. Att. 6, 1, 4); *fides* (Gen. fidium) „die Leier" (eine einzelne Saite chorda od. nervus); *angustiae* „die Enge"; *sales* „Witz, feiner Scherz" (seltener der Sing. *sal*). *Gubernaculum* „Steuerruder" kommt in der bildlichen Bedeutung „Leitung, Regierung" fast nur im Plur. vor. Man sagt regelmäßig *fundamenta* alicuius rei *iacere* „den Grund zu etwas legen". — 3) **Indoles** „natürliche Anlagen, Fähigkeiten, Talente" ist in guter Prosa ein Singulare tantum. — 4) Da **scientia** nicht objektiv die Wissenschaft oder die Zweige der Wissenschaft, sondern nur das subjektive Wissen, die erlangte Kenntnis bezeichnet, so kann es nur im Sing. stehen, z. B. Tua scientia haud exigua est „deine Kenntnisse (d. h. dein Wissen) sind nicht unbedeutend". In dem vorgelegten Satze ist zu schreiben *litterae* oder *doctrinae*. — 5) Da der Römer nur den Sing. **Apenninus** kennt, so ist zu schreiben Apennin*i* dorso. Dagegen sagt man ebensowohl *montes Pyrenaei* als *Pyrenaeus mons*.

157. 1) Cur caput ros*a* redimivisti? 2) Pavimentum conclavis conspergamus viol*a* et parietes lili*o*, hyacinth*o*, cyan*o*, heder*a* exornemus. 3) Pythagorei fab*a* abstinuerunt. 4) Britannia antiquitus materia cuiusque generis abundavit praeter fag*um* atque abiet*em*. 5) Hi lacus pisc*e* et conchyli*o* scatent. 6) Quamquam me*am* indol*em* apparet tuā inferiorem esse, tamen me*am* scienti*am* tuā non inferiorem esse meo iure affirmare mihi videor. 7) Hiero, rex Syracusanorum, cum populum Romanum milit*e* et equit*e* non uti sciret nisi Roman*o* et Latin*o*, sagittari*um* tantummodo et funditor*em* auxilio ei misit, quam manum aptam fore putabat adversus Baliar*em* ac Maur*um*. 8) Apud veteres Germanos mulieres *ea*dem fere vest*e* utebantur qu*a* viri, nisi quod saepius line*a* veste velabantur *eam*que purpura variabant.

Anm. Die Dichter gebrauchen auch *multus* (und *plurimus*) im Sinne des Plurals, z. B. *multa avis* = multae aves. Trudit *multa cane* apros. Helenam *multo* repetet Graecia *milite* (statt multis militibus). *Plurima* cadet *hostia*. In guter Prosa können diese Quantitätsadjektive nur bei Stoffnamen (wie aurum, argentum, caro, sanguis) oder Abstrakten (wie cura, labor, studium u. ä.) im Sing. vorkommen.

158. Der Lateiner ist im Gebrauche des **Plurals** strenger als der Deutsche. Daher setzt er in der Regel bei Angabe einer Mehrheit von Gegenständen den Plural, während im Deutschen nicht selten der Sing. angewandt wird. — Ferner steht abweichend vom Deutschen der Plural bei *Nominibus abstractis*, wenn a) die bezeichneten Begriffe oder Eigenschaften in Beziehung auf verschiedene Zeiten oder mehrere Personen (Gegenstände) stehen, z. B. Incurres in odia hominum. Catilina adulescentium familiaritat*es* appetebat. Siderum magnitudin*es*, industri*ae* hominum novorum, imperatorum adventūs in urbes sociorum; advers*os* rerum exit*us* metuere. Sapiens nostr*as* levitat*es* contemnit. Deorum sanctitat*es*. Regum afflict*ae* fortun*ae*; — b) wenn verschiedene Arten (Formen, Regungen, Äußerungen) des Begriffs bezeichnet werden sollen, z. B. Somnus et quiet*es* cet*erae* „die übrigen Arten der Ruhe". Timidita*tes* „Äußerungen von Furcht"; iracundi*ae* „Ausbrüche des Zorns"; mort*es*, exiti*a* „Todesarten"; amor*es* „Liebesbezeigungen"; suspicion*es* „Verdachtsgründe"; metūs „Regungen von Angst"; terror*es* „schreckenerregende Erscheinungen"; assension*es* „Äußerungen des Beifalls"; sedition*es* „revolutionäre Scenen"; honestat*es* „sittliche Rücksichten"; utilitat*es* „nützliche Einrichtungen, nützliche Dienste". Cavendum est, ne aut tardita*tibus* utamur in ingressu mollior*ibus* aut in festination*ibus* suscipiamus nimi*as*

celerita*tes*. — Auch steht der Plur. sehr häufig: c) bei Wettererscheinungen, namentlich um die Stärke oder Häufigkeit oder lange Dauer derselben zu bezeichnen (z. B. *nives* „Schneegestöber, Schneeflächen", *pluviae* „Regenwetter", *imbres* „Regenschauer", *grandines* „Hagelwetter", *frigora* „Frostwetter, kaltes Klima", *ardores* oder *aestus* „anhaltende Hitze"), — d) bei Stoffnamen, wenn nicht der Stoff als solcher, sondern daraus gefertigte Dinge oder verschiedene Arten oder die einzelnen Stücke (Teilchen) bezeichnet werden sollen, z. B. *aera* „Kupferinstrumente, Erztafeln oder Bronzestatuen", *lanae* „Wollflocken", *panes* „Brotlaibe", *pices* „Pechstücke", *cerae* „Wachsscheiben, Wachstafeln, Wachsbilder", *crystalla* „Krystallgefäße", *sales* „Salzkörner", *rores* „Tautropfen", *vina* „Weinsorten", *marmora* „Marmorblöcke, Marmorwerke". Cf. auch 160, 2 u. 3.

1) Iter *pedibus* ingredi. *Dies* noct*es*que discere. Adulatoribus aur*es* praebere. Leg*es* mor*es*que illudere. 2) Ocul*os* cruciatu alicuius pascere. Coniurationis Catilinariae conscii erant multi, qui patrimoni*a* sua profuderant. Amici dextr*as* inter se iunxerunt. 3) Antiquis temporibus Olympionicae coron*as* non auro aut gemmis micant*es*, sed oleaginas gerebant, quae non praemi*a*, sed laudis insign*ia* essent. 4) Cives arma ceperunt (od. ad gladi*os* redierunt). Hostes *terga* verterunt. Captivis *capita* sunt praecisa. Equites ex *equis* desiluerunt. 5) Parv*a* *sunt* omnium rerum initi*a*. 6) Optimos scriptores tanquam exemplar*ia* tibi sume. 7) Domini famili*as* su*as* continent. Permultae sunt aves, quae sed*es* su*as* certis commutant temporibus. 8) Stellarum curs*us* observare. Vola*tibus* avium cant*ibus*que futura praedicere. 9) Histriones *ora* fucant. Histriones Graeci cothurn*is* ingrediebantur. 10) Magnorum virorum vi*tas* moresqu*e*, sive in bello praestiterunt sive in pace, cognoscere non solum iucundum est, sed etiam utile et necessarium. 11) Difficile saepenumero est anim*os* ingeni*a*que hominum perspicere. 12) Admiramur harum arborum altitudin*es* proceritat*es*que, riparum vestit*us* viridissim*os*, liquor*es* pellucid*os* amnium. 13) Cleanthes dixit in anim*is* hominum informatas deorum esse notiones. 14) Aegrotos oportet praecepta medi*corum* sequi, ut ex morb*is* convalescant. 15) Anim*os* colligite (= bon*o* anim*o* este, cf. Anm. 2), iuvenes! Fort*es* fortuna adiuvat. 16) Athenis pueri ingenui fidibus canere et ad nervorum sonos cantare assidue discebant, quo tener*a* pect*ora* Aganippae quasi rore mature conspergerentur. 17) Solo pauperiorum parentum filios sellulari*a* saltem opifici*a* discere voluit. 18) Saepe accidere vidimus, ut viri summ*is* ingeni*is* praediti in odi*a* invidi*as*que civium incurrerent. 19) Apud veteres Persas fili*i* non considebant coram matr*ibus*. 20) Gravioribus (cf. 200) bellis omne imperium maiores nostri penes dictator*es* esse voluerunt, quorum ipsum (cf. 254) nomen vim suae potestatis indicaret. 21) Tacitus in eo, quem de Germania scripsit, libro se ad sententiam accedere ait eorum, qui Germanos nullis aut advent*ibus* aut hospiti*is* aliarum nationum mixtos propriam et sinceram et sui tantum similem gentem esse arbitrarentur.

Anm. 1. Man sagt ebensowohl *manum* als *manus conserere cum aliquo*; *manum* und *manus alicui afferre* oder *inferre*; *in alicuius manum* oder *manus venire, incidere.*

Anm. 2. Ein Substantiv kann ungeachtet seiner Verbindung mit Pluralen auch im Sing. stehen, wenn der Begriff nicht nach mehreren Seiten und Beziehungen, sondern generell als ein ungeteilter hingestellt wird, z. B. Odi*um* hominum multum valet ad pestem. Cap*ut* hominum formosius est quam bestiarum. Quid vult*u* extimuistis („im Blick")? Besonders häufig steht so der Sing. von *animus* und *ingenium* auch in Beziehung auf mehrere, wie denn z. B. immer nur bon*o* (*aequo, forti, eo*) anim*o* esse auch von mehreren gesagt wird. Cf. Nostris anim*us* augetur. Anim*o* simus ad dimicandum parati. Qui excellenti ingeni*o* doctrinae se dederunt. Principes tristes capit*e* demiss*o* terram intuebantur. (Vereinzelt aequ*is* anim*is* Cic. Sest. 48.)

Anm. 3. Gewisse Körperteile, die aus zwei gleichartigen Stücken bestehen oder doppelt vorhanden sind, treten im Lateinischen in der Regel nur im Plur. auf, während sie im Deutschen gewöhnlich im Sing. stehen, wie *pulmones, cervices, renes, nares* (als Geruchsorgan, *nasus*, Gen. nasi als Gesichtsteil), *latera, fauces, praecordia* u. a.

Anm. 4. Ländernamen erscheinen nur dann in der Pluralform, wenn das Land aus mehreren Teilen besteht, welche den Namen des ganzen Landes führen, wie *Galliae, Hispaniae, Germaniae.*

159. a) **Bei Cicero bezeichnet** *litterae* **ziemlich oft „Zuschriften, Briefe, Schriften,** z. B. Ego propter incredibilem et animi et corporis molestiam conficere *plures litteras* non potui. Afferuntur ex Asia *cotidie litterae.* — **b) „Örter, Gegenden" heißen regelmäßig loca, viel seltener loc*i*. Aber „Bücherstellen, Citate, Themata, philosophische Materien, Abschnitte oder Kapitel einer Darstellung, Beweisquellen" heißen loci, nicht loc*a*. Man unterscheide demnach loc*a* communi*a* „öffentliche Plätze" von loc*i* commun*es* „(rednerische) Gemeinplätze".**

160. 1) Wenn zwei oder mehr Adjektive in der Art zu einem Substantive gefügt werden, daß dabei an mehrere verschiedene Dinge desselben Namens zu denken ist, so steht das Subst. wie im Deutschen gewöhnlich im Singular, namentlich wenn es vor dem ersten Adjektiv steht; das Prädikat aber nimmt es, wenn es Subjekt ist, stets im Plur. zu sich, also: **Ov*is* nigra et alba. Pocul*um* aureum et argenteum mihi donat*a* *sunt*. In port*u* Brundisino Tarentinoque. Legi*o* secunda et tertia. Ag*er* Falernus et Campanus.** Doch steht das Subst. nicht selten auch im Plur., besonders wenn es hinter den Adjektiven steht, z. B. Secunda et tertia legi*ones*. Falernus et Campanus agr*i*; aber auch sonst, z. B. Arati*ones* Campana et Leontina, duc*es* Romanus Poenusque. Liv. 26, 10, 2: Placuit consules circa port*as* Collinam Esquilinamque ponere castra; dagegen 26, 10, 1: Inter Esquilinam Collinamque port*am* posuit castra. — 2) Haben mehrere Personen einen gemeinschaftlichen Familiennamen, so steht dieser regelmäßig im Plural; also **Tiberius et Gaius Gracch*i*. Cassius et Maelius Spur*ii*. Lucius et Gaius Quinc*tii* Cincinna*ti*.** (Ausnahmen sehr selten, z. B. Sall. Jug. 42, 1.) — 3) Personennamen werden zuweilen als wirkliche Gattungsnamen gebraucht, wenn man durch dieselben im allgemeinen Personen bezeichnet, welche dem zunächst durch das Nomen proprium bezeichneten Einzelwesen hinsichtlich einer wichtigen Eigenschaft ähnlich sind. So sind: ***Croesi* „Männer wie Krösus", d. h. überaus reiche Männer, Nabobs; *Maecenates* „so freigebige Beschützer der Künste und Wissenschaften wie Mäcen"; *Vergilii* „so treffliche Dichter wie Virgil"; *Scipiones* „Kriegshelden wie Scipio".** Cf. auch: Misera ea civitas est, cui *Cleones* et *Hyperboli* praesunt. Imitemur nostros *Brutos, Camillos, Ahalas, Decios, Curios, Aemilios,* innumerabiles alios. *Hyperidae* volunt esse et *Lysiae*; cur nolunt *Catones?* Te cum video, omnes mihi *Crassos* et *Laelios* videre videor. Si Fabio laudi datum esset, quod pingeret, etiam apud Romanos multi *Polycleti* et *Parrhasii* fuissent. Laudantur oratores veteres, *Crassi* illi et *Antonii*. Cf. auch 238, Anm. 3. — **4) (Nummi) Philippi aurei.**

## 2. Substantiva.

161. **Viele lateinische Substantiva enthalten neben ihrer ursprünglich objektiven Bedeutung eine subjektive und umgekehrt, z. B.**

a) *discrimen* „Unterschied — Unterscheidungsgabe"; *gloria* „Ruhm — Ruhmsucht"; *iudicium* „Urteil — Urteilskraft, Urteilsvermögen"; *humilitas* „Niedrigkeit — Kleinmut"; *immaturitas* „Unreife — Voreiligkeit"; *levitas* „Leichtigkeit — Leichtsinn, Wankelmut"; *gravitas* „Schwere, Wichtigkeit — würdevolles Wesen, Selbstgefühl"; *modus* „Maß — Mäßigung"; *labor* „Arbeit — Arbeitskraft"; *inventio* „Erfindungsgabe"; *scelus* „Frevelmut"; *varietas* „Wankelmut";

b) *opinio* „die Meinung, welche jemand hat, — die Meinung, welche andere von jem. haben

(= der Ruf)"; *suspicio* „Vermutung, Argwohn — Grund zum Argwohn, Stoff zu Verdacht"; *metus* „Furcht — Gegenstand der Furcht"; *formido* „Grausen — Gegenstand des Grausens, Schreckbild".

Anm. Beachte besonders den Wegfall der deutschen Ausdrücke **Sinn (für), Gefühl (für)**: *veritas* „Sinn für Wahrheit, Wahrheitsgefühl"; *officium* „Pflichtgefühl"; *elegantia* „Schönheitsgefühl"; *libertas* „Freiheitssinn"; *communitas* „Gemeinsinn"; *scelus* „verbrecherischer Sinn"; *dolor* „Schmerzgefühl"; *pudor* „Schamgefühl, Ehrgefühl"; *iustitia* „Rechtsgefühl"; *aequitas* „Billigkeitsgefühl"; *pietas* „Familiensinn"; *honestas* „Gefühl für das Gute"; *voluptas* „Lustgefühl"; *humanitas* „Gefühl für Menschlichkeit"; *verecundia* „Zartgefühl"; *tactus* „Tastsinn"; *gustatus* „Geschmacksinn"; *auditus* „Gehörsinn" ꝛc. Man hüte sich ja, in diesen Ausdrücken *sensus* anzuwenden! denn sensus mit einem Gen. darf nur dann stehen, wenn es auf die wirkliche lebendige Empfindung ankommt, besonders im Gegensatz zu ratio, cogitatio, simulatio u. ä., z. B. Sensus moriendi „das Gefühl des eintretenden Todes"; assiduitate malorum sensum omnem humanitatis ex animo amisimus. — Merke auch *inventio* „Erfindungsgabe" u. ä. (cf. 168, Anm. 1, c).

162. Cicero *adulescens* in philosophia Peripateticorum versatus est. Facilius convalescunt *pueri* vel *adulescentes* quam *seniores*. In *Volscis* res bene gesta est.

Der Lateiner hat eine Vorliebe für konkrete Ausdrucksweise. **Der konkrete Ausdruck wird für den (an sich zulässigen) abstrakten gebraucht:**

a) **bei Angabe des Lebensalters, in welchem oder von welchem an jemand etwas gethan oder erfahren hat, sowie bei Zeitbestimmungen nach der Amtsführung der höheren Magistrate,** z. B. Hannibal *puer* („in seiner Kindheit" = in pueritia) in Hispaniam se contulit. Cicero *adulescens, iuvenis* „in seiner Jugend, in seinem Mannesalter". Cato *admodum senex* („in seinem hohen Greisenalter") Graecas litteras didicit. *A puero* (*a parvulo, ab adulescentulo* „von Kindheit an") infirma valetudine usus sum. *A pueris* ingenuarum artium studio dediti fuimus. Scipio *consul* „in seinem Konsulat"; Cicerone *consule* „unter dem Konsulat des C." (= in consulatu Ciceronis); ante Metellum consulem; post te praetorem „nach deiner Prätur";

b) **beim Prädikatsnomen, insofern einer Person oder einem persönlich gedachten Begriffe lieber ein Personenname als ein Sachname zum Prädikat gegeben wird,** z. B. Hannibal *auctor* (od. *princeps*) secundi belli Punici fuit „die Veranlassung zu". Themistocles *conservator* Graecorum fuit „die Rettung für". Sapientia multarum bonarum rerum *parens* (od. *effectrix*) est „die Quelle (od. Ursache)". Non patriae *adiutores*, sed *administri* tyranni estis „ihr seid nicht eine Stütze des Vaterlandes, sondern Werkzeuge des Tyrannen". — So besonders im *Abl. absol.*: Hannibale *duce* „unter Anführung"; Magis *auctoribus* „auf Antrieb"; nobis *comitibus* „in unserer Begleitung"; vobis *testibus* „nach eurem Zeugnis"; Dumnorīge *deprecatore* „durch Vermittelung" u. a.;

c) **bei Bezeichnung von Ländern durch die Namen der betreffenden Völker,** z. B. Frumentum ex *Medis* supportabatur. Hannibal per *Ligures* Apenninum transiit. Caesar ex *Menapiis* in *Treveros* venit. In *Sabinis* res bene gesta est. Consul *Samnites* devastavit. Von vielen Völkerschaften kommt ein Ländername überhaupt nicht oder nur selten vor (cf. Volsci, Aequi, Aedui, Sequani, Persae u. a.); in diesem Falle wird regelmäßig der Name des Volkes statt des Landes gesetzt;

Anm. So dient auch **inferi** (eig. die Unterirdischen, Verstorbenen) zur Bezeichnung der Unterwelt in Ausdrücken wie: *apud inferos esse, ad inferos descendere, mortuos excitare ab inferis, ab inferis exsistere* u. ä. Die Bezeichnungen Orcus und Tartarus (Tartara) sind poetisch; die Prosa sagt dafür loca infera, sedes inferorum.

d) **in der Verbindung von *est (videtur, putatur* u. a.) mit dem Genitiv eines Substantivs oder substantivierten Adjektivs,** z. B. *Stulti* est „es ist Thorheit"; *arrogantis* est „es verrät Anmaßung"; *amici* est „es ist Freundespflicht"; *barbarorum* habetur „es wird für Barbarei gehalten"; *duri hominis* videtur „es erweckt den Schein von Gefühllosigkeit" (cf. 76);

e) bei konkreten **Pluralien** statt des ihrer Gesamtheit entsprechenden Abstraktums, und zwar sowohl von persönlichen als auch von sachlichen Begriffen, z. B. Libido magis est *adulescentium* quam *senum* „des Jugendalters — Greisenalters". Totos se alii ad *poetas*, alii ad *geometras*, alii ad *musicos* contulerunt „zur Poesie, — Geometrie, — Musik". *Assentatoribus* aures patefacere „der Schmeichelei". *Principes* od. *nobiles* „Aristokratie"; *vitia* „Lasterhaftigkeit"; *iudicia* „Gerichtswesen"; *iniuriae* „beleidigendes Verhalten"; *rhetorum* praecepta „Rhetorik"; *litterae* „Schriftstellerei"; *flagitia* „Schurkerei"; *boni* (*mali*) *mores* „guter (schlechter) Wandel"; *opiniones* „Vorstellungsweise"; *angores* „Melancholie"; *venena* „Giftmischerei"; consilia atque facta „Denk- und Handlungsweise". Magna *artificia* („Kunstthätigkeit") fuerunt in illa insula. His *moribus* „bei dem jetzigen Zeitgeiste". Solonis *leges* (*atque instituta*) „Verfassung"; *seditiones atque discordiae* „Anarchie" u. ä. Vgl. aber 164.

163. 1) C. Marius ut *adulescentulus* (od. *a puero*) educatus erat, ita fuit tota vita, vir rusticanus, sed plane vir, rudis et asper, sed integer vitā. 2) Hiero pollicitus est, quo animo *officio*que priore bello populum Romanum *iuvenis* adiuvisset, eodem *senem* se adiuturum. 3) Admirabilia sane fuerunt *consilia* atque *facta* Themistoclis, qui a ceterorum Graecorum *humilitate* alienissimus neque inani *gloriae* obnoxius *auctor* proelii Salaminii et *conservator* omnium Graecorum extitit. 4) C. Iunius Bubulcus aedem Salutis, quam *consul* voverat, *censor* locaverat, *dictator* dedicavit. 5) C. Iulius Caesar Mario sext*um* *consule* (anno centesimo a Chr.) mense Quinctili natus est. 6) Quanta *vitia* essent *nobilium* Romanorum, quam corrupta *iudicia* et *leges*, quam nihil *iustitiae* et *aequitatis* cum in omni civitate tum in *optimatibus* esset, Sallustius non uno loco singulari quadam gravitate orationis descripsit. 7) *Nobis pueris*, inquit Cicero, cum esset Cotta et Hortensius, num quis, cui quidem eligendi potestas esset, quemquam his anteponebat? 8) A *pueris* (od. *a parvulis*) labore et duritia assuescere incipiamus oportet; nam nisi *pueri* vires exercuerimus, *senes* operam perdemus. 9) Ingens *formido* eis, qui *apud inferos* versabantur, erat triceps Cerberus, qui in ipso aditu *locorum inferorum* constitutus neminem inde egredi sinebat.

164. Nicht selten gebraucht der Lateiner (wie auch der Deutsche) den **abstrakten** Ausdruck für den (an sich zulässigen) **konkreten**, und zwar:

a) das Abstraktum in **kollektivischem** Sinne für die Gesamtheit der zu ihm gehörenden Konkreta, z. B. *Nobilitas* = nobiles, *coniuratio* = coniurati, *iuventus* = iuvenes (aber höchst selten *adulescentia* = adulescentes, z. B. Cic. Cat. m. 48), *aetas* = „die Menschen irgend einer Zeit", *posteritas* = posteri, *vicinitas* = vicini, *legatio* = legati, *latrocinium* = latrones, *barbaria* = barbari, *levis* (*gravis*) *armatura* = *leviter* (*graviter*) *armati* u. ä. Cf. auch: Ubi *salutatio* (= salutantes „die den Morgenbesuch Abstattenden") defluxit, litteris me involvo. Virginius sordidatus filiam suam cum ingenti *advocatione* in forum deduxit;

b) das eine **Eigenschaft** oder einen **Zustand** bezeichnende Abstraktum für die Person oder die Personen, deren Wesen dieselben ausmachen, z. B. *Innocentiam* iudiciorum poena liberare „die Unschuld" (= „einen Unschuldigen oder mehrere unschuldige Menschen"). *Ignavia* = „ein Feigling" oder „Feiglinge". *Pestis* = homo pestifer. Antonius, insigne *odium* („verhaßte Persönlichkeit") omnium hominum. Valete, mea *desideria*. Erat provincia plena lictorum et *imperiorum* („Kommandeure"). Cum *luxuria* nobis, cum *amentia*, cum *scelere* certandum est. Caesar nobilitatem et *dignitates* hominum amplectitur „den Adel und Leute von Distinktion".

Anm. 1. Beachte auch, daß zuweilen für die Personenbezeichnungen nemo, quisquam, quis die Neutra *nihil*, *quidquam*, *quid* der Verstärkung wegen stehen, besonders bei Komparativen, z. B. Hoc victore *nihil* moderatius est. Peripatetici, quibus *nihil* est uberius, *nihil* gravius. Non potest insipiente fortunato *quidquam* fieri intolerabilius. So geschieht es auch im Deutschen mit „nichts, etwas und was".

Anm. 2. Regelmäßig steht im Lateinischen das Abstraktum statt des deutschen Personennamens a) bei „sich auszeichnen als, viel (wenig) leisten als" (cf. 19, Anm. 1): eloquentiae laude florere „sich als Redner auszeichnen"; virtute imperatoria excellere, prudentia civili praestare „sich als Feldherr, als Staatsmann auszeichnen"; arte oratoria multum valere, dicendo multum consequi „als Redner viel leisten"; — b) wenn der Zweck (im Dativ oder mit vorgesetztem ad, in) angegeben wird, z. B. *imperio* natus „zum Feldherrn geboren, ein geborener Feldherr", ad *dicendum* natus aptusque „von Natur zum Redner geeignet", aliquem ad *dicendum* instituere „zum Redner bilden", ad *accusandum* descendere „sich zum Ankläger hergeben", se abicere in *servitium* „sich zum Sklaven erniedrigen", idoneus *militiae* „zum Soldaten geeignet", fortuna eum ad *consulatum* extulit „das Glück hat ihn zum Konsul erhoben".

1) Inter feras satius est aetatem degere quam in hac tanta *immanitate* versari. 2) Cicero vi eloquentiae saepius *innocentiam* poena iudiciorum liberavit. 3) Victoria Salaminia universum genus humanum ab ingruente *barbaria* vindicatum est. 4) Nonne miserrimum est imperium ad summam *stultitiam nequitiam*que venisse? 5) Quousque tandem vivere hanc *pestem* patiemur? 6) *Antiquitas* multis de rebus minus recte iudicavit. 7) Agri Romanorum locupletiorum *servitio* traditi erant colendi. 8) Tota *vicinitas* (in) domum nostram convenit, ut patri meo mortuo iusta faceret (od. facerent). 9) *Senectus* interdum morosior est. 10) Titanum in hoc quoque similis est Aiax, quod vi omnia patrari et perfici posse ratus consilia tanquam perfugia quaedam *ignaviae* atque *timiditatis* aspernatur.

165. Nein. Der Deutsche legt oft Substantiven, welche einen leblosen oder abstrakten Gegenstand bezeichnen, Handlungen bei, welche eigentlich nur von Personen ausgesagt werden können. Der Lateiner vermeidet diesen Sprachgebrauch, indem er entweder ein solches Verbum wählt, welches zu der Natur des Subjekts paßt, oder den Gedanken so umbildet, daß die in Rede stehende Person das grammatische Subjekt wird. Cf. „Das Beispiel des Krösus lehrt, daß alles Irdische vergänglich ist" res humanas caducas esse exemplum Croesi *documento est* (nicht docet!) oder exemplo Croesi *discimus* — Insbesondere ist zu beachten, daß der Lateiner fast nie den Namen des Landes oder der Stadt statt der Bewohner setzt, z. B. „Athen schloß ein Bündnis mit Sparta" *Athenienses* societatem inierunt cum *Lacedaemoniis*. „Locri schloß sich an Rom an" *Locrenses* ad *Romanorum* societatem se applicaverunt. „Griechenlands Freundschaft ist unzuverlässig" *Graecorum* amicitia incerta est. Es ist deshalb auch erforderlich, die Bezeichnungen „Stadt" und „Land" durch *civitas, gens, populus* zu übersetzen, wenn bestimmt an die Bewohner zu denken ist, wie z. B. in den Sätzen: „Die griechischen Städte schickten Gesandte nach Korinth"; „Die ganze Stadt zog dem siegreichen Heere entgegen"; „Das ganze Land erhob sich zum Aufstande".

Anm. 1. Ausnahmen von der letzteren Regel sind ganz vereinzelt (z. B. Cic. or. 25; Pomp. 67; am häufigsten noch *Graecia*, z. B. Cic. de or. 2, 6; Tusc. 1, 1). — Man beachte auch, daß die Ausdrücke *oriens, occidens, meridies* und *septentriones* in der besten Prosa nur die Himmelsgegend bezeichnen, nicht aber die in derselben liegenden Länder oder dort wohnenden Völker, für welche die Ausdrücke orientis terrae, partes, regiones, provinciae, gentes, populi, homines u. a. eintreten.

Die vorgelegten Sätze sind demnach zu übersetzen: 1) Caesar virtute ac consilio suo Gallos perdomuit od. Galli virtute ac consilio Caesaris perdomiti sunt. 2) Hic liber est od. in hoc libro disseritur (disputatur) de venatione et piscatu od. in hoc libro tractatur venatio et piscatus.

3) Athenienses impetus Persarum irritos reddiderunt. 4) Cambyses crudelitate ad turpissima scelera raptus est. 5) Plataeenses soli (od. una Plataeensium civitas) Atheniensibus auxilia miserunt (od. misit). Romani (od. populus Romanus) civitatem Saguntinorum in societatem receperant (od. receperat).

Anm. 2. Doch finden nicht selten (bes. im oratorischen Stile) Abweichungen von dieser Regel statt (**Personifikation**):

a) bei Sachnamen, die geradezu statt der betreffenden Personennamen stehen: *Academia* für Academici, *antiquitas* für antiqui homines, *historia* für historici, *Graecia* für Graeci etc., z. B. *Antiquitas* multis in rebus erravit. Doctrina *Graecia* Romanos superavit. *Hispania* plurimos hostes superatos conspexit. *Aetas nostra* (= nos) multa bella vidit. Tota nostra *domus* te salutat. Vetus *Academia* docet omnem virtutem esse mediocritatem;

b) bei Namen von Seelenkräften, persönlichen Eigenschaften und Gemütszuständen, wo dieselben als den Menschen beherrschend auftreten, z. B. *Cupiditates* non modo singulos homines, sed universas familias evertunt, totam etiam labefactant saepe rem publicam. *Avaritia* impellit ad quodvis facinus. Hinc *spes*, hinc *desperatio* animos irritat. *Temperantia* monet, ut rationem sequamur. Etiam victores caedis ceperat *satietas*. Ingens subito *timor* militum mentes perturbavit;

c) bei Namen von solchen Dingen, Verhältnissen und Zuständen, welche an sich eine gewisse Selbständigkeit haben, meist sofern sie fördernd, hindernd, tröstend, mildernd wirken, etwas zulassen oder mit sich bringen, zu etwas antreiben oder von etwas abhalten, etwas bewirken, überliefern, anzeigen, bezeugen, z. B. *Palaestra* adiuvat histrionem. *Gloria* brevitatem vitae posteritatis memoria consolatur. *Gustatus*, quod valde dulce est, aspernatur. *Vultus* indicat mores. *Oculi*, quemadmodum animo affecti simus, loquuntur. *Virtus* conciliat amicitias. *Utilitas* amicitias dissolvit. *Senectus* avocat a rebus gerendis. *Lex* iubet. *Mos* maiorum postulat. *Litterae* tuae valde me momorderunt. In senatu vicit *sententia*, quae reddenda censebat bona;

d) bei Namen von Handlungen, durch deren Bedeutsamkeit der Handelnde selbst zurückgedrängt wird, z. B. *Profectio* tua spem meam debilitavit. *Reprehensio* eius me vehementer movet. *Cunctatio* consulis distulit victoriam.

Wie weit man in der Anwendung dieser Personifikation gehen darf, darüber kann nur die Vertrautheit mit dem Sprachgebrauch und ein gebildeter Geschmack entscheiden. Man kann z. B. wohl sagen Philosophia medetur omnibus animi perturbationibus, aber nicht Philosophia agit de finibus bonorum et malorum.

Anm. 3. „Wie das Sprichwort sagt" *ut est in proverbio* oder *ut aiunt, quod aiunt* (nicht ut ait proverbium), *ut dicitur*, *quemadmodum dicitur*; — „die Sage erzählt" *fama est*; „die Überlieferung meldet" *memoriae proditum est*; „dieser Umstand beweist, daß" *haec res testimonio* (*documento*) *est* mit Acc. c. inf.; „dieser Umstand bewirkte, daß" *ea re effectum est, ut.*

Anm. 4. Hier möge nebenbei daran erinnert werden, daß „die **Truppen**" nur dann durch *copiae* übersetzt werden dürfen, wenn sie als bloßes Werkzeug in der Hand des Heerführers in Betracht kommen; sonst durch *milites*, wenn sie als menschliche Individuen bezeichnet werden, es sich um ihren Verstand, ihr Gemüt, ihre Anschauungen u. ä. handelt.

1) Traiecto Granico flumine Alexander Graecis in Asia coloniis potitus est; signis ad Issum collatis Tyri Aegyptique aditum patefecit; proelio ad Arbela commisso omnium gentium imperium occupavit. 2) Imbribus continuis et frigoribus eorum, qui sub divo agebant, augebatur miseria. 3) Seldschucci Christianis resistere frustra sunt conati; nam sacrorum tuendorum studio inflammati maiora paene quam pro humanis viribus facinora illi ediderunt. 4) Conradus, Germaniae imperator, et Ludovicus VII., Galliae rex, a. p. Chr. 1147 alteram expeditionem sacram susceperunt, sed militibus eorum omni licentiae genere, inopia, morbis consumptis infecta re discesserunt. 5) Hac pictura oculi

mirum quantum tenentur. Croesi exemplo discimus neminem ante mortem beatum esse praedicandum. 6) Quid causae fuisse putamus (cf. 488), cur inter omnes Graeciae gentes coloni illi, qui oram Asiae occidentalem occupaverant, primi ad summam illam ac singularem humanitatem et doctrinam excolerentur, quam intuentes (= cuius aspectu) etiamnunc summa admiratione afficimur? 7) Cicero, cum cognovisset, quantum periculum saluti communi nefariis Catilinae consiliis immineret, totum animum atque curam posuit in servanda re publica. 8) Quanto ardore studioque litterarum Euclidis animum a quiete nocturna avocatum impulsumque esse putamus, ut proposito mortis periculo Socratem adiret?

166. **Die Verbalia auf -tor (-sor), -trix bezeichnen:**

1) **eine bleibende Eigenschaft oder dauernde Thätigkeit, eine Gewohnheit oder einen Beruf.** Daher ist *tortor* ein Folterknecht von Gewerbe, *recitator* ein Vorleser (d. h. ein solcher, der das Vorlesen als ein Gewerbe übt), *negotiator* ein Banquier, *gubernator* ein Steuermann, *laudator* ein Lobhudler, *conquisitor* ein Werber, *contionator* ein Volksredner, *receptor* ein geschäftsmäßiger Hehler, *aedificator* ein leidenschaftlicher Bauliebhaber, *calumniator* ein Chikaneur, *venator* passionierter Jäger, *turbator* Unruhstifter, Störenfried, *corruptor* ein Verführer von Profession, *potor* oder *potator* ein Säufer 2c. Vergl. Ignis *consumptor* omnium est, d. h. das Feuer hat die stehende Eigenschaft, zu verzehren; ratio cupiditatum *moderatrix* est. Diphilus Crassi *lector* est „liest die Schriften des Crassus unausgesetzt und mit Vorliebe". Pythagoras frugalitatem velut *genetricem* virtutum omnibus commendabat. Omnis natura vult esse *conservatrix* sui. Pecunia *effectrix* est multarum et magnarum voluptatum. **Handelt es sich dagegen nur um einen Fall, in welchem die Thätigkeit geübt wird, so setzt der Lateiner kein Substantiv auf *tor*, sondern einen Relativsatz (oder ein Participium).** Daher heißt derjenige, welcher bei irgend einer Gelegenheit einmal singt, nicht cantor, sondern is qui canit (cecinit, canet etc); derjenige, welcher einmal eine Rede hält, nicht orator, sondern is qui dicit (dixit, dicet); Servius Tullius, der Nachfolger des Tarquinius, nicht successor Tarquinii, sondern qui Tarquinio in regno successit. Qui ante me dixerunt „meine Vorredner". Is, a quo accusatus sum „mein Ankläger". Cf. Praemia iis, qui optime cecinissent, proposita erant „Belohnungen waren für die besten Sänger ausgesetzt". —

2) **zwar nur eine einmalige, vereinzelte, aber so bedeutende Handlung, daß sie der Person einen bleibenden Charakter oder gar einen historischen Titel verleiht.** Also: Romulus *conditor* (od. bei Cicero *creator*) urbis. Themistocles patriae *liberator*. Marius Cimbrorum *victor*. Cicero rei publicae *conservator*. Cicero Verris *accusator* „welcher sich als Ankläger des Verres einen geschichtlichen Namen erworben hat". Brutus et Cassius Caesaris *interfectores*. Galli Mercurium omnium artium *inventorem* ferebant.

Anm. 1. Nur wenige dieser Substantiva dienen zur Bezeichnung von Personen, welche in einzelnen (konkreten) Fällen handeln, z. B. competitor, auditor, accusator, defensor u. ä., und auch diese gewöhnlich nur dann, wenn der einzelnen Handlung zugleich Neigung, Lust und Beruf der Person zur Seite steht oder beigelegt wird.

Anm. 2. Selbst in dem Falle, daß an und für sich ein Subst. auf *tor* stehen könnte, findet häufig eine Umschreibung desselben statt, sei es aus Rücksicht auf Koncinnität und Rhythmus oder behufs größeren Nachdrucks oder zum Zwecke genauerer Zeitangabe. Notwendig ist die Umschreibung überall, wo solche Substantiva noch einen adverbiellen Zusatz haben, wie: Krämer auf den Märkten, Zuschauer bei den Spielen, Unruhestifter in der Stadt u. ä.

Anm. 3. Die Ausdrücke „Begleiter, Anhänger, Schüler, Nachfolger" 2c. werden sehr gewöhnlich umschrieben: (Illi) qui sunt a Platone. Qui stabant cum Caesare. (Ii) qui Zenonem secuti sunt. Qui a Pythagora profecti sunt. Trecenti qui erant cum Leonida (cf. *οἱ μετὰ Κύρου, οἱ περὶ Πλάτωνα, οἱ ἀπὸ Ζήνωνος*). — Über den adjektivischen Gebrauch der Substantiva auf *tor* cf. 10.

167. 1) Summissius et citius loqueris; male legis (recitas). 2) Catilina, concitator ille atque corruptor civium Romanorum, consulatum aliquoties petivit. 3) Fures saepe auxilio receptorum utuntur. 4) Theseus Panathenaea sollemnia instituit, quibus fortuna splendorque et publicus et privatus maximo civium consensu palam conspiciebatur. 5) Saltatrices et artifices scaenicae leves saepe sunt mulierculae. 6) Ingens hominum vis quinto quoque anno Olympiam ludorum spectandorum causa confluebat. 7) Soror mea, cum summo saltandi studio teneatur, tamen saltatione nunc prorsus desistere constituit. 8) Qui Nemea vicerant, coronis ex apio nexis donabantur. 9) Camillus, Veiorum victor, triumphans curru quattuor equis albis iuncto Urbem invectus est. 10) Virtus effectrix beatae vitae est. 11) Tua ipse culpa calamitatem contraxisti. 12) Vehementer errant, qui Horatium nihil nisi laudatorem Augusti fuisse clamitant. 13) Omnes scriptores libros suos legi cupiunt. 14) Athenienses in Themistoclem, Graeciae conservatorem, ingratissimos se praebuerunt. 15) Cornelius Nepos narrat, cum pecuniosus fuerit Atticus, tamen neminem fuisse minus aedificatorem. 16) Cum Persae copias in campum Marathonium deduxissent, Athenienses Phidippum cursorem Lacedaemona miserunt. 17) Paulus, cum Christianos primo esset persecutus, paulo post acer novae doctrinae defensor exstitit. 18) Solimanus II. ei, qui Serinii caput abscisum rettulisset, praemium mille aureorum proposuit. 19) Ingens copia rerum hoc loco se offert ad enarrandum. 20) Furiae facinorum scelerumque speculatrices atque vindices erant. 21) Kepleri memoria ex animis hominum non discedet, quamdiu erunt, qui astrologiam, divinam illam et admirabilem artem, colant.

168. Die *Substantiva verbalia* auf **-io** (-tio, -sio, -xio) bezeichnen in der Regel eine Handlung, die Ausübung einer Thätigkeit. So ist *fraudatio* die Handlung des Betrügens, (dagegen *fraus* der verübte Betrug); *inventio* das Erfinden, (dagegen *inventum* das erfundene Ding; cf. *Inventio* est *excogitatio* rerum verarum aut verisimilium. Philosophia est *inventum* deorum); *cogitatio* das Denken, die Denkkraft, (dagegen *cogitatum* der Gedanke als Produkt des Denkens); *ignoratio* das Nichtwissen, (dagegen *ignorantia* die Unwissenheit); *conservatio* Erhaltung als Handlung, aber *salus* das Gerettetsein als Zustand; cf. auch *vastatio* und *vastitas*; *frequentatio* und *frequentia*; *postulatio* und *postulatum; promissio* und *promissum*; *institutio* und *institutum; certatio* und *certamen; profectio* und *iter; vaticinatio* und *vaticinium; exornatio* und *ornamentum* etc. Da nun im Deutschen die Verbalsubstantiva auf „ung" sowohl im abstrakten als konkreten Sinne gebraucht werden, so muß man, ehe man ein Verbalsubstantiv auf -io nimmt, genau prüfen, ob von einer Handlung oder von einem Zustande, ob von einer Thätigkeit oder einem schon verwirklichten Resultate die Rede ist. So lassen sich zwar in den Sätzen: „Arminius betrieb die Rettung Deutschlands"; „Cicero richtete all sein Denken auf das Heil des Vaterlandes" die Substantiva *conservatio* und *cogitatio* anwenden, da von einer Handlung die Rede ist; aber in den Sätzen: „Dir verdanke ich meine Rettung (= mein Heil), Du hast deine Versprechungen (= das Versprochene) nicht gehalten" sind die Substantive *salus* und *promissum* zu nehmen.

Anm. 1. Dabei ist aber folgendes zu merken:

a) die Verbalsubstantiva auf -io haben oft passivischen Sinn, z. B. *Damnatio* die Verurteilung = das Verurteilen und das Verurteiltwerden. Iter per Graeciam rex fecit summa cum admiratione „indem er aufs höchste bewundert wurde". Cum privamur dolore, ipsa liberatione gaudemus „über das Befreitwerden". Doloris omnis privatio recte nominatur voluptas. Maxima exspectatione in perditam provinciam nos venisse scito;

b) sie haben oft den Sinn eines Perfekts, indem sie eine Handlung als geschehen bezeichnen, z. B. Amissionem classis mihi obiecistis. Concitatione quadam animi futura praesentire. Coniunctio das Verbundensein, disiunctio das Getrenntsein; exercitatio die Geübtheit; relegatio das Verwiesensein; damnatio das Verurteiltsein;

c) sie enthalten den Begriff der Art und Weise, der Methode, der Fähigkeit, der Mittel und Wege, der Möglichkeit des Handelns, z. B. Gallorum oppugnatio haec est „Angriffsweise, Belagerungsmethode". Perturbationum variae sunt curationes „Heilmethoden". Actio tua vehementior est „die Art deines Vortrags ist zu leidenschaftlich". Erat Crassi in disserendo mira explicatio „Gabe der Entwickelung". Omnem recusationem mihi ademisti „jede Möglichkeit einer Weigerung"; eius rei nulla occultatio est „Möglichkeit der Geheimhaltung"; dictio „Sprechweise"; oratio „Ausdrucksweise"; institutio „Unterrichtsmethode"; divinatio „Gabe der Weissagung"; cautio „Vorsichtsmaßregel"; defensio „Verteidigungsmittel"; cogitatio „Vorstellungsvermögen"; ostentatio „Gelegenheit zum Prahlen"; inventio „Erfindungsgabe" u. s. w. (cf. 161, Anm.). — Selbstverständlich werden aber da, wo der Begriff der Art und Weise oder der Möglichkeit und Fähigkeit wesentlich ist oder wo das entsprechende Verbalsubstantiv auf io fehlt, die Ausdrücke *genus, ratio, consuetudo, facultas, locus, copia, condicio* u. ä. verwendet, z. B. Coram tecum mihi *potestas* deliberandi non erat. Cur mihi non das respondendi *locum*? Novum pugnandi *genus*;

d) fallweise geben sie den Begriff der Handlung auf und haben konkreten Sinn, z. B. *Possessiones* Grundstücke; *accusatio* Anklageschrift; *arationes* Ackerland, Domänen; *auditio* Gerücht; *venatio* Wildpret; *cenatio* Speisezimmer; *munitio* Schanze; *commentatio* gelehrte Arbeit; *oratio* Rede; *distinctio* Interpunktionszeichen; *ambulatio* Promenadenweg 2c.

Anm. 2. Den Verbalien auf *-io* stehen die Verbalia auf **-tus (sus, xus)** sehr nahe; sie stimmen in ihrer Anwendung vielfach mit jenen überein. Im allgemeinen sind sie von jenen dadurch unterschieden, daß sie den Begriff des Verbs als etwas Bestehendes bezeichnen, mehr als einen Zustand und ein Verhältnis denn als eine eigentliche Handlung, mehr neutral und intransitiv als aktiv und transitiv. So heißt *motio* das Bewegen eines andern Gegenstandes, ***motus*** die Bewegung als Zustand eines bewegten Gegenstandes; *statio* das Stehen, ***status*** der Zustand; *positio* das Stellen, ***positus*** die Stellung. Aber dieser Unterschied ist häufig vernachlässigt, so daß z. B. zwischen *consensio* und ***consensus***, *digressio* und ***digressus***, *potio* und *potus*, *concursio* und *concursus*, lunae *defectio* und *defectus*, *dominatio* und *dominatus* kaum ein Unterschied ist. Bei einigen Wörtern hat jedoch der Gebrauch die Bedeutungen von einander streng geschieden (cf. *quaestio* und *quaestus*, *ambitio* und *ambitus*). — Nebenbei mag darauf hingewiesen werden, daß nur die allergebräuchlichsten dieser Verbalsubstantiva auf us alle Kasus bilden (z. B. sensus), während die übrigen nur einzelne Kasus (bes. den Abl. und Acc. Sing.) und nur wenige den Dat. Sing., den Gen., Dat. und Abl. Plur. bilden.

Anm. 3. „Beschäftigung mit den Wissenschaften" heißt *litterarum studium*, nicht occupatio (= Beschäftigung des Staatsmannes, politische Thätigkeit).

**169.** 1) Quid multi libri collecti (ja nicht magna collectio librorum!) tibi prosunt, nisi iis utare? 2) Medea profuga domo membra parvi fratris passim dispersit, ut eorum collectio („das Sammeln") patrem insequentem remoraretur. 3) Non uno loco Cicero monet oratoris permultum interesse ad aptam collocationem dispositionemque verborum animum attendere. 4) Milites locum suum aegre tenuerunt. 5) Milites loco alieno conflixerunt. 6) Inventio huius machinae magni sane ingenii acuminis fuit. 7) Pulvis pyrius a Bertholdo Schwarzio inventus esse dicitur. 8) Catilina artificio simulationis et dissimulationis eruditissimus fuit. 9) Promissa solvito. 10) Exercitus devictus salutem fuga petivit. 11) Salutem mihi reperio nullam od. conservatio mihi adempta est omnis. 12) Ciceroni conservatio rei publicae cordi fuit. 13) Massilia a Phocaeensibus condita est. 14) Salus civium in legibus maxime institutisque publicis posita est. 15) Postulata tua repudio atque aspernor. 16) Romani Pyrrhi postulatis (= condicionibus a Pyrrho latis) non cesserunt. 17) Anno p. Chr. millesimo octingentesimo duodecimo Russi impetum Napoleonis vastatione omnium regionum, per quas hostibus proficiscendum erat, irritum reddere aut impedire conati sunt. 18) Per campos Mesopotamiae olim feracissimos vastitas nunc est. 19) Tota urbs resonavit lamentationibus mulierum. 20) Nulla mea culpa in calamitatem et miseriam incidi. 21) Quantula sunt opera hominum! 22) Labore peracto requies iucunda est. 23) Celeri profectione periculum effugimus. 24) Enuntiatio sensum (od. cogitatum) est verbis expressum. 25) Demosthenes omnes cogitationes ad conservationem patriae intendit. 26) Cecropem Aegyptium ex Saitarum urbe (od. Aegyptium et Saitam) fuisse memoriae proditum est. 27) Romani traditionem perfugarum (= ut perfugae traderentur) postulaverunt.

170. Die **Diminutivnomina** (Subst. und Adj.) bezeichnen nicht nur schlechtweg eine Verkleinerung des Stammwortes, sondern drücken oft auch Zärtlichkeit, Wohlgefallen und Liebe aus, z. B. lectulus „das liebe Bett", libellus „ein nettes Buch", nam. bei Anreden (mea Tulliola, matercula, mi ocelle, filiola), — oder das Zierliche und Gekünstelte (Stoicorum contortulae quaedam et minutae conclusiunculae „recht fein gedrechselte und artig zugespitzte Schlüsse"), — oder sehr häufig, mit oder ohne Ironie, das Kleinliche, Schwächliche, Erbärmliche, Verächtliche (mercedula adducti „armseligen Lohnes wegen", legiuncula „eine armselige Legion", nos homunculi „wir armen Menschen", mulierculae „sentimentale Frauen", ille acriculus senex Zeno „jener kleine Hitzkopf", palliolum „unscheinbares Gewand", regiae virgines ut tonstriculae „gemeine Bartkratzerinnen", cauponula „eine erbärmliche Kneipe", nummulis acceptis „für elendes Metall", librarioli „armselige Skribenten", Graeculi homines „die guten Leutchen in Griechenland", urbani malevolorum sermunculi „boshafter Stadtklatsch", negotium Graeculum „echt griechisch", recreandae voculae causa „um sein bischen Stimme wiederherzustellen", vidi ego tuam lacrimulam „Krokodilsthräne", alieni facinoris munusculum non repudiaverunt „sie wiesen das ihnen durch fremdes Verbrechen zufallende Profitchen nicht von der Hand").

170b. Deutsche **zusammengesetzte Substantiva** werden im Lateinischen ausgedrückt:

1. durch ein einfaches Substantiv: civitas Bürgerrecht, Bürgerstand, navigatio Seereise, aetas Lebensalter, ligna Holzscheite, pudor Ehrgefühl ꝛc.
2. durch ein Substantiv mit einem Genitiv: rex Persarum Perserkönig, proditio patriae Vaterlandsverrat, pacis condiciones Friedensbedingungen, ius gentium Völkerrecht, cupiditas vivendi Lebenslust ꝛc.
3. durch ein Substantiv mit einem Adjektiv (cf. 193, b): domus regia Königspalast, bellum civile Bürgerkrieg ꝛc.
4. durch substant. Hendiadyoin (cf. 190): aestus febrisque Fieberhitze, vi atque armis mit Waffengewalt ꝛc.
5. (selten) durch ein Substantiv mit einem Präpositionalausdruck (cf. 13): pietas in parentes Kindesliebe, signa ex aere Erzbilder ꝛc.

171. Die Römer, welche ihre Sprache mit dem Bewußtsein römischer Würde gebrauchten, besonders die Redner und Historiker, waren entschiedene Feinde aller **Fremdwörter** und scheuten sich, ohne Not ein Wort selbst aus der nahe verwandten griechischen Sprache zu entlehnen; sie suchten vielmehr auf irgend eine Weise einen Ersatz für das Fremdwort zu schaffen. Freilich war dies nicht immer möglich, da das Lateinische für eine Menge von philosophischen und technischen Ausdrücken gar kein entsprechendes Wort hatte. In diesem Falle hat auch Cicero, durch die Not gezwungen, griechische Bezeichnungen genommen, dieselben aber meistens auch mit griechischen Buchstaben geschrieben. Ferner hat derselbe in vertraulichen Briefen bei scherzhafter oder pikanter Schreibweise griechische Wörter oder ganze Redensarten zugelassen, aber nur zu dem Zwecke, um den Leser aufzuheitern oder wohl gar sein Lachen zu erregen, wie ja auch wir noch heutzutage in launigen Briefen oder witzigen Schriften oft Redensarten oder ganze Stellen aus einer fremden Sprache nehmen, um dadurch zu erheitern oder anzuregen. Aber abgesehen von diesen eigen=

tümlichen Fällen ist für jeden, welcher Latein schreibt, als Regel hinzustellen: „**Vermeide, wenn es irgend möglich ist, den Gebrauch griechischer Wörter, denn dieselben entstellen den lateinischen Stil**". Vergl. die Mahnung Quintilians (8, 1, 2): Non alienum est admonere, ut sint quam minime peregrina et externa; quare si fieri potest, et verba omnia et vox huius alumnum urbis oleant, ut oratio Romana plane videatur, non civitate donata. Gebrauche also z. B. nicht praxis, oligarchia, ochlocratia, democratia, demagogus, phantasia, theoria, systema, methodus, phrasis, symmetria, clima, enthusiasmus, rhythmus, chronologia, harmonia, mythus, mythologia, oda etc: — Beachte die Äußerung, welche Cicero dem Brutus gegenüber ausspricht (Tusc. 1, 15): Dicam, si potero, *Latine*; scis enim me Graece loqui in Latino sermone non plus solere quam in Graeco Latine.

Anm. Es versteht sich von selbst, daß man solche ursprünglich griechische Wörter, welche sich in die lateinische Sprache völlig **eingebürgert** haben, ohne Bedenken anwenden kann, z. B. tragoedia, tyrannus, epigramma, bibliotheca, stadium, poema, philosophia, rhetor, heros, aenigma, poesis, thesaurus, musica, historia, astrologia, athleta, scaena, dialogus, theatrum, syllaba etc.

172. Adīmantus (der Diphthong *ei* kommt nur in der Interjektion hei oder heia vor); Aegae; Aepīa oder Aepēa; Croesus (ja nicht Kroesus!); Ceramicus; Phoenīce oder Phoenīca „Phönicien"; Ptolomaeus; Maia; Phaedo; Phido; Ulixes (zu meiden Ulysses; unzulässig Odysseus); Hercules; Iuventas (ja nicht Hebe!); mare Aegaeum (nicht Aegēum); Coeus; Iuno (ja nicht Hera!); Neptunus; Pluto; Minerva; Parcae; Mercurius; Tellus; Victoria; Pudicitia; Varro; Clytaemestra oder Clytemestra; Quirinus; Areopagus oder Ariopagus (oder Arēus pagus, Arīus pagus; aber stets Areopagītae); Furiae; Somnus; Proserpina; Ceres; Aurora; Vesta; Venus; Diana; Fortuna; Gratiae; Luna; Bacchus oder Liber; Publius; Quintus; Servius; Kaeso; Vercingetorix; Aequi; Aventinus mons; Bellona; Aegos flumen; Tyndaridae; Aesculapius; Ligures; Pollux; — Teucer (die griechischen Wörter auf *ρος* mit vorhergehendem Konsonanten endigen im Lateinischen meist auf *er*: Alexander, Meleager, Antipater, Euander, hexameter etc.; Vergil bildet Euandrus; stehend ist Codrus, Phaedrus, Hebrus, Cyprus und so auch Petrus); — Perseus als mythologischer Name; aber für den macedonischen König Perseus gebraucht Cicero die Form Perses (Gen. Persae, Dat. Persi, Acc. Persen, Abl. Perse u. Persa).

173. a) Der **Gen.** und **Abl.** von **nemo** fehlen in der guten Prosa und müssen durch die Formen von *nullus* ersetzt werden; der **Dat.** heißt regelmäßig *nemini*, seltener *nulli*. — b) **Nihil** (= nulla res; unklassisch *nil*) bildet zwar alle Kasus außer dem Dat., also den Gen. *nihili*, den Acc. *nihilum* (neben *nihil*), den Abl. *nihilo*. Jedoch ist zu merken, daß 1) der **Gen.** *nihili* nur bei Wertbestimmungen vorkommt in Redensarten wie *nihili esse* „nichts wert sein", *nihili facere* „für eine Null halten"; (*homo nihili* „ein Mensch ohne Wert"); — 2) daß der **Acc.** fast nur *nihil* heißt, indem die Form *nihilum* nur in Verbindung mit Präpositionen und nur in gewissen Redensarten vorkommt, z. B. *in nihilum recidere* (*occidere*) „in ein Nichts zerfallen", *ad nihilum venire* „zu nichts werden"; *ad nihilum redigere* „auf ein Nichts reduzieren, zunichte machen"; *in nihilum interire*; — 3) daß der **Abl.** *nihilo* nur vorkommt: *α*) zur Bestimmung des Wertes und Preises, wie *nihilo emere*, *β*) als Abl. mensurae beim Komparativ, wie *nihilo minus* = *nihilo setius*, *nihilo plus*, *nihilo divitior*, *γ*) in einigen Redensarten, wie *pro nihilo putare*, *ex nihilo oriri*, *de nihilo nihil fit*. In allen andern Fällen ist *nulla res* zu nehmen, z. B. „Nach nichts als nach Lob begierig" praeter laudem *nullius rei* cupidus; ad *nullam rem* utilis; *nulla re* („durch nichts") commovemini; *nulla re* privatus sum „ich habe nichts eingebüßt".

174. 1) **Instar,** eigentl. „gleiches Gewicht" (vom Einstehen der Waage), übertr. „Äquivalent": Navis urbis *instar* habere videtur. Terra quasi puncti *instar* obtinet. Hauptsächlich wird es aber für das deutsche Adverb „**wie**" (= „nach Art, so viel als") genommen, aber nur in Verbindungen, wo es als **Nom.** oder **Acc.** zu er-

klären ist, z. B. Achivi equum montis *instar* aedificaverunt. Hos dies *instar* esse vitae puto „diese Tage achte ich einem ganzen Leben gleich". Plato mihi unus est *instar* omnium philosophorum. (Unklassisch ist ad instar.)

2) **Mane** ist a) ein indekl. Substantiv „der Morgen, die Frühe", welches nur als Nom., Acc. und Abl. gebraucht wird, z. B. Clarum *mane* fenestras intrat. Multo *mane* „frühmorgens"; a *mane* usque ad vesperum; ad ipsum *mane* „bis an den hellen, lichten Morgen"; — b) ein Adverb „früh, frühmorgens", z. B. Hodie *mane*, hodierno die *mane*, cras *mane*, postridie *mane*, eo die *mane*, bene *mane* „sehr frühe", *mane* est „es ist noch frühe".

3) **Pondo** ist eigentlich ein Abl. = „an Gewicht, dem Gewichte nach", z. B. Exercitus dictatori coronam auream libram *pondo* decrevit. Es steht aber außerdem als indekl. Substantiv bei Zahlwörtern für jeden Kasus in der Bedeutung „Pfund" = libra, z. B. Auri quinque *pondo* abstulit. Corona aurea *pondo* ducentum (= ducentorum). Patera ex quinque *pondo* auri facta. Torques aureus duo *pondo*.

4) **Sponte**, der Abl. von dem ungebräuchlichen spons, in der Bedeutung „auf Antrieb, nach Entschluß" kommt im bessern Latein nur mit den Possessivpronomen *mea, tua, sua, nostra, vestra* (und *aliena*) vor. Erst im nachklassischen Zeitalter wird sponte ohne hinzugefügtes Possessivpronomen im Sinne von „freiwillig, von selbst" (oder mit Hinzufügung eines Genitivs im Sinne von „mit Erlaubnis, nach dem Willen", z. B. sponte principis) gebraucht. Man sagt aber, da die Person hervorgehoben werden soll, regelmäßig *mea sponte, tua sponte* etc., nicht sponte mea, sponte tua etc. (Ausnahmen selten, z. B. Cic. inv. 2, 80, doch ohne Anstoß, wenn die Person durch ein zugesetztes *ipse* schon hervorgehoben ist, z. B. Cic. Sest. 100: Ipsi etiam *sponte sua* contra rem publicam incitantur.) Demnach ist der Satz: „Die Witwe bekannte freiwillig, einen Meineid geschworen zu haben" zu übersetzen: Vidua se peierasse *sua sponte* professa est (cf. 465).

175. 1) Veteres Aegyptii pyramides montium *instar* exstruxerunt. 2) Commentatio tua Latina voluminis *instar* habet (od. est). 3) Nonne exilium mortis *instar* est? 4) Summam militum indignationem movit consul se in castris regis *instar* esse professus. 5) Heri *mane* patruelis tuus, ut veniam ignoscendi peteret, ad me venit. 6) Veteres patriae amore adducti *sua sponte* multa fecerunt, quae nos hodie *nostra sponte* non faceremus. 7) Summis itineris difficultatibus superatis, cum primum nostrorum agmen in hostes incurreret, imperator: *Macte virtute* estote, inquit; novi ego vos, commilitones; hodie hostium terga videbimus. Cf 28, Anm. 8) Hic capreolus quadraginta trium *pondo* est. 9) *Partim* captivorum caesi sunt, *partim* sub corona venierunt. Cf. 47, Anm. c. 10) Quisquis libros Ciceronis oculis percurrerit, facile reperiet, quanti Platonem quasi quendam deum philosophorum fecerit, quem sibi *instar* milium esse ipse dixit.

176. Deutsche **Substantiva fallen** im Lateinischen oft ganz **weg** oder werden bloß durch die Neutra der Demonstrativpronomina (*hoc, id, illud* etc.) angedeutet. Dies ist besonders der Fall:

a) bei solchen Substantiven, welche auf einen appositionell (als Epexegese) nachfolgenden Satz (Acc. c. inf., ut, quod, Relativsatz, indirekte Frage) bloß hindeuten oder vorbereiten;

b) bei solchen Substantiven, welche sich auf den Inhalt eines vorausgegangenen Satzes beziehen und deren Begriff sich unzweideutig aus dem Zusammenhange ergiebt.

Solche Substantiva sind: Wort, Ausspruch, Bemerkung, Beobachtung, Ansicht, Erfahrung, Überzeugung, Urteil, Gedanke, Grundsatz, Umstand, Punkt, Thatsache, Ereignis, Vorfall, Mittel, Ziel, Frucht, Vorteil, Vorrat, Quelle, Eigenschaft, Erscheinung rc., z. B.

*Hoc* teneo, nihil divinius esse sapientiā „ich halte die Ansicht (Überzeugung, Behauptung, Wahrheit, den Grundsatz u. ä.) fest, daß". Vitulus e manibus sacrificantium se proripuit; *id* in omen acceptum „dieser Vorfall". *Hoc unum* spectatis, ut honores consequamini „ihr verfolgt nur dies eine Ziel, daß". *Ea* („solche Gründe, Momente, Thatsachen") affers, quae nemo non credit. *Id* („das Thema") de quo disputatur. Generi animantium *hoc* est a natura tributum („ist der Trieb eingepflanzt"), ut se, vitam corpusque, tueatur;

c) beim substantivierten Neutrum Pluralis, z. B. Longinqua commemorare „fernliegende Dinge, Vorfälle, Geschichten"; in Pompeio summa sunt omnia „alle Eigenschaften, Erfordernisse"; domestica nosse „die vaterländische Geschichte"; multa me movent „viele Rücksichten"; multa in eo praeclara cognovi „viele herrliche Züge"; magna spectare „hohe Ziele verfolgen"; quorsum haec tam multa „wozu diese weitläufigen Erörterungen?"; uni omnia tribuere „alle Gewalt"; omnia superare „alle Schwierigkeiten". — Ähnlich auch im Sing.: de suo dare „aus eigenen Mitteln"; in alieno habitare „auf fremdem Grund und Boden"; in aperto „auf offenem Felde" u. ä. Cf. 183.

1) Hoc teneo, beatum esse neminem nisi sapientem. 2) Posidonius copiose de hoc ipso, nihil esse bonum nisi quod honestum esset, disputavit. 3) Imprimis Druides hoc volebant persuadere, non interire animas, sed ab aliis post mortem transire ad alios, atque hoc maxime ad virtutem excitari putabant metu mortis neglecto. 4) Vetus est de scurra multo facilius divitem quam patrem familias fieri posse. 5) Hoc libere profiteor, vastum corpus consilio sapientiaque carens nihil posse. 6) Hoc insidet in animis hominum fore, ut animi post mortem permaneant. 7) Multi id mirantur, quod Hannibal post pugnam Cannensem non statim Romam sit aggressus. 8) Ecclesia catholica (hoc) praecepit, paupertatem virtutem esse sanctam. 9) Hannibal per omnem vitam hoc unum secutus est (egit, spectavit), ut Romanorum potentiam extingueret. 10) Meis praeceptis si obtemperaveris, etiam illud assequere, ut discas laborare cum utilitate. 11) Nulli operae et labori parcendum est, ut inveniatur, unde cognoscendae veritati aliquid lucis affundatur. 12) Imperator Maximilianus I. adulescens, cum rupicapras venaretur, incautius scandendo eo devenit, unde neque amplius escendere neque descendendo posset redire. 13) Quaeremus, quomodo superbiae vestrae modum faciamus. 14) Qui Isocratem maxime admirantur, hoc in eius summis laudibus ferunt, quod verbis solutis numeros adiunxerit. 15) Magister nobis posuit, de quo subito disputaremus. 16) Saepissime fieri videmus, ut parentes liberis nimium indulgeant. 17) Hipparchus id instituisse dicitur, ut carmina Homeri quinto quoque anno Panathenaicis sollemnibus a rhapsodis recitarentur. 18) Thucydides belli perniciosissimi describere vicissitudines ac conversiones consilium cepit. Quod (od. quam rem) ita perfecit, ut de bellicis rebus canere etiam quodammodo bellicum diceretur. 19) Quamvis in promptu saepe sit animadvertere nihil humanarum rerum certum esse atque diuturnum, plurimi tamen mortales, quippe qui fluxa huius vitae bona avidissime appetant, prorsus illud videntur ignorare. 20) Praeclarum hoc quoque Thrasybuli, quod reconciliata pace, cum plurimum in civitate posset, legem tulit, ne quis ante actarum rerum accusaretur neve multaretur. 21) Aristoteles verissimum illud magistri constanter tenuit, omnes artes habere quoddam commune vinculum et quasi cognatione quadam inter se contineri, idemque hoc summum assecutus est, ut totum litterarum quasi orbem

non solum mente et cogitatione, verum etiam scriptione complecteretur. 22) Sed iam redeo ad ea, unde sum degressus = sed redeat, unde aberravit, oratio.

177. a) 1) Sol oriens et occidens diem noctemque conficit. 2) Omnia mala nascentia facile opprimuntur. Oriens pulvis signum appropinquantium hostium fuit. 3) Ab oppugnanda Neapoli Hannibalem absterruerunt conspecta moenia. 4) Lacedaemoniis nulla res maiori fuit damno quam disciplina Lycurgi sublata. 5) Nemo laborantem me adiuvit. 6) Aeneas et Antenor Helenae reddendae auctores semper fuerant. 7) Germanicum ex Aegypto redeuntem gravis morbus tentavit. 8) Caesarem conspecto Pompei capiti illacrimavisse constat. 9) Morientes nos consolatur spes immortalitatis. Omnibus gentibus (od. omnium gentium) id commune est, ut, quos vivos magni fecerint, eorum etiam mortuorum aliqua monumenta exstare velint. 10) Moderatio in praetermittendis voluptatibus cernitur. 11) Speciem honeste viventium prae vobis fertis. Cf. Speciem timentium praebetis „ihr erregt den Schein der Furchtsamkeit". Scripta in existimantium arbitrium veniunt „in die Hände der Kritik". Omitto levitatem temere assentientium „ich sage nichts von dem Leichtsinne gedankenloser Zustimmung". Fremitus indignantium tota curia erat „in der ganzen Kurie erscholl das Geschrei der Entrüstung". Tam splendide gestae res vel audacissime coniectantium spem superabant „so glänzende Erfolge überboten die kühnste Vermutung". Voces exprobrantium „Stimmen des Vorwurfs"; clamor mirantium „Geschrei der Verwunderung". 12) Ubi natus sit Caligula, incertum est propter dissensionem tradentium. Maior esse solet animus inferentium vim quam arcentium. 13) Omnia quae dixisti nihil sunt nisi somnia vaticinantis atque insanientis. Per totam urbem clamores paventium audiebantur. 14) Non sine magno labore seditio potuit compesci; verum paulisper repressa, non in perpetuum compressa fuit vis resistentium. 15) Non sunt ea bona dicenda, quibus abundantem licet esse miserrimum. 16) Gomphi primum oppidum Thessaliae est venientibus ab Epiro. 17) Exeunte anno consules magistratu abibant ex legibus se illo functos esse iurantes. (Cf. auch 453).

b) 18) Nihil est, quod deus efficere non possit. Qui rei publicae praesunt, quaecunque agunt, ad utilitatem civium referre debent. Ulixes, ut ad id quod cupiebat veniret, suae domi etiam contumelias servorum ancillarumque pertulit. Das Substantiv „Zweck" ist in *(id) quod volo, cupio, peto, quaero, expeto, specto, sequor, mihi proposui, ago, conor* enthalten; „Beruf" *illud quod amplexi sumus, quod profitemur, quod suscepimus*; „Gefühlseindrücke" *ea quae movent sensus*; „Erzeugnisse der Kunst" *quae arte efficiuntur*; „Schicksalsschläge" *quae fortuna ferit* u. a. 19) Napoleo, cum bellum Russiae inferre (in) animum induxisset, quidquid habebat virium ad illam belli molem contraxit. 20) Qui Isocratem maxime admirantur, hoc in eius summis laudibus ferunt, quod primus verbis solutis numeros adiunxerit. 21) Asia tam opima et fertilis est, ut multitudine earum rerum, quae exportantur, facile omnibus terris antecellat. 22) Non solum quae eximie pulchra sunt, sed etiam quae eximie turpia, hominum studia in se convertunt. 23) Hipparchus cum Atheniensium urbem exornavit operibus, tum etiam eorum, qui in agris habitabant, animos erudire studuit. 24) Pluris putare, quod utile videatur quam quod honestum, turpissimum est. Victoribus (= eis, qui vicerunt,) licet imperare, quemadmodum volunt. Quidquid auctoritate possum, tibi deferam, ut quod velis assequare. 25) De Arione quae memorantur, Schlegel, poeta Germanus, poetarum more exornans hunc in modum narrat. 26) Cum bellum Graeciae indiceret Xerxes, animum tumentem oblitumque, quam caducis rebus confideret, nemo eorum, qui circa eum erant, non impulit.

c) 27) Aristoteles Orpheum omnino non fuisse docere est conatus. Affer argumenta, quibus deum esse demonstretur. 28) M'. Curius legatis Samnitium non aurum habere praeclarum sibi videri dixit, sed iis, qui haberent aurum, imperare. 29) Tandem captivus parere se velle contumaciter dixit. 30) Ecquid negas religionem christianam divinitus esse ortam? 31) Demosthenes sibi persuaserat posse fieri, ut Graeci cum Philippo bellum prospere gererent. 32) Solonem sapientissimum fuisse vel inde apparet, quod in numerum septem qui vocantur sapientium refertur. 33) Permulti homines vitae inutilia esse quae dicantur studia humanitatis hodie clamitant. 34) Hannibalem Alpes superasse atque in Italiam descendisse summa cum trepidatione omnium Romae auditum est. 35) Saepenumero accidit, ut careamus voluptate, qua frui iucundissimum nobis erat (cf. 330 u. 331). 36) Ario nautas, si vim ipsi attulissent, in magnas calamitates venturos vaticinatus est. 37) Keplerum de astrologia egregie meritum esse posteri satis intellexerunt.

d) 38) Hannibal statim cognovit, quanto in discrimine esset exercitus Romanorum. 39) Penitus animis nostris sentimus, quantae nobis sit turpitudini parere imperio **crudelis tyranni**, a quo subacti teneamur. 40) Quanto studio Hipparchus amplexus sit poetas, probatur ac demonstratur familiaritate, qua cum Anacreonte Simonideque fuit coniunctus. 41) Caesar principes Gallorum ad concilium convocavit, ut et de suis rebus quid vellet ediceret et quibus in se animis illi essent exploraret. 42) Diligenter considerandum est, quid ex quaque re evenire soleat. Ab initio res quemadmodum gesta sit, quam brevissime potero, exponam. 43) Roscius non modo Romae non fuit, sed omnino, quid Romae ageretur, nesciebat propterea, quod ruri assiduus erat. 44) Caesar vocatis ad se undique mercatoribus tamen, quanta esset insulae Britanniae magnitudo, reperire non potuit. 45) Iure licet dicere neminem unquam fuisse mortalium, qui, quam caducae essent res humanae, non ipse expertus sciret. 46) Acciderunt quae Demaratus praedixerat, stratusque per totam passim Graeciam Xerxes intellexit, quantum ab exercitu distaret turba.

Anm. 1. Wenn bei einem Verbum *sentiendi* oder *declarandi* ein abstraktes Substantiv als Objekt (bezw. als Subjekt) steht, so tritt statt desselben fast regelmäßig eine präcise Umschreibung vermittelst des *Acc. c. inf.* oder eines abhängigen Fragesatzes ein, z. B. Plato animos immortales esse („die Unsterblichkeit der Seele") multis argumentis docuit. Dic, quid sentias „sage deine Meinung". Quanta vis amicitae sit = maximam esse vim amicitae („die hohe Bedeutung der Freundschaft") facile intellegitur. Ab initio res quemadmodum gesta sit, exponam („den Hergang der Sache"). Saepe audivistis, quemadmodum Syracusae a Marcello captae sint „die Art der Einnahme von Syrakus".

Lenitatem meam perpetuam speratis futuram „ihr rechnet auf die Beständigkeit meiner Milde". Providit fore quae acciderunt „er sah das Eintreffen dieser Ereignisse voraus". Quantum profecerim, alii iudicent „das Maß meiner Leistungen mögen andere beurteilen". — Derartige Umschreibungen erstrecken sich aber auch auf solche Verben, welche mit *ut*, *ne*, *quin* u. s. w. konstruiert werden, z. B. Ipse, ut quae instituerat observarentur, providit „er selbst wachte über die Beobachtung seiner Einrichtungen".

e) 47) Socrates, cum triginta (tyranni) rem publicam Atheniensium tenerent, pedem porta non extulit. 48) Hector nec precibus patris nec matris lacrimis deterritus est, quominus certamen cum Achille iniret. 49) Contio plausum, cum Ciceronis nomen recitaretur (= Ciceronis nomine recitato) dedit. 50) Homines improbi, cum mortem instare senserunt, timore et sollicitudine afficiuntur. 51) Cum ea, quae omni tempore fiunt, diligenter consideraveris, nihil novi in rerum natura fieri cognosces. 52) Aiax, cum sibi persuasisset dolorem honoris erepti diutius perferre se non posse, manus sibi attulit. 53) Gravi pugna ad Turonicum commissa Carolus Martellus impedivit, quominus Arabes longius progrederentur aut imperium suum proferrent. 54) Phidias, cum imaginem Minervae faceret, ex ea, quae ipsius in mente insidebat, specie pulchritudinis eximia quadam duxit similitudinem. 55) Alexander, simulac regno potitus est, patriam Aristotelis a Philippo cum Thracibus pugnante deletam restituit et in honorem eius statuam ibi posuit. 56) Si nihil haberet animus hominis nisi ut appeteret aut fugeret, id esset ei commune cum bestiis.

Anm. 2. Auch **Adverbien**, bes. pronominale, wie dazu, daran, davon, davor u. a. müssen oft in präciser Weise durch Verbalumschreibung ausgedrückt werden: Id facere me coegit „er zwang mich dazu". Petivit a me, ut id facerem „er hat mich darum gebeten". Persuasi amico rem ita se habere „davon". Vos moneo, ne istud committatis „ich warne euch davor".

### 3. Adjektiva.

178. Wenn bei der Verbindung des Adjektivs mit dem Substantiv der Hauptnachdruck des Gedankens auf das Adjektiv fällt, so pflegen die Lateiner es hervorzuheben durch Umformung ins **Substantiv**. Wenn wir sagen: „Der Aberglaube hat sich schon früh der schwachen Menschen bemächtigt", so steht schwach zu dem Hauptgedanken in kausalem Verhältnis: der Aberglaube hätte der Menschen nicht mächtig werden können, wenn sie nicht schwach wären. Diese Wichtigkeit des „schwach" für den ganzen Gedanken wird durch Anwendung des Substantivs anerkannt: Superstitio *hominum imbecillitatem* occupavit. Ebenso ist es in Bezug auf den vorgelegten Satz klar, daß der Vorzug, den die Deutschen vor den Römern hatten, nicht in den Körpern, sondern in der Größe der Körper lag. — 1) Videsne, ut Milo *bracchiorum robore* nimis fretus perierit? 2) Eae aves, quae in orbe medio nascuntur, *suavitate vocum* et eae, quae in torridis regionibus sunt, *splendore pennarum* excellunt. 3) Cave credas felicitatem hominum positam esse in *magnitudine divitiarum*. 4) Laudent alii vitam urbanam: ego nulla re magis delector quam *otio et tranquillitate ruris*. 5) Pythagoras, postquam sedem Crotone collocavit, *vitae integritate dicendique gravitate* animos omnium qui audiebant brevi sibi conciliavit plebemque ad

luxuriam prolapsam auctoritate sua ad *vitae temperantiam* revocavit. 6) Lepores a canibus se defendere non possunt nisi *velocitate* pedum. 7) Milites *saevitia atque crudelitate ducis* exacerbati seditionem moverunt nec aut *templorum sanctitati* aut *mulierum imbecillitati* pepercerunt. 8) Dubito, magisne Atheniensium opes *calliditate Themistoclis* quam *probitate Aristidis* sint auctae. 9) Ingrati profecto est *fortunae temeritati* tribuere, quod manifestissima divinae providentiae documenta habeat. 10) Poetae tragici Ulixem *simulatione amentiae* militiam subterfugere voluisse insimulant. 11) Non solum *subtilitas animi* atque *sollertia* Aiaci deerat, sed etiam *corporis immanitas* (od. *moles*) retardabat celeritatem. 12) Ad Salamina cum plurimi Graeci hortarentur, ut suam quisque domum discederent, Themistocles *consilio et arte* manere eos coegit. 13) Quisquis litteris ita se dedere voluerit, ut id non sine aliqua utilitate neque ob inanem famam fecisse videatur, non magis *discendi assiduitatem* reformidare quam *cogitandi diligentia* debet defatigari. 14) Quis sanus probabit sententiam Democriti, qui hanc omnem *descriptionem siderum* atque hunc tantum *caeli ornatum* effectum esse dixit ex corporibus huc (et) illuc cursitantibus? — Cf. auch Hoc vero est, quod ferri non potest, si in hanc calamitatem venit propter *praediorum bonitatem et multitudinem* („wegen seiner vielen wertvollen Landgüter"). In *hac tanta varietate studiorum* consensus esse non potest („bei so verschiedenen Neigungen").

Anm. Dieser Sprachgebrauch ist besonders für den Fall zu beachten, wo zwei Adjektiva, von denen das eine das andere steigert, asyndetisch zusammentreffen, z. B. „Mit lauten schmähenden Worten" magna cum contumelia verborum; „die feierlichen jährlichen Spiele" celebritas ludorum anniversariorum; „diese wenigen fast waffenlosen Krieger" haec paucitas militum paene inermium; „das ganze zahlreich versammelte Griechenland" totius Graeciae celebritas; „derselbe weitverbreitete Ruf" eadem famae celebritas; „so viele glückliche Jahre" tot annorum felicitas; „in solchen schlechten Zeiten" in tanta temporum iniquitate; „der unerträgliche abscheuliche Geruch" odoris intolerabilis foeditas; „von einer langen gefährlichen Krankheit genesen" ex longinquitate gravissimi morbi recreari; „ein bewunderungswürdig großes Wohlwollen" admirabilis quaedam benevolentiae magnitudo. „Die Menge ergoß sich über das Land wie ein großes wogendes Meer" tanquam ingentis maris fluctus.

179. Der Lateiner fügt zu **Eigennamen** nur solche **Adjektiva**, die entweder zur Vervollständigung des Namens dienen, indem sie geradezu einen Beinamen bilden (z. B. Scipio *maior*, Scipio *Africanus minor*, Sulla *Felix*, Cato *Sapiens*, Carthago *nova* „Neukarthago", Crassus *Dives*, Alexander *Magnus*), oder die kein Lob und keinen Tadel in sich schließen (z. B. Gallia *omnis*, *tota* Asia, Athenae *solae*). Dagegen werden in der guten Prosa lobende und tadelnde Adjektiva fast nie unmittelbar zu dem Eigennamen gefügt, sondern entweder mit einem passenden Appellativum wie *homo, vir, urbs, insula, rex, virgo* etc. verbunden, so daß eine Apposition entsteht, oder das Pronomen *ille* „jener bekannte" (238, Anm. 3) wird zu dem Adjektiv gefügt (meist zwischen das Adj. und den Eigennamen eingeschoben). Also heißt „der weise Sokrates" Socrates, homo sapientissimus oder Socrates ille sapientissimus. Ebenso: Ulixes, homo callidissimus oder callidissimus ille Ulixes; Plutarchus, auctor certissimus (integerrimus, locupletissimus); Corinthus, urbs clarissima oder Corinthus illa clarissima. Das Adjektiv steht in diesem Falle meistens im Superlativ; der Positiv findet sich nur ausnahmsweise (z. B. Flavius, honestus et ornatus eques Romanus), gewöhnlich nur von denjenigen Adjektiven, die an sich schon eine superlative Bedeutung haben, wie *singularis, praecipuus, eximius, divinus* (z. B. Cato, homo summus et singularis). Indes kann es vorkommen, daß ein Positiv mehr Lob oder Tadel enthält als der Superlativ, welcher oft nur eine bloß äußerliche Form des Lobes oder Tadels ist; also ist fortis vir oft mehr als vir fortissimus. — 2) Socratem nihil unquam praemii ab ullo discipulo suo,

ne a divitissimo illo Alcibiade quidem accepisse constat. 3) Tiberius ille crudelissimus et avarissimus cum magno omnium gaudio mortuus est anno imperii vicesimo tertio. 4) Officina Volcani sub Aetna, monte **ignes** evomente, erat. 5) Athenienses multos homines doctos a Ptolomaeo Physcone, rege saevissimo, expulsos benignissime et receperunt et aluerunt. 6) Romani veriti, ne forte Gallis, hominibus bellicosissimis libertatisque amantissimis, brevi occasio daretur deficiendi, duas colonias in fines eorum deduxerant sperantes fore, ut eos facilius coercerent. 7) Galli impetu vehementi in agrum Romanum facto multos homines, in quibus tresviros ipsos, Mutinam in oppidum munitissimum compulerunt. 8) Valerius, vir lenissimus ac popularis, dictator dictus senatoribus persuadere est conatus, ut condicionem plebis levarent; sed ea rogatio repudiata est.

Anm. 1. Dieser Gebrauch erstreckt sich übrigens nicht bloß auf Eigennamen, sondern dehnt sich auch auf andere Personenbezeichnungen aus, wenn eine für das ganze Wesen derselben charakteristische Seite hervorgehoben werden soll, z. B. Consulatum rettulisti ad patrem tuum, fortissimum virum „deinen mannhaften Vater"; fortissimum patrem würde bloß derjenige sein, der seine Mannhaftigkeit als Vater bewährt. Templa deorum, quae nostri maiores, religiosissimi mortales, fecerunt „unsere so gottesfürchtigen Vorfahren". Quid faceret mater, mulier infirmissima? „die schwache Mutter". Ibi Crassus amisit filium, adulescentem fortissimum „seinen heldenmütigen Sohn".

Anm. 2. Im Briefstile und in der familiären Rede finden sich nicht selten Ausnahmen, z. B. Suavissimus Cicero. Dulcissime Attice. Cum tuo Servio iucundissimo. Über sonstige Ausnahmen vgl. Kühner-Stegmann § 61 Anm. 3 (I S. 227); hierbei können öfters die vermißten Substantiva aus dem Zusammenhang hinzuverstanden werden, z. B. Cic. nat. d. 3,80 Cur omnium *perfidiosissimus C. Marius* Q. Catulum praestantissima dignitate *virum* mori potuit iubere?

180. **Die Substantivierung der Adjektiva** (und Participien) ist im Lateinischen — schon wegen des fehlenden Artikels — minder gebräuchlich als im Deutschen; sie findet nur dann statt, wenn aus dem Begriffe der Adjektiva oder aus der ganzen Wortverbindung leicht und deutlich ersehen werden kann, daß das Adjektiv eine Person oder Sache mit der durch das Adjektiv bezeichneten Eigenschaft ausdrückt. Die Deutlichkeit erfordert sehr oft, bei Bezeichnung von Personen *homo*, bei Bezeichnung von Sachen *res* zu dem Adjektiv zu fügen, wo der Deutsche schlechtweg ein substantiviertes Adjektiv gebraucht.

1. Manche Adjektiva sind vollständig zu **Substantiven** geworden:

a) **Personennamen** (männliche und weibliche), wie *amicus (amica)*, *inimicus (inimica)*, *adversarius (adversaria)*, *cognatus (cognata)*, *affinis*, *aequalis*, *senex*, *familiaris*, *propinquus*, *aemulus*, *socius*, *vicinus*, *sodalis*, *iuvenis*, *adulescens*, *rusticus*, *mortalis*, *sapiens* u. a.;

b) **Sachnamen**, wie *patria* (sc. terra) „Vaterland", *dextra* u. *sinistra* (sc. manus); *stativa*, *aestiva*, *hiberna* (sc. castra); *bonum* „das Gut", *malum* „das Übel", *simile* „das Gleichnis", *insigne* „das Zeichen", *commodum* „Vorteil", *incommodum* „Nachteil", *publicum* „Öffentlichkeit, Staatseigentum", *extremum* „Ende", *inane* „die Leere", *commune* „die Gemeinde", *contrarium* „das Gegenteil", *rectum*, *decorum*, *honestum* u. a. Cf. auch 551, 3, h.

2) **Im Masc. Plur.** werden die Adjektiva dann substantiviert, wenn eine ganze Klasse, ein geschlossener Stand von Personen bezeichnet wird, wie *pauperes* „die Armen", *docti*, *indocti*, *probi*, *improbi*, *divites*, *pauperes*, *periti*, *imperiti*, *mortales*, *summi atque infimi*, *Pompeiani*, *Sullani*, *urbani*, *seniores* u. s. w. Auch in den obliquen Kasus ist dieser Plural gewöhnlich, z. B. Doct*orum* est ista consuetudo. Nisi in *bonis* amicitia esse non potest.

Quid est tam commune quam spiritus *vivis*, terra *mortuis*, mare *fluctuantibus*, litus *eiectis*? Medici leviter *aegrotantes* leniter curant. Secernant *improbi* se a *bonis*.

Anm. 1. Das **Partic. Präs.** wird im Sing. wie im Plur. vielfach substantiviert, jedoch fast nur in den obliquen Kasus, z. B. Iacet corpus *dormientis* ut mortui. Nihil est magnum *somnianti*. Levitas temere *assentientium* (cf. 177, a, 11—13). Clamor *indignantium*. Multae bestiae *insectantes* („ihre Verfolger") odoris intolerabili foeditate depellunt. Aber man vermeide es, ein alleinstehendes Partic. Präs. als Subjekt in einem Satze zu verwenden; man sage also nicht *amans* amatur „der Liebende wird wieder geliebt", sondern *qui amat*, amatur. Cf. 440, Anm. 1. — Das **Partic. Perf. Pass.** wird im Plural nicht selten (im Singular höchst vereinzelt, fast nur in dem Worte *mortuus* „der Tote") substantiviert, z. B. delecti „die Auserlesenen, victi, damnati, caesi, evocati u. ä., z. B. *Armati* in praesidiis collocabuntur; in ea tabula nomina *civitate donatorum* incisa erant; *pacati* ac socii. Aber man hüte sich, deutsche Partic Perf. Pass., wenn sie für das im Deutschen fehlende Partic. Präs. Pass. gebraucht werden, wie „die Geliebten, die Belagerten, die Verachteten, die Verfolgten, die Bevorzugten" u. s. w., durch ein substantiviertes Participㅤzu übersetzen, da doch in diesem Falle ein Relativsatz anzuwenden ist (z. B. „Die Verachteten können oft schaden" qui contemnuntur, saepe nocere possunt, „Die in der Burg Belagerten machten oft Ausfälle" qui in arce obsidebantur, eruptiones saepe fecerunt. Cf. aber Liv. 5, 42, 1 u. 23, 19, 4).

Anm. 2. Zu substantivierten männlichen Adjektiven im Plur. können als Attribute im allgemeinen nur solche Adjektiva, Pronomina und Zahlwörter treten, welche nicht einen Teil oder Grad, sondern einen auf die ganze Gattung bezüglichen Zusatz enthalten; man kann deshalb wohl sagen *omnes* improbi, *reliqui* divites, *ceteri* improbi, *mei* invidi „meine Neider", *veteres illi* sapientes, aber nicht gut *multi* docti (statt multi homines docti oder multi et ei docti), nicht *magni* docti (statt doctissimi oder homines doctissimi; cf. jedoch Cic. Tusc. 3, 57; Sest. 139; Caecin. 26 u. a.). Verbindungen wie doctissimi veteres, patientes pauperes u. ä. sind selten. Überhaupt füge man, wenn nicht eine ganze Klasse von Personen, sondern nur einzelne mit gewissen Eigenschaften begabte Personen bezeichnet werden sollen, **homines** (resp. *viri*) zu dem Adj. Also: „Es gab Gelehrte, welche..." fuerunt *homines docti*, qui...; „ich kenne Reiche, welche..." novi *homines divites*, qui... Ausnahmen bilden die häufigen Ausdrücke *multi boni* „viele Patrioten", *multi nobiles, plurimi mortales* (cf. 186.)

3. **Das Masc. Sing. der Adjektiva wird nur dann substantiviert, wenn es kollektivisch steht. Am häufigsten findet sich so der *Gen. possess.* in Verbindung mit *esse*, *fieri* und *videri***, z. B. *Fortis est* labores ferre. *Constantis est* non perturbari in rebus arduis. In tranquillo tempestatem adversam optare *dementis videtur*. — **Die übrigen Kasus kommen im ganzen nur selten als Subst. vor**, z. B. *Probus* invidet nemini. *Iracundus* non semper iratus est. *Aegro* adhibetur medicina. Parcitur *inermi*. Iacet corpus *dormientis* ut *mortui*. Indignum est a *pari* vinci aut *superiore*, indignius ab *inferiore* aut *humiliore*. Eruditio *libero* digna. Beneficia tribuantur vel *ignoto*. Plurimum in faciendo interest inter *doctum* et *rudem*. Im allgemeinen zieht der Lateiner es vor, in diesem Falle das Adj. mit *homo (vir)* zu verbinden oder es in den Plural zu setzen. — Die Adjektiva von Völkernamen (*Adiectiva gentilicia*) werden in allen Kasus dann substantiviert, wenn dieselben eine Apposition bilden, z. B. Miltiades Atheniensis, Epaminondas Thebanus. Wenn aber die deutschen Ausdrücke „ein Römer, ein Grieche, ein Deutscher" u. ä. die nationale Eigentümlichkeit des Volkes (besonders andern Völkern gegenüber) hervorheben, müssen sie im Lateinischen stets durch *homo* Romanus, *homo* Graecus, *homo* Germanus ausgedrückt werden, z. B. Non maior honor *Romano* dumtaxat *homini* contingere poterat triumpho. Nunc denique incipiunt credere fuisse *homines Romanos* hac quondam continentia. *Hominibus Gallis* prae magnitudine corporum suorum brevitas nostra contemptui est. Hoc indignum est *Thebano homine*. Cic. div. 2, 5; n. d. 1, 91; ad Att. 10, 8, 2; (cf. jedoch Cic. n. d. 1, 82; Verr. 5, 84). Cf. auch 155, 2.

Anm. 3. Mit einem andern Adj. kann ein solcher substantivierter Singular nur dann verbunden werden, wenn sich das Verhältnis beider zu einander aus dem Zusammenhange klar herausstellt, wie: Non de improbo, sed de *callido improbo* quaerimus. Nihil *insipiente fortunato* intolerabilius fieri potest. *Fortis aegroti* est medicinam accipere. — Cf. auch 280 u. 283.

4. **Das substantivierte Neutrum Sing., welches das durch das Adj. Bezeichnete**

als **abstrakten Begriff** hinstellt, wird vorzugsweise von Adjektiven der 2. Deklination gebraucht. Es steht:

a) häufig im Nom. und Acc. (cf. 181). Merke besonders die Redensarten: *Vetus est* „es ist ein altes Sprichwort, es ist eine alte Geschichte"; *verum dicere (profiteri)* „die Wahrheit sagen (eingestehen)"; *falsum sentire (dicere, scribere, iudicare)* „etwas Falsches denken (sagen, schreiben, urteilen)"; *gratum (gratius, gratissimum) facere* alicui „jemandem einen großen (größeren, größten) Gefallen thun"; *certum scire (cognoscere, reperire)* „etwas Sicheres wissen (erfahren, ermitteln)"; *magnum dicere (facere)* „etwas Großes sagen (thun)"; *integrum sibi reservare* „sich freie Hand erhalten";

b) häufig als partitiver oder objektiver Gen. (von Adjektiven der 2. Dekl.), z. B. Nihil *novi*; aliquid *boni* (cf. 80); studium *veri*; lex est *recti* praeceptio *pravique* depulsio; selten als Dat. oder Abl., z. B. *Falso* assentiri; *parvo* und *minimo* contentus; quid *optimo* melius cogitari potest?

c) häufig in präpositionalen Ausdrücken (cf. 183).

Anm. 4. Nur selten wird ein Pronomen oder Adjektiv zu einem substantivierten Neutrum im Sing. gefügt, z. B. *Hoc* praeclarum; *illud breve* vitae reliquum; *illud vestrum* beatum et aeternum; quidquid *herbidi terreni* erat „grasiges Erdreich" (Liv. 23, 19, 14); in *infinito inani*; ex *omni reliquo*. Cf. 12, a; 184, Anm. 1.

Anm. 5. Deutsche substantivierte Neutr. Adj. mit abhängigem Gen. in Ausdrücken wie: „das Kränkende deiner Rede, das Unmenschliche einer solchen Unthat, das Würdevolle dieses Gedankens, das Abgeschmackte einer Behauptung, das Gräßliche der That, das Erhabene der Uneigennützigkeit" u. s. w. sind im Lateinischen mit Anwendung eines abstrakten Subst. zu übersetzen: acerbitas orationis tuae, tanti facinoris immanitas, dignitas (gravitas) huius sententiae, absurditas dicti, atrocitas rei, granditas abstinentiae. Laus facti „das Löbliche der That"; invidia huius nominis „das Gehässige dieses Namens"; nullam comitatem sermonis habere „nichts Freundliches in seiner Unterhaltung haben".

5. Das substantivierte **Neutrum Plur.** kommt am häufigsten im Nom. und Acc. vor, weil die Form des Neutrums hier am deutlichsten erkennbar ist, und zwar in allen Deklinationen und Vergleichungsgraden, um **konkrete** Einzelheiten des adjektivischen Begriffs zu bezeichnen (cf. 181), z. B. Praeterita, praesentia, futura, ambigua; plura appetere, summa assequi, uni omnia tribuere, magna spectare, longinqua commemorare, minima curare, ad altiora tendere; per ardua proficisci; multa ex aliquo quaerere u. s. w. Doch wird statt des substantivierten Neutrums auch gern die Umschreibung mit **res** gewählt: res adversae, domesticae u. s. w. Cf. 181. — Über den Gebrauch der obliquen Kasus cf. 185. — Über die Verbindung mit einem *Gen. partit.* cf. 184.

Anm. 6. Substantivierte Neutra im Plur. kommen auch in Verbindung mit Pronominen und formalen Adjektiven vor, z. B. *Alia* nefaria, *omnia* sollemnia et iusta ludorum, *multa* in eo praeclara cognovi, *haec tot* tam acerba, egregia *tua* u. s. w. Sic *consequentibus vestris* („eure Folgerungen") sublatis prima tolluntur.

181. **Verum, utile, turpe** sind **abstrakte** (moralische, ästhetische, philosophische) Begriffe, die vorzugsweise dem wissenschaftlichen Stil angehören. Dagegen hat der Plural **vera, utilia, turpia konkrete** Bedeutung; er bezeichnet mehrere Einzelheiten, verschiedene Arten, Äußerungen oder Erscheinungen des Wahren, Nützlichen und Schändlichen. Man kann daher, wo das Neutrum Plur. erforderlich ist, auch eine Umschreibung mit dem Plural von *res* gebrauchen, wie res honestae, utiles, turpes; und in den Kasus, wo das Neutrum Plur. mit dem Maskulin gleiche Form hat, ist dieses fast notwendig, wie omnium bonarum rerum neglectio, indem omnium bonorum neglectio zweideutig ist (cf. 185).

Anm. Der abstrakte Begriff des Sing. erhellt deutlich aus Beispielen wie: Ex bonis, quae sola honesta sunt, efficiendum est *beatum* („Glückseligkeit"). Communia autem simplicium coniunctorumque sunt haec quinque quasi lumina: *dilucidum, breve, probabile, illustre, suave* („Deutlichkeit, Kürze, Wahrscheinlichkeit, Anschaulichkeit, Anmut"). — Cf. dagegen: domestica „die häuslichen Verhältnisse"; externa „Ereignisse im Auslande";

iucunda „freudige Begegnisse"; acerba „schmerzliche Erfahrungen"; ardua „schwierige Stellen" u. s. w. Cf. 176, c.

182. 1) „Ich habe nicht vielerlei (multa = multos libros) gelesen, wohl aber viel" (d. h. „oft, fleißig"). — 2) Nein; veritas ist immer ein abstraktes Subst. und bedeutet „das Wahrsein, der Inbegriff alles Wahren, die Wirklichkeit, Sinn für Wahrheit, Aufrichtigkeit". Bezeichnet dagegen das deutsche „Wahrheit" in konkretem Sinne etwas einzelnes oder mehrfaches Wahre, sei es gesprochen oder geschehen, im Gegensatz zu etwas Falschem und Erdichtetem, so heißt es *verum* oder *vera*. Daher heißt „wer die Wahrheit liebt, kennt, einsieht", veritatis amans, amicus, cultor, gnarus; „die Wahrheit ist verborgen" veritas latet; „der Wahrheit gemäß reden" ad veritatem loqui; ebenso lux veritatis, vis veritatis; aliquid ex veritate aestimare; veritas vincit imitationem; non me offendit veritas litterarum tuarum. Dagegen heißt „die Wahrheit (d. h. einzelnes Wahre) sprechen, sagen, eingestehen, zu hören wünschen" verum (resp. vera) dicere, loqui, fateri, scire velle; „der Wahrheit gemäß schreiben" vere oder ex vero scribere; „es ist eine ausgemachte Wahrheit" pro vero constat.

183. 1) In unum vires conferre. 2) Hostes clam ex tuto visere. 3) A primo ad extremum; ad extremum fortiter pugnare; ab extremo ordiri. 4) Ad ridiculum convertere. 5) Naves in aridum subducere. 6) In angustum venire; in artum compelli; in arto esse. 7) In dubium vocare od. in dubio ponere. 8) In directum niti. 9) Ad summum (= ad summam perfectionem) pervenire. 10) Rem in maius extollere. 11) Ex composito od. ex convento. 12) Quaestionem in medio relinquere. 13) Rem in medium proferre = in publicum emittere. 14) In medio caedi; de medio removere (tollere). 15) In hostico. 16) In publico od. in medio esse. In publicum prodire. 17) In contrarium tendere. 18) Veritas in profundo est demersa. 19) In aperto castra communire. 20) In tutum cedere. 21) In praesens; in perpetuum; in aeternum. 22) De suo dare (Gegensatz de alieno „von fremdem Gelde"). 23) In immensum crescere. 24) Ex compacto. 25) Ex confesso. 26) Ex improviso od. ex inopinato. Cf. auch: Consilia in privato habere „in einem Privatlokale"; urbs sita in plano; legio in primo instructa „im Vordertreffen"; montium altitudo ex propinquo visa; ex vano aliquid haurire „etwas aus der Luft greifen"; in praeceps dare „an den Rand des Verderbens bringen"; in tranquillo „bei ruhigem Wetter"; spes ad irritum cadit; aliquid in integro est „man hat bei etwas noch freie Hand"; res in contrarium vertit „schlägt ins Gegenteil um"; 27) In medium od. in commune consulere = servire utilitati communi. 28) Qui demissi in obscuro vitam habent, si quid iracundia deliquerunt, pauci sciunt; at qui magnis imperiis praediti in excelso aetatem agunt, eorum facta cuncti mortales noverunt.

Anm. „Aus dem Griechischen ins Lateinische übersetzen" heißt entweder e Graeco in Latinum (= in sermonem Latinum) vertere, convertere, transferre oder Graeca Latine reddere (= sermone Latino interpretari).

184. Substantivierte Neutra der Adjektiva im Plural in Verbindung mit einem *Gen. partit.* (cf. 78, Anm. 2) sind bei Livius und Spätern häufig, bei Cicero aber fast nur bei Neutris in der Superlativform. Daher ist an der Übersetzung der vorgelegten Ausdrücke nichts zu tadeln, wenngleich es gewöhnlicher wäre, dieselben in folgender Weise zu übersetzen: Per aversas partes urbis fugere; summos montes (= summas montium partes) occupare; extremum agmen opprimere. Cf. In occultis et reconditis templi. In interiora aedium recedere. Perseus in interiora regni se recepit. Opportuna moenium „die zur Flucht geeigneten Stellen der Mauer". Finitima provinciae Romanae „die zunächst gelegenen Striche der römischen Provinz". Ultima Hispaniae; infima clivi; extrema agri; eminentia urbis; quassata muri. Plana urbis Tiberis stagnaverat. Summa pectoris. Equites praevecti per obliqua campi. Cuiusque artis difficillima.

Anm. 1. Verschieden davon ist der im Zeitalter des Tacitus sehr beliebte Sprachgebrauch, das Neutrum des Adjektivs auch mit einem nicht partitiven Genitive zu verbinden, also z. B. anstatt in hac lubrica aetate zu sagen in hoc lubrico aetatis. So steht incerta casuum für incerti casus, strata viarum für stratae viae, amara curarum für amarae curae, immensum altitudinis für immensa altitudo, opaca locorum, obscurum noctis **und manche ähnliche Wendungen.**

Anm. 2. Nicht gerade häufig sind solche Stellen, an welchen die Adjektiva *cetera, alia, omnia, pleraque,* indem sie bei andern Adjektiven stehen, das substantivische Element der Verbindung bilden, z. B. Exercitus iter fecit per *omnia pacata* „durch lauter friedlich gesinnte Gegenden". Castra locat inter *confragosa omnia praeruptaque* „zwischen lauter Felswänden und Abgründen". Inter *cetera tristia* eius anni „unter den übrigen traurigen Vorfällen dieses Jahres". Nono die in iugum Alpium perventum est per *invia pleraque* et errores. Haec *aliis nefariis* cumulant. Super *cetera extrema* fames etiam instabat.

185. Zwar kommen substantivierte Neutra im Plural auch bei Cicero zuweilen in dem Kasus vor, in welchem das Genus nicht erkennbar ist, aber nur dann, wenn der Zusammenhang durchaus keinen Zweifel in betreff des Geschlechts zuläßt. Bei zu befürchtender Zweideutigkeit ist jedoch jedesmal die Umschreibung mit *res* anzuwenden, so daß man sagt memoria rerum praeteritarum; condicio omnium rerum humanarum etc. Ebenso heißt zweierlei *duae res,* nicht duo. Cf. auch: Omn*ibus* ver*is* falsa quaedam adiuncta sunt. Ambigu*orum* plura genera sunt. Haec ali*is* nefari*is* cumulant. Nihil human*orum* certi est (Liv. 5, 33, 1). Vastatio *omnium.* Una est materia *gravium* et iocorum. Cf. 180, 5.

186. **Mortales** kann nur dann ohne weiteres für homines gebraucht werden, wenn von dem ganzen Menschengeschlechte im Gegensatze zu den diis immortalibus die Rede ist („Menschenkinder"). Sonst wird es von Cicero für unser „Menschen" nur in Verbindung mit *multi, plurimi, omnes, cuncti* (im Sing. mit *nemo*) gebraucht, z. B. Hoc quidem *omnes mortales* et intellegunt et probant. Ab *omnibus mortalibus* audacia tua cognoscitur. Defendo *multos mortales,* multas civitates, provinciam Siciliam totam. Sallust u. Livius gebrauchen mortales viel freier.

187. **Nein; denn der Lateiner verbindet nicht solche Adjektiva, welche ihrer eigentlichen Bedeutung nach nur auf Personen angewiesen sind, mit Substantiven, welche leblose Gegenstände bezeichnen.**

Anm. 1. Aber nicht selten werden auch in Prosa mit dichterischer Freiheit leblose Dinge in dem beigefügten Attribute wie lebende behandelt: amantissima verba, arrogans crudelitas, sapiens consilium, sapiens dictum, loquax stultitia, malevoli sermones, impudens audacia, clemens castigatio, benigna oratio, doctissimi sermones, eruditae aures, eruditissimae disputationes, benevola recordatio, fortia consilia, desipiens arrogantia, amicitia concors, superbum arbitrium, grata memoria, postulatio stolida, stultitia loquax u. ä. (**Personificatio**, cf. 551, 10).

Anm. 2. Man vermeidet indessen wo möglich eine solche Verbindung, und zwar am leichtesten:

a) durch die Anwendung des sogen. *Hendiadyoin:* Proditio atque ignavia „feiger Verrat"; preces ac misericordia „mitleidige Bitten"; moderatio et sapientia „weise Mäßigung" u. s. w. (cf. 190);

b) durch eine Umschreibung mit dem Adjektiv *plenus:* Vox superbiae plena „ein stolzes Wort"; manus plena perfidiae „die treulose Hand"; plenus terroris nuntius „eine erschreckende Botschaft"; requies plena oblectationis „eine erquickende Ruhe"; consilium plenum sceleris „verbrecherisch"; liber doctrinae plenus „eine gelehrte Schrift"; fuga timoris simul calliditatisque plena „eine ebenso schlaue als feige Flucht"; verba plena ignominiae „schmähende Worte" u. s. w.

188. **Nein; denn der Lateiner vermeidet es, die Participia Präs. Act. von transitiven Verben absolut als Adjektiva zu gebrauchen: im Lateinischen dürfen transitive Participia nicht ohne Objekt stehen.** (Ausnahmen höchst selten, z. B. causa efficiens „wirkend", verba amantia oder amantissima „liebend, liebevoll", animus appetens „begehrlich", animi timentes „furchtsam", vir experiens „unternehmend, thätig"). **Der Lateiner gebraucht für solche absolute Participien in den meisten Fällen ein entsprechendes Adjektiv;** also: „Eine ergötzende Erzählung" narratio iucunda; „ein drückender Krieg" bellum grave; „ein kränkendes Wort" verbum grave; „eine begeisternde Rede" oratio fervida; „eine schneidende Kälte" acre frigus; „ein stechender Schmerz" acer dolor; „ein reißender Fluß" rapidus fluvius; „eine rüh-

rende Melodie" flebiles numeri; „verheerende Seuchen" morbi perniciosi; „mit bittender Stimme" supplici voce; „eine betrübende Nachricht" tristis nuntius; „eine vernichtende Niederlage" exitiosa oder funesta clades; „ein unternehmender Mann" vir acer; „anstrengendes Studium" studium acre; „erschlaffende Genüsse" languidae voluptates; „ehrende Erwähnung" mentio honorifica; „höchst anerkennende Ausdrücke" amplissima verba; „überzeugender Beweis" certum argumentum; „empörende Grausamkeit" nefaria crudelitas; „anstrengende Übung" exercitatio laboriosa; „erfreuendes Gut" bonum laetabile; „abstoßende Sitten" mores asperi; „gewinnendes Benehmen" mores blandi; „tröstende Worte" verba plena solacii; „eine beschimpfende Schmähung" maledictum contumeliae plenum; „eine erschütternde Botschaft" nuntius terroris plenus (cf. 187, Anm. 2, b).

Anm. 1. Die Participia Präs. von intransitiven Verben werden dagegen unbedenklich wie im Deutschen als Adjektiva gebraucht, z. B. Aetas florens, campi patentes, valens dialecticus „ein tüchtiger Dialektiker", avaritia semper hians „eine stets gierige Habsucht", oratio fluens, studium ardens, terror instans, lacrimae abhorrentes „unpassende Thränen", oratio abundans „an Überfülle leidend", mulier pudens etc. (Auch *insequens* „der folgende" in Ausdrücken wie insequens annus, insequenti anno hat intransitive Bedeutung). — Trotzdem aber das Lateinische den adjektivischen Gebrauch intransitiver Participia vielfach zuläßt, müssen doch einzelne Participia intransitiver Verben des Deutschen durch Adjektiva oder Partic. Perf. Pass. ersetzt werden, z. B. „Glühende Hitze" aestus fervidus, „leuchtende Augen, Gestirne" lucidi oculi, lucida sidera, „ein dauerndes Gut" stabile bonum, „eine jammernde Stimme" vox miserabilis, „eine weit ausholende Rede" oratio longe petita, „tiefer liegende Fehler" vitia recondita, „ein an Tyrannei grenzender Zorn" ira paene regia, „das vorhergehende Buch" liber superior, „ein sitzendes Handwerk" ars sellularia, „ein wanderndes Leben" vaga vita, „dringende Verdachtsgründe" magnae suspiciones, „ein drohendes Antlitz" minax vultus. *

Anm. 2. Die Participia Perf. Pass. werden in sehr großer Ausdehnung adjektivisch gebraucht (häufig auch im Komparativ und Superlativ bes. bei Cicero und Livius (cf. 206) nicht bloß zur Bezeichnung des aus einer Handlung hervorgegangenen Zustandes, sondern auch im Sinne der Adjektiva auf -ilis und -bilis (cf. 195). Hervorzuheben sind: *acceptus* „erwünscht, willkommen"; *abiectus* „niedrig, verworfen"; *contemptus* „verächtlich"; — *accuratus* „sorgfältig, genau", d. h. „mit Sorgfalt gearbeitet", nur passivisch von Sachen (z. B. oratio accurata, accurate scribere, disputare), nie aktivisch von Personen für diligens; — *cogitatus* und *consideratus* „wohlbedacht, überlegt"; *compositus* „wohlgeordnet"; *exercitatus* „geübt, geschickt"; *expeditus* „schlagfertig"; *perditus* „grundverdorben, verworfen"; *fatigatus* „müde, mürbe"; *inflatus* „schwülstig"; *incohatus* „unvollkommen, mangelhaft"; *minutus* „klein, kleinlich"; *emendatus* „fehlerfrei, richtig"; *politus* „geschult, feingebildet"; *laudatus* „gepriesen, rühmlich" ꝛc. Cf. 300. — Aber *amatus* und *dilectus* werden von Klassikern nicht adjektivisch im Sinne des deutschen „geliebt" gebraucht, besonders nicht in der Anrede für carissimus, optimus, suavissimus. Cf. 27, Anm.

189. Der Begriff eines deutschen Adjektivs ist oft im lateinischen Substantiv schon enthalten und wird daher nicht besonders ausgedrückt, z. B. Auctoritas „persönliches Ansehen", gratia „persönliche Beliebtheit". — Sehr oft wird auch ein lateinisches Substantiv im Deutschen durch ein jenem Substantiv entsprechendes Adjektiv in Verbindung mit einem Substantiv allgemeinen Sinnes ausgedrückt, z. B. senex „alter Mann", artes „künstliche Mittel", benignitas „gütiges Wesen", salubritas „gesunde Beschaffenheit", natura „natürliches Gefühl", asperitas „rücksichtsloses Auftreten", facilitas „freundliches Wesen", ignominia „schmachvolle Behandlung", constantia „konsequentes Verfahren". — 1) Libido. 2) splendor. Der Begriff **„äußerer"** bleibt im Lateinischen überall unübersetzt, wo kein Gegensatz zu „innerer" denkbar ist; also äußere Ehre honor; äußerer Glanz splendor; äußerer Wohlstand fortuna, res prosperae oder florentes; äußeres Aussehen habitus, species; äußere Macht potentia; äußere Umrisse lineamenta; äußerliche Verfeinerung cultus; äußerer Grund causa; äußerer Schein species; äußerer Wert pretium etc. Externi mores sind nicht äußere Sitten, sondern ausländische Sitten. Äußere Feinde heißen für gewöhnlich nur *hostes;* der Zusatz externi ist nur dann notwendig, wenn ein ausdrücklicher Gegensatz zu „inneren (domesticis) Feinden" stattfindet. — Umgekehrt heißt **oftmals im Zusammenhange** „innerer Wert" dignitas, „innere Bildung" humanitas, „innerer Grund" ratio, argumentum, „inneres Wesen einer Sache" natura rei u. s. w. 3) virtus; pretium. 4) laetitia; gaudium. 5) usus, exercitatio. 6) prudentia, dexteritas. 7) doctrina, scientia. 8) ratio. 9) inimicus. 10) ingenium. 11) voluptates; inopia od.

indigentia. 12) lucrum, quaestus. 13) perspicientia. 14) conformatio. 15) virtutes, vitia. 16) bonitas. 17) gravitas. 18) innocentia. 19) furor. 20) opinio, libido. 21) loco od. in loco; tempore, **unklassisch** in tempore (cf. 230, Anm.). 22) factiones. 23) gaudium, laetitia. 24) mens. 25) animus. 26) levitas. 27) incuria. 28) eruditio. 29) venustas. 30) violentia. 31) severitas. 32) hilaritas. 33) honestas. 34) senex, iuvenis od. adulescens. 35) (vir) quaestorius, censorius, praetorius, consularis, aedilicius. 36) diuturnitas, longinquitas; aeternitas. 37) crudelitas. 38) incommodum. 39) mollitia. 40) tristitia. 41) vulgus. 42) magnificentia. 43) ferocitas od. ferocia. 44) hilaritas. 45) ius.

Anm. Unser Adjektiv **ganz** dient häufig nur zur Verstärkung oder Steigerung eines Subst. und wird dann als unwesentlich nicht ausgedrückt, wie in „Der Gründer dieser Stadt und des ganzen Reiches (atque imperii); sie verheerten Dörfer, Städte, ganze Provinzen (vicos, urbes, provincias)"; so besonders im Gegensatz einer Gesamtheit zu Einzelnen, wie „Vergebens haben wir gegen jenen Feind Feldherren und ganze Legionen geschickt (imperatores et legiones); Er achtete weder auf die Nachstellungen Einzelner noch auf die Drohungen ganzer Staaten" u. dergl. Wenn aber ganz betont ist, wie: „ganze Nationen zu Grunde richten", so steht *universus* (od. *totus*), daher auch, wenn einzelne Glieder einer bestimmten Gesamtheit dieser selbst in ihrer Vollzähligkeit gegenübergestellt werden, wie: neque solum singulis concedebantur immunitates, sed etiam populis *universis*.

190. Ein substantivisches **Hendiadyoin** ist überall da gestattet, wo sich ein grammatisch subordinierter Begriff vernünftigerweise auch als koordiniert denken läßt, ohne daß jedoch von den koordinierten Begriffen jeder eine selbständige, von dem andern unabhängige Existenz hat; vielmehr muß innerhalb ihrer Verbindung jeder in dem andern enthalten sein. — 1) Recordatio et memoria. 2) Caritas et benevolentia. 3) Usus et exercitatio. 4) Casus et temeritas. 5) Clamor et admiratio. 6) Ignominia et calamitas. 7) Natura pudorque meus. 8) Ardor et impetus. 9) Preces ac misericordia. 10) Metus ac timor. 11) Proditio atque ignavia. 12) Scelus ac furor. 13) Vis vigorque. 14) Assiduitas et industria. Otium et inertia. 15) Severitas et fortitudo. 16) Morbus et insania. 17) Levitas et iactatio. Fiducia et spiritus. 18) Aestus febrisque. 19) Religio et fides. 20) Moderatio ac sapientia. 21) Vi et armis subigere. In convivio luxuque tempus terere. 22) Vetus illa comoedia civium licentias libidinesque libera re publica saepius coercuit. 23) Quisquis heroicas Graecorum fabulas diligentius consideraverit, in iis aeternam legem fere expressam esse facile cognoscet, qua hominum imbecillitas atque caecitas subiecta sit potestati et ultioni deorum. 24) Temeritate et impotentia vel praestantissimis ingeniis homines praecipites saepe aguntur. 25) Viget in eiusmodi civitate vera libertas, quae a licentia petulantiaque abhorrens cum modestia et temperantia est consociata. 26) M. Tullius Cicero antiquissima familia equestri ortus una cum Quinto fratre diligentia disciplinaque patris educatus est primo in fundo Arpinati, tum Romae. — Cf. auch: Expilatio direptioque „räuberische Plünderung", indignatio et ira „zornige Entrüstung", levitas et iactatio „geckenhafte Eitelkeit", clementia mansuetudoque „milde Gelassenheit", clamor et admurmuratio „lautes Murren", fama atque invidia „gehässige Nachrede", humanitas et misericordia „freundliche Teilnahme", sanitas ac mens „gesunde Vernunft", probitas et mores „rechtschaffener Charakter", tenebrae vinculaque „dunkles Gefängniß", cupiditas atque amentia „unsinnige Begierde", temeritas et mendacium „freche Lüge", pavor et trepidatio „angstvolle Bestürzung" u. s. w.

Anm. Man beachte besonders *ratio* als Ersatz für deutsche Adjektiva in Ausdrücken wie: ratio et cogitatio „vernünftiges Denken", ratio et consilium „planmäßige Überlegung", ratio et disciplina „wissenschaftliches Verfahren“, ratio et doctrina „systematische Gelehrsamkeit“, ratio et via „systematische Methode, planmäßiger Gang“ u. ä.

191. Deutsche Adjektiva werden im Lateinischen häufig durch den **Gen.** eines Subst. **ersetzt**, besonders in Ermangelung eines geeigneten Adjektivs (cf. auch 74, Anm. 3). — 1) **Bona animi; animi aequitas.** 2) **Corporis voluptates.** Das Adj. *corporalis* ist unklassisch; *corporeus* = „mit einem Körper versehen, aus körperlicher Materie bestehend“. 3) **Dolor corporis; brevis temporis dolor.** 4) **Studium litterarum.** 5) **Historiae fides.** 6) **Praecepta philosophiae.** Das Adj. *philosophicus* ist **spätlat.** und durchaus zu vermeiden; man gebrauche dafür je nach dem Zusammenhange die Genitive philosophorum, philosophiae, philosophandi, oder de philosophia, oder philosophorum proprius, oder einen Relativsatz (z. B. Res, quae in philosophia tractantur; omnia, quae sunt in philosophia „alles Philosophische“). 7) **Mathematicorum rationes.** 8) **Rerum publicarum eversiones.** 9) **Prudentia iuris publici.** 10) **Usus rei militaris.** 11) **Beluarum ritu (od. pecudum more) vivere.** 12) **Terror omnium. Omnium assensus. Omnium rerum inopia. Praeter omnium opinionem. Omnium rerum desperatio.** 13) **Multarum rerum usus.** 14) **Iura sacerdotum.** 15) **Adiumenta doctrinae.** 16) **Sermonis communicatio.** 17) **Audacium civium consilia.** 18) **Barbarorum agmina.** 19) **Praeter omnium (ja nicht omnem!) exspectationem ex morbo recreatus est.** 20) **Omitto dicere forum Syracusanorum sanguine innocentium redundasse.** 21) **Dicendi ubertas.** 22) **Puer novem annorum (= puer novem annos natus).** 23) **Homo parvi (pusilli) animi** (cf. 74, Anm. 3).

Anm. Von Völkernamen gebrauchen wir im Deutschen besonders häufig das Adjektiv und sagen: „Der karthagische Feldherr, der macedonische König, der athenische Staat“ u. a. Insofern dadurch nicht eine Eigenschaft oder Beschaffenheit des Substantivs, sondern die Beziehung, das Verhältnis desselben zu dem Volke bezeichnet wird, sagt man im Lateinischen: Imperator Carthaginiensium, Macedonum rex, civitas Atheniensium. Somit wird „die römischen Gesandten“ durch legati Romani übersetzt, wenn sie in ihrer nationalen Eigenschaft als römische aufgefaßt, durch legati Romanorum oder populi Romani, wenn sie als im Auftrage des römischen Volkes handelnd bezeichnet werden. — Man unterscheide hominum mores „menschliche Sitten“ von mores humani „menschenfreundliche Sitten“.

192. 1) Mag es auch einige Stellen bei guten Schriftstellern geben, an denen statt host*ium* castra (terra etc.) gesagt ist *hostilia* oder *hostica* castra (z. B. Sall. Cat. 61, 8; Liv. 29, 35, 5; 1, 29, 2; 8, 30, 8), so scheint es doch geraten, diesen Gebrauch nicht nachzuahmen. **Hostilis** heißt für gewöhnlich „feindlich gesinnt, feindselig“, selten „dem Feinde gehörig“, weshalb man wohl sagen kann animus hostilis, hostilia facere, hostilia audere, hostilem in modum, aber wenig gut cadavera hostilia, equitatus hostilis. Hosticus „dem Feinde gehörig“ ist ein seltenes, altertümliches Wort, das fast regelmäßig durch den Gen. hostium ersetzt wird. — 2) Hat das deutsche „Jahr“ den Sinn von „Lebensjahr“, so heißt es lateinisch für gewöhnlich nicht annus oder annus vitae, sondern *annus aetatis*; darum ist in dem vorgelegten Satze hinter anno der Genitiv aetatis einzuschieben. In gleicher Weise heißt „Lebenszeit“ gewöhnlich *tempus aetatis*, selten tempus vitae. — 3) a. Man sagt stets *magnae* (nicht multae) **copiae** „bedeutende Streitkräfte, viele Truppen“; ebenso nur *parvae* oder *exiguae* (nicht paucae) *copiae; maiores* (nicht plures), *maximae, minores, minimae, tantae, quantae copiae;* ebenso auch *magnitudo* (nicht multitudo), *exiguitas* copiarum. Desgleichen *magna auxilia* „viele Hülfstruppen“, *magnus peditatus, magnus equitatus* „viel Reiterei“. b) Da **pecunia** nicht „einzelnes Geld“, sondern „Geldsumme“ bedeutet, so heißt „viel Geld“ *magna* od. *grandis pecunia*, „wenig Geld“ *parva* od. *exigua pecunia*, ebenso *tanta, quanta, maxima pecunia.* Einzelne Geldstücke heißen *nummi.* In ähnlicher Weise heißen „viele Schulden“ *magnum* od. *grande aes alienum.* c) Statt peste schreibe *pestilentia*; denn **pestis** heißt „Verderben, Unheil“ (= pernicies), aber **pestilentia** „Seuche, Pest“ (= lues). d) Statt liberis schreibe *pueris*; denn „Kinder“ heißen nur dann **liberi**, wenn sie in Bezug auf die Eltern ohne Rücksicht auf das Alter stehen. Dabei merke man auch, daß „Weiber und Kinder“ als Bezeichnung des schwachen Geschlechtes und Alters *mulieres puerique, mulieres ac*

*pueri, pueri mulieresque, feminae puerique* heißt, dagegen als Inbegriff dessen, was dem Manne das Nächste und Teuerste ist („Weib und Kind") *coniuges (uxores) ac (et) liberi, coniuges liberique, liberi et coniuges.* e) Statt mundum schreibe *orbem terrarum.* **Mundus** „Welt = Weltall, bes. Himmel" läßt sich in vielen deutschen Ausdrücken gar nicht anwenden. „Welt = Erdkreis" *orbis terrae* oder (mit der Bevölkerung) *orbis terrarum*; „Weltteile" *orbis terrarum partes*; „Weltlauf" *rerum (humanarum) condicio* oder *cursus*; „kein Mensch in der Welt" *homo nemo, nemo omnium mortalium*; „alle Welt weiß" *nemo ignorat* oder *quis est, quin sciat?* „der schlechteste Mensch von der Welt" *homo omnium nequissimus*; „die gelehrte Welt" *homines docti* oder *litterati;* „wo in aller Welt" *ubi gentium, ubi terrarum*; „seit Erschaffung der Welt" *post hominum memoriam, post homines natos*; „die heutige, jetzige Welt" *homines qui nunc sunt, homines huius aetatis, hoc saeculum*; „was in aller Welt" *quid tandem*; „nichts in der Welt" *nihil omnium* (oder *humanarum*) *rerum.*

193. Der Lateiner gebraucht oft ein **Adjektiv**: a) statt des subjektiven oder objektiven **Genitivs**: Possessiones paternae „Besitzungen des Vaters"; filius erilis „Sohn des Hausherrn"; species puerilis „das Äußere eines Kindes"; vitia aliena (= aliorum); oblectatio senilis „für Greise"; scelus Saguntinum „gegen Sagunt"; — b) statt eines deutschen **zusammengesetzten Substantivs** (170 b, 3): bellum civile „Bürgerkrieg"; domus regia „Königspalast"; praecipua pars „Hauptteil"; domus patria „Vaterhaus"; sermo patrius „Muttersprache"; opes navales „Seemacht"; magna itinera „Eilmärsche"; — c) statt eines **Präpositionalausdrucks**, (bes. bei Bezeichnung der Herkunft, Örtlichkeit, Zeit, des Stoffes): Solon Atheniensis; vita domestica „im Hause"; urbs campestris „in der Ebene"; negotia forensia „auf dem Markte"; labores nocturni „bei Nacht"; corona aurea „von Gold".

Anm. Notwendig ist das lateinische Adj. statt des deutschen Gen. in Sätzen wie: „Du bist noch weit von dem Range eines Senators entfernt" a *senatorio* gradu longe abes; denn a senatoris gradu würde man in dem Sinne nehmen: „von dem Range eines bestimmten, augenblicklich in Funktion stehenden Senators". Cf. jedoch: Cic. legg. 3, 40; or. 1, 167; 2, 75.

1) Bellum Cimbricum, servile, sociale. 2) Victoria Mithridatica. 3) Gorgias Leontinus, Cicero Arpinas. 4) Iter Brundisinum. 5) Nocturnus motus terrae. 6) Damna aleatoria. 7) Oratio Catilinaria, Verrina, Miloniana. 8) Thersites Homericus (cf. 136, 1). 9) Itinera campestria. 10) Mors bellica, vita peregrina. 11) Scelus divinum et humanum. 12) Institutio puerilis, prudentia senilis, calliditas servilis, consilium muliebre sequi. 13) Invidia dictatoria, odium decemvirale, gradus senatorius. 14) Mores externi (peregrini), discordiae civiles. 15) Imperium singulare, vitia aliena. 16) Dignitatem consularem imitari, luxu regali uti. 17) Brevitas dicendi magna laus oratoria est. 18) Favor popularis, aura popularis, levitas popularis. 19) Caro suilla, bubula, vitulina, vervecina, leporina, equina. 20) Negotium vinarium; mercator frumentarius; medicus ocularius. 21) Alphonsus IV., Lusitaniae rex, cui cognomen datum est audaci, in ipso aetatis flore regnum avitum adeptus est. 22) Sermo plebeius. 23) Honos laborem imperatorium leviorem facit. 24) Expeditio hiberna (aestiva). Imber lapideus et sanguineus.

194. Die Adjektiva des Ortes und der Zeit *summus, medius, imus* oder *infimus, interior, intimus, primus, postremus, ultimus, extremus, reliquus* bezeichnen oft nur einen Teil der betreffenden Sache und ersetzen mancherlei substantivische oder adverbiale Ausdrücke der deutschen Sprache, z. B. insula media od. media insula „die mittlere Insel", media insula auch „die Mitte der Insel = der mittlere Teil der Insel", per mediam urbem „mitten durch die Stadt"; summus mons „die Spitze des Berges" (= cacumen od. vertex montis), in summo monte „auf dem Gipfel des Berges, oben auf dem Berge"; in infimo monte „am Fuß des Berges" (= sub monte, in radicibus montis); summa aqua „die Oberfläche des Wassers"; in imo lacu „auf dem Grunde des Sees, tief unten im See"; infima auricula „Ohrläppchen"; extremi digiti „Fingerspitzen"; in extremo ponte „am Ende der Brücke"; in extrema ora-

tione „im letzten Teile der Rede"; in prima provincia „vorn in der Provinz"; primum agmen „Vortrab"; extremum (oder novissimum) agmen „Nachtrab"; primo vere „zu Anfang des Frühlings"; prima luce „mit Tagesanbruch"; primo adventu „gleich bei (oder nach) der Ankunft" u. ä. Diese attributive Verbindung kommt vorzugsweise im Abl. und bei präpositionalen Ausdrücken vor; das Adjektiv steht meist unmittelbar **vor** dem Substantiv, außer wenn ein Pron. demonstrativum hinzutritt, z. B. in hac insula extrema „am Rande dieser Insel"; in eo sacrario intimo signum fuit Cereris perantiquum. (Ausnahmen nicht selten, z. B. Caes. b. g. 1, 24, 2; 7, 69, 1; 5, 49, 5; Cic. de or. 1, 157; 3, 7; Verr. 4, 86; 5, 29 u. 161). — 1) Summa aestate. Imus od. infimus collis (= radices collis). Summa arbor. 2) In extrema epistula. In prima planitie pedites constituti erant, in ultima planitie equites. 3) In imo mari. Prima luce; primo mane „bei Anbruch des Morgens". In media arce. 4) Sulla forte in agro Nolano immolabat ante praetorium, cum ab infima ara subito anguis emersit. 5) Pompeius bellum extrema (= exeunte) hieme apparavit, primo (= ineunte) vere suscepit, media aestate confecit. 6) Arabes Pyrenaeo monte superato in mediam (od. intimam) fere Europam progressi sunt. 7) Novissimum (= extremum) agmen. Summa res publica (= summa rei publicae).

Anm. 1. Hierher gehört auch secunda mensa „der zweite Teil der Mahlzeit" = „der Nachtisch"; secundis Saturnalibus „am zweiten Tage der Saturnalien", tertiis Megalensibus „am dritten Tage der megalensischen Spiele".

Anm. 2. Man meide das Substantiv *medium* „die Mitte", welches erst seit Livius mit einem Gen. vorkommt (z. B. in medio aedium 5, 41, 2; 1, 57, 9; 31, 45, 11; 26, 45, 8). Klassisch ist aber das substantivische *dimidium* „die Hälfte" = dimidia pars. Cf. auch 78, Anm. 5.

195. Die von Verben abgeleiteten Adjektiva auf **ilis** und **bilis** bezeichnen eine Möglichkeit oder Würdigkeit, das, was das Verbum besagt, zu erleiden, haben also passivischen Sinn und entsprechen den deutschen Adjektiven auf lich, ig, bar, wert, z. B. Mobilis „beweglich", placabilis „versöhnlich", fragilis „zerbrechlich", docilis „gelehrig", portabilis „tragbar", laudabilis „lobenswert", optabilis „wünschenswert". Doch sind diese Adjektiva von vielen Verben nicht vorhanden; sie werden dann ersetzt: a) durch das Partic. Perf. Pass. (bes. in der adjektivischen Bildung mit *in*—), als invictus „unbesiegbar, unbezwinglich", indomitus „unbezähmbar, unbändig", intactus „unantastbar", immensus „unermeßlich", inexhaustus „unerschöpflich", contemptus „verächtlich", conspectus „sichtbar", infinitus „unermeßlich" ꝛc.; — b) durch das Gerundiv (cf. 448, 1), z. B. visendus „sehenswert", infandus „unaussprechlich", tolerandus „erträglich", non ferendus „unerträglich", metuendus „furchtbar", optandus „wünschenswert", non vitandus „unvermeidlich" ꝛc.; — c) durch ein sinnverwandtes Adjektiv, z. B. divinus „unübertrefflich", aeternus „unvergänglich", obscurus „unverständlich" ꝛc.; — d) durch einen Relativsatz, z. B. quod fieri potest „möglich", qui cerni potest „sichtbar", haec omnia, quae videmus „die sichtbare Welt"; quod ignosci potest „verzeihlich"; quod resarciri non potest „unersetzlich"; quod nihil excusationis habet „unverantwortlich" u. ä. — 1) Insatiabilis (oder profunda) avaritia. 2) Mobilis turris. 3) Morbus insanabilis. 4) Aspectus miserabilis. 5) Animus placabilis (implacabilis). 6) Vir in dicendo divinus. 7) Exercitus invictus. 8) Infinita multitudo. 9) Copia inexhausta. 10) Testis incorruptus. 11) Vita contempta (= sordida). Animus inexorabilis. 12) Tribuni inviolati (= sacrosancti). 13) Montes invii (= inaccessi, impediti). 14) Sanctum atque integrum ius. 15) Mors gloriosa. 16) Error facilis ad ignoscendum. 17) Facilis ad subigendum belua (cf. 455, Anm. 4). Cf. auch: Cibus facillimus ad concoquendum „sehr leicht verdaulich"; res difficiles ad eloquendum „schwer ausdrückbar"; res difficiles ad percipiendum „schwer verständlich". 18) Aeterna gloria.

Anm. Einzelne Adjektiva auf ilis haben die Bedeutung des Partic. Perf. Pass. oder des Partic. Präs. Act., z. B. pensilis „aufgehängt, schwebend", praestabilis „voranstehend", flebilis „klagend" (gewöhnlicher „beklagenswert"), exitiabilis „zum Untergang führend" u. ä.

196. Mehrere Adjektiva kommen sowohl in **aktiver** als auch in **passiver** Bedeutung vor: 1) Die mit feindlicher Beute beladenen (pass.) Schiffe. Ein drückender (akt.) Krieg. 2) Ein nicht

sehender Greis. Eine nicht gesehene (verborgene) Gefahr. Undurchsichtige Nacht. Von zweckloser Erwartung auf die Folter gespannt werden. 3) Ein den Römern feindlich drohendes Volk. Ein gefährdeter Weg. 4) Ein Unruhen erregender Bürger. Eine von Unruhe erregte Versammlung. 5) Geängstigte Mütter. Ängstigende Sorgen. 6) Ein beschränktes Haus. Die einengende Armut. 7) Eine geachtete Familie. Angesehene Leute. Ein Ehre bringender Tod. Eine ehrende Pflicht. 8) Erfreute Kinder. Ein erfreuender Sieg. Ein freudebringendes Wunderzeichen. 9) Gesundheit bringende Gegenden. Mit Gesundheit versehene Leiber. 10) In einer so argwöhnischen Bürgerschaft. Ein in hohem Grade Argwohn erregendes Geschäft. 11) Ein betrübtes Gesicht. Ein betrübender Ausgang. Eine traurig machende (herbe) Antwort. 12) Ein unbegründeter Verdacht. Täuschende Schmeichler. — So ferner *dubius*, *ignarus*, *ignotus*, **innoxius**, **gratus**, *operosus*, *turpis* u. a.

Anm. Die sogen. **relativen Adjektive** (wie würdig, unwürdig, erfahren, tauglich, geeignet, zufrieden u. ä.) werden im Lateinischen gewöhnlich nicht absolut gebraucht, sondern erhalten den für den jedesmaligen Zusammenhang erforderlichen Zusatz oder werden durch ein anderes Adjektiv ersetzt. Also heißt „ein erfahrener Mann" homo rerum (od. usu) peritus; „zufrieden sein" suis rebus (od. fortuna sua) contentum esse; „taugliche Soldaten" milites ad arma utiles; „ein würdiger (= achtungswürdiger) Mann" nicht homo dignus, sondern honestissimus, gravissimus; „eine würdige Antwort" praeclarum responsum; „ein unwürdiges Benehmen" turpes mores u. ä. Nur dann werden derartige Adjektive ohne Objekt gebraucht, wenn dasselbe sich aus dem Zusammenhange von selbst ergiebt, z. B. Imperium ab dignis et idoneis ad indignos et non idoneos transfertur. Am häufigsten steht *indignus* absolut, z. B. Multa gravia et indigna proponere animo. Hominum indignorum (= innocentium) calamitates sublevare. Facinus indignum „empörend". Cic. Tusc. 4, 46; Rosc. Am. 8. So auch *peritus*, z. B. Cic. Brut. 154.

197. **Hypallage** (Enallage) = Vertauschung der Beziehungsform der Nomina, und somit ist *Hypallage Adiectivi* die des Adjektivs. Jedes Adjektiv nämlich muß zu dem Substantiv gesetzt werden, das es näher bestimmt. Nun kommt, wenn von einem Subst. ein anderes Subst. im Genitiv abhängt, der Fall vor, daß ein Adjektiv, welches zunächst zum Genitiv gehört, zum regierenden Substantiv gezogen wird, und dies nennt man *Hypallage Adiectivi*. Doch versteht sich dabei, daß solche Verbindung immer noch richtigen Sinn giebt, wenn auch die andere gangbarer ist, und daß die Dichter allmählich immer kühner solche Umsetzung machen; daß ferner die zwei Substantive oft so in einen Begriff zusammenwachsen, daß es fast gleichgültig erscheint, zu welchem das Adjektiv hinzutritt. Im Deutschen kann man statt „ein Haufen von schwarzen Wolken" ausnahmsweise auch sagen „ein schwarzer Haufen von Wolken". So auch: „Reicht ihm den besten Becher Weins" statt „den Becher des besten Weins". Ähnlich: „die träge Zeit der Ruhe, der Lieder süßen Mund, der Saiten goldenes Spiel, der blanke Schmuck der Waffen, in des Mantels purpurnen Falten". Cf. Membrorum collectio dispersa (Cic. pro leg. Man. 9): „die zerstreute Sammlung" hält eben auf; freilich sind auch die Glieder zerstreut, die gesammelt werden. Fontium gelidae perennitates = fontium gelidorum perennitates. Externa bella regum. Vario ferarum lacte nutritus. Nimiae gloriae cupiditas. Tyrrhenus tubae clangor. Tyrrhena regum progenies. Pyramidum sumptus ad sidera ducti. Je später, desto gesuchter; Claudian hat sogar fulva leonis ira.

198. Unter **Prolepsis Adiectivi** versteht man die Beilegung einer Eigenschaft, die an dem Substantive noch nicht vorhanden ist, sondern erst durch die betreffende Handlung bewirkt wird („Vorausnahme", von *προ — λαμβάνω*). Sie findet sich am meisten bei Dichtern, auch bei deutschen, z. B. bei Schiller: „Ihnen schloß auf ewig Hekate den stummen Mund". „Da rollt der Graf die finstern Brau'n", d. h. der Graf rollt die Brauen, so daß sie durch das Rollen finster werden. Cf. *Submersas* obrue puppes, d. h. obrue puppes, ut submergantur. Aries ballistave *laceras* concutit arces. *Trunca*que a fronte revellit cornu. Sol ruit interea et montes umbrantur *opaci*. Liv. 21, 33, 3.

## E. Komparativ und Superlativ.

199. 1) Der **Komparativ** bezeichnet oft eine Eigenschaft, die in einem stärkeren Grade vorhanden ist, als es recht ist oder gewöhnlich der Fall zu sein pflegt; im ersteren Falle übersetzt man ihn mit zu, zu sehr, allzu, im letzteren mit ziemlich, etwas, ein wenig und

dem Positiv, z. B. Ea ipsa, quae dixi, sentio fuisse long*iora* („zu ausführlich"); ignoscite autem; nam senectus est naturā loqua*cior* („etwas geschwätzig"). — Bei stärkerem Nachdruck kann jedoch das deutsche „allzu, zu sehr" auch durch *nimis* oder *nimium* mit dem Positiv übersetzt werden. — Voluptas, cum maior est atque longinquior, omne animi lumen extinguit. Cimon Dolopes, quia ferocius se gesserant, Scyro insula expulit. Archias etiam Mario, cum is durior esset ad studium poesis, iucundus erat. Ordo histrionum olim contemptior erat. Si tibi quaedam in hoc libro videbuntur obscuriora, cogitare debebis nullam artem sine aliqua exercitatione percipi posse.

Anm. 1. Das deutsche **„zu"** (= allzu) mit dem Positiv wird im Lateinischen nicht durch den Komparativ, sondern durch den **Positiv** ausgedrückt, wenn angezeigt werden soll, daß eine Eigenschaft für ein besonderes Verhältnis ungeeignet oder unangemessen ist, z. B. Helvetii pro multitudine hominum *angustos* se fines habere arbitrabantur („ein zu enges Gebiet"). Possum de felium utilitate dicere, sed nolo esse *longus*. *Mature* decedere „zu frühzeitig sterben"; *lente* agere, procedere „zu langsam"; *longum est* „es würde zu weitläufig sein"; cives *infirmi* erant ad resistendum „zu schwach".

2) Der **Superlativ** bezeichnet nicht nur den höchsten, sondern auch (als Elativus) bloß einen sehr hohen Grad und muß im Deutschen alsdann durch sehr, recht, außerordentlich, überaus, ungemein, ganz u. a. übersetzt werden. — Iucundissimus. Mundissimus. Molestissimus. Gratissimum mihi fuit, quod epistula tua de omnibus, quae in urbe acciderunt, rebus diligentissime sum edoctus. Certissima argumenta. Acutissimus. — **Zu beachten ist, daß der Lateiner bei lobenden oder tadelnden Attributen, besonders auch bei Titulaturen regelmäßig den Superlativ setzt** (cf. 179).

Anm. 2. Zur Steigerung im Sinne von „sehr, höchst, überaus, ungemein" u. a. werden auch folgende Adverbien verwandt: **Perquam** „überaus, ungemein" steht nur bei Adjektiven und Adverbien (perquam flebiliter lamentari; apud Sophoclem perquam flebiliter Ulixes lamentatur; perquam grave est dictu; besonders gern tritt es zu brevis, tenuis, parvus, pauci); — **valde** heißt ganz allgemein „sehr" und steht bei Verben, Adjektiven und Adverbien (valde moveri, placere, longus, magnus, graviter); — **magnopere** „mit allem Nachdruck, in hohem Grade" steht nur bei Verben und adjektivischen Participien (magnopere desiderare, suadere, delectari, laborare, magnopere expetendus, damnandus u. a.); — **admodum** „in vollem Maße, recht sehr, wirklich recht" steht bei Verben, Adjektiven und Adverbien, mit besonderer Vorliebe einerseits bei den Adjektiven des Maßes und der Zahl wie: parvus, pauci, multi, rarus, magnus, grandis etc., andererseits bei den den Grad des Alters bestimmenden Wörtern, wie: infans, puer, adulescens, senex, (admodum diligere, delectare, gratus, deditus religionibus); — **oppido** „gar sehr, ganz gewaltig" bei Verben, Adjektiven und Adverbien scheint vorzugsweise der Konversationssprache angehört zu haben, wie auch *non parum, haud parum*; — *summe* „im höchsten Grade"; *mire, mirifice* „in wunderbarem Grade"; *egregie, eximie, insignite* „außerordentlich, ausnehmend"; *vehementer* „in ungewöhnlichem Grade"; *plane* und *prorsus* „ganz und gar, unbedingt" stehen bei Verben, Adjektiven und Adverbien. Cf. auch 483, 5 u. 485.

3) Homo doctissimus od. litteratissimus. Amicissimus Maecenati. Romanis inimicissimus. Homo mendacissimus. Patriae amantissimus. Unus omnium stultissimus. Res adversissimae. Ne secundissimis quidem rebus. Alicui gratissimum (od. pergratum) facere (cf. 180, 4, a).

4) Wenn an dem nämlichen Gegenstande oder bei der nämlichen Handlung zwei Eigenschaften, von denen die eine in höherem Grade vorhanden ist, miteinander verglichen werden, so stehen a) entweder beide im **Komparativ** — oder b) beide im **Positiv** in der Art, daß bei dem ersten Positiv **magis** steht. Cf. Asia exercitus Romanorum *divitiores quam fortiores* faciebat. Romani bella quaedam *fortius quam felicius* gesserunt. Caesar milites vituperavit, quod in oppugnanda Gergovia *audacius quam prudentius* egissent. Haec *magis accusatorie quam libere* dixisti. Hoc *magis subtiliter quam dilucide* dixisti. Aemilii contio fuit *verior quam gratior* populo. Omnes cupiditates continere *praeclarum magis quam difficile* est. *Feliciorem quam sapientiorem* esse „mehr Glück als Verstand haben". (Erst bei Späteren findet sich Komparativ — *quam* — Positiv,

z. B. vehementius quam caute. Tac. Agr. 4.) — Cicero in coniuratos acrius quam moderatius (od. magis acriter quam moderate) consuluit. Rixantes homines multa cupidius quam urbanius (od. magis cupide quam urbane) loquuntur. Nolite putare, iudices, me odio inflammatum libentius quam verius Clodium accusare.

5) Nach einem Komparativ heißt **quam pro** (= ἢ κατά) „als in Gemäßheit (im Verhältnis zu) einer Sache sich erwarten läßt, als sich verträgt mit". Cf. Proelium atrocius *quam pro* numero pugnantium editur. Minor caedes *quam pro* tanta victoria fuit. Cohortes pulverem maiorem *quam pro* numero excitabant. Sedes excelsior *quam pro* habitu corporis. — Sumptus multorum hominum maior est *quam pro* facultatibus (= quam facultates patiuntur). Omnia discendo complecti maius est *quam pro* viribus humanis brevique vitae spatio.

6) „**Noch**" vor einem Komparativ heißt *etiam* (unklassisch adhuc), wenn der Ton darauf liegt (z. B. Dic *etiam* clarius. Ut in corporibus magnae dissimilitudines sunt, sic in animis existunt maiores *etiam* varietates); meistens aber wird es als müßiger Zusatz gar nicht ausgedrückt, z. B. Indignum est a pari vinci, indignius ab inferiore. Etiam steht bald vor bald hinter dem Komparativ. — Linguam Latinam *(etiam)* locupletiorem esse quam Graecam Cicero censet.

7) Hector robore corporis atque fortitudine inferior erat Achille, sed clementia atque humanitate *multo* superior. Mummius, cum Corinthum, urbem Graecorum *longe* (selt. *multo*) opulentissimam, delevisset, ipse nihilo divitior erat quam antea. Cf. 98, Anm. 9.

8) „**Selbst**" = „sogar" heißt bei einem Superl. *vel* oder *etiam* (z. B. Caes. b. g. 2, 27, 3; 4, 16, 7; 7, 40, 7; b. c. 1, 5, 1; Cic. Cat. 3, 12 u. ö.), nicht ipse; „**selbst — nicht**" = „sogar — nicht, auch — nicht" heißt *ne — quidem*. Übrigens ist *vel* vor einem Superlativ gewöhnlich durch „vielleicht, wohl" zu übersetzen und nähert sich oft der Bedeutung von *facile* „entschieden, unstreitig, sicher" (facile primus, facile princeps, doctissimus, optimus u. ä.), z. B. In hoc *vel* maxime reprehendendus es. Cicero *vel* optimus Romanorum orator. Huius victoriae *vel* maxima fuit laus. Vident unum senatorem *vel* tenuissimum esse damnatum. M. Antonio *vel* primas eloquentiae patrum nostrorum tribuebat aetas. — *Vel* (od. *etiam*) sapientissimus potest errare. *Ne* optimus *quidem* vitiis liber est. Magnae opes licet gratae sint: calamitatem atque mortem *ne* divitissimi *quidem* effugere possunt.

Anm. 3. *Omnes, omnia, nemo, nullus* treten gewöhnlich unmittelbar vor den Superlativ, während im Deutschen der Superlativ sich mit „selbst, auch, sogar" anschließt, z. B. Omnes optimi „alle, auch die besten"; omnes antiquissimi cives „alle Bürger, selbst die ältesten" (Cic. Caecin. 101; Verr. 5, 177); omnia minima „alles, selbst das Kleinste"; nemo umquam infimus „keiner, selbst der Geringste nicht" (Cic. Mur. 10); nullum meum minimum dictum „kein Wort von mir, auch nicht das geringste" (Cic. fam. 1, 9, 21). Cf. jedoch Cic. Cat. 3, 12.

9) Quid sentiam, *quam brevissime* (od. quam brevissime potero od. quam fieri poterit brevissime) tibi dicam. Plurimae aves nidos construunt et *quam (possunt) mollissime* pluma substernunt. Unser „**möglichst**" mit dem Positiv wird durch *quam* mit dem Superlativ ausgedrückt, z. B. quam plurimae res „möglichst viele Dinge", quam cautissime „so vorsichtig als möglich"; (so auch *quam primum* „so bald als möglich"); **oder in vollerer (ursprünglicher) Form** durch einen mit *possum* eingefügten Satz, z. B. Caesar quam maximis itineribus potuit ad hostem contendit. Iugurtha quam maximas potest copias armat. Comparavit rem frumentariam quam celerrime potuit. (Bei Adverbien kann in diesem Falle auch *ut* für quam stehen, z. B. Caesari te commendavi *ut diligentissime potui*.)

10) Improbitas Catilinae tam magna fuit, ut nihil posset accedere od. quam quae maxima. Soll etwas als unübertrefflich bezeichnet werden, so hat da-

für der Lateiner die Ausdrücke *ut nihil supra possit, ut nihil possit accedere, ut supra nihil possit addi*, z. B. Tuus in nos omnes amor tantus est, ut nihil supra possit. Das deutsche „so — wie nur jemals einer; so wie nur möglich" wird im Lateinischen bezeichnet durch *tam — quam qui; ita (sic) — ut qui* mit dem Superl., z. B. Tam sum mitis quam qui lenissimus (sc. est). Te semper sic colam et tuebor ut quem diligentissime (sc. colam et tuebor.) Tam sum amicus rei publicae quam qui maxime (sc. amicus est). Grata ea res ut quae maxime senatui umquam fuit. Veteres Germani auspicia sortesque ut qui maxime observabant. Wenn *tantus* im übergeordneten Satze steht, tritt für quam mit dem Superlativ *quantus* ein, z. B. Tanta est inter eos, quanta maxima potest esse, morum studiorumque distantia. Livius sagt: Hannibal quantam maximam vastitatem potest caedibus incendiisque consuli procul ostendit.

11) Catilina, homo omnium, quos terra sustinet, sceleratissimus oder Catilina, quem terra sustinet sceleratissimum oder Catilina, quo scelestiorem hominem terra non sustinet. Der Lateiner kann nicht, wie der Deutsche, einen Relativsatz auf einen Superlativ unmittelbar beziehen; sondern er fügt entweder zu dem Superlativ *omnium* (oder *eorum*) hinzu und konstruiert dann das Relativ auf omnium (oder eorum), z. B. Bellum maximum *omnium, quae* umquam gesta sunt, scripturus sum „den größten Krieg, welcher jemals geführt ist"; — oder er zieht den Superl. in den Relativsatz hinein, z. B. Themistocles misit servum, quem fidelissimum habebat. Milites, quae quisque eorum carissima habebat („das Teuerste, was"), ab impedimentis petere properabant. Legiones, quae *primae* venerant, castra munire coeperunt; — oder er benutzt den *Abl. comparativus* nach den in 100, Anm. 3, d und 102 gegebenen Regeln. Die letzte Übersetzungsart ist besonders geeignet, wo ein Relativsatz sich an einen Superl. in der Apposition anschließt, z. B. „Cato, der gelehrteste Mann, welcher in jener Zeit lebte" Cato, quo nemo illis temporibus doctior erat.

12) Hostes *spe celerius* in fugam se dederunt. Cf. 100, Anm. 2.

13) Hieme dies compluri*bus* hori*s* breviores sunt quam aestate. Annus Aegyptiorum quinque di*ebus* brevior fuit. Caledonia dimidi*o* minor est quam Britannia. Cf. 98, d.

14) Argentum *deterius* est auro. Merke **deterior** „geringer an Wert, weniger gut als etwas anderes Gutes", aber **peior** „schlechter als etwas anderes Schlechtes". Also: in *deterius* vertere „verschlechtern", was vorher gut oder erträglich gewesen, aber: in *peius* vertere „etwas noch schlechter machen, als es vorher gewesen ist".

15) *Maxime* (nicht optime) conscius mihi sum nihil me scientem deliquisse.

200. Wenn es sich nur um zwei Gegenstände handelt oder wenn ein Ganzes in zwei Teile zerlegt wird, so muß, wenn diese Teile einander entgegengesetzt werden, von der Größe derselben nicht im Positiv oder Superl., sondern im **Komparativ** geredet werden, z. B. Nobil*iores* Romanorum („die vornehmen Römer") non facile sine comitibus in publicum prodibant. Duas a te accepi epistulas; respondebo igitur *priori prius*. *Potiora* commemoremus „wir wollen nur das Wichtigste erwähnen". *Maior* pars hominum „der größte Teil der Menschen" (wenn man sich alle übrigen als den zweiten kleineren Teil denkt). — 1) *Minores* pisces insectis aquatilibus pascuntur, *maiores* piscibus. 2) Duo si fecerunt idem, quaeritur, *uter melius* fecerit. 3) **Roboam**, si patre mortuo consilium *seniorum* non respuisset, *maiorem* regni partem non amisisset. 4) Sellae curules *maiorum* magistratuum Romanorum ex ebore conficiebantur. 5) Ex duodecim libris Fastorum Ovidii sex *priores*, quibus dimidium anni continetur, ad nostram aetatem manserunt.

Anm. 1. Der Lateiner setzt oft den Komparativ, wo die deutsche Sprache den Positiv gebraucht, indem er die an dem Gegenstande haftende Eigenschaft mit einem bestimmten, durch ein natürliches Gefühl gegebenen Maße stillschweigend vergleicht. Cf. Vinum Lesbium mit*ius* corporique util*ius* erat „der lesbische Wein war mild und gesund". „Die Ärzte wenden bei schweren Krankheiten oft gefährliche Heilmethoden an" medici grav*ioribus* morbis periculosas saepe curationes adhibent. Gloria in rebus *maioribus* administrandis adiuvat plurimum „in der Verwaltung wichtiger Angelegenheiten". Nulla res *maior* („nichts Großes") sine consilio geri potest.

Anm. 2. Hierher gehören auch die geographischen Einteilungen: Phrygia *maior et minor* „Groß- und Kleinphrygien", Germania *superior et inferior* „Ober- und Niedergermanien", (doch stets mare *superum* und *inferum* „das adriatische und tyrrhenische Meer"); Gallia *citerior et ulterior*. Dabei merke man jedoch, daß „Kleinasien" bei den Römern nur *Asia* hieß; die Bezeichnung Asia minor findet sich erst mehrere Jahrhunderte nach Christi Geburt. Ferner nannten die Römer „Oberitalien" *Gallia cisalpina*, „Unteritalien" *Magna Graecia*.

201. Nein; denn *tam* „so sehr, in dem Grade" kann nur dann stehen, wenn auf dem „so" der Ton liegt, und wenn das vergleichende quam „als" oder ein Konsekutivsatz mit ut folgt oder doch leicht ergänzt werden kann (cf. 484). Wo aber im Deutschen ein tonloses, bloß verstärkendes „so" vor einem Adj. oder Adv. steht, muß im Lateinischen dafür der Superlativ eintreten. Also ist im 1. Satze zu schreiben: urbem pulcherrimam, im 2. hominis sapientissimi, im 3. philosophus ille praeclarissimus und verissime illud praeceptoris dictum.

Anm. Nach dem Gesagten ist von selbst klar, daß *tam* mit dem Positiv oft ebenso richtig ist wie der bloße Superlativ; der einzige Unterschied besteht eben darin, daß im ersten Falle das „so" *(tam)* stark betont ist und einen vorzüglich hohen Grad der Eigenschaft ausdrückt. Cf. Roscius, homo ***tam*** splendidus et gratiosus, nullo negotio occisus est; dagegen: Caesar, homo mitissimus ac lenissimus, Lentulum aeternis vinculis mandare non dubitat. Cur tu de pernicie populi Romani et exitio huius urbis *tam* acerbe *tam*que crudeliter cogitasti? Dagegen: Cur ea sustulistis, quae maiores sapientissime sanxerunt? (Cic. Cat. 4, 10; Rosc. Am. 20; Verr. 2, 104; 3, 131; Nat. d. 2, 158. Liv. 3, 13, 3; 34, 9, 4; 5, 42, 6 u. oft). Danach erklärt sich auch der in 242 besprochene Gebrauch.

202. Die stärkste Hervorhebung erfährt der Superlativ durch **unus** oder **unus omnium** („vorzugsweise, vor allen"): Miltiades modestia *unus omnium maxime* floruit. Eloquentia res *una* est *omnium difficillima*. Cf. P. Scaevolam *unum* nostrae civitatis *praestantissimum* aud o dicere. Mortuus erat Hephaestio, quem *unum* Alexander *plurimi* fecerat. Urbem *unam* mihi *amicissimam* declinavi. Hoc tibi propone, amplitudinem animi *unam* esse *omnium* rem *pulcherrimam*. Monumentum civis *unius acutissimi*. — Unus verstärkt nicht nur Superlative, sondern auch Verba, welche superlative Bedeutung haben, wie *eminere, excellere, dominari, anteferre*, z. B. Demosthenes *unus* eminet inter omnes in omni genere dicendi. Virtutes appellatae sunt ab ea, quae *una* ceteris excellebat. Auch bei einem *Abl. comparat.* steht es gern, z. B. Nemo te *uno* iuris peritior est. Cf. auch: Haec civitas mihi *una* in amore et deliciis est.

203. Nein; denn *gradus* „die Stufe, Sprosse einer Leiter" darf nur dann genommen werden, wenn mit Festhaltung des Bildes einer Leiter bezeichnet werden soll, daß jemand von einer niederern Stufe eine höhere ersteigt oder von einer höheren zu einer niedrigeren herabsteigt. Deshalb kann wohl gesagt werden: Populus te ad summum imperium per omnes honorum gradus extulit; pervenire ad altiorem gradum dignitatis; in altissimo dignitatis gradu collocatus; gradus plures sunt societatis humanae; ad summum gradum ascendere gratiae etc.; aber bei bloßer Angabe einer Quantität darf gradus nicht gebraucht werden. Die vorgelegten Redensarten sind zu übersetzen: exigua gloria, plus auctoritatis habere, maximum frigus, magna eloquentia, ad eam audaciam (oder eo audaciae) progredi, modestissimus, mediocriter doctus. Cf. Ea facultas in te est summa „du besitzest diese Gabe im höchsten Grade"; tibi ea minora data sunt „dir sind diese Eigenschaften in geringerem Grade gegeben".

204. 1) **Plures (plura)** ist in klassischer Prosa regelmäßig ein wirklicher Komparativ, so daß die Vergleichung entweder ausdrücklich durch einen Zusatz mit quam bezeichnet oder zu ergänzen ist. **Complures (complura**, selten *compluria*) hat dagegen keinen komparativischen Begriff, sondern die Bedeutung „einige, eine Anzahl". Also: Adulescentia multo plures quam senectus mortis casus habet. Antiquissimi pictores non sunt usi pluribus quam quattuor coloribus. Nuper complures domus arserunt. Demnach leicht erklärlich: Plures paucos circumsistebant. Summus dolor

plures dies manere non potest. Caesar, quod pluribus praesentibus eas res iactari nolebat, concilium dimittit. Amicitiae vis in eo est, ut unus quasi animus fiat ex pluribus. (Bei Livius steht pluribus ziemlich häufig, z. B. 4, 31, 2; 21, 28, 7, bei Cäsar und Cicero selten ohne komparative Bedeutung.) — 2) **Plurimi** (*οἱ πλεῖστοι*) bezeichnet (als Superl. des Begriffes viel) „die meisten" oder „sehr viele", d. h. von einem Ganzen die größte Anzahl; **plerique** dagegen (*οἱ πολλοί*) bedeutet schlechthin „gar manche, eine große Anzahl" und insofern „die meisten"; cf. Paucos in ipso certamine, plerosque fugientes occiderunt. Popilius longe plurimos hostium occidit. Belgae plerique orti sunt a Germanis. Multi nihil prodesse philosophiam, plerique etiam obesse arbitrantur. Der Gen. von plerique heißt nicht plerorumque (plerarumque), sondern plurimorum (plurimarum). Hat das deutsche „die meisten" den engeren Sinn „die Mehrheit, Majorität", so ist es durch *plures* oder *maior pars, maior numerus* auszudrücken (cf. 200). — 3) **Reliqui** „die übrigen, die sonstigen" als Rest oder Anhang eines Ganzen; **ceteri** „die andern, die übrigen", insofern sie den schongenannten selbständig und gleichberechtigt gegenüberstehen, z. B. Caesar duas legiones in castris reliquit, reliquas pro castris constituit. Multi hostium interfecti, reliqui in fugam dati sunt. Pompeius plura bella gessit quam ceteri legerunt. Ego frumentum non pluris vendo quam ceteri. (NB. *Alii* heißt bei den besten Klassikern nicht „die andern" (*οἱ ἄλλοι*), sondern „andere" (*ἄλλοι*); jedoch ist es bei Livius in der Bedeutung „die andern" sehr beliebt und findet sich auch sonst bisweilen, z. B. in der Verbindung *omnes alii* oder *alii omnes* = *ceteri omnes, reliqui omnes.*

Anm. Im Speciellen ist über den Gebrauch von **ceteri** und **reliqui** zu merken: 1) der Singular *ceterus, a, um* ist im allgemeinen selten; die Nominativform *ceterus* kommt nie vor; häufig ist dagegen der Singular *reliquus, a, um*; 2) bei Zahlwörtern steht nur *reliqui*; 3) bei den Verben „übertreffen, zurückstehen" findet sich fast nur *ceteri*; 4) es heißt stets *praeter ceteros* und *prae ceteris* (z. B. florere); 5) wenn „die übrigen" so viel ist als „die noch übrigen", so heißt es *reliqui*; ebenso **reliqua aestas** „der Rest des Sommers", reliquus exercitus, reliquum bellum etc.

205. **Serus** (Adv. **sero**) heißt nicht einfach „spät", sondern „verspätet, nicht mehr zu rechter Zeit, zu spät"; serum est oder sero est „es ist zu spät"; nimis sero „allzu spät". Der Komparativ *serior* ist unklassisch; *serius* als Adv. „etwas zu spät, später" besonders bei nachfolgendem quam, z. B. Serius quam decuit. Biduo serius veneram „um zwei Tage zu spät"; aber biennio post „zwei Jahre später" (cf. 126).

206. Sehr viele Participien, die vollständig die Bedeutung von Adjektiven angenommen haben, bilden einen (vielgebrauchten) Komparativ und Superlativ, z. B. abstinens, florens, praestans, contemptus, acutus, ornatus, remotus, doctus, accommodatus, patiens, obsoletus etc. Aber auch solche Participien, die sonst nicht in adjektivischem Sinne gebraucht werden, finden sich bei Cicero und den andern Klassikern oft ohne Bedenken kompariert (cf. attritior, copulatior, fractior, testatior, compositior, disiunctior, citatissimus, conficientissimus, despicatissimus, effusissimus etc.), so daß man in dieser Beziehung beim Lateinschreiben nicht allzu ängstlich zu sein braucht.

Anm. „In vorgerückterem Alter" heißt bei Cicero (longius) aetate provectus, unklassisch aetate provectior.

207. **Plus** ist ein substantiviertes Adj. und steht als Komparativ zu multum immer quantitativ auf die Frage „wie viel?" und bezeichnet daher Größe, Menge und Überlegenheit. — **Magis** ist ein Adverb und steht als Komparativ zu valde qualitativ auf die Frage „wie sehr?", bedeutet also „in höherem, stärkerem Grade". — **Amplius** wird besonders von der Ausdehnung im Raume und in der Zeit gebraucht = „weiter, länger" und steht namentlich bei Zahlangaben (z. B. Amplius sex menses sunt) und in Ausdrücken wie *quid amplius? nihil amplius, non amplius, nec quicquam amplius,* um zu bezeichnen, daß zu dem Vorhandenen noch etwas Weiteres hinzukommt oder hin-

zukommen soll, z. B. Quid est, Catilina, quod iam amplius exspectes? Non est amplius fortuna temptanda. — **Potius** „vielmehr, lieber, noch eher“ zeigt an, daß nur das gelte, dem es beigefügt ist, das andere dagegen auszuschließen oder nicht zu berücksichtigen sei.

Anm. Wenn zwei Begriffe nach ihrer Qualität, nicht Quantität verglichen werden, so steht **magis**, z. B. Timeo *magis* quam spero; hoc *magis* ex aliis audivi, quam ipse vidi. Erschöpft aber ein Ausdruck quantitativ den gewünschten Begriff nicht, so muß **plus** *quam* gesagt werden, (mag der Begriff Adjektiv oder Subst. sein; auch der Kasus ist gleichgültig), z. B. „Jene sind mehr als Banditen, mehr als Mörder, mehr sogar noch als Vatermörder“ illi *plus quam* sicarii, *plus quam* homicidae, *plus* etiam *quam* parricidae sunt. „Muß ich dir nicht noch mehr als nur Feind sein?“ nonne *plus* etiam *quam* inimicus tibi esse debeo? Perfidia *plus quam* Punica. Animus *plus quam* fraternus. Opes *plus quam* modicae. Plus quam humana virtus. — Vor Zahl- und Maßbestimmungen heißt „mehr“ *plus* oder *amplius* (cf. 101).

208. 1) Quid flagitas *amplius* (= noch weiter)? 2) *Plus* edisti quam ego. 3) Haec usu *magis* (oder auch *potius* = „vielmehr“) quam institutione didici. 4) Tantum et *plus* etiam mihi debet. 5) Crodrus patriam *magis* (oder *plus*) quam semet ipsum amavit. Da man im Positiv ebensowohl *multum* amare als auch *valde* amare sagt, so kann man im Komparativ neben *magis* amare auch *plus* amare sagen. 6) Non *plus* (= saepius) quam ter quaterve eum vidi. 7) *Plus* (oder *amplius*) septingenti cives pestilentia mortui sunt. Cum haud *plus* (oder *amplius*) decem equitibus (cf. 101). 8) *Non semel* tibi ostendi te caritate *plus* quam fraterna a me amari. Merke *non unus* (= plus quam unus oder plus unus) „mehr als einer“, non semel (= plus quam semel) „mehr als einmal“. Dagegen heißt *ne unus quidem* „kein einziger“ = *omnino nemo* (*nullus*) oder *nemo* (*nullus*) *omnium*; *ne semel quidem* „kein einziges Mal“. 9) Haec machina, quae vaporibus movetur, *plus* vehit *quam* centum equi (sc. vehunt, cf. 101). 10) Hodie nulli *iam* leones in Graecia sunt. Catilinae socii Ciceronem non modo idcirco oderant, quod eorum conatus impios et furorem sceleratum represserat, sed eo etiam *magis*, quod nihil *iam* se simile illo vivo conari posse arbitrabantur. Bei Negationen wird das deutsche „mehr“ durch **iam** ausgedrückt, wenn kein komparatives Verhältnis stattfindet, z. B. Nihil *iam* spero. Brutus Mutinae vix *iam* sustinebat „hielt sich kaum mehr“. Man stellt ebensowohl *iam non* als *non iam*, *iam nihil* als *nihil iam*, *iam nemo* als *nemo iam* „niemand mehr“ u. ä. Auch sagt man *non amplius* im Sinne von „ferner nicht, von nun an nicht mehr“, z. B. Non luctabor tecum amplius; fortunam non amplius temptabimus. 11) *Magis* (od. *potius*) ingenio quam corporis viribus homo bestiarum dominus est. 12) Homo ingenio *plus* valet quam corpore. 13) Ne quid *magis* timueris quam adulatores. *Desinite* cunctari. 14) Catilina omni spe deiectus facere non potuit, quin se in ipsa Roma nihil *iam* posse efficere fateretur. 15) Post bellum Peloponnesiacum Atheniensium opes *magis magisque* corruerunt. 16) Simultas inter Caesarem et Pompeium *magis in dies* (oder auch *magis magisque in dies*) crevit. 17) Horatius *non uno* loco Homerum praestantissimum omnium poetarum esse dicit. 18) Themistocles ab Atheniensibus in exsilium expulsus et, quod *maius* (*plus*) est, capitis condemnatus est. 19) Ego sum consul, hoc est *amplius* quam praetor. 20) Socrates apud iudices cum dignitate *magis* quam prudenter causam dixit. 21) Philippus Macedo civitates Graecorum nullo *iam* communi vinculo inter se coniunctas et inscitia vel nequitia magistratuum ducumque proditas sibi postremo resistere non posse non ignorabat.

209. **Omnes improbi** miseri sunt heißt schlechtweg „alle Schlechten sind unglücklich", aber **improbissimus quisque** miserrimus est „immer der Schlechteste ist am unglücklichsten" oder „gerade die Schlechtesten sind am unglücklichsten", d. h. „je schlechter jemand ist, um so unglücklicher ist er". Vergl. das sehr bezeichnende Beispiel: Caesar cum *omnibus* tum *optimo cuique* carissimus est. — Im Deutschen gebrauchen wir zum Ausdrucke dieser letztern Steigerung oft geradezu nur den einfachen Superlativ, z. B. „Er übertraf die Tapfersten"; „Wähle dir zur Nachahmung die Besten" u. ä.; im Lateinischen darf hier der Zusatz *quisque* nicht fehlen.

Anm. Ein mit *quisque* verbundener Superlativ muß im **Singular** stehen, wenn er männlichen oder weiblichen Geschlechts ist; (ganz vereinzelte Ausnahmen Cic. Lael. 34; Off. 2, 75; Liv. 1, 9, 8; — Pluralia tantum verlangen selbstverständlich den Plural: Cic. fam. 7, 33, 2); — beim Neutrum ist in diesem Falle der **Plural** regelmäßig, wenn quisque substantivisch, d. h. ohne ein anderes Subst. steht (z. B. optima quaeque, excellentissima quaeque; vereinzelte Ausnahme Cic. Fin. 2, 81); ist aber noch ein sächliches Subst. mit quisque verbunden, so kann sowohl der Sing. als auch der Plur. gebraucht werden (z. B. antiquissimum quodque tempus und fortissima quaeque consilia. Caes. b. g. 1, 45, 3; Liv. 25, 38, 18).

1) Ex philosophis optimus et gravissimus quisque multa se ignorare facile confitetur. 2) Pecunia semper ab amplissimo quoque clarissimoque contempta est. 3) Semper ita nos geramus, ut mores nostri ac facta optimo cuique probentur. 4) Gloria praeclarorum facinorum testimonio honestissimi cuiusque atque etiam vulgi probatur. 5) Quis negaverit Augusto contigisse, ut restitueret pacem, quam optimus quisque desiderabat? 6) Non optima quaeque eligere imitanda stulti est. 7) Qui eloquentia sordidi quaestus causa male uti non erubuerit, eum ne turpissima quidem quaeque committere pudebit.

210. 1) a. *Quo* quid rarius est, *eo* (*hoc*) pluris aestimatur **oder** *quanto* quid rarius est, *tanto* pluris penditur. b. *Ut quidque* rarissimum est, *ita* maximi aestimatur. c. Rarissimum quidque maximi fit. Die beiden letzten Ausdrucksweisen können jedoch selbstverständlich nur bei allgemein gültigen Gedanken zur Anwendung kommen. — 2) a. Malum quo (quanto) occultius est, eo (tanto) gravius esse solet difficiliusque ad sanandum. b. Ut quodque malum occultissimum est, ita gravissimum esse solet difficillimeque potest sanari. — c. Occultissimum quodque malum gravissimum esse solet difficillimeque potest sanari. — 3) a. Flumina quo altiora sunt, eo minore sono labuntur. b. Ut quisque fluvius altissimus est, ita minimo sono labitur. c. Altissimus quisque fluvius minimo sono labitur.

Anm. Wenn auf eo kein besonderer Nachdruck liegt, wird es bisweilen weggelassen (Liv. 2, 51, 5; Cic. Fin. 5, 37). — Nach griechischer Weise steht (seit Livius) zuweilen a) *quo* oder *quanto* mit einem Positive einem *eo* oder *tanto* mit einem Komparative, oder b) *quo* oder *quanto* mit einem Komparative einem einfachen Positive (ohne eo od. tanto) gegenüber, z. B. Romani Horatium accipiunt *eo maiore* cum gaudio, *quo prope* metum res fuerat. Cohors *quo maiore* pugnabat ira, pugnam parumper restituit. — Bei der Ausdrucksweise ut quisque — ita wird *ita* zuweilen weggelassen. (Cic. Off. 1, 19 u. 65; Cluent. 71; Fin. 5, 57). Archaistisch findet sich auch *quam quisque* c. superl. — *tam* c. superl. (z. B. Sall. Iug. 31, 14).

## F. Zahlwörter.

211. **Unus** steht im **Plural**: a) bei *Pluralibus tantum*, z. B. Una castra, unae nuptiae, una moenia; — b) in der Bedeutung „allein" (= solus) oder „ein und derselbe", z. B. Ubii *uni* ad Caesarem legatos miserant. Lacedaemonii septingen-

tos iam annos amplius *unis* moribus vivunt. — c) in partitiven Verhältnissen bei der Verbindung *uni — alii* od. *alteri* (— *tertii*), z. B. Quis ignorat tria Graecorum genera esse? quorum *uni* sunt Iones, Aeoles *alteri*, Dores *tertii* nominabantur.

**212.** Nein; da in den beiden ersten Sätzen das „ein" durchaus nicht betontes Zahlwort, sondern der unbestimmte Artikel ist, so ist es im Lateinischen nicht zu übersetzen; also: Aristides, vir probissimus. Corinthus, urbs opulentissima. (NB. Aristides *unus ex* probissimis viris civium invidiae cessit würde heißen: „Aristides mußte als der einzige von den rechtschaffensten Männern der Mißgunst d. B. weichen"). Ebenso: Pyrrhus Cineam misit, familiarem suum „einen seiner Vertrauten"; Appius Claudius decemvir „einer von den Decemvirn"; antiquissima gente ortus erat „er stammte aus einem der ältesten Geschlechter" Dagegen Pittacus, *unus de* septem sapientibus, weil hier einer aus einer bestimmten Anzahl ausgesondert wird.

Anm. 1. *Unus ex* (oder *de*) entspricht nicht selten dem umständlicheren deutschen Ausdrucke „einer aus der Zahl der...", z. B. Marius mihi secundis rebus *unus ex* fortunatis hominibus, adversis *unus ex* summis viris videbatur. Me *unum ex* eis feci, qui ad aquas venissent. Sic me auditote ut *unum e* togatis „einen aus der Zahl der schlichten Bürger". Fufium, *unum ex* meis intimis, observantissimum nostri velim benignissime tractes. *Unus e* (*de*) *multis* „einer aus der großen Menge, ein ganz gewöhnlicher".

— In dem letzten der vorgelegten Sätze ist *duas* als Germanismus zu tilgen. Im Deutschen schieben wir oft in Bezug auf zwei vorhergenannte Personen oder Sachen bei der Apposition oder dem Prädikatsnomen überflüssig das Zahlwort zwei oder ein Paar ein, wo der Lateiner duo regelmäßig wegläßt. Demnach ist der Satz: „Neulich habe ich den Pseudulus und Trinummus, ein Paar Stücke von Plautus, ins Deutsche übersetzt" zu übersetzen: Nuper Pseudulum et Trinummum, fabulas Plautinas, in Germanicum verti. (NB. Dagegen müßte man mit anderer Stellung natürlich sagen: Nuper *duas* fabulas Plautinas, Pseudulum et Trinummum, in G. v.). So auch: „Habsucht und Genußsucht, zwei der häßlichsten Laster" avaritia et luxuria, foedissima vitia. Cnidus, Colophon, Samus, nobilissimae urbes „drei der berühmtesten Städte".

Anm. 2. Anders ist es in Ausdrücken wie Gellius et Lentulus, *duo* censores „alle beide Censoren", wo auf *duo* offenbar ein starker Nachdruck liegt. Triumphavit L. Sulla, triumphavit L. Murena, *duo* („beide, alle beide") fortissimi et summi imperatores.

Anm. 3. „**Beides**", wodurch eine zweiteilige Angabe vorbereitet wird, bleibt neben *et — et*, *alter — alter*, *sive — sive* unübersetzt; also: „Beides, das Nachahmen und das Rivalisieren, ist dem Menschen angeboren" *et* imitari *et* aemulari hominibus ingeneratum est. „Beides, dieses zu sehen und zu hören, ist herbe" haec *et* videre *et* audire acerbum est. „Platos Schriften hatten die doppelte Bestimmung, die falsche Philosophie auszurotten und die wahre zu begründen" Platonis librorum haec erat ratio, ut *et* falsa philosophia tolleretur *et* vera conderetur. Virginem petiere iuvenes, *alter* virgini genere par, nobilis *alter*. (Ausnahmen selten, z. B. Cic. epp. 7, 1: *Utrumque* laetor et sine dolore corporis te fuisse et animo valuisse.)

213. **Unicus** steht in der Bedeutung von *unus* fast nur in den Ausdrücken *unicus filius*, *unica filia*, *unicus maritus* (vereinzelt *unica spes*); man darf aber nicht sagen erat omnino in Gallia citeriore legio *unica*, sondern *una* „eine einzige". — **Singularis** „vereinzelt, vom allgemeinen Ganzen abgesondert, einem einzelnen gehörig", z. B. Ex litore aliquos singulares ex navi egredientes conspexerunt. Ne singulari quidem homini semitae patuerant. Singulare imperium „Alleinherrschaft". — Die Bedeutung „einzig in seiner Art, außerordentlich, vorzüglich, unvergleichlich" haben *unicus* und *singularis* gemeinsam, z. B. Unica benignitas, unica malitia. Me unice (singulariter) diligitis. Aristoteles in philosophia prope singularis est. Vir singulari doctrina. Tuum ingenii acumen unicum (singulare) est.

Anm. *Nemo unus* bedeutet nicht „kein einziger", sondern „kein einzelner, kein Individuum"; *nulla una res* „keine einzelne Eigenschaft" (im Gegens. zu einer größeren oder kleineren Pluralität). Cf. *Nemo* de nobis *unus* excellat. Cicero *nullius unius* disciplinae legibus adstrictus erat. *Nihil unum* „nichts einzelnes" (Liv. 41, 20).

214. 1) Sulpicius dimidiae parti classis praeerat. Dimidium militum pestilentia absumptum est. Dimidium facti, qui coepit, habet. Quinta fere hora est. Quinta semis hora est. Semihora. Sex menses (= spatium semestre). Semipes. Annus et sex menses. „**Halb**" heißt *dimidius* oder *dimidiatus* („halbiert, zur Hälfte genommen"); wenn aber eine andere Zahl vorhergeht, wird das indeklinable *semis* „halb" ohne jede Verbindung zu derselben gefügt, also $6^1/_2$ Fuß sex semis pedes = sex pedes et semipes; $20^1/_2$ Gulden viginti semis aurei. „Die **Hälfte**" wird durch *dimidia pars* oder *dimidium* übersetzt, z. B. dimidio pluris quam „um die Hälfte teurer", dimidio minoris quam „halb so teuer als"; discipulos dimidio stultiores reddidit quam acceperat „halb so gescheit"; dimidium eius dedit, quod pactus erat. Auch *semis* (Gen. *semissis*) bezeichnet als Substantiv die Hälfte von einer Geldsumme, einem Maße oder einem zu halbierenden Ganzen, z. B. semisses panum „Brothälften"; semisses aureorum „halbe Dukaten"; alter semissem, alter universa sibi vindicat. — 2) Una *et* viginti oder viginti una legiones. Sex *et* octoginta oder octoginta sex vici. Duodeviginti gradus. Undetriginta (seltener viginti novem oder novem et viginti) tribus. Octingentae (et) nonaginta duae clavae. Mille (et) ducenti duodeoctoginta ordines. Columna Traiani centum duodetriginta, Antonini Pii centum septuaginta sex pedes alta erat. Die Cardinalia von 21—99 werden so zusammengesetzt, daß entweder, wie im Deutschen, die Einer den Zehnern mit *et* vorangehen, oder die Einer den Zehnern ohne *et* nachfolgen, z. B. 22 heißt entweder duo *et* viginti oder viginti duo, 74 quattuor *et* septuaginta oder septuaginta quattuor. — Die Zahlen 18, 19, 28, 29, 38, 39, 48, 49 u. s. w. werden gewöhnlich durch Subtraktion ausgedrückt: statt viginti octo sagt man also besser duodetriginta, statt viginti novem: undetriginta, ebenso duodequadraginta 38, undequadraginta 39, duodequinquaginta 48, undequinquaginta 49 u. s. w. — Von 100 ab geht immer die größere Zahl voran mit oder ohne *et*, doch so, daß das *et* nur einmal, und zwar hinter der größten Zahl vorkommt, z. B. 1764: mille *et* septingenti sexaginta quattuor oder mille septingenti sexaginta quattuor; 345: trecenti *et* quadraginta quinque oder trecenti quadraginta quinque. — 3) Undecimus, duodecimus, tertius decimus, sextus decimus, duodevicesimus. Bei den Ordinalien von 13 bis 19 geht gewöhnlich die kleinere Zahl der größeren ohne *et* voran, z. B. tertius decimus der dreizehnte. Von 20 ab werden die Zwischenzahlen ebenso wie bei den Kardinalzahlen gebildet, z. B. der 24ste: quartus *et* vicesimus oder vicesimus quartus; der 45ste: quintus *et* quadragesimus oder quadragesimus quintus. — Der 18te, 19te, 28ste, 29ste, 38ste, 39ste, 48ste, 49ste u. s. w. werden gewöhnlich durch Subtraktion ausgedrückt: statt octavus decimus sagt man also besser duodevicesimus, statt nonus decimus: undevicesimus und so fort: duodetricesimus der 28ste, undetricesimus der 29ste, duodequadragesimus der 38ste, undequadragesimus der 39ste, duodequinquagesimus der 48ste, undequinquagesimus der 49ste u. s. w. — Der Gebrauch von *primus* und *secundus* ist in der Zusammensetzung selten; man setzt dafür besser *unus* und *alter*; statt vicesimus primus der 21ste und vicesimus secundus der 22ste sagt man besser unus et vicesimus, alter et vicesimus und so fort: unus et tricesimus der 31ste, alter et tricesimus der 32ste, unus et quadragesimus der 41ste, alter et quadragesimus der 42ste, unus et quinquagesimus der 51ste, alter et quinquagesimus der 52ste u. s. w. — 4) Entweder quattuor milia quingenti mili*tes* cap*ti* sunt oder mili*tum* quattuor milia quingenti cap*ti* sunt oder quattuor milia mili*tum* et quingenti cap*ti* sunt. 5) Haec trabs pedem longa est. Matronae Romanae Brutum annum ut parentem luxerunt. Nemo est tam senex, qui se annum non putet posse vivere. **Unus** tritt zu Substantiven nur dann, wenn der Begriff der Einheit mit Nachdruck hervorgehoben wird (z. B. Audieram ex Catulo non saepe *unum* consulem improbum, *duos* vero numquam fuisse). Wenn aber bei Bestimmungen des Maßes und besonders der Zeit der Begriff der Einheit nicht ausdrücklich urgiert werden soll, so fehlt unus gewöhnlich. Beachte auch die Redensart *ne verbum quidem facere* „kein einziges Wort sagen", z. B. De utilitate stercorandi Hesiodus ne verbum quidem fecit. Saepe res obscura *verbo* illustratur

„mit einem Worte". — 6) Felis du*o* (oder du*os*) mures cepit. 7) *Millies* tibi dixi verbum excellendi carere perfecto. *Millies* melius mihi videtur esse mori quam cum ignominia vivere. Die beiden Zahlwörter **sescenti** und **mille** werden oft hyperbolisch zur Bezeichnung einer unbestimmten großen Zahl gebraucht, wie im Deutschen hundert und tausend; ist in diesem Falle die Kardinalzahl erforderlich, so steht bei weitem häufiger *sescenti*; als Ordnungszahl und Zahladverb dagegen weit häufiger *millesimus* und *millies*, z. B. Possum *sescenta* decreta proferre. Venio ad epistulas tuas, quas ego *sescentas* uno tempore accepi. *Mille* pro uno Caesones extiterunt. *Mille* in dies nova consilia. Ex libro Serapionis *millesimam* partem vix intellego. Aiax *millies* oppetere mortem quam tantam ignominiam perpeti maluisset. — 8) Possum *sescenta* exempla proferre. 9) *Bis bina* sunt quattuor. *Sexies octona* sunt duodequinquaginta. Das Einmaleins bildet man durch Verbindung der Zahladverbien mit den Distributiva. — 10) Posidonius censuit a terra ad lunam esse vicies centena milia stadium, inde ad solem quinquagies centena milia stadium. 11) Columbae *bina* ova edunt. Lupae *quinos* pullos parere solent. Res publica Romana per quadringentos duodeoctoginta annos a *binis* consulibus administrata est. Multi cameli *singula*, alii *bina* tubera in dorsis habent; illi cameli ipsi sunt, hi dromades. NB. Ehe man eine Zahl ins Lateinische übersetzt, überlege man, ob nicht das **Distributivum** nötig sei! — 12) Turres in moenibus Babyloniis *denis* pedibus altiores fuerunt quam moenia ipsa. Milites *quaterni* incedebant. Caesar agrum Campanum viginti milibus civium distribuit, quibus *terni* pluresve liberi erant. 13) Ne semel quidem me monuisti (cf. 208, 8). 14) Quot discipuli in *singulis classibus* (ja nicht in quaque classe!) scholae vestrae sunt? Cf. Scipio et Hannibal cum *singulis* interpretibus congressi sunt „jeder mit einem Dolmetscher". — 15) Hodie in *unis* aedibus *binae* nuptiae fuerunt. Hac in urbe quotannis *quaternae* nundinae habentur. Bei echten *Pluralia tantum* stehen statt der Kardinalzahlen die **Distributiva**; nur statt singuli steht allemal *uni* und statt terni *trini*. Also: *duae* litterae „zwei Buchstaben", *binae* litterae „zwei Briefe"; *binae* copiae „zwei Heere"; *trina* hiberna; trinae catenae, *trina* spolia. *Una* castra ex *binis* iam facta videbantur. Dabei beachte man: a) daß Wörter wie liberi „Kinder", maiores „Vorfahren", primores „Vornehme" u. ä. keine echten Pluralia tantum sind, und b) daß das Distributivum *bini* auch von solchen Gegenständen gebraucht wird, welche ein Paar bilden oder doch als zusammengehörig betrachtet werden, z. B. *bini* scyphi „ein Paar zusammengehörige Becher", *bini* boves, *bini* tabellarii „ein Briefbotenpaar". **Anders** *bini* consules „zwei Paare von Konsuln", *bini* tresviri „zwei Kollegien von Triumvirn" (Liv. 9, 44, 4; 25, 5, 6). „Paar" im eigentl. Sinne heißt *par*, z. B. Egregium *par* consulum, quattuor *paria* columbarum. — 16) *Trina* castra. Caesar *bina* castra posuit et a maioribus ad minora duas fossas duodenum pedum duxit. 17) Pythia primo celebrata sunt *nono quoque anno*, postea *quinto quoque anno*. „Alle vier Jahre" heißt nach römischer Auffassung *quinto quoque anno*; „alle acht Jahre" *nono quoque anno*. Merke: „In jedem Jahre" *singulis annis* oder *quotannis*; „alle zwei Jahre" *tertio quoque anno* (selten alternis annis); „alle drei Jahre" *quarto quoque anno*. Ebenso „an jedem Tage" *singulis diebus* oder *cotidie*; „alle zwei Tage" *tertio quoque die* (selten alternis diebus); „alle fünf Tage" sexto quoque die u. ä. — 18) Olea *tertio quoque anno* (selten alternis annis) fructus fert. 19) Quincuplex acies. Merke: simplex, duplex, triplex, quadruplex, **quincuplex (quinquiplex)**, semptemplex, decemplex, centuplex. — 20) Versus ternarii, quaternarii, quinarii, senarii, septenarii, octonarii. 21) Biduum, triduum, quadriduum; biennium. triennium, quadriennium, quinquennium (od. lustrum), sexennium. Diese Substantiva werden regelmäßig dann gebraucht, wenn die Tage und die Jahre nicht getrennt zu denken sind, sondern einen ununterbrochenen Zeitraum bilden. — 22) Prim*um* (u. prim*o*), *iterum*, terti*um* (u. terti*o*), quart*um* (u. quart*o*), quintum (u. quint*o*), septim*um* (u. septim*o*), decim*um* (u. decim*o*), postrem*um* (u. postrem*o*). Die Alten selbst waren über die Endungen *um* oder *o* unentschieden (cf. Gell. 10, 1); nach der Mehrzahl der Stellen muß man *um* vorziehen. Man sagt stets hoc prim*um* „jetzt zum erstenmal", illud postrem*um* „damals zum letztenmal". — 23) Dimidia pars, tertia pars, duodecima pars, duae quintae, quattuor partes, septem partes. Wenn der Nenner nur um eins größer ist als der Zähler, z. B. $^5/_6$, $^9/_{10}$, so wird er, falls ein Mißverständnis ausgeschlossen ist, nicht besonders ausgedrückt, z. B. quinque partes, novem partes. — 24) Dimidia pars et tres septimae et novem quartae decimae sunt unum et quattuor septimae. 25) Quadragenarius (= homo quadraginta annorum) robustior est quam octogenarius. 26) Ad Marathonem decemplex numerus Persarum ab Atheniensibus victus est. 27) America **quattuor partibus (od. quater tanto, selt. quadruplo)** maior est quam Europa. Merke die Substantiva duplum „das Doppelte" (unklassisch duplex), triplum „das Dreifache" (unklassisch triplex), **quadruplum etc.**; **sescuplum „das Anderthalbfache"**. „Noch einmal so groß, doppelt so viel" heißt *alterum tantum* (z. B. Via altero tanto longiorem habebat **anfractum); „drei-, viermal (usw.) so groß" ter, quater tanto oder tribus, quattuor partibus (selten triplo, quadruplo)** maior; „dreimal so viel" ter tantum; „fünfmal so viel" quinquies tantum, z. B. Sexies tantum, quam quantum satum sit, ablatum esse ab aratoribus intellegetis. — 28) Centesimae **ein Prozent**, binae (ternae, quaternae, quinae) centesimae **zwei (drei** 2c.) **Prozent**. 29) Archidamus testamento amicis *quina* talenta legavit. 30) Secundis Saturnalibus = secundo Saturnalium die; tertiis Megalensibus. So also auch primis Paschalibus „am ersten Ostertage" (cf. 194, Anm. 1). — 31) Non plus quam semel. Semel **„ein für allemal"** (z. B. ut semel dicam; cf. 464, Anm. 2). Vix centesimus quisque (cf. 287, 3). 32) Unus aut alter (**nicht** unus aut duo) puniend*us est* (cf. 7, Anm. 1). Omnes fluctibus obruti sunt excepto uno aut summum (cf. 495, Anm.) altero (**nicht** duobus). „Einer oder zwei" unus aut *alter*. — 33) Res publica veteribus non ut nobis instar fontis erat, ex quo singul*i* agros hortulosque suos irrigarent ex eoque plurimum aquae in suam utilitatem deduxisse summae prudentiae esset, sed tanquam fluminis, in quod suum quisque rivulum deducebat, ut illud ipsum quam amplissimum et pulcherrimum decurreret. Man hüte sich, das deutsche **„der einzelne"** durch *singulus* zu übersetzen; denn der Singular singul*us* ist archaistisch und spätlateinisch. Vielmehr heißt „der einzelne", wenn wirklich nur ein einziger bezeichnet werden soll, ***unus*** (mit besonderem Nachdrucke *unus solus*; „irgend ein einzelner" unus aliquis, cf. 274, Anm. 3; „jeder beliebige einzelne" quivis unus, quilibet unus) oder *singularis* (= „vereinzelt, für sich allein bestehend oder handelnd", z. B. Ne singulari quidem homini eo tempore anni semitae patebant. Wo das deutsche „der einzelne" von einer Mehrheit im Sinne von „jeder einzelne" steht, ist der Plural *singuli* (oder *quisque*, cf. 286 u. 287) zu nehmen. Cf. auch 213, Anm. — 34) Fieri non potest, ut omnes homines *eodem* more vivant. Hat das deutsche Zahlwort **„ein"** die Bedeutung „einerlei, der nämliche, ein und derselbe", so wird es durch *idem* (nur bei besonderem Nachdruck durch *unus*) übersetzt, z. B. Habitamus sub *eodem* tecto „wir wohnen unter einem Dache"; duae tunicae *eodem* colore; praeclara est aequabilitas in omni vita et *idem* semper vultus *eadem*que frons; cavete, ne cum tanta multitudine *uno* tempore confligatis; *uno* scelere parentes et hospites perimere; omnia fere similiter atque *uno* modo (od. *uno* tenore) dicebantur „in einerlei Ton, eintönig". *Unus atque idem* oder *unus idemque* heißt „nur einer und zwar immer derselbe", z. B. In hac causa omnes sentiunt *unum atque idem*. — 35) **Eine „Kommission** von zwei Männern" heißt nicht duumviri, sondern *duoviri*, ebenso *tresviri* (nicht triumviri) „eine Kommission von drei Männern", *quattuorviri*, *quinqueviri*, *decemviri* u. s. w. Dagegen heißt im Singular ein einzelnes Mitglied solcher Kommissionen *duumvir* (d. h. „ein Mann von den zweien" = duumvirorum vir), *triumvir*, *quattuorvir* u. s. w. — 36) Romani foedus cum Antiocho facientes cum alias condiciones tulerunt tum hanc, ut viginti obsides daret ne minores *duodevicenum* annorum neu maiores *quinum et quadragenum*. 37) Tres dies (od. triduum) *totidem*que noctes. Decem servi *totidem*que ancillae. 38) Intra parietes (esse, se tenere u. ä.). Nocte et die. 39) Meridie. Media nocte. 40) Quindecim diebus interiectis. Quinto decimo quoque die (cf. im Französ. quinze jours „vierzehn Tage").

215. 1) **Duo** ist **zwei** oder die **zwei** als eine bloße Vielheit gedacht, z. B. duae naves, duo pueri; es steht schlechtweg auf die Frage „wie viele?" (auch da, wo der Deutsche zwei noch nicht genannte Gegenstände als „beide" bezeichnet, z. B. duo Decii „die beiden Decier"; mihi avi tui duo fortunati videntur; duae Hispaniae). — **Ambo** „beide" bezeichnet, daß zwei schon genannte Personen oder Sachen als ein Ganzes, als zusammengehörig angesehen werden. — In **uterque** aber werden die beiden schon genannten Individuen als zwei selbständige Einheiten gesondert und einander entgegengestellt, z. B. *Duo* senatores mihi obviam sunt facti; *ambos* salutavi, *uterque* resalutavit. (Besonders instruktiv Liv. 1, 40, 5.) Diagoras Rhodius *duo* filios suos eodem die Olympionicas vidit. Plebiscito cautum est, ne quis *duos* magistratus uno anno gereret. Plebiscito cautum est, ut liceret consules *ambos* plebeios fieri. Placuit, ut C. Pansa A. Hirtius consules *alter ambo*ve ad senatum referrent. Flamma ut ab oppidanis et oppugnatoribus procul est visa, *utrisque* venit in opinionem signum a classiariis regiis dari. *Duo* sunt aditus in Ciliciam ex Syria, quorum *uterque* parvis praesidiis intercludi potest. Welcher Unterschied entsteht demnach, wenn der Satz: „Hannibal besiegte bei Cannä die Heere beider Konsuln" entweder Hannibal ad Cannas exercitus *amborum consulum* oder *utriusque consulis* vicit übersetzt wird? — 2) Das deutsche „ein zweiter, der zweite" heißt bei einfachen Aufzählungen **alter**, d. h. „ein anderer derselben Art", z. B. Absumptus est dies primus, *alter*, tertius. Duo vulnera accepi, unum in stomacho, *alterum* in capite. Crassus me sicut *alterum* parentem diligit. **Secundus** dagegen ist derjenige, welcher dem ersten unmittelbar folgt, unbedingt der nächste nach ihm ist. Wer also z. B. im Wettlauf Sieger ist, gilt als primus, der unmittelbar nach ihm Kommende als *secundus*, der Nächstfolgende als tertius u. s. w. Somit kann secundus im Sinne von „der dem Ersten nächste" nur bei einer bestimmten (bekannten oder bereits angegebenen) Reihenfolge, einer Rangordnung gebraucht werden, wie im griechischen Drama „der erste, zweite, dritte Schauspieler" actor primarum, *secundarum*, tertiarum partium. Cf. In poetis non Homero soli locus est aut Sophocli aut Pindaro, sed horum vel *secundis* vel infra secundos. Prima sequentem honestum est in *secundis* tertiisque consistere. Prima officia dis immortalibus, *secunda* patriae, tertia parentibus, deinceps gradatim reliquis debentur. In Ausdrücken wie: „Koriolan, ein zweiter Themistokles; Cicero war ein zweiter Demosthenes; ich liebe ihn wie einen zweiten Bruder; Du bist mein zweites Ich" kann nur *alter* angewandt werden.

216. **Mille** ist fast stets Adjektiv und kann als solches keinen Genitiv regieren. Nur selten — (und zwar fast nur im Nom. und Acc.) — wird es in nachdrücklicher Weise als Substantiv behandelt (gleich dem griechischen ἡ χιλιάς und dem französischen un millier „ein Tausend") und mit einem partitiven Genitiv verbunden; so namentlich oft mille pass*uum* (mille equit*um*

mille hominum, mille talentum). In diesem Falle wird *mille* zuweilen mit dem Prädikate im Sing. verbunden, z. B. In eo fundo facile mille hominum versabatur. Non amplius hominum mille ceciderat. Mille talentum datur. Doch tritt häufiger der Plural ein, z. B. Mille passuum *erant* inter urbem castraque. Liv. 23, 44, 7 u. 46, 4; Cic. Rep. 6, 2.

217. Der Gebrauch, statt der eigentlichen Zahl ein ihr gleiches Produkt aus anderen Zahlen zu setzen, z. B. *ter quinque* statt quindecim, *bis mille* statt duo milia, *bis quinque* viri statt decemviri, *bis denae* naves statt viginti naves, ist der Natur der Sache nach überwiegend poetisch, doch auch der Prosa nicht völlig fremd (z. B. Cic ND. 2, 49; Rep. 6, 12).

Anm. Dichter setzen auch zuweilen statt der Kardinalia die Distributiva, z. B. quina armenta (Verg. Aen. 7, 538). Cf. auch Verg. Aen. 5, 96; 5, 85. Hor. sat. 2, 4, 76. Ovid. met. 2, 682; 12, 97.

218. Bei **Aufzählungen** können nur dann die bestimmten adjektivischen Zahlen *unus* (zu meiden *primus*), *alter* (selten *secundus*), *tertius*, *quartus*, .... *postremus* verwendet werden, wenn sich die Aufzählung auf ein vorangegangenes Substantiv (oder substantiviertes *haec tria*, *quattuor illa* u. s. w.) bezieht, z. B. *Quattuor* reperio *causas*, cur senectus misera videatur: *unam*, quod avocet a rebus gerendis, *alteram*, quod corpus faciat infirmius, *tertiam*, quod privet omnibus fere voluptatibus, *quartam*, quod haud procul absit a morte. (Cic. Cat. m. 15; off. 1, 152; fin. 5, 9.) — Die gewöhnliche Form der Aufzählung wird jedoch mit Adverbien gebildet, nämlich (cf. Anhang 2, Anm. 4):

bei zwei Teilen **primum — tum** (od. **deinde**),
bei drei Teilen **primum — tum** (od. **deinde**) — **post**,
bei vier Teilen **primum — deinde — tum — postremo** (od. **denique, ad extremum**),
bei fünf Teilen **primum — deinde — post — tum — postremo** (od. **denique, ad extremum**).

(Mit *deinde* können mehrere Glieder nacheinander gegeben werden. Man hüte sich, das deutsche „und zweitens, und drittens, und endlich" durch *et* deinde, *et* tum, *et* denique zu übersetzen!) — Sehr oft begnügt sich der Lateiner auch mit einer einfachen Aneinanderreihung der Glieder durch *et — et — et* (oder, falls es paßt, mit *aut — aut — aut*), z. B. Tria proposita sunt ad gloriam, *et* benevolentia *et* fides *et* admiratio, und zwar stets, wenn nicht eine Aufzählung der einzelnen Teile eines Themas stattfindet, sondern die verschiedenen Gesichtspunkte einer Behauptung angeführt werden, z. B. „Diesen Mann empfehle ich dir angelegentlich; denn erstens ist er mein vertrauter Freund, und zweitens schätzt er dich über alles". Über *deinceps* und *porro* cf. 482, 3 und 4. — Von *primum* unterscheidet sich **principio**, welches bei Eröffnung einer Auseinandersetzung, meist zu Anfang des ersten Hauptteils gebraucht wird, so daß primum in demselben Satze nachfolgen kann; es entspricht dem deutschen „zuvörderst, um damit zu beginnen" (z. B. Cic. off. 1, 11; de or. 1, 137; fin. 1, 17).

Anm. Während im Deutschen beim Übergange von einem Teile einer Auseinandersetzung zu einem andern häufig die Zahl des Teils angegeben wird, z. B. Nachdem ... komme ich nun zweitens zu, rede ich nun zweitens von, habe ich nun drittens zu zeigen u. s. w., macht man im Lateinischen den Übergang ohne Rücksicht auf die Zahl durch *nunc* (nicht iam) venio oder veniamus ad, *nunc* dicamus oder videamus, *deinceps* (hiernächst) dicatur oder dicendum, videndum est, sequitur ut dicam oder dicendum sit, *proximum est ut* dicam, doceam; soll die Zahl des Teiles ausdrücklich angegeben werden, so muß es entweder vermittelst eines Zwischensatzes geschehen (quoniam id secundum erat de tribus; quoniam hic locus erat quartus; id quod in quarto loco quaerendi posueramus; ut ad illud tertium veniamus u. ä.), oder die betreffende Angabe muß die Form eines Hauptsatzes erhalten (tertium est propositum, ut ...; proximum est, ut dicam oder doceam ... u. ä.).

# G. Pronomina.

## 1. Pronomina personalia, possessiva, reflexiva, reciprocum.

219. **Der Nominativ der Personalpronomina wird nur bei besonderem Nachdruck gesetzt,** und zwar:

a) in **Gegensätzen**, sie mögen wirklich ausgesprochen oder nur gedacht sein, z. B. Maiores nostri libertatem civium Romanorum imminutam non tulerunt: *vos* vitam ereptam neglegetis? Praedia mea *tu* possides, *ego* aliena misericordia vivo. Eo die *ego* quoque multa verba feci;

b) in lebhaften **Anreden** (bes. bei Imperativen) und **Fragen** oder affektvollen **Ausrufen**, z. B. *Tu* introspice in mentem tuam ipse. *Tu* ut unquam te corrigas! *Ego* didicisse aliquid non gaudeam? An *tu* putas? Sed quid *ego* longinqua commemoro? Hic *vos* etiam dicere audebitis?

c) vor **Appositionen**, wenn das Pronomen hervorgehoben wird, z. B. *Ego*, homo imperitus iuris, accusatus sum ab homine improbo. Bezeichnet jedoch die Apposition nur eine Namensangabe, so bleibt das Personalpronomen unübersetzt, z. B. Themistocles veni ad te „ich, Themistokles, bin zu dir gekommen". Hannibal peto pacem. Romani ea habemus, quae di dederunt. Hoc tibi iuventus Romana indicimus bellum „diesen Krieg kündigen wir, die römische Jugend, dir an". (Lehrreich Liv. 32, 21: Achaei arma Romana sustinebimus, quae *vos* Macedones non sustinuistis);

d) vor einem **Relativ-** oder **Konjunktionalsatze**, z. B. *Ego*, qui pacis auctor semper fui, te ad meam auctoritatem non potui adducere. *Tu*, cum hanc causam susceperis, fortiter agere debes. — Cf. auch 220 und 221 **e) – f)** s. **Nachträge!**

Anm. 1. Die Kasus des fehlenden Personalpronomens der **3.** Pers. „er, sie, es" werden ersetzt: a) durch **is** bei einfacher Zurückweisung auf einen schon genannten Begriff; — b) durch **ille** bei stärkerer Hervorhebung; — c) durch **ipse** bei Bezeichnung eines Gegensatzes, besonders auch wenn die Hauptperson, die Autorität, der Herr im Gegensatz zu einer minder wichtigen Person bezeichnet wird; — d) durch **hic** nur dann, wenn das deutsche „er" (= „dieser") den Hauptgegenstand der Rede bezeichnet, der zur Besprechung kommen soll oder bereits länger besprochen ist.

Anm. 2. Im Deutschen wird der substant. Ausdruck „das Ich" nicht nur in Beziehung auf die 1., sondern auch auf die 2. und 3. Person gebraucht, z. B. „dein Ich, sein anderes (zweites) Ich". Im Lateinischen findet aber *ego* nur bei mein statt; bei dein steht *tu*, bei sein (ihr) reflexiv *ipse* und in den obliquen Kasus *sui*, *sibi*, *se*, demonstrativ aber *idem*. Wo wir eigen hinzusetzen, tritt *ipse* noch hinzu, und jenes anderes, zweites heißt *alter*. Cf. Filius tuus est tamquam *ipse tu*. Amicus tamquam *alter idem* est. Pompeius me *alterum se* fore dixit. Man kann auch *tamquam exemplar mei, tui, sui* etc. verwenden, z. B. Verum amicum qui intuetur, is tamquam exemplum aliquod intuetur sui (Cic. Lael. 23).

1) Ateas Philippo scripsit: *Tu* imperas Macedonibus, qui bellare didicerunt; *ego* autem impero Scythis, qui etiam cum fame sitique certare possunt. 2) Demetrius quidam Neroni: *Tu* mihi mortem denuntias, tibi natura. 3) Pythagorae discipulis satis erat illud „*ipsum* dixisse". 4) Misereat te bestiarum, nam *ipsae quoque* (cf. 255) vitae iucunditatibus fruuntur. 5) Pindarus poeta interrogatus, cur Simonides in Siciliam ad tyrannos se contulisset, *ipse* nollet: quia sibi vellet vivere, ait, non alii. 6) Graeci, quamquam pauci fuimus, splendidam victoriam ab hostibus reportavimus. 7) Divites divitias sibi habeant, *tu* virtutem divitiis anteponito.

220. Bei dem Gebrauche von **quidem** — **sed** (*sed tamen, verum tamen*) ist zu bemerken, daß *quidem* sich unmittelbar an ein Personalpronomen schließt, auch wenn dieses nicht das betonteste Wort im Satze ist (cf. 483, 4). Für die **1.** Pers. nimmt man in diesem Falle *equidem* — *nos quidem*, für die **2.** Pers. *tu quidem* — *vos quidem*, für die **3.** Pers. *ille quidem* (selten

*is quidem*, besonders wenn schon ein ille vorausgeht), z. B. Carissimus *tu quidem* mihi es, sed multo esses carior, si.... Severitas habet *illa quidem* gravitatem, sed amicitia remissior esse debet. Corporis bona complent *illa quidem* beatissimam vitam, sed ita, ut sine illis possit beata vita consistere. Haec vitia habent aliquid excusationis non *illius quidem* iustae, sed quae probari posse videatur. Die Negation steht selbst dann, wenn sie, genau genommen, zum Verbum gehört, in der Regel vor dem mit quidem verbundenen Pronomen, z. B. Oratorias exercitationes *non tu quidem* reliquisti, sed certe philosophiam iis anteposuisti. — 1) Divitias *non equidem* contemno, sed pluris tamen aestimo virtutem. 2) Postremo tempore multum *tu quidem* in litteris profecisti, sed plus didicisses, si consilia mea secutus esses. 3) Me *non vos quidem* laedere voluistis, sed verbis usi estis iis, quibus non laedi non possem. 4) P. Scipio non multum *ille quidem* nec saepe dicebat, sed omnes aequales sale facetiisque superabat. 5) Ludo et ioco uti *illo quidem* licet, sed tum, cum gravibus seriisque rebus satisfecerimus. 6) Amicum tuum *non nos quidem* odimus, sed certe non probamus. 7) Sophistae magnam *illi quidem* calamitatem Graecis intulerunt, sed magno iidem usui fuerunt. 8) Lacedaemonii bellica *illi quidem* fortitudine excellebant, sed artium et litterarum expertes et duriores erant ad molliores omnes animi motus.

Anm. Ausnahmen von dieser Regel sind bei Cicero nicht selten (z. B. Cic. Lael. 47 und 74). Sehr oft aber findet sich für „zwar — aber" das bloße *sed* oder *(sed) tamen* ohne vorhergehendes *quidem*, z. B. Optimus quisque Hannoni assentiebatur, *sed* maior pars meliorem vicit.

221. **Ne** (unrichtig *nae* geschrieben) tritt stets an die Spitze des Satzes und steht nur vor Personal- und Demonstrativpronominen, am häufigsten (cf. jedoch Cic. Tusc. 1, 99) in Hauptsätzen konditionaler Perioden, z. B. *Ne ego* ei non affuissem, nisi etc.; *ne tu, ne ille, ne iste. Ne illi* vehementer errant, si illam meam pristinam lenitatem perpetuam sperant futuram. Si geometricis rationibus non est crediturus, *ne ille* longe aberit ut argumentis credat philosophorum. Pyrrhus sagt nach der Schlacht bei Heraklea: *Ne ego*, si iterum eodem modo vicero, sine ullo milite in Epirum revertar. (Abweichend Cic. Att. 4, 4a, 2.)

222. Das Suffix **met** kann an alle *Pron. personalia* mit Ausnahme von *tu, nostri, nostrum, vestri* und *vestrum* treten, z. B. egomet, memet, nosmet; jedoch geschieht dies meist nur dann, wenn noch ein *ipse* folgt, z. B. de nobismet ipsis, mihimet ipsi (cf. 253, 9). An die *Pron. possessiva* tritt met nur ausnahmsweise, z. B. Sall. Iug. 85, 24 (häufiger nur an *suus* bei Sallust und Livius), ganz vereinzelt an *ipse*. **Der Verstärkung des Pron. tu** im Sinne von „du selbst" dient **tute** (oder *tutemet*), z. B. ut tute scis; quod tute intellegis; tute introspice in mentem tuam ipse, und ebenso „dich selbst" *tete*, z. B. Non modo tete viceris, sed omnes. — Das Suffix **pte** tritt fast nur an die Ablative der Possessivpronomina meo, mea, suo und sua, z. B. suapte manu, meopte ingenio; Hannibal suamet ipse fraude captus abiit.

223. **Equidem** „allerdings, zwar" ist kaum aus ego quidem zusammengezogen, denn es wird sogar mit ego zusammengestellt: equidem ego (Sall. Cat. 51, 15; Iug. 10, 6), und verbindet sich zuweilen auch mit einer andern als der 1. Pers. Sing., z. B. scitis equidem; insanit hic equidem; iam pridem equidem nos rerum vocabula amisimus; vanum equidem hoc consilium est (Sall. Cat. 52, 16; 58, 4; 52, 11; Liv. 5, 51, 4). Eher ist es ein durch das demonstrative Präfix e verstärktes quidem (cf. nam und e-nim. Andere erklären das ĕ für eine Interjektion, so daß equidem eigentlich bedeute „o freilich, ja freilich"). Trotzdem scheint es geraten, dieses Adverb nur zur Hervorhebung der 1. Pers. Sing. zu verwenden, weil es von Cicero ausschließlich in dieser Weise im Sinne von „ich meinerseits" gebraucht wird; also: puto equidem; hoc admiror equidem. Vos haec melius scire potestis, equidem audita dico. Fauni vocem equidem nunquam audivi, tibi, si audivisse te dicis, credam.

224. Der Plural **nos** statt ego, **noster** statt meus ist nie ein Pluralis maiestatis, wie das oft im Deutschen der Fall ist, sondern mehr ein Pluralis modestiae, indem der Redende (Schriftsteller, Briefschreiber usw.) seine eigene Persönlichkeit hinter die der Hörer oder Leser zurück-

treten lassen und dieselben mit in die Ansicht oder Handlung hineinziehen will. Weil demnach dieser Plural das persönliche Interesse zu einem gemeinsamen macht, sagt Servius zu Verg. Aen. 2, 89 mit Recht: Pluralis numerus pro singulari ad evitandam iactantiam. Cf. Eam rem in medio relin*quemus*. Omit*timus* illa: iam vide*bimus*... Sex libros de re publica tunc scrip*simus*, cum gubernacula rei publicae tene*bamus*. Interfuit sermoni Crassus adulescens, *nostri*, ut scis, studiosissimus. Daher wird bei Verweisung auf früher Gesagtes meist ut supra (oder ante) dix*imus* = ut supra (oder ante) dictum est stehen, wozu fast nie iam gefügt wird (cf. jedoch Cic. Sull. 53; Tusc. 4, 67). Aber das bestimmte Hervortreten des Sprechenden fordert stets die 1. Pers. Sing., z. B. *Ego* reges eieci, vos tyrannos introducitis; et *ego* et omnes homines.

Anm. Wie willkürlich jedoch die Schriftsteller in diesem Gebrauche verfahren, zeigen solche Stellen, wo der Sing. und Plur. promiscue stehen, häufig so, daß wir keinen Grund dafür erkennen. Cf. bei Cicero: Primum tibi, quae sunt in re publica, expon*am*, deinde scrib*emus* etiam, quae scire te non nolle arbitr*amur*. Ard*eo* incredibili cupiditate, ut nomen *nostrum* scriptis illustretur tuis. A *me*, cum paulum otii nac*ti erimus*, uberiores litteras exspectato. Cum ve*nissem*, senatui gratias *egimus*. — Im allgemeinen ist im historischen Stil, bei welchem der objektive Inhalt der Erzählung die Hauptsache ausmacht, der Plural, dagegen in der Erörterung, bei welcher die Persönlichkeit des Sprechenden mehr in den Vordergrund tritt, der Singular das gewöhnliche, weshalb sich bei den Geschichtschreibern überwiegend *ut diximus* (= *ut ante, supra dictum est*), bei den Rednern und im abhandelnden, didaktischen Stile *ut dixi* findet.

225. **Die Formen nostrum und vestrum können nur als partitive Genitive stehen, z. B. nemo nostr*um*, multi vestr*um*; in allen übrigen Fällen gebraucht man nostri und vestri, z. B. Miserere nostr*i*, odium vestr*i*, vestr*i* similes. Doch sagt man statt *noster omnium, vester omnium* fast regelmäßig mit Umstellung dieser Wörter *omnium nostrum, omnium vestrum*,** z. B. Patria communis *omnium nostrum* parens est; video in me *omnium vestrum* oculos esse conversos; *omnium vestrum* natura. Dagegen: De *nostro omnium* interitu cogitant; ad *vestram omnium* caedem Romae restiterunt. (Cf. jedoch Cic. Phil. 14, 15; Cat. 1, 9; 4, 4; de Or. 3, 208; Flacc. 5.)

Anm. Ganz vereinzelt sind Beispiele, in welchen *nostrum* und *vestrum* ohne partitiven Sinn stehen, z. B. splendor vestr*um* (= vester), frequentia vestr*um*. Recordamini, quantus consensus vestr*um* fuerit. Noli me ad contentionem vestr*um* vocare. Cic. Cat. 3, 29; Phil. 4, 1; ad Att. 7, 13, A. 3.

226. **Da die Personalgenitive *mei, tui, sui, nostri, vestri*, auch wenn sie ein Feminin oder einen Plural bezeichnen, mit dem Gerundiv auf *-ndi* verbunden werden, so ist in den angeführten Sätzen folgendermaßen zu schreiben: 1) vestri irriden*di* causa; 2) sui locupletan*di* causa; 3) sui ulciscen*di* causa.** Vergl. Caes. 7, 43, 2: Aedui legatos ad Caesarem sui purgan*di* gratia mittunt. Mulier sui servan*di* causa aufugit. Doleo tantam Stoicos nostros Epicureis irriden*di* sui facultatem dedisse. Non vereor, ne quis me hoc vestri adhortan*di* causa magnifice loqui existimet. Natura animantibus magnam sui conservan*di* curam ingenuit.

227. Nein; die Pronomina *tibi, mihi, sibi, vobis, nobis* sind zu streichen. Man sagt zwar *induere (exuere) alicui vestem*, aber nur *induo (exuo) vestem*, da der Lateiner diese selbstverständliche Reflexivität nicht bezeichnet (cf. 54, Anm. 1). Ganz ebenso verhält es sich mit dem Gebrauche von *fingere, contrahere* und andern Verben. In dem letzten der vorgelegten Sätze darf *nobis* deshalb nicht mitübersetzt werden, weil die Grammatiker die Unwahrheiten nicht uns allein, sondern vielmehr allen und jedem überliefert haben. Cf. auch historiae prodiderunt „die Geschichte hat uns überliefert", fabula docet „die Fabel lehrt uns" u. ä. Cf. auch 152, 15.

Anm. 1. Ganz unlateinisch ist *sibi* operam dare, *mihi* operam do für das einfache *operam dare, operam do*. Wohl aber kann man sagen *alicui rei* (z. B. philosophiae, litteris, magistro) *operam dare* (*tribuere, impendere*) „Mühe auf etwas verwenden".

Anm. 2. „Sich etwas ins Gedächtnis zurückrufen" heißt ohne Dativ nur *in memoriam* aliquid *reducere* (*redigere*) oder gewöhnlicher *memoriam rei repetere* (oder *revocare*), *aliquid memoriā repetere*. Cf. 87, Anm. 1.

Anm. 3. Man sagt für das deutsche „wenn es dir gefällig ist" *si tibi videtur* und *si videtur* gleich richtig, aber immer mit Weglassung des Dativs *si placet* und *nisi molestum est* (neben si tibi od. vobis non molestum est). — Bei den Verben des **Hinderns** läßt man das objektive Personalpronomen weg, wenn *quominus, ne, quin* folgt, z. B. Animi dolor impedit, ne plura dicam „hindert mich, mehr zu sagen". Quid obstat, quominus sis beatus „hindert dich, glücklich zu sein?" Aetas non impedit, quominus agri colendi studia teneamus usque ad senectutem „hindert uns nicht..." (Ausnahmen nicht **selten**, z. B. Cic. Rosc. Am. 5; Planc. 104; fam. 3, 7, 3; 13, 5, 1; Att. 3, 22, 1; 13, 25, 2.)

228. Da die **Reflexivpronomina** sowie die Kasus von *is* und den **Personalpronominen** regelmäßig **wegfallen**, wenn sie in Verbindung mit einem **Participium** auf das **Subjekt** (oder **Objekt**) des Satzes hinweisen und durch ihren Wegfall durchaus keine Unklarheit entsteht, so sind *a se, se, ei, mihi* zu streichen; dagegen ist im fünften Satze der Klarheit wegen zu schreiben portas *a se* clausas. Cf. Quis potest aut deserta *per se* (= *a se*) patria aut oppressa beatus esse? Quid dubitas summo bono *a te* ita constituto nobis assentiri? Sthenius domo *sua* expilata... non facit. Ea praedia Seio *per te* (= *a te*) interfecto tenes. Cf. auch 232, 1.

229. Sehr oft setzt der Lateiner statt der bloßen Person ein **bezeichnenderes Substantiv**, um diejenige Seite der Person genau anzugeben, welche von der Wirkung der im Verbum ausgedrückten Handlung vornehmlich betroffen wird; so besonders gern *animus* und *corpus*: **Signifikante Substantiva.** — 1) Cum *animo* (*meo*) constitui munere me abdicare. Ebenso: considerate cum *animis vestris*; cum *animo* statuere, deliberare, recordari; *animo* cogitare (agitare, volvere, circumspicere); non satis constabat *animis*; occurrit *animo*. Haec penitus *animis vestris mentibusque* mandate „prägt euch tief ein". 2) Consules *copias* (od. *castra*) coniunxerant, quo certius hostes devincerent. 3) Milites fatigati et saucii passim ad omnes rivos prostraverant *corpora*, ut praeterfluentem aquam hiantibus oribus captarent. 4) Libenter *voluntati tuae* morem geremus. Merke auch: ad alicuius familiaritatem se applicare „sich an jem. anschließen"; alicuius fidei aliquid committere „jem. etwas anvertrauen"; alicuius salutem custodire „jem. beschützen"; sententias iudicum corrumpere „die Richter bestechen"; id abhorret a moribus meis „dies liegt mir fern"; causam alicuius tueri, defendere „jem. verteidigen"; alicuius consiliis occurrere, obsistere „jem. entgegentreten"; aperire suos sensus, suam sententiam „sich offen aussprechen". 5) Romani omnes Italiae populos *potestati suae* (*imperio suo*) paulatim subiecerunt. 6) Tibi, cum discipulus sis, non licet postulare, ut magister ad *tuam voluntatem* se accommodet. 7) *Famam* (od. *dignitatem, gloriam*) *meam* calumniis obscurare frustra studetis. 8) Cum morbus meus paulum levatus esset, medicus mihi suasit, ut *corpus* (*valetudinem*) vino et iure curarem. Cf. Levare *corpus* „sich aufrichten", imponere *corpus* lecto, *corpus* applicare ad arborem, *corpus* militibus saepire, *corpora* militum labore firmare. 9) Tam summisse loqueris, ut *verba tua* (oder *orationem tuam*) non intellegam. 10) Senes *corpora* a frigore diligentius defendere solent quam iuvenes. 11) Amici est eniti et efficere, ut *amici animum* iacentem excitet inducatque in spem cogitationemque meliorem. 12) Noli diutius sollicitari *meis rebus*. 13) *Vestro beneficio* salvus sum. 14) Nisi *mores tuos* correxeris, omnium *amicorum animos* (od. *voluntates studiaque*) abs te abalienabis. Ebenso: alicuius *animum* offendere „jem. beleidigen"; alicuius *animum* consolari „jem. trösten"; alicuius *animum* accendere, inflammare, perturbare, commovere, sibi conciliare, attollere, sollicitare u. a. 15) Si quis (cf. 386) inter Scotos agrestes aliquantum temporis versatus est, quam vehementer *animi eorum* carminibus patriis commoveantur, non ignorat. 16) Hoc penitus *animis vestris mentibusque* mandate, omnia voluntate divina fieri, nihil casu vel temere.

230. 1) Deum oculis cernere non possumus. Aetatem in studio philosophiae

consumpsi. Cyrus ex curru desiluit loricamque induit. Die Possessivpronomina fallen regelmäßig aus, wo sie unbetont sind und eine Unbestimmtheit der Beziehung undenkbar ist; nur bei *animus* (vereinzelt bei *oculi* und *aures*) stehen sie öfters in überflüssiger Weise, z. B. Considerate cum *vestris* animis vosmet ipsi. Ego vix statuere apud animum *meum* possum. Multa cum animo *suo* volvebat. Cf. 136, 8. — 2) Istud scelus *meis* oculis vidi. *Meo* iudicio M. Curtius a nullo Romano patriae amore superatus est. Hoc constat, Carolum Quintum regno *sua* sponte se abdicasse (cf. 174, 4). Hominibus fas est bestiis ad *suam* utilitatem uti. Für gewöhnlich stehen die Possessivpronomina hinter ihrem Subst., jedoch bei stärkerer Betonung vor demselben (bes. in der Bedeutung „eigen"). Das deutsche **„eigen"** kann nur dann durch *proprius* übersetzt werden, wenn es im Gegensatze zu communis oder alienus ein ausschließendes Eigentum („eigentümlich") bezeichnet, d. h. einen solchen Besitz, welchen jemand nicht mit anderen gemeinschaftlich hat, oder eine solche Eigenschaft, welche für jemanden charakteristisch ist — 3) *Tuo* iure (= iure ac merito, recte ac merito, optimo iure, iustissime; dagegen *summo iure* „nach strengstem Recht, nach dem Buchstaben des Gesetzes") dixisti Hannibalem, omnium quos Carthago tulit imperatorem summum, apud Zamam non *sua* culpa devictum esse. Cicero *suo* anno consul est factus. Nunc abibo, sed *meo* tempore revertar. Die Possessivpronomina drücken in gewissen Verbindungen das für eine Person oder Sache Passende, Angemessene, Günstige, Gelegene, Richtige aus, z. B. Tempore *tuo* pugnasti („zu rechter Zeit"); Claudius aestu *suo* Locros traiecit („bei günstiger Flut"); Caesar hostes in *suum* locum elicuit („auf ein für ihn günstiges Terrain"); hoc *nostro* iure poscimus; *meo* more „nach meiner gewöhnlichen Sitte"; Alexander fortuna *sua* usus („mit seinem gewöhnlichen Glücke") nullo resistente Tigrim superavit. Operiri tempora *sua* „den günstigen Moment abwarten"; *suam* occasionem ex alieno incommodo petere „fremdes Unglück als günstige Gelegenheit benutzen". Naves *suum* numerum habebant „die gehörige Anzahl". Multitudo civium tota *nostra* est „ist uns ganz ergeben, geneigt".

Anm. Zuweilen bleiben die deutschen Adjektive „passend, richtig, recht" bei Substantiven unübersetzt; so bei *loco* oder *in loco* „an der rechten Stelle", (*in*) *tempore* oder *ad tempus* „zu rechter Zeit", *per occasionem* „bei günstiger Gelegenheit", *cum causa* „aus guten Gründen", *in viam redire* „auf den rechten Weg zurückkehren", *de via decedere* „vom rechten Wege abweichen". Cf. 189.

231. Das wäre ein purer Germanismus; denn wenn das deutsche Possessivum gar nicht den Begriff des Besitzes oder der Zugehörigkeit enthält, wird es im Lateinischen nicht durch das Possessiv, sondern durch das Demonstrativ (oder durch das Determinativ mit einem passenden Relativsatze) ausgedrückt. In dem vorgelegten Satze muß deshalb gesagt werden *hoc loco* oder *eo de quo agimus* (*disputamus, disserimus, in quo versamur*) *loco*. So heißt: Plato *noster* „unser Freund Plato, unser Parteigenosse, unser Berufsgenosse, unser Landsmann, unser Gewährsmann Plato"; aber *hic* oder *ille* (*idem hic, idem ille*) Plato „der Plato, dessen Schriften wir jetzt lesen oder von welchem wir jetzt sprechen". „Unser Schriftsteller, unser Dichter, unser Homer" u. ä. heißt in der Regel einfach scriptor, poeta, Homerus. — Besonders zu beachten ist der Ausdruck „seine Zeit, ihr Zeitalter", wofür nur dann aetas *sua*, tempora *sua* gesagt werden darf, wenn entweder das Subjekt selbst von der Zeit als von der seinigen spricht, somit eine persönliche Auffassung stattfindet (z. B. Cicero in Bruto non de omnibus aetatis *suae* oratoribus loquitur), oder wenn ein Gegensatz zu einer andern Zeit vorliegt (z. B. Iphicrates fuit talis dux, ut non solum aetatis *suae* cum primis compararetur, sed ne de maioribus natu quidem quisquam anteponeretur); in allen übrigen Fällen wird *illa* aetas, *illa* tempora gesagt (z. B. „Er übertrug dieses Geschäft dem gelehrtesten Manne seiner Zeit"; „Er bewahrte seinen Sohn vor den verderblichen Lüsten seines Zeitalters"). — Beachte auch: Dixi in *eo* libro, *quem* de rebus rusticis *scripsi* „in meiner Schrift über den Ackerbau"; Cicero in *eo* libro, *qui est* de amicitia „in seinem Buche über die Freundschaft".

232. **Das Reflexivpronomen (sui, sibi, se, suus) wird gebraucht:**

1) **in Beziehung auf das Subjekt desselben Satzes: direkte Reflexivität,** z. B. **Omne animal *se* diligit. Caesar *se* ad *suos* recepit. Iustitia propter *sese* colenda**

est. — Nach lateinischer Auffassung sind Infinitiv- und Participialkonstruktionen keine Sätze, sondern Satzteile; daher: Senatui populus ipse moderandi *sui* potestatem tradidit. Quis potest aut deserta per *se* patria aut oppressa beatus esse? Homo placabilis iniurias *sibi* illatas facile ignoscit. Alexander militem incautius in *se* ruentem hasta transfixit. Papirius Gallo barbam *suam* permulcenti scipionem in caput incussit. Me frater accusat nullo meo in *se* merito. (Ausnahmen selten, z. B. Cic. Br. 220; Sull. 81 med.; Mil. 39.) Cf. aber 228.

2) **in Beziehung auf das Objekt desselben Satzes, besonders wenn a)** *suus* **die nachdrucksvolle Bedeutung „eigen"** (*sui* „die Seinigen, Ihrigen", *sua* „das Seinige, Ihrige") **hat**, z. B. Aristidem *sui* cives eiecerunt. Scipio Syracusanis *suas* res restituit. Consules hostem in *sua* sede in Algido inveniunt. Caesar Fabium cum *sua* legione remittit in hiberna. Volscis levatis metu *suum* ingenium („ihr gewöhnlicher Charakter") rediit. Hunc pater *suus* de templo deduxit. Desinant consuli insidiari domi *suae* „in seinem eigenen Hause". Conserva tuis *suos*. Fuit hoc luctuosum *suis*; — **b) wenn ein Casus obliquus von quisque mit dem Pron. poss. verbunden ist**, z. B. *Sui cuique* mores fingunt fortunam. *Sua quemque* fraus et *suus* terror maxime vexat. Iustitia *suum* cuique distribuit.

Anm. 1. Sollte jedoch durch den Gebrauch von *suus* eine Zweideutigkeit entstehen, oder hat das Pronomen gar keinen Nachdruck, so wird mit Bezug auf das Objekt nicht das Reflexiv, sondern is gebraucht, z. B. Accipiter columbam cepit in nido *eius* (— was würde in nido *suo* bedeuten? —). Regem ipsum suspectum habebant pro *eius* crudelitate. Caesar Ciceronem pro *eius* merito laudat. Semper amavi Brutum propter *eius* summum ingenium. Deum agnoscimus ex operibus *eius*. Dagegen nur Deus cognoscitur ex operibus *suis*.

3) **in innerlich abhängigen Nebensätzen, wenn sich das Pronomen auf das Subjekt des regierenden Satzes bezieht: indirekte Reflexivität.**
**Innerlich abhängig** sind aber:
a) die **Sätze mit ut, ne, quo, quominus, quin** (ausgenommen die **Folgesätze** mit *ut* und *quin*);
b) die **indirekten Fragesätze**;
c) die **konjunktivischen Relativsätze**;
d) die **Sätze im Acc. c. inf.**;
e) alle **konjunktivischen Nebensätze, welche aus dem Sinne des im regierenden Satze befindlichen Subjekts gesprochen sind.**

Also: Caesar milites hortatus est, ut *se* sequerentur. Iugurtha monuit milites, ne *se suumque* regnum proderent. Hostes non dubitabant, quin Caesar legatos ad *se* esset missurus. (Dagegen: Nero tam crudelis erat, ut omnes *eum* odissent.) Nesciebat dux, quid milites de *se* dicerent. Aedui a Vercingetorige petiverunt, ut ad *se* veniret. Ariovistus exclamavit, quid legati ad *se* venirent. Themistocles domino navis multa pollicitus est, si *se* conservasset. Cincinnatus nuntium accepit *se* dictatorem esse factum. Cincinnato nuntiatum est *eum* dictatorem esse factum (cf. jedoch 234).

Anm. 2. Bisweilen werden ungenau in Nebensätzen, in denen sich das Pronomen notwendig auf das Subjekt des regierenden Satzes zurückbezieht, die obliquen Kasus von *is* statt der Reflexiva gesetzt; der Schriftsteller verläßt in diesem Falle den Standpunkt des Subjekts und spricht von seinem eigenen Standpunkte aus. Cf. Helvetii persuadent Rauracis, uti una cum *iis* proficiscantur. Verres Milesios navem poposcit, quae *eum* praesidii causa Myndum prosequeretur. Pompeius suos omnes castris continuit ignesque fieri prohibuit, quo occultior esset *eius* adventus. Socrates respondit sese meruisse, ut amplissimis honoribus decoraretur et ut *ei* victus cotidianus in prytaneo publice praeberetur. Tirones, iure iurando accepto nihil *iis* nocituros hostes, Otacilio se dediderunt. Dies geschieht namentlich, wenn a) das Reflexivum auch auf das Subjekt des Nebensatzes bezogen werden kann und dadurch Zweideutigkeiten entstehen könnten (z. B. Sulla malo poetae, quod epigramma in *eum* fecisset, statim praemium tribui iussit), oder b) wenn der regierende Satz selbst von einem andern Satze abhängig ist und im *Acc. c. inf.* oder im Konjunktiv steht (z. B. Caesar certior factus est omnes Belgas contra populum R. coniurare, quod vererentur, ne ad *eos* (sc. Belgas) exercitus noster adduceretur). — Umgekehrt werden ebenso ungenau bisweilen in indikativischen Nebensätzen statt der obliquen Kasus von *is* die Reflexiva gesetzt, ohne daß sich das Pronomen auf das Subjekt des Nebensatzes zurückbezieht; es findet dann gewissermaßen eine Mischung der direkten mit der obliquen Rede statt, z. B. Centum boves dux militibus dono dedit, qui *secum* in expeditione fuerant. Epaminondas ei, qui *sibi* ex lege praetor successerat, exercitum non tradidit. Chrysogŏnus hunc sibi ex animo scrupulum, qui *se* dies noctesque stimulat ac pungit, ut evellatis, postulat Dexio hic non ea, quae privatim *sibi* eripuisti, sed unicum abs te filium flagitat. Cic. Rosc. 6; Sall. Iug. 61, 1; 66, 1. Diese Ungenauigkeit im Gebrauche des Reflexivs gehört der Umgangssprache an und ist nicht nachzuahmen.

Anm. 3. Im Sinne des eingeschobenen „soviel an ihm liegt" sagt man regelmäßig quantum in *se* (oder *ipso*) est, z. B. Unus ille rem publicam sustinuit, quam exercitus odio consulis, quantum in *se* fuit, prodebat.

233. 1) Themistocles Atheniensibus persuasit, ut *sibi* (cf. 232, 3) salutem *suam* committerent. Themistocles tanta gratia Athenis floruit, ut cives *ei* (ja nicht *sibi*, denn der Konsekutivsatz ist nicht innerlich abhängig!) salutem *suam* committerent. 2) Socratem, quo Athenae sapientiorem tulerunt neminem, *sui* cives (cf. 232, 2) capitis damnaverunt. 3) Allobroges Umbrenum oraverunt, ut *sui* misereretur. Allobroges precibus impetraverunt, ut Caesar sui misereretur. 4) Polyphemus oculo privatus Telemum quendam, vatem nobilissimum, illam calamitatem *sibi* praedixisse recordatus est. 5) Stulti vitia *sibi* insita raro vident. 6) Stulti non vident, quantopere arrogantia *sua* aliis sit derisui. 7) Dareus, cum vitae finem *sibi* adesse sentiret, ut duo *sui* filii apud *se* essent, optavit. 8) Deus homines procreavit, ut *sibi* parerent et aliquando *secum* beati essent. 9) Ulixes socios adhortatus est, ut *secum* cavernam Polyphemi ingrederentur. 10) Pausanias Colonas, quod caput Phrygiae erat, se contulit ibique consilium et patriae et *sibi* ipsi perniciosum cepit. 11) Carthaginienses Magonem cum classe *sua* in Hispaniam miserunt. 12) Curius munera a Samnitibus oblata (cf. 228) repudiavit. 13) Caesar victoria parta in urbem reversus, qua erat animi magnitudine, indulsit omnibus, qui arma contra *eum* tulerant. 14) Avari semper in metu sunt, ne pecunia a furibus *sibi* auferatur. 15) Dionysius minor interrogatus, quid tandem Plato et philosophia *sibi* profuisset, libere respondit hoc *sibi* profuisse, ut iacturam regni et atrocitatem temporum *suorum* placide tranquilleque perferret. 16) Tarquinius supplex urbes Etruriae obiit atque Veientes maxime et Tarquinienses oravit, ne *se* filiosque *suos* in conspectu *suo* perire sinerent. 17) Caesar permisit, ut Quinctilis mensis a *suo* nomine Iulius appellaretur. 18) Clodius optimum quemque sic vexavit, ut furor *eius* non diutius posset ferri.

234. In den beiden ersten Sätzen bezieht sich das Reflexivum auf das in dem regierenden Infinitiv liegende allgemeine Subjekt „man" (lateinisch quis), so daß diese Sätze aufzulösen sind: 1) Deforme est, *si quis de se praedicat.* 2) Difficile est, *aliquem sua vitia novisse.* (Cf. auch: Est honestius alienis iniuriis quam re *sua* commoveri, d. h. „durch das eigene Interesse"). — In den drei letzten Sätzen ist das Reflexiv insofern gegen 232, 3, als das Substantiv, auf welches es sich bezieht, in dem regierenden Satze nicht Subjekt, sondern ein obliquer Kasus ist. Jedoch ist in allen drei Sätzen der Sachverhalt so, daß das bezügliche Wort, wenn auch nicht grammatisch, so doch logisch das Subjekt des Hauptsatzes ist. Denn ab Ariovisto responsum est ist gleich Ariovistus respondit; a Caesare invitor gleich Caesar me invitat; Faustulo spes fuerat gleich Faustulus speraverat. In Sätzen mit den unpersönlichen Verben *piget*, *pudet*, *paenitet* u. a. gilt die Person, deren Gefühl erregt wird, stets als Subjekt, also: Pudet eum neglegentiae *suae*. Id opto, ut paeniteat eos *sui* facti.

235. Nein, dieser Gebrauch findet sich erst in der nachklassischen Zeit von Curtius an; die Klassiker überlassen ohne Bedenken die richtige Auffassung solcher zweideutigen Ausdrucksweisen dem Leser, gebrauchen die Pronomina in Oratio obliqua nach den in 457, IV gegebenen Regeln und wenden *ipse* mit Bezug auf das Subjekt des Hauptsatzes nicht schlechtweg zu dem Zwecke an, um eine Zweideutigkeit zu beseitigen, sondern nur dann, wenn eine besondere Hervorhebung der Person notwendig ist, so z. B. häufig zur Bezeichnung eines Gegensatzes. Cf. Ariovistus respondit: magnam Caesarem iniuriam facere, qui *suo* adventu vectigalia *sibi* deteriora faceret; quod *sibi* Caesar denuntiaret *se* Aeduorum iniurias non neglecturum, neminem *se*cum sine *sua* pernicie contendisse. Dagegen: Caesar centuriones incusavit: quid tandem vererentur aut cur de *sua* virtute aut de *ipsius* diligentia desperarent. — Helvetii ita cum Caesare egerunt: Quod improviso unum pagum adortus esset, ne ob eam rem aut *suae* magnopere virtuti tribueret aut *ipsos* despiceret. — Gallorum legati Caesari dixerunt: si forte pro *sua* clementia ac mansuetudine, quam *ipsi* ab aliis audirent, statuisset Aduatucos esse conservandos, ne *se* armis despoliaret. — Iugurtha legatos ad consulem misit, qui *ipsi* liberisque vitam peterent. — Carthaginienses pudebat adeo *se* spretos, ut sedentibus *ipsis* ad Romana moenia alia porta exercitus Romanus in Hispaniam duceretur.

236. Das reciproke Pronomen **„einander, gegenseitig"** wird ausgedrückt:

a) durch **inter nos, inter vos, inter se,** *(inter ipsos),* wobei das Reflexivpronomen im Acc. oder Dat. regelmäßig wegfällt: *Inter nos* amamus „wir lieben uns unter einander"; *inter vos* odistis; *inter se* diffidunt;

Anm. 1. *Inter ipsos* pflegt nur dann zu stehen, wenn das deutsche einander sich auf einen obliquen Kasus bezieht, z. B. Sancta sit societas civium *inter ipsos*. Hominibus *inter ipsos* societas haec est. Una spes salutis est istorum *inter ipsos* dissensio.

Anm. 2. Die Sätze: „Brüder müssen sich unter einander lieben"; „Wir wollen uns unter einander verbinden" sind nicht Fratres *se inter se* amare debent; *nos inter nos* coniungamus zu übersetzen, sondern Fratres *inter se* amare debent; *inter nos* coniungamus, weil die im reciproken Verhältnisse stehenden Personen selbst Subjekt sind. Dagegen: Amor patriae *nos inter nos* coniungit, weil das Subjekt von den im reciproken Verhältnisse stehenden Personen verschieden ist. Cf. Cic. fam. 5, 7, 2; Caecil. 34; Verr. 3, 98.

b) durch **alius alium, alii alios, (alter alterum,** seltener *uterque alterum* oder *uterque utrumque,* wenn von zweien die Rede ist);

c) durch Wiederholung **(Parataxe)** des betreffenden Substantivs, (wobei *inter se* noch hinzutreten kann), z. B. *Homines hominibus* (inter se) prodesse debent; *cives cum civibus* armati certaverunt; *sapientes sapientibus* amici sunt. Cf. 236, 13.

Anm. 3. Der Deutsche setzt oft auch bei reciprokem Verhältnis das einfache Personalpronomen; er sagt z. B.: „Die Soldaten ermunterten sich (= sich einander) zur Tapferkeit". Der Lateiner aber sagt nicht Milites *se* ad virtutem exhortati sunt, weil diese Ausdrucksweise nur bedeuten könnte: „Die Soldaten ermunterten jeder sich selbst zur Tapferkeit", sondern setzt statt se vielmehr *inter se.* Cf. „Warum zankt ihr euch" cur *inter vos* altercamini? „Die Verschworenen blickten sich heimlich an" coniurati *inter se* aspexerunt. „Diese Ansichten widersprechen sich" hae sententiae *inter se* repugnant. (Ausnahmen selten und nur dann, wenn die handelnden Subjekte als eine Gesamtheit gedacht werden, die sich selbst zum Objekt einer Thätigkeit macht, z. B. Caes. b. g. 5, 38, 5; 2, 25, 1; 7, 28, 3; 6, 37, 10).

1) Homines *inter se* (od. *alius alium* od. *alii alios*) amare debent (od. *homo hominem* am. debet). *Inter nos* aspeximus od. *alius alium* oder, wenn von nur zwei Personen die Rede ist, *alter alterum* aspeximus. Milites ad virtutem *inter se* (*alius alium*) cohortati sunt (od. *miles militem* — cohortatus est). 2) Cum Xerxes ingentem exercitum Hellespontum traduxisset, Graeci inimicitiis, quas *inter se* exercuerant, compositis arma contra barbarum tulerunt. 3) Athenienses, tantum aberat, ut concordia *inter se* coniuncti salutem publicam augerent, ut saepe *inter se* obtrectarent magisque *inter se ipsos* inviderent quam ceteris hominibus. 4) Scipio et Hannibal virtute bellica pares *inter se* (od. *alter alteri*) fuerunt. 5) Exercitus non plus quingentos passus *inter se* aberant. 6) Vir et uxor

ex animo *inter se* amare debent. 7) Cleopatra et Antonius superare luxuria *inter se* studuerunt. 8) Eteocles et Polynices certamine singulari *alter alterum* hastis transfoderunt. 9) Piratae etiam ignoti *inter se alii alios* adiuvabant. 10) Res publica *nos inter nos* coniunget. 11) Non omiserunt spem fore, ut res publica *se inter ipsos* reconciliaret. 12) *Aetas aetati* succedit. *Dies diem* trudit. 13) *Virtus virtuti* tam similis est quam *vitium vitio*. Cf. auch: Manus manum lavat. Diem ex die exspectavi. Vir virum amplexus detrahebat equo. Hominem hominis incommodo suum augere commodum contra naturam est. Moriens e domo in domum migrare videbatur. Tribunus tribunum, centurio centurionem, eques equitem, pedes peditem accepit. 14) Tenebrae tantae quondam eruptione Aetnaeorum ignium finitimas regiones obscuravisse dicuntur, ut per biduum nemo *hominem homo* agnosceret. 15) *Alii aliud* placet od. *aliis alia* placent. 16) *Alius alia re* utilior est. 17) De iisdem rebus *alias aliter* iudicas. 18) *Alius aliunde* venit. Solche allgemeine Einteilungssätze wie: „Der eine thut dieses, der andere jenes" drückt der Lateiner mit besonderer Kürze durch einen einzigen Satz aus, indem er zu *alius* ein zweites *alius* in verschiedenen Kasus oder die Adverbien *aliter, alias, alio, alibi, aliunde* fügt; also: Alius aliud agit = alii alia agunt. Alii aliter vivunt. Selten hat der Lateiner die dem Deutschen entsprechende umständliche Ausdrucksweise (z. B. Cic. Br. 186; Top. 79; Leg. 2, 47).

237. Während *inter se* als reciprokes Pronomen „einander, gegenseitig" bedeutet und die Gleichzeitigkeit zweier Handlungen bezeichnet, heißen **invicem** (unciceronianisch) und **vicissim** entweder „abwechselnd, wechselweise" (d. h. „dann der eine, dann der andere") oder „umgekehrt, hinwiederum", bezeichnen also eine Abwechslung, Ablösung, z. B. Homines *vicissim* dormiunt et vigilant. Defatigatis *invicem* integri succedunt. Etrusci multis *invicem* casibus victi victoresque fuerunt. Terra florere, deinde *vicissim* horrere potest. Subtilitatem orator ab Academia mutuatur et ei *vicissim* reddit ubertatem orationis. Cum ipse dixerim, te *vicissim* volo audire. Quidquid iustum est, id etiam honestum *vicissim*que, quidquid est honestum, id etiam iustum. — **Mutuo** und das Adjektiv **mutuus** bezeichnen eine solche Gegenseitigkeit, aus welcher eine Verbindlichkeit oder die Verpflichtung zur Vergeltung hervorgeht, daher es besonders vom Borgen und Leihen und gegenseitigen Liebesdiensten überhaupt steht, z. B. Pecuniam mutuam dare; mutua beneficia; mutuus amor; fac valeas meque mutuo diligas. Seltener hat mutuo die schlichte Bedeutung von vicissim (z. B. Aestus maritimi mutuo accedentes et recedentes).

Anm. 1. Es ist zwar wahr, daß schon bei Livius (6, 24, 7; 9, 43, 17) *invicem* und *vicissim* die Bedeutung „einander, gegenseitig" haben, doch liegt kein Grund vor, weshalb wir uns beim Lateinschreiben nicht an den klassischen Gebrauch halten sollten.

Anm. 2. Das Adjektiv *alternus* bezeichnet die regelmäßig fortgehende (umschichtige) Abwechslung zwischen zweien, z. B. alternis diebus „einen Tag um den andern, alle zwei Tage"; alterni versus „Distichen"; alternis (sc. vicibus) canere (unklassisch alternatim).

## 2. Pronomina demonstrativa.

238. 1) **Hic** (ὅδε) ist das Demonstrativ der 1. Person; es weist auf einen Gegenstand hin, welcher entweder leibhaftig vor den Augen des Redenden steht, oder von dem er mit solcher Lebhaftigkeit spricht, daß derselbe dem geistigen Auge als gegenwärtig vorschwebt. *Hic* bezeichnet also das, was dem Redenden räumlich, zeitlich oder dem Gedanken nach das nächste ist: *hic* homo ist zuweilen geradezu gleich ego. Cf. *Hic* locus „diese Stelle, wo ich bin (oder wir sind)"; *hic* Laelius „der hier anwesende Lälius"; *hic* dies „der heutige Tag"; *haec* tempora, *hi* mores „die jetzigen Zeiten, die heutigen Sitten"; *haec* causa „die vorliegende Rechtssache"; per *hos* annos „in den letzten Jahren"; *hic* liber „die vorliegende Schrift"; *hoc* imperium „unser Reich". Nihil malo quam *hanc* vitam relinquere. Per *hanc* dextram obtestor te, ut *hos* caros habeas. Capitolium saxo quadrato substructum est, opus vel in *hac* magnificentia urbis („bei der jetzigen Pracht der Stadt") conspiciendum.

2) **Iste** (*οὗτος*) **ist das Demonstrativ der 2. Person; es bezeichnet, namentlich in Reden und Briefen, alles, was dem Redenden örtlich oder zeitlich oder in der Vorstellung gegenüber und in solcher Beziehung steht, daß er es mit *tu* (*vos, tuus, vester*) anreden könnte: iste ist zuweilen geradezu gleich tu oder tuus.** Cf. *Iste* locus „diese Stelle, wo du bist (oder ihr seid)"; *ista* subsellia vacuefacta sunt „die Bänke in deiner Nähe". *Isto tuo* beneficio minuisti rei publicae maiestatem. *Ista*, quae *vos* dicitis, sunt tota commenticia. Quamdiu etiam furor *iste tuus* nos eludet? Desinite tandem furere; quis *istum* furorem diutius tolerare potest? Auch wechselt *tuus* mit *iste*, z. B. Me *tuus* sonus et suavitas *ista* delectat.

3) **Ille** (*ἐκεῖνος*) **ist das Demonstrativ der 3. Person; es bezeichnet das, was dem Redenden nach Raum oder Zeit oder in der Vorstellung entfernt liegt,** z. B. *Ille locus* „die dortige Stelle"; *illa* tempora „jene vergangenen (damaligen) Zeiten"; *illi* consules „die damaligen Konsuln", *illae* artes „die bereits erwähnten Künste". Si *illos*, quos iam videre non possumus, neglegis, ne *his* quidem, quos *vides*, consuli putas oportere? Catulus non antiquo *illo* more, sed *hoc* nostro fuit eruditus. Quae *illa* scelera vidistis „was habt ihr damals Verbrecherisches gesehen!"

Anm. 1. In Beziehung auf die Worte des Redenden selbst dient *hic* nicht nur zur Angabe dessen, was er im Augenblicke sagt oder soeben gesagt hat (z. B. *Hoc* dico; *haec* habui, de amicitia quae dicerem), sondern es dient auch zur Ankündigung von etwas Folgendem, z. B. In *hunc* modum locutus est „er sprach in folgender Weise"; verba eius *haec* fuerunt; *hoc* contendo „ich stelle folgende Behauptung auf"; *his* verbis usus est; eius belli causa *haec* fuit u. s. w. Soll jedoch das Folgende dem Vorhergehenden nachdrücklich gegenübergestellt oder entgegengestellt werden, so wird „jenes, das Nachfolgende" mit *illud* oder *illa* eingeführt, z. B. *Hoc* quidem durum est et acerbum, *illud* vero ferri non potest.... Sed *hoc* (das eben Gesagte) commune vitium, *illud* (das Folgende) Epicuri proprium, quod censet.... Sed *haec* leviora, *illa* vero gravia. Cum multa dura sunt, tum *illud* imprimis, quod....

Anm. 2. Die Neutra **hoc, illud, id** (auch *sic* und *ita*) werden oft so gebraucht, daß sie auf einen folgenden Gedanken, welcher die weitere Ausführung (**Epexegese**) enthält, vorbereiten; besonders häufig weisen sie so auf einen Inf. oder Acc. c. inf., oft auch auf konjunktionale Nebensätze hin, z. B. *Hoc* maxime laudabile est, semper aliquid pro re publica facere. *Illud ipsum* eum delectabat, peccare. Inter omnes *hoc* constat, virorum esse fortium toleranter dolorem pati. *Illud* intellego, omnium ora in me conversa esse. *Illud* vereor, ne quosdam privata amicitia Iugurthae transversos agat. (*Ita* ad me scripsit, sibi meam commendationem maximo adiumento fuisse.) Cf. auch 369, Anm. 1.

Anm. 3. **Ille** (fast stets nachgestellt) weist oft auf eine allbekannte Sache hin, z. B. Socrates *ille* „der wohlbekannte, berühmte S.". *Illa* severa Lacedaemo. Medea *illa* quondam ex Ponto profugit; notus *ille* Ephialtes „jener berüchtigte Ephialtes". Aus dieser Bedeutung von ille erklärt es sich, wie es mit *hic* verbunden werden kann, z. B. *Hoc illud* est („dies ist der bekannte Ausspruch"), quod Pisistrato a Solone responsum est. *Hic ille* est „das ist der bekannte". *Hic ille* egregius annus nunc instat. — Auch beachte man, daß deutsche Ausdrücke wie „ein Mann wie Horaz; ein so ausgezeichneter Dichter wie Sophokles; Leute wie die Eburonen; ein so tapferes Volk wie die Spartaner" im Lateinischen heißen: Horatius *ille*; praeclarus *ille* poeta Sophocles; Eburones *illi* (verächtlich *isti*); fortissimus *ille* Lacedaemoniorum populus. Cf. 179. — Besonders gebräuchlich sind Ausdrücke wie: **illud** Platonis oder *illud* Platonicum „der bekannte Ausspruch des Plato"; *illud* Homeri oder *illud* Homericum; laudatur a doctis *illud* Hesiodīum, quod eadem mensura reddere iubet, qua acceperis, aut etiam cumulatiore, si possis. (Dieses *illud* wird, wo ein anderer Kasus als der Nom. oder Acc. erforderlich ist, durch *id quod dictum est ab aliquo* ersetzt, z. B. „Dies geht aus dem herrlichen Ausspruche des Horaz hervor" hoc apparet *ex eo, quod ab Horatio praeclare dictum est.*)

Anm. 4. **Iste** hat oft den Nebenbegriff des Verächtlichen und Verhaßten, weil es auch in dem gerichtlichen Sprachgebrauche von dem Gegner, zu welchem der Redner sich hinwendet, gebraucht wird, wie Cicero in den Reden gegen Verres *iste* fast ausschließlich von Verres gebraucht. Exponam vobis nunc, Quirites, ex quibus generibus hominum *istae* copiae comparentur. Mars alter, ut *isti* („diese Leute") volunt. (Daß umgekehrt *iste* auch lobenden Sinn haben kann, beweisen Stellen wie: Cum *ista* sis auctoritate, non debes, M. Cato, arripere maledictum ex trivio.)

Anm. 5. Im Deutschen wird öfters bei Hinweisung auf etwas ganz Bestimmtes „solcher" gebraucht statt „dieser", z. B. „Auf solche Weise, solches sprach er" u. a.: im Latei=

nischen *talis* nur im Sinne der Verallgemeinerung, z. B. *tali* modo „so ungefähr“ gegen *hoc* modo (= *ita*) „so“; *talia* dixit „so etwas, das etwa“ gegen *haec* dixit „dies sagte er, dies waren seine Worte“, (auch) *haec taliaque* cum dixisset neben haec atque eiusdem generis complura . . pronuntiantur).

239. Der klass. Prosa sind nur die Formen *huiusce* (am häufigsten), *hisce* (Dat. u. Abl.), *hosce* u. *hasce* geläufig. Durch Anfügung von *-ce* wird die deiktische Kraft der Pronomina erhöht. Häufig verwendet Cicero auch das deiktisch verstärkte *istuc* (st. istud), vereinzelt Neutr. Pl. *istaec*.

240. **Bei Hinweisung auf zwei bereits genannte Gegenstände bedeutet hic „der letztere“, ille „der erstere“**, z. B. Ignavia corpus hebetat, labor firmat; *illa* maturam senectutem, *hic* longam adulescentiam reddit. Caesar beneficiis atque munificentia magnus habebatur, integritate vitae Cato; *ille* mansuetudine et misericordia clarus factus, *huic* severitas dignitatem addiderat. Nicht selten aber werden die Beziehungen geradezu umgekehrt, von guten Schriftstellern jedoch nur dann, wenn der zuerst genannte und dennoch mit *hic* bezeichnete Gegenstand wenigstens dem Gedanken und den Verhältnissen nach dem Sprechenden näher steht. Danach beurteile man folgenden ciceronianischen Satz: Cave *Catoni* anteponas *Socratem*; *huius* enim facta, *illius* dicta laudantur (dem Redenden steht Cato räumlich und zeitlich näher als Sokrates). Bei Livius: Melior tutiorque est certa pax quam sperata victoria; *haec* (i. e. pax) in tua, *illa* (i. e. victoria) in deorum potestate est (Hannibal wünscht den Frieden, daher *haec*).

Anm. 1. Ohne Beziehung auf zwei genannte Nomina heißt **hic-ille**, wenn sie einander gegenübergestellt sind, „der eine — der andere“ von einer vorher bezeichneten Klasse, z. B. Homines alii aliis studiis ducuntur; *hic* honoribus petendis operam dat, *ille* quaestui deditus est.

Anm. 2. Wo die Beziehung von selbst klar ist, kann für „der erstere — der letztere“ auch *alter — alter* genommen werden, z. B. In civitate plurimum possunt gratia et eloquentia, quarum *alteram* („die letztere“) vereor, *alteram* metuo. Wo es dagegen auf schärfere Bestimmung ankommt oder wo hic und ille schon in demselben Satze verwendet sind, kann man statt hic — ille auch *prior — posterior* oder *superior — inferior* gebrauchen, z. B. Cum duo sint genera decertandi, unum per disceptationem, alterum per vim, cumque *illud* proprium sit hominum, *hoc* beluarum: confugiendum est ad *posterius*, si uti non licet *superiore*.

241. **Hoc** (id, illud) dico „soviel (oder nur soviel) sage ich“, **hoc** (id, illud) constat „soviel (oder nur so viel) steht fest“: der Nachdruck liegt auf dem Begriff „soviel“, indem eine bestimmte Thatsache oder ein einzelner Punkt mit Nachdruck hervorgehoben wird. Dagegen **tantum** dico „ich sage nur“; **tantum** constat „es steht nur fest“: der Nachdruck liegt auf dem Begriff „nur“. Cf. *Hoc* dico (oder *hoc* constat) virorum esse fortium toleranter dolorem pati. Illa omnia mitto: *hoc* dico.... Multis argumentis nunc non utor: *hoc* dico, te verum accusatorem esse non posse. Nihil dico arroganter, *tantum* dico totos dies atque noctes de re publica me cogitare. Cic. Verr. 1, 155; Phil. 2, 20; Mur. 78. *Hoc* scio „(nur) soviel weiß ich“; *tantum* scio „ich weiß nur“. — 1) *Hoc* dico, mollitiam huius aetatis multo maiorem esse, quam quae maiorum temporibus fuit. 2) *Hoc* dico, praecepta Academicorum alia fuisse atque Stoicorum; utra meliora vel rectiora fuerint, hic tecum non ambigo.

242. Das Demonstrativ **hic**, (weniger oft *ille* und *iste*), in Verbindung mit einem attributiven Adjektiv nimmt gern des Nachdrucks, zuweilen auch des Rhythmus wegen ein stark hervorhebendes **tam** zu sich. Also *hic tam* immensus campus; *hae tam* variae artes; *illud tam* parvum regnum; (statt *magnus* tritt alsdann *tantus*, statt *multi tot* ein, z. B. *tantus hic* vir, *haec tot* exempla). In derselben Weise findet sich *tam* auch neben **tot** (z. B. *Tot tam* opulenti tyranni, *tot tam* efferatae gentes, *tot tam* praeclari imperatores), neben Relativen (z. B. *quibus tantis* rebus) und Fragewörtern bes. in indirekten Fragen, z. B. Omitto, *cuius tam* inhumani et ingrati animi fuerit ....... tyrannum inveniri. *Quae tanta* fuit contentio, quam ego non susceperim? — 1) Quoniam *hanc tantam* cladem accepimus, quamvis iniqua condicio pacis tolerabilior quam bellum videtur esse. 2) *Hoc*

*tantum* bellum, *tam* vetus, *tam* late dispersum quis unquam arbitraretur ab uno imperatore confici posse? 3) Una et consentiens vox est Caesarem rei militaris peritia atque prudentia civili ceteros omnes Romanos longe superasse; sed *hic tantus* vir litteris quoque operam magnopere dedit librisque conscriptis insignem laudem tulit.

243. Nein, die Substantiva *vir, viri* und *poetae* sind zu streichen. Denn im Lateinischen wird das bloße Demonstrativ (*hic, is, ille*) gebraucht, wo wir im Deutschen auf ein vorhergehendes *Nomen proprium* durch die Gattungsbegriffe und Titel „dieser Mann, diese Frau, dieser Dichter, dieser Fürst (Feldherr, Gelehrte, Redner u. s. w.), dieser berühmte Philosoph, dieser große Staatsmann, diese unglückliche Königin" u. s. w. ohne besonderes Gewicht und nur zur Erinnerung an die schon genannte Person zurückweisen. Wenn also z. B. von Krösus die Rede war und dann gesagt wird: „wenn wir nun bedenken, daß dieser Fürst — — —", so sagt der Lateiner nur *eum*, stärker *illum*. Cf. Apud Helvetios longe nobilissimus fuit Orgetorix; *is* („dieser Mann") coniurationem fecit. De Pompeio ita dicam, ut iusta laus *ei* („diesem Manne, diesem Feldherrn, diesem großen Staatsmanne" u. ä.) tributa videatur. (Ausnahmen nur bei besonderer Hervorhebung der Bedeutung der Person.)

Anm. 1. Ebenso meidet es der Lateiner, einen Eigennamen in einem neuen Satze ohne zwingenden Grund zu wiederholen; er gebraucht dafür einfach teils *is* teils *ille*.

Anm. 2. Das deutsche „das bezeugt, davon ist Zeuge, davon legt Zeugnis ab, dafür dient zum Beweise" heißt lateinisch (ohne hinzugefügtes Demonstrativ) *testis est, indicio est, declarat* u. ä., selten *eius rei* testis oder testimonium est, (aber bei relativem Anschlusse stets *cui rei* indicio est, *cuius rei* testis est).

244. Neocles, pater Themistoclis, generosus fuit; *is* uxorem Halicarnasiam civem duxit; ex *ea* (od. *qua*) natus est Themistocles. *Is* (od. *qui*) cum parentibus minus esset probatus, quod liberius vivebat, a patre exheredatus est. *Quae* contumĕlia eum non fregit, sed erexit; *quo* factum est, ut brevi tempore illustraretur. In historischer Erzählung verwendet der Lateiner das Pronomen hic nur selten für das deutsche „dieser", nämlich nur dann, wenn der betreffende Gegenstand entweder im Sinne von „dieser letztere" einem anderen Gegenstande gegenübergestellt wird, oder wenn ein Gegenstand nachdrücklich als ein gegenwärtiger hervorgehoben und gleichsam vor die Augen gerückt werden soll (= „dieser, von dem wir hier jetzt reden, der jetzt den Gegenstand unserer Darstellung bildet"). Wenn aber das deutsche „dieser" in der Erzählung schlechtweg auf einen ebengenannten Gegenstand zurückweist, so gebraucht der Lateiner *is* (stärker *ille*) oder das verknüpfende Relativ *qui*.

## 3. Pronomina determinativa (is, idem, ipse).

245. Das Pronomen is bedeutet:

a) „derselbe, der, dieser, der genannte, er", wenn auf etwas schon ausdrücklich Genanntes oder hinlänglich Angedeutetes (Personen oder Sachen) zurückgewiesen wird, um an dasselbe einfach wieder zu erinnern oder auch um es näher zu bezeichnen, von anderem zu unterscheiden und hervorzuheben, z. B. Servus meus aufugit, *is* est in provincia tua. Multitudo Philopoemenis sententiam exspectabat; praetor *is* tum erat et omnes *eo* tempore auctoritate anteibat. Cf. 243 und 244.

Anm. 1. In Sätzen wie: „Cicero hatte viele Freunde, unter ihnen den Atticus und Sulpicius" wird das deutsche „unter ihnen" (oder „darunter"), welches nach Angabe des Gattungsbegriffs einzelne als unter denselben gehörig namhaft macht, gewöhnlich durch *inter quos, in quibus, (ex quibus), in his*, seltener (meist unklassisch) durch *in eis, ex eis, inter eos, in his etiam* u. dergl. übersetzt.

Anm. 2. Als eigentümlich ist zu merken, daß in Bezug auf eine schon genannte Person statt des einfachen *is* mit stärkerem Nachdrucke die Substantiva *homo, vir, mulier* (aber allemal ohne Hinzufügung von *hic* oder *ille*) gesetzt werden. z. B. Cic. Att. 6, 1, 2 Nihil enim a me fit cum ulla illius (sc. Appii) contumelia; tantummodo dissimilitudo meae ratio-

**nis offendit *hominem*. Weitere Beispiele dieses besonders in der Umgangssprache beliebten Gebrauches bei Kühner-Stegmann § 118 Anm. 1 (I S. 618).**

b) „derjenige, der", wenn es durch einen folgenden Relativsatz näher erklärt wird, z. B. Caesar in Germaniam legatos misit ad *eas* civitates, quas superioribus annis pacaverat. In omni Gallia *eorum* hominum, qui aliquo sunt honore, genera sunt duo. (Der Relativsatz kann auch voranstehen, cf. 260.)

c) „ein solcher, derartiger, von der Art", wenn es auf einen folgenden Konsekutiv- oder Komparativsatz hinweist, z. B. Non *is* sum, ut mea me maxime delectent. *Ea* est gens Romana, quae victa quiescere nesciat. Ego *is* sum, qui nihil unquam mea potius quam meorum civium causa fecerim.

246. Statt *is — qui* steht selten *hic — qui*, jedoch nur dann, wenn der Redende den Gegenstand als einen gegenwärtigen nachdrücklich hervorheben und gleichsam konkret vor die Augen stellen will. Cf. auch: *His*, quae sunt, legibus non paruistis „den hier bestehenden Gesetzen"; cum *his*, qui sedent, iudicibus.

247. Gewöhnlich wird is nur dann weggelassen, wenn es unbetont ist und mit dem Relativ in demselben Kasus steht; seltener und auffälliger ist die Auslassung bei Ungleichheit der Kasus. Daher dürfte nur in dem ersten der vorgelegten Sätze is ausfallen. Cf. jedoch: Xerxes praemium proposuit, *qui* (= *ei qui*) invenisset novam voluptatem. Maximum est periculum, *qui* (= *iis qui*) maxime timent. Miseranda vita, *qui* (= *eorum qui*) se metui quam amari malunt. Inter philosophos constat, *qui* (= *eum qui*) unam habeat, omnes habere virtutes. Cf. Caes. b. g. 6, 22, 2; 1, 30, 5; 5, 31, 6; 4, 2, 1; 2, 11, 4. b. c. 1, 76, 4; 2, 25, 6; 3, 78, 4.

Anm. 1. Regelmäßig fällt *is* in allgemeinen Gedanken und Sentenzen weg, wo auch wir neben „derjenige, welcher" einfach „wer" oder „jeder, wer" sagen, z. B. Maximum ornamentum amicitiae tollit, *qui* ex ea verecundiam tollit. Sapienter cogitant, *qui* temporibus secundis casus adversos reformidant. *Quem* nunc demulcet, mox est laesura voluptas. Terra nunquam sine usura reddit, *quod* accepit. — Dagegen darf *is* nicht fehlen, wenn von bestimmten Personen oder Sachen die Rede ist oder der Demonstrativbegriff bedeutsam ist, besonders wenn derselbe nach dem Relativsatze steht, z. B. Hostis apud maiores nostros *is* dicebatur, *qui* nunc peregrinus dicitur. Accusant *ii*, *qui* in fortunas huius invaserunt „gerade diejenigen Leute, welche . . ." A quo plurimum sperant homines, *ei* potissimum inserviunt.

Anm. 2. In Sätzen wie: „Ich habe den greisen Q. Maximus, denselben welcher Tarent wiedererobert hat, in meiner Jugend wie einen Altersgenossen geliebt", „Für einen Redner wurde Q. Metellus gehalten, derselbe welcher im punischen Kriege Konsul war" wird „derselbe welcher", welches eine bekannte Thatsache oder eine zur historischen Orientierung des Lesers dienende Nebenbemerkung hinzufügt, nicht durch *idem qui*, sondern durch **is qui** übersetzt. Cf. Novisti Epicurum *eum, qui* omnia ad voluptatem referenda esse voluit. Florebat etiamtum *ea quae* paulo post incendio deleta est Carthago. Filius L. Pisonis erat *eius, qui* primus de pecuniis repetundis legem tulit. Cf. 17. a.

248. Da das Pronomen is fast regelmäßig ausfällt, wenn es bei einem zweiten Verbum oder Substantiv das beim ersten stehende Nomen im gleichen Kasus wiederholen würde, so sind die Sätze folgendermaßen abzuändern: 1) Virtus amicitias conciliat et conservat od. virtus amicitias *et* conciliat *et* conservat. (Ausnahmen nicht gerade selten, z. B. Caes. b. c. 2, 3, 3 Massilienses certiores facit *eosque* hortatur; 2, 9, 2; 10, 3. Cic. leg. 1, 42; off. 3, 47; Cat. m. 54; Verr. 1, 46; 4, 103 u. ö.) 2) Avium et pennae et ossa aëre repleta sunt. 3) Caesar Pompeium ad Pharsalum devicit atque (ja nicht ac vor folgendem Vokale!) usque in Aegyptum persecutus est. 4) Prisci Graeci Cererem legiferam *et* vocabant *et* venerabantur. — (Zuweilen wird is im zweiten Gliede sogar bei Ungleichheit der Kasus weggelassen, z. B. Vercingetorix su*is* tuba signum dat atque ex oppido eduxit „und führte sie hinaus").

249. 1) Dux hostium captivos produci, *productos*(que) in tentorio suo occidi iussit. 2) Parare libertatem magnum sine dubio est atque illustre, neque ita rarum; *partam* tueri maximum et rarissimum est facinus.

3) Latrones viatorem occiderunt, *occisum* ex arbore suspenderunt. 4) Athenienses miserunt Delphos consultum, quidnam facerent de rebus suis; *consulentibus* Pythia respondit, ut moenibus ligneis se munirent. 5) Vercingetorix omnem ab se equitatum noctu dimisit; *discedentibus* mandavit, ut suam quisque civitatem adiret. 6) Pisistratus carmina Homeri dispersa antea atque confusa collegisse, *collecta* disposuisse dicitur. 7) Mohammedes Meccanorum civitate potitus gentes vicit finitimas, *victas* igni ferroque, ut ad sua (od. ipsius) sacra se applicarent, compulit. 8) Philippus Olynthiorum urbem non tam vi armorum quam proditione captam militibus diripiendam permisit, *direptam* delevit.

Anm. Übrigens hüte man sich vor zu häufiger Anwendung dieses Gebrauches; derselbe ist bei Livius häufig, aber bei Cicero selten.

250. 1) Classis Britannorum maior est quam Gallorum **oder** quam classis Gallorum (**ja nicht** quam *ea* Gallorum!). Wenn ein und dasselbe mit einem Attribut versehene Nomen im gleichen Kasus zweimal im nämlichen Satze oder in zwei eng zusammenhängenden Sätzen erscheinen sollte, so fällt es an zweiter Stelle vor dem Genitiv oder einem dessen Stelle vertretenden Attribute ohne jede Hinweisung weg. Im Deutschen gebrauchen wir an zweiter Stelle das Pronomen „der, die, das", z. B. „Die Stücke des Terenz lese ich lieber als die des Plautus" Terentii fabulis magis delector quam Plauti. Necessitatis inventa antiquiora sunt quam voluptatis „als die des Vergnügens". Portus, qui Menelai dicitur. Selbst wenn der Kasus des gemeinsamen Nomens das zweite Mal ein verschiedener ist, fällt das Nomen meistens einfach weg, z. B. Quis potest conferre vitam Trebonii *cum Dolabellae* (sc. vitā)? Intellego ex unius tua vita pendere *omnium* (sc. vitam). Es geschieht jedoch nicht selten, daß das gemeinsame Nomen wiederholt wird, besonders wenn der Kasus desselben das zweite Mal ein verschiedener ist, z. B. Nulla est celeritas, quae possit *cum animi celeritate* contendere. Omnium animantium figuram vincit *hominis figura*; — oder statt des Genitivs wird das abgeleitete Adjektiv gesetzt, z. B. Terentii fabulis magis delector quam *Plautinis* (oder durch eine Verkürzung: quam *Plauto*). Platonis libri non multum dissident *ab Aristoteleis* (od. *ab Aristotele*). Rhenus agrum Helvetiorum *a Germanis* („von dem der Germanen") dividit. Videtisne captivorum orationem *cum perfugis* („mit derjenigen der Überläufer") convenire? Hoc non solum ex hominum more, sed etiam *ex bestiis* (= ex bestiarum more) intellegi potest. Diese verkürzte Ausdruckweise heißt **Comparatio compendiaria** (cf. 551, 21). 2) Dei praeceptis magis parendum est quam hominum **od.** humanis **od.** quam praeceptis hominum (**ja nicht** quam *iis* hominum!). Corpus dormientis iacet ut mortui. 3) Syracusarum urbis pars una dicebatur Insula; in ea erant aedes sacrae complures, sed duae longe ceteris antecellebant: Minervae una et altera Dianae. 4) Gladii equitum Romanorum longiores erant quam peditum, ut ex equis contingere hostes possent. 5) Mores Romanorum moribus Graecorum multis in rebus dissimiles fuisse constat.

Anm. Das Demonstrativ (*hic, ille, iste*) tritt nur dann zu dem Genitiv, wenn eine nachdrückliche Hinweisung auf einen im Vorhergehenden schon besprochenen oder allbekannten Gegenstand stattfindet, z. B. Nullam virtus aliam mercedem desiderat praeter *hanc* laudis et gloriae „außer dem eben erwähnten (od. in Rede stehenden) Lohne des Ruhmes". Cum omnis arrogantia odiosa est, tum *illa* ingenii multo molestissima. Haec non tam acrem diligentiam desiderant, quam est *illa* poetarum „wie die allbekannte der Dichter".

251. 1) *Ea* (*tanta*) ira mihi minatus est, quae (quanta) etiam placidissimos exacerbaret. Wenn bei Substantiven, welche durch einen nachfolgenden Relativ- oder Konsekutivsatz erst näher bestimmt werden, der deutsche unbestimmte Artikel **„ein"** den Sinn von **„ein solcher, ein so großer"** hat, so ist derselbe im Lateinischen stets durch **is**, (*ille*), **tantus** zu übersetzen, z. B. Videndum est, ut *ea* liberalitate utamur, quae noceat nemini. Habetis *eum* consulem, qui decretis vestris parere non dubitet. Ariovistus *tantos* sibi spiritus sumpserat, ut ferendus non videretur „einen Übermut, der ihn unerträglich erscheinen

ließ". Parta *tanta* victoria est, ut populus omnia consequi posse sibi videretur „es wurde ein Sieg erfochten, welcher das Volk glauben ließ, . .". Im Plural fehlt in diesem Falle im Deutschen der Artikel, z. B. Caret *eis* vitiis („er ist frei von Fehlern"), quibus alii non facile possunt obsistere. Hic locus nunquam vacuus fuit ab *eis*, qui vestram causam defenderent („von Männern, welche"). Rustici in *iis* elaborant, quae nihil omnino ad se pertinere sciunt („in Dingen, welche"). 2) Persuade tibi patrem (tuum) *eo* amore te prosequi, quo nihil maius cogitari possit. 3) Facile *is* imperator exercitum potest continere, qui se ipsum continet. *Id* aetatis es, ut, quid rebus tuis conveniat, ipse videre possis. 4) Titus Pomponius Atticus, cum *ea* aetate viveret, qua res publica Romana bellis domesticis vexabatur, cavit, ne civilium dissensionum bellorumque particeps esset. 5) Nemo est, quin *eam* doctrinam, quae laude virtutis careat, parvi aut nihili haberi facile videat. 6) Isocrates, quamquam luce forensi caruit, tamen *eam* gloriam assecutus est, quam mea quidem sententia nemo orator postea est adeptus. 7) Hannibal, ubi in Galliam cisalpinam advenit, statim *tanta* industria, celeritate, fortitudine, consilio uti coepit, quanta vix in ullo umquam imperatore fuerunt.

252. 1) Homo memoriam habet *eamque* (oder *et eam* od. *atque eam* od. *et eam quidem*) infinitam. Um die nähere Bestimmung eines Begriffes mit Nachdruck hervorzuheben, wird das deutsche **„und zwar,** (und das, und noch dazu)" statt durch ***et quidem, ac. quidem*** oft auch durch **et is, isque, atque is, et is quidem**, (negat. **neque is**) ausgedrückt. Cf. Unam rem explicabo *eamque* maximam. Uno *atque eo* facili proelio caesi ad Antium hostes. Epicurus una in domo *et ea quidem* angusta quam magnos tenuit amicorum greges! Galli legionem *neque eam* plenissimam propter paucitatem despiciebant. Bezieht sich die mit Nachdruck hervorgehobene nähere Bestimmung auf das Prädikat oder den ganzen Satz, so steht in diesem Falle das Neutrum des Pronomens is, z. B. Te, Marce fili, annum iam audientem Cratippum *idque* Athenis abundare oportet praeceptis philosophiae. Apollonium doctum hominem cognovi et studiis optimis deditum *idque* a puero. 2) Columbus tribus navibus *iisque* male instructis in Americam navigare ausus est. 3) Quereris *idque* tuo iure. Parisiis nunc habito *idque* haud procul ab aede Beatae Mariae virginis. 4) Insatiabilis quaedam cupiditas discendi sciendique nobis insita est, nemo ut dubitare possit, quin natura humana ad veritatem investigandam trahatur et rapiatur *atque id* nullo emolumento provocata. 5) Da mihi quaeso cultrum *et eum* acutum. 6) Da mihi sis (cf. 310, 1) securim *nec eam* hebetem. 7) Linguam momordi *idque* (od. stärker *et momordi*, cf. Anm.) tam vehementer, ut sanguis emicet. 8) Ad defendendum Timotheum etiam Iason, tyrannus Thessalorum, Athenas venit *idque* cum magno periculo suo. 9) In L. Torquato oratore multas litteras fuisse *nec eas* mediocres, sed interiores et reconditas Cicero auctor est.

Anm. „Und zwar", auf ein Verb bezüglich, kann mit besonderer Kraft auch durch *et* mit Wiederholung des Verbs übersetzt werden, z. B. Erepti estis ex crudelissimo interitu *et erepti* sine caede. Ähnlich: gener meus *et* Piso gener „mein Schwiegersohn und zwar mein Schwiegersohn Piso". Lex est lata a tribuno *et* a Curione tribuno. Cf. 506, 1.

253. Das Pronomen ipse „selbst, er selbst (und kein anderer)" hebt einen Gegenstand im Gegensatz zu anderen nachdrücklich hervor. Daher hat es auch die Bedeutungen „von selbst, gerade, eben, persönlich, genau, allein, an sich, schon, sogar, unmittelbar, rein, wirklich, wahr, eigentlich" u. s. w. — 1) Triginta dies *ipsi* (oder auch quattuor hebdomades *ipsae*) sunt, cum avia mea mortua est. Cf. Crassus triennio *ipso* minor erat quam Antonius. Athenis decem *ipsos* dies fui. Tulliola mea praesto fuit natali suo

*ipso* die. 2) Thraces Alcibiadi ademerunt omnia, quae secum attulerat; *ipsum* capere non potuerunt. 3) Thebis in templo Herculis valvae repagulis clausae subito se *ipsae* aperuerunt. 4) Post *ipsum* proelium ingens tempestas exorta est. 5) Divitiae *ipsae* neminem mortalem beatum reddere possunt. Cf. Aliud est ars ipsa, aliud quod propositum est arti. Ignoratio rerum, e qua *ipsa* exsistunt saepe horribiles formidines. 6) In *ipso* exordio commentationis tuae res quaedam ineptae inveniuntur. Nunc dicam de accusatione *ipsa.* 7) *Nunc ipsum* (= nunc cum maxime) apud te esse velim. So auch: *tum ipsum* „gerade damals" = illo ipso tempore oder tum maxime. 8) Cato Uticae mortem *ipse* sibi conscivit. 9) Non amatis nisi vos *ipsos* (oder auch vos *ipsi*). Bei der Übersetzung des deutschen selbst ist auf den Kasus von *ipse* zu achten, welcher sich nach dem im Gedanken liegenden Gegensatze richtet, z. B. Cato manus sibi *ipse* intulit (Gegensatz: „kein anderer"). Veritas se *ipsa* defendit. Nosce te *ipsum.* Non egeo medicinā: me *ipse* consolor. Miles fratrem suum, deinde se *ipsum* interfecit. Eodem modo erga amicum affectus sum, quo in me *ipsum.* Jedoch häufig findet sich der Nom. *ipse* (*ipsi*) mit Bezug auf das Subjekt, wo der Gegensatz eigentlich einen Casus obliquus verlangte, besonders wenn ipse dem Personalpronomen vorausgeht, z. B. Non potest exercitum is continere imperator, qui se *ipse* non contineat. Nequiquam sapit sapiens, qui *ipse* sibi prodesse non potest. Zu *per me, per se* u. s. w. tritt ipse stets im Nom., z. B. Virtus *per se ipsa* placet. Aber nach *memet, vobismet, vosmet* etc. steht ipse bei den besten Schriftstellern fast stets in gleichem Kasus; (Ausnahmen nur bei stark markiertem Gegensatz, z. B. Cic. off. 1, 115; de nat. d. 3, 47; Liv. 2, 12, 7; 5, 23, 10). 10) Si nos *ipsi* laudamus, opus non est alios nos laudare. 11) Arcem per nos *ipsi* defendimus. 12) Discipuli non magistris, verum sibi *ipsis* (oder auch *sibi ipsi*) discunt. 13) Nero in sacris certaminibus ipse se victorem pronuntiare solitus est, non praeco. 14) Lentulum omnibus ac mihi *ipsi* antepono. 15) Neglegis tuum *ipse* commodum (weniger gut tuum *ipsius* commodum). Zwar heißt „mein eigenes Haus" mea *ipsius* domus, „unsere eigenen Beschlüsse" nostra *ipsorum* decreta (cf. 71, Anm. 1); aber wenn die Person des Subjekts mit der des Pron. possess. eine und dieselbe ist, so steht ipse weit häufiger im Nom. als im Gen. Cf. Eam fraudem vestra *ipsi* virtute vitastis. Non solum hostes timebat, sed suosmet *ipse* cives. Hannibal suamet *ipse* fraude captus abiit. Suis *ipsa* viribus dissolvitur tribunicia potestas. Ille imprudens suus *ipse* accusator fuit. Ex suis *ipsi* scriptis cognosci possunt. Cf. jedoch Cic. Mur. 9; Liv. 1, 28, 4; 10, 16, 4 u. öfter. 16) Carolus XII., rex Suecorum, sua *ipse* (weniger gut *ipsius*) culpa periit. 17) Vestra *ipsorum* causa hoc feci. 18) Athenienses ad bella cum Persis gerenda *per se ipsi* plures naves praebuerunt quam cuncti Graeci reliqui. 19) *Vel* (od. *etiam*) doctissimi homines errare possunt. „Selbst" = „sogar" bei Superl. nicht *ipse!* [cf. 199, 8]. 20) Sapiens *ipse per se* beatus est. 21) Robur *ipsum* exercituum Graecorum in militibus gravis armaturae fuit. 22) Demosthenes nemini *ne* Ciceroni *quidem* cedit. „Selbst nicht" = „nicht einmal" heißt **ne — quidem** (cf. 256). 23) Supra *ipsum* balneum habito. 24) Hannibal urbi Romae non semel imminens (od. vi armisque non semel minitatus est, sed) nunquam *ipsum* impetum in eam fecit.

Anm. Man hüte sich, das deutsche er selbst durch *is ipse* wiederzugeben statt durch *ipse*, z. B. Accipio, quod dant; mihi enim satis est, *ipsis* non satis („für sie selbst"). *Is ipse* heißt vielmehr eben dieser, gerade er, z. B. *Ea ipsa* ars mihi placet. *Id ipsum* cupio.

**254.** Nein; statt *iam* ist *ipsa* zu setzen. Wenn das deutsche „**schon**" soviel bedeutet wie „sogar, gleich", so ist es durch **ipse** oder vor Pronominibus und Adverbien durch **vel** zu übersetzen; *iam* hat ausschließlich temporale Bedeutung. Cf. Pompeius socios *ipso* nomine ac rumore defendit. Saepe clamore *ipso* militum magnas copias pulsas esse audivimus. Rem ita esse *vel* („schon") ex hoc intellegi potest oder *vel inde* apparet. Non solum adventus mali, sed etiam metus *ipse* affert calamitatem.

255. **Ipse quoque (oder et ipse) bezeichnet, daß einem zweiten Subjekte dasselbe Prädikat (Attribut) beigelegt wird, welches schon dem ersten zukommt,** z. B. Frater meus Romae est; ego *ipse quoque* (od. *et ipse*) propediem Romam proficiscar. Dareus, cum caedi suos videret, mori voluit *et ipse*. Scipio obvius fuit Hannibali *ipsi quoque* ad exploranda loca progresso. Credo ego vos, socii, *et ipsos* cernere. Statt *et ipse* kann auch das Adverbium **item** gebraucht werden. Zu bemerken ist, daß Cicero und Cäsar statt *et ipse* ausschließlich (?) das einfache **ipse** (oder **ipse quoque**, mit Steigerung *ipse etiam*) gebrauchen (Cic. ad Att. 8, 7, 1?; inv. 2, 7?; Caec. 58?). — **Idem drückt aus, daß demselben Subjekte zwei verschiedene Prädikate (Attribute) beigelegt werden,** z. B. Terra salutiferas herbas gignit *eademque* nocentes. Cono se contulit ad Pharnabazum, satrapem Ioniae *eundemque* generum regis. Qui fortis est, *idem* est fidens. Viros fortes *eosdem* bonos esse volumus.

Anm. *Idem* wird, wenn die an zweiter Stelle angegebene Bestimmung eine der ersteren ähnliche ist, durch „zugleich, ebenfalls, gleichfalls" übersetzt; sind aber die beiden Bestimmungen entgegengesetzt, so muß idem durch „dagegen, dennoch, trotzdem, dabei" gegeben werden, z. B. Quomodo hunc accusas, cum *idem* („da du doch") laudes illum? Alcibiades laboriosus, sed *idem* („dabei auch") luxuriosus erat. Cf. Cic. Tusc. 2, 65; 5, 30; Cat. m. 4.

256. **Etiam hat steigernde, vermehrende, hervorhebende Kraft = „sogar, auch noch, selbst"; quoque ist bloß verbindend und gleichstellend = „ebenso auch, und ebenso",** z. B. Mihi res familiaris *etiam* ad necessaria deest. Sunt quaedam officia *etiam* adversus eos servanda, a quibus iniuriam acceperis. Cum Pompilio videretur unam dimittere legionem, Catonis *quoque* filium, qui in eadem legione militabat, dimisit. Quod ego facio, tu quoque facias velim. (Daher können unter Umständen beide Partikeln verbunden werden.) **Auch kann sich *quoque* nicht auf den ganzen Satz, sondern nur auf ein einzelnes Wort beziehen, welchem es nachgestellt wird. *Etiam* kann ebensowohl vor als nach dem Worte stehen, zu welchem es gehört,** z. B. *Maiores etiam* difficultates oder *etiam maiores* difficultates (cf. 199, 6). Cic. Off. 1, 35. — **„Auch nicht" heißt ne — quidem sowohl steigernd (= „sogar nicht, selbst nicht") als auch gleichstellend (= „gleichfalls nicht"):** Nemo *ne minimum quidem* maleficium („auch nicht das kleinste Verbrechen") sine causa admittit. Mendaci homini *ne vera quidem* dicenti credere solemus. Milites, cum regem fugientem vidissent, *ne ipsi quidem* substiterunt. Quoniam post mortem nihil est mali, *ne mori quidem* est malum. (Ganz vereinzelt steht *etiam non* oder *quoque non* für ne — quidem, z. B. Caes. b. c. 3, 37, 2; Cic. nat. d. 1, 113; ähnlich Caes. b. g. 5, 52, 1 *neque etiam*.)

Anm. Der Unterschied zwischen *etiam* und *quoque* tritt auch bei dem Gebrauche von *non solum* (*modo, tantum*) — *sed etiam* und *non solum* (*modo, tantum*) — *sed quoque* hervor, indem *sed etiam* eine Steigerung enthält, *sed quoque* ohne Steigerung steht. Ferner muß bei Anwendung von *sed quoque* derjenige Begriff, auf welchen sich *quoque* („auch") bezieht, nicht hinter, sondern vor quoque gesetzt werden, z. B. Mortuo non modo honor, sed *misericordia quoque* deerit. Non cetera solum ex agris, sed *pecus quoque* omne in urbem compellebatur. Non caelestes modo caerimonias, sed *iusta quoque* funebria pontifex edocebat. — Ungenaue Stellungen der Partikel *quoque* (z. B. Cic. de Or. 1, 219 u. 2, 85; Fin. 3, 15; Liv. 10, 14, 9) od. *ne — quidem* (Caes. b. g. 3, 6, 2; Cic. off. 1, 159) berechtigen zu keiner Nachahmung.

257. 1) Quod vere pulchrum est, *idem* honestum est. Multi homines divites sunt *eidemque* miseri. Elephanti valentissimi sunt *eidemque* sagacissimi maximeque dociles. 2) Cum L. Sullae consuli Asia provincia bellumque Mithridaticum a senatu decretum esset, C. Marius, qui tum privatus grandisque natu, sed *idem* impotenti ambitione erat, utrumque ei eri-

pere conatus est. 3) Etsi tu de re publica melius quam ego meruisti, tamen me *ipsum quoque* (od. *et ipsum*) civibus haud mediocriter profuisse scito. 4) Pyrrhus, priusquam proficisci pergeret, ut milites reficeret, cum Romanis de pace agere constituit, praesertim cum non dubitaret, quin Romani *ipsi* (*quoque*) tanta clade exhausti pacem cuperent. 5) Fabius dictator fieri non posse cognovit, ut vir quamvis acer Hannibali par esset, nisi *idem* illum consilio atque calliditate adaequaret. 6) Nulla *ne* minima *quidem* aura (oder gewöhnlich *nulla minima* aura (cf. 199, Anm. 3) fluctus commovebat. 7) Iustitia *etiam* adversus infimos servanda est. 8) Equidem vehementer laetor eum esse me, in quem tu nullam contumeliam iacere potueris, quae non *eadem* ad magnam partem civium pertineret. 9) Imperator, quamvis magna belli scientia, fortitudine, auctoritate sit, tamen, nisi *idem* in rebus gerendis a fortuna adiuvabitur, ne haud raro incommodo vel clade afficiatur, periculum erit. 10) Micipsa moriens imperium Adherbali et Hiempsali filiis detulit; *simul* et Iugurtham, quem adoptaverat, Mastanabalis fratris filium, regni socium constituit. „**Zugleich**" heißt **simul** (stets Zeitpartikel), wenn es auf die Gleichzeitigkeit zweier Angaben ankommt; **idem**, wenn die Einerleiheit der Person zwei verschiedenen Angaben gegenüber hervorgehoben werden soll; **una** dem Orte nach „zusammen", häufig auch uneigentlich, um ein bloßes Zusammengehören, ein gemeinschaftliches Thun oder Leiden von Gegenständen zu bezeichnen. 11) Possum hoc loco persequi multa oblectamenta rerum rusticarum; sed *ea ipsa* (cf. 254), quae dixi, sentio fuisse longiora. 12) Primo duces Gallorum non descensuros in aequum Romanos credebant; deinde ubi degressos repente viderunt, *ipsi quoque* avidi certaminis in proelium ruerunt. 13) Ut non dicam, quanta celeritate Pompeius bellum servile confecerit: *idem* nonne brevi tempore Mithridatem devicit, Syriam in dicionem Romanorum redegit, Palaestinam tributariam fecit?

## 4. Pronomen relativum.

258. 1) In vasta planitie haud procul Augusta Vindelicorum sita, *quem* (cf. 23, 3) Lici campum appellant, Otto I. Hunnos devicit anno p. Chr. nongentesimo quinquagesimo quinto. — 2) Pittacus fuit in numero septem *qui dicuntur* (*vocantur*) sapientium oder septem *quos dicunt* (*vocant*) sapientium. Admodum admirabiles sunt motus stellarum *quae non recte nominantur* errantium. Zur Bezeichnung des deutschen „sogenannt, obenerwähnt, vorher genannt, später zu erwähnend, in Rede stehend, vorangeschickt" müssen im Lateinischen stets vollständige Relativsätze gebraucht werden, wobei das deutsche „so" nicht ausgedrückt wird. Demnach heißt „die sogenannten Hermensäulen" Hermae, quos vocant (vocabant); vestra, quae dicitur, vita mors est „euer sogenanntes Leben"; (ea), quae supra dixi „das schon oben Gesagte"; „jener obenerwähnte Zeno" ille quem (supra) diximus Zeno oder ille de quo supra dictum est Zeno; „der eben beschriebene Charakter des Mannes" ei, quos modo descripsi, hominis mores; „der schon oft erwähnte Verres" Verres, quem saepe dico oder de quo iam saepe dixi; „der weiter unten zu erwähnende Ennius" Ennius, de quo infra dicemus. Ebenso heißt: qui videtur „der scheinbare", qui putatur „der vermeintliche", liber qui inscribitur Phaedo „das Phädo betitelte Buch", liber quem aliquis ad aliquem misit „das jemandem gewidmete Buch". Cf. 440, Anm. 1. — 3) *Quam* tristem exitum habuerunt Pompeius et Caesar! Quam praeclarus aspectus, quam magnificum spectaculum! Wenn das deutsche „welcher" oder

„welch ein" in einem Ausrufe oder indirekten Fragesatze zu einem Adjektive gehört, welches es quantitativ steigert, so darf es nicht durch qui, sondern nur durch *quam* „wie sehr" übersetzt werden. — 4) Multa pollicitus est, quae non praestitit = multa pollicitus non praestitit. Acerrimus est in nobis sensus oculorum, quibus sapientiam non cernimus. Haud pauci homines multos libros coëmunt, quos non legunt. Fehlerhaft würde in diesen Sätzen *vero* oder *autem* zu dem Relativum hinzugefügt; denn die vulgäre deutsche Art, ein Relativum noch durch die Konjunktionen „aber, jedoch, indessen, freilich" ꝛc. an das Beziehungswort zu knüpfen, ist im Lateinischen nicht möglich. Nur mit *tamen* und *quidem* kann das Relativ in diesem Falle verbunden werden. NB. Ganz anderer Art sind Sätze wie: Appianus scriptor est non ita diligens, *sed qui* optimos interdum auctores secutus sit „Appian ist ein nicht gerade sorgfältiger Schriftsteller, welcher aber bisweilen" ꝛc.; res parva dictu, *sed quae* studiis in magnum certamen excesserit; probus homo, *sed qui* omnia neglegenter agat. Denn wenn einer durch ein attributives Adj. bereits angegebenen näheren Bestimmung eine andere mittels eines Relativsatzes entgegengesetzt wird, so steht *sed qui* (cf. 503, 9). — 5) Non is sum, qui opinionem animo (*meo*) conceptam leviter omitt*am*. Cf. 23, 5. — 6) Multi homines, *id quod* difficilius putatur, adversam fortunam facilius ferunt quam secundam. Cf. 23, 4.

259. Wenn zu einem in Apposition stehenden Substantiv noch ein Relativsatz tritt, so wird das Substantiv in den Relativsatz selbst hineingezogen, z. B. Amanus Syriam a Cilicia dividit, *qui mons* („ein Gebirge, welches") erat hostium plenus sempiternorum. Firmi et constantes amici eligendi sunt, *cuius generis* est magna penuria („eine Gattung von Menschen, woran großer Mangel ist").

Anm. Nur selten wird diese Attraktion unterlassen, wenn das Appositionswort nachdrücklich hervorgehoben werden soll, besonders gern bei *vir (homo)*, z. B. Summa ope restitit Decius, *vir, cui* ad summam auctoritatem nihil praeter sanam civium mentem defuit. Dictator dictus Servilius, *vir, cuius* providentiam experta civitas erat. Cf. Weissenborn zu Liv. 9, 29, 9; 1, 44, 4. — Falls die Apposition ein Attribut bei sich hat, tritt sie gewöhnlich nicht in den Relativsatz, z. B. In Isara, flumine maximo, quod in finibus Allobrogum est.

1) Gallia, *quae terra* a Pyrenaeo monte marique interno usque ad Rhenum fretumque Gallicum pertinet, vino abundat. 2) Immortalem gloriam nacta est Salamis, testis cum fuerit clarissimae illius victoriae, qua Graeci a dominatione Persarum sunt vindicati, *quae* quidem *laus* Themistoclis maxime consilio praesentiaeque animi debetur. 3) Crocodili, *quas beluas* Aegyptii olim divinis honoribus prosecuti sunt, hodie in ipsa Aegypto non iam inveniuntur. 4) Sunt qui dicant sibi nihil iuris, nullam societatem communis utilitatis causa esse cum civibus; *quae sententia* societatem omnem distrahit civitatis. 5) Numa Pompilius, *qui secundus rex* (od. *rex secundus, qui*) Romanorum imperium tenuit, regno potitus novam urbem vi et armis conditam iure legibusque ac moribus de integro condere paravit. 6) Illa nocte accidit, ut esset luna plena, *qui dies* maritimos aestus maximos in Oceano efficere consuevit.

260. Die Relativsätze haben in der gewöhnlichen Stellung ihren Platz nach dem Nomen, zu dem sie als nähere Bestimmung oder Erweiterung gehören, z. B. Artes, quae a nobis exercentur, nobis gratae sunt. Nicht selten aber wird der Relativsatz vor das Demonstrativum gestellt, um das relative Satzgefüge mehr vor das Auge zu bringen und mit Nachdruck hervorzuheben, z. B. *Qui* palam est adversarius, *eum* facile cavendo evites. Caesar, *quorum* per fines Helvetii ierant, *iis*, ut reducerent, imperat. Male se res habet, cum, *quod* virtute effici debet, *id* tentatur pecunia. Est ridiculum, *quae* sunt dubia, *ea* relinquere incerta, *quae* nemini dubia possunt esse, *ea* iudicare. Bei Anwendung dieser Stellung wird das Substantiv, auf welches sich das Relativ bezieht, ganz in den Relativsatz aufgenommen z. B. *Quae pars* civitatis Helvetiae insignem calamitatem populo Romano intulerat,

*ea* princeps poenas persolvit. *Qua nocte* Alexander natus est, *eadem* Dianae Ephesiae templum deflagravit. *Quae* gravissime afflictae erant *nares, earum* materia Caesar ad reliquas reficiendas utebatur. Dabei fällt das dem Relativum entsprechende Demonstrativ oft ganz weg; es steht gewöhnlich nur, wenn die Deutlichkeit oder der Nachdruck es erfordert, z. B. *Quae cupiditates* a natura proficiscuntur, facile explentur. *Quae* prima mihi *defensio* est oblata, suscepi. *In quem* primum egressi sunt *locum*, Troia vocatur. — 1) *Quo anno* Tarquinius Superbus Roma expulsus est, *eodem* Athenienses Hippiam civitate pepulerunt. 2) Imploremus deos, ut, *quam urbem* pulcherrimam florentissimamque esse voluerunt, *hanc* omnibus hostium copiis terra marique superatis a nefario perditissimorum civium scelere defendant. 3) *Quibus herbis* bestiae non pascuntur, (*eis*) homines saepe vescuntur. 4) Non multo post expugnata Hierosolyma imperator Vespasianus edixerat, ut, *quam pecuniam* Iudaei ex lege et more patrio singulis annis in templum Hierosolymitanum contulissent, *ea* postero tempore ad sacra Iovis procuranda Romam mitteretur. 5) *Quam* quisque norit *artem, in hac* se exerceat. 6) *Quibus diebus* praetores ius dicebant, *ii* fasti, quibus ius dicere nefas erat, nefasti dicebantur. 7) *Quo tempore* tota Europa barbariae sordibus obvoluta iacebat, non minima pars Asiae itemque Aegyptus iam diu sapientiae luce collustrabatur. 8) *Qui rex* officiis suis fungi noluerit, *ille* cives bonos fore frustra sperat. 9) Atticus familiares Antonii, *quibus rebus* indiguerunt, adiuvit. 10) *Ad quas res* aptissimi erimus, *in iis* potissimum elaborabimus. 11) Nihil fuit admirabilius, quam *quo modo* Pericles opprobria adversariorum tulit.

Anm. 1. Schon oben (199, 11) ist darauf hingewiesen, daß man in Sätzen wie: „Cäsar führte die zuverlässigsten Truppen, die er hatte, in die Schlacht" der Superlativ in den Relativsatz zu ziehen ist: Caesar copias, *quas habebat firmissimas*, in aciem eduxit. Dasselbe geschieht auch bei den Ordinalzahlen, sowie bei *unus* und *solus*, z. B. Urbs, *quam tertiam* supra nominavi „die dritte Stadt, welche ich oben genannt habe". Hostes eruperunt portā, *quae una* forte non obsidebatur „aus dem einzigen Thore, welches . . .". Libenter tibi do, *quod unum* habeo. Hannibal elephanto, *qui unus* supererat, vehebatur „auf dem einzigen Elefanten, welcher . . .".

Anm. 2. Hierher gehört auch der Sprachgebrauch, nach welchem der Lateiner den Ausdruck *pro tua prudentia* „**gemäß** deiner Klugheit (od. **bei** einer Klugheit, wie die deinige)" durch einen absoluten Relativsatz *quae tua prudentia est* oder *qua es prudentia* (oder *ut es prudens*) übersetzt, z. B. Tu *pro tua prudentia*, quid optimum factu sit, videbis. Spero, *quae tua prudentia et temperantia est*, te iam, ut volumus, valere. *Qua es prudentia*, nihil te fugiet, si meas litteras diligenter legeris. Sine mea commendatione, *quod tuum est iudicium de hominibus*, ipsius Lamiae causa studiose omnia facies. Quaecunque de tua dignitate ab imperatore erunt impetranda, *qua est humanitate Caesar*, facillimum erit ab eo tibi ipsi impetrare. Si mihi negotium permisisses, *qui meus in te amor est*, confecissem.

261. Wenn zu einem Substantiv zwei durch „und" verbundene Relativsätze gehören, so setzt Cicero zuweilen anstatt des zweiten Relativs das Demonstrativpronomen **is** mit *que* (*et, nec*) und zwar regelmäßig dann, a) wenn auf das Relativ *et — et, nec — nec, aut — aut* u. dgl. folgt (cf. Cic. Br. 258), b) wenn der zweite Satz negativ ist, weil die Verbindung *et qui non, quique non* vermieden wird (cf. Cic. Tusc. 5, 38. Ausnahme Lael. 87). — **Oft fällt das 2. Relativ einfach weg, auch wenn es in einem andern Kasus stehen müßte. Beisp. s. Nachtr.** *

262. a) **Relativverbindung.** Der Lateiner setzt sehr oft im Anfange eines Satzes zur engeren Verbindung desselben mit dem vorhergehenden das Relativ statt des unbetonten Demonstrativs; das Relativ kann in diesem Falle oft durch *et is, et hic, hic autem, is enim, is igitur* aufgelöst werden. Cf. Virtus est una altissimis defixa radicibus; *quae* nulla umquam vi labefactari potest. Nulla res vehementius rem publicam continet quam fides; *quae* esse nulla potest, nisi erit necessaria solutio rerum creditarum. Oculorum est in nobis sensus acerrimus; *quibus*

sapientiam non cernimus. Epicuri non licet oblivisci, si cupiam; *cuius* imaginem nostri familiares etiam in anulis habent.

Anm. 1. Man hüte sich also, wenn qui lediglich zum Zwecke der Satzverbindung steht, neben demselben ein *enim, autem, vero, igitur* zu setzen (cf. 258, 4). Auch *quoque* neben qui („auch dieser") verträgt sich nicht mit der relativen Natur des Pronomens statt *is* (*ille, hic*) *quoque* oder *qui ipse quoque.* — Relativverbindung findet besonders statt, wenn auf vorher angegebene Umstände, Ereignisse, Worte hingewiesen wird, und ist in manchen Übergangsformeln stehender Sprachgebrauch, z. B. *Quo in genere* „in dieser Beziehung"; *quod si* (*ita*) *est* oder *esset, quae si ita sunt* oder *essent* „in diesem Falle"; *quod nisi ita est* oder *esset* „andernfalls"; *quo fit* oder *quo factum est, ut* „daher"; *quod cum ita sit* oder *esset, quae cum ita sint* oder *essent* „unter diesen Umständen" (cf. 498); *qua re cognita, quibus rebus gestis, quae cum ille dixisset* u. ä.

b) **Relativverschränkung. Wenn der Relativsatz noch einen andern ihm untergeordneten (konjunktionalen oder indirekt fragenden oder relativen) Nebensatz bei sich hat, so werden beide dadurch miteinander verschränkt (d. h. verschmolzen), daß das Relativum der Konstruktion des untergeordneten Nebensatzes folgt, mag auch das Verbum, welches im Deutschen zu qui gehört, einen andern Kasus fordern.** Folgende Tabelle diene zur Veranschaulichung:

| | |
|---|---|
| Admiramur Alexandrum, | **qui si** diutius vixisset, totum orbem terrarum subegisset. Hier ist alles dem Deutschen gleich, wiewohl im Lateinischen qui si nicht getrennt, sondern verbunden gedacht wird. |
| " " | **cuius si** vita longior fuisset (der, wenn sein Leben länger gewesen wäre), totum orbem terrarum subegisset. |
| " " | **cui si** vita longior contigisset (der, wenn ihm ein längeres Leben beschieden gewesen wäre), totum orbem t. subegisset. |
| " " | **quem si** vivum fortuna diutius reservasset (der, wenn ihn das Schicksal länger am Leben gelassen hätte), totum orbem t. subegisset. |
| " " | **a quo nisi** deus vitam immature abstulisset (der, wenn Gott ihn nicht so früh aus dem Leben gerufen hätte), totum orbem t. subegisset. |

Cf. Aberat omnis dolor, *qui si* adesset, non molliter ferret. In mentem mihi venit Catonis, *quem cum* multi odissent, tamen adversariorum minas non pertimuit. Memini Catonis, *a quo cum* quaereretur, quid maxime in re familiari expediret, respondit: bene pascere. Multa sunt probabilia, *quae quamquam* non percipiuntur, tamen *eis* sapientis vita regitur. In hortos me Flacci contuli, *cui cum* omnis metus, exilium, mors proponeretur, haec omnia perpeti maluit quam custodiam mei capitis dimittere.

Anm. 2. Oft hat das Relativ gar keine Beziehung zu dem übergeordneten Nebensatze, d. h. es kann in demselben nicht als Demonstrativ ergänzt werden: Ea dixisti, *quae quomodo* ad hanc causam pertineant, nemo sane intellegit. Die Übersetzung solcher Sätze verursacht oft Schwierigkeit. Cf. Qualia ista bona sunt, *quae qui* habeat miserrimus esse possit „in deren Besitz man der elendeste Mensch sein kann?" Ea suasi Pompeio, *quibus si* ille paruisset, Caesar tantas opes non haberet „Ratschläge, denen er hätte folgen müssen, um den Cäsar nicht zu solcher Macht gelangen zu lassen". Epicurus non satis politus est eis artibus, *quas qui* tenent eruditi appellantur „die man inne haben muß, um gebildet genannt zu werden". Adulescens honestis artibus imbui debet, *quas* plurimum refert a quo potissimum acceperit „wobei es besonders wichtig ist, von wem er sie überkommen hat". Non is sum, *quem qui* lacessierit diu impunitus sit. Adest Sempronius, *quem si* isti ducem secuti essent, non captivi in hostium potestate essent. Noli adversus eos me ducere, *cum quibus ne* contra te arma ferrem, Italiam reliqui „mit denen ich nicht gegen dich die Waffen führen wollte und daher Italien verließ". Do tibi librum, *quem nisi* legeris iudicare non poteris „welches du gelesen haben mußt, wenn du urteilsfähig sein willst".

Anm. 3. Nur selten findet sich im Lateinischen die dem Deutschen entsprechende Form, z. B. Erant tum censores, *quibus*, si quid commisissent, poenae legibus erant constitutae. Ex hoc genere illud est Gorgiae, *qui*, cum *ex eo* quaereretur . . ., respondit. Hoc Clodius dixit, *quem*, quia iure *ei* fui inimicus, doleo a te omnibus vitiis esse superatum. Cf. Cic. Verr. 1, 27; 2, 138; Cato m. 13; Phil. 2, 17; Liv. 26, 22, 6.

Anm. 4. Treffen zwei Relative zusammen, so muß allemal das auf einen vorhergehenden Ausdruck bezügliche voranstehen.

263. 1) Nihil est optabilius animi tranquillitate; *qua* (= ea enim) qui caret, eum ne regales quidem opes quicquam iuvant. 2) Pyrrhi medicus noctu ad Fabricium venit, se Pyrrhum veneno interempturum pollicens; *quem* Fabricius vinctum reduci iussit ad Pyrrhum. 3) Ratio docet deum esse; *quo* (= eo autem) concesso confitendum est eius consilio mundum administrari. Cilix quoque ab Agenore missus erat, ut Europam quaereret; *quam* cum non invenisset, domum reverti non ausus in Cilicia consedit. 4) Ptolomaeus nunquam ederat esuriens; *cui* (= ei igitur) Aegyptum peragranti cum panis cibarius esset datus, nihil illo pane iucundius est visum. 5) Quis non omnibus rebus abstineat, *quibus* bonam valetudinem amitti noverit? 6) Depelle superstitionem; *qua* (= ea enim) qui imbutus est, quietus esse potest nunquam. 7) Plerique laborem doloremque reformidant, *quibus* (= et eis) ut careant, omnia experiuntur. 8) Patria omnium nostrum mater est; pro *qua* (= pro ea igitur) quis bonus dubitet mortem oppetere, si ei sit profuturus? 9) Anxii exspectabant reditum legatorum, *a quibus quid* impetratum esset, nuntiatum nondum erat. 10) Marcellus servare cupivit Archimedem; *quem* cum interfectum audivisset, permoleste tulit. 11) Id solum bonum est, *quo qui* potitur necesse est beatus sit. 12) Iure dixisti esse permulta, *quae* orator *nisi* a natura haberet, non multum a magistro adiuvaretur. 13) In Gallia cisalpina tum habitabant Boii Insubresque, *quas gentes* Gallicas a Romanis constat paucis annis ante subactas esse. 14) Solone vivo rerum potitus est Pisistratus, *qui quamquam* multos milites mercede conductos habebat, tamen civitati leniter eum praefuisse constat. 15) Quis non admiretur Leonidam, *cuius etsi* interitus certissimus erat, tamen in statione permansit? 16) Placet mihi ille rex, *cui cum* quidam regibus omnia honesta et iusta esse studerent persuadere, respondit: barbarorum quidem regibus. 17) Thrasybulo pro magnis meritis corona honoris a populo data est, *quam quia* amor civium, non vis extorserat, invidiam non habuit. 18) Socrates nihil mali censet esse in morte, *in qua si* sensus resideret, potius immortalitas quam mors *ea* ducenda esset. 19) Species utilitatis pepulit animum Romuli, *cui cum* solum quam cum altero regnare utilius visum esset, fratrem interemit.

264. Zur engeren Verbindung mit dem Vorhergehenden dient **quod** (adverbial erstarrter Nom. oder Akk. des Relativpronomens) namentlich in den Verbindungen **quod si** „wenn nun, wenn also" und **quod nisi** „wenn nun nicht, wenn also nicht", zuweilen auch bei *quia, etsi, quoniam, cum, ubi, ne, utinam, simulac*, z. B. Coluntur tyranni dumtaxat ad tempus; *quod si* forte ceciderunt, tum intellegitur, quam fuerint inopes amicorum. *Quod quia* nullo modo sine amicitia firmam iucunditatem vitae tenere possumus, idcirco amicitia cum voluptate conectitur. Cum scribo ad vos, conficior lacrimis sic, ut ferre non possim: *quod utinam* vitae minus cupidi fuissemus! Criminabatur M. Pomponius, quod Titum filium ruri habitare iussisset; *quod cum* audivisset adulescens filius negotium exhiberi patri, accurrisse Romam dicitur. *Quod ubi* intellexit id agi, ut filiae suae vis afferretur, servos suos ad se vocat. — Selbst vor dem Relativpronomen findet sich vereinzelt noch quod gesetzt (Cic. Phil. 10, 4, 9).

Anm. **Quod si** hat gewöhnlich die Bedeutung „wenn nun, wenn daher", jedoch auch steigernd und adversativ „selbst wenn, aber selbst wenn, selbst wenn daher", (wenn die Richtigkeit des im Vorhergehenden Behaupteten oder Bewiesenen selbst einem extremen Falle gegenüber verteidigt wird.) Es darf in diesem Falle für quod si ja nicht sin oder sin autem (cf. 381, Anm.), auch nicht etiamsi eintreten, wozu das Deutsche leicht verführen könnte.

265. In Beziehung auf die demonstrativen Wörter *talis, tantus, tot* (*totidem*), *toties, tam, tamdiu, tantopere* wird das deutsche **„als, wie"** durch die Relative **qualis, quantus, quot, quoties, quam, quamdiu, quantopere** übersetzt. Nach **idem** folgt ebensowohl das Relativum **qui** als die Konjunktion **ac, atque.** Cf. auch 507. — 1) Non speraverat Hannibal fore, ut *tot* in Italia populi ad se deficerent, *quot* defecerunt post cladem Cannensem. 2) Multi non *tales* sunt, *quales* videri se volunt. 3) Cicero Romam quoque Polyclitos Parrhasiosque habituram fuisse censet, si Romani artibus *eundem* honorem tribuissent *atque* (od. *quem*) Graeci. 4) Mercatores merces non *tantidem* vendunt, *quanti* emerunt. 5) Nemo unquam tam impudens fuit, qui a dis immortalibus *tot et tantas* res tacitus auderet optare, *quot et quantas* di immortales ipsi ad Pompeium detulerunt. 6) Xerxes Graecos *tantis* copiis aggressus est, *quantas* nemo ante viderat. 7) Servi *eisdem* moribus esse solent *quibus* (od. *atque*) domini. Hasdrubal *eodem quo* (od. *atque*) Hannibal itinere in Italiam pervenit. 8) Sapientis est *eum* (od. *talem*) esse, *quem* (od. *qualem*) ab aliis iudicari se velit. 9) Noli desperare, mi amice, te inventurum esse *talem* oratorem, *qualem* quaeris.

Anm. 1. Die korrelativen Formen entsprechen sich nicht immer genau, z. B. Subeunda dimicatio *totiens, quot* coniurati superessent (Liv. 2, 13, 2). Non *tantum — quam*: Liv. 7, 15, 10; 26, 1, 3. Cf. auch 9, 38, 4.

Anm. 2. Von dem korrelativen Vergleichsatze ist der auf talis, tantus, tot folgende konsekutive Relativsatz zu scheiden (cf. 398, b), bes. in dem Falle, wo im Deutschen das konsekutive Verhältnis nicht ausgedrückt und deshalb ein Vergleichsatz gebraucht wird, z. B. Nulla acies humani ingenii *tanta est, quae* (= ut ea) penetrare in caelum possit. *Talem* te esse oportet, *qui* primum te ab impiorum civium societate seiungas. Xenocrates legatis *tantum* apposuit, *quod* (= ut id) satis esset.

266. Die deutsche Umschreibung **„ist (war) es, welcher"**, die gewöhnlich zur bloßen Hervorhebung eines Begriffs dient, wird im Lateinischen durch Zusammenziehung der Sätze beseitigt und dadurch ausgedrückt, daß der betonte Begriff in den Satzanfang gestellt wird. — 1) Religio una humanarum rerum studium sapienter coercet. 2) Primam belli gerendi legem Lycurgus Spartiatis scripsit hanc, ut, quamvis hostes numero essent superiores, nunquam fugerent, sed aut vincerent aut morerentur. 3) Chiro Centaurus clarissimos viros antiquitatis Achillem, Castorem Pollucemque, Amphiaraum, alios in Pelio educavit. 4) Quanta reverentia discipuli Pythagoram philosophum sint prosecuti, inde apparet, quod dicta eius oraculorum numero habebant et, si quis sententiam aliquam eorum in dubitationem vocaverat, unum illud respondebant, ipsum dixisse. 5) Siciliam primam Romani in provinciae formam redegerunt. 6) Abs te gravissima aegritudine affectus sum. 7) Anno p. Chr. n. millesimo octingentesimo decimo tertio bello exoriente Scharnhorstius dictitavit summum ducem exercitui praefici oportere Blucherum, quippe qui unus non timeret Napoleonem.. 8) Zeno nonne princeps fuit Stoicorum? 9) Cum Sulla devictis adversariis cum aliis tum Caesari imperasset, ut coniuges, quippe quae propinquae essent Cinnae, dimitterent, Caesar tum admodum iuvenis unus adduci non potuit, ut Corneliam coniugem, Cinnae filiam, repudiaret. 10) Themistocles Athe-

niensibus persuasit, ut in naves se suaque conferrent; eum enim a deo significari murum ligneum. 11) Caesar exploravit, quo commodissimo itinere vallem transire posset.

Anm. Ausnahmen von dieser Regel sind im allgem. selten (Cf. Charilaus fuit, qui venit. Sapientia est una, quae maestitiam pellat ex animis. Temperantia est, quae in rebus aut expetendis aut fugiendis, ut rationem sequamur, monet. Duae sunt artes, quae possunt locare homines in amplissimo gradu dignitatis). Überaus häufig sind jedoch die nachdrucksvollen Umschreibungen eines einfachen Verbs durch *is* ***sum***, *qui* . . .; *nemo est*, *qui* . . .; *quis est*, *qui* . . .; *nihil est*, *quod* . . .; *quid est*, *quod* . . .? u. ä., z. B. Ego is sum, qui nihil unquam mea potius quam meorum civium causa fecerim. Non is sum, qui mortis periculo terrear. Quae vetustas est, quae vim divinam conficere possit? Nemo est, qui non liberos suos beatos esse cupiat. Quis est, qui non oderit libidinosam adulescentiam? Solus es, C. Caesar, cuius in victoria ceciderit nemo nisi armatus.

267. Im Deutschen werden Relativsätze häufig gebraucht, um nicht einfach eine attributive Bestimmung oder einen objektiven Nebenumstand anzugeben, sondern auch in der Weise, daß sie a) temporale Bedeutung, b) den Sinn einer objektiven Begründung oder Entgegenstellung haben. In diesem Falle ist das deutsche Relativum im Lateinischen durch eine **Konjunktion** (resp. Participialkonstruktion) zu übersetzen, z. B. „Der Konsul, welcher das Kriegsgeschrei seiner Leute gehört hatte, eilte sofort auf das Schlachtfeld“ consul, ***cum*** clamorem suorum exaudiv***isset*** (= clamore exaudito), statim in aciem irruit. „Die Menapier, welche Hülfe brauchten, schickten Gesandte an Cäsar“ Menapii, ***cum*** auxilio eis opus ***esset***, legatos ad Caesarem miserunt. „Scipio, der schwer verwundet war, brach dennoch auf“ Scipio, *quamquam* gravis vulnere erat, tamen castra movit. — 1) Dionysius, *cum* in communibus suggestis consistere non aud*eret*, ex alta turri contionari solebat. 2) Xenophon, *cum* nec ratione nec oratione par *sit* Thucydidi, tamen non ultimum inter historicos locum tenet. 3) Pericles, *cum* Atheniensium libertatem et potentiam nisi navalibus copiis sustentari non posse intelleg*eret*, vestigiis Themistoclis ingressus est. 4) Hospites, *si quos* (cf. 386) in fidem receperis, quacunque ratione (cf. 290) tutandi sunt. 5) Si antiqui Graeci et Romani, *cum* purioris religionis praeceptis nondum *essent* imbuti, de pietate erga deos ita iudicaverunt, quid tandem nos facere debebimus, *cum* ut*amur* religionis divinitus ortae disciplina? 6) Inimici Alcibiadis, *cum* noceri ei non posse vid*erent*, quiescendum in praesens statuerunt. 7) Phocaeenses, *quia* fieri non posse sibi persuaserant, ut patriam a multitudine Persarum defenderent, Alaliam in urbem Corsicae emigraverunt.

## 5. Pronomina interrogativa.

268. **Quis** (als Subst. m. u. f.) fragt nach dem Namen, **qui** nach der Beschaffenheit einer Person oder Sache. Wer die Frage stellt: *quis* vir? *quis* senator? will wissen, wie der in Rede stehende Mann oder Senator heißt, während derjenige, welcher *qui* vir? *qui* senator? fragt, über den Charakter oder das Wesen des in Rede stehenden Mannes oder Senators belehrt werden will. Ebenso heißt *quis* casus? *quis* locus? „nenne mir den Unfall, zeige mir den Ort“, wogegen *qui* casus? *qui* locus? nach einer Beschaffenheit fragt.

Anm. 1. Wird nach einem von zweien gefragt, so steht **uter** (Adj. und Subst.), dessen Plural gerade so wie der Plural von uterque (cf. 285) gebraucht wird. — Mit **qualis** fragt man nach der Beschaffenheit, mit **quantus** nach der Größe, mit **quotus** nach der Reihenfolge der zu bestimmenden Gegenstände. — Kombination eines unbestimmten Fragewortes mit dem Pron. indef. ist **ecqui(s)** „wohl jemand? etwa jemand? etwa einer?“ (oft = **numquis**), z. B. ***Ecquis*** **est iudex, cui non persuasum sit . . .?** ***Ecquam*** putatis civitatem pacatam fuisse, quae locuples sit? Cf. auch 403, Anm. 3.

Anm. 2. *Qui* steht auch im Ausrufe, wie unser „welcher, welch ein", z. B. Xenophon Socraticus *qui* vir et quantus! Cf. jedoch 258, 3. — In der Verbindung *quis (qui) et qualis* bezeichnet ersteres allgemein, „wer, was einer sei, letzteres speciell „wie beschaffen, wie gesinnt" einer sei, z. B. Explicabo, voluptas ipsa *quae qualisque sit*.

269. **Quid** ist Substantiv und steht für sich allein; **quod** ist Adjektiv und steht bei einem sächlichen Substantiv, z. B. *Quid* tibi vis? *Quid* peccavisti? = *quod* peccatum in te admisisti? *Quod* bellum umquam atrocius fuit?

Anm. *Quid* geht wie unser was? häufig in die Bedeutung warum? wozu? über, z. B. *Quid* verbis opus est? *Quid* me reducem esse voluistis? Cf. 493.

270. *Quid* amicitia est? „Was ist die Freundschaft?" Man fragt mit dieser Ausdrucksweise nach der Definition des Begriffes amicitia. Aber *quae* amicitia est? heißt: „Was für eine (oder welche) Freundschaft ist es?" Cf. 23, 1. Vergl. *Quid* est gloria nisi frequens de aliquo fama cum laude? Aber *Quae* gloria est miseriae pauperum atque inopum illudere? Hiero quaesivit de Simonide, *quid* esset deus. *Quae* est amicitia („was ist das für eine Freundschaft?"), si ad fructum omnia referuntur?

271. a) **Quot** „wie viele" hat (wie auch *tot*) stets pluralischen Sinn. Als Fragewort steht es gewöhnlich adjektivisch bei einem Substantiv; doch hat es auch substantivische Kraft (jedoch nicht im Neutrum, denn das alleinstehende quot heißt nie „wie vieles" = *quantum* oder *quam multa*). Von quam multi ist quot nur dadurch verschieden, daß jenes den Begriff „viele" stärker hervorhebt. — b) **Quotusquisque** steht im Sinne von „wie wenige" = *quam pauci* nur im Ausruf und fast nur im Nominativ (z. B. Quotusquisque formosus est!), besonders in der Verbindung *quotusquisque est* (od. *invenitur*), *qui* c. coni. „wie wenige giebt es, welche", z. B. Quotusquisque philosophorum invenitur, qui sit ita moratus, ut ratio postulat? Quotusquisque reperitur, qui impunitate et ignoratione omnium proposita abstinere possit iniuria? (In indirekten Fragen heißt „wie wenige" *quam pauci*, z. B. Intellegi volui, *quam pauci* digni nomine evaderent).

272. Dieses **qui** ist ein alter Ablativ von quis oder qui und steht: 1) als adverbiales Fragewort = quomodo (direkt; seltener indirekt, besonders nach quaero), z. B. *Qui fit* „wie kommt es?"; *qui convenit* „wie reimt es sich?"; *qui potest* esse in eiusmodi trunco sapientia? *Qui* tibi id facere *licuit? Qui* praestat intellegens imperito? *Qui* est hoc illo evidentius? *Qui tandem* „inwiefern? wie so?"; — 2) selten relativisch = *quo, unde*, z. B. Aristides vix reliquit, *qui* efferretur „wovon er bestattet werden konnte". Habeo, *qui* utar „ich habe zu leben"; — 3) häufig *quicum* = *quocum, quacum*, wenn eine allgemein bezeichnete Person angegeben ist, z. B. Mihi da, *quicum* omnia communicem = irgend einen Menschen, mit welchem . . . Quid dulcius est quam habere, *quicum* omnia audeas sic loqui ut tecum? Nihil turpius est quam cum eo bellum gerere, *quicum* familiariter vixeris. (Doch bisweilen bezieht sich quicum auf eine bestimmte einzelne Person, z. B. Gábinius, *quicum*: Cic. Phil. 2, 48; Caecil. 44 u. 65; Att. 10, 8, 3 u. 11, 3, 3.)

273. In Fragen, welche einen allgemeinen negativen Sinn haben, muß man das deutsche „wo, wann, wie" durch quis übersetzen; denn *ubi* fragt stets nach einem Orte, *quando* nach der Zeit, *quomodo* nach der Art und Weise. Also: 1) *Quis* civis noster (cf. 82, a) est, quin litteras sciat? 2) *Quis* est, qui omnibus virtutibus careat? 3) *Quis*, quaeso, magis impius est quam *ea* mater, quae liberorum suorum curam omittat? 4) *Quis* est, qui dubitet, quin Cicero patriam servaverit? 5) *Quis* tam demens est, ut caelum viride esse contendat? 6) *Quis* est, qui audeat negare illam pacem ab Antalcida anno a. Chr. trecentesimo octogesimo septimo cum Persis factam Graecis dedecori fuisse? 7) *Quae* civitas antea umquam fuit, quae non sociorum inopiae succurreret?

## 6. Pronomina indefinita.

274\. 1) **Aliquis, a, id** „irgend jemand, irgendwer" (Subst.) und **aliqui, a, od** „irgend einer" (Adj.) bezeichnen einen Gegenstand als einen zwar unbestimmten, aber doch wirklich vorhandenen („wirklich einer"); beide bilden den direkten Gegensatz zu nemo (nihil, nullus) und stehen regelmäßig nur in bejahenden Sätzen. Cf. Dicat *aliquis*. Tibi *aliquem* librum oder *aliquid* de meis scriptis mittam. — Quis praetorem appellat? magistratus *aliqui*? Nemo. Syracusanorum *aliqui*? Minime. — Plus certe attulit huic populo dignitatis, quisquis est ille, si modo est *aliquis*, qui genuit in hac urbe dicendi copiam, quam illi, qui Ligurum castella expugnaverunt. — Quodsi nos ad *aliquam alicuius* commodi aliquando recuperandi spem fortuna reservavit, minus est erratum a nobis. — Si temere *aliquid alicuius* praeterisse videbimur, docti ab *aliquo* facile et libenter sententiam mutabimus.

Anm. 1. Zuweilen wird *aliquis* auch adjektivisch gebraucht, z. B. Si te forte dolor *aliquis* pervellerit. Haec deus *aliquis* gubernabit. *Aliqui* steht nur ausnahmsweise als Subst., z. B. Vellem, *aliqui* ex vobis hoc suscepisset. — Die substantiv. und adjektiv. Formen des Neutrums im Singular *aliquid* und *aliquod* sind in ihrem Gebrauche streng geschieden. Das Neutrum im Plural heißt *aliqua*, nie aliquae.

Anm. 2. Bei Zahlwörtern bedeutet *aliquis* „etliche, etwa", z. B. *Tres aliqui* aut quattuor; *aliquos viginti* dies „einige zwanzig Tage".

Anm. 3. *Unus aliquis* oder *aliquis unus* heißt: „irgend ein einzelner, ein beliebiger einzelner". (Selten steht dafür das einfache *unus*, z. B. Caes. b. g. 2, 25, 2; b. c. 3, 15, 4; Cic. Or. 1, 132; Att. 9, 10, 2.) Entsprechend *unum aliquid* „etwas einzelnes, gleichviel welches". Cf. 214, 33.

Anm. 4. In negativen Sätzen können *aliquis* und *aliqui* nur dann gebraucht werden, wenn sie entweder von der Negation gar nicht berührt werden, z. B. Cum aliquid *non habeas* (= desideres), — oder wenn dem *non aliquis* ein Gegensatz mit *sed* „sondern" gegenübersteht, z. B. Furori tuo *non* mens *aliqua*, sed fortuna populi Romani obstitit. Miseremini eius, qui *non* de *aliquo* crimine, *sed* de publico iure disceptat. *Non* in *aliqua* parte, *sed* in perpetuitate temporis vita beata dici solet, — oder wenn sie das Positive, Wirkliche stark hervorheben („irgend ein bestimmter, wirklich irgend einer, ein gewisses Maß von"), z. B. Saepe is, qui nocere alteri cogitat, timet, ne, nisi id fecerit, ipse *aliquo* afficiatur incommodo. Provideamus, ne Gallia nobis invitis *alicui* detur. Ille cogitationes suas nec disponere nec illustrare potest nec delectatione *aliqua* („durch irgend eine Spur von Ergötzung") allicere lectorem. Timebat Pompeius omnia, ne *aliquid* vos timeretis. Caesar Haeduos retinendos non constituit, ne dare timoris *aliquam* suspicionem videretur. — Auch sonst haben *aliquis* und *aliqui* nicht selten die energische Bedeutung von „wenigstens irgend einer", z. B. Si tum mihi esset obtemperatum, si non optimam, at *aliquam* rem publicam haberemus. Pacis ita *aliqua* spes est, si eam ut victi audietis „wenigstens ein Schimmer von Hoffnung". Haec habent *aliquid* veri „ein Körnchen Wahrheit". Omnes, qui *aliquid* de ingenio poterant iudicare, Archiam hospitio dignum existimarunt. *Aliqua* ex parte incommodis mederi fortasse poterimus. Cf. 275.

2) **Quispiam** *(quaepiam)*, Subst. (Neutr. *quidpiam*) oder Adj. (Neutr. *quodpiam*) „irgend ein beliebiger" steht am häufigsten in den Formeln der Occupatio (551,20): fortasse dixerit *quispiam*, dicet *quispiam*, quaeret *quispiam*; sonst selten gebraucht in Haupt- u. Nebensätzen meist fragenden, negativen oder hypothetischen Sinnes, z. T. mit aliquis wechselnd. Pecuniam si *cuipiam* fortuna ademit, tamen, dum existimatio est integra, facile consolatur honestas egestatem. Hereditas est pecunia, quae morte alicuius ad *quempiam* pervenit.

3) **Quis, quid** (Subst.) und **qui, qua** (quae), **quod** (Adj.) sind unser tonloses „einer, wer, man"; sie stehen hauptsächlich in Nebensätzen und lehnen sich enklitisch an ein anderes Wort an, am häufigsten an *si, nisi, ne, num, quo, quanto, quando, ubi, cum, alius*. Cf. Ubi semel *quis* peieravit, ei postea credi non oportet. Iussit dicere, qua de re *quis* vellet audire. Num *quod* officium aliud alio maius est? Danda opera est, ne *qua* amicorum discidia fiant. Si *cui*

*quid* ille promisit, id erit fixum. Dixerit *quis* (cf. 1, e).

Anm. 5. Nach *si, nisi, ne, num* kann *quis* auch als Adj. und *qui* als Subst. gebraucht werden. — Das Neutrum Plur. heißt sowohl *qua* als *quae*.

4) **Quidam** (Subst. und Adj.) „ein gewisser" bezeichnet einen bestimmten Gegenstand, den der Redende nicht näher bezeichnen will oder kann, oder auf dessen genauere Bezeichnung weiter nichts ankommt. Cf. Erat collis *quidam;* fuit tempus *quoddam*; rex *quidam* tres habebat filios; *quidam* ex advocatis amicis dixit. Häufig wird es zu unberühmten oder unbekannten Personen gesetzt, um anzudeuten, daß nichts als der Name angegeben werden könne oder solle, z. B. Pythius *quidam*, qui argentariam Syracusis faciebat. Gadibus Arganthonius *quidam* octoginta annos regnasse dicitur. — Der Plural *quidam* bedeutet „einige, manche", z. B. *Quidam* idcirco deum esse non putant, quia non apparet Dieses quidam ist aber nicht sowohl ein Zahlbegriff als vielmehr eine individuelle Bezeichnung der einzelnen. Der Zahlbegriff „einige, manche" ist bald durch *pauci* „einige, wenige", *non multi*, bald durch *aliquot* „ein paar, etliche", *complures* und *nonnulli* „ziemlich viele", *multi*, bald durch *sunt qui* (cf. 398, c, 1) zu übersetzen.

Anm. 6. Man unterscheide: lege *librum* Ciceronis „lies das (genannte oder bekannte) Buch Ciceros"; lege *librum aliquem* Ciceronis „lies irgend ein (= dieses oder jenes, das erste beste) Buch Ciceros"; est in *libro quodam* Ciceronis „es steht in einem Buche Ciceros, das ich nicht näher bezeichnen kann oder will". — *Ars aliqua* „irgend eine Kunst, gleichviel welche, aber jedenfalls eine Kunst"; *ars quaedam* „eine gewisse Kunst", oder „gewissermaßen eine Kunst, eine Art von Kunst".

Anm. 7. Zur Verstärkung des Begriffes wird vor (selten hinter) quidam öfters noch *certus* gesetzt, z. B. Ut saltatori motus non quivis, sed *certus quidam* („eine gewisse fest bestimmte oder besondere") est datus, sic vita agenda est *certo* genere *quodam*, non quolibet.

5) **Quisquam** (Subst.) und **ullus** (Adj.) „auch nur irgend jemand, überhaupt einer, auch nur im geringsten einer" bezeichnen einen Gegenstand in der abstraktesten Allgemeinheit, dessen Vorhandensein selbst nur als möglich hingestellt wird, z. B. Iustitia nunquam nocet *cuiquam*, qui eam habet. Angor, *quidquam* tibi sine me esse iucundum. Beide Wörter finden ihre Hauptverwendung in negierten (oder dem Sinne nach negativen) Sätzen, z. B. Noli *quicquam* sequi, quod assequi non queas. Sine virtute neque amicitiam neque *ullam* rem expetendam consequi possumus. So also auch: a) nach *negare, vetare, nescire, ignorare, cavere* (z. B. Nego ante mortem *quemquam* beatum esse praedicandum); b) nach *vix, quasi* und der Präposition *sine* (cf. 276), z. B. Vix *quisquam* hoc credat. Quasi vero *quisquam* arbitretur = nemo arbitratur; sine *ulla* spe. Hostium vires vix *ulla* vis sustinere potuit; c) nach *quam* hinter einem Komparativ, z. B. Delii Apollinem maiore religione colunt quam *quemquam* deorum. Solis candor illustrior est quam *ullius* ignis; d) in rhetorischen Fragen, besonders in Gegenfragen mit *an* (z. B. *Quisquamne* istud credet? Quid est, quod *quisquam* Pompeio dignum possit afferre? an *quisquam* ignorat?). — e) in Nebensätzen hypothetischen Charakters (cf. 282,3) im Sinne von „überhaupt irgend einer, auch nur im geringsten einer", z. B. Enitar, si *ullo* modo potero. Quamdiu *quisquam* erit, qui te defendere audeat, vives. Si *quisquam* fuit unquam remotus ab inani laude, ego profecto is sum. Nefarius fueris, si *quicquam* misericordia adductus feceris. Filio meo, si erit *ulla* res publica, satis
* amplum patrimonium relinquam in memoria nominis mei. — f) siehe Nachträge!

Anm. 8. Der Abl. von quisquam heißt *ullo*, sehr selten *quoquam*; der Plural von quisquam muß durch *ullus* ersetzt werden. *Ullus* hat im Genitiv und Abl. Sing. oft substantivische Bedeutung.

275. Im Gegensatz zu nihil hat *aliquid* die prägnante Bedeutung „etwas von Belang, viel, bedeutend", z. B. Ego quoque sum *aliquid* „auch ich bin eine Persönlich-

keit von Bedeutung" (Gegensatz: ego *nihil* sum „ich bin eine Null"). Nunc dicis *aliquid* „jetzt sagst du etwas, was Bedeutung hat" oder „was sich hören läßt". *Aliquid* assecuti sumus „wir haben etwas Erkleckliches gewonnen". Ad patriam liberandam tu quoque *aliquid* („etwas Bedeutendes") contulisti. In *aliquo* numero estis „ihr seid von nicht geringer Geltung". Cf. auch: Fac, ut omnia ad me perscribas meque velis esse *aliquem* „wirke darauf hin, daß ich doch wieder Etwas bin, aus meinem politischen Nichts herauskomme". Cf. 274, Anm. 4 a. E.

276. **Zwar wird das deutsche „aller, jeder" nach der Präposition sine durch ullus, nicht durch *omnis* ausgedrückt,** z. B. Sine *ullo* periculo „ohne alle Gefahr", sine *ullo* incommodo tuo „ohne allen Nachteil für dich". **Wenn aber zu sine noch eine Negation tritt, so daß non sine bloß eine rhetorische Umschreibung für *cum* ist, so sagt man nie *ullus*, sondern stets *aliqui*;** also: Hoc *non sine aliqua* dubitatione confiteor = hoc *cum aliqua* dubitatione confiteor. Verres *nihil* unquam fecit *sine aliquo* quaestu = Verres omnia *cum aliquo* quaestu fecit. *Nemo* vir magnus *sine aliquo* afflatu divino unquam fuit. **Darum muß auch in dem vorgelegten Satze *aliqua* statt ulla gesetzt werden.**

Anm. *Sine aliquo* ohne vorhergehende Negation heißt „ohne bedeutendes, besonders großes" (cf. Caes. b. c. 3, 73, 3; Cic. N. D. 1, 53). — *Sine omni* sapientia „ohne die ganze, gesamte Weisheit" (Cic. de Or. 2, 5).

277. *Ne quis* (oder *ne qui*) heißt schlechthin „daß niemand, damit man nicht"; *ne quisquam* (cf. 274, 5) würde bedeuten „daß nicht auch nur irgend einer" = „daß überhaupt niemand, durchaus niemand", und *ne aliquis* „daß nicht doch vielleicht dieser oder jener". Cf. Caes. b. g. VII, 40, 4; Sall. Iug. 45, 2; Cic. Lael. 48; Off. 1, 134.

278. Wenn **quidam** hinter einem Adjektive steht, **modifiziert** es den Begriff desselben, indem es die Ausdehnung und den Grad der betreffenden Eigenschaft als unbestimmbar bezeichnet. Besonders ist dies der Fall bei solchen Adjektiven, die an sich einen ungewöhnlich hohen Grad irgend einer Eigenschaft im allgemeinen bezeichnen, wie: *excelsus, ingens, infinitus, admirabilis, innumerabilis, incredibilis, singularis, eximius* u. ä.; quidam läßt sich hier durch „ganz, gar, wahrhaft, förmlich, außerordentlich" übersetzen. Selten steht quidam vor dem Adj., z. B. Quaedam incredibilis voluptas (Cic. Mil. 101; Cat. 1, 25).

279. Kühnere Metaphern mildert der Lateiner in der Regel durch ein hinzugefügtes *quidam, quasi* oder *quasi quidam, tanquam* oder *tanquam quidam, ut ita dicam* u. dergl., z. B. In philosophia *quasi* tabernaculum *quoddam* vitae collocavi. Mors est *quaedam quasi* migratio commutatioque vitae. Non te fugit artium omnium procreatricem *quandam* et *quasi* parentem philosophiam ab hominibus doctissimis iudicari. Plato tanta dicendi ubertate fuit, ut eum philosophorum *quasi* deum *quendam* esse putarent. Isocratis domus cunctae Graeciae *quasi* ludus *quidam* patuit atque officina dicendi. Non sunt isti audiendi, qui virtutem duram et *quasi* ferream *quandam* volunt. Parabo amicos, optimam vitae *ut ita dicam* supellectilem. Der vorgelegte Satz ist demnach zu übersetzen: *Napoleo gentes subactas ferrea quadam servitute oppressit.*

Anm. Indem **quidam** zur Milderung eines Ausdrucks dient, entspricht es in Verbindung mit Substantiven oft dem deutschen „gewissermaßen ein, so zu sagen ein, eine Art von", z. B. Propugnaculum *quoddam* „eine Art von Bollwerk"; tacitus *quidam* sermo „eine Art von stillem Gespräche"; timiditate ingenua *quadam* a dicendo refugisti „aus einer so zu sagen edlen Schüchternheit"; poetae suam operam comparant cum mellificio *quodam*. Pacis est comes et constitutae civitatis alumna *quaedam* eloquentia. Homo sapiens atque alta et divina *quadam* mente praeditus multa videt. — Als nähere Bestimmung des Verbums wird „gewissermaßen" durch *quodammodo* übersetzt.

280. **Nemo und quisquam** (auch *quispiam*, z. B. Cic. de Or. 2, 9) **werden bei Personalbenennungen oft als Adjektiva im Sinne von nullus und ullus gebraucht,** z. B. *Nemo* hostis = nullus hostis; *nemo* civis, *nemo* deus, sogar *nemo* homo; nec *quisquam* orator; adhuc *neminem* cognovi poetam, qui sibi non optimus videretur. **Dieselben müssen ferner dann angewandt werden, wenn sie in Verbindung mit einem substantivierten Adjektiv stehen,** z. B. *Nemo* dives (ja nicht nullus dives!), *nemo* Latinus, *nemo* doctus, *nemo* patricius aut plebeius, nec *quisquam* honestus.

Bei Verbindung mit Adjektiven muß auch das fragende „welcher“ durch *quis*, „irgend einer“ durch *aliquis* oder *quispiam*, „etwas“ durch *aliquid* oder *quiddam* (*quicquam*) übersetzt werden; also: *Quis* aegrotus „welcher Kranke“?; *aliquid* (oder *quiddam*) caeleste „etwas Himmlisches“; hoc mirum *quiddam* valet; *aliquid* praestantius; nec *quidquam* honestum.

Anm. Ganz vereinzelt steht *quisquam* als Adj. bei Sachnamen, z. B. Rumor quisquam (Cic. Att. 5, 10, 4). Dagegen hat in Ausdrücken wie: *cuiquam* legationi (Cic. Fam. 3, 10, 6) und *cuiquam* ordini (Verr. 2, 17) das Substantiv persönliche Bedeutung.

281. Nein; statt *nullus* muß das substantivische *nemo* stehen. *Nullus* ist Adjektiv; nur die Formen *nullius*, *nullo*, *nulla* (so auch der Dativ *nulli*) haben substantivische Kraft (cf. 173, a), z. B. Ille iniuste *neminem* laesit, *nullius* aures violavit, *nemini* odio fuit. In *nullo* unquam flagrantius studium vidi. Ego *nulli* vestrum deero.

282. 1) Si *quis* (oder *qui*, cf. 274, Anm. 5) convicium tibi fecerit, nolito curare. 2) Vix *quemquam* tam hebeti ingenio a natura praeditum esse, quin assidua industria *aliquid* consequi possit, sescenta exempla memoriae et antiquae et recentioris documento sunt. 3) Da in diesem Satze das Pronomen „irgend jemand“ den vollen Ton und die Bedeutung „wirklich jemand“ oder „überhaupt irgend einer“ hat, so ist zu übersetzen: *Si aliquis* (oder *quisquam*) fuit doctus, is fuit Aristoteles, oder zusammengezogen *Si quisquam*, Aristoteles doctus fuit. Pro singulari tua prudentia perspicis, *si* Antonius *aliquid* (od. *quidpiam*) firmitatis erit nactus, fore ut eximia tua in rem publicam merita ad nihilum recidant. *Si quidquam* decorum est, nihil est profecto magis quam aequabilitas universae vitae. Cf. *Si quisquam* est timidus in magnis periculosisque rebus, is ego sum. *Si aliquid* dandum est voluptati, modicis conviviis senectus delectari potest. Create consulem Otacilium, non dico si omnia haec, sed si *aliquid* eorum praestitit. *Si ullum* tempus est iure hominis necandi, certe illud est, cum vi vis defenditur. Unterscheide: **si quis** „wenn jemand“ (**si qui** „wenn einer“) von **si quisquam** „wenn überhaupt jemand“ (**si ullus** „wenn überhaupt irgend einer“) und **si aliquis** „wenn wirklich jemand, wenn wirklich dieser oder jener“ (**si aliqui** „wenn wirklich einer“). 4) Non credo *quicquam* me omisisse, quod ad rem pertineat. Nemo *cuiquam* similior est quam sibimet ipsi. 5) Gens Cassiorum non dico dominatum, sed ne potentiam quidem *cuiusquam* (od. *ullius*) perferre potuit. 6) Decorum est pro patria mori. Adulatio *res* foeda (od. foedum *quiddam*) est. Quod tibi facile est, idem mihi difficillimum est. „Etwas“ vor einem substantivischen Adjektiv, welches Prädikatsnomen ist, bleibt meist unübersetzt; bisweilen wird es durch *res* (od. *quiddam*) ausgedrückt: Lex est aeternum *quiddam* (Cic. de leg. 2, 8). Manu cum hoste confligere immane quiddam est. Vergl. 6, Anm. 2; 152, 10. 7) Rex iuvenis sine *ullo* (cf. 276) timore ferocem equum conscendit. 8) Est *aliquid* (cf. 275) cum imperio exercitui praeesse. 9) Legati Corinthiorum ab *ullo* tyranno dona accipere lege vetiti erant. Putasne *quemquam* unquam potentiorem Romae fuisse quam Caesarem? Numquid opinaris Homerum in arte poetica a *quoquam* (oder ab *ullo*, cf. 274, Anm. 8) superatum esse? 10) Dicat *aliquis* (od. dicet *quispiam* od. forsitan *quispiam* dixerit od. dixerit *quis*) vix *quemquam* inveniri, qui pecuniam contemnat. 11) Neco nautas *quosdam* Phoenicum exhortatus est, ut Africam navibus circumveherentur. Wenn das Pronomen quosdam hier fehlte, so würde nautas bedeuten „die Schiffer“. Manlio cognomen erat Torquato, quia Gallum *quendam* certamine singulari victum aureo torque exuerat. 12) Til-

lius a praefectis *quibusdam* militum rogatus, ut caedem coerceret, respondit: Etiam militibus praemium *aliquod* (od. praemii *aliquid*) laborum concedendum est. 13) Cuculus *paulo* (= „um ein Weniges") maior est quam columba. 14) Palumbes *aliquanto* maiores sunt quam columbae domesticae. 15) Si *ullius* rei, artium certe et litterarum difficile est initium. 16) Virtus summum bonum est; an melius *quidquam* virtute esse putas? 17) Conscius mihi sum nihil a me commissum esse, quod boni *cuiusquam* offenderet animum. 18) *Aliquis* vestrum cras domum meam veniat. 19) Post cladem Cannensem iuvenes *quidam* salute publica desperata naves circumspexerunt, ut relicta Italia ad regem *aliquem* transfugerent.

283. 1) Pacem pluris stare quam bellum *nemo* sapiens putat. 2) Appio Claudio auctore Cineae responsum est senatum Romanum de pace cum *nullo* agere, qui intra Italiae fines externis copiis praeesset. 3) *Quis* eruditus ullam artem contemnat propterea, quod *quidam* ex eis, qui exercent, in errores sunt delati? 4) Meo iudicio *nemo* unquam Romanus M. Curtium patriae amore superavit.

284. 1) Für aliquis ist *quisquam* zu setzen, weil *vix* negativen Sinn hat. 2) Für et nemo muß *nec quisquam* eintreten; denn wie *neque* für et non gesagt wird, so wird für *et nemo, et nihil, et nullus, et nusquam, et nunquam* gesagt **nec quisquam, neque quicquam, nec ullus, nec usquam, neque unquam** (cf. 512). 3) Aliquid ist zu tilgen (cf. 152, 10). 4) *Quo quis* (cf. 274, 3) doctior est, eo (od. hoc) modestior esse solet. 5) Für aliquem ist *quemquam* zu setzen (cf. 274, 5, c). 6) Statt aliquis schreibe *quisquam*. 7) Statt aliquis schreibe *quisquam*, da die Frage negativen Sinn hat. 8) Statt ullam schreibe *aliquam*, da der ganze Gedanke wegen der doppelten Verneinung positiven Sinn hat. 9) Statt alicui ist *cuiquam* zu setzen. 10) Statt ubi aliquis est muß gesagt werden *quis est* (cf. 273).

285. **Wenn sich das deutsche „beide" auf einzelne Gegenstände bezieht, die im Singular stehen, so muß der Singular uterque stehen,** also: Miltiades et Themistocles, quamquam de patria optime meruerant, tamen *uterque* civium iniuriis affectus *est*. **Der Plural steht nur: 1) bei *Pluralibus tantum*:** utraeque litterae, utraque castra; **2) in Beziehung auf zwei Teile, welche beide (oder wenigstens einer von ihnen) selbst im Plur. stehen,** z. B. Caesar, cum Germanis et Britannis bellum intulisset, *utrosque* vicit. Flamma ut ab oppidanis et oppugnatoribus est visa, *utrisque* venit in mentem signum a classiariis regiis datum esse. Parantibus *utrisque* se ad proelium „beide Teile" (sc. Samniter und Römer).

Anm. 1. Abweichungen von diesen Regeln, die bei weniger genauen Schriftstellern gar nicht selten sind, dürfen nicht nachgeahmt werden. Cf. Nep. Tim. 2, 2 Corinthii *utrorumque Dionysiorum* opibus saepe adiuti fuerant. Bei Livius *utrique consules*. Doch findet sich der Plur. *utrique* zuweilen dann, wenn zwei einzelne Gegenstände im Sinne des deutschen „alle beide" als zusammengehörig betrachtet und gleichsam gepaart werden, z. B. Duae nobis filiae sunt, *utraeque* iam nuptae (Liv. 42, 34, 4). Cum Scipione et Tiberio manum conseruit, utr*o*sque profligavit. (Cic. Verr. 4, 32; 3, 140; Lig. 36; Fam. 12, 13, 4; Caes. b. g. 1, 53, 4.)

Anm. 2. Man hüte sich, die Sätze: „Wir beide haben gehört", „Ihr beide seid reiche Leute", „Diese beiden sind zum Tode verurteilt" zu übersetzen: Uterque nostrum audi*vimus*; uterque vestrum *divites estis*; horum uterque capitis damnat*i sunt*; vielmehr müssen dieselben lauten: Uterque nostrum audi*vit*; uterque vestrum *dives est*; horum uterque capitis damnat*us est*. Cf. auch: Uterque nostrum hanc defensionem *sibi* suscep*it* „wir beide nahmen die Verteidigung über uns" (Cic. Sull. 13).

286. 1) **Quisque** „jeder einzelne von vielen, jeder besonders" (individualisierend) setzt ein Ganzes voraus und vereinzelt dessen Teile, z. B. Quod *cuique* obtigit, id *quisque*

teneat. Scipio pollicetur sibi magnae curae fore, ut omnibus civitatibus, quae *cuiusque* fuissent, restituerentur. (Selten steht quisque schlechthin im Sinne von „jeder", besonders in den Ausdrücken *cuiusque modi* und *cuiusque generis*.) — **Unusquisque** „jeder einzelne" hebt den Begriff der Vereinzelung noch stärker hervor, z. B. Natura unumquemque trahit ad discendum. — 3) **Uterque** „jeder von beiden (einzeln für sich)"; dagegen *ambo* „beide zusammen"). — 4) **Omnes** „all' und jeder" (kollektiv) stellt im Gegensatz zu quisque das dazu gehörige Subst. als ein Ganzes dar; *omnes* „alle zusammengenommen" bezeichnet eine Gesamtheit, z. B. Omnes homines mortales sunt. Omne animal ore utitur. Milites pro contione laudati *omnes* sunt donatique pro merito *quisque*. — 5) **Quisquis** (Subst.) „jeder, wer nur" und **quicunque** (Adj. und Subst.) „jeder, welcher nur" sind Relativa und erfordern ein Verbum finitum (cf. 290), z. B. Quidquid ortum est, aliquando intereat necesse est. Quoscunque de te queri audivi, quacunque potui ratione placavi. — 6) **Quivis** „jeder den man will, jeder mögliche" und **quilibet** „der erste beste, jeder beliebige" sind Adj. oder Subst.; (*quivis* stellt die Wahl dem Willen und Gedanken, *quilibet* dem gedankenlosen Belieben anheim), z. B. Quivis homo potest quemvis turpem de quolibet rumorem proferre. Quodvis malum perpeti malo quam mendacium dicere. — 7) **Utervis** und **uterlibet** „jeder beliebige von beiden". — 8) Über *nemo non* und *nullus non* cf. 288 und 287, Anm. 1.

Anm. Von *quisquis, quidquid* ist außer diesen beiden Formen fast nur der Abl. Sing. (z. B. in der Redensart *quoquo modo* „auf jede Art und Weise") gebräuchlich. Merke außerdem die abweichende Genitivform cuicui in der Verbindung *cuicuimodi est* (z. B. Cic. Tusc. 3, 83; de orat. 3, 94).

287. **Quisque tritt in der Regel nicht als selbständiger Begriff auf, sondern wird gewöhnlich** (cf. jedoch Cic. Lael. 55; de fin. 4, 55; Sull. 78; Pis. 98; Phil. 6, 1; Caes. b. g. 6, 23, 6 u. a.) **als Enklitika einem betonten Worte nachgesetzt, und zwar ist dieses Wort meistens entweder: 1) ein Reflexivpronomen,** z. B. Suum cuique tribue; suum quisque noscat ingenium; sibi quisque maxime consulit; pro se quisque „jeder für seinen Teil"; — **oder 2) ein Superlativ (im Singular, nur beim Neutrum meist im Plural;** cf. 209, Anm.), z. B. Optimus quisque maxime gloria ducitur („alle Guten" oder „gerade die Besten"); maximae cuique fortunae minime credendum est; ex variis ingeniis excellentissima quaeque libavimus; — **oder 3) eine Ordnungszahl,** z. B. Decimum quemque securi percuti iussit; non singulis annis hoc fit, sed tertio quoque anno (cf. 214, 17); — **oder 4) ein Relativ oder indirektes Fragewort,** z. B. Quam quisque norit artem, in hac se exerceat; quod cuique obtigit, id quisque teneat; videndum est, non modo quid quisque loquatur, sed etiam quid quisque sentiat; virtus praeceptoris est, quo quemque natura ferat, intellegere; magni interest, quos quisque audiat cotidie; defendat, quod quisque sentiat. In diesem letzten Falle steht quisque regelmäßig im Nebensatze gleich nach dem relativen Worte, so daß auch se und suus ihm nachstehen, oder zuweilen auch doppelt in beiden Sätzen, besonders wenn der Demonstrativ- und Relativsatz verschiedene Kasus von quisque fordern, z. B. Quod cuique telum fors obtulerat, arripiebat „jeder griff nach der Waffe, die ihm der Zufall bot". Quanti quisque se ipse facit, tanti fit ab amicis. Quod cuique obtigit, id quisque teneat. Id est cuiusque proprium, quo quisque fruitur atque utitur. Puto colendum esse ita quemque maxime, ut quisque maxime his virtutibus erit ornatus. Quanta est in quoque fides, tantum cuique committitur. — (Abweichende Stellungen selten, z. B. Cic. nat. d. 2, 58; Lael. 73; Tusc. 5, 38; Off. 1, 113; Liv. 21, 48, 2.)

Anm. 1. In Sätzen wie: „Jeder kann irren"; „Dieses sieht jeder leicht ein", wo jeder die kollektive Bedeutung „alle, jedermann" hat und nicht als Enklitika untergebracht werden kann, ist *quisque* fehlerhaft; dafür ist *quivis* oder *nemo non* (cf. 288) oder *omnes* oder *nemo est, quin* oder der fragende Ausdruck *quis est, quin* zu setzen.

Anm. 2. **Primus quisque** heißt „allemal der erste oder nächste" in fortlaufender, geordneter Reihe, also „einer nach dem andern, jeder der Reihe nach", z. B. Fluit voluptas corporis et prima quaeque avolat „die sinnlichen Freuden vergehen, und eine nach der andern enteilt". Primum quidque explicemus „wir wollen der Reihe nach eines nach dem andern erklären". Primum quemque versum recitat „er sagt die Verse genau der Reihe nach her". Aber **primo quoque tempore „bei der ersten besten Gelegenheit = sobald als möglich".**

Anm. 3. Oft (besonders nach Relativen) bedeutet *quisque* „jedesmalig, allemal, respektiv“, z. B. Qui cuique arti praesunt „die Meister der jedesmaligen Kunst“. Cic. Tusc. 4, 28; Divin. 2, 24. — Vereinzelt steht *quisque* für *uterque*, wenn der Begriff der Zweiheit aus dem Zusammenhange leicht ersichtlich ist: Diversi consules ad *suum quisque* bellum proficiscuntur (Liv. 10, 12, 3; 2, 7, 1).

288. Zwar heben sich zwei Negationen innerhalb desselben Satzes auf und bilden eine Affirmation; aber es kommt dabei viel auf die Stellung der Negation an; denn es bedeutet:

| | |
|---|---|
| **nonnemo** mancher; | **nemo — non** jedermann; |
| **nonnullus** einiger; | **nullus — non** jeder, aller; |
| **nonnihil** etwas; | **nihil — non** alles; |
| **nonnunquam** zuweilen; | **nunquam — non** immer; |
| **nonnusquam** an manchen Orten; | **nusquam — non** überall. |

Cf. *Nemo* sapiens mortem *non* contemnit. *Nemo* Arpinas *non* Plancio studuit. Hostis est non apud Anienem, sed in urbe, in foro; *nonnemo* hostis in ipsa curia est. *Nonnemo* miser mortem exoptat. Hannibal *nonnihil* temporis tribuit litteris. *Nulli* homini malevolo ad nocendum satis virium *non* est. Dicere *nunquam* est *non* ineptum, nisi cum est necessarium. Athenienses Alcibiadem *nihil non* efficere posse ducebant. *Nihil non* postulandum putavi, quod aequum esse statuerem. Vibius est poeta ineptus, *nec* tamen scit *nihil* et est non inutilis. *Nonnullo* a vobis beneficio affecti sumus. *Nonnulla* pars militum domum discessit.

Anm. Zuweilen heben sich zwei Negationen nicht auf; dies ist der Fall, wenn nach einer allgemeinen Verneinung entweder die speciellere Hervorhebung derselben durch *ne — quidem* oder die Einteilung derselben durch *neque — neque* (selten *non — non* angeknüpft wird. Cf. *Nunquam* Scipionem *ne* minima *quidem* re offendi. *Nusquam* hoc *ne* apud barbaros *quidem* auditum est. *Nemo* unquam *neque* poeta *neque* orator fuit, qui quemquam meliorem quam se arbitraretur. Eas nationes *nunquam* populus Romanus bello *neque* lacessivit *neque* temptavit. *Nihil* est Attico mihi *nec* carius *nec* iucundius. *Nemo non* lingua, *non* manu promptior in civitate habetur.

289. Nein; denn **nullus** (aus ne-ullus entstanden) heißt „nicht einmal einer, kein einziger“, ist also ein stark betonter Begriff, der nie zu einem Adj., sondern nur zu einem Subst. gehören kann (cf. 470). Cf. Virtus summa petit, via *nulla* est invia gnavis. Das unbetonte „kein“, welches einfach zur Verneinung dient, wird durch **non** übersetzt, z. B. Servum *non* habeo „ich habe keinen Sklaven“, (dagegen *nullum* servum habeo „ich habe keinen einzigen Sklaven“). Alexandriae nives *non* cadunt „in Alex. fällt kein Schnee“. Haec *non* magna res est „dies ist keine große Sache“, (dagegen *nulla* res maior sine eo gerebatur „keine Sache von Bedeutung“). *Non* pueri, sed iuvenes estis „ihr seid keine Kinder, sondern Jünglinge“. Haec res dubitationi locum *non* dat „giebt dem Zweifel keinen Raum“.

290. **Quisquis** (Subst.) „jeder, wer nur“ und **quicunque** (Adj. u. Subst.) „jeder, welcher nur“ stehen (cf. 286, 5) in der besten Sprache als Relativa mit einem *Verbum finitum* außer in den Ausdrücken *quacunque* (= qualibet) *ratione, quoquo modo* (= omni modo), *quocunque modo* „auf jede Weise“, z. B. Quae sanari poterunt, *quacunque ratione* sanabo. (Ausnahmen sind bei Cicero sehr selten, z. B. Tim. 14; Nat. D. 2, 164; ad Att. 3, 21); aber bei Livius und Späteren werden diese beiden Relativa häufig auch absolut für quilibet gebraucht.

Anm. Auch *qualiscunque* und *quantuscunque* werden (auch von Cicero) vereinzelt absolut ohne Verbum gebraucht. — Für quidquid findet sich nur ausnahmsweise *omne, quod.*

291. 1) Hannibal *altero* oculo caecus fuit. 2) Mithridates, Ponti rex, interdum felicitate, semper fortitudine et ingenio maximus, Romanorum odio *alter* (cf. 215, 2) Hannibal fuit. *Neutrum* laudo nec audacem nec timidum. T. Pomponius Atticus, cum res publica Romana bellis domesticis vexaretur, *neutri* parti studebat. 3) Maiorem anni partem ruri ago, *alteram* (= reliquam) in urbe. 4) Non semper is victor discedit, qui *prior* hostem aggressus est. 5) Saepe quaeritur, *uter magis* admi-

randus sit, Schillerus an Goethius. 6) Volcanus *utroque* pede claudicasse fertur. 7) Hic canis *uno* pede claudicat. 8) Demosthenes et Cicero clarissimi oratores fuerunt; *uter* (eorum) praestant*ior* fuerit, in medio relinquo. 9) Hercules, cum duas vias videret, *alteram* (od. *unam*) voluptatis, *alteram* virtutis, pendebat animi, *utram* ingredi melius esset. 10) Romani Camillum *alterum* urbis conditorem et Mithridatem novum (od. *alterum*) Hannibalem appellabant. 11) Duas epistulas abs te accepi; respondeo igitur priori prius (ja nicht primae primum!). 12) Dux aciem instruxit duplicem, ut *priore* acie pulsa *altera* in locum succedere posset. 13) Persona non *quaelibet* testimonii pondus habet; ad faciendam enim fidem auctoritas *aliqua* (od. *aliquid* auctoritatis) quaeritur. 14) Solonis legibus exsilio multabatur, si quis in civili discordia non *alterutram* partem secutus esset (od. *alterutrius* partis fuisset.) **Alteruter** „einer von beiden, gleichviel welcher", „der eine oder andere von beiden", z. B. In bellis necesse est *alterutrum* vincere. (Seltener steht in derselben Bedeutung *alter*, noch seltener *uter*, z. B. Cic. Verr. 3, 35). *Alteruter* dekliniert entweder nur den zweiten Teil des Wortes oder aber beide zusammen; also: alterutra, alterutrius, alterutrum etc. und daneben alterautra, alteriusutrius, alterumutrum etc.

Anm. Merke **alter** in der Bedeutung: a) „Nebenmensch, Nächster": Qui *alteri* exitium parat, eum scire oportet sibi paratam pestem. Qui *alterius* malis gaudet, is dignus est, qui contemnatur. Im Plural heißen „Nebenmenschen" *alii homines* oder bloß *homines*; — b) ein zweiter: *Alter* Marius; *alter* conditor urbis; me sicut *alterum* parentem diligit.

# H. Das Verbum.

## 1. Aktiv und Passiv. Gebrauch einzelner Verba und Verbformen.

292. Manche Verba haben im Aktiv sowohl **transitive** als **intransitive** Bedeutung, einige mit dem Deutschen übereinstimmend, andere nicht, z. B. 1) *remittere* „nachlassen"; — 2) *appetere* trans. „erstreben, zu erreichen suchen"; intrans. „herankommen, sich nähern" (von der Zeit und deren Abschnitten); — 3) *suppeditare* trans. „reichlich darbieten"; intrans. „reichlich vorhanden sein" (= suppetere); — 4) *perrumpere* trans. „etwas durchbrechen"; intrans. „sich durchschlagen"; — 5) *facessere* trans. „bereiten, verursachen"; intrans. „sich fortmachen"; — 6) *inclinare* trans. „hinneigen, zuwenden"; intrans. „sich hinneigen zu"; — 7) *differre* trans. „aufschieben"; intrans. „verschieden sein, sich unterscheiden"; — 8) *superare* trans. „überwinden, überschreiten"; intrans. „im Überfluß vorhanden sein, die Oberhand haben"; — 9) *morari* trans. „aufhalten, verzögern"; intrans. „sich aufhalten". — Cf. auch: *commodare* alicui „sich jemandem gefällig erweisen", aber alicui aliquid „jemandem etwas leihen"; — *credere* alicui „jemandem glauben, trauen", aber credere aliquid „etwas glauben" und alicui aliquid „jemandem etwas anvertrauen"; — *debere* intrans. „Schulden haben, jemandem verpflichtet sein", trans. „jemandem etwas schulden, zu verdanken haben"; — *simulare* intrans. „sich den Schein geben", trans. „etwas vorgeben, erheucheln"; — *dissimulare* intrans. „sich nichts merken lassen", trans. „etwas verhehlen"; — *abstinere* aliquid „abhalten, fernhalten" (z. B. iniuriam a sociis), aber intrans. abst. (ab) aliqua re „sich einer Sache enthalten"; — *contendere* trans. „anspannen", intrans. „sich anstrengen"; „eilen"; — *tendere* trans. „spannen, ausstrecken", intrans. „nach etwas streben" (quo tendis „wo willst du hin?"); — *negare* intrans. „nein sagen, leugnen", trans. „etwas leugnen" (rem, facinus, crimen) und alicui aliquid „einem etwas abschlagen, verweigern" (opem, civitatem; häufiger denegare). — *Pergere* stets intrans., außer in der Verbindung iter pergere. Cf. auch: 29, Anm. 5; 294, Anm.

Anm. 1. **Habitare** „wohnen" (meist von einzelnen gesagt) ist in guter Prosa ein intransitives Verb, welches kein Objekt im Acc. bei sich haben kann, sondern nur auf die Frage „wo?" mit den Präpositionen in, apud, cum oder mit Ortsadverbien verbunden wird, z. B. Habitare in montibus, Athenis, apud aliquem, cum aliquo, alibi, ibi. **Incolere** dagegen (von Völkern und Gesamtheiten gesagt) heißt sowohl „wohnen" als „bewohnen" und wird in letzter Bedeutung mit dem Acc. (z. B. urbem, terram, arcem) verbunden, in erster Bedeutung aber nie mit in, sondern nur da gebraucht, wo Ortsbestimmungen mit *cis*, *trans*, *inter*, *prope* oder Adverbien möglich sind, z. B. incolere urbem, Delum, cis Rhenum, trans Mosam, inter mare et Alpes, alibi, proxime. Ein persönliches Passiv wird nur von incolere gebildet (cf. jedoch Cic. Verr. 4, 119; Liv. 40, 3, 4). — **Praedari** „plündern" klassisch nur intransitiv = „Beute machen" (pr. *ex*, *de*, *in* bonis alienis oder hostium agro). Transitives „plündern" heißt diripere, populari, depopulari u. ä. — **Durare** ist bei den Klassikern ein transitives Verbum und bedeutet „härten, abhärten", z. B. milites bellis durare; nur bei Vor- und Nachklassikern bedeutet es „sich verhärten" (= obdurescere) oder „dauern, währen" (für *esse*, *manere*, *permanere*, *vigere*, *tenere*, *permanere ad*, *provehi ad*, *manere usque ad* u. a.) — Unterscheide *nuntius affertur* „die Nachricht wird gebracht" von *nuntius affert* „der Bote meldet".

Anm. 2. Bei mehreren transitiven Verben erklärt sich ihre intransitive Anwendung aus der Ergänzung eines bei ihnen gewöhnlichen Objekts: absoluter Gebrauch (cf. 36).

Anm. 3. Aktive Verba von intransitiver Bedeutung können durch Zusammensetzung mit einer den Acc. regierenden Präposition transitive Bedeutung erhalten (cf. 31).

Anm. 4. Einige sonst transitiv gebrauchte Verba verbinden sich zuweilen als Intransitiva mit de, wenn das Objekt nicht seinem ganzen Umfange nach bezeichnet werden soll, z. B. **Cognoscere** *rem* „eine (ganze) Sache erfahren, erkennen", aber *de* re „von (= etwas von) einer Sache erfahren od. Kenntnis erhalten" (In Italia Caesar cognoscit *de* Clodii caede). **Explicare** *rem* „eine Sache entwickeln, erklären", aber *de* re „Erklärung geben über etwas". **Exponere** *rem* „eine Sache darlegen", *de* re „Mitteilung machen von". **Remittere** *rem* „eine Sache nachlassen, erlassen" (stipendium, poenam), *de* re „von etwas oder an etwas nachlassen" (de celeritate, de severitate). — Oft muß de durch „in betreff" übersetzt werden, z. B. **Recusare** *rem* „etwas verweigern" (laborem), *de* re „Weigerungen machen in betreff" (de stipendio). **Impetrare** *rem* „etwas erlangen", *de* re „in betreff einer Sache das Gewünschte erlangen". **Significare** *rem* „etwas bezeichnen, andeuten", *de* re „Andeutungen machen rücksichtlich einer Sache". *De* colloquio **postulare** „Forderungen bezüglich einer Unterredung stellen". Romanorum legati *de* Antiochi voluntate explorabant „zogen Erkundigung ein über" u. a.

293. **Das Aktiv bezeichnet oft nicht das, was jemand selbst thut, sondern durch einen andern thun läßt, wenn von selbst klar ist, daß er nicht in eigener Person die Handlung ausführt, sondern nur veranlaßt:** *Quod quis per alium fecit, ipse fecisse putandus est* **(kausatives Aktiv). Demnach ist der vorgelegte Satz zu übersetzen: „Cimon ließ die Leichen mehrerer Armen auf seine Kosten bestatten".** Cf. Brutus suos filios securi percussit („ließ hinrichten"). Pompeius frumentum exercitui navibus supportavit („ließ herbeischaffen"). Xerxes pontem in Hellesponto fecit. Verres multos innocentes virgis cecidit. Cf. 297.

294. **Das Passiv vieler transitiven Verben dient oft zur Bezeichnung einer reflexiven Thätigkeit;** so *mutari* „sich ändern"; *delectari* „sich ergötzen"; *falli* „sich täuschen"; *moveri* „sich bewegen"; *augeri* „sich vergrößern"; *recreari* „sich erholen"; *lavari* „sich baden"; *obscurari* „sich verdunkeln"; *effundi* „sich ergießen"; *congregari* „sich versammeln"; *angi* „sich ängstigen"; *ferri* „sich stürzen"; *offerri* „sich darbieten"; *inveniri* „sich finden"; *abdi* „sich verstecken"; *exerceri* „sich üben"; *refrigerari* „sich abkühlen"; *commendari* „sich empfehlen" 2c.

1\. Anm. Von derartigen Passiven kann teilweise ein Part. Präs. gebildet werden, bei dem die reflexive Bedeutung aus der Form nicht erkennbar ist: *vehens* „fahrend", *ferens* „eilend" (Nep. 14, 4, 5).

2\. Anm. Zuweilen, jedoch selten, dient auch das Aktiv von transitiven Verben zur Bezeichnung einer reflexiven Thätigkeit, z. B. Iam *verterat* fortuna „hatte sich gewendet", (periculum in Romanos *verterat*, res in contrarium *vertit*). Terra dies duodequadraginta *movit*. Nilus *praecipitat* ex altissimis montibus. A veritate (a proposito, de via) *deflexisti* „hast dich abgewandt"; res bene *habet*; animus *inclinat* ad pacem faciendam; *lavare* „sich baden" (klassisch stets lavari); *minuente* aestu.

Res humanae semper in adversa *mutant*. Nihil odor *mutavit* „der Geruch blieb, wie er war". Fama *tenet* „das Gerücht erhält sich", (imber per totam noctem *tenuit*; diu maestum silentium *tenuit*). Rumor *obtinuit*. Cf. auch 292.

295. Die Ausdrucksweise libris *me delecto* bezeichnet ein Handeln, eine bewußte Thätigkeit

(Selbstthätigkeit) des Subjekts im Sinne von „ich verschaffe mir durch Bücher Ergötzung"; cf. Num igitur horum senectus miserabilis fuit, qui *se* agri cultione oblectabant? Libris *delector* bezeichnet ein bloß passives Verhalten des Subjekts. Cf. auch Orator nulla re magis *commendatur* quam splendore verborum; dagegen: Complures centuriones ad Caesarem veniunt *seque* ei *commendant*. In ähnlicher Weise unterscheidet sich *se confirmare* „sich ermannen" von *confirmari, se defendere* von *defendi, se offerre* von *offerri, se excusare* von *excusari*, milites armis *exercentur* von milites armis *se exercent* etc. Danach erklärt es sich leicht, daß bei den Begriffen sich benehmen, sich verhalten, sich beherrschen, sich hingeben u. ä. fast ausschließlich die Aktivform mit dem Acc. des Reflexivpronomens steht. Lehrreich ist folgendes Beispiel: Quod *se ipsum movet*, quia numquam deseritur a se, numquam ne *moveri* quidem desinit, quin etiam ceteris, quae *moventur*, hic fons, hoc principium est movendi.

296. 1) Multi avaritia ad turpissima scelera *rapiuntur*. Das deutsche **„sich lassen"** wird durch das einfache **Passiv** übersetzt, wenn eine durch stillschweigendes Zugeständnis oder durch bloß unthätiges Verhalten gestattete Einwirkung einer fremden Thätigkeit auf das Subjekt zu bezeichnen ist, z. B. *Exorari* „sich erbitten lassen"; *ferri* „sich tragen lassen"; *duci* „sich men lassen"; *efferri* „sich fortreißen lassen" (z. B. voluptate, dolore); *flecti* sich umstimmreden lassen"; *deterreri* „sich abschrecken lassen"; *censeri* „sich schätzen lassen"; ambitione *teneri* „sich vom Ehrgeize beherrschen lassen"; in errorem *rapi* „sich zu einem Irrtum verleiten lassen"; hoc facile *intellegitur* „dies läßt sich leicht einsehen"; nolite *perturbari* „laßt euch nicht irre machen". 2) Adulator et amicus saepe haud facile *diiudicantur*. 3) Nonne lacrimis meis *commovebere*? 4) Greges boum, ovium, caprarum in prato *pascuntur*. *Pascere* wird vom Hirten gesagt, *pasci* von der Herde. 5) Divites splendidis curribus *vehuntur* (ja nicht vehunt!) 6) Rhodanus nonnullis locis vado *transitur*.

297. **„Lassen"** bleibt im Lateinischen unübersetzt nach den in 293 und 296 gegebenen Bestimmungen. Sonst wird es ausgedrückt: durch *posse* c. Inf. Pass. (besonders bei einer Negation, bei facile, vix, aegre u. a.), z. B. Sine materia naves aedificari non possunt. Res diutius dissimulari non potuit. Dubitari non potest. Vix una causa reperiri potest. — Lassen = den Befehl zu einer Handlung erteilen *iubere, imperare, edicere*; = Sorge tragen für die Ausführung einer Sache *curare*; = erlauben, daß rc., den Bitten und Vorstellungen jemandes nachgeben *concedere, ut* oder *concedere alicui c. inf.*; = jemandem durch eine bestimmte Erklärung Erlaubnis oder Vollmacht geben *permittere, ut* oder *alicui c. inf.*; = gleichgültig zusehen und etwas geschehen lassen *sinere c. acc. c. inf.*; = geduldig und fügsam, wenn auch mit Schmerzgefühl geschehen lassen *pati c. acc. c. inf.*; = bewirken *efficere*; = in einem Schrift- oder Bühnenstücke darstellen, einführen *facere, fingere, inducere* (cf. 349, 3); laß nicht = hüte dich *cave* (*ne* oder) mit einem einfachen Konj.; nicht lassen = verhindern *impedire, prohibere, vetare, obstare*. — 1) Cicero complures Catilinae socios a carnificibus in Tulliano strangulari iussit. 2) Hannibal, cum in verticem Alpium perventum esset, fessos milites per biduum se reficere iussit (oder einfach refecit). 3) Sine vivam (cf. 344). 4) Cave ira abripiare. Caesar nullis minis impulsus est, ut uxorem, Cinnae filiam, repudiaret. 5) Quantum Mithridatis in Romanos odium fuerit, et ex gravi diuturnoque bello, quod cum illis gessit, et ex oratione illa cognoscitur (od. cognosci potest), qua animos militum inflammare studuit. 6) Nero Senecam praeceptorem interfecit; idem urbem Romam incendit, ut videret, quomodo Troia olim arsisset. 7) Schillerus Mariam Stuartam facit dicentem: Melior ego sum quam fama mea. 8) Famulum iube libros, quos poposcimus, ex bibliotheca afferre. 9) Tonsusne es? 10) Leges in alterius rem quemquam involare non sinunt. 11) Conscientia mala nocentes tranquille dormire prohibet (od. non sinit). Calor aestivus efficit, ut fruges maturescant. 12) Marius,

cum secaretur, vetuit se alligari nec quisquam ante eum solutus dicitur esse sectus. 13) Augustus carmina Vergilii comburi contra poetae votatem vetuit (non sivit). 14) Cura vinum et pocula afferenda. 15) Cur iniuriis te lacessi pateris? 16) Nolite, mei amici, ulla re frangi. 17) Tarquinius libros Sibyllinos in Capitolio deposuit. 18) Sine (od. permitte ut) paulisper foras exeam: confestim rediero. 19) Tandem desine garrire. 20) Pater Sesostridis omnes pueros, qui eodem ac filius ipsius die nati erant, cogendos et una educandos curavit. 21) Lysander victoriam ex Atheniensibus adeptus quattuor milia captivorum securi percussit nec permisit, ut corpora eorum sepultura afficerentur. 22) Augurem Tiresiam poetae nunquam inducunt deplorantem caecitatem suam.

Anm. In zahlreichen Fällen tritt statt einer im Deutschen mit „lassen" gebildeten Redensart im Lateinischen ein einfaches Verbum ein, z. B. Barbam alere „wachsen lassen"; arcessere „kommen lassen"; honos alit artes „läßt gedeihen"; nebula dispulsa diem aperuit „ließ zum Vorschein kommen"; vocem in turbam effundere „erschallen lassen"; aliquid in promptu ponere „offen sehen lassen"; excusationem accipere „gelten lassen". Audi „laß dir sagen (erzählen)"; audite litteras „laßt euch den Brief vorlesen"; videte maiorum diligentiam „laßt euch hinweisen auf"; cognosce itinera nostra „laß dir von meinen Reisen erzählen". Lex in senatu deposita est „man ließ den Gesetzesantrag fallen"; consilium deponere „den Plan fallen lassen" u. ä.

298. Unter **phraseologischen Verben** versteht man diejenigen Hilfsverba, welche der Deutsche, überhaupt die moderne Darstellung gebraucht, um über die Weise, in welcher das Subjekt bei der Haupthandlung beteiligt ist, vollständigen Aufschluß zu geben. „Somit sind sie großenteils ein Produkt der modernen Reflexion, welche die Verhältnisse der Handlung dem Hörenden möglichst plan zu machen und alle Dunkelheit und Unbestimmtheit der Auffassung zu verbannen sucht. Was sie aber der Sprache an Deutlichkeit geben, das nehmen sie derselben an bündiger Kürze. Da wo der Lateiner ins Hauptverbum bloß eine Kraft legt, deren Erkenntnis er dem Leser überläßt, zieht der Deutsche diese Kraft gleichsam ans Tageslicht und verkörpert sie in einem eigenen Verbum." So übersetzt der Deutsche:

a) aktive Verba mit können, müssen, wissen, wollen, sollen, dürfen, brauchen, lassen" rc., z. B. Iussa magistri qui metuet, non metuet verbera „braucht keine Schläge zu fürchten". Mens improba tandem in perniciem incidit „muß endlich ins Unglück kommen". Non infitior „ich will nicht in Abrede stellen". Hoc unum dico „ich will nur das eine sagen". Non audio „ich will davon nichts hören". Neminem nomino „ich will niemanden nennen". Si verum dicimus „wenn wir die Wahrheit sagen wollen". Rem eo adduxit, ut... „er wußte es dahin zu bringen, daß..." Dignitatem suam bene tuetur „er weiß seine Würde zu behaupten". Parvo contentus est „er weiß sich mit wenigem zu begnügen". Fateor „ich muß bekennen". Inde facile intellegitur „daraus kann man leicht erkennen". Iure posco „ich kann mit Recht fordern". Spero „ich darf wohl hoffen". Nihil te utor „ich will nichts mit dir zu schaffen haben". Contumaciam tuam non probo „ich kann nicht billigen". Cf. 293; 428, Anm.

b) passive Verba mit „sich sehen, sich fühlen, sich lassen" rc., z. B. Cogor „ich sehe mich genötigt". Deceptus sum „ich sehe mich getäuscht". Dictis tuis laedor „ich fühle mich beleidigt". Adducor „ich fühle mich bewogen". Erigor conscientia recte factorum „ich fühle mich durch mein gutes Gewissen gehoben". Offendor „ich fühle mich beleidigt"; animo commoveor „ich fühle mich innerlich ergriffen"; ad studium litterarum trahor oder feror „ich fühle mich hingezogen". Impedior „ich sehe mich gehindert Cf. 296.

1) Philippus, legatis civitatum Graecarum Corinthum convocatis, et sua liberalitate et callidis contionibus oratorum, quos auro corruperat, animos Graecorum sibi ita conciliavit, ut summus imperator belli cum Persis gerendi eligeretur. 2) Cicero e provincia decedens spe triumphi, quam conceperat, propter temporum iniquitatem destitutus est. 3) Res publica Romana vixdum a clade Cannensi aliqua ex parte respiraverat, cum nova atque ea graviore clade afflicta est. 4) Appius Claudius: Adhuc, inquit, dolui amissa lumina; nunc vero aegre fero, quod caecus modo sum ac non idem surdus atque turpia vestra audio consilia et consulta, quibus gloria huius urbis pervertitur. 5) Omnia vis cogit, solum non cogit amorem. 6) Cum Tyrii se tradere noluissent, Alexander urbem eorum obsidere est coactus (oder einfach obsedit). 7) Socraticorum principes novitate ac suavitate orationis mirum quendam rerum honestissimarum amorem incenderunt atque aluerunt. 8) Fridericum Magnum nostro iure videmur dicere cognomine illo dignissimum fuisse; nam non solum perfectus imperator erat manuque fortis, sed etiam nullo aut casu aut clade perturbatus detrimenta accepta consilio et fortitudine celeriter sarciebat. 9) Demosthenes interdum per duos tresve menses continuos in cubiculum subterraneum inclusisse se dicitur idque altera capitis parte rasa, ut in publicum prodire verecundaretur. 10) Rex Eumenes a senatu Romano loqui iussus: Quod miserrimum est, inquit, in bello, obsidionem passus sum; nam Pergami cum discrimine ultimo et vitae et regni inclusus sum.

299. **Incipio** „ich fange an" wird in der besten Prosa fast nur als intransitives Verbum gebraucht (cf. aber Caes. b. g. 7, 17, 6) und mit dem Infinitiv verbunden (z. B. Rem frumentariam expedire incipit; triplicem aciem ducere incipiunt); als Perfektum wird **coepi** (unklassisch incepi) gebraucht. Dieses coepisse bildet auch die passiven Formen **coeptus sum**, **coeptum esse** etc., z. B. Ludi coepti sunt, bellum coeptum est, opus coeptum. (Das Passiv von incipio ist nur wenig im Gebrauch, z. B. Sall. Iug. 21, 2; 74, 2.) Bei einem passiven Infinitive mit wirklich passiver Bedeutung wird **coeptus sum** geradezu für coepi gesagt, z. B. De re publica *consuli coepti sumus* „wir fingen an, befragt zu werden"; res in senatu *agitari coepta est* „man fing an, die Sache im Senate zu verhandeln"; interea comitia *haberi coepta sunt*; Athenienses undique *premi* bello *erant coepti*. In diesem Falle wird das Aktiv coepisse von Cicero und Cäsar niemals, von Livius selten (z. B. 24, 19, 6), öfters jedoch von Dichtern und Späteren gebraucht. Wenn indessen der passivische Infin. neutrale oder mediale Bedeutung hat, so verbinden ihn auch die besten Schriftsteller mit der Form coepi, z. B. Res publica *augeri coepit* „fing an zu wachsen"; paupertas pro probro *haberi coepit* „fing an für Schande zu gelten". Tarquinius crudelis *fieri coepit*; terra *moveri coepit* „fing an, sich zu bewegen". — Ebenso gebraucht man **desitus sum** bei einem passivischen Infin. statt desii, z. B. Orationes meae *legi desitae sunt*. L. Papirius Crassus primum Papisius *vocari desitus est*. Recte iam pridem contra eos *disputari desitum est*. Cf. jedoch Liv. 6, 6, 5; 5, 3, 2; 32, 7, 6 u. a. — * 1) Poma ex arboribus legi coepta sunt. 2) Postquam terra coli est coepta, homines immanitatem exuere coeperunt. 3) Tyrus, urbs vetustate nobilissima, a Macedonibus septimo mense post, quam coepta erat oppugnari, capta est. 4) Post ipsa bella Persica opes Atheniensium incredibile quantum augeri coeperunt. 5) Ulixes, cum insidias Circae effugisset, tamen per maria iactari et periculis vexari desitus non est. 6) Auctore Las Casas sacerdote Nigritae ex Africa in Americam advehi coepti sunt, qui in praediis metallisque opus facerent. 7) Bello cum Veientibus exorto, cum

spes maior imperatoribus Romanis in obsidione quam in oppugnatione esset, hibernacula, res nova militi Romano, aedificari coepta sunt. 8) Eae res publicae non perire non possunt, in quibus temperantia ac continentia pro fundamento salutis publicae haberi est desita.

300. **Cenatus** „einer, der zu Mittag gegessen hat" (cenavi „ich habe gegessen"); **iuratus** „einer, der geschworen hat" (iuravi „ich habe geschworen"), ebenso *coniuratus* „ein Verschworener"; **potus** „einer, der gezecht hat, ein Betrunkener" (potavi „ich habe gezecht"); **pransus** „einer, der gefrühstückt hat" (prandi „ich habe gefrühstückt"). Cf. auch: Iudici demonstrandum est, quid *iuratus sit* „worauf er vereidigt ist"; lex, in quam *iurati estis*; statim milites *cenatos esse* iubet (Sall. Iug. 106, 4); doch kann man auch passivisch sagen *cenatum est* „es ist gespeist worden". — Vollständig zu Adjektiven sind geworden: *consideratus* „bedächtig", *consultus* „erfahren, kundig", *profusus* „verschwenderisch", *effusus* „ausgelassen, übertrieben", *doctus* „gelehrt, durch Unterricht gebildet", *eruditus* „theoretisch, wissenschaftlich gebildet", *dissolutus* „sorglos, zügellos", *falsus* „trügerisch", *circumspectus* „umsichtig" u. s. w. Cf. 188, Anm. 2. — Von intransitiven Verben sind zu merken: *adultus* „herangewachsen", *coalitus* „zusammengewachsen", *concretus* „geronnen", *inveteratus* „veraltet", *praeteritus* „vergangen", *obsoletus* „abgenutzt, unscheinbar", *assuetus, fluxus, quietus, tacitus* u. a. — Auch *perosus* und *exosus* haben, obgleich sie Part. Perf. *Pass.* sind, dennoch (seit Livius) aktivische Bedeutung „hassend"; erst bei ganz späten Schriftstellern heißen sie „verhaßt" (= invisus, odiosus). Beide regieren den Acc., z. B. Plebs reg*ium* nom*en* perosa erat. (Nachklassisch bedeutet auch *pertaesus* c. acc. oder gen. „überdrüssig".)

Anm. **Desperatus** „verzweifelt" in dem Sinne von „hoffnungslos, heillos, aufgegeben" (z. B. homo, senex, perfugium, aegrota ac paene desperata res publica), unlateinisch im Sinne von „gefahrvoll, tollkühn" (z. B. ein verzweifeltes Unternehmen), wofür periculosus, temerarius, discriminis plenus u. a. gesagt wird. — Über *amatus* cf. 188, Anm. 2; *perditus* 304, 2.

301. Die Participia **Perf.** vieler Deponentien und Semideponentien wie: *veritus* „fürchtend, aus Furcht" (= verens), *arbitratus* und *ratus* „glaubend, in der Meinung" (nie rens!), *usus* „gebrauchend", *miseritus* „sich erbarmend, aus Erbarmen", *secutus, fisus, confisus, diffisus, ausus, gavisus, commoratus, consolatus, complexus, solitus, operatus* „opfernd" werden (bei Angabe eines Grundes, einer Veranlassung oder eines obwaltenden Nebenumstandes) oft in der Bedeutung eines Partic. **Praes.** gebraucht: Caesar Avarici complures dies *commoratus* exercitum ex labore atque inopia refecit. *Admiratus* quaerit causam. Viribus *confisi* tranare contenderunt. Divitiacus multis cum lacrimis Caesarem *complexus* obsecrare coepit, ne quid gravius in fratrem statueret. Fateor me quoque in adulescentia *diffisum* ingenio meo quaesisse adiumenta doctrinae. Caesar *veritus*, ne noctu ex oppido profugerent, duas legiones in armis excubare iussit. Massilienses Domitii consilio *usi* naves longas expediunt.

Anm. 1. Übrigens hat hier das Partic. Perf. nicht durchaus die Bedeutung der Gegenwart oder Gleichzeitigkeit, sondern bezeichnet einen bereits früher eingetretenen, aber noch fortdauernden Zustand, z. B. *veritus* „in Furcht geraten und noch darin seiend", *ratus* „nach angestellter Berechnung und in der daraus gewonnenen Meinung" u. s. w.

Anm. 2. *Solitus* als Adj. in der Bedeutung „gewohnt" ist unklassisch, aber seit Livius viel gebraucht (z. B. solito more, solito magis u. ä.).

302. Die Participia *Perf.* einiger Deponentien haben bisweilen neben ihrer aktiven auch noch **passive** Bedeutung, z. B. *Comitatus* ist nicht nur einer, der begleitet hat, sondern auch einer der begleitet ist; ebenso *testatus (contestatus, testificatus)* „bezeugt", *confessus* „eingestanden", *dimensus* und *metatus* „ausgemessen", *meditatus* und *commentatus* „überlegt", *partitus* „geteilt", *expertus* „erprobt", *complexus* „umfaßt", *populatus, ementitus, pactus, auguratus, interpretatus, sortitus, detestatus* etc. Man bemerke aber hierbei, daß Cicero bei dem passiven Gebrauche der meisten dieser Participien noch ein anderes Particip von einem aktiven Verbum hinzuzufügen liebt, wie: meditatus et cogitatus, populatus atque vexatus, notatus ac testatus, dimensus atque descriptus etc., wodurch die passive Bedeutung der Deponentialparticipien bestimmter hervortritt. — Zur Bildung eigentlicher passiver Tempora (als *Verbum finitum*) werden solche Participien sehr selten gebraucht, z. B. Sall. Iug. 25, 2: A regis fautoribus summa ope *enisum est* „es wurde erstrebt"; auch in der Konstruktion des *Abl. absol.* kommen sie nur vereinzelt vor, z. B. agro

depopulato (Liv. 9, 36, 13); partitis copiis (Caes. b. g. 6, 6, 1); adepta libertate (Sall. Cat. 7, 3).

303. **Utendus, fungendus, fruendus, potiundus,** *(vescendus)*, cf. 109, z. B. In *fungendo* munere; oculus conturbatus non est probe affectus ad suum munus *fungendum*; per speciem alienae *fungendae* vicis; spes *potiundorum* castrorum; (cepas vescendas dare). Omnia bona *utenda* ei ac possidenda tradidit. Agesilaus maximam habuit fiduciam regni Persarum *potiundi*. Tenendus est modus voluptatis *fruendae*. Agrum *fruendum* locare. Doch ist in der Verbindung mit esse die unpersönliche Ausdrucksweise die fast einzig gebräuchliche; also: Utendum est viribus, nicht utendae sunt vires. (Cf. jedoch Cic. Fin. 1, 3.)

Anm. Ganz vereinzelt stehen in derselben Weise *gloriandus* „rühmlich", *medendus*, *paenitendus* „verwerflich", *invidendus*, *pigendus*, *pudendus*, *regnandus* etc. Laetandum magis quam dolendum puto casum tuum (Sall. Iug. 14, 22). In legatis insidiandis (Cic. Cael. 51). Haec causa non visa est supersedenda (Cornif. ad Her. 2, 26).

304. 1) **Von *vendere* heißt das Passiv nicht vendi, sondern venire oder venum dari; nur die Participia *vendendus* und *venditus* werden von vendere gebildet.** Demnach heißt: „Die Güter geächteter Bürger wurden auktionsmäßig verkauft" bona civium proscriptorum sub hasta *venibant (venierunt)*. „Morgen werden auf dem Markte Fische aller Art verkauft werden" piscium omne genus in foro cras *venibit*. — 2) **Von *perdere* heißt das Passiv nicht perdi, sondern perire. *Perditus* ist ein Adjektiv in der Bedeutung „heillos, grundschlecht, verrucht".** Demnach heißt: „Das Heer des Kambyses wurde in der libyschen Wüste durch Wassermangel und Stürme zu Grunde gerichtet" Cambysis exercitus in desertis Libyae locis aquae penuria tempestatibusque *periit* (= deletus est). Unklassisch ist *pessumdare* und *pessumdari*. — 3) **Von *facere* heißt das Passiv fieri.** So haben auch assuefacio, calefacio, commonefacio etc. im Passiv stets assuefio, calefio, commonefio. Aber die Komposita, welche *-ficio* annehmen, wie efficio, interficio, conficio etc., bilden im Passiv *-ficior* und haben mit fio in der Form nichts gemein. (Nur ganz vereinzelt finden sich in Prosa Formen wie *confieri* Caes. b. g. 7, 58, 2; confieret Liv. 5, 50, 7; *defiet* Liv. 9, 11, 6 u. ä.). — 4) Von *verbero* heißt das Passiv in der gebildeten Sprache *verberor*; *vapulo* „ich bekomme Prügel" gehört fast nur der Sprache der Komiker und Dichter an. — 5) ***Odio* (oder *in odio*) *esse*** (cf. 66, Anm.). Das vielen Verben fehlende Passiv wird ersetzt: a) durch Umschreibungen: usui esse gebraucht werden; admirationi esse, admirationem habere, admiratione affici bewundert werden; misericordiam habere bemitleidet werden; invidiae esse beneidet werden; imitatione exprimi nachgeahmt werden; oblivione obrui, in oblivionem venire vergessen werden (in oblivione iacere vergessen sein); impetus fit in hostes die Feinde werden angegriffen; — b) durch sinnverwandte Verba: lacessi, tentari zu adoriri; premi, vexari zu persequi; percipi zu frui; agi, agitari zu persequi; discere zu docere (43. Anm. 2), sanari zu mederi u. ä.

305. **Forem** „ich würde sein" **bei Cicero (nur dreimal) und Früheren in futurischem Sinne; später, besonders seit Livius, ganz = essem, namentlich in Bedingungssätzen.** Häufiger ist der Infin. Fut. **fore**, welche Form in Verbindung mit Participien regelmäßig statt futurum esse eintritt, z. B. Laudandum *fore* (nicht laudandum futurum esse), laudatos *fore* (nicht laudatos futuros esse). Carthaginienses debellatum mox *fore* rebantur, si adniti paulum voluissent. Hoc possum dicere, me satis adeptum *fore*, si ex hoc tanto in omnes mortales beneficio nullum in me periculum redundarit.

Anm. Da *forem* seiner Bedeutung nach von essem nicht verschieden ist, so findet es sich (bes. bei Livius) auch in Verbindung mit dem Partic. Futuri, z. B. Missus est sciscitatum, quaenam finis tantis cladibus *futura foret*. Incertum erat, quo *missuri* classem Carthaginienses *forent*. — ***Fore*** verbindet Livius öfters mit dem Gerundivum, um das Zukünftige der Handlung ausdrücklich hervorzuheben, z. B. Meminissent sibi pro aris focisque *dimicandum fore*. Si quid ad eas leges addi vellet, ab senatu ei *postulandum fore*.

306. 1) Das defektive **aio** bedeutet: a) ich bejahe (Gegensatz nego), z. B. Non curo, quid ille aiat aut neget. Negantia contraria aientibus; b) ich sage. In dieser Bedeutung wird es dem gewöhnlichen Sprachgebrauche nach bei der *Oratio obliqua* gebraucht und steht bald vor den Worten, die jemand sagt (z. B. Ait ille idem sibi videri), bald nach denselben (z. B. Themistocles unus restitit et universos esse pares aiebat), bald einge-

schoben (z. B. Hoc ne statuam quidem pater aiebat dicturam, si loqui posset); das Subjekt aber hat es regelmäßig bei sich und wird nicht von demselben getrennt; daher z. B. Non male ait Callimachus lacrimasse Priamum, aber nicht non male Callimachus lacrimasse, ait, Priamum. Zuweilen steht es auch bei direkter Rede, und zwar regelmäßig in den häufigen Ausdrücken *ut ait* und *ut aiunt*, z. B. Stomacho, ut ait Homerus, nihil impudentius est. O praeclarum custodem, ut aiunt, lupum!, sonst nur vereinzelt, meist um mit inquit abzuwechseln (z. B. Cic. or. 36. Liv. 1, 26, 10; 1, 24, 4; 21, 54, 1).

2) Das defektive **inquam** „sage ich" — (in der historischen Erzählung wird inquam auch als Perfekt gebraucht) — kann nur bei *Oratio recta* und stets nur eingeschoben gebraucht werden. Wenn das zu inquam gehörige Subjekt mit in die Rede eingeschoben wird, so steht es regelmäßig nach, z. B. Optime, *inquit Tullius*, philosophiam laudasti. Daher so oft *inquit Crassus, inquit Plato, inquiunt illi, inquit Ennius*; selten Catulus inquit u. ä. (cf. jedoch Liv. 8, 7, 5; Cic. de or. 1, 149; 2, 31; 3, 190). Ebenso auch ut ait Ennius (höchst selten ut Ennius ait, z. B. Liv. 30, 26, 9). Ist das Subjekt mit einem Particip verbunden, so steht es mit diesem voran und inquit folgt in der angeführten Rede nach, z. B. Tum Crassus subridens: Quid censes, inquit, Cotta? Desgleichen steht das Subjekt voran, wenn noch ein Wort wie tum, deinde, hoc loco vorhanden ist: Tum Brutus: Quid, Crasse, inquit, de hac re censes? (Wenn das Subjekt zugleich in die direkte Rede eingeschoben ist, so wird es zuweilen durch einige Worte von inquit getrennt, z. B. Vincite, *inquit*, si ita vultis, *Sabinus*. Caes. b. g. 5, 30, 1; 7, 20, 12; 5, 18, 5; Liv. 22, 6, 3; Cic. Br. 91; de or. 2, 59 u. 245.) Cf. auch 551, 7, d.

Anm. Die von inquit und ait fehlenden Formen werden von *dicere* genommen; doch können die Formen von dicere (respondere, exclamare, clamare u. ä.) bei direkter Anführung fremder Worte nicht wie inquit und ait zwischen dieselben eingeschoben werden, sondern stehen entweder vor oder hinter dem Ausspruche, z. B. Timotheum *dixisse* ferunt: Vestrae quidem cenae iucundae sunt. Cum quidam iocans *dixisset*: Huic quidem certe vitam tuam committis . . . Plato aegrum errare animum *dixisse* dicitur. Cf. Cic. Tusc. 5, 100; 5, 60; 3, 30; Cat. m. 27.

3) und 4) **Ave**, Plur. **avete** bezeichnet einen Gruß namentlich des Kommenden „sei gegrüßt, guten Tag!", aber auch des Scheidenden „lebe wohl, Adieu!" **Es ist von Cicero gemieden worden**; dieser gebraucht als Begrüßungswort **salve, salvete** (griech. *χαῖρε, χαίρετε*). Als Abschiedsgruß war allgemein **vale, valete** (griech. *ἔρρωσο, ἔρρωσθε*); doch findet sich auch salve beim Abschied, namentlich in der Verbindung salve atque vale. Häufig kommen diese Verben in Verbindung mit iubere vor, wie iubeo te valere, iubeo vos salvere. Cf. 49, Anm. 4.

5) **Age** ist eigentlich ein Imperativ „mach", Plur. *agite* „macht"; doch wird die Form *age* ganz als Adverbium hortativum wie unser „wohlan, auf!" ebenso mit dem Plur. wie mit dem Sing. verbunden: Age experiamur! age considerate! Ebenso im Griechischen *ἄγε* statt *ἄγετε*. (Cicero sagt stets auch bei einer an eine Mehrheit gerichteten Aufforderung *age*, nie agite.) Auch die verstärkte Form *agedum* (cf. 467, 9) steht vor dem Plur.: agedum mittite; agedum dictatorem creemus! Cf. dagen Liv. 3, 62, 4; 5, 52, 9 u. ö. — Besonders häufig finden sich *age, agedum, age vero, age nunc, age sis* (mit Imperativ oder Coniunc. hortativus oder direktem Fragesatz) als rhetorische Übergangsformen, um die Aufmerksamkeit auf das Folgende zu richten und einem Ermatten vorzubeugen, z. B. Age nunc illa videamus, iudices, quae statim consecuta sunt. Agedum conferte nunc cum illis vitam P. Sullae. Age nunc ceteras quoque facultates consideremus. Age vero ceteris in rebus qua sit temperantia, considerate. Die Verbindung *age porro* bildet eine Aufforderung für sich in dem Sinne „weiter denn", d. h. laßt uns weiter gehen in der Schlußfolgerung. Auch führt *age* („nun ja, nun gut, meinetwegen") Zugeständnisse ein, wenn man etwas einräumt, um eine Gegenfrage oder Gegenbemerkung anzuknüpfen, welche das Zugestandene aufhebt oder entkräftet, z. B. Age, sit ita factum: quae causa, cur Romam properaret? Age, iam ista video fateorque esse magna; sed est in collegio vestro inter Marcellum et Appium magna dissensio.

6) **Cedo** steht (in familiärer Sprache) im Sinne eines Imperativs ziemlich gleichbedeutend mit *da* und *dic* „gieb her, laß hören, sag an!" entweder mit oder ohne einen Acc. wie: Cedo aquam manibus „Wasser her für meine Hände"! Cedo tuam mihi dextram! Cedo ut bibam = da bibere! Cedo quid faciam „sag an, was ich thun soll". Cedo

mihi leges Furias! Unum cedo auctorem tui facti, unius profer exemplum. In der älteren Latinität findet sich auch ein Plural dazu cette (aus cedite?), wie cette dextras.

7) **Apage**, ein defektiver Imperativ „fort mit!“ steht entweder allein im Sinne von „packe dich!“ oder mit einem Objekt wie Apage te! apage istas a me sorores!

8) **Quaeso** „ich bitte“ (ursprünglich = quaero) ist klassisch nur in dieser Form und im Plur. *quaesumus* gebräuchlich. Gewöhnlich wird es in die Rede zur Milderung des Ausdrucks eingeschoben, z. B. Dic quaeso; quis quaeso dubitet? attendite quaeso diligenter; tu quaeso crebro ad me scribe (cf. 336, Anm. 2). Jedoch findet sich auch quaeso *a* te, ut . . .; quaeso *a* vobis, ne . . .; (selten quaeso *c. acc.*, z. B. deos quaesumus, Cic. fam. 11, 3, 4; te magnopere quaeso, Cic. Rosc. Am. 11; Liv. 40, 46, 7).

9) **Infit** ist ein altertümliches, dichterisches Wort, von dem keine anderen Formen vorkommen. Es gehört der feierlichen Sprache an, wird nur von Personen gebraucht und bedeutet „er hob an“ sc. zu reden. Liv. 1, 23, 7.

10) **Reri** infolge von Berechnung (ratio) und Abwägung aller Umstände „meinen, denken, glauben“ gehört mit Ausnahme des Partic. *ratus* „im festen Glauben, in der festen Meinung“ mehr der Poesie und höheren Prosa an; außer Perf. und Indic. Präs. und Imperf. sind die übrigen Tempora ungebräuchlich.

11) **Fari** (in feierlichem, prophetischem Tone) „reden, sprechen“ ist ein altertümliches und fast nur dichterisches Wort, wie auch seine Komposita, von denen nur *praefari* „feierliche oder entschuldigende Worte vor einer Handlung sprechen, als Vorwort vorausschicken“ unentbehrlich und gebräuchlich ist. Für die Prosa ist besonders die Redensart *fando audire* „durchs Gerücht vernehmen, vom Hörensagen wissen“ zu merken.

12) **Assolēre** „pflegen“ kommt nur in der 3. Pers. Sing. und Plur. vor und zwar klassisch fast nur in der unpersönlichen Redensart *ut assolet* „wie es zu geschehen pflegt, wie gewöhnlich“.

307. **Quire** und **nequire** sind bei den Klassikern nur in einzelnen Formen und im allgemeinen nur wenig im Gebrauch. Beide Verben finden sich bei Cäsar gar nicht. Es scheint am geratensten, sich heutzutage beim Lateinschreiben mit *posse* und *non posse* zu begnügen. (Cicero gebraucht quire nicht nur in negativen, sondern auch in positiven Sätzen, z. B. Tusc. 5, 108; Lael. 71; Cat. m. 32; aber in der 1. Pers. Sing. sagt er stets *non queo*, nicht nequeo.)

308. 1) Die Verba **intensiva (frequentativa)**, sämtlich nach der 1. Konj., drücken eine Verstärkung oder häufige Wiederholung der Handlung des Stammverbs aus und werden von dem Supinum desselben abgeleitet, wobei ātum in *itare* verwandelt wird; also: tractare, iactare, cursare, pulsare, volutare, gestare, saltare, quassare, cantare; — clamitare, dormītare, rogitare, volitare. Einige Verben werden vom Präsensstamme oder abweichend gebildet, z. B. agitare, fluitare, visitare, — ventitare, haesitare. Von einigen Intensiven werden nochmals andere durch Anhängung von ĭtare abgeleitet, z. B. dictare dictitare, cursare cursitare. Einige sind Deponentia, z. B. tutari, minitari, amplexari, pollicitari; unregelmäßig sectari. — 2) Die Verba **desiderativa**, sämtlich nach der 4. Konj., bezeichnen ein Verlangen nach dem, was im Stammworte liegt. Sie werden vom Supinstamme auf *urire* gebildet; also: esurio „mich verlangt zu essen, mich hungert“, cenaturire, petiturire, parturire. — 3) Die Verba **incohativa**, sämtlich nach der 3. Konj. flektiert, bezeichnen das Anfangen einer Handlung oder eines Zustandes. Sie endigen auf *sco* und nehmen das Perfekt und Supin von dem Stammverb; also obdormisco „ich fange an zu schlafen, ich schlafe ein“, erubesco „ich erröte“, ingemisco, languesco, calesco, maturesco, inveterasco, revivisco, exardesco, convalesco. — 4) Die Verba **deminutiva** haben die Endung *illare* und drücken das Kleinliche, Unbedeutende der Sache aus, z. B. cantillare „trillern“, conscribillare „zusammenkritzeln“. Daneben pullulare „hervorsprossen“, albicare „ins Weiße spielen“, fodicare „stechen, sticheln“, pensiculare „kleine Dinge abwägen“.

Anm. Man merke auch die Verba *meditativa* (von meditari „auf etwas sinnen“), gebildet auf *esso, isso*. So capessere „heftig ergreifen“, facessere „eifrig betreiben“, incessere „losgehen“, arcessere (**accersere**) „kommen lassen“, lacessere, petessere oder petissere, incipissere.

309. Verba **decomposita** nennt man die mit zwei Präpositionen zusammengesetzten Verben, deren das Latein im Vergleich mit dem Griechischen nur sehr wenige hat, z. B. subadmoveo, adincresco, circuminspicio, superinsterno, superimpono, pertranseo, praeinfundo etc..

310. 1) *Sis*. 2) *sultis*. 3) *vin'*. 4) *capsis*. 5) *ain'*. 6) *viden'*. 7) *satin'*. Cf. 403, Anm. 1.

**Anm. Merke auch das in der Konversationssprache häufige *sodes* „gefälligst“, welches nach Ciceros Angabe aus si audes entstanden ist, z. B. Dic sodes; tace sodes; vescere sodes.**

311. **Alte (archaistische) Verbformen kommen auch bei den besten Klassikern in einzelnen aus** der Sprache der Priester (in Gebets- und Verwünschungsformeln), der Rechtsgelehrten, Ökonomen ꝛc. genommenen Formeln vor, z. B. Di immortales *duint* (= dent); di te *perduint* (= perdant); dii *faxint* (= fecerint); *edim* = edam; restituisse te *dixti* (= dixisti); *emundus, vendundus, in iure dicundo, legibus scribundis;* besonders häufig *potiundus* und stets (pecuniae) *repetundae.*

Anm. Außer solchen stereotyp gewordenen Formeln finden sich bei den Dichtern noch folgende archaistische Tempusformen: 1) Der *Infin. Praes. Pass.* aller Konjugationen auf *ier* statt auf *i*, z. B. laudar*ier*, miscer*ier*, dic*ier*, mollir*ier*. — 2) Das Imperf. auf *ibam* statt *iebam* in der 4. Konjugation, z. B. nutr*ibam*, sc*ibam*. — 3) Der *Ind. Fut. Act.* und *Pass.* in der vierten Konjugation auf *ibo, ibor* statt *iam, iar*, z. B. aud*ibo*, opper*ibor*. — 4) In altertümlicher Sprache haben die passivischen Imperativformen die Endung *to* statt *tor*, also hortan*to* statt hortan*tor*. — 5) Für *em* und *am* gab es im Präsens eine alte Konjunktivendung *im*, welche sich in *velim, malim, nolim, sim, possim* auch in klassischer Zeit erhalten hat. *Duim* = dem, *perduim* = perdam, *creduim* = credam. — 6) In der ältern Sprache ging das *Fut. exact.* nicht auf *ero*, sondern auf *so, asso, esso* aus; also *laudasso* = laudavero, *faxo* = fecero, *accepso* = accepero, *capso* = cepero, *rapsit* = rapuerit. — 7) Ingleichen endigte sich der *Coni. Perf.* nicht auf *rim*, sondern auf *assim, essim*, also imper*assim* = imperaverim, *prohibēssis* = prohibueris. Auch in der bessern Prosa steht *faxim, faxis* etc. bei feierlichem Wunsche, z. B. Di immortales *faxint*, ut — (= fecerint). So auch: *ausim, ausis, ausit, ausint* „ich ꝛc. möchte wagen" (Coni. potentialis: ausim = audeam od. ausus sim). — 8) Synkopierte Formen des Perf. und Plusqpf. von Verben der 3. Konj., in denen is nach s oder x ausgestoßen ist, z. B. *accestis* = accessistis, *erepsemus* = erepsissemus, *percusti* = percussisti, *surrexe* = surrexisse, *consumpse* = consumpsisse, *extinxem* = extinxissem, *vixet* = vixisset (dichterisch; doch *dixti* einzeln auch bei Cicero). Ähnlich auch *admosse* = admovisse, *admorunt* = admoverunt u. ä.

312. Cicero sagt: Non reprehenderim scripsere, etsi scrips**erunt** esse verius sentio; sed consuetudini auribus indulgenti libenter obsequor. Da er die Endung *erunt* für richtiger hält, so gebraucht er sie auch fast ausschließlich (cf. jedoch Pis. 96; l. agr. 1, 12; de legg. 1, 6), und ebenso Cäsar, Nepos und Quintilian. Dagegen wurde die Endung *ere* durch die Historiker (Sallust, Livius u. a.) und die Dichter alltäglich, und man huldigt ihr heutzutage nur zu sehr. Zu bemerken ist aber, daß man von den synkopierten Formen (z. B. amarunt, audierunt, delerunt) diese Form auf *ere* niemals bilden kann. (Dichter gebrauchen das e in der Endung ĕrunt auch kurz, z. B. Verg. Aen. 2, 774; Hor. epist. 1, 4, 7; Ov. Met. 6, 585.)

313. Cicero nimmt in der 2. Pers. Sing. Pass. aller Konjugationen fast stets die abgestumpfte Endung **re**, nicht *ris*; er sagt demnach gewöhnlich laud*ere*, laudab*are*, laudar*ere*, laudab*ere* (cf. jedoch Mur. 7; de or. 1, 164; 2, 188; Rosc. Am. 54 u. a.); er wählt *re* sogar da, wo ein erheblicher Mißklang entsteht, z. B. vererere, mererere, terrere conere. Nur im Ind. Präs. nimmt er, um eine Verwechslung mit dem Inf. Praes. Act. zu vermeiden, fast ausnahmslos die Endung *ris* und sagt demnach laud*aris*, nicht laud*are*. (Ausnahmen selten, z. B. delect*are* Balb. 42; zuweilen von Deponentien, wo keine Zweideutigkeit möglich ist, z. B. recordare, arbitrare.) Aber die übrigen Schriftsteller (außer Cicero) nehmen mit Vorliebe die Endung *ris.*

## 2. Gebrauch der Tempora.

314. Zeit bezeichnet die allgemeine Form des Nacheinander, unter welcher wir anschauen, erfahren, wahrnehmen und denken; ihr Gesamtbegriff heißt Ewigkeit. Sie ist an sich ein ununterbrochenes Ganze und wird durch den stetigen Übergang von drei relativen Bestandteilen, der Vergangenheit, Gegenwart und Zukunft, gebildet. Unter Gegenwart verstehen wir denjenigen Zeitabschnitt, den unser gegenwärtiges Denken umfaßt. Sie ist nach dem Verhältnisse des Gedankenzusammenhanges von höchst verschiedener Ausdehnung; sie kann auf einen Augenblick beschränkt sein, z. B. „Es blitzt", aber auch einen

großen Zeitraum umfassen, z. B. „Ich besuche schon fünf Jahre das Gymnasium". Der Zeitabschnitt vor der Gegenwart ist die Vergangenheit, der Zeitabschnitt nach der Gegenwart ist die Zukunft. Diese drei Zeitabschnitte (**Zeitstufen**)

1. **Gegenwart** (*tempus praesens*), z. B. Er liest,
2. **Vergangenheit** (*tempus praeteritum*), z. B. Er las,
3. **Zukunft** (*tempus futurum*), z. B. Er wird lesen,

kann man die subjektiven Tempora nennen, da sie von dem jedesmaligen Denken des redenden Subjekts abhängig sind und durch dasselbe bestimmt werden.

Außerdem aber hat jede Handlung (sowie jeder Vorgang oder Zustand), gleichviel in welche der drei subjektiven Zeiten sie fällt, eine gewisse Ausdehnung oder Dauer, und in diesem Verlaufe der Handlung können drei Punkte (Zeitstände) oder Momente unterschieden werden, welche wir Momente der Handlung oder objektive Zeitpunkte nennen, nämlich den der **eintretenden**, der **dauernden** (oder sich entwickelnden) und der **vollendeten** Handlung.

Wir unterscheiden also drei objektive Zeitpunkte oder in der Handlung selbst liegende Momente:

1) eintretende Handlung, z. B. Er ist im Begriff zu lesen, will eben lesen;
2) dauernde Handlung (actio imperfecta), z. B. Er liest, ist im Lesen begriffen;
3) vollendete Handlung (actio perfecta), z. B. Er hat gelesen.

Da nun in jedem der drei subjektiven Zeitabschnitte eine Handlung oder ein Zustand in jedem dieser drei objektiven Momente dargestellt werden kann, so müßte es genau genommen neun Zeiten geben. Da aber der Lateiner für die eintretende und die dauernde Handlung in der Gegenwart und in der Zukunft nur je ein Tempus ausgebildet hat, so besitzt die lateinische Sprache nur sieben genau bestimmte oder begrenzte Zeiten (*tempora definita*), deren Bedeutung durch folgende Tabelle veranschaulicht wird:

| Handlung | Vergangenheit (praeteritum). | Gegenwart (praesens). | Zukunft (futurum). |
|---|---|---|---|
| eintretend | **Perfectum historicum**<br>*fugi* ich floh = ich ergriff die Flucht | **Praesens**<br>*fugio* ich fliehe = ich ergreife die Flucht | **Futurum I**<br>*fugiam* ich werde fliehen = ich werde die Flucht ergreifen |
| dauernd | **Imperfectum**<br>*fugiebam* ich floh = ich war auf der Flucht | **Praesens**<br>*fugio* ich fliehe = ich bin auf der Flucht | **Futurum I**<br>*fugiam* ich werde fliehen = ich werde auf der Flucht sein |
| vollendet | **Plusquamperfectum**<br>*fugeram* ich war geflohen = ich war damals nicht mehr da | **Perfectum praesens**<br>*fugi* ich bin geflohen = ich bin jetzt nicht mehr da | **Futurum II**<br>*fugero* ich werde geflohen sein = ich werde dann nicht mehr da sein. |

**Haupttempora** sind: Präsens, präsentisches Perfectum, Futurum I und II; — **Nebentempora** oder **historische Tempora** sind: historisches Perfectum, Imperfectum, Plusquamperfectum.

Das Verbum tritt aber nicht notwendig in solchen bestimmten Zeitformen auf. Es giebt auch Zeitformen, welche den reinen Ausdruck der subjektiven Zeiten enthalten, also die Handlung oder den Vorgang schlechthin und ohne innere Begrenzung nach den Momenten ihres Verlaufs in die Gegenwart, Vergangenheit oder Zukunft des redenden Subjekts setzen. Diese Zeitformen nennt man im Griechischen Aoriste, d. h. unbegrenzte Zeiten (*tempora indefinita*). Das lateinische und deutsche Verbum hat jedoch für diese Zeitbegriffe keine eigentümlichen Ausdrücke, sondern bedient sich auch dafür der obigen bestimmten Tempora. Daher dient:

1) das Tempus der dauernden Gegenwart (Präsens) zugleich für die unbegrenzte Gegenwart in allgemeinen Ausdrücken, z. B. „Gott regiert die Welt"; „Tugend ist besser als Geld"; „Zweimal zwei ist vier"; „Der Walfisch ist ein Säugetier". Cf. 315, 2.
2) Das Tempus der vollendeten Gegenwart (Perfectum) dient im Lateinischen zugleich für die unbegrenzte Vergangenheit, als historisches oder erzählendes Tempus; im Deutschen wird zu diesem Zwecke das Imperfekt, im Griechischen der Aorist, im Französischen das Passé défini genommen, z. B. „Hannibal bedrohte Rom mehr als einmal" (Hannibal urbi Romae non semel minitatus est; Ἀννίβας Ῥώμῃ τῇ πόλει οὐχ ἅπαξ ἠπείλησεν; Annibal menaça Rome plus d'une fois). Cf. 317, med.
3) Das Tempus der dauernden Zukunft (Futurum I) dient auch für die unbegrenzte Zukunft, z. B. „Du wirst nichts lernen, wenn du nicht fleißig bist"; „Niemand wird dem Tode entrinnen".

Anm. Das Passiv hat dieselben Tempora wie das Aktiv, mit derselben Bedeutung, nur daß in ihnen keine Handlung, sondern ein Leiden oder ein Zustand, wie wir es hier nennen wollen, ausgedrückt wird.

315. Das **Präsens** bezeichnet wie im Deutschen:

1) eine Handlung, welche in der Gegenwart eintritt oder dauert;
2) solche Handlungen, die sich einer Gewohnheit oder Sitte gemäß zu bestimmten oder zu allen Zeiten wiederholen (generelles Präsens);
3) Aussprüche, Lehren, Eigentümlichkeiten früherer Schriftsteller, welche an sich der Vergangenheit angehören, aber dadurch, daß sie in noch vorhandenen Schriftwerken zu lesen sind, Eigentum der Gegenwart werden (litteratorisches Präsens).

Anm. Wie im Deutschen die Präsentia „ich höre, ich sehe, ich erfahre" und im Griechischen ἀκούω, πυνθάνομαι, γιγνώσκω, μανθάνω oft statt der Perfekta stehen, so auch im Lateinischen *audio* und *video*, wenn es sich um Thatsachen der Geschichte oder Tradition handelt. Cf. Cic. Tusc. 4, 5; 4, 50; Lael. 39; Off. 1, 19; de Or. 1, 255.

316. Das lateinische **Präsens** entspricht der deutschen Zusammensetzung von **sein** mit dem **Part. Perf. Pass.**, wenn damit nicht eine vollendete Handlung, sondern ein in der Gegenwart dauernder Zustand bezeichnet wird, besonders bei *cingi, claudi, contineri* „umgeben, eingeschlossen, enthalten sein"; *teneri, cogi, impediri* „gehalten, gezwungen, gehindert sein", z. B. Lacertae fragili crusta muni*untur* „die Eidechsen sind mit einer leicht zerbrechlichen Haut bedeckt". Urbs muris cingi*tur* „die Stadt ist mit Mauern umschlossen". Oculi praesidiis teg*untur* „die Augen sind mit Schutzwehren bedeckt". Nuntiatum est montem ab hostibus ten*eri* „besetzt sei". Concedi*tur*, permitti*tur* „es ist erlaubt, gestattet". — 1) *Cogor* te reprehendere. 2) Haec fabula Prometheus vinctus *inscribitur* (= „führt

den Titel"; *inscripta est* würde heißen, „hat den Titel erhalten"; cf. Cic. de or. 2, 61 u. 217; div. 2, 1; Att. 8, 5, 2). — 3) Hae urbes unius diei itinere dirim*untur.* 4) Omnibus hodie occasio *datur* animos litteris excolendi. 5) Coloni Aegyptii caliginem barbariae, qua tum Attica opprim*ebatur,* dispulisse feruntur. 6) Lacrimis tuis commov*eor.* Vehementi ira ten*eri* videmini. 7) Animalia partim coriis, partim spinis, partim squamis, partim pluma teg*untur* (od. obduc*untur*). 8) Omnes cives legibus ten*entur.* 9) Hac una virtute reliquae omnes contin*entur.* 10) Sicilia mari undique claud*itur* (cing*itur*). 11) Trunci cortice et libro obduc*untur,* quo tutiores sint a frigoribus et caloribus.

316b. a) **Das Futurum I** bezeichnet eine zukünftige Handlung entweder als eintretend oder als dauernd, z. B. Cras pater red*ibit.* Cras apud te *ero*; auch als in unbegrenzter Weise dauernd oder sich wiederholend, z. B. Nemo mortem effug*iet.* Omnes homines mor*ientur.*

Anm. 1. Über den Gebrauch des Fut. I bei Befehlen cf. 336, Anm. 3.

Anm. 2. Nicht selten dient das *Fut. I* dazu, Behauptungen in milderer und bescheidenerer Form auszusprechen, indem die Entscheidung der Zukunft oder dem Ermessen des Lesers (resp. Hörers) überlassen wird. So besonders gern in allgemeinen Gedanken und in Schlüssen, z. B. Aegritudo perturbatio est animi; semper igitur ea sapiens *vacabit.* An cetera mundus *habebit* omnia, hoc unum non *habebit?* Habere nos animum omnes *fatebuntur.* Cf. jedoch 325, I, Anm.

b) **Das Futurum II** bezeichnet eine Handlung als in der Zukunft vollendet, z. B. Ut sementem *feceris,* ita metes.

Anm. 3. Als Eigentümlichkeit ist zu bemerken, daß das **Futur** II öfters statt des deutschen Futur I bei Verweisung auf etwas später zu Untersuchendes oder zu Besprechendes steht, besonders *videro* (oder *viderimus, videris*) meist in Verbindung mit *mox, post, alias, alio loco,* z. B. Hisce de rebus paulo post *videro* (*viderimus*). De disciplina Pythagorae aliud tempus *fuerit* fortasse dicendi. (Jedoch findet sich auch mox vide*bo,* alio loco vid*ebimus* u. ä., z. B. Cic. Fin. 5, 60; Fam. 3, 9, 8.) In der 2. und 3. Pers. wird es gesetzt, wenn man etwas einem andern zu bedenken überläßt, z. B. Sed de hoc tu ipse *videris.* Sitne malum dolere necne, Stoici *viderint.* Harum sententiarum quae vera sit, deus aliquis *viderit.* — *Si potuero, si voluero, si licuerit, si libuerit, si placuerit* wird oft gesagt, wo man si potero, si volam, si licebit, si libebit, si placebit
* erwartet, weil das „Können, Wollen, Erlaubtsein" als der Handlung vorausgehend gefaßt werden kann, z. B. Plato, *si* modo interpretari *potuero,* his fere verbis utitur. Ego *si potuero,* faciam vobis satis. *Si* quis *voluerit* animi sui complicatam notionem evolvere, iam se ipse doceat eum virum bonum esse, qui prosit quibus possit, noceat nemini.

Anm. 4. Oft dient das **Fut. II** in Hauptsätzen dazu, eine zukünftige Handlung (weil schon als vollendet aufgefaßt) als sicher und schnell eintretend hinzustellen, besonders wenn in einem zugehörigen bedingenden oder zeitlichen Nebensatze gleichfalls das *Fut. II* steht, z. B. *Respiraro,* si te videro. Cum causam iustam deus ipse dederit, vir sapiens laetus ex hac vita *excesserit.* Aurelios si honorifice tractaris, tibi gratissimos adulescentes *adiunxeris.* Is periculosissimum bellum *confecerit,* qui Antonium represserit. Tolle hanc opinionem, luctum *sustuleris.* Immuta paulum: *perierit* tota res. Libenter tibi, ut de eo disseras, equidem *concessero.* Tu invita mulieres, ego *accivero* pueros. Oppugnabitis moenia unius urbis, sed in una urbe universam Hispaniam *ceperitis.* De triumpho tibi assentior, quem quidem totum libenter *abiecero.*

317. **Das Perfectum** ist **als solches** ein Tempus der Gegenwart, indem es eine in der Gegenwart vollendete Handlung (Zustand) bezeichnet mit dem Begriffe, daß der aus der Vollendung der Handlung hervorgehende Zustand in
* der Gegenwart fortdauert: **Perf. praesens** (oder *logicum*), in allen Sprachen ebenso gebraucht und im Deutschen regelmäßig durch das Perfekt übersetzt: *Dixi* oder haec *habui,* quae dicerem sagt der Redner am Schlusse seines Vortrages („ich bin jetzt fertig mit Reden"). *Vixi* „ich habe gelebt", d. h. mit meinem Leben ist es jetzt zu

Ende. Nunc *confugi* ad te „ich bin jetzt als Flüchtling bei dir". Is mos usque ad hunc diem *permansit*. Corpora nobis natura infirma *dedit*. Ubi est frater? *abiit* („er ist jetzt nicht mehr hier"). Mihi *persuasi* „ich habe die Überzeugung". Nunc quidem iam *abiit* pestilentia. *Constiti* = „ich stehe"; *consedi* = „ich sitze"; *consuevi* = „ich pflege"; *cognovi, didici* = „ich weiß"; *decrevi, statui* = „ich beabsichtige" ꝛc.

Anm. 1. Mit besonderer Kraft steht das **Perf. praes.** statt des *Fut. II*, um einen zukünftigen Erfolg als unfehlbar gewiß hinzustellen, in Sätzen wie: Si eodem animo paulum adnixi eritis, milites, *vicimus*. Cf. Cic. Verr. 3, 145; fam. 16, 12, 4; 12, 6, 2. Liv. 21, 43, 2; 21, 44, 9; (21, 8, 8).

Häufiger jedoch ist ein anderer Gebrauch des Perfekts, durch welchen dasselbe auch zu einem Tempus der **Vergangenheit** wird. Dasselbe kann nämlich, ohne eine Beziehung auf die Gegenwart in sich zu schließen, als **erzählendes Tempus** (**Perf. historicum**) Vorgänge früherer Zeiten ohne Rücksicht auf ihre Entwickelung oder Dauer schlechthin als **einmal vorgekommen** bezeichnen. Die deutsche Sprache verwendet für diesen Zweck der Erzählung das **Imperfekt**, während andere Sprachen ein besonderes Tempus dafür besitzen, die **griechische** den **Aorist**, die **französische** das *Passé défini*: *Fuit* Arganthonius quidam Gadibus, qui octoginta annos regn*avit*, centum et viginti vi*xit*. Tantum bellum Pompeius extrema hieme appar*avit*, ineunte vere susc*epit*, media aestate conf*ecit*.

Anm. 2. Es ist vor dem Irrtume zu warnen, als ob ein mit dem *Perf. histor.* erzähltes Ereignis von **kurzer Dauer** sein und das Imperfekt stets eintreten müsse, wo eine **längere Dauer** vorauszusetzen ist. Das *Perf. histor.* **nimmt auf die längere oder kürzere Dauer durchaus keine Rücksicht**; und selbst da, wo ein adverbialer Zusatz auf eine gewisse Dauer geradezu hinweist, **muß** dasselbe stehen, wenn nicht die dauernde Entwickelung betont, sondern der ganze Zeitraum mit **einem** Blicke überschaut und nur **das Ereignis an und für sich festgestellt** wird: **konstatierendes Perfekt** (z. B. *Multa saecula* viguit Pythagoreorum nomen, Cic. Tusc. 1, 38).

Anm. 3. Bisweilen findet sich das **Perf. histor.**, wo man das *Plusqpf.* erwartet, z. B. Bello perfecto Caesar haec facta ab iis cognovit, qui sermoni interf*uerunt* (Caes. 3, 18, 5; 3, 66, 2. Sall. Cat. 17, 2. Liv. 1, 1, 1; 2, 30, 15; 23, 19, 17 u. ö.) In diesem Falle wird die vor einer andern Handlung der Vergangenheit vollendete Handlung einfach vom Standpunkt der Gegenwart aus als vergangen bezeichnet.

318. **Laudatus sum „ich bin gelobt worden"; laudatus fui „ich bin gelobt gewesen". Amatum esse „geliebt (worden) sein", amatum fuisse „geliebt gewesen sein".** (Beachte die Bemerkung Madvigs: Discrimen formarum *amatus sum* et *amatus fui* a veteribus et bonis scriptoribus constantissime servatur. Cf. freilich Anm. 2.) Dabei ist jedoch zu bemerken, daß manche Participia Perf. Pass. die Bedeutung von **Adjektiven** angenommen haben; so kann res *cognita est* entweder „die Sache ist **erkannt worden**" oder „die Sache ist **bekannt**" bedeuten; res *cognita fuit* „die Sache **war bekannt**". Cf. Omnia fere, quae *sunt conclusa* nunc artibus, *dispersa et dissipata* quondam *fuerunt*. Illi in patria funditus delenda *occupati* et *sunt* et *fuerunt*. Grammatica quondam ac musica *iunctae fuerunt*. In triumpho Quinctii dictatoris epulae *instructae* dicuntur *fuisse* ante omnium domos „sollen zugerichtet, fertig vor den Häusern gestanden haben". Ad gloriam a pueritia *inflammati fuimus*. Oppidum redditum est Sutrinis inviolatum, quia non vi *captum*, sed *traditum* per condiciones *fuerat*. Castra, quae in monte alto *posita fuerant*, iam in planum deferuntur. Multitudo, quae per agros *sparsa fuerat*, recepit se in castra. Quod tibi *fuerit persuasum*, huic *erit persuasum*, quod tibi *fuerit probatum*, huic *erit probatum*. — 1) Marcellus triumphans (richtiger ovans) in urbem intulit multa nobilia signa, quibus Syracusae *ornatae fuerant*, 2) Ianus bis post Numae regnum *clausus fuit*. 3) Prometheus, quod ignem cum hominibus communicaverat, Iovis iussu per longum tempus saxo Caucasi montis *affixus fuisse* dicitur, dum ab Hercule liberatus est. 4) Eumolpidae,

qui Alcibiadem devoverant, rursus eum resacrare sunt coacti pilaeque illae, in quibus devotio *fuerat scripta,* in mare praecipitatae. Cf. auch: Arma, quae in parietibus *fixa fuerant* („angeheftet gewesen waren"), humi inventa sunt. *Iacta* alea *esto.* 5) Solimanus I., Turcarum imperator, anno p. Chr. millesimo quingentesimo sexagesimo sexto omni paene Hungaria armis subacta ingentes copias ad Sigethum, munitum oppidum, adduxit, quo ab oppido (cf. 547, 1, b) paucis annis ante magna clade *repulsus fuerat.*

Anm. 1. Wie zur Bezeichnung eines dauernden Zustandes die Verba *tenere, habere, possidere* verwandt werden, darüber cf. 319.

Anm. 2. Bei Cicero wird selten, bei Cäsar nirgends, häufiger bei Sallust und besonders häufig bei Liv. ***amatus fuerim*** statt ***amatus sim,*** *amatus fueram* statt ***amatus eram*** u. s. w. gebraucht. In diesem Falle wird die schon durch das Part. Perf. als vollendet bezeichnete Handlung durch fui u. s. w. noch einmal, d. h. bestimmter bezeichnet. Cf. Cic. Att, 5, 1, 3; 12, 31, 1; fam. 15, 4, 16; Sall. Iug. 52, 3; 109, 3; Liv. 1, 7, 8; 10, 38, 6; 9, 11, 13.

319. 1) Ea cura animos patrum nunc cum maxime *intentos habet.* Quadraginta fere annos Dionysius maior civitatem Syracusanorum servitute *oppressam habuit* (od. *tenuit*). 2) Ad fidem tuam confugio, quam *cognitam et perspectam habeo.* Superstitio animos multorum hominum *sollicitatos habet* = superstitione animi multorum hominum *sollicitati tenentur.* 3) Illis temporibus universa Europa barbariae caligine sordibusque *involuta iacebat.* Apud Lacedaemonios, quippe quorum animi bellicae maxime gloriae studio *incensi arderent,* bonae artes *neglectae iacebant.* 4) Nihil iuvant avarum opes, quas *collectas possidet.* 5) Hoc praeceptum tandem *habeo perspectum.* Cf. Cultrum sub veste *abditum habere*; venenum *praeparatum,* aciem *instructam,* domum *clausam,* naves *paratas,* senatum in curia *inclusum,* certos homines *delectos,* commeatum *prospectum habere.* Hoc si feceris, me maximo beneficio *devinctum habebis.* Verres deorum templis et religionibus bellum semper *habuit indictum.* Dumnorix vectigalia Aeduorum parvo pretio *redempta habebat* „hatte in Pacht". Epistula tua me *conturbatum tenuit.* Hostes civitatem *captam et oppressam tenebant.* Häufig rem *cognitam, perspectam, perceptam, compertam, exploratam habere.* 6) *Statutum* (od. *constitutum*) *habeo* omnibus viribus in discendam linguam Latinam incumbere. 7) *Persuasum habeo* exercitum nostrum ex hoc proelio *superiorem esse discessurum.* 8) Multi campi frequentibus eluvionibus *expositi patent.* 9) Veritas saepe in profundo *abdita latet.* 10) In mentibus hominum opinio *infixa haeret* animos post mortem esse permansuros. 11) Deus omnes homines pari amore *complexus tenet.* 12) O illos stultos, qui alios ea velint docere, quae ne ipsi quidem *cognita habeant*!

Anm. Hierher gehört auch das bes. der Umgangssprache angehörige *missum facere* „entlassen, aufgeben, fahren lassen" in Redensarten wie: missas facere legiones, missum facere amorem, missam facere iram, missos facere honores. — Cf. auch *dare* c. Partic. Perf. Pass. in Ausdrücken wie: hostes victos dare (Sall. Iug. 59, 3); legiones Latinorum stratas dabo (Liv. 8, 6, 6; 4, 19, 3).

320. Das **Imperfectum** bezeichnet eine in der Vergangenheit dauernde oder sich entwickelnde (unvollendete) Handlung. Es steht:

1) am häufigsten bezogen auf ein anderes Faktum der Vergangenheit, um die Gleichzeitigkeit oder Dauer zu bezeichnen: *Cenabam* forte, cum amicus *venit* (d. h. mein Essen dauerte noch, als die Ankunft des Freundes eintrat). Tarquinius muro lapideo circumdare urbem *parabat,* cum bellum Sabinum inter*venit.* Cimon celeriter ad principatum per*venit*; *habebat* enim satis eloquentiae. Dareus *fugiebat;* pauci regem seque*bantur.* So wechselt nun in der Erzählung das Imperfekt

mit dem historischen Perfekt ab, indem dieses die neu **eintretenden Begebenheiten** bezeichnet (*tempus narrativum*), jenes die **begleitenden Nebenumstände** angiebt, **Beschreibungen** einflicht, **Zustände** schildert (*tempus descriptivum*). Das **Perfectum** steht alsdann stets auf die Frage „**was geschah darauf?**", das **Imperfectum** auf die Frage „**was war damals?**". Cf. Caesar Alesiam circumvallare institu*it*; *erat* autem oppidum in colle summo, cuius radices duabus ex partibus flumina *subluebant;* ante id oppidum planities circiter milia passuum tria in longitudinem *patebat.* — Cares, qui tum Lemnum incol*ebant*, resistere *ausi* non *sunt* atque ex insula demig*rarunt*. — Datis, etsi non aequum locum *videbat* suis, tamen fretus copiarum numero suarum confligere *cupiebat* eoque magis, quod — utile arbitr*abatur;* itaque in aciem prod*uxit* milites proeliumque commi*sit*. — Caesar armis rem gerere constit*uit*; *videbat* enim inimicorum in dies maiorem fieri exercitum reput*abat*que appropinquare hiemem. **Das Perfekt führt die Erzählung weiter, das Imperfekt hält sie eine Zeitlang an:** *Perfecto procedit, imperfecto insistit oratio.*

1. Anm. Übrigens können auch Nebenumstände, nähere Bestimmungen, Erklärungen durch das **historische Perfekt** ausgedrückt werden; alsdann werden dieselben ohne Beziehung auf die Zeit des Hauptsatzes schlechtweg als **Thatsachen der Vergangenheit** bezeichnet, z. B. Omni Macedonum gaza, quae *fuit* maxima, potitus est Paullus. Plebeii via Nomentana, cui tum Ficulensi nomen *fuit*, profecti castra in monte sacro locavere. Milites celeriter, quod *habuerunt*, consumpserunt (Caes. b. g. 7, 17, 2. Cic. off. 2, 76. Liv. 3, 52, 3).

2) **selbständig** (d. h. ohne Beziehung auf eine andere Handlung) zur Bezeichnung einer in der Vergangenheit **öfters wiederholten Handlung, dauernder Zustände, bestehender Sitten, Gewohnheiten, Einrichtungen:** Romae bini consules quotannis *creabantur.* Post cibum meridianum Augustus paulisper conquiesc*ebat*. Anseres Romae publice *alebantur* in Capitolio. Atticus mendacium neque *dicebat* neque pati *poterat*. Romani melius comminus pugn*abant* quam eminus. — Selten steht das **Impf.** statt des Perf., wenn der Redende sich in die Zeit dessen, **was** er selbst erlebt (und behauptet) hat, zurückversetzt (z. B. Caes. b. c. 3, 53, 1; 1, 62 3).

2. Anm. **Wird die Wiederholung schon durch das Verbum solere oder Zusätze wie saepe, plerumque, multi angedeutet, so steht das (konstatierende) Perfekt oder das Imperfekt: Socrates dicere solitus est oder solebat, saepe dixit oder saepe dicebat.**

321. Das **Imperfectum** bezeichnet zuweilen, jedoch selten, eine schon **angefangene** und versuchte, aber **nicht ausgeführte** und ohne Erfolg gebliebene Handlung der Vergangenheit: **Imperf. de conatu,** z. B. Consul animos militum *leniebat* „suchte sie zu besänftigen", es gelang aber nicht. Antiochus filiam ei in matrimonium *dabat* „wollte geben". Num dubitas id imperante me facere, quod iam tuą sponte *faciebas*? (Cic. Cat. 1, 13; 2, 14; 3, 3; 3, 16). Galli ex silvis rari propugnabant nostrosque intra munitiones ingredi prohib*ebant*. Veni*ebatis* in Africam, sed prohibiti estis in provincia vestra ponere pedem. Eo cum venissent cohortes, pontem fluminis interrump*ebant*.

Anm. 1. **De conatu** steht nicht nur der Ind. Imperf. *Act.*, sondern auch *Passivi* (z. B. Cic. Lael. 96; Phil. 1, 12; Liv. 21, 31, 6; 23, 20, 2; 7, 17, 12); ferner auch der *Coni. Imperf.* (z. B. Liv. 23, 32, 7; 23, 19, 7); der *Ind. Praes.* (z. B. Liv. 22, 60, 13); der *Inf. histor.* (z. B. Cic. Pis. 69); das *Partic. Praes.* (z. B. Cic. Cat. m. 11; Liv. 10, 19, 1; 4, 19, 5. Hamilcar, in Hispaniam imperator profi*ciscens* Carthagine, Iovi hostias immolavit. Digred*ientes* iam consules legati tribunique circumsistunt. Brundisii profi*ciscens* ad te scripseram).

Anm. 2. Das **Imperf.** *de conatu* wird nicht bloß durch „**wollen, suchen, versuchen**", sondern auch durch „**beginnen, sich anschicken, Miene machen**" und im Passiv durch „**sollen**" übersetzt: Constitit utrumque agmen et proelio sese exped*iebant* („fingen an, sich kampfbereit zu machen"). Utraque acies unius viri casum sensit *cedebat*que inde Romanus („begann zu weichen"). Huius deditionis ipse, qui *dedebatur* („ausgeliefert werden sollte"), suasor et auctor fuit. Cato pro lege, quae abrog*abatur* („abgeschafft werden sollte"), ita disseruit.

322. Das **Praesens historicum** steht in lebhafter Erzählung statt des *Perfectum historicum* (vorzugsweise in Hauptsätzen), um Handlungen der Vergangenheit gleichsam als gegenwärtig vorzuführen und den raschen Gang derselben hervortreten zu lassen, z. B. Tota Italia delectus hab*entur*, arma imper*antur*, pecuniae a municipiis exig*untur*, e fanis toll*untur*, omnia divina humanaque iura permisc*entur*. — Repente post tergum equitatus cern*itur*; cohortes aliae appropinqu*ant*; hostes terga vert*unt*; fugientibus equites occurr*unt*; *fit* magna caedes. Oft wechselt das Praes. histor. mit dem Perf. histor. ab, z. B. Caes. b. g. 1, 46, 2: Caesar loquendi finem *facit* seque ad suos rec*epit*; 2, 13, 1; b. c. 1, 65; 1, 70; Sall. Cat. 20, 1 u. ö. — Der **Infinitivus historicus** steht (meist statt des Imperfectums) in affektvoller Schilderung, um schnell wechselnde, sich drängende und durchkreuzende Handlungen und Zustände der Vergangenheit als gegenwärtig vorzuführen, z. B. Quae cum Athenas nuntiata essent, omnes relictis domibus per urbem discurr*ere* pavidi, alius alium sciscit*ari*, auctorem nuntii requir*ere*. — Hostes ex omnibus partibus signo dato decurr*ere*, lapides gaesaque in vallum conic*ere*; nostri primo integris viribus fortiter repugn*are* neque ullum frustra telum ex loco superiore mitt*ere*; ut quaeque pars castrorum nudata defensoribus premi videbatur, eo occurr*ere* et auxilium fer*re*; sed hoc super*ari*, quod diuturnitate pugnae hostes defessi proelio excedebant, alii integris viribus succedebant. Selten steht ein solcher Infin. allein, in der Regel folgen mehrere aufeinander und zwar nur in Hauptsätzen (oder nach *cum* inversum: Sall. Iug. 98, 2; Liv. 2, 27, 1; 3, 37, 5). Die Infinitive können ebensowohl aktive als passive sein.

323. Das **Plusquamperfectum** bezeichnet im Lateinischen wie im Deutschen eine in der Vergangenheit vollendete Handlung; es steht in Nebensätzen wie in Hauptsätzen, z. B. Mithridates omnium militum nomina *perceperat* „hatte sich eingeprägt = kannte". Pausanias eodem loco sepultus est, ubi vitam *posuerat*. Cares, etsi praeter opinionem res *ceciderat*, tamen resistere ausi non sunt. — Von denjenigen Verben, welche im Perfekt Präsensbedeutung haben, hat das Plusqpf. die Bedeutung des Imperfekts: *noveram*, *cognoveram* „ich kannte", *consueveram* „ich pflegte", *constiteram* „ich stand" 2c.

Anm. 1. Das Plusqpf. wird bei den Historikern nicht selten bloß zum Ausdruck der Schnelligkeit für das erzählende Tempus gesetzt, indem — mit einem Sprunge in der Erzählung — eine Handlung als schon vollendet angegeben wird, deren Eintritt zunächst ausgedrückt werden mußte, z. B. Postquam regii in loca tuta se receperunt, *verterat* periculum in Romanos „da hatte sich die Gefahr auf die Seite der Römer gewandt". Nobiles pueri intra vestibulum regiae se tenere non potuerunt et furentibus similes totam urbem luctu ac maerore *compleverant*.

Anm. 2. Oft steht ein Plusqpf. scheinbar ohne alle Beziehung auf ein anderes Faktum, wo man das Perfekt erwartet und wo auch das Perfekt gesetzt sein würde, wenn nicht entweder eine Vertauschung und Verschmelzung zweier Aussagen eingetreten wäre oder der Erzähler seinen Standpunkt zu der Erzählung verschoben hätte oder durch eine Art von Attraktion zwei Zeitbegriffe koordiniert worden wären, wo bei strengerer Form der eine dem andern subordiniert sein würde. Cf. Commius venit, quem supra demonstr*averam* a Caesare praemissum (= qui a Caesare *praemissus erat*, ut supra demonstr*avi*), Caes. b. g. 4, 27, 2; 28, 1. Oft *dixeram* (statt dixi) = „ich hatte von dieser Sache gesprochen, ehe ich auf die andere kam" (Caes. b. g. 2, 1, 1. Cic or. 101 u. 140). Lucceium convenire non potueram, quod *abfuerat* (Cic. Q. fr. 2, 6, 2). Cf. auch: Sall. Cat. 18, 6; 53, 6; 50, 4; Iug. 72, 1. Cic. Mil. 43; Brut. 31.

324. *Scribam* „ich werde in späterer Zeit (in einem beliebigen Zeitpunkte der Zukunft) schreiben"; *scripturus sum* „ich bin im Begriff zu schreiben, habe die Absicht (gedenke) zu schreiben"; *volo scribere* „ich bin entschlossen, habe den festen Willen, habe Lust zu schreiben". Cf. Illi nondum venerunt, sed *venturi sunt*. Quando rescrib*es*? Tecum colloqui *volo*. Libertatem servare, non tollere *volumus*. Attentos faciemus auditores, si demonstrabimus ea, quae *dicturi simus*, magna, nova, incredibilia esse. Quid iam *acturi estis*? Iniuriam qui *facturus est*, iam facit. Orator

eorum, apud quos aliquid *aget* aut *erit acturus*, mentes sensusque degustet oportet („verhandeln wird oder zu verhandeln willens sein wird").

Anm. 1. Unter **Coniugatio periphrastica** („umschreibender Konjugation") versteht man im weiteren Sinne die Verbindung irgend eines Particips mit dem Hülfsverb *esse*; danach ist *laudatus sum*, *laudatus eram*, *laudatum esse* periphrastisch gebildet. In der Regel beschränkt man aber jenen Namen auf die Verbindung des Part. *Fut. Act.* und des Gerundivs mit den einzelnen Zeiten von *esse*. Die Bedeutung dieser Zusammensetzungen entspricht ganz genau der Bedeutung des jedesmaligen Particips mit der beigesetzten Form von esse, also: *scripturus sum* „ich bin schreiben wollend, bin willens zu schreiben, bin gerade im Begriff zu schreiben", wofür wir zuweilen auch sagen: „ich habe vor zu schreiben, ich will schreiben". Ebenso: *scripturus eram* „ich war im Begriff zu schreiben, wollte schreiben"; *scripturus ero* „ich werde im Begriff sein zu schreiben, werde schreiben wollen"; *scripturus fui* „ich habe schreiben wollen"; *scripturus fueram*; *scripturus fuero* (viell. nicht anzuerkennen). Ebenso im Konjunktiv: *scripturus sim* (*essem*, *fuerim*, *fuissem*). — Die Coniugatio periphrastica *Passivi* bezeichnet nicht die bevorstehende, sondern die notwendige Handlung (cf. 448), z. B. Epistula *scribenda est* „der Brief muß geschrieben werden"; patria *defendenda erat (fuit, fuerat, erit, fuerit)*. Di bevorstehende Handlung des Passivs wird durch Umschreibung mit *futurum esse, ut* ausgedrückt, z. B. Futurum est, ut epistula scribatur „man ist im Begriff, den Brief zu schreiben"; futurum erat, ut epistula scriberetur „man war im Begriff, den Brief zu schreiben" u. s. w. Diese Umschreibung wird jedoch fast nur angewendet: a) um den *Inf. Fut. Passivi* auszudrücken, z. B. Spero *futurum esse* (= *fore*), *ut* hostes vincantur = spero hostes victum iri; b) um die Coniug. periphrastica Activi zu ersetzen, z. B. Spero *futurum esse* (= *fore*), *ut* pater veniat = spero patrem venturum esse. Cf. 432 u. 385.

Anm. 2. Da die periphrastische Konjugation im Aktiv eine Handlung bezeichnet, die entweder von dem eigenen Entschluß des Subjekts ausgeht oder von fremder Bestimmung abhängig ist, so läßt sie verschiedenartige Übersetzungen zu: „wollen, willens sein, im Begriff sein, vorhaben, gedenken, die Absicht haben, damit umgehen, Miene machen"; oft muß sie auch übersetzt werden durch „entschlossen od. bereit sein, (durch Auftrag od. das Geschick) bestimmt sein, sollen" (cf. 439, Anm. 4), z. B. Bellum *scripturus sum* („ich beabsichtige zu schreiben"), quod populus Romanus cum Iugurtha gessit. Rex, quia non *interfuturus* navali certamini *erat* („nicht beabsichtigte"), Magnesiam concessit. Quid recipis mandatum, si aut *neglecturus* aut ad tuum commodum *conversurus es*? Romani captivos ultimis cruciatibus *affecturi fuerunt*. Vos cum hostibus arma *consociaturi fueratis*. Senatus eo die *fuerat futurus* „hatte stattfinden sollen". Nihil est factum, quod non *futurum fuerit* „was nicht hat geschehen sollen". Sapiens non vivet, si *sit* sine homine *victurus* „wenn er in die Lage kommen sollte, ohne Menschen zu leben". So steht die periphrastische Konjugation immer, wenn die Bedingung einer Handlung, die geschehen soll, angegeben wird: Me ipsum ames oportet, non mea, si veri amici *futuri sumus* „wenn wir wahre Freunde sein sollen". Quid timeam, si aut non miser post mortem aut beatus etiam *futurus sum*? Manus sanguine paterno respersas iudices videant oportet, si tam immane facinus *credituri sunt* „glauben sollen". Non me inimicitiae commovent, si quae mihi cum isto *futurae sunt*. Di nati numquam sunt, si quidem aeterni *sunt futuri*.

325. **Der Lateiner ist in Bezeichnung der Zeitverhältnisse genauer als der Deutsche:**

**I. 1. Im Deutschen setzen wir von zukünftigen Handlungen oft das Präsens (namentlich in Verbindung mit einem Adverbium oder adverbialen Ausdrucke der Zeit)**, z. B. „Wann reisest du nach Hause? Mein Bruder kommt morgen". **Der Lateiner setzt hier regelmäßig das Futur.** (Abweichungen selten, entweder nach dem Vorgange der Volkssprache oder um das Zukünftige als sicher und sofort eintretend zu bezeichnen, z. B. Caes. b. c. 3, 94, 6: Tuemini castra; ego portas circum*eo* et castrorum praesidia confirm*o*; 2, 31, 3. Cic. Mil. 99; Att. 2, 9, 1; 13, 40 2; de or. 3, 17: *imus*ne sessum? Liv. 21, 13, 6 u. 7). — Cras rus profici*scemur*, octo autem diebus interiectis revert*emur* atque tum certe te conveni*emus*. Verisimile est nos proxima hieme Romae *futuros* esse. Spero mox haec asse*cuturum me esse* (cf. 421, 4).

Anm. Der Deutsche spricht häufig vermutungsweise von der Zukunft (meistens mit beigefügtem „wohl, vielleicht"), ohne ernstlich an die Zukunft zu denken, z. B. „Alles dieses wirst du wohl schon wissen"; „Zunächst wird es angemessen sein, den Begriff der

Freiheit klarzustellen"; „Du wirst wohl gehört haben, daß der Friede abgeschlossen ist"; „Ihr werdet euch wohl gewundert haben, daß ich nicht zu euch gekommen bin". Diesen Gebrauch kennt die klassische Latinität nicht (? Cic. Quinct. 39 ff.; Cornif. 1, 12); dieselbe setzt in diesem Falle den Indic. Präs. und Perf. statt des deutschen Futur I und II (z. B. Tu non ignoras „du wirst wohl wissen", audistis fortasse „ihr werdet wohl gehört haben"), oder er wählt eine Umschreibung mit *videor, puto, arbitror, credo* u. ä. (cf. 488), z. B. Primum mihi *videtur* de genere belli esse dicendum „zuerst werde ich von der Art des Krieges zu reden haben". Amicus *videtur* redisse „wird wohl zurückgekehrt sein". Quod te audisse certo *scio* „was du sicher gehört haben wirst".

II. Mit der größten Genauigkeit berücksichtigt der Lateiner, ob die Handlung des Nebensatzes im Verhältnis zu der des regierenden Satzes gleichzeitig oder vorzeitig ist. Demnach steht:

a) bei Gleichzeitigkeit und gleich langer Dauer (**Kongruenz**) der Handlung im indikativischen Nebensatze dasselbe **Tempus** wie im regierenden Satze: Dum ego leg*o*, tu scrib*is*; dum ego leg*ebam*, tu scrib*ebas*; dum ego leg*i*, tu scrip*sisti* u. s. w.

Anm. Dasselbe ist der Fall bei **koincidenten Nebensätzen**, welche dasselbe Subjekt wie der regierende Satz haben und deren Handlung zeitlich und sachlich mit der des regierenden Satzes zusammenfällt, z. B. Bene *facis*, quod *taces*; bene *fecisti*, quod *tacuisti*; bene *feceras*, quod *tacueras*. Improbus *fuisti*, cum pecuniam *accepisti*. Pergratum mihi *facies*, si de amicitia *disputabis*, quid sentias. Cf. 362, I, 3.

b) bei Vorzeitigkeit (**Antecedenz**) der Handlung sowohl in indikativischen als auch in konjunktivischen Nebensätzen ein Tempus der vollendeten Handlung auch da, wo der Deutsche die Vorzeitigkeit nicht ausdrückt. Beachte folgende Fälle:

2. Der Lateiner gebraucht in indikativischen Nebensätzen, welche zu einem Hauptsatze im Futurum (od. Imperativ) gehören, regelmäßig das **Futurum**, wenn eine ebenfalls in die Zukunft fallende, der Haupthandlung gleichzeitige oder vorhergehende Handlung bezeichnet werden soll. Die gleichzeitige Handlung wird durch das **Fut. I**, die vorzeitige durch das **Fut. II** ausgedrückt. Cf. jedoch 382, 2 und besonders 367, Anm. 3. — Naturam si sequ*emur* ducem, nunquam aberrabimus. Si in omnibus rebus innocentes *fuerimus*, quid nobis inimicitiae nocebunt? Non fac*iam* finem rogandi, dum precibus meis obse*cutus eris*. Quem alterius non miser*et*, is, cum ipse calamitate vex*abitur*, misericordiam multorum frustra implor*abit*. Simulatque cogno*vero*, quid senatus hac in re decreverit, diligenter tibi scrib*am*. Exstant epistulae Ciceronis ad Tironem datae, quas qui leg*erit*, nihil dici potuisse conce*det*, quo cura diligentior salutis ac valetudinis amici significaretur. Ut sementem *feceris*, ita met*es*.

Anm. Wenn die Handlung des Nebensatzes nicht in die Zukunft fällt, stehen andere Tempora, z. B. Nunc si miseri *sumus*, non semper erimus. Nisi me omnia fall*unt*, res publica peribit. Librum, si in bibliotheca hab*es*, mihi mittes. Conficiemus, quod stud*emus*. Nos faciemus, quae praecip*is* (od. quae modo praec*episti* od. heri praec*eperas*). Esse in honore debebit Cicero, qui urbem serv*avit*.

3. In indikativischen Nebensätzen muß auch dann ein **Futurum** stehen, wenn im Hauptsatze futurische Ausdrücke (d. h. dem Futurum in ihrem Sinne gleichzuachtende) vorkommen, wie: *opus est, oportet, convenit, licet, placet, volo, possum* etc., auch bei Konsekutiv-, Final- und Gerundivsätzen. — Ludo et ioco uti licet tum, cum gravibus seriisque rebus satis*feceris*. Necesse est, si quis in conspectum regis ven*erit*, eum venerari.

Ubi semel quis peier*averit*, ei credi postea, etiamsi per plures deos iuret, non oportet. Ubi satis consu*lueris*, mature facto opus est. Improbis poena statuenda est, nec vero minus iis, qui *secuti erunt* alterum, quam iis, qui ipsi *fuerint* impietatis duces.

4. Bei Ereignissen, die sich wiederholen („sooft, jedesmal wenn"), wird die Handlung des Nebensatzes, welche der des Hauptsatzes vorausgeht, regelmäßig durch den **Ind. Perf.** ausgedrückt, wenn im Deutschen das Präsens, und durch den **Ind. Plusqpf.**, wenn im Deutschen das Imperfectum steht: **Antecedens iterativum.** Dies kommt zur Anwendung in Nebensätzen, welche Bedingung, Zeit und Ort angeben, nach *quotiens, si, cum* (cf. 362, Anm. 1), *ubi, simulatque, ut* und nach Relativen. — Cum epistulam tuam legere *coepi* (nicht incipio!), a lacrimis vix tempero. Ubi mane ex somno exper*rectus sum*, breves preces facio. Quaecunque Themistocles au*dierat* et vi*derat*, in memoria eius haerebant. Veteres, cum de se ipsi praedi*caverant*, aut in sinum ter spuebant aut „absit invidia verbo" dicebant. Cum ambo consules *mortui erant* vel munere ante tempus se abdic*averant*, interrex creabatur. Solo, qui adulescens nullam discendi occasionem praetermiserat, etiam senex, ubi occasio *data erat*, discebat. Cf. auch: Alcibiades, simulac se remis*erat*, luxuriosus reperiebatur. Britanni, ubi ex litore aliquos singulares ex navi egredientes conspe*xerant*, incitatis equis impeditos aggrediebantur. Romani, ubi pericula virtute pro*pulerant*, sociis atque amicis auxilia portabant. Messanam ut quisque nostrum ven*erat*, haec visere solebat. Si a persequendo hostes deterrere nequ*iverant*, disiectos a tergo circumveniebant. Quoties quaeque cohors procur*rerat*, ab ea parte magnus hostium numerus cadebat. Si ad luxuriam etiam libidinum intemperantia acce*ssit*, duplex malum est.

Anm. 1. Livius und die späteren Historiker (selten Cäsar und Cicero) setzen im Wiederholungsfalle sehr oft den **Konjunktiv** Plusqpf. (auch Imperf.), wenn im Hauptsatze das Imperf. steht, z. B. Cum („sooft") cohortes ex acie pro*cucurrissent*, Numidae effug*iebant*. Ubi exercitus instruc*tus esset*, hastati omnium primi pugnam *inibant*. Si proelium committ*eretur*, propinquitas castrorum celerem superatis ex fuga receptum *dabat*. Si quis a domino prehend*eretur*, consensu militum eripi*ebatur*. Montani occur*sabant*, utcunque aut locus opportunitatem *daret* aut progressi aliquam occasionem *fecissent*. Alexander ubi confertissimos hostes acerrime pugnare conspe*xisset*, eo se semper immerg*ebat*. Cf. 398, g.

Anm. 2. Infolge einer **Attractio modi** (cf. 398, d) kann der die Wiederholung ausdrückende Nebensatz im Konjunktiv stehen, z. B. Cotidie sic cena Cimoni coquebatur, ut, quos in foro invocatos vid*isset*, omnes devoc*aret*. Qua re fiebat, ut omnium oculos, quotiescunque in publicum prod*isset*, ad se convert*eret*. Hoc facio semper, ut, quicunque calamus in manus meas ven*erit*, eo ut*ar*.

5. Der Lateiner setzt in (indikativischen und konjunktivischen) Nebensätzen bei einmaligen Handlungen das **Plusquamperfekt** für das deutsche Imperf., wenn die Handlung des Nebensatzes der des Hauptsatzes vorausgeht. — Persae, cum Athenas perven*issent*, sacerdotes, quos in arce *invenerant*, interfecerunt. Iphicrates vigilem, quem dormientem *viderat*, cuspide transfixit. Caesari cum id nunti*atum esset*, Helvetios per provinciam Romanam iter facere conari, ab urbe proficisci maturat. Duo Diagorae filii, cum victores Olympiae *coronati essent*, coronas patri imposuerunt et multitudine acclamante umeris sublatum tulerunt. Agesilaus, cum tonsor quidam *interrogasset*, quomodo tonderet: Tacitus, respondit. A Sphinge dilacerabatur, quisquis aenigma propositum solvere non *potuerat*.

Anm. Das Imperfekt ist in dem unter 5 angegebenen Falle selten, findet sich aber oft bei Wörtern, welche „fragen" und „bitten" bedeuten, weil Frage und Bitte gewissermaßen noch fortdauern, bis die Antwort und Gewährung erfolgt, z. B. Socrates, cum *rogaretur*, cuiatem se esse diceret: Mundanum, inquit.

326. Während der Deutsche im **Briefstil** die Tempora mit Beziehung auf die Zeit gebraucht, in welcher er schreibt, versetzt sich der Lateiner oft (cf. Anm. 3) in diejenige Zeit, wo der Empfänger den Brief liest, so daß er genau diejenigen Tempora wählt, in welchen derselbe den Inhalt seines Briefes wiedergeben würde. Der Empfänger würde z. B. folgenden Eingang: „Ich weiß nichts zu schreiben; denn einesteils habe ich nichts Neues gehört, andernteils habe ich alle deine Briefe gestern beantwortet. Ich habe indessen heute gehört, daß unser Freund dich besuchen will" u. s. w. auf folgende Weise wiedererzählen: „Er wußte nichts zu schreiben; denn einesteils hatte er nichts Neues gehört, andernteils hatte er alle meine Briefe tags zuvor beantwortet. Er hatte indessen an demselben Tage gehört, daß unser Freund mich besuchen wollte u. s. w. Indem nun freilich der Schreibende von sich in der 1. Pers. und von demjenigen, an welchen er schreibt, in der 2. Pers. redet, heißt es: Nihil hab*ebam*, quod scrib*erem*; neque enim novi quicquam aud*ieram* et ad tuas omnes epistulas rescri*pseram* pridie. Aud*ieram* tamen eo die fore, ut amicus noster te *conveniret* u. s. w. Cf. Rem te optime gessisse rumor *erat*; exspect*abantur* litterae tuae, de quibus *eramus* iam cum Pompeio locuti. — Haec scri*bebam* pridie Nonas; novi nihil nunc *erat* apud nos; quae ad eam diem, cum haec scri*bebam*, audiv*eram*, inanis rumor vid*ebatur*; dic*ebant* tamen etc. Statt des deutschen Präsens werden hier also Imperfecta oder (ohne Bezug auf Dauer) Perfecta gebraucht, anstatt des Perfekts steht das Plusquamperfekt, statt des einfachen Futurs das Präteritum der periphrastischen Konjugation.

Anm. 1. Auch die adverbialen Zeitbestimmungen ändern sich entsprechend nach dem gewählten Tempus. Statt des deutschen „heute" steht *eo die*, statt „morgen" *postridie*, statt „gestern" *pridie* etc., z. B. „Heute werde ich bei Pomponius speisen" *eo die, quo haec scribebam*, apud Pomponium eram cenaturus. „Morgen wird bei Cato ein Gastmahl stattfinden" *postridie eius diei, qui erat tum futurus, cum haec scribebam*, convivium apud Catonem erat futurum. Nur *adhuc* und *nunc*, die sich sonst nur mit dem Präs. und Perf. verbinden, bleiben in Briefen auch beim Imperf. und Plusqpf. (z. B. Bibulus ne cogitabat quidem etiam *nunc* in provinciam suam accedere. Unam *adhuc* a te epistulam acceperam); doch sind auch *hodie, heri, cras* u. s. w. in Briefen nicht selten (z. B. Exspectabam *hodie* aut summum *cras* ab eo tabellarios). — Ingleichen müssen die Konjunktionen, welche sonst mit dem Indic. Perf. verbunden werden (*postquam, simulatque, ubi* etc.), bei dieser Darstellung das Plusqpf. bekommen, z. B. Ut Athenas ven*eram*, exspectabam iam quartum diem Pomptinium. Statt *dum* c. Indic. praes. tritt *cum* c. Coni. imperf. ein.

Anm. 2. Es versteht sich nach dem Obigen von selbst, daß alles im Präsens und Futurum bleibt, was auch der Empfänger des Briefes noch als Präsens und Futurum denken soll, z. B. Si val*es*, bene *est*; ego vale*o*. Ego te maximi et feci semper et *facio*. Tryphonem tibi ita commend*o*, ut homines grati bene meritos de se commendare deb*ent*. Pet*o*, ut eum diligas; *erit* id mihi gratissimum.

Anm. 3. Neuere Latinisten pflegen sich in ihren Briefen der Tempora ganz so wie im Deutschen zu bedienen. Auch Cicero hat die obigen Regeln nicht streng festgehalten (cf. Tabellarium meum hodie exspect*amus*, Att. 12, 47, 3; 10, 6, 1; 4, 16, 7), und schon in Plinius' Briefen findet sich die Akkommodation der Tempora an den Zeitpunkt des Empfängers seltener.

Anm. 4. Sonst ist für den lateinischen Briefstil zu merken: Der Name des Briefschreibers beginnt den Brief, wie der Leser naturgemäß zunächst den Schreiber kennen lernen will. In familiär gehaltenen Briefen folgt dem Namen des Schreibers der des Adressaten und darauf *salutem* (z. B. Cicero Attico salutem). Im officiellen und feierlichen Tone werden in der Regel den Namen die Pränomina und Cognomina, sowie die Titel beigefügt und beide getrennt durch s. d. (salutem dicit) oder s. p. d. (salutem plurimam dicit), z. B. M. Tullius Cicero proconsul s. d. M. Caelio aedili curuli designato; doch stehen oft auch Pränomen und Cognomen ohne das Gentilnomen. — Am Schlusse des Briefes folgt auf das übliche *Vale* oder ein ähnliches Abschiedswort zunächst das Datum und darauf der Ort, aber gewöhnlich nicht auf die Frage „wo?", sondern „woher?", z. B. Vale. Nonis Martiis, *ex* castris Taricheis. Data (sc. epistula) pridie Id. Sext. Brundisi*o*. Cf. 113, Anm.

### 3. Consecutio temporum.

327. Die Regeln über die **Consecutio temporum** gelten nie für indikativische Nebensätze, sondern nur für konjunktivisch und innerlich abhängige (d. h. aus dem Sinne des Subjekts im regierenden Satze gesprochene) Nebensätze (cf. 232, 3). Diese werden gebildet:

1) durch unterordnende Konjunktionen (konjunktionale Nebensätze),
2) durch relative Pronomina und Adverbien (relative Nebensätze),
3) durch fragende Pronomina und Adverbia oder durch Fragepartikeln (indirekte Fragesätze).

a) Ist das Verbum des regierenden Satzes ein **Präsens** oder eines der beiden **Futura** oder ein **Imperativ**, so steht im konjunktivischen Nebensatze das **Präsens** zur Bezeichnung der **gleichzeitigen** Handlung, das **Perfekt** zur Bezeichnung der **vorzeitigen** Handlung, das **Präsens** der **Coniugatio periphrastica** zur Bezeichnung der **bevorstehenden** (nachzeitigen) Handlung, z. B. Te interrogo, quid *agas*, *egeris*, *acturus sis*. Noli dubitare, quin pater idem *existimet*, *existimaverit*, *existimaturus sit*. Brevi scribemus, ubi *simus*, *fuerimus*, *futuri simus*. Canes *aluntur*, ut signi*ficent*, si fures *venerint*. Obscurum *est*, quid sen*serit* scriptor. Nemo *erit*, qui cen*seat* a virtute esse recedendum. Nun*tia*, quid au*dieris*. Non dubitari de*bet*, quin *fuerint* ante Homerum poetae. Sen*tio*, quid sceleris admi*serim*. Morati melius erimus, cum *didicerimus*, quae natura desideret.

b) Ist das Verbum des regierenden Satzes ein **Imperfectum** oder **Plusquamperfectum** oder **historisches Perfectum**, so steht im konjunktivischen Nebensatze das **Imperfekt** zur Bezeichnung der **gleichzeitigen** Handlung, das **Plusquamperfekt** zur Bezeichnung der **vorzeitigen** Handlung, das **Imperfekt** der **Coniugatio periphrastica** zur Bezeichnung der **bevorstehenden** (nachzeitigen) Handlung, z. B. Me interrogavit, quid *agerem*, *egissem*, *acturus essem*. Non dubitabam (oder dubitaveram), quin pater idem *existimaret*, *existimasset*, *existimaturus esset*. Canes *alebantur* in Capitolio, ut *significarent*, si fures *venissent*. Miltiades accu*satus est*, quod, cum Parum expugnare *posset*, a rege corruptus infectis rebus disc*essisset*. Non *erat* mihi dubium, quin te Tarenti visurus *essem*. Unum illud extimes*cebam*, ne quid turpiter *facerem* vel iam effe*cissem*.

Anm. Diese Consecutio temporum pflegt der Lateiner auch in allgemeinen Gedanken (Sentenzen und Wahrheiten) festzuhalten, indem er nicht den gegenwärtigen und allgemein gültigen Zustand der Dinge betrachtet, sondern sich mit seinem Geiste in die Vergangenheit versetzt, in der etwas geschah; der Deutsche dagegen gebraucht in diesem Falle gewöhnlich das Präsens oder Perfekt, z. B. Frater tuus nesciebat, bis bina quot *essent* („sind"). Posidonius copiose de hoc ipso, nihil esse bonum, nisi quod honestum *esset* („ist" oder „sei"), disputabat. In Themistocle cognitum est, quanto eloquentia innocentiae antest*aret* („überlegen ist"). Hanc perfectam philosophiam semper iudicavi, quae de maximis quaestionibus copiose po*sset* („kann") ornateque dicere. Tum subito Lentulus scelere demens, quanta conscientiae vis *esset* („ist"), ostendit. Ne antea quidem mihi dubium erat, quin nemo ante mortem beatus praedicandus *esset* („ist"). Ante occupatur animus ab iracundia, quam providere ratio potuit, ne occup*aretur*. (Doch vgl. 327 g, Anm. 2)

c) Ist das Verbum des regierenden Satzes ein **Perfectum praesens**, so wird **dasselbe, wenn es sich nicht geradezu mit einem Präsens vertauschen läßt, als historisches Perfekt behandelt**, z. B. Nuper ipse quoque expertus sum, quam caduca felicitas *esset* („ist"). Hoc propterea de me dixi, ut mihi igno*sceres* („verzeihest"). Satis multas causas attuli, cur bellum gerendum *esset*; nunc de belli duce dicam. De universa philosophia, quantopere expetenda *esset* („ist"), satis dictum est in Hortensio. Quoniam expo*sui*, quae subsidia novitatis habe*res* et habere *posses*, nunc de magnitudine petitionis dicam. Nunc vos adepti estis, ne quem civem metueretis. **Aber nicht selten lassen sich Perfecta geradezu mit einem Präsens vertauschen, wie z. B.** *novi* (oder *percepi, perspexi, didici*) = *scio; statui* (oder *constitui, decrevi, animum induxi*) = *in animo habeo*; *veni* (oder *redii, reverti*) = *adsum*; *oblitus sum* = *nescio* etc.; **solche Perfecta werden wie Präsentia behandelt,** z. B. Generi animantium omni a natura tributum est (= a natura habet „hat den Trieb"), ut se vitamque *tueatur*. Nondum satis constitui (= certo scio), molestiaene plus an voluptatis ea res mihi *attulerit*. Oblitus es (= „du weißt nicht mehr"), quid initio *dixerim*. Quemadmodum Syracusae a Marcello *captae sint*, omnes audivistis (= „ihr wißt"). Quibus consulibus Carneades Romam *venerit*. scriptum est („steht geschrieben") in tuo annali.

c') **Der Infinitivus historicus gilt als Tempus der Vergangenheit.**

d) **Das Praesens historicum** gilt entweder seiner **Form** nach als **Präsens** oder (besonders wenn der Nebensatz vorausgeht), seiner **Bedeutung** nach als **historisches Perfekt; ja es kommen sogar beide Konstruktionen vermischt in demselben Satze vor,** z. B. Vercingetorix Gallos hort*atur*, ut communis libertatis causa arma cap*iant*, obtest*atur*, ut in fide man*eant*. Helvetii legatos ad Caesarem *mittunt*, qui di*cerent* ... Caesar quam celerrime potest ad exercitum profici*scitur*, ne graviori bello occur*reret*. Caesar, ut quam primum iter fa*ceret*, Genabum proficis*citur*, oppugnationem *differt* quaeque ad eam rem usui *sint*, militibus im*perat*. Virgis ne caed*eretur*, mon*et*, ut ca*veat*. Catilina Cethego mand*at*, quibus rebus poss*et*, opes factionis confirm*et*.

Anm. 1. Dieselbe doppelte Consecutio findet bei dem sogen. litteratorischen Präsens (cf. 315, 3) statt, z. B. Cleanthes doc*et*, quanta vis ins*it* caloris in omni corpore. Aeschines in Demosthenem inveh*itur*, quod is septimo die post filiae mortem hostias immol*avisset*.

Anm. 2. Finalsätze stehen bei einem Praes. hist. öfter im Coni. *Praes.* als *Imperf.*; aber das temporale *cum* „als" verlangt in Abhängigkeit von einem historischen Präsens die präteritale Zeitfolge: Quem cum supplicem vid*eret* in ara sedentem, quaer*it*, quae causa *sit* tam repentini consilii.

e) **Hängt ein konjunktivischer Nebensatz von einem andern konjunktivischen Nebensatze ab, so gilt im übergeordneten Nebensatze der Konj. Präs. als Präsens, der Konj. Imperf. und Plusqpf. als Imperf. und Plusqpf., der Konj. Perf. als historisches Perfekt,** z. B. Nescio, quid causae *sit*, cur nullas ad me litteras *des (dederis, daturus sis)*. Nesciebam, quid causae *esset*, cur nullas ad me litteras *dares (dedisses, daturus esses)*. Nescio, quid causae *fuerit*, cur nullas ad me litteras *dares (dedisses, daturus esses)*. Nemo est, quin tim*uerit*, ne hostes urbem aggred*erentur*. Quaeramus, quae tanta vitia *fuerint* in unico filio, quare is patri displic*eret*. Tu accusas eum, qui se praesidio muni*erit*, ut vitam suam *posset* defendere. Aristides in tanta paupertate decessit, ut, qui eff*erretur*, vix *reliquerit*. Cf. jedoch f), Anm.

Anm. Steht der *Coni. Perf.* als Potentialis der Gegenwart (cf. 332, 4) oder als Vertretung des Imperativs (cf. 337), so muß stets präsentische Consecutio stattfinden, z. B. Non facile *dixerim*, quam carus mihi *sis* semperque *fueris*. *Ne dubitaveris*, quin, quod est honestum, id mihi futurum *sit* antiquius.

f) **Hängt ein konjunktivischer Nebensatz von einem Infinitiv, Supinum, Gerundium oder Participium ab, so richtet sich das Verbum desselben in seinem Tempus nach dem Verbum des regierenden Satzes; aber der Inf. Perf. gilt in Bezug auf einen abhängigen Satz als historisches Perfekt,** z. B. Constitueram ad te ven*ire*, ut te vid*erem*. Cato mir*ari* se aiebat, quod non rid*eret* haruspex, haruspicem cum vid*isset*. Diogenes Alexandro rog*anti*, ut dic*eret*, si quid opus esset: Nunc quidem paululum, inquit, a sole. Athenienses miserunt Delphos consul*tum*, quidnam fac*erent* de rebus suis. Satis multa verba videor *fecisse*, quare *esset* hoc bellum necessarium. Ostendam primum causam non *fuisse*, cur a praetore istud postul*ares*. Repert*um esse*, iudices, scitote neminem, qui illud signum aud*eret* attingere.

Anm. Ein von einem *Inf. perf.* od. *Coni. perf.* abhängiger konjunktivischer Nebensatz kann, wenn das regierende Verbum finitum ein Präteritum ist, nie den Coni. praes. od. perf. enthalten; falls dasselbe ein Präsens oder Futurum ist, nur dann, wenn die fraglichen Nebensätze bei selbständiger Fassung des übergeordneten Inf. (od. Coni.) Perf. im Präsens od. Perfektum stehen würden. Dieser Fall tritt namentlich ein, wenn a) der Inf. (od. Coni.) perf. die Bedeutung eines Präsens hat (d. h. sich geradezu mit einem Präsens vertauschen läßt, cf. 327, c), z. B. Nunc videris persp*exisse*, quam turpe *sit* mentiri (selbständig: perspexi = scio). Nemo vestrum est, quin, quemadmodum Marcellus Syracusas *ceperit*, saepe aud*ierit* (= sciat). *Sit inscriptum* in fronte uniuscuiusque, quid de re publica sent*iat*; — b) wenn die unter g) gegebenen Regeln in Anwendung kommen, z. B. Apparet priores reges ita regn*avisse*, ut omnes deinceps conditores partium urbis numer*entur* (selbständig: ita regn*averunt*, ut . . . numer*entur*). Scitote tantam acerbitatem Verris *fuisse*, ut multi aratores mortem sibi ipsi consciv*erint*.

c) und d) siehe im Nachtrag!

g) **Konsekutivsätze** (sowie konjunktivische Kausal- und Konzessivsätze und nicht finale Relativsätze) **befolgen, obgleich sie nicht innerlich abhängig sind, doch in der Regel die Consecutio temporum,** z. B. Milites tam fortiter pugnaverunt, ut hostes celeriter fug*arentur*. **Jedoch steht in ihnen: 1) nach einem historischen Tempus das Präsens, wenn die Handlung als eine der Gegenwart angehörige hingestellt wird; 2) nach einem historischen Tempus das Perfekt, wenn der Redende vom Standpunkte der Gegenwart aus eine Handlung als für die Gegenwart abgeschlossen hinstellt.** Cf. Verres Siciliam per triennium ita *perdidit*, ut ea restitui in antiquum statum nullo modo *possit* (beide Sätze, unabhängig ausgesprochen, würden lauten: Verres Siciliam perdidit; ea in antiquum statum nullo modo restitui *potest*). Ita vixi, ut non frustra me natum existim*em*. *Ardebat* Hortensius tanta cupiditate dicendi, ut in nullo unquam flagrantius studium *viderim*. Iphicrates tantum consilio valuit, ut multa in re militari partim nova *attulerit*, partim meliora *fecerit*. Servus, cum tormentis laceraretur, eo fuit habitu oris, ut ridentis etiam speciem *praebuerit*. Illud periculum nos, cum nihil contemnere *soleamus*, non pertimescebamus. Omnino plura scribere, cum tuum tantum consilium iudiciumque *sit*, non ita necesse arbitrabar. Cum tantum *ausus sit* pro mortuo, quid pro vivo non esset ausus? (Cic. Mil. 90; Arch. 25). Nihil te a me impetrare oportebat, quippe qui ne belli quidem in me iura *servaveris*. Fuit mirifica vigilantia, qui suo toto consulatu somnum non *viderit*. Quamvis non *fueris* suasor profectionis meae, approbator certe fuisti. Hoc toto proelio, cum („obgleich") ab hora septima ad vesperum pugnatum *sit*, aversum hostem videre nemo potuit. Erant convivia Verris non eo pudore, qui in magistratuum conviviis versari *soleat*.

Anm. 1. Doch ist der **Coni. Imperf.** ausschließlich im Gebrauche nach den Perfekten (und Plusquamperfekten) der Verben des Geschehens und Erreichens (*factum est, accidit, contigit, evēnit, hoc assecutus sum, tantum consecutus sum* etc.), wenn die Folge der Vergangenheit angehört, z. B. Qui factum est, ut non ad*esses* („anwesend gewesen bist")? Accidit, ut una nocte Hermae dei*cerentur*. Thrasybulo contigerat, ut oppressam patriam e servitute in libertatem vindic*aret*.

Anm. 2. Auch die **indirekten Fragesätze** haben (wenngleich selten) die freiere Consecutio der Folgesätze; denn es kann in ihnen nach einem historischen Tempus die präsentische Consecutio stattfinden, wenn eine vergangene Handlung vom Standpunkte der Gegenwart (also als temporal selbständig) dargestellt wird. Cf. Hic, quantum in bello fortuna *possit* et quantos *afferat* casus, cognosci potuit. Id quantae saluti *fuerit* universae Graeciae, bello cognitum est Persico. Quam matrem Euripides *habuerit*, ipsius quoque saeculo ignotum fuit. Quid causae *fuerit*, postridie intellexi, quam a vobis discessi. Ille quomodo trans*ierit*, nemo sciebat. Pugna indicio fuit, quos *gesserint* animos. (Liv. 7, 33, 7; 34, 6, 10. Cic. or. 141; fam. 14, 7, 1. Nep. 2, 2, 4.)

Anm. 3. Es kann in Sätzen der obenbezeichneten Art sogar vorkommen, daß auf ein Präsens der Konjunktiv eines Nebentempus folgt, wenn nämlich das Präsens infolge einer besondern Prägnanz eine Handlung bezeichnet, welche nicht auf die Gegenwart beschränkt ist, sondern sich auch auf die Vergangenheit erstreckt, z. B. Patriae tanta *est* vis, ut Ulixes Ithacam illam in asperrimis saxulis tanquam nidulum affixam immortalitati antepon*eret* (= „die Vaterlandsliebe ist von jeher so gewaltig gewesen, daß . . ."). Parumne *est*, Piso, ut negleg*eres* auctoritatem senatus? (= „hat es dir noch nicht genügt, daß . . .?"). Ceterorum servorum ea causa *est* (= de ceteris servis constitutum est), ut liberti nostri *essent*. Verisimile non *est* (= fieri vix potuit), ut ille homo tam locuples religioni suae pecuniam antepon*eret* (Cic. Verr. 4, 11; de or. 1, 196; legg. 1, 58; 3, 14; Acad. 2, 56; Tusc. 5, 19 u. ö.). Überhaupt kann jedes Nomen durch den Zusammenhang präteritale Bedeutung erhalten: *Superbiam* ipsius reginae, cum *esset* trans Tiberim, commemorare sine magno dolore non *possum*. *Est* apud Platonem Socrates, cum *esset* in custodia publica, *dicens* Critoni sibi post tertium diem esse moriendum. Cic. Att. 15, 15, 2; Phil. 1, 12 u. 30; div. 1, 52; Tusc. 4, 49.

Anm. 4. Zuweilen wird die Consecutio dem Tempus eines Zwischensatzes angeschlossen, z. B. Fac*ies* perpetuo, quae *fecisti*, ut omnes aequitatem tuam laud*arent* (Cic. Q. fr. 1, 1, 45). Cur*avit* Servius rex, quod semper in re publica tenendum *est*, ne plurimum val*eant* plurimi (rep. 2, 39). Illud dubium non *est*, quin multi, cum ita nati *essent*, ut quaedam contra naturam depravata hab*erent*, corrig*erentur* ab natura (div. 2, 96). Idem a te nunc pet*o*, quod superioribus litteris (sc. pet*ivi*), ut me . . . mon*eres* (Att. 11, 16, 3). Cic. nat. d. 2, 118. Cf. 546, 4 a. E.

Anm. 5. Auf Sätze, welche schon an sich im **Coni. Imperf.**, namentlich *dubitativus* (cf. 332, 5), stehen, hat das Präsens des regierenden Satzes keinen Einfluß, z. B. Quaero ex te, cur Cornelium non defend*erem* „hätte verteidigen sollen". Quid tam incredibile est, quam ut eques Romanus ex senatus consulto triumph*aret* „hätte triumphieren sollen"? — Auch **irreale** Bedingungssätze bleiben von der Consecutio temporum unbeeinflußt, z. B. Non dubito, quin ad me ven*ires*, si *posses*. Non dubito, quin temeritatis te paenit*uisset*, si istud *fecisses*. Das Weitere cf. 385.

328. Nemo tam afflictus est, quem consolari non *possimus*. Nemo umquam fuit, qui mille annos *vixerit*. Octavianus filios suos populo numquam commendavit, quin *adiceret*: Si merebuntur. Quae civitas est, quae nunquam malos cives *habuerit*? Oppidum munitius erat, quam ut primo impetu capi *posset*. Mala tua quereris, tamquam si amici obliti tui *sint*. In solchen eine **Folge** ausdrückenden Konjunktional- oder Relativsätzen, welche sich auf einen negativen oder fragenden Ausdruck beziehen, befolgt der Deutsche eine ganz eigentümliche Consecutio temporum; er setzt nämlich mit Bezug auf ein Präsens den Konj. Imperf. oder Plusqpf., und mit Bezug auf ein Imperfekt oder Perfekt den Konj. Plusqpf. Der Lateiner jedoch bleibt hier der Regel über die Consecutio temporum streng getreu; er setzt also nach vorausgehendem Präsens im abhängigen Satze den Coni. **Praes.** (gleichzeitige Handlung) oder Coni. **Perf.** (vorzeitige Handlung), und nach vorausgehendem historischen Tempus den Coni. **Imperf.** (gleichzeitige Handlung) oder Coni. **Plusqpf.** (vorzeitige Handlung) oder auch Perf. (in Beziehung auf die Gegenwart des Redenden; cf. 327, 6). Dasselbe gilt von Sätzen mit: a) *quam ut* oder *quam qui* nach vorausgegangenem Komparativ (cf. 339, 2); b) *non quo, non quod* „nicht als ob" (cf. 371); c) *nedum* „geschweige denn, daß" (cf. 388); d) *quasi, tanquam si* u. ä. (cf. 392); e) von Nebensätzen der *Or. obliqua*.

328b. Non dubito, quin amicus promisso *staturus sit*. Nemo sciebat, cur cras in urbem ven*turus* non *esses*. Nemini dubium fuit, quin castra ab hostibus cap*erentur*. Dico, si naturam ducem sequ*amur*, numquam nos aberr*aturos esse* (= *futurum esse, ut* aberr*emus*). Xerxes praemium ei *daturum* se *esse* promisit, qui novam voluptatem inven*isset*. Pythia praecepit Atheniensibus, ut Miltiadem ducem sibi sumerent; id si *fecissent*, incepta prospera *esse futura*. Lacedaemonii, Philippo per litteras minitante se omnia, quae con*arentur* (od. con*ati essent*), prohib*iturum*, quaesiverunt, num se *esset* etiam mori prohib*iturus*. Die fehlenden **Konjunktive der Futura** werden:

a) **umschrieben** durch die *Coniugatio periphrastica*, wenn im regierenden Satze der Zukunftsbegriff noch nicht ausgedrückt ist; jedoch tritt Ersatz ein (cf. b, 1), wenn sich die Coniug periphr. von dem betreffenden Verbum überhaupt nicht bilden läßt; der Konj. des Fut. II wird regelmäßig ersetzt. Umschreibung findet namentlich statt bei *non dubitare, quin* und in indirekten Fragesätzen. Beachte folgende Übersicht:

1) **Coni. fut. I activi:**

*Non dubito, quin* / *Nescio, quando* } *hanc rem* **confecturus sis.**

*Non dubitavi, quin* / *Nesciebam, quando* } *hanc rem* **confecturus esses.**

*Non dubito, quin* / *Nescio, quando* } *tibi hoc* **contingat.**

*Non dubitavi, quin* / *Nesciebam, quando* } *tibi hoc* **contingeret.**

2) **Coni. fut. I passivi:**

*Non dubito, quin* / *Nescio, quando* } *haec res a te* **conficiatur.**

*Non dubitavi, quin* / *Nesciebam, quando* } *haec res a te* **conficeretur.**

3) **Coni. fut. II activi und passivi:**

*Non dubito, quin* / *Nescio, quando* } *hanc rem* **confeceris.**

*Non dubitavi, quin* / *Nesciebam, quando* } *hanc rem* **confecisses.**

*Non dubito, quin* / *Nescio, quando* } *haec res a te* **confecta (futura) sit.**

*Non dubitavi, quin* / *Nesciebam, quando* } *haec res a te* **confecta (futura) esset.**

Die Umschreibungen mit *futurum sit, ut . . ., futurum esset, ut . . ., futurum fuerit, ut . . .* sind als unlateinisch zu meiden.

Anm. 1. Umschreibung findet auch (selten) statt in solchen obliquen Relativsätzen, die in direkter Rede den Ind. Fut. zeigen würden, sowie in Konsekutivsätzen, z. B. Sapiens posteritatem ipsam, cuius sensum hab*iturus* non *sit*, ad se putat pertinere. Legatos habes eos, qui ipsi per se hab*ituri sint* rationem dignitatis tuae. Consulatum ita gerere constitui, ut honorem appet*iturus* non *sim*.

b) **ersetzt** in der Weise, daß für den Konj. Fut. I der **Konj. Präs.** oder **Imperf.**, für den Konj. Fut. II der **Konj. Perf.** oder **Plusqpf.** eintritt. Dies ist der Fall:

1) im ganzen Passiv und im Aktiv dann, wenn sich bei fehlendem Part. Futuri die Coniug. periphr. von dem betreffenden Verbum überhaupt nicht bilden läßt (cf. a);
2) wenn schon im regierenden Satze ein Futurum steht oder die Beziehung auf die Zukunft hinlänglich klar ausgedrückt ist;
3) in Finalsätzen, besonders auch bei den Verben des Erwartens und Fürchtens und bei Wünschen;
4) in den Ausdrücken des Könnens, Müssens, Sollens und Wollens. Cf. Pauci *erunt*, qui tantos labores suscipi*ant* ac sustine*ant* („ertragen werden"). In omnibus bonis tanta consensio *erit*, ut omnia maleficia patefacta vid*eatis* („sehen werdet"). Haec omnia sic ag*entur*, ut bellum intestinum me uno imperatore sed*etur* („beschwichtigt werden wird"). Quid igitur exspectamus? an dum bestiae loqu*antur* („reden werden")? Tibi affirmo, si hoc mihi conti*gerit*, me magnopere *gavisurum esse*. Ducem novi belli civilis aut nemo seque*tur* aut ei seque*ntur*, qui facile vinc*antur* („werden besiegt werden"). Adnit*ar*, ne frustra vos hanc spem de me conc*eperitis* („gefaßt haben werdet"). Adnit*ar*, ne, si sequamini, frustra me *secuti sitis* („gefolgt sein werdet"). Cur timebatis, ne patria per*iret* („untergehen werde"). Non dubito, quin oppidum facile capi pos*sit* („wird — können"). — Besonders häufig kommt dieser Sprachgebrauch in der *Or. obliqua* in Anwendung, z. B. Pollicitus est sic se in Asiam prof*ecturum esse*, ut Athenas atting*eret* („berühren werde oder würde"). Caesar dicit, etiamsi nemo se sequ*atur* („folgen werde"), tamen se cum sola decima legione *iturum esse*. Oraculum erat datum, si rex interf*ectus esset*, victrices Athenas *fore*.

Anm. 2. Über die irrealen Bedingungssätze cf. 385.

Anm. 3. Ausnahmen. In Finalsätzen kann nur ganz ausnahmsweise unter besonderen Verhältnissen der Konj. Futuri vorkommen, z. B. Per veritatem damus operam, ne quid aliter quam confirmaverimus fiat aut factum aut *futurum sit* (Cic. inv. 2, 66). Über die Verba des Fürchtens cf. 354, Anm. 1; des Erwartens 354, Anm. 2. — Niemals steht ein Konj. Fut. nach den Verben des Geschehens. — Dagegen steht in indirekten Fragen, Relativ-, Kausal-, Konzessiv- und Konsekutivsätzen in dem Falle nicht selten der Konj. Fut. trotz des Futurums im übergeordneten Satze, wenn dieselben nicht auf das Tempus des übergeordneten Satzes bezogen, sondern bezüglich des Tempus als unabhängig gedacht sind, z. B. Meministi me dicere in senatu Manlium *fore* in armis certo die, qui dies *futurus esset* a. d. VI Kal. Nov. Significas te studiose *esse facturum*, quod *facturus sis*. Parumne *erunt* multi, praesertim cum illi parati ad nutum *sint futuri*? Mea sententia ille condemna*bitur*, praesertim cum palam omnes testimonium *sint dicturi*. Statim redi*turum* ad nos confirmavit, nisi consules praetorum comitia *habituri essent*. Perfacile conata per*fecturum* se dixit, quod ipse suae civitatis imperium *obtenturus esset*. Ja, der Konj. Fut. muß gesetzt werden, wenn die im Nebensatze ausgesagte Handlung oder Thatsache noch in der Zukunft liegt, nachdem der im regierenden Satze bestimmte Zeitpunkt bereits eingetreten ist, z. B. Cras ad te scrib*am*, quando *rediturus sim*. Tu quid *sis acturus*, pergratum *erit*, si ad me scripseris. Ex quo quid mali *sit eventurum*, demonstr*abo*. Nemo dubit*abit*, quid virtute *perfecturus sit*, qui tantum auctoritate perfecerit. Te disertum put*abo*, si osten*deris*, quomodo eos inter sicarios *sis defensurus*. Facile ostende*tur*, quae incommoda *consecutura sint*. So besonders im Gegensatze: Posthac non scrib*am* ad te, quid *facturus sim*, sed quid *fecerim*.

Anm. 4. Nach *non dubitare, quin* findet sich vereinzelt der einfache Konj. mit futurischem Sinne auch in dem Falle, daß sich von dem betreffenden Verbum die Coniug. periphr. bilden läßt, z. B. Non dubito, quin Ariovistus de omnibus obsidibus gravissimum supplicium sum*at* „nehmen wird" (= sumpturus sit). Caes. b. g. 1, 31, 15; 7, 66, 6 u. ö. Cic. Cluent. 45; Rab. Post. 4.

329. 1) Quid est, quod magis ex animo op*tem*, quam ut salvus in patriam red*ieris* atque id, quod voluisti, itinere *sis* asse*cutus*? 2) Perbrevi eveniet, ut hominis amicissimi benevolentiam et gravissimi viri fidem desider*es*. 3) Cato senex filium epistula quadam monet, cav*eat* (oder auch cav*eret*), ne proelium in*eat* (od. in*iret*), cum miles non *sit* (od. *esset*). Lentulus consul senatui reique publicae se non defuturum pollicetur, si patres audacter ac fortiter sententias dicere *velint* (od. *vellent*); sin Caesarem respic*iant* (od. respic*erent*) atque eius gratiam seq*uantur* (od. seq*uerentur*), ut superioribus *fecerint* (od. *fecissent*) temporibus, se sibi consilium capturum. 4) In Sophocle maxime cognitum est, quid *esset* illud, tragoedia effici, ut mores emend*arentur*. 5) Multi censent fieri potuisse, ut post victoriam Cannensem Hannibal Romam expugn*aret*. 6) Nego ullam fuisse tabulam, quam Verres non conqui*reret* et aufer*ret*. 7) Fratri tuo mandaveram, ut ad te epistulam *daret*, sed nescio, qui sit factum, ut tibi non scrib*eret*. 8) Facile potes cogitare (od. fingere, aber ohne tibi!), quanta laetitia universa civitas (nicht urbs, cf. 163) exercitum victorem acc*eperit*. 9) Fuerunt haud pauci, qui a publicis negotiis se remov*erent* et ad otium perfug*erent*. 10) Facile intellegitur fuisse, cur Cicero Catilinarios comprehensos inter*ficeret*. 11) Imperator Titus benevolentior erat, quam ut supplices acerbe appell*aret*; cuius mores quam praeclari *fuerint*, optime inde apparet, quod amor et deliciae generis humani appellabatur. 12) Exstant epistulae Ciceronis ad Tironem datae, quas qui legerit nihil dici potuisse concedet, quo cura diligentior salutis ac valetudinis amici signific*aretur*. 13) Milites ignorabant, num postero die proelium committ*eretur*. Non dubito, quin inter pau-

cos dies omnes illae difficultates *sublatae* (*futurae*) *sint.* 14) Nemo est, qui sapientius meliusque tibi suadere *possit* quam tu ipse; neque enim dubito, quin numquam *lapsurus sis*, dummodo te ipsum aud*ias.* 15) Germania recentiore memoria tam multos et praeclaros poetas tulit, ut hoc in genere litterarum ceteros omnes populos super*averit.* 16) Hoc dico, neminem unquam fuisse, qui in administranda re publica voluntatibus ac studiis omnium satisfac*eret.* 17) Cineas a Pyrrho cum ingentibus donis Romam missus neminem invenit, cuius domus muneribus pat*eret.* 18) Non facile ullus invenietur scriptor, de quo antiqui honorificentius iudic*averint* quam de Xenophonte; Cicero quidem eius orationem tam dulcem esse dicit, ut Musae ipsae quasi voce eius *sint locutae.* 19) Quae *fuerit* causa, cur Corinthii odium invidiamque Atheniensibus confl*arent*, satis constat. 20) Bello Parthorum Crassus tantam cladem accepit, ut Romani memoriam eius calamitatis diu retin*uerint.* 21) Priusquam bellum a Romanis cum Iugurtha gestum narrem, pauca supra repetam exponamque, qui *sit factum*, ut ille regno Numidiae pot*iretur.* 22) Non raro accidit, ut, qui scelera et flagitia commiserant, quamvis callide ag*erent*, tamen aliquando maleficiorum conscientiis stimulati ipsi reos se fac*erent* voluntariique meritas poenas *darent.*

## 4. Modi des Verbums.

### a) In Hauptsätzen.

330. Der **Indikativ**, der Modus der Wirklichkeit, steht im Lateinischen abweichend vom Deutschen in folgenden Fällen:

I. von den Hülfsverben des Modus „können, müssen, sollen, dürfen" (wie **possum, licet, debeo, oportet, necesse est, decet, convenit** und **Gerundiv**konstruktionen). Die deutschen Ausdrücke „ich könnte, müßte, sollte, dürfte" werden im Lateinischen durch den Indik. Präs., und die Ausdrücke „ich hätte können, hätte müssen" 2c. durch den Indik. Imperf., Perf. oder Plusqpf. ausgedrückt.

II. In den unpersönlichen Ausdrücken „es wäre billig, angemessen, schicklich, nützlich, besser, schwer, leicht, zu weitläufig" u. ä. (wie **aequum, iustum, par, fas, consentaneum, satis, satius, melius, utilius, optimum, optabilius, facile, difficile, grave, longum, infinitum, magnum** etc. **est**).

III. Bei **paene** und (unciceronianisch) **prope** „fast, beinahe" (mit dem Ind. Perf. zu verbinden, wo im Deutschen der Konj. Plusqpf. steht), z. B. Paene *dixi* „beinahe hätte ich gesagt". (Doch merke: paene oder prope *dicam* „beinahe möchte ich sagen").

IV. In Ausdrücken wie: **„ich dächte, ich sollte meinen"** (*arbitror, opinor, credo, puto*); **„das hätte ich nicht gedacht"** (*non putaram, nunquam existimavi*); **„ich hätte erwartet"** (*exspectavi*); **„anders als ich gewünscht hätte"** (*aliter quam optaram*); **„wer wüßte nicht, wer hätte nicht gesehen, wer sollte nicht gehört haben, wem wäre es zweifelhaft"** (*quis ignorat, quis non vidit, quis non audivit, quis non accepit, cui dubium est*); **„es hätte nicht viel gefehlt"** (*non multum afuit*); **„so hätte ich denn nachgewiesen"** (*demonstravi*); **„so hätten wir nun genug gesprochen über"** — (*satis dixi, satis dictum est de*) u. ä.

V. Ferner auch in Nebensätzen, die eingeleitet sind:

a. durch verallgemeinernde Pronomina und Adverbia, welche durch

Verdoppelung oder durch Anhängung von *cunque* gebildet sind (wie **quisquis, quotquot, quicunque, qualiscunque, quantuscunque, quantuluscunque, ubicunque, utcunque** (selten **utut**; cf. auch 396, Anm.) etc.;

b. **durch sive — sive (seu — seu)** „sei es daß — oder (sei es) daß".

Anm. 1. Um entscheiden zu können, wie „ich hätte müssen" ꝛc. zu übersetzen sei, beachte man folgendes: das Imperf. bezeichnet den in der Vergangenheit dauernden oder in der Entwickelung begriffenen Zustand; das Plusqpf. steht von dem, was vor einer andern Vergangenheit vergangen war; das Perf. von dem, was überhaupt als vergangen ausgesprochen werden soll. Am häufigsten ist der Gebrauch des Imperfekts.

Anm. 2. Über *nisi forte* und *nisi vero* mit dem Indic. cf. 381, 2.

Anm. 3. „Sei es daß" = „sei es weil" heißt *sive quod, sive quia*, z. B. Romulus centum creavit senatores, *sive quia* is numerus satis erat, *sive quia* soli centum erant, qui creari patres possent. Caes. b. g. 1, 23, 3.

Anm. 4. Es versteht sich übrigens von selbst, daß, falls bestimmte Gründe unbedingt den Konj. verlangen (z. B. bei *Oratio obliqua* oder irrealen Bedingungssätzen), in den oben angegebenen Fällen der Konj. eintritt. Auch die 2. Pers. Sing. im Sinne des deutschen „man" steht im Konj. (cf. 1, d), z. B. Non id est celare, quidquid retice*as*. Cic. or. 2, 241.

331. 1) *Possum* ab omnium saeculorum memoria exempla repetere divitum hominum, qui beati non fuerunt. 2) Longum *est* omnes memorare artifices, quos Athenae tulerunt. 3) Quidquid a duce iussum *erit*, militibus faciendum est. 4) Paene oblitus *sum*, quod maxime fuit memorandum. 5) Quisquis is *fuit*, qui vulgo nominatur Homerus, hoc videtur certum esse, omnium poetarum nemini magis quam illi contigisse, ut et prodesset et delectaret. 6) Ad mortem te, Catilina, consulis iussu duci iam pridem oport*ebat*. 7) Tacito cum opus *est*, clamas; ubi loqui conven*it*, obmutescis. 8) Aequum (iustum, par) sane *fuit* Socratem capitis non condemnari. 9) Si homines rationem bono consilio a dis immortalibus datam in fraudem malitiamque convertunt, eam omnino non dari generi humano melius *fuit*. 10) Inter feras satius *est* aetatem degere quam in hac tanta immanitate versari. 11) Lucullus, cum victor a bello Mithridatico revertisset, triennio tardius, quam deb*uerat*, triumphavit. 12) Plurimae bestiae habent, quo se tueantur, sive cornibus pet*unt*, sive dentibus mord*ent*, sive alio modo se tut*antur*. 13) Cum Philippus, qui quidquid faci*ebat* id agebat, ut fines regni propagaret, Amphipolim, quae civitas cum Atheniensibus societatem inierat, oppressisset, Athenienses, quid ille contra se moliretur, sentire iam *poterant* nec quidquam antiquius existimare deb*ebant*, quam ut auxilio statim in illa loca misso socios tuerentur; tum enim opes Philippi superare facile *erat* et Athenienses, si parvas copias subsidio misissent, civitatem foederatam conservare *poterant*; neque tamen fecerunt, quod oport*ebat*. 14) Magnum in re publica versari furorem et nova quaedam parari et concitari mala iam pridem videbam; sed tam exitiosam coniurationem factam esse a civibus nunquam put*avi*. 15) Omnia prius fore arbitr*abar*, quam ut promisso non stares. 16) Satis demonstr*avi* (od. demonstrasse mihi vid*eor*) urbem Atheniensium bonas artes non modo procreavisse, verum etiam aluisse atque cum generis humani salute per orbem terrarum propagavisse. 17) Miseria istius viri, opin*or* (cred*o*), ea est, qua nemo non animo commoveatur. 18) Cotidie licet animadvertere plurimos homines aliena vitia lynceis oculis cernere, in suis conivere; quod

contra esse dec*et:* nam si in suis quisque moribus maxime elaboraret emendandis, brevi melius se haberent res humanae. 19) Humanitatis documenta cum omnia admirationi sunt, a quocunque *sunt* edita, tum ea maxime admiranda videntur, quae ab iis eduntur hominibus, quorum a condicione et munere ea abhorrere nobis vid*ebantur.* 20) Bellum Numantinum per tot annos cum summa Romanorum ignominia ductum ut tandem conficeretur, senatus populusque Romanus consulatum detulit Scipioni Aemiliano; nec melior sane belli administrator *potuit* eligi. 21) Haec fuit sapientia maiorum nostrorum, quod, sive bella ger*ebant* seu leges sanci*ebant*, nihil sequebantur nisi salutem atque utilitatem rei publicae.

Anm. Zuweilen findet sich indessen auch der Konj. des Verbs *posse*, wenn die Handlung als unentschieden oder nur bedingt und nicht wirklich hingestellt wird, namentlich in negativen Sätzen und in Fragen mit negativer Tendenz, z. B. Quae tanta *possit* iniuria omnium imperatorum de Deiotaro decreta tollere? Tametsi miserum est, tamen ei, qui hunc accuset, *possim* ignoscere. Plurima quidem proferre *possemus*, sed modus adhibendus est. Urbes sine hominum coetu non *potuissent* nec aedificari nec frequentari. Quae res egestati tuae subvenire *potuisset*? Quid hunc paucorum annorum accessio iuvare *potuisset*? Cf. Cic. Rosc. Am. 55; Tusc. 1, 84 u. 88; 4, 44; 5, 5; Lael. 11; fam. 1, 9, 2 u. 14; div. 2, 24; nat. d. 2, 142; de or. 2, 367. — So auch: Leges a me edentur non perfectae — nam *esset* infinitum —, sed ipsae rerum summae atque sententiae. Nonne multo melius *fuisset* otiosam aetatem sine ullo labore traducere? — (Im irrealen Falle der hypothetischen Sätze bleibt der Konj. regelmäßig unverändert, z. B. Si scriba meus adesset, commodius ad te scribere *possem* od. *potuissem.* Cf. jedoch 382, 3.)

332. **Der Konjunktiv, welcher den Inhalt eines Satzes als bloße Annahme oder Vorstellung hinstellt, erscheint in Hauptsätzen in folgender Weise:**

1. **als Coni. optativus zur Bezeichnung eines Wunsches,** z. B. Hoc di bene vert*ant* „mögen die Götter ihren Segen dazu geben!“ Quod di immortales omen avert*ant* „Gott verhüte es!“ Senatus hoc *ne* conced*at!* **Als Verneinungswort steht bei einem Wunsche ne.** Über die Wünsche mit *utinam* cf. 334.

2. **als Coni. hortativus *(suasorius, iussivus)* z. Bezeichnung einer Aufforderung oder Ermunterung; als Verneinung steht ne** (cf. 337, Anm. 1 u. 2). **Dieser Konjunktiv kommt hauptsächlich im Präsens vor, und zwar teils in der 1. Pers. Plur.,** z. B. Imit*emur* maiores nostros! Am*emus* patriam, posteritatis gloriae inservi*amus*! Misericordia *ne* commove*amur*! — **teils in der 3. Pers.,** z. B. *Sit* sermo lenis minimeque pertinax. Suum quisque nosc*at* ingenium. Donis impii *ne* placare aud*eant* deum; — **teils in der 2. Pers., jedoch fast nur im Sing. zur Bezeichnung des unbestimmten Pronomens „man“,** z. B. Fer*as*, quod vitare non pot*es*. Sic cum inferiore viv*as*, quemadmodum tecum superiorem vol*es* vivere. Istud bonum, dum absit, *ne* requir*as*. Cf. 336, Anm. 4.

Anm. 1. Die 2. und 3. Person des Coni. *Imperf.* und seltener *Plusqpf.* stehen auch als Imperativ der Vergangenheit, z. B. *Resisteres* (oder *restitisses*) „du hättest Widerstand leisten sollen“; *pateretur* „er hätte dulden sollen“; mortem pugnans *oppetisses*; constantiam patris tui *imitatus esses.* Si meis incommodis laetabantur, urbis tamen periculis commov*erentur*. A Torquato hoc vitium *sileretur* („hätte verschwiegen werden sollen“). Frumentum, quoniam vilius erat, *ne emisses*. Cic. Sest. 45 und 54; nat. d. 3, 71 u. 76; Phil. 2, 86; Sull. 25; Rosc. A. 72; Att. 2, 1, 3; Verr. 1, 107; 3, 195; 5, 168; off. 3, 88.

Anm. 2. Über den Konjunktiv in Beteuerungsformeln cf. 335.

3. **als Coni. concessivus zur Bezeichnung eines Zugeständnisses, zu übersetzen „wenn auch, gesetzt daß, mag immerhin, zugegeben daß“, zuweilen mit *ut* verbunden** (cf. 389, 6); **als Verneinung steht ne;** z. B. *Sit*

fur, *sit* sacrilegus: at est bonus imperator. Age, *sit* ita *factum:* quae causa, cur Romam properaret? *Fueris* doctus, *fueris* prudens: pius non fuisti. Hoc *ut* ita *sit* (nihil enim pugno): quid habet ista res laetabile? *Ut* cred*am* ita esse: quam est id exiguum! *Ne* aequa*veritis* Hannibali Philippum: Pyrrho certe aequabitis. *Ne sit* sane summum malum dolor: malum certe est. Ne *sint* in senectute vires: ne postulantur quidem vires a senectute. (**Ut non** heißt: „selbst in dem Falle, daß nicht; wenn auch nicht", z. B. *Ut non* effic*ias*, quod vis, tamen mors ut malum non sit, efficies. Exercitus, si pacis nomen audierit, *ut non* refer*at* pedem, insistet certe. Cic. Tusc. 1, 16 u. 23; Phil. 12, 8; Att. 2, 15, 2; 8, 6, 2). — Über die Zufügung von *esto* zu dem Coni. concess. cf. 336, Anm. 7.

Anm. 3. Der Coni. *Imperf.* und *Plusqpf.* steht nur dann, wenn das Zugeständnis zugleich als unwahr bezeichnet werden soll, z. B. Ut rationem Plato nullam aff*erret*, ipsa auctoritate me frangeret. (Cic. Tusc. 1, 49; cf. div. 1, 62; Lig. 27; Mil. 46; Liv. 21, 52, 7); hierbei darf *ut* nicht fehlen.

4. **als Coni. potentialis, um ein Urteil in milderer Form als wohl annehmbar, als bloße Möglichkeit zu bezeichnen; als Verneinungswort dient non.** Im Deutschen nimmt man hier die Hülfsverba „mögen, wollen, können, dürfen". Rücksichtlich der Tempora ist zu merken, daß der Konj. **Präs.** oder **Perf.** erforderlich ist, um eine noch jetzt geltende Möglichkeit zu bezeichnen (**Potentialis der Gegenwart**), während der Konj. **Imperf.** steht, um eine früher gewesene Möglichkeit, die aber jetzt nicht mehr ist, anzugeben (**Potentialis der Vergangenheit**); wo daher im Deutschen der Konj. Plusqpf. steht, tritt im Lateinischen regelmäßig der Konj. Imperf. ein: Hic quaer*at* quispiam „hier könnte jemand die Frage aufwerfen". Hoc sine ulla dubitatione confirm*em* oder confirm*averim*. Eum, qui palam est adversarius, facile cavendo vitare *possis*. Nil ego *contulerim* iucundo sanus amico. Tu vero Platonem nec nimis valde unquam nec nimis saepe laud*averis*. Mori nemo sapiens miserum *dicat* oder *dixerit*. *Riserit* aliquis fortasse hoc praeceptum, est autem necessarium. Deus nos melius, quam optare aud*eremus* („hätten wagen können"), bello liberavit. Haud facile discern*eres* („man hätte entscheiden können"), utrum Hannibal imperatori an exercitui carior esset. — Als Coni. potentialis ist auch die zur Bezeichnung des unbestimmten Subjekts „man" besonders in Nebensätzen gebräuchliche 2. Pers. Sing. Konj. zu betrachten, z. B. Dissimulatio est, cum alia dicuntur ac senti*as* (cf. 1, d).

Anm. 4. Besonders zu merken sind die Potentiale der Vergangenheit *videres* (*cerneres*) „man hätte sehen können"; *crederes* (*putares*) „man hätte meinen sollen"; *diceres* „man hätte behaupten sollen" u. ä. Cf. Illi mirandum in modum (canes venaticos *diceres*) ita odorabantur omnia ac pervestigabant. Catilina utrum pecuniae an famae minus parceret, haud facile *discerneres*. Milites iniussu signa referunt maestique (*crederes* victos) redeunt in castra. — So kommt der Konj. Imperf. auch für die 3. Person vor, wenn das Subjekt durch einen Relativsatz mit qui (= si quis od. quicunque) angegeben ist, z. B. Qui videret, urbem captam cred*eret* „hätte glauben sollen". Mir*aretur*, qui cerneret.

5. **als Coni. dubitativus** (oder *deliberativus*) **zur Bezeichnung einer zweifelnden Frage, wo man im Deutschen das Hülfsverb „sollen" gebraucht; als Negation dient non. Wo im Deutschen der Konj. Plusqpf. steht, muß im Lateinischen der Konj. Imperf. eintreten:** Quid fac*iam* „was soll ich thun?" Quid fac*erem* „was sollte ich thun, was hätte ich thun sollen?" Quo me confer*am*? Utrum superbiam prius commemor*em* an crudelitatem? Quid enumer*em* artium multitudinem? Quis unquam cred*eret* „wer hätte je geglaubt?" Valerius cotidie cantabat; erat enim scaenicus; quid fac*eret* aliud? „was hätte er anders thun sollen?" Caesar in eam spem venerat, se sine pugna rem conficere posse: cur fortunam periclit*aretur*? (Dieser Konj. kommt auch in der 2. Person vor: Quid hoc homine faci*as*? Cic. Sest. 29; Caec. 30; Verr. 1, 42; Quinct. 83).

Anm. 5. Besonders hervorzuheben ist *quid dicam de, quid commemorem de* „was soll ich sagen von, wo soll ich Worte finden für", welches angiebt, daß es nicht leicht sei, die betreffende Sache gebührend zu schildern, daß also der Sprechende die der Sache angemessene Form des Ausdrucks nicht finden zu können meint, oft in dem Sinne „was soll ich nun gar erst sagen von —". Dagegen ist *quid loquar de* „wozu soll ich reden von" eine Formel der Praeteritio = „es ist unnötig, darüber zu sprechen" (= quid plura dicam oder commemorem de oder quid commemorem mit Objektsaccusativ). — Endlich bezeichnet *quid commemoro, quid profero* „wozu erwähne ich", daß man etwas Genanntes oder Besprochenes verläßt, um sich zu Wichtigerem zu wenden. Cf. Cic. de or. 1, 18; Tusc. 1, 2; nat. d. 2, 156; Sest. 19 u. 95.

Anm. 6. Beachte folgende Fragen des Unwillens und der Verwunderung, durch welche eine Sache als unmöglich oder undenkbar bezeichnet werden soll: Tibi ego rationem redd*am* „ich sollte dir Rechenschaft ablegen?" Archiam ego non dilig*am*? Tu omnibus rebus ornatus et copiosus *sis* et dubite*s* de possessione detrahere? (Cic. Cat. 2, 18; Sest. 78). Ego te videre nol*uerim* „ich sollte dich nicht haben sehen wollen?" Mihi salus cuiusquam tanti *fuisset*, ut meam neglegerem? Ego non ven*irem* contra alienum pro familiari? Gewöhnlich stehen derartige konjunktivische Fragen ohne Fragepartikel (cf. 404); doch bei größerer Milde mit der Partikel -ne: Ego*ne* didicisse aliquid non gaud*eam*? Sapiens*ne*, si patria deleatur, non doleat? Cic. Ac. 2, 125 u. 135. Solche mißbilligende Fragen werden übrigens auch durch *ut* c. coni. oder durch den *Acc. c. inf.* mit angehängtem *ne* ausgedrückt (cf. 435).

6. als **Coni. hypotheticus** (oder *condicionalis*) in irrealen Bedingungssätzen (cf. 376), z. B. Cred*erem*, si ipse vidissem. Nunquam Hercules ad deos ab*isset*, nisi eam sibi viam virtute munivisset.

333. 1) Cup*erem* vultum videre tuum, cum haec legeres. 2) Maesti Romani, victos *crederes*, in castra redierunt. 3) *Velim* definias, quid sit voluptas. 4) Quo superiores sumus, eo summissius nos ger*amus*; nihil enim minus nos dec*uerit* quam rebus secundis superbe et violenter in alios consulere; an quisquam dubit*averit*, quin res secundas perferre non posse non minus levitatis sit quam rebus adversis succumbere? 5) Qui pericula temere subierit, vid*eat*, quomodo effugiat. 6) Quae aliis vitio vertas, tibi laudi *ne duxeris*. 7) *Sint sane* ista bona, quae vulgo putantur, honores, divitiae, voluptates, tamen in iis potiundis exsultans gestiensque laetitia turpis est. 8) Ego tibi irasc*erer*, mi frater? 9) Magistri ego iudicium, pace tua (= bona tua venia) *dixerim* (od. ab*sit* verbo invidia), longe antepono tuo. 10) Reges regna sibi hab*eant*. 11) Confecto proelio, tum vero cern*eres*, quanta audacia fuisset in exercitu Catilinae. 12) Sardanapalus incidi iussit in busto: Haec habeo, quae edi. Quid aliud, inquit Aristoteles, in bovis sepulcro inscrib*eres*? 13) Quidquid acciderit, animis *ne* defici*amus neve* pericula fortiter subire cunct*emur*; simul a deo prec*emur*, ut nos custodiat. 14) Quis in omnibus rebus et erga omnes obsequium prob*et*? quis non potius vitia, malitiam, corruptionem summa vi persequenda vel reprehendenda iudic*et*? 15) Quid respond*erem*? 16) *Ut* Pelopidas solus Thebas liber*averit*: num idcirco melius de patria meruit quam Epaminondas? 17) Ita viv*am*, ut consiliorum tuorum ignarus sum (cf. 335). 18) *Sit* ita factum, ut dicis: pecc*arit* aliquid in vita communi amicus tuus, offend*erit* aliquem de potentioribus, populi voluntatem laes*erit*, legum etiam poenam mer*uerit*: num ea deponendae statim amicitiae satis magna causa fuit? 19) De Homero nihil paene memoriae proditum est praeterquam illud, quod nemo *crediderit*, caecum eum natum esse, nisi vero (cf. 381, 2) caecum hominem put*amus* tam multa, tam varia tam vere et perspicue potuisse effingere. 20) In urbe omnia parata sunt: ipsi propius accedere *ne* cunct*emur*. 21) Cur vestra ipsi decreta sustulistis? *faceretis*, quae decreveratis. 22) Diem Chaeronensem multo fataliorem fuisse Graecis quam

Romanis Cannensem iure dic*as*. 23) Summa audacia Cato iuvenis in senatu pericula patriae exposuit: numquid tac*eret*?

334. **Wünsche** können zwar schon durch den bloßen Konjunktiv ausgedrückt werden (cf. 332, 1), z. B. Val*eant* cives mei, *sint* incolumes, *sint* beati! Quod deus bene vert*at* „möge Gott seinen Segen dazu geben!" Di prohib*eant* a vobis impias mentes! Will man aber den Gedanken auch äußerlich und nachdrücklich als Wunsch ausprägen, so setzt man **utinam** (verstärkt *utinam quidem*, z. B. Cic. Caecil. 40; nat. d. 3, 78; fin. 5, 83; Sulla 54; — poetisch *o si*; archaistisch *ut*, selten bei Klassikern, z. B. Cic. ad fam. 16, 12, 4), — negativ **utinam ne** hinzu. Wenn die Verwirklichung des Wunsches als möglich gedacht wird, so setzt man den Konj. Präs. und Perf.; soll aber der Wunsch als unerfüllbar bezeichnet werden, so steht der Konj. Imperf. und Plusqpf.

Anm. 1. In dichterischer Sprache werden zuweilen auch solche Wünsche als erfüllbar aufgefaßt und ausgedrückt, deren Erfüllung in Wirklichkeit unmöglich ist: O mihi praeteritos refer*at* si Iuppiter annos! Utinam revivisc*at* frater!

Anm. 2. Erfüllbare Wünsche können auch durch *velim* „ich möchte, wünschte" (*nolim, malim*) c. coni., unerfüllbare durch *vellem* „ich wollte, möchte" oder „ich hätte gewollt, gewünscht" (*nollem, mallem*) c. coni. ausgedrückt werden, z. B. Velim mihi ignoscas. Quidquid veniet in mentem, scrib*as* velim. Vellem adesse *posset* Panaetius. Vellem aliqui ex vobis hanc causam susc*episset*. Nollem *dixissem*. Mallem Cerberum metu*eres* quam ista tam inconsiderate dic*eres*. Cf. 344. (Statt des Konj. auch Infinitivkonstruktionen)

Anm. 3. An einen Wunschsatz („o daß doch; wie sehr wünschte ich") wird der im Deutschen mit „dann" angeknüpfte Nachsatz mit *profecto* oder unmittelbar angeschlossen: Utinam colloqui inter nos potuissemus: *profecto* aliquid opis rei publicae tulissemus. Quam vellem ad illas pulcherrimas epulas me invitasses: reliquiarum nihil haberemus. Cic. fam. 4, 1, 1; 10, 28, 1; 12, 3, 1; Att. 16, 7, 4 u. ö.

Anm. 4. Statt utinam *ne* findet sich selten das stärkere utinam *non*, z. B. Illo die utinam susceptus *non* essem! Clitus utinam *non* coegisset me sibi irasci! — Bei verkürzter Satzform kann *utinam* („wollte Gott") auch ohne Verbum gebraucht werden, z. B. Quae virtus excelsior et nomine, *utinam* re, frequentior est iustitiā? Habetis sermonem bene longum hominis *utinam non* impudentis.

1) Dii omnia bona tibi *dent* (*duint*)! 2) Aristippus interrogatus, quomodo Socrates mortuus esset: Utinam ego, inquit, sic mor*iar*! 3) Utinam pater meus laetum hunc diem vid*isset*! 4) Utinam omnes, qui gloriae studio ducantur, per iustitiam humanitatemque eam quaer*ant neu* oblivisc*antur* multos reges, qui urbibus expugnandis, regnis evertendis, nationibus subigendis gloriam quaesiverunt, non felicitatem bonorumque copiam, sed vastitatem atque miseriam hominibus intulisse! 5) *Velim* tibi nobiscum esse plac*eat*. *Nollem* hodie te lav*isses*. 6) Utinam in Ti. Gracco Gaioque Carbone talis mens ad rem publicam bene gerendam *fuisset*, quale ingenium ad bene dicendum fuit! profecto nemo his viris gloria praestitisset. 7) Utinam illum diem *ne* vid*eam*, cum bello civili patria nostra ardeat! 8) Habetis sententiam hominis utinam perperam iudicantis! 9) Timotheus, dux Atheniensium, cum collega quidam dixisset: Nobisne, Timothee, patria gratiam referet? respondit: Utinam nobis potius conting*at*, ut iustam ei referamus! 10) Utinam Icarus praecepta patris *ne* negl*exisset*! in fluctus praecipitatus non esset.

335. Die vorgelegten Sätze, welche **Beteuerungen** enthalten, können vermittelst des *Coni. optativus* auf doppelte Weise übersetzt werden, nämlich entweder: 1) Pro deum hominumque fidem, *ne sim* salvus, *si* aliter loquor ac sentio. 2) *Moriar, ni* (in diesem Falle steht seltener *nisi*, cf. 379) omnia tecum communicavi. 3) Dii me perd*ant*, *si* gallinas tuas veneno interfeci. Oder: 1) Pro deum hominumque fidem, *ita* salvus *sim*, *ut non* aliter loquor ac sentio, d. h. ich möge in derselben Weise (oder so gewiß) gesund sein, wie ich nicht

anders rede, als ich denke. 2) *Ita vivam, ut* tecum omnia communicavi. 3) *Ita* me dii *ament, ut* gallinas tuas veneno non interfeci. — Cf. *Ita vivam, ut* maximos sumptus facio „so wahr ich lebe, ich mache sehr großen Aufwand!" *Ita* mihi *velim* deos propitios, *ut* non solum commoveor animo, sed etiam toto corpore perhorresco. Sollicitat, *ita vivam*, me tua valetudo. Mori*ar*, *si* magis gauderem, si id mihi accidisset.

Anm. Nur bei Dichtern findet sich in diesem Falle *sic* statt *ita*, cf. 484.

336. **Man unterscheidet: 1) den Imperativus Praesentis** (*ama, amate — amare, amamini*), **welcher einen auf unmittelbare Verwirklichung berechneten, an eine oder mehrere bestimmte Personen gerichteten Befehl bezeichnet,** z. B. Huc ven*i*, puer. Patent portae: proficisc*ere*. Fer*te* misero mihi auxilium, iudices, subven*ite* inopi. Ab*i* in malam rem. Cur*a*, ut valeas. Perg*ite*, ut facitis, adulescentes, atque in id studium, in quo estis, incumb*ite*. Nosc*e* te ipsum. Sequ*ere* naturam; — **2) den Imperativus Futuri** (*amato, amatote, amanto — amator, amantor*), **welcher ein für die Folge berechnetes, durch Zeit und Umstände bedingtes Gebot bezeichnet. Er hat seine Stelle vorzugsweise in der Gesetzessprache, bei Verträgen, allgemeinen Vorschriften und Regeln,** z. B. Erranti viam monstr*ato*. Caelestia semper spect*ato*, humana contemn*ito*. Apud iudices vera loqu*itor*. Regio imperio duo *sunto* iique consules appell*antor*; illis salus publica suprema lex *esto*. — **Der *Imper. Praes.* kann nur in der 2. Person, der *Imp. Fut.* in der 2. und 3. Person vorkommen, in der 3. Person aber nur bei gesetzlichen Vorschriften** (cf. Anm. 4).

Anm. 1. Wenn das, was man verlangt oder vorschreibt, an eine Bedingung oder Voraussetzung geknüpft ist, (wenn also ein Nebensatz mit *si* oder *nisi*, *cum* oder *ubi* „wann", *quoniam* u. ä. vorausgeht), so wird bei (einfachem) **Befehle** der **Imper. Praes.**, bei (gemessenem, nachdrücklichem) **Gebote** der **Imper. Fut.** gesetzt, z. B. Si me diligis, excit*a* ex somno tuas litteras. Si quid in te peccavi, ignosc*e*. Si a me diligi vis, litteras ad me mitt*ito*. Ubi valetudini tuae consulueris, tum consul*ito* navigationi. Cum officium et fides postulabit, gratiae resist*ito*. Cf. Cic. fam. 16, 14, 2; 13, 50, 2; 16, 3, 1; 16, 1, 2; Att. 2, 20, 5.

Anm. 2. Als Milderung des Imper. Präs. steht **velim** *c. Coni.* (cf. 334, Anm. 2), z. B. Dicas velim. Zur Milderung (resp. Hervorhebung) treten zu dem Imper. **quaeso** „ich bitte" (cf. 306, 8), *sis* (aus si vis zusammengezogen, cf. 310, 1 u. 2) und *sodes* (310, Anm.) „gefälligst", *oro te (vos)* „ich bitte dich", *obsecro te* (od. *vos*) „ich bitte dich um Himmels willen", *amabo te* (= „ich werde es dir Dank wissen, dir verbunden sein"), z. B. Tu *quaeso* crebro ad me scribe. Exspecta, *amabo te*, dum Atticum conveniam. Librum, *oro te*, mihi quam primum mitte. — Zur eindringlicheren Schärfung des Imper. Präs. steht die Umschreibung **fac (ut)** *c. Coni.* oder **cura**, *ut*, z. B. Fac venias „komm ja"; cura, ut valeas. (Dichter setzen *memento* mit Infin., z. B. Utilibus semper praepon*ere* honesta *memento*.) — Auch die Hinzufügung des persönlichen Fürwortes *tu* und *vos* dient häufig zur Erhöhung des Nachdrucks (cf. 219), besonders in Verbindung mit den Partikeln *vero* und *quidem*. Cf. auch 306, 5; 467, 9. Auch *modo* „nur, doch nur" dient zur Bezeichnung eines eindringlichen oder ungeduldigen Befehls: vide modo „sieh doch nur".

Anm. 3. Zuweilen steht ein Befehl auch im **Ind. Futuri**, wenn nämlich der Redende der Erfüllung seines Willens ganz gewiß ist: der Angeredete wird den Befehl ausführen, denn er kann nicht anders, er ist gezwungen aus Liebe oder durch Gewalt. So ist das Futur nach dem daraufgelegten Tone und nach dem Verhältnisse der beiden Personen die mildeste und die schärfste Form des Befehls, wie bei uns „du wirst dies thun". (Negation *non*.) Si quid acciderit novi, faci*es*, ut sciam. Festinationi meae ignosc*es*. Tu me dilig*es* et vale*bis* (= bene vale et me dilige; so öfters in den Formeln des Briefschlusses). Tu Lucceio nostro librum da*bis*. Tu non cessa*bis* et ea, quae habes instituta, perpoli*es*. — Der Deutsche drückt den Imperativ oft mit einer gewissen Zuversicht auch durch das Hülfsverb „dürfen" aus, z. B. „Das darfst du glauben" sic fac existimes. So: „Du darfst ruhig sein" bono animo esto; „In den nächsten Tagen darfst du einen Brief von mir erwarten" propediem epistulam meam exspectato.

Anm. 4. Es ist vor dem Irrtume zu warnen, als ob es empfehlenswert sei, statt des Imperativs die 2. Pers. Konj. Präs. zu setzen, weil diese Ausdrucksweise höflicher sei. Denn dieselbe ist nur dann gestattet, wenn die zweite Pers. für das unbestimmte „man" gebraucht wird, z. B. Iniurias fortunae, quas ferre nequeas, defugiendo relinqu*as*. Bona valetudine ut*are*, dum adsit; cum absit,ne requir*as*. Quidquid agis, prudenter ag*as* et respice finem. Sonst aber ist die Anwendung der 2. Pers. Konj. Präs. für den Imperativ bei Cicero selten und wohl nur im Briefstil, z. B. Cautus *sis*, mi Tiro. Si est spes nostri reditus, eam confir*mes* et rem adiu*ves*. Öfter val*eas* = vale. Aber die Dichter und Livius &c. gebrauchen den Konj. oft so, z. B. Si sciens fallo, tum me, Iuppiter Opt. Max., pessimo leto affic*ias*. Scipio sagt zu Masinissa: Amicus populo R. *sis* et sci*as* multos nostri similes in civitate Romana esse. — Die 3. Pers. des Imperativs kommt nur in der Gesetzessprache vor; in allen übrigen Fällen tritt als Ersatz dafür die 3. Pers. *Coni. Praes.* ein, z. B. Quoniam ille nos diligit, ipse quoque a nobis dilig*atur* (cf. 332, 2).

Anm. 5. Einen Imperativ der Vergangenheit kann es an sich nicht geben; doch kann in lebendiger Rede etwas als so befohlen erscheinen, daß es sogleich mit dem Befehle ausgeführt erscheinen soll, wie in dem bekannten Worte Cäsars *iacta* alea *esto* „der Würfel sei geworfen!" So auch: vos *admoniti estote* „ihr sollt hiermit erinnert sein".

Anm. 6. „Glaube mir, glaubet mir" wird in der feineren, gebildeten Sprache durch **mihi crede**, **mihi credite**, in der Sprache des gewöhnlichen Lebens durch *crede mihi*, *credite mihi* ausgedrückt. In Ciceros Reden und philosophischen Schriften steht ausschließlich *mihi crede* (Verr. 4, 133 credite hoc mihi ist die Stellung durch das eingefügte hoc bedingt); *crede mihi* nur in der familiären Briefsprache, doch auch hier nicht häufig.

Anm. 7. „Wisse" heißt **scito** (nicht sci), „wisset" **scitote** (nicht scite). Auch von *habere* in den Verbindungen *sic habere* „sicher glauben" und *secum habere* „für sich, bei sich behalten" sind die Formen *habeto* und *habetote* ausschließlich im Gebrauch, z. B. *Sic habeto*, mi Tiro, neminem esse, qui me amet, quin idem te amet. Secreto hoc audi; *tecum habeto*, ne Apellae quidem, liberto tuo, dixeris. — Ferner entspricht unserm „es sei, mag sein, gut" als Einräumungs- und Übergangsformel zu etwas Neuem der Imperativ **esto**, z. B. *Esto*, concedatur haec quoque acerbitas. *Esto*, fortes et duri Spartiatae: quid? Cyrenaeum Theodorum nonne miramur? *Esto*, causam proferre non potes.

337. Nein; denn beim Imperativus *Praesentis* steht in guter Prosa weder *ne* noch *non* als Verneinung, sondern man nimmt entweder die Umschreibung mit **noli, nolite** c. *Inf. Praes.* (z. B. *Noli* fug*ere*, *nolite* ment*iri*), oder man setzt **ne** (oder *nihil*, *nullus*, *numquam* u. ä.) **c. Coni. Perf.**, z. B. *Ne* fug*eris*, ment*iti ne sitis*, *ne* dubit*averis*. *Nihil* ignov*eris*, *nihil* gratiae causa *feceris*. *Nullum* proelium tim*ueris*. Dagegen steht *ne* beim **Imper. *Futuri***, z. B. Impius *ne* aud*eto* placare donis iram deorum. Borea flante *ne* ar*ato* *neve* semen iac*ito*.

Anm. 1. Der Imper. *Praes.* mit *ne* ist dichterisch, z. B. Tu *ne cede* malis, sed contra audentior ito. Cum fortuna favet, nimium *ne crede* favori (z. B. Verg. Aen. 6, 95; 7, 202; 6, 544; vereinzelt Liv. 3, 2, 9). — **Non** kann beim *Imper.* (und *Coni. hortativus*) nur dann vorkommen, wenn es zu einem einzelnen Worte des Satzes gehört (z. B. Cic. Cluent. 155), namentlich wenn ein Gegensatz stattfindet, z. B. Lictor *non* suae, sed tuae lenitatis apparitor sit.

Anm. 2. Die Fortsetzung des Verbotes geschieht, wenn *ne* vorhergeht, mit **neve**, höchst selten mit *neque*, z. B. Hominem mortuum in urbe *ne* sepelito *neve* urito. Tu ista *ne* asciveris *neve* fueris commenticiis rebus assensus. Wenn kein *ne* vorhergeht, wird meist **nec** gesetzt, z. B. Tu perge quaeso scribere *nec* meas litteras exspectaris. Cedat consulari generi praetorium *nec* contendat cum praetorio nomine equester locus. Cic. leg. 3, 11; off. 1, 92; 1, 134; Planc. 15; Sall. Iug. 85, 47; Liv. 22, 10, 5; 23, 3, 3. — Nach voraufgehendem *noli (nolite)* c. inf. wird das Verbot mit *nec* oder *aut* c. inf. fortgesetzt, z. B. Noli fugere *nec* (oder *aut*) mortem tim*ere*. Cf. Caes. b. g 7, 77, 9.

Anm. 3. Umschreibungen des verneinten Imper. Präs. sind außer *noli* noch: 1) **cave** *c. Coni.*, z. B. Cave credas oder credideris; — 2) **fac ne**, z. B. Fac ne quid aliud cures; fac ne quid omittas; — 3) fast nur bei Dichtern *fuge, mitte, omitte, parce, aufer, absiste* c. inf., z. B. Quid sit futurum cras, *fuge* quaerere. *Parce* pias scelerare manus. (Liv. 34, 32, 20.)

Anm. 4. Die 2. Pers. Coni. *Praes.* mit *ne* findet sich in Verboten nur, wenn das Subjekt das allgemeine „man" ist, z. B. Isto bono ut*are*, dum adsit; cum absit, *ne* requir*as* (Cic. sen. 10; cf. 332, 2 u. 336, Anm. 4).

338. 1) Cave posthac unquam istud (verbum) ex te audiam. 2) Librum, quaeso (od. oro te), mihi quam primum mitte. 3) Permaneto, mi fili, in religione paterna et avita, verum ne quam aliam spernito; non simu-

lantes pietatem, sed vere pios homines colito et aemulator. 4) Quae cognita habes, exercitatione tenere et augere studeto; quae non didicisti, addiscito; ne pigeat te ad eos, qui utile aliquid tradituros se polliceantur, longam viam facere; doctrinam pluris esse cogitato quam magnum heredium; hoc enim facile deficit, illa numquam. 5) Magistratus dona ne danto neve capiunto. 6) Cave istum hominem in amicorum numerum referas. 7) Si me audies, consuetudinem istius iuvenis vitato (**oder auch** vitabis). 8) Lacrimare desine, nam quidquid tibi accidit, dei voluntate accidit. 9) Nolite velle, quae effici non possint. 10) Fac habeas spem bonam. 11) Causam investigato in re nova atque admirabili, si poteris; si nullam reperies, illud tamen exploratum habeto, nihil fieri potuisse sine causa. 12) Nolite quicquam facere contra leges. Nihil gratiae causa feceris, immo resistito gratiae, cum officium et fides postulabit. 13) Agedum (cf. 306, 5) cetera nunc crimina considerate. 14) Ubicunque eris, vera dicito. 15) De me nihil timueris = de rebus meis ne quid timueris. 16) In foedere, quod Romani cum Antiocho, rege Syriae, fecerunt, hae leges erant: Rex ne quem exercitum, qui cum populo Romano bellum gesturus erit, per fines regni sui transire sinito neu commeatu neu qua alia ope iuvato. Excedito urbibus castellisque cis Taurum montem sitis neque quicquam praeter arma inde efferto; elephantos tradito omnes nec alios parato. 17) Lex est: si pater familias intestato moritur, familia pecuniaque eius agnatorum gentiliumque esto. 18) Si fortuna virtuti vestrae inviderit, cavetote inulti animam amittatis neu capti potius sicuti pecora trucidemini quam virorum more pugnantes cruentam atque luctuosam victoriam hostibus relinquatis.

## b) Von den Modis in Nebensätzen.

### *a.* Coniunctiones consecutivae und finales.

339. **Ut consecutivum** „so daß", eine Folge oder Wirkung bezeichnend, verneint **ut non** (cf. Anm. 7), steht:

1) nach allen Ausdrücken, die ein betontes „**so**" enthalten (*talis, tantus, sic, ita, tam, tantopere, eiusmodi, adeo, is* (*hic, ille*) = „so beschaffen, solcher" etc.), z. B Semper *ita* vivamus, *ut* rationem reddendam nobis arbitremur. Atticus *sic* Graece loquebatur, *ut* Athenis natus videretur. *Adeo* ille pertimuerat, *ut* mori mallet quam de his rebus Sullam doceri. Quis est *tam* demens, *ut* sua voluntate maereat? *Tanta* vis probitatis est, *ut* eam vel in eis diligamus, quos nunquam vidimus. Alcibiades *ea* erat sagacitate, *ut* decipi *non* posset.

Anm. 1. **Eiusmodi** (seltener *eius generis*) steht nur stellvertretend für das Adjektiv *talis* oder *is*, nie für das Adverbium *ita*, z. B. Totae res rusticae *eiusmodi* sunt, ut eas non ratio neque labor, sed res incertissimae, venti tempestatesque, moderentur.

2) in der Verbindung **quam ut** nach einem **Komparativ** im Sinne von „**allzu**", z. B. Aristides iust*ior* erat, *quam ut* invidiam vulgi effugere posset „hätte entgehen können" (cf. 328). Hoc videtur esse alt*ius*, *quam ut* id nos humi strati suspicere possimus. Cf. 344, Anm. — Über *quam qui* statt quam ut cf. 398, b, Anm. 2.

3) nach den **unpersönlichen Ausdrücken** (besonders des **Geschehens, Eintreffens, Folgens und Übrigseins**): est „es ist der Fall, es verhält sich so, daß" (*futurum est* „**es wird der Fall sein, es wird noch dahin**

kommen, daß"); — **in eo est** „die Sache steht auf dem Punkte, daß" und **prope est** „es ist nahe daran, daß"; **fit** (**fieri potest** „es ist möglich", **fieri non potest** „es ist unmöglich"), **accidit** (selten *incidit*), **contingit, evenit**; **usu venit** „es kommt vor"; — **mos** (oder **moris**) **est, consuetudo** (oder **consuetudinis**) **est, lex est, ius est**; — *aliquis* **hoc habet** „jemand hat die Eigentümlichkeit an sich", *aliquid* **(ita) fert** „etwas bringt es so mit sich, daß"; — **sequitur, efficitur** (cf. Anm. 4), **restat, relinquitur, reliquum est** (unklassisch *superest*); **proximum est, extremum est**, z. B. *Est, ut* plerique philosophi nulla tradant praecepta. Quando denique *fuit, ut* quod licet non liceret „wann wäre es so gewesen, daß das Erlaubte nicht erlaubt gewesen wäre?" (Cic. Cael. 48 u. 14; de or. 2, 152; div. 1, 128). Dixit *futurum esse* paucis annis, *ut* omnes ex Galliae finibus pellerentur. *Fit* nescio quomodo, *ut* magis in aliis cernamus quam in nobismet ipsis, si quid delinquitur. *Fieri potest, ut* recte quis sentiat et id, quod sentit, polite eloqui non possit. Soli hoc *contingit* sapienti, *ut* nihil faciat invitus. Amicis quoniam satisfeci, *reliquum est, ut* mihi ipsi consulam. Si haec enuntiatio vera non est, *sequitur, ut* falsa sit. *Est mos* hominum, *ut* nolint eundem pluribus rebus excellere. — Bei *consuetudo est, mos est, ius est* steht auch der Infinitiv (cf. 450). Cf. auch 369, a, *β*.

4) **ohne Beziehung auf einen einzelnen bestimmten Begriff des regierenden Satzes, in welchem Falle ut stets mit „so daß, daß also" zu übersetzen ist,** z. B. Centurio multis vulneribus erat confectus, *ut* iam sustinere se non posset. Cuius aures clausae veritati sunt, *ut* ab amico verum audire nequeat, huius salus desperanda est. In naturis hominum dissimilitudines sunt, *ut* alios dulcia, alios subamara delectent.

Anm. 2. Merke auch: *potest, ut* „es kann der Fall sein, daß" (z. B. Cic. div. 2, 106); — *non id tempus est, ut* „es ist nicht die Zeit dazu" (= non est huius temporis *c. Inf.*); *non est hic locus, ut* „es ist hier nicht der Ort dazu" (= non est huius loci *c. Inf.*).

Anm. 3. Die bei Livius und Nachklassikern gebräuchlichen Redensarten **in eo est** „die Sache steht auf dem Punkte" (auch: *res in eo est*) und **prope est** „es ist nahe daran, daß" werden nur unpersönlich gebraucht, z. B. Iam in eo erat, ut milites in muros ascenderent. Iam prope erat, ut ne consulum quidem maiestas coerceret iras hominum. (Cf. Liv. 2, 17, 5; 23, 22, 8; aber 4, 56, 1?; Nep. 1, 7, 3?). — Ebenso auch: **multum** (od. **longe, tantum) abest, ut** „es fehlt viel (so viel) daran, daß", z. B. Multum aberat, ut hostes fugerent „die Feinde waren weit entfernt zu fliehen". (Wenn jedoch bei abesse noch eine Bestimmung mit der Präpos. *ab* steht, so ist die persönliche Konstruktion notwendig, z. B. Tantum ab*estis a* perfectione maximorum operum, ut fundamenta nondum ieceritis. Cf. Cic. p. Marc. 25; de or. 1, 255; epist. 6, 4, 2; Caes. b. c. 1, 79, 5; Nep. Ages. 5, 2.) Cf. auch 340.

Anm. 4. **„Daraus folgt, ergiebt sich"** heißt nicht inde (hinc, ita, ex eo) sequitur, sondern einfach *sequitur* (seltener *consequens est*) oder *ex eo* (*ex quo, inde, hinc, ita*) *efficitur* mit **ut** oder **Acc. c. inf.** oder *ita fit*, **ut**. *Nascitur* steht in dieser Bedeutung mit *ut*; *ex eo intellegitur, ex quo perspicuum est* mit *Acc. c. inf.* — *Qui probari potest* „wie läßt sich beweisen" bald mit *ut*, bald mit *Acc. c. inf.*, während das Aktiv *probare* stets den *Acc. c. inf.* bei sich hat. Cf. auch 527 und 438, 2. — Unterscheide: *restat ut, reliquum est ut* „es ist (nun) noch übrig" (beim Übergange zum letzten Teile einer Auseinandersetzung) von *relinquitur ut* (*nihil relinquitur nisi ut*) „es bleibt nichts anderes übrig als daß, es bleibt nur die Notwendigkeit übrig".

Anm. 5. **Ita — ut** hat oft die Bedeutung von „nur insofern, nur soweit daß; unter der Bedingung (Beschränkung, Voraussetzung), mit der Bestimmung, daß; zwar — aber", z. B. *Ita* vos irae indulgere oportet, *ut* potiorem ira salutem habeatis. Nostri imperatores *ita* de Mithridate triumpharunt, *ut* ille pulsus superatusque regnaret. *Ita* probanda est mansuetudo atque clementia, *ut* adhibeatur severitas. Hortensii ego ingenium *ita* laudo, *ut non* pertimescam. Ego tibi onus imponam, *ita* tamen (oder sed *ita*), *ut* tibi nolim molestus esse. Assumamus eam quoque partem, sed *ita* (oder *ita* tamen), *ut* sit circumscripta modicis regionibus. Non *ita* („mit der Bestimmung") generati a natura sumus, *ut* ad ludum et iocum facti esse videamur. Ego a patre *ita* („unter der Voraussetzung") eram deductus ad Scaevolam, *ut* ab senis latere nunquam discederem. — Bei ut steht in diesem Falle zuweilen *tamen*; negativ (mit Übergang in finale Auffassung) *ut ne* oder *ne*: Haec ita praetereamus, *ut tamen* intuentes et respectantes relinquamus (Cic. Sest. 13). Minucius sciebat *ita* se in provincia rem augere oportere, *ut ne* quid de libertate perderet. Accusatores multos esse in civitate utile est, ut metu contineatur audacia; verumtamen hoc *ita* est utile, *ut ne* plane illudamur ab accusatoribus (Cic. Rosc. Am. 55. Liv. 22, 61, 5; 7, 31, 2). Eine ähnliche Hinüberneigung von konsekutiver zu finaler Auffassung (d. h. zur Bezeichnung einer Verhütung) zeigt sich auch sonst zuweilen, z. B. Tantum a vallo Pompei prima acies aberat, *ut ne* in eam telum adici posset (Caes. b. c. 3, 56). *Ita* me gessi, *ne* tibi pudori essem „daß ich nicht — sein wollte". Liv. 1, 46, 5; 2, 45, 12; 40, 15, 6. Cic. Fin. 4, 10; Off. 2, 72; Tusc. 5, 39. Cf. 342, Anm. 2.

Anm. 6. Merke **ita non — ut** (**unklassisch adeo non — ut**) „so wenig — daß", z. B. Thorius *ita non* timidus ad mortem erat, *ut* in acie sit ob rem publicam interfectus. Haec verba *adeo non* moverunt quemquam, *ut* legati prope violati sint. Cicero sagt auch *usque eo non — ut*, z. B. Sest. 110; Rosc. Am. 45.

Anm. 7. Ist ein Konsekutivsatz negativ, so steht **ut non** (*ut nemo, ut nullus, ut nihil, ut nusquam, ut nunquam*), z. B. Multa saecula sic viguit Pythagoreorum nomen, *ut nulli* alii docti viderentur. Die Verneinung wird in einem zweiten Satze fortgeführt mit **neque**, z. B. Ita vixi, *ut non* frustra me natum existimem *neque* vitae peractae me paeniteat. — In welcher Weise nach einem negativen Hauptsatze statt *ut non* auch *quin* stehen kann, darüber cf. 357.

340. Wenn man den Satz: „Ich bin soweit davon entfernt dich zu tadeln, daß ich dich vielmehr lobe" übersetzte: Tantum absum, ut te reprehendam, ut te potius laudem, so enthielte diese Übersetzung zwei Fehler: statt absum ist abest zu schreiben, und potius ist zu streichen. Denn bei **tantum abest, ut — ut** ist zu merken: 1) daß es stets unpersönlich steht (vereinzelte Ausnahme Bell. Alex. 22, 1); 2) daß in dem zweiten Satze nicht *potius* (wohl aber *contra* „im Gegenteil" und *etiam* „sogar") hinzugefügt werden darf. — 1) Philosophia, *tantum abest, ut* proinde ac de hominum vita est merita laudetur, *ut* a plerisque neglegatur, a multis etiam vituperetur. 2) Plurimi Romani, qui philosophiae Stoicorum operam dabant, *tantum afuit, ut* philosophi essent, *ut* animorum relaxandorum causa huic studio se darent. — Statt tantum abest, ut — ut findet sich bisweilen die vollere Form *tantum abest ab eo, ut — ut* (z. B. Cic. Tusc. 1, 76; Liv. 25, 6, 11). — Statt des zweiten Konsekutivsatzes kann auch, wie im Deutschen, ein selbständiger Hauptsatz eintreten: Tantum abest, ut voluptates sectentur: etiam curas et sollicitudines perferunt. Tantum afuit, ut inflammares nostros animos: somnum vix tenebamus. Cic. Fin. 5, 57; Brut. 80; Att. 13, 21, 5. — Übrigens ist vor dem zu häufigen Gebrauche der Wendung tantum abest, ut — ut zu warnen; dieselbe ist bei den Klassikern verhältnismäßig selten. **Man verwende öfter ita non . . ut (cf. 339, Anm. 6) und non modo non . . sed etiam bzw. sed ne . . quidem (cf. 519).**

341. **Umschreibung** eines einfachen Verbums durch ein Verbum des Bewirkens, Verschuldens, sich Ereignens findet statt, um teils ein nominales Prädikat oder Adverbium, teils den Begriff des Thuns, welcher in jedem Verbum liegt, nachdrücklich hervorzuheben, teils — so namentlich bei Cicero — um der Rede größere periodische Fülle zu geben. Cf. Invitus *feci, ut* Flaminium e senatu eicer*em* (statt invitus — eieci; cf. 349, 1). *Facio* libenter, *ut* per litteras tecum colloqu*ar*. *Faciendum* mihi putavi, *ut* tuis litteris brevi respond*erem*. *Hoc* plerumque *fit, ut* consilia eventis ponder*emus*. Non *committam, ut* causam aliquam tibi recusandi *dem*. Tum forte *acciderat, ut* Allobrogum legati Romam veni*rent*. — 1) Lux maiore celeritate propagatur quam sonus; itaque *fit, ut* fulguratio prius videatur quam tonitrus audiatur. 2) Lacedamoniis erat, cur Pausaniam odissent; nam eius arrogantia et perduellione *factum erat, ut* pristina auctoritate orbarentur. 3) Priusquam classis ex portu Piraeo exiit, *accidit, ut* una nocte omnes Hermae, qui per urbem Atheniensium erant, deicerentur. 4) Persaepe *evenit, ut* utilitas cum honestate certet. Caesar sive casu seu consilio divino *sibi contigisse* narrat, *ut* Helvetiorum eos primos devinceret, qui populo Romano quinqua-

ginta annis ante magnam cladem intulissent, Tigurinos. 5) Contra voluntatem meam et praeter opinionem *accidit*, *ut* mihi in provinciam proficisci necesse esset. 6) *Faciendum mihi* putavi, *ut* ad epistulam tuam paucis responderem. 7) *Non committam* posthac, *ut* neglegentiam meam possis accusare. 8) Priscis quondam temporibus *accidit*, *ut* Ario, nobilissimus et poeta et citharoedus, mari in externam terram vellet proficisci. 9) Et insolentia Pausaniae et Aristidis iustitia *factum est*, *ut* Graeci summam imperii a Lacedaemoniis deferrent ad Athenienses. 10) *Fit* fere, *ut*, qui bonum aliquid nuntiant, affingant aliquid, quo laetius faciant id, quod nuntiant. 11) Socrates interroganti alicui, qui posset *fieri*, *ut* gloriam sibi pararet, respondit: Si talis semper eris, qualem videri te voles.

342. **Ut finale** „damit, auf daß, um zu", (verneint **ne**), steht nach den Verben und Redensarten, welche die Absicht, den Wunsch, das Streben des Handelnden ausdrücken, daß etwas geschehe, geschehen solle, also:

I. in **eigentlichen** (adverbialen) **Absichtssätzen** (deutsch „damit, auf daß, um zu", selten „daß"), um auszudrücken, in welcher Absicht, zu welchem Zwecke das im regierenden Satze Ausgesagte geschieht, z. B. Edimus, *ut* vivamus, non vivimus, *ut* edamus. Pylades Orestem se esse dixit, *ut* pro illo necaretur. Nolo esse laudator, *ne* videar adulator. — Der Begriff der Absicht wird im Hauptsatze oft hervorgehoben durch die demonstrativen Ausdrücke *ideo, idcirco, propterea, eo consilio, ea mente, eo animo, ea condicione* etc., z. B. Legum *idcirco* omnes servi sumus, *ut* liberi esse possimus. — Hierher gehört eine große Zahl unabhängiger (parenthetischer) Ausdrücke, mit welchen der Redende sein Verhalten zu der dargestellten Sache bezeichnet, wie: *ut ita dicam* „so zu sagen", *ut lenissime dicam* „gelinde gesagt", *ut gravissimo verbo utar* „um den stärksten Ausdruck zu gebrauchen", *ut vere dicam* „um die Wahrheit zu sagen", *ut planius dicam* „um mich deutlicher auszudrücken", *ut breviter dicam* „um mich kurz zu fassen" (= *ut paucis complectar, ut brevi praecidam, ne sim longior*) u. ä. Cf. auch 466, Anm.

II. in finalen **Ergänzungssätzen**, welche das notwendige Objekt bestimmter Verben des Strebens und Wollens bilden (deutsch „daß" oder Infin. mit „zu", niemals „damit, auf daß"), z. B. Milites postulant, *ut* (od. *ne*) in aciem deducantur. Epaminondas collegis permisit, *ut* omnem causam in se transferrent.

*Ut finale* steht bei den Verben:

a) **sorgen:** *curare, consulere, prospicere, videre* und *providere* „zusehen, daß"; *cavere* „Fürsorge tragen, vorherbestimmen, daß"; — **streben, sich anstrengen, sich bemühen:** *(tendere), contendere, niti, eniti, laborare, (studere, incumbere), dare operam* (seltener in umgekehrter Stellung *operam dare*), *moliri, id agere* „damit umgehen", *(id) spectare* „im Auge haben", *cogitare* „darauf bedacht sein", *in eo elaborare* „darauf hinarbeiten"; *curae mihi est*; *nihil antiquius habere quam* „nichts Angelegentlicheres zu thun haben als" (nur Cic. Fam. 11, 5, 1) u. ä.;

b) **wünschen:** *optare* (selten *exoptare*, unklassisch *cupere*; selten *velle* und *malle*, nie *nolle*); — **erwarten:** *exspectare* u. *opperiri* (cf. 365, Anm. 2); — **bitten:** *orare, exorare, rogare, precari, implorare, quaeso* (cf. 306, 8); *obsecrare* und *obtestari* „beschwören"; — **fordern, verlangen:** *petere, postulare, flagitare, efflagitare*, selten *exigere*, (unklassisch *poscere, exposcere, expetere, requirere*); — **auftragen, befehlen:** *imperare, mandare, praecipere, praescribere, edicere*; *praedicere* „einschärfen"; *denuntiare* „mit Bestimmtheit befehlen"; über *iubere* cf. 425; über *dicere* cf. 347; — **bestimmen, beschließen:** *statuere, constituere, decer-*

*nere, sibi proponere* (selten); *sancire, pacisci, convenire, consilium capere* (cf. 450, 2) u. ä.;

c) **raten:** *suadere, persuadere, auctorem esse, consilium dare;* — **ermahnen:** *monere, admonere, commonere, commonefacere, hortari, adhortari, cohortari;* — **antreiben:** *impellere, compellere* (seltener perpellere), *incitare, excitare, sollicitare;* — **zwingen:** *cogere* (cf. Anm. 1), *subigere;* — **bewegen:** *movere, commovere, permovere, adducere, inducere;*

d) **erlauben, zulassen:** *concedere, permittere, dare* (unklassisch *sinere*, selten *pati*, cf. 438, 8); *committere* „es dahin kommen lassen, verschulden";

e) **machen, bewirken:** *facere, efficere, perficere, (conficere, praestare); impetrare* (*ab* aliquo) und *tenere* (bei Livius auch *obtinere*) „durchsetzen"; — **erreichen, erlangen:** *assequi, consequi, adipisci* (Cic. Verr. 2, 51; Mil. 34); „siegreich durchsetzen, sich erkämpfen" *expugnare,* (bei Livius auch *evincere, pervincere,* selten *vincere*); „beitragen, mitwirken" *adiuvare;* „mit Gewalt erzwingen" *extorquere* u. ä.

Anm. 1. Manche von diesen Verben lassen auch den *Inf.* oder *Acc. c. inf.* zu und werden weiter unten an der betreffenden Stelle besprochen werden. Hier mag folgendes bemerkt sein: **Permittere** steht manchmal auch mit dem Inf. und zwar bes. dann, wenn es mit einem Dativ des persönlichen Objekts verbunden ist, z. B. Iudicibus coniecturam fac*ere* permitto (Cic. Verr. 5, 22; Nep. Con. 4, 1; Liv. 24, 16, 17; 25, 18, 2). — **Concedere** steht regelmäßig mit *ut* (*ne*); mit bloßem Inf. fast nur dann, wenn es einen Dativ des persönlichen Objekts bei sich hat, und zwar gewöhnlich (cf. jedoch Cic. prov. cons. 46) nur bei unpersönlichen Passivformen, z. B. Nobis distrah*ere* voces non conceditur (= licet). Inimicis concessum est vag*ari*. Cic. Brut. 42 u. 152; Tusc. 2, 55; 4, 66; 5, 31 u. ö. *Concedere* in der Bedeutung „zu gute halten, verzeihen" findet sich auch mit dem Dat. eines Particips, z. B. Philoctetae concedendum est gem*enti* „wenn (od. daß) er seufzt" (Cic. Tusc. 2, 19; off. 1, 71). — Bei **contendere** „sich bemühen, sich anstrengen" (unklassisch *tendere* bei Livius) steht ebensowohl der Inf. (z. B. Caes. b. g. 5, 6, 3) als auch *ut* und *ne* (z. B 1, 31, 2). — Bei **cogitare** „beabsichtigen, darauf bedacht sein" ist der Inf. weit gebräuchlicher als *ut* und *ne.* — Bei **velle** steht selten (noch seltener bei *malle,* nie bei *nolle*) *ut* (und *ne*) statt des Inf. oder Acc. c. inf., jedoch meist nur, wenn velle die stärkere Bedeutung „fordern, verlangen" hat. Sonst cf. 426. — **Studere** ganz vereinzelt mit *ut*, regelmäßig mit Inf. oder Acc c inf. — **Pati** in der Regel mit *Acc. c. inf.* (cf. 438, 8); — **cogere** meist mit Inf.; mit *ut* gewöhnlich nur dann, wenn es kein persönliches Objekt bei sich hat. — *Monere, admonere, hortari, impellere, suadere* u. ä. regelmäßig mit *ut;* der Inf. steht nur vereinzelt und meist nur in allgemeinen Sätzen ohne persönliches Objekt und mit sachlichem Subjekte, z. B. Ratio ipsa monet amicitias compar*are*. Alio proper*are* tempus monet (cf. 438, 4). — Nach *poscere* (cf. oben) steht klassisch (cf. jedoch Liv. 5, 28, 9) kein abhängiger Satz. — *Cavere* nur vulgär c. inf. (Cic. Att. 3, 17, 3; Sall. Iug. 64, 2); — *facere* „bewirken" mit Acc. c. inf. nur Cic. Brut. 142 (u. ad Q. fr. 1, 3, 6).

Anm. 2. Die Verben des Machens und Bewirkens lassen auch *ut consecutivum* zu, wenn der Nebensatz nicht etwas Erstrebtes oder Beabsichtigtes, sondern einfach ein Ergebnis bezeichnet, z. B. Splendor vester facit, *ut* peccare *non* possitis. Crassi virtute factum est, *ut* fugitivi transire *non* possent. Consul perfecit, *ne quis* oder *ut nemo* transire posset. Jedoch hat der Lateiner eine Vorliebe für die finale Auffassung dieser Verben. Cf. auch 339, Anm. 5.

## III. Ne steht:

1) in negativen Finalsätzen = „damit nicht, auf daß nicht, um nicht zu", z. B. Gallinae pennis fovent pullos, *ne* frigore laedantur. Nolo esse laudator, *ne* videar adulator. Cicero id semper egit, *ne* longius abesset ab oculis civium. Obsecro te, *ne* quid gravius in me statuas. Miltiades hortatus est pontis custodes, *ne* datam a fortuna occasionem liberandae Graeciae dimitterent. Vos adepti estis, *ne* hominibus nefariis ludibrio essetis.

2) nach den Verben: **verhüten, sich hüten:** *cavere, (videre, providere);* — **untersagen:** *interdicere;* — **verhindern, abhalten, abschrecken, widerstreben, verweigern:** *impedire,* (*prohibere,* cf. 359, Anm. 3), *deterrere, obsistere, resistere, obstare, officere, repugnare, (intercedere), recusare* u. ä. = „daß"

(cf. 359, Anm. 2), z. B. Regulus in senatu sententiam *ne* diceret, recusavit. Hoc et potuisti prohibere, *ne* fieret, et debuisti. Obstitisti videlicet, *ne* ex Italia transire in Siciliam possent. Cavendum est, *ne* assentatoribus patefaciamus aures.

3) **nach den Ausdrücken der Furcht und Besorgnis = „daß"** (cf. 353 u. 354).

Anm. 3. In Absichtssätzen kann nur dann **ut non** vorkommen, wenn non zu einem einzelnen Worte gehört, z. B. Confer te ad Manlium, Catilina, *ut* a me *non* eiectus ad alienos, sed invitatus ad tuos videare. — In Finalsätzen heißt „daß (damit) niemand" **ne quis** (selten *ne quisquam*, cf. 277), „daß keiner" (Adj.) **ne qui** oder **ne quis** (selten *ne ullus*), „daß nichts" **ne quid** (selten *ne quicquam*), „daß niemals" **ne unquam**, „daß nicht irgend einmal" **ne quando**, „daß nicht irgendwo" **necubi**, „daß nicht irgendwoher" **necunde**. — Merke: ne **forte** „damit nicht vielleicht" (cf. 479).

Anm. 4. „Und damit nicht" oder „und nicht, oder nicht" als Fortsetzung eines Absichtssatzes mit *ne* oder *ut* wird durch **neve** oder **neu** ausgedrückt; nicht selten steht dafür auch *nec* oder *neque*, bei Cicero aber nur, wenn *ut* (nicht *ne*) vorhergeht (z. B. Verr. 3, 115; de or. 1, 19), bei Livius und anderen oft auch bei vorangehendem *ne* (z. B. 2, 32, 10; 3, 21, 6; 26, 42, 2; 40, 46, 4). Cf. auch 337, Anm. 1 u. 2. — Auch *ne — et ne*, *ne — et*, *ne — ac*, *ut — et ne* finden sich vereinzelt. Cf. auch 353, Anm. 1. — „Damit weder — noch" heißt gewöhnlich **ne aut — aut**, z. B. Enitar, *ne aut* industriam meam *aut* diligentiam desideres. Doch findet sich auch *ut neve — neve*, z. B. Peto a te, *ut* id *neve* in hoc reo *neve* in aliis requiras (Cic. Fam. 1, 9, 19; Att. 5, 21, 12). Auch *ne neque — neque* (Caes. b. g. 7, 75, 1; Cic. div. Caec. 73), *ne neve — neve* (Cic. legg. 2, 67), *ut neque — neque* ist klassisch (z. B. Cic. Lael. 40; Fin. 4, 9; Fam. 1, 9, 17; 9, 2, 3), und ne et = et findet sich vereinzelt (z. B. Cic. Off. 1, 42), wenn hervorgehoben werden soll, daß das Zusammentreffen von beiden Einzelheiten zugleich zu verhüten sei.

343. **In Finalsätzen kann statt *ne* verstärkt ut ne „damit (daß) ja nicht" stehen.** Dieses *ut ne* wird entweder nicht getrennt (besonders häufig *ut ne quis, ut ne quid* u. ä.), oder so getrennt, daß *ne* unmittelbar vor dem *Verbum finitum* steht, z. B. Themistocles collegis suis praedixit, *ut ne* prius Lacedaemoniorum legatos dimitterent quam ipse esset remissus. Te ulciscar, *ut ne* impune nos illuseris. Operam dat Clodius, *ut* iudicia *ne* fiant. Quam plurimis de rebus ad me velim scribas, *ut* prorsus *ne* quid ignorem. Legem Sestius tribunus tulit, *ut* lex Aelia et Fufia *ne* valeret. Adhibenda est diligentia, *ut ne* quid inconsiderate agamus. Iustitiae primum munus est, *ut ne* cui quis noceat. **Nie findet sich *ut ne* nach den Verben des Hinderns, Verweigerns und Fürchtens.** (Daher steht bei *cavere* „sich hüten" nur *ne*, nie *ut ne*; aber bei *cavere* „Fürsorge tragen, daß nicht" ebensowohl *ne* als *ut ne*, z. B. Cic. Lael. 99; Liv. 34, 17, 8. Cf. auch 339, Anm. 5.

344. Nach den Verben des **Wollens** (*velle, nolle, malle*, besonders in den Formen *velim, vellem* etc. „ich möchte"), **Erlaubens, Forderns, Bittens, Ermahnens** steht oftmals, nach den Imperativen **fac, cave** (und unklassisch *sine*) steht regelmäßig — besonders gern in kurzen Sätzen — der **bloße Konjunktiv** ohne *ut* (cf. aber 349, 4), z. B. Nolo mihi irasc*aris*. Volo am*es* meam constantiam. Vellem fieri pos*set*, ut facta infecta redderem. Nollem te ad Epicureos inclina*visses*. Exercitus lacrimis Alexandrum deprecatur, finem tandem belli fac*eret*. Albinus Massivae persuadet, regnum Numidiae ab senatu pet*at*. Malo te sapiens hostis metu*at* quam stulti cives laud*ent*. Deos quaesumus, consilia tua rei publicae salutaria *sint*. Amicos Ariobarzanis hortatus sum, regis sui vitam omni cura defend*erent*. Nuntia publice Patribus, urbem Romam muni*ant* ac praesidiis firm*ent*. Moneo te, desin*as* furere. Rogo vos, auxilio mihi veni*atis*. Sine te exor*em*. Fac cogit*es* („bedenke doch"), in quanta calamitate sis. Caesar Labieno mandat, Belgas in officio contine*at*.

Anm. Sehr oft folgt auf einen Komparativ (bes. *potius, prius, citius* „eher — als daß") statt *quam ut* (cf. 339, 2) bloß **quam** *c. Coni.*, z. B. Zeno perpessus est omnia potius *quam* conscios indic*aret*. Pausanias epulabatur luxuriosius *quam* qui aderant perpeti *possent*. Depugna potius *quam* servi*as*. Morituros se affirmabant citius *quam* in alienos mores vert*erentur*. — In Sätzen wie: „Die Soldaten duldeten lieber (eher) alles, als daß sie die Burg übergeben hätten" beachte folgende Regeln: es folgt nach **potius** (oder *prius, citius*) **quam**: 1) gewöhnlich der bloße Konj., z. B. Milites omnia *potius* perpetiebantur *quam* arcem trad*erent*; 2) in Sätzen, die den *Acc. c. inf.* verlangen, steht entweder in beiden Sätzen der *Acc. c. inf.* oder (unklassisch) im zweiten Gliede der Konj. ohne (selten mit) *ut*, z. B. Milites dicebant omnia *potius se* perpes*suros esse quam* arcem trad*ituros* oder *quam (ut)* arcem trad*erent*; 3) folgt ein Inf. **als Objekt (nach wollen, wünschen, beschließen u. s. w.), so steht in beiden Sätzen der bloße**

Inf., z. B. Milites omnia *potius* perpeti *quam* arcem trad*ere* statuerunt; 4) steht im Hauptsatze der Ind. Fut. (oder das Gerundivum), so steht nach quam entweder der Ind. Fut. (resp. das Gerundivum) oder der Konj. Präs., z. B. Milites omnia *citius* perpet*ientur quam* arcem trad*ent* (oder trad*ant*). Demigrandum *potius* aliquo est *quam habitandum* in ea urbe; 5) irreale Bedingungssätze bleiben unverändert, z. B. Milites *citius* omnia perpessi essent *quam* arcem tradidissent.

345. Unterscheide **ut..non dicam** (*ut plura non dicam*) „um nicht zu reden von, um nicht zu erwähnen" = „um zu übergehen", ut omittam (Form der Praeteritio; cf. 551, 17) und **ne dicam** „um nicht zu sagen" = „um nicht einen noch stärkeren Ausdruck zu gebrauchen": Crudelis fuisti, *ne dicam* sceleratus. — 1) Imprudentem, *ne dicam* dementem esse arbitror eum, qui adversarii consilia sequatur. 2) Nonne Africani innocentia, *ut* alia *non dicam*, maxima laude digna est? 3) De petitione tua fac bono animo sis; nam *ut* de mea fide officioque *non dicam*, studia omnium, qui rem publicam salvam volunt, tibi parata esse video.

346. Zwar steht **imperare** für gewöhnlich mit dem Dat. der Person und folgendem *ut* (verneint *ne*, z. B. Caes. b. g. 1, 46, 2; b. c. 3, 89, 4), z. B. Dux milit*ibus* imperavit, *ut* pontem facerent; Caesar *suis* imperavit, *ne* quod omnino telum in hostes reicerent. Aber der *Acc. c. inf.* ist dann tadellos, wenn der Infinitiv ein passivischer ist, z. B. Dux imperavit captiv*os* occid*i*. Pro Serapionis libro tibi praesen*tem* pecuni*am* solv*i* imperavi. Nonne *hunc* in vincula duc*i* imperabis? So auch bei Deponentien, z. B. Labienus quinque cohortes magno tumultu *proficisci* imperat. Caes. b. g. 7, 60, 3; b. c. 3, 42, 2. (Unklassisch steht auch der Acc. c. inf. *Act.*, z. B. Sall. Cat. 16, 2; Iug. 47, 2.) — In ähnlicher Weise steht auch bei *postulare* der Acc. c. inf. *Passivi* (z. B. Cic. Verr. 3, 138; inv. 1, 53; Quinct. 56) und eines Deponens (Cael. 7), jedoch auch der Acc. c. inf. *Activi* (z. B. Caes. b. g. 4, 16, 4. Cic. de Or. 1, 101). Analog bei *expetere* (Cic. Q. fr. 1, 1, 2; Liv. 40, 10, 5).

Anm. „Mir wird befohlen" heißt regelmäßig *mihi imperatur, ut* (oder *ne*), also mit unpersönlicher Konstruktion. Griechischartig sagt Cicero (Verr. 5, 68) mit persönlicher Konstruktion deduc*i* imper*antur* (= iubentur). Cf. auch Hor. epist. 1. 5, 21.

347. **Ut** (bezw. *ne*) steht nach den **Verbis dicendi** (namentlich *dicere, scribere, nuntiare, respondere*), wenn nicht angegeben wird, daß jemand etwas thut oder daß etwas geschieht, sondern daß jemand etwas thun soll oder daß etwas geschehen soll. — 1) Frater mihi scripsit, *ut* domum redirem; patr*em* subito aegrotare coep*isse*. Themistocles civibus scripsit, *ut ne* prius Lacedaemoniorum legatos dimitterent, quam ipse esset remissus. 2) Solo frustra conatus est Croeso persuadere nemin*em* ante mortem beatum *esse* praedic*andum*. Themistocles populo persuasit, *ut* pecunia publica, quae ex metallis rediret, classis centum navium aedificaretur. Unterscheide **persuadeo**, *ut* (ne) „ich überrede, daß etwas (nicht) geschehen soll" von *persuadeo* mit *Acc. c. inf.* „ich überzeuge, daß etwas ist oder geschieht", z. B. Mihi persuaderi nunquam potuit animos, cum excessissent ex corporibus, emori. (Ungewöhnliche Abweichungen Cic. Phil. 13, 35; Verr. 5, 11; Nep. Dion 3, 3.) — 3) Quis tibi dixit, *ut* hunc librum describeres? (Cf. Cic. Brut. 157; Caec. 24; Att. 11, 7, 2 u. ö.). — 4) Facile concedo scienti*am* tu*am* maior*em esse* quam me*am*. Romani concedere noluerunt, *ut* Carthaginienses suo arbitrio bella gererent. Sunt qui non facile *se* err*asse* concedant. **Concedere** mit dem *Acc. c. inf.* „einräumen, zugeben", daß etwas der Fall ist; mit *ut* „zulassen, erlauben", daß etwas geschehe. Beachte auch: **Contendere** mit dem *Acc. c. inf.* „ich behaupte (im Streite), daß" —; mit *ut* „ich bemühe mich, daß", z. B. Themistocles apud ephoros contendit fals*a* eis *esse* delata. Qui stadium currit, contendere debet, *ut* vincat. **Cogito** mit *Acc. c. inf.* „ich denke daran, daß etwas der Fall ist"; mit *ut* „ich fasse ins Auge, etwas zu thun", z. B. Plurimi homines rebus secundis mal*a* sibi accidere *posse* non cogitant. Legatus, *ut* exercitum incolumem in castra reduceret, cogitabat. **Adducor** mit *Acc. c. inf.* „ich lasse mich zu dem Glauben bewegen, daß"; mit *ut* „ich lasse mich dazu bestimmen, etwas zu thun", z. B. Iam

adducor *hanc* quoque, quae te procrearit, *esse* patri*am* tu*am*. Non possum adduci, *ut* abs te nullas litteras datas esse putem. (In vereinzelten Beispielen findet sich statt des vollständigen Ausdrucks adducor, ut aliquid *esse credam* kurzweg gesagt, adducor, ut aliquid *sit*; und analog steht nicht nur nach *deductus sum ad eam cogitationem*, sondern auch nach Redensarten wie *in hac opinione sum, in illa sententia sum, haec mea est sententia* u. a. bisweilen ein Appositionssatz mit ut, z. B. Cic. leg. 3, 33; Tusc. 5, 119; Att. 9, 11, A. 1.) — 5) Epaminondas capitis accusatus cives monuit Lacedaemoni*os* se duce ad Leuctra *esse* fugat*os*. Caesar milites admonuit, *ne* famam dignitatemque imperatoris sui minui aut violari paterentur. Moneo te homini praeter peccatum et delictum accidere nihil *posse*, quod terribile sit aut extimescendum. **Monere, admonere** mit *Acc. c. inf.* „daran erinnern, daß etwas ist oder war"; mit *ut* „ermahnen, auffordern, etwas zu thun"; mit *ne* „jemanden warnen, etwas zu thun", z. B. Illud te monemus art*em* sine assiduitate dicendi non multum iuvare. Te admoneo, *ut* cotidie meditere resistendum esse iracundiae. Alexander suos monuit, *ne* multitudine hostium moverentur. — 6) Pythia Atheniensibus respondit, *ut* moenibus ligneis sese defenderent. 7) In lege Valeria scriptum est, *ut* bona eorum, qui proscripti sint, veneant. 8) Caesar ad Lingones litteras misit, *ne* Helvetios frumento *neve* alia re iuvarent. Cf. auch: Philosophia nos *docuit*, *ut* nosmet ipsos nosceremus. 9) Antonius sua manu Attico scripsit, *ne* timeret, sed quam primum ad se veniret.

348. **Auctor sum** (alicui) „ich rate (jemandem) dazu, mache den Vorschlag, bin die Veranlassung, daß etwas geschieht" steht mit **ut**; aber in der Bedeutung „ich berichte, behaupte" steht es mit dem **Acc. c. inf.**, z. B. Male pugnat*um esse* in Algido multi auctores sunt. Auctor tibi fui, *ut* Romam proficiscerere neve domi maneres. (Auffallende Abweichung Cic. Att. 9, 10, 5). — 1) Cum Graeci impetum Troianorum aegre sustinerent, Nestor fuit auctor, *ut* opem implorarent Achillis, qui unus ipsis laborantibus praesidium ac salutem posset ferre. 2) Catilin*am* nec sumptui nec operae *pepercisse*, ut omnes adulescentes, qui sceleribus, inopia, conscientia exagitarentur, sibi obstringeret, Sallustius auctor est. 3) Thucydides oss*a* Themistoclis clam in Attica ab amicis sepult*a* *esse* auctor est. 4) Dio auctor Dionysio fuit, *ut* Platonem Atheniensem arcesseret, cuius consilio atque opera in administranda re publica uteretur.

349. 1) **Facere, ut steht** (**häufig mit zutretendem** libenter, laetus, invitus) **in der Weise einer Umschreibung in dem Sinne „ich lasse mich herbei, ich lasse mich darauf ein, ich verstehe mich dazu", besonders** *faciendum puto* **„ich halte es für erforderlich, betrachte es als meine Pflicht"** (cf. 341). (Dagegen muß facere mit *quod* konstruiert werden, wenn es mit einer solchen adverbialen Bestimmung verbunden ist, welche ein Urteil (Lob oder Tadel) enthält, z. B. Bene facis, *quod* me adiuvas; cf. 369, a, *β*.) — 2) **Facere „den Fall setzen, annehmen"** (= *fingere*), bes. beliebt in den Formen *fac* und *faciamus*, **steht mit dem Acc. c. inf.** (Selten regiert es den Acc. c. inf. in der Bedeutung „sich stellen, als ob": Cic. epist. 15, 18, 1.) — 3) **Facio** mit **Partic. praes. act.** oder **Inf. praes. pass.** (z. B. Cic. nat. d. 3, 41; Brut. 142) **„ich lasse (in einem Schrift- oder Bühnenstücke) einen etwas thun oder etwas an einem geschehen, führe ein, stelle dar"** (= *fingere, inducere*). (Ausnahmsweise steht facere in dieser Bedeutung mit dem Inf. praes. *act.*, z. B. Cic. Tusc. 4, 35; 5, 115; mit dem Inf. Perf. Akt. Cic. Verr. II, 1, 100.) — 4) **Fac** (*facito*) **c. Coni., nicht selten (bes. in Briefen) auch mit ut, ist eine nachdrückliche Umschreibung des Imperativs:** *Fac (ut)* cogites „bedenke doch" (cf. 336, Anm. 2). — 5) **Efficio, ut „ich bewirke, bringe es dahin, daß".** — 6) **Hinc efficitur,**

**ut** od. mit **Acc. c. inf.** „daraus folgt, daß" (cf. 339, Anm. 4). **Efficio** mit **Acc. c. inf.** oder **ut** „ich beweise, folgere".

350. 1) **Censere** hat in der Bedeutung „glauben, der Ansicht sein" bei Aussage einer Thatsache den Acc. c. inf. nach sich. — 2) und 3) **Censere** bedeutet meistens „der Ansicht sein, daß etwas geschehen müsse". Dieses müssen wird im Aktiv durch **ut** *c. Coni.*, im Passiv durch den Acc. c. inf. **gerundivi** (selten durch *ut*, z. B. Cic. Cat, 3, 14) bezeichnet. *Censere* läßt sich alsdann oft übersetzen durch „beantragen, dafür stimmen, raten, verordnen".

Anm. Zuweilen, namentlich bei ironischer Sprechweise, steht *censere* mit bloßem Konj. (cf. 344), z. B. Quid sis acturus, medit*ere* censeo „du solltest dich, denke ich, besinnen". — Bei *censere* „beschließen, für etwas stimmen" hat Livius auch die Konstruktion mit Acc. c. inf. *praes.*, z. B. Bona reddi omnes censuerunt. (Selten so auch Cicero).

351. 1) **Statuere** (selten *constituere*) „der Meinung sein, überzeugt sein, urteilen", und **decernere** „als gewiß annehmen, bestimmt erklären, daß etwas der Fall ist", stehen als Verba sentiendi mit dem Acc. c. inf. — 2) und 3) **Statuere, constituere** und **decernere** stehen in der Bedeutung „beschließen" mit dem einfachen Infin., wenn dasselbe Subjekt bleibt; aber mit **ut** (od. **ne**), wenn der abhängige Satz ein neues Subjekt hat. 4) Sie können in der Bedeutung „beschließen" als Objekt auch einen Acc. c. inf. **gerundivi** bei sich haben, wodurch der Begriff des Sollens oder Müssens besonders stark hervorgehoben wird.

Anm. 1. Auch wenn dasselbe Subjekt bleibt, haben diese drei Verben zuweilen *ut* bei sich, z. B. Athenienses statuerunt, *ut* libertatem Graeciae classe defend*erent* (wofür auch einfach defendere stehen konnte). Constitueram, *ut* in Arpinati man*erem*.

Anm. 2. Auch bei *animum inducere* — (Livius sagt stets, Cicero nur Sull. 83 *in* animum inducere) — „sich zu etwas entschließen, es über sich gewinnen" steht ebensowohl der einfache Infin. als (seltener) *ut* (oder *ne*). — Auf *(mihi) placet* „(ich) beschließe" folgt bald der einfache Infin., bald (öfter) *ut* (*ne*) oder ein *Acc. c. inf.* (namentlich mit Inf. *Passivi*); ebenso ist es bei *placitum est* (= placuit).

352. 1) Cum in eo iam esset, *ut* Poeni totum Minucii exercitum delerent, Fabius laborantibus auxilio venit; nam tantum aberat, ut ea occasione Minucii ulciscendi uteretur, enixe operam dedit (= *ut* enixe operam daret), *ut* hostibus victoriam paene partam extorqueret. 2) Thebis lex erat, *ut*, qui imperium diutius retinuisset, quam populus constituisset, supplicio afficeretur. 3) Zopyrus a Dareo petivit, *ut* sibi liceret pro transfuga in hostium castra se conferre. 4) Alcibiades, qui divitiis nobilitateque generis superbiebat, cum Socrates ei persuasisset nihil inter*esse* inter nobilitatem Alcibiadis et humilitatem cuiuslibet baiuli, afflictatus rogavit, *ut* ille viam virtutis sibi monstraret. 5) Troiani, tantum aberat, *ut* vaticinia Cassandrae respicerent, *ut* virginem furere putarent. 6) Quoniam, quae causae fuerint belli Peloponnesiaci, satis docuisse videor, restat, *ut* exponam, qui socii viresque et Atheniensibus et Lacedaemoniis fuerint. 7) Agesilaus noctu de coniuratione facta edoctus legem illam non dubitavit tollere, qua cavebatur, *ne quis* indicta causa supplicio afficeretur. 8) Otho a militibus frustra obsecratus est, *ne* Vitellio cederet *neve* bello desisteret. 9) Caesar milites cohortatus est, *ut* pristinae (suae) virtutis memoriam retinerent *neve* (od. *neque*) animis perturbarentur. 10) Cum Hasdrubale, qui id agebat, *ut* rem publicam *non* bello aut armis, sed persuadendo et clementia augeret, Romani foedus renovaverunt, *ut* finis utriusque imperii esset Hiberus

*neve* (od. *neque*) Saguntum bello peteretur. 11) Validissimae Germanorum gentes a Romanis adeo non subactae sunt, *ut* ipsae potentissimum eorum imperium perpetuis incursionibus vexarent atque dominationi eorum finem facerent. 12) Fabius ex provincia collegio augurum scripsit, *ne* dubitarent, quin a se tabernaculum vitio esset captum; sequi (od. ex eo effici), *ut* consules vitio creati essent, nec quidquam relinqui nisi *ut* munus deponerent.

353. **Nach den Ausdrücken der Furcht und Besorgnis**, wie *timere, metuere, vereri, timor* (*metus, cura, periculum*) *est, metus mihi incidit, cura mihi incedit, anxius* (*sollicitus*) *sum, in metu sum* u. ä. entspricht **ne** dem deutschen „daß", **ne non** oder **ut** dem deutschen „**daß nicht**", z. B. *Timebam, ne* evenirent ea, quae acciderunt. Etiam illud *verendum est, ne* brevi tempore fames in urbe sit. *Pavor ceperat* milites, *ne* mortiferum esset vulnus Scipionis. Adulatores, si quem laudant, *vereri* se dicunt, *ut* illius facta verbis consequi possint. Omnes labores te excipere video; *timeo, ut* sustineas. *Periculum est, ne* exercitum firmum habere *non* possim. Ex epistula tua cognovi te *vereri, ne* superiores litterae mihi redditae *non* sint. (Unterscheide: timeo, *ne quis* veniat „daß jemand kommt" und timeo, *ne nemo* veniat „daß niemand kommt"). — **Aber in zwei Fällen darf man nur ne non (nicht *ut*) nehmen, nämlich:** a) wenn das Verbum des Fürchtens **verneint** ist, z. B. *Non vereor, ne* tua virtus opinioni hominum *non* respondeat; (Ausnahmen selten, z. B. Cic. Phil. 5, 48; cf. auch Quinct. 78; Somn. 56); b) wenn das nicht des abhängigen Satzes nur zu **einem Worte**, nicht zum ganzen Satze gehört, z. B. *Veremur, ne non* utilitatibus, sed propriae laudi serviisse videamur. — 1) Non metuimus, *ne non* (selt. **ut**) mox discipulis superioris classis adscribamur. 2) Noli timere, *ne* filius tuus *non* convalescat. 3) Metuo, *ne non* libenter, sed coactus pareas. 4) Numquid veremini, *ne non* publicis, sed privatis rationibus serviam? 5) Periculum est, *ne* hostes urbem oppugnare perseverent *neve* (od. *et* cf. Anm. 1) cives ad pugnam viribus impares sint. 6) Caesar, quamquam timendum non iam erat, *ne* Ambiorix plus damni sibi inf*erret* (cf. 354), tamen Eburonum agros depopul*ari* (cf. 355) veritus non est, ne cives suos impune trucidavisse viderentur.

Anm. 1. „Ich fürchte, daß . . . und (daß)" heißt selten vereor (timeo, metuo), **ne** — **neve** oder **neu**, unklass. *ne* — *nec*, klass. meist **ne** — **et** oder **aut** (*et ne, aut ne*).

Anm. 2. Auf die Ausdrücke **vide** (oder *quaeso, videas*), **videte, videamus, videndum est** folgt öfters ein abhängiger Satz in derselben Form wie nach den Verbis timendi, so daß *vide ne, vide ut* (oder *ne non*) in dem Sinne von *vereor ne, vereor ut* (oder *ne non*) steht. Jedoch ist diese Ausdrucksweise zu einer Formel der Urbanität geworden, welche, mit *ne*, den Sinn von „vielleicht, doch wohl", mit *ut* oder *ne non* den Sinn „vielleicht nicht, doch wohl nicht" hat; also: *Vide, ne* hoc verum sit „dies ist doch wohl (am Ende) wahr" = vereor, ne hoc verum sit; dagegen *vide, ne* hoc *non* sit verum „dies ist doch wohl (am Ende) nicht wahr, dürfte schwerlich wahr sein" = vereor, ne hoc non sit verum. Cf. *Vide, ne* superbi sit aspernari Caesaris liberalitatem. Credere omnia *vide, ne non* sit necesse. Si ita est, *vide, ne* facinus facias, cum mori suadeas. Cf. Cic. Tusc. 1, 83; 2, 43; 3, 13; 4, 50; 5, 45; div. 2, 31; Cluent. 97; ad fam. 14, 14, 1; 4, 9, 4; Att. 7, 14, 4. — Statt videre wird ganz in derselben Weise bisweilen auch *cogitare* gebraucht, z. B. Cogitandum est, *ne* ista tua via tutior *non* sit.

354. **Nein; denn nach den Verben des Fürchtens steht nicht der Konj. Fut., sondern dafür der Konj. Präs. (resp. Imperf.)**; also: Timeo, ne nos non benigne excip*iat* „aufnehmen wird".

Anm. 1. Der Grund dieses Gebrauchs liegt darin, daß der Lateiner die Verba *timendi* als Verba *optandi* auffaßt: „Ich fürchte, daß er entflieht" = „ich wünsche, daß er nicht entflieht" timeo, ne effugiat; „Ich fürchte, daß er nicht entflieht" = „ich wünsche, daß er entflieht" timeo, ut effugiat. Wie nun im Deutschen nach dem Verbum wünschen kein Futur stehen kann, so ist dieses auch im Lateinischen nach den Verben fürchten nicht gestattet. Cf. 328, b, 3. (Ausnahmen nur selten und zwar fast nur dann, wenn entweder die Zukunft im Gegensatz zu der Gegenwart, resp. Vergangenheit steht, z. B. Non timeo, ne frater tuus istud aut dixerit aut *dicturus sit*, oder wenn der Coni. *Praes.*, resp. *Imperf.* nicht mit voller Klarheit auf die Zukunft bezogen werden würde. Cic. Verr. 5, 163; parad. 18; fam. 11, 28, 8; 11, 21, 4; Marc. 26: *Vide, ne = vereor, ne* tua divina virtus admirationis plus *sit habitura* quam gloriae. [Dagegen steht in dem von einem Verbum des Fürchtens abhängigen indirekten Fragesatze oftmals nicht der einfache Konj. Präs. und Imperf., z. B. Timeo, quomodo hoc accip*ias*, sondern der Klarheit wegen der Konj. Fut., z. B. Cic. Brut. 22; Att. 3, 24, 1; 2, 20, 5; Sest. 134 u. ö.]

Anm. 2. Wie nach den Verbis timendi steht auch nach **exspectare** in einem indir. Fragesatze der Konj. Präs. und Imperf., selten der Coniug. periphr. (Cic. Verr. 3, 167; 2, 127; 5, 161; Flacc. 51 u. ö., cf. 365, Anm. 2), z. B. Exspectamus, quid a tribunis militum praecip*iatur*. Dux exspectabat, quid hostes consilii cap*erent*. Ebenso nach *in discrimine sum* „gespannt sein", *miror* „ich begreife nicht recht" und besonders *exspecto, quam mox* (oder *quam cito*) „ich bin neugierig, ich will doch sehen, wie lange es dauern wird, bis", z. B. Miror, quo id evad*at* „wie das endigen wird oder soll". Exspecto, quam mox Chaerea hac oratione *utatur*. Exspectas, quam mox ego Manilium *dicam* ordine esse senatorem. Exspectabant, quam mox consulibus creandis comitia *edicerentur*. Liv. 3, 37, 5; 34, 11, 4; Cic. de inv. 2, 85; Rosc. com. 1 u. 44.

355. **Wenn sie die Bedeutung haben „sich scheuen, Bedenken tragen, nicht mögen", besonders *vereri* (*verecundari*), seltener *timere*,** z. B. Vereor te laud*are* praesentem. Vos Allobrogum testimoniis non cred*ere* timetis? Consules plebem arm*are* timebant. Caesar timebat tantae magnitudinis flumini exercitum obic*ere*. — *Metuere* wird in dieser Bedeutung nicht von Cicero und Cäsar, aber von Livius und Cornif. 4, 25 mit dem Inf. verbunden. — Ganz vereinzelt steht *cavere* „sich hüten, sich in acht nehmen" mit Inf. (Sall. Iug. 64, 2; Cic. Att. 3, 17, 3).

356. **Quo** „damit dadurch" (= *ut eo*) oder (vor einem Komparativ) „damit desto, damit um so" regiert den **Konj.**, z. B. In funeribus Atheniensium sublata erat celebritas virorum ac mulierum, *quo* lamentatio minu*eretur*. Ager non semel aratur, sed novatur et iteratur, *quo* meliores fetus *possit* edere. *Quo* „damit desto" steht in der Regel unmittelbar vor dem zugehörigen Komparativ. — 1) Caro assatur vel coquitur, *quo* facil*ius* concoqu*atur* iucundiusque sap*iat*. 2) Lex oportet brevis sit, *quo* facil*ius* ab omnibus ten*eatur*. 3) Phraates, Parthorum rex, filios obsidum loco Romam misit, *quo* tut*ior* domi ab insidiis eorum *esset*. 4) Gustavus Adolphus equitatum, *quo* expedit*ior* ad omnes motus et celer*ior esset*, in minores turmas dividebat. 5) Boni parentes nihil antiquius habent, quam ut liberorum animos honesti studio imbuant atque bonis artibus litterisque erudiendos curent, *quo* in futurum etiam post mortem parentum commodis eorum consul*atur*.

357. Die Konjunktion **quin** (entstanden aus qui-ne „in der Art, daß nicht") steht nur dann, wenn der regierende Satz verneint ist oder verneinenden Sinn hat, und zwar:

1) für den Nominativ **qui non, quod non**, wenn das Subjekt des regierenden Satzes verneint ist, z. B. Nemo est, quin sciat „es giebt niemanden, der nicht wüßte" (= „jeder weiß"). Nemo fere est, *quin* acutius vitia in altero quam in se ipso videat. Quis est, *quin* cernat, quanta vis sit in sensibus? Nihil est, *quin* intereat. Nihil tam difficile est, *quin* quaerendo investigari possit.

Anm. Quin für das Femininum *quae non* ist selten, kommt aber vor, z. B. Nulla civitas fuit, *quin* partem senatus Cordubam mitteret (Caes. b. c. 2, 19. Cf. dagegen Cic. off. 2, 16: Nulla tam detestabilis pestis est, *quae non* homini ab homine nascatur). Auch für die *Casus obliqui* von qui kommt quin nur ausnahmsweise vor und ist nicht so zu gebrauchen, vielmehr ist zu sagen *cuius non, cui non, quem non* etc.: Nulla gens tam fera est, *cuius* mentem *non* imbuerit deorum opinio. Cum nullo unquam congressus sum, *quem non* vicerim. Nemo tam humilis erat, *cui non* aditus ad Cimonem pateret. Nihil tam sanctum est, *quod non* aliquando violet audacia.

2) für **ut non** „daß nicht, ohne daß", wenn das Prädikat des Hauptsatzes verneint ist, z. B. Nunquam accedo, *quin* abs te abeam doctior. Nihil unquam vobis praecepi, milites, *quin* primus me periculis obiecerim. Hortensius nullum patiebatur esse diem, *quin* aut in foro diceret aut meditaretur extra forum. Numquam tam male est Siculis, *quin* aliquid facete dicant.

Anm. Daß quin hier nicht = *qui non*, sondern = *ut non* zu fassen ist, beweisen Fälle, in welchen *is* hinzugefügt ist, z. B. Cum nullo arma contuli, *quin is* mihi succubuerit. Cleanthes negat ullum cibum esse tam gravem, *quin is* die et nocte concoquatur. Nihil est, quod sensum habeat, *quin id* intereat.

3) für das deutsche „daß" oder den Infinitiv mit „zu" nach den negativen Ausdrücken:

a) **non dubito, non est dubium, quis dubitat? num quis dubitat?** u. ä.;

b) **non multum abest, non procul** (oder **non longe**) **abest, nihil, paulum abest** „es fehlt nicht viel (nichts) daran, daß";

c) **nihil praetermitto, nihil intermitto** „ich unterlasse nichts";

d) **temperare (mihi) non possum, vix me contineo, non** (od. **aegre**) **abstineo, teneri non possum, retineri vix possum**;

e) **facere non possum, quin** „ich kann nicht umhin", **fieri non potest, quin** „es ist nicht anders möglich, als daß". Cf. Non dubitari debet, *quin* fuerint ante Homerum poetae. Quis unquam dubitavit, *quin* in re publica nostra primas eloquentia tenuerit semper, secundas iuris scientia? Quid dubitamus (= non dubitamus), *quin* dolor sit maximus? Potestis dubitare, *quin* Romani iam ad nos trucidandos concurrant? (Cf. Cic. Planc. 39 u. 53; Sest. 62; Tusc. 1, 92; Verr. 1, 71; Verr. 2, 109; Phil. 13, 22). Prorsus nihil abest, *quin* ego sim miserrimus. Haud multum afuit, *quin* Ismenias ab exsulibus interficeretur. Ego nihil praetermisi, *quin* Pompeium a Caesaris coniunctione avocarem. Remi ne Suessiones quidem deterrere potuerant, *quin* cum Belgis consentirent. Hostes aegre abstinent, *quin* castra oppugnent. Teneri non potui, *quin* tibi apertius illud idem his litteris declararem. Neque sibi Germanos temperaturos existimabat, *quin* in Italiam contenderent.

Anm. 1. Wichtig ist der Unterschied zwischen **facere non possum, ut** „es ist unmöglich, daß ich" und **facere non possum, quin** (= *ut non*) „es ist notwendig, daß ich; ich kann nicht anders, als daß". **Fieri non potest, ut** „es ist unmöglich, daß"; **fieri non potest, quin** (= *ut non*) „es ist notwendig, daß; es kann nicht anders kommen, als daß". Cf. Facere non possum, *ut* verbis tuis fidem habeam. Fieri non potest, *ut* eum in provincia tua *non* cognoris. Facere non potui, *quin* tibi sententiam declararem meam. Fieri nullo modo poterat, *quin* Cleomeni parceretur.

Anm. 2. Synonym mit *facere non possum, quin* ist **non possum non** *c. inf.*, z. B. Qui mortem in malis ponit, *non potest* eam *non* tim*ere*. Ad Caesarem *non potui non* litteras *dare*. Tuum consilium *nemo potest non* maxime laud*are*. Hoc *non potest* mihi *non* summe *esse* iucundum.

Anm. 3. **Dubitare** „Bedenken tragen, Anstand nehmen" wird (in negativen Sätzen gewöhnlich, in positiven selten, cf. jedoch Cic. de nat. d. 1, 113; Sall. Cat. 15, 2) mit dem Infin. verbunden (z. B. Fulvius non dubitavit Martis manubias Musis consecr*are*. Quis bonus dubitet pro patria mortem oppet*ere*, si ei sit profuturus?); doch findet sich in diesem Falle nach *non* dubitare auch nicht selten die Konstruktion mit *quin* und dem Konjunktiv (die somit mehrdeutig ist). Als Beispiele vergl.: Vos non dubitatis, *quin* vectigalia vestra vendatis. Nolite dubitare, *quin* huic servo credatis omnia. Domitius sibi dubitandum non putavit, *quin* proelio decertaret (Caes. b. c. 3, 37, 2; b. g. 2, 2, 5; Cic. Pomp. 49 u. 68; Mil. 63. Cf. dagegen Cic. Ligar. 37; Man. 19; leg. agr. 2, 16). — Steht *dubitare* od. *dubium esse* in der Bedeutung „zweifeln" ohne Negation, so kann es nicht *quin* nach sich haben, sondern entweder eine indirekte Doppelfrage mit *utrum — an* oder *ne — an* (z. B. Alexander dubitabat, utrum perseveraret an abiret. Dubito, honestum*ne* factum sit *an* turpe) oder eine einfache indirekte Frage mit *quis, quid, cur* u. ä. oder der Fragepartikel *ne* (unklassisch *num*; cf. jedoch Cic. Sulla 68? und ad fam. 7, 32), z. B. Hercules diu dubitavit, *utram* viam vivendi ingredi melius esset. Dubito, *quid* nobis agendum putes. Dubitamus, *quid* de re publica sentiamus. Dubitate etiamnunc, *a quo* sit Roscius occisus. Dubito, verum*ne* hoc sit. Dubito, visurus*ne* me in provincia sis. — Über *dubito an* „vielleicht" cf. 411. Über *non dubito* mit *Acc. c. inf.* cf. 438, 1.

Anm. 4. **Quin** steht auch zuweilen nach andern negativen Ausdrücken, z. B. *Non impedio quin, non deterreo quin, quis ignorat quin, dici non potest quin, non me fugit quin, non recuso quin, non (haud) discrepat quin, non contradico, non nego, non vario, nulla mora est, nullam moram interpono, non abest suspicio quin* etc. Öfter nur **nihil causae est quin; quae causa (quid causae) est quin? non recuso, quin.** Gut ist auch *deesse mihi nolo, quin* „ich will es nicht an mir fehlen lassen".

358. Das fragende **quīn** (aus quī-ne entstanden = „warum nicht?") wird gebraucht, um in Form einer rhetorischen Frage eine lebhafte Aufforderung auszudrücken (cf. 493). Es steht: 1) meist mit dem Indik.: „Warum werfen wir uns nicht auf die Pferde?" = „wir wollen uns auf die Pferde werfen"). „So wacht doch auf!" „Halte dich doch an diese gute Gelegenheit!" — 2) mit der 1. Pers. Plur. Konj. oder mit dem Imperativ: „So laßt uns doch gehen!" „Gebt nun acht, ihr Richter" ꝛc. — 3) in der Bedeutung „sogar, vielmehr", teils allein, teils mit potius, etiam u. a. verbunden: „Ich schreibe viel bei Tage, ja sogar bei Nacht". Cf. 483, 11.

359. **Quominus „daß"** (eigentlich „damit desto weniger" = ut eo minus) steht nach den Verben verhindern, abhalten, widerstreben, verweigern, abschrecken und solchen, die ähnlichen Sinn haben: **impedire, impedimento esse, prohibere** (cf. Anm. 3), **terrere, deterrere, obsistere, obstare, resistere, officere, adversari, interdicere, recusare** u. ä. Cf. Cimon nunquam in hortis custodem imposuit, ne quis impediretur, *quominus* eis rebus, quibus quisque vellet, frueretur. Rebus humanis multa externa, *quominus* perficiantur, possunt obsistere. Aetas non impedit, *quominus* litterarum studia teneamus usque ad ultimum tempus senectutis. Non deterret sapientem mors, *quominus* in omne tempus rei publicae suisque consulat. Quid obstat, *quominus* deus sit beatus? Epaminondas non recusavit, *quominus* legis poenam subiret. Me infirmitas valetudinis *tenuit, quominus* ad ludos venirem. *Intercludor* dolore, *quominus* plura ad te scribam.

Anm. 1. Es steht auch nach *non abstineo, non me contineo, temperare (mihi) non possum, non reprimor, nulla mora est, nullam moram interpono, in mora alicui sum* oder *alicui moram affero* „ich verursache jemandem Zögerung", *non deducor* „ich lasse mich nicht davon abbringen", *mihi non est religio, non pugno* oder *non repugno, quominus* „ich habe nichts dawider, daß". — Besonders zu merken ist **per me stat (fit), quominus** (selten **ne**) „ich bin schuld, daß nicht", z. B. Per Trebonium stetit, *quominus* milites oppido potirentur. (Per me non stat, *quin* Liv. 2, 31, 11).

Anm. 2. Statt *quominus* kann fast jedesmal auch *ne* stehen. — Bei **non recusare** „sich nicht weigern" = „wollen" kann statt *ne* oder *quominus* (oder *quin*, cf. 257, Anm. 4) auch der einfache Infin. stehen, z. B. Ad omnia pericula princeps *esse non* recusabat. *Nemo* repertus *est, qui mori* recusaret. (Caes. b. g. 3, 22, 3; auch in Fragen mit negativem Sinne: Liv. 5, 53, 9.) Steht aber recusare ohne Negation, so wird es regelmäßig mit **ne** verbunden, z. B. Regulus sententiam *ne* diceret, recusavit. (Vereinzelt steht der Infin. auch in positiven Sätzen, z. B. Cic. Planc. 91; Pis. 57).

Anm. 3. **Prohibere** steht gewöhnlich mit dem Inf. oder *Acc. c. inf.* (im Passiv bei persönlicher Konstruktion mit *Nom. c. inf.*, cf. 436, c; unklassisch mit *ut*), z. B. Timor longius progred*i* prohibuit. Barbari *nostros* navibus egred*i* prohibebant. Monet, ut *ignes fieri* in castris prohibeat. Dolore prohibe*or*, quae gesta sunt, pronunti*are*. Parentes prohib*entur* adire ad filios. Cf. jedoch Cic. Verr. 2, 14; Caecil. 33; fam. 12, 5, 1; Rosc. Am. 151 u. ö. — Selten steht der Inf. bei *impedire* (Cic. Off. 2, 8; nat. d. 1, 87; de or. 1, 163) und *deterrere* (Cic. Verr. 1, 14 u. 24).

360. 1) Parmenio Alexandr*um* prohibere studuit medicamentum a Philippo mixtum bib*ere* = Parmenio impedire studuit, *quominus* Alexander ... bib*eret*. 2) Per valetudinem meam stetit (od. factum est), *quominus* heri, cum essem pollicitus, ad vos ven*irem*. Per Romanos non stetit, *quominus* perpetua amicitia cum Samnitibus *esset*. 3) Imperator Titus nullum diem dicitur praetermisisse, *quin* in aliquem civium beneficium confer*ret*. 4) Vis imbrium agricol*as* prohibuit fruges collig*ere* = Vis imbrium impedivit, *quominus* agricol*ae* fruges collig*erent*. 5) Caesar recusavit, *ne* par*eret* senatus consulto, quo exercitu dimisso in urbem venire esset iussus. 6) Noli dubitare, *quin* mecum communic*es*, qua de

re sollicitere. 7) Non procul afuit, *quin* Napoleo (a) Moscavia rediens cum toto exercitu ad Beresinam fluvium cap*eretur*. 8) Sapientissimus ille Salomo se continere non potuit, *quin* exclam*aret*: O vanas res hominum! 9) Ne Alpium quidem montibus inviis conspectis Hannibal deterritus est, *quominus* bellum in Italiam transfer*ret*. 10) Aegre milites prohibiti sunt captivos occid*ere*. 11) Alcibiades in patriam reversus apud populum ita est locutus, ut nemo tam acerbus esset, *quin* eius casum defleret. 12) Phocensibus religio non fuit, *quominus* opes templi Delphici dirip*erent*. 13) Facere nullo pacto possum, *ut* tibi hunc librum commod*em*. Tandem etiam Fridericus Magnus sensit fieri non posse, *ut* a consuetudine dormiendi reced*eret*. 14) Senatus certior factus, quanta insolentia Philippus, rex Macedonum, in socios quosdam populi Romani se gessisset, sibi dubitandum non putavit, *quin* bellum ei indic*eret*. 15) Deesse mihi nolui, *quin* te admon*erem*. 16) Per unum Histiaeum Milesium stetit, *quominus* pons a Dareo in Istro flumine factus rescind*eretur*. 17) Fieri non potest, *quin* sanatio vulneris plus saepe doloris affer*at* quam vulnus ipsum. 18) Inhumana et scelerata illa vox ducitur eorum, qui negant se recusare, *ne* (od. *quominus* od. *quin*) ipsis mortuis terrarum omnium deflagratio consequ*atur*.

361. Das deutsche **„ohne zu, ohne daß"** wird im Lateinischen nicht durch *sine* mit einer Verbalform (Gerund. oder Partic.) übersetzt (cf. jedoch Liv. 5, 4, 4; 3, 52, 2; 45, 25, 8), sondern:

a) durch *quin* (= *ut non*) oder *qui non* c. Coni. nach den in 357 gegebenen Regeln, z. B. Nemo navigavit, *qui non* (od. *quin*, *ut non*) se aut mortis aut servitutis periculo committeret. Quis unquam templum illud adspexit, *quin* avaritiae tuae testis esset? Ne dolere quidem possum, *ut non* ingratus videar.

b) durch *sine* mit einem Substantiv, z. B. Dimisi eum *sine laudatione* „ohne ihn zu loben". Alienas calamitates saepe videmus *sine dolore* „ohne Schmerz zu empfinden". *Sine querela* „ohne zu klagen"; *sine delectatione* „ohne sich zu ergötzen"; *sine iniuria* „ohne ein Unrecht zu begehen". Cf. auch 104, Anm. 1, c.

c) durch eine negative Participialkonstruktion, z. B. *Non dubitans* dico. Hostes urbem ceperunt *nullo resistente*. Nihil potest evenire *nisi causa antecedente*. Nihil feci *non diu consideratum*. Miserum est *nihil proficientem* angi. Natura dedit usuram vitae *nulla praestituta die* „ohne daß ein Termin für die Rückgabe festgesetzt ist".

d) durch negative Adjektiva, wie: *ignarus* (*inscius, insciens*) „ohne es zu wissen", *imprudens* „ohne es zu merken", *insperans* „ohne es zu hoffen", *immemor* „ohne sich zu erinnern", *imparatus* „ohne gerüstet zu sein", *necopinans, invitus, invocatus*. So auch: *tacitus* „ohne ein Wort zu sagen".

e) durch *nisi* nach vorausgegangenem negativen Satze, z. B. Nullum imperium est tutum *nisi* benevolentia munitur. Nulla res maior Romae agebatur *nisi* aves addixissent.

f) durch *ut non* („auch in dem Fall, daß nicht"), *cum non*, *cum nihil* u. ä. c. Coni., z. B. Mavult existimari bonus vir, *ut non* sit, quam esse, *ut non* putetur. Abisti, *cum nihil* mihi dixisses. Mortem timere nihil aliud est nisi sapientem videri, *cum non* sis („ohne es zu sein").

g) durch *neque* oder *et non*, wenn irgend etwas gleichzeitig mit dem Mangeln von etwas stattfindet, z. B. Dicunt *neque* dubitant „ohne (zugleich dabei) zu zweifeln". Fieri potest, ut recte quis sentiat *neque* id, quod sentit, polite eloquatur (oder *et* id, quod sentit, polite eloqui *non* possit). Romae fui *neque* Capitolium vidi. Suadeo tibi, ut hinc discedas *neque* mihi verbum ullum respondeas. Cf. 512, Anm. 1.

h) durch *ita — ut non* oder *ita — ne tamen* (cf. 339, Anm. 5), z. B. Legati *ita* admissi sunt, *ne tamen* senatus daretur. Decii pro salute populi *ita* se devoverunt, *ut nihil* de commodis suis cogitarent.

i) durch Umformung des Gedankens in eine Periode mit concessivischem Vordersatze, z. B. *Quamquam* eum *non* rogaveram, *tamen* mihi obsecutus est „er erfüllte meinen Wunsch, ohne daß ich ihn gebeten hätte". —

1) Nunquam ceno *nisi esuriens.* Cur bellum movistis *nulla iniuria lacessiti?* Romani *non rogati* adversus Nabim tyrannum Graecis auxilium obtulerunt. 2) Cicero Demosthenem imitatus *nec* assecutus est od. Cicero Demosthenem, *etiamsi* imitatus est, *tamen* assecutus *non* est. 3) Sapienter institutum est a deo, quod aliud animal alio cibo vescitur: sic enim plurima animalia diversi generis uno loco *ita* vivere possunt, *ut nulli* eorum desit victus. 4) Galli *nullo resistente* urbem sunt ingressi. Nemo deum amare potest, *nisi* idem amat homines. 5) In furculis Caudinis exercitus Romanus *ne tentata quidem pugna* hostibus arma tradidit. 6) Non possunt una in civitate multi rem atque fortunas amittere, *ut non* (od. *quin*) plures secum in eandem trahant calamitatem. 7) Naturae benignitas plerisque bestiis victum et vestitum praebet *non laborantibus.* 8) Sisyphus apud inferos saxum adverso monte *volvens nunquam* (od. *volvit nec unquam*) in vertice posuit. 9) Plinius maior nullum librum legit, *ex quo non* excerperet. 10) In campis Catalaunicis Romani Germanique socii Attilam, *quamquam* vicerunt, *tamen non* conciderunt neque castra retro movere prohibuerunt. (NB. Dieser Satz läßt sich auch übersetzen vermittelst *ita — ut* oder *quidem — sed* oder *neque* oder *Participium coniunctum.*) 11) Alexander Magnus cum nullo umquam hoste congressus est, *quem non* vinceret, nec ullum oppidum obsedit, *quod non* expugnaret. 12) Mater puero cultrum dedit *nihil mali suspicans.* 13) Classis *infecta re* domum revertit. Cur me accusas *nullo meo in te merito* (od. *nulla a me laesus iniuria*)? 14) Veteres nunquam cenabant *nisi manibus lautis.* Caesar *neque diurno neque nocturno itinere intermisso* in Lingones contendit. 15) Ignominiam et iniurias passi sumus *impune.* 16) Hannibal urbi Romae non semel minit*atus nunquam* impetum ipsum *fecit.* 17) Multi poetas laudant *neque* intellegunt. Quod istas res gessisti, gaudeo *neque miror;* nam curam tuam et consilium cognitum habeo. 18) Saepe lacrimae nobis *nolentibus* manant. Deus homines vult bestiis *ita* uti, *ut non* crucient. 19) Athenienses, Lacedaemoniorum *auxilio non exspectato,* contra ingentem Persarum exercitum in proelium ierunt. 20) Socratem tanta temperantia fuisse memoriae proditum est, ut totam fere vitam ageret *valetudine salva et inoffensa.* 21) Pyrrhus captivos *sine pretio* dimisit. Duces Romani proelia nunquam inierunt *nisi auspicato.* 22) Arabes atroci ad Turonicum proelio devicti in Hispaniam recesserunt *neque* unquam postea Galliam expugnare conati sunt. 23) Luna maior videtur quam stellae *neque est.* 24) Ovidio versus tam expediti fuerunt, ut non facile quicquam dicere vel scribere posset, *quin* unum vel plures versus admisceret. 25) Sextius Pythagoreus nullo unquam vespere somno *ante* se dedit *quam* interrogasset animum suum: Quod hodie malum tuum sanasti? qua parte melior es? 26) Romae lex erat, ne quis consul crearetur *nisi qui* minoribus magistratibus omnibus ante esset perfunctus.

### β. Die Konjunktion cum und die Coniunctiones temporales.

362. Cum „wann, da" ist ursprünglich Zeitpartikel, das Relativ zu dem Demonstrativ tum, aber wie das deutsche „da" von der Zeit auf mancherlei andere Beziehungen übertragen.

I. Den **Indikativ** regiert cum in drei Fällen:

1. **Cum (vere) temporale** „wann, dann wenn, zu der Zeit wo, während der Zeit als, jetzt wo, damals als", welches die Zeit, in welcher die Handlung des Hauptsatzes stattfindet, mit Bestimmtheit nennt und in voller Selbständigkeit dem Hauptsatze gegenüber beschreibt, regiert den **Indik.** aller Zeiten, namentlich in Verbindungen wie: *eo tempore cum, eo die cum, nunc (olim, antea, tum, nuper, iam) cum* etc..

Beispiele: Recordare tempus illud, *cum* Curio maerens iac*ebat* in lecto. Ligarius eo tempore paruit, *cum* parere senatui necesse *erat*. *Cum* Placentiam consul vēn*it*, iam ex stativis moverat Hannibal. Non potui iniuriam ulcisci eo die, *cum est lata* lex de me. Tum, *cum* in Asia permulti res magnas ami*serant*, Romae solutione impedita fides concidit. Operam dabo, ut te videam, *cum* id satis commode facere *potero*. O praeclarum diem, *cum* ex hac turba discedere mihi lic*ebit*. Pluribus verbis ad te scribam, *cum* plus otii *nactus ero*. Longum illud tempus, *cum* non *ero*, magis me movet quam hoc exiguum.

Anm. 1. Wenn *cum* die Bedeutung „sooft, jedesmal wenn" hat **(cum iterativum)**, regiert es den **Indik.**, wobei die in 325, 4 gegebenen Regeln zu beachten sind. Cf. Omnia sunt incerta, *cum* a iure disce*ssum est*. Poetarum libros delectationis causa, *cum est* otium, legere soleo. Verres, *cum* rosam vid*erat* („sah"), tum ver incipere arbitrabatur. (Cf. 325, 4, Anm. 1).

Anm. 2. Solche Zeitbestimmungen, durch welche nicht der Zeitpunkt an sich, sondern eine Beschaffenheit desselben ausgedrückt werden soll, erfordern den **Konj.**: Fuit *tempus, cum* („es gab eine solche Zeit, wo") rura col*erent* homines neque urbes hab*erent*. Fuit antea *tempus, cum* Germanos Galli virtute super*arent*. Illucescet aliquando *dies, cum* tu amicissimi benevolentiam desider*es* (cf. 328, 2). Oft tritt die kausale, konsekutive oder konzessive Bedeutung des temporalen Satzes so stark hervor, daß der Konj. von selbst geboten erscheint, z. B. Qui dies est, quae nox, *cum* ego non ex istorum insidiis divino consilio eripi*ar* atque evol*em*? Hoc ipso tempore, *cum* omnia gymnasia philosophi ten*eant*, *tamen* eorum auditores discum audire quam philosophum malunt. Si tum, *cum* res publica severitatem desider*abat*, tam vehemens fui quam cogebar, nunc, *cum* omnes me causae ad misericordiam vo*cent*, summo studio debeo humanitati servire (Cic. Mur. 6). Neque enim, si tibi tum, *cum* pete*res* consulatum, adfui, nunc, *cum* Murenam ipsum pet*as*, adiutor esse debeo (Mur. 8). — Desgleichen steht in allgemeinen Behauptungen der Konj. der 2. Pers. Sing. bei *cum* für unser „wenn man" (cf. 1, d), z. B. Difficile est tacere, *cum* dole*as*. Fit suavis oratio, *cum* aliquid novum dic*as*.

Anm. 3. Man sagt stets *audivi ex eo, cum diceret; audivi te, cum diceres; saepe soleo audire* **Roscium**, *cum dicat; vidi te, cum ambulares* etc. (cf. 431). Dagegen steht bei *memini, cum* „ich erinnere mich noch der Zeit, wo, als" regelmäßig der Indik., wenn eine bestimmte Thatsache ausgesagt wird, z. B. Memini, cum mihi desipere vid*ebare*, quod cum istis viveres. Cf. aber Cic. Q. fr. 2, 10, 2.

Anm. 4. „Es ist lange her, daß (seit)" **diu est, cum** *c. ind.*; „es sind schon einige Jahre her, daß (seit)" nonnulli anni sunt, **cum** *c. ind.*, z. B. Septem menses sunt, *cum* hasce aedes nemo intr*avit*. Vigesimus annus est, *cum* omnes scelerati me unum pet*unt*. Permulti anni iam erant, *cum* inter patres tribunosque nulla certamina *fuerant*. Biennium praeteriit, *cum* ille cubitum nullum proce*ssit*. Nondum centum et decem anni sunt, *cum* de pecuniis repetundis a Pisone *lata* lex *est*. Multi anni sunt, *cum* Fannius in aere meo *est*. Wenn die deutsche Konjunktion **„seit, seitdem"** sich an eine Zeitbestimmung anschließt, wird sie durch **cum** *c. ind.* übersetzt, sonst durch *ex quo tempore, ex eo cum* (seit Livius auch *ex quo*) oder *postquam* (cf. 366, 4), auch *ut* c. ind. *perf.* und *plusqpf.* (z. B. *Ut* Brundisio profectus es, nullae mihi abs te sunt redditae litterae. *Ut* Athenas veneram, exspectabam ibi iam quartum diem). — Wenn *cum interim* oder *cum interea* „während inzwischen, während dabei", *cum etiam tum* „während selbst dann noch", *cum nondum* „während noch nicht" temporale Bedeutung haben und eine **Thatsache** bezeichnen, regieren sie den **Ind.**, z. B. Caedebatur virgis in medio foro Messanae civis Romanus, *cum interea* nulla vox alia illius miseri audi*ebatur* nisi haec: civis Romanus sum. Piso ultimas Hadriani maris oras petivit, *cum interim* Dyrrachii milites domum obsidere *coeperunt*. Multum diei processerat, *cum etiam tum* eventus in incerto *erat*. Unus et alter dies intercesserat, *cum* res *nondum* çerta vid*ebatur*. Haben aber jene Ausdrücke **adversative** Kraft, so stehen sie mit dem **Konj.**, z. B. Simulat se eorum praesidio confidere, *cum interea* („obgleich er doch dabei") aliud quiddam iam diu machin*etur*.

Anm. 5 Man unterscheide genau das **bedingende si** von dem **temporalen cum**; es ist nicht dasselbe, ob der Satz: „Ich werde kommen, wenn ich kann" übersetzt wird: Veniam, *si* potero oder veniam, *cum* potero. Cf. Ille *si* prodierit atque adeo *cum* prodierit, — scio enim proditurum esse — audiet. *Si* valebis, *cum* navigari poterit, tum navigabis. Formam mihi rei publicae, *si* iam es Romae aut *cum* eris, velim mittas. — In **Begriffsdefinitionen** werden *cum* und *si* oft ohne Unterschied gebraucht: Deprecatio est, *cum* peccasse reus se confit*etur* et tamen, ut ignoscatur, postul*at*. Oppidum Britanni vocant, *cum* silvas . . . munierunt. Mit *si*: Cic. rep. 3,23.

2. **Cum additivum (oder inversum), welches an einen im Vordersatz geschilderten nebensächlichen Zustand oder Vorgang ein unerwartetes, überraschendes Ereignis mit starkem Nachdruck anknüpft, regiert den Ind. Perf. (oder Praes. histor.); der Vordersatz steht alsdann regelmäßig im Imperf. oder Plusqpf. und pflegt durch die Adverbien *vix*,** (selten *tantum quod* „kaum, kaum daß, just"), ***commodum, iam, nondum* u. ä. eingeleitet zu sein; zur Verstärkung des *cum* dient häufig *repente* oder *subito*,** z. B. Hannibal *iam* scalis sub*ibat* Locrorum muros, *cum repente* in eum patefacta porta *eruperunt* Romani. *Vixdum* epistulam tuam leg*eram*, *cum* ad me Curtius *venit*. *Tantum quod* ex Arpinati ven*eram*, *cum* mihi a te litterae redditae *sunt*. *Iam* milites prope summa *ceperant*, *cum* oppidani concur*runt*. *Vix* agmen novissimum extra munitiones pro*cesserat*, *cum* Galli committere proelium non dubit*ant*. — Selten steht dieses *cum* mit dem *Ind. Imperf.* oder *Plusqpf.*, z. B. Multum diei processerat, *cum* etiamtum eventus in incerto *erat*. Vix explicandi ordines spatium Etruscis datum *erat*, *cum* pugna iam ad gladios ven*erat*.

3. **Cum explicativum (oder coincidens,** cf. 325, II, a, Anm.) **„indem, wenn" (= „dadurch daß, daran daß"), welches das sachliche Zusammenfallen (die Identität) der Nebenhandlung mit der Haupthandlung bezeichnet, hat denselben Modus und dasselbe Tempus bei sich wie der Hauptsatz, also in der Regel den Indik.**, z. B. Hoc *cum* confite*ris*, scelus te admisisse conced*is*. Epicurus ex animis hominum extra*xit* religionem, *cum* dis immortalibus opem et gratiam *sustulit*. Praeclare fac*is*, *cum* Luculli memoriam ten*es*. Omnia tu Deiotaro tribu*isti*, *cum* et ipsi et filio nomen regium conce*ssisti*. *Cum* praecip*itur*, ut nobismet ipsis imperemus, hoc praecip*itur*, ut ratio coerceat temeritatem. Non fac*ies* fidem, *cum* haec disput*abis*. Bis improbus *fuisti*, *cum* et remis*isti*, quod non oportebat, et acce*pisti*, quod non licebat. Purgatio *est*, *cum* factum conced*itur*, culpa remov*etur*. *Cum* Collatino collegae Brutus imperium abrog*abat*, *poterat* videri facere iniuste. Hoc *cum dederis*, illud *dederis*, ut is absolvatur. Camillus haud dubie patriam serv*avit*, *cum* prohibu*it* migrari Veios. — Zu beachten ist jedoch, daß, wenn der mit „**indem**" angeknüpfte Nebensatz zwei verschiedene Handlungen der **Vergangenheit** neben einander stellt, von denen die eine die andere näher erklärt oder weiter ausführt, *cum* mit dem **Konj. Imperf.** steht. So heißt das deutsche „**indem, wobei er sagte, (mit den Worten)**" **cum diceret**, ebenso *cum negaret, adderet, affirmaret, demonstraret* u. ä., z. B. Iratus abiit, *cum* propediem rediturum se esse *diceret*. Unterscheide: Caesarem accusavit, cum *diceret* „indem er dabei sagte" von Caesarem accusavit, cum *dixit* „dadurch daß er sagte" (Cic. Rosc. Am. 39; Sull. 22 u. 68).

II. **Den Konjunktiv regiert cum in drei Fällen:**

1. **Cum causale „da" regiert den Konj.**, z. B. *Cum* vita sine amicis insidiarum et metus plena *sit*, ratio ipsa nos monet, ut amicitias comparemus. Ingens nume-

rus erat bello Punico captorum, quos Hannibal, *cum* a suis non redim*erentur*, venum dederat. *Cum* Athenas tanquam ad mercaturam bonarum artium *sis profectus*, inanem redire turpissimum est. Per eos dies caelo sereno interdiu lux obscurata est, *cum* luna sub orbem solis sub*isset*. Nemo facile intercedet, *cum* intercessio stultitiam intercessoris signific*atura sit*.

Anm. 6. Neben dem bloßen *cum* causale sagt man zuweilen auch *quippe cum, utpote cum* „da ja", z. B. Cimoni turpe non fuit sororem germanam habere in matrimonio, *quippe cum* eius cives eodem *uterentur* instituto. Me incommoda valetudo, qua iam emerseram, *utpote cum* sine febri labor*assem*, tenebat Brundisi. — **Praesertim cum** oder **cum praesertim** „besonders da, zumal da" (oft auch „zumal obgleich" im Sinne von „was um so auffallender ist, als"), z. B. Caesar principes accusavit, quod ab iis non sublevaretur, *praesertim cum* magna ex parte eorum precibus bellum susc*episset*. Socii imperatorem a vobis certum deposcere non audent, *cum praesertim* vos alium *miseritis*. Caesar non exspectavit vestra decreta, *praesertim cum* esset illud aetatis.

2. **Cum concessivum „obgleich" regiert den Konj.**, z. B. Druentia flumen, *cum* aquae vim veh*at* ingentem, non tamen navium patiens est. Socrates, *cum* facile *posset* educi e custodia, noluit. *Cum* primi ordines hostium transfixi pilis conci*dissent*, tamen acerrime reliqui resistebant.

Anm. 7. Oft hat *cum* nicht sowohl konzessive, als vielmehr adversative Bedeutung: **cum adversativum** (*c. coni.*) „während dagegen, da doch", z. B. Solus homo particeps est rationis, *cum* cetera animalia omnia *sint* expertia. Nostrorum equitum erat quinque milia numerus, *cum* hostes non amplius octingentos equites hab*erent*. — Dieses adversative *cum* darf aber dann nicht angewandt werden, wenn der Gedanke, welchen es einführt, nicht untergeordnet und nebensächlich, sondern mit dem des andern Satzes gleichwertig ist; vielmehr wird es in diesem Falle von dem Lateiner zu einem Hauptsatze umgestaltet, wodurch die Gegensätze energisch hervorgehoben werden, z. B. „Cäsar schickte seinen Legaten gegen die Feinde, während er selbst im Lager blieb" Caesar legatum contra hostes misit, ipse in castris remansit. „Ich bezeichne bekannte Dinge mit bekannten Ausdrücken, während jene, um das nämliche zu sagen, nach neuen Bezeichnungen suchen" *ego* res notas notis verbis appello, *illi* nomina nova quaerunt, quibus idem dicant. Fieri potest, ut recte quis sentiat *et* id quod sentit polite eloqui non possit „während er — nicht kann". Cf. besonders 528.

3. **Cum historicum „als" regiert bei Erzählung geschichtlicher Vorgänge, wenn es die den Hauptsatz begleitenden Nebenumstände bezeichnet, den Coni. Imperf. (bei gleichzeitigen Ereignissen) und den Coni. Plusqpf. (bei vorausgehenden Ereignissen)**, z. B. Epaminondas, *cum vicisset* Lacedaemonios apud Mantineam atque ipse gravi vulnere exanimari se vid*eret*, quaesivit, salvusne esset clipeus; *cum* salvum esse flentes sui respond*issent*, rogavit, essentne fusi hostes; *cum*que id quoque ut cupiebat audi*visset*, evelli iussit eam, qua erat transfixus, hastam. Cf. 325, 5 nebst Anm. 1.

Anm. 8. *Cum* c. coni. bezeichnet auch die Art und Weise (= „indem, da"), z. B. Hic paulisper est pugnatum, *cum* nostri irrumpere con*arentur*, hostes castra defend*erent*. Septimo die, *cum* iter non intermitt*eret*, ad mare pervenit. Portae refractae sunt, *cum* iam defend*eret* nemo. Dieses cum steht dem cum causale und zugleich dem cum historicum sehr nahe.

Anm. 9. Es versteht sich von selbst, daß in Fällen, wo *cum* an und für sich den Indik. regieren würde, der Konj. eintreten muß, wenn oblique Beziehung oder *Attractio modi* (cf. 398, d) stattfindet, z. B. Num tum ingemuisse Epaminondam putas, *cum* una cum sanguine vitam effluere sen*tiret*? Non vereor, ne aucupari tuam gratiam videar, *cum* hoc demonstr*em*. Gleichwohl steht bei *cum temporale* oft auch in *Oratio obliqua* der Indik. (cf. 457, 7), z. B. Credo tum, *cum* Sicilia flor*ebat* opibus et copiis, magna artificia fuisse in ea insula. Nunc intellegunt non sine causa maiores suos tum, *cum* maxima temperantia hab*ebamus*, servire populo Romano quam imperare aliis maluisse.

363. 1) Cono extremo bello Peloponnesiaco praetor fuit, *cum* apud Aegos flumen copiae Atheniensium *sunt* devictae. 2) *Cum* nemo altero *possit* carere, licet dives sit et honoratus, nemo quemquam superbe repudiet. 3) Tum profecto aequissimo animo mors oppetitur, *cum* vita occidens

suis laudibus se *potest* consolari. 4) Timoleontem, *cum* fratrem interfecisset, mater nunquam aspexit, quin fratricidam nominaret. 5) *Cum* tibi laboranti *adfui*, me amicum tuum esse indicavi. 6) Tum res publica nostra non erat, *cum* leges in ea nihil val*ebant*, *cum* iudicia iac*ebant* moresque patrii occid*erant*. 7) Nemo unquam Catoni illi seni, *cum* **plurimos hab*eret* inimicos, nemo C. Mario, *cum* multi** invid*erent*, obiecit, quod ex municipiis orti essent. 8) Unam epistulam iam obsignaveram, *cum* subito tabellarius tuas litteras mihi red*didit*. L. Tarquinius urbem (Romam) muro lapideo circumdare iam paraverat, *cum* bellum Sabinum ei rei inter*venit*. 9) *Cum* taces, iussum meum te migrasse confiteris. 10) *Cum* naves ad illam oram naufragium *fecerunt*, incolae neque opem ferunt afflictis neque miserentur eorum. 11) Fuit vero, fuit tempus, *cum* ne doctissimos quidem pud*eret* orationem innumerabilia verba peregrina inculcantes inquinare. 12) Alcibiades ea sagacitate fuit, ut decipi non posset, *praesertim cum* animum attend*isset* ad cavendum. 13) *Cum* hoc carmen *lego*, lacrimae oculis meis oboriuntur. *Cum* aestas esse *coeperat*, reges Persarum Ecbatana proficiscebantur. 14) Omnium societatum nulla praestantior est, quam *cum* viri boni moribusque similes familiaritate coniuncti *sunt*. 15) Amplius viginti anni sunt, *cum* comes hanc villam exstru*xit*. 16) Nihil satis paratum ad bellum habebant Romani, non exercitum, non ducem, *cum* Perses omnia praeparata atque instructa hab*eret*. 17) Aliae in historia leges observandae sunt, aliae in poemate, *quippe cum* in illa ad veritatem refer*antur* pleraque, in hoc ad delectationem. 18) Praedones tum, *cum* Pompeio bellum maritimum gerendum *datum est*, toto mari dispersi vagabantur. 19) Brevissime Aiacis mores describit Calchas, *cum* eum numer*at* inter corpora immania eademque consilii expertia. 20) Vix urbs ex incendio resurrexerat, *cum* veteres hostes Romanorum, Aequi Volscique, arma capess*iverunt*, ut nomen Romanum delerent. 21) Apollo, *cum* dic*it*: nosce te ipsum, dicit: nosce animum tuum. 22) Quae potest esse delectatio, *cum* homo imbecillus a valentissima bestia lani*atur*? 23) Maris tranquillitas intellegitur is status maris, *cum* nulla (ne) minima (quidem) aura fluctus commov*et*. 24) Manu cum hoste confligere immane est; sed *cum* tempus necessitasque postul*at*, decertandum manu est et mors servituti turpitudinique anteponenda.

364. a) Das zeitliche **„während"** (= indem, als), welches in der Erzählung vergangener Thatsachen die bloße (inkongruente) Gleichzeitigkeit zweier Vorgänge bezeichnet, heißt **dum** *c. Indic. praes.*, z. B. Chabrias, *dum* primus stu*det* portum intrare, ipse sibi perniciei fuit. Archimedes, *dum* formas geometricas in pulvere describ*it*, patriam expugnatam esse non sensit. *Dum* haec in Venetis ger*untur*, Titurius in fines Unellorum pervēnit.

Anm. 1. Livius und Spätere verbinden dieses *dum* zuweilen mit dem Konj. Imperf., gerade wie das erzählende *cum* (cf. Liv. 1, 40, 7; 4, 25, 9; 10, 18, 1).

b) In der Bedeutung **„solange als"**, wo neben der Gleichzeitigkeit zugleich eine gleichlange Dauer bezeichnet wird, stehen **dum, quoad, quamdiu,** unklassisch *donec* (seit Lukrez u. Horaz, bei Livius, cf. Wb.-M. zu Liv. 2, 11, 7) nicht ausschließlich mit dem *Ind. praes.*, sondern mit dem Indik. des dem Zusammenhange entsprechenden Tempus, z. B. *Dum* existimatio *est* integra, facile consolatur honestas egestatem. In freta *dum* fluvii curr*ent*, semper honos nomenque tuum laudesque manebunt. *Dum* civitas *erit*, iudicia fient. Bei gleichlanger Dauer in der Vergangenheit steht gewöhnlich in beiden Sätzen das Imperf., z. B. *Dum* illud tract*abam*, quasi fov*ebam* dolores meos. Neque, *dum eram* vobiscum, animum meum vid*ebatis*. Doch kann in einem der Sätze oder in beiden zugleich das Perf. eintreten, wenn die betreffenden Zustände vom Standpunkte des Sprechenden aus als vollendet und nicht mehr existierend bezeichnet oder schlechthin als Momente in die Erzählung eingefügt werden sollen, z. B. Lacedaemoniorum gens fortis *fuit*, *dum* Lycurgi leges vig*ebant*. *Dum* Carthaginienses incolumes *fuerunt*, iure omnia saeva patieb*amur*. Nostri, *dum* pari certamine res geri *potuit*, magnum hostium numerum pauci sustin*uerunt*. Cato, *quoad vixit*, virtutum laude *crevit*. Haec *feci*, *dum licuit*; intermisi, *quoad* non licuit.

Anm. 2. Bisweilen hat *dum* neben der zeitlichen Bedeutung noch eine kausale oder adversative Nebenbedeutung „indem", z. B. In has clades incidimus, *dum* metui quam diligi maluimus (Cic. off. 2, 29; fin. 2, 43; Brut. 282; Att. 1, 16, 2; Mur. 55?).

c) **Das gegensätzliche (einräumende) „während" = „obgleich doch, während dagegen" heißt cum** c. *Coni*. (cf. 362, II, 2). —

1) *Dum* Romani consult*ant*, iam Saguntum summa vi oppugnabatur. 2) *Dum* Ardea oppugn*atur*, in Tarquiniorum tentorio incidit de uxoribus mentio. 3) *Dum* (od. *quoad*, *quamdiu*) Lycurgi leges vig*ebant*, res publica Lacedaemoniorum laude virtutis et probitatis floruit. 4) Alexander, *dum* inter primores pugn*at*, sagitta ictus est; quam cum Philippus, medicus eius, extraheret, colorem non mutavit, *dum* sanguis siste*batur* volnusque oblig*abatur*. 5) *Dum* agmen Romanorum per apertum proficisc*ebatur*, ab hostibus non lacessebatur. 6) *Dum* felix *eris*, multos numerabis amicos. 7) Cur saluti rei publicae non consulis, *cum* et de*beas* et poss*is*? 8) *Dum* tales viri exercitibus nostris prae*erunt*, disciplina militaris non remittetur. 9) Hostes, ubi primum nostros equites conspexerunt, quorum erat quinque milium numerus, *cum* ipsi non amplius octingentos equites hab*erent*, impetu factu nostros in fugam coniecerunt. 10) Cicero, *dum* consul *fuit*, acerrimum libertatis Romanae defensorem se praestitit. 11) Aegroto *dum* anima *est*, spes esse dicitur. 12) Lacedaemonii, *cum* a studiis poetarum fere alieni *essent* et carmina poetarum fastid*irent*, Tyrtaeum summo honore colebant, quippe cuius carminibus animos ad fortiter pugnandum vitamque pro patria libenter profundendam inflammari crederent. 13) *Dum* Hercules somno recre*atur*, Cacus quidam partem boum, quibus ille Geryone necato potitus erat, callide abegit. 14) *Dum* triginta tyranni summam Athenis potestatem ten*ebant*, omnes urbes Graeciae exulibus Atheniensibus repletae erant.

365. **Dum und quoad** (nur vereinzelt *donec*) regieren in der Bedeutung **„bis, solange bis, bis daß"** den Indik. (bes. des Perf., seltener des Präs. und Fut. II, nie des Impf. u. Plusqpf.), wenn sie ein rein temporales Ziel und das thatsächliche Eintreten einer Handlung angeben; dagegen den Konj. Präs. und Imperf., wenn sie eine Absicht oder das Eintreten eines vom Subjekt des regierenden Satzes gewünschten Ereignisses oder eine Möglichkeit bezeichnen („damit unterdessen, damit erst"), z. B. Ego in urbe opperior, dum ista cognosco (cf. Anm. 2). Quoad arx dedita *est*, caedes tota urbe passim fact*ae sunt*. Milo in senatu fuit eo die, quoad senatus dimiss*us est*. Agis rex missilibus petebatur, dum lancea nudo pectori infix*a est*. Non faciam finem rogandi,

quoad renuntiatum *erit* te id fecisse. Mihi curae erit, quid agas, dum, quid egeris, *sciero*. Nunc Scaevola paulum requiescet, dum („damit erst") se calor frang*at*. Iratis ei subtrahendi sunt, in quos impetum conantur facere, dum (= ut interea) deferve*scat* ira. Horatius Cocles impetum hostium sustinuit, quoad ceteri pontem interrum*perent*. Thraces nihil se moverunt, dum Romani armati trans*irent*. Ea scripta continebis, quoad ipse te vid*eam* („bis ich dich sehen kann, bis es mir möglich ist dich zu sehen").

Anm. 1. Mit dem Fut. I werden diese Konjunktionen bei den Klassikern nicht verbunden; statt desselben tritt das Präs. ein, selbst neben einem Futur oder Imperativ im Hauptsatze, z. B. **Tityre, dum redeo („bis ich wiederkomme"), pasce capellas.** — Mit dem Konj. Perf. und Plusqpf. kommen diese Konjunktionen klassisch nur in Oratio obliqua (statt des Fut. II der Oratio recta) vor, z. B. Caesar, quoad munita hiberna cognov*isset*, in Gallia morari constituit (direkt morabor, quoad cogno*vero*). Aber seit Livius greift der Gebrauch des Konj. Imperf. und Plusqpf. immer mehr um sich, so daß auch in der einfachen Erzählung der Konj. steht, wo die frühere Sprache den Indik. gebraucht haben würde (Liv. 1, 40, 7; 2, 47, 5; 10, 18, 1; 21, 28, 10 u. ä.)

Anm. 2. Wenn nach den Verben **exspecto, opperior,** (*maneo*) im Sinne von „so lange warten, bleiben, **bis**" die einfache Angabe eines Faktums folgt, so steht nach einem Haupttempus *dum* mit dem **Ind.** Präs., Perf. oder Fut. II; häufiger aber haben sie bei der Bedeutung „erwarten, abwarten, bis daß" den Nebenbegriff eines Wunsches oder einer Absicht und verlangen dann *dum* c. Coni. Praes. (oder nach einem Nebentempus c. Coni. *Imperf.*), z. B. Ego hoc loco opperior, dum ista cognosco. Domi mansi, dum pater red*iit*. Opperiar, dum red*ieris*. Exspectas fortasse, dum dic*at* . . . Caesar constituit exspectare, dum sui in unum collig*erentur*. Unterscheide: **exspecto** (od. *opperior*), **dum** dic*at* „bis er sagt oder sagen wird", **ut** dic*at* „daß er sagt oder sagen wird", **quid** dic*at* oder dic*turus sit* (cf. 354, Anm. 2). Ebenso *exspectabam, dum* dic*eret* „bis er sagte oder gesagt hätte", *ut* dic*eret* „daß er sagte oder sagen würde", *quid* dic*eret* oder dic*turus* esset. (Der *Acc. c. inf.* kann nach diesen Verben höchstens infolge einer Sinnkonstruktion stehen, z. B. Liv. 43, 22, 2; Cic. Verr. 3, 151.) Cf. auch 383.

Anm. 3. „Bis endlich" heißt nicht dum tandem, quoad tandem, sondern entweder bloß *dum, quoad, (donec)* oder bloß *tandem* (oder *postremo*), z. B. „Auf beiden Seiten wurde mit Mut gekämpft, bis endlich die Feinde die Flucht ergriffen" utrimque acriter pugnatum est, *dum* (oder *tandem, postremo*) hostes terga verterunt. Ausnahmen sehr selten (Liv. 4, 46, 3; cf. auch 4, 6, 3).

1) Hoc carmen disce, *dum* (od. *quoad*) expedite *possis* pronuntiare. 2) Metu et timore suspensus fui, *dum* omnia bene evenisse aud*ivi*. 3) Milites in statione manere debent, *dum* (od. *quoad*) deduc*antur*. 4) Moses Israelitas quadraginta annos per loca deserta duxit, *dum* valida et integra iuventus adolesc*eret*. 5) Loco non cedam, *quoad* roganti mihi obsec*utus eris* = *non prius* loco cedam, *quam* r. obs. eris. 6) Athenienses Sphacteriam oppugnare non destiterunt, *quoad* centum viginti Spartiatas *ceperunt*. 7) Mus lardum arrosit, *quoad* (seltener *donec*) muscipula claus*a est*. 8) Feles in insidiis sunt, *dum* mures e cavernis prorep*ant*. 9) Ingens certamen tribunis et inter ipsos et cum consule erat, *dum* (ja nicht dum tandem) senatus a consule *habitus est*. 10) Caesar aliquamdiu exanimus iacebat, *dum* lecticae impositum tres servi domum *rettulerunt*.

366. Die Temporalkonjunktionen „nachdem" **postquam** (bei Cicero häufiger **posteaquam**) und „sobald als, sowie" **ubi, ut, simulac** oder (vor Vokalen und h stets, vor *c, g, q* meist) **simulatque** (seltener *simul, simul et, simul ut, simulac primum, simul primum*), **ubi primum, ut primum, cum primum** stehen in der Erzählung gewöhnlich mit dem **Ind. Perf.**, wo im Deutschen das Plusqpf. (oder das erzählende Imperf.) steht. Jedoch ist zu merken:

1) *Postquam* wird in unmittelbarem Anschluß an einen Abl. mensurae, namentlich wenn eine bestimmte Zwischenzeit (nach Tagen, Monaten, Jahren ꝛc.) im Abl. angegeben ist, mit dem

**Ind. Plusqpf.** verbunden. (Selten steht in diesem Falle das Perf., z. B. Caes. b. g. 4, 28, 1; Cic. Rp. 2, 18.) Übrigens schreibt man in diesem Falle richtiger post quam getrennt.

2) Wenn eine bestimmte Zeitangabe im Abl. vorangeht, kann man statt postquam auch einfach *quam* sagen (cf. auch 126, 4); auch kann man in diesem Falle auf den Abl. einen Satz mit dem ebenfalls im Abl. stehenden Relativpronomen folgen lassen (cf. 126, Anm. 2).

3) *Postquam* (wie *simulac, ubi, ut* u. s. w.) können bei lebhafter Schilderung, wie auch im Deutschen, statt des Perfekts mit dem Ind. **Praes. hist.** verbunden werden.

4) *Postquam* in der Bedeutung „seitdem, (jetzt wo, damals während)" wird in Beziehung auf die Gegenwart mit dem **Ind. Präs.**, in Beziehung auf die Vergangenheit mit dem **Ind. Impf.** verbunden (cf. 362, Anm. 4).

5) *Postquam* (wie *ubi, ut, simulac* u. s. w.) wird nicht selten, wenn ein in der Vergangenheit dauernder Zustand bezeichnet werden soll, mit dem **Ind. Imperf.** verbunden; also: „Die Gallier traten, als sich noch immer keine Spur von einem Feinde blicken ließ, den Marsch an"; „Appius wartete eine Weile und ging, als noch immer keiner herantrat, nach Haus". (Zuweilen findet sich in diesem Falle außer dem Imperf. auch noch ein Perf. mit jenen Konjunktionen verbunden, z. B. *Ubi* labore atque iustitia res publica *crevit* et cuncta maria terraeque *patebant*, saevire fortuna ac miscere omnia coepit. *Ut* in extrema iuga montis Massici *ventum est* et hostes sub oculis *erant*, agmen constitit.) Häufig steht auch ein **Plusquamperfektum**, welches den Zustand als Resultat einer Handlung bezeichnet und seinem Sinne nach ein Imperf. vertritt, z. B. Verres, posteaquam multitudinem emblematum *collegerat* („gesammelt und nun beisammen hatte" = collectam habebat), instituit officinam Syracusis. Albinus, postquam *decreverat* non egredi provincia, milites castris habebat. Quod ubi *senserant* hostes, crevit ex metu alieno audacia. *Ut* nostrae cohortes ad mare *excubuerant* („auf Wache gezogen waren" = „auf Wache lagen"), subito Pompeiani accesserunt. *Ut* iam *resederat* impetus animorum, silentium subito ortum. — Über *ubi, ut, simulac* c. *Plusqpf.* zur Bezeichnung des *Antecedens iterativum* cf. 325, 4. Über das *Fut. exact.* cf. 325, 2 u. 3.

Anm. 1. Ganz vereinzelt finden sich *postquam* und *ubi* nach der Analogie von cum mit dem *Coni. Imperf.* und *Plusqpf.* verbunden, um bloß die Unterordnung des Nebensatzes unter den Hauptsatz auszudrücken (Cic. Man. 9; Cluent. 181; Deiot. 36; Liv. 22, 1, 2; 4, 13, 10; 26, 11, 3; 29, 34, 8 u. a.).

Anm. 2. Wenn nach Absolvierung eines Teiles einer Auseinandersetzung der Übergang zu einem neuen Teile im Deutschen mit „nachdem, nachdem so" gebildet wird, darf im Lateinischen nicht *postquam* oder gar *postquam ita* gebraucht werden, sondern **quoniam** oder bei engerem Anschlusse an das Vorhergehende *sed quoniam, et* (oder *quare, quamobrem*) *quoniam, quoniamque, nunc quoniam, quoniam autem, quoniam igitur* (zu meiden ac oder atque quoniam). Cf. *Quoniam* de genere belli dixi, nunc de magnitudine pauca dicam. *Sed quoniam* de eo genere beneficiorum dictum est, quae ad singulos spectant, deinceps de eis, quae ad universos pertinent, disputandum est. Cf. auch 264.

367. **Antequam** (sehr selten *anteaquam*, z. B. Cic. Deiot 30) **und priusquam (auch getrennt *ante — quam* und *prius — quam*) stehen:**

a) **mit dem Indik. oder Konj. Präs., vielfach ohne wesentlichen Unterschied der Bedeutung:** *Antequam* pro L. Murena dicere institu*o*, pro me ipso pauca dicam. *Priusquam* de praeceptis oratoriis dic*amus*, videtur dicendum de genere ipsius artis. *Antequam* maiora hostium agmina obsaep*iunt* iter, erumpamus. Graeci tragoedi cotidie, *priusquam* pronunti*ent*, vocem cubantes sensim excitant. — **Der Konj. ist vorherrschend in Sentenzen und allgemeinen Aussagen:** *Priusquam* incipi*as*, consulto, ubi consulueris, mature facto opus est. In omnibus negotiis, *priusquam* aggredi*are*, adhibenda est praeparatio diligens. *Ante* videmus fulgurationem, *quam* sonum audi*amus*. **Regelmäßig steht der Konj.**, wenn der Nebensatz potentiale oder finale Bedeutung **hat.** (Die finale Bedeutung kann man sich anschaulich machen durch die Übersetzungen „in der Absicht, Erwartung, daß (nicht), damit (nicht) zuvor, es solle (nicht) zuvor";

die **potentiale** Bedeutung durch „ehe etwas geschehen **kann**, ehe **anzunehmen**, **zu erwarten**, **zu vermuten** ist, daß etwas geschehe"). Collem celeriter, priusquam ab adversariis senti*atur*, communite (= damit es die Feinde nicht vorher merken od. ehe anzunehmen ist, daß es bemerkt werde). De Catilinae moribus pauca *prius* explananda sunt, *quam* initium enarrandi faci*am* „machen **kann**". (Das Verbum *posse* steht gewöhnlich im Konj.).

b) **mit dem Indik. Perf. Dabei ist wohl zu beachten, daß im Deutschen in der Erzählung bei „bevor" oft das Imperf. oder Plusqpf. steht, wo einfach die Angabe einer Thatsache gegeben werden soll; statt dessen steht im Lateinischen der Indik. Perf.** (besonders häufig nach *non* ante quam, *non* prius quam neben einem Perf. hist. im regierenden Satze), z. B. Membris utimur, *priusquam didicimus*, cuius ea utilitatis causa habeamus. Caesar *priusquam est profectus*, luna hora circiter sexta visa est. Non *prius* sum conatus misericordiam aliis commovere, *quam* misericordia *sum* ipse *captus*. Epaminondas *non prius* bellare destitit, *quam* urbem Lacedaemoniorum obsidione *clausit* („eingeschlossen hatte"). Hostes *non prius* pugna excesserunt, quam hostium ducem concidere vid*erunt* („sahen' oder „gesehen hatten"). Cf. jedoch c).

c) **mit dem Konj. Imperf. und Plusqpf.**, 1. **wenn im Hauptsatze ein historisches Perf. steht und der Nebensatz potentiale oder finale Bedeutung hat** (cf. a), z. B. Numidae, *priusquam* ex castris subveni*retur* (Absicht des Subjekts), in proximos colles discesserunt. Achaei non *ante* ausi sunt capessere bellum, *quam* ab Roma revert*issent* legati (Gedanke des Subjekts). Saepe magna indoles virtutis, *priusquam* rei publicae prodesse potu*isset*, extincta est. *Antequam* homines nefarii de meo adventu audire potu*issent*, in Macedoniam perrexi; — 2. **in der Erzählung auch bei Angabe von Thatsachen (analog der Konstruktion des cum historicum), wo man** (cf. b) **den Ind. Perf. erwartete:** Galli ducentis annis *antequam* Romam cap*erent* (= ceperunt), in Italiam transcenderunt. Epaminondas, cum in circulum venisset, numquam inde *prius* discedebat, *quam* ad finem sermo *esset adductus*. Germani equites non *prius* sunt visi, quam castris appropinqu*arent* (= appropinquaverunt). Tarquinius paulo *antequam* sol occid*eret*, venit. (So bes. bei den Historikern, aber zuweilen auch bei Cicero).

Anm. 1. Ganz vereinzelt (z. B. Liv. 7, 34, 1; 23, 30, 3; Cic. p. dom. 78) steht der *Ind. Imperf.*, aber nur in **negativen** Sätzen, in welchen *non antequam* oder *non priusquam* den Sinn von *postquam* c. Ind. Imperf. haben.

d) **mit dem Indik. Fut. II, wenn die Handlung des Nebensatzes als in der Zukunft thatsächlich vollendet gedacht wird,** z. B. Tibi non *prius* respondebo, *quam* tu respond*eris*. De Carthagine vereri non *ante* desinam, *quam* illam excisam cogno*vero*.

Anm. 2. Das **Fut.** I kann bei priusquam und antequam überhaupt nicht stehen; statt desselben tritt das **Präsens** ein. (Ausnahmen klassisch sehr selten).

Anm. 3. Selbstverständlich treten in *Or. obliqua* und an **oblique** Sätze sich anschließend die Nebensätze mit antequam und priusquam in den **Konj.** und folgen den Regeln der Consecutio temporum mit allen ihren Besonderheiten.

1) Fulgur prius videmus, quam tonitrum aud*i(a)mus*. Livius Andronicus primus fabulam dedit anno ipso, antequam *natus est* Ennius. 2) Antequam Horatii et Curiatii inter se certare *coeperunt*, foedus inter Romanos Albanosque ictum est hac lege, ut is populus, cuius cives eo certamine vicissent, alteri imperaret. 3) Alexander Pheraeus in cubiculum uxoris, priusquam ipse ad eam ven*iret*, praemittere solebat, qui omnes arculas et vestimenta scrutarentur, ne quod telum occultaretur. 4) Ignis totam domum corripuerat, priusquam aqua apportari *posset*. 5) Clodius Ciceroni insidiari non prius destitit, quam eff*ecit* (od. eff*ecisset*), ut ille patria pelleretur. 6) Hostes disiecti non prius destiterunt fugere, quam

ad Rhenum perve*nerunt*. 7) Vires ingeniumque tuum cognosce, priusquam aliquid aggred*iare*. 8) Navis mercatoria non ante ancoras tollet, quam procella sub*sederit*. 9) Alexander, quem perisse fama nuntiaverat, ad Thebarum portas erat, priusquam cives ad vim propulsandam se parare *possent* (od. *potuerunt*). 10) Non prius finis iugulandi fuit, quam Sulla omnes suos divitiis exple*vit*. 11) Pythagoras praecipiebat: Somnum ne prius oculi videant, quam unumquodque diei exacti factum diligenter tecum consider*averis*. 12) Priusquam de ceteris rebus respond*eo* (od. respond*eam*, aber nicht respond*ebo*, cf. Anm. 2), pauca de moribus Catilinae dicam.

### γ. Coniunctiones causales.

368. **Quia und quod geben einen thatsächlichen Grund an = „aus dem Grunde weil, deshalb weil"**: Edo, *quia* esurio. Propter frigora, *quod* Gallia sub septentrionibus posita *est*, frumenta in agris matura non erant. — **Cum „da" (ursprünglich Zeitpartikel) bezeichnet den logischen, d. h. nach dem Urteile des Redenden oder unter Berücksichtigung der vorliegenden Verhältnisse maßgebenden Grund:** *Cum* vita sine amicis insidiarum plena sit, ratio ipsa monet, ut amicitias comparemus. Dionysius, *cum* in communibus suggestis consistere non auderet, contionari ex turri alta solebat. — **Quoniam** (entst. aus quom-iam) steht bei Angabe eines ausgemachten (evidenten) oder als bekannt vorausgesetzten Grundes = „weil ja" (Griech. ἐπειδή, Franz. puisque): Vos, Quirites, *quoniam* nox est, in vestra tecta discedite. *Quoniam* semel suscepi, succurram. *Quoniam quidem* „weil ja doch". (Dichterisch und nachklassisch wird auch *quatenus* in der Bedeutung von quoniam gebraucht.) — **Quando** „wann" ist eigentlich nur Zeitpartikel und steht nur selten (jedoch auch bei Cicero) zur Angabe eines unbestrittenen Grundes = „weil denn ja, da nun einmal"; häufiger findet sich in demselben Sinne **quandoquidem** (vereinzelt *quandoque*) „weil ja nun einmal": *Quando* non potest id fieri, quod vis, id velis, quod possit. Hoc confiteor iure mihi obtigisse, *quandoquidem* tam iners sum. — Über **siquidem** „wenn anders" (= da ja) cf. 381, 4. — **Quippe** (cf. 534) steht in Verbindung mit dem Pronomen *qui* oder mit *cum* zur Bezeichnung eines solchen Grundes, durch dessen Berücksichtigung das eben Gesagte oder Behauptete seine natürliche, sich von selbst ergebende Erklärung findet (= „leicht erklärlich, da ja"): Cimoni turpe non fuit sororem germanam habere in matrimonio, *quippe cum* eius cives eodem uterentur instituto. — Während *cum* „da" stets den Konj. regiert, steht bei *quia, quod, quoniam, quando* und *quandoquidem* für gewöhnlich der Indik.; den Konj. erfordern sie nur bei obliquer Beziehung, d. h. wenn der Grund aus dem Sinne des (grammatischen oder logischen) Subjekts des Hauptsatzes angegeben wird, z. B. Panaetius laudat Africanum, quod *fuerit* abstinens. Noctu ambulabat Themistocles, quod somnum capere non *posset*. Miltiades accusatus est proditionis, quod a Paro infectis rebus discess*isset*. (Dabei ist als eine Eigentümlichkeit des Lateinischen zu bemerken, daß oblique Beziehung auch in Bezug auf die Meinung des Sprechenden selbst (also der 1. Person) stattfinden kann: auch die 1. Person kann eigene Gedanken eben als Gedanken, nicht als Thatsachen angeben, z. B. Recte fecisse mihi videor, quod ab instituto meo non recess*erim*. Ego fateor me, quod vid*erim* mihi auxilium non deesse, idcirco illi pepercisse. Admirari soleo tuam, M. Cato, sapientiam maximeque, quod numquam tibi senectutem gravem esse sens*erim*, Cic. Cat. m. 4. Cf. auch 373). Sonst vergl. 371 u. 400.

Anm. *Quia* und *quod* sind rücksichtlich der Bedeutung nicht zu scheiden. Cf. Tertia est urbs, quae, *quod* in ea parte Fortunae fanum antiquum fuit, Tycha nominata est und

Quarta autem est urbs, quae, *quia* postrema aedificata est, Neapolis nominatur. Concedo, et *quod* animus aequus est et *quia* necesse est. (In der älteren Latinität überwiegt der Gebrauch von quia, in der jüngeren der von quod.) Zu bemerken ist aber, daß nach den Verben der Affekte regelmäßig quod steht und dies auch nach *propterea, eo, ideo, idcirco* wenigstens viel häufiger ist.

369. **Quod „daß" steht bei Aussage einer wirklichen Tatsache; (faktisches quod):**

a) **erklärend, um den Inhalt oder einen einzelnen Begriff des Hauptsatzes näher zu bestimmen, und zwar:**

α) nach einem **Demonstrativum** (*hoc, illud, id, eo, inde, ex eo, in eo, pro eo, propterea, ideo, idcirco* etc.): *Hoc unum* in Alexandro vitupero, *quod* iracundus fuit. Mihi quidem videntur homines *hac re* maxime bestiis praestare, *quod* loqui possunt. *In hoc* sumus sapientes, *quod* naturam, optimam ducem, sequimur. Non *ea res* me deterruit, quominus litteras ad te mitterem, *quod* tu nullas ad me miseras. Inter inanimum et animal *hoc* maxime interest, *quod* inanimum nihil agit, animal agit aliquid.

Anm. 1. Zuweilen steht **quod**, ohne daß ein Demonstrativum vorausgeht, im Sinne von **„der Umstand weil** oder **daß"**: Eumeni multum detraxit inter Macedones viventi, *quod* alienae erat civitatis. Vitium est, *quod* quidam nimis magnum studium in res non necessarias conferunt. Magnum beneficium est naturae, *quod* necesse est mori. — Zu beachten ist, daß die Demonstrativa **illud, hoc, id,** wenn sie lediglich auf einen folgenden oder vorausgehenden Nebensatz hinweisen, auf die Konstruktion keinen Einfluß üben; vielmehr steht in diesem Falle bald der *Acc. c. inf.*, bald eine Konjunktion (*ut, ne, quin* u. s. w.), jenachdem der regierende Satz es verlangt: *Hoc* te moneo, *ut* praeceptores tuos non minus quam ipsa studia ames. *Illud* te hortor, *ne* demittas animum. *Illud* satis constat, ad salutem civium invent*as esse* leges. Hoc intellegere volo, pergraviter illum *esse* offen*sum*. Cf. auch 370, Anm. 1 und 238, Anm. 2.

Anm. 2. Besonders zu merken sind *mitto* und *praetereo, quod* „ich übergehe den Umstand, daß" (neben *illud praetereo* und *praetermitto* mit folgendem *Acc. c. inf.*). — Über *nisi quod* und *praeterquam quod* cf. 381, 3.

β) **nach Ausdrücken wie bene** (*opportune, prudenter, male, imperite, mire, recte, perincommode, humaniter* etc.) **facio, fit, accidit, evenit, wenn die bereits vorliegende Thatsache den Grund des glücklichen oder unglücklichen Ereignisses ausdrückt:** *Fecisti* mihi *pergratum, quod* Serapionis librum ad me misisti. *Bene facis, quod* litteras anteponis voluptatibus. *Perincommode accidit, quod* eum nusquam vidisti. *Bene* mihi *evenit, quod* mittor ad mortem. *Opportune acciderat, quod* Allobrogum legati de suis rebus Romam venerant. (Ganz vereinzelt steht in diesem Falle der Acc. c. inf.: Cic. Fam. 3, 10, 5.)

b) **im Sinne von „was den Umstand betrifft, daß", wenn man eine von anderer Seite gemachte Äußerung oder überhaupt ein Faktum vorausschickt, um darauf zu entgegnen:** *Quod* mihi de nuptiis filiae gratularis, agnosco humanitatem tuam. *Quod* scire vis, qua quisque in te fide sit et voluntate, difficile dictu est de singulis. *Quod* me Agamemnonem aemulari putas, falleris. Dieses *quod* wird im Deutschen in der Regel durch **„wenn"** übersetzt.

c) **nach den Verben, welche eine Gemütsstimmung** oder eine Äußerung derselben bezeichnen (= „darüber daß, darum daß = weil"): Sane *gaudeo, quod* mihi faves. *Angit* te, *quod* tamdiu abes a tuis. Cato *mirari* se aiebat, *quod* non rid*eret* haruspex, haruspicem cum vidisset. *Gloriabatur* Hortensius, *quod* nunquam bello civili interfui*sset*. Falso *queritur* de natura sua genus humanum, *quod* forte potius quam virtute regatur. Cf. jedoch 370.

d) Über **est quod** „es ist Grund vorhanden", **habeo quod** „ich habe Grund" u. ä. cf. 400. — Über **non quod** „nicht als ob" cf. 371. — Über **quid? quod** „was soll man dazu sagen, daß" cf. 410, 6.

370. **Während quod bei den Verben der Gemütsstimmung eine wirkliche Thatsache als Grund des Affekts angiebt, bezeichnet der Acc. c. inf. die Thatsache, welche den Affekt hervorruft, als Gegenstand der Vorstellung (wie**

bei den Verbis sentiendi und declarandi). Daher steht bei den Verben, welche schlechtweg eine Gemütsstimmung ausdrücken, wie: „sich freuen, betrübt sein, zornig, unwillig, erstaunt sein, bewundern" (*gaudeo, laetor, doleo, suscenseo, aegre [graviter, indigne, acerbe, moleste] fero, miror, admiror* etc.), bald **quod**, bald (häufiger) der **Acc. c. inf.**; dagegen bei denen, welche das Äußern einer Gemütsstimmung ausdrücken, wie: „loben, tadeln, danken, glückwünschen, trösten, anklagen" (*laudo, vitupero, reprehendo, gratias ago, gratiam habeo, gratulor, consolor, misereor* etc.), steht regelmäßig **quod** (cf. jedoch Anm. 2).

Anm. 1. Auch nach einem vorausgehenden *illud* (*id, hoc*) folgt je nach dem Gedanken des Schreibenden teils der *Acc. c. inf.*, teils *quod*, z. B. *Illud* me movet, in tanta militum paucitate abesse tres cohortes. *Illud* me non movet, *quod* ii, qui a me dimissi sunt, discessisse dicuntur. *Illud* mihi permirum accidit, tantam temeritatem fuisse. *Hoc* graviter fero, meam gratiam inter meos minui. Cf. 369, Anm. 1.

Anm. 2. Bei *gloriari, laetari, arguere, criminari, crimini dare, ferendum non est* und *insimulare* findet sich fast nur der **Acc. c. inf.**, während bei *accusare*, u. **gratias agere** klass. **immer quod steht**, bei **gratulari** außer *quod* selten **A. c. I.** — ***miror si*** 438, 6.

371. **Non quod** (*non eo quod, non ideo* oder *non idcirco quod*; selten *non quia*, z. B. Cic. Tusc. 1, 1) sowie das gleichbedeutende **non quo** „nicht als ob, nicht wie wenn" führen einen nur als möglich angenommenen Grund ein und haben deshalb den **Konj.** bei sich (cf. 328); ebenso **non quod non** (oder **non quo non, non quin**) „nicht als ob nicht". Cf. Acta Caesaris servanda censeo, *non quod* prob*em*, *sed quia* rationem pacis habendam arbitr*or*. *Non idcirco* eorum usum dimiseram, *quod* eis suscens*erem*, *sed quod* eorum me pud*ebat*. Memoriam nostri ut conserves, rogo; *non quo* de tua constantia dubit*em*, *sed quia* mos *est* sic rogandi. Der wahre Beweggrund wird entweder in einem Kausalsatze mit *sed quod, sed quia* (c. indic.) oder in einem Finalsatze mit *sed ut, sed ne* oder in einem selbständigen Hauptsatze hinzugefügt, z. B. Eisdem de rebus volui ad te saepius scribere, *non quin* confid*erem* diligentiae tuae: *sed* rei magnitudo me movebat.

Anm. Natürlich steht nach *non quod* (*quo*) der Indik., wenn von einer wirklich stattfindenden Thatsache ausgesagt wird, daß sie den Grund nicht ausmacht. Cf. Cic. Planc. 78; Rp. 1, 30. Liv. 10, 41, 12; 7, 30, 13.

1) Socrates in iudicio ad humiles preces descendere noluit, *non quo* (od. *quod*) iudices eludere *vellet*, *sed quia* nullius culpae sibi conscius *erat*. 2) Athenienses expeditionem Syracusanam susceperunt, *non quo* a Syracusanis iniuria *essent* affecti, *sed ut* principatum Siciliae adipisc*erentur*. 3) Hannibal collem quendam inter utraque castra situm occupavit, *non quo* eum a se teneri multum ipsius inter*esset*, *sed quo* facilius manus cum hostibus conserendi potestatem fac*eret*. 4) Linguae veterum et Graecorum et Romanorum in scholis traduntur, *non quo* gens ulla altera ex iis hodie tanquam patrio (ja nicht materno!) ut*atur* sermone, *sed quod* multi et egregii libri iis *sunt* conscripti. 5) Milites faciunt inviti, ut coronam dent civicam et se ab ullo servatos esse fateantur, *non quo* turpe *sit* protectum in acie ex hostium manibus eripi, *sed* onus beneficii reformid*ant*, quoniam permagnum est homini alieno debere idem quod parenti.

372. (Huc, eo, eodem) **accedit, quod** giebt ein wirkliches, schon vorliegendes Faktum als hinzukommenden Grund an („außerdem, weil"), während das häufigere **accedit, ut** überhaupt bezeichnet, daß eine neue Thatsache zu dem schon Angeführten hinzukomme („daß"): Accedit, *quod* patrem plus etiam amo, quam ipse scit. Ad communem omnium trepidationem accessit, *ut* phalanx Macedonum non circumagere se posset. (Cic. Deiot. 2; Cato m. 16; Tusc. 1, 43.) Nach den Präteritis *accedebat* und *accessit* steht gewöhnlich *ut*: Ad Appii Claudii senectutem ac-

cedebat, *ut* caecus esset. **Notwendig ist *ut* dann, wenn nicht von einem wirklichen, sondern von einem bloß angenommenen Falle die Rede ist, also namentlich in Bedingungssätzen:** Huc si accederet, *ut* talis homo dives esset, summa omnium invidia exoriretur. (Cic. Rosc. Am. 86; Fin. 1, 41.)

Anm. Man vermeide durchaus *quo* accedit „wozu noch kommt"; dafür sagt man einfach accedit oder accedit etiam. — Nach der Analogie von accedit sagt man auch *additur, adiungitur* und *adicitur, ut* (unklass. auch *quod* bes. in *adde, quod*).

373. Nach **quod** stehen die Verben **„sagen** und **meinen"** (*dicere, negare, putare, existimare* etc.) gewöhnlich im **Konj.**, obgleich nicht der Umstand, daß jemand etwas sagt oder meint, sondern der Inhalt des Gesagten oder Gemeinten als Grund und als fremde Ansicht zu bezeichnen ist. So müßte z. B. der Satz: Multi cives superbiam tuam accusant, *quod* te percontantibus non respondere *dicant* eigentlich heißen: quod tu, *ut dicunt*, percontantibus non respondeas. Dieselbe Konstruktion findet sich auch beim Relativum: Verres nominat servum, quem magistrum pecoris esse *diceret*. Litteras, *quas* me sibi misisse *diceret*, recitavit. Cf. Caes. b. g. 1, 23, 3 u. 39, 5; 5, 6, 3; 7, 38, 5; 7, 55, 2; b. c. 1, 87, 3; 3, 83, 2; 109, 6. Sall. Cat. 49, 4. Cic. Phil. 2, 4, 7; off. 1, 40; Verr. 5, 17; fin. 1, 24.

374. 1) Vitium multorum hominum est, *quod* luxuriosius quam pro fortuna sua ac condicione vivunt. 2) Prima historiae lex est, *ne quid* falsi narrare audeat. 3) Quis dubitet, *quin* donum dei sit, *quod* vivimus? 4) Quis putaverit de*um velle*, *ut* (cf. jedoch 342, Anm. 1) libidinibus indulgeamus? 5) *Quod* urbem Romam a Troianis profugis conditam esse a scriptoribus quibusdam veteribus memoriae proditum est, ei opinioni multa et gravia argumenta repugnare multi hisce temporibus historici docuerunt 6) Socrates apud iudices dixit magna se teneri spe bene sibi accidere, *quod* mitteretur ad mortem. 7) Multi homines in eo peccant, *quod* aliorum exempla temere sequuntur. 8) Quanta sit velocitas lucis, inde potest cognosci, *quod* multo breviore tempore ad oculos nostros pervenit quam sonus ad aures. 9) Nullum maius Cicero patriae attulit munus, *quam quod* coniurationem Catilinariam patefecit. 10) Miror *te* nes*cire*, quando et ubi Alexander mortuus sit. 11) Quid arrogantius esse potuit, quam Hannibali homin*em* que*n*dam Graec*um*, qui nunquam aut hostem aut castra vidisset, praecepta de re militari *dare*? 12) In liberalitate maxime videndum est, *ne cui* beneficentia noceat. 13) Non queror, *quod* mihi parum prospera sors contigit. Demetrius Phalereus Periclem vituperavit, *quod* tantam pecuniam in praeclara illa Propylaea aedificanda coni*ecisset*. 14) Legati Gallorum Caesari gratulati sunt, *quod* tam acerbum bellum prospere conf*ecisset*. 15) Consulibus iure concessum erat, *ut* magistratu abdicato cum potestate proconsulari in amplissimas et locupletissimas provincias mitterentur, quas senatus nomine administrarent. 16) Alcibiades, cum Spartam pervenisset, nihil antiquius (od. prius) habuit, *quam ut* Lacedaemonios exhortaretur, *ut* Syracusanos strenue adiuvarent. 17) Volsci C. Marcium exulem *eo* benign*ius* exceperunt, *quod* maximum odium civium prae se ferebat. Victoria Romanis *eo* glorios*ior* fuit, *quod* hostium dux eiusque filius vivi capti erant. Nach *eo (hoc, tanto)* mit einem Komparativ wird das deutsche **„als"** (= „da") durch **quod**, selten durch *quia* übersetzt. 18) Postquam Codrus sanguinem pro patria ultro profudit, Athenienses regiam potestatem sustulerunt, *quod* neminem post illum tanta auctoritate dignum esse put*arent* (cf. 373). 19) *Quod* a me quaeris, qua re adductus ille omnia, quae

vel dicas vel facias, laudet atque admiretur: propterea facit, quod simulationem usui sibi esse persuasum ei est, praesertim cum hebetem caecumque te esse putet; accedit, *quod* assentatoribus aures libenter te patefacere vid*et*.

375. Man übersetze diese Ausdrücke nicht durch *quod attinet ad* oder *quod pertinet ad*, sondern a) den Ausdruck **„was den Umstand anbetrifft, daß"** einfach durch *quod* (cf. 369, *α* u. *β*); b) die Ausdrücke **„was anbetrifft** (rücksichtlich, in Hinsicht, in betreff)**"** entweder durch bloße Voranstellung des Hauptbegriffs an die Spitze des Satzes, oder durch die Präpos. *in* c. abl., *de* (meist in Verbindung mit einem Verbum sentiendi oder declarandi, cf. 430), zuweilen *a* und *ad* (cf. 153, 16; 98, Anm. 5), oder zur Verdeutlichung des Gegensatzes durch Hinzufügung der restringierenden Partikel *quidem* (*et — quidem*, *ac — quidem*), oder auf irgend eine andere dem jedesmaligen Zusammenhange angemessene Weise. — 1) *Quod* te domum vicino venditurum esse scribis, aegerrime fero. 2) In commovenda misericordia nemo fuit maior Euripide. 3) Duabus maxime rebus equidem censeo salutem civitatum contineri, legibus et religione. Ac leges quidem ad incolumitatem civium accommodatissimae sunt. 4) Viribus corporis nemo unquam praestitisse videtur Miloni Crotoniatae. In oratoribus admirabile est quantum inter omnes unus excellat Demosthenes. 5) Minimum fratrem nuper iam tibi scripsi litteris Berolini studere oder auch (cf. 430) *de* minimo fratre — scripsi, *eum* — studere. 6) Philippus II. quibus moribus fuerit, satis inde apparet, quod ei cognomen diabolo datum est. 7) Anarcharsis Scythes genere fuit. 8) *Quod* Livius Hannibalem summa crudelitate et perfidia fuisse exprobrat, de hoste omnium, qui unquam Romanis exorti sunt, gravissimo loquitur. Cf. Anm. 1. 9) Industriam tuam probo, vitupero arrogantiam. 10) Lacedaemonii praestantissima facile Graeciae gens fuerunt (a) virtute; sed iidem (ab) artibus litterisque multo inferiores fuerunt Atheniensibus. 11) Virtutem ad beate vivendum se ipsa esse contentam Cicero quinto disputationum Tusculanarum libro comprobare studuit. 12) Ophir utrum in India an in ora Africae ad orientem vergenti situm fuerit, ne hodie quidem satis constat. 13) Nulla ars plus quam eloquentia prodest cum ad vitam publicam excolendam, tum ad amovendum stuporem feritatemque animorum.

Anm. 1. Nach einem Vordersatze, der mit dem Ausdrucke „was das anbetrifft, daß" eingeführt ist, wird der Nachsatz im Deutschen oft durch Redensarten wie „so wisse, so höret, so bedenket, so sage ich" eingeleitet; diese Redensarten läßt der Lateiner fast stets unübersetzt; vielmehr schließt er den Nachsatz in der Regel unmittelbar an den Vordersatz an, z. B. *Quod* scribis te velle scire, qui sit rei publicae status: summa dissensio est. *Quod* mihi discessum obiecisti meum: ego scelus vestrum cedendo malui frangere quam resistendo. Cf. 551, 3, f.

Anm. 2. **Quod attinet ad** und **quod pertinet ad** werden in der guten Prosa (bei Cicero fast nur in Briefen) nur ausnahmsweise so gebraucht, daß sie wie das deutsche „was — anbetrifft" ein einzelnes Wort zum Zwecke nachheriger Besprechung im voraus hervorheben, z. B. Quod ad librum attinet, peto a te, exeat. Quod ad indutias pertinet, sic belli ratio est divisa. Vielmehr hat *quod attinet ad* gewöhnlich den Sinn „wenn oder soweit es ankommt auf", z. B. Caninium perdidi, hominem, quod ad me attinet, non ingratum. Servos ipsos, quod ad me attinet, neque arguo neque purgo. Dagegen heißt *quod pertinet ad* „was wichtig (von Bedeutung, vorteilhaft, angemessen) ist für, was Einfluß hat auf", z. B. Nunc dicis aliquid, quod ad rem pertineat.

### *δ*. Coniunctiones condicionales.

376. Eine **hypothetische Periode** besteht aus zwei Gliedern: dem Vordersatze (**Protasis**), welcher die gesetzte Bedingung enthält, und dem Nachsatze (**Apo-

**dosis**), welcher die daraus zu ziehende Schlußfolgerung oder das sich ergebende Resultat bezeichnet.

Man unterscheidet im Lateinischen wie im Deutschen drei Arten der hypothetischen Sätze:

1) *Si pluit, humus madet* „**wenn es regnet, wird es naß**“: Protasis und Apodosis mit dem Ausdrucke der **Bestimmtheit**: **realer Fall**, welcher im **Ind.** aller Tempora erscheinen kann. Cf. Parvi *sunt* foris arma, *si deest* consilium domi. *Si* amitti vita beata *potest*, beata esse non *potest*. Poma, *si* matura et cocta *sunt*, ex arboribus decid*unt*. Si probus *es*, poenam non mer*uisti*. Si sententiam mut*avisti*, cur dissimul*as*? Tu si Pompeium offend*isti*, *fac* mihi perscribas. *Si* existim*asti* te utrique negotio satisfacere posse, vehementer err*asti*. Deus, *si* mundum procre*avit*, gubern*at* etiam. Stomach*abatur* senex, *si* quid asperius *dixeram*. *Si* leges tibi displic*ebant*, lic*ebat* tibi urbem relinquere. Naturam *si* sequ*emur* ducem, numquam aberr*abimus*. *Si* quis sibi plus appe*tet*, viol*abit* ius societatis humanae. *Si feceris* id, quod ostendis, magnam hab*ebo* gratiam; *si* non *feceris*, ignosc*am*. Cf. 325, 2; 382, 2.

2) *Si pluat* (*pluerit*), *terra madeat* (*maduerit*) „**falls es regnete** (**geregnet haben sollte**), **würde es naß sein** (**geworden sein**)“: **Fall der bloßen Annahme oder Möglichkeit**, **potentialer Fall**, welcher durch den **Konj. Präs.** und **Perf.** ausgedrückt wird und dann stattfindet, wenn man statt des einfachen „wenn“ sagen kann „**falls, angenommen daß**“. Cf. Si quis deus mihi *largiatur*, ut ex hac aetate repuerascam et in cunis vagiam, valde *recusem*. Si desiderio tuo moveri me *negem*, *mentiar*. Thucydidis orationes imitari neque *possim*, si *velim*, nec *velim* fortasse, si *possim*. Si a corona *relictus sim*, non *queam* dicere.

Anm. 1. Hierher gehören besonders **erdichtete** (fingierte) Beispiele, z. B. Si insaniens gladium a te postul*et*, dare peccatum *sit*. Cf. 397, Anm. 3.

3) *Si plueret* (*pluisset*), *terra maderet* (*maduisset*) „**wenn es regnete** (**geregnet hätte**), **würde es naß sein** (**geworden sein**)“: beide Sätze als **nicht wirklich** oder unmöglich aufgefaßt: **irrealer Fall**, welcher durch den **Konj. Imperf.** und **Plusqpf.** ausgedrückt wird. Cf. Natura *esset* parvo contenta, nisi voluptatem tanti aestim*aret*. Nisi animi immortales *essent*, non optimi cuiusque animus maxime ad immortalitatem gloriae nit*eretur*. Nunquam Hercules ad deos ab*isset*, nisi eam sibi viam virtute muni*visset*. Nisi nave *perlatae* litterae *essent*, omnino nesc*irem*, quid istic fieret.

Anm. 2. Diese drei Grundformen der hypothetischen Sätze lassen durch Mischung und Übergang ineinander mannigfache **Nebenformen** zu, z. B. Turpis excusatio *est*, si quis contra rem publicam se amici causa fecisse fat*eatur*. Amicitiam tueri non poss*umus*, nisi aeque amicos et nosmet ipsos dilig*amus*. Si diutius hic manere *velim*, in hac quidem domo non man*erem*. Dies defic*iet*, si *velim* paupertatis causam defendere. Si quis antea mir*abatur*, is ex hoc tempore mir*etur* potius. Si meis incommodis laet*abamini*, urbis tamen periculo commov*eremini*. Ipsam tibi epistulam *misissem*, nisi tam subito fratris puer proficisc*ebatur*. Cf. 382, 3. Besonders häufig steht si *c. coni.* neben dem **Indik.** des Hauptsatzes bei Angabe einer bloßen **Möglichkeit** = „**für den Fall daß**“, z. B. Senatus magistratibus in foro praesto *erat*, si quid consulere *vellent*. Consul gravem edix*erat* poenam, si quis iniussu in hostem pugn*asset*. Eques paratus *stabat*, si quid hostis mov*eret*. *Erat* unum iter, Ilerdam si reverti *vellent*, alterum, si Tarraconem *peterent*. Cf. auch 383, 1.

Anm. 3. Oft wird die Bedingung nicht durch einen Nebensatz mit *si*, sondern durch einen **Hauptsatz** ausgedrückt, wodurch die Darstellung ungleich lebhafter, oft sogar leidenschaftlich wird. So steht: a) in beiden Sätzen der **Indik.**, z. B. *Poscit*, dandum est; *vocat*, veniendum est „er fordert, da muß man geben; er ruft, da muß man kommen“. Vim *volumus* exstingui, ius valeat necesse est. Furem aliquem *accusaris*, vitanda tibi semper *erit* omnis avaritiae suspicio; — b) in beiden Sätzen der **Konj.**, z. B. *Reviviscat* M'. Curius, nonne hunc hominem servum iudic*et*? *Roges* me, qualem deorum naturam esse dicam: nihil fortasse respond*eam*. *Cognosceret* hominem: aliquid de summo supplicio remitt*eres*; — c) im ersten Satze ein Imperativ, im zweiten ein Futur, z. B. Sub*duc* cibum unum diem athletae: ferre se non posse clam*abit* (cf. 503, 6).

377. **Nisi** „außer wenn; nur dann nicht, wenn; es sei denn, daß“ verneint den ganzen Gedanken (namentlich bei negativem Hauptsatze), indem es die Bedingung angiebt, unter welcher die Aussage des Hauptsatzes zu verneinen ist; **si non** „in dem Falle, daß nicht“ verneint nur ein einzelnes Wort des Nebensatzes, sei es das Prädikat oder einen andern Satzteil. (Im Deutschen kann dieser Unterschied durch verschiedene Betonung ausgedrückt werden: nisi = wenn nicht; si . . . non = wenn nicht.) Also heißt memoria minuitur, *nisi* eam exerceas „das Gedächtnis nimmt ab, es sei denn, daß (oder außer wenn) man es übt“; aber memoria minuitur, *si* eam *non* exerceas „das Gedächtnis nimmt ab, wenn man es ungeübt läßt“ (*non exerceas* = *neglegas*). Cf. Iucunde vivi non potest, *nisi* cum virtute vivitur. Actum de te est, *nisi* provides. *Nisi* haec cohors sistit impetum hostium, actum de imperio est. Omnibus apparuit, *si* Conon *non* fuisset, Agesilaum Asiam regi fuisse erepturum. Parvi sunt foris arma, *nisi* est consilium domi. Libertatem *si non* possumus servare, moriamur. Aequitas tollitur omnis, *si* habere suum cuique *non* licet. Beide Ausdrucksweisen liegen meist nahe zusammen, ohne jedoch ganz gleich zu sein; jedoch ist **si non** notwendig: a) wenn nur einzelne Begriffe entgegengesetzt werden, z. B. *Si non* easdem opes habemus, eandem tamen patriam habemus. Merke **si non — at, tamen, (at certe, at tamen)** „wenn nicht — so doch (wenigstens)“, z. B. Desiderium amicorum *si non* aequo animo, *at* forti feramus. Plures tulit haec una civitas *si non* sapientes, *at certe* summa laude dignos; — b) wenn eine vorher schon affirmativ ausgesprochene Bedingung noch einmal und zwar negativ wieder aufgenommen wird, z. B. Si feceris id, quod ostendis, magnam habebo gratiam, *si non* feceris, ignoscam. O miserum te, si haec intellegis, miseriorem, *si non* intellegis!

Anm. Statt *si non — at* findet sich auch **si minus — at, (at) certe, at tamen, (at saltem)**, z. B. Cic. Cat. 1, 22; Cluent. 15; Planc. 29; off. 3, 1.

378. 1) In litteris non multum proficies, *nisi* omnibus viribus in eas incubueris. 2) Si quis spirat, vivit; *si non* spirat, mortuus est. Vita humana ferro similis est: si eam exerceas, conteritur, *si non* exerceas, robigo interficit. 3) Maxima soror mea huic circulo interesset, *nisi* aegrota esset. 4) Magnum virum *si* consequi *non* possumus, attamen aemulari possumus. 5) Humanitatem exuissem omnem, *nisi* propinquos amarem. 6) Frustra laborabis, *nisi* deus te adiuvabit. 7) Etiam mediocres ingenii facultates studio et labore ita possunt excoli, ut felicius natura ingenium *si non* adaequent, *at* prope *certe* ad illud accedant. 8) Galli pro victimis homines immolabant, quod pro vita hominis *nisi* hominis vita redderetur, non posse deorum numen placari arbitrabantur (od. arbitrarentur, cf. 373). 9) *Si non* omnes, *at* (od. tamen, certe, at tamen, at certe) multae bestiae hominibus velocitate ac robore corporum praestant. 10) Admirabilis profecto Tacitus exsistit singulari illa arte compositionis, qua quidem *si non* omnes omnino rerum scriptores, *at certe* Romanos superat omnes.

379. **Ni** statt *si non* (selt. statt nisi) ist klassisch bei Drohungen, Wetten, Beteuerungen aller Art, Verwünschungen, namentlich auch bei gerichtlichen Verpflichtungen, (bei denen freilich ebenso gut auch ***si non*** od. ***nisi*** stehen kann), z. B. Peream, *ni* ita est. Sponsionem fecit, *ni* vir bonus esset. Pignus da, *ni* omnia memini. Aber auch ab-

gesehen von diesem Gebrauche kommt *ni* statt si non zur stärkeren Hervorhebung der Negation nicht selten vor, namentlich bei den Historikern (außer Cäsar), doch auch bei Cicero vereinzelt. (Zu meiden ist das unklassische ni fallor „wenn ich mich nicht täusche" statt nisi **fallor** u. ä. cf. 33, Anm. 2.)

**380.** Das nach vorausgehendem affirmativen Bedingungssatze für sich allein stehende „wenn (aber) nicht, wo nicht" heißt **si (sin) minus, sin aliter** (unklass. *si contra*), selten *si non* (z. B. Cic. fam. 7, 3, 5; Rosc. Com. 9. Liv. 28, 29, 4), ganz vereinzelt oder unklassisch *sin autem*, *sin secus* oder bloß *sin* (= si non), z. B. Si id feceris, magnam habebo gratiam; *si minus*, ignoscam. — 1) Cras, si poteris, me convenito (cf. 336, 2); *si minus*, paucis mihi scribito, quando venturus sis. 2) Si dux noster hostes vicerit, bellum confectum erit; *sin aliter*, novae copiae conscribendae nobis erunt. 3) Cura mea solet in hoc versari, si possim, ut orationibus habendis boni aliquid efficiam; *sin minus*, ut certe ne quid mali. 4) Alexandria expugnata Amru, Arabum dux, vulgo narratur ad Omarum Califum misisse, qui rogarent, quid de celeberrima, quae ibi esset, bibliotheca fieri vellet, rogantibusque Omarum ferunt respondisse, si libri illi consentirent cum Corano, inutiles eos videri neque opus esse eos asservari; *sin minus*, noxios esse et delendos.

Anm. Bei *si minus* (und *sin minus*) kann auch das Verbum des ersten Gliedes wiederholt werden, z. B. Defendet, si poterit; *sin minus poterit*, negabit (Cic. inv. 2, 88; Caes. b. g. 1, 47, 1; 2, 9, 5).

381. 1) Anstatt des einfachen *nisi* findet sich bisweilen das der Umgangssprache angehörende **nisi si** in der Bedeutung „außer wenn; es müßte denn sein, daß". — 2) **Nisi forte** „wofern nicht etwa; es müßte denn sein, daß" und **nisi vero** „es müßte denn am Ende gar (oder wirklich) sein, daß" stehen abweichend vom Deutschen mit dem **Indik.**, wenn sie, meist mit ironischer Färbung, einen solchen Fall ausnehmen, der in der That nicht annehmbar ist, nur um bemerklich zu machen, daß niemand von der Meinung des Redenden abweichen könne, ohne etwas Unwahrscheinliches oder Abgeschmacktes anzunehmen. (Ausnahmen sehr selten: Cic. Ac. 2, 140; Rab. Post. 29.) — 3) **Nisi quod** „außer daß, nur daß = ausgenommen den Umstand, daß" und **praeterquam quod** „außer daß = abgesehen davon, daß" *c. ind.* — 4) **Siquidem** ist weniger bedingend als begründend; es giebt unter der Form der Bedingung eine unzweifelhaft zugestandene Wahrheit wie unser „wenn anders (= da ja), insofern, wenn wirklich"; jedoch hat es auch zuweilen die Bedeutung „wenn nämlich, allerdings wenn". — 5) **Sin** „wenn aber" (= *sed si, si autem*), verstärkt **sin autem** (sehr selten *sin vero*: Cic. Lael. 63), wird gebraucht, um den Gegensatz zu einem voraufgegangenen Bedingungssatze zu bezeichnen. Öfters ist die vorausgehende Bedingung aus dem Zusammenhange (oft aus einem einzelnen Worte) zu entnehmen, z. B. Metellus legatis persuasit, ut Iugurtham *maxime* (= si maxime possent) vivum, *sin* id parum procederet, necatum sibi traderent. (Jedoch findet sich sin nicht selten auch an Stellen, wo weder ein si vorausgeht, noch ein hypothetischer Satz sich ungezwungen ergänzen läßt.)

Anm. Im Deutschen gebrauchen wir häufig „wenn aber, wenn nun aber", um durch den Bedingungssatz das Vorhergehende weiter auszuführen, namentlich in der Beweisführung oder in Schlüssen weiter zu gehen. In diesem Falle darf ja nicht sin oder sin autem gewählt werden, sondern (*si vero* „wenn vollends, wenn nun gar", meist aber) **quodsi**, indem in der relativen Verbindung durch quod nicht bloß unser „nun, also, daher", sondern auch „aber" enthalten ist (cf. 264, Anm.).

382. 1) Häufig setzt der Lateiner bei solchen **irrealen** Bedingungssätzen (cf. 376, 3), welche sowohl in der Protasis als in der Apodosis im Deutschen den Konj. Plusqpf. haben, in der Protasis (sehr selten in der Apodosis) den Konj. **Imperf.**; das Imperf. bezeichnet in diesem Falle, daß die in der Protasis angeführte Handlung mit der Handlung der Apodosis gleichzeitig ist. — Nur vereinzelt finden sich Beispiele, welche den Konj. Imperf. bei vergangenen Handlungen sowohl im Haupt- als im Nebensatze bieten, wenn nämlich der Schriftsteller sich geistig den in der Vergangenheit dauernden Zustand vergegenwärtigt, z. B. **Num Opimium, si tum *esses*, temerarium civem aut crudelem put*ares*?** *

(Cic. Phil. 8, 14; R. Am. 103). In solchen Sätzen kann nur der Zusammenhang lehren, daß der Konj. Imperf. auf die Vergangenheit zu beziehen ist. Cf. auch 332, Anm. 4.

2) Häufig steht in einem bedingenden Vordersatze das **Präsens** statt des Futurs, während im Nachsatze das Futur steht. In diesem Falle hebt das Präsens die Beziehung auf die gegenwärtigen Verhältnisse besonders stark hervor. — In gleicher Weise findet sich auch sonst das Präsens in Nebensätzen, welche futurischen Sinn haben, z. B. Quomodo potes, ad me fac venias. Sustenta te, ut potes, honestissime. Cura, quod potes, ut valeas. Hic vobis bellum et pacem portamus: utrum placet, sumite.

3) Vielfach steht in **irrealen** Bedingungssätzen (cf. 376, 3) im Hauptsatze der **Indic. Imperf.** oder **Perf.** (selten *Plusqpf.*) statt des *Coni. Plusqpf.*, und zwar (cf. 330):

a) von den Verben „**können, sollen, müssen, sich geziemen**“;

b) stets bei **paene** und **prope** „beinahe“ (Indic. *Perf.*, cf. 330, 3; vereinzelte Ausnahme Caelius bei Cic. fam. 8, 4, 1);

c) in **gerundivischen Ausdrücken**;

d) stets in der **Coni. periphrastica act.** (Vereinzelte Ausnahmen Cic. Ligar. 23; div. 2, 21.) Zu beachten ist, daß in Sätzen wie: Illi ipsi, qui remanserant, agros omnes *relicturi erant*, nisi ad eos Metellus litteras misisset, die Coni. periphr. nur eine energische Umschreibung des Coni. plusqpf. ist (*relicturi erant* = *reliquissent*). Cf. Cic. Verr. II, 3, 121; div. 1, 26; Att. 12, 32, 2; Sest. 81. Liv. 1, 40, 4; 1, 7, 5; 23, 40, 8; 2, 1, 4; 5, 53, 9; 38, 47, 4; 41, 24, 4.

e) Auch sonst steht bisweilen eine Thatsache im Ind. **Plusqpf.** (resp. **Imperf.**, besonders wenn man andeuten will, daß die Wirkung schon begonnen hatte, also teilweise geschehen und in der Entwickelung begriffen war), um die Folge aus dem angenommenen, aber nicht wirklichen Falle als eine unzweifelhaft gewisse zu bezeichnen. Vergleiche die deutschen Sätze: „Wenn die Kugel einen Zoll weiter nach dem Herzen zu gegangen wäre, so war es um ihn geschehen“; „Schon war der Punier Sieger, wenn nicht der andere Konsul den Unsrigen zu Hülfe gekommen wäre“.

Anm. Doch steht auch in dem unter a) und c) angegebenen Falle der **Konj. Plusqpf.**, wo die Aussage so von der Bedingung abhängt, daß sie ohne dieselbe nicht denkbar ist, d. h. wo die Irrealität mit voller Bestimmtheit ausgedrückt werden muß oder soll. Cf. Si scriba meus adfuisset, commodius de omnibus rebus ad te scribere *potuissem*. Etiamsi Hercules hoc potuisset, tamen tu non *potuisses*. Si abs te istud parens tuus petisset, gravissima tamen apud te voluntas patris esse *debuisset*. Si Catilina in urbe ad hanc diem remansisset, *dimicandum* cum eo *fuisset*. (Der Coni. *Imperf.* wird im irrealen Falle niemals in den **Indik.** verwandelt, sondern bleibt unverändert selbst bei den Verben „können“ und „müssen“, z. B. Si scriba meus adesset, commodius ad te scribere *possem*.)

383. 1) **Si** *c. Coni.* steht in indirekten Fragen im Sinne von „**ob, ob etwa, ob nicht**“, nämlich: a) nach den Verben des Erwartens (*exspectare, opperiri*) und Versuchens (*conari, experiri, tentare*); b) so, daß der Begriff des Versuchens vor der indirekten Frage zu ergänzen ist. — 2) Zuweilen hat **si** als **Konzessiv**konjunktion die Bedeutung „**wenn auch**“; im Nachsatz steht alsdann *tamen* (oder *certe*). Besonders so *si maxime* „**wenn auch** wirklich“ = „wenn auch im äußersten (schlimmsten) Falle“ (z. B. Cic. Verr. 4, 91; Caecil. 29; Ac. 1, 15). Wenn der Hauptsatz vorausgeht, fällt tamen selbstverständlich weg (Cic. Verr. 4, 87; Liv. 7, 10, 2; 5, 51, 1).

Anm. Beachte auch *si* = „wenn schon“, welches einer eine Steigerung bezeichnenden Apodosis vorausgeht, z. B. Clementiae monumenta *si* in iratis gloriosa sunt, multo magis commemorabuntur in regibus.

384. 1) Si aspidem occulte latere uspiam *scias* (od. *scieris*), improbe *facias* (od. *feceris*), nisi mon*ueris* alterum, ne assid*at*. 2) Graeci ad Thermopylas praeclare *vicissent*, nisi proditione Graeci cuiusdam hominis a tergo *essent oppressi*. 3) Non dubitamus, quin istam condicionem repudiaturi sitis, *nisi vero* divitias bona existimatione potiores esse put*atis*. 4) Si insaniens gladium a te postul*et*, dare peccatum *sit*. 5) Homerus Troicis iam temporibus non tantum laudis in dicendo Ulixi et Nestori trib*uisset*, nisi iam tum honor eloquentiae *fuisset* (od. *esset*, cf. 382, 1).

6) Si hoc venenum gust*asses*, moriendum tibi *erat*. 7) Profecto ita beatus *eris*, si sorte tua contentus *eris*. 8) Dies me defic*iat*, si multis hoc loco *velim* exponere, quantopere tum iustitia honestasque *sit* lapsa atque cupiditas stupri, luxuriae, ceterorum vitiorum animos hominum occup*averit*. Auch einen an sich unwirklichen oder unmöglichen Fall kann der Sprechende sich unter gewissen Verhältnissen als möglich vorstellen und deshalb den zweiten Fall der hypothetischen Sätze statt des dritten in Anwendung bringen, z. B. Si exsist*at* hodie ab inferis Lycurgus, gaud*eat* ruinis monumentorum tyrannidis. Dies me defic*iat*, si omnia exempla enumerare *velim* („gesetzt, ich wollte"); aber dies me defic*eret*, si — *vellem* („ich will nicht aufzählen"). 9) Socrates mortem *poterat* effugere, si consilio amicorum potius quam legum auctoritati par*uisset*, si vitam pluris *fecisset* quam fidem. 10) Qui fructus est divitiarum, nisi eis ut*are*? 11) Sapiens mori non dubitat, si ita melius *sit*. Si te vid*ero*, respir*abo* (oder auch respir*avero*, cf. 325, Anm. 3). 12) Si Troia inter*itura est*, inquit Laocoon, opt*o*, ut mihi liceat statim mori, ne patriam captam videam. 13) Nunquam, mihi crede, tuae voluntati et consilio obsistam, *non si* maxima et certissima commoda animo prospic*iam*. An unquam vera felicitate frui mihi licebit, si sanctissimum officium pietatis laes*ero*? Merke *non si* „auch in dem Falle nicht, wenn" (= ne si . . . quidem mit Einschiebung des betonten Begriffes, z. B. ne si summa quidem in me merita constarent, cf. 536, 12). 14) Me pud*eat*, si homines tam male de me existimare aud*iam*. 15) Experiar, *si* hanc paragraphum in Britannicum *possim* convertere. 16) *Sim* impudens, si plus postul*em*. Ego, si hanc viam, quam vobis praescripsi, asperam et arduam et plenam periculorum esse neg*em*, ment*iar*, praesertim cum ipse sim expertus. 17) Sine labore maiora non assequemini; *nisi forte* put*atis* omnibus, qui magnas res sunt adepti, contigisse, ut casu admirabiles evaderent. 18) Gustavus Adolphus militum praefectis rogantibus quondam, ut vitae suae magis caveret, respondit: Quid mihi gloriosius *possit* contingere, quam si dei gloriam et patriam nostram vindicans mortem occumb*am*? 19) Pyrrhus captivos nullo pretio Romanis, si pacem secum facere vellent, redditurum se dixit; *sin* (od. *sin autem*) in bello perseverarent, suum esse videre, ne eorum exercitus tam multis fortibusque viris augeretur. 20) Aiax, si iracundia, confidentia, contumacia positis, ut indueret moderationem, impetrare a se *potuisset*, dis hominibusque reconciliatus *potuit* vivere. 21) Ab amicis prod*i* triste est. Civ*em* patriae noc*ere* turpe est. Accusator*es* mult*os esse* in civitate utile est, ut metu contineatur audacia. *Rem* public*am* salv*am esse* omnibus bonis expedit. Ein im Deutschen mit „wenn" eingeleiteter Satz ist im Lateinischen durch den Inf. oder *Acc. c. inf.* zu übersetzen, wenn er die Stelle des Subjekts bei einem unpersönlichen Verb oder Ausdruck versieht (cf. 1, f u. 415, Anm. 2). Daß jedoch *si* in diesem Falle nicht durchaus unlateinisch ist, beweisen Stellen wie: Cic. rep. 4, 3, 3; Nep. Ages. 4, 3; Liv. 28, 41, 1; Caes. b. g. 3, 5, 2. — 22) Cum in bello imperatori summa rei publicae committatur, si ille rem bene *gesserit*, magna commoda, *sin* male *gesserit*, magna incommoda in cives redundare necesse est. 23) Sub finem alterius belli Punici pestilentia pari clade incesserat in Romanos Poenosque, *nisi quod* Punicum exercitum praeter morbum etiam fames affecit. 24) Aniculae saepe inediam biduum aut triduum ferunt; at subduc cibum unum diem athletae: Iovem Olympium implorabit et ferre se non posse clamabit (cf. 503, 6). 25) Si Roma cond*ita est* altero anno Olym-

piadis septimae, Romuli aetas *cecidit* in id saeculum, cum iam plena Graecia poetarum et musicorum esset. 26) Si illum ad officium reducere non *poteras*, attamen odio persequi non *debebas*.

385. **Irreale Bedingungssätze** (cf. 376, 3) bleiben von der *Consecutio temporum* unbeeinflußt (cf. 327, Anm. 5).

a) Falls sie in den Acc. c. **inf.** treten, verändern sie sich nur in der Weise, daß in der Apodosis statt des Konj. Imperf. ebensowohl wie statt des Konj. Plusquamperf. der Infinitiv auf **-urum fuisse** eintritt. Verben, welche diese Form nicht bilden können, werden vermieden, ebenso im allgemeinen das Passivum, für dessen Konj. Plusquamperf. (nicht Imperf.) sich jedoch in wenigen Fällen die Umschreibung durch *futurum fuisse, ut* mit folgendem Konj. Imperf. findet. Also

Si possetis, me adiuvaretis ergibt
**Scio (sciebam) vos, si possetis, me adiuturos fuisse;**
Si potuissetis, me adiuvissetis ergibt
**Scio (sciebam) vos, si potuissetis, me adiuturos fuisse;**
Si id fecissetis, vituperati essetis kann ergeben
Scio (sciebam), si id fecissetis, futurum fuisse, ut vituperaremini.

Anm. 1. Steht in der Apodosis *vellem*, *possem*, *deberem*, so setzt man dafür im Acc. c. inf. *velle*, *posse*, *debere*; statt *voluissem*, *potuissem debuissem* tritt entsprechend *voluisse*, *potuisse*, *debuisse* ein, statt *scribendum fuisset* (od. *fuit*) *scribendum fuisse*, und dem entsprechend werden alle Ausdrücke des Könnens, Wollens, Müssens und Sollens ohne die Form eines futuralen Infinitivs und ohne eine Umschreibung mit futurum esse (oder futurum fuisse) gebildet. Cf. Scio te, si *velles*, gravissime dicere *posse*. Platonem existimo, si genus forense dicendi tractare vol*uisset*, gravissime *potuisse* dicere. Dico vos, si menti*ti essetis*, vituperari deb*uisse* (oder vituper*andos fuisse*). Apparet Tarentum, nisi *amissum foret*, non recip*iendum fuisse*. Constabat, etiamsi senatus Carthaginiensium non cens*uisset*, tamen Hasdrubali in Italiam *cundum fuisse*. — Sonstige Stellen, in denen der einfache *Inf. perf.* statt der Coniug. periphrast. auf *-urum fuisse* gesetzt ist, bilden z. T. nur scheinbare Ausnahmen und sind nach Maßgabe von 382, 3, e zu erklären, z. B. Vinci improbos a bonis *fuisse* praeclarum fateor, si finem tum vincendi vid*issem* (Cic. Planc. 88; direkt *fuit* praeclarum). Nemo mihi persuadebit multos viros tanta *esse conatos*, nisi animo cern*erent* posteritatem ad se pertinere (Cic. Cat. m. 82; fam. 13, 10, 3. Liv. 3, 50, 6; 3, 72, 7; 35, 32, 8).

b) Falls sie in eine **indirekte Frage** zu stehen kommen oder von einer den Konjunktiv verlangenden Konjunktion (**ut**, **ne**, **quin**, u. ä.) abhängig sind, bleiben sie ganz unverändert; nur für den Konj. Plusqpf. Activi tritt in der Apodosis gewöhnlich die periphrastische Konjugation auf **-urus fuerim** (ohne Rücksicht auf das Tempus des regierenden Verbs) ein, falls diese Form gebildet werden kann. Also:

*Non dubito,* / *Non dubitabam,*
**quin, si posses, me adiuvares,**
**quin, si potuisses, me adiuturus fueris,**
**quin, si hoc diceres, vituperareris,**
**quin, si hoc dixisses, vituperatus esses,**
**quin, si hoc dixisses, te paenituisset.**

Cf. Nescio, quid fac*erem*, nisi tu amicus *esses*. Dubitare nemo debet, quin Caesar, si fieri *posset*, ab inferis excit*aretur*. Hunc tibi ita commendo, ut, si meus filius *esset*, maiore studio commendare non *possem*. Quid *futurum fuerit*, si Bibulus tum in forum descend*isset*, divinare non potui. Hoc ille si repudi*asset*, dubitatis, quin ei vis *esset allata*? Dic, quid *facturus fueris*, si eo tempore censor *fuisses*. Ostendis, qualis tu, si ita forte accid*isset*, illo tempore consul *futurus fueris*. Adeo inopia est coactus Hannibal, ut, nisi tum fugae speciem abeundo tim*uisset*, Galliam *repetiturus fuerit*. (Vereinzelte, nicht nachahmungswürdige Ausnahmen, z. B. Cornif. 2, 14, 22. Cic. de or. 1, 234. Liv. 2, 33, 9; 10, 45, 3; 28, 24, 2; 23, 39, 2; 38, 46, 6).

Anm. 2. Die Ausdrücke des Könnens, Sollens und Müssens stehen in der Apodosis nicht im Konj. Plusqpf., sondern im Konj. **Perf.** oder **Imperf.**, z. B. Haud dubium fuit, quin, nisi ea mora interven*isset*, castra eo die capi *potuerint*. Dionysius ea commiserat, ut salvus esse non *posset*, si sanus esse *coepisset*. Primo concursu adeo aequis viribus gesta res est, ut, si adiu*vissent* Etrusci, *accipienda* clades *fuerit*. (Vereinzelte Abweichungen, z. B. Liv. 31, 42, 7.)

1) Dubium non est, quin nemo philosophiae, si nihil ea profic*eret*, studiosus *esset*. 2) Num Pompeium censes tribus suis consulatibus, tribus

triumphis laet*aturum fuisse*, si in solitudine Aegyptiorum trucidatum se iri *scivisset* (od. *sciret*)? 3) Si Caroli XII., Suecorum regis, constantia prudentiam semper comitem hab*uisset* ac non saepissime in pervicaciam defle*xisset*, nescio an alter Alexander et magnae partis Europae dominus *extitisset* (od. *evasurus fuerit*). 4) Dubium non est, nisi mores civitatis Romanae corruptissimi *fuissent*, quin fieri non *potuerit*, ut Catilina tam multos pravitatis socios circa se congregaret. 5) Plebs irae adeo impotens erat, ut, nisi tribuni plebis in tempore interc*essissent*, impetum in C. Marcium *factura fuerit*. 6) Quam fortunam Carthaginiensium *futuram fuisse* putas, si Hannibalem Hannonis auctoritatem secuti Romanis trad*idissent*? numquid putas *futurum fuisse*, *ut* illa urbs a Romanis non tempt*aretur* nec diru*eretur*? 7) Catilina tantis animi corporisque virtutibus erat, ut, si eis honeste *usus esset*, civibus permagnae utilitati eum esse *potuisse* persuasum nobis sit. 8) Ex quo ab illo magistro institui coeptus es, quamquam multum in litteris profecisti, tamen, ***ut opinor***, **aliquanto plus didic*isses***, si consilia mea secutus *esses*. 9) Epaminondas Spartam tanta vi adortus est, ut omnibus appareret, nisi Agesilaus urbem summa contentione *tutatus esset*, *futurum fuisse*, *ut* a Thebanis cap*eretur*.

386. **Si quis** (**qui**) entspricht dem deutschen „wer etwa, (derjenige,) welcher etwa", z. B. Errant, *si qui* in bello omnes secundos rerum proventus exspectant. Araneae retia contexunt, ut, *si quid* inhaeserit, conficiant. Videsne, ut, *si qua* in membris prava sint, occultent homines? Auch nach vorhergehendem Demonstrativum, z. B. Melius existimabis de ea, *si quam* nunc habemus, facultate (Cic. Brut. 298; Caecil. 49). — 1) Nuda fere Alpium cacumina sunt et, *si quid* est pabuli, obruunt nives. 2) Cave, ne inimicis, *si quos* habeas, vita tua ansam irrisionis des. 3) *Si quis* aegro nunquam corpore fuit, quanti facienda sit bona valetudo, fere nescit. 4) Catilina parricidas, adulteros, sacrilegos, denique *si quos* pariter atque ipsum conscientia stimulari videbat, quacunque ratione alliciebat. 5) *Si quid* tibi commissum est, noli enuntiare. 6) *Si quis* semel a veritate deflexit, is non maiore religione ad periurium quam ad mendacium perduci consuevit.

387. **„Wenn nur, damit nur"**, einen Wunsch, eine Erwartung oder einen Zweck bezeichnend, heißt **dummodo**, **modo** (selten modo ut), **dum**, (verneint **dummodo ne, modo ne, dum ne**). Dieselben werden stets mit dem **Konj.** desjenigen Tempus verbunden, welches den Gesetzen der Consecutio temporum entspricht; nur in dem Falle, daß der Redende die Erfüllung des Wunsches als unmöglich bezeichnen will, kann nach einem im regierenden Satze gebrauchten Haupttempus im Wunschsatze auch der Konj. Imperf. oder Plusqpf. stehen. Cf. Multi omnia honesta neglegunt, *dummodo* potentiam consequ*antur*. Omnia postposui, *dummodo* praeceptis patris par*erem*. Manent ingenia senibus, *modo* perman*eat* studium et industria. Caligula tragicum illud subinde iactabat: Oderint, *dum* metu*ant*. Virtus vetat spectare fortunam, *dum* praest*etur* fides. Sit summa in iure dicendo severitas, *dummodo* ea *ne* vari*etur* gratia, sed conserv*etur* aequabilis. Mediocritas placet Peripateticis et recte placet, *modo ne* laud*arent* iracundiam et dic*erent* utiliter a natura datam. — (In der Anaphora wird nach dummodo nur *dum* gesetzt, z. B. Cic. Br. 285.)

Anm. Bezeichnet „wenn nur" im Sinne von „wenn überhaupt, wenn nur wirklich, vorausgesetzt nur daß" eine bloße Bedingung (oder eine Besorgnis, daß es anders sein könnte), so heißt es **si modo** (*εἴπερ*), welches regelmäßig mit dem **Indik.** steht, z. B. Istorum studiis, *si modo sunt* studiosi, abs te satisfactum est. Divinatio magnifica res et salutaris est, *si modo est* ulla. Deliget populus, *si modo* salvus esse *vult*, optimum quemque. Stärker ist **modo ut**, *(tantummodo ut, tantum ut)* c. coni. „nur vorausgesetzt daß" (z. B. Cic. Verr. 4, 10; Fam. 14, 14, 1; 16, 12, 3; 16, 11, 1).

1) Videmusne, ut, qui ingenuis studiis atque artibus delectantur, nec valetudinis nec rei familiaris rationem habeant omnesque labores atque pericula subeant, *dummodo* scientiam augere *possint*? 2) Omnia pericula subire parati sumus, *dummodo* servitutem excut*iamus*. Honores petere omnibus licet, *modo ne* per fraudem ac vim stud*eant* assequi. 3) Licetne vitae deliciis frui? Sane quidem, *dum* modice *fiat*. 4) Magistri discipulos omnes amant, *si modo* amore digni *sunt*. 5) Industriam tuam probo, *modo ne* laudis cupidior *esses*. 6) Homines, quamvis in turbidis rebus sint, tamen, *si modo sunt* homines, interdum animos relaxant et iucunditati se dant. 7) Tanaquil, uxor Lucumonis, oblita ingenitae erga patriam caritatis, *dummodo* virum honoratum videret, consilium migrandi a Tarquiniis cepit.

388. **Nedum** *c. coni.* (zuweilen seit Livius *nedum ut*; cf. auch 328) „**geschweige denn** (**daß**)" knüpft gewöhnlich an einen negativen Gedanken einen andern an, der noch weniger zulässig ist; seltener bezeichnet es im Anschluß an einen affirmativen Satz einen selbstverständlichen, nicht erst zu beweisenden Gedanken (= multo minus, multo magis, non dicam), z. B. Optimis temporibus clarissimi viri vim tribuniciam sustinere non potuerunt, *nedum* his temporibus sine iudiciorum remediis salvi esse *possimus*. Secundae res sapientium animos fatigant, *nedum* milites corruptis moribus victoriae temper*ent*. *Nedum* steht auch in verkürzten Sätzen ohne Verbum, z. B. Aegre inermis tanta multitudo, *nedum* armata sustineri potest. Haec urbs suavitati tuae multo aptior erat quam tota Peloponnesus, *nedum* Patrae. — Übrigens verwendet der Lateiner für „geschweige denn daß" auch *tantum abest, ut — ut* (cf. 340) oder *ita non — ut* (cf. 339, Anm. 6) oder *non modo non — sed ne — quidem* (cf. 519), wobei jedoch die beiden Sätze umgestellt werden müssen, z. B. „Nicht alle Reden des Demosthenes genügen mir, geschweige denn, daß ich meine eigenen Reden bewundern sollte" *tantum abest, ut* meas orationes admirer (= meas orationes *ita non* admiror), *ut* mihi non satisfaciant orationes Demosthenis = *non modo* meas orationes *non* admiror, *sed ne* Demosthenis *quidem* orationes mihi satisfaciunt. Wenn man *ne quidem — non modo* anwendet, darf keine Umstellung der Sätze vorgenommen werden, z. B. Apollinis oracula *ne* mediocri *quidem* cuiquam, *non modo* prudenti probata sunt (cf. auch 519, Anm. 3). — 1) Bonus homo nihil turpe cogitat, *nedum* faci*at* = Bonus homo, *tantum abest, ut* turpe quidquam faciat, *ut ne* cogitet *quidem* = Bonus homo turpe quidquam *ita non* facit, *ut ne* cogitet *quidem* = Bonus homo turpe quidquam *non modo non* facit, *sed ne* cogitat *quidem* = Bonus homo turpe quidquam *ne* cogitat *quidem, non modo non* facit. 2) Hoc negotio pecuniam meruimus nullam, *nedum* divites *simus* facti = *Tantum abest, ut* hoc negotio divites simus facti, *ut* pecuniam meruerimus nullam. Vix in ipsis tectis frigus vitatur, *nedum* in mari *sit* facile abesse ab iniuria temporis. 3) Querebatur plebs cum alia tum consules bellicosos ambo viros acresque nimis et feroces creatos, qui vel in pace tranquilla bellum excitare possent, *nedum* in bello respirare civitatem essent passuri. 4) Lemures esse nunc vix pueri credunt, *nedum* prudentes viri = Lemures esse *non modo* prudentes viri, *sed vix* pueri credunt. 5) Caesar trucidatus ita iacebat humi, ut ad eius corpus *non modo* amicorum, *sed ne* servorum *quidem* quispiam accederet.

### ε. Coniunctiones concessivae.

389. 1) **Quamquam** „obgleich, wiewohl" bezeichnet unter der Form einer Einräumung immer eine wirkliche Thatsache, z. B. Aristides, *quamquam* excel-

lebat abstinentia, tamen exilio decem annorum multatus est. *Quamquam* omnis virtus nos ad se allicit, tamen iustitia et liberalitas id maxime efficit. **Es regiert regelmäßig den Indik.** Der Konjunktiv steht — abgesehen von der *Or. obliqua* — nur da, wo er auch sonst stehen müßte, sei es um eine bloße Möglichkeit zu bezeichnen, oder als Irrealis, oder als Potentialis zum Ausdruck einer gemilderten Behauptung, z. B. Homines beati *quamquam sint* in quibusdam malis („mögen sie auch immerhin in gewissen Übeln sich befinden"), tamen hoc nomen beati late patet. Cf. Cic. de or. 3, 37; Tusc. 5, 85; 1, 109 (?); Phil. 1, 17; Vat. 33; Mil. 90; fam. 10, 6, 2. — In der silbernen Latinität (höchst selten bei Livius, z. B. 36, 34, 6, und Nepos Att. 13, 6) wird *quamquam* auch bei Bezeichnung der Wirklichkeit mit dem Konj. verbunden, wie umgekehrt *quamvis* mit dem Indik. (z. B. Liv. 2, 40, 7; Nep. Milt. 2, 2).

2) **Etsi „wenn auch", etiamsi „auch wenn, selbst wenn", tametsi (*tamenetsi*) „wenngleich" regieren in der Regel den Indik., aber bei einer bloßen Annahme oder Möglichkeit oder Irrealität den Konj. nach denselben Regeln, welche für die Bedingungssätze gelten,** z. B. Optimi homines faciunt, quod honestum est, *etsi* nullum emolumentum consecuturum vid*ent*. Quod crebro quisque videt, non miratur, *etiamsi* cur fiat nesc*it*. Sunt qui, quod sentiunt, *etsi* optimum *sit* („sein sollte"), tamen invidiae metu non audeant dicere. Multa sunt, quae adulescentes, *etiamsi* ingenii facultates bonae *sint* („sein sollten"), nondum intellegant. *Etsi* nihil aliud nisi consulatum *abstulissetis*, tamen eo vos contentos esse oportebat. Nach vorangehendem tametsi wird tamen des Nachdrucks wegen im Hauptsatze oft wiederholt (z. B. Caes. b. g. 5, 34, 2; Cic. Quinct. 13; Caecil. 8 u. 11).

3) **Quamvis „wie sehr auch, wenn auch noch so" bezeichnet eine Einräumung, deren Annahme in noch so hohem Grade man dem Willen des Zuhörers überläßt; es regiert bei den Klassikern stets den Konj.** (ebensogut der Hauptzeiten als der historischen Tempora, cf. Cic. Deiot. 30; Mil. 21; Lig. 26; Phil. 2, 44; Sest. 26; Brut. 174), **steht seiner Bedeutung entsprechend fast ausschließlich mit dem Positiv, nicht mit dem Superlativ** (cf. jedoch Cic. de or. 3, 103), **und schließt sich nur an Wörter an, deren Begriff eine Steigerung zuläßt,** z. B. *Quamvis* dives *sis* „wenn du auch noch so reich bist" = „wenn du auch sehr reich bist". Illa, *quamvis* ridicula *essent*, sicut erant, mihi tamen risum non moverunt. Quod turpe est, id, *quamvis* occult*etur*, tamen honestum fieri nullo modo potest. Widersinnig aber wäre z. B. quamvis mortuus sit (für quamquam m. est). Über *quamvis non* „so wenig auch" cf. 480, 16. (Nur selten hat *quamvis* bei Cicero dieselbe Bedeutung wie *licet* „mag auch", z. B. Off. 1, 35.)

Anm. 1. **Quamvis** dient auch oft innerhalb eines Satzes zur Steigerung eines Adjektivs oder Adverbs, ohne Einfluß auf den Modus des Verbi finiti zu haben, z. B. Germani ad quemvis numerum equitum *quamvis pauci* („wenn auch noch so gering an Zahl") adire audent. Facile mihi est *quamvis multos* („beliebig viele") nominatim proferre. Divitias quivis *quamvis indignus* habere potest. Stultitiam accusare *quamvis copiose* licet. De sapientis excellentia multa dici *quamvis fuse lateque* possunt. — Das in *quamvis* enthaltene Verbum *velle* erscheint zuweilen auch flektiert, z. B. Exspectate facinus *quam vultis* improbum. *Quam volent* illi cedant otio consulentes, tamen a re publica revocabuntur.

4) **Licet ist erst später zu einer vollständigen Konjunktion „mag immerhin, mag auch" geworden; bei Cicero behauptet es durchaus noch seine verbale Natur „es ist erlaubt, es mag". Es regiert stets den Konj., aber nur einer Hauptzeit (Präs. und Perf.),** z. B. *Licet* omnes in me terrores impend*eant*, tamen succurram. *Licet* ipsa vitium *sit* ambitio, frequenter tamen causa virtutum est. Frem*ant* omnes *licet*: dicam, quod sentio. Zuweilen findet sich auch *quamvis licet* c. coni. „mag auch noch so sehr", z. B. *Quamvis licet* insect*emur* Stoicos, metuo, ne soli philosophi sint.

5) **Cum „obgleich, während doch"** mit **Konj.**, z. B. Druentia flumen, *cum* aquae vim veh*at* ingentem, non tamen navium patiens est. Has tabulas Marcellus, *cum* omnia profana *fecisset*, tamen non attigit. Cf. 362, II, 2.

6) **Ut „gesetzt auch daß, zugegeben daß"** mit **Konj.**, z. B. *Ut desint* vires, tamen est laudanda voluntas. Statt des einfachen ut findet sich auch *ut iam* oder *iam ut*, z. B. Caes. b. g. 3, 9, 6; Liv. 5, 54, 6; 21, 47, 5; 34, 32, 13. Cic. fin. 4, 66 u. ö. Cf. auch 332, 3.

Anm. 2. Das deutsche **„zwar — aber"** wird meist durch *quamquam* (*etsi*, *etiamsi*, *cum*) — *tamen* übersetzt; aber auch durch *ut* — *ita* (cf. 394), *ita* — *ut* (cf. 339, Anm. 5), *quidem* — *sed* (cf. 220) oder einfaches *sed* (cf. 220, Anm.) ausgedrückt. Übersetze danach den Satz: „Wir haben zwar die Feinde in einer blutigen Schlacht besiegt, aber ihre Macht ist immer noch groß genug". (In rhetorischer Weise läßt sich „zwar — aber" auch durch *Asyndeton adversativum* übersetzen, cf. 526. Noch mehr Möglichkeiten nennt das deutsch-lat. Lexikon von Georges unter „zwar".)

390. 1) *Licet* invidia atque improbitas studio meo benevolentiaeque advers*etur*, tamen animo non deficiam et libere aperteque omnia crimina diluam. 2) Ut ager, *quamvis* fertilis *sit*, nisi colitur, fructuosus esse non potest, ita animus doctrinae expers fructus non feret. 3) Brutus, *quamquam* multis a Caesare beneficiis ornatus *erat*, tamen cum aliis multis coniuravit de interficiendo eo, quem tyrannum esse putaret. 4) Tyranni, *quamvis magnae sint eorum opes*, timidi sunt. Avari indigent, *quamvis divites sint*. 5) *Quamvis* Themistocles iure laud*etur* cit*etur*que Salamis clarissimae testis victoriae, tamen sapientia Solonis, qui primus constituit Areopagitas, non minus praeclara est habenda. 6) Vir strenuus atque acer nullis difficultatibus, *quamvis* magnae vid*eantur* esse, deterretur, quominus id, quod velit, exsequatur. 7) Apollonius Alabandeus, rhetor nobilissimus, *cum* mercede doc*eret*, tamen non concessit, ut ei, quos oratores evadere non posse iudicabat, operam apud se perderent. 8) Achilles gloriae tam avidus erat, ut domi manere nollet, *quamquam* certam mortem ad Troiam se manere ex matre sci*ebat*. 9) *Etsi* in ipso itinere *eram*, tamen tantum temporis surripiendum putavi, ut litteras ad te darem, ne ingratum me esse tuique immemorem putares.

391. Häufig dient **quamquam** (oft auch *etsi*, selten *tametsi*, *etiamsi* und *etsi tamen*) zur Angabe einer beschränkenden Bemerkung und Berichtigung im Anfange von **Hauptsätzen** (und in **Parenthesen**), namentlich um die vorhergehende Rede als unnütz oder überflüssig abzubrechen, z. B. in den Wendungen Quamquam quid loquor? Quamquam quid opus est plura disputare? Quamquam quis ignorat? etc. (**Quamquam correctivum**; jedoch kann dafür auch *sed*, nie aber tamen eintreten.) — 1) Hoc semper contendito, ne (quid) ira incensus facias, quod te postea paeniteat; *quamquam* non ignoro, quam difficile sit ira non abripi. 2) Nunquam officii te admonere desii; *quamquam* omnes monitiones et preces quid profecerunt? 3) Temeritatis poenas nunc solvo; *quamquam* quid tandem mali commisi? 4) Hoc semper agito, ut adversus omnes humaniter te geras; *quamquam* quid te adhortor, cum te ipsum sciam humanitatem servaturum esse? 5) Audito praecepta hominum sapientissimorum et optimorum; sequitor exempla eorum; vitas et facta imitator. *Quamquam* quid ago? incito currentem.

### ζ. Coniunctiones comparativae.

392. Die hypothetischen Vergleichungskonjunktionen „gleich als wenn, als ob" **quasi**, **quasi vero** (stets ironisch), **tanquam (si)**, **(aeque) ac si**, **perinde ac (si)** und **perinde quasi** („ganz so wie, förmlich als ob"), **proinde quasi** („das klingt ja gerade, als ob"), **velut**

**si**, (selten) **ut si**, welche immer einen bloß angenommenen Gedanken einführen, regieren den **Konj.**, wobei jedoch die *Consecutio temporum* streng beobachtet werden muß, z. B. Stultissimum est in luctu capillum sibi evellere, *quasi* calvitio maeror lev*etur*. Parvi primo ortu sic iacent, *tanquam* omnino sine animo *sint*. Antonius Plancum sic contemnit, *tanquam si* illi aqua et igni interdictum *sit*. Sequani absentis Ariovisti crudelitatem, *velut si* coram *adesset*, horrebant. Deleta est Ausonum gens, *perinde ac si* internecivo bello cert*asset*. Agesilaus eo venit atque, *ut si* bono animo *fecissent*, laudavit consilium eorum. Cf. auch 507, Anm. 1.

Anm. 1. Bei den Verben **„scheinen, sich stellen, vorgeben, vermuten, Verdacht haben"**, nach welchen im Deutschen oft „als ob" im Sinne von „daß" steht, dürfen nicht jene Konjunktionen, sondern nur der **Acc. c. inf.** (bei **videri** der **Nom. c. inf.**) gesetzt werden.

Anm. 2. Selten steht bei diesen Konjunktionen nach dem Präsens oder Futur der Konj. Imperf. und Plusqpf., wenn etwas danach bestimmt wird, wie es in einem nicht stattfindenden Falle sein oder gewisen sein würde (Irrealis), z. B. Amo te non secus ac si meus *esses* „wie ich dich lieben würde, wenn du . . . wärest". Hac de re quoniam nihil ad me scribis, perinde habebo, ac si scri*psisses* nihil esse. Cf. Cic. Mur. 10; Sull. 51; de or. 1, 53; Lael. 14; Att. 3, 13, 1; fam. 2, 14, 1.

Anm. 3. Zuweilen finden sich *quasi, tanquam, ut, velut, sicut* u. ä. in verkürzten Sätzen auch mit **Participien** verbunden (bei Cicero und Cäsar selten, häufiger seit Livius), z. B. Graecas litteras sic avide arripuit Cato *quasi* diuturnam sitim explere cupi*ens*. Hannibalem in suspicionem regi adduxerunt *tanquam* ab ipsis *corruptum* alia atque antea sentire. Sapientis est nihil ita exspectare *quasi* certo *futurum*. Antiochus Ephesi securus de bello Romano erat, *tanquam* non trans*ituris* in Asiam Roman*is* „als wenn die Römer nicht nach Asien hinübergehen würden". Albani, *velut dis* quoque simul cum patria *relictis*, sacra oblivioni dederant. Cf. Cic. Cat. m. 26 u. 83; inv. 1, 27; Caes. b. g. 5, 43, 3; 3, 18, 8; b. c. 2, 13, 2; Liv. 1, 54, 7; 1, 12, 7; 9, 6, 12; 33, 39, 7. Cf. auch 446, Anm.

1) Lamentaris, *quasi* amici obliti tui *sint*. 2) Multi homines ita vivunt, *velut si* ad nullam rem nisi ad voluptates nati *sint*. 3) Auxilium a me petis; *quasi vero* tuas ego res cur*em*. 4) Maximam sibi quisque fortunam sperat, *proinde quasi* aut plures fortunati *sint* quam infelices aut certi quidquam *sit* in rebus humanis. 5) Lysander oracul*um* a se consul*tum esse* simulavit. 6) In Alcibiade natur*a* videtur expert*a esse*, quid efficere posset. 7) Lysander luxuria suspicionem movit *velle se* desciscere a legibus patriis. 8) Nono post Christum natum anno Varus, imperator Romanus, exercitum ad Visurgim duxit neque German*i* repugn*aturi* (*esse*) vid*ebantur*. 9) Socrates capitis damnatus, cum poculum mortiferum manu iam teneret, ita loquebatur, ut non ad mortem rapi, sed in caelum ascen*surus esse* videretur.

393. 1) Die Partikeln **„wie — so"** *ut* (oder *uti, sicut, sicuti, quemadmodum*, seltener *tanquam, quomodo, quasi*) — *ita* (oder *sic*; *sic etiam* „so auch"; *item* oder *itidem* „ebenso"; *simililiter* „(so) ähnlich"; *simillime* „(so) ganz ähnlich"), welche gewöhnlich bestimmte Facta oder thatsächliche (reale) Erscheinungen miteinander vergleichen, stehen mit dem **Indik.** (In verkürzten vergleichenden Sätzen stehen gewöhnlich *ut, sicut, tamquam*, selten *quasi*. *Quemadmodum* und *quomodo* erfordern stets ein eigenes Verbum finitum.) — *Ut* sementem feceris, *ita* metes. *Sicuti* magistratibus leges, *sic* populo magistratus praesunt.

2) **Ut** (*sicut*) **est, erat, fuit** ꝛc. mit folgendem Prädikatsnomen dient zur Bezeichnung des Zustandes, in welchem eine Person oder Sache beim Eintritte einer Handlung sich gerade befindet oder befand, oder auch um eine Erklärung oder Begründung des im Hauptsatze Ausgesagten beizufügen (= „wie er ist, wie er denn ist", oft fast in dem Sinne von quod „weil"), z. B. Litteras, *ut erant obsignatae* („versiegelt wie sie waren"), proferri iussimus. *Sicut erat catenatus*, manum ostendit. Ille, *ut semper fuit apertissimus* („wie er denn immer = weil er sein Laster offen zur Schau trug"), non se purgavit. Homo, *ut erat furiosus*, atrociter respondit. Sabinus, *ut sunt molles* in

calamitate animi mortalium, lacrimas effudit. Iugurtha, *ut erat impigro ingenio*, ad arcem pervenerat. Veneti, *ut sunt* Gallorum *subita* consilia, Trebium retinent. — Papirius, *ut erat* rei militaris *peritus*, aciem optime instruxerat. Tu, *ut* semper *es importunus*, auxilium a me petis, quasi vero tuas ego res curem. Cf. auch 260, Anm. 2.

Anm. Über *ut* — *ita* in Beteuerungen cf. 335. — Ganz dem deutschen „wie — so auch" entsprechend sagt Cicero ut — *sic etiam*, Spätere auch ut — *ita etiam* (oder *ita et* oder *ita quoque*). Cf. Cic. Lael. 19; Cato m. 20 u. 76; Legg. 2, 62; Or. 85; Tusc. 3, 37; Liv. 5, 13, 2. — *Ut* — *sic contra* (oder *sic e contrario*) „wie — so umgekehrt". — *Proinde* (oder *perinde*) — *ut* (oder *ac*) „in dem Maße (oder Grade) — wie, dem entsprechend — wie"; *non proinde* (oder *perinde*) — *ut* (od. *ac*) „nicht in dem Maße (oder Grade) — wie".

394. **Ut — ita (sic) bedeutet oft adversativ „zwar — aber, wenngleich — so doch", wenn zwei Prädikate zu einem Subjekte gehören und im Gegensatz zu einander stehen.** Cf. 389, Anm. 2. — 1) Hannibal, *ut* Romanos multis et atrocibus proeliis devicit, *ita* rem publicam Romanam evertere non potuit. 2) *Ut* magnas utilitates adipiscimur conspiratione hominum et consensu, *sic* nulla tam detestabilis pestis est, quae non homini ab homine nascatur. 3) Convenerunt ad colloquium duces, *ut* inter se nondum satis noti, *ita* iam imbutus uterque quadam admiratione alterius. Cf. Consul *ut* fortasse vere, *sic* parum utiliter in praesens certamen respondit („zwar vielleicht richtig, aber für den gegenwärtigen Streit nicht zweckmäßig"). *Ut* errare potuisti (quis enim id effugerit?), *sic* decipi te non potuisse quis non videt?

395. **Die Partikel ut kann angeben:** 1) einen faktischen **Grund** = „wie es ja nicht anders sein kann bei"; also: „Diogenes redete rücksichtslos, wie es ja von einem Cyniker nicht anders erwartet werden konnte" oder „da er ja ein Cyniker war": kausales *ut*. In diesem Falle könnte für ut auch *utpote* oder *quippe* stehen; — 2) eine **Beschränkung** des Prädikats = „soweit es möglich ist für, soweit man es erwarten kann von, in anbetracht"; also: „Klisthenes war ein tüchtiger Redner, soweit das in jenen Zeiten möglich war": restringierendes *ut*, cf. 19. c. Cf. auch: Magnus pavor ac tumultus *ut* in re improvisa fuit „wie es bei einem unvermuteten Ereignis zu gehen pflegt". Possum falli *ut homo* (= cum homo sim). Pythius *ut argentarius* apud omnes ordines gratiosus erat. Omnes *ut in pace* erant securi („wie es im Frieden natürlich ist"). Obsides Carthaginiensium Setiae custodiebantur; cum iis *ut principum liberis* magna vis servorum erat. Apud me *ut bonum iudicem* („da ich ein guter Richter bin") argumenta plus quam testes valent. Multae in Fabio *ut in homine Romano* („für einen Römer") litterae fuerunt. Condiciones tristes, *ut ab irato victore*, ferebantur. Ne frumenti quidem copia intus erat, *ut in necopinata obsidione*. Senatus, *ut in trepidis rebus* („weil die Lage so mißlich war"), dictatorem dici iussit. Insigni, *ut illorum temporum habitus erat*, triumpho rediit. Ubiorum civitas ampla atque florens fuit, *ut est captus Germanorum* „soweit die Begriffe der Germanen reichen". Pervenit Antium in urbem, *ut tum res erant*, opulentissimam. Spurius Maelius ex equestri ordine, *ut illis temporibus*, praedives. Perventum inde ad frequentem alium *ut inter montanos* populum „zu einem andern für Berggegenden volkreichen Stamme".

Anm. Ut kann auch einen subjektiven Grund bezeichnen, z. B. Quod non decet, poeta fugit *ut* maximum vitium. Vocum concursionem magna ex parte *ut* vitiosam fugit Demosthenes. Ipsum *ut* ambiguae fidei virum suspectum habebat. Hostes carpere vires Romanas *ut* non suffecturas ad omnia aggressi sunt. Cf. 19, b u. c.

396. **Prout** (od. *pro eo ut, pro eo ac*) c. Indic. „in dem Verhältnis wie, dementsprechend — wie, jenachdem"; — **quatĕnus, quoad, quantum** c. Indic. „insofern, inwieweit, soweit"; — **ita** — **ut** „unter der Bedingung daß, mit der Beschränkung daß" (cf. 339, Anm. 5); — *quod sciam* (cf. 398, f) = *quantum scio* „soviel ich weiß"; *quod*

*meminerim* „soviel ich mich erinnere"; — *quod* (*eius*) *fieri potest* „soweit es möglich ist" (cf. 78, Anm. 6). — 1) Pauperes adiuvato, *prout* (od. *utcunque*, cf. Anm.) facultates tuae ferent = pro facultatibus tuis, pro viribus. 2) Deus tuis vitiis ignoscet, *prout* (od. *quatenus*) tu aliorum peccatis veniam dederis. 3) *Qui* (cf. Anm.) hoc melius est quam illud? 4) Consilio, *quantum potes*, me iuva (besser iuvato). 5) Causas huius rei investigavi, *quatenus* (od. *quoad*; auch *quod eius*, cf. 78, Anm. 6) fieri potuit. 6) Pergratum mihi feceris, si fratrem meum, *quod* sine molestia tua *fiat*, pingere doceas. 7) Isthmia, *quod* ego *sciam* (= quantum equidem scio), tertio quoque anno celebrabantur. 8) Pecuniam *ita* tibi mutuam dabo, *ut* te usuras diligenter soluturum esse promittas. 9) Etiam bestiae, *quae quidem* (cf. 398, f) sollertioris generosiorisque indolis *sint*, inter se aemulantur.

Anm. **Quatenus** ist nicht nur Relativum, sondern auch Fragewort „inwiefern? wie weit? in wie weit?", d. h. „bis zu welcher Grenze?", steht aber nur in indirekten Fragesätzen, z. B. Videamus, *quatenus* amor in amicitiis progredi debeat. Qui memoria vigent, sciunt, quid et *quatenus* et quomodo dicturi sint. In direkten Fragen wird „inwiefern" durch qui übersetzt (cf. 272). — **Utcunque** bedeutet bei Cicero nur „je nachdem (in jedem einzelnen Falle)", z. B. Studiis civium moderandum est, *utcunque* res postulat, bei Livius und andern „wie auch nur immer" (= quoquomodo oder quomodocunque). Nachklassisch steht es auch ohne Verbum als Adverbium im Sinne von „so gut es geht (gehen mochte)", z. B. Pace utcunque composita gaudebant.

397. **Zum Beispiel. Exempli causa** = ut exemplo utar, ut hoc afferam kann nur dann in vollständigen Sätzen neben Prädikaten wie *afferre, proferre, ponere, nominare, ostendere* etc. stehen, wenn ein wirkliches Beispiel, ein historischer Fall u. dergl. angeführt wird, z. B. Huius de perfidia satis est unam rem *exempli causa* proferre. *Exempli causa* ponatur aliquid, quod latius pateat. Ut intellegas, quam mutabilis sit fortuna, *exempli causa* nomino unum Croesum, qui etc. — **Verbi causa (gratia)** steht dann, wenn zur Veranschaulichung einer allgemeinen Behauptung ein willkürlich gewähltes einzelnes Beispiel gesetzt wird (= „wir wollen gleich einmal sagen"): Multi cives urbis nostrae pauperes sunt, *verbi causa* vicinus meus. Sunt astrologorum praecepta huismodi: si quis *verbi causa* oriente Canicula natus est, is in mari non morietur. (Vereinzelt findet sich statt verbi gratia auch *exempli gratia:* Cic. off. 3, 50. Cf. jedoch C. Nep. 6, 2, 1). — Gewöhnlich heißt „zum Beispiel" **ut** (seltener *sicut*) oder **velut**, und zwar ebensowohl bei Anknüpfung einzelner Gegenstände (Namen, Wörter u. dergl.) als ganzer Sätze, z. B. Omnes aves *velut* anseres, anates, gallinae, aliae. Multi gloriose mortui sunt, *ut* Leonidas, *ut* Epaminondas, alii. Dei etiam, *ut* cum Gigantibus, sua propria bella gesserunt. Pelopidas omnibus periculis affuit, *sicut* cum Spartam oppugnavit. Multi philosophi haec ultima bonorum iuncta fecerunt, *ut* Aristoteles virtutis usum cum vitae perfectae prosperitate coniunxit (Cic. fin. 2, 19; 4, 29; Brut. 292; Lael. 73; Tusc. 4, 25; off. 1, 140). Multi gloriose mortui sunt, *ut* (*velut*) Epaminondas sine gemitu una cum sanguine vitam effluere sensit. — Soll aber zur Erläuterung oder Begründung eines allgemeinen Satzes ein historisches oder praktisches Beispiel angeführt werden, so steht entweder **nam (enim)**, oder das deutsche „zum Beispiel" bleibt **unübersetzt**; also: Opifices post mortem nobilitari volunt; Phidias *enim* („zum Beispiel") sui similem speciem inclusit in clipeo Minervae. Consuetudinis magna vis est; pernoctant venatores in nive, in montibus uri se patiuntur. Manent ingenia senibus: Sophocles ad summam senectutem tragoedias fecit. Non eadem omnibus sunt honesta neque turpia, sed omnia maiorum institutis iudicantur; neque *enim* Cimoni fuit turpe sororem germanam habere in matrimonio. „Daher zum Beispiel" wird nur durch *itaque* oder *igitur* übersetzt: Summam eruditionem Graeci sitam censebant in nervorum vocumque cantibus; *igitur* Epaminondas fidibus praeclare cecinisse dicitur. — Zur Einführung einer gewichtigen Autorität oder eines besonders treffenden Beispiels, worin sich jedenfalls ein ausgesprochener Satz bewährt, dient **quidem,** das oft den Sinn von „zum Beispiel" hat: Gravissimum civitatum praesidium in religione pietateque deorum positum esse iam antiquitus sapientibus nonnullis

persuasum fuit; Plato *quidem* in libris, qui sunt de legibus, civitatem totam vult perfusam esse pietate deorum.

Anm. 1. Man hüte sich, das deutsche „so zum Beispiel“ durch *ita* oder *sic* zu übersetzen; dafür steht *ut* oder *velut*. Cf. 484, Anm.

Anm. 2. *Puta* steht seit der silbernen Latinität im Sinne des deutschen „zum Beispiel“, ebenso *ut puta* „wie zum Beispiel“ und ist nicht nachzugebrauchen, z. B. Hoc puta non iustum est. Illa constant aut nexu aut acervatione, ut puta funis, frumentum, navis. — Unklassisch steht *ceu* in der Bedeutung „wie zum Beispiel“; dieses Wort kommt überhaupt in guter Prosa nicht vor; bei Dichtern ist es häufig in Gleichnissen und Bildern = „gleichwie, wie wenn es wäre“.

Anm. 3. Zur Einführung eines **Exemplum fictum** (d. h. wenn zur Erläuterung und Begründung einer aufgestellten Behauptung mögliche Fälle als Beispiele erdacht und angeführt werden) steht **ut si** (*c. coni. praes.* u. *perf.*) = „so zum Beispiel wenn“ (cf. 376, Anm. 1), z. B. Est, ubi promisso non stare liceat; *ut si* constitueris te cupiam advocatum in rem praesentem esse venturum atque interim graviter aegrotare filius coeperit, non sit contra officium non facere, quod dixeris. Cic. fin. 4, 30; off. 3, 107; 1, 32 u. 144; nat. d. 2, 74 u. 86; Tusc. 2, 12 u. 67. (Der Coni. *imperf.* und *plusqpf.* nur dann, wenn das Beispiel als unmöglich gedacht werden soll: Cic. off. 1, 97.)

1) Athenienses multos viros optimos *ut* (od. *velut*) Themistoclem et Aristidem in exilium pepulerunt. 2) Quid patriae amor possit, demonstrat (*ut exemplum afferam*) Leonidas trecentique Spartiatae. 3) Bestiae hominibus eximiam utilitatem praebent; equis *quidem* (od. *enim*) et bubus aegre careamus. 4) Non eadem omnibus scientia utilis est; agricolae *enim* (oder *nam* agricolae) notitia soli, stercorationis, arationis utilissima est, inutilis nautae. 5) Animantes hominum causa generati sunt, *ut* (*velut*) equus vehendi causa, arandi bos, venandi et custodiendi canis. 6) Deprecatio virginum Vestalium magni semper ponderis erat ad reos vel excusandos vel liberandos; C. *quidem* Caesarem per virgines Vestales veniam a Sulla dictatore impetrasse accepimus. 7) In feris inesse fortitudinem saepe dicimus, *ut* in equis et leonibus; iustitiam, aequitatem, bonitatem non dicimus. 8) Ea dumtaxat fortuita divinari possunt, quae nulla nec arte nec sapientia provideri possunt; *ut si* quis Marcellum illum, qui ter consul fuit, multis annis ante *dixisset* naufragio esse periturum, divinasset profecto. 9) Quam incerta sit gratia popularis, permulti sunt experti; Phocion *quidem* (od. *enim*) anno a. Chr. trecentesimo vicesimo altero rei publicae praefuit; idem quattuor annis post de perduellione anquisitus capitis est damnatus. 10) Non semper deposita reddenda sunt; *ut si* quis gladium apud te sana mente depo*suerit*, repet*at* insaniens, reddere peccatum sit, officium non reddere. 11) Nulla vis imperii tanta est, quae premente metu possit esse diuturna; Lacedaemonii *enim* (od. *quidem*) iniuste imperantes post cladem Leuctricam repente ab omnibus fere sociis destituti sunt.

### η. Modus in Relativsätzen.

398. Relativsätze stehen im **Indik.**, wenn sie die objektive Angabe eines Faktums enthalten, z. B. Est profecto deus, qui omnia vid*et* et aud*it*. Sie stehen aber im **Konjunktiv**:

a) wenn ausdrücklich bezeichnet werden soll, daß sie einen **Grund** oder eine **Einräumung** enthalten, d. h. wenn in dem Relativ das kausale oder konzessive *cum* liegt, z. B. Me, *qui* (= cum ego „weil ich“) ad multam noctem vigil*assem*, artior quam solebat somnus complexus est. Peccasse mihi videor, *qui* a te disc*esserim*. Cur tibi invideam, *qui* („da ich doch") omnibus rebus abund*em*? Tum demum dux, *qui* („weil oder da er") nihil antea provid*isset*, trepidare coepit. Quis est, qui Fabricii non cum caritate aliqua memoriam usurpet, *quem* („obgleich er ihn") nunquam vid*erit*? Ego, *qui* sero Graecas litteras attig*issem*, tamen, cum Athenas venissem, complures ibi dies sum commoratus.

Anm. 1. So besonders auch nach einem **Ausrufe**, z. B. Me caecum, qui haec non vid*erim*! Calamitosus Deiotarus, qui a suis accus*etur*! Constantem hominem et gravem, qui glori*etur* a gloria se afuisse! Jedoch kann auch der Indik. stehen, wenn nämlich nur das Faktum betont ist, z. B. O fortunata mors, quae naturae debita pro patria *est* potissimum reddita! O incredibilem vim doctrinae, quae tanto sui studiosos incend*it* amore! — Über *quippe qui*, *utpote qui*, *ut qui* c. coni. cf. 401.

Anm. 2. Relativsätze haben den **Konj.**, wenn sie einen konjunktivischen Bedingungssatz (cf. 376, 2 u. 3) vertreten, z. B. *Qui* illum concursum in oppido factum *videret*, urbem captam *diceret* (= *si quis — videret, . . . diceret*). *Qui* pulchritudinem caeli *videat*, nonne *cogatur* confiteri deos esse? (= *si quis . . . videat*). Qui in re publica princeps vult esse, ei nulla satis magna pecunia est, *cuius* fructibus exercitum alere non *possit* (= *si eius* . . . alere non *possit*). *Qui* deum esse *neget*, eum hominem esse vix put*em*.

b) **wenn sie 1) eine Absicht, einen Zweck oder 2) eine Folge bezeichnen, d. h. wenn in dem Relativ das finale oder konsekutive *ut* liegt,** z. B. Veientes legatos miserunt, *qui* pacem pet*erent*. Dareus pontem fecit, *quo* copias traduc*eret*. Senex serit arbores, *quae* alteri saeculo pro*sint*. Multi aliis eripiunt, *quod* aliis larg*iantur*. Natura homini addidit rationem, *qua* reg*erentur* appetitus. Nihil est tam incredibile, *quod* (= **ut** id) non dicendo *fiat* probabile. Nihil commisi, *quod* auctoritate mea indignum *esset* („nichts derartiges, daß es"). Secutae sunt tempestates, *quae* hostem a pugna prohib*erent* (= tantae, ut). Sapientia est una, *quae* maestitiam pell*at* ex animis (= talis, ut). Difficillimum est reperire, *quod sit* ex omni parte perfectum. — Merke besonders: **(non) is sum, qui** *c. coni.* „ich bin (nicht) der Mann (= so geartet), daß ich (oder um zu)", z. B. Ea est Romana gens, quae victa quiescere nesc*iat*. Non is sum, qui mortis periculo terr*ear*. **Talis (eiusmodi, tantus) sum, qui** *c. coni.* „ich bin von der Art (Bedeutung), daß ich", z. B. Innocentia est affectio talis animi, quae noc*eat* nemini. Nulla acies humani ingenii tanta est, quae (= ut ea) penetrare in caelum *possit*. Cf. 265, **Anm.** 2; 303,9.

Anm. 1. In vielen Fällen ist für einen Relativsatz sowohl der Indik. als auch der Konj. angemessen, jenachdem rein Thatsächliches objektiv ausgesagt oder eine in dem Wesen des Gegenstandes begründete Beschaffenheit bezeichnet werden soll. Cf. Philosophiae magnam habeo gratiam, quae me contra fortunae impetus arm*at* („die, wie ich an mir erfahren, mich waffnet") oder arm*et* („für die es charakteristisch ist, daß sie mich zu waffnen vermag"). Non potest exercitum is continere imperator, qui se ipse non contin*et* oder contin*eat*. Tu is es, qui consilio me saepe adiuv*isti* oder adiuv*eris*. Mihi causa talis oblata est, in qua oratio deesse nemini *potest* oder *possit*.

Anm. 2. Nach dem Komparativ in der Bedeutung „zu, allzu" steht statt des gewöhnlichen *quam ut* (cf. 339, 2) „als daß" bisweilen auch **quam qui** (niemals bei Cicero, häufig bei Livius), z. B. Campani maiora deliquerant, *quam quibus* (= quam ut iis) ignosci *posset*. Famae ac fidei damna maiora sunt, *quam quae* aestimari pos*sint*. Graeci et maiores et magis ramosas arbores caedebant, *quam quas* ferre cum armis miles *posset*.

Anm. 3. Nach den vier Adjektiven **dignus**, **indignus**, **idoneus** und **aptus** wird das deutsche „daß" oder der Infinitiv mit „zu" durch **qui** *c. coni.* ausgedrückt, z. B. Socordia tua digna est, *quae* reprehend*atur*. Indigni estis, *quibus* fidem hab*eamus*. Digni sunt, *quorum* salutem defend*amus*. — Merke: **dignus sum, qui** *c. coni.* für das deutsche „ich verdiene, daß" (oder Infin. mit „zu") = *mereor, ut*, z. B. Dignus fuisti, qui amplissimis honoribus decorarere = meruisti, ut . . . decorarere „du hast verdient . . . ausgezeichnet zu werden". Cic. de or. 1, 232.

Anm. 4. Das einen beurteilenden Zwischensatz einführende **quod** (= *ita ut id*) „in solcher Art und Weise, daß es" verlangt den Konj., z. B. In enodandis nominibus, *quod* miserandum *sit*, laboratis. Pompeio litterae tuae, *quod* facile intellex*erim*, periucundae fuerunt. Aetas nostra, *quod* interdum pud*eat*, iuris ignara est. Diodotus caecus, *quod* vix credibile esset, geometriae munus tuebatur. So auch: quod perspicuum *sit*; quod facile appar*eat*; quod facile sent*ias* u. ä.

c) wenn das Relativ sich 1) auf die allgemeinen Ausdrücke **sunt** „es giebt Leute, welche", **non desunt, inveniuntur, reperiuntur, existunt, exorti sunt** (bei denen ii homines „Menschen von der Art, daß sie" ergänzt werden kann), — oder 2) auf die negativen Ausdrücke **nemo est, nullus est, nihil est, non est, non habeo,** — oder 3) auf die fragenden Ausdrücke **quis est, quotusquisque est** (cf. 271, b), **quid est** bezieht, z. B. Sunt, qui cens*eant* una animum cum corpore occidere. Nihil est, quod tam miseros fa*ciat* quam impietas et scelus. Nihil habebam, quod scrib*erem*. Nemo est orator, qui se Demosthenis similem esse *nolit*. Qui se ultro morti offer*ant*, facilius reperiuntur, quam qui dolorem patienter fer*ant*. Nulla est laus ibi esse integrum, ubi nemo est, qui aut *possit* aut *conetur* corrumpere. Quis erat, qui put*aret* ad eum amorem, quem erga te habebam, posse aliquid accedere?

Anm. 1. Wird den bejahenden Ausdrücken *sunt, reperiuntur* etc. ein bestimmtes Subjekt beigefügt, so steht nach qui sowohl der Indik. als der Konj., und zwar der **Indik.** dann, wenn etwas Faktisches mit Bestimmtheit ausgesagt wird; dagegen der **Konj.** dann, wenn ein *talis* hinzugedacht werden kann, z. B. Sunt bestiae quaedam, in quibus in*est* aliquid simile virtutis. Permulti philosophi fuerunt, qui summum malum dolorem dic*erent*. Fuerunt extra coniurationem complures, qui ad Catilinam profecti *sunt*. Omnibus saeculis pauciores viri reperti sunt, qui suas cupiditates, quam qui hostium copias vinc*erent*. Sunt nonnullae disciplinae, quae officium omne pervert*unt*. — Selten steht auch bei Abwesenheit eines bestimmten Subjekts nach den positiven Ausdrücken *sunt qui, inveniuntur qui* u. ä. der Indik. zur Bezeichnung eines wirklichen Faktums, z. B. Sunt qui, quod sentiunt, invidiae metu non aud*ent* dicere. Sunt quaedam, quae honeste non *possum* dicere. Nach den negativen Ausdrücken *non sunt qui* u. ä. muß allemal der Konj. stehen.

Anm. 2. Über *est quod, nihil est quod* etc. cf. 400.

d) wenn sie nicht eine Thatsache objektiv aussagen, sondern sich als wesentliche Ergänzungen eng an einen abhängigen, im Infin. (oder *Acc. c. inf.*) oder Konj. ausgedrückten Gedanken schließen, z. B. Sunt, qui quidvis perpetiantur, dum, quod *velint*, consequantur. Boni regis est eorum, quibus *praesit*, utilitati servire. Quis eum diligat, quem *metuat*? Mos est Athenis quotannis laudari in contione eos, qui *sint* in proelio interfecti. Hortensius tanta memoria erat, ut, quae secum commentatus *esset*, ea sine scripto verbis iisdem redderet, quibus *cogitavisset*. Pluris putare, quod utile vid*eatur* quam quod honestum, turpissimum est. Avari plus semper appetunt nec eorum quisquam adhuc inventus est, cui, quod hab*eret*, esset satis. Besonders häufig stehen solche Relativsätze im Konj., die sich an einen irrealen Bedingungssatz anschließen, z. B. Quid me prohiberet Epicureum esse, si probarem, quae ille dic*eret*? Et earum rerum, quibus abund*aremus*, exportatio et earum, quibus eg*eremus*, invectio nulla esset, nisi his muneribus homines fungerentur. Quis esset tantus fructus in prosperis rebus, nisi haberes, qui illis aeque atque tu gaud*eret*? Cf. auch 325, 4, Anm. 2. Man nennt diese Erscheinung **Attractio modi** (*et temporis*), d. h. Ausgleichung des Modus und Tempus in Relativsätzen.

Anm. 1. Solche Relativsätze, welche thatsächliche Bemerkungen des Schriftstellers enthalten, stehen auch neben einem Infin. oder Konj. im Indik., z. B. Caesari nuntiatur, Sulmonenses, quod oppidum a Corfinio septem milium intervallo *abest*, cupere ea facere, quae vellet, sed a Lucretio et Attio prohiberi, qui id oppidum septem cohortium praesidio *tenebant*. Pomponius Manlium criminabatur, quod Titum filium, qui postea Torquatus *est* appellatus, ruri habitare iussisset.

Anm. 2. Die **Attractio modi** *(et temporis)* ist nicht auf Relativsätze beschränkt, sondern erstreckt sich auf alle konjunktivischen Nebensätze und zwar a) fast stets auf solche, welche von einem Irrealis abhängen, z. B. Exponerem etiam, quemadmodum viv*eremus* „jetzt leben". Vellem scriberes, cur ita put*ares*. Praestans deorum natura hominum pietate coleretur, cum et aeterna *esset* et beatissima; — b) bisweilen auch auf andere, welche sich ergänzend an einen Infin. oder Konj. anschließen, z. B. Invitus feci, ut fortissimi viri T. Flaminini fratem e senatu eicerem septem annis post quam consul *fuisset*. Quod me saepe accusas, debes ignoscere, cum ita me afflictum videas, ut neminem unquam vid*eris* (= vidisti). Ego idem, qui multum tribuerim Latinis, vel ut hortarer alios vel quod *amarem* meos (= amabam), recordor .... Cum eo postridie venissemus quam apud te *fuissemus*. Ut non quietior populus domi esset quam militiae *fuisset*. Cf. auch 327, Anm. 4.

e) **wenn sie nicht als objektive Behauptung einer Thatsache, sondern als Gedanke des (grammatischen oder logischen) Subjekts des Hauptsatzes angegeben werden, d. h. in** *Oratio obliqua* **stehen (oblique Beziehung)**, z. B. Zeno appellat beatam vitam eam solam, quae cum virtute *degatur*. Omnia pollicitus est, quae tibi *essent* opus. Lysander eos, qui Atheniensium rebus *studuissent*, ex urbe eiecit. Exsecrari Socrates eum solebat, qui primus utilitatem a iure *seiunxisset*. Athenienses, quod honestum non *esset*, id ne utile quidem putaverunt.

Anm. Indessen stehen solche Relativsätze, die offenbar in die Gedanken des Redenden hineingehören, zuweilen im Indik., wenn der Schriftsteller andeuten will, daß das Gesagte nicht bloß eine Ansicht des Redenden sei, sondern eine von dieser unabhängige historische Gewißheit habe, z. B. Classem Athenienses Miltiadi dederunt, ut insulas, quae barbaros adiu*verant*, bello persequeretur. Caesar per exploratores certior factus est, ex ea parte vici, quam Gallis concess*erat*, omnes noctu discessisse. Cf. 457, 7.

f) **wenn sie eine Beschränkung enthalten**: *qui* (*quidem*) = „soweit er (wenigstens)", besonders häufig in Redensarten wie *quod sciam* „soweit ich weiß", *quod intellegam, quod meminerim* (od. *audierim, sentiam*), *quod salva fide possim, quod sine alterius iniuria fiat, quod facile intellegi possit* etc., während *quatenus, quoad* und *quantum* in dieser Weise regelmäßig mit dem **Indik.** verbunden werden (cf. 396), z. B. Ex oratoribus Atticis antiquissimi sunt, *quorum quidem* scripta const*ent* („soweit ihre Schriften vorhanden sind"), Pericles et Alcibiades. Omnium oratorum, *quos quidem* ego cogno*verim*, acutissimum iudico Q. Sertorium. Aristides unus post hominum memoriam, *quod quidem* nos audi*erimus*, cognomine iustus appellatus est. Epicurus se unus, *quod sciam*, sapientem profiteri ausus est. Cupio tibi aliqua ex parte, *quod* salva fide pos*sim*, parcere. — In den Briefen Ciceros findet sich das beschränkende quod oft mit dem Indik., besonders bei *posse* und dem mit dem Konj. verwandten Futur (z. B. Attic. 1, 5, 7; 10, 2, 2; 11, 12, 4). Regelmäßig steht der **Indik.** in den Redensarten *quod ad aliquem attinet* „soweit es ankommt auf", *quod pertinet ad* „soweit das Interesse jemandes ins Spiel kommt", *quod in aliquo est* „soviel an jem. liegt".

g) Die Historiker (Livius) gebrauchen in der Erzählung nach Pronominibus und Adverbiis relativis oft den Konj. Imperf. und Plusqpf. zur Bezeichnung wiederholter Handlungen, (wo im Griechischen die Relative mit dem Optativ stehen): **iterativer Konjunktiv**, z. B. Quemcunque lictor iussu consulis prehend*isset*, tribunus mitti iubebat. Elephanti, quacunque inced*erent*, tutum ab hostibus agmen praebebant. Camillus, quocunque se intul*isset*, victoriam secum trahebat. Alexander iis litteris, quas in Asiam scrib*eret*, Darei anulum imprimebat. Im Hauptsatz steht alsdann in der Regel das Imperf. Cf. 325, 4, Anm.

399. 1) Non defuerunt, qui virtute bellica vel prudentia in re publica gerenda vel integritate et fide Epaminondam adaequ*arent*; sed quotusquisque fuit, qui virtutum quasi societate quadam et communicatione inter suos pariter atque ille emin*eret*! 2) Sunt, qui multitudinis potius imperitae quam sapientissimorum virorum iudicium sibi subeundum existim*ent*. 3) Multi Romani filios mittebant Athenas, ubi scholas philosophorum frequent*arent* dicendique facultates perfic*erent*. 4) Multi hodie quoque credunt hariolis, quorum praedicta eventu cotidie refell*antur*. 5) Sunt quaedam bestiae, quae unum diem aut paucas horas viv*unt*. 6) Sunt, qui nihil adversi ferre pos*sint*; quin etiam inveniuntur, quibus ex omnibus virtutibus hoc unum de*sit* aequum animum in rebus adversis servare; et tamen vix quidquam novi, quod ad veram felicitatem

aeque necessarium *sit* atque aequabilitas totius vitae. 7) Duae sunt artes, quae pos*sunt* locare homines in amplissimo gradu dignitatis, una imperatoris, altera oratoris boni. 8) Estne, ubi lic*eat* mentiri? Cf. *Est, ubi* id val*eat* „es giebt Fälle, wo das gilt"; *est, unde* ius civile disc*atur* „es giebt eine Quelle für Erlernung des bürgerlichen Rechts"; *est, quatenus* amicitiae dari venia pos*sit* „es giebt eine Grenze, bis zu welcher die Freundschaft gehen darf"; *est, quo* omnes conveni*ant* „es existiert ein allgemeiner Versammlungsort". 9) Quis Bruto animi celeritatem defuisse censeat, qui Apollinis responsum tam argute acuteque interpretatus *sit*? 10) Facile est continere eos, quibus prae*sis*, si te ipse contineas. 11) Aegyptii musicam noxiam putabant, quae hominum animos effemin*aret*. 12) Ciceronis orationes, quas quidem leg*erim*, et verbis et rebus illustres sunt. 13) Pluris putare, quod utile vid*eatur* quam quod honestum, turpissimum est. 14) Avari plus semper appetunt nec eorum quisquam adhuc inventus est, cui, quod hab*eret*, *esset* satis. 15) In picturis usu venit, ut imperiti laudent ea, quae laudanda non *sint*. 16) Eo simus animo, ut nihil in malis ducamus, quod *sit* vel a diis immortalibus vel a natura constitutum. 17) Non habeo, quicum (cf. 272, 3) *malim* vivere quam tecum. 18) O malum discipulum, cuius nihil inter*sit*, utrum a magistris laudetur necne! Miseram rem publicam, in qua summa auctoritate ut*atur*, cui maximae divitiae *sint*! 19) Augustus optimo cuique maxime idoneus videbatur esse, qui rem publicam diu vexatam pac*aret*. 20) Irati est ei, a quo laesus vid*eatur*, quam maximum dolorem inferre. 21) Alexander Macedo, cum in Sigeo ad Achillis tumulum adstitisset: O fortunate, inquit, adulescens, qui tuae virtutis Homerum praeconem inven*eris*! 22) Plurimum studii operaeque Cicero adulescens collocavit in eloquentia, qua viam ad summos honores sibi patere cred*eret* (cf. auch 373). 23) Nunquam defuerunt, qui Caesarem consiliorum Catilinae non ignarum fuisse cred*erent*. 24) Pythagoras discipulis praecipiebat, ut raro iurarent, sed dignos se praestarent, quibus homines ius iurandum remitt*erent*.

400. Nach den Ausdrücken **est quod** „es ist Grund vorhanden, daß (weshalb)", **nihil est quod** „es ist kein Grund vorhanden, daß", **quid est quod, quae causa est quod, quid est causae quod, nihil est causae quod**, oder anstatt quod auch **cur** oder **quare** (selten *quamobrem*, z. B. Cic. Fin. 4, 44; vereinzelt *ut*, z. B. Liv. 5, 55, 5; Cic. de rep. 2, 59), ebenso nach **habeo quod, nihil habeo quod, quid habes quod** steht regelmäßig der **Konj.**, z. B. Nihil habeo, *quod* incus*em* senectutem. Non est, *quod* te pud*eat* sapienti assentiri. Si animum vicisti potius quam animus te, est, *quod* gaude*as*. Quid est, *cur* virtus ipsa per se non effic*iat* beatos? Nihil affert Zeno, *quare* mundum ratione uti put*emus*. — 1) Deo propitio non est, *quod* (od. *cur*) metu*amus*, ne quid mali nobis accidat; deo adversante nihil succedet. 2) Nihil est (causae), *quod* (od. *cur*) iis invid*eamus*, quos vulgus magnos et felices appellet. 3) Quid fuit causae, *cur* Romulus fratrem occid*eret*? 4) Nihil est, *quod* clementiae vos pud*eat*. 5) Non habes, *quod* me unquam tibi defuturum esse cogit*es*. 6) Virtus nullam aliam mercedem laborum periculorumque desiderat praeter laudis et gloriae; qua quidem detracta quid est, *quod* in hoc tam exiguo vitae curriculo tantis nos in laboribus exerc*eamus*? 7) Quisquis turpibus voluptatibus inservit, indignus est, *qui* homo nomin*etur*. Dignus non sum, *cuius* domum intr*es*. 8) Digna profecto socordia tua est, *quae* gravissime reprehend*atur*; an nemo idoneus tibi fuit, *qui* illuc

mitt*eretur*, ut ipse de periculo imminenti cognosceres? 9) Melanchthonem quattuordecim annos natum magistri aptum existimaverunt, *qui* civibus academicis adscrib*eretur*. 10) Ut Cicero in Catone Maiore, qui est scriptus de senectute, Catonem induxit senem disputantem, quia nulla videbatur persona aptior, *quae* de illa aetate loqu*eretur*: sic idonea eidem Laelii persona visa est, *quae* de amicitia disser*eret*. 11) Quis tam innocens est, *qui* (= ut is) non alicuius vitii *possit* insimulari? 12) Nemo tam afflictus est, *quem* (= ut eum) consolari non *possimus*. 13) Nullus est dolor, *quem* longinquitas temporis non mitig*et*. 14) Hoc peccatum maius est, *quam quod* (oder ciceronianisch *quam ut*) condon*etur*. 15) Tempus pretiosius est, *quam quod* (od. *quam ut id*) ludendo perd*amus*. 16) Cave utare iis verbis, quibus quis *possit* laedi. 17) O me stultum, qui amicos monentes non audi*erim*! 18) Tarentini, cum sibi persuasissent Pyrrhum praeter ceteros idoneum esse, *qui* sese a Romanis defend*eret*, opem eius implorare constituerunt eo(que) magis, quod bello Corcyraeo navibus oblatis optime de eo meruisse se cred*erent* (cf. 373). 19) Potestne fieri, ut eum beatum iudicemus, qui semper tim*eat*, ne quid ex bonis suis amittat?

401. **Das kausale Verhältnis eines Relativsatzes kann noch bestimmter bezeichnet werden durch quippe qui, ut qui,** (seltener *utpote qui*) „**da derselbe ja**", **(praesertim qui oder qui praesertim „zumal da derselbe"),** welche in **der besten Sprache stets den Konj. regieren,** (bei Livius, Sallust u. a. auch mit dem Indik. stehen). Cf. Solis candor illustrior est quam ullius ignis, *quippe qui* in immenso mundo tam longe lateque colluceat. Multa de mea sententia questus est Caesar, *quippe qui* a Crasso in me esset incensus. Mihi quidem tribunorum plebis potestas pestifera videtur, *ut quae* in seditione et ad seditionem nata sit. Neque tamen Antonius procul aberat, *utpote qui* magno exercitu, locis aequioribus expeditus, in fuga sequeretur. — 1) Centauri, *quippe quorum* insita immanitas vi Bacchi mollita *esset*, ante currum dei ingrediebantur cornibus vel fidibus canentes et ab Amoribus se regi sinentes. 2) Ut sunt, qui legibus magistratibusque inviti pareant, ita non desunt, qui magistratuum edictis libenter obtemperent, *ut qui* intelleg*ant*, quam necessariae salutaresque leges civitati sint. 3) Athenienses bello Peloponnesiaco occupaverunt Cythera insulam, *quippe quae* ita sita *esset*, ut magnum damnum Lacedaemoniis inferri inde posset. 4) Equidem discipulus nihil unquam mali loquar de magistro, *praesertim cui* carum me semper fuisse sci*am*. 5) Brasidas, *ut qui* fortitudine, probitate, prudentia civibus excell*eret*, dignus erat, cui Lacedaemonii magnopere confiderent.

### 9. Anhang: Fragesätze.

402. Die Fragen sind:

1. **Wortfragen** oder **Satzfragen.** Eine Wortfrage ist eine solche, in welcher der Fragende über ein einzelnes Wort im Satze eine Antwort zu erhalten wünscht, z. B. „Wer hat dies gethan?" „Wo wohnten die alten Ligurer?" Eine solche Wortfrage wird gebildet mit interrogativen Pronominen und Adverbien (*quis, qui, uter, qualis, quantus, ubi, unde, quo, cur* u. ä.) — In einer Satzfrage dagegen erkundigt sich der Fragende, ob der ausgesagte Gedanke Geltung habe oder nicht, ob er zu bejahen oder zu verneinen sei, z. B. „Bist du krank?" „Verdient Pompeius den Beinamen des Großen?" Die Satzfragen werden eingeleitet mit den Fragepartikeln *-ne, num, nonne.*

Anm. Über die rhetorische Frage cf. 551, 6.

2. **Direkte** oder **indirekte** Fragen. Direkte Fragen sind unabhängig und stehen als Hauptsätze im Indik. oder im *Coni. potentialis* oder *dubitativus*, z. B. Quid agis? Quis dubitet? Quid faciam? Quid faceret? — Indirekte Fragen hängen von einem Worte des Hauptsatzes (gewöhnlich einem Verbum dicendi oder sentiendi) ab und stehen als Nebensätze stets im Konj., z. B. Non intellego, quid *velis*.

3. **Einfache** oder **Doppelfragen (disjunktive** Fragen), welche letztere durch das ausschließende „oder" **(an)** gebildet werden, z. B. Honestumne factu est *an* turpe?

403. Ist in einer einfachen direkten Frage kein Fragewort vorhanden, so fügt man im Lateinischen eine der drei Partikeln **-ne, num, nonne** hinzu und zwar in folgender Weise:

a) **Nĕ**, die allgemeinste Fragepartikel, wird gebraucht, wenn der Fragende nicht andeuten will oder kann, ob er eine bejahende oder eine verneinende Antwort erwarte. Ne wird stets demjenigen Worte angehängt, auf welchem der Hauptfrageton liegt und welches regelmäßig in den Anfang des Satzes gestellt wird; ist kein Tonwort da, so wird es dem Verbum angehängt, z. B. Tota*ne* urbs arsit? Meministi*ne* me hoc in senatu dicere? (Nur ausnahmsweise ist das durch ne betonte Wort nicht das erste des Satzes, z. B. Caes. b. g. 7, 77, 10, Cic. Tusc. 5, 88 u. 26. An einsilbige Präpositionen kann ne nicht gehängt werden, daher: In nostra*ne* potestate est? ad corpus*ne* refers? Cf. 130, 8).

b) **Num** wird gebraucht, wenn der Fragende andeuten will, daß er eine verneinende Antwort erwarte, (im Deutschen etwa, wohl, vielleicht, doch wohl nicht beim Verbum), z. B. *Num* me reprehendere audes? *Num* imperatorum scientia nihil est? (Zu meiden ist num forte oder num fortasse, cf. 479.)

c) **Nonne** wird gebraucht, wenn der Fragende eine bejahende Antwort erwartet, (im Deutschen nicht beim Verbum), z. B. *Nonne* poetae post mortem nobilitari volunt? Canis *nonne* similis est lupo? (Selten steht nonne ohne Verbum = „nicht wahr?" Cic. Caec. 37.)

Anm. 1. Im gewöhnlichen Leben wurde das e von ne abgeworfen, wie credon' tibi hoc? Auch ein vorhergehendes s fiel alsdann weg, wie *ain'* statt aisne, *viden'*, *satin'* (cf. 310). — Tritt ne an *hic, haec, hoc*, so entstehen die Formen *hicĭne, haecĭne, hoccĭne* (selt. hicne, haecne, hocne, z. B. Cic. Tusc. 1, 62; Rosc. Am. 141; Att. 9, 7, 3).

Anm. 2. In der Frage **videsne? videmusne? videtisne?** „siehst du nicht?" meist = „weißt du nicht?" — (wonach ***ut*** steht, wenn die Sache deutlich veranschaulicht und lebendig vergegenwärtigt werden soll, sonst der *Acc. c. inf.*), — ist *-ne* für *nonne* gebraucht. Nonne vides etc. hat man des allzu vernehmbaren daktylischen Rhythmus wegen vermieden, (freilich nur im Satzanfange; denn in der Mitte oder am Ende eines Satzes und namentlich nach vorausgeschicktem *quid*? sagt man *nonne vides, nonne videmus*, z. B. Cic. Tusc. 5, 98). *Videmusne, ut* apud Homerum Nestor de suis virtutibus praedicet? *Videsne, ut* in proverbio sit ovorum inter se similitudo? *Videmusne, ut* pueri ne verberibus quidem a contemplandis rebus deterreantur? — Übrigens steht auch sonst, namentlich in der Umgangssprache und bei rhetorischen Fragen, *-ne* statt *nonne* (z. B. Cic. Cat. 1, 7 u. 8; Rosc. Am. 34 u. 66 u. 113; Tusc. 5, 62) und ebenso auch statt des regelmäßigen *num* (= „etwa, wohl"), z. B. Cic. Tusc. 1, 32; de or. 1, 226).

Anm. 3. Für *num qui, num quis, num quid* kann auch das mit besonderem Nachdruck fragende **ecqui, ecquis, ecquid** gebraucht werden: Ecqui pudor est, ecqua religio? Ecquam terram vidisti cultiorem Italia? Rogato, ecquid in tuam statuam contulerit. Ecquid habes, quod dicas? Ecqui me hodie vivit fortunatior? Verbum ecquod unquam ex huius ore excidit, in quo quisquam posset offendi?

Anm. 4. Das verwundernd fragende, alleinstehende „Ich?" heißt immer *egŏne*? und das befremdend fragende „So? Also wirklich?" heißt immer *ităne*? *itane est*? Zu diesen tritt oft zur Verstärkung *vero* oder *tandem* hinzu; also: „Ist's denn wirklich so?" *itane vero*? *itane tandem*? Das einfache „Nicht wahr? Nicht so?" heißt *nonne*? Endlich wo wir verwundernd fragen „Ist das dein Ernst? Meinst du das?", sagt der Lateiner *ain' tu*? *ain' tandem*? *ain' (tu) vero*?

Anm. 5. In einfachen indirekten Fragen entsprechen **-ne** und **num** dem deutschen „ob (etwa)" und „ob (etwa) nicht", jedoch mit dem Unterschiede, daß *num* (besonders bei den Verben des Fragens) oft (nicht immer) eine negative Antwort erwartet: Videamus, deorumne providentia mundus regatur. Xenophon Socratem consuluit, sequereturne Cyrum. Epaminondas, cum gravi vulnere exanimari se videret, quaesivit, salvusne esset clipeus. Lacedaemonii quaesiverunt, *num* Philippus se esset etiam mori prohibiturus. Hoc rogo, fundus *num* quis venalis sit. — *Nonne* für „ob (etwa) nicht" findet sich bisweilen bei Cicero, aber nur bei dem Verbum quaerere (z. B. Tusc. 5, 35; Phil. 12, 15; Fin. 2, 58; or. 214), z. B. Croesus ex Solone quaesivit, *nonne* se beatissimum putaret. Cf. auch 383. — Erst seit Livius wird in der Prosa auch **an** (statt num oder ne) für „ob" in indirekten Fragesätzen angewandt (z. B. Liv. 31, 48, 6; 8, 24, 11; 35, 4; 35, 42, 4). Cf. 409, 5. Vor Livius ist an in indirekten Fragen üblich nur in den Verbindungen haud scio an, nescio an u. ä. (cf. 411).

404. **Ohne Fragepartikel finden sich solche Fragen, die mit besonderem Affekte der Verwunderung, des Zweifels oder des Unwillens und Tadels gesprochen werden, so daß man auf eine affirmativ ausgedrückte Frage eine verneinende Antwort und auf eine negative Frage eine bejahende Antwort erwartet; die Frage wird in diesem Falle durch den bloßen Frageton bezeichnet,** z. B. Patere tua consilia *non* sentis? constrictam teneri tuam coniurationem *non* vides? „Fühlst du denn das nicht? Siehst du denn das nicht?" Quid? si te rogavero aliquid, *non* respondebis? Clodius insidias fecit Miloni? Pugnantia te loqui *non* vides? Dubium est, ad quem maleficium pertineat? Sulla potuit, ego non potero? Ad hunc, dii boni, legatos mitti placet? Tu mihi etiam Atilium Regulum commemoras? Tu in forum prodire, tu in horum conspectum venire conaris? Besonders häufig fehlt die Fragepartikel nach *quid*? (cf. 410). Cf. auch 332, Anm. 6. (Doch steht bisweilen *nonne*, wo man bloß *non* erwartet, z. B. Cic. Tusc. 1, 17; Cat. 1, 27; Rosc. Am. 80; fin. 2, 10; 5, 86 u. ö.)

405. **Die gebräuchlichsten Formen der disjunktiven Fragen sind:**

| | | |
|---|---|---|
| 1) | im ersten Gliede **utrum**, | im zweiten Gliede **an**; |
| 2) | „ „ „ **-ne**, | „ „ „ **an**; |
| 3) | „ „ „ kein Fragewort, | „ „ „ **an**; |
| 4) | „ „ „ „ „ | „ „ „ **-ne**. |

**Die beiden ersten Formen sind die bei weitem gebräuchlichsten; die dritte und seltener die vierte Frageform finden sich in Fällen, wo die Fragen kurz sind und scharf einander gegenüberstehen.** Beachte folgende Beispiele:

ad 1) *Utrum* hoc tu parum commeministi *an* mutasti sententiam? Inter praetores magna fuit contentio, *utrum* moenibus se defenderent *an* acie decernerent.

ad 2) Quidquid terra profert, ferarumne *an* hominum causa gignit? Quaeritur, virtus suamne propter dignitatem *an* propter aliquos fructus expetatur.

ad 3) Rides *an* ploras? Sunt haec tua verba *an* non? Postrema syllaba brevis *an* longa sit, ne in versu quidem refert. Nihil interesse putant, valeamus *an* aegri simus. Bene praecipiunt, qui vetant quidquam agere, quod dubites, aequum sit *an* iniquum.

ad 4) Datames experiri voluit, verum falsum*ne* esset sibi relatum. Fatemur, valentes imbecilli*ne* simus, non esse id in nobis. L. Tarquinius Superbus Prisci Tarquinii regis filius nepos*ne* fuerit, parum liquet. — (Dichterisch und vereinzelt bei Cäsar b. g. 7, 14, 8 findet sich *-ne* — *-ne;* aber *-ne* — *necne* „ob — oder nicht" ist klassisch.)

**Hat eine disjunktive Frage mehr als zwei Glieder, so werden nach dem ersten Gliede alle folgenden mit *an* eingeleitet,** z. B. Romam*ne* venio *an* hic maneo *an* Arpinum fugio? Consultabat, *utrum* Romam proficisceretur *an* Capuam teneret *an* iret in Macedoniam. In diesem Falle ist *utrum* — *an* — *an* viel seltener als *-ne* — *an* — an. Cf. jedoch Cic. Verr. 1, 105; 2, 115; ad Att. 16, 8, 2.

Anm. 1. Zuweilen wird der Doppelfrage *utrum* vorausgeschickt und dann die beiden Glieder der Frage durch *-ne* und *an* entgegengestellt, z. B. *Utrum* mavis statim*ne* nos vela facere *an* paululum remigare?

Anm. 2. **Num** — **an** bilden nie eine disjunktive Frage, sondern werden nur so gebraucht, daß auf num eine verneinende, auf an eine bejahende Antwort erwartet wird; die Frage mit an ist hier nicht eine Gegenfrage, sondern eine neue, durchaus selbständige Frage, welche dazu dient, die vorangehende mit num zu verbessern (*an* = „oder vielmehr“). Cf. Cic. Tusc. 1, 112; Cat. m. 23; Leg. 2, 5, de or. 1, 249.

406. **„Oder nicht“ in Satzfragen kann zwar stets (doch cf. 407) durch an non oder necne ausgedrückt werden; doch steht** *an non* **seltener in indirekten** (Cic. de inv. 1, 94; 2, 60; Balb. 22), *necne* **höchst selten** (Cic. Tusc. 3, 41; Flacc. 59) **in**
* **direkten Fragen. — Über Wortfragen vgl. Nachtrag.**

407. 1) Nein; da in diesen Sätzen das **„oder“** durchaus keine ausschließende (disjunktive) Kraft hat, sondern nur dazu dient, den vorhergehenden Begriff zu erweitern oder zu verbessern oder näher zu bestimmen, und nicht viel von „und“ verschieden ist, so ist es durch **aut** (oder *vel*) zu übersetzen. Cf. Romaene et domi tuae *an* Mitylenis *aut* Rhodi mavis vivere? Ebenso steht aut bei Verbindung von Sätzen, z. B. Quid primum querar *aut* unde potissimum, iudices, ordiar *aut* a quibus auxilium petam? Num igitur me fefellit *aut* num diutius potuit sui dissimilis esse? — 2) Im Deutschen fällt die Form der indirekten durch Pronomina und Adverbien gebildeten Frage mit der relativen zusammen; daher ist auf den Unterschied beider zu achten. Vor den relativen Bezeichnungen kann immer ein Demonstrativ ergänzt werden, während die indirekten Fragen immer aus direkten Fragen entstanden sind. Daher heißt Non dicam, *quod sentio* „ich werde dasjenige nicht sagen, was ich denke“ (= ich werde die Ansicht, welche ich habe, für mich behalten); aber Non dicam, *quid sentiam* „ich werde nicht sagen, was es sei, das ich denke“ (= ich werde nicht sagen, welche unter den mehreren möglichen Ansichten die meinige sei). Cf. Non intellego, *quid dicas* „ich verstehe nicht, was du sagst“, d. h. „ich frage mich, was du sagst, kann es aber nicht finden; dagegen *quod* (oder *quae* „dasjenige was“) *dicis*, omnes probant. Quaeramus, ubi maleficium *est* „laßt und da nachsuchen, wo das Verbrechen wirklich ist“, dagegen Quaeramus, ubi maleficium *sit* „laßt uns erforschen, welches der Ort sei, wo das Verbrechen ist“. Senatui, quae *sunt* gerenda, praescribo. Quae ego mente agit*ari*, omnes iam antea audivistis. Sehr bezeichnend ist: Ego meum puto esse et *quid* sentiam ostendere et *quod* feceris defendere.

Anm. Nur selten erscheint ein indikativischer Relativsatz in der Form eines indirekten Fragesatzes, weil das Substantiv aus dem Hauptsatze in den Relativsatz gezogen ist, z. B. Nihil est admirabilius quam *quo modo* (= is modus, quo) Q. Maximus mortem filii tul*it* (Cic. de senect. 12). At *quo utuntur* illi *argumento* ad probandum, operae pretium est considerare (= id argumentum, quo illi utuntur; Cic. fin. 4, 67). Gewöhnlich kommt aber in diesem Falle eine abhängige Frage in Anwendung (cf. 413).

408. **An (selten anne) „oder etwa“, verstärkt** *an vero*, — (NB. nie forte oder fortasse dabei und fast ausnahmslos *c. Indic.!*) — **steht in einfachen direkten Fragen dann, wenn sich das erste Glied der Frage mit** *utrum* **oder** *-ne* **leicht ergänzen läßt. Die Frage mit** *an* **steht in diesem Falle immer in unmittelbarem Anschlusse an die vorhergehende Behauptung und dient recht eigentlich zum Ausdrucke des schlagenden Arguments, womit man dem gesunden Menschenverstande das Widersinnige oder Unannehmbare einer Meinung vorhält. Mit** *an* **wendet sich der Redner an einen Gegner, dessen möglichen Widerspruch gegen seine eigene Behauptung er niederhält, indem er durch die Form der Disjunktive (***an***) beides als einander ausschließend bezeichnet (argumentierendes an)**, z. B. Non ego te dictis offendere volui; *an* putas me parvi facere benevolentiam tuam? (Ergänze: utrum id ita esse credis an . . .). Necesse est cum Arvernis nosmet coniungere; *an* dubitamus, quin iam Romani ad nos interficiendos concurrant? (Ergänze: utrum id ita esse credimus an . . .). Sapientes mihi videntur esse beatissimi; *an* quidquam deest ad beate vivendum ei, qui confidit suis bonis? Quis neget omnes leves, omnes cupidos, omnes denique improbos esse servos? *an* ille mihi liber, cui mulier imperat?

Anm. 1. Die mit **an** eingeleitete Gegenfrage hat negativen Sinn (an = neque enim), cf. 274, 5, d. Soll die Gegenfrage bejaht werden, so steht *an non* (= nam), z. B. Hostes facile vincemus, *an non* pares eis sumus? — Zu beachten ist die außerordentlich häufige Verbindung des argumentierenden *an* mit dem Verbum sentiendi (stets im Indik.!): *an censes? an tu existimas? an tibi videtur? an vero ignoratis? an vero putatis? an* *est quisquam, qui ignoret? an potest quisquam dubitare? an dubitamus, quin? an vero obliti estis?* u. ä.

Anm. 2. Nach voraufgegangener Wortfrage heißt folgendes **an** so viel als **„nicht wahr? doch wohl"**; es hat in diesem Falle bejahenden Sinn und giebt eine Antwort in Form der Mutmaßung (griech. *ἄλλο τι ἤ*), z. B. Quidnam beneficio provocati facere debemus? *an* imitari agros fertiles, qui multo plus efferunt quam acceperunt? — Quando autem ista vis evanuit? *an* postquam homines minus creduli esse coeperunt? „Wann aber ist diese Kraft (der gotterfüllten Ausdünstung zu Delphi) verschwunden? Doch wohl, seitdem die Menschen anfingen, weniger leichtgläubig zu sein?" — Quid tuis statuis fore arbitrabare? *an vero* id, quod accidit? (Gleichbedeutend *nonne* oder *nempe*).

Anm. 3. Die argumentierende Frage steht fast ausnahmslos im Indik.; der Coni. dubitativus und potentialis wird in derselben gemieden. Zulässig ist nur der Konj. der unwilligen Frage (z. B. An ego in hac urbe esse pos*sim* his pulsis? Cic. Sest. 146; Arch. 30. An ego ab eo mandata accip*erem*?) und der Konj. der hypothetischen Perioden, z. B. An iste unquam de se bonam spem *habuisset*, nisi de vobis malam opinionem animo imbibisset?) *

1) In bello nihil gravius utiliusve est quam oboedientia: *an* quid vel maximam militum in proelio virtutem profecturam putatis, nisi imperatori dicto audientes esse didicerint? 2) Non maior virtus est quam deo oboedire: *an* Christum ipsum nescimus professum esse nihil gloriosius sibi videri, quam ut per totam vitam ad mortem cruentam patri caelesti oboediret? 3) Quis auctor fuit ordinis Iesuitarum? *an* Ignatius Loyola Hispanus? 4) Quis Graecos docuit agriculturam? *an* Ceres, quae arationem boumque usum cum vomere, vanno, cetero eiusmodi instrumento monstrasse fertur? 5) Studium eloquentiae non Graeciae commune, sed Atheniensium proprium fuisse Cicero suo iure dicit: *an vero* dubium est, quin una urbs Atheniensium pluribus sanae eloquentiae operibus floruerit quam tota Graecia? 6) Quem maxime laudatis? *an* eum, qui non solum sibi, sed etiam suis patriaeque consulat? 7) Cur Agamemno apud Homerum optat, ut decem viros Nestoris similes habeat? *An* quia hunc sapientissimum et fidelissimum cognoverat? 8) Sitientis nihil intererit, utrum poculum aureum sit an vitreum: *an* Diogenem cava manu aquam hausisse ignoras?

409. 1) Selten (Cic. nat. d. 1, 88 u. Lael. 36) steht statt num das stärkere *numne*, wie sich auch selten *utrumne* statt des einfachen utrum findet. — 2) Die Fragepartikeln *numquid* und (viel nachdrücklicher) *ecquid* stehen oft im Sinne von „denn etwa, denn wohl" für das einfache num, (ecquid auch für -ne oder nonne). — 3) Wenn mehrere zu bejahende Fragen auf einander folgen, so steht in der ersten *nonne*, in den folgenden gewöhnlich bloß *non* (cf. Cic. Pis. 77; Cael. 60: Rosc. Am. 98; Sull. 7; Cat. 1, 27. Dagegen Cic. Deiot. 32; Flacc. 30; nat. d. 3, 13; Caes. b. c. 2, 32, 8). Ebenso folgt auf *nihilne* in der Anaphora bloß *nihil* (Cic. Cat. 1, 1). — 4) Statt des einfachen an findet sich auch bei Cicero zuweilen *anne*. — 5) Bei nachklassischen Schriftstellern findet sich *an* in einfachen indirekten Fragen für -ne oder num „ob". Cf. 403, Anm. 5. — 6) Cf. 383.

410. Jede mit dem argumentierenden **quid**? („wie? ferner wie? ferner, frage ich") eingeleitete Frage will nicht bloß auf etwas Neues als etwas Wichtiges hinweisen, sondern zugleich den Leser oder Hörer bestürmen und das Zugeständnis desselben erzwingen. Zu beachten ist, daß auf dieses eine Frage einleitende quid niemals das jedesmalige Fragewort unmittelbar folgt, sondern zunächst der Hauptbegriff der Frage, welcher ein einzelnes Wort oder ein ganzer Satz mit seinen zugehörigen Dependenzen sein kann, und dann erst das erforderliche Fragewort mit dem übrigen Teile der Frage folgt, z. B. *Quid*? idem iste Mithridates *nonne* legatum in Hispaniam misit? *Quid*? Xenocratis responsum *quale* tandem videtur? *Quid*? ex aede Liberae illud simulacrum pulcherrimum, quod visere solebamus, *num* Verres dubitavit tollere? *Quid*? cetera, quae commemorare coeperam, vitia *quanta*

*atque quam multa* sunt? *Quid*? deum, etsi oculis non videmus, *nonne* mente tamen complecti possumus? (Das mit dem fragenden *-ne* versehene Wort kann unmittelbar hinter quid? stehen, z. B. *Quid*? parum*ne* multa de toleranda paupertate dicuntur?). — Unter den Verbindungen, in welchen *quid* zu rhetorischen Zwecken erscheint, sind zu merken: 1) **Quid vero?** „wie vollends? was gar? ferner gar; ja noch mehr; und nun gar", welches eine mit Steigerung verbundene Fortführung bezeichnet (z. B. Nuper, cum ego Sergii contra Antonium causam defenderem, nonne omnis nostra in iure versata defensio est? *Quid vero*? clarissima Curi causa quo concursu hominum defensa est?); — 2) **Quid deinde? quid tum? quid postea?** „was sodann? was weiter? was folgt (od. folgte) darauf? was soll daraus folgen?", welche einen Fortschritt zu einem neuen (wichtigeren) Teile der Beweisführung oder den Übergang zu einem weiteren Faktum der Darstellung vermitteln. (*Quid tum*, selten *quid postea* steht auch vor Fragen verneinenden Sinnes ≐ quid ergo „folgt etwa daraus, daß?", z. B. At multantur bonis exsules. *Quid tum*? parumne multa de toleranda paupertate dicuntur?); — 3) **Quid ita?** „warum so? warum dies? wieso? inwiefern?", welches in lebhafter Weise die Begründung zu einer vorausgeschickten Behauptung einleitet (= enim im Aussagesatze), z. B. Catenas habebat hospes tuus Aristeus. *Quid ita*? prodiderat classem. Quam molestum est uno digito plus habere. *Quid ita*? quia nec ad speciem nec ad usum alium quinque desiderant. Accusatis Roscium. *Quid ita*? quia de manibus vestris effugit; — 4) **Quid ergo? quid igitur?** „wie also? soll also oder sollte also? folgt etwa daraus, daß? steht darum etwa die Sache so, daß? ist damit etwa gesagt, daß", welche in konklusiver Form einen Gedanken einleiten, der zwar aus dem Vorhergehenden leicht gefolgert werden kann, aber als ein irrtümlicher (absurder) bezeichnet werden soll. Die auf quid ergo? quid igitur? folgende Frage verlangt stets eine verneinende Antwort und kann nicht mit *num* oder *nonne*, sondern nur mit *-ne* (oder ohne Fragepartikel) eingeführt werden. Cf. Summi oratores tacent, quia periculum vitant. *Quid ergo*? audacissimus ego ex omnibus? minime („Folgt etwa daraus, daß ich der mutigste bin = bin ich etwa darum der mutigste?"). At laetatus sum. *Quid ergo*? in tanta laetitia cunctae civitatis me unum tristem esse oportebat? At nemo post reges exactos de plebe consul fuit. *Quid igitur*? nullane res nova institui debet?; — 5) **Quid enim?** „denn wie? denn ist etwa der Fall denkbar, daß?", welches dazu dient, eine allgemeine Behauptung durch die Widerlegung einzelner konkreter Fälle oder (scheinbar entgegenstehender) Möglichkeiten zu begründen. Die auf Quid enim? folgende Frage hat stets negativen Sinn (= neque enim) und kann nie mit nonne eingeleitet werden. Cf. Ut quisque sibi plurimum confidit, ita in amicitiis maxime excellit. *Quid enim*? Africanus indigens mei? minime („denn ist es etwa denkbar, daß Afrikanus meiner bedürftig war = war denn etwa, frage ich, Afr. meiner bedürftig?"). Is quoque, qui a vobis sapiens inducitur, multa sequitur probabilia. *Quid enim*? conscendens navem sapiens num perceptum habet se ex sententia navigaturum? — 6) **Quid? quod** (entstanden aus quid dicam de eo, quod) „was soll man dazu sagen, daß? ja sogar, ja noch mehr" und **Quid? si** „was soll man dazu sagen, wenn?" bilden den Übergang zu einem neuen Argumente, das die vorhergehenden an Bedeutung übertrifft; sie stehen besonders in Beweisen, um das stärkste Glied einzuführen. *Quid? quod* stellt die Thatsache als objektiv und faktisch hin, während *quid? si* das Außerordentliche des Falles hervorhebt, der zwar faktisch ist, für dessen Anerkennung aber erst noch die Bestätigung des Hörers oder Lesers erwartet wird, z. B. Divitissimus quisque opibus, potentissimus quisque auctoritate atque honoribus est spoliatus: *quid*? *quod* facilis est ad ultimum supplicium ex regno descensus? In nostra potestate non est, quid meminerimus? *quid*? *si* etiam iucunda est memoria praeteritorum malorum?

Anm. Merke auch: *Quid quaeris*? „es bedarf keiner weiteren Frage, du kannst es dir selbst sagen, genug, kurz", welches das aus dem Vorhergehenden sich ohne weitere Erörterung Ergebende einführt (= quid multa? quid plura? ne multa [sc. dicam] **oder ne multis [sc. verbis te morer]**).

411. Die Ausdrücke **haud scio an** (seltener **nescio an**, milder haud sciam an od. nesciam an), **dubito an, incertum** (oder **dubium**) **est an** haben sehr oft den Sinn „vielleicht, vermutlich, doch wohl, möglicherweise", neigen also zur Bejahung hin, obgleich wir nach deutscher Auffassung das Gegenteil denken möchten; **an** hat hier die Bedeutung von **„ob nicht"**, **an non** von **„ob"**, (*an nemo* „ob jemand", *an nullus* „ob irgend einer", *an numquam* „ob

jemals" u. s. w.). Daher heißt *haud scio an* hoc melius sit „dies ist doch wohl (vielleicht, vermutlich) besser" (= ich weiß nicht, ob dieses nicht besser ist); *haud scio an non* melius sit „dies ist doch wohl nicht besser" (= ich weiß nicht, ob dieses besser ist). Cf. *Haud scio an* recte ea virtus frugalitas appellari possit. Aristotelem excepto Platone *haud scio an* recte dixerim principem philosophorum. Ingens eo die res ac *nescio an* maxima illo bello gesta sit. Si per se virtus sine fortuna ponderanda sit, *dubito an* Thrasybulum primum omnium ponam „so möchte ich wohl — setzen". Bisweilen stehen diese Ausdrücke ohne Verbum gleichwie eine adverbielle Bestimmung = „vielleicht, wohl", z. B. Tanti tibi honores habiti sunt, quanti *haud scio an* nemini. Hoc diiudicari *nescio an* nunquam, sed hoc sermone certe non potest. — 1) *Nescio an* res publica Atheniensium *nulla re* magis sit lapsa quam immodica contionum licentia. Contigit nobis, quod *haud scio an nemini* (nicht cuiquam!). 2) Moriendum certe est et id *incertum an* hoc ipso die. 3) C. Gracchus, si diutius vixisset, *nescio an* eloquentia parem habuisset *neminem.* 4) Inest *nescio qui* angor in animo meo. Videmusne, ut (cf. 403, Anm. 2) quidam *nescio quo* pavore deterreantur, quominus id quod sentiant aperiant? In epistula tua ad Lucceium data *nescio quid* scriptum videtur fuisse, quo ille magnopere sit afflictatus. Oratio senis diserti composita ac mitis saepe *nescio quo modo* ipsa audientiam sibi facit. Oft steht **nescio quis, nescio qui (quid, quando, quomodo, quo pacto)** als geschlossener Begriff ohne Verbum und ohne Einfluß auf die Konstruktion statt *aliquis* (*quidam*), *aliquid, aliquando, quodammodo,* um die Unbestimmtheit hervorzuheben, besonders dann, wenn der Redende a) die Person, die Sache, den Ort, die Art und Weise als unbedeutend, gleichgültig oder gar verächtlich bezeichnen will, z. B. Nuper *nescio quis* ex me quaesivit. Misit ad Caesarem *nescio quem.* Talis fuit Athenis Timon *nescio qui* „ein mir sonst nicht weiter bekannter Timon"; — b) wenn der Redende ausdrücken will, daß er für etwas Auffälliges, Außerordentliches, Merkwürdiges, Rätselhaftes den eigentlichen Grund oder den bezeichnenden Ausdruck nicht finden könne, z. B. Vultus tuus *nescio quod* ingens malum significat. Res gestae meae *nescio quos* spiritus mihi attulerunt. *Nescio quid* de illo dubitare videris „du scheinst einen mir nicht recht verständlichen Zweifel zu hegen". Besonders zu beachten sind **nescio quomodo** und **nescio quo pacto** im Sinne von „unwillkürlich, unbegreiflich, sonderbar genug, leider", z. B. *Nescio quo pacto* ad praecipiendi rationem delapsa est oratio mea. *Nescio quomodo* inhaeret in mentibus quasi saeculorum quoddam augurium futurorum. Iam diu in his periculis versamur, sed *nescio quo pacto* omnium scelerum maturitas in nostri consulatus tempus erupit. Fit *nescio quomodo,* ut magis in aliis cernamus quam in nobismet ipsis, si quid delinquitur. — Auch *mirum quantum (quam), mire quam, sane quam, incredibile quantum, nimium quantum, immane quantum, oppido quam* stehen als adverbiale Begriffe im Sinne von „ganz außerordentlich" ohne Einfluß auf den Modus des Verbs, z. B. Sales in dicendo *mirum quantum* valent. Id *mirum quantum* profuit ad concordiam civitatis. *Mire quam* illius loci cogitatio me delectat. Sales in dicendo *nimium quantum* valent. Pleraque *oppido quam* parva erant. Voce *sane quam* suavi versus cecinit. — 5) Hanc spem ne relinquamus. *Ain'* tu? inquit ille. Cf. 403, Anm. 4. 6) Nihil gravius fecisti quam *nescio an* alii multi ante. 7) Numquid vis? Sane (oder ita est, certe, sane quidem). 8) Estne frater tuus aegrotus? Non est (oder minime, minime vero). 9) Fidemne habes eius promissis? Nihil vero minus. 10) Dubitasne, an fidem praestaturus non sim? Minime vero. 11) Solusne domi es? Solus. 12) Haec quid ad me? *Immo* (cf. 483, 11) ad te attinent. 13) Numquid (ja nicht num fortasse! cf. 479) nescis, quid discriminis sit inter lucem et lumen? Immo vero. 14) Num dormis? Minime vero. — Die Antwort „ja" nach einfachen direkten Fragen wird ausgedrückt:

a) durch Wiederholung des Wortes, worauf in der Frage der Nachdruck liegt, z. B. Vidistine eum? *Vidi.* — Dasne hoc nobis, deorum immortalium numine naturam omnem regi? *Do sane.* — Rogavi, venissentne legati; respondit servus (*eos*) *venisse* „ja".

b) durch *sane, sane quidem, ita, ita est, ita vero est, certe.* Cic. leg. 2, 1. Visne, sermoni reliquo demus operam sedentes? *Sane quidem.* — Über *omnino* vgl. Nachtrag. *

c) durch *vero* „jawohl, allerdings", welches sowohl allein steht (z. B. Fuistine, cum Athenis esses, in scholis philosophorum? *Vero* ac libenter quidem) als sich auch an ein Pronomen oder das betonteste Wort der Frage anschließt, z. B. Hocine dixisti? *Dixi vero* oder *ego vero.* Num venditor iniuste fecit? *Ille vero.*

d) durch *etiam* „ach ja, ach richtig", besonders wenn jemand auf eine von ihm aufgeworfene Frage infolge nachträglichen Sich-Besinnens selbst antwortet, z. B. Quis tandem nuper mihi de hac re narravit? ***Etiam***: frater tuus.

Die Antwort **„nein"** wird ausgedrückt:

a) durch *non* mit Wiederholung des in der Frage betonten Wortes (z. B. Possumusne tuti esse? *Non possumus*), seltener durch das bloße *non* (z. B. Cic. Caecil. 33; Verr. 1, 20; 2, 106; Quinct. 71).

b) durch *non ita, minime, minime vero, nihil sane, nihil minus,* z. B. An tu haec non credis? *Minime vero.*

c) durch *immo* oder *immo vero* „im Gegenteil, vielmehr" (cf. 483, 11).

Anm. Das deutsche „entweder ja oder nein" heißt *aut etiam aut non*; „mit ja oder nein antworten" aut etiam aut non respondere.

412. 1) Der Lateiner kann zwei (oder mehr) Fragewörter zu einem Fragesatze verbinden, wo der Deutsche entweder zwei mit „und" verbundene Fragen bildet oder eins von den beiden Fragewörtern beseitigt: „Wie oft hatte nicht Milo die beste Gelegenheit, wenn er" 2c. „Erwäge, wer betrogen haben soll und wen". Cf. Legati commemorabant, *ex quantis quo* reccidissent Carthaginiensium res „wie weit der karthagische Staat von der größten Macht herabgesunken sei". *Quam* brevi tempore *quot* poetae exstiterunt „wie kurz ist die Zeit gewesen, und wie viele Dichter sind in derselben aufgetreten!" Relatum est, *quae* piacula *quibus* dis *quibus* hostiis fieri placeret „welche Sühnopfer und welchen Göttern und mit welchen Tieren sie dargebracht werden sollten". Quaeritur, *uter utri* insidias fecerit „wer von beiden dem andern". — 2) Die Fragewörter, mit denen nach bestimmten Verhältnissen gefragt wird, können nebst ihren Pertinenzen als untergeordnete Satzteile angebracht werden; im Deutschen muß dann eine solche Umformung vorgenommen werden, daß die Frage einen für sich bestehenden Satz bildet und daran sich das übrige in Form von Nebensätzen anschließt. „Er fragte mich, was er thun müsse, um sich Verzeihung zu erwirken". „Welchen Nutzen suchen wir, wenn wir das zu wissen verlangen, was verborgen ist?" Cf. *Qua re laesus* nunc tam implacabiliter irasceris? „wodurch bist du beleidigt worden, daß dein Zorn so unversöhnlich ist?" *Qua iniuria accepta* ad hoc tribunal confugistis? „welches Unrecht habt ihr erlitten, daß ihr zu diesem Richterstuhle geflüchtet seid?" *Quibus rebus gestis* contionem . . . advocare ausus es „was für Thaten hast du ausgeführt, daß du . . . wagtest?" Docui, *qua re effecta* sperare veniam posset „was geschehen sein müsse, ehe er auf Verzeihung rechnen könne". Cogitate, *quantis laboribus fundatum* imperium una nox paene delerit. Videmus, *quibus exstinctis oratoribus quam in paucis* spes sit „welche Redner untergegangen sind und wie wenige jetzt Hoffnung erregen" (Cic. off. 2, 67). Der Lateiner kann auch nach einem Frageworte das finale *ut* und *ne* gebrauchen, um nach der Absicht der Handlung zu fragen, z. B. Vos cum Gallis iugulare mavultis? *quid ut* assequamini? „was wollt ihr damit erreichen?" Concurristis in forum: *quid ne* fieret? „was wollt ihr dadurch verhüten?" Cf. Cic. Verr. 3, 191; Sest. 84; Font. 32; nat. d. 3, 74. Liv. 44, 39, 5; 40, 13, 4; 28, 19, 6; 4, 49, 15. — 3) Zuweilen findet sich eine direkte Frage gebraucht, wo auch eine indirekte stehen könnte, namentlich nach *quaero* (*interrogo*) und den Imperativen *dic* und *vide,* damit die Frage als solche besonders lebhaft und nachdrucksvoll hervortrete: „Ich frage euch: was habt ihr thun wollen?" „Sage bitte: erschreckt dich der dreiköpfige Cerberus?" „Sieh: wie hat sich die Sachlage umgewandelt!" „Ihr erinnert euch ja: wie volkstümlich erschien das Gesetz über die Priesterämter!" (Cic. Tusc. 1, 10; Rosc. Am. 125; Verr. 3, 191; 5, 180; de or. 2, 261; Sest. 81; Lig. 24; Att. 8, 13, 2; Lael. 96 u. ö. Cf. auch 407, Anm.).

413. **Nein; denn wenn bei einem *Verbum sentiendi* und *declarandi* ein Objekt (oder Subjekt) steht, welches durch einen Relativsatz noch näher bestimmt**

wird, so wird das Objekt (resp. Subjekt) regelmäßig dann von seinem Verbum abgelöst und in den frageweis zu gestaltenden Relativsatz gezogen, wenn eine solche Umwandlung auch im Deutschen möglich ist. Darum sind die vorgelegten Sätze zu übersetzen: Nosse velim, quam utilitatem tibi ista postulata allatura sint. Nemo novit, quo tempore moriendum sibi sit. Cf. Incertum est, quo te loco mors exspectet „ungewiß ist die Stätte, an welcher" ... Non quaero, quae te causa impulerit „ich frage nicht nach der Ursache, welche" ... Cf. jedoch 407, Anm. — 1) Anacharsis Solonem rogavit, ut explicaret, quas rationes educandorum puerorum Athenienses sequerentur. 2) Multi noverunt, qua via ad virtutem perveniatur, sed pauci ingrediuntur. Quanta celeritate Pompeius omnia haec bella confecerit, videtis. Equites, quanto in periculo legatus versaretur, consuli exposuerunt. 3) Alexander excussa ebrietate sensit, quid sceleris commisisset. 4) Saepenumero pater, quanta pericula adulescentibus ex inertia atque desidia nascerentur, me monuit. 5) Hannibalis exercitus quae pericula atque labores subierit in transeundis Alpibus, quis est, quin acceperit? 6) Quam similia inter se sint ova gallinarum, constat; nihilo minus Deli, ubi quaestus causa multae gallinae alebantur, non pauci, cum ovum inspexerant, quae id gallina peperisset, dicebant. 7) Socrates quo modo philosophiam discipulis tradiderit, cum multis veterum scriptorum testimoniis constat, tum ex Xenophontis maxime Platonisque dialogis apparet. 8) In urbe ipsa non deerant, qui de societate cum Pyrrho facienda omnino dissuaderent, quae incommoda inde oritura essent enumerantes. 9) Athenienses, cum urbem firmioribus moenibus circumdarent, Lacedaemoniis suspecti esse coeperunt; nam hi reputabant, quantum incrementi Atheniensibus urbs munita esset allatura.

Anm. Seltener ziehen die Klassiker in diesem Falle das Subjekt des indirekten Fragesatzes zu dem regierenden Verbum (**Prolepsis** oder **Anticipatio**), z. B. Nosti Marcellum, quam sit tardus. Perspicitis genus hoc, quam sit facetum. Genus illud tertium explicetur, quale sit. Quidam saepe in parva pecunia perspiciuntur, quam sint leves. Constituend*i* autem *sunt*, qui sint in amicitia fines. Rem vides, quomodo se habeat. Cic. Lael. 56 u. 63; Pomp. 34; Tusc. 1, 56; de off. 1, 29; 2, 52; nat. d. 1, 73; or. 68. Liv. 34, 61, 4. Zuweilen wird *causa* zu dem regierenden Verbum gezogen, so daß cur, quare, quamobrem folgt, z. B. Perfuga non celavit causam, cur venisset (= qua de causa venisset).

## 5. Die Participialien.

### a. Der Infinitiv.

414. Der **Infinitiv** giebt den bloßen Begriff des Verbs in substantivischer Form (als Abstractum) ohne nähere Bezeichnung der Person, des Numerus und der Zeit; daher hat er (im Gegensatz zum Indikativ, Konjunktiv und Imperativ, welche zusammen Verbum finitum heißen), auch seinen Namen „der unbestimmte" sc. modus. Seine drei Tempora: Präsens, Perfekt und Futur bezeichnen nicht die Zeit an und für sich, sondern nur die Entwickelungsstufen der Handlung im Verhältnis zu dem regierenden Verbum. Es bezeichnet nämlich:

a) der Inf. **praes.** die **gleichzeitige** Handlung,
b) der Inf. **perf.** die **vorzeitige** (vollendete) Handlung,
c) der Inf. **fut.** die **bevorstehende** Handlung.

Cf. Ven*ire* possum, potui, potero. Sciebam regem ven*ire*, ven*isse*, ven*turum esse*.

Anm. Die Benennungen Infinitivus *Praesentis*, *Perfecti*, *Futuri* sind genau genommen unrichtig, denn der Infinitiv hat keine Zeitbedeutung; die Zeit, in welche eine Handlung (oder ein Zustand) fällt, giebt vielmehr das Hauptverbum an, zu welchem der Infinitiv gehört; in pergebam scribere ist das Schreiben eine Handlung der Vergangenheit, in pergam scribere eine Handlung der Zukunft, in Hannibal intellexit se victum iri ist das vinci ein vergangenes. Richtiger sollten die Infinitive heißen: Inf. *rei infectae* (der Gleichzeitigkeit oder Dauer), *rei perfectae* (der Vorzeitigkeit oder Vollendung), *rei instantis* (des Bevorstehens). In derselben Weise giebt auch im Deutschen in den Sätzen: „Ich höre ihn singen, ich hörte ihn gestern singen, ich werde ihn morgen singen hören" der Infinitiv „singen" an, daß die Handlung in der vom Hauptverbum bestimmten Zeit eine gleichzeitige, noch dauernde ist.

**Die verbale Natur des Infinitivs zeigt sich — abgesehen davon, daß er drei Tempora bildet, — darin, daß er:**

**a) stets den Kasus des Verbs regiert;**

**b) Adverbien, nicht aber Adjektive als nähere Bestimmung zu sich nimmt.**

So heißt z. B. „das Lesen eines Buches" lib*rum* legere; „das aufmerksame Lesen eines Buches" lib*rum* atten*te* legere; „der häufige Gebrauch der Waffen" arm*is* frequen*ter* uti; amic*orum* meminisse „die Erinnerung an die Freunde". Philosophia nihil aliud est nisi sapienti*ae* perpetu*o* studere „als ein unausgesetztes Streben nach Weisheit".

Anm. Nur einzelne Neutra von Pronominen und Adjektiven (*hoc*, *illud*, *istud*, *ipsum*, *solum*, *totum* etc.) werden adjektivisch mit dem Infin. wie mit einem Substantiv verbunden: Vivere *ipsum* turpe est nobis. Me *hoc ipsum* nihil agere delectat. *Ipsum illud* aemulari non est inutile. Quibusdam *totum hoc* displicet philosophari. *Totum* beate vivere positum est in una virtute. Sehr selten wird ein Possessiv mit einem Infin. verbunden: Scire *tuum* nihil est. Id primum videamus, beate vivere *vestrum* quale sit. Inhibere *illud tuum* displicet.

415. **In seiner gewöhnlichen (indeklinablen) Form ist der Infinitiv nur geeignet, in zwei Kasusverhältnissen, nämlich als Nominativ und Accusativ, verwandt zu werden. Er kann also in einem Satze stehen:**

**1) als Subjekt, und zwar:**

*α*) **bei** *est* (*erat*, *fuit* etc.) **mit einem Prädikatsnomen (Adjektiv oder Substantiv)**, z. B. Dulce et decorum est pro patria *mori*. *Imperare* sibi maximum est imperium. Apud Persas summa laus erat fortiter *venari*, luxuriose *vivere*. Recte rem publicam *administrare* difficilis ars est. Victis *parcere* humanum est. Hoc in genere operae pretium est diligentiam maiorum *recordari*. Nihil est aliud bene et beate *vivere* nisi honeste et recte *vivere*. Civitatibus maxima laus est quam latissime circum se vastatis agris solitudines *habere*.

*β*) **bei unpersönlichen Verben** (wie *piget*, *pudet*, *paenitet*, *decet*, *dedecet*, *libet*, *licet*, *necesse est*, *oportet*, *opus est*, *placet*, *displicet*, *iuvat*, *delectat*, *refert*, *conducit*, *expedit*, *interest*, *nihil attinet*, *quid attinet*, *me fugit* etc.), z. B. Ex malis *eligere* minima oportet. Necesse est *mori*. Interest omnium recte *facere*. Licet nemini contra patriam *ducere* exercitum. Quid opus est de hac re pluribus *disputare*? Hac de re non libet plura *scribere*.

Anm. 1. Bei manchen dieser Impersonalien, namentlich bei *decet*, *licet*, *nihil attinet*, *opus est*, *oportet*, *necesse est*, tritt, wenn der deutsche Infinitiv noch einen Acc. des Objekts bei sich hat, oft die Verwandlung des deutschen aktivischen Infinitivs in den **passivischen** ein, z. B. „Es geziemt sich, dieses Buch allen zu empfehlen" hunc librum omnibus commend*ari* decet. „Es ist möglich, dergleichen Beispiele zu Hunderten anzuführen" eiusmodi exempla sescenta licet pro*ferri*. Hanc virtutem liberalitatem appell*ari* licet. Id in poetis cerni licet. (Besonders steht so bei **licet sehr oft der** Acc. c. inf. **pass.**, wenn es sich um gesetzliche Bestimmungen oder Satzungen handelt, z. B. Duos patricios cre*ari* non licet. Intra decem annos eundem consulem refi*ci* non licet.) „Man darf im Kriege nichts gering achten" nihil in bello oportet contem*ni*. „Es ist nicht notwendig, die Gründe zu erwähnen" causas commemor*ari* necesse non est. Nihil attinet quemquam nomin*ari*. Rem oportet spect*ari*, non verba. Nunc libertatem repet*i* satis est. — **Licet** kann auch außerdem, wenn an keine bestimmte Person gedacht wird, mit dem Inf. Passivi verbunden werden, z. B.

Licet intellegi, cognosci etc. Wenn aber ein bestimmtes persönliches Subj., wie mihi ausgesprochen ist oder vorschwebt muß der Inf. act. stehen, der überhaupt häufiger ist

Anm. 2. Ist ein Infinitiv Subjekt, so kann noch ein anderer Infinitiv mit est das Prädikat sein, z. B. Docto homini vivere est cogitare (Cic. Tusc. 5, 111). Scelus intueri fuit scelus admittere. — Wenn ein im Deutschen mit **„wenn man, daß man"** eingeleiteter Nebensatz die Stelle des Subjekts bei einem unpersönlichen Ausdrucke versieht, ist er im Lateinischen durch den **Infin. zu übersetzen**, z. B. Turpe est alios mendaciis fallere „wenn man — täuscht". Mentiri non licet „daß man lügt". Cf. 1, f; 384, 21.

Anm. 3. „Es genügt" heißt klassisch nicht *sufficit* mit Infin. oder ut, sondern **satis est** *c. inf.* oder *ut*. „Es genügt mir" **mihi satis est** oder **satis habeo** *c. inf.* — „Ich bin zufrieden" heißt nicht *contentus sum c. inf.*, sondern **mihi satis est** oder **satis habeo** *c. inf.*

Anm. 4. Auch bei persönlichen Verben kann ein Infin. in der Kraft eines abstrakten Substantivs als Subjekt stehen, z. B. Non cadit *invidere* in sapientem. *Carere* hoc significat, egere eo, quod habere velis; inest enim *velle* in carendo. *Nolle* in causa est, *non posse* praetenditur. *Excogitare, ornare, disponere, agere* disiecta quondam omnibus videbantur. Cic. de or. 1, 187; Tusc. 1, 88; 3, 21; Brut. 140. Caes. b. c. 1, 11, 3. Sall. Iug. 31, 14.

2) als **Objekt**, und zwar:

*α*) bei denjenigen Verben, welche wie im Deutschen als Hülfsverben gebraucht werden und für sich allein kein vollständiges Prädikat abgeben, wie:

**können**: *posse, quire, nequire*, (zu meiden *valere*, cf. 418, 5); — **wollen, wünschen, verlangen**: *velle, nolle, malle, cupere, concupiscere*, (selten) *expetere* (cf. 438, 4), *gestire, avere*, selten *desiderare* und *exoptare*, (zu meiden *optare, petere, ardere*: Sall. Iug. 39, 5);

**sollen**: *debere*; — **suchen, streben, sich bemühen**: *studere, contendere, conari, niti*, selten *non laborare*, (unklassisch *adniti, coniti, eniti*; zu meiden *certare* „wetteifern", *tentare, quaerere, petere, experiri*, cf. 418, 6 u. 7); *moliri;*

**wagen**: *audere*; — **zaudern, zögern**: *cunctari, morari, cessare*; — **Bedenken tragen, sich scheuen**: *dubitare, vereri, timere* (cf. 355), *horrere* (vereinzelt *horrescere*, unklassisch *perhorrescere*), *reformidare*; — **(sich schämen**: *me pudet*, unklassisch *erubescere*); — **abgeneigt sein, Widerwillen empfinden**: *gravari, (me piget*, nachklassisch *fastidire)*;

**anfangen, sich anschicken**: *incipere, coepisse, parare, apparare, adoriri, aggredi, ingredi, ordiri, instituere*; — **fortfahren, beharren**: *pergere, perseverare*, (vereinzelt *insistere, instare, persistere, perstare*); — **aufhören, unterlassen**: *desinere, desistere* (unklassisch *absistere*); *intermittere, omittere, mittere, praetermittere*, (unklassisch *supersedere*; zu meiden *vitare, devitare, praeterire* u. ä.);

**sich beeilen**: *festinare, maturare, contendere, properare*; — **versäumen**: *neglegere*, (unklassisch *differre* „aufschieben"); — **vergessen**: *oblivisci*; — **daran denken, beabsichtigen, vorhaben**: *cogitare, meditari, in animo habere, intendere*, (selten *meminisse*);

**beschließen**: *statuere, constituere, decernere, destinare, animum inducere* cf. 351, Anm. 2, *mihi in animo est*, (selten) *mihi stat, mihi propositum* oder *constitutum est*; (zu meiden *mihi proposui* „ich habe mir vorgenommen");

**pflegen**: *solere, consuevisse*, (zu meiden *amare*, cf. 418, 8); — **sich gewöhnen**: *assuefieri, assuescere, consuescere*, (unklassisch *insuescere*); — **jem. gewöhnen**: *assuefacere*, (unklassisch *consuefacere*);

**lehren**: *docere*; — **lernen**: *discere*, verlernen *dediscere*; — **verstehen**: *scire, nescire*; — **zwingen**: *cogere*, (unklassisch *subigere*, zu meiden *adigere)*;

**verschmähen**: *nolle, fugere, non curare*; (zu meiden *contemnere, spernere, aspernari, abnuere, odisse, dedignari, indignari* u. ä.); — **vorziehen**: *malle*, (selten *praeoptare*, zu meiden *praeferre*) u. ä.

Anm. 5. Bei dem positiven **curare** „sich angelegen sein lassen, sich darum kümmern" steht bei Klassikern selten der Infin. (oder der *Acc. c. Inf.*), z. B. Cic. Tusc. 5, 87; Flacc. 64; fam. 9, 10, 1; viel häufiger bei *non curare*, z. B. de or. 1, 91; Acad. 1, 4; fin. 3, 62 u. ö. — **Meminisse** „daran denken, etwas zu thun" ganz vereinzelt c. Inf., z. B. Memento curare (Cic. Att. 5, 9, 2; 15, 26, 5; Liv. 30, 42, 16).

*β*) **bisweilen bei andern Verben statt eines abstrakten Substantivs**, z. B. Hieronymus *dolore vacare* (= doloris vacationem) summum bonum dixit. *Mori* nemo sapiens miserum duxit. *Errare* et *decipi* turpe ducimus. *Beate vivere* Epicurus in voluptate ponit. Metrodorus *beatum esse* describit his fere verbis (Cic. fin. 2, 92).

416. Hat der Infinitiv der Kopula *esse* oder eines kopulativen Verbums (cf. 3) ein **Prädikatsnomen** bei sich, so steht dieses im **Accusativ**, wenn der Infinitiv Subjekt im Satze ist, z. B. Vir*um* bon*um* esse maxima laus est. Non esse cupid*um* pecunia est. Consul*em* fieri valde utile Mario videbatur. Miserum est nihil proficient*em* angi. Aliud est iracund*um* esse, aliud irat*um*. Impune quaelibet facere, id est reg*em* esse. Cum Athenas tanquam ad mercaturam bonarum artium sis profectus, inan*em* redire turpissimum est. Ist der Infinitiv dagegen Objekt, so steht das Prädikatsnomen im **Nominativ**, z. B. Omnes homines beat*i* esse cupiunt. Mulier vult formos*a* videri. Dionysius a Zenone fort*is* esse didicerat. Comites mihi molest*i* esse coeperunt. Caesar constituit pri*or* proelio non lacessere. Constituunt ips*i* locis excedere. — 1) Nonne praestat mut*um* esse quam facund*um* ad perniciem aliorum? 2) Pauper*em* esse dedecori non est; sed sua culpa pauper*em* fieri turpe est. 3) Magnus quaestus est memor*em* grat*um*que haberi. 4) Rud*em* esse omnino in poetis inertissimae segnitiae est. 5) Caesar in minimo municipio prim*us* esse malebat quam Romae secund*us* 6) Bon*um* esse praestat quam bon*um* videri. 7) Cato bon*us* esse malebat quam bon*us* videri. 8) Nescire, quid antea quam natus sis acciderit, id est semper esse puer*um*; quid enim est aetas hominis, nisi memoria rerum veterum cum superiorum aetate contexitur? 9) Beati profecto erimus, si parvo content*i* esse didicerimus. 10) Nemini patrici*o* licebat tribun*o* plebis fieri. Lentulus postulavit, ut sibi liceret triumphan*ti* in urbem invehi. Wenn bei **licet** noch ein Dativ steht, so tritt das Prädikatsnomen des Infin. gleichfalls in den Dativ (**Dat. c. inf.**), z. B. Cur *his* esse liber*is* non licet? *Vobis* iam licet esse fortunatissim*is*. *Mihi* neglegen*ti* esse non licet. Liceat *mihi* innocen*ti* vitam in egestate degere. Selten ist in diesem Falle der Acc., z. B. Is erat annus, quo per leges ei consul*em* fieri liceret (Caes. b. c. 3, 1, 1; Cic. Balb. 29). Steht kein Dativ bei licet, so kommt das Prädikatsnomen in den Acc., z. B. Haec praecepta servant*em* (sc. aliquem: „wenn man beobachtet") licet magnifice vivere. Non sunt ea bona ducenda, quibus abundant*em* licet esse miser*um*. Medi*os* esse iam non licebit. Cf. auch 415, Anm. 1. 11) Calanus, cum in morbum incidisset, voluntariam mortem sibi consciscere statuit; rogavit igitur Alexandrum, ut sibi liceret in rogo seden*ti* perire. 12) Sapientis est *eum* esse, quem ab aliis haberi se velit. 13) Olympiae victor*em* citari Graecis amplissimus honor est visus.

417. 1) Statt des Inf. *Praes.* findet sich zuweilen (besonders bei Dichtern, in der Umgangssprache und in der nachklassischen Zeit) der **Inf. Perf.** in allgemein-zeitloser („aoristischer") Verwendungsweise (in der Poesie dann oft zur metrischen Bequemlichkeit). Dies ist namentlich der Fall: a) bei *velle* und *nolle* in **Verboten** (vergleichbar der Anwendung des Coni. perf. im Verbot, cf. 337). So besonders in der Gesetzessprache und bei Livius, z. B. Ne quis quid fugae causa *vendidisse* neve *emisse* vellet. Ne quem eorum Aetoli *recepisse* velint (cf. Liv. 22, 59, 10; 39, 14, 8; 39, 17, 3; 24, 16, 11 u. ö. Hor. sat. 1, 2, 28; 2, 3, 187). Ähnlich auch bei *tendere, expetere, curare, laborare, timere, cavere* u. ä. Cf. auch 426 extr.; — b) bei *satis habeo, contentus sum, possum* und mehreren unpersönlichen Ausdrücken, wie *satis est, sufficit, melius est, paenitebit, pudebit, iuvabit* u. ä. (cf. Hor. epist. 2, 3, 98 u. 168 u. 416; 1, 17, 5; carm. 3, 4, 52. Verg. Aen. 6, 78. Liv. 3, 41,

3; 48, 3). Wo aber bei Klassikern in diesem Falle der Inf. *Perf.* steht, hat er stets (cf. jedoch die Anm.) seine eigentliche Bedeutung festgehalten, z. B. Melius fuit *perisse* (= „tot zu sein") quam haec videre (Cic. Att. 14, 10, 2). Satis est viris fortibus *didicisse* (= scire), quam hoc sit pulchrum (Cic. Phil. 2, 117). Besonders beachte man, daß *posse* mit dem Inf. *Perf.* verbunden werden muß, wenn die Möglichkeit sich auf die Vollendung der Handlung bezieht, z. B. Unde illa, quae alios docebat, ipse *didicisse* potuit? Bellum per*fecisse* possumus (cf. Cic. div. 2, 51; Liv. 37, 19; Nep. 8, 9, 2).

Anm. Bei den Präteritis von **oportet** und sinnverwandten Ausdrücken (*decet, convenit, aequum est*) findet sich auch bei Klassikern nicht selten der *Inf. Perf. Pass.* (meist ohne *esse*) infolge einer Tempusausgleichung, z. B. Hoc iam pridem *factum* (*esse*) oportuit. Totam rem Lucullo integram *servatam* oportuit. *Interfectum* (= interfici) Catilinam iam pridem oportebat oder convēnit (Cic. Cat. 1, 4 u. 5; 2, 3). Tum *flesse* (akt.!) decuit (Liv. 30, 44, 7). Cic. Verr. 4, 37; 1, 142.

2) Zuweilen findet sich **habere** „fähig sein, können" (wie das griech. ἔχειν) mit dem Inf. von *dico, scribo* und ähnlichen Verben (meist Verbis dicendi), z. B. Haec *dicere habui* de natura deorum. Nihil *habeo* ad te *scribere*, wofür jedoch weit öfter steht nihil habeo, quod ad te scribam. Cf. Cic. Rosc. Am. 100; nat. d. 1, 63; Balb. 33; Att. 2, 22, 6; fam. 1, 5, A. 3 u. ö. Als vereinzelte Redensarten stehen *bibere dare* „zu trinken geben" und *bibere ministrare* „den Becher kredenzen".

3) Nur bei **interest inter** „es ist ein Unterschied zwischen" steht der Inf. von einer Präposition abhängig (Cic. fin. 2, 43). Cf. auch Seneca benef. 5, 10, 2; Hor. sat. 2, 5, 69. Ov. Her. 19 (18), 16; 7, 164.

418. Dichter und gräcisierende Prosaiker setzen den **Inf.** in manchen Fällen, wo die gute Prosa andere Konstruktionen wählt, besonders: 1) bei den Verben der Bewegung und einigen anderen zur Bezeichnung einer Absicht, eines Zweckes (statt *ut* mit Konj.), cf. 455, Anm. 2. *Coniurare* mit Inf. (Sall. Cat. 52, 24; Liv. 27, 3, 4) oder mit ut und quo (Liv.) ist zu meiden; klassisch steht coniurare *de* re *facienda* (z. B. Cic. Mil. 65: Servi de interficiendo Pompeio coniuraverunt), selten der Acc. c. inf. fut. (z. B. Caes. b. g. 3, 8, 3); — 2) bei den Verben „machen, bewirken, antreiben, raten" 2c. (statt *ut* mit Konj.); — 3) bei den Verben „geben, nehmen, überlassen" 2c. statt des Gerundivs); — 4) bei Adjektiven und Substantiven (statt des Gen. Gerund. oder *ad c. Gerund.*). In guter Prosa finden sich nur die Adj. **paratus** und **assuetus** (nachklassisch *suetus, consuetus* und *insuetus*, z. B. Liv. 2, 6, 11; 4, 31, 4; 5, 43, 8; 31, 18, 3) mit dem Inf. verbunden. — 5) Bei Dichtern, Livius (38, 23, 4) und Späteren wird **valere** in der Bedeutung „vermögen" mit dem Inf. verbunden; aber in der guten Prosa heißt *valere* nur „stark genug (imstande) sein, etwas zu thun" und steht mit *ad c. Gerund.*, z. B. Hoc praeceptum valet ad tollendam amicitiam. Catilina valuit non solum ad neglegendas, verum etiam ad evertendas leges. — 6) Nur Dichter und Spätere verbinden **quaerere** in der Bedeutung „suchen, versuchen" mit dem Inf. nach Analogie des griech. ζητεῖν; die gute Prosa sagt dafür *conari* oder *studere c. Inf.* oder *id agere, eniti, operam dare, ut.* **Von Dichtern wird auch** *petere* **mit dem Inf. verbunden.** — 7) **Tentare** und **experiri** „versuchen" werden in guter Prosa nie mit dem Inf. verbunden; dafür nimmt man *conari* c. inf. — 8) Nur Dichter, Sallust (Iug. 34, 1) und Spätere verbinden **amare** in der Bedeutung „pflegen" mit einem Inf. Die gute Prosa nimmt dafür *solere* oder *consuevisse.* — 9) Bei Varro, Livius sowie späteren Schriftstellern wird **est** im Sinne von *licet* „es ist möglich" mit dem Inf. verbunden; cf. das griech. ἔστιν ἰδεῖν.

419. In vielen Fällen zieht der Lateiner, um ein Urteil über einen Satz auszusprechen, das Adverbium unmittelbar zum regierenden Verbum, während der Deutsche umschreibende Wendungen — meist infinitivische Ausdrücke oder Sätze mit „daß man, wenn man" und dergl. — in Anwendung bringt, z. B. **Facile** vos **refutabo** „es wird mir leicht werden, euch zu widerlegen". Sapienter urbe excessit „er hat weise daran gethan, die Stadt zu verlassen". Melius abisses „du hättest besser gethan, wenn du gegangen wärest". His salutem tuam rectissime committis „du thust vollkommen recht daran, wenn du ... anvertraust". Facilius convalescit puer vel adulescens quam senior „es ist leichter, daß ein Kind gesund wird". Haec et dicuntur et creduntur stultissime „es ist höchst thöricht, daß man dieses sagt und glaubt". Periculose a paucis emitur, quod multorum est „es ist gewagt, wenigen dasjenige abzukaufen, was vielen gehört". — 1) Stultissime haec cre-

didisti. Veniam insipienter speratis. 2) Humanam naturam cum diis inique comparo. 3) Athenienses Socratem iniuste capitis damnaverunt. Alcibiades sapientissime a Syracusis Spartam perfugit. 4) Honestius ignosces quam suscensebis. 5) Germani famem facilius tolerant quam sitim. 6) Melius peribimus quam tantam ignominiam patiemur = praestat nobis perire quam tantam ignominiam pati. 7) Recte dicit Aristoteles amaras doctrinae radices, fructus dulces esse. 8) Periculose navigatur hieme. 9) Verus et falsus amor saepe non facile diiudicatur.

420. **Wie der bloße Infinitiv als Subjekt oder als Objekt gebraucht wird** (cf. 415), **so vertritt auch der Acc. c. inf. in einem Satze entweder die Stelle des Subjekts oder des Objekts.** In dem Satze: „Es ist wahrscheinlich, daß der Vater bald zurückkehren wird" ist der Satz mit „daß" Subjekt, wie wenn man sagt: „die baldige Rückkehr des Vaters ist wahrscheinlich"; in dem Satze: „Ich erfahre, daß die Schlacht verloren ist" ist der Satz mit „daß" Objekt, wie wenn man sagt: „ich erfahre den Verlust der Schlacht".

I. **Als Subjekt steht der** *Acc. c. inf.*:

1) **bei** *est* (*erat, fuit* etc.) **in Verbindung mit einem Prädikatsnomen (Adj. oder Subst.)**, wie *aequum, par, iustum est* „es ist billig, gerecht"; *apertum, manifestum, perspicuum est* „es ist offenbar, augenscheinlich, klar"; *credibile, verum, verisimile, consentaneum est* „es ist glaublich, wahr, wahrscheinlich, natürlich"; *facile, difficile est*; *honestum, turpe, indignum est*; *satis est; fas, nefas, facinus, scelus est* „es ist recht, unrecht, Sünde, Verbrechen"; *fama, opinio, spes est, opus est* u. ä., z. B. Utile est rei publicae nobiles homines esse dignos maioribus suis. Non est rectum maiorem parere minori. Non est consentaneum, qui metu non frangatur, eum frangi cupiditate. Facinus est vinciri civem Romanum. Credibile est hominum causa factum esse mundum. Par est omnes omnia experiri. Magna laus est unum hominem elaborare in ea scientia, quae sit multis profutura.

2) **bei unpersönlichen Verben**, wie *apparet* „es leuchtet ein"; *constat* „es ist bekannt"; *conducit, expedit, prodest* „es ist vorteilhaft, nützlich"; *convenit, decet, placet, displicet, iuvat, nihil attinet, quid attinet, me fugit, me fallit, intellegitur, perspicitur* u. ä., z. B. Constat ad salutem civium inventas esse leges. Omnibus bonis expedit salvam esse rem publicam. Te hilari animo esse valde me iuvat. Non me fugit vetera exempla pro fictis fabulis iam haberi. Apparet nos ad agendum esse natos. Decet cariorem esse patriam nobis quam nosmet ipsos.

II. **Als Objekt steht der** *Acc. c. inf.*:

1) **bei den Verbis sentiendi und declarandi, d. h. bei solchen Verben, welche ein Empfinden, Wahrnehmen, Erfahren, Erkennen, Denken, Meinen, Glauben, Wissen, — oder ein Sagen, Behaupten, Erzählen, Verkünden, Zeigen und Beweisen ausdrücken,** z. B. Sentit animus se sua vi, non aliena moveri. Athenienses Alcibiadem nihil non efficere posse censebant. Ex inimico cogita posse fieri amicum. Caesar per exploratores cognovit montem a suis teneri. Quidam nuper disserere coeperunt animos simul cum corporibus interire. Orpheum poetam docet Aristoteles nunquam fuisse. Nimis me timidum fuisse confiteor. — Cf. jedoch 347 und 431.

Anm. 1. Der Satz: Socratem omnium Atheniensium probissimum fuisse existimo läßt folgende deutsche Übersetzungen zu: a) Ich glaube, daß Sokrates der rechtschaffenste von allen Athenern gewesen ist; b) Sokrates ist, wie ich glaube, der rechtschaffenste v. a. Ath. gewesen; c) Von Sokrates glaube ich, daß er . . .; d) Ich glaube, Sokrates ist der rechtschaffenste v. a. Ath. gewesen; e) Meiner Ansicht nach ist . . . gewesen.

2) bei den Verben **volo, nolo, malo, cupio** (selten *studeo*, cf. 426).

3) bei **iubeo** und **veto** (cf. 425). — Bei **statuo, constituo** und **decerno** (jedoch nur der Acc. c. inf. *gerundivi*, cf. 350 u. 351). — Bei **sino** und **patior** (cf. 425, b).

4) bei den **Verbis affectuum** (cf. 370).

III. Scheinbar **unabhängig** (also als selbständiger Satz) steht der *Acc. c. inf.*: a) in **Ausrufen** der Verwunderung oder Klage; b) mit angehängtem -nĕ in **Fragen** der Verwunderung oder des Unwillens. Cf. 435.

Anm. 2. Solche affektvolle Ausrufe (und Fragen) im Acc. c. inf. sind auch als Objekt eines unterdrückten Verbs (als „muß man nicht staunen, daß . . .? muß man sich nicht wundern, betrüben, daß . . .?") anzusehen.

Anm. 3. Bei der Abhängigkeit eines Infinitivsatzes von einem anderen stoßen oft zwei, vereinzelt sogar drei Infinitive zusammen, z. B. Se quoque id *fieri debere animadvertisse* (Nep. 17, 6, 2; Caes. 5, 36, 2; Cic. acad. 2, 1, 2; Sall. Iug. 102, 13; Liv. 4, 41, 5; 22, 14, 14). Dergleichen ist indessen nach Möglichkeit zu meiden. Cf. 538, Anm. 4.

421. Nein; sie sind zu übersetzen: 1) Hoc meo iure affirmare *me* posse *puto* oder hoc meo iure affirmare posse (*mihi*) *videor*. Wenn ein abhängiger Aussagesatz dasselbe Subjekt hat wie der Hauptsatz, so gebraucht der Deutsche häufig (besonders bei den Verben des Glaubens, Behauptens, Hoffens, Versprechens) den bloßen Infin. mit „zu"; im Lateinischen aber muß der Acc. c. inf. stehen, also der Subjektsaccus. ausgedrückt werden, z. B. „Ihr behauptet, die Wahrheit gesagt zu haben" verum *vos* dixisse affirmatis. Nur (sibi) videri „(von sich) glauben" muß stets mit dem einfachen Infin. (*Nom. c. inf.*) verbunden werden (cf. 436, Anm. 3). 2) Caesar urbem funditus dele*turum se esse* minatus est. 3) Regulus se Carthaginem rever*surum esse* pollicitus est. 4) Milites se potius mor*ituros* iuraverunt quam arma trad*ituros*.

Bei den Verben „**hoffen, versprechen, geloben, schwören, drohen**" steht, wenn die Ausführung der That noch in der Zukunft liegt, der *Acc. c. inf.* **fut.** Cf. 422; 438, 10.

Anm. Besonders zu beachten ist, daß nicht der einfache Infin., sondern der Acc. c. inf. notwendig ist nach **simulare** „sich stellen, als ob", **dissimulare** „sich stellen, als ob nicht" (cf. 392, Anm. 1) und **conscium sibi esse**, z. B. Verum *me* dixisse (od. numquam *me* vitae nimis cupid*um* fuisse) conscius mihi sum.

422. Wenn das, was jemand hofft oder schwört, nicht in der Zukunft liegt, sondern etwas bereits Gegenwärtiges oder Vergangenes ist, verlangen sie den Acc. c. inf. praes. oder perf. — 1) Latrones se nunquam in illa regione *fuisse* iuraverunt. 2) Spero te non diutius sollicit*ari* meis rebus (cf. Cic. Lig, 35; Phil. 11, 39; Att. 6, 9, 1; fam. 4, 6, 3; Caes. b. c. 3, 8, 3 u. ö.). 3) Spero salvum te domum perven*isse*. Non spero exercitum nostrum clade affec*tum esse*. Cf. Cic. Tusc. 2, 67; Arch. 32; Vat. 28: fam. 7, 32, 1; Att. 2, 21, 2. Liv. 4, 15, 6 u. ö. 4) Spero mox pecuniam, quam poscis, tibi mittere me *posse*. Die Infinitive *posse, velle, nolle, malle, debere* werden auch als Inf. *fut.* gebraucht. Cf. Tantum quisque laudat, quantum se consequi *posse* sperat. Caesar in eam spem venerat, se sine pugna rem conficere *posse*. Iniecta mihi spes est *velle* mecum Sulpicium colloqui. (Ebenso schließt auch *esse* mit dem Gerundiv schon Futurbedeutung in sich, z. B. Themistocles sensit, si eo pervenisset, sibi *esse pereundum*. *Fore* mit dem Gerundiv ist unklassisch.) Vereinzelt findet sich *fore, ut possim* Cic. Cat. 2, 4; Att. 8, 11, D. § 1.

Anm. Über die Konstruktion der Verben des Erwartens cf. 365, Anm. 2; 354, Anm. 2.

423. Nein; man übersetze: Brennum *a* Camill*o victum esse* satis constat. Denn wenn bei einem Acc. c. inf. noch ein Acc. des Objekts steht und es für den Leser oder Hörer zweifelhaft sein kann, welcher Acc. Subjekt, welcher Objekt sei, so wählt man die passive Konstruktion, z. B. Ne fando quidem auditum est crocodilum aut ibim aut felem ab Aegyptio violatum esse. Brutum visum a me iri puto. Philippum, Macedonum regem, rebus gestis et gloria video superatum a filio. Xerxes se a Themistocle non superatum, sed conservatum indicavit. Dagegen ohne alles Bedenken: Senectus plerisque senibus sic odiosa est, ut *onus se* Aetna gravius dicant sustinere. Sic habeto, nullam *me epistulam* accepisse tuam. Dixit mihi *sese* ad te *filium suum* misisse. Labienus iurat *se eum* non esse deserturum und Iurant omnes *se duces* non esse deserturos (Caes. b. c. 3, 13, 3 u. 1, 76, 2). Bei Klassikern finden sich schwerlich Stellen, in denen das Verständnis nicht sofort hervortritt (cf. Cic. Verr. 5, 21; Att.

3, 14, 1; 6, 3, 9; Liv. 1, 59, 1; 9, 15, 6 u. ö.). — Absichtlich ist der Doppelsinn in dem Orakelspruche: Aio *te*, Aeacida, *Romanos* vincere posse.

Anm. In Sätzen wie: „Die Feinde versprachen, daß *sie sich* ihm ergeben würden" sagt man gewöhnlich nicht se se, sondern einfach se, also: Hostes polliciti sunt *se* ei dedituros (esse). Ebenso mittemus legatos, qui dicant *nos* (= nos nos) nostraque omnia in fidem populi Romani esse permissuros. Cf. auch 438, 11.

424. **Beim Acc. c. inf. ist es fehlerhaft, in einem damit verbundenen Vergleichungssatze, der kein eigenes Verbum hat, das Subjekt desselben nach deutscher Art im Nom. folgen zu lassen, da es doch im Acc. stehen muß in Beziehung auf den Acc., der beim Infin. steht,** z. B. Platonem dicunt sensisse idem de immortalitate animorum quod Pythag*oram*. Cumanos eiusdem iuris esse placuit cuius Camp*anos*. Antonius aiebat se tantidem frumentum aestimasse quanti Sacerd*otem*. Ariovistus provinciam suam hanc esse Galliam ait sicut *illam nostram*. Infestius locutum esse arguebant Hannonem quam legat*um* Roman*um*. (Ausnahmen ganz vereinzelt, z. B. Nep. 4, 5, 5; Liv. 42, 37, 8; Cic. Att. 9, 11, A, 3.) — 1) Schreibe quibus me ipsum. 2) Schreibe sicut Ciceronem. 3) Schreibe atque te. — 1) Omnium, qui Troia deleta in patriam reverterunt, Graecorum neminem suis diutius caruisse constat quam Uli*xem*. 2) Macedones illa aetate eandem famam habuisse, quam postea Roma*nos*, Cornelius Nepos iure dicit. 3) Cicero non dubitat dicere Pompeium regni non minus avidum fuisse quam Caesa*rem*. 4) Me non eadem de re publica sentire quae *te* tu*os*que, facile concedo.

425. a) **Bei aktivem iubere und vetare steht der Acc. c. inf.,** z. B. Iubeo *te* pa*rere* „ich befehle dir zu gehorchen", d. h. „ich befehle, daß du gehorchst". Caesar milit*es* castra mun*ire* iussit. Dux captiv*os* vinc*iri* vetuit. **Doch findet sich *iubere* auch mit *ut*** (bei Livius auch mit bloßem Konjunktiv, cf. 344) **konstruiert, klassisch jedoch nur, wenn etwas von der Regierung (Obrigkeit) angeordnet wird, und namentlich im Sinne von „beschließen" bei Volksbeschlüssen,** z. B. Lege populus Romanus iussit, *ut* Sullae voluntas populo Romano esset pro lege. Senatus decrevit populusque iussit, ut, quae statuae C. Verris essent, eas quaestores demoliendas locarent. (Cf. Cic. Verr. 2, 161; 4, 28; Pis. 72.) Daher ist *ut* stehend in der Formel *velitis iubeatis, Quirites, ut* . . . (Cic. de dom. 44). So findet sich auch *vetare* zuweilen (jedoch unklassisch) mit *ne*, *quominus*, bloßem Konjunktiv (oder, wenn es negiert ist, mit *quin*) verbunden.

**Ist die Person, der etwas befohlen (verboten) wird, nicht genannt, so steht bei iubere und vetare der *Acc. c. inf.* passivi,** z. B. Caesar castra munir*i* iussit (vetuit) „befahl (verbot) — aufzuschlagen".

**Im Passiv werden beide Verben persönlich konstruiert** (cf. 436).

Anm. Die passivische Umwandlung unterbleibt und der bloße Inf. **Activi** steht bei *iubere* und *vetare* nur dann, wenn die Person, an welche der Befehl oder das Verbot ergeht, selbstverständlich (besonders in der militärischen Sprache) oder bei allgemeinen Vorschriften das unbestimmte „man" ist: Lex recte facere iubet, vetat delinquere (sc. homines „man"). Iustitia praecipit suum cuique reddere. **Bei Trägern bestimmter mil. Aufgaben:** Dux receptui canere iussit (sc. tubicines). Duces tota acie pronuntiare iusserunt (sc. eos quorum erat pronuntiare, nämlich die Tribunen und Centurionen). Haruspices iusserunt simulacrum Iovis facere maius et in excelso collocare. Desperatis etiam Hippocrates vetat adhibere medicinam (sc. medicos). Vetat Pythagoras iniussu imperatoris, id est dei, de praesidio et statione vitae decedere. Virtus vetat spectare fortunam, dum praestetur fides. — Denselben Gebrauch hat auch *praecipere*, welches sonst regelmäßig mit *ut* oder *ne* konstruiert wird (Cic. Att. 12, 51, 2; de rep. 3, 21).

b) **Sinere** und **pati** werden mit **Acc. c. inf.** konstruiert und zwar, gerade wie iubere, mit passivem Inf., wenn keine Person genannt ist, welche man etwas thun läßt, z. B. Nervii vinum ad se infer*ri* non patiebantur. Über die persönliche Konstruktion von *sinere* im Passiv cf. 436 nebst Anm. 1. — Auch bei *non fero* „ich ertrage es nicht", *ferre non possum, quis ferre potest, quomodo ferendum est* steht hin und wieder der Acc. c. inf. Vereinzelt auch bei *sustinere* (Cic. Verr. 1, 10) unklassisch bei *tolerare* (Sall. Cat. 20, 11).

426. Bei **volo, nolo, malo, cupio** und **studeo** steht, wenn im Nebensatze kein neues Subjekt eintritt, gewöhnlich der einfache Inf., z. B. Cato *esse* quam vide*ri* bon*us* malebat. Volo *is esse*, quem tu me esse voluisti. Alexander ab Apelle potissimum ping*i* et a Lysippo fing*i* volebat. Volo et *esse* et habe*ri* grat*us*. Clodius tribun*us* *fieri* cupit. Opifices post mortem nobilit*ari* volunt. Tua prudentia docti*or* *fieri* studeo. Wenn aber der Nebensatz ein anderes Subjekt hat als der Hauptsatz, so steht regelmäßig der **Acc. c. inf.**, z. B. Lycurgus corpor*a* iuvenum firm*ari* labore voluit. Nolo falsa fama *te* suspect*um* *esse*. Themistocles potius patriae op*es* quam regis auge*ri* maluit. Tibi favemus; nimirum *te* tua fru*i* virtute cupimus. *Rem* ad arma deduc*i* studetis. Jedoch steht bei gleichem Subjekt des Nebensatzes häufig (bei *studere* selten, z. B. Cic. off. 2, 70; Sall. 1, 1) der **Acc. c. inf.**, und zwar: a) regelmäßig bei gegensätzlichen Gegenüberstellungen, z. B. *Se* obsideri quam hanc urbem maluit. Mavult me sapientem a vobis quam *se* modestum existimari. *Me* quam socios tua frui virtute malebam. Nihil malo quam et *me* mei similem esse et illos sui. Te et *me* ipsum levari volo. Cum metueret ipse, metui *se* volebat. Te valde amamus *nos*que a te amari volumus. (Ungewöhnliche Abweichung Sall. Cat. 8, 5; 37, 10); — b) oft um das Subjekt hervorzuheben und die objektive Stellung der Person gegenüber dem sie betreffenden Falle anzudeuten, besonders wenn das Verbum des abhängigen Satzes ein passiver Infin. oder *esse* mit einem Prädikatsnomen ist, z. B. Vinci *me* malim quam vincere. Adscribi *se* in eam civitatem voluit. Vir nemo bonus ab improbo *se* donari vult. Ego *me* Phidi*am* *esse* mallem quam vel optimum fabrum lignarium. Cupio in tantis rei publicae periculis *me* non dissolu*tum* vide*ri*. Iis aemulamur, qui ea habent, quae *nos* habe*re* cupimus. Sapiens princi*pem* *se* *esse* mavult quam videri. Timoleon maluit *se* dilig*i* quam metu*i*. Analog steht der Acc. c. inf. vereinzelt auch bei *desiderare* (Cic. or. 23) und *properare* (Sall. Cat. 7, 6). — Bei **velle, nolle, malle, cupere** steht öfters mit besonderem Nachdruck statt des Inf. Präs. Pass. der Inf. Perf. Pass. (meist mit weggelassenem esse), um den Gegenstand des Wunsches als schon vollendet zu bezeichnen; der Deutsche setzt in diesem Falle zu dem Verb „wollen" das Verb „wissen" oder „sehen" mit dem Partic. Perf. Pass. Unterscheide danach Hoc **fieri** volo „ich wünsche, daß dies gethan wird" von hoc **factum (esse)** volo „ich wünsche dies gethan zu sehen (oder zu wissen)". Cf. Corinthum patres vestri, totius Graeciae lumen, *extinctum* (*esse*) voluerunt. Saluti civis calamitosi *consultum* (*esse*) volumus. Domestica cura te *levatum* volo. Patres ordinem publicanorum in tali tempore *offensum* nolebant. Illud tamen te (*esse*) *admonitum* volo. Siculi ab omnibus *desertos* se potius quam abs te *defensos* (*esse*) malunt. Patriam *extinctam* cupit.

Anm. **Optare** steht unklassisch mit Inf. (z. B. Hirtius b. g. 8, 9), vereinzelt mit *Acc. c. inf.* (z. B. Cic. de or. 1, 87; Phil. 5, 51; fam. 10, 20, 3), regelmäßig mit **ut** oder **ne** (cf. 342 und 438, 4). — Über *volo, ut* cf. 342, Anm. 1. Über *volo* mit Konjunktiv ohne *ut* cf. 344.

427. Bei **opus est** steht fast stets der einfache Infin. oder *Acc. c. inf.* (cf. 98, a), vereinzelt *ut*, unklass. der bloße Konjunktiv; — bei **necesse est** und **oportet** steht ebensowohl der Infin. oder *Acc. c. inf.*, als der bloße Konjunktiv ohne ut; doch findet sich diese letztere Konstruktion nur nach den Formen des Indicativus praesentis, seltener des Ind. futuri. Bei *necesse est* steht auch

der *Dat. c. inf.*, wenn auf der Person der Ton liegt oder die innere Beteiligung derselben an dem, was geschehen muß, stärker hervorgehoben werden soll (z. B. Cic. de fat. 17; Cato m. 30; Sull. 48; Caes. b. g. 7, 38, 7; Liv. 21, 11, 1). Cf. Nunc opus est te animo valere. Hoc fieri opus est. A deo mundum regi necesse est. Damnatum poenam sequi oportebat, ut igni cremaretur. Beneficium acceptum colamus oportet, ne ingrati videamur. Dico necesse esse hanc legem valere. Animus tuus oportet te iudicet divitem, non hominum sermo. Qui bene imperat, bene paruerit aliquando necesse est. Virtus necesse est res sibi contrarias aspernetur atque oderit. Homini necesse est mori. Nihil necesse est mihi de me ipso dicere.

Anm. Selten steht necesse est, *ut* (z. B. Cic. inv. 2, 172; de or. 2, 129; Brut. 289). — Bisweilen findet sich (auch bei Cicero und Cäsar) **necesse habere** „für nötig halten, nötig haben" *c. Inf.*, z. B. Necesse habeo ad ultimum supplicium progredi. — Statt necesse est kann auch **necessarium est** gesagt werden, welches jedoch nur mit dem *Inf.* oder *Acc. c. inf.* verbunden wird, z. B. Senatori necessarium est rem publicam nosse. (Cf. Cic. legg. 3, 41; Brut. 112; Caes. b. c. 3, 11, 1. Vereinzelt steht *ut*: Cic. part. or. 31).

428. **Necesse est** (*ἀνάγκη ἐστί*): **Forderung der unabweisbaren, unabänderlichen, in der Natur der Sache begründeten Notwendigkeit = „es ist nicht anders möglich, unbedingt (logisch) notwendig"**, z. B. Si iudicia nulla sunt, vis dominetur necesse est. Qui ex divisione tripartita duas partes absolverit, huic necesse est restare tertiam. Homini necesse est mori. Corpus mortale aliquo tempore interire necesse est.

**Oportet** (*δεῖ*): **Forderung der Anständigkeit, Billigkeit, Gerechtigkeit und Vernunft = „es ist in der Ordnung, daß", „es läßt sich nicht anders denken, als daß...", „die Vernunft sagt, daß es notwendig ist".** Nihil in bello oportet contemni. Hoc fieri non solum *oportet*, sed etiam *necesse est* (Cic. Verr. 4, 84). Hostem fallatis *oportet*, immo *necesse est*. Oft läßt sich jedoch zwischen oportet und necesse est kaum ein Unterschied statuieren.

**Opus est** (*χρή*): **Forderung des Bedürfnisses oder der Zweckmäßigkeit = „es ist erforderlich, dienlich, zweckmäßig, man braucht, hat nötig"**, z. B. Si quid erit, quod te scire opus est, scribam. Opus est hoc vulnus aqua lavari. Opus non est pluribus de hac re me dicere. Ego vero, si loquor de re publica, quod *oportet*, insanus, si, quod *opus est*, servus existimor. Emas, non quod *opus est*, sed quod *necesse est*.

**Debere** (*ὀφείλειν*): **Forderung der Schuldigkeit oder moralischen Verpflichtung**, z. B. Cives pro patria pugnare debent. Eum patris loco colere debes. Non debeo „ich darf nicht" aus moralischen oder intellektuellen, für mich verbindlichen Gründen.

**Meum, tuum, ... imperatoris est „es liegt in meiner, deiner, ... eines Feldherrn eigentümlicher Stellung"**, z. B. Est adulescentis maiores natu vereri.

**Decet: Forderung des Anstandes, der Schicklichkeit:** Oratorem irasci non decet.

**Cogi, iuberi: Forderung einer äußeren Gewalt, eines fremden Willens.**

**Facere non possum, quin; fieri non potest, quin: Forderung der inneren Nötigung oder der äußeren Umstände = „ich kann nicht umhin, es ist unvermeidlich"** (cf. 357, 3, e).

**Das Gerundivum drückt die zu einem Thun oder Leiden vorliegende Notwendigkeit schlechthin als aus den Umständen sich von selbst ergebend aus so zwar,** daß für jede der bisher genannten Übersetzungen auch die Coniugatio periphrastica des Gerundivs eintreten darf, z. B. Omnibus moriendum est. Suo cuique iudicio utendum est.

Anm. Als **phraseologisches Verbum** (cf. 298) wird „müssen" oft gar nicht übersetzt, wenn nämlich die Notwendigkeit des im Verbum Ausgedrückten aus den Verhältnissen unmittelbar sich ergiebt und die Vorstellung der Freiwilligkeit von selbst ausgeschlossen ist, z. B. „Ich muß bedauern" *doleo*; ich muß gestehen" *fateor; poenas do* „ich muß büßen"; *video* „ich muß erleben"; *patior* „ich muß geduldig mit ansehen"; *rideo, lacrimo, careo*; „ich muß mich wundern" *miror*; „man muß sich wundern" *mirum est* oder *est, quod miremur*. Hostes pedem *rettulerunt* „mußten sich zurückziehen". Tantalus apud inferos graves poenas *persolvit* „mußte büßen".

429. Bei **memini** werden Thatsachen der Vergangenheit, bei denen man selbst als Zeuge gegenwärtig war, durch den **Inf. Praes.** ausgedrückt, indem man infolge lebhafter Vergegenwärtigung Vergangenes gleichsam als Gegenwärtiges darstellt. Derselbe Gebrauch findet auch im Deutschen statt, wenn wir sagen: „ich erinnere mich, wie...", „ich weiß noch recht wohl, wie...", z. B. „Ich erinnere mich noch, wie die Räuber unser ganzes Dorf verbrannten = ich erinnere mich noch, daß die Räuber ... verbrannt haben." Wird dagegen ein Faktum angeführt, bei welchem man nicht zugegen gewesen ist, oder soll eine Thatsache als vollendet, eine Handlung als vergangen (für die Gegenwart abgeschlossen, cf. Cic. Cat. 3, 19; Liv. 36, 34, 3) ausdrücklich bezeichnet werden, so steht der Inf. Perf.

Anm. In analoger Weise findet sich der Inf. Präs. statt des Perf. zum Zwecke einer lebendigen Vergegenwärtigung vereinzelt bei *memoriā teneo* und *recordor* (Cic. Phil. 8. 31; or. 23), bei *audivi* (Cic. Verr. 4, 70), hin und wieder auch bei anderen Verben, sogar dann, wenn nicht Erinnerung an Selbsterlebtes stattfindet. Cf. Cic. Off. 1, 108: Q. Maximum accepimus facile celare, tacere, dissimulare, insidiari.

430. Diese Ausdrucksweise ist nur dann zulässig, wenn **de** bedeutet „was anbetrifft, in Bezug auf" und das damit verbundene Wort im Gegensatz zu einem andern mit Nachdruck hervorgehoben werden soll (cf. 375). Also: „Was den Antonius anbetrifft, so habe ich dir schon früher von ihm mitgeteilt, daß ich ihn nicht besucht habe" 2c.

431. **Die Verben der sinnlichen Wahrnehmung: sehen, bemerken, hören** *videre, cernere, animadvertere,* (*conspicere, conspicari, intueri*), *audire* **u. ä. werden konstruiert: a) mit dem Partic. praes., wenn der Zustand bezeichnet wird, in welchem sich der Gegenstand bei der Wahrnehmung befindet,** z. B. Gracchus Pisonem in contione *stantem* vidit „sah, wie er dastand". Timoleontem oculis amissis nemo unquam *querentem* audivit „hat gehört, wie er sich beklagte". Dic, hospes, Spartae nos te hic vidisse *iacentes*. Cernis me hic pro patria *deprecantem*. Milites procul Ambiorigem suos *cohortantem* conspexerunt. **Statt der Participialkonstruktion wird (bei Thatsachen der Vergangenheit) nicht selten zur nachdrücklichen Hervorhebung der handelnden Person auch cum** *c. coni.* **gebraucht,** z. B. Audivi Metrodorum, *cum* de his ipsis disput*aret*. Saepe ex eo audivi, *cum* se scribere neque consuesse neque posse dic*eret* (cf. 362, Anm. 3); — **b) mit dem Infinitiv bei einfacher Bezeichnung einer Thatsache,** z. B. Amicum in accusatorum subselliis *sedere* video. Consulem res divinas *facere* vidistis. Saepe ego hunc Archiam magnum numerum versuum *dicere* ex tempore vidi. Faciam, quod te saepe animadverti *facere*. Legatum litteras *recitare* audivistis.

Anm. In Sätzen wie: „Nirgends habe ich den Lykurgos nennen hören", „Gestern habe ich einen Giftmischer hinrichten sehen" muß selbstverständlich der Inf. praes. pass. stehen: Nusquam Lycurgum nomin*ari* audivi. Heri veneficum quendam securi percuti vidi. Vidi hunc ipsum Hortensium paene interfici servorum manu, cum mihi adesset. — Wenn sehen im Sinne des geistigen Erkennens (= einsehen), *audire* vom Hören einer Nachricht steht (= die Meldung erhalten, die Kunde bekommen), haben sie stets den *Acc. c. inf.* bei sich, z. B. Omnium virtutum praestantissim*am esse* iustiti*am* omnes vident. Hostes castra *movisse* consul ex perfugis audivit. Capiton*em* tres nobilissimos fundos possid*ere* audio.

1) Lusciniam can*entem* audivi. Sororem tuam ambul*antem* vidi.
2) Lusciniam audivi, *cum* can*eret*. Sororem tuam vidi, *cum* ambul*aret*.
3) Lusciniam can*ere* audivi. Sororem tuam ambul*are* vidi.

432. **Notwendig ist die Umschreibung mit fore, ut (seltener futurum esse, ut) mit folgendem Konj. Präs. und Imperf. bei den Verben, welche, da sie ohne Supinum sind, keine Form für die Infinitive des Futuri activi und passivi bilden können,** z. B. Spero *fore, ut* huius facti te paenit*eat*. Sciebam *futurum esse, ut* hoc carmen disc*eres*. Dixit *fore, ut* perbrevi convalesc*eret*. Puto *fore, ut* me prae-

sentem non sustineat. — Aber auch wo es nicht notwendig ist, wird diese Umschreibung häufig angewandt, z. B. Spero *fore, ut* ad me venias. Arbitror *fore, uti* nationes exterae legatos ad populum Romanum mittant; — sodaß sie als eine Art von Nebenform zu den Infinitiven des Futurs gelten kann. Diese bleiben allerdings bei den Verben, von denen sie überhaupt gebildet werden können, die häufigere Ausdrucksweise (auch im Passiv).

Cf. In libris scriptum Veientes habebant *fore, ut* Roma a Gallis caperetur. Ptolomaeus Othoni persuaserat *fore, ut* in imperium ascisceretur. Est multis philosophis persuasum *fore* aliquando, *ut* omnis hic mundus ardore deflagret. Illud tibi affirmo, si rem ex sententia gesseris, *fore, ut* ab omnibus collaudere. Non eram nescius *fore, ut* hic noster labor in varias reprehensiones incurreret.

Anm. 1. Als Umschreibung des Inf. **Fut.** II dient *fore, ut (futurum esse, ut)* mit folgendem Konj. **Perf.** oder **Plusqpf.**, z. B. Sperabam *fore, ut* omne odium *deposuisses*, si hanc epistulam legisses. Spero, cum has litteras acceperis, *fore, ut* ea, quae superioribus litteris a te petivimus, *impetrata sint*. Über *futurum fuisse, ut* cf. 385.

Anm. 2. *Fore* mit dem *Part. perf. pass.* entspricht dem Inf. fut. exacti eines Passivs oder Deponens, z. B. Aristoteles ait se videre brevi tempore philosophiam plane *absolutam fore*. Hoc dico, me satis *adeptum fore*, si ex hoc tanto in omnes mortales beneficio nullum in me periculum redundarit. Carthaginienses *debellatum* mox *fore*, si adniti paululum voluissent, rebantur.

433. 1) In Gallia cisalpina sedes tum habebant Boii Insubresque, quas gentes Gallorum paucis annis ante in dicionem a Romanis esse redactas constat. 2) Pyrrhus, simulatque urbem Tarentinorum intravit, civibus acerbo edicto ad arma convocatis iuventutem laboris et belli insuetam exercere paravit. 3) C. Licinius Stolo L. Sextius, tribuni plebis, agrum publicum plebi quoque assignatum voluerunt. 4) Est apud nos, inquit Cicero, indicium veritatis omnes idem sentire; quamobrem deum esse et providentiam divinam ex eo colligimus, quod opinio dei omnibus insita vel potius ingenerata est. 5) Iam imperator ignem in oppidum, quod circumsessum tenebat, conicere parabat, cum urbani, armati inermes, pueri senes, undique in moenia contenderunt atque manibus porrectis supplices misericordiam victoris imploraverunt. 6) In dies magis video salutem publicam Caesari posteriorem esse quam dominationem; quid quaeris? regem se et esse et appellari vult. 7) Cum legati Romanorum apud senatores dicendi finem fecissent, Hanno patres per deos obsecravit, ne quid committerent, cuius fore ut eos brevi tempore paeniteret ipse quidem confideret. 8) Onesimus, nobilis quidam Macedo, cum pacem servatam vellet, regi Persi suasit, ut Philippi patris exemplum secutus bis in die pactionem cum Romanis factam perlegeret. 9) Agricola conspecto flore oleae sperat fore, ut bacam videat, non sine ratione ille quidem, attamen interdum fallitur. 10) Polyphemus oculo orbatus Telemum quendam, nobilissimum vatem, illam calamitatem sibi praedicere recordatus est. 11) Indignum est eos plurimum apud cives auctoritate valere, qui quaestus causa vel turpissima committere non erubescant. 12) Ulixes, cum Thersitam Agamemnoni maledicentem audivisset, hominem impudentem linguae moderari iussit et, si iterum ducem Graecorum violare esset ausus, se graviter in illum consulturum minatus est. 13) Socratem Xanthippa aiebat eodem semper vultu vidisse se domo exeuntem et revertentem. Iracundus non semper iratus est; sed lacesse: iam videbis furentem. 14) Datames omnes suos confestim

sequi se iussit; quod si animo strenuo fecissent, futurum esse, ut adversarii non possent resistere. 15) Critias supplicio afficiendum esse censuit Theramenem, quippe a quo auctoritatem summi magistratus subverti satis constaret. 16) Ovidius fore, ut dies illucesceret, quo Romam redire sibi liceret, frustra speraverat. 17) Quis neget futurum fuisse, ut Epaminondas, si dona accipere voluisset, omnium Thebanorum divitissimus evaderet? 18) Praestat vera dicentem vinci quam mentientem vincere.

434. Der Lateiner vermeidet es, von einem **einzelnen Substantiv**, selbst wenn es den Begriff eines Verbi sentiendi oder declarandi enthält, einen **Acc. c. inf.** (oder eine indirekte Frage oder einen Satz mit *ut* od. *ne*) abhängen zu lassen. Er fügt mindestens zu dem Subst. ein Demonstrativpronomen hinzu, welches auf den folgenden Aussagesatz hinweist, z. B. *Illa* opinio, deum hominum saluti prospicere, calamitosis solacio est (Cic. de or. 2, 7; fam. 7, 1, 3; Verr. 2, 101; Liv. 30, 35, 4). Gewöhnlich aber vermittelt er die Verbindung des Subst. mit dem Acc. c. inf. durch ein Verbum sentiendi oder declarandi, oder er umschreibt das regierende Subst. selbst durch einen vollen Nebensatz. So heißt: „Spuren, daß Nachstellungen stattgefunden haben" vestigia, *quibus apparet* factas esse insidias; „Beweis, daß jene Dinge erdichtet sind" argumentum, *quo* illa ficta esse *demonstratur*; „Es giebt einen Spruch Solons, er wünsche nicht, daß sein Tod des Schmerzes seiner Freunde entbehre" Solonis est elogium, *quo* se *negat* velle suam mortem dolore amicorum vacare; „Von allen wird der Ausspruch Hesiods gelobt, man müsse mit demselben Maße messen, wie man empfangen habe" laudatur ab omnibus illud Hesiodium, *quod* eadem mensura reddere *iubet*, qua acceperis; „Es wurden Stimmen gehört, man müsse sich für den Übermut der Patricier rächen" auditae sunt voces *monentium* patrum superbiam esse ulciscendam. Hanc habet vim *praeceptum* Apollinis, *quo monet*, ut se quisque noscat. Passim exaudiebantur voces *postulantium*, ut castra ex Volsco agro moverentur. (Ausnahmen öfters auch bei Cicero, z. B. de Or. 2, 339; Sest. 89; fam. 7, 28, 3; Tusc. 3, 34; 4, 26; Sall. Iug, 100, 4. Wie ein Acc. c. inf., so schließt sich auch eine indirekte Frage oder ein Satz mit ut selten unmittelbar an ein Subst., z. B. Cognitio, quae cuiusque rei causa sit; causa, cur quidque fiat u. ä., z. B. Cic. Tusc. 4, 57; fin. 4, 13; Liv. 28, 19, 5). — 1) Suspicio senatorum M. Manlium regnum affectare *opinantium* falsa videtur fuisse. 2) Nuntio *allato* hostium exercitum fusum fugatumque esse, summa omnes cives laetitia affecti sunt. 3) Probasne praeceptum Epicureorum, *qui* omnia ad voluptatem referenda esse *volunt*? 4) Brevi apparuit spem multorum Atheniensium, *qui* bellum Persarum post pugnam Marathoniam confectum esse *opinabantur*, inanem fuisse. 5) Afflictus sustentor praeclarā conscientiā, *cum cogito* me de re publica bene meruisse. 6) Honestum est illud Solonis, *quod ait* versiculo quodam senescere se in dies multa addiscentem. 7) Verres studiosissimus erat eius existimationis, *ut* artium intellegens esse *putaretur*. 8) Alexander ante proelium ad Gaugamela commissum respuit consilium legatorum, *qui* Persas noctu opprimendos *censebant*.

Anm. Wenn Substantiva in Verbindung mit Verben Phrasen bilden, welche geradezu die Stelle von Verbis sentiendi oder declarandi vertreten, so folgt nach ihnen ohne alle Vermittelung der *Acc. c. inf.* So nach *suspicio est, in suspicionem venire, mentio est facta, testis est* (= testatur), *auctor est* (= narrat) u. s. w., z. B. *Fama est* Gallos peremptos esse. *Erat magna suspicio* Parthos iter esse facturos. Nullam mihi abs te relatam esse gratiam tu *es optimus testis*. Triste *responsum* non redimi captivos *redditum est*. *Admiratio orta est* non simul regressum Hannibalem. Ad collegium *misit litteras* se recordatum esse.

435. a) Sätze, welche einen **Ausruf** der Verwunderung oder Klage enthalten, stehen im **Acc. c. inf.**, z. B. O spectaculum miserum atque acerbum! ludibrio *esse* urbis glori*am*, populi Romani nom*en*! Satis peccatum a vobis est in P. Africano: Literni domicili*um*

et sedem *fuisse* domitoris Africae! Literni sepulcrum ostendi! Condemnari tot homines uno tempore, nullo crimine! — b) Sätze, welche eine **Frage** der **Verwunderung** oder des **Unwillens** enthalten, werden entweder durch **ut** *c. coni.* (mit oder ohne angehängtes -*ne*) — nicht selten auch durch den bloßen Konj., cf. 332, Anm. 6 — oder durch den **Acc. c. inf.** mit angehängtem -**ne** gegeben, z. B. *Tene* hoc *dicere* tali prudentia praeditum „ist es glaublich, daß du ...?" Totiesne *me* litteras Romam *dedisse*, cum ad te nullas darem? *Quemquamne fuisse* tam furiosum, qui hoc crederet? Egone *ut* scribam non rogatus „ist es zu verlangen, daß ich unaufgefordert schreibe? = ich sollte ... schreiben?" Victamne *ut* quisquam victrici patriae praeferret? Hocine *ut* ego nomine appellem eversores huius imperii? „kann man mir zumuten, daß ich ...?" Pater *ut* in iudicio capitis obesse filio debeat? Tu *ut* illa sica diutius carere *possis*? Cf. Cic. Cat. 1, 22 u. 24; Verr. 3, 26; Planc. 31; Tusc. 2, 42; Sest. 17. Liv. 4, 2, 12; 5, 24, 10. Cf. auch 332, Anm. 6. — 1) *Te* nunc, mi fili, sic vex*ari*, sic iac*ere* in lacrimis et sordibus! *id*que *fieri* mea culpa! 2) Prior*em* tu*um* amor*em* humanitat*em*que in tantum odium tantamque inhumanitatem *esse conversam*! 3) *Mene* demisso animo ab incepto desist*ere*? 4) O te stultum! hoc non vid*ere*! verba nequissimi hominis temere (*te*) sequ*i*! 5) Adeo*ne esse* homin*em* infelic*em quemquam*, ut ego sum? oder adeo *ut sit quisquam* infelix, ut ego sum? 6) O *te* ferre*um*, qui precibus meis non moveare! 7) O fortunam indignam! *tene* patria ced*ere*, quam liberavisti, *tene* ex urbe ableg*ari*, quam servasti?

436. **Viele Verba, welche im Aktiv den *Acc. c. inf.* bei sich haben, werden im Passiv persönlich konstruiert (Nominativus c. inf.), indem das Subjekt des abhängigen Satzes zum Subjekt des Hauptsatzes gemacht wird; Prädikatsnomina treten ebenfalls in den Nominativ.**

**Der Nominativus c. inf. steht:**

a) stets bei **iubeor, vetor, sinor, prohibeor, cogor,** z. B. Decemviri libros Sibyllinos inspicere *iussi sunt.* Nolani muros ad*ire vetiti erant.* Has litteras leg*ere vos* non *sinemini* „man wird euch ... nicht lesen lassen". Milo eum accus*are* per senatus auctoritatem non *est situs* (Cic. Sest. 95).

Anm. 1. *Iubere* und *vetare* müssen im Passiv sogar dann persönlich konstruiert werden, wenn der Befehl oder das Verbot gar nicht an das Subjekt gerichtet ist, z. B. Deci*us* in castra duc*i iussus est* „es wurde befohlen, den Decius in das Lager zu führen". *Iussus es* renunti*ari* consu*l*. Romul*us* dicitur exponi *iussus esse.* Triginta naves mitt*i sunt iussae.*

b) stets bei **videor** „ich scheine, es scheint, daß ich" (oder „als ob ich"), z. B. *Videmini* non satis, quid dicam, intelle*xisse*. Omnibus recte *fecisse visi sumus*, quod amici causam defendimus. Host*es* non *videntur victuri esse.*

Anm. 2. Besonders wichtig ist **sibi videri** (oder bloß **videri**) mit *Nom. c. inf.* für unser „von sich glauben, sich zutrauen, sich schmeicheln, wohl dürfen", z. B. Satis dixisse videor „ich glaube, hinlänglich gesagt zu haben"; amens mihi fuisse videor; hoc scire mihi videor „das glaube ich zu wissen"; rem bene gessisse sibi videtur „er schmeichelt sich, es gut gemacht zu haben"; illi omnia posse sibi videntur „sie trauen sich zu, alles zu können"; iure sumere videmur „wir dürfen wohl mit Recht annehmen". Die persönliche Konstruktion erstreckt sich bei *iuberi* und *videri* auch auf **Vergleichssätze**: Venit, ut iussus erat. Obiurgavi senatum, *ut* mihi *visus sum*, summa cum auctoritate. Graece, *ut videor*, luculenter scio. Epistulae mihi uno die tres sunt redditae et quidem, *ut videbantur*, eodem abs te datae tempore. Ea verba non, *ut videntur*, easdem res significant. Servus tuus omnia fidelissimo animo, *ut* mihi quidem *visus est*, narravit. (Cf. jedoch Cic. Fin. 1, 66; Marc. 3, 10.) — In Verbindung mit dem Inf. Fut. hat *videri* oft die Bedeutung „drohen, Miene machen, versprechen, verheißen", z. B. Res publica videtur *peritura esse* „der Staat droht unterzugehen". Illi rei publicae statum *convulsuri* videntur „machen Miene". Declinemus ea, quae nobis *nocitura* videantur. Tempestas hodie serena *fore* videtur „verspricht".

c) bei folgenden Passivis von *Verbis sentiendi* und *declarandi:*

α) in **allen** Personen: **dicor, putor, existimor, iudicor, arguor,** oft auch *nuntior, negor, memoror, perhibeor, scribor, invenior, reperior,* (nachklass. *narror*), *cognoscor, audior, indicor, perspicior, intellegor, demonstror* u. ä.;

β) nur in der 3. Person: **traditur, traduntur, fertur, feruntur.** Cf. Lycurgi temporibus Homer*us fuisse* tradi*tur*. Xanthipp*a*, Socratis ux*or*, moros*a* admodum *fuisse fertur* et iurgios*a*. Pausani*as* Hilotas quoque spe libertatis sollicit*are* existim*abatur*. Disciplin*a* Druidarum in Britannia repert*a* atque inde in Galliam translat*a esse* existim*atur* (dicitur, putatur, iudicatur, narratur etc.). Quincti*us* abse*ns* esse defens*us* neg*atur*. Sulpici*us* tribunatum petitur*us* put*abatur*. Omne*s* in Africam navigatur*i* put*antur*. Regnante Tarquinio Superbo in Italiam Pythagor*as* veni*sse* reperi*tur*. Occidi*sse* patrem Sext*us* Rosci*us* argu*itur*. Bibul*us* nondum audi*ebatur esse* in Syria. Silenus hoc muneris Midae *dedisse* scrib*itur*. Ex hoc de*i* beat*i esse* intelleg*untur*. Palm*a* per eos dies inter coagmenta lapidum ex pavimento ex*titisse* ostend*ebatur*. Num neg*abitur* deformem pacem Appi*us* Claudi*us* dir*emisse*? *Pons* in Hibero prope effect*us esse* nunti*abatur*. — Der Analogie von putari folgt die Redensart *in suspicionem venire,* z. B. Ill*i* frat*res* in suspicionem venerant suis civibus fanum expil*asse* Apollinis (Verr. 4, 30). — Nach Analogie von dicitur wird *defenditur* (= defendendi causa dicitur) konstruiert, z. B. Vi quadam re*us* id, quod fecerit, fec*isse* defend*itur*. Cf. auch folgende kühnere Ausdrucksweisen: Re*us* contra edictum *fecisse* damn*abitur* (Cic. Verr. 3, 25). Milo liber*atur* non eo consilio profect*us esse* (Cic. Mil. 47). Si minime pecuniae cupid*us fuisse* docear (Cic. inv. 2, 36). Excus*atur* Areopagit*es esse* (Cic. Phil. 5, 13).

Anm. 3. Von den unter c) genannten Verben werden die mit *esse* (und *posse*) **zusammengesetzten** Formen des Passivs (*dictum est, traditum erat, existimandum est, negari non potest* etc.) gewöhnlich mit dem **Acc. c. inf.** verbunden, also **unpersönlich** konstruiert, z. B. Tradit*um* est Homer*um* caec*um* fuisse. Nuntiat*um* est adesse hostes. Ubi tyrannus est, ibi dicend*um* est plane null*am* esse r*em* public*am*. Socrat*em* doct*um et* sapient*em* vir*um* fuisse tradit*um* est. Nemin*em* tal*em* fuisse credend*um* est. Philon*em* existimand*um* est disert*um* fuisse. Fides et tibi*as* eorum causa fact*as* dicend*um* est, qui illis uti possunt. Negari non potest class*em* tripartito distribut*am* fuisse. Jedoch die Verben des **Glaubens** (seltener des **Sagens**) **können** auch die persönliche Konstruktion haben, z. B. Plerique inviti hoc fecisse putand*i sunt*. Socrat*es* iuventutem corrupisse non est existimand*us*. Non bene emisse iudicat*i sumus*. Pompei*us* perspect*us* est a me toto animo de te cogitare. Regnum occupare voluisse dic*ti sumus* (Cic. rep. 2, 27). P. Africano vim attulisse existimat*us est*. — Bei *memoriae traditur (proditur)* steht stets der Acc. c. inf. Im übrigen cf. 437.

Anm. 4. Wenn nach einem **persönlich** konstruierten Satze (mit videtur, dicitur etc.) die infinitivische Konstruktion in mehreren folgenden abhängigen Sätzen **fortgesetzt** wird, so geht in diesen die Konstruktion stets in den **Acc. c. inf.** über. Cf. Ad Themistoclem quidam *doctus homo accessisse dicitur* eique artem memoriae pollicit*us esse* se traditurum; cum ille quaesisset, quidnam illa ars efficere posset, *dixisse illum doctorem*, ut omnia meminisset; et ei Themistocl*em* respondisse etc. Cf. auch Cic. Tusc. 1, 113; 5, 22; Cato M. 63. Liv. 4, 37, 2; 5, 41, 9.

436b. 1) Imperator Claudius convivae cuidam, qui aureum scyphum pridie surripuisse credebatur, postero die fictilem calicem apponi iussit. 2) Non in tam magno timore sum, quam tibi fortasse vid*eor*. Me aspicitis idque, ut vid*emini*, irati. 3) Quidquid fortuna afferet, potius patiamur, quam pacti condiciones non servasse videamur. 4) Frons (od. frondem) lauri de caelo tangi negatur. P. Sulla in petendo consulatu cupidior quam ceteri fuisse iudicabatur. 5) Fabulae Terentii propter sermonis elegantiam a Laelio scribi putabantur. 6) Orpheus poeta fuisse negatur. 7) Milites Pindari domum diripere ab Alexandro vetiti erant. 8) Theseus incolis dispersorum per

Atticam vicorum in unum coactis communem Atheniensium civitatem effecisse **traditur.** 9) Omnium civitatum Graecarum maxime Attica fortunam fautricem nacta esse **traditur.** 10) Roscius patrem interemisse arguebatur. 11) Apud Venetos carinas multo planiores fuisse quam apud Romanos traditum est. 12) Quadraginta tres annos natus si qui consul erat factus, is suo anno factus esse dicebatur; quanquam (cf. 391) complures ob singularem virtutem consulatum ante consularem aetatem sunt adepti. 13) Mihi dic, qui sit factum, ut calamitosi homines equum Seianum habere dicerentur. 14) Hunc librum legere nos siti non sumus nec tu legere sineris. 15) Calanus, cum morbo tentatus voluntariam mortem sibi consciscere statuisset, rogavit Alexandrum, ut in rogo sedens perire sineretur. Qui a civibus male audiebant, de praemiis certare non sinebantur. 16) Ciceronem (cf. 437) philosophiae, quae diu Romae peregrinari visa est, tanquam civitatem dedisse vere dicitur. 17) Dubium non est, quin Carthaginienses, nisi Hiberum traicere a Romanis vetiti essent, Hamilcare iam duce tota Hispania potituri fuerint. 18) Labienus, qui in Caesaris exercitu magna auctoritate floruerat, eum reliquit multique idem facturi putantur. 19) Satis docuisse videor, hominis natura quanto cetera omnia animalia anteiret. 20) Epimenidem Cretensem, a quo Atheniensium urbs anno a. Chr. quingentesimo nonagesimo sexto expiata esse dicitur, singulari et prudentia et gratia fuisse existimandum est. 21) Cum Agesilaus classem Ephesum appulisset, Tissapherni, quia ad bellum ineundum non satis paratus erat, cum Lacedaemoniis indutias trium mensium facere (cf. 437) visum est.

437. **Dicitur** (*traditur* etc.) steht dann in **der Regel mit dem Acc. c. inf., wenn ein Dativ oder ein Adverb oder adverbialer Ausdruck zu dem Verbum hinzutritt. Beispiele:** Non sine causa dicitur ad officia referri omnes nostras cogitationes. Caesar committendum non putabat, ut dici posset eos ab se circumventos esse. De hoc Verri dicitur habere eum perbona toreumata. So findet sich namentlich *hoc dicitur, illud dicitur, vere (recte, falso, perverse, non sine causa* u. ä.) *dicitur* immer mit dem *Acc. c. inf.* –

**Videtur** *c. dat.* heißt oft „es beliebt, es scheint zweckdienlich, richtig" = placet (cf. δοκεῖ μοι); in diesem Falle wird es unpersönlich konstruiert, und zwar entweder mit dem einfachen Infin. oder mit dem *Acc. c. inf.* (selten mit *ut:* Cic. ad fam. 8, 5, 2), z. B. Visum est senatui mittere legatos oder mitti legatos (selten ut mitterentur legati). Non mihi videtur ad beate vivendum satis posse virtutem (Cic. Tusc. 5, 12. Sall. Iug. 85, 2. Cic. or. 67). — Das Passiv **nuntiari** „es läuft die Nachricht, Meldung ein" steht meist mit *Acc. c. inf.*, z. B. Nuntiatur naves piratarum esse in portu. Nuntiabatur Parthos transisse Euphratem. Doch ist auch die persönliche Konstruktion nicht selten, z. B. Aquatores premi nuntiantur (Caes. b. c. 1, 73; Cic. Mil. 66; Liv. 4, 21, 5). Nach *nuntiatur* mit einem Dativ folgt regelmäßig der *Acc. c. inf.*, z. B. Conantibus Gallis in oppida convenire adesse Romanos nuntiatur. Bei *affertur* (sc. nuntius) „die Meldung läuft ein" steht stets der *Acc. c. inf.*, z. B. Liv. 4, 55, 1.

438. 1) Nach *non dubito (non dubius sum)* „ich bin überzeugt, ich glaube gern" steht bei Livius, Nepos und den Späteren häufig (aber nicht bei Cicero und Cäsar) statt quin der *Acc. c. inf.* — 2) Es findet sich verschiedentlich *ut* gebraucht nach unpersönlichen Redensarten, namentlich solchen, welche mit *est* und dem Neutrum eines Adjektivs gebildet sind, wenn diese Ausdrücke bezeichnen, daß etwas geschieht oder geschehen soll. Man übersetze die vorgelegten Beispiele: **„Für die Römer ist es ein rühmliches Geschehnis (Fall)"; „es ist wirklich geschehen, daß"**; „Dionysius hatte nicht freie Hand darüber, zu bewirken, daß"; „es geschieht in unerhörter Weise, daß" rc. Demnach bedeutet *praeclarum (magnificum, optimum) est, ut* „es trifft sich ausgezeichnet, daß"; *incredibile est, ut* „es ist ein undenkbarer Fall, daß"; ***usitatum (tritum, rarum, novum, mirum) est, ut* „es ist ein gewöhnlicher (seltener) Fall, daß"; *mihi integrum***

*est, ut* „es steht mir frei, ist in meine freie Gewalt gegeben". Besonders häufig ist *veri simile est, ut* im Sinne von non videtur re vera factum esse, ut, z. B. Veri simile non est, *ut* civis Romanus cum gladio in forum descenderit ante lucem. Veri simile non est, *ut* ille homo tam honestus religioni suae anteposuerit pecuniam. — 3) Selten steht nach den Begriffen der Furcht, wenn sie in der Bedeutung „mit Besorgnis wahrnehmen, mit Furcht erwarten, mit Angst daran denken" stehen, der *Acc. c. inf.* (z. B. Cic. de or. 2, 334; Liv. 2, 7, 9; 3, 22, 2 u. ö.). — 4) Statt ut ist in diesen Beispielen nach *moneo, admoneo, suadeo, postulo, expeto* und *opto* (cf. 426, Anm.) in ungewöhnlicher Weise der einfache Infin. oder *Acc. c. inf.* gesetzt. Cf. 342, Anm. 1 u. 346. — 5) Nach den Verben „loben, tadeln, anklagen, verurteilen, beglückwünschen, danken" findet sich statt quod zuweilen *cum c.* Ind. im Sinne von „indem, bei dem Umstande, daß". — 6) Nach *mirari* und *mirum esse* steht *si*, wenn man den Gegenstand der Verwunderung als noch in Frage stehend bezeichnen will, oft jedoch auch zum gemilderten Ausdruck der Wirklichkeit (ganz dem deutschen „wenn" entsprechend; so auch im Griech. *θαυμάζω, εἰ*). Cf. Cic. de or. 2, 55; Lael. 54; Quinct. 18; Verr. 2, 29; Nep. Cim. 4, 4. Selten kommen andere Verben des Affekts mit *si* vor, z. B. *gaudere* (Cic. Verr. 4, 37), *dolere* (Quinct. 1), *indignari, satis habere.* Cf. auch *ignosce, si* cessit (Cic. Deiot. 12; orat. 2, 55). — 7) Nach *contingit* findet sich statt *ut* vereinzelt (Cic. Arch. 4) der einfache Infin. — 8) Wenn *patior* negiert ist, folgt darauf zuweilen *ut* statt des Acc. c. inf. — 9) Sehr selten steht nach *dignus* und *indignus* statt qui c. coni. die Konjunktion *ut* (Liv. 23, 42, 13; 24, 16, 19; 22, 59, 17). — 10) Bei den Verben des Versprechens findet sich ausnahmsweise der Acc. c. inf. *praes.* oder der einfache Inf. *praes.* statt des Acc. c. inf. *fut.*, wenn der Versprechende andeuten will, daß er sein Versprechen sofort realisieren wolle (cf. Caes. b. g. 4, 21, 5; 6, 9, 7; 2, 32, 3. Cic. Quinct. 29. Liv. 43, 6, 4). Sogar nach *sperare* steht vereinzelt der Inf. Präs. statt des Futurs, wenn der Redende etwas, was die nächste Zukunft bringen soll, gleichsam als jetzt schon stattfindend darstellen will (cf. Cic. Tusc. 1, 97). Unklassisch ist das seit Livius (z. B. 34, 27, 3) nicht seltene sperare, *ut.* — 11) In der Konstruktion des Acc. c. inf. werden die Personalpronomina *me, te, se, nos, vos* im ganzen selten (häufiger bei den Historikern, doch auch bei Cicero), wenn kein Irrtum möglich ist, aber gewöhnlich nur in kürzeren Sätzen (bei Willens- und Meinungserklärungen, in der Sprache des gewöhnlichen Lebens, im Geschäftsstil ꝛc.) weggelassen. Besonders häufig lassen die Geschichtschreiber den Subjektsaccusativ *se* aus, nicht nur wo derselbe schon beim vorhergehenden Infinitiv oder im Nebensatze steht, sondern auch sonst in lebhafter Darstellung oder des Wohllauts und der Kürze wegen, vorzugsweise beim Inf. Fut. Act. (meist zugleich mit Auslassung von *esse*), z. B. Res male gesta erat nec *gesturos* melius sperare poterant (cf. auch 423, Anm.). Regelmäßig fällt das Pronomen weg, wenn es schon einmal bei einem übergeordneten Inf. steht, z. B. Non me pudet fateri nescire (nicht *me* nescire), quod nesciam. Dicturum te esse audio quaestorem illius fuisse (nicht *te* fuisse). Non existimo te desperare ista posse perdiscere (nicht *te* posse). Cf. auch 423, Anm. — **12) Die unpersönliche Konstruktion ist bei *creditur* (im Gegensatz zu *putatur* usw.) klassisch allein üblich. *(Non) mihi videtur* mit A. c. I. „es scheint mir (nicht) richtig, daß" (Cic. Tusc. 5, 12). Die Konstruktion von *dicitur* in dem dritten Beispiel (Nep. 4, 5, 3) weicht von dem klassischen Gebrauch ab.**

### b. Das Participium.

439\. 1. Das **Particip** ist seiner Form nach ein Adjektiv dreifachen Geschlechtes; es kann ebensowenig wie das Adjektiv selbständig auftreten, sondern richtet sich nach seinem Beziehungsworte im Genus, Numerus und Kasus. (Das Particip bezeichnet einen entweder thätigen oder leidenden Zustand, das Adjektiv hingegen eine Eigenschaft.)

2. Andrerseits aber unterscheidet sich das Particip von dem Adjektive dadurch, daß es (wie der Infinitiv) folgende Eigentümlichkeiten des Verbs beibehält:

a) das Particip hat unterschiedene Formen zur Bezeichnung der unterschiedenen Beschaffenheit der Thätigkeit, indem dieselbe entweder als unvollendet, noch in der Entwickelung begriffen, oder als vollendet, oder als bevorstehend dargestellt wird;

b) das Particip hat aktive und passive Formen;

c) das Particip des Aktivs und des Deponens behält die Rektion seines Verbs bei, d. h. regiert den Kasus seines Verbs, z. B. Homo epistu*lam* scribens. Homo ratio*ne* utens. Homo pauper*ibus* succurrens. (Cf. jedoch 85.)

3. Das Particip drückt (wie der Infinitiv, cf. 414) nicht die Zeit an und für sich aus, sondern nur die Entwickelungsstufen der Handlung im Verhältnis zu dem regierenden Verbum. Es bezeichnet nämlich:

a) das Part. praes. die **gleichzeitige** Handlung,

b) das Part. perf. die **vorzeitige** (vollendete) Handlung,

c) das Part. fut. die **bevorstehende** Handlung.

Cf. Rid*ens* dico, dicebam, dixi, dixeram, dicam, dixero. Dux fug*iens* occiditur, occidetur, occisus est. Locu*tus* taceo, tacui, tacebo. (Audi*turus* venio, veni, veniam. Cf. Anm. 4.)

Die lateinische Sprache hat folgende Participien:

a) für das Activum:

1. das *Participium praesentis* zur Bezeichnung einer gleichzeitigen Handlung, z. B. scribens, amans.

2. das *Participium futuri* zur Bezeichnung einer bevorstehenden Handlung, welche das Subjekt auszuführen willens oder im Begriff ist, z. B. scripturus, amaturus (cf. Anm. 4).

b) für das Passivum:

das *Participium perfecti* zur Bezeichnung eines vollendeten (vorzeitigen) Leidens, z. B. scriptus, amatus.

Anm. Das *Gerundivum* (oft fälschlich *Partic. fut. pass.* genannt), welches bald die Bedeutung eines *Partic. praes. pass.*, bald diejenige einer passiven Notwendigkeit *(Partic. necessitatis)* hat, wird am richtigsten gar nicht zu den Participien gerechnet, sondern im Zusammenhang mit dem Gerundium behandelt. Cf. 448 ff.

c) Das Deponens hat drei Participien: 1) das *Part. praes.*, z. B. hortans „ermahnend"; 2) das *Part. perf.*, z. B. hortatus „einer, der ermahnt hat"; 3) das *Part. fut. act.*, z. B. hortaturus „einer, der ermahnen will"; (dazu das *Gerundivum*, z. B. hortandus).

Anm. 1. Das fehlende Partic. perf. activi wird ersetzt:

a) durch Verwandlung des Activs in ein Passiv:

Persis victis Graeci redierunt „nachdem die Griechen die Perser besiegt hatten, kehrten sie zurück". Hostes urbe capta discesserunt.

b) durch Vertauschung des aktiven Verbs mit einem gleichbedeutenden Deponens, z. B. *veritus* zu timere, *adhortatus* zu admonere, *locutus* zu dicere, *conspicatus* zu conspicere, *reversus* zu redire, *pollicitus* zu promittere, *potitus* zu expugnare u. s. w.

c) durch Anwendung des Relativs oder einer Konjunktion mit dem Verbum finitum, z. B. Hostes, qui (oder postquam) urbem ceperunt. So namentlich bei intransitiven Verben: sol, qui occidit „die untergegangene Sonne"; hostes, qui ceciderunt „die gefallenen Feinde"; miles, qui rediit „der zurückgekehrte Krieger" u. s. w.

d) Ersatz durch das Partic. praes. act. findet sich in klassischer Zeit vereinzelt in schwachen Spuren (z. B. Cic. poet. fr. bei Gellius 15, 6, 3), später deutlicher; vgl. Kühner-Stegmann § 136, 4 a (I S. 757); Schmalz-Hofmann § 60 a (S. 446) u. § 182 a (S. 604).

e) Über diejenigen Participia *Perf. Pass.*, welche aktive Bedeutung haben, cf. 300.

Anm. 2. Das fehlende Partic. praes. passivi wird ersetzt:

a) durch Anwendung des Relativs oder einer Konjunktion mit dem *Verbum finitum*, z. B. Urbs, quae (cum) capitur oder capiebatur ab hostibus.

b) durch Anwendung des **Gerundivs**, jedoch nur in den obliquen Kasus, z. B. Superstitione tollenda religio non tollitur. Cf. 448.

c) selten durch das *Partic. perf. pass.*, wenn die vollendete Handlung sich zugleich auch noch als gegenwärtig fortbestehend auffassen läßt, z. B. Non a quolibet homine laudari me volo, sed a *laudato* viro „von einem Manne, der gelobt worden ist und somit auch noch als ein gelobter fortbesteht". Melior est certa pax quam *sperata* victoria. Laetor cum praesenti tum etiam *sperata* tua dignitate. Liv. 30, 30, 19; 2, 36, 1; Cic. fam. 2, 9, 1; fin. 1, 41. Zu beachten ist, daß im *Abl. absol.* nicht selten das Part. *perf.* pass. steht, wo eigentlich, weil eine Gleichzeitigkeit mit der Handlung des regierenden Satzes bezeichnet wird, das Part. Präs. Pass. stehen sollte, z. B. Caesar die postero *contione habita* rem gestam proponit. Consul triumphans in urbem rediit *duce* hostium ante currum *ducto* („wobei — geführt wurde"). Dieser Sprachgebrauch findet sich vorzugsweise bei Historikern, wo von vergangenen Dingen die Rede ist, welche der Schriftsteller nicht auf das Verbum finitum bezieht, sondern von seinem Standpunkte aus betrachtet (Caes. b. g. 5, 52, 5; 5, 11, 6; Liv. 1, 34, 2; 4, 10, 7; 21, 4, 10), aber zuweilen auch bei Cicero an Stellen, wo von gegenwärtigen Dingen die Rede ist, z. B. Amare nihil est aliud nisi eum ipsum diligere, quem ames, *nulla utilitate quaesita* „ohne daß man Vorteil sucht" (Cic. Lael. 100; nat. d. 1, 116). Cf. auch 188, Anm. 2.

Anm. 3. Da das **Partic. Präs. Act.**, weil es stets etwas mit der Handlung des Hauptverbs Gleichzeitiges bezeichnet, im Lateinischen sich an alle Tempora anschließen kann, so müssen solche deutsche Konjunktionalsätze, welche eine Gleichzeitigkeit mit dem Verbum des regierenden Satzes bezeichnen, stets durch das lateinische Partic. **Praes.** ausgedrückt werden, mag auch im deutschen Konjunktionalsatze ein Futurum oder Plusqpf. oder Perf. stehen; also: „Hippias war in der Schlacht bei Marathon gefallen, indem er die Waffen gegen sein Vaterland getragen hatte" Hippias in pugna Marathonia ceciderat arma contra patriam *ferens*. „Wie Cäsar das ganze jenseitige Gallien unterworfen hat, werde ich jetzt in Kürze erzählen, indem ich dabei seiner eigenen Denkschrift über den gallischen Krieg folgen werde" Caesar quomodo omnem Galliam ulteriorem domuerit, paucis nunc narrabo ipsius de bello Gallico commentarios *sequens*. „Hätte Ajax vernünftiger zu sein gelernt, so hätte er sich bei dem Urteile der Atriden beruhigt, indem er eingesehen hätte, daß Zornsucht die Götter und Menschen zu Feinden habe" Aiax, si sapere didicisset, in iudicio Atridarum acquievisset *intellegens* iracundiam et dis et hominibus odio esse.

Anm. 4. Das **Partic. Fut.** auf **urus** kommt in der besten Sprache nur in Verbindung mit *esse* als *Coniugatio periphrastica* vor (cf. 324, Anm. 1); als Coniunctum steht es, zwar nicht bei Cäsar und bei Cicero nur Verr. 1, 56, ad Att. 8, 9, 2 (ad Brut. 1, 17, 2), aber desto häufiger von Livius an, nicht nur zur Bezeichnung der Absicht oder des Imbegriffseins (z. B. Galli ad Clusium venerunt castra Romanorum oppugn*aturi*. Alexander ad Iovem Ammonem pergit de origine sua consult*urus*. Perseus rediit belli casum de integro tempt*aturus*), sondern bezeichnet auch: 1) denjenigen, der etwas zu thun entschlossen oder bereit ist, und 2) denjenigen, der etwas zu thun bestimmt ist, der somit irgend einem Schicksale verfallen oder geweiht ist, z. B. Dictator ad hostem ducit nullo loco fortunae se commis*surus* „entschlossen, sich nirgends in die Gewalt des Zufalls zu begeben". Dux in hostes se iniecit mori*turus* „entschlossen zu sterben". Romani castris egrediuntur vallum inva*suri*, nisi copia pugnae fieret. Dareus pervenit ad vicum Arbela nobilem sua clade fac*turus* „welches er durch seine Niederlage berühmt machen sollte". Horatius Cocles rem ausus est plus famae habi*turam* ad posteros quam fidei „die — haben sollte". Cf. 324, Anm. 2. — Das Particip *futurus* (vereinzelt *venturus*: Cic. Tusc. 3, 28) entspricht ganz unserm Adjektiv „zukünftig".

440. **Die Participien werden zum Teil ganz wie attributive Adjektiva gebraucht,** z. B. Avaritia ardens, via patens apertaque, oratio composita, erectus animus; **sie können auch substantivisch gebraucht werden,** z. B. Medici leviter *aegrotantes* leniter curant (cf. 180). **Aber ungleich häufiger werden sie zur Abkürzung von Nebensätzen verwandt, wo wir im Deutschen gewöhnlich entweder Relativpronomina oder Konjunktionen setzen.**

**Die Anwendung des Particips statt eines Nebensatzes nennt man Participialkonstruktion. Es werden zwei Arten der Participialkonstruktion unterschieden:**

**I. die appositive Konstruktion oder das Participium coniunctum;**

**II. die adverbiale Konstruktion oder der Ablativus absolutus.**

I. Das **Participium coniunctum** wird gebraucht, wenn das Subjekt des Nebensatzes in dem Hauptsatze entweder als Subjekt oder in einem Casus obliquus vorkommt, so daß es möglich ist, den Nebensatz in einem abgekürzten Participialausdrucke zu einem Substantive des Hauptsatzes zu ziehen. So läßt sich das Partic. coniunctum anwenden:

1) statt eines **Relativsatzes**, z. B. Peloponnesus est paeninsula angustis Isthmi faucibus continenti adhaer*ens* „welche . . . zusammenhängt". Nullum vitium taetrius est quam avaritia praesertim in principibus rem publicam gubern*antibus*. Lysander magnam sui reliquit famam magis felicitate quam virtute par*tam*.

Anm. 1. Wenn statt des deutschen **„derjenige, welcher"** c. Verbo finito im Lateinischen ein Participium gesetzt wird, so wird das Demonstrativum *is* in jedem Kasus weggelassen, weil es schon im Participium enthalten ist, z. B. Verum *dicentibus* facile credam (= *eis, qui* verum dicent). Male *parta* (= *ea, quae* male parta sunt) male dilabuntur. Odiosum sane genus est hominum officia exprobr*antium* (= *eorum* hominum, *qui* exprobrant). — Außerdem beachte man, daß das deutsche „derjenige, welcher", wenn es für sich allein, also ohne Substantiv steht, gewöhnlich nicht durch das Participium ausgedrückt wird, sondern durch is qui, besonders dann, wenn das alleinstehende Participium die Stelle des Subjekts einnehmen würde. Unklassisch wären also die Sätze: „Derjenige, welcher Böses thut, wird bestraft"; „Wer andere liebt, wird von ihnen wieder geliebt" übersetzt: Male faci*ens* punitur; Alios am*ans* amatur (cf. 180, Anm. 1. Ausnahmen selten, z. B. Cic. Cato m. 74: Mortem *timens* qui poterit animo consistere? Cic. off. 1, 5? Liv. 8, 13, 16). — Ferner wird ein **Relativsatz**, nicht leicht ein Particip gebraucht: a) nach Wörtern, die einen Zahl- und Teilbegriff bezeichnen, wie *unus, alter, aliquot, omnes, nemo* u. ä.; also heißt „alles, was zum Leben gehört" nur omnia, quae ad victum cultumque pertinent, nicht omnia pertinentia; — b) in solchen Sätzen, die einen allgemeinen Gedanken oder ein unterscheidendes Merkmal ausdrücken, oder wo es auf eine nachdrucksvolle und veranschaulichende Darstellung ankommt. Cf. auch 247, Anm.; — c) stets in den Ausdrücken „sogenannt, obenerwähnt, vorher genannt, in Rede stehend, betitelt" u. ä.; cf. 258, 2; — d) statt solcher deutschen Substantiva, welche einzelne vorübergehende Handlungen oder Zustände von Personen bezeichnen, z. B. *(ei) qui audiunt* (*audiebant, audient*) etc. „Zuhörer", (*ei*) *qui legunt* „Leser", *qui adsunt* (*aderant, aderunt* etc.) „Anwesende", (*is*) *qui ante dixit* „der Vorredner", (*is*) *qui tibi successit* „dein Nachfolger", (*ea*) *quae dixi* „das Gesagte" u. ä. Cf. 166 u. 167.

2) statt eines **konjunktionalen Nebensatzes**:

a) temporal (als, da, indem, während, nachdem): Curio ad focum *sedenti* magnum auri pondus Samnites attulerunt. Dionysius tyrannus Syracusis *expulsus* Corinthi pueros docebat. Qui erant cum Aristotele, Peripatetici dicti sunt, quia disputabant *inambulantes* in Lyceo;

b) „kausal (weil, da, dadurch daß): Interdiu stellas non conspicimus luce *obscuratas*. Dionysius cultros *metuens* tonsorios candenti carbone sibi adurebat capillum. Amicitia et secundas res splendidiores facit et adversas *partiens communicansque* leviores;

c) konzessiv (obgleich, obwohl, wiewohl, auch wenn 2c.): Mendaci homini ne verum quidem *dicenti* credere solemus. Ut oculus, sic animus se non *videns* alia cernit;

d) konditional (wenn, falls): Ne mente quidem recte uti possumus multo cibo et potione *completi*. Quis potest mortem *metuens* esse non miser?

e) modal (indem): Leonidas pro patria fortissime *pugnans* occiditur. Solo senescere se aiebat multa in dies *addiscentem*. Romani *gratulantes* Horatium acceperunt.

Anm. 2. Livius (höchst selten Cicero, z. B. Or. part. 114) gebraucht das Neutrum des Partic. Perf. Pass. für sich allein (also ohne Nomen) als ein Verbalsubstantiv, wo wir Wendungen wie „der Umstand daß, das Ereignis daß, der Zufall daß" u. ä. gebrauchen, z. B. Pronunti*atum* repente, ne quis violaretur, multitudinem exuit armis „der plötzlich erlassene Befehl" (4, 59, 7). Tempt*atum* domi per dictatorem, ut ambo patricii consules crearentur, rem ad interregnum perduxit „der Umstand, daß vom Diktator versucht wurde“ (7, 22, 1). Cf. 1, 53, 1; 4, 16, 4; 4, 49, 6; 7, 8, 5; 28, 26, 7; 29, 10, 4 u. ä.; sehr kühn 28, 12, 6.

Außerdem kann ein *Participium coniunctum* stehen:

3) statt eines deutschen **Substantivs**, besonders eines **Präpositionalausdrucks**: Sol *oriens* diem conficit „der Aufgang der Sonne (oder die Sonne durch ihren Aufgang)“. Omne malum *nascens* („im Entstehen“) facile opprimitur. Centum annis post Romam *conditam* „nach der Gründung Roms“. Ante Christum *natum*. Ianus clausus est post bellum Punicum primum *confectum*. *Expertus* scio „aus Erfahrung“. Caesar *sperans* „in der Hoffnung“, *veritus* „aus Furcht“, *ratus* (*arbitratus*, *putans*) „in der Meinung“, *absens* „in seiner Abwesenheit“, *mortuus* „nach seinem Tode“ ꝛc. Cf. 453;

4) statt eines im Deutschen **beigeordneten Satzes**, (indem man die deutschen Konjunktionen und, und daher, und dann, aber ꝛc. durch Unterordnung beseitigt): Caesar hostes *aggressus* divicit „C. griff den Feind an und besiegte ihn“. Torquatus Gallum *caesum* torque exuit „tötete und beraubte dann“. Tolmides Peloponnesum *circumvehens* Lacedaemoniorum agros vastavit. Miltiades capitis *absolutus* pecunia multatus est „zwar — aber“;

5) als **Ergänzung eines Verbalbegriffs**, nämlich: a) bei den Verben des **Sehens und Hörens**, wenn sie von einer unmittelbaren sinnlichen Wahrnehmung gebraucht werden (cf. 431); — b) **bei den Verben facere, fingere, inducere** „lassen“ (d. h. in einem Schrift- oder Bühnenstücke darstellen, einführen, cf. 349, 3), z. B. Poeta Ulixem cum Tiresia apud inferos colloqu*entem* inducit, Scipionem de re publica disput*antem* fingit; — c) **bei der nachdrucksvollen Verbindung des** *Partic. perf. pass.* **mit den Verben habere, tenere** u. a. (cf. 319).

Anm. 3. Zuweilen steht ein *Partic. praes.* als Prädikatsnomen bei *esse* zur nachdrücklichen Hervorhebung der Dauer (Fähigkeit, Geneigtheit), aber in der Regel nur nach einem schon vorhergehenden Adjektiv, z. B. Animalium alia rationis expertia sunt, alia ratione *utentia*. Senectus non modo languida non est, verum etiam operosa et semper aliquid *agens* (Cic. Cat. m. 26; or. 2, 364; Ac. 1, 24. Caes. b. g. 3, 19, 6). Gestus erat in Antonio non verba *exprimens*, sed cum sententiis *congruens*. Mundi partes *sentientes sunt* (Cic. nat. d. 2, 22; Brut. 141. Liv. 28, 44, 17). Si quis est timidus in periculosis rebus semperque magis adversos rerum exitus *metuens* quam *sperans* secundos, is ego sum. Alcibiades fuit affabilis, blandus, temporibus callidissime *inserviens*. Iugurtha iussis vestris *oboediens erit* (Sall. Iug. 31, 19. Cf. Cic. fin. 2, 21; 3, 16). So besonders, wenn *est* als Verbum subst. die Bedeutung hat „findet sich, tritt auf, wird dargestellt“, z. B. *Est* apud Homerum Polyphemus cum ariete *colloquens*. Cf. Cic. Div. 1, 52; or. 41.

II. Der **Ablativus absolutus** tritt statt eines deutschen Konjunktionalnebensatzes dann ein, wenn das Subjekt des Nebensatzes im regierenden Satze weder als Subjekt noch in einem Casus obliquus vorkommt, so daß es nicht möglich ist, die Konstruktion des Partic. coniunctum in Anwendung zu bringen. Die Konstruktion des Abl. absol. besteht in folgendem: 1) die Konjunktion bleibt unübersetzt; 2) das Subjekt und jeder Nominativ tritt in den Abl.; 3) das Prädikat wird in das entsprechende Participium im Abl. gesetzt.

Die absolute Participialkonstruktion wird angewendet:

1) statt eines **konjunktionalen Nebensatzes**:

a) temporal: Pythagoras *Tarquinio Superbo regnante* in Italiam venit. Xerxes *interfectis sacerdotibus* Athenas incendio delevit;

b) kausal: Homines omnis timoris expertes esse debent *deo* res humanas *moderante*;

c) konzessiv: Fabricius ad Pyrrhum non transiit *quarta parte* regni *promissā*;

d) konditional: *Pietate* adversus deum *sublatā* fides etiam et societas generis humani tollitur;

e) **modal**: Camillus novum exercitum scripsit *nullo* militiam *detrectante*.

**Außerdem kann der *Ablativus absolutus* stehen:**

2) statt eines deutschen **Präpositionalausdrucks**: Sole oriente „bei Sonnenaufgang"; sole orto „nach Sonnenaufgang"; regibus exactis „nach Vertreibung der Könige"; amicis orantibus „auf Bitten der Freunde"; vobis absentibus „in eurer Abwesenheit"; nobis adiuvantibus „mit unserer Unterstützung"; eo nuntio allato „auf die Nachricht hiervon"; brevi tempore interiecto „nach kurzer Zeit" u. ä.;

3) statt eines im Deutschen **beigeordneten Satzes**: Xerxes *ponte* in Hellesponto *facto* copias in Europam traiecit „schlug eine Brücke und setzte (dann) . . .". Cives *tradito rege vivo* gratiam victoris inierunt „lieferten aus und gewannen dadurch . . .".

Anm. 4. Wenn im Deutschen der Haupt- und Nebensatz dasselbe Subjekt haben, so muß man, um den Abl. absol. anwenden zu können, den aktivischen Nebensatz **passivisch** wenden, z. B. „Nachdem die Griechen Troja erobert hatten, kehrten sie in die Heimat zurück" = „nachdem Troja erobert war, kehrten die Griechen in die Heimat zurück" *Troiā captā* Graeci domum redierunt. Umgekehrt ist ein passivischer Abl. absol. häufig aktivisch zu übersetzen: Quibus rebus cognitis Caesar castra movit „nachdem Cäsar dies erfahren hatte, brach er mit dem Heere auf". (Da die Deponentia ein Partic. Perf. mit aktivischer Bedeutung bilden, bedient man sich bei ihnen des Partic. coniunctum statt des Abl. absol.: „Nachdem Cäsar die Soldaten ermahnt hatte, gab er das Zeichen zur Schlacht" Caesar milites *cohortatus* signum pugnae dedit.) Cf. auch 228 u. 542, Anm. 1.

**An Stelle des Participiums können in der Konstruktion des *Abl. absol.* auch gebraucht werden:**

a) **Substantiva**, welche entweder eine handelnde Person (*dux*, *adiutor*, *comes*, *auctor*, *testis* etc.) oder eine Person nach ihrem Alter, ihrer Würde, ihrem Amte bezeichnen (*puer*, *iuvenis*, *senex*, *consul*, *rex*, *imperator* etc.): *Naturā duce* errari nullo pacto potest „unter Führung der Natur". *Me duce* „unter meiner Führung", *nobis ducibus*. Hannibal, *quo duce* „unter dessen Führung". Quod *deo teste* promiseris, id tenendum est. *Cicerone consule* „unter dem Konsulate des C.". Natus est Augustus *Cicerone* et *Antonio consulibus*. *Sapientiā praeceptrice* in tranquillitate vivi potest. Cf. auch 162, b.

b) **Adjektiva** (wie *vivus*, *superstes*, *invitus*, *propitius*, *inscius*, *ignarus*, *salvus*, *incolumis* u. ä.): *Hannibale vivo* = vivente „bei Lebzeiten des H."; *deo propitio* „mit Gottes Gnade"; *caelo sereno* „bei heiterem Himmel"; *patre ignaro* „ohne Wissen des Vaters"; *nobis invitis* „wider unsern Willen"; *rebus secundis* „im Glück"; *salvo officio* „ohne die Pflicht zu verletzen". Summa erat *vasto atque aperto mari, magnis aestibus, raris ac prope nullis portibus* difficultas navigandi. Haec *integris vectigalibus* gesta sunt.

Anm. 5. In der guten Prosa wird die Konstruktion des Abl. absol. bei dem *Partic. fut. activi* vermieden (cf. jedoch Liv. 4, 18, 6; 28, 15, 13; 31, 36, 5; 41, 19, 10); auch ist dieselbe bei dem *Part. perf.* von transitiven Deponentien, welche ein Objekt bei sich haben, unklassisch; man sagt z. B. wohl Haec *locutus* abiit, haec *locutum* omnes clamore et plausu prosecuti sunt; aber nicht gut *Rege* haec *locuto* omnes obmutuerunt. (Cf. jedoch Sall. Iug. 103, 7; Liv. 1, 29, 6; 23, 26, 2; 36, 2, 6; 4, 53, 1; 30, 25, 5; 37, 12, 8). Dagegen sind absolute Ablative mit Partic. Perf. von intransitiven Deponentien (oder von solchen transitiven Deponentien, welche kein Objekt bei sich haben), ganz gewöhnlich, z. B. orta luce, paucis elapsis, Marcello mortuo, ista potestate nata, virtutibus ad cruciatum profectis; (hostibus insecutis, comitibus non consecutis, causis antegressis).

Anm. 6. Um die Zeitfolge oder überhaupt die Folge nach der Participialkonstruktion nachdrücklicher zu bezeichnen, folgen zuweilen auf die Participialkonstruktion die zu dem Prädikate gehörigen Adverbien *protinus*, *deinde*, *tum*, *tum vero*, *tum denique*, *tum demum*, *ita*, z. B. Castris positis, populatur *inde* agrum Romanum. Confecto proelio, *tum vero* cerneres, quanta audacia fuisset in exercitu Catilinae. Utraque re satis experta, *tum demum* consules castra moverunt. His omnibus rebus consideratis, *tum* denique . . soleo cogitare.

**441.** 1) Alexander anulum digito detractum Perdiccae dedit. Ex ventre equi a Troianis in urbem tracti noctu prosiluerunt Graeci. 2) In divitiis iniuria partis nihil emolumenti est. 3) Terra comite luna circum solem fertur. 4) Sole oriente nebula dispellitur. 5) Nebula solis orientis radiis dispellitur. 6) Hieme redeunte plurimae aves avolant. Ciconiae redeuntes nidos priores repetunt. 7) Hannibalis mores tam simplices erant, ut multi saepe eum inter vigilias custodesque humi iacentem viderint. 8) Quid hominem iuvant octoginta anni per desidiam exacti? 9) Caelo sicco horti saepe irrigandi sunt. 10) Romani Hannibale vivo (superstite) nunquam se sine insidiis futuros arbitrabantur. 11) Agesilaus exercitum magna praeda onustum Ephesum reduxit hiematum. 12) Romulus et Remus Accae Larentiae traditi sunt educandi. 13) Haec omnia facta sunt me invito et imprudente. 14) Caelum stellis fulgens consideranti dubium mihi non amplius est, quin moderator sapientissimus infinita potestate hoc universum gubernet. 15) Tempestates fervido maxime caelo coguntur. 16) Medici aegris morituros eos esse nunquam dicunt mortem providentes. 17) Alcibiades laesae religionis accusatus Spartam confugit. 18) Disserendi praecepta tradam optimum sequens auctorem Aristotelem (cf. 439, Anm. 3). 19) Aequissimo animo Socrates dixit se mori; neque enim domo egredienti neque in suggestum escendenti signum sibi ullum a deo mali ullius impendentis datum. 20) Chersonesus quae dicitur Thracia mari Thracio Hellespontoque interiacet. Mausoleum quod vocabatur Artemisia ad memoriam Mausoli mariti exstruxerat. 21) Ampla domus dedecori saepe domino fit, si est in ea solitudo et maxime, si aliquando alio domino solita est frequentari. 22) Artes innumerabiles inventae sunt natura docente (oder praeceptrice), quam ratio secuta et imitata omnes res ad vivendum necessarias consecuta est. 23) Brutus collegam sibi elegit P. Valerium, quo adiutore reges urbe eiecerat. 24) Hostes signis nostris conspectis (oder signa nostra conspicati) raptim, quasi nova et inusitata species esset obiecta, in munitiones se receperunt.

442. Nach gratulari heißt „daß" gewöhnlich quod (cf. 370). **Wenn der Grund der Beglückwünschung eine Handlung oder Ereignis ist, das durch ein Verb mit Akkusativobjekt bezeichnet werden konnte,** so kann statt quod auch der Acc. mit einem *Part. perf. pass.* stehen. Also: Gratulor tibi, quod patriam servasti = patriam servatam. Cf. Brutus Ciceroni recuperatam libertatem est gratulatus. Auch sonst findet sich die Konstruktion *gratulari alicui aliquid* statt *de* (oder *in*) *re*, z. B. gratulari alicui victoriam, adventum, illius diei celebritatem. Man beachte übrigens, daß gratulari sich immer auf ein bereits eingetretenes Ereignis bezieht, niemals aber von der Zukunft gesagt werden kann (statt omnia bona oder fausta alicui precari, ominibus optimis prosequi aliquem u. ä.).

443. Nein; denn ein *Abl. absol.* ist dann unzulässig, wenn er in gar keinem zeitlichen oder innerlichen Verhältnisse zu seinem regierenden Satze steht. Livio auctore Saguntum captum est würde bedeuten: „Sagunt wurde eingenommen, als (weil, indem) Livius dazu riet". Beachte die Regel: „Der Abl. absol. bezieht sich auf das von dem Subjekt des regierenden Satzes Ausgesagte, nicht aber auf abhängige Teile des regierenden Satzes". Daher darf der Satz: „Die Perser wurden bei Marathon von den Athenern unter Anführung des Miltiades besiegt" nicht übersetzt werden: Persae apud Marathona ab Atheniensibus *Miltiade duce* devicti sunt, sondern ab Atheniensibus, *quibus Miltiades praeerat.* — Die vorgelegten Sätze müssen demnach lauten: 1) Saguntum octavo mense — captum esse Livius auctor est oder Saguntum, ut Livius auctor est, octavo mense — captum est. 2) Omnes docti consentiunt Graecos ceteras omnes nationes — superasse. — Desgleichen sage man nicht: *Epicuro auctore (teste)* felicitas in voluptate posita est statt Epicuri sententiā oder Epicurus censet (putat, statuit, vult) oder in einem Zwischensatze ut Epicuro placet od. videtur.

Anm. *Teste* oder *auctore aliquo* in dem Sinne „nach jemandes Zeugnis oder Mitteilung" kommt nur neben einem Verbum des Sagens und Erzählens vor, wenn der dem Subjekt des regierenden Satzes zur Seite stehende Zeuge oder Gewährsmann angegeben wird, z. B. Antonium summum oratorem fuisse *Cicerone teste* dico. Decem milia militum regem in Graeciam secum traiecisse *Polybio auctore* scripsimus. Tarquinius Prisci filius neposve fuerit, parum liquet; *pluribus* tamen *auctoribus* filium ediderim.

444. *Audito, cognito, intellecto, comperto, nuntiato, edicto, permisso, auspicato, exposito, debellato, pacto, explorato.* Jedoch sind diese absoluten Abl. absol. fast nur den Historikern eigen (cf. indes Cic. off. 2, 42; fin. 2, 85; inv. 2, 34). Cf. Alexander *audito* Dareum movisse ab Ecbatanis fugientem insequi pergit strenue. *Cognito* ex agrestibus hostium naves ad Aethaliam stare consilium habitum est. Consul *edicto*, ut quicunque ad vallum tenderet pro hoste haberetur, fugientibus obstitit. In amnis transgressu multum *certato* („nachdem lange gekämpft war") pervicit Bardanes. — Auch ein einzelnes Adjektiv bildet zuweilen einen Abl. absol., z. B. bei Angabe des Wetters *sereno* (sc. caelo) „bei heiterem Himmel", *tranquillo* (sc. mari) „bei ruhiger See". Multi adnantes navibus *incerto* prae tenebris, quid peterent aut vitarent, foede interierunt. *Haud dubio* „da es nicht zweifelhaft war" (so seit Livius).

Anm. Verschieden von diesem Gebrauche ist die Erscheinung, daß zuweilen in einem Abl. absol. das Subjekt *eis* oder *eo* weggelassen wird, wenn noch ein sich auf eis oder eo beziehender Relativsatz folgt, z. B. Hannibal Hiberum copias traduxit praemissis, qui Alpium transitus specularentur. Mardonius incensis, quae aedificare coeperant Athenienses, copias in Boeotiam transfert.

445. Weil man solche Participialkonstruktionen vermeidet, in welchen noch ein zweites Particip als Attribut mit dem Substantiv verbunden sein würde: überladene Participialkonstruktion. (Ausnahmen vereinzelt, z. B. Liv. 1, 14, 4 iuventute armata immissa; 1, 46, 1 agro capto viritim diviso; 3, 33, 10; 8, 12, 9; 22, 29, 1 u. a. Caes. b. g. 8, 20, 2; 28, 4.)

Anm. Zulässig sind dagegen solche Participialkonstruktionen, bei denen das Participium durch ein Prädikatsnomen ergänzt wird, z. B. Dolabella *hostis* indicatus patria expulsus est. Dolabellam *hostem* iudicatum cives patria expulerunt. Ebenso im *Abl. absol.*: Dolabella *hoste* decreto; tribunis *sontibus* iudicatis; Licinio *magistro* equitum dicto; Hasdrubale *imperatore* suffecto; Catone *praetore* designato. *Obsidibus* acceptis primis civitatis. Consulibus *certioribus* factis. Veientibus *sociis* consilii assumptis. Temperandum acre ingenium eius moderato viro adiuncto *collega* censebant. Cf. Cic. Tusc. 3, 70; Phil. 13, 39; Sull. 11; Caes. b. g. 2, 13, 1; b. c. 3, 1, 1.

446. Cicero und Cäsar haben diesen Gebrauch an verschwindend wenigen Stellen (Cic. Fin. 5, 68; Att. 9, 6, 4. Caes. b. c. 1, 67, 5); sie würden eher gesagt haben: Romani victi *tamen* animis non ceciderunt. Cf. Ingratus est iniustusque civis, qui armorum periculo *liberatus tamen* animum retinet armatum. Camolugenus prope *confectus* aetate *tamen* ad eum honorem evocatus est. Milites non *exaudito sono* tubarum *tamen* a legatis retinebantur (cf. 524, 6). Sallust (z. B. Iug. 43, 1), Livius (z. B. 4, 53, 1) und Spätere setzen jedoch zu einem Participium nicht selten noch eine konzessive Konjunktion, z. B. Quies provinciae, *quamquam* remoto consulari, mansit. Agis, rex Lacedaemoniorum, *etsi* a multitudine victus, gloria tamen omnes vicit. Arma *quamquam* vobis invisa tamen sumenda sunt. Cf. auch 392, Anm. 3.

Anm. Anderer Art ist der rücksichtlich der Konjunktion *quamvis* in 389, Anm. besprochene Gebrauch. Cf. auch 392, Anm. 3.

447. In diesen Sätzen müßte eigentlich statt des *Abl. absol.* das *Participium coniunctum* stehen: Nemo erit, qui credat *tibi invito* provinciam esse decretam; Cato vivi quoque Scipion*is* magnitudinem allatrare solitus erat; Vercingetorix convocat*os* su*os* client*es* facile incendit. Man ahme übrigens diesen Gebrauch nur mit Vorsicht nach, nämlich nur dann, wenn der Abl. absol. logisch einen besonderen Satz bildet, d. h. ein Faktum selbständig für sich im Gegensatz zu den übrigen Faktis hinstellt, oder wenn derselbe nicht das Verb. finitum, sondern einen abhängigen Satzteil (namentlich Infin. oder Partic.) näher bestimmt, z. B. Caesar Galliam Italiamque *se absente* tentari nolebat. Cato affirmat *se vivo* illum triumphaturum. Cf. Caes. b. g. 1, 16, 5; 3, 14, 4; 4, 12, 1; 5, 4, 3; 5, 44, 6; 6, 4, 4. Cic. Deiot. 13; Rosc. Am. 6.

### c. Das Gerundium und Gerundivum.

448. **Das Gerundium** vertritt die *Casus obliqui* des *Infin. praes. activi;* es ist demnach ein *Substantivum* verbale mit aktiver Bedeutung, welches eine Handlung oder einen Zustand bezeichnet und den Kasus erfordert, welchen das Verbum auch sonst regiert, z. B. spatium arma capiendi „Zeit, die Waffen zu ergreifen". Es kann nie durch ein Adjektiv, sondern nur durch Adverbien näher bestimmt werden; im Acc. kommt es nur in Abhängigkeit von Präpositionen vor. Also:

*Nom. Inf.* beate vivere das glückselige Leben,
*Gen. Ger.* beate vivendi des glückseligen Lebens,
*Dat. Ger.* beate vivendo dem glückseligen Leben,
*Acc. Inf.* beate vivere das glückselige Leben,
*Acc. Ger.* **ad** beate **vivendum** zum glückseligen Leben,
*Abl. Ger.* beate **vivendo** durch das glückselige Leben.

**Das Gerundivum** dagegen ist ein *Adiectivum* verbale dreier Endungen (z. B. **regendus, a um**), welches ursprünglich nicht, wie meistens behauptet wird, den Begriff des Müssens, der Notwendigkeit ausdrückte, sondern die Bedeutung eines **Part. praes. pass.** hatte. Demnach hieß liber *legendus* ursprünglich „ein gelesen werdendes Buch", d. h. ein Buch, welches gelesen wird (od. wurde); in dieser Bedeutung wird das Gerundiv in den abhängigen Kasus auch wirklich gebraucht, z. B. In amicis *eligendis* cura adhiberi debet „in der Wahl der Freunde", d. h. wenn die Freunde gewählt werden. Noch klarer zeigt das Gerundivum die einfache Bedeutung des *Part. praes. pass.* in Sätzen wie: Partis honoribus eosdem gessi in foro labores, quos *petendis*. Quae placebunt, *exponendis* rationibus comprobabis. Quis est, qui nullis officii praeceptis *tradendis* philosophum se audeat dicere? Superstitione *tollenda* non tollitur religio. Trebonius *insectandis* patribus tribunatum gessit. Contio plausum meo nomine *recitando* dedit. Cf. Cic. div. 2, 148; Att. 4, 1, 6; Mur. 17; leg. 2, 11; off. 1, 5; 1, 2; 1, 47; fin. 1, 36. Liv. 5, 43, 7; 21, 2, 1; 25, 30, 6; 8, 4, 3; 30, 24, 4; 3, 65, 4. In derartigen Sätzen bezeichnet das Gerundiv einfach die Gleichzeitigkeit, das Geschehen einer Thätigkeit. — Jedoch steht es in der Bedeutung des Müssens, verneint auch des Dürfens **(Participium necessitatis)**:

1) attributiv, z. B. leges observ*andae* „die zu beobachtenden Gesetze". Der Deutsche gebraucht hier meist Adjektiva auf -wert, -würdig, -lich (cf. 195) oder einen Relativsatz, z. B. Facinus laudandum „eine lobenswerte (löbliche) That"; virtus admiranda „bewunderungswürdige"; res visenda „sehenswürdig"; res non contemnenda „eine Sache, die nicht verachtet werden darf"; arrogantia non ferenda „unerträglich; haudquaquam spernendus auctor;

2) prädikativ, und zwar:

a) mit *esse*, wobei die handelnde Person in den Dativ tritt (cf. 63): Scri*bendum est* „man muß schreiben". Epistula *mihi* scrib*enda est* „der Brief ist von mir zu schreiben" = „ich muß den Brief schreiben". Diligentia omn*ibus* semper *est* adhib*enda*. Suo cuique iudicio ut*endum* est. (Intransitive Verba können in diesem Falle nur unpersönlich gebraucht werden, z. B. Vict*is* parc*endum est*, nicht victi parc*endi* sunt!; levitat*is* tibi *est* paenit*endum*, voluptat*ibus* moderate *est* fru*endum*. Cf. jedoch 303);

b) bei den Verben „besorgen, übergeben, überlassen, übernehmen" (cf. 451, 7), z. B. Pueris sententias edisc*endas* damus.

Anm. Das Gerundium hat ursprünglich ausschließlich aktive Bedeutung, — (es regiert ja den Kasus Verbi) —. Alle Stellen, an denen es passiven Sinn hat, haben diese Unregelmäßigkeit nur infolge einer Ungenauigkeit der Sprache, indem das handelnde und leidende Subjekt nicht genau geschieden werden. Denn ebenso wie die deutschen Verbalsubstantiva auf „-ung" (Erziehung, Schätzung rc.) auch einen passiven Sinn zulassen (z. B. „Er wurde der Erziehung halber nach Athen geschickt", d. h. damit er erzogen würde), so findet sich auch das Gerundium zuweilen in einer solchen Bedeutung gebraucht, z. B. Athenas *erudiendi gratia* missus est. Magister pueros ante urbem lusus *exercendi*que *causa* producit, d. h. ut ludant et exerceantur. Haec frequentia totius Italiae convenit comitiorum, ludorum *censendi*que *causa*, d. h. „zur Schätzung = um geschätzt zu werden". Oder wie wir im Deutschen leichthin sagen: „Manche Tiere sind für den Menschen zum Essen geeignet", so sagt auch Cicero: Multae pecudes *ad vescendum* idoneae sunt. Haec res duplicem habet *docendi* viam = qua doceatur. Alitur vitium vivitque *tegendo*. Amata inter *capiendum* a pontifice maximo appellatur. Memoria *excolendo* augetur. Spes *restituendi* „wiedereingesetzt zu werden". Sall. Iug. 62, 8; Liv. 4, 2, 9; 6, 41, 11; 29, 2, 2. Cic. Verr. Act. 1, 54; Cat. 4, 6; fam. 9, 25, 2; fin. 3, 34. (Auch eine mediale Bedeutung hat zuweilen das Gerundium transitiver Verben, z. B. locus augendi, Cic. Att. 14, 17 A, 5; turpitudo coniungendi cum tyranno, Att. 7, 20, 2; principium movendi, Tusc. 1, 53.)

Anm. 2. Übersetzt wird das Gerundium nicht nur durch den substantivierten Infinitiv oder durch den Infinitiv mit „zu" (z. B. Difficultas scribendi „die Schwierigkeit des Schreibens" oder „zu schreiben"), das Gerundivum nicht nur durch ein Verbaladjektiv (z. B. Leges observandae „die zu beobachtenden Gesetze"), sondern beide auch außerordentlich oft: a) durch entsprechende Verbalsubstantiva (besonders auf „ung"): Ars administrandi rem publicam „die Kunst der Verwaltung des Staates"; in defendenda patria „bei der Verteidigung des Vaterlandes"; cf. 453; — b) durch Composita: Studium pugnandi „Kampflust"; pugnandi cupidus „kampflustig".

449. **Wenn das Gerundium eines transitiven Verbums sein Objekt im Accusativ neben sich hat, so wird dasselbe**

1) **bei Präpositionen und im Dativ stets in das Gerundivum verwandelt** (d. h. das Objekt wird in den Kasus des Gerundiums gesetzt und das Gerundivum als Adj. mit demselben in Übereinstimmung gebracht): In persequendis hostibus (aus in persequendo hostes); ad liberandam patriam (aus ad liberandum patriam); gloriae parandae causā (aus gloriam parandi causā); impar sum his oneribus ferendis (aus haec onera ferendo);

2) **in andern Fällen gewöhnlich in das Gerundivum verwandelt:** Consilium capiendae urbis (seltener capiendi urbem), delector scribenda epistula (seltener scribendo epistulam).

**Von dem eben angegebenen Sprachgebrauche weichen die besten Schriftsteller nur dann ab und verwandeln also das Gerundium nicht in das Gerundivum, wenn:**

1) **der Acc. beim Gerundium das Neutrum eines Pronomens oder Adjectivums ist, welches im Gen., Dat. und Abl. nicht in seinem Genus zu erkennen wäre,** z. B. Dialectica est ars ver*a* ac fals*a* diiudicand*i* (nicht fals*orum* ac ver*orum* diiudicand*orum*); studium aliqu*id* agend*i*; facultas plur*a* dicend*i*; cupiditas omni*a* cognoscend*i*; interior*a* tuend*o* minorem in dies urbem Saguntini faciunt; parv*a* non contemnend*o* maiores nostri maximam hanc rem fecerunt.

2) **wenn das Gerundium im einfachen (d. h. von keiner Präposition abhängigen) Genitiv oder Ablativ steht, jedoch nur, um 1) entweder die Häufung mehrerer Genitive** (z. B. initium mirandi Graecarum artium oper*a*) **oder die schwerfälligen Genitivformen auf** *orum, arum* **zu vermeiden,** z. B. Efferor studio liber*os* vestr*os* vidend*i* statt liber*orum* vestr*orum* vidend*orum* (doch finden sich hierfür auch Beispiele vom Gegenteil, z. B. corrumpend*arum* tabul*arum* public*arum* fingend*orum*que senatus consult*orum* potestas (Cic. leg. agr. 2, 37; Cat. 1, 7), — **oder 2) wenn der Verbalbegriff, nicht der Objektsaccusativ als das Hauptsächlichste hervorgehoben werden soll, wie es am deutlichsten ist in Gegensätzen,** z. B. Iniurias *ferendo* maiorem laudem mereberis

quam *ulciscendo*. Ego contemn*endo* potius quam appet*endo* gloriam modum excesserim. Divid*endo* copias perierunt duces nostri. Crescebat urbs alia atque alia loc*a* appet*endo* („durch Hinzuziehung").

Anm. Die wenigen Beispiele, in denen der Abl. des Gerundiums mit einer Präposition und einem Acc. steht, finden fast alle leicht in der Beschaffenheit der Wortverbindung Entschuldigung, z. B. Verbum invidiae ductum est *a* nimis *intuendo* fortun*am* alterius. Cic. Tusc. 3, 20; 1, 102; leg. 1, 19. Hart Liv. 30, 13, 9: *in* alloqu*endo* victor*em*. B. Afr. 82.

**Daraus ergiebt sich in Bezug auf die vorgelegten Ausdrücke folgendes:** 1) Ars *rem* public*am* administrand*i*, cupiditas op*es* comparand*i* **ist zwar richtig, aber nicht so gebräuchlich wie** ars *rei* public*ae* administrand*ae*, cupiditas op*um* comparand*arum*. 2) **Schreibe** aviditas mult*a* legend*i*, studium aliqu*id* agend*i*. 3) **Schreibe** tempus demetend*is* frug*ibus* accommodatum, impar oner*i* ferend*o*. 4) **Schreibe** ad molesti*as* levand*as*, valetudin*is* firmand*ae* causa, in administrand*a* *re* public*a*. 5) **Zwar nicht fehlerhaft, aber weniger gebräuchlich als** libr*is* inutil*ibus* legend*is*, medicin*a* adhibend*a*. Cf. 452, 3.

450. Wenn die Substantiva **tempus, consilium, mos, consuetudo, ius, occasio, ratio** etc., die sonst den Gen. Gerund. verlangen (cf. 451, 1), mit *esse* (seltener fieri, videri u. ä.) verbunden sind, so steht bei ihnen der **Infin.** als Subjekt auf die Frage „was?", dagegen der **Gen. Gerund.** auf die Frage „was für ein?". Danach erklären sich die vorgelegten Sätze folgendermaßen: 1) Tempus iam est de hac re dic*ere* „es ist jetzt an der Zeit (= es ist jetzt zeitgemäß, wünschenswert, nötig) über diese Sache zu reden": dicere ist Subjekt auf die Frage „was?", tempus est Prädikat = tempestivum est, necessarium est. Tempus est ab*eundi* „die Zeit zum Weggehen ist da"; non est mihi tempus ad haec respond*endi* „die Zeit zum Antworten fehlt mir". — 2) Lysander consilium cepit Lacedaemoniorum reges toll*ere* „Lysander beschloß, die Könige zu beseitigen". Turpe est consilium tuum fug*iendi* „dein Entschluß zur Flucht ist unehrenhaft". Bei **consilium est** steht, wenn es einfach den Sinn von „beabsichtigen" hat, der einfache Infinitiv (selten *ut*); nur wenn bei consilium noch ein Adjektiv steht, ist der Gen. Gerund. auf die Frage „was für ein?" notwendig. Wenn **consilium capere** (oder **inire**) ohne irgend ein Attribut einfach für „beschließen" steht, so hat es vor sich regelmäßig den Gen. Gerund., hinter sich meist den Inf. (selten *ut*), also: Regn*i* occup*andi* consilium cepit = consilium cepit regn*um* occup*are*. Consilium cepit hominis propinqui fortunas evert*ere*. Galli bell*i* renov*andi* consilium ceperunt. Consilium cepi, *ut* exirem. Wenn aber consilium noch ein Attribut bei sich hat oder consilium capere (inire) in der passiven Konstruktion steht, ist der Gen. Gerund. (bezw. *ut*) notwendig, z. B. Clandestinum consilium ceperunt Capu*ae* opprim*endae*. Dux temerarium consilium iniit, *ut* noctu proficisceretur. Inita sunt consilia urb*is* del*endae*. (Cf. auch Liv. 21, 30, 1: Hannibali *sententia stetit* Italiam *petere*.) — 3) Mihi mos est plura aud*ire* quam loqu*i* „es ist meine Sitte, mehr zu hören als zu sprechen": audire und loqui sind Nominative auf die Frage „was?" Eius mos est advers*ari* „Widersprechen (Nom.) ist seine Gewohnheit". Mos advers*andi* turpis est „die Gewohnheit des Widersprechens (Gen. auf die Frage „was für ein?") ist häßlich". Nulla est ratio amitt*ere* eiusmodi occasionem „eine solche Gelegenheit zu verlieren (Nom.) ist nicht vernünftig" (Cic. p. Caec. 15; Verr. I, 9, 24). Nunc vobis potestas fit virtutem vestram ostendere „wird euch möglich" (Liv. 34, 13, 5; Sall. Cat. 29, 3) u. s. w. (Ungewöhnlich Liv. 25, 11, 10. Curt. 4, 8, 3.)

451. 1) Der **Genitiv** des Gerundiums und Gerundivums steht bei Substantiven, auf welche im Deutschen ein ergänzender Infinitiv mit zu oder ein näher bestimmender Präpositionalausdruck folgt, auf die Frage „was für ein?" oder „wozu?, z. B. Ars scribendi „die Kunst zu schreiben"; occasio discendi; difficultas navigandi; pueris ludendi licentiam damus; ludendi est quidam modus retinendus; omnes incensi sumus bene vivendi cupiditate; occasio itineris faciendi; nullum locum praetermitto tui laudandi; ratio veri inveniendi; timor labefactandi imperii; consensio libertatis vindicandae; adhortatio capessendi belli. Cf. auch 226. Auch von Personennamen, welche eine Thätigkeit ausdrücken, kann ein solcher Gen. abhängen, z. B. Magister dicendi, oratores pacis

petendae, artifex comparandae voluptatis, natura est optima dux bene vivendi, intellegens dicendi existimator, besonders von *auctor* und *princeps* „Urheber, Veranlasser", z. B. Auctores Cadmeae occupandae; Pansa princeps fuit proelii faciendi. Über verbum *eundi* „das Verbum gehen" u. ä. cf. 9. Ambiorix Nervios adhortatus est, ne occasionem sui in perpetuum liberandi Romanosque ulciscendi dimitterent. Parsimonia ars est supervacaneos sumptus vitandi vel ars rei familiaris moderate utendae. Ingenti desiderio teneor patriae, qua diu carui, videndae. — 2) Der **Genitiv** des Gerundiums oder Gerundivums steht bei Adjektiven, welche auch sonst den Gen. regieren (häufig bei *cupidus* u. *studiosus*, seltener bei *sciens*, *ignarus*, *peritus*, *imperitus*, *conscius*, *particeps*, *insuetus*; unklassisch bei *memor*, *immemor*, *reus* „verantwortlich", *avidus*, *potens*, *impotens*, *nescius* u. a.) und bei den präpositionalen Abla-
* tiven *causa* und *gratia* „wegen": Magna pars Babyloniorum constiterat in muris studiosa novi regis cognoscendi. Quam studiosus Cicero fuerit bibliothecae comparandae atque exornandae, ex multis eius epistulis ad Atticum datis apparet. Milites adeo erant fessi itineris laboribus, vix ut armorum tenendorum potentes essent. Cf. Equum non crebris verberibus exterret domandi peritus magister. Dumnorix Aeduus, insuetus navigandi, mare timebat. Libri inutiles sunt ignaro legendi. Ignarus poliendae orationis. Sui protegendi corporis memor. Immemor reconciliandi animos plebis. Impotens regendi equi. Non ego belli conflandi particeps fui. Vir regendae rei publicae scientissimus. Conscios delendae tyrannidis indicare. — 3) Der **Dativ** des Gerundiums steht bei Adjektiven, welche den Dativ verlangen, auf die Fragen „für wen?" oder „wozu?", besonders bei denen, welche bedeuten „passend, geschickt, bereit, geneigt", wie *utilis*, *inutilis*, *aptus*, *idoneus*, *accommodatus*, *opportunus*, *maturus*, *immaturus*, *promptus*, *natus* u. ä., welche aber noch viel häufiger (cf. 59, Anm. 1) **ad** c. Acc. zu sich nehmen; *par* in der Bedeutung „gewachsen" und *impar* „nicht gewachsen" können nur den Dat. Gerund. bei sich haben (z. B. par [impar] oneri ferendo): Arbores hieme interdum tanta nivis copia obtectae sunt, vix ut eius oneri sustinendo pares sint. Qui pituita laborant, rebus subtiliter diiudicandis et examinandis haud satis apti sunt. Natura animum ornavit sensibus ad res percipiendas idoneis. Veteres Persae iure cuivis negotio maiori gerendo imparem arbitrabantur eum, cui tacere grave esset. Cf. Lignum aridum materia est idonea eliciendis ignibus. Sunt nonnulli acuendis puerorum ingeniis non inutiles lusus. Hispania bello reparando aptior erat quam ulla pars terrarum. Gens instaurandis reparandisque bellis nata. Locus communiendo praesidio opportunus. Aetas bello gerendo matura. Tempus rebus gerendis immaturum. Gens veniae dandae prompta. Mons pecori alendo bonus. — 4) Der **Dativ** des Gerundivs steht bei einzelnen Verben und Phrasen, um eine beabsichtigte Handlung zu bezeichnen, besonders bei *studere*, *intentum esse*, *operam dare* (*navare*), laborem *impertire*, *praeficere*, *praeesse*, *diem dicere*, *tempus statuere*, *locum deligere* (*capere*, *invenire*, *dare*), *satis esse*, *sufficere*, *adesse*, *deesse*, *tempus insumere* u. ä.; ferner bei *esse* „fähig sein zu etwas, imstande sein" (z. B. Divites, qui oneri ferendo erant Liv. 2, 9, 6; 4, 35, 9; 30, 6, 3; 31, 13, 5), besonders in der Redensart *solvendo esse* „zahlungsfähig sein"; ähnlich auch *censui censendo esse* „censusfähig sein" (Cic. Flacc. 80) und *scribendo adesse* „einen Senatsbeschluß (abfassen und) unterzeichnen" (Praescriptio!): Brutus, cum studere revocandis in urbem regibus filios suos comperisset, securi eos percussit. Germanicus paucos dies insumpsit classi reficiendae. Caesar emendandis fastis Romanis operam dedit. Post Troiae interitum Aeneas in Italiam venit atque locum urbi condendae quaesivit. Cf. auch: Milites machinamenta quatiendis muris portabant. Materia cratibus faciendis caesa est. Hos in insula reliquit velut materiam novandis rebus. Supplicatio prodigiis expiandis facta est. Philo iuri dicundo urbana sors evenit. Hoc arcendis sceleribus exemplum nobile erit. (Seit Livius vertritt der Dat. Gerund. bisweilen geradezu einen Finalsatz, [Tac.] Caecinam distrahendo hosti ad flumen Amisiam

misit. Eas orationes Seneca vulgavit testificando, quam honesta praeciperet „um zu beweisen".) Cf. auch 456, 9. — 5) Der **Accusativ** des Gerundivs wird nur in Verbindung mit Präpositionen gebraucht und zwar sehr häufig mit **ad**, um eine Bestimmung oder Absicht zu bezeichnen, zuweilen mit *in* (bei den Verben conferre, transferre und convertere) und (unklassisch) mit *inter* „während" (cf. 136, 4), selten bei *ob* (meist nur in Formeln oder Nachbildungen der Gesetzessprache, z. B. Flagitiosum est *ob rem iudicandam, ob ius dicendum* pecuniam accipere). Cf. jedoch 417, 3: Cicero quidquid habuit virium, id in civium libertatem defendendam contulit. Unde novit formica aestatem tempus esse **ad** cibum colligendum aptum? Duilius primus ferreas manus instituit, quibus inter pugnandum triginta naves apprehendit et tredecim mersit. Caesar ea, quae erant usui ad armandas naves, ex Hispania apportari iussit. Dentes castorum ad abrodendos cortices et dentes sciurorum ad frangendas nuces comparati sunt. — 6) Der **Ablativ** des Gerund. steht entweder ohne Präposition als **Abl. instr. (modi)** od. mit den Präpositionen **in**, **ab**, **ex**, **de**, selten **pro** („für, zu gunsten", z. B. Cic. off. 3, 25; Brut. 311, oder „anstatt", z. B. Liv. 23, 28, 11), bei Klassikern nie *sine*: Multi in equis parandis adhibent curam, in amicis eligendis neglegentes sunt. Aegyptii annum intercalando complebant. Numa Pompilius in legibus scribendis consilio Egeriae nymphae se uti simulavit. Dicendi elegantia augetur legendis oratoribus et poetis. Multi, cum antea tam inopes fuissent, ut solvendo non essent, in praetura administranda ingentes divitias confecerunt. Non pudendo, sed ea quae dedeceant non faciendo nomen impudentiae effugere debemus. Cf. auch: Summa voluptas *ex discendo* capitur. Prudentia *ex providendo* est appellata. Virtutes cernuntur *in agendo*. Epicurus nihil *de dividendo* ac *partiendo* docet. Aristotelem non deterruit *a scribendo* amplitudo Platonis. Tumultus *pro recuperanda libertate*. — 7) Bei den Verben **„besorgen, übergeben, überlassen, übernehmen"** (namentlich *curo, do, trado,* [*mando,*] *mitto, permitto, concedo, relinquo, impono, propono, offero, sumo, accipio, suscipio, loco* „ich verpachte", *conduco* „ich pachte" und ähnlichen) steht das Gerundivum zur Bezeichnung einer Handlung, welche mit einem Gegenstande (dem Subjekt oder dem Objekt) vorgenommen werden soll, z. B. Demus nos philosophiae excol*endos*. Pueris sententias ediscen*das* damus. Gloriam P. Africani tu*endam* conserv*andam*que suscepi. Alexander Achillem sibi imit*andum* proposuerat. Antigonus Eumenem mortuum propinquis sepeli*endum* tradidit. Clodius uberrimas provincias vex*andas* diripi*endas*que consulibus permisit. Censores porticum aedific*andam* locant „geben in Verdung". Redemptor columnam Iovis conduxerat faci*endam*. (Cf. auch: Aedem Castoris *habuit tuendam*, Cic. Verr. 2, 1, 50. Saucios milites *curandos dividit* patribus, Liv. 2, 47, 12.) Selten wird in diesem Falle **ad** c. gerundio gebraucht (z. B. Quam multas nobis imagines non solum *ad intuendum*, verum etiam *ad imitandum* scriptores reliquerunt! Mihi illos proposui *ad imitandum* „zum Muster oder zum Vorbild". Quibus hae partes *ad defendendum* obvenerant. Partem oppidi sumit *ad obsidendum*. Dux oppidum militibus *ad diripiendum* concessit), namentlich in der passiven Konstruktion des Perfektums, z. B. Cicero vobis *ad imitandum* maxime propositus sit. Doch ist *ad* c. gerundio selbstverständlich dann notwendig, wenn die Bestimmung eines Gegenstandes nicht passivisch, sondern aktivisch angegeben wird, z. B. Oratori plerique duo genera *ad dicendum* dederunt. Spatium sumamus *ad cogitandum*. Dant parvi se *ad ludendum*: Matronae Lacaenae filios, cum vulneribus aversis mortui erant reportati, secreto et sine ullo funeris honore sepeliendos curabant. Caesar ab hibernis in Italiam discedens legatis imperavit, ut quam plurimas possent hieme naves aedificandas veteresque reficiendas curarent. Lacedaemonii principes Aeginetarum, qui obsidum loco tradendi fuerant, Atheniensibus custodiendos mandaverunt. Tam immanis crudelitas Astyagis fuit, ut Harpago filios epulandos apponeret. Aegei temporibus Athenienses quotannis septenos iuvenes totidemque virgines in Cretam mittebant Minotauro obiciendos.

Anm. 1. In zahlreichen Verbindungen (bes. mit *esse*, *habere*, *dare*, *deesse*, *sumere* u. ä.) wird bei Substantiven, die sonst den objekt. Gen. bei sich haben, auch die Präpos. **ad** gesetzt, um die Bestimmung, den Zweck u. dgl. hervorzuheben. Solche Phrasen sind: *facultas* od. *locus est*, *causa* od. *ratio est*, *facultatem* (od. *occasionem*, *copiam*, *locum* „Gelegenheit") *habere* od. *dare*, *signum dare*, *studium deest*, *vires desunt*, *princeps* od. *auctor sum alicui*, *spatium sumere* u. ä., z. B. Occasio tibi *ad* occupandam Asiam oblata est. Non est locus *ad* tergiversandum. Vires militibus deerant *ad* resistendum. Oppidum magnam *ad* ducendum bellum dabat facultatem. Alicui facultatem dare *ad* dicendum. Hic tibi gravissimus auctor *ad* rem instituendam fuit. Archias Ciceroni princeps extitit *ad* ingrediendam optimarum artium rationem. — Bei *se dare* „sich hingeben, sich widmen" steht statt des Dativs auch *ad* (oder *in* c. acc.), z. B. Ab ineunte adulescentia me *ad* defendendos homines dedi (Cic. div. Caec. 4; nat. d. 1, 9; legg. 1, 12; Tusc. 1, 7).

Anm. 2. Die selbst bei Cicero nicht seltenen Beispiele, in denen von dem Gen. eines Gerundiums das Objekt im Gen., statt im Acc. abhängt, erklären sich dadurch, daß das regierende Subst. mit dem Gen. des Gerundiums als ein zusammengehöriger Substantivbegriff gefaßt wird, z. B. Reiciendi trium iudicum potestas „das Verwerfungsrecht dreier Richter"; exemplorum eligendi potestas „die Wahlfreiheit der Beispiele"; studium illorum facinorum imitandi „Nachahmungseifer in solchen Thaten" u. ä. Cf. Cic. Verr. 4, 104: earum rerum infitiandi ratio; 2, 77. Phil. 5, 6: facultas agrorum suis latronibus condonandi; fin. 5, 19; inv. 2, 5; Ac. 2, 128 u. ö. Daß sich diese Konstruktion fast nur beim Gen. Plur. findet (cf. jedoch Tusc. 5. 70), ist gewiß aus dem Streben nach Wohllaut hervorgegangen.

Anm. 3. Bei Klassikern selten (z. B. Cic. part. orat. 50), häufig seit der augusteischen Periode dient der Abl. Gerund. statt des Part. Präs. zur Bezeichnung der Art und Weise oder begleitender Nebenumstände, z. B. Consules *populando* (= *populantes*) usque ad moenia pervenerunt. (Sall. Cat, 61, 2; Iug. 103. 2; Liv. 8, 17, 1; 5, 43, 7; 30, 28, 4: senex *vincendo* factus; 25, 19, 14; 3, 65, 4: *insectandisque patribus* (L. Trebonius tr. pl.) tribunatum gessit; 2, 32, 4; 22, 14, 7; 39, 34, 13. Bei Tacitus wechselt dieser Abl. mit dem Part. Präs., z. B. Ann. 2, 81.)

Anm. 4. Außer dem oben unter 7) besprochenen Falle kann der Acc. des Gerundivs nicht gebraucht werden, um das Objekt eines transitiven Verbums zu vertreten. Fehlerhaft also „die Wahl des Konsuls fördern" consulem creandum adiuvare, oder „eine Veränderung der Zustände erstreben" mutandas res appetere, oder „die Zerstörung der Brücke hindern" pontem delendum impedire. Fehlerhaft demnach auch im Passiv „der Bau dieses Hauses ist aufgegeben" exstruenda haec domus omissa est (statt aedificatio huius domus).

452. 1) Der Gen. Gerund. wird (— jedoch im ganzen selten —) in Verbindung mit *esse* gebraucht, um zu bezeichnen, wozu etwas gehört, paßt, geeignet ist, gereicht (*Gen. qualitatis*): „Das Königtum hatte anfänglich zur Erhaltung der Freiheit und zur Vergrößerung des Staates gedient"; „Die Belagerer und Belagerten holten von dem Felde, was dazu diente, eine lange Belagerung zu ertragen". Cf. Cic. Verr. 2, 132; leg. 2, 59; Sall. Cat. 6, 7; 46, 2; Iug. 88, 4; Liv. 3, 24, 1; 5, 3, 5; 3, 31, 7; 27, 9, 12 u. ö. [Bei Tacitus ist dieser (von einem Verbum abhängige) Genitiv auch ohne *esse* ungemein häufig, z. B. Germanicus Aegyptum proficiscitur *cognoscendae antiquitatis* „um die Altertümer kennen zu lernen". *Conciliandae misericordiae* haec refero. Multa populus paravit *tuendae libertatis*]. Auch von einem einzelnen Substantiv hängt bisweilen ein solcher (die Bestimmung oder Befähigung bezeichnender) Genitiv ab, z. B. Aemilius exercitum *opprimendae libertatis* habet „ein zur Unterdrückung der Freiheit geeignetes Heer". Naves *disiciendi operis* „zur Zerstörung des Baues geeignete Schiffe". Societas *comparandi cibi*. — 2) Cf. 456, 9. — 3) Ein Archaismus ist es, den Cicero einmal (Cat. m. 6) um des Kolorits willen gebraucht, wenn von transitiven Verben ein Neutrum des Gerundivs mit *est* gebildet ist, welches den Objektsaccusativ bei sich hat. Der vorgelegte Ausdruck müßte regelmäßig lauten: Via, *quae* nobis quoque ingred*ienda* est. Cf. auch Verg. Aen. 11, 230. — 4) Cf. 303. — 5) Cf. 63. — 6) In der Sprache des Volkes wurde nicht selten der Abl. Gerund. statt des Inf. gesetzt, besonders bei den Verben desistere, absistere u. ä. Dieser Gebrauch findet sich vereinzelt auch bei Livius (4, 55, 5; 9, 34, 2; 29, 33, 8).

453. Das Gerundivum bezeichnet vermöge seiner Bedeutung eine Handlung, die noch unvollendet ist. Darauf hat man bei der Übersetzung der deutschen Verbalsubstantiva auf -ung be-

sonders zu achten, indem diese auch die vollendete (oder voraufgegangene) Handlung bezeichnen können. So ist z. B. der Satz: „Die Ermordung Cäsars schien vielen die schönste That“ zu übersetzen: Occi*sus* Caesar multis pulcherrimum facinus videbatur, denn in diesem Satze ist auf die Ermordung Cäsars als auf eine vollendete Thatsache Beziehung genommen; dagegen ist der Satz: „Brutus und Cassius schreckten nicht vor der Ermordung Cäsars zurück“ zu übersetzen: Brutus et Cassius ab occ*idendo* Caesare non abhorruerunt, weil hier die Ermordung noch bevorsteht. Cf. Pro recuper*anda* libertate pugnare, aber pro recuper*ata* libertate diis grates agere. Angebant Hannibalem Sicilia Sardiniaque amis*sae* „der Verlust Siciliens und Sardiniens“. Interim ad Mazaeum super*ati* regis fama pervenerat. Labeo male administr*atae* provinciae arguebatur. Ab incen*so* Capitolio hic est vigesimus annus. A Neapoli oppug*nanda* Poenum absterruerunt consp*ecta* moenia. Brutus in liber*anda* patria est interfectus. Primus Tusculanarum quaestionum liber est de contemn*enda* morte. Cf. 451, Anm. 5. — 1) Mut*atis* terris non mores mutantur. Inter Romulum et Remum certamen de nova urbe appel*landa* et possid*enda* coortum est. 2) L. Cornelius Scipio, quia regem Antiochum in Asia vicerat, appellatus est Asiaticus exemplo fratris, qui propter dom*itam* Africam nominatus est Africanus. 3) Sapiens nullo periculo deterretur a contempl*andis* rebus. Sabinis cre*atus* Romae dictator ingentem metum iniecit. 4) Urbs Atheniensium eloquentia et in*venta* et au*cta* extitit magistra gentium. 5) Quanta voluptas ex litteris disc*endis* percipitur! 6) Pulvere pyrio inv*ento* omnis belli administratio immutata est. 7) Gutenberg omnem curam cogitationemque fixit in inveni*enda* arte typographica. 8) Comitia cre*andis* consulibus (cf. 456, 9) sub finem Iulii mensis in campo Martio habebantur. 9) Immortalem sui memoriam Christophorus Columbus Genuensis reliquit ignota ante orbis terrarum parte rep*erta*. 10) Iure is alter conditor urbis appellandus est, qui cond*itam* et amplific*atam* ab interitu vindicavit. 11) Septem annos Vergilius insumpsit in confic*iendos* quattuor illos libros, qui sunt de re rustica. 12) Laus Thebarum liber*atarum a* (cf. 63) nobis omnibus Pelopidae uni tribuenda est; ceterae laudes cum Epaminonda communes ei sunt.

454. Das Gerundivum bezeichnet nicht etwas, was gethan werden kann, sondern etwas, was gethan werden muß oder (in negativen und bedingenden Sätzen) etwas, was stattfinden darf (sich geziemt, recht ist). Homo non ferendus heißt demnach ein Mensch, den man nicht ertragen darf; res non contemnenda eine Sache, die man nicht verachten darf. Illa, quae natura, non litteris Romani assecuti sunt, neque cum Graecia neque ulla cum gente sunt conferenda. Quo maior tua dignitas est, eo, quae tibi acciderunt, minus ferenda. Si hoc verbo utendum est „wenn man so sagen darf“. Vix optandum videtur. Haec quidem *si* potentia est appellanda, appelletur ita sane. Daher sind die vorgelegten Sätze zu übersetzen: 1) Hic morbus sanari non potest. 2) Incendium restingui non potuit oder fieri non potuit, ut incendium restingueretur. Cf. auch: Quod appetis, impetrari non potest „was du verlangst, ist nicht zu erreichen“. Hoc mutari iam non potest „dies ist jetzt nicht mehr zu ändern“. (Besonders hüte man sich, unser „es ist leicht einzusehen, schwer zu begreifen“ u. dgl. durch facile intellegendum est auszudrücken.)

Anm. 1. In Verbindung mit einer Negation oder mit *vix* hat das Gerundiv zuweilen auch in guter Prosa die Bedeutung der Möglichkeit, z. B. Vix erat credendum. Hostis vix tolerandus. Dolor non ferendus. Asperum et vix ferendum. Cf. Caes. b. g. 5, 28, 1. Nep. 25, 18, 6. Cic. fin. 4, 53; Planc. 24.

Anm. 2. Dem lateinischen Gerundiv entsprechen oft im Deutschen die umständlicheren Wendungen „es gilt, es ist geraten, es braucht, es verdient, wenn es sich darum handelt“ u. a. z. B. Nunc constituendi sunt, qui sint in amicitia fines deligendi „es gilt jetzt, oder es handelt sich darum, die Grenzen“ u. s. w. Nestori verendum non erat („brauchte nicht zu fürchten“), ne aut insolens aut loquax videretur. Caesar multis de causis Rhenum esse transeundum putavit „hielt es für geboten“. Adiuvandi nobis estis „ihr verdient (oder habt Anspruch auf) unsere Unterstützung“. In amicis eligendis („wenn es darauf ankommt, Freunde zu wählen“) homines neglegentiores esse solent quam in ovibus parandis („wenn es sich darum handelt, Schafe anzuschaffen“).

### d. Das Supinum.

455. 1) **Das Supinum auf um, welches als ein Acc. anzusehen ist und aktive Bedeutung hat, wird bei Verben der Bewegung (namentlich bei *mittere*, *venire* und *ire*) gebraucht, um die Absicht oder den Zweck zu bezeichnen**, z. B. Cubitum ire, speculatum mittere, salutatum venire, venire auxilium postulatum, pabulatum proficisci, pecora pastum propellere, exulatum abire, legatos mittere oraculum consultum; Agesilaus Ephesum hiematum exercitum reduxit; Veientes pacem petitum oratores Romam mittunt; Coriolanus in Volscos exulatum abiit; Themistocles Argos habitatum concessit; auch filiam alicui *nuptum dare* oder *collocare* (unklassisch *tradere*) „zur Ehe geben“ und aliquem *sessum recipere* „jemandem einen Sitz einräumen“. — Im allgemeinen ist der Gebrauch dieses Supinums bei guten Schriftstellern beschränkt; niemals darf dasselbe eine Negation bei sich haben, und nicht gerade häufig ist es mit einem Objekte oder Präpositionalausdrucke verbunden. Man sagt anstatt Legati missi sunt consul*tum* Apollinem lieber: *ut (qui)* consul*erent* Apollinem oder *ad* consul*endum* Apollin*em* oder Apollin*is* consul*endi causa* oder (nach Livius, cf. 439, Anm. 4) Apollinem consul*turi*.

Anm. 1. Bei *venire* steht auch das Part. Präs.: Legati venerunt pacem pet*entes*.

Anm. 2. Dichter setzen bei Verben der Bewegung statt des Supins auch den Infinitiv: Proteus pecus egit altos *visere* montes (cf. 418, 1).

Anm. 3. Bei den Verben „**eilen**“ (*festinare*, *properare*, *contendere*, *maturare*) steht klassisch nie das 1. Supinum, sondern der Inf. Präs., z. B. Hostes urbem oppugn*are* festinaverunt. Caesar in Galliam revert*i* contendit. (Bei Livius wird auch *occupare* „zuvorkommen, zuerst thun“ mit Inf. konstruiert, z. B. 1, 14, 4; 21, 39, 10; 2, 48, 2) — Statt des einfachen perdere und ulcisci findet sich hin und wieder die energische Umschreibung *perditum ire*, *ultum ire* zur Bezeichnungen der Absicht.

2) **Das Supinum auf u hat gleichfalls aktive Bedeutung und steht als Dat. oder Abl. auf die Frage „in welcher Hinsicht?“ a) bei den Adjektiven des sinnlichen und moralischen Gefühls, wie: gut, schlecht, angenehm, unangenehm, leicht, schwer, schön, häßlich u. ä.; b) bei den Substantiven *fas* und *nefas***, unklassisch bei *opus est* (cf. 98, Anm. 1). — Der Gebrauch dieses Supinums ist in der guten Prosa beschränkt; niemals darf ein Objekt oder ein Adverb mit demselben verbunden sein. Die gebräuchlichsten Supina sind: *dictu*, *factu*, *aspectu*, *auditu*, *cognitu*, *visu*, *memoratu*, *intellectu*, *inventu*, *aditu*, *transitu*, z. B. Quid est tam iucundum cognitu atque auditu quam sapientibus sententiis gravibusque verbis ornata oratio? Quod optimum factu videbitur, facies. Pleraque faciliora sunt dictu quam factu. Libertatis restitutae dulce auditu nomen mutavit Syracusanorum animos. Humanus animus cum alio nullo nisi cum ipso deo, si hoc fas est dictu, comparari potest. Nefas est dictu miseram fuisse Fabii Maximi senectutem. Mirabile dictu. O rem cum auditu crudelem tum visu nefariam! — Merke: *incredibile* (oder *difficile*, *mirabile*) *est dictu* „es klingt unglaublich“; „für das Auge (Ohr) angenehm, häßlich“ *visu* oder *adspectu* (*auditu*) *iucundus*, *turpis*; „für das Verständnis schwierig“ *intellectu* (*cognitu*) *difficilis*. — Bei Cicero kommen die beiden Subst. *fas* und *nefas* mit keinem andern Supinum außer mit *dictu* vor. — *Dignus* und *indignus* stehen erst seit Livius (z. B. 4, 30, 4; 9, 43, 6; 10, 27, 6; 25, 1, 5 u. ö.) mit dem Supinum auf u.

Anm. 4. Bei *facilis*, *difficilis* und *iucundus* ist *ad* c. Gerund. gewöhnlicher als das 2. Sup., z. B. Res facilis ad intellegendum, verba ad audiendum iucunda; eo cibo utendum est, qui sit facillimus ad concoquendum (cf. 195, 17). Doch heißt es regelmäßig *difficile dictu est*, *difficile factu est* (c. Inf.)

Anm. 5. Der Satz: „Diese Sache ist leicht zu erkennen“ läßt sich auf folgende Weise übersetzen: 1) Haec res facilis est ad cognoscendum. 2) Haec res facilis est cognitu. 3) Facile est hanc rem cognoscere. 4) Haec res facile cognoscitur (cf. 419). 5) Huius rei cognitio facilis est.

456. 1) Hostes urbem oppugnare maturaverunt (cf. 455, Anm. 3). 2) Ex omnibus Graeciae partibus quinto quoque anno innumerabiles Graeci Olympiam confluebant ludos spectatum (od. ut ludos spectarent, ludorum spectandorum causa, ad ludos spectandos, ludos spectaturi). 3) Dareus ad civitates Graecas legatos misit, qui terram et aquam postularent. 4) Non omnis aqua utilis est linteis purgandis. 5) Philosophia digna profecto est, cui studeamus. 6) Da mihi securim, qua hanc arborem succidam. 7) Beneficia, quae parentibus debemus, maiora sunt, quam ut ea (oder auch quam quae) ullo modo possimus referre. 8) Pericles innocentior fuit, quam ut (oder auch qui) ab adversariis in suspicionem civium adduceretur. 9) Duoviri creati sunt templis dedicandis. Der *Dat. Gerundii* steht bei Würden und Ämtern zur Bezeichnung ihrer Bestimmung auf die Frage wozu?, wie *comitia consuli creando* (*creandis decemviris*, wo jedoch auch zuweilen der Gen. gesetzt wird, z. B. Liv. 6, 39, 5; 39, 45, 8), *tresviri coloniis deducendis*, *decemviri rei publicae constituendae*, *arbiter finibus regendis*, *decemviri legibus scribundis*, *duoviri aedibus dedicandis*, *tresviri agris assignandis*, *curator muris reficiendis*. 10) Iam inde a Constantini aetate inter Christianos in morem venerat, ut sepulcrum Iesu visuri pieque ibi deum precaturi Hierosolyma proficiscerentur. 11) Taceo, ne (oder ut ne) aegritudinem tuam augeam. 12) Posterum diem uterque exercitus insumpsit in corpora occisorum sepelienda. 13) Ovibus sal datur lingendus. 14) Astyages Cyrum infantem Harpago tradidit exponendum. 15) Frater meus salvus ex bello reversus paulo post typho mortuus est. Wenn das deutsche „um zu" eine Folge bezeichnet, die nicht als vom Subjekt, sondern als vom Schicksal oder überhaupt einer höhern Macht beabsichtigt gedacht wird, so ist es durch Periodenbildung zu beseitigen (cf. jedoch 439, Anm. 4). 16) Pompeius, cum pugna ad Pharsalum commissa in Aegyptum profugisset, occisus est. 17) Hoc praedium delegi, ubi (= ut ibi) vitam agerem. 18) Qui miles ignavia et fuga vitam servare quam cum honestate pro patria mori maluerit, ut lenissime dicam, omnium contemptione dignus est. Cf. 342, II.

## 6. Oratio obliqua.

457. **Unter Oratio obliqua** (Gegens. Or. recta) versteht man diejenige erzählende Darstellung, in welcher die Gedanken auf die Vorstellung des Redenden bezogen und von einem Verbum sentiendi oder declarandi oder einem diesen Verbis gleichbedeutenden Ausdrucke abhängig gemacht werden. Für die Oratio obliqua gelten folgende Hauptregeln:

**I. Hauptsätze:**

1) Alle Hauptsätze der direkten Rede, die eine Aussage, Erzählung, Behauptung enthalten (Aussagesätze), stehen in der Or. obliqua im **Acc. c. inf.**, z. B. Solo dixit neminem ante mortem beatum esse praedicandum. Locutus est Divitiacus Aeduus Galliae totius factiones esse duas; harum alterius principatum tenere Aeduos, alterius Arvernos. *Id est* „das heißt" bleibt als formelhafter Ausdruck in der Or. obliqua unverändert: Kühner-Stegmann § 239, 2 a (II S. 543).

2) Diejenigen Hauptsätze der direkten Rede, welche Befehl, Rat, Wunsch, Bitte, Verbot bezeichnen (Begehrungssätze), stehen in Or. obliqua im **Konj.** und zwar ohne ut, verneint mit *ne* (*neve*), z. B. Redditur respon-

sum: Nondum tempus pugnae esse; castris se tenerent seque ex labore reficerent. Caesar milites hortatus est: *Ne* ea, quae accidissent, graviter ferrent *neve* his rebus terrerentur.

Anm. 1. Ein Vokativ der direkten Rede kann nur mit verändertem Kasus in die Or. obl. eingeflochten werden, z. B. „Erwäget, Quiriten" = „die Quiriten sollten erwägen"; „Eure Verluste, Soldaten, werden durch reiche Beute ersetzt werden" = „die Verluste der Soldaten (od. bloß: „derselben") würden ... ersetzt werden". Oft läßt sich der Vokativ gar nicht einflechten; alsdann fällt er ganz weg, z. B. „O Soldaten, nachdem die Feinde abgezogen sind, ist nunmehr alle Gefahr beseitigt".

3. **Wirkliche Fragen** (auf die eine Antwort erwartet wird) stehen im **Konj.**; **rhetorische Fragen** verhalten sich verschieden, je nachdem ob sie eine Aussage (Urteil, Mitteilung) schlechthin vertreten (quis ignorat? für nemo ignorat; num oblivisci possum? für oblivisci non possum; so überwiegend Fragen der 1. u. 3. Person) oder im Zusammenhang den Sinn einer Aufforderung (Warnung, Wunsch) haben (Begehrungsfragen: quid oder cur timetis? für nolite timere! an dubitatis? für ne dubitaveritis! meist in der 2. Person, bes. mit quid oder cur): die ersteren treten in den **Acc. c. Inf.**: *quem ignorare? num se oblivisci posse?*, die letzteren in den **Konjunktiv**: *quid (cur) timerent? an dubitent?* Im Konjunktiv erscheinen auch solche Fragen, die schon in der Or. recta im Konjunktiv (dubitativus, auch potentialis) stehen würden: quid exspectem? > *quid exspectaret?* Beispiele: Caesar milites allocutus est: Quid tandem vererentur aut cur de sua virtute desperarent? Ariovistus Caesari respondit: Quid sibi vellet? cur in suas possessiones veniret? Legati dixerunt: Quo se repulsos a Romanis ituros esse? quomodo sine classibus Siciliam obtineri posse? Plebs fremit: Quid se vivere, quid in parte civium censeri? Tribuni militum dixerunt: Quid esse levius aut turpius quam, auctore hoste, de summis rebus capere consilium? Quis sibi hoc persuaderet? (direkt quis mihi hoc persuadeat?). Caesar dixit: Cur etiam secundo proelio aliquos ex suis amitt*eret*? cur vulnerari pat*eretur* optime de se meritos milites? cur denique fortunam periclit*aretur*? (direkt cur amit*tam*? cur pat*iar*? cur pericli*ter*?). — (Ausnahmen von diesen Regeln sind selten und haben stets besondere Veranlassungen, z. B. Liv. 5, 2, 9; 7, 15, 2; 4, 43, 10; Caes. b. c. 1, 32, 3).

II. **Nebensätze** (relativische und konjunktionale) stehen in Or. obliqua im **Konj.**, z. B. Dixit miles se omnia fecisse, quae sibi imperata essent. Ennius negat lugendam esse mortem, quam immortalitas consequatur. Respondit dux militem poenam dedisse, quoniam imperio non paruisset.

Anm. 3. Solche (scheinbare) Relativsätze, die eine Fortsetzung der Erzählung oder eine Behauptung enthalten und in denen das Relativ qui für *et hic, et is, is autem, nam is* steht, erfordern den **Acc. c. inf.**, z. B. Ad ea Herennius respondit: Multos annos iam inter Romanum Nolanumque populum amicitiam esse, *cuius* (= et eius) neutros ad eum diem paenitere. Unumquemque nostrum, censent philosophi, mundi esse partem, ex *quo* (= et ex eo) illud natura consequi, ut communem utilitatem nostrae anteponamus. Puellis ut saltem parcerent, orare institit, a *qua* (= nam ab ea) aetate etiam hostes iratos abstinere. (Cäsar setzt in derartigen Relativsätzen bisweilen den Konj., um sie enger mit dem Vorhergehenden zu verbinden, z. B. b. g. 1, 20, 3; 2, 31, 5; 7, 14, 10; 7, 20, 5. Cf. jedoch 1, 26, 6; 1, 31, 7; 2, 4, 3).

Anm. 4. Selten verbinden Livius, Tacitus u. a. auch *etsi* und *quamquam* (= sed tamen), *cum interim* (= interim autem), *quia* (= nam), *quemadmodum* etc. mit dem Acc. c. inf., z. B. Tribuni plebis dicebant fugere senatum testes tabulas publicas census cuiusque, *cum interim* obaerat*am* pleb*em* obiect*ari* aliis temere hostibus. (Cf. Liv. 4, 51, 4; 6, 27, 6; 26, 27, 12; 4, 3, 3; 2, 13, 8.) In einem Vergleiche mit *ut — sic* setzt sogar Cicero bei *ut* ausnahmsweise den Acc. c. inf. (Cluent. 138. Cf. Liv. 33, 45, 7; 27, 34, 15; 23, 12, 4).

Anm. 5. Solche Nebensätze, welche der Schriftsteller als seine eigene Erklärung (Bemerkung) oder als Angabe bestimmter Thatsachen oder allgemeiner Wahrheiten beifügt (objektive Aussagen), oder welche bloß zur Umschreibung einzelner substantivischer Begriffe dienen, stehen im **Indik.**, z. B. Apud Hypanim fluvium, qui ab Europae parte in Pontum in*fluit* (Bemerkung des Schriftstellers), Aristoteles ait bestiolas quasdam nasci, quae unum diem *vivant* (Teil der Behauptung des Aristoteles). Themistocles Xerxem certiorem fecit id agi, ut pons, quem in Hellesponto fec*erat*, dissolveretur. Quis potest esse tam mente captus, qui neget haec omnia, quae vid*emus* (= diese ganze sichtbare Welt), deorum immortalium potestate administrari? Caesari nuntiatur Sulmonenses, quod oppidum a Corfinio septem milium intervallo *abest*, cupere ea facere, quae *vellet*, sed a Lucretio senatore et Attico prohiberi, qui id oppidum septem cohortium praesidio ten*ebant*. Cf. 398, e, Anm. (Zuweilen steht der Indik. in lebhafter Darstellung, in welcher die abhängige Rede den Charakter der direkten Form annimmt, z. B. Caes. b. g. 1, 40, 5; Sall. Iug. 38, 9 u. 81, 1; Liv. 2, 32, 9; 2, 15, 3. Bei Livius steht der Indik. oftmals nur infolge der Nachahmung der Griechen, bei denen bekanntlich der Indik. in den Nebensätzen der Or. obliqua ganz gewöhnlich ist.)

III. **Das Tempus der konjunktivischen Nebensätze richtet sich nach den Regeln der** *Consecutio temporum* (cf. 327—329).

Anm. 6. Ist also das die Or. obliqua einleitende Verbum ein Präteritum, so stehen die Nebensätze der Regel nach im Konj. Imperf. oder Plusqpf. Doch findet sich in diesem Falle nicht selten, besonders in längeren Reden, auch der Konj. Präs. oder Perf. In solchem Falle versetzt sich der Erzähler lebhaft in die Zeit, wo die Rede gehalten wurde, als wäre sie gegenwärtig: es schwebt ihm ein Praesens historicum als regierendes Verbum vor, z. B. Legati a Germanis ad Caesarem venerunt, quorum haec *fuit* oratio: Germanos non recusare, si lacess*antur*, quin armis contend*ant*, quod Germanorum consuetudo haec *sit* a maioribus tradita, quicunque bellum infer*ant*, resistere neque deprecari.

IV. **Die Pronomina, welche sich auf das Subjekt des regierenden Satzes beziehen, d. h. welche in der** Or. recta **die 1. Pers. bezeichnen, werden in der** Or. obliqua **durch das Reflexiv** (*sui, sibi, se, suus*), **zuweilen (und zwar im Nominativ immer) durch das stärker hervorhebende gegensätzliche** *ipse* (cf. 235) **ausgedrückt. Die 2. Pers. der** Or. recta (*tu, vos*) **wird in der** Or. obliqua **gewöhnlich durch** *ille* **ausgedrückt, besonders wenn sie betont ist, oder auch durch** *is*, **wenn sie unbetont ist,** z. B. Ariovistus respondit: Si *ipse* Caesari non praescriberet, quemadmodum suo iure uteretur, non oportere *sese* a Caesare in *suo* iure impediri. Si quid *ille se* velit, *illum* ad *se* venire oportere. Cf. jedoch 232, 3 sowie den Nachtrag. *

Anm. 7. Cäsar gebraucht in der Or. obliqua das Pronomen der Gegenwart **hic** und das Adverbium der Gegenwart **nunc** auch nach einem Präteritum gerade so wie in der Or. recta. Gewöhnlich aber tritt für *hic* in der Or. obliqua *is* (stärker *ille*), für *nunc tum* ein; ebenso *ibi, inde, eo, ad id* (od. *illud*) *tempus, eo* (od. *illo*) *die* für hic, hinc, huc, adhuc, hodie; (entsprechend auch *postero die* statt cras, und *pridie* statt heri; cf. 326, Anm. 1). Notwendig ist jedoch **hic** in der Bedeutung „der folgende" oder „dieser, der letztere" (im Gegensatz zu *ille*), z. B. Provinciam suam *hanc* esse Galliam sicut *illam* nostram (Caes. b. g. 1, 44, 8; 31, 11; 7, 14, 10); und **nunc** muß stehen, wenn es einem andern auf die Vergangenheit oder Zukunft hinweisenden *tum* entgegengesetzt wird, z. B. Numidiae partem quam *nunc* peteret, *tum* ultro adventuram (Sall. Iug. 111, 1; Liv. 3, 40, 10; 8, 31, 4). Cf. 467.

Anm. 8. Häufig gehen die Schriftsteller von der Or. obliqua zur Or. recta, meist mit Zuziehung von *inquit*, über, nicht etwa zur Vermeidung der Einförmigkeit, sondern um den wichtigeren Punkt hervorzuheben und das Ganze damit abzuschließen. So läßt Liv. 2, 2 den L. Brutus in der Volksversammlung und in Gegenwart seines Kollegen L. Tarquinius Collatinus zuerst indirekt sagen non credere populum solidam libertatem reciperatam esse; regium genus, regium nomen non solum in civitate, sed etiam in imperio esse; id officere, id obstare libertati, und dann sich an diesen selbst wenden: hunc tu, inquit, tua voluntate, L. Tarquini, remove metum. Vergl. ib. 7; 1, 47 u. s. w. Ferner lassen die Schriftsteller auf die oblique Rede des einen eine besonders ausdrucksvolle Erwiderung des anderen in direkter Rede folgen, wie Liv. 44, 36 am Ende und so sonst oft; ebenso aber auch umgekehrt auf die direkte die indirekte, Liv. 21, 18 extr.

458. In solchen **Temporalsätzen**, welche an und für sich den Indik. erfordern, wird, wenn sie in der Or. obliqua in den Konj. treten müssen, gewöhnlich die *Consecutio temporum* **gemäß** 327 f) **Anm. (unter d, siehe Nachtrag!) beobachtet, wonach ein derartiger Temporalsatz den Konj. Präs. oder Perf. erhält, obwohl das ihm unmittelbar übergeordnete Verbum (Infinitiv oder Verb. finitum eines Nebensatzes) eine Vergangenheitsform zeigt, wenn nämlich das regierende Verbum der ganzen Periode in einem Haupttempus steht: Tibi persuadeas**

*velim* me, ut primum forum attig*erim*, spectasse semper, ut tibi possem quam maxime esse coniunctus (Cic. fam. 5, 8, 3), aus attigi der Or. recta. Abweichungen, wie in den letzten Beispielssätzen des Fragen-Teils (Cic. rep. 1, 29; de div. 1, 47) erklären sich durch Angleichung bzw. die Analogie von *cum* historicum (anders Kühner-Stegmann § 180, 9 [II S. 184]). — Namentlich bei Historikern findet sich *dum* „während" (364 a) auch in Or. obliqua mit dem Indic. praes. konstruiert: Kühner-Stegmann § 239, 2 a (II S. 344).

459. 1) Romulus indignantes virgines Sabinas circumiit docuitque: Patrum id superbia esse factum, qui conubium finitimis negassent. Illas tamen in matrimonio, in societate fortunarum omnium civitatisque et, quo nihil carius generi humano esset, liberorum fore. Mollirent modo iras et, quibus fors corpora dedisset, darent animos. Saepe ex iniuria postea gratiam esse ortam eoque melioribus eas usuras viris, quod adnisurus pro se quisque esset, ut parentum patriaeque expleret desiderium. 2) Legatus Helvetiorum ita cum Caesare egit: Si pacem populus Romanus cum ipsis vellet facere, in eam partem se ituros atque ibi futuros, ubi Caesar ipsos constituisset; sin bello persequi perseveraret, reminisceretur et veteris incommodi populi Romani et pristinae virtutis Helvetiorum. Quod improviso alteram partem adortus esset, cum ii, qui flumen transissent, suis auxilium ferre non possent, ne ob eam rem aut suae magnopere virtuti tribueret aut ipsos despiceret. Se ita a patribus maioribusque suis didicisse, ut magis virtute quam dolo contenderent aut insidiis niterentur. Quare ne committeret, ut is locus, ubi constitissent, ex clade exercitus Romani nomen caperet aut memoriam proderet.

460. Regibus Roma expulsis Aequi et Volsci agrum Latinum ferro igniquo populati ad urbis portas accesserunt. Unde postquam inulti praedam prae se agentes domum proficisci coeperunt, T. Quinctius consul populo ad contionem convocato ita locutus est: Etsi nullius criminis sibi conscius esset, tamen cum summo pudore in contionem se prodisse. Nam timere se, ne posteris (memoriae) traderetur Aequos et Volscos quartum se consule ad moenia urbis armatos venisse. Eam se ignominiam si ei potissimum anno imminere scivisset, vel morte vel exilio vitaturum fuisse. Ignorare sese, utrum hostes se consulem an populum contempsissent. Si culpa in ipso esset, auferrent sibi imperium; sin in illis (sc. culpa esset), neminem illorum peccata punire posse: illos tantum eorum paeniteret. Neque vero hostes illorum ignaviam contempsisse nec sua virtute confisos esse. Nisi discordia intestina venenum illius urbis esset, futurum non fuisse, ut agri vastarentur. An quemquam dubitare, quin ipse hostes fugaturus fuerit, si plebs delectum fieri passa esset? Itaque cur inter se odisse perseverarent? Quem tandem finem discordiarum fore? Ne taederet in posterum aut plebem patriciorum magistratuum aut tribuniciae potestatis patres. Quod si fecissent, et concordiam publicam reconciliatum iri et omnium rerum prosperitatem fore.

# J. Adverbia.

461. 1) Das eigentliche Adverbium von certus ist certo „mit Gewißheit, sicher" (z. B. Sapientis est nihil ita exspectare quasi *certo* futurum. Dieses *certo* kommt übrigens in der bessern Prosa fast nur in der Verbindung mit *scire* vor); certe heißt entweder bekräftigend „sicherlich, jedenfalls" (z. B. Si deus scit, quid casu futurum sit, *certe* eveniet; sin *certe* eveniet, nulla fortuna est) oder mit Beschränkung bestätigend „doch sicherlich, doch wenigstens" (z. B. Quamvis non fueris suasor, approbator *certe* fuisti. Aut damnum aut *certe* non magnum lucrum fecimus. Homines mortem vel optare incipiant vel *certe* timere desistant). Daher heißt *certo scio* „ich weiß es gewiß, mit Bestimmtheit", d. h. was ich behaupte, ist wahr, weil ich es mit Bestimmtheit weiß; *certe scio* „wirklich, ich weiß es, ich weiß in der That", d. h. verlaß dich darauf, ich weiß es. — 2) Postremum „zum letztenmal", z. B. Hodie postrem*um* me vides; postremo „zuletzt, schließlich" bezeichnet entweder das Ende einer Sache (= ad extremum, unklass. ad postremum) oder wird zur Einführung des letzten Gliedes einer längeren Aufzählung gebraucht (= denique, cf. 218 und 481). — 3) Vere „wahrheitsgemäß, richtig" ist das eigentliche Adverb von verus, z. B. De hac re *vere* iudicasti; *vere* dicere. Vero aber heißt entweder als Konjunktion „aber, vollends" (cf. 524, 3) oder als Versicherungspartikel „in Wahrheit, wahrlich, wahrhaftig", z. B. Nullum *vero* id quidem argumentum est. Magnifica *vero* vox et magno viro digna. Ego *vero* cupio te ad me venire, oder bestätigend „ja wohl, allerdings" sowohl in Antworten (cf. 411, 14, c) als auch sonst, sowohl alleinstehend als auch in Verbindung mit Pronominen (ego vero, me vero, nos vero volumus), Imperativen (audite vero; perge vero, Crasse), Adverbien (tum vero, ibi vero; cf. 524, Anm. 3) und Partikeln (quasi vero, an vero u. ä.) — 4) Primum und primo bedeuten ohne wesentlichen Unterschied „zum erstenmal" (cf. 214, 22). Daneben heißt prim*um* „erstlich" in Aufzählungen (primum — deinde — tum — denique, cf. 218 und 481), prim*o* „anfänglich" (= initio). Cf. 21, Anm. 2. — 5) *Continuo* „unmittelbar darauf, sofort, sogleich"; *continenter* „in einem fort, ununterbrochen". — 6) *Consulte* „auf wohlüberlegte Weise, mit Bedacht"; *consulto* „absichtlich". — 7) *Dextra* (sc. parte) „zur rechten Hand"; *dextre* „auf gewandte, geschickte Weise"; *recta* (sc. via) „geradeswegs"; *recte* „in richtiger Weise; mit Recht". — 8) *Commode* „in gehöriger, passender Weise", z. B. Breviter et *commode* dicere; dagegen *commodum* (nur temporal) „gerade, eben", z. B. *Commodum* discesseras heri, cum Trebatius venit.

462. Die adverbiale Endung **itus** bezeichnet ein Ausgehen von etwas, wie: *radicitus* „von der Wurzel aus"; *funditus* „von Grund aus"; *antiquitus* „von alters her"; *divinitus* „von Gott her, durch göttliche Schickung"; *humanitus* „nach menschlicher Weise"; *penitus* „von innen her, bis ins Innerste"; (unklassisch caelitus, medullitus, primitus, selten stirpitus).

463. Die adverbiale Endung **im** bezeichnet die Art und Weise: *furtim* „verstohlen"; *certatim* „um die Wette"; *cursim* „im Laufe"; *pedetemptim* „Schritt vor Schritt"; *statim* „stehenden Fußes"; *caterratim* „haufenweise"; *gregatim* „herdenweise"; *raptim* „in hastiger Eile"; *carptim* „stückweise"; *nominatim* „namentlich" (d. h. mit ausdrücklicher Nennung des Namens); *vicissim* „wechselweise" (cf. 237); *turmatim, curiatim, gradatim, paulatim, viritim, caesim, privatim, sensim* etc.

464. **Olim** ist Adverbium von **ollus**, einer alten Nebenform von ille, und heißt eigentlich „zu jener Zeit", d. h. in einer von der Gegenwart fernliegenden Zeit; daher sowohl „in früherer Zeit, vor

langen Jahren, ehemals" als „in ferner Zukunft, dereinst", z. B. Alium esse censes nunc me atque *olim*? Non si male nunc, et *olim* sic erit. — **Quondam** bezieht sich in der guten Prosa bloß auf eine vergangene Zeit, auf deren genauere Bestimmung nichts ankommt = „vormals, ehedem, vordem einmal" und bildet den Gegensatz zu nunc, z. B. Populus Romanus, qui *quondam* lenissimus existimabatur, nunc domestica crudelitate laborat. — **Aliquando** ist unser auf der letzten Silbe betontes „einmál", (während *semel* ein bestimmtes Zahlwort und „nur éinmal" oder „einmal für allemal" bedeutet; cf. jedoch Anm. 2); es bezeichnet im Sinne von „irgendeinmal, irgendwann" einen zwar unbestimmten, aber wirklich vorhandenen Zeitpunkt („wirklich einmal") und steht sowohl von der Vergangenheit („früher einmal") als von der Gegenwart („dann und wann einmal") und Zukunft („über kurz oder lang einmal, dereinst einmal" = *quandoque*) im Gegensatze zu einem vorschwebenden nunquam; auch „endlich einmal", cf. 481.

Anm. 1. **Unquam** „jemals, je" hat einen negativen Sinn, steht aber nicht bloß in negativen Sätzen, sondern auch in Frage- und solchen Sätzen, welchen ein Zweifel oder sonst eine negative Bedeutung zu Grunde liegt, z. B. Nemo *unquam* sapientior fuit. Quod nomen *unquam* clarius fuit? Demosthenes praestare videtur omnibus, qui *unquam* orationes attigerunt. Man unterscheide demnach *si quando* „wenn jemals" von *si unquam*, *ne quando* von *ne unquam* u. s. w. (Livius verbindet beide Wörter: *si quando unquam*, z. B. 8, 6, 14; 10, 14, 11.)

Anm. 2. **Semel** entspricht als abgeschwächtes Numerale ganz dem deutschen „einmal" bei Angabe von Handlungen oder Begebenheiten, welche einer nachfolgenden vorhergehen und nicht mehr zu ändern sind, z. B. Hoc evenire solet motis semel animis. Multi philosophi semel egressi nunquam in patriam reverterunt. Qui semel verecundiae fines transierit, eum naviter oportet esse impudentem. Ebenso sagt man *quoniam semel, quandoquidem semel, ut semel* „sobald einmal" u. ä., z. B. Ariovistus, ut semel Gallorum copias vicit, superbe imperabat.

465. **Ultro** „aus freien Stücken", ohne von einem andern durch Bitten, Drohungen, Thätlichkeiten gezwungen zu sein, ohne daß eine äußere Veranlassung vorliegt. **Sponte** (cf. 174, 4) „aus eigenem Willen, aus eigener Kraft, mit eigenen Mitteln, nach eigenem Erwägen", ohne daß fremde Einflüsse oder fremde Hülfe eingewirkt hätten; also: Bellum *ultro* a Romanis nobis illatum est „es fehlte den Römern zu dem Kriege mit uns ein Anlaß"; aber *Sua sponte* Romani bellum intulerunt „die Römer ließen sich nicht durch andere Völker zu dem Kriege bestimmen, sondern unternahmen ihn aus selbsteigener Entschließung". Cf. Respondit Ariovistus transisse Rhenum sese non *sua sponte*, sed rogatum et arcessitum a Gallis. Quae facio, meo iudicio et *mea sponte* facio. Nihil mihi in mentem venit optare, quod non *ultro* mihi Caesar detulerit. *Ultro* morti se obtulit. Merke auch: *voluntate* „aus freiem Willen", z. B. Populi alii voluntate, alii metu iugum acceperunt; *voluntate et iudicio* „vorsätzlich, absichtlich" (= *consulto, de industria, dedita opera*).

466. 1) **Tum** heißt: a) „damals" (bei Verweisung auf einen bestimmten Zeitpunkt der Vergangenheit); b) „darauf, sodann" (um die Aufeinanderfolge zweier Ereignisse hervorzuheben); c) „dann" (d. h. zu der Zeit wo, in dem Falle daß ein bestimmtes Ereignis eintritt oder eintreten wird). **Tunc** (aus tum-ce entstanden) steht fast immer in bestimmtem Gegensatze zu nunc und weist auf einen Zeitpunkt der Vergangenheit oder Zukunft mit besonderem Nachdruck hin; es heißt deshalb nicht „darauf, sodann", sondern nur „damals" oder „dann", z. B. Erat *tunc* excusatio oppressis, nunc nulla est. Nunc aiunt, quod *tunc* negabant. *Tunc* est commovendum theatrum, cum ventum est ad ipsum illud plaudite (doch könnte in diesen Sätzen auch tum stehen). Bei Aufzählungen kann *tunc* nie gebraucht werden; falsch wäre also: Primum Graecorum, *tunc* Romanorum res gestas enarrabo; auch sagt man regelmäßig *tum vero, tum primum, tum denique, tum demum*. (In den Zusammensetzungen mit etiam und maxime: *etiamtum* oder *etiamtunc, tum maxime* oder *tunc maxime* tritt kein Unterschied des Sinnes zwischen tum und tunc hervor.) — 2) Cf. 257, 10.

Anm. Beachte die Übersetzung des deutschen „dann" durch das finale *ut* in Wendungen wie: Iustitia restat, *ut* de omni virtute sit dictum „die Gerechtigkeit ist noch übrig; dann ist von allen Tugenden die Rede gewesen". Ostenta restant, *ut* tota haruspicina sit pertractata. Sortes restant, *ut* ad vates veniamus „dann wollen wir auf die Propheten kommen".

467. **Nunc** bezieht sich auf die wirkliche Gegenwart des Sprechenden (= *hoc* tempore). Steht aber das deutsche „jetzt" von der Vergangenheit im Sinne

von „damals, dann, darauf“, so heißt es **tum** (oder *tunc*, cf. 466, 1), höchst selten *nunc* in lebhafter Schilderung, wenn der Redende sich das Vergangene vergegenwärtigt, z. B. Cic. Verr. 3, 47; Caes. b. g. 7, 62, 6 und 6, 40, 6; Liv. 3, 19, 8; cf. auch 457, Anm. 7 und 326, Anm. 1. Über *adhuc* „bis jetzt“ cf. 477. Ist das „jetzt, nun“ lebhafte Fortsetzungspartikel im Sinne von „nunmehr“ oder bezeichnet es in der Erzählung das beschleunigte Eintreten einer Handlung, so ist es durch **iam** zu übersetzen. (Dabei ist jedoch zu bemerken, daß sich *iam*, *iam vero* als Übergangspartikel nur bei Einführung der Unterteile eines Hauptteils findet, während beim Übergange zu einem Hauptteile das rein zeitliche *nunc* steht.) — 1) Quoniam, quibus de causis bellum Peloponnesiacum ortum sit, breviter exposuimus, *nunc* ad bellum ipsum describendum nos convertamus. 2) Pugna Cannensis fundamenta rei publicae Romanae adeo concussit, ut Hannibal hostes odiosos *tum* prostravisse videretur. 3) Quam doleo, quod *nunc ipsum* (oder *nunc cum maxime*) morbo laboras! 4) *Tum demum* (oder *tum denique*) Croesus, cum in eo erat, ut in rogo combureretur, quam vere Solo dixisset, intellexit. 5) *Etiamnunc* (oder *hodie etiam*) sunt, qui deum esse negent. 6) *Hoc tertium* (cf. *τοῦτο τρίτον*) atque postremum tibi dico supinum verbi bibendi non esse bibitum, sed potum. 7) Hannibal de clade atque morte Hasdrubalis certior factus *iam* se agnoscere fortunam Carthaginis fertur dixisse; et profecto *ex illo tempore* fortuna Poenos adiuvare desiit. 8) Si dives essem, ad aquas proficiscerer; *nunc* (oder *nunc vero*, *nunc autem* = sed) pauper sum. Das deutsche „nun aber“, welches nach einem bloß fingierten (irrealen) Falle die faktische Wirklichkeit als Gegensatz einführt, heißt *nunc*, *nunc vero*, *nunc autem*, z. B. Si tuum consilium secutus essem, omne periculum effugissem; *nunc* (oder *nunc autem*, *nunc vero*) prostratus iaceo. Si utilitas amicitias conglutinaret, eadem commutata dissolveret; *nunc autem* (= sed) verae amicitiae sempiternae sunt. Utinam virorum fortium magnam copiam haberetis: *nunc vero* unus est Pompeius. 9) Age*dum* (cf. 306, 5) me ducem sequimini. Das enklitische *dum* tritt an manche Imperative und Interjektionen zur Verstärkung, z. B. agedum, (tacedum, iteradum, cedodum, ehodum.) 10) Omnibus moriendum est, sive divites sunt sive pauperes. 11) In praesens quiescemus.

468. **Nemo unquam, nemo usquam; nullus unquam, nullus usquam; nihil unquam, nihil usquam.** Cf. Verres *nihil unquam* fecit sine aliquo quaestu. *Nullae unquam* in Graecia exercitatiores copiae fuerunt. *Nemo unquam* vir magnus sine aliquo afflatu divino fuit. Iste, cui *nullus* esset *usquam* consistendi locus, Romam se rettulit. Jedoch zur Hervorhebung des Adverbiums auch *nunquam quisquam*, *nunquam quicquam* (z. B. Cic. Tusc. 2, 29; Fin. 1, 50) etc. — 1) Achilles cum Ulixe questus est *nullum unquam* honorem sibi ab Agamemnone habitum esse, nullam gratiam relatam. 2) Hoc dico, *neminem unquam* fuisse, qui in administranda re publica voluntatibus ac studiis omnium aequabiliter satisfaceret. 3) Artes *nullo usquam* tempore magis floruisse constat quam Athenis aetate Periclis.

469. Die gewöhnliche Negation ist **non**, welches objektiv verneint und ebensowohl zu einem ganzen Gedanken als zu einem einzelnen Begriffe gehören kann. Das seltenere **haud** (archaistisch hau) verneint subjektiv (also in milderer, urbanerer Weise) und zwar nicht den ganzen Satz, sondern nur einzelne Begriffe, besonders Adjektive und Adverbien, um dieselben in das Gegenteil zu verwandeln (*Litotes*, cf. 550, 7), z. B. Haud facile = difficillime, haud mediocris = egregius, haud obscurus, haud verisimilis, haud procul, haud dubius (parvus, magnus, multi u. ä.), haud sane, haud quisquam (ullus, unquam, usquam) u. a. Von Verben ver-

bindet es sich vorwiegend nur mit scio (*haud scio an*), vereinzelt mit dubito, assentior, ignoro u. ä. Statt des livianischen haud ita sagt Cicero stets *non ita*. Vor den mit *in* privativum zusammengesetzten Adjektiven und Adverbien haben die Klassiker den Gebrauch von haud gemieden (Ausnahmen bei Livius nicht selten). Für **ne** kann ***haud*** nicht eintreten.

Anm. Manche negative Ausdrücke der deutschen Sprache werden im Lateinischen durch ein einfaches Verbum wiedergegeben, z. B. Mortem contemnere „nicht fürchten"; divitias spernere „nicht begehrenswert erachten"; ambitio animos hominum exercet „läßt keine Ruhe"; dubito „ich weiß nicht recht"; heri mirabar, quid accidisset „ich konnte nicht begreifen"; haesitare in re „nicht fortkommen können"; me paenitet „ich bin nicht zufrieden"; militiam detrectare „vom Kriegsdienste nichts wissen wollen"; occasioni deesse „nicht benutzen" u. ä.

470. Stärkere Negationen als *non* und *haud* sind: ***nullus*** „nicht einer" (auf ein Subst. bezogen, cf. 289); ***nihil*** „gar nicht, in keiner Hinsicht" (cf. 46); ***nullo modo, nullo pacto*** „in keiner Weise"; ***minime, nequaquam, neutiquam, haudquaquam*** „keineswegs, durchaus nicht, ganz und gar nicht". Als ein abgeschwächtes ***non*** dient öfters ***minus*** „nicht recht, nicht ganz" (z. B. Nonnumquam ea, quae praedicta sunt, ***minus*** eveniunt. Hoc ***minus*** intellexi; cf. auch 377, Anm. Ähnlich auch *parum* „nicht sonderlich"). — 1) Preces meae *nihil* te moverunt. 2) Iamne hortulanus flores aqua perfudit? *Minime vero*. 3) Pisces auditu *haudquaquam* carent. 4) Plumbum *neutiquam* levius est quam ferrum, immo multo gravius est. 5) A recentioribus historicis probatum est Aegyptiorum navigationem illis temporibus, quibus Cecrops in Graeciam pervenisse fertur, *nullam* fuisse. Wenn das deutsche „nicht, gar nicht" in dem starken Sinne von „in keiner Weise" sich auf ein Subst. bezieht, wird es oft durch **nullus** übersetzt. Cf. Misericordia permotus, quae tibi *nulla* debetur. Eloquentiam in Tuberone ***nullam*** video fuisse. *Nulla* igitur haec est amicitia, cum ad utilitatem omnia revocantur. Haec bona in tabulas publicas *nulla* redierunt. De mortuis loquor, qui *nulli* sunt. Philotimus non modo *nullus* venit, sed ne per litteras quidem me certiorem fecit (so im vertraulichen Briefstile, wie auch wir mit derselben humoristischen Färbung sagen „kein Philotimus kommt" = er kommt nicht. Sextus ab armis ***nullus*** discedit. Cic. ad Att. 11, 24, 4; 15, 22; fin. 1, 56; Verr. 2, 43; Rosc. Am. 128; off. 3, 59; Tusc. 1, 87; Phil. 2, 15). — 6) Pisces in Asphaltita lacu inveniuntur *nulli*. 7) Arma in domibus coniuratorum reperta sunt *nulla*. 8) Aes alienum contraxi *nullum*. 9) Usus vini antiquissimis temporibus apud Romanos *non ita* (od. *haud ita*) frequens erat. **„Nicht eben, nicht gerade**, (nicht sonderlich)" wird ausgedrückt: bei Adjektiven und Adverbien durch *non ita* oder *haud ita* (cf. 469), bei Verben durch ***non magnopere*** oder *non ita valde*, bei Verben, Adjektiven und Adverbien durch ***non nimis, non admodum*** oder ***non sane***.

471. **Das deutsche „ich sage, daß nicht" heißt nego; „ich befehle, daß nicht" veto; „ich will, daß nicht" nolo.** — 1) Stoici *negaverunt quemquam* posse bonum hominem esse nisi sapientem. 2) Elpinica *negavit* se passuram Miltiadis progeniem in vinculis publicis interire. 3) Milites *vetiti* erant ignes in castris accendere. 4) Caesar suos *vetuit* pontem rescindere. *Nollem* imperatorem nostrum indutias cum hostibus fecisse. 5) *Negavit* Philodamus moris esse Graecorum, ut in convivio virorum accumberent mulieres. 6) *Nego* esse *quidquam* a testibus dictum, quod aut vestrum cuiquam sit obscurum aut cuiusquam oratoris eloquentiam quaerat. Cf. Democritus ***negat*** sine furore ***quemquam*** poetam magnum esse posse („behauptet, daß niemand"). *Nego* in Sicilia tota ***ullum*** argenteum vas fuisse, quin Verres abstulerit. *Vetat* ***quemquam*** privatae rei ***quicquam*** agere („befiehlt, daß niemand"). — Ausnahmen von dieser Regel nur vereinzelt (z. B. Liv. 21, 9, 3; 30, 12, 6. Cic. Sull. 43; Tusc. 3, 50 de or. 1, 76; 219 u. ö.). Gehört jedoch die Negation zu einem einzelnen Worte des abhängigen Satzes (z. B. *Dico* patriam ***non*** prodendam, sed defendendam esse), oder bildet der Begriff nicht sagen einen Gegensatz zu sagen, so steht regelmäßig ***non dicere***, nicht negare

(z. B. *Non dico* beatum esse posse stultum, sed miserum); ebenso auch, wenn ein Objekt im Dativ dabei steht (z. B. Patri *non dixi* me litteras accepisse).

472. Die Übersetzung ist nicht gerade fehlerhaft, doch tritt die Negation **non** nur höchst selten in Gegensätzen an das Satzende (Cic. Br. 255; Att. 14, 12, 2). Meistens wird in diesem Falle noch **item** zu non gefügt oder das Verbum wiederholt; also: Tibi hic liber placet, mihi *non item* (oder mihi *non placet* = *displicet*). Quaeritur, quid faciendum sit aut *non faciendum* (oder quid faciendum *non faciendumve* sit). Cf. Hoc Herculi potuit fortasse contingere, nobis *non item*. Haec armis restitui possunt, auctoritate *non possunt*. Nonnunquam mortem sibi ipse consciscere alius debet, alius in eadem causa *non debet*. Arborum altitudo nos delectat, radices stirpesque *non item*. (Cf. Cic. Tusc. 1, 116; 2, 39; 4, 31; Att. 2, 21, 4; 14, 14, 6; fam. 11, 27, 2; Phil. 9, 14; 10, 20; Off. 1, 118). — 1) Probo ut adulescentem, in quo senile aliquid, sic senem, in quo est aliquid adulescentis; quod qui sequetur, corpore senex esse poterit, animo non erit. 2) Hoc praestat amicitia propinquitati, quod ex propinquitate benevolentia tolli potest, ex amicitia non potest (od. non item). 3) Noli committere, ut aliena vitia cernere dicaris, tua neglegere. 4) Si saperes, divitias non pluris quam virtutem duceres cogitans divitiis facile privari te posse, virtute non item.

473. Das deutsche **„nicht"** wird in einem mit einem Fragewort gebildeten Ausrufe, wenn es lediglich zur Erhöhung des Nachdrucks dient und keine verneinende Kraft haben soll, **ausgelassen.** — 1) Quanta est benignitas dei! 2) Quantum est in rebus humanis inane! Quam multi mortui sunt fructu maximorum laborum non percepto! 3) Nero mortuus est exclamans: Qualis artifex pereo! 4) Quam grata requies est opere peracto! 5) O beatum hominem, qui bona valetudine utatur!

Anm. Ganz andrer Art sind wirklich negative Ausrufe wie: Quam id te *non* decebat „wie wenig ziemte sich dies für dich!" und Fragesätze wie: „Welche Schandthat hat jener Schurke nicht verübt? Wen sollte dein Spott nicht verletzt haben?" Hier liegt auf der Negation der Ton, und sie könnte in keinem Falle fehlen, weil erst durch sie das betreffende Fragewort einen bejahenden Sinn erhält. Cf. Quid *non* adeptus es, quod homini fas esset optare? Quis tum *non* ingemuit? quis *non* doluit rei publicae casum?

474. 1) **Frustra** „vergeblich" wird gesagt mit Rücksicht auf das Subjekt, das in seinen Erwartungen getäuscht wird oder etwas „zwecklos, grundlos" thut; **nequiquam** „nutzlos, erfolglos" mit Rücksicht auf die Sache, aus welcher nichts geworden ist. Demnach heißt Athenienses arcem defendere *frustra* conati sunt „die Athener sahen sich in ihrem Versuch, die Burg zu verteidigen, getäuscht"; aber Athenienses arcem *nequiquam* defenderunt „die Athener konnten die Verteidigung der Burg nicht durchführen". *Gratis* oder *gratuito* „umsonst", d. h. unentgeltlich, ohne Lohn zu geben oder zu empfangen. — 2) **Perperam** (Gegens. recte) „unrichtig, der Sache unangemessen, verkehrt" (= minus recte, vitiose, perverse) drückt den adverbialen Begriff „falsch" objektiv aus, insofern die Sache nicht so behandelt wird, wie sie sollte; **falso** (Gegens. vere) „fälschlich, irrtümlich" subjektiv, insofern die Person (bewußt oder unbewußt) einen Irrtum begeht. Also: Illud *falso* memoriae proditum est. *Falso* queritur de natura sua genus humanum. Recte an *perperam* fecerint, ipsi rationem reddent. Haec verba *perperam* pronuntiavisti. **Fallaciter** (Gegens. probe) bezeichnet eine absichtliche Verfälschung und heißt „in betrügerischer Weise, in der Absicht zu täuschen", z. B. Ratio hoc postulat, ne quid insidiose aut *fallaciter* agamus.

475. 1) *Audire bene* (*male*) *ab aliquo* „in gutem (schlechtem) Rufe stehen bei jemandem", *εὖ* (*κακῶς*) *ἀκούειν ὑπό τινος*, z. B. Magna laus est bene audire a bonis viris. Dagegen „gut (schlecht) hören = ein gutes (schlechtes) Gehör haben" auditu valere (non valere); acri auditu esse etc. — 2) *Bene vivere* heißt „rechtschaffen, tugendhaft, ehrenhaft leben", *male vivere* „lasterhaft, unehrenhaft leben". Dagegen heißt „wohl, herrlich, lustig leben" laute, iucunde, magnifice vivere; „kärglich, ärmlich, elend leben" parce, tenuiter, sordide, misere vivere. — 3) *Latine scire; Graece dicere; Germanice loqui; bene, optime* oder *perbene* (*eleganter*) *Latine loqui*. — 4) Verba alicuius *in bonam* (*malam*) *partem accipere* (selten

bene, male accipere). — 5) *Bene* (*male*) *scire aliquid* „sich gut (schlecht) auf etwas verstehen". Für das deutsche „ich weiß wohl, daß" sagt man nicht gut bene scio, sondern lieber probe, plane, satis, maxime scio oder noch gewöhnlicher *non ignoro*, *non sum ignarus* (*nescius*).

476. 1) Da **mereri** „sich verdient machen" (Perf. *meritus sum*, gewöhnlicher *merui*) von gutem und schlechtem Verdienste um etwas gebraucht wird, so muß noch ein Adverbium zu demselben gefügt werden, aber nicht die quantitativen valde, magis, maxime, summe, minus, minime u. ä., sondern qualitative, nämlich entweder *bene, melius, optime, praeclare, egregie, mirifice, divinitus* oder *male, peius, pessime*. Mit Objekt Akt. merere vorwiegend im eigentlichen Sinne (pecuniam); Akt. oder Dep. gleichbedeutend in stipendia mer. „Kriegsdienste tun" und übertragen (laudem, poenam). 2) „schätzen" cf. 88, Anm. 1.

477. **Noch.** a) Zeitlich: **adhuc** „bisher, bis jetzt" (= ad *hoc* tempus) steht nur in Bezug auf die wirkliche Gegenwart des Redenden (z. B. Canorum illud in voce *adhuc* non amisi); *usque adhuc* „noch bis auf den heutigen Tag"; *adhuc nihil* (*nemo, nullus, nunquam*) oder *nihil* (*nemo, nullus, nunquam*) *adhuc*, *adhuc semper* u. ä. In Beziehung auf die Vergangenheit heißt das zeitliche „noch" *etiam* (cf. Anm. 1), *tum, etiam tum* oder *tum etiam, usque ad id* (oder *illud*) *tempus, ante illum diem*, bleibt aber gewöhnlich ganz unausgedrückt bei *nemo, nihil, nullus, nunquam*. — b) Hervorhebend: **etiam** „noch" nur dann, wenn dies Wort besondern Nachdruck hat (= „sogar noch, auch noch, immer noch"), z. B. *etiam nunc* (*etiamnum*), *n. etiam, n. quoque* „auch jetzt noch (immer)"; *etiam tunc* (oder *etiamtum*) = *tum etiam* „auch damals noch (immer)"; cf. auch 199, 6. Dagegen bleibt das unbetonte „noch" im Lateinischen unausgedrückt (cf. 497), z. B. „Noch heute" *hodie* (nb. *h. etiam, h. quoque* „auch heute noch"); „noch obendrein" *insuper* (neben *insuper etiam* „auch noch obendrein"); *alii* „noch andere" (neben *etiam alii* „auch noch andere" und *praeterea alii* „außerdem noch andere") u. a. Merke: „noch einmal" *iterum, denuo, de integro* (cf. 492); „noch einmal soviel" *alterum tantum* (cf. 98, Anm. 8); „noch einmal so groß" *altero tanto maior* (cf. 214, 27); „wie lange noch" *quousque* (*tandem*, cf. 482, 1); „noch außerdem" *praeterea, etiam*; „noch weiter, noch mehr" *amplius* (cf. 207). — 1) Pacem compositam esse *adhuc* non audivi. 2) Turpis vita (*etiam*) peior est quam mors. 3) *Etiam hodie* in Alpibus montes quidam sunt, quos *nemo adhuc* homo ascendit. 4) Pisistratus vivo *etiam tum* Solóne imperium Atheniensium occupavit. 5) Pyrrhus primos elephantos in Italiam adduxit, quas beluas nemo (*antea*) Romanus viderat. 6) Interiores Africae partes *adhuc non* (oder *ne nunc quidem*) satis cognitae sunt. 7) *Quousque* (*tandem*) od. *Quem ad finem* ludibrio me habebis? 8) Hanc rem *iterum* mihi explica quaeso. 9) Preces meas repudiavit atque importunitatem *insuper* mihi exprobravit. 10) Bellum (per se) ipsum malum est et alia *etiam* mala habet. 11) Germania *altero tanto maior* est quam Italia. 12) Nemo (*adhuc* od. *unquam*, cf. Anm. 2) sapiens fortunae stabilitati confisus est. 13) Imperator Fridericus Aenobarbus *etiamnunc* (od. *hodie etiam*) in Kiffhäuser monte dormire fertur. 14) Hoc *ipso* vespere eius litteras tibi recitabo. 15) Quemadmodum poma, cruda (cf. 497) si sunt, ex arboribus vix avelluntur, si matura et cocta, decidunt: sic vitam adulescentibus vis aufert, senibus maturitas.

Anm. 1. Auch *etiam* steht nicht selten in zeitlichem Sinne (von der Gegenwart, Vergangenheit und Zukunft), doch stets mit besonderer Hervorhebung der Zeitdauer oder des ununterbrochenen Zustandes, z. B. Cum iste *etiam* cubaret, hic in cubiculum introductus est. Quamdiu *etiam* furor iste tuus nos eludet? Incidit in eum incautum *etiam* atque imparatum. So auch *non etiam* „immer noch nicht" (z. B. *Non* dico fortasse *etiam*, quod sentio), *nondum etiam* „auch jetzt noch nicht", *vixdum etiam* „auch jetzt kaum". Merke besonders *etiam atque etiam* „wieder und wieder, immer wieder". — Selten steht *adhuc* mit Bezug auf die Vergangenheit bei Dichtern und Historikern, welche das

Vergangene gern lebhaft vergegenwärtigen, z. B. Scipio, quamquam gravis *adhuc* vulnere erat, tamen profectus est. Liv. 6, 33, 2; 21, 48, 4; 24, 22, 8; 9, 6, 12 u. ö.

Anm. 2. Bei manchen Negationen wird „noch" durch das enklitische **dum** übersetzt, so: *nondum* (unklass. *hauddum*) „noch nicht", welches sowohl von der Gegenwart als auch von der Vergangenheit gebraucht wird; *necdum, nequedum* „und noch nicht"; *vixdum* „kaum noch". So auch *nullusdum* „noch keiner" und *nihildum* „noch nichts", jedoch nur bei Erzählung vergangener Ereignisse. Aber unlateinisch ist *nemodum*, wofür entweder bloß nemo (selten nondum quisquam) oder nemo adhuc, nemo unquam, nemo ante steht.

478. **Sonst.** *Alias* „sonst" = „zu anderer Zeit (= alio tempore, aliis temporibus), ein andermal, bei einer andern Gelegenheit", sei es ehedem oder künftig (Gegens. nunc): cum saepe *alias*, tum Pyrrhi bello; feci et *alias* saepe et nuper in Tusculano; numquam *alias*; semper *alias*; raro *alias* u. ä. — „Sonst" = „vorher, ehemals" *antea, quondam, olim*; = „an einem andern Orte" *alibi, alio loco* oder *aliis locis*; = „außerdem" *praeterea*; = „übrigens, im übrigen, in andern Beziehungen" *ceterum* oder *ceteroqui* (beide nicht häufig gebraucht) *(in) ceteris rebus, (in) aliis rebus* oder entsprechende Kasusformen von *ceteri* oder *ceterae res, alii* oder *aliae res*; = „sonst jemand" *aliquis, alius quis*; = „widrigenfalls" *aut* (cf. 522, Anm. 1), seltener *aliter* (unklassisch alioqui). Häufig vertritt „sonst" a) die Stelle einer verneinenden Bedingung und wird alsdann entweder durch *sin minus, sin aliter* (cf. 380) oder durch die Wendungen *quod nisi ita est, quod ni ita esset, quod nisi ita fuisset, quae nisi ita se haberent, quod nisi factum esset* u. ä. übersetzt, wofür nicht selten auch *aliter* gesagt wird, cf. Caes. b. g. 5, 29, 2; 4, 17, 2. Cic. Lael. 74; off. 1, 139; 2, 42; 3, 93); — b) die Stelle eines verneinten Finalsatzes und wird dann durch *ne* übersetzt, z. B. „Sei gehorsam, sonst wirst du bestraft werden" dicto audiens esto, *ne* puniaris. — 1) Paradisēae in Australia nec usquam *alibi* (od. nec ullo *alio loco*) nascuntur. 2) Equites *olim* a vestigio ad verticem ferro induti erant. 3) De valetudinariis bene instituendis *alias* (= *alio loco*) dicam; nunc (od. iam) quid de curandis graviter vulneratis sentiam, explicabo. 4) Redde mihi pecuniam, *aut* in ius te vocabo (od. *ne* in ius te vocem). 5) Cum deus morbo aut *aliquo* malo te affecerit, patienter perferto. 6) Ille senex, qui *ceteris in rebus* parcissimus esse solet, ingentes pecunias in tabulas coemendas insumit. 7) Hospes noster loquacior, *ceteroqui* (häufiger *ceteris in rebus*) iucundus atque amabilis erat. 8) Milites in arce inclusi postremo carne equina vescebantur, cum nullum *praeterea* cibum haberent. 9) *Aut* omnia me fallunt *aut* Caesar vincet. 10) De Pompei felicitate utar moderatione dicendi, *ne* invisa dis immortalibus oratio mea videatur. 11) Cum saepe *alias*, tum nuper vos monui, quam recte Tacitus apud veteres Germanos bonos mores plus valuisse quam *alibi* bonas leges dicat. 12) Amicos veros esse oportet, *aliter* (od. *aut*) amicitiae stabiles esse non possunt. 13) Plus ego in hac causa laboris et operae consumpsi quam *ceteri* defensores solent. 14) Hic unus imperator ab hostibus metuitur, *praeterea* nemo, idque saepe *alias* dixi. 15) Cum *ceterorum* consuetudinibus non utare nisi honestorum, cur istum in amicitiam recepisti? Fac ab eo te disiungas, *aut* brevi temeritatis te paenitebit (od. *ne* — paeniteat).

479. **Fortasse** (höchst selten und schwerlich klassisch *fortassis*) c. Indic. „vielleicht und sogar wahrscheinlich, vermutlich, sehr wohl möglich". — **Forsitan** (sehr selten *forsan*, z. B. Liv. 3, 47, 5) c. Coni. „allenfalls, möglicherweise" bezeichnet ein Vielleicht, für welches man sich keiner Gründe bewußt ist, welches man oft gar nicht glaubt, sondern das man nur als Annahme, Vorstellung hinstellt. (Bei Livius und Späteren steht forsitan auch mit dem Indik. oder als Adverb überhaupt ohne Einfluß auf den Modus, z. B. Liv. 9, 11, 13; 2, 45, 2; 1, 53, 9). — **Haud scio an, nescio an** (cf. 411) enthält den Ausdruck der subjektiven Ungewißheit und Bescheidenheit. — (**Forte** hat nur in der stehenden Verbindung mit den Konjunktionen *si, sin, nisi* und *ne*

die Bedeutung „vielleicht"; sonst bedeutet es klassisch stets „von ungefähr, zufällig" = fortuito. Zu meiden sind die Verbindungen num forte und an forte; denn nach num und an wird „vielleicht" gar nicht übersetzt).

Also: *fortasse* verum *est* „es ist eher wahr als falsch";
*forsitan* verum *sit* „es ist vielleicht auch falsch";
*haud scio an* verum *sit* „es kann wahr sein, aber ich behaupte es nicht".

Anm. *Si forte* steht zuweilen (Cic. Mil. 104; Att. 14, 13, 2; Q. fr. 1, 2, 7; de or. 3, 47; off. 2, 70) elliptisch (= si forte contingat, si fors ita tulerit, εἰ τύχοι) „günstigenfalls, möglicherweise, eventuell", z. B. In patria moriar aut, *si forte*, pro patria.

480. **Parum** klass. niemals „wenig", sondern stets „zu wenig, gar wenig, nicht genug" (= *non satis*). — 1) Graeci minas Xerxis *non magnopere* (od. *non multum*) timuerunt. 2) Solonis leges a Lycurgi *multum* (*aliquantum*) differebant. 3) *Non multum* aut nihil didicisti. 4) Lintearii Silesiaci *tam parvam* pecuniam merent, vix ut habeant, unde vivant. 5) Minimus meus filius *leviter* aegrotat. Exspecta *paulum* (*paululum*, *paulisper*). Merke die Substantiva *paulum* (= non multum) „ein wenig, nur ein weniges", *paululum* „nur ein klein wenig" (z. B. paulum frumenti, paululum morae), beide auch als Adverbien (z. B. Epistulae tuae me paulum recreant; paululum respirare); sodann *parumper* „auf eine gar kleine Weile, auf einen kurzen Augenblick"; *paulisper* „eine kleine Weile lang"; *ad tempus* „vorübergehend", *ad exiguum tempus* „auf kurze Zeit", *aliquamdiu* „eine ziemliche Weile lang". 6) Tum demum Minucius *quam non* honeste fecisset cognovit, quod Fabio dictatori male dixisset atque obtrectavisset, et *quam non* salutare populo Romano fuerit futurum, si ille sibi totum exercitum ducendum tradidisset. Merke **quam non**, **quam nullus** „wie wenig", **quam nihil** (*quam non multum*) „wie weniges", z. B. Vides, *quam non* cupidus sim rixandi. Incredibile est, *quam* ego ista *non* curem. Vide, *quam non* flebiliter respondeat. *Quam nihil* praetermittis in consilio dando! *quam nihil* tamen explicas! Attende, *quam nulla* vis sit in iudiciis. 7) Mucius cruciatus *ita non* (*adeo non*) extimuit, ut dextram ipse ignibus iniceret. Cf. 339, Anm. 6. 8) *Quam nihil* novisti pericula divitiarum! 9) Iratus qui accedet ad poenam, nunquam mediocritatem illam tenebit, quae est inter nimium et *parum*. 10) Aura popularis *non magis* (cf. 521) certa est *quam* fluctus maris. 11) *Quam nihil* occasionis animum litteris excolendi in oppidulo nostro habeo, in quo (= ubi) *pauci* (*perpauci*) homines litterati sunt. 12) Rhodii, cum in fide Romanorum *parum* constantes non semel defectionem essent moliti, libertate diu concessa sunt privati postremoque insula Vespasiano imperatore in provinciae formam est redacta. 13) Clades Cannensis rem publicam Romanam *adeo* (*ita*) *non* pervertit, ut initium esset imperii proferendi et muniendi; oder *Tantum afuit, ut* clades Cannensis rem publicam Romanam perverteret, *ut* initium etc. Cf. 340. 14) *Parum multi* milites. So auch *parum saepe* „zu selten", *parum diu* „zu kurze Zeit", *parum magnus* „zu gering", *parum firmus* „zu schwach" etc. 15) *Quotusquisque* (cf. 271, b) est, qui sapientiam divitiis praeferat? 16) Tua, tua, inquam, haec culpa est, *quamvis non* fateare. Omnibus locis insidias timet, *quamvis nullae* sint. Socrates, *quamvis* impietatis adversus deos coargui *non* posset, ab iniustis iudicibus capitis est damnatus. Merke: *quamvis* in Verbindung mit den Negationen *non*, *nullus*, *nemo*, *nihil*, *nunquam* als Ausdruck für das deutsche „so wenig auch". Cf. *Quamvis non* fueris suasor profectionis meae, approbator certe fuisti. *Quamvis non* reformidem, tamen verbis tuis moveor.

481. Über *postremo* cf. 461, 2. — **Tandem** bezieht sich auf etwas längst Erwartetes, Gewünschtes oder Gefürchtetes, z. B. Diu multumque fatigati *tandem* in castellum perveniunt. —

**Denique** (cf. 218) heißt „endlich, schließlich" bei Aufzählung mehrerer Gegenstände oder Aussagen (= *postremo* oder *ad extremum*): *Primum — deinde — post — tum — denique* (oder *postremo, ad extremum*), z. B. Quaero, vester deus *primum* ubi habitet; *deinde* quae causa eum loco moveat, si modo movetur aliquando; *tum* quid appetat; *postremo* (= *denique*) quomodo beatus sit. — **Demum** heißt „erst"; es zeigt an, daß etwas später geschieht, als es sollte oder konnte, und schließt sich enklitisch an das betonte Wort an, und zwar in guter Prosa vorzugsweise in den Verbindungen *nunc demum* „erst jetzt"; *tum demum*; *ibi demum*; *is demum* „der erst", d. h. derjenige, bei dem man nach vorangegangener Prüfung und Scheidung schließlich stehen bleibt, z. B. Idem velle atque idem nolle, *ea demum* firma amicitia est. (Dieselbe Bedeutung wie demum hat auch *denique*.) — Verstärkt wird tandem oft durch aliquando: (*tandem*) *aliquando* „endlich einmal". — *Denique* steht oft, wenn man die Aufzählung abbricht, für unser „kurz, überhaupt, mit einem Worte" und zwar in der Regel hinter dem Begriffe, mit dem es verbunden ist, z. B. Iuvenem probissimum, gravissimum, eruditissimum, omni *denique* laude dignissimum. Deus caelum, terram, maria, omnes *denique* res effecit. Nicht selten geht denique in diesem Falle in die Bedeutungen „ja sogar" oder „auch nur" über. — Über das zur Einführung des letzten Teiles einer Tractatio dienende „endlich, schließlich" cf. Anhang 8.

Anm. Das deutsche Adverb „erst" bleibt unübersetzt, wenn ein einzelner Begriff oder ein ganzer Ausdruck an und für sich schon den Sinn der Verspätung hat, z. B. „Cato lernte erst als Greis das Griechische", „Ihr seid erst nach Besiegung der Feinde uns zu Hülfe gekommen", „Erst nach seiner Verurteilung legte der Verbrecher ein Geständnis ab". Cf. 497.

482. 1) Quid *tandem* tibi vis? **Tandem** steht sehr oft bei Fragen der Verwunderung im Sinne von „denn eigentlich, denn nur, in aller Welt" (beim Imperativ = „doch nur, doch in aller Welt", z. B. Cic. Cat. 1, 8), z. B. Quorsum *tandem* aut cur ista quaeris? Haec utrum *tandem* lex est an legum omnium dissolutio? Quousque *tandem* abutēre, Catilina, patientia nostra? — 2) Quousque *tandem* hoc patiemur? — 3) Virgines carmina *deinceps* cantaverunt, tum (deinde) saltare coeperunt. Mos erat apud maiores, ut *deinceps*, qui accubabant, canerent ad tibias. Cf. Quattuor *deinceps* exercitus devicti sunt. Reliquis *deinceps* diebus Caesar silvas caedere instituit. De iustitia satis dictum est, *deinceps* de beneficentia dicatur. **Deinceps** „nacheinander, der Reihe nach, in einem fort" ist nicht mit *deinde* „darauf" zu verwechseln. Bei Aufzählungen oder beim Übergange von einem Teile einer Auseinandersetzung zu einem andern bedeutet *deinceps* „im unmittelbaren Anschlusse daran, nächstdem", wenn das betreffende Glied mit dem vorhergehenden eng verbunden ist (= „der gemachten Reihenfolge gemäß"). Häufig sind Wendungen wie: Deinceps, (ut erat propositum), dicatur, dicendum est, videndum est. — 4) Quoniam de eloquentia Ciceronis breviter disputavi, iam *porro* de eius philosophia paucis dicam. **Porro** „weiter, ferner" bezeichnet zunächst ein Fortschreiten bei räumlicher Bewegung (z. B. porro ire, pergere porro, armentum porro agere), steht aber besonders in Aufforderungen, Fragen und Aufzählungen, um einen ruhigen Fortschritt in der begonnenen Gedankenentwicklung durch Hinzufügung eines gleichartigen Gliedes oder eines solchen Momentes zu bezeichnen, welches mit dem vorausgehenden in innerlicher Verbindung steht. Es paßt also nicht, wenn rein äußerlich aufgezählt oder fortgeführt wird. Am häufigsten findet es sich in Formeln wie: Videte iam porro cetera; sequitur porro; sed perge porro; age porro „wohlan, laßt uns weiter gehen". Cf. auch: Mors ipsa quid sit, primum est videndum; quid sit *porro* animus ipse, magna dissensio est. Neque ego me abdidi neque deserui neque *porro* adulatus aut admiratus sum fortunam alterius. Quid est enim memoria rerum, quid *porro* inventio? (Ausnahmsweise hat porro als Adversativpartikel die Bedeutung „andrerseits, um zum Gegenteil weiter zu gehen").

483. 1) **Hactenus** steht klassisch in der Bedeutung „bis zu diesem Punkte, bis hierher" (z. B. Hactenus de amicitia quid sentirem, mihi videor potuisse dicere), besonders beim Abbrechen der Rede in den Formeln *sed (haec) hactenus, atque haec hactenus, sed (de Graecis) hactenus*; *hactenus de soloecismis* u. ä., aber nicht zeitlich für *adhuc* (cf. 477). (Vereinzelte Ausnahme bei Liv. 7, 26, 6). Zu beachten ist, daß, wenn das Objekt, mit welchem abgebrochen wird, durch die Präpos. *de* angegeben wird, niemals *haec* zu hactenus gefügt werden darf; fehlerhaft wäre also: Sed *haec* de litteris hactenus. — Wenn ein Satz mit *quoad, quod, ut, ne, si* folgt, hat es auch die Bedeutung „in der Hinsicht, nur so weit, nur insofern", z. B. Sophistae *hactenus* de Graecis optime meruerunt, *quod* ser-

monem Graecum multis partibus auxerunt et expoliverunt. Eorum orationes *hactenus* exprimam, *ut* eae non abhorreant a more nostro.

2) **Ubique** „wo es auch nur sei, jedesmal an einer Stelle" ist das lokale Adverbium zu *quisque*; es schließt sich fast stets an relative Ausdrücke allgemeiner Art (omnes qui, quidquid, quotquot etc.) oder Fragewörter, z. B. Omnes, *qui ubique* sunt, consentiunt; *quid ubique* habeat frumenti ostendit; onerarias naves, *quas ubique* possunt, deprehendunt. Die Bedeutung „überall" hat ubique erst seit Livius; Cicero und Cäsar gebrauchen dafür *omnibus locis, (omnibus in rebus)*, *usquequaque*, *nusquam non*. Bei Ausdrücken der Entfernung, des Aus- und Weggehens 2c. ist „überall" durch *undique* „von allen Orten und Seiten her" zu übersetzen, z. B. Insula *undique* exitus maritimos habet. Aëre *undique* circumfundimur. Oppidum altissimis montibus *undique* continebatur. Aut *undique* religionem tolle aut *usquequaque* conserva. *Undique* otium fuit Romanis.

3) **Utique** „jedenfalls" bildet den Gegensatz zu „möglichenfalls, vielleicht", z. B. Quo die venies, *utique* cum tuis apud me eris. Legibus Liciniis Sextiis sanctum erat, ut consulum *utique* alter ex plebe crearetur.

4) **Quidem** ist stets enklitisch und dient hauptsächlich dazu, das vorhergehende Wort hervorzuheben, indem es den Ton darauf legt und dadurch die Aufmerksamkeit vorzugsweise darauf lenkt („wenigstens, sicherlich, jedenfalls, gewiß"), z. B. Cum omnes fugiebant, tu *quidem* fortiter resistebas. Optare hoc *quidem* est, non docere. Est illud *quidem* vel maximum, animo ipso animum videre. Absurdum id *quidem*. Diese hervorhebende Kraft zeigt *quidem* auch a) in Verbindung mit einem Relativum, z. B. Sic mortuus est Themistocles, *qui quidem* („er, welcher") Persas ad Salaminem devicit. Catonem quis nostrorum oratorum, *qui quidem* nunc sunt, legit? — b) in Verbindung mit Versicherungspartikeln und mit Konjunktionen: *certe quidem*, *profecto quidem*, *si quidem*, *quoniam quidem*, *ut quidem*, *quamquam quidem* u. ä.; — c) im Gegensatze zu einem vorhergehenden Gliede, wo es gegensätzliche (adversative) Bedeutung hat („sicherlich" = „aber, freilich, wiewohl"), z. B. Id nos fortasse non perfecimus, conati *quidem* („sicherlich") saepissime sumus. Flacco utinam aliquando referre gratiam possimus, habebimus *quidem*. Ille quid in dicendo posset, numquam satis attendi; in clamando *quidem* video eum esse bene robustum. Fabulae delectationis habeant, quantum voles: fidem *quidem* nullam debemus commenticiis rebus adiungere; — d) in der Bedeutung „zum Beispiel" (cf. 397, Anm. 1). — Sehr häufig korrespondiert *quidem* mit einem folgenden *sed* oder *sed tamen* „zwar — aber", wobei die in 220 gegebenen Regeln zu beachten sind. — *Et quidem, ac .. quidem* „und zwar" (cf. 252 u. 506, 1 nebst Anm. 2). Über *equidem* cf. 223. (Zugleich hervorhebend und beschränkend ist *quidem certe* „gewiß das wenigstens", welches meist zu einem einzelnen Begriffe gehört, z. B. Cic. Verr. 2, 148; Off. 1, 138.)

5) **Praesertim** „zumal" steht ausschließlich in kausalen und konditionalen Sätzen, vorzüglich in Verbindung mit den Konjunktionen *cum*, *si* und dem Relativ *qui* (cf. 401 u. 362, Anm. 6); also: Alcibiades ea sagacitate erat, ut decipi non posset, *praesertim cum* animum attendisset ad cavendum. Sera gratulatio reprehendi non solet, *praesertim si* nullā neglegentiā praetermissa est. Equidem miles nihil unquam dicam de imperatore meo, *cui praesertim* gratias sciam ab senatu actas. Oft ist der Grund oder die Bedingung durch einen abgekürzten Satz ausgedrückt, z. B. Deforme est de se ipsum praedicare, *falsa praesertim* („zumal wenn es erlogene Dinge sind"). Quod munus rei publicae afferre maius meliusve possumus, quam si erudimus iuventutem, *his praesertim moribus atque temporibus* (= praesertim cum hi mores atque tempora sint)? Tam exiguam manum *praesertim fugientem* facile vincemus. — Von praesertim zu unterscheiden ist (cf. 199, Anm. 2): **imprimis** (= in primis „unter den ersten") „in erster Linie, wie wenige" (stets in bonam partem), welches ein bedeutend verstärktes „sehr" ist und für welches zuweilen auch *cum primis* (archaistisch prime, apprime) gefunden wird, z. B. homo domi suae *cum primis* locuples et honestus; **praecipue** „vor allen andern, vorzugsweise" bezeichnet eine Auszeichnung, die man vor den andern besonders (speciell) genießt, ist also mehrsagend als imprimis; **potissimum** (eigentl. „am liebsten" von der Wahl) „gerade, namentlich" (mit Ausschluß anderer) schließt sich mit Vorliebe enklitisch an Pronomina und bezeichnet, daß bei einer Wahl oder Überlegung einer

Person oder Sache vor andern gleichartigen der Vorzug gegeben wird; *maxime* „im höchsten Grade, am meisten"; *summe* „äußerst, absolut"; *eximie, egregie* „ungemein, in ausgezeichneter Weise". (**Nominatim** dient nie zur Hervorhebung eines Wortes, sondern heißt „mit Nennung des Namens", z. B. Dux milites *nominatim* cohortatus est, ut pristinae virtutis memores essent. Cf. 463.)

6) **Publice** geschieht etwas „von seiten des Staats, der Stadt oder der Gemeinde, im Namen oder im Auftrage der Staatsgewalt, offiziell", im Gegensatz zu privatim, z. B. Nemini meus adventus sumptui neque *publice* neque *privatim* fuit. Filiae Aristidis *publice* („auf Befehl und Kosten des Staates") alebantur. Dagegen heißt *in publico* „auf einem öffentlichen Platze, in der Öffentlichkeit" (z. B. statuam in publico collocare); *palam* „vor aller Welt, wer's nur hören oder sehen will" (Gegens. clam); *propalam* dasselbe, mit dem Nebensinne von „so recht offen"; *aperte* „offen, offen heraus und ohne Rückhalt oder Verstellung" (Gegens. occulte, tecte).

7) **Mox** bezieht sich klassisch nur auf die kommende Zeit, auf die Zukunft, jedoch ebensowohl in der Oratio recta als obliqua, z. B. *Mox* veniam; *mox* ad te scribam; de numero *mox* scribam, nunc de sono; iussit mihi nuntiari *mox* se venturum. Ist „bald" so viel wie „in kurzer Zeit", so heißt es *brevi, brevi tempore*, z. B. Vere Socrates Critiae, cui venenum praebiberat, mortem est eam auguratus, quae *brevi* consecuta est. „Bald darauf" *paulo post*, nachklass. *brevi post*. Spätlateinisch ist mox-mox „bald — bald" für modo-modo oder nunc-nunc (cf. 516, 5).

8) **Paene** „fast" ist von **prope** „beinahe" (und *propemodum* „in gewisser Beziehung beinahe, gewissermaßen") wenig unterschieden; es zeigt an, daß nur wenig an der Vollständigkeit eines Zustandes oder einer Sache fehlt, z. B. Flumen *paene* totum oppidum cingit; Metrodorus *paene* alter Epicurus; Atheniensium naves *paene* inanes relictae erant; *prope* iam desperata salus est; sapientia praeditus *prope* singulari. Oft entsprechen diese Adverbien dem deutschen (übertragenen) Ausdrucke „grenzend an", z. B. Casus incredibilis ac *paene* divinus „ans Übernatürliche grenzend"; impotens ac *paene* regia ira „ein maßloser und an Tyrannei grenzender Zorn". Bei ungefähren Zahlbestimmungen kann paene nicht gebraucht werden (cf. 150, 3).

Anm. 1. Merke auch *tantum non* „fast, beinahe" (= *μόνον οὐ, ὅσον οὐ*), welches erst nach Cicero gewöhnlich wurde, z. B. Campani nuntiaverunt duos consules ad Beneventum esse diei iter a Capua: *tantum non* ad portas et muros bellum esse. Nuntii afferebant *tantum non* iam captam Lacedaemonem esse. Noch seltener ist *modo non*, z. B. Is senem per epistulas pellexit *modo non* („beinahe") montes auri pollicens. Ähnlich auch *tantum quod non* „nur daß nicht, es fehlt nur noch, daß", z. B. *tantum quod* hominem *non* nominat, d. h. er bezeichnet ihn deutlich, nur daß er ihn nicht mit Namen nennt = er nennt ihn beinahe mit Namen (Cic. Verr. 1, 116).

9) **Fere** (oder *ferme* bei Livius häufig, bei Cicero selten) „so ziemlich, etwa" giebt bei Zeit- und Maßbestimmungen eine ungefähre Schätzung an, die über das betreffende Maß hinausgehen oder dahinter zurückbleiben kann, z. B. Centum *fere* pedites; sexto *fere* anno, eadem *fere* hora, qua veni; in hanc *fere* sententiam locutus est „er sprach ungefähr folgendermaßen". Es steht gewöhnlich hinter dem Begriffe, zu welchem es gehört, namentlich hinter Negationen und Zahlwörtern (Ausnahmen selten, z. B. Cic. de or. 1, 116; Cluent 46. Caes. b. g. 1, 1, 4). In Verbindung mit *nemo, nullus, nihil, omnis, totus, semper* hat es im ganzen dieselbe Bedeutung wie paene und prope, z. B. *nemo fere* „so gut wie niemand", *nemo paene* „fast niemand", *prope nemo* „beinahe niemand". — Sehr oft hat es die Bedeutung eines gemäßigten semper = „meistens, in der Regel, gewöhnlich", z. B. Fit *fere* „es geschieht gewöhnlich"; itinera nocte *fere* faciebat; probabile est, quod *fere* fieri solet; libenter *fere* homines id quod volunt credunt; muri omnes Gallici hac *fere* forma sunt. *Non fere, haud fere* „in der Regel nicht, nicht leicht, nur ausnahmsweise". Besonders häufig ist *omnes fere* „so ziemlich alle". Von fere unterscheidet sich **vulgo** „allgemein, insgemein, gemeiniglich" (= bei oder vor den Leuten, allenthalben im Publikum) dadurch, daß es einem gemilderten omnes, ab omnibus, apud omnes gleichkommt und eine Vielheit thätiger oder beobachtender Subjekte voraussetzt, z. B. *Vulgo* milites a signis discedebant; *vulgo* totis castris testamenta obsignabantur; *vulgo* homines impune interficiebantur. Quaeritur, utrum *vulgo* evenire soleat an raro.

10) **Aegre** „nur mit Mühe, mit genauer Not" hat affirmativen Sinn, während **vix** „kaum" = „beinahe nicht" negativen Charakter hat. *Vixdum* „kaum erst, kaum nur" = „beinahe noch nicht", z. B. Vixdum epistulam tuam legeram, cum ad me Curtius venit. Cf. 477, Anm. 2.

Anm. 2. *Vix* teilt auch hinsichtlich der Wortstellung die Eigentümlichkeit der Negation; also nicht vix dici potest, sondern *dici vix potest* u. ä. Statt ut vix „so daß kaum" steht viel häufiger *vix ut*; ebenso ist *vix qui* besser als qui vix (cf. 536, Anm. 3).

11) **Immo** ist nicht unser zusagendes und Beifall gebendes „ja", sondern verneinend (berichtigend) „nein vielmehr, nein im Gegenteil, ja doch", und giebt an, daß das vorher Gesagte als nicht zutreffend oder der in der Frage liegende Zweifel als unbegründet verworfen werden müsse, z. B. Ubi fuit Sulla? num Romae? *immo* longe afuit. Ea spe depulsus non tamen belli consilia omisit, *immo* iam incohavit bellum. (Nur selten steht es im Sinne steigender Bejahung.) Sehr oft wird immo durch *vero* verstärkt, z. B. Si patriam prodere conabitur pater, silebitne filius? *immo vero* obsecrabit patrem, ne id faciat. Verberandus, *immo vero* necandus est miles fugitivus. Vivuntne, quos nos extinctos esse arbitramur? *immo vero* vivunt. Das bejahend steigernde „ja vielmehr, ja sogar" heißt *quin, quin etiam, quin contra, quin potius* (cf. 358, 3), *atque etiam, atque adeo*, z. B. Credibile non est, quantum scribam die, *quin etiam* noctibus. Urbs capta *atque etiam* combusta est. Verres tota Sicilia recusante cum maximo detrimento *atque adeo* exitio vectigalium totam Hieronicam legem sustulit. Tot annis *atque adeo* saeculis inventus est vix unus. His miraculis nunquam elusa fides est, *quin potius* aucta arte quadam. Zu beachten ist, daß **atque etiam** zwei Begriffe einfach steigernd verbindet („und sogar, ja sogar"), während **atque adeo** selten eine einfache Steigerung, in der Regel auch eine Berichtigung („oder vielmehr, oder eigentlich") bezeichnet, z. B. Si qui pudor in te *atque adeo* si qui metus fuisset. Cf. Cic. Cat. 1, 5 u. 9; 2, 27; Quinct. 93; Rosc. Am. 29 u. 113; Pis. 41; Verr. 3, 11 u. 19 u. 102 u. 142 u. ö.

12) **Nuper** „neulich, vor kurzem" bezieht sich auf eine von der Gegenwart schon geschiedene, daher oft selbst auf eine ziemlich ferne Vergangenheit. So sagt Cicero von gewissen medizinischen Beobachtungen, sie seien *nuper*, id est paucis ante saeculis, reperta, indem er die ganze Zeit menschlicher Beobachtung vor sich hat. Dagegen bezieht sich **modo** „jüngst, soeben, eben noch" auf eine noch ganz nahe liegende Vergangenheit; **proxime** „in letztvergangener Zeit, in den letzten Tagen"; *novissime* (unklass.) „ganz neuerdings, ganz vor kurzem".

Anm. 3. **Schon längst.** *Iam diu* „schon lange Zeit hindurch, schon seit langer Zeit" und *iam pridem* „schon vor langer Zeit" (seltener „schon seit langer Zeit") haben objektive Bedeutung, während *iam dudum* „schon eine ziemliche Weile" (d. h. nicht erst in diesem Augenblicke) subjektiv steht, d. h. ausdrückt, daß dem Redenden eine Zeit lang dünke. Man vermeide demnach iam dudum in der Bedeutung „schon längst", wenn es sich um eine wirklich lange Zeit handelt.

13) *Pedetemptim* „Schritt vor Schritt, bedächtig fortschreitend" (auch *pedetentim* geschrieben; zu *temptare, tentare*) bezeichnet das vorsichtige Vorwärtsschreiten zu einem Ziele und ist das Gegenteil von propere oder festinanter. Dagegen heißt *sensim* „unmerklich" (Gegensatz repente), *paulatim* „allmählich" (Gegensatz protinus), *gradatim* „schritt- oder stufenweise".

**484.** „So" qualitativ = „auf diese Weise" heißt **ita** oder **sic**, welche beiden Adverbien sich verhalten wie is und hic; beide stehen gewöhnlich nur bei Verben. *Sic* (= *hoc* modo, *hac* ratione) ist vorzugsweise das mit Energie und direkt hinweisende (deiktische) „so", z. B. *Sic* vita hominum est; *sic* se res habet; *sic* existimo; *sic* mihi videtur. *Ita* (= *eo* modo, *ea* ratione) bedeutet zunächst „auf die bezeichnete Weise", z. B. Quod cum *ita* sit; *ita* sunt res nostrae, hat aber auch näher bestimmende oder auch beschränkende Kraft = „dergestalt, unter der Bedingung, (nur) in dem Falle" (z. B. *Ita* te defendito, ut neminem laedas); es übernimmt ferner gar häufig die Bedeutung von *sic*, nicht so *sic* die beschränkende von *ita* (cf. 335, Anm.). — **Tam** „so sehr" erhöht den Grad, steht aber nur bei Adjektiven und Adverbien, bei Verben nur in der Korresponsion mit quam,

z. B. Decipi *tam* dedecet quam delirare; **bei Verben tritt zum Ausdrucke einer bestimmten Steigerung tantopere oder adeo „in so hohem Grade" dafür ein.**

Anm. 1. Das im Deutschen im Satzanfange stehende „so", welches den Sinn von „(so) zum Beispiel" hat, wird nicht durch ita, sondern durch *ut* oder *velut* übersetzt. Cf. 397, Anm. 2. Das im Deutschen nach „wenn" u. ä. den Nachsatz einführende „so" bleibt lat. weg.

Anm. 2. Bei Adjektiven und Adverbien hat *ita* oft fast ganz dieselbe Bedeutung wie das gradbezeichnende *tam*, z. B. Ita multi, ita perspicuus, ita raro, ita vehementer, ita penitus u. ä. — *Sic* steht bei Adjektiven (Adverbien) nur, wenn auf den augenblicklichen Zustand einer Sache hingewiesen wird (wie etwas in dem vorliegenden Falle gerade ist oder war = „so ohne weiteres, so schlechtweg, so ganz"), z. B. *Sic* nudos in flumen proicere; *sic* solus in cubiculo sedebat.

485. In der strengen Prosa werden fast nur Adverbia der Quantität oder des Grades, wie *tam, valde, maxime, minus, minime, parum, admodum, mediocriter*, viel seltener Adverbia der Qualität mit Adjektiven und andern Adverbien verbunden; *bene, male, egregie, eximie, mire, mirifice, insignite, vehementer, leviter, graviter, pariter* nehmen in Verbindung mit Adj. die Geltung von Quantitätsadverbien an (cf. 199, Anm. 2), z. B. bene robustus „recht stark", bene multi, male sanus, egregie fortis, vehementer gratus, insignite impudens, leviter saucius, graviter aeger. Aber Ausdrücke wie turpiter atrae nubes, splendide mendax puer, stolide ferox iuvenis, distincte concisa brevitas, callide improbus civis, acerbe severus iudex, inimice infesti adversarii etc. sind entweder dichterisch oder finden sich in Prosa nur ausnahmsweise (besonders bei gehobener oder pikanter Darstellungsweise), z. B. Cic. Mur. 26; off. 3, 112; Tusc. 5, 6; legg. 2, 16; 3, 26; or. 3, 184 u. 202. Liv. 7, 5, 6; 7, 10, 5; 3, 29, 3. Die vorgelegten Ausdrücke sind (meist mit Anwendung eines *Hendiadyoin*, cf. 551, 14 u. 489, 14) zu übersetzen: mores impii ingratique oder morum ingratorum impietas; vultus superbus et contumax; spes puerilis atque inepta. So auch: „Seine Pläne waren knabenhaft thöricht" consilia eius ut pueri plena stultitiae erant; „feindselig erbittert gegen jemanden" alicui inimicus atque infestus; „vollkommen unparteiisch" incorruptus atque integer; „vollkommen gleich" aequus et par, aequalis et par; „absolut vollkommen" perfectus et absolutus; „unerbittlich streng" severus et inexorabilis; „wohlverdienter Triumph" meritus debitusque triumphus. — 1) Divitiarum et formae gloria fluxa atque fragilis est. 2) Legatio vana atque irrita fuit. 3) Calamitas insperata et necopinata. 4) Turbidi animorum concitatique motus. 5) Spes falsa et inanis. 6) Beneficium omnibus gratum acceptumque. 7) Proditor morti debitus destinatusque. 8) Turba militum inordinata et incomposita. 9) Poena iusta et debita. 10) Inquieta et exercita vita.

Anm. Zur Steigerung eines Adjektivs kann auch die *Litotes* (550, 7) dienen, z. B. Non ignobilis philosophus „ein gar sehr berühmter Philosoph". Haud ambigua fides „eine entschieden zuverlässige Treue".

486. Solche deutsche Adverbia, welche nicht ein einzelnes Wort des Satzes näher bestimmen, sondern den ganzen Gedanken affizieren und zugleich ein Urteil des Subjekts enthalten, werden durch ein entsprechendes **Verbum regens** ausgedrückt, z. B. *constat* für „anerkanntermaßen"; *apparet, perspicuum est* für „augenscheinlich"; *nemo nescit, quis est qui nesciat, quis ignorat, constat* für „bekanntlich, bekanntermaßen"; *probabile* oder *verisimile est* für „wahrscheinlich"; *non est dubium, quin* für „unzweifelhaft"; *fieri potest ut* für „möglicherweise"; *opportune accidit ut* für „glücklicherweise"; *necesse est, oportet* für „notwendigerweise"; *vereor ut, non verendum est ne* für „schwerlich" u. ä. — 1) Periclem filium fuisse *constat* (od. *nemo est, qui nesciat*) nobilissimorum parentum. 2) Tresviri in vitam atque bona civium invadentes nihil aliud spectare se *simulabant*, nisi ut rem publicam constituerent et necem Caesaris persequerentur. 3) Hilotas nomen accepisse ab oppido Helo *verisimile* (*probabile*) *est*. 4) In proelio ad Liniacum commisso, quo Borussi clade affecti sunt, Bluchero *accidit, ut* equus, quo vehebatur, globo transfossus collaberetur et onere suo ipsum obrueret. 5) Ancus Martius nepos Numae fuisse *videtur*. *Suspicor* te,

mi amice, iisdem rebus quibus me ipsum commoveri. 6) Navis perisset, nisi (*opportune*) *accidisset*, ut tempestas subsideret. 7) Quae pollicitus es, te praestare *oportet*. 8) *Vereor*, *ut* desiderio tuo possim obtemperare. 9) *Fieri non potuit*, *ut* flumen imbribus auctum ab exercitu traiceretur. 10) *Non dubito*, *quin* quo anno Horatius natus et mortuus sit scias. 11) *Non dubito*, *quin* tibi molestae sint eius epistulae. 12) *Paulum afuit*, *quin* me interficeret. 13) *Apparet* vos esse commotos. 14) Lacaena quaedam, cum filium in proelio cecidisse audiisset: Idcirco, inquit, genueram, ut pro patria mori *non dubitaret*. 15) Gustavum Adolphum, Suecorum regem, et rei militaris peritia omnibus illius aetatis ducibus et fortitudine omnibus exercitus sui militibus praestitisse *nemo est*, *qui neget*. 16) Quoniam de rebus gestis Alexandri satis diximus, *restat* (od. *reliquum est*), *ut*, quibus moribus ille fuerit, paucis describamus.

487. Sehr häufig steht im Lateinischen ein entsprechendes **Verbum** mit folgendem **Infin.** statt eines deutschen Adverbs, nämlich: *soleo, consuevi* = „oft, gewöhnlich"; *propero, maturo, contendo* = „eiligst, schleunigst"; *persevero* = „beharrlich"; *non dubito* = „unbedenklich"; *non intermitto, non desisto* = „fort und fort, ununterbrochen, unaufhörlich"; *desino, desisto* = „nicht mehr, nicht weiter"; *non cunctor* = „unverzüglich"; *volo, non nolo, gestio, aveo* = „gütigst, gern, willig"; *coepi* = „allmählich, von nun an"; *videor* = „scheinbar". — 1) Athletae, priusquam in certamen descenderent, corpora unguento et oleo *perungere solebant* (*consueverant*). 2) Persuadendo plus *effici solet* quam vi. Quales in re publica principes sunt, tales ceteri *solent esse* cives. 3) Diocletianus, quanquam Christianos *persequi non destitit* (*desiit*), tamen quominus nova doctrina latius diffunderetur, prohibere non potuit. 4) Cato Romanis, ut Carthaginem delerent, *suadere non destitit*. 5) Caesar Helvetios in Galliam irrumpere conari certior factus ab urbe *proficisci maturavit* (*properavit*, *contendit*). 6) Homines si nullo suo labore doctrinam assequi possent, dubium non esset, quin satis multi invenirentur, qui doctrinae laude superbirent; sed quoniam doctrinam nemo omnino potest assequi nisi sua meditatione et suo labore, plerique in litteras *incumbere* magnopere *gravantur*. 7) Rogo te, ut mihi poculum aquae *afferre velis*. 8) Post cenam (prandium) *conquiescere consuevi*. 9) Post Alexandri expeditiones Graecorum et lingua et artes per omnes orientis partes *diffundi coeperunt* (od. *coeptae sunt*, cf. 299). 10) Cato bellica laude ad Thermopylas parta contentus id iam maxime *agere coepit*, ut morum in urbe corruptelam ingruentem censura et exemplo coerceret. 11) Quia homines pedibus eundo *defatigari nolunt*, currus inventi sunt, quibus commode e loco in locum pervenirent.

488. Wenn die Adverbien **„wohl, gewiß"** (meist in Fragen und in Verbindung mit den Verben „mögen, sollen, müssen") eine Unsicherheit der Ansicht über etwas oder die Wahrscheinlichkeit einer Vermutung bezeichnen, sind sie durch **putare, existimare, credere, opinari, censere, videri, non dubitare** etc. auszudrücken, z. B. „Was wird wohl der König mit den Gefangenen anfangen" quid regem captivis facturum esse *putas* (oder *putamus*, *putatis*)? „Was würde wohl Pompejus gethan haben, wenn er gesiegt hätte" quid *censemus* Pompeium facturum fuisse, si vicisset? „Ihr mögt euch wohl darüber gewundert haben" *credo* ego vos miratos esse. Das Verbum des Glaubens steht in diesem Falle stets im Indik. — 1) Decem milia illa Graecorum, cum laboribus itineris perfuncti ex summo quodam monte mare conspexissent, quanto gaudio eos perfusos

esse *putas* (*putamus, putatis*)? 2) Quod Apollo Pythius oraculum edidit Spartam nulla re alia nisi avaritia esse perituram, id *videtur* non solum Lacedaemoniis, sed omnibus opulentioribus populis praedixisse. 3) Xanthippa maritum non sine causa saepe *videtur* (*putanda est*) increpuisse; nam Socrates haud ita diligens fuisse pater familias *videtur*. 4) Quanto gaudio animum Columbi perfusum esse *putatis*, cum nauta quidam terram apparere nuntiasset? 5) Quanam re *putamus* animos hominum sollicitatos magis sedari quam precatione ardenti? 6) Quid *censemus* maiorem illum Dionysium quo cruciatu timoris angi solitum esse?*7) Etsi haec omnia scripta esse a tuis *arbitror*, tamen ea scribam breviter, quae te *puto* potissimum ex meis litteris velle cognoscere. 8) Ad veram humanitatem in hominum animis excitandam atque confirmandam cum multae doctrinae sint idoneae, tum nullam aptiorem esse quam quae dicuntur studia humanitatis meo iure affirmare posse (*mihi*) *videor*. 9) Quid etiam summam militum in pugna audaciam profecturam *putamus*, nisi imperatori dicto audientes fuerint?

489. 1) Te tutorem semper *pie* coluisse eiusque praeceptis *libentissime* (= libentissimo animo) obsecutum esse *non ignoro* (cf. 475, 5). Deutsche adverbiale Präpositionalausdrücke werden im Lateinischen gern durch einfache **Adverbien** übersetzt, z. B. considerate „mit Überlegung", atrociter „in trotziger Haltung", ferociter et praepropere „mit Verwegenheit und Übereilung". Umgekehrt müssen manche deutsche Adverbien im Lateinischen durch Präpositionalausdrücke oder durch den Abl. eines Subst. aus=gedrückt werden, z. B. Una voce (uno ore) dicere „einstimmig", populos vi (od. per vim) subigere „gewaltsam"; lege agere „gesetzlich"; iure in alqm. animadvertere „rechtmäßig"; ratione ac via procedere „planmäßig"; sine causa timere „grundlos"; suo arbitrio (od. ad suum arbitrium) agere „willkürlich, eigenmächtig handeln"; ex composito „verabredeter=maßen" u. ä. 2) Hannibalem *non fefellit* (*fugit*) consulem Romanum *calidius quam cautius* rem gesturum esse. 3) Pericli rem publicam Atheniensium *abstinentissime* se administrasse *vere* de se praedicare licuit. 4) *Fortissime* pugnare; *attentissime* legere; *benignissime* vituperare; *celerrime* progredi; *graviter ornateque* dicere. 5) *Litteris* (od. *per litteras*) certiorem aliquem facere. 6) Pilleum mihi *per occasionem* (= si occasio fuerit) mitte. 7) Litem *contra leges* decernere. 8) *Per vim et insidias* expilare. 9) *Superbe* respondere; *aspere* aliquem compellare. 10) *Laute* (*magnifice*) vivere; *familiariter* uti aliquo. 11) *Sollerter* indagare et *feliciter* invenire. 12) Poeni *superbe avareque* a Romanis sibi imperitatum esse credebant. 13) *Pueriliter* blandiri; *muliebriter* lacrimare; *amice* monere; sensa *apte* eloqui. 14) *Modice ac sapienter* agere; *constanter et sedate* dolorem ferre; morbum *toleranter et humane* pati; *moderate et tranquille* vituperare; *fuse lateque* exponere; *incorrupte atque integre* iudicare; pugnam *incaute atque inconsulte* inire. Cf. 551, 14 u. 485. 15) ***Ex memoria*** dicere, pronuntiare (Gegs. de scripto; dag. *memoriter* „mit gutem, treuem Gedächtnis");*memoriter* tenere, *memoriter* complecti (nicht memoriter scire). Aber „auswendig lernen" heißt ediscere oder memoriae mandare. 16) De Romanorum rebus gestis *contemptim* (cf. 463) loqui. 17) Aliquem *mordicus* (Ad. = morsu; cf. ὀδάξ) interficere; so auch *mordicus* alicui auriculam auferre „das Ohrläppchen ab=beißen". 18) *Per*noscere, *per*quirere, *con*cursare. Oft ist ein deutsches Adverbium in der Kraft des lateinischen Verbums und der Komposita desselben enthalten, z. B. Pervestigare „gründlich erforschen"; perpendere „genau erwägen"; perdomare „vollständig unter=

werfen"; cf. auch permunire, percoquere, percurare, pervelle „gern wollen"; pernegare „hartnäckig leugnen"; perpolire „gehörig ausarbeiten"; perscribere „ausführlich beschreiben"; perspicere „deutlich sehen"; persalutare „der Reihe nach begrüßen"; pervulgare „allgemein bekannt machen"; commeare „ein= und ausgehen"; militiam subterfugere „sich dem Kriegs=dienste unter der Hand entziehen"; edicere „öffentlich bekannt machen"; efflagitare „dringend verlangen"; exaudire „von weitem hören"; communire „stark befestigen"; decertare, depugnare „auf Leben und Tod kämpfen"; subsequi „unmittelbar folgen"; surripere „heimlich weg=nehmen"; se subducere „sich heimlich entfernen"; suspirare „tief atmen" etc. 19) Lacedaemonii et Athenienses, principes veteris Graeciae populi, ingenio moribusque *mirum quantum* (cf. 411, 4) inter se discrepuerunt. 20) *Benigne* (selten *bene*) *facere alicui* = beneficia conferre in aliquem od. beneficiis afficere aliquem (nicht alicui *bona* facere); *male alicui facere* = alicui iniuriam inferre. Beachte außerdem folgende Redensarten, in denen ein **Adverb**, nicht das Objekt eines substantivierten Neutrums steht: *bene (male) dicere alicui* „Gutes (Schlechtes) von jem. reden" (cf. 49, Anm. 3); *bene (male) existimare de aliquo*; *bene, recte sperare (de aliquo)* „Gutes hoffen (von jem.)"; *bene (male) precari alicui* (cf. 43, c.); *bene (benigne, liberaliter, large, prolixe* u. ä.) *promittere* od. *polliceri* „große (glänzende) Versprechungen machen". (*Largiter posse:* Caes. b. g. 1, 18, 6.) Cf. auch 475, 3.

Anm. Wenn die deutschen Ausdrücke **„im allgemeinen"** und **„im besonderen"** zu einem Subst. gehören, so werden sie durch die Adjektive *universus* (od. *omnis*) und *proprius* übersetzt (cf. 22, 6). Sonst sind sie durch die Adverbien *universe* — *proprie*, *generatim* — *singillatim*, *communiter* — *separatim* auszudrücken. (Bei Livius findet sich *in universum* — *nominatim*; unlateinisch ist in genere — in specie.)

489b. 1) In servitutem *ab*ducere. 2) Ad opus *ag*gredi. Rem in discrimen *ad*ducere. Ad genua alicuius *ad*volvi (od. *pro*volvi). 3) Omnes ad arma *con*currerunt. Omnes *con*clamaverunt. Omnes *con*surrexerunt. 4) Ad aras deorum *con*fugiamus. 5) Ex equo *des*cendere. De saxo in mare *de*silire. Coloniam in Asiam *de*ducere. Rem eo *de*ducere, ut. 6) Praesidia *dis*ponere. Milites in contionem *con*vocati postremo in tentoria *dis*cesserunt. 7) In terram *e*gredi. Exercitum ex castris *e*ducere. Patriā *ex*pellere. 8) Se in hostes *im*mittere. In urbem *in*gredi. 9) Arma humum *pro*icere. In publicum *prod*ire. Ad tantam superbiam *pro*gredi (od. *pro*cedere). 10) In sententia *per*manere. Minis *per*terrere. Domum *per*venire. 11) Pollices alicui *prae*cidere. 12) Memoria *re*tinere. Rationem ab aliquo *re*poscere. Nuntius (responsum) *ret*tulit. 13) Naves in aridum *sub*ducere. Ad moenia *suc*cedere.

Anm. Selten verlangt der lateinische Sprachgebrauch ein einfaches Verbum statt des deutschen zusammengesetzten. Merke: „ablegen" *ponere* (vestem, arma, vitia; ebenso librum ponere „weglegen"); dagegen übertragen *deponere* odium, luctum, maerorem, inimicitias, invidiam); — „es entgeht mir" *me fugit* (nicht effugit); — illa civitas (urbs, aetas) magnos viros *tulit* „hat hervorgebracht" (nicht *protulit*); ager fruges *fert* „bringt hervor"; — „Bedingungen anbieten" condiciones *ferre*; — „eine Flotte, ein Schiff ausrüsten" classem, navem *ornare* (nicht exornare); — „abhängen von" *pendere ex*; — jemandem applaudieren" *plausum dare, plaudere alicui*; — „(Gesandte) entsenden, abschicken" *mittere* (*di*mittere nur im Sinne von „nach verschiedenen Seiten hin senden"). Cf. auch 492, Anm.

490. Sehr oft übersetzt man ein bei einem Verbum stehendes hervorhebendes Adverbium durch zwei zusammengestellte synonyme Verba: **Hendiadyoin.** Cf. 551, 14. — 1) Pylades ad Orestem se applicaverat et adiunxerat. 2) Aerarium exhaustum consumptumque erat. 3) Priamus Achillem oravit atque obsecravit, ut Hectoris corpus sibi traderet. 4) Sophistae Socrati odiosi et invisi erant. 5) Aedui Caesarem imploraverunt atque oraverunt, ut sibi auxilium ferret. 6) Latrones me spoliaverunt atque denudaverunt. 7) Omnes ad

cognitionis cupiditatem ducimur et trahimur. 8) Carthaginienses contumeliosas pacis condiciones, quas Romani tulerant, repudiaverunt atque respuerunt. 9) Nostrum est omnes cupiditates coërcere atque reprimere. 10) Dolendum est, quod sunt, qui bestiis cruciandis et enecandis oblectentur. 11) Aliquid neglegere atque omittere; laedere ac violare; consentire et concordare cum aliquo; amplecti et colere; divellere ac distrahere; laborem profundere et perdere. 12) Socrates errorem fastumque sophistarum detexit atque coarguit. Cf. auch: mendacium refellere et redarguere „gründlich widerlegen", aliquid cupere et optare „herzlich nach etwas verlangen", supplicia metuere atque horrere „gewaltig fürchten", nomen delere ac tollere „bis auf die letzte Spur austilgen", disturbare et dissipare „gewaltsam auseinandersprengen", alicui rei providere ac consulere „angelegentlich für etwas sorgen", parere et oboedire „unbedingt gehorchen", subvenire et opitulari „hülfreich unterstützen", polluere ac violare „grenzenlos entweihen".

491. Sehr oft stehen im Lateinischen wie auch im Deutschen pronominale **Adverbia** (*ubi, unde, quo, eo, huc, eodem, inde, cum* etc.) statt eines Pronomens mit der Präposition, z. B. Rex Themistocli Lampsacum donavit, *unde* vinum sumeret, Myuntem, *ex qua* opsonium haberet. — 1) Quae urbs fuit, *unde* (= ex qua) Lucullus cerasum in Italiam attulit? 2) Aquilae nidos (in) iis fere locis ponunt, *quo* (= ad quae) nisi cum vitae periculo perveniri non potest. 3) Germani aciem (suam) raedis et carris circumdederunt mulieresque *eo* (= in eos) imposuerunt. 4) Praetor classi occurrit septemque *inde* (= ex ea) naves cepit. 5) Multi homines nobiles plebem *nusquam alio* (= ad nullam aliam rem) natam esse putant nisi ad serviendum. Cf. Liv. 7, 18, 7; 4, 54, 7. Cic. fin. 2, 27. 6) Consul, cum primum hostes conspecti sunt, exclamavit: *Illuc* (= in illos) irruamus! 7) Nusquam inveniebatur fons, *unde* (= ex quo) aqua hauriretur, nusquam vicus, *ubi* (= in quo) cibus emeretur. 8) Utinam illum diem videam, *cum* (= quo) libertas nobis restituatur! Cf. 123, Anm. 1.

Anm. Seltener stehen solche Adverbien in Beziehung auf Personen, z. B. Adsunt Athenienses, *unde* humanitas et leges ortae putantur (cf. Cic. Flacc. 62; Verr. 3, 35; de or. 1, 199). Apud Graecos *indeque* perlapsus ad nos Hercules habetur deus. Eum necavit, *unde* ipse natus erat (cf. Cic. Rosc. Am. 71). Diodorus apud omnes, *quo* se contulit, propter virtutem gratiosus fuit. Audistine de Carneade? rapior *illuc* „mich zieht's nach dieser Richtung hin". Tibi vita erepta est, *unde* minume decuit (Sall. Iug. 14, 22). Ille ipse, *unde* didici „mein Berichterstatter"; is, *unde* petitur „der Beklagte". So auch: *huc* = ad hos, z. B. Cic. Phil. 13, 3; Caes. b. c. 3, 4, 6; *ubi* = apud quem, in quibus, z. B. Cic. Verr. 4, 29; Quinct. 34; Sall. Cat. 20, 8; Liv. 30, 35, 9; *ibi* = in eo, z. B. Liv. 4, 13, 12.

492. **Iterum** bezeichnet immer nur die erste Wiederholung = „zum zweitenmal" im Gegensatze zu semel, primum, tertium etc., z. B. Marius *iterum* consul. **Denuo** (aus de-novo entstanden) „von neuem" bezeichnet, daß die Handlung das erste Mal ihre Wirkung verfehlt hat und also als nicht geschehen betrachtet wird. **De integro** (selten ab integro, unklassisch ex integro) „von frischem", d. h. mit ungeschwächter Kraft. **Rursus** od. **rursum** (aus re-versus, re-versum entstanden) allgemein „wieder" bezeichnet sowohl die erste als auch die zweite und jede folgende Wiederholung; außerdem hat es aber auch die Fähigkeit, im Sinne von „dagegen, umgekehrt, andrerseits" einen Gegensatz und eine Wechselbeziehung entweder im Subjekt, Objekt, Ort, Zeit, Art und Weise oder im Prädikat, Attribut oder in beiden Beziehungen zugleich zu bezeichnen. Demnach kann in Sätzen: „Was er heute lobt, tadelt und verwirft er morgen wieder"; „viele fleischfressende Tiere dienen wieder andern zur Nahrung"; „die Belagerten dachten bald an Übergabe der Stadt, bald wollten sie wieder lieber sterben als sich ergeben" — nur *rursus* zur Anwendung kommen. Dabei ist jedoch zu bemerken, daß, wenn das deutsche „wieder" ohne jeden Nachdruck bei einfacher Bezugnahme auf den voraus-

gegangenen Zustand steht, es unausgedrückt bleibt, z. B. „Nachdem die Flotte einen Tag im Hafen gelegen hatte, segelte sie wieder ab"; „er hatte das Amt noch kein Jahr bekleidet, als er wieder abgesetzt wurde"; „nach schwerer Krankheit bin ich jetzt endlich wieder gesund geworden" u. ä. Cf. auch 237. — „Wieder und wieder, immer wieder" *identidem, etiam atque etiam, iterum et (ac) saepius*, (poetisch iterum iterumque). *Semel atque iterum* „ein paarmal", *non semel* „mehr als einmal".

Anm. „Wiedersehen" nicht revidere, sondern *videre* (od. *revisere*); — „wiederkommen" *redire* od. *reverti* (*revenire* selten, bei Cicero nur in Verbindung mit domum); „wieder genesen" nicht reconvalescere, sondern *convalescere* (ex morbo).

493. **Cur „warum?"** fragt nach der Ursache, warum od. weshalb etwas geschieht, u. verlangt eine Antwort mit weil; dagegen fragt **quare „warum?"** nach der Absicht, weswegen etwas geschieht, u. verlangt eine Antwoet mit damit; **quid „was, wozu?"** (cf. 269, Anm.) fragt mit Überraschung und Verwunderung und infolge derselben den Angeredeten um Auskunft gleichsam bestürmend; *quamobrem* u. *quamobcausam* (unklassisch quapropter) fragen nach der bestimmten Ursache, die als Beweggrund dient. Alle diese Adverbien können ebensowohl in direkten als in indirekten Fragesätzen gebraucht werden. — Während **cur non** „warum nicht?" schlechtweg eine wirkliche (direkte oder indirekte) Frage bezeichnet, führen *quidni* und *quin* nur rhetorische (und zwar nur direkte) Fragen ein, auf welche man keine Antwort erwartet. **Quidni** (stets *c. coni.*) hat den Sinn einer bekräftigenden Aussage = „gewiß, doch wohl, natürlich" (z. B. Laudas hunc? *quidni* laud*em*? *Quidni* dole*am* „ich muß ja doch wohl trauern, wie sollte ich nicht trauern?" *Quidni* eius rei memin*erim* „wie sollte ich mich nicht daran erinnern?"). **Quin** (meist *c. indic.*, cf. jedoch 358) bezeichnet eine lebhafte Aufforderung (z. B. *Quin* conscendimus equos? = „so laßt uns doch zu Pferde steigen").

494. **„Wie"** in Fragen = „auf welche Weise" *quomodo* od. *quemadmodum*, auch *qui* (cf. 272); = „wie sehr" *quantopere* (selten *quam valde*) bei Verben, *quam* gewöhnlich nur bei Adjektiven oder Adverbien, (in Ausrufungen auch bei Verben).

Anm. 1. **Ut** „wie" kommt als eigentliches Fragewort klassisch (cf. jedoch Liv. 10, 18, 11) nur in indirekten Fragen vor (z. B. Non potes ostendere, *ut* illos convenire potuerit), besonders in Abhängigkeit von *videre* (cf. 403, Anm. 2) und andern Verbis sentiendi und declarandi, z. B. Credo te audisse, *ut* omnes me circumsteterint (Cic. Att. 1, 16, 4; Cluent. 67 u. 78 u. 36; Caes. b. g. 1, 43, 7; 46, 4; b. c. 2, 5, 3; 2, 32, 1). Häufiger steht es in Ausrufen, und zwar bald qualitativ = „auf welche Art und Weise", bald quantitativ = „wie sehr", z. B. Quod cum facis, *ut* ego tuum amorem desidero! *Ut* illi efferuntur laetitia, cum vicerunt! (Cic. Att. 3, 11, 2; 2, 21, 3; Mil. 64; fin. 5, 61). — Das „wie" bei Einschaltung von Zwischensätzen (*ut aiunt, ut dixi, ut ante dictum est, ut opinor, ut credo, ut solet* etc.) und bei Bezeichnung der Zeit im Sinne von „sobald als" (cf. 366) heißt stets *ut*. — Über *quam non, quam nihil* „wie wenig" cf. 480, 6.

Anm. 2. Bezeichnet das deutsche „wie" weder den Grad noch die Art und Weise einer Handlung, sondern schlechtweg die Handlung als solche (bei den Verbis sentiendi und declarandi), so muß es durch den **Acc. c. inf.** (resp. *Acc. c. partic.*) ausgedrückt werden. Beispiel: „Die Gallier sahen, wie ihre Äcker verwüstet und ihre Angehörigen in die Sklaverei geschleppt wurden". **Doch kommt bei Cic. Att. 1, 16, 4 usw. (vgl. Anm. 1) die Bedeutung des *ut*-Satzes der eines Acc. c. Inf. sehr nahe; die Konstruktion ist dort meist durch vorausgehende Fragesätze veranlaßt.**

495. 1) **Modo** „nur" beschränkt die Aussage schlechthin auf die Grenzen des in Rede stehenden Begriffs; es bezeichnet, daß der Redende die Wirklichkeit des Prädikats oder Attributs und nicht mehr für seinen Zweck voraussetze oder fordere; es steht hauptsächlich bei Aufforderungen und Wünschen, bei si, dum und sonst, wo Voraussetzungen gemacht werden, z. B. Audi *modo*; vide *modo*; veniat *modo*; demus *modo* operam. Quis hoc ignorat, qui *modo* unquam mediocriter istas res scire curaverit? — **Solum** „lediglich" (zu meiden solummodo) hebt einen Begriff oder Gegenstand aus der Menge der denkbaren Begriffe oder Gegenstände im Gegensatz gegen die andern hervor, z. B. Una de re *solum* est dissensio. Quasi vero atra bili *solum* mens ac non saepe vel iracundia vel timore vel dolore moveatur. — **Tantum** (verstärkt *tantummodo*) „bloß, keiner als, nichts als" setzt den geringeren Teil desselben Ganzen dem größeren oder überhaupt das Geringere dem Bedeutenderen entgegen; mit besonderer Vorliebe steht es bei Zahlen und Größenangaben, z. B. Nomen *tantum* virtutis usurpas: quid ipsa valeat, ignoras. Romanis fere par numerus fuit, equitum copiis

*tantum* superabant. Dixit *tantum*, nihil ostendit. — **Dumtaxat** (eig. wenn man die Sache genau abschätzt, genau nimmt) steht in der Bedeutung „höchstens nur, freilich nur" nicht in Bezug auf ganze Sätze, sondern nur bei einzelnen Begriffen, vorzugsweise bei Maß- und Zahlbestimmungen, z. B. Potestatem habere *dumtaxat* annuam. Nos animo *dumtaxat* vigemus, re familiari comminuti sumus. Peditatu *dumtaxat* procul ad speciem utitur. Valde me Athenae delectarunt, urbs *dumtaxat* et urbis ornamentum. — 2) **Saltem** „zum wenigsten, mindestens, jedenfalls doch" **mit Gemütsanteil (subjektiv, gegenüber dem objektiveren** ~~certe~~, **cf. 461), darum oft in Wünschen, Aufforderungen u. dgl.,**

z. B. Eripe mihi hunc dolorem aut minue *saltem*. Si alia membra vino madeant, cor sit *saltem* sobrium. Antehac sperare *saltem* licebat, nunc etiam id ereptum est.

Anm. Bei Zahlwörten heißt „mindestens, zum wenigsten" nicht saltem, sondern *minimum* (nicht ad minimum!), wie „höchstens" *summum* (nicht ad summum!), z. B. Duo aut *summum* tres dies; excepto uno aut *summum* altero; constat ex tribus *minimum* partibus. Cf. 46.

496. **Die Stellung von non nisi „nur" ist nach klassischem Gebrauche** (— Ausnahmen ganz vereinzelt, z. B. Cic. Verr. 1, 98 —) **die, daß** *non* **zum Verbum gezogen und** *nisi*, **von non getrennt, mit dem Worte verbunden wird, wozu das deutsche „nur" gehört,** z. B. Amicitia *nisi* inter bonos esse *non* potest. *Non* licuit de capite civis *nisi* comitiis iudicari. Hoc *non* contingit *nisi* eis, qui etiam contemnendos se arbitrantur. Orator *nisi* multitudine audiente eloquens esse *non* potest. Labienus iuravit se *nisi* victorem in castra *non* reversurum. — Statt des einfachen *non* können auch stärkere Negationen (*nemo*, *nihil*, *nunquam*, *nusquam* u. a.) gebraucht werden, z. B. Dicere bene *nemo* potest, *nisi* qui prudenter intellegit. Apollo Pythius oraculum edidit Spartam *nulla re nisi* avaritia perituram. Id *nunquam* usu venerat *nisi* Olympiae victoribus.

Anm. Wenn „nur, lediglich" zum Verbum gehört, wie in dem Satze „Viele Menschen schlafen und essen nur", so muß man, um *nisi* anwenden zu können, die Redensart **nihil aliud facere** (oder **agere**) zu Hülfe nehmen; also: „Viele Menschen thun nichts anderes, als (daß) sie schlafen und essen" multi homines *nihil aliud faciunt nisi* dormiunt et edunt. Cf. *Nihil aliud fecisti nisi* rem detulisti. Videtis *nihil aliud actum nisi* possessionem repetitam esse. Nuntiatum est *nihil aliud* tota urbe *agi nisi* bellum apparari. Gabinius nihil aliud egit nisi *ut* urbes depopul*aretur* (Cic. in Pis. c. 17; fam. 9, 24; Att. 9, 5, 3). Livius und Spätere lassen jedoch in diesem Falle das Verbum *facere* (oder *agere*) meist weg und gebrauchen meist *quam* statt *nisi*, z. B. *Nihil aliud quam* legem abrogandam censent. Per biduum *nihil aliud quam* steterunt parati ad pugnandum. Tissaphernes *nihil aliud quam* bellum comparavit. (Liv. 2, 29, 4; 4, 3, 3; 22, 60, 7; 31, 13, 4.) Bei Cicero findet sich dies elliptische *nihil aliud nisi* nur vereinzelt (z. B. Arch. 8; Sest. 14); denn Stellen wie: Nihil aliud nisi de hoste cogitat (Pomp. 64) sind, da ein unmittelbarer Zusammenhang mit dem folgenden Verbum stattfindet, durch Annahme des Wechsels der Konstruktion zu erklären (cf. Cat. 1, 17; Sull. 65; Phil. 4, 4; 10, 8).

1) Oppidum Alesia in summo colle erat, ut nisi obsidione expugnari non posse videretur. 2) Proxenus ut honores facultatesque appetebat, ita possidere nolebat nisi honeste parta. 3) Caesar legatis civitatum, quae nihil nisi communi consilio acturas se esse inter se coniuraverant, deditionis nullam esse condicionem respondit nisi armis traditis. 4) Si quis forte Cleonem putet nullius rei nisi honoris cupidum fuisse, erret; nam et Thucydides et Plutarchus eum rem publicam quaestui habuisse auctores sunt. 5) Hannibal, cum post proelium Cannense ingentem vim anulorum aureorum Carthaginem mitteret, epistula ad senatum data adiecit verbis neminem nisi equites Romanos atque eorum ipsorum primores id gerere insigne. 6) T. Pomponius honoribus fungi nolebat, quos moribus civitatis corruptis non aliter nisi largiendo legibusque neglegendis gerere se posse crederet (cf. 373).

497. Diese Adverbien bleiben in den vorgelegten Sätzen unübersetzt, da sich ihr Begriff aus der Bedeutung des zugehörigen Wortes oder aus dem Zusammenhange der Rede oder aus der

Wortstellung von selbst ergiebt. Namentlich hüte man sich, das **„nur"** bei Zahlwörtern und solchen Adjektiven, die einen Tadel oder eine Beschränkung enthalten, durch modo, solum oder tantum zu übersetzen. Merke: *unus* „nur einer", *semel* „nur einmal", *pauci* „nur wenige", *mediocris* „nur mäßig", *paullum* „nur wenig", *raro* „nur selten", *aegre* „nur mit Mühe", *breviter* „nur kurz", *exiguus* „nur gering", *parvus* „nur unbedeutend", *leve* proelium „ein nur unbedeutendes Treffen", *angusti* fines „ein nur kleines Gebiet", *invitus* „nur ungern". Cf. auch 241 u. 339, Anm. 5. Oft liegt das „nur" lediglich im Gegensatze, z. B. Gemebant Syracusani, sed tamen patiebantur „sie seufzten nur, ließen es aber geduldig geschehen". Diesem „nur" steht **„erst"** sehr nahe bei Zeitbestimmungen oder Gegensätzen, wie *paucis ante diebus* „erst vor wenigen Tagen", *nuper* „erst neulich", *hodie* „erst heute"; purgavit se, quod *id temporis* venisset „erst in dieser Zeit"; incohata vestra gloria est, nondum perfecta „ist erst im Entstehen" (cf. 481, Anm.). — Ferner fällt das unbetonte **„noch"** (besonders bei Zeitbestimmungen) weg (cf. 477): *hodie* „noch heute", *nunquam* „noch niemals", *nunc* „noch jetzt", *iterum* „noch einmal", de ceteris *saepe* dicemus „noch oft", *insuper* „noch obendrein", *ante lucem* „noch vor Tagesanbruch", *eodem anno* „noch in demselben Jahre", *diu* „noch lange", *puer* „noch ein Knabe", *antequam* oder *priusquam* „bevor noch", *vivere* „noch am Leben sein", *restat* „es bleibt noch übrig", *relinquebatur* una via „es blieb (nur) noch ein Weg übrig", *addere, adiungere* „noch hinzufügen" u. s. w. — 1) Hannibal cum *paucis* equitibus caedem apud Zamam effugit. 2) *Raro* fit, ut omnis lacus Brigantinus glacie obducatur. 3) Cicero egregius orator idemque *mediocris* poeta fuit. 4) Hoc *ex parte* mihi videtur verum esse. 5) Iis, quae *supra* dixi, unum addam. 6) *Est*, ut dicis. Adventu hostium Hannibali nihil exoptatius erat; nam pridem omnia ita instituerat, ut, *quod accidit*, omnia conspirarent ad exercitum Romanum delendum. Druso usque ad Albim progresso mulier quaedam fatidica augurata esse fertur mortem, *quae brevi* consecuta est. Das deutsche **„wirklich"** bleibt unübersetzt, wenn es lediglich zur stärkeren Betonung einer Wirklichkeit dient. Dies ist besonders der Fall: a) wenn der Gegensatz zwischen dem Wunsche, der Erwartung, dem Versuche und dem thatsächlichen Eintritte einer Sache nebeneinander gestellt wird, z. B. Athenis exspectabam epistulam tuam, quae brevi reddita mihi est; b) nach *ut* und *sicut* bei Bestätigung einer Thatsache, z. B. Incumbite in causam, Quirites, *ut facitis*. Tu istam imbecillitatem valetudinis sustenta, *sicut facis*. Suavis, *sicut fuit* („wie er wirklich war"), videri maluit quam gravis. Am häufigsten geschieht dies nach konzessiven und bedingenden Sätzen, z. B. Quamvis ille doctus sit, *ut est*. Sit ea res magna, *ut est*. Si virtus digna est gloriatione, *sicut est*. Ferner sind im Deutschen sehr oft **„auch, denn auch, denn auch wirklich"** bloße Flickwörter, wenn nämlich ausgesagt wird, daß eine gewünschte oder in Aussicht stehende Sache wirklich in Erfüllung geht. Vergl. die Sätze: „Ich rief den Hund, und er kam denn auch (wirklich)", „Ich erinnerte ihn an sein Versprechen, worauf er mir denn auch (wirklich) half", „Die Feinde baten um Frieden, welcher ihnen denn auch gewährt wurde". — 7) Si mentiris, *ut facis*, cogitato te ipsum dignitatem tuam dedecorare. Etsi dives sum, *sicut sum*, tamen vita mea voluptatis expers est. 8) Bestiolae quaedam *unum* diem vivere dicuntur et *eas esse* auctoritate physicorum confirmatur. 9) Cato, cum *senex* esset, linguam Graecam discere coepit. Sunt, qui potiores velint videri *quam sunt* et maiora semper appetant. 10) Quamvis multis locis Epicurus de dolore fortiter tolerando satis graviter dicat, *sicut* dicit, tamen quidquid disputat a reliqua eius ratione praeceptisque abhorret. 11) Ii Helvetiorum, qui flumen *transierant*, suis, cum in altera ripa *essent*, auxilium ferre non potuerunt. 12) Atticum Cornelius Nepos beneficiorum, quae tribuisset, *tam diu* memorem fuisse refert, quoad ille, qui acceperat, gratus esset. 13) A Xerxe fauces illas, per quas iugum Athonis cum continenti cohaeret, *perfossas esse* homines docti nostrae memoriae confirmaverunt. 14) Leonnatus Eumenem interficere conatus est *et fecisset*, nisi ille clam noctu effugisset. 15) Pater meus iam pridem mortuus est; si *viveret*, verba eius audiretis. 16) Antiochus, si tam in gerendo cum Romanis bello parere voluisset Hannibalis consiliis, quam in suscipiendo *constituerat*, propius Tiberim quam Thermopylas de summa imperii dimicasset. 17) Senectus *ita* honesta est, si suam ipsa dignitatem defendit. Cf. 339, Anm. 5.

Anm. 1. Die wenigen Beispiele, in denen bei Klassikern zu unus oder pauci ein *modo* (od. *tantum, solum*) gefügt ist (z. B. Cic. or. 28 u. 180; legg. 1, 53; Ac. 2, 101; Phil. 1, 14; Caes. b. g. 5, 41, 7; b. c. 3, 19, 1; Liv. 6, 16, 5; 21, 50, 6; 34, 9, 5), oder Sätze wie: Si modo dii sunt, ut *profecto* sunt; ut iam omnes insipientes sint miseri, quod *profecto* sunt; sit Ennius sane, ut est *certe*, perfectior, berechtigen nicht ohne weiteres zu einer Nachahmung. — Im allgemeinen hüte man sich vor dem Gebrauche von *re, revera, re ipsa* (und *reapse* familiär = re ipsa), die nicht einfach für das deutsche „**wirklich**" zur stärkeren Hervorhebung des Faktischen dienen, sondern nur dann stehen, wenn sie im Gegensatz zu „den Worten, dem Vorgeblichen, dem Scheine" die Bedeutung „in Wahrheit, in Wirklichkeit" haben, z. B. Specie urbs libera est, *revera* omnia ad nutum Romanorum fiunt. Verbo socii sumus, *revera* subiecti imperio. Sapientia non modo *re* est antiqua, verum etiam nomine. Specie illud quidem blandum est, sed *re ipsa* multis locis repudiandum. Cf. auch 506, 3. — Hat das zeitliche „**schon**" (cf. 254) die volle Bedeutung von „bereits", so heißt es *iam;* aber sehr oft hat es geringe Betonung und könnte auch im Deutschen ohne Schaden wegfallen; so a) *saepe* „schon oft", *diu* „schon lange", *multi* „schon viele", *ante* „schon früher", *ante* (od. *supra*) diximus „wir haben schon oben gesagt" (cf. 224), *mature* „schon frühzeitig", *semper* „schon immer, schon von jeher" u. a.; doch sagt man stets *iam inde a* (selten *iam a*) „schon von ... an, schon seit"; b) im Gegensatz, z. B. Qui mortui sunt et ei, quibus moriendum est „die schon gestorben sind und die noch sterben müssen"; et praeteritorum recordatio est acerba et acerbior expectatio reliquorum „die Erinnerung an die Vergangenheit ist schon bitter und noch bitterer die Erwartung der Dinge, die noch kommen sollen"; hoc multis locis et dixi et dicam; c) bei drohender oder tröstender Hinweisung auf die Zukunft in Ausdrücken wie: „Die Sache wird sich schon ändern", „Sie werden ihre Strafe schon finden", „Du wirst deine Schuld schon büßen"; d) in den Verbindungen „wie schon — so noch (mehr, größer &c.)" *ut* — *ita* (*magis, maior* etc.); „schon — vollends aber", „wenn schon — so noch mehr" u. ä., cf. 383 Anm.

Anm. 2. Auch das deutsche Adverb „**leider**" bleibt unübersetzt, wo es ohne besondern Nachdruck steht und der Gedanke an und für sich den Ausdruck des Bedauerns einschließt, z. B. Pater eius mature decessit „starb leider früh"; rem publicam penitus amisimus „die Verfassung haben wir leider gänzlich verloren". Die Ausdrücke *dolendum est, conquerendum est, quod indignissimum est, quod mihi molestissimum est, quod paeniteat, cum magno meo* (oder *omnium*) *dolore, nollem, nescio quo pacto* (cf. 411, 4) u. ä. sind für gewöhnlich zu stark und würden die Rede meist überlasten. Die alleinstehende Interjektion *pro* entspricht unserm mit Affekt gesprochenen „ach leider!" (Liv. 22, 14, 6).

**498.** 1) Haec (od. quae) dum geruntur (aguntur, fiunt), cum haec gererentur. 2) Quo facto, his rebus gestis, his rebus confectis, quibus rebus peractis, haec ubi facta sunt, quo audito, quae cum ille dixisset, his rebus cognitis, quibus rebus constitutis etc. 3) Quae cum ita sint bezw. essent, fuerint etc. oder (besonders in philosophischer Demonstration) quod cum ita sit. 4) Restat, reliquum est, ut. 5) Quod nisi ita est (esset), quod nisi ita se haberet, quod nisi ita factum erit (cf. 478). 6) Unde efficitur, ut; ex quo fit, ut. Cf. 339, Anm. 4; 527. 7) Quo fit, ut; unde factum est, ut; quae si ita sunt. 8) Quid quod; accedit, quod oder ut (cf. 510, Anm.).

## K. Beiordnende Konjunktionen.

499. Et, die allgemeinste Kopulativkonjunktion, verbindet rein äußerlich solche Begriffe und Gedanken, die an und für sich ohne nähere Beziehung zu einander stehen und nur für den Zweck der Darstellung mit einander in Verbindung gebracht werden, z. B. Leo *et* asinus venatum ierunt. Valetudo efficit, ut dolore careamus *et* muneribus corporis fungamur. Castici pater regnum in Sequanis multos annos obtinuerat *et* a senatu amicus appellatus erat. — **Atque**, aus adque entstanden (— *ac* steht nur vor Konsonanten, jedoch selten vor c, g und q, nie vor h —), drückt eine innige und wesentliche, nicht bloß äußerliche und zufällige Verbindung von Begriffen und Gedanken aus und steht hauptsächlich: a) zur nachdrucksvollen Anknüpfung des Gewichtigeren = „und sogar, und auch, und noch dazu", z. B. Rem difficilem *atque* omnium difficillimam; pauci *atque* admodum pauci; res tanta *ac* tam atrox; castra Carthaginiensium in Italia *ac* prope in conspectu urbis erant; Romani in agris nostris considere *ac* nobis aeternam iniungere servitutem volunt; b) zur Verbindung synonymer oder entgegengesetzter Begriffe (bes. auch allitterierender Wörter), z. B. Orare *atque* obsecrare; pestis *atque* exitium, pestis *ac* pernicies; appetere *atque* deposcere; detestor *ac* deprecor; perfectus *atque* absolutus; huc *atque* illuc; honesta *atque* inhonesta. — **Que** giebt an, daß die verbundenen Begriffe oder Gedanken ein zusammengehöriges Ganze bilden, z. B. Senatus populus*que* Romanus, dies noctes*que*, terra mari*que*, pro aris focis*que* dimicare, longe late*que*, res divinae humanae*que*, und zwar meist so, daß der zweite als eine Ergänzung oder Erweiterung oder Erklärung des ersten steht, z. B. Parentes liberi*que* „die Eltern mit ihren Kindern"; cives se sua*que* tradiderunt „übergaben sich mit ihrer Habe". Mutina praesidium*que* in periculo erat. Orgetorix Dumnorigi, ut idem conaretur, persuadet ei*que* filiam in matrimonium dat („und deshalb"). Daher hat *que* abschließende (kompletierende) Bedeutung (cf. 510, Anm. a. E.).

Anm. 1. Übrigens leuchtet von selbst ein, daß es, abgesehen von einzelnen feststehenden Ausdrücken, oftmals von der subjektiven Ansicht des Redenden oder vom Wohlklange abhängt, welche von diesen drei Konjunktionen die passendste sei. Genau beobachtet ist der Unterschied derselben z. B. Caes. b. g. 7, 56, 2: Infamia *atque* indignitas rei *et* oppositus mons Cevenna viarum*que* difficultas impediebat. Aber es giebt auch viele Verbindungen, bei denen in willkürlichster Weise ein Wechsel dieser Partikeln stattfindet. So sagt z. B. Cäsar iter difficile *et* angustum, iter difficile atque angustum, iter difficile angustum*que*; und Cicero socius atque amicus, socius amicusque, amicus et socius.

Anm. 2. Zwei koordinierte *Verba finita* treten gern mit **que** verbunden nebeneinander, wenn von dem zweiten derselben noch ein Satz abhängt, z. B. Aristides in contionem venit *dixitque* perutile esse consilium. Ordinem servandum putamus *cavemusque*, ne quid indecore faciamus. Principes civitatum ad Caesarem reverterunt *petieruntque*, ut sibi secreto cum eo agere liceret. — An den *Inf. praes. act.* wird *que* fast nie gehängt; (vereinzelte Ausnahmen freilich auch b. Cicero); häufiger tritt es an den *Inf. praes. pass.* (z. B. Caes. b. c. 1, 19, 2; Cic. Verr. 1, 21; 131; 167; 4, 107 u. öfter).

500. In klassischer Prosa dient **nec non** (od. **neque non**) niemals für das einfache *et* zur Verbindung zweier einzelnen Begriffe, sondern nur bei Verbindung von Sätzen im Sinne von „und gewiß (auch), und jedenfalls, und in der That" zur nachdrücklichen Hervorhebung, wenn ein neues Verb folgt. Regelmäßig ist in diesem Falle das *nec* von *non* getrennt, z. B. Rem tibi diligenter exposui, *neque* tu haec *non* intellexisti. (Ausnahmen nur, wo neque — neque sich entsprechen, z. B. Cic. Fin. 2, 15; Fam. 3, 12, 2.) — Besonders häufig sind die Verbindungen *neque enim non* „denn wirklich, denn jedenfalls", *nec vero non* „und wirklich, und gewiß", *nec tamen non* „dennoch aber", z. B. *Nec enim* is, qui in te adhuc iniustior fuit, *non* magna signa dedit animi erga te mitigati. Nemo Attico minus fuit aedificator, *neque tamen non* imprimis bene habitavit. Sidera ipsa sua sponte moventur, *neque*

*vero* Aristoteles *non* laudandus est in eo, quod omnia, quae moventur, aut natura moveri censuit aut vi aut voluntate.

501. In **Aufzählungen** stehen **drei** oder **mehr** Glieder (einzelne Begriffe oder ganze Sätze) entweder alle mit einander durch *et* verbunden (**Polysyndeton**) oder alle unverbunden neben einander (**Asyndeton**), oder nur das letzte wird mit *que* angefügt, z. B. Amicitiam summa fide, constantia, iustitia servavit oder summa *et* fide *et* constantia *et* iustitia. Phryges *et* Pisidae *et* Cilices *et* Arabum natio avium significationibus plurimum obtemperant. At sunt morosi *et* anxii *et* iracundi *et* difficiles senes. Qualis apud Graecos Pherecydes, Hellanicus, Acusilas fuit, talis noster Cato *et* Pictor *et* Piso. Haec res vobis pacem, tranquillitatem, otium concordiam*que* afferat. Sapienter, honeste iuste*que* vivere. **Nur vor- u. nachklass. wird nach Asyndeton das letzte Glied durch** ac, atque, **noch seltener durch** et **angeknüpft** (cf. Anm.).

Anm. 1. Wenn am Schlusse einer asyndetischen Aufzählung zusammenfassende Ausdrücke wie *alii, ceteri, reliqui, alii plures, ceteri omnes, alia multa* etc. stehen, so werden diese entweder ebenfalls asyndetisch oder mit *que*, selten mit et angefügt, z. B. Honores, divitiae, voluptates, *cetera* eiusdem generis. Constantia, gravitas, fortitudo *reliquaeque* virtutes. Multa bella gesta cum regibus Philippo, Antiocho, Aristonico, Mithridate *et ceteris*.

Anm. 2. Wenn Cicero nach vorausgehender asyndetischer Aufzählung zum **letzten** Gliede *et* setzt, so erhält dies **stets** dadurch eine spezielle Bedeutung (z. B. Folge, Resultat) und ist also von nicht gleicher Geltung, z. B. Poetae audiuntur, leguntur, ediscuntur *et* inhaerescunt in mentibus (Tusc. 3, 3). — Wenn zwischen den beiden letzten Wörtern der Aufzählung eine nähere Begriffsverwandtschaft besteht, so daß sie nur **einen** Begriff bilden, so werden sie durch *ac, atque* verbunden: Honor, gloria, divitiae, cultus *atque* vestitus corporis multos delectant. Verres Siciliam vastavit, vexavit *ac* perdidit (**selten so** *et*).

502. Im allgemeinen steht **et** bei den besten Schriftstellern selten, bei Livius und Spätern häufig für **etiam**, namentlich in einzelnen **Ausdrücken** (wie *et ille, et hic, et nunc, simul et, quin et, nam et, at et, ergo et, itaque et, et iste, et ipse, sic et, et alii multi*) und wird am besten ganz vermieden. — Bei Cicero steht *et* für *etiam* gern bei unmittelbarer **Verbindung** mit einer Adversativpartikel (*sed et, verum et, at et*), auch mit *nam* und *simul*. **Häufig aber** ist et in der Mitte des Satzes sogen. *Particula pendens*, d. h. es findet ein **Anakoluth** statt, indem später kein korrespondierendes *et* mehr folgt (cf. 546, 4 g. E.).

Anm. Analog steht *nec* im Sinne von „**auch nicht**“ oder eines schwächeren *ne—quidem* vielleicht sogar an einigen ciceronianischen Stellen (Cic. Top. 4, 23; fam. 1, 8, 3; Att. 2, 1, 5; Acad. 1, 7); jedenfalls bei Livius (z. B. 5, 33, 11; 30, 15, 7; 31, 22, 7; 23, 18, 4) und Späteren. Cf. auch 512, Anm. 4.

503. 1) Wenn zwei zu einem Substantiv gehörige Adjektiva einander **beigeordnet** sind (d. h. in einer völlig gleichen Beziehung zu dem Substantiv stehen und durch „**und**“ mit einander verbunden werden **können**), so müssen sie im Lateinischen durch **et** (*ac, que*) verbunden sein, während sie im Deutschen oft asyndetisch stehen: also: Quercus vetus *et* sacra. Bellum diuturnum *atque* perniciosum. Domus ampla *et* magnifica.

2) Wenn aber das zweite Adjektiv **eingeordnet** ist (d. h. mit dem Substantiv einen Gesamtbegriff bildet, zu welchem das erste Adjektiv als Attribut gehört), so darf **kein et** stehen; also: Vehementes dissensiones civiles. Excellens vinum rubrum („Rotwein“). Multae liberae civitates „viele Freistädte“, multi clari viri „viele Männer von Adel“. Recentes fici Syriaci („Feigen aus Syrien“). Nonnullae naves longae „einige Kriegsschiffe“; proelium equestre adversum „ein unglückliches Reitergefecht“; columna aurea solida „eine massive Goldsäule“; festi dies anniversarii „jährliche Festtage“; maximae finitimae gentes „die größten Nachbarvölker“; magna itinera nocturna „forcierte Nachtmärsche“; privata navis oneraria maxima. Bezüglich der Wortstellung ist zu beachten, daß das dem Subst. eingeordnete Adj. diesem am nächsten (vorangehend oder nachfolgend) steht; die anderen gehen der so gebildeten Verbindung voran oder folgen ihr nach. Cf. 537, 1.

3) Die Namen zweier **Konsuln** oder **Amtsgenossen** stehen gewöhnlich **asyndetisch**, wenn von jedem alle **drei** oder doch **zwei** Namen angegeben sind, werden aber mit *et* oder *que* verbunden, wenn nur der **Familienname** angeführt ist: also: Cn. Pompeio M. Crasso

consulibus. Pompeio *et* Crasso consulibus. Cf. auch: Praetores facti Q. Minucius Rufus L. Furius Purpurio. Ausnahmen nicht häufig, z. B. Caes. b. g. 1, 2, 1. Cic. Br. 72. Sall. Cat. 17, 1; 38, 1. Liv. 31, 4, 5 u. 7.

4) Wenn eine Aufzählung aus paarweisen Gegensätzen besteht, so werden diese unverbunden paarweise zusammengestellt (**paarweises Asyndeton**): Democritus luminibus amissis *alba et atra* discernere non poterat, at vero *bona mala, aequa iniqua, honesta turpia, magna parva* poterat. Sensus indicant *dulce amarum, lene asperum, rotundum quadratum.* Omnes te, Antoni, oderunt, *dii homines, summi infimi, senes pueri, cives peregrini, viri mulieres, liberi servi.* Omnibus moriendum est, *divitibus pauperibus, summis infimis.* (Seltene Ausnahmen, z. B. in publicis privatis*que*, forensibus domesticis*que* rebus, Cic. leg. agr. 2, 64. Vacuus ab odio amicitia, ira *atque* misericordia, Sall. Cat. 51, 1. Liv. 9, 14, 11. Sall. Cat. 6, 1. Cic. Lael. 84.) — Merke auch folgende Verbindungen von unmitttelbaren Gegensätzen: *maxima minima* „das Größte wie das Kleinste"; *prima postrema* „das Erste wie das Letzte"; *publica privata*; *bonus ignavus*; *rustica urbana*; *honesta turpia*; *spes metus*; *minis blandimentis* non corruptus; *sacra profana*; *dextra sinistra* „zur Rechten wie zur Linken"; *viri mulieres; comminus eminus*; *palam secreto*; *aperte tecte; ire redire; dare accipere*; *vendere emere; ultro citro* „hinüber und herüber"; *sursum deorsum*; *bona mala* tolerare cum aliquo „Glück und Unglück mit jem. teilen". (Selten werden bei derartigen Gegensätzen auch die disjunktiven Konjunktionen weggelassen, z. B. *Velit nolit*, scire difficile est. Cic. Q. fr. 3, 8, 4; Ac. 2, 92; *velim nolim* nat. d. 1, 17 [unlat. *nolens volens*]. *Serius ocius* „früher oder später").

Anm. 1. Sonst finden sich **zwei** Begriffe asyndetisch nur: a) in solennen Formeln und sprichwörtlichen Redensarten, in welchen zwei Begriffe einheitlich zusammengefaßt werden sollen, z. B. *Iuppiter Optimus Maximus, volens propitius* „gnädig und hold", *aequi boni* aliquid facere (cf. 88, Anm. 2). *agere rapere* „rauben, plündern", *usus fructus* „Nutznießung", *velitis iubeatis*, Quirites (im Anfange eines Gesetzantrages), *omnibus opibus viribus, equis viris* „mit aller Macht", *forte temere*, in patriam properare *ventis remis* „mit vollen Segeln" (= velis remisque); — b) in lebhaft bewegter Rede, um entweder den raschen Verlauf, die Eile oder energische Thatkraft gleichsam zu malen, z. B. Tum *capi, occidi* Samnis. Iam coepit *festinare, deposcere* pretium. Imperatores, ut fluctuantia viderunt signa, *hortantur, orant* milites. Iuvenes corpora oleo *perunxerunt, ad iugum accesserunt*; — c) um anzudeuten, daß man außer den zwei Begriffen noch andere anführen könnte, z. B. *Poema, orationem* aut scribo aut lego. Homini *gratissimo, iucundissimo* libenter benigne fecimus. Votiva legatio prope omnium *fanorum, lucorum* (wozu also noch andere heilige Stätten angeführt werden konnten); — d) in der Steigerung des Ausdrucks, indem zwei sinnverwandte Begriffe nebeneinander gestellt werden, z. B. *Poenas, ignominias omnes* nos patimur. *Res, pericula* magis quam oratio hortantur. *Inimicus, hostis* esset. Aderant *amici, propinqui.* Avaritia semper *infinita, insatiabilis* est. Mit besonderer Kraft wirkt die Zweigliedrigkeit der Verba am Ende oder zu Anfang des Satzes: A populo Rom. *contemnimur, despicimur.* Tu indicio lecto *quievisti, tacuisti. Adsunt, queruntur* universi Siculi. *Fastidiunt, oderunt* rhetorum commentarios. Cf. 551, 1.

5) Wenn auf die deutschen Adjektiva „viele, (so viele), wenige, manche" noch ein anderes Adjektiv unmittelbar folgt, so ist zu untersuchen, ob beide Adjektiva beigeordnet sind (cf. 503, 1), oder ob das Verhältnis der Einordnung stattfindet (503, 2); im ersten Falle sind die Adjektiva durch *et* (od. *que*) zu verbinden. Cf. Versantur in animo meo multae *et* magnae cogitationes; plurima *et* flagitiosissima facinora fecerunt; multi *et* graves dolores; dagegen multae liberae civitates „viele Freistädte", multi docti homines „viele Gelehrte"; multi honestissimi viri „viele Männer vom höchsten Adel"; multa secunda proelia „viele Siege"; multi fortes viri „viele Helden". — In commentatione tua multa *et* gravia menda insunt (**denn es ist ebenso wichtig, daß die Fehler in großer Zahl sich finden, als daß sie schlimm sind**). In bellis Persicis Graeci multis splendidis*que* victoriis nobilitati sunt. In hac classe multi pigri discipuli sunt („viele Faullenzer"). Caesar multis *et* magnis rebus in Italiam revocatus est. Caesar multis *et* gravibus vulneribus

percussus concidit. Puer in frigore paucis *et* tenuibus vestimentis indutus erat. Per hunc montem unus *et* difficilis callis fert. So auch; tot tanti*que* casus „so viele große Unfälle", tot *et* tam potentes populi, quot *et* quantae calamitates „wie viele große Unfälle".

Anm. 2. *Et* kann hinter multi ausfallen, wenn multi von dem zweiten Adjektive durch das zwischengestellte Substantiv getrennt wird, z. B. Multa bella gravia; multa signa pulcherrima. Fast stets fehlt es bei Superlativen: multi clarissimi viri.

6) In Sätzen wie: „Lies dies Buch, und du wirst finden", in welchen ein imperativischer Satz die Stelle eines hypothetischen Vordersatzes vertritt = „wenn du dies Buch liest, wirst du finden" schiebt man klassisch **kein et** ein, sondern sagt: Lege hunc librum: intelleges. Sequere praecepta medici: brevi convalesces = si praecepta m. sequeris, br. convalesces. In hostes fortiter invadite: victoria nostra erit. Promissi eum admone: statim tibi obsequetur. Cf. Recordare de ceteris: intelleges iudicium meum et horum par atque unum fuisse. Tolle hanc opinionem: luctum sustuleris. Subduc cibum unum diem athletae: ferre se non posse clamabit. Zur Verschärfung des zweiten Satzes tritt zuweilen ein *iam*, seltener *tum* ein, z. B. Recognosce mecum noctem illam superiorem: *iam* („und sofort") intelleges multo me vigilare acrius ad salutem quam te ad perniciem rei publicae. (Statt des Imperativs steht bisweilen der Konj., z. B. Cic. Tusc. 1, 51; fam. 10, 10, 2.)

Anm. 3. Ganz andrer Art sind Sätze wie: „Sieh zu und zweifle (dann noch), wenn du kannst", „Prüfe deine Worte und wage (dann noch) zu leugnen"; hier ist „und dann, und dann noch" durch *et* zu übersetzen: Vide *et* dubita, si potes; Recognosce verba tua *et* aude negare.

7) *Iuppiter Optimus Maximus.* Cf. Anm. 1 und 540.

8) Nulla bestia fidelior *aut* magis docilis est cane. Animalibus rationis participibus nulla cognitio honestior *aut* magis necessaria est quam cognitio dei. In negativen Sätzen setzt **aut** (oder ve oder, falls eine bestimmte Negation wie non, nemo, nullus u. ä. vorhergeht, auch **neque**) die Verneinung fort, wo wir im Deutschen „und" gebrauchen. Cf. auch: Minime leges nostras mores*ve* novit. Nihil est maius *aut* difficilius quam severitatem cum misericordia coniungere. Romani non mari venturum *aut* ea parte belli dimicaturum hostem credebant. Se natura loci ac vallo, non virtute *aut* armis tutabantur. Nemo tribunos *aut* plebem timebat. Nusquam trepide *neque* („und") effuse cesserunt. Ebenso steht *aut* auch in rhetorischen und indirekten Fragen mit negativem Sinne, z. B. Quis ignorat, quid Aeschylus *aut* („und") quid Plato de ea re senserit? Quid potest esse tam pestiferum *aut* detestabile? Ratio iniri vix poterat, quo primum curreretur *aut* cui rei ferretur auxilium. Vergl. auch 342, Anm. 4. Jedoch findet sich nach einer Negation auch *et* (*ac, que*), wenn nämlich zwei Begriffe zu einem Ganzen verbunden oder der zweite Begriff nur als Ergänzung zu dem ersten hinzugefügt wird, z. B. Nihil minas opprobria*que* tua timeo. Non tantum maerorem *ac* luctum senatui mors Clodii attulit, ut nova quaestio institueretur. Nunquam exercitus neque minor numero neque clarior fama *et* admiratione hominum per urbem incessit. Nolite stultitia *ac* temeritate vestra omnem Galliam prosternere *et* perpetuae servituti subicere. Cf. auch 520.

9) Wenn zu einer durch ein attributives Adjektiv angegebenen Eigenschaft eine zweite mittelst eines Relativsatzes kommt, so wird, wenn beide Eigenschaften nebeneinander zu denken sind, mit **et qui** fortgefahren (und zwar in der Regel mit dem Konj., da es sich gewöhnlich um ein Verhältnis handelt, das als konsekutiv — *eiusmodi, qui* — aufgefaßt werden kann, cf. 398 b). C. Marius ortus parentibus obscuris *et qui* victum manibus quae*rerent*, adulescentiam egit in vico quodam agri Arpinatis. Herodotus auctor est fide dignus *et qui* nunquam sane sciens falsa prodere vol*uerit*. Scientia rerum occultarum *et quae* ab intellegentia sensuque imperitorum disiunctae *essent*, ad paucos semper pertinuit. Cf. L. Pinarius erat vir acer *et qui* plus in eo, ne posset decipi, quam in fide Siculorum repon*eret*. Oratorem perfectum *et cui* nihil admodum de*sit*, Demosthenem

facile dixeris. Viel seltener steht der Indik., wenn die Eigenschaft schlechthin als thatsächlich vorliegend gelten soll, z. B. Egnatium tibi commendo, hominem non indoctum *et qui* me praeter ceteros col*it*. — Ebenso **sed qui** m. Konj., vgl. 258, 4.

504. Weil in dem ersten Beispiele die beiden **Relativsätze** einander **beigeordnet** sind, d. h. zu ihrem Bestimmungsworte Oppius in demselben Verhältnisse stehen und in gleicher Weise ein neues Attribut beibringen. Dagegen stehen in dem zweiten Beispiele die beiden Relativsätze in einem ganz ungleichen Verhältnisse zu ihrem Bestimmungsworte Germani; denn der erste Relativsatz qui trans Rhenum incolunt bildet mit dem Substantiv Germani einen Gesamtbegriff, indem er **eingeordnet** ist, und hätte auch durch ein einfaches Participium ausgedrückt werden können; der zweite Relativsatz aber fügt das eigentliche Attribut hinzu. Cf. Iumentis, quibus maxime Galli utuntur *quaeque* impenso parant pretio, Germani non utuntur. Carthaginienses iidem sunt, qui ad Aegates pugnaverunt *et quos* ab Eryce emisistis. Copiose agricultura a Xenophonte laudatur in eo libro, qui est de tuenda re familiari, *qui* Oeconomicus inscribitur. Hoc apparet ex ea caritate, quae est inter natos et parentes, *quae* dirimi nisi detestabili scelere non potest. Errare malo cum Platone, quem tu quanti facias scio *et quem* ex tuo ore admiror. Tertia est urbs, quae Tycha nominata est, *in qua* gymnasium amplissimum est. Vgl. aber 505, 5 (Anaphora, cf. 551, *t* a).

505. **Indem man die Konjunktion „und“ wegläßt und die Figur der Anaphora** (cf. 551, 7a) **anwendet.** — 1) *Quam* fragilia, *quam* caduca sunt omnia humana! 2) *Quid* praeclarius est, *quid* maius innocentia? 3) Nullus unquam philosophus *tam* humanus, *tam* modestus, *tam* ab omni fastidio alienus fuit quam Socrates. 4) *Tantus* pavor, *tanta* trepidatio fuit, quasi hostis iam ad portas urbis esset. 5) Ad fortunarum possessionem eas leges institutaque referri apparet, *quibus* agriculturae, *quibus* mercaturae, *quibus* commerciis, *quibus* opificiis et artibus, *quibus* denique negotiis vitae tam privatae quam publicae prospicitur. 6) Narrationem convenit tres habere res, *ut* brevis, *ut* aperta, *ut* probabilis sit. 7) Quo longius in litterarum via processeris, *eo* expeditior illa, *eo* iucundior fit.

506. 1) **Et** (seltener **atque** und **que**) stehen erklärend und näher bestimmend (stärker hervorhebend) im Sinne von **„und zwar“** (= *et quidem, et is, isque, atque is, idque*, cf. 252): „Du irrtest dich und zwar bedeutend“; „Schreibe recht oft und zwar besonders, was ihr nach deiner Meinung thun müßt“; „Du wirst weiter leben und zwar so, wie du jetzt lebst“; „Cecrops soll aus Ägypten und zwar aus Sais gewesen sein“. Zu beachten ist die bei *et* in diesem Falle beliebte rhetorische Wiederholung desselben Wortes, z. B. Regnat et crudeliter regnat; errabas et vehementer errabas; dicam et ita dicam, ut . . .; gener meus et Piso gener; lex erat lata et ea lex u. ä. Doch kann hier überall auch *et quidem* angewandt werden, z. B. Veniet tempus *et* celeriter *quidem*. Occurrunt alii philosophi *et* ii *quidem* magni. Mecum erat senatus *et quidem* veste mutata. (Vermehrend oder zusetzend bedeuten *et* und *atque* auch „und auch, und noch außerdem, und dazu“, z. B. Liv. 1, 11, 4; 26, 21, 9; 5, 52, 8; Cic. Sest. 11 u. ö.) — 2) **Et, atque** und **que** verbinden oft einen positiven Satz mit einem negativen im Sinne einfacher Weiterführung, während im Deutschen **„sondern“** gebraucht wird: „Die Feinde konnten den Angriff unserer Leute nicht aushalten, sondern ergriffen die Flucht“ ꝛc. — 3) **Et** (seltener **atque**) führen im Sinne von **„und wirklich, und allerdings, und in der That“** (= *et vero, et profecto, et hercle*) einen Satz ein, durch welchen das, was im Vorhergehenden als beabsichtigt oder erwartet bezeichnet ist, bestätigt wird. Regelmäßig schließt sich in diesem Falle das Verbum unmittelbar an et (oder atque) an: „Papirius Cursor hat sich, wie Nachrichten von Schriftstellern besagen, zur Abhaltung eines Triumphes nach Rom begeben, und er war wirklich ein Mann, der wegen seiner Tüchtigkeit jede militärische Auszeichnung verdiente“ ꝛc. (cf. 524, Anm. 3). — 4) **Et** bezeichnet oft im Sinne von **„und doch, und trotzdem, und dabei“** einen Kontrast zum Vorhergehenden (= *et tamen*): „Ihren Wohlklang hat meine Stimme nicht verloren, und ihr seht doch mein hohes Alter“ ꝛc. Besonders gern eröffnet *et* eine affektvolle Frage des Unwillens, z. B. *Et* mirabimur „und doch sollten wir uns wundern“ = „können wir uns da noch wundern?“ (= hic miramur?); *et* quisquam dubitabit, quin (= hic quisquam

dubitat) „und da will noch jemand zweifeln?"; *et* vos acta Caesaris defenditis, qui leges eius evertitis? (Liv. 2, 38, 5; 3, 19, 10. Cic. leg. Man. 42 u. 45; Tusc. 1, 92; 3, 35 u. ö.). — 5) **Que**, seltener **et**, steht oft das Vorhergehende zusammenfassend im Sinne von **„und überhaupt"**: „Pferde, Hunde und überhaupt alle Tiere" 2c. Wenn man folgernd etwas kurz abschließt, hat es die Bedeutung „und somit, und so denn, und folglich" (cf. 510, Anm.).

Anm. 1. Die Arten des Gebrauches von et teilt, soweit es möglich ist, auch neque, indem es steht für „und wirklich nicht, und zwar nicht, und auch nicht, aber nicht".

Anm. 2. Oft wird die Rede fortgesetzt (oder ein Gedanke näher ausgeführt) mit dem ersten Gliede eines Gegensatzes. Den Gegensatz leitet der Deutsche ein durch Voranstellung des Wortes, in welchem derselbe ruht, die Fortleitung mit „nun"; dieses „nun" ist *et* oder *atque*, der Gegensatz wird eingeleitet mit *quidem* und das im Deutschen vorangestellte Wort in **et — quidem** oder **atque — quidem** (griech. *καὶ — μέν*) eingeschlossen. Z. B. „Ich begann die Alten zu lesen. Die Lateiner nun behagten mir weniger; aber von den Griechen war ich begeistert": Scriptores veteres legere coepi. *Et* Latinis *quidem* delectabar minus; Graecorum autem incensus studio ferebar (Liv. 2, 2, 9; 9, 11, 13; 27, 18, 4; 27, 34, 2; 9, 41, 7). Wie im Deutschen das „nun" fehlen kann, so wird im Lateinischen oft das *quidem* oder das *et (ac)* ausgelassen (Liv. 26, 40, 18; 25, 8, 5; 6, 13, 4; 26, 27, 8; 2, 19, 8 u. 9; 3, 2, 10 u. ö.).

507. Nach den Wörtern der Gleichheit und Ungleichheit, Ähnlichkeit und Unähnlichkeit, wie:

*idem, par, dispar, diversus, alius,*
*aequus, similis, dissimilis, contrarius,*
*perinde, aeque, iuxta, pariter,*
*proinde, contra, secus, aliter*

heißt **„als, wie" ac (atque)**, selten *et* oder *que* (cf. 509), nicht **quam** oder **ut** (cf. jedoch 393, Anm.). Cf. Ea res tibi aeque nota est *ac* mihi. Amicos aeque *ac* semet ipsos diligere oportet. Vides omnia fere contra *ac* dixisti evenisse. Abeuntium bona iuxta *atque* interemptorum divisa sunt. Hamilcar, ut Carthaginem venit, longe aliter *ac* sperabat rem publicam se habere cognovit. (Lux longe alia est solis *et* lychnorum.) Illum similiter *atque* ipse eram commotum esse vidi. Vercingetorix docet longe alia ratione esse bellum gerendum *atque* antea gestum sit. Hostes inter se iactabant similem Romae pavorem fore *ac* bello Gallico fuisset. Litavicus hortatur Aeduos, ut simili ratione *atque* ipse fecerit suas iniurias persequantur. Te haud secus amo *ac* fratrem. Parem hic sapientiam habet *ac* formam. Ostendant milites se iuxta hieme *atque* aestate bella gerere posse (Unterscheide *proinde ac* „in Gemäßheit dessen, wie" und *perinde ac* „ebenso wie".) Nach oder vor *item* steht *ut* oder *quemadmodum*.

Anm. 1. Nach *idem* kann stets *qui* gebraucht werden; *ac, atque* darf nur dann stehen, wenn zu beiden Vergleichsgliedern dasselbe Verb gehört; haben aber beide Glieder besondere Verben, so muß *qui* in Anwendung kommen; also: Plato idem sensit *quod* oder *atque* Pythagoras; aber nur Plato idem sensit, *quod* Pythagoras docuerat. (Vereinzelt findet sich *qui* statt atque als Korrelativ zu *par*, Caes. b. g. 5, 8, 2). — Nach Negationen heißt „als" **nisi**; nach *talis, tantus, tot, totiens, tam, tamdiu, tantopere* wird „als" durch die Korrelative **qualis, quantus, quot, quotiens, quam, quamdiu, quantopere** ausgedrückt (cf. 265). *Totidem* korrespondiert in der Regel mit *quot*; selten folgt *atque* darauf. — Folgt nach den Begriffen der Gleichheit und Ähnlichkeit ein Vergleichungssatz mit „als wenn, als ob, wie wenn", so steht entweder **ac si** (cf. 392) oder **ut si (quasi, tamquam si)** *c. Coni.*, z. B. Tu, qui id quaeris, *similiter* facis *ac si* me roges, cur .... Qui aliis nocent, *ut* in alios liberales sint, in *eadem* sunt iniustitia, *ut si* in suam rem aliena convertant.

Anm. 2. *Ac* steht auch in der Redensart *pro eo ac* (= *pro eo ut, proinde ut*), z. B. pro eo ac debeo „nach dem, als ich schuldig bin, nach meiner Schuldigkeit"; pro eo ac mereor. Cf. 396.

1) Cicero Romam quoque Polyclitos Parrhasiosque habituram fuisse censet, si Romani artibus eundem honorem tribuissent *atque* (od. *quem*) Graeci. 2) Quem fructum rerum secundarum Achilli futurum fuisse putamus, nisi Patroclum nactus esset eum, qui perinde eis gauderet atque ipse? 3) Plurimae res nobis assecutis non pariter videntur esse iucundae *atque* concupiscentibus. 4) Fratris mei negotia ut tueare, aeque

a te peto *ac* si mea sint. 5) De nullo templo tot senatus consulta erant *quot* de Ciceronis domo. Cf. 265.

508. 1) Non alius **atque** (oder *et*) „ebenderselbe wie" bezeichnet die Gleichheit zweier Sachen oder Handlungen: „Ich bin jetzt noch ebenderselbe, der ich früher war". 2) **Non alius nisi** „kein anderer außer", nihil aliud **nisi** „nur, bloß, lediglich" (cf. 496) bezeichnet eine Ausschließung, und das ist der gewöhnlichste Fall: „Einen Krieg möge man in der Weise anfangen, daß lediglich der Friede erstrebt zu sein scheint". Vergleiche: Hostis *nihil aliud* est *nisi* perpetua materia virtutis. Atticus familiaritatem Octaviani consecutus est *nulla re nisi* elegantia vitae. — *Quam* nach (positivem oder verneintem) *alius, aliter* usw. findet sich klassisch vereinzelt im Sinne von *atque*, aber in allen Bedeutungen bei den Historikern, besonders Livius, so häufig, daß *atque* und *nisi* ganz zurücktreten. In ähnlicher Weise klassisch hier und da (später häufiger) *contra quam, secus quam*, teilweise durch komparativischen Sinn der Phrase begründet: Dulcis *non multo secus* („in nicht geringerem Grade") ea patria, quae genuit, *quam* quae excepit.

Anm. 2. Beachte Sätze wie: *Quid est aliud* bellare cum dis *nisi* naturae repugnare = *si hoc non est* naturae repugnare? Wir stellen im Deutschen den zweiten Teil voran: „Wider die Natur kämpfen, was ist das anderes als sich gegen die Götter auflehnen" (od. „heißt das nicht, sich gegen die Götter auflehnen")? Cic. off. 3, 54; Verr. 3, 71; 1, 128; Rosc. Am. 54; Cat. m. 5. *Quid est aliud* hortari adulescentes, ut seditiosi velint esse (mit zu ergänzendem si hoc non est) „heißt das nicht?" Cic. off. 2, 83; Phil. 1, 22; 2, 7.

509. 1) Multi homines *aliud* loquuntur, *aliud* sentiunt. Cf. *Aliud* est maledicere, *aliud* accusare. Intellego te, frater, *alias* in historia leges observandas putare, *alias* in poemate. *Aliter* leges, *aliter* philosophi tollunt astutias. (Unklassisch auch *aeque* — *aeque*: Virtus *aeque* pauperibus prodest, *aeque* locupletibus.) — 2) Multi homines *aliud* loquuntur *et* sentiunt. Cf. *Alia* causa est eius, qui calamitate premitur, *et* eius, qui res meliores quaerit. Non est *aeque* miser, qui patriae consulit, *et* is, qui illam extinctam cupit. Non *idem* interitus est animorum *et* corporum. *Similem* sibi videri ait vitam hominum *et* mercatum. Omnia *paria* fuerunt in Themistocle *et* Coriolano. — 3) Multi homines *aliud* loquuntur sentiunt*que*. Cf. Ad Luceriam *iuxta* obsidentes obsessos*que* inopia vexavit. Diese letzte Art des Ausdrucks ist die seltenste.

510. Mit **ac (atque)** geht man zur eigentlichen Auseinandersetzung über und zwar, wenn die Auseinandersetzung mehrere Teile umfaßt, zum ersten Teile gewöhnlich mit der Wendung *ac primum* oder *ac primum quidem* (cf. Anhang 6 ff.) — Desgleichen dient *ac* beim Übergange zu einem neuen Teile in Verbindungen wie: *atque ut veniam* (oder *veniamus*) *ad* . . .; *atque hactenus de* . . .: *videamus nunc* . . .; *ac de* . . . *satis dictum est: sequitur, ut dicam* . . . etc. — Inmitten der Auseinandersetzung dient *ac*: 1) zur Fortführung oder zur Einführung einer neuen Gedankenreihe im Sinne des deutschen „und auch, weiter, ferner" (*Atque* etiam hoc animadvertendum est „es kommt ferner in Betracht"; *ac* ne illud quidem neglegendum (oder silentio prateroundum) est; *atque* hoc loco illud non queo praeterire; *atque* hoc quidem perspicuum est . . .; *atque* ne illud quidem alienum est dicere); 2) in dem Sinne „übrigens, aber", wenn eine für die Sache wichtige Nebenbemerkung gegeben, insbesondere wenn der abweichenden Ansicht, dem Tadel oder Befremden jemandes begegnet (*Praemunitio*, cf. 551, 20) und zugleich die Sache näher begründet werden soll (*Ac* ne ignores; *atque* ut intellegas; *ac* ne quis putet; *ac* ne quis temere hoc a nobis dici existimet; *ac* ne quis forte miretur; *ac* ne hoc forte magnum et admirabile videatur), zuweilen auch so, daß im Deutschen asyndetisch fortgefahren wird (*Ac* iam illa omitto, quae etc. „ich übergehe").

Anm. Man hüte sich, das deutsche „**ferner, sodann**", wenn es in Auseinandersetzungen und Beweisen den Übergang zu einem neuen Teile oder Argumente oder Beispiele bildet, durch *deinde* oder *tum* zu übersetzen, da diese Adverbien entweder nur temporale Bedeutung haben oder einer Aufzählung angehören (cf. 218). Man gebrauche vielmehr außer dem ebenbesprochenen ac (atque): 1) *autem*, welches in ruhiger Weise fortführt (cf. 524, 4), und *porro*, welches etwas Gleichartiges und mit dem Vorhergehenden eng Zusammenhängendes hinzufügt (cf. 482, 4); — 2) *vero*, welches eine Steigerung bezeichnet = „ferner gar, sodann aber erst" (cf. 524, 3); — 3) *at*, welches einen mit Emphase ausgesprochenen Gegensatz einführt = „aber nun vollends, und nun vollends"; — 4) *iam* „nunmehr" und *iam vero* „nunmehr vollends", welche aber nur einen neuen Unterteil oder ein neues gleichartiges Beispiel einführen; — 5) *praeterea, etiam* (an zweiter Stelle, aber *atque etiam* an der

Spitze des Satzes), *adde* (mit Acc. eines Subst., seltener mit quod), *accedit* (mit Nom. eines Subst. oder mit quod oder ut) „außerdem, ferner noch“; — 6) die rhetorischen Übergangsformen *age, age nunc, age vero, age sis* „ferner nun“ (cf. 306, 5); *quid? quid vero? quid quod? quid si?* „wie steht es ferner mit ...?“ (cf. 410); *quid dicam de ...? quid commemorem de ...?* „was soll ich weiter gar sagen von ...?“ (cf. 332, Anm. 5). — 7) Auch *que* dient dazu, den Übergang zu einem neuen Teile der Auseinandersetzung zu bilden, aber der mit *que* eingeführte Teil absolviert und schließt eine ganze zusammengehörige Reihe ab, indem entweder mit einem allgemeinen Urteile das Einzelne zusammengefaßt („und so, und somit, und überhaupt“) oder durch ein einzelnes Glied eine geschlossene Reihe von Argumenten vervollständigt wird. So findet sich besonders oft *cumque, quoniamque, imprimisque, omninoque, maximeque, itemque.* Cf. 506, 5 und Anhang 7—10.

511. *Atque* in Wendungen wie: *Atque* de morte quidem contemnenda satis dictum est; *atque* haec quidem hactenus; *atque* haec quidem de Graecis; *atque* his quidem ita expositis etc.

512. **Während nec (oder das in ganz gleicher Weise gebrauchte neque) erforderlich ist, wenn der ganze angeknüpfte Satz verneint werden soll, muß, wenn die Verneinung nur ein einziges Wort des Satzes trifft, die Satzverbindung durch et non, ac non gebildet werden und zwar so, daß non vor dem betreffenden Worte steht,** z. B. Druides a bello abesse consuerunt *neque* tributa pendent. Impedit consilium voluptas *nec* habet ullum cum virtute commercium. Ab hostibus constanter *et non* timide pugnatum est (non timide = fortiter). Vetus *et non* ignobilis dicendi magister. Longum est *et non* necessarium commemorare. — Ferner ist *et non* erforderlich, wenn der ganze Nachdruck auf der Negation liegt, z. B. Habebit igitur linguam deus *et non* loquetur. Has leges migrare *et non* servare iustum videtur. — Das korrigierende (besonders bei Fragen und in Bedingungssätzen vorkommende) „und nicht vielmehr“ heißt regelmäßig **ac non** (auch **et non**), seltener *ac non potius*, z. B. Pluribus verbis ad te scriberem, si res verba desideraret *ac non* pro se ipsa loqueretur. Quis te aspexit ut perditum civem *ac non* (*potius*) ut importunissimum hostem? Nulla res recte potest administrari, si unusquisque velit verba spectare *et non* ad voluntatem eius, qui ea verba habuerit, accedere.

Anm. 1. Häufig fügen wir im Deutschen zu einem bejahenden Satze eine negative Beschränkung oder einen Gegensatz mit „jedoch nicht, ohne dabei, aber nicht“; alsdann nimmt man im Lateinischen **neque**, z. B. „Sie schlugen die Feinde in die Flucht, konnten sie jedoch nicht verfolgen“: Hostes in fugam dederunt *neque* persequi potuerunt. Id utile videbatur *neque erat* „dies schien nützlich, war es jedoch nicht“. Leotychides de honore regni cum Agesilao contendit *neque* id quod petebat consecutus est. Includit nos terminis *nec* eos observat. Haec ex oppido videbantur *neque* tanto spatio, certi quid esset, explorari poterat. Cf. 361, g.

Anm. 2. Bisweilen wird **neque** gesetzt, wo *et — non* stehen müßte, z. B. Consules in Hernicos exercitum duxerunt *neque* inventis in agris hostibus Ferentinum urbem ceperunt = *et*, hostibus in agris *non* inventis, urbem ceperunt. Haud cunctanter Hiberum transgrediuntur *nec* ullo viso hoste Saguntum pergunt ire (statt et, nullo viso hoste, S. p. ire.) Dergleichen ist jedoch nicht nachzuahmen. Doch findet sich auch bei den besten Schriftstellern *nec* statt et non in dem Falle, wenn der Begriff, zu welchem die Negation gehört, unmittelbar auf *nec* folgt, z. B. Consules ipsi tergiversantur *nec dubie* miserias nostras ludibrio habent. Rationem explicabo *neque invitus.* Homines ingeniosi *nec satis* docti. Cf. Cic. Planc. 95; de cl. or. 92 u. 246; Deiot. 33.

**Anm. 3.** In ähnlicher Weise wie et non findet sich auch, wenn das negative Wort stark hervorgehoben werden soll, **et nullus** (für das gewöhnliche nec ullus), **et nemo** (für neque quisquam), **et nihil** (für nec quicquam) etc.: Domus temere *et nullo* consilio administratur. Nihil hominem nisi quod honestum decorumque sit aut admirari aut optare oportet *nullique* neque homini neque fortunae succumbere. Haec sentimus natura duce, nulla ratione *nullaque* doctrina. Eo simus animo, ut moriendi diem nobis faustum putemus *nihilque* in malis ducamus, quod sit a diis constitutum.

Anm. 4. **„Und nicht einmal“** heißt bei guten Schriftstellern **ac (et) ne — quidem**, nicht *nec — quidem*, z. B. Reliquos in fugam coniciunt *ac ne* in superioribus *quidem* locis consistere patiuntur. Cf. Cic. Tusc. 5, 62; Lael. 30; de or. 1, 13; Caes. b. g. 3, 6, 2; 7, 8, 3. Jedoch steht auch das einfache *ne — quidem* oft für das deutsche „und nicht einmal“, z. B. Sapiens turpia non suscipiet rei publicae causa, *ne* res publica *quidem* pro se suscipi volet „und der Staat wird es **auch nicht einmal** wünschen". Cf. Cic. Off. 1, 84 u. 159; or. 151; Deiot. 36. Bei Livius und Nachklassikern hat auch *nec* die Bedeutung von „und nicht einmal". Cf. 502, Anm. — Wo *nec* — *quidem* steht, bedeutet *nec* „**auch nicht**" und *quidem* gehört einem einzelnen Worte an, welches nachdrücklich hervorgehoben werden soll (z. B. Cic. Cat. m. 27; Divin. 1. 16), oder *quidem* steht einem folgenden Satze mit *sed* entgegen (z. B. Fam. 6, 6, 2).

513. Im allgemeinen steht die Regel fest, daß im Anfange eines Satzes „**aber nicht**" durch **neque vero**, „**dennoch nicht**" durch **neque tamen**, „**denn nicht**" durch **neque enim** zu geben sind. *Non vero* und *non tamen* sind selten; *non enim* (od. *nam non*) ist häufiger, steht aber gewöhnlich nur dann, **wenn die Negation eng zu einem einzelnen Worte gehört oder mit besonderm Nachdruck hervorgehoben werden soll** (cf. 536, 12). Cf. **Nihil inconsiderate aut neglegenter faciamus; *neque enim* a natura ita generati sumus, ut ad ludum et iocum facti videamur. Rutilius huic humilitati vel mortem anteponendam esse dicebat; *neque vero* hoc solum dixit, sed ipse et sensit et fecit. Alcibiades magnam amicitiam sibi cum quibusdam regibus Thraciae pepererat; *neque tamen* a caritate patriae potuit recedere.**

Anm. Statt neque vero findet sich ganz vereinzelt auch ***neque autem***, aber nur nach vorhergegangenem neque (z. B. Cic. Fam. 5, 12, 6). — Wie et nemo in ***neque quisquam***, et nulla res in ***neque ulla res*** u. s. w. verwandelt wird, ebenso kann es geschehen, wenn vero, enim, tamen dazu tritt; also zu Anfang des Satzes: ***neque enim quisquam*** „denn niemand" (aber auch ***nemo enim***); ***neque vero unquam*** „in der That niemals"; ***neque tamen ulla re*** „durch nichts jedoch" u. s. w.

514. „**Sowohl — als auch**" heißt in guter Prosa fast nur **et — et**; die Verbindungen *et — que, que — et, que — que, et — atque, atque — atque, que — ac* finden sich in klassischer Prosa entweder gar nicht oder als solche Seltenheiten, daß sie nicht zur Nachahmung berechtigen. (Cf. Cic. Brut. 302; Fin. 5, 64 u. 51; cf. auch 546, 4 g. E.) Die Dichter (und einzelne Prosaiker, z. B. Livius) machen von diesen Konjunktionspaaren einen starken Gebrauch, z. B. Sallust: se*que et* oppidum tradit; ibi*que et* in omni Africa; me*que* regnum*que* meum; Horaz: petimus*que* damus*que*; risus*que* iocos*que*; Vergil: tectum*que* larem*que* Amyclaeum*que* canem Cressam*que* pharetram. Bei Livius findet sich zur Verbindung einzelner Wörter öfters *que — et*, z. B. Legati*que et* tribuni; auch ist zu bemerken, daß in doppelten Relativsätzen bei ihm öfters *que — que* steht, z. B. Omnes *quique* Romae *quique* in exercitu erant. — Gut ist *et* — ***et tamen*** „einerseits — andrerseits jedoch", wenn das eine zwar stattfindet, aber doch das andere nicht fehlt (Cic. inv. 1, 31; Liv. 21, 3, 3; 42, 48, 2). — Bei mehreren Gliedern mit et kann statt des letzten et auch *postremo* stehen (Cic. Lael. 86).

Anm. 1. Wenn ein negativer Satz mit einem affirmativen oder ein affirmativer mit einem negativen verbunden werden soll, so geschieht dies durch **neque — et** (seltener *neque — que*) „einerseits nicht — andrerseits" oder durch **et — neque** „einerseits — andrerseits nicht", z. B. **Augustus amicitias *neque* facile admisit *et* constantissime retinuit. Intellegitis Pompeio *et* animum praesto fuisse *nec* consilium defuisse. *Neque* tu multum interfuisti rebus gerendis *et* ego semper id egi, ne interessem. Aufidius *et* in senatu sententiam dicebat *nec* amicis deliberantibus deerat.**

Anm. 2. Während der Deutsche einzelne Begriffe und Satzglieder einfach durch „**und, und auch, auch nicht, oder**" verbindet, stellt der Lateiner eine gegenseitige Beziehung und angemessene Gliederung der Begriffe und Sätze dadurch her, daß er die **korrespondierenden Partikeln** *et — et, nec — nec, cum — tum, aut — aut, vel — vel* etc. verwendet. Dies geschieht regelmäßig, wenn jedes der Glieder **in gleicher Geltung mit dem andern** hervorgehoben, nicht bloß einfach eines mit dem andern verbunden werden soll. Cf. „Die Freundschaft nützt und erfreut" amicitia *et* prodest *et* delectat. „Mir gefällt die Sache und auch der Mann" *et* causam *et* hominem probo. „Wer bedauert nicht den Untergang eines solchen Bürgers und Mannes?" quis non dolet interitum talis *et* civis *et* viri? „Mir scheint dieser Krieg nicht notwendig noch wichtig zu sein" mihi hoc bellum *nec* necessarium *nec* magnum videtur. „Es bleibt euch nur übrig, zu siegen oder zu sterben" nihil vobis relinquitur nisi ut *aut* vincatis *aut* moriamini. So besonders bei

Gegensätzen (z. B. *Et* monere *et* reprehendere proprium est verae amicitiae), ferner wenn beide Sätze dasselbe Verbum in verschiedenen Formen haben (z. B. De ceteris studiis alio loco *et dicemus*, si usus fuerit, *et* saepe *diximus*); endlich als Formel (z. B. *Et* esse *et* haberi, *et* haberi *et* vocari. Hortensius princeps *et erat et habebatur*. Illi septem, qui sapientes a nostris *et habebantur et nominabantur*.

Anm. 3. Statt des gewöhnlichen *cum et — et, qui et — et, quod et — et, cum vel — vel, quia aut — aut, ut nec — nec, qui partim — partim* u. ä. findet sich zuweilen auch *cum et — et cum, qui et — et qui, quod et — et quod, cum vel — vel cum, quia aut — aut quia, ut nec — nec ut, qui partim — partim qui* u. ä.

515. **Cum — tum bedeutet „sowohl — als (auch) besonders; wenn schon — dann besonders" und ist von et — et dadurch unterschieden, daß es ein großes Übergewicht auf das zweite Glied legt,** z. B. Ex victoria *cum* multa mala *tum* tyrannis existit. Fortuna *cum* in reliquis rebus, *tum* in bello plurimum potest. Luxuria *cum* omni aetati turpis, *tum* senectuti foedissima est. Pausanias Colonas se contulerat; ibi consilia *cum* patriae *tum* sibi inimica capiebat. *Cum* multis in rebus neglegentia plectimur, *tum* in amicis et deligendis et colendis. **Das tum im zweiten Gliede wird oft verstärkt durch *praecipue, maxime, imprimis, vero, multo magis, certe, etiam* etc., (nicht aber durch potissimum),** z. B. Volvendi sunt libri *cum* aliorum *tum imprimis* Ciceronis. *Cum* omnium sociorum provinciarumque rationem diligenter habere debetis, *tum praecipue* Siciliae. Plena exemplorum est nostra res publica *cum* saepe *tum maxime* bello Punico secundo. *Cum* antea distinebar maximis occupationibus, *tum* hoc tempore multo distineor vehementius. **Sind mehr als zwei Satzglieder vorhanden, dann kann sowohl *cum* als auch *tum* anaphorisch wiederholt werden,** z. B. Me *cum* amicitiae vetustas, *cum* dignitas hominis, *cum* ratio humanitatis ad Rabirium defendendum est adhortata, *tum vero* .... Eum pater moriens *cum* tutoribus et propinquis, *tum* legibus, *tum* aequitati magistratuum, *tum* iudiciis vestris commendatum putavit. — **Wenn cum mit einem besondern Verbum verbunden ist, hat es gewöhnlich den Indik. bei sich; seltener steht der Konjunktiv und zwar dann, wenn zwischen den beiden Sätzen ein konzessiver oder kausaler Zusammenhang stattfindet: „wenn gleich — dann aber; wenngleich einerseits — so doch andrerseits; zwar — besonders aber",** z. B. Sisennae historia *cum* facile omnes vinc*at* superiores, *tum* indicat tamen, quantum absit a summo. *Cum* multae res in philosophia nequaquam satis adhuc explicatae *sint*, *tum* perdifficilis quaestio est de natura deorum. *Cum* plurimas et maximas commoditates amicitia contin*eat*, *tum* illa nimirum praestat omnibus, quod bona spe praelucet in posterum. Consilium tuum *cum* semper probavis*sem*, *tum* multo magis probavi lectis tuis proximis litteris. Cic. Deiot. 1 u. 12; Lael. 23; Rosc. Am. 16.

Anm. Besonders häufig werden die deutschen Wendungen „unter vielen anderen auch..., abgesehen von allen übrigen auch..." durch *cum — tum* übersetzt, wobei *alius* neben *multus* gewöhnlich ausgelassen wird (cf. jedoch Cic. Tusc. 1, 27; Flacc. 94; div. 1, 16; nat. d. 1, 15; Rab. perd. 29). Demnach ist der Satz: „Atticus hat außer vielen andern Beweisen seines Wohlwollens besonders auch dein Interesse mir erworben" zu übersetzen: Atticus *cum* multa benevolentissime fecit, *tum* te mihi conciliavit. „Miltiades besaß abgesehen von anderen guten Eigenschaften auch eine auffallende Freundlichkeit und Leutseligkeit" In Miltiade *cum* aliae virtutes *tum* mira humanitas atque communitas erat. Multum *cum* in omnibus rebus *tum* in re militari potest fortuna „auf allen Gebieten, besonders aber". — Neben cum multa — tum besteht auch die Ausdrucksweise *et alia et hoc imprimis*.

516. 1) **Qua — qua** „in gleicher Weise — wie" ist klassisch selten und dient nur zur Verbindung einzelner Wörter (fast nur im familiären Briefstil), z. B. Omnia convestivit hedera *qua* basim villae *qua* intercolumnia ambulationis. Omnes eum oderunt *qua* viri *qua* mulieres. *Qua* plebis *qua* patrum eximia virtus fuit.

2) **Simul — simul** (*ἅμα μέν — ἅμα δέ*) „ebensosehr — als" ist bei Klassikern sehr selten (Caes. b. g. 4, 13, 5), häufiger bei Dichtern und Nachklassikern, z. B. *Simul* suis virtutibus *simul* vitiis aliorum praeceps agebatur. Increpat *simul* temeritatem *simul* ignaviam.

Es findet sich auch *simul — et (que, atque)*, z. B. Eximius *simul* honoribus *atque* virtutibus. Cogitare optima *simul et* deterrima. Cf. 509.

3) **Tum — tum** „bald — bald" verbindet Aussagen, die zwar wirklich stattfinden, aber nicht zu gleicher Zeit, z. B. Inflectit sol cursum *tum* ad septentriones *tum* ad meridiem. Disseruit in utramque partem *tum* Graece *tum* Latine. Sentis me iam diu, quod *τέλος* Graeci dicunt, id dicere *tum* extremum *tum* ultimum *tum* summum.

4) **Tam — quam** „ebensosehr (ebensogut) — als" ist von et — et dadurch verschieden, daß es zugleich einen gleich hohen Grad für beide Verhältnisse bezeichnet, z. B. *Tam* omnibus ignoscere crudelitas est *quam* nulli. Secerni blandus amicus a vero *tam* potest *quam* omnia fucata a sincero.

Anm. **Non tam — quam** „nicht sowohl — als vielmehr" (ja nicht quam potius!), z. B. Demosthenes in dicendo *non tam* dicax fuit *quam* facetus. Denselben Sinn hat auch *non magis — quam* (cf. 521) und das seltenere *non potius — quam*, z. B. In oratione *non* vis *potius quam* delectatio postulatur (Cic. de or. 2, 317 u. 126; Caecil. 5); bei Livius vereinzelt *non adeo — quam* (4, 2, 1; 30, 44, 6).

5) **Nunc — nunc** „bald — bald" ist zwar nicht ciceronianisch, findet sich aber seit Livius namentlich bei Historikern in Schilderungen sowohl vergangener als gegenwärtiger Dinge (neben dem nachklassischen *iam — iam*). Gewöhnlich heißt „bald — bald" **modo — modo** oder **tum — tum**, seltener **alias — alias**, vereinzelt *interdum — interdum*, (niemals mox — mox! cf. 483, 7). Mancherlei Variationen, z. B. modo — modo — tum, Cic. nat. d. 1, 35; tum — alias — tum, Tusc. 4, 36; interdum — alias, de or. 3, 206; alias — plerumque, de sen. 51 u. ä.

517. Das deutsche „**teils — teils**" hat doppelte Bedeutung, nämlich: 1) „teilweise — teilweise", wenn es sich um eine wirkliche Teilung eines Ganzen handelt, so daß von jedem Teile etwas anderes ausgesagt wird oder mehrere Subjekte sich in dasselbe Prädikat teilen, z. B. „Die Tiere sind teils Männchen teils Weibchen", d. h. der eine Teil umfaßt Männchen, der andere Weibchen: **partim — partim**; — 2) „sowohl — als auch", wenn von dem ungeteilten Ganzen zweierlei ausgesagt wird, z. B. „Die Pferde sind teils zum Ziehen von Wagen teils zum Tragen von Menschen und Lasten tauglich": **et — et** (wenn beide Aussagen gleicherweise gelten sollen) oder **vel — vel** (wenn zwischen beiden Aussagen die Wahl gelassen wird).

518. In drei Fällen sagt man **non modo — sed** (ungleich seltener *non solum — sed, non tantum — sed, non tantummodo — sed)*, nämlich: 1) um zu bezeichnen, daß das erste Glied zu viel enthalte und man bei dem zweiten geringern stehen bleibe: = „ich will nicht sagen — sondern (auch) nur", z. B. Quae civitas est in Asia, quae *non modo* imperatoris aut legati, *sed* unius tribuni militum animos ac spiritus capere possit? Iecissem me ipse potius in profundum, ut ceteros conservarem, quam illos mei tam cupidos *non modo* ad certam mortem, *sed* in magnum vitae discrimen adducerem. Quid est minus *non modo* oratoris, *sed* hominis? (Statt des einfachen sed steht zuweilen verstärkt *sed vix:* Liv. 3, 6, 8; Cic. Cael. 40; fam. 4, 1, 2) und noch häufiger *sed etiam*: **non modo — sed etiam** „ich will nicht sagen — sondern auch nur" = „nicht nur nicht — sondern sogar", z. B. Cic. Deiot. 15; Phil. 3, 33; Mil. 5; R. Am. 111. Statt dieses non modo — sed findet sich auch *non dicam — sed, non dico — sed*, z. B. Num exploratum cuiquam potest esse, quomodo sese habiturum sit corpus *non dico* ad annum, *sed* ad vesperum? Quis non indignissimum facinus putavit illum *non dicam* loqui, *sed* vivere ac spirare? Si quidquam in vobis *non dico* civilis, *sed* humani esset; — 2) wenn das zweite Glied als besonders wichtig hingestellt werden soll, so daß das erste Glied gegenüber dem zweiten als kaum in Betracht kommend erscheint: = „nicht nur — nein sogar (oder nein vielmehr)", z. B. Tu hanc legem datam esse *non modo* scivisti, *sed* ipse dedisti. His negotiis ille *non* interfuit *solum*, *sed* praefuit. Populi Romani haec est consuetudo, ut socios atque amicos *non modo* sui nihil deperdere, *sed* gratia, dignitate, honore auctiores velit essse. (In diesem Falle findet sich nicht selten statt non modo — sed das einfache, aber besonders

starke *non* — *sed*, z. B. Illi *non* singulorum civium bona publicaverunt, *sed* universas provincias uno calamitatis iure comprehenderunt. Cf. Cic. Off. 2, 27; Tusc. 5, 15; Arch. 11; Liv. 10, 6, 4); — 3) wenn der zweite Gedanke oder Begriff den ersten umfaßt oder mit in sich begreift, z. B. Multi *non modo* ea, quae timenda sunt, timent, *sed* omnino omnia. Daher gewöhnlich *non modo* — *sed omnes (cunctus, totus, universus, omnino)*. Cf. Sum consecutus, *non modo* ut domus tua tota, *sed* ut cuncta civitas me tibi amicissimum esse cognosceret (in cuncta civitas ist domus tua tota mit begriffen). *Non* consuli *modo*, *sed* omnibus civibus cavebo. *Non modo* in Italia, *sed* toto orbe terrarum. *Non solum* cives, *sed* quivis liber debet esse.

Anm. Die Ausdrücke *non modo*, *non solum*, *non tantum* — *sed* (oder *verum*) *etiam* sind untereinander gerade so unterschieden, wie die deutschen „nicht nur, nicht allein, nicht bloß — sondern auch". Am wenigsten gebräuchlich ist *non tantum* — *sed etiam*, (vereinzelt bei Livius 37, 53, 9 *non dumtaxat* — *sed etiam*). — Über *sed quoque* statt sed etiam cf. 256, Anm.

519. **Non modo non — sed etiam** „nicht nur nicht — sondern sogar", z. B. Dolor meus *non modo non* minuitur, *sed etiam* augetur. Hos ego testes *non modo nullo* (od. *sine ullo*) timore, *sed etiam* cum aliqua spe delectationis exspecto. Cf. jedoch 518, 1. — **Non modo non — sed ne — quidem** „nicht nur nicht — sondern nicht einmal", z. B. Ego *non modo* tibi *non* irascor, *sed ne* reprehendo *quidem* factum tuum. *Non modo* divitiis tuis *non* invideo, *sed ne* gloriae *quidem*. Wenn aber die beiden Glieder ein gemeinschaftliches Prädikat haben und dieses im zweiten Gliede steht, so wird „nicht nur nicht — sondern nicht einmal" durch **non modo — sed ne — quidem** übersetzt, indem die im zweiten Gliede stehende Negation auch für das erste Glied gültig gedacht wird, z. B. Assentatio *non modo* amico, *sed ne* libero *quidem* digna est. *Non modo* proditori, *sed ne* perfugae *quidem* locus in meis castris cuiquam fuit. Dolorem *non modo* summum, *sed ne* malum *quidem* esse philosophi affirmant. (Ausnahmen ganz vereinzelt, doch durchweg von der Kritik angefochten, z. B. Cic. Mur. 8 u. Cat. 4, 19 vergl. mit Rosc. Am. 65.)

Anm. 1. Eine beiden Gliedern gemeinschaftliche, an die Spitze des Gedankens tretende Verneinung mit *nemo*, *nihil*, *nullus* begreift natürlich zugleich non schon in sich, z. B. Nemo non modo agrestis, sed ne doctus quidem homo id concedet. Nihil eis Verres non modo de fructu, sed ne de bonis quidem suis reliqui fecit.

Anm. 2. Statt non modo non steht mit besonderer Kraft das einfache *non*, z. B. Homo *non* nequam, *sed etiam* tuo iudicio probatus. Tibi amplissimae dignitatis praemia data sunt *non* postulanti imperia, *verum etiam* recusanti. — Statt sed ne — quidem findet sich auch das schwächere *sed vix*, z. B. Obscenitas non modo non foro digna, *sed vix* convivio liberorum.

Anm. 3. *Non modo* (resp. *non solum*) kann auch im zweiten Gliede stehen; alsdann sagt man: a) (*etiam*) — *non modo* statt non modo — sed (etiam); b) *ne* — *quidem* — *non modo non* statt non modo non — sed ne — quidem oder *ne* — *quidem* — *non modo* statt non modo — sed ne — quidem; c) *vix* — *non modo* statt non modo — sed vix. Cf. Secundas *etiam* res nostras, *non modo* adversas pertimescebam. Apollinis oracula *ne* mediocri *quidem* cuiquam, *non modo* prudenti probata sunt. Mihi id, quod rogas, *ne* licet *quidem*, *non modo non* lubet. Est quaedam opinione species deorum in oculis, *non modo* (oder *non solum*) in mentibus. Fessus ego sum iam vivendo, *non solum* rebus gerendis. Cf. auch 388.

520. **Aut — aut** kann statt *neque* — *neque* dann stehen, wenn in dem Satze schon eine allgemeine Negation vorausgeht, z. B. Nemo hoc factum *aut* admirabitur *aut* imitabitur. Nullo labore *aut* corpus Hannibalis fatigari *aut* animus vinci poterat. Nunquam apud iudices *aut* dolorem *aut* misericordiam *aut* invidiam *aut* odium excitare dicendo volui. Nemo unquam *aut* poeta *aut* orator fuit, qui quemquam meliorem se arbitraretur. Cf. 503, 8. (Statt aut — aut steht in diesem Falle seltener auch *vel* — *vel*).

Anm. Das deutsche **„und weder — noch"** heißt (namentlich bei Fortsetzung einer vorangegangenen Negation) **neque aut — aut** (seltener *neque vel* — *vel*), z. B. Constantis est nullo casu perturbari *neque aut* spe *aut* metu de suscepta sententia deterreri. Ohne vorhergehende Negation heißt „und weder — noch" oft auch *neque* — *neque*, seltener *et neque* — *neque*, z. B. Avaritia insatiabilis est *neque* copia *neque* inopia minuitur. Operae pretium est audire, qui omnia prae divitiis humana spernunt *neque* honori magnum locum *neque* virtuti putant esse. Moderati *et nec* difficiles *nec* inhumani senes tolerabilem senectutem agunt. Regulus Carthaginem rediit *nec* caritas patriae *nec* suorum eum retinuit. Prudentia constat ex scientia rerum bonarum et malarum *et nec* bonarum *nec* malarum.

521. Zwar heißen **non magis — quam** und **non minus — quam** beide „ebenso sehr — als" (= aeque — ac), aber dabei ist zu bemerken, daß: 1) bei *non magis — quam* der wichtigere Gedanke in dem Satzgliede mit quam steht, während bei *non minus — quam* der wichtigere Gedanke in dem Satzgliede mit non minus ausgesprochen wird. Demnach müssen wir im Deutschen die Glieder umkehren, wenn im Lateinischen non magis — quam angewendet ist, z. B. Alexander *non* ducis *magis quam* militis munia exsequebatur „Alex. leistete ebenso sehr die Dienste eines gemeinen Soldaten als die eines Feldherrn" = Alexander *non minus* militis *quam* ducis munia exsequebatur. Cf. Militum animi *non minus* laudibus *quam* praemio gaudent. Patria hominibus *non minus* cara esse debet *quam* liberi. Ea domus erat *non* domino *magis* ornamento *quam* civitati. Meae me miseriae *non magis* excruciant *quam* tuae. Cimo in matrimonio habebat sororem, *non magis* amore *quam* more ductus; — 2) daß *non magis — quam* die Bedeutungen „ebenso wenig — als" und „nicht sowohl — als vielmehr" (cf. 516, 4, Anm.) hat, welche Bedeutungen non minus — quam niemals hat, z. B. Tu *non magis* aegrotus es *quam* ego „du bist ebenso wenig krank als ich". Legati Flaminium *non magis* moverunt *quam* litterae moverant a senatu missae. Non nascitur ex malo bonum, *non magis quam* ficus ex olea. Ius apud veteres Romanos *non* legibus *magis quam* natura valebat „das Recht wurde bei den alten Römern nicht sowohl durch den Buchstaben des Gesetzes als durch das natürliche Gefühl hochgehalten" (= non tam legibus quam natura oder minus legibus quam natura).

Anm. Statt non magis — quam findet sich selten auch *non plus — quam*.

522. 1) **Aut hat ausschließende Kraft und bezeichnet, daß von den aufgeführten Dingen nur eines stattfinden kann, oder daß doch die Begriffe als entgegengesetzt oder scharf getrennt betrachtet werden sollen:** Hic vincendum *aut* moriendum est. Semel *aut* non saepe. Ceteri metu *aut* pretio pacati sunt. Audendum est, aliquid universis *aut* omnia singulis patienda. **Sehr oft wird es des Nachdrucks wegen verdoppelt** (**aut — aut** „entweder — oder"): Animus *aut* est *aut* non est. Omne enuntiatum *aut* verum *aut* falsum est. *Aut* vivam *aut* moriar Es kann auch mehr als zweimal stehen: Multi *aut* natura corporis *aut* consuetudine dolendi *aut* metu mortis vim tormentorum pertulerunt. Omne corpus *aut* aqua *aut* aer *aut* ignis *aut* terra est *aut* id, quod est concretum ex his *aut* ex aliqua parte eorum.

Anm. 1. Zu Anfang eines ganzen Satzes bedeutete **aut** oft „sonst, widrigenfalls", z. B. Oratori omnia bene sunt dicenda, *aut* eloquentiae nomen relinquendum est. Oft so auch *aut — aut*, z. B. *Aut* haec ars est *aut* nulla omnino „dies ist eine Wissenschaft, sonst giebt's überhaupt keine". *Aut* omnia me fallunt *aut* Caesar vincet „Cäsar wird siegen, sonst müßte mich alles täuschen". Cf. 478. — In negativen Sätzen sowie in Fragen und Vergleichen, in denen ein negativer Sinn liegt, hat *aut* (oder *aut — aut*) lediglich hinzufügende Kraft. Cf. 503, 8 u. 520.

Anm. 2. Wenn **aut** mit einem stärkeren oder weiteren Begriffe einen schwächeren oder engeren verbindet, hat es die Bedeutung „oder doch, oder wenigstens" (= *aut certe, aut saltem*), z. B. Nisi Marius evadere oppido properavisset, profecto cuncti *aut* magna pars Siccensium fidem mutavissent. Legati civitates ad societatem perlicere *aut* avertere a Poenis studebant. Umgekehrt bei Hinzufügung eines stärkeren oder weiteren Begriffes zu einem schwächeren oder engeren bedeutet *aut* „oder gar, oder vielmehr", z. B. Non multum *aut* nihil mihi concessisti. — „Oder vielmehr" heißt klassisch nur vereinzelt *aut potius* (z. B. Cic. Tusc. 1, 23; Cato m. 35; Verr. 3, 113), regelmäßig *vel potius* oder *sive potius* oder bloß *aut* (cf. 551, 19).

2) **Vel (abgeleitet vom Verbum velle: „willst du so oder willst du so?") bezeichnet einen bloß subjektiven, d. h. der jedesmaligen Wahl überlassenen Unterschied,** z. B. Ubii orabant, ut Caesar sibi auxilium ferret *vel* exercitum modo Rhenum transportaret. Fortitudo est scientia rerum perferendarum *vel* affectio animi in patiendo ac perferendo summae legi parens sine timore. Est fragilis ea fortuna populi, quae posita est in unius voluntate *vel* moribus. **Am häufigsten steht vel einfach berichtigend, um den zutreffenderen Ausdruck an die Stelle eines minder guten zu setzen; alsdann tritt oft ein *potius* oder *dicam*** (cf. 551, 19)

hinzu: Homo minime malus *vel potius* optimus. Stupor hominis *vel dicam* pecudis A plerisque *vel, ut verius dicam*, ab omnibus. Verdoppelt trennt **vel — vel** Dinge, welche ein Drittes nicht notwendig ausschließen und zwischen denen die Wahl vollständig freigestellt ist („sei es — oder sei es"), z. B. Miltiades dixit ponte rescisso regem *vel* hostium ferro *vel* inopia paucis diebus interiturum. Sic erat in omni *vel* officio *vel* sermone sollers. L. Catilinam ex urbe *vel* eiecimus *vel* emisimus „soll ich sagen hinausgetrieben oder hinausgelassen". Catilina bei Sallust sagt zu seinen Genossen: *vel* imperatore *vel* milite me utimini und versteht dabei: „es ist mir gleich, wozu ihr mich gebraucht, nur gebraucht mich". Cf. auch 517 und 520.

3) **Ve** (angehängt) **ist noch schwächer als vel und verbindet Begriffe, die zwar dem Ausdrucke nach unterschieden sind, deren Wahl aber für die Sache ganz gleichgültig ist**: Auditores in hilaritatem risum*ve* convertere. Nullum membrum rei publicae invenies, quod non fractum debilitatum*ve* sit.

4) **Sive (seu) ist von vel wenig unterschieden; es bezeichnet, daß dem Sprechenden die Wahl des einen oder andern Teiles ganz gleichgültig sei**: Hoc Plato *sive* quis alius dixit. (Vereinzelt findet sich statt dieses sive auch *an*, z. B. Cic. fin. 2, 104; Brut. 89; Fam. 7, 9, 3; Att. 1, 3, 2.) **Am liebsten steht sive mit *potius* berichtigend**: Nihil perturbatius hoc ab urbe discessu *sive potius* turpissima fuga. Verdoppelt steht **sive — sive** in der Bedeutung „sei es — oder" (cf. 330), z. B. *Sive* casu *sive* consilio deorum immortalium illi poenas persolverunt. Cretum leges, quas *sive* Iuppiter *sive* Minos sanxit, laboribus erudiunt iuventutem. *Sive* anima *sive* ignis est animus, eum iurarem esse divinum.

Anm. 3. „Oder" bei solchen Begriffen, die nur dem Wortlaute nach verschieden sind, heißt **sive, seu**, z. B. Mars *seu* Mavors, Bacchus *sive* Liber, figurae ***seu*** translationes. — Statt sive — sive steht klassisch selten *si* — *sive* oder *si* — ***si*** (Caes. b. g. 4, 17, 10; Cic. Divin. 2, 149).

523. Bei Zahlen heißen **ve, aut, vel** „bis" und dienen zur Bezeichnung des geringen Unterschiedes; also: Ter quater*ve* (od. *aut* quater) eum vidi „ich habe ihn drei oder vier Male gesehen". Dagegen heißt Ter quater*que* oder ter *et* quater te punivi „ich habe dich schon dreimal oder viermal strafen müssen" (= ter vel etiam quater). Homo bis ter***que*** stultus „ein doppelter und dreifacher Narr". Haec iudicatio tibi unum alterum*ve* diem auferet. A te bis ter*ve* summum et eas quidem perbreves litteras accepi. Unum ***aut*** alterum *vel* cum plurimos tres *aut* quattuor admittere solebat. Biduum *aut* triduum (Cic. Tusc. 2, 40), biduo triduo*ve* (Att. 7, 23, 2), triduo *vel* quadriduo (Phil. 14, 15). Is unum iam *et* alterum diem desideratur.

524. 1) **Sed „aber, indessen" bezeichnet, indem es das seinem Wesen nach Getrennte von einander absondert, einen das Vorhergehende ganz oder teilweise aufhebenden, beschränkenden oder berichtigenden Gegensatz**: Alcibiades ingeniosus homo, *sed* in omni vita inconstans fuit. Saepe ab amico tuo dissensi, *sed* sine ulla ira. Vera tu dixisse videbare, *sed* nequiquam. Video te testimoniis satis instructum, *sed* apud me argumenta plus quam testes valent. Ipsum quidem regem assecutus non est, *sed* magnam partem agminis oppressit. — **In Übergängen der Rede steht es, wenn man abbricht, um zu etwas anderem überzugehen (*Revocatio*)**: Sed haec (quidem) hactenus, restat ut .... Sed hoc nihil sane ad rem, illa videamus .... Sed satis dictum est de constantia, venio nunc ad alterum illud, ut doceam .... Sed haec missa facio; illud quaero .... Sed in rebus apertissimis nimium longi sumus, perspicuum est enim .... Sed iam sentio me longius esse provectum. Sed quid ego longinqua commemoro? Sed quid externa? domestica quanto illustriora sunt! Sed quid vetera colligo? audite, quid perfecerint Germani. Sed quid ego de hoc plura disputem? Sed quid opus est plura? Sed nescio quo pacto a re instituta defluxit oratio. Sed, si placet, ad reliqua pergamus. Sed quid attinet de rebus tam apertis plura requirere? Sed de hoc alias, nunc quod instat. Sed haec parva sunt, veniamus ad maiora. Sed haec leviora, illa vero gravia atque magna; **oder wenn man nach einer Abschweifung (*Digressio*) wieder**

zur Sache zurückkehrt (*Reditus ad propositum*): Sed redeo (redeamus, revertamur) ad rem. Sed redeat, unde aberravit, oratio. Sed ad institutam disputationem revertamur. Sed eo, unde degressa est, referat se oratio. Sed ut ad propositum redeat oratio. Sed ut ad id, quod institui, revertar. Sed adhibeat oratio modum et redeat illuc, unde deflexit. Sed haec alia quaestio: nos ad instituta (oder ad propositum) redeamus etc. Cf. Anhang 11.

Anm. 1. *Sed enim* „aber freilich, indessen, natürlich" drückt Gegensatz und Versicherung zugleich aus.

2) **Verum** ist in seiner Anwendung von sed kaum zu unterscheiden; es enthält eine starke Bekräftigung oder Versicherung im Sinne von „aber das muß ich dem Vorhergehenden gegenüber sagen und zur Berücksichtigung anführen, daß": Operae pretium est visere templa deorum, quae nostri maiores, religiosissimi mortales, fecerunt; *verum* illi delubra deorum pietate, domos suas gloria ornabant. Si certum est facere, facias, *verum* ne post culpam conferas in me. Pacem posthac sine dubio habebimus, *verum* cruentam. In der *Revocatio* wie im *Reditus ad propositum* steht verum gerade wie sed, wenn auch etwas seltener.

Anm. 2. Auch die Bedeutung „sondern" ist den beiden Partikeln *sed* und *verum* ohne Unterschied gemeinsam, z. B. Est non scripta, *sed* nata lex, quam non didicimus, *verum* ex natura ipsa arripuimus, ad quam non docti, *sed* instituti sumus.

3) **Vero** (cf. 461, 3) hat als Partikel (nachgestellt!) entweder die nachdrücklich steigernde Bedeutung „erst gar, vollends" oder hebt doch, wenn dieser Affekt nicht so hervortritt, in der Bedeutung „aber, ferner aber" den neuen Gedanken als einen gewichtigeren hervor: Musica Romanis moribus abest a principis persona, saltare *vero* etiam in vitio ponitur. Opimum illud dicendi genus Rhodii nunquam probaverunt, Athenienses *vero* funditus repudiaverunt. Odistis hominum novorum industriam, despicitis eorum frugalitatem, pudorem contemnitis, ingenium *vero* et virtutem depressam extinctamque cupitis. Haec sunt leviora, illa *vero* gravia atque magna. — Besonders zu merken ist **si vero** „wenn vollends, wenn nun gar"; **iam vero** (bei Übergängen) „ferner vollends, ferner nun", cf. 510, Anm.; **nunc vero** (cf. 467, 8); **immo vero** (cf. 483, 11); **nec vero non** „und jedenfalls, und sicherlich" (cf. 500)

Anm. 3. In historischer Erzählung fängt **tum vero** „da aber, jetzt aber" einen Satz an, um eine Katastrophe, d. h. einen Wendepunkt der Handlung einzuführen, z. B. Hannibal Iovem precatus est: *tum vero* omnes proelium una voce poscunt. — Beim Übergange zu einem neuen Teile der Rede stehen *iam vero, age vero* (cf. Anm.). — Im Satzanfange bedeutet **et vero** gewöhnlich „und wirklich, und in der That" (= et profecto, et hercle, cf. 506, 3), nicht selten aber auch im Sinne bloßer Weiterführung „und auch" oder „und zwar", (ebenso *neque vero* „und auch nicht, und zwar nicht"). Beachte auch *neque — neque vero* „weder — noch auch".

4) **Autem** (nachgestellt) ist die schwächste Adversativpartikel; sie will nicht das Gesagte aufheben oder den Gegensatz scharf betonen, sondern nur (wie das griech. δέ) das Neue als etwas vom Vorhergehenden Verschiedenes anführen oder in der Erzählung fortfahren; sie verbindet nur Sätze und hat oft den schwachen Sinn „weiter, ferner, desgleichen, und" (cf. 510, Anm.). „*Autem* bezeichnet den indifferenten Gegensatz eines Neuen gegen das Frühere zur Fortführung der Rede" (Nägelsbach), z. B. Versutos eos appello, quorum celeriter mens versatur, callidos *autem*, quorum animus usu concalluit. Duplex est considerandi via, quarum altera est longior, brevior altera; est *autem* longioris prima illa quaestio, sitne omnino ulla numerosa oratio. Croesus hostium vim sese perversurum putavit, pervertit *autem* suam. Quam brevi tempore quot et quanti poetae, qui *autem* oratores extiterunt! — Über autem in der Propositio minor eines Schlusses cf. 527.

Anm. 4. Längere Parenthesen, die deutsch oft ohne alle Verbindung mit der übrigen Rede stehen, werden im Lateinischen verhältnismäßig selten asyndetisch eingeschaltet oder angefügt,

z. B. Aliquid praeterea — (timide dico, sed tamen dicendum) — ipsi omnes satis novistis. Quamobrem — (redeo nunc ad querelam) — ego te suffragium tulisse non credo. Vielmehr werden dieselben fast stets, jenachdem sie begründenden oder erklärenden Inhalt haben, durch *nam, namque, enim, etenim* oder *autem* eingeführt. Cf. Tribuni militum foedera ac leges — (erant *autem* eae duodecim tabulae et quaedam regiae leges) — conquiri iusserunt. Archias primum Antiochiae — (*nam* ibi natus erat loco nobili) — celeriter antecellere omnibus ingenii gloria coepit. Adulescens materno genere impar — (*nam* pater eius ex concubina ortus erat) — tamen regi carus acceptusque erat. Si in rei publicae partibus dissensio intercesserit — (loquor *enim* iam de communibus amicitiis) —, cavendum erit, ne .... *Autem* steht besonders gern in solchen parenthetischen Zusätzen, durch welche zu der vorangehenden relativen oder bedingenden Bestimmung eine absolute oder objektive gefügt wird, z. B. Quotienscunque filium tuum video — (video *autem* fere cotidie) —, de te ipso recordor. Si quae praeterea sententiae sunt — (credo *autem* esse multas) —, a philosophis ipsis quaeritote. Nicht selten lassen sich deutsche Parenthesen auch durch Umformung in einen Kausalsatz mit dem übrigen Gedanken aufs engste vereinigen.

5) **At** (die altertümliche Form *ast* werde vermieden) **ist die stärkste Adversativpartikel; sie wird gebraucht, um einem Gedanken, der als an sich gültig anerkannt wird, einen andern, der gleichfalls gültig ist, mit scharfem, pathetischem Nachdruck entgegenzustellen, wodurch der erste beschränkt oder zurückgewiesen wird („dagegen, dagegen aber, aber doch“):** Magnae divitiae, vis corporis, cetera omnia huiusmodi brevi dilabuntur, *at* ingenii egregia facinora immortalia sunt. Brevis a natura vita nobis data est, *at* memoria bene redditae vitae sempiterna. Croesus, Dareus, Alexander divitiis, fama, opibus floruerunt: *at* quam diu illi imperium tenuerunt, quam diu hic fructum cepit maiestatis! Zur Bekräftigung des Gegensatzes dienen die Verbindungen **at vero** „aber fürwahr“ und **at certe** „aber sicherlich“, zur stärkeren Hervorhebung **at contra** „aber im Gegenteil“ und **at tamen** „aber dennoch“, zur Steigerung **at etiam** „aber sogar“. — **Besonders sind drei Gebrauchsweisen von *at* zu merken:** a) **es führt einen Einwurf, der dem Redenden gemacht wird oder den er sich selbst macht, oder eine schlagende Widerlegung eines Einwurfs ein („aber, wird man sagen; aber, könnte man einwenden; aber, höre ich sagen; aber darauf ist zu erwidern“):** Non potest esse miser quisquam sensu perempto; *at* id ipsum odiosum est, sine sensu esse. Multi ita sunt imbecilli senes, ut nullum vitae munus exsequi possint; *at* id quidem non proprium senectutis vitium est, sed commune valetudinis. Canes aluntur in Capitolio, ut significent, si fures venerint; *at* fures internoscere non possunt. (NB. Man hüte sich, in diesem Falle zu dem at ein *inquies* oder *dicet quispiam* od. dergl. zu setzen! cf. 551, 20); — b) **es führt nach einer vorausgehenden Bedingung eine Beschränkung im Sinne von „so doch wenigstens“ ein** (cf. 377 a. E.): Quintus Naevium obsecravit, ut aliquam *si non* propinquitatis, *at* aetatis suae, *si non* hominis, *at* humanitatis rationem haberet. *Si* vos urbis *nulla* cura tangit, *at* veremini deos vestros. — c) **es dient in einem eingeschobenen oder für sich bestehenden Ausrufe zur Einführung dessen, was Bewunderung oder Unwillen erregt (deutsch oft „ach“ oder „und“):** Si istuc venissem, habuissem non hospitem, sed contubernalem: *at quem virum*! Horum omnium studium una mater oppugnat: *at quae mater*! Sulla regem Bocchum commovit, *at quanta difficultate*! ut Iugurtham vinctum sibi traderet. Plagis confectus est civis Romanus: *at quam ob causam*! „und weshalb!“

6) **Tamen hat seinen Platz nach eigentlichen Konzessivsätzen, mögen diese mit einer Konzessivpartikel (quamquam, quamvis etc.) vollständig ausgedrückt oder in anderer verkürzter Form (z. B. in einem Participialsatze,** cf. 446) **gegeben oder aus dem Vorhergehenden zu ergänzen sein; in den beiden ersten Fällen heißt es „doch, dennoch“, im letzten „jedoch, trotzdem“. Im Nachsatze eines Konzessivsatzes steht es voran; nur wenn ein Wort mit Nach-**

druck hervorgehoben werden soll, hinter diesem. — **Et tamen** „und dennoch"; **at tamen** „aber dennoch"; **sed tamen, verumtamen** „indessen, indessen doch".

Anm. 5. Statt tamen steht auch *nihilo minus* oder *nihilo setius* „nichtsdestoweniger", z. B. Etsi nihil profeci, nihilo minus maximo sum animo. Zuweilen tritt noch *tamen* hinzu, z. B. Cic. fam. 4, 13, 2; Cluent 76. Caes. b. c. 3, 17, 4.

7) **Ceterum** „übrigens" wird von einigen Schriftstellern (Livius und anderen Historikern) auch für sed und verum gebraucht: Non consulibus, *ceterum* dictatori legiones traditae sunt. Simulabat se negotii gratia properare, *ceterum* proditionem timebat.

525. **Atqui** (zu Anfang des Satzes) „gleichwohl aber; ja, aber doch" räumt das Vorhergehende ein, fügt aber eine entgegengesetzte Behauptung mit versichernder Kraft hinzu, um das Erstere umzustoßen oder zu entkräften: Magnum narras, vix credibile; *atqui* sic habet. O rem, inquis, difficilem et inexplicabilem; *atqui* explicanda est. Mei compos non sum, *atqui* opus est nunc cum maxime, ut sim. Zuweilen überwiegt die Entgegensetzung, so daß die Einräumung zurücktritt („dagegen, im Gegenteil"), zuweilen gilt nur die Einräumung („allerdings, freilich"); cf. Cic. Tusc. 5, 17 u. 28; de or. 3, 51. — Besonders wichtig ist der Gebrauch von *atqui* im Untersatze von Schlußreihen (cf. 527).

526. Das deutsche „aber, wohl aber" wird gar nicht übersetzt und „nicht aber, aber nicht (und nicht)" bloß durch *non* ausgedrückt in schroffen (direkten oder geraden) Gegensätzen, zumal kürzeren, wenn der Gegensatz sich als solcher von selbst ankündigt und durch das Nichthinzutreten der Partikel nachdrücklicher hervorgehoben wird; dabei ist aber oft notwendig, daß das Verbum im zweiten Gliede wiederholt oder durch ein passendes Synonymum ersetzt werde (cf. 472): **Asyndeton adversativum** (cf. 551, 1), z. B. Mihi omnis oratio est cum virtute, *non* cum desidia, cum dignitate, *non* cum voluptate. Obsides dare, *non* accipere assuevimus. Insignia victoriae, *non* victoriam reportaverunt. Ubertas orationis tibi non defuit, rationes defuerunt „wohl aber die Gründe". Horum ego cogitationem non vereor, impetum pertimesco. Clodius dictitabat consulatum Miloni eripi non posse, vitam posse. Cf. jedoch 512, Anm. 1.

Anm. 1. Höchst selten steht bei Klassikern *non autem* im negativen Gegensatze für das einfache *non*, z. B. Cic. Fin. 3, 49; nat. d. 3, 34; ebenso selten *nec* oder *neque*, z. B. Sall. Cat. 24, 3; Iug. 88, 4; Liv. 5, 12, 5; 3, 55, 1. — Nicht häufig fällt bei vorausgehender Negation sed im Sinne von „sondern" weg, z. B. Non multi cibi hospitem accipies, multi ioci. Nulla vi, nulla contumelia, auctoritate et exhortatione rem perfeci. Non egeo medicina, me ipse consolor.

Anm. 2. Das *Asynd. adversat.* ist auch zwischen Sätzen und ganzen Perioden nicht selten, z. B. Est ridiculum ad ea quae habemus nihil dicere, requirere quae habere non possumus. Vereor, ne hos tenere potuerimus, tribunos plebis amiserimus. Galli, nisi perfregerint munitiones, de omnium salute desperant, Romani, si rem obtinuerint, finem laborum exspectant. So besonders im Enthymem (cf. 528), z. B. Timor saepe aegritudinem potuit repellere: ratio ac sapientia non poterit?

1) Opifices in artificiis suis saepe adhibent vocabula nobis incognita, usitata sibi (man achte auf den Chiasmus!). 2) Quid est, cur a magistro tuum peccatum non reprehendatur, reprehendatur meum? 3) Lycurgus Spartam fortitudine civium, non moenibus muniri voluit. 4) Aliena vitia facile cernimus, nostra neglegimus (od. nostra non item, cf. 472). 5) Maharbal: Non eidem profecto, inquit, dii omnia dederunt; vincere scis, Hannibal, victoria uti nescis. 6) Tantum cibi potionisque adhibendum est, ut vires reficiantur, non opprimantur. 7) Ut otio concesso fruor, ita solitudinem, quam necessitas, non voluntas mihi affert, non patior languere et in philosophia scribendique opera omne studium diligentiamque colloco. 8) Abiectissimi isti sunt homines, qui praesentibus blandiantur, rodant absentes. 9) Ut hirundo aestate advolat, instante hieme avolat: sic infidus amicus rebus laetis praesto est, commutata fortuna deserit amicum.

527. Der logische oder dialektische Schluß (**Syllogismus**) besteht in seiner strengen Form aus drei Teilen: dem Obersatze (*propositio* oder *propositio maior*), welcher eine allgemein anerkannte

Regel oder Wahrheit enthält; dem Untersatze (*assumptio* oder *propositio minor*), welcher die Subsumption des Besondern unter das Allgemeine enthält; und dem Schlußsatze (*conclusio* oder *complexio*), welcher das aus den beiden vorhergehenden Sätzen abgeleitete Urteil enthält. Ober- und Untersatz werden zusammen auch Prämissen (*sumptiones*) genannt. Greifen mehrere Schlüsse syllogistisch ineinander, so entsteht ein Kettenschluß (Sorites).

Der **Untersatz** wird im Deutschen mit „nun (aber)", im Lateinischen mit **atqui** oder **autem**, seltener mit dem lebhaften *at* oder mit *et, ac, porro, iam* oder *iam vero* eingeführt; der **Schlußsatz** im Deutschen mit „folglich, demnach, also", im Lateinischen mit **ergo** (cf. 530, 1) oder **igitur** (cf. 530, 3), zuweilen mit *ita* oder *quod si est,* häufiger mit den Wendungen *ita fit ut, ex quo fit ut, ex quo efficitur* mit Acc. c. inf. oder ut, *ex quo intellegitur* (*intellegendum est, perspicuum est, concluditur, consequens est*) mit Acc. c. inf., oder *sequitur ut* (oder mit *Acc. c. inf.*). Cf. Quod ratione utitur, id melius est quam id, quod ratione non utitur; nihil *autem* mundo melius: ratione *igitur* mundus utitur. — Fortis vir aegritudine numquam afficitur; *atqui* omnes sapientes fortes sunt: non cadit *ergo* in sapientem aegritudo. — Sapiens numquam perturbatus est; *at* aegritudo perturbatio animi est: semper *igitur* ea sapiens vacabit. — Qui in morbo sunt, sani non sunt; *et* omnium insipientium animi in morbo sunt: *ex quo intellegitur* omnes insipientes insanire. — Videtis nihil esse morti tam simile quam somnum; *iam vero* dormientium animi declarant divinitatem suam: *ex quo efficitur,* quales futuri sint, cum se plane corporis vinculis relaxaverint. — Nec in misera vita quicquam praedicabile aut gloriandum nec in ea, quae nec misera sit nec beata; *et* est in aliqua vita praedicabile aliquid et gloriandum: *quod si est,* beata vita glorianda et praedicanda est. — Kettenschluß: Animus ipse se movet; quod *autem* se ipsum movet, principium est movendi; *ergo* animus est principium movendi; *atqui* principii nulla est origo: *ergo* animi nulla est origo; quod *autem* numquam oritur, ne occidit quidem umquam: *ergo* animus non occidit. — Qui fortis est, idem est magni animi; qui magni animi est, res humanas despicit; despicere *autem* nemo potest eas res, propter quas aegritudine affici potest: *ex quo efficitur* fortem virum aegritudine nunquam affici; omnes *autem* sapientes fortes: non cadit *igitur* in sapientem aegritudo.

1) Omnes homines mortales sunt; *atqui* Gaius (od. Gaius *autem*) homo est: *ergo* Gaius (od. Gaius *igitur*) mortalis est. 2) Omnes rapaces bestiae quadrupedes carne vescuntur; *atqui* nulla (od. nulla *autem*) bestia ruminans carne vescitur: *ergo* nulla (od. nulla *igitur*) bestia ruminans rapax est. 3) Omnes homines beati esse cupiunt; *iam vero* sapientia homines beatos reddit: *ex quo efficitur* omnes sapientiae studiosos esse debere.

528. Im allgemeinen können der Natur der Sache nach in der Sprache der Redner und Geschichtschreiber nur selten vollständig und rein ausgeführte Syllogismen vorkommen. Die Stelle derselben vertreten vielmehr die **Enthymeme** (ἐνθύμημα = beherzigenswerter Gedanke), d. h. verkürzte oder unvollständige logische Schlüsse, in denen weder alle Glieder eines Syllogismus vollständig enthalten — (es fehlt bald die Propositio maior, bald die Pr. minor, bald die Conclusio) —, noch die Reihenfolge derselben beobachtet, noch endlich die bündige Form des Dialektikers angewendet zu sein braucht. Demnach sind Enthymeme folgende Schlüsse: „Gaius ist ein Mensch, also ist er sterblich"; — „Alle Menschen sind sterblich, also ist es auch Gaius"; — „Gott ist allwissend, folglich ist ihm nichts verborgen"; — „Der Mörder verdient den Tod, und du hast gemordet"; — „Ist etwa das Geld ein Gut, das doch jeder schlecht anwenden kann?" — Im besondern versteht man aber unter Enthymem die Folgerung aus Entgegengesetztem (**Argumentum ex contrariis**), die namentlich in zwei außerordentlich beliebten Formen erscheint, nämlich: 1) in der an eine Behauptung gefügten Gegenfrage mit *an* (cf. die Beispiele in 408) und 2) in der direkten Verbindung zweier gegenübergestellten Sätze. Das Wesen dieser letztern Schlußart, welche vorzugsweise Enthymem genant wird, besteht darin, daß von den beiden miteinander zusammengestellten Sätzen der erste eine allgemein zugestandene Thatsache enthalten muß, aus deren Analogie die Gültigkeit des zweiten, zu beweisenden Satzes sich dem gesunden Menschenverstande von selbst ergiebt. Wir Deutschen gebrauchen in diesem Falle meistens das einfache „und" oder auch „während" im Sinne von

„da doch" (cf. 362, Anm. 7). Zur Veranschaulichung der verschiedenen Formen, in welchen das Enthymem vorkommt, möge das Beispiel dienen: „Dies sollten Männer nicht können, während Knaben es gekonnt haben?"

| | |
|---|---|
| a. Prämisse dem Schlußsatze subordiniert: | Quod pueri potuerunt, viri non poterunt?<br>Cum pueri hoc potuerint, viri non poterunt?<br>Si pueri hoc potuerunt, quanto magis viri poterunt? |
| b. Prämisse dem Schlußsatze koordiniert: | Pueri hoc potuerunt: viri non poterunt?<br>An pueri hoc potuerunt: viri non poterunt?<br>Ergo pueri hoc potuerunt: viri non poterunt? |

Anm. Um dem Enthymem mehr Nachdruck zu geben, wird demselben oft das fragende *quid*? vorausgeschickt (cf. 410). — Im Schlußsatze kommt oft die in 488 besprochene Ausdrucksweise zur Anwendung.

1) Cum liberi parentibus gratiam referre magnopere studeant, cives patriae, communi omnium parenti, fortunas suas condonare dubitabunt? 2) Quid? bestiae brutae hominum prudentia ad quandam rationis similitudinem virtutisque imaginem informari possunt: homines ipsi ratione praediti naturam non poterunt vincere? 3) Ergo venandi studium ac voluptas homines per nives ac pruinas in montes silvasque rapit: nos belli necessitatibus eam patientiam non adhibebimus, quam vel lusus et voluptas elicere solet? 4) Legati quod erant appellati superbius, patres vestri Corinthum, totius Graeciae lumen, extinctum esse voluerunt: vos Mithridatem inultum esse patiemini, qui legatum populi Romani excruciatum necavit? 5) Quid? cum pueros Lacedaemone, adulescentes Olympiae videris excipientes gravissimas plagas et ferentes silentio: si te forte dolor aliqui pervellerit, tu exclamabis ut mulier? 6) Si maiores nostri, nulla ipsi iniuria lacessiti, propter socios cum Antiocho bella gesserunt: quanto maiore vos studio convenit iniuriis provocatos sociorum salutem una cum imperii vestri dignitate defendere?

529. 1) **At enim** (*ἀλλὰ γάρ*) „aber — ja doch, aber — freilich" steht oft für das einfache *at* (cf. oben 524, 5, a) in solchen Einwürfen, mit welchen man einem von anderer Seite zu erwartenden Einwande zuvorkommt und sich selbst ihn macht, um ihn gleich zu widerlegen (*Occupatio*, cf. 551, 20); enim ist hier nicht Begründungs-, sondern Versicherungspartikel (cf. 533, Anm. 1), ebenso wie *γάρ* in der Verbindung *ἀλλὰ γάρ*. Cf. Cic. Pomp. 51; Tusc. 5, 47. — Zur Verstärkung des Einwurfs dient auch *at vero* oder *at enim vero*, welches jedoch gewöhnlich nur bei einem zweiten, gesteigerten Einwurfe steht, nachdem der erste bereits widerlegt ist.

Anm. Viel seltener als das einfache at dient *at enim* zur Widerlegung, (also nicht in der Occupatio), z. B. Cic. Off. 1, 144; de or. 3, 47 u. 188.

2) **Enimvero** hat keinen adversativen Sinn, sondern ist eine starke Versicherungspartikel mit der Bedeutung „ja wahrhaftig, bei meiner Treu": Enimvero ferendum hoc non est. Enimvero mirari satis non queo.

3) **Verumenimvero** bezeichnet (schon durch seine Massenhaftigkeit) eine mit Nachdruck ausgesprochene, gleichsam alles überbietende gegensätzliche Versicherung = „aber wirklich und in der That, aber wahrhaftig": Vociferantur multi a doctrinae studio orta esse mala; verumenimvero illos in tristissimo errore versari quis est, qui neget?

530. 1) **Ergo** „folglich" ist das eigentliche Wort für unser „also" in einem logischen (auf Vernunftgründen beruhenden) Schlusse aus vorhergeschickten einzelnen Sätzen (cf. 527); sodann bezeichnet es überhaupt die logische Folge, z. B. Caret senectus epulis exstructisque mensis et frequentibus poculis; caret *ergo* etiam vinolentia et cruditate et insomniis. Es wird entweder einem andern starkbetonten Worte nachgesetzt oder (meistenteils) selbst als bedeutsames Wort an die Spitze des Satzes gestellt.

2) **Itaque** „infolgedessen, daher" bezeichnet eine aus vorliegenden Umständen folgende Thatsache und ist nicht weit verschieden von dem relativischen *quare, quamobrem, quocirca, quapropter* und von der Verbalumschreibung *ita fit, ut* (oder *eo factum est, ut)*,

z. B. In Phocione tantum fuit odium multitudinis, ut nemo ausus sit eum liber sepelire; *itaque* („und so kam es, daß") a servis sepultus est. — Intellegebant Lacedaemonii sibi cum Atheniensibus de principatu certamen fore; *itaque* eos quam infirmissimos volebant esse.

Anm. *Itaque* bedeutet eigentlich „und so", in welcher Bedeutung das Wort auch oft vorkommt, z. B. Peto abs te, ut eum in meis intimis scias esse *itaque* tractes, ut intellegat meam sibi commendationem magno adiumento fuisse. Te rediturum dixeras *itaque* fecisti. In diesen Fällen wird *itáque* betont, die Konjunktion *ítaque*.

3) **Igitur** „somit, mithin, also, nun" giebt eine Folge oder Folgerung an, die sich unter den obwaltenden Verhältnissen als selbstverständliches Resultat ergiebt; igitur vereinigt demnach die logische Kraft der Partikel ergo mit der realen Bedeutung von itaque: Bestiolae quaedam unum diem vivunt; ex his *igitur* hora octava quae mortua est, provecta aetate mortua est. Laco quidam, cum hostis in colloquio dixisset: solem prae iaculorum multitudine non videbitis, in umbra *igitur*, inquit, pugnabimus. Im Schlußsatze (cf. 527) hat es dieselbe Kraft wie ergo. Nicht selten steht es auch in der Bedeutung von atque (cf. 510) beim Übergange zum ersten Teile einer Auseinandersetzung, wenn eine Ankündigung der Teile des Themas vorausgegangen ist.

Anm. Mehrere vorangegangene Begriffe oder Gedanken werden zuletzt durch *igitur* zu einem Ganzen zusammengefaßt, z. B. Pro imperio, pro exercitu, pro provincia, pro triumpho ceterisque laudis insignibus, quae sunt a me repudiata, pro his *igitur omnibus rebus* nihil aliud postulo nisi . . . . Cf. Cic. Cat. 4, 23; Tusc. 1, 70; de Or. 2, 105.

4) **Proinde** (verkürzt proin) „demnach" bezeichnet eine an das Vorhergehende sich eng anschließende Aufforderung oder Ermahnung und steht deshalb durchweg nur mit dem Imperativ oder Konjunktiv: Frustra meae vitae subvenire conamini; *proinde* abite, dum est facultas. Quae resecanda sunt, non patiar ad perniciem civitatis manere; *proinde* aut exeant aut quiescant. (Abweichende Konstruktion bei Livius, z. B. 3, 48, 3; 2, 15, 4; 3, 57, 5.)

5) Während sich die ebengenannten folgernden Konjunktionen notwendig auf das Vorhergehende beziehen müssen, finden die demonstrativen Partikeln **ideo, idcirco, propterea** meistens in einem abhängigen Satze mit *quod, quoniam, ut, ne* etc. ihre Erklärung (= „aus dem Grunde, aus der Ursache"), z. B. Omnium fortissimi sunt Belgae *propterea, quod* a cultu atque humanitate provinciae longissime absunt. *Ideo* ad te veni, *ut* te consolarer. Illa sortitio *idcirco* comparata est, ne nimium multi poenam capitis subirent. Indes können dieselben auch auf das Vorhergehende hinweisen (= „aus diesem Grunde, aus dieser Ursache"), z. B. Hostes copias suas ex castris producunt neque *idcirco* Caesar opus intermisit. Unter sich sind diese drei Partikeln kaum voneinander zu unterscheiden.

Anm. 1. Bei Livius ist die Häufung *itaque ergo* „daher also" zu finden (z. B. 1, 25, 2).

Anm. 2. Der Abl. *eo* steht zuweilen im Sinne von ideo „deshalb, zu dem Zwecke": Homines suorum mortem *eo* lugent, quod eos orbatos vitae commodis arbitrantur. Fertilissimus ager *eo*que abundans omni copia rerum est regio. Germani mercatoribus aditum dant magis *eo*, ut, quae bello ceperint, quibus vendant, habeant, quam quo ullam rem ad se importari desiderent. Cf. 108, Anm. 3.

Anm. 3. *Hinc* und *inde* werden besser nicht als Konjunktionen betrachtet, da sie ihre eigentliche Bedeutung „von hier, hieraus" im klassischen Latein nicht ablegen.

531. *Itaque* steht bei Cicero stets (Or. partit. 23?) zu Anfang der Sätze, *igitur* dagegen nach einem, bisweilen auch nach mehreren engverbundenen Wörtern, z. B. Huic homini parcetis igitur, iudices. An erster Stelle findet sich igitur bei Cicero nur selten, jedoch nicht nur im Schlußsatze von Syllogismen (z. B. Tusc. 3, 14; 4, 42; cf. 527), sondern auch in gewöhnlicher Redeverbindung, z. B. Lael. 39; Tusc. 1, 4. Bei Livius, Sallust und Spätern steht itaque oft nach, igitur dagegen zu Anfang.

Anm. 1. *Igitur*, sowie auch *enim, autem, quidem, vero, etiam, quoque* treten in der Regel zwischen Vor- und Zunamen einer Person: Gnaeus *igitur* Pompeius. M. *enim* Marcellus. P. *autem* Sulpicius. — Wenn *quoque* mit enim und igitur zusammentrifft, so steht es voran, z. B. Haec quoque igitur crimina (Cic. Caecil. 32).

Anm. 2. *Igitur, enim* und *autem* haben in der Regel die dritte Stelle:

a) wenn der Satz mit dem Prädikate und einer Form von *sum* anfängt: Moriendum est *enim* omnibus. Verius est *igitur* illud. Victi sumus *igitur*. Perspicuum est *enim*. (Jedoch findet sich auch: Imbecilla *enim* est natura ad contemnendam potentiam.)

b) wenn der Satz mit *non est, neque est, nihil est, nemo est, quis est, hic est* etc. beginnt: Non est *igitur* natura deorum praepotens. Nihil est *autem* praeclarius mundi administratione. Haec est *enim* Socratica ratio. Quid est *enim* fletu muliebri viro turpius? Ebenso auch, wenn *est* an der zweiten Stelle und ein Tonwort im Satzanfange steht: Temperantia est enim, quae ut rationem sequamur monet.

c) wenn der Satz mit einer Konjunktion, einer Negation, einem Relativum oder Interrogativum beginnt und das darauf folgende Wort hervorgehoben werden soll: Cum dicis *igitur*. Non vidit *autem*. Num vis *igitur* audire? Quid curabo *autem*?

Anm. 3. Wenn *est* als betontes Wort an der Spitze des Satzes steht, so folgen igitur, enim und autem demselben unmittelbar nach: Est *igitur* difficilis cura rerum alienarum.

532. **„Und daher, und deshalb, und also“** heißt nicht et itaque, et (atque) igitur oder igiturque; auch et idcirco, et ergo, ideoque, et proinde sind selten. Man sage einfach *itaque, igitur, ergo* etc., oder *ob eamque rem, et ob eam causam, eaque de causa* etc., oder man wähle mit Auslassung des „und“ die relativischen Konjunktionen *quare, quapropter, quocirca, quamobrem, unde*, oder, was das gewöhnlichste ist, man beseitige „und daher“ durch Periodenbildung (cf. 542, 1), indem man entweder den ersten Satz zu einem begründenden oder den zweiten Satz zu einem konsekutiven umformt, z. B. „Mein Vater ist sehr reich und braucht daher keine Kosten zu scheuen“ pater meus, *cum* divitissimus sit, sumptui parcere non debet oder pater meus divitissimus est, *ut* sumptui parcere non debeat. — 1) *Quia* tempestas mala est, in publicum prodire non possumus od. tempestas (*tam*) mala est, *ut* in publicum prodire non possimus. 2) Aedui, *cum* se suaque ab hostibus defendere non possent, legatos ad Caesarem miserunt auxilium rogatum. 3) Antiquitas abundabat concisis quibusdam sententiis, quae *cum* multum sapientiae haberent, ad deum aliquem auctorem referebantur, ut illud: Nosce te ipsum. 4) Heroes apud veteres vocabantur ii homines, qui *praediti* divina quadam virtute deorum filii haberentur. 5) Decii consulis corpus, quia obrutum superstratis Gallorum cumulis erat, primo die inveniri non potuit. 6) *Sic* iam obduruistis, *ut* admoniti nihil omnino commoveamini.

533. **Nam** (regelmäßig im Anfange des Satzes) steht bei Anführung eines objektiven Beweises, einer Thatsache, welche als Grund angeführt wird; **enim** dagegen hat subjektive Kraft, indem es eine Erklärung anführt, für deren Anerkennung es an das Urteil des Zuhörers oder Lesers appelliert. Übrigens ist der reale Unterschied beider Partikeln ein unwesentlicher, so daß sie z. B. in Parenthesen, welche eine Erklärung oder einen Grund anfügen (cf. 524, Anm. 4), sowie bei erläuternden Beispielen promiscue sowohl in der Bedeutung „denn“ (begründend) als auch in der Bedeutung „nämlich“ (erklärend) gebraucht werden. — **Namque und etenim** (*καὶ γάρ*) sind in Hinsicht ihrer Bedeutung nicht wesentlich von nam und enim verschieden, denn que und et dienen bei ihnen nur zur engern Verbindung mit dem Vorhergehenden. Beide stehen in mustergültiger Prosa an der Spitze des Satzes und zwar *namque* mit besonderer Vorliebe (aber nicht ausschließlich) vor Vokalen. *Enim* hat gewöhnlich die zweite Stelle des Satzes inne (cf. jedoch 531).

Anm. 1. Die ursprünglich versichernde Bedeutung von *nam* und *enim* „in der That, fürwahr“ tritt auch in guter Prosa noch zuweilen zu Tage (z. B. in der Verbindung *nam mehercule* „ja wahrhaftig“, Cic. Verr. 1, 133; 2, 72; de or. 2, 142; aber auch sonst, z. B. Verr. 3, 196; de or. 1, 101. Cf. auch 529), auch bei namque und etenim „und in der That“. — *Nam* (nie enim) wird oft zur Verstärkung der Frage einem Frageworte angehängt, z. B. *quisnam, ubinam, cuiusnam modi*.

Anm. 2. Über *nam non* und *non enim* cf. 513. — Über nam und enim in der Bedeutung „zum Beispiel“ cf. 397. — Über den Wegfall des deutschen „nämlich, denn“ im Epiphonem cf. 551, 5, Anm. u. 551, 1.

Anm. 3. *Nam* und *enim* werden besonders in Gesprächen bei Erwiderungen so gebraucht, daß der Gedanke, worauf sie sich beziehen, nicht ausdrücklich hinzugefügt ist, sondern aus dem Zusammenhange ergänzt werden muß, daher sie im Deutschen oft durch „allerdings, wahrlich, freilich, ja“ übersetzt werden können: Cum Critias respondisset in agro ambulanti ramulum adductum, ut remissus esset, in oculum suum reccidisse, tum Socrates: Non *enim* paruisti mihi revocanti („das ist nicht zu verwundern, denn"). Cf. auch Hor. carm. 3, 11, 1.

Anm. 4. Besonders wichtig sind noch folgende zwei Gebrauchsweisen von **nam**:

a) in der sog. **Praeteritio** (cf. 551, 17), wenn eine für den behandelten Gegenstand bedeutungsvolle Sache ganz flüchtig und gleichsam im Vorbeigehen erwähnt wird, indem man sagt, man wolle dieselbe übergehen oder brauche sie nicht zu erwähnen, da sie ja bekannt oder selbstverständlich oder überflüssig sei, z. B. Quid Achille Homerico foedius, quid Agamemnone in iurgio? *nam* Aiacem quidem ira ad furorem mortemque perduxit. Fortis vir in sua re publica cognitus multa de iuvenum amore scribit Alcaeus; *nam* Anacreontis quidem tota poesis est amatoria („um des Anakreon gar nicht zu gedenken, dessen ganze Poesie aus Liebesgedichten besteht").

b) in der sog. **Occupatio** (cf. 551, 20), wenn etwas dem Vorhergehenden Entgegenstehendes nachträglich widerlegt und zurückgewiesen werden soll und zwar so, daß dieses Gegenteil selbst als etwas bloß Beiläufiges erscheint, das nur einer gelegentlichen oder nachträglichen Berücksichtigung bedarf (deutsch „übrigens, dagegen"; genau: „hiergegen wird nichts einzuwenden sein, denn wenn man etwa einwendet, daß . . ., so ist das irrig, da . . ." oder „so entgegne ich darauf, daß . . ."): *Nam* illud quidem absurdum est, quod quidam dicunt. *Nam* illos quidem dimitto (missos facio, nihil moror), qui censent. *Nam* illa sententia minime probanda est. *Nam* illud quidem funditus eiciendum est, quod a multitudine imperita dici solet. *Nam* illud quidem adduci non possum ut credam, quod a quibusdam affirmari solet. *Nam* quid attinet de eis dicere, qui . . .? *Nam* quid ego de eorum opinione dicam, qui existimant . . .? *Nam* quod scribis. *Nam* quod aiunt. *Nam* si quis hoc forte dicet. *Nam* si quis putat.

534. **Scilicet, videlicet, nimirum, quippe** und **nempe** dienen zwar nicht immer, aber doch sehr oft zur Bezeichnung einer Ironie („natürlich, kein Wunder, ganz begreiflich"): Homo *videlicet* timidus et permodestus (von Catilina). Movet me *quippe* lumen curiae! An und für sich bedeuten *scilicet* und *videlicet* „begreiflicherweise, offenbar" und bezeichnen etwas als leicht erkennbar und der Begründung nicht bedürftig; *nimirum* ((wohl umgestellt aus altl. *mirum* [sc. *est*] *ni*) „natürlich, selbstverständlich"; *quippe* (Grundbedeutung wahrsch. „wieso denn?" in parenthet. Gebrauch) „leichterklärlich, freilich" (cf. 368); *nempe* (verwandt mit nam) „doch wohl, doch sicherlich, allerdings" (welches das Zugeständnis des andern bestimmt erwartet, meist um eine Antwort oder eine Folge als selbstverständlich zu bezeichnen). Cf. Me quidem species quaedam commovit, inanis *scilicet*, sed commovit tamen. Brutus terram osculo contigit, *scilicet* quod ea communis mater omnium mortalium esset. Dareus in fuga, cum aquam turbidam bibisset, negavit unquam se bibisse iucundius; nunquam *videlicet* sitiens biberat. Quid metuebant? vim *videlicet*. Non parva res, sed *nimirum* maxima. Si diligenter, quid Mithridates potuerit, consideraveris, omnibus regibus hunc regem *nimirum* antepones. Sol Democrito magnus videtur, *quippe* homini erudito. Ista ipsa a te apte sunt dicta; *quippe* habes enim a rhetoribus. Apud quem igitur hoc dico? *nempe* apud virum bonum et prudentem. Quid volunt leges? *nempe* ut iis obtemperemus. — Bei Anführung von Gründen heißt *nimirum enim*, *nam nimirum* „denn natürlich", *nimirum quia* „weil natürlich".

# L. Lehre von der Wortstellung, vom Periodenbau, von den Tropen und Figuren.

535. 1) Die **Wortstellung** (Ordo verborum) ist in der lateinischen Sprache, in welcher sich die grammatische Beziehung der Wörter aus deren Flexionsendungen leicht erkennen läßt, weit beweglicher und freier als in den neueren Sprachen. Nichtsdestoweniger lassen sich auch im Lateinischen gewisse Grundsätze für die Ordnung der Worte nachweisen, wiewohl dieselben nie eine ausnahmslose Geltung haben. Die Freiheit der lateinischen Wortfolge ist keine regellose Willkür, so daß die Worte beliebig durcheinander geworfen werden könnten. Stets ist als Hauptregel zu beachten: *Summa orationis virtus est perspicuitas.*

Anm. 1. Wie beschränkt die deutsche Wortstellung im Vergleich mit der lateinischen ist, erhellt daraus, daß selbst die allergewöhnlichsten lateinischen Wortstellungen im Deutschen nicht möglich sind, z. B. Acerrimo *vir* ingenio; huius *auctoritatem* loci; *omnes omnium* temporum imperatores; mea fuit semper *haec* in *hac* re voluntas; atrox Romanorum ad Cannas clades; res in usu posita militari u. s. w.

2) Die Stellung der Worte im Satze ist zunächst die **grammatische** (oder die Konstruktionsordnung). Das Grundgesetz derselben ist: Das Subjekt eröffnet den Satz, das Prädikat schließt ihn, die Objekts- und Nebenbestimmungen werden zwischen diese beiden Hauptsatzteile eingeschlossen und zwar in der Weise, daß sie um so näher bei dem Subjekte oder Prädikate stehen, je enger sie dem Gedanken nach zu demselben gehören. Ein solcher lediglich mit Rücksicht auf die Grammatik geordneter Satz ist z. B.: Canis magnus agricolae, bestia saevissima, heri in foro filio regis vulnus intulisse dicitur.

3) Von der grammatischen Ordnung wird häufig und vielfach abgewichen, sei es um einzelne Satzteile besonders hervorzuheben, oder im Interesse der Deutlichkeit, der Concinnität, des Wohlklangs und der Abwechslung. So tritt neben die grammatische Wortstellung die **rhetorische** (oder invertierte), d. h. die durch bestimmte Zwecke des Darstellenden bedingte. Sie befolgt folgenden doppelten Grundsatz: a) die für den Gedanken bedeutsamsten Glieder müssen auch die ausgezeichnetsten Stellen im Satze haben, d. h. der wichtigste und betonteste Begriff die erste, der zweitwichtigste Begriff die letzte Stelle, z. B. Varia sunt hominum iudicia. Serpit per omnium vitas amicitia. Quae potest esse iucunditas vitae sublatis amicitiis? Movit me oratio tua. Litterarum constat Catonem perstudiosum fuisse in senectute. Aliud iter habemus nullum. Eripiet, extorquebit tibi ista populus Romanus. Doctrinā Graecia nos et omni litterarum genere superabat. Errare mehercule malo cum Platone quam cum istis vera sentire. Magnum animo cepi dolorem; — b) die Worte müssen so gestellt werden, daß ihre Verbindung wohlklingt und ein harmonisch gegliedertes Ganze entsteht (rhythmische Wortstellung).

Anm. 2. Ist die erste Stelle im Satze schon durch ein besonders betontes oder die Darstellung weiterführendes Wort in Anspruch genommen, so wird das Subjekt dadurch hervorgehoben, daß es die letzte Stelle erhält: Dicebat melius quam scripsit Hortensius. Malum mihi videtur esse mors. Aegritudine igitur sublata sublatus est metus.

4) Wie schon angegeben, ist die ausgezeichnetste Stelle im Satze die erste, die nächstausgezeichnete die letzte, während die mittlere immer die unbedeutendere ist. Dabei können jedoch kleine, tonlose Wörter (Konjunktionen, Präpositionen u. s. w.) dem eigentlichen Tonworte vorangehen und an der Spitze des Satzes stehen; sie gehen dann dem Tonworte gleichsam als eine Anakrusis voran, z. B. Per se ius est expetendum. Nam concordia parvae res crescunt, discordia maximae dilabuntur. Poeta peccat, cum probam orationem affingit improbo.

Anm. 3. Es ist nutzlos, über die lateinische Wortstellung in breiter Ausführlichkeit sich zu ergehen, da ohnehin die Mannigfaltigkeit rhetorischer Wendungen nicht erschöpfend behandelt werden kann. Wie die Worte eines größeren Satzes zu ordnen seien, darüber kann lediglich eine genaue Erwägung des auszusprechenden Gedankens und ein für lateinische Sprache gebildetes Ohr entscheiden; deshalb wird im folgenden nur auf einige der wichtigsten Regeln Rücksicht genommen werden.

536. 1) Die Kopula esse steht entweder am Ende, indem sie sich enklitisch an das Prädikat schließt, z. B. Anser avis est; Romani fortes erant; oder sie steht verbindend zwischen Subjekt und Prädikat, z. B. Patres fuerunt auctores; facta sunt exaequanda. Hat aber esse als *Verbum substantivum* die Bedeutung

„da sein, vorhanden sein" oder eine stärkere Betonung (im Deutschen öfters **wirklich**), so tritt es meist an die **Spitze** des Satzes, z. B. Est caeleste numen. Est, est profecto illa vis. Est, ut dicis. Fuit quaedam ab infinito tempore aeternitas. Erant hae difficultates belli gerendi „die erwähnten Schwierigkeiten waren **wirklich** vorhanden". Est enim difficilis cura rerum alienarum. (Cf. auch 531, Anm. 2 und 3).

2) **Attributive Adjektive** werden, a) wenn sie objektiv **unterscheidenden** Charakter haben, ihrem Substantiv regelmäßig **nachgestellt** (dies ist der häufigere Fall, und das gleiche gilt für attributiv zugeordnete **Partizipien**): homo Romanus, ordo equester, ius civile; bellum imminens, res acta; — b) wenn sie zu dem durch das Substantiv bereits hinlänglich bezeichneten Nominalbegriffe mehr subjektiv **beschreibend** oder **ausdeutend** hinzutreten, demselben regelmäßig **vorangestellt**, so häufig Adjektiva des **Lobes** oder **Tadels** wie optimus consul, pulchra virgo, nefarium stuprum, und Bezeichnungen der **Größe** und des **Grades**: magna pecunia, tanta gloria, summum flagitium. Die jeweils umgekehrte Stellung zeigt in der Regel größeren **Nachdruck** an (in Gegensätzen oder anderweit): Punica fides; pugna magna. Doch können auch **formale** Gründe maßgebend sein, indem ein vielsilbiges Attribut einem kurzen Substantiv nachzufolgen pflegt: di immortales, vir egregius, bellum exitiosissimum. Wenn attributive Adjektive u. bes. Partizipien durch adverbiale Bestimmungen erweitert sind, so treten letztere regelmäßig zwischen Substantiv und Attribut in dieser Reihenfolge: homo poena dignus, consul ex gravi vulnere aeger, urbs ab hostibus capta, milites laboribus defatigati. —

Wenn in Ausdrücken wie „alle Flüsse und Meere" ein attributives Adjektiv mehreren Substantiven gemeinschaftlich angehört, so sind folgende Stellungen desselben erlaubt: 1) *Omnes* fluvii et maria; 2) Fluvii *omnes* et maria; 3) Fluvii et maria *omnia*. Unerlaubt ist aber die Stellung Fluvii et *omnia* maria, denn dieses würde heißen: „Die Flüsse und alle Meere". Cf. 11 u. 503, 2.

3) **Pronomina possessiva** stehen fast stets **nach**, z. B. Pater meus, nur bei starker Betonung voran, z. B. Meum consilium accommodabo ad tuum. Spero nostram amicitiam non egere testibus. Haec mea manu scripsi. Haec nostro iure poscimus. Nostra ipsorum domus. Cf. 230, 2.

4) **Pronomina demonstrativa** stehen wegen ihres stärkeren Nachdrucks meistens **vor** dem Nomen, z. B. Hic mons, illo tempore, ea civitas. Wenn aber *ille* soviel bedeutet wie „**jener bekannte**" (cf. 238, Anm. 3), so steht es **oft nach**: Medea illa. Hat das Substantiv ein Adjektiv bei sich, so stehen die Demonstrativpronomina gewöhnlich in der Mitte, z. B. Magnus ille Alexander; bonus hic discipulus; idem ille populus; antiquis illis temporibus. Doch sagt man gewöhnlich *hi omnes*, *illi omnes*.

Anm. 1. In Verbindung mit Possessivpronominen werden die Demonstrativa jenen vorangestellt, z. B. *Haec mea* domus, *ista vestra* arrogantia.

Anm. 2. Bezieht sich ein Demonstrativum auf den **vorhergehenden** Satz oder einen **Teil** desselben, so wird es möglichst weit an den **Anfang**, am liebsten, wenn es angeht, an die **Spitze** des Satzes gestellt, während es im Deutschen oft tief in den Satz hinabgerückt ist, z. B. *Eo* cum Caesar venisset, timentes confirmat. *Id* ut audivit, Corcyram demigravit. Germani arcessiti sunt: *horum* primo circiter milia quindecim Rhenum transierunt „zuerst überschritten 15000 von diesen den Rhein". Helvetii omnia ad profectionem parare constituerunt; ad *eas* res conficiendas biennium sibi satis esse duxerunt „sie glaubten, zwei Jahre genügten ihnen, um diese Maßregeln auszuführen". Miltiades quinquaginta talentis multatus est; *hanc* pecuniam quod solvere non poterat, in vincla coniectus est „er wurde ins Gefängnis geworfen, weil er diese Summe nicht zahlen konnte".

5) **Pronomina indefinita:** aliqui, ullus, nonnulli stehen in der Regel vor ihrem Substantiv; quidam ebensooft nach demselben oder zwischen Adjektiv und Substantiv eingeschoben: quidam homo oder homo quidam; incredibilis quaedam celeritas.

6) Attributive **Genitive** (subjektive wie objektive) stehen gewöhnlich (wie die attributiven Adjektive) hinter dem regierenden Nomen, z. B. Amor parentum, salus rei publicae, odium Hannibalis. Sie stehen aber voran bei stärkerer Betonung, z. B. Atheniensium urbs, manchmal auch (doch keineswegs immer) wenn sie mit ihrem Subst. einen Gesamtbegriff bilden, z. B. Terrae motus „Erdbeben", belli fortuna „Kriegsglück", corporis voluptates „Sinnenlust", anserum ova „Gänseeier" (doch vgl. orbis terrarum „Erdkreis" u. v. a.). Gehört ein Genitiv zwei Nominen gemeinschaftlich an, so steht er entweder vor dem ersten oder hinter dem zweiten oder auch hinter dem ersten, z. B. Caesaris fortitudo et prudentia oder fortitudo et prudentia Caesaris oder auch fortitudo Caesaris et prudentia (cf. auch 536, 2). — Über die sogen. **geschlossenen Ausdrücke** cf. 12 u. 13, Anm. 3.

7) **Appositionen** und **Titel** stehen fast immer hinter dem Worte, zu dessen Erklärung sie dienen, besonders wenn sie mit einem Attribut verbunden sind, z. B. Homerus poeta, Dionysius tyrannus; Alexander, rex Macedonum; Corinthus, lumen Graeciae; Lucullus, summus vir „der große Held Lukull". Ariobarzanes, socius populi Romani. Zuweilen stehen sie voran, aber nur aus rhetorischen Gründen, z. B. An *Scythes* Anacharsis potuit pro nihilo pecuniam ducere: nostrates philosophi non poterunt? *Sapientissimus rex* Philippus Aristotelem Alexandro filio doctorem accivit. Ipse *augur* Tib. Gracchus auspiciorum auctoritatem confessione errati sui comprobavit. Cinna *collegae sui*, Cn. Octavii, caput praecidi iussit. Cf. Cic. Cael. 1, 1: ad *pontificem* Scaevolam; nat. d. 3, 80: cur . . . *pontifex maximus* Q. Scaevola est trucidatus. (Beachte auch die Apposition mit Sperrung: *Propinquus meus* ad te *Q. Tubero* detulit, Cic. Lig. 1. *Gravissimus auctor* in Originibus dixit *Cato*, Cic. Tusc. 4, 3.)

Anm. 3. Der Sprachgebrauch hat jedoch als Regel festgestellt: *Ludi* Floralia, *ludi* Megalensia etc. (cf. 9, Anm.). *Tragoedia* Thyestes. *Fabula* Oedipus. *Rex* Philippus, *rex* Deiotarus u. ä.; doch steht rex auch hinter dem Namen, z. B. Antiochus rex (Cic. Verr. 4, 70; Pomp. 55 u. ö.). Meist steht auch *imperator* als Titel der Kaiser vor dem Namen (imperator Claudius), während *Augusta* „Kaiserin, kaiserliche Prinzessin" nachgestellt wird (Livia Augusta, Claudia Augusta). Vorangestellt werden vielfach auch die einfachen geographischen Appellativa *urbs, oppidum, insula, provincia, mons, flumen* u. ä., z. B. urbs Neapolis (neben Neapolis urbs, aber stets *urbs Roma*), oppidum Cirta (neben Cirta oppidum), provincia Sicilia, insula Rhodus, mons Iura, mons Cevenna, flumen Rhenus (neben Garumna flumen); regelmäßig steht *terra* voran: terra Gallia, terra Italia; *Appia via* ist viel häufiger als *via Appia* (Cic. Mil. 91). Dagegen werden *littera, syllaba, praepositio* und ähnliche grammatische Bezeichnungen nachgestellt, z. B. A littera (nicht littera A). *Ex* praepositio.

8) Cf. 27.
9) Cf. 129 und 130.
10) Cf. 287.
11) Cf. 531.

12) Die Negation **non** (haud) steht regelmäßig unmittelbar vor demjenigen Worte, welches verneint werden soll, und zwar genauer als im Deutschen, z. B. Canis me *non momordit*, sed lambit; canis *non me* momordit, sed fratrem meum; *non canis* me momordit, sed anguis. Die Unterschiede von der deutschen Stellung sind besonders: a) Im Deutschen steht „nicht" in Hauptsätzen nach dem Verb, im Lateinischen vor demselben, z. B. „Ich lache nicht" *non rideo*; „ich kann nicht kommen" *venire non possum*; ira in sapientem *non cadit*. — b) Besteht das Verbum aus einem Infinitiv mit einem Hülfsverb des

Modus, so setzen wir in Nebensätzen die Negation vor den ganzen Ausdruck, der Lateiner aber unmittelbar vor das Hülfsverb des Modus, z. B. Nihil est, quod deus *efficere non possit* „was Gott nicht bewirken kann". Metuo, ne hostes ex castris *prodire non audeant* „nicht hervorzukommen wagen". Wenn aber wirklich der Infinitiv negiert werden soll, so nimmt er auch die Negation vor sich, z. B. Hanc epistulam cur *non scindi* velis, causa nulla est. Si dolor deponi potest, etiam *non suscipi* potest. Daher facere *non possum* „ich kann nicht thun", aber *non facere* possum „ich kann unterlassen"; fieri *non potest* „es ist unmöglich, daß es geschieht", aber *non fieri* potest „es ist möglich, daß es nicht geschieht". — c) Bei Participialformen, die mit *esse* zusammengesetzt sind, tritt die Negation vor das Hülfsverb, z. B. Divitiae sapienti expetendae *non sunt*; dagegen bei Gegensätzen vor das Participium, z. B. Callicrates hac religione non modo ab incepto *non deterritus*, sed ad maturandum concitatus est. — d) Soll die Verneinung sich über den ganzen Satz erstrecken oder mit besonderem Nachdruck hervorgehoben werden, so steht non gern an der Spitze des Satzes und zwar weit häufiger als im Deutschen, z. B. *Non* ego secundis rebus nostris gloriabor. *Non*, si Opimium defendisti, idcirco te isti bonum civem putabunt. *Non*, si tibi ea res grata fuisset, esset etiam probata. *Non* ego iam Epaminondae, *non* Leonidae mortem huius morti antepono. Besonders beliebt sind die Verbindungen: a) *non enim* (cf. 513), *non igitur*, *non ergo*, z. B. *Non enim* audiendi sunt Epicurei. *Non ergo* erunt homines deliciis diffluentes audiendi; b) *non hercle*, *non mehercle*, (*non sane* neben *sane non*; *non profecto* neben *profecto non*). c) Wenn sich ein Relativsatz an die negativen Ausdrücke nemo est, nihil est u. ä. (cf. 398, c) anschließt, so nimmt non in der Regel seine Stelle gleich hinter dem Relativum (oder der Konjunktion ut), nicht vor dem Verbum ein, z. B. Nihil est tam incredibile, *quod non* (oder *ut non*) dicendo fiat probabile. Nemo reliquus est, *quem non* superare possimus. Zuweilen tritt ein Pronomen dazwischen, z. B. Quis est, *qui id non* maximis efferat laudibus? Nulla domus in Sicilia locuples fuit, *ubi iste non* textrinam instituerit. — Cf. auch 536, Anm. 3 u. 472.

Anm. 4. Stellung von **ne — quidem**: In der Regel steht nur ein Tonwort zwischen ne — quidem, z. B. Ne tu quidem, ne cupio quidem; doch werden Präpositionen von ihrem Nomen nicht getrennt, z. B. Ne in templis quidem, ne sine adversario quidem. Das Pränomen tritt bald mit seinem Nomen zusammen, bald allein zwischen ne — quidem, z. B. Ne Lucius Valerius quidem, ne Publius quidem Clodius. Engzusammengehörige, einen Begriff bildende Wörter bleiben ungetrennt, z. B. Ne tam diu quidem; non modo quod non possumus, sed ne quantum possumus quidem cogimur. Gehört ne — quidem zu einem ganzen Relativ- oder Konjunktionalsatze, so wird außer dem Relativ oder der Konjunktion noch das betonte Wort eingeschoben, z. B. Ne si iudex quidem ero de ipso amico, contra ius iurandum faciam. Ne cum solebat quidem id facere (Cic. Mil. 88). Iratus alieno malo gaudet; quod quoniam non cadit in sapientem, ne ut irascatur quidem cadit (Cic. Tusc. 3, 19). — Zu bemerken ist, daß, wo wir sagen „nicht einmal dann, wenn . . .", d. h. „in dem Falle, wenn . . ." man lateinisch nicht *ne tum quidem, si* . . ., sondern nur **ne si — quidem** sagt mit Weglassung von tum, wofür dagegen die betonten Begriffe des Konjunktionssatzes zwischen ne und quidem treten, z. B. „Nicht einmal dann, wenn ihre Verdienste um mich noch so groß wären" ne si summa quidem eorum in me merita constarent; „nicht einmal dann, wenn ich abweichender Meinung bin" ne si dissensero quidem. (*Ne tum quidem, cum* . . . bedeutet „nicht einmal damals, als".) Cf. 384, 13.

13) Cf. 496.

14) Cf. 306, 1 und 2.

Anm. 5. Ut „so daß" wird gern (auch selbst ohne besondern Nachdruck) den Wörtern *vix*, *paene*, *prope*, *prorsus*, sowie den Negationen *non*, *nemo*, *nihil*, *nullus*, *nusquam* u. a. nachgesetzt, z. B. *Vix ut* arma retinere possent; — *nihil ut* de commodis suis cogitarent. Insula sic direpta est, *non ut* ab hoste aliquo, sed ut a barbaris praedonibus vexata esse videatur. Atque eo facto sic doluit, *nihil ut* tulerit gravius in vita. So auch: Iter erat per Sequanos angustum et difficile, *vix qua* (= vix ut ea) singuli carri ducerentur. Cf. 483, 10, Anm. 2.

Anm. 6. Zu merken ist hier auch die **Tmesis**, d. h. die Zerschneidung oder Auflösung eines zusammengesetzten Wortes in seine Teile, z. B. Iamque adeo *super* unus *eram*, d. i. unus supereram. In der guten Prosa ist die Tmesis überhaupt sehr selten; sie kommt fast nur vor: 1) bei den mit *cunque* und *libet* gebildeten Kompositis, z. B. *Quale* id *cunque* est. *Quod* erit *cunque* visum, ages. Catilina *cuius* rei *libet* simulator aut dissimulator; 2) bei den mit der Vorsatzsilbe *per* gebildeten Adjektiven, z. B. Altera pars *per* mihi *brevis* fore videtur. *Per* mihi, *per*, inquam, *gratum* feceris. Mihi Phanias dixit *per* fore *accommodatum*. *Per* enim *magni* aestimo.

Anm. 7. Bei den römischen Personennamen gilt als Regel, daß der Geschlechtsname (nomen gentilicium) dem Beinamen (cognomen) vorangeht, z. B. M. Tullius Cicero, P. Cornelius Scipio. Doch später, als der Geschlechtsname mehr und mehr in den Hintergrund trat, der Beiname hingegen das Übergewicht erhielt, wurde der Beiname häufig (besonders in der Umgangssprache) dem Geschlechtsnamen vorgesetzt und der Vorname (praenomen) ganz weggelassen, z. B. Pollio Asinius, Crispus Sallustius, Balbus Cornelius. Bei Cicero findet sich diese Stellung fast nur in den Briefen, sonst nur vereinzelt in Nachahmung der Umgangssprache; Cäsar hat sie einigemale im b. civ., Spätere häufiger.

537. 1) **Das beigeordnete Adjektiv** (cf. 503, 1 u. 2) steht entweder mit dem eingeordneten Adjektiv nach oder mit demselben voran, oder, wenn beide Adjektiva hervorgehoben werden sollen, wird das Substantiv von ihnen eingeschlossen. — 2) Cf. 70, Anm. — 3) *Ceteri, reliqui, alii* in Verbindung mit *omnes* gehen diesem in der Regel voran; omnes pflegt hier nur dann voranzustehen, wenn der ganze Nachdruck darauf liegt (cf. Cic. Fin. 5, 57; Tusc. 5, 88; de or. 2, 72).

538. 1) Unter **Hyperbaton** (oder Traiectio) versteht man die Auseinanderstellung (Sperrung) zusammengehörender Wörter, welche entweder den Zweck hat, die auseinandergestellten Begriffe mehr hervorzuheben oder dem Satze einen größern rhythmischen Wohllaut zu geben. So treten z. B. unbetonte Pronomina, Adverbien oder Präpositionalausdrücke gern zwischen zusammengehörige Wörter: *Hic* me *dolor* angit; *mea* me *voluntas* prohibuit; *omnes* in me *terrores* impendent; si *quid* est in me *ingenii*; *magna* nuper *laetitia* affectus sum; *tuis* incredibiliter *studiis* delector; *brevis* a natura nobis *vita* data est; (man beachte auch die Trennung des Vor- und Zunamens: *Marcus* ad me *Brutus* venerat; *Ahala* ille *Servilius*; *Gaius* noster *Lamia*; cf. 531, Anm. 1); — oder das regierende Wort tritt zwischen die regierten: *Omnium* inventor *artium*; *huius* auctoritas *loci*; *magno* vir *ingenio*; de *totius* arte *vitae*; — oder *Ablativi absoluti* werden durch das eingeschobene Subjekt getrennt: Recepto *Caesar* Orico Apolloniam proficiscitur; hac re statim *imperator* per speculatores cognita exercitum castris continuit; — oder *Accusativi c. inf.* werden durch das regierende Verbum oder durch den ganzen regierenden Satz getrennt, z. B. Ipsum Scipionem *accepimus* infantem fuisse; Calchantem augurem *scribit Homerus* longe optimum fuisse. In ähnlicher Weise werden Nebensätze oft durch den in ihre Mitte eingeschalteten regierenden Satz geteilt, z. B. In oratoribus Graecis *admirabile est* quantum inter omnes unus excellat. Orator *metuo* ne languescat senectute. Sunt vitia, quae *nemo est* quin effugere cupiat; — oder zwei Satzglieder, denen ein Satzteil gemeinsam ist, werden durch Einschiebung des Gemeinsamen getrennt, z. B. Iustus *vir* ac bonus, effrenata *libido* et indomita, cognitionis *amor* et scientiae, virtus neque datur *dono* neque accipitur; — namentlich werden die Adverbien *quam, tam, nimis, satis, minus, multo, eo, quo, paulo* u. ä. gern von dem zu ihnen gehörigen Worte getrennt: Vides, *quam* sit *magna* dissensio; ingenium meum sentio *satis* semper fuisse *exiguum*; *multo* eius oratio esset *pressior*; *quo* quis *prudentior* est. Häufig dient die Sperrung dazu, die miteinander eng verbundenen Begriffe als eine Einheit darzustellen: Marcelli ad Nolam proelium; Divitiaci in populum Romanum studium; regiae in Macedonia possessiones;

omnis quae me angebat de re p. cura (cf. 13, A. 3; 12). Wieweit d. Sperrung gehen kann u. welche Wirkung sie hat, zeigen Beispiele wie: *Tantam* ingenuit animantibus conservandi sui natura *custodiam*. *Stoicorum* non ignoras quam sit subtile vel spinosum potius disserendi *genus*. *Eam* optimam illi esse censent *sepulturam*. *Iis* se adulescens improvida aetate irretierat *erratis*. *Quantum* mihi vel fraus inimicorum vel causae amicorum vel res publica tribuet *otii*, ad scribendum potissimum conferam.

2) **Unter Chiasmus „Kreuzweisestellung" (χιασμός, von χιάζειν „die Gestalt eines X machen") versteht man diejenige Wortstellung, in welcher (namentlich bei kürzeren Gegensätzen) die Wörter das zweite Mal in umgekehrter Ordnung als beim ersten Male stehen und zwar so, daß die am stärksten entgegengesetzten unmittelbar zusammentreffen,** z. B. „Der Fromme liebt jeden, niemanden der Böse". Fragile corpus animus sempiternus movet. Cimbri in proeliis exsultant, lamentantur in morbo. Vir specie quidem puerili, senili vero prudentia. Cornibus tauri, apri dentibus, morsu leones se tutantur. Si gladium quis apud te sana mente deposuerit, repetat insanus, reddere peccatum sit, officium non reddere. Cum spe vincendi simul abiecisti certandi cupiditatem. Ratio nostra consentit, repugnat oratio. Clariorem inter Romanos deditio Postumium quam Pontium incruenta victoria inter Samnites fecit. Expilatae provinciae, vexati socii; dii immortales spoliati, cives Romani cruciati et necati. Laudant eos, qui aequo animo moriantur; qui alterius mortem aequo animo ferant, eos putant vituperandos. — Zuweilen durchdringt der Chiasmus eine ganze Periode, so daß alle Teile derselben durch die Kreuzstellung gegliedert sind, z. B. Quis est, qui velit, ut neque *diligat* quemquam nec ipse ab ullo *diligatur*, *circumfluere* omnibus copiis atque in omnium rerum abundantia *vivere*? (hier sind die Verba beidemale die äußeren, deren Dependenzen die inneren Glieder des Chiasmus).

Anm. 1. Nicht jeder Satz ist dem Sinne nach chiastischer Stellung fähig, denn immer müssen so besonders auseinander und gegeneinander gestellte Worte ihrer Bedeutung nach diese Stellung verdienen.

Anm. 2. Das Gegenteil des Chiasmus ist der **Parallelismus**, d. h. die Wiederkehr derselben Wortstellung: Superavi dignitate Catilinam, gratia Galbam. Ausi sunt transire latissimum flumen, ascendere altissimas ripas, subire iniquissimum locum. Saepe aut voluptates omittuntur maiorum voluptatum adipiscendarum causa aut dolores suscipiuntur maiorum dolorum effugiendorum gratia. — In dem Satze: Luget senatus, maeret equester ordo, tota civitas confecta senio est ist Chiasmus und Parallelismus gemischt. Cf. auch: Exagitabantur omnes eius fraudes atque fallaciae; tota vita in eiusmodi ratione versata aperiebatur; egestas domestica, quaestus forensis in medium proferebatur; nummarius interpres pacis et concordiae non probabatur (die beiden ersten Glieder zeigen den Chiasmus, die beiden letzten den Parallelismus).

3) **Wenngleich die Rhetorik vorschreibt, nicht mehrere Wörter von gleicher Betonung oder ähnlichem Klange aufeinander folgen zu lassen, so werden doch oft absichtlich ähnlich klingende Wörter zur Hebung des Ausdrucks miteinander verbunden. Man unterscheidet:**

a) **Allitteration, wenn verschiedene Wörter mit gleichen Anfangskonsonanten (oft formelhaft, oft malend) nebeneinander gestellt werden,** z. B. Sanctum atque sincerum; amisimus sucum atque sanguinem; profundere atque perdere; maria montesque polliceri; multa mala magnusque metus; patent portae: proficiscere; fortis fidelisque; laterem lavare; mendacem memorem esse oportet; vi victa vis est; vestrae religiones viguerunt, vestra vis valuit; dare donare dicare; spoliatus fama fortunisque; vivunt et vigent; quod polles potesque; homo et sapiens et sanctus et severus; obsecro atque obtestor; omnes omnium ordinum homines; sensim sine sensu aetas senescit. „Schimpf und Schande; über Stock und Stein; Wind und Wetter; Mann und Maus; Leib und Leben; Feuer und Flammen; Roß und Reiter; in Samt und Seide; Wohl und Wehe; Haus und Hof; Zittern und Zagen; hoffen und harren" u. a. — „Der Bube steht am Kessel, schaut in die Glut hinein; das wogt und wallt und wirbelt und will entfesselt sein; und zischt ihm in die

Ohren, und zuckt ihm durch den Sinn, und zieht an allen Fingern ihn nach dem Hahne hin". Cf. bei Bürger die kunstvolle Allitteration: „Wonne weht von Thal und Hügel, weht von Flur und Wiesenplan, weht vom glatten Wasserspiegel; Wonne weht mit weichem Flügel des Piloten Wange an".

b) **Paronomasie** (*Annominatio*), **Gleichklang, wo bis auf eine geringe Abweichung dasselbe Wort, aber mit einem mehr oder minder entgegengesetzten Sinne wiederkehrt**, z. B. Et ratio et oratio; neque res neque spes; sententiae graves et suaves; ex aratore orator factus est; eum non facile non modo extra tectum, sed ne extra lectum quidem quisquam vidit; parvo animo et pravo; non actorem esse alienae personae, sed auctorem suae; facie magis quam facetiis ridiculus. Lenones vitato tanquam leones. Nolo esse laudator, ne videar esse adulator. Haec mihi erunt non solum rata, sed etiam grata. Amare honestatem nunquam est amarum. Tu et adversus et aversus impudicus. Cf. aus Schillers Wallenstein: „Der Rheinstrom ist worden zu einem Peinstrom, die Klöster sind ausgenommene Nester, die Bistümer sind verwandelt in Wüsttümer, die Abteien und Stifter sind nun Raubteien und Diebesklüfter, und alle die gesegneten deutschen Länder sind verkehrt worden in Elender". „Eile mit Weile".

Anm. 3. Besonders häufig findet sich die Paronomasie bei Kompositen desselben Stammes (cf. ad Herenn. 4, 29: Deligere oportet, quem velis diligere). Siculorum causam recepi, populi Romani suscepi (Cic. Caecil. 26; Verr. 2, 1; de or. 2, 101). So subripi u. eripi (Verr. 1, 10), cognoscere u. recognoscere (Verr. 1, 15), deportare u. asportare (Caecil. 28) u. ä.

c) **Homöoteleuton, wenn in parallelen Satzgliedern die korrespondierenden Worte gleiche Endsilben haben**, z. B. Studium semper adsit, cunctatio absit; audacter territas, humiliter placas; hominem laudas egentem virtutis, abundantem felicitatis; diligere formam, neglegere famam. Haec omnia vidi inflammari, Priamo vi vitam evitari, Iovis aram sanguine turpari. Ad hanc legem non instituti, sed imbuti sumus. Pompeio se tradidit Milo praesertim omnia audienti, magna metuenti, multa suspicanti, nonnulla credenti. Das Homöoteleuton gleicher Kasus nennt man *Homöoptoton*.

4) **Unter Kakophonie versteht man jeden Verstoß gegen den Wohllaut. Dahin gehört:**

a) **das Zusammentreffen von Wörtern mit schwer nacheinander auszusprechenden Konsonanten und Vokalen**, z. B. Ingens est stridor; stirps splendida; bacae aenae amoenissimae; rex Xerxes.

b) **das Zusammentreffen ähnlich lautender Wörter oder Silben**, z. B. Cum cum eo saepe una fuissem; quidquid fit, id pater non concedit; horum duorum virorum fortissimorum; nullis satis certis mandatis; vulgares res; res mihi invisae visae sunt; pleniore ore. Beachte auch die *Complosio syllabarum* in Beispielen wie: men*te te*neto (Verg. Aen. 3, 388), om*ne ne*mus (5, 149), to*ta ta*men (5, 186), ce*de de*o (5, 467) u. ä.

Anm. 4. Manches war indessen dem feinen römischen Ohre nicht anstößig, was unserm Ohre nicht angenehm erscheint, z. B. die unmittelbare Verbindung mehrerer mit *qu* anfangenden Relativa: *qui*, *quae* sit; *qui quoniam*, quid diceret, intellegi noluit; virtus, *quam qui* habet; oder das Zusammentreffen mehrerer Infinitive (z. B. Non me pudet *fateri nescire*; adulescentes *dicere docere* coepit, cf. 420, Anm. 3); oder von Ablativen und Dativen im Plural (z. B. obsidibus Aeduis redditis; omnibus equis Gallis equitibus detractis); oder Zusammenstellungen wie: Tum sacerdos *dixisse dicitur* (z. B. Cic. Verr. 4, 73); *dixisse dicunt* (Cic. Quinct. 35; fam. 9, 16, 5); eum iudicem falsum *iudicasse iudicavit*; *videre* iam *videor* od. *videor videre* od. *videri video* (z. B. Cic. Cat. 4, 11; de or. 2, 33; 3, 20; Tusc. 3, 3; 3, 77); Homerus huiusmodi quiddam *vidisse videtur*. Fecit pugnandi potestatem, potestate facta Afranius copias eduxit.

c) **eine lange Reihe einsilbiger oder vielsilbiger Wörter von demselben Tonfalle**, z. B. Haec de te spes nos fefellit. Cur tu in hac re non debere cedere crederes? Saepe bonus homo laude captus peccat. Africanus Numantinos gloriose resistentes superavit. Generosissimi homines fortissimorum populorum omnibus temporibus maximam admirationem habuerunt. — Beachte die Vorschrift Quintilians: Etiam monosyllaba, si plura sunt, non continuabuntur, quia necesse est, compositio multis clausulis concisa subsultet; ideoque etiam brevium verborum ac nominum vitanda continuatio et ex diverso quoque longorum; afferunt enim quandam dicendi tarditatem.

539. Solche Wörter, welche verwandte oder entgegengesetzte Begriffe oder als verschiedene Formen desselben Wortes (cf. 236, c) denselben Begriff bezeichnen (besonders auch die Pronomina und Pronominaladjektiva derselben oder verschiedener Personen), werden regelmäßig dicht nebeneinander gestellt (**Parataxe**); denn: *Opposita iuxta posita magis elucescunt.* Cf. auch: hos ego, quos ego, quae ille, qui se, quid sibi isti, quis sibi hos, quam ille mihi, hoc idem huic, id ego vobis u. ä.

Anm. Wenn jedoch die betreffenden Wörter in der Form ganz und gar übereinstimmen, so müssen sie, falls sie demselben Satzgliede angehören, von einander getrennt werden; also nicht Cives cives adiuvant, sondern Cives adiuvant cives.

540. **In vielen Verbindungen beobachtet der Sprachgebrauch eine feste (stereotype) Wortstellung, die nie ohne einen zwingenden Grund verlassen wird (usuelle Wortstellung)**, z. B. Senatus populusque Romanus (cf. jedoch Sall. Iug. 41, 2; Liv. 7, 31, 10; 24, 37, 7). Pontifex maximus. Magister equitum. Praetor urbanus. Iuppiter Optimus Maximus. Tribunus plebis, tribunus militum. Praefectus fabrum. Magna Graecia „Unteritalien", Gallia cisalpina „Oberitalien". Senatus consultum, senatus auctoritas, plebis scitum. Res familiaris. Ius civile. Aes alienum (cf. jedoch Sall. Cat. 14, 2). Bona dea = Damia. Dii immortales. Lex agraria. Divus Caesar. Genus humanum. Mensa secunda „der zweite Tisch", aber secunda mensa „der Nachtisch". Bonae res „gute, edle Dinge", aber res bonae „Sachen von Wert, gute Umstände". Vir bonus meist „rechtschaffener Mann, Ehrenmann", bonus vir meist „Patriot". Res urbanae „städtische Angelegenheiten", urbanae res „Artiges, Witziges". Bono animo esse „gutes Mutes sein", aber animo bono „in guter Absicht". Ferró ignique (selten igni ferroque oder ferro atque igni). Domi belique, domi militiaeque. Pro virili parte (cf. jedoch Liv. 3, 71, 8 u. ö.) Ratione et via „auf methodischem Wege". Sursum deorsum; nunc denique, tum demum, quod ad rem attinet etc. — Manche Ausdrücke lassen dagegen eine höchst verschiedene Verbindung zu, z. B. Dies noctesque, dies et noctes, dies atque noctes, noctes diesque, noctes et dies, noctes atque dies, die noctuque, nocte et interdiu. — Über omnes *fere* civitates „fast alle Gemeinden" cf. 483, 9.

541. 1) **Unter einer Periode verstehen wir ein kunstmäßig gebautes Satzgefüge von größerem Umfange, dessen Teile sich wie Glieder eines lebendigen Organismus gegenseitig fordern und bedingen und ein so in sich geschlossenes, abgerundetes Ganze bilden, daß man kein Glied herausreißen könnte, ohne den Zusammenhang der übrigen aufzuheben und die geschlossene Einheit des Ganzen zu zerstören.**

Anm. 1. Um die Gliederung einer Periode dem Auge anschaulich vorzuführen, bezeichnet man die selbständigen Hauptsätze mit A, B, C rc., die diesen unmittelbar subordinierten Nebensätze (ersten Grades) mit a, b, c rc., die hinwiederum diesen subordinierten Nebensätze (zweiten Grades) mit $\alpha$, $\beta$, $\gamma$ rc., endlich weitere Subordinationen des dritten, vierten und noch höherer Grade mit den entsprechenden Ziffern 3, 4 rc. Das Zeichen : bedeutet Voranstellung = a: A; das Zeichen ( ) bedeutet Einschaltung = A (a) A; das Zeichen / bedeutet Anfügung = A / a. — Um ferner eine Periode zu analysieren, bedient man sich folgender Abkürzungen:

1) Der Hauptsatz (H) besteht aus Hauptsubjekt (HS) und Hauptverbum (HV); im Anfange oft die verbindende Partikel (HP).
2) Bei Nebensätzen unterscheidet man:
   caus. = Kausalsatz, comp. = Komparativsatz, conc. = Konzessivsatz, consec. = Konsekutivsatz, fin. = Finalsatz, hyp. = Bedingungssatz, temp. = Temporalsatz, rel. = Relativsatz, ind. = indirekter Fragesatz.
3) Als begleitende Satzteile können zum Hauptsatze wie zum Nebensatze hinzutreten: das Participium coniunctum = pc., der Ablativus absolutus = absol., der Accusativus cum infinitivo = acc. inf.

Anm. 2. Bei Verbindung eines Hauptsatzes mit einem Nebensatze sind folgende Formen möglich:

a : A, z. B. Cum Hannibal Saguntum delevisset, Romani Carthaginiensibus bellum indixerunt. Analysis: temp. : H.

A (a) A, z. B. Hannibal, cum Saguntum delevisset, Romanis bellum intulit. HS — (temp.) — HV.

A / a, z. B. Hannibal Alpes superavit, ut Romanis bellum inferret. H / fin.

a (A) a, z. B. Haec res, metuo, ne nobis perniciei sit. fin. / (H).

A a A a, z. B. Quis meum consulatum inventus est qui vituperaret? HS — rel. — (HP).

a A a A, z. B. Huius victoriae, non alienum videtur, quale praemium Miltiadi sit tributum, docere.

Anm. 3. Bei Verbindung eines Hauptsatzes mit zwei koordinierten unverbundenen Nebensätzen sind folgende Formen möglich:

a : A / b, z. B. Quia divitissimus sum, nihil impedit, quominus illam domum emam. caus. : H / consec.

a : A (b) A, z. B. Dum Romani tempus terunt, Hannibal, quia fessum militem habebat, quietem paucorum dierum dedit. temp. : [HS — (caus.) — HV].

a : (b : A), z. B. Quid sentiant, cum taceant, satis dicunt. ind. : [conc. : H].

A (a) A / b, z. B. Nihil mihi, quamquam aegro corpore sum, maiori curae est, quam ut primo quoque tempore ad te veniam. HS — (conc.) — HV / fin.

u. s. w. — Über die Verbindung eines Hauptsatzes mit zwei Nebensätzen verschiedener Grade cf. 542, 3.

Die römischen Rhetoren verstanden unter **Periode** (*ambitus*, *circuitus*, *comprehensio*, *complexio*, *circumscriptio*, seit Quintilian auch *periodus*) ein solches Satzgefüge, in welchem der Nebensatz von dem Hauptsatze **eingeschlossen und zusammengefaßt** wird. So ist z. B. der Satz: Socrates, cum occasio ex vinculis fugiendi data ei esset, mori maluit [Schema A (a) A; Analysis HS — (conc.) — HP] nach dem Begriffe der Alten eine Periode. Im weiteren Sinne nannte man aber auch solche Satzgefüge eine Periode, in welchen der Nebensatz mit seinen Teilen als Vordersatz dem Hauptsatze als Nachsatz **vorangestellt** ist, z. B. Quamquam excellebat Aristides abstinentia, tamen exilio decem annorum multatus est (Schema a : A; Analysis conc. : H). Nicht leicht aber nannten die Alten ein **solches** Satzgefüge Periode, in welchem der Hauptsatz voransteht und der Nebensatz nachfolgt (im Deutschen „sinkende Perioden"), z. B. Thucydides libros suos tum scripsisse dicitur, cum in exilium pulsus esset (Schema A / a; Analysis H / temp.). Damit ist jedoch nicht gesagt, daß **sinkende Perioden** allemal unschön seien. So wird man z. B. folgendem erweiterten Satzgefüge, welches mit dem Hauptsatze beginnt, das Lob der Schönheit nicht versagen können: Credo ego vos, iudices, mirari, quid sit, quod, cum tot summi oratores hominesque nobilissimi sedeant, ego potissimum surrexerim, qui neque aetate neque ingenio neque auctoritate sim cum iis, qui sedeant, comparandus. Schema: A / [a / α (3) α / 3' (4) 3']; Analysis : H / [ind. / caus. — (conc.) — / rel. / (rel.)]. — Besteht eine Periode bloß aus **einem** Nebensatze und **einem** Hauptsatze, so heißt sie **einfach**; wenn aber diese Sätze wieder durch andere erweitert und besonders, wenn diese neuen in jene eingeflochten sind, so nennt man die Periode eine **zusammengesetzte**. Eine solche ist z. B.: Ut saepe homines aegri morbo gravi, cum aestu febrique iactantur, si aquam gelidam biberunt, primo relevari videntur, deinde multo gravius vehementiusque afflictantur: sic hic morbus, qui est in re publica, relevatus Catilinae poena, vehementius, reliquis vivis, ingravescet. Schema : a (3 : α) a : A (b) A; Analysis: [comp. — (temp. : hyp.)] : HS — (rel. / pc. / absol.) — HV.

2) Jede noch so umfangreiche Periode muß **zweiteilig** sein, und zwar müssen die beiden Teile so beschaffen und so geordnet sein, daß sie einander **notwendig** sind oder sich, wie **Satz** und **Gegensatz**, **Frage** und **Antwort**, gespannte **Erwartung** und **Befriedigung**, gegenseitig fordern und ergänzen, um ein Gedanken- und Redeganzes herzustellen. Und diese Notwendigkeit muß auch in der **Rede** dadurch ausgedrückt sein, daß schon der erste Teil durch seine Form und Stellung auf den zweiten als seine wesentliche Ergänzung hindeutet und ein befriedigendes Verständnis erst mit dem Schlusse des Ganzen möglich wird. Vergl. folgende schöne Periode: Hac nuntiata clade *cum* per dies multos in tanto pavore fuisset civitas, ut tabernis clausis, velut nocturna solitudine per urbem acta, senatus aedilibus negotium daret, ut urbem circumirent aperirique tabernas et maestitiae publicae speciem urbi demi iuberent (Vordersatz in sehr erweiterter Form): *tum* Ti. Sempronius senatum habuit consolatusque patres est et adhortatus, ne, qui Cannensi ruinae non succubuissent, ad minores calamitates animos summitterent (Nachsatz aus mehreren Hauptsätzen und eingeflochtenen Nebensätzen gebildet). Schema : a / $\alpha$ / 3 : A / b ($\beta$) b; Analysis: [absol. : temp. / consec. (absol.) / fin.]: H. fin. (rel.).

3) Notwendige **Eigenschaften** einer **guten Periode** sind:

a) **Einheit**: die Periode muß sich als ein in allen ihren einzelnen Teilen eng verbundenes Ganze darstellen, das von einem gemeinsamen Gedanken zusammengehalten wird, in welchem die Nebensätze in der engsten Beziehung zum Hauptsatze stehen, und in welchem die gespannte Erwartung erst mit dem Schlusse befriedigt wird. (Vergl. die schöne Erklärung, welche Aristoteles von der Periode giebt: *λέξις ἔχουσα ἀρχὴν καὶ τελευτὴν αὐτὴ καθ' αὑτὴν καὶ μέγεθος εὐσύνοπτον*).

Anm. 4. Durch nichts wird für die Einheit der Periode besser gesorgt als dadurch, daß man den **Subjektswechsel** möglichst **vermeidet**; denn der Deutsche läßt in der Periode das Subjekt ohne Bedenken wechseln und in einem neuen Satze ohne zwingenden Grund ein neues Subjekt eintreten, was der Lateiner, wenn es irgend möglich ist, vermeidet: **Einheit des Subjekts.** Zur Veranschaulichung dieser außerordentlich wichtigen Kardinalregel dienen folgende Beispiele: Vercingetori*x* adversarios suos, a quibus paulo ante *erat* eiect*us*, expell*it* ex civitate „verbannte seine Gegner, **die ihn** vertrieben **hatten**". Caes*ar* eodem die ab exploratoribus certi*or* fact*us* hostes prope consedisse, statim castra muniv*it* „als die Kundschafter den Cäsar — benachrichtigt hatten, schlug er . . ." Caes*ar*, etsi hac oratione Dumnorigem designari sentie*bat*, tamen quod pluribus praesentibus eas res iactari nole*bat*, consilium dimi*sit* „obgleich dem Cäsar klar war, daß . . ., entließ er doch die Versammlung, weil es nicht **sein** Wunsch war, daß . . .". Caesar primum suo, deinde omnium ex conspectu remotis equis, ut aequato omnium periculo spem fugae tolleret, cohortatus suos proelium commisit „Cäsar ließ alle Pferde, sein eigenes zuerst, wegführen; die Gefahr sollte für alle gleich sein und keiner an Flucht denken können. Eine kurze Ansprache, und die Schlacht begann".

b) **Mannigfaltigkeit** der zur Bestimmung oder Vervollständigung des Hauptgedankens dienenden Nebengedanken.

c) **Übersichtlichkeit** der ganzen verbundenen Gedankenmasse, Verteilung derselben in kurze, Ruhepunkte für Sprechen und Auffassung gewährende Abschnitte mit Vermeidung langatmiger Sätze. Vergl. die Vorschrift Ciceros: Omnia et prima et media verba spectare debent ad ultimum.

d) **Concinnität** und **Proportion** (Symmetrie, Ebenmaß) zwischen den einzelnen Teilen, wobei namentlich darauf zu sehen ist, daß der Hauptsatz nicht zu kurz gegen den Vordersatz sei, und daß die einander entsprechenden oder gegenübergesetzten Satzteile gleichartigen Bau und symmetrischen Umfang haben (cf. 541, 5, Anm.). Als Beispiel einer wohlgegliederten oratorischen Periode vergleiche man:

Si, quantum in agro locisque desertis audacia potest,
tantum in foro atque in iudiciis impudentia valeret:
non minus nunc in causa cederet A. Caecina Sex. Aebutii impudentiae, quam tunc in vi facienda cessit audaciae. — Cf. auch: Etsi vereor, iudices, ne turpe sit, pro fortissimo viro dicere incipientem timere, minimeque deceat, cum T. Annius ipse magis de rei publicae salute quam de sua perturbetur, me ad eius causam parem animi magnitudinem afferre non posse: tamen haec novi iudicii nova forma terret oculos, qui quocunque inciderunt, consuetudinem fori et pristinum morem iudiciorum requirunt.

e) **Rhythmus und Numerus, d. h. Wohllaut und Tonfall, welcher jede Kakophonie** (cf. 538, 4) **vermeidet und zwar in keinen versartigen Gang verfällt (denn:** *Versus in oratione si efficitur coniunctione verborum, vitium est*)**, aber doch eine wohlgefällige Abwechslung zwischen langen und kurzen Silben, zwischen einsilbigen und mehrsilbigen Wörtern, zwischen Hebungen und Senkungen sucht und namentlich die Periode mit einem kräftigen Schlußfall endigt.** Cicero sagt: Ita structa verba sint, ut numerus non quaesitus, sed ipse secutus esse videatur und Multum interest, utrum numerosa sit an plane e numeris constet oratio; alterum si fit, intolerabile vitium est, alterum nisi fit, dissipata et inculta et fluens est oratio. Der Numerus wird besonders von dem Redner gepflegt, während er von dem Geschichtschreiber, der seine Sätze nicht für den Hörer, sondern für den Leser schreibt, weniger beachtet wird.

Anm. 5. Da das Rhythmische am meisten gegen das Ende der Perioden und im Ausgange der Sätze hervortritt, so bestimmten die Alten die Silbenfolgen, welche den Schluß (clausula) am wohlgefälligsten bilden: „Klauselrhythmus“. Es sind dies, in der Sprache der Metrik ausgedrückt: 1) der doppelte Creticus —◡— —◡—, 2) Creticus + Trochäus —◡— —◡, 3) der doppelte Trochäus —◡—◡, 4) (am seltensten) Hypodochmius (= Creticus + Iambus) —◡—◡—. Den Formen 3 und 4 geht meistens noch ein Creticus (—◡—) vorher. Merkwörter: 3. *(Caesari) gratulamur*, 2. *gratulabamur*, 4. *(Caesari) gratulamini*, 1. *gratulabamini*. Ebenso wie im Versbau, ist die Quantität der letzten Silbe gleichgültig (anceps: ⏒) und können die Längen, außer der schließenden, in 2 Kürzen aufgelöst (⏖), gelegentlich auch die ursprünglichen Kürzen gelängt (⏒) oder, außer der schließenden, verdoppelt werden (◡◡). Auch gelten die Gesetze der Elision und wird Schluß des Satzes auf ein einsilbiges Wort (außer *est*) gemieden. Gern läßt man, um einen volltönenden Schluß zu erlangen, zwei synonyme Verba oder Substantiva neben einander treten, z. B. Speculabuntur atque custodient, genuit et confirmavit, magni ingenii magnaeque constantiae, oder hebt das letzte Wort durch Voranstellung des Verbs, z. B. Intellegam me suscepisse, non debet cognosci. — Nicht selten hat der Schluß eines Satzes oder einer Periode aus rhythmischen Gründen einen Einschnitt (*Caesura*), indem Satzglieder durch Zwischenstellung des Gemeinsamen getrennt werden, z. B. Mores et instituta vitae resque domesticas et familiares nos profecto et melius tuemur | et lautius: rem vero publicam nostri maiores certe melioribus temperaverunt | et institutis et legibus. — Quam si ipse exsequi nequeas, possis tamen Scipioni praecipere et Laelio. — Qua in re nihil aliud assequeris, nisi ut ab omnibus mortalibus audacia tua cognoscatur et impudentia.

Anm. 6. Des zu stark ins Ohr fallenden daktylischen Rhythmus wegen hat man zu meiden: *crede mihi* (cf. 336, Anm. 6), *nonne videmus* u. ä. (cf. 403, Anm. 2) und am Ende eines Satzes *esse videtur*, *esse potest* (cf. jedoch Cic. off. 1, 62 u. 148; Rosc. Am. 30), *dicere possum*, *narrare solebat* u. ä. Übrigens ist der Ausgang des Hexameters auch von Cicero nicht immer vermieden, ja, trotz aller Achtsamkeit ist es den besten Prosaikern und sogar dem Cicero begegnet, vollständige oder teilweise Hexameter zu bilden, deren Ende allerdings niemals mit dem Satzschluß zusammenfällt; z. B. Arch. 1 in qua me non infitior mediocriter esse versatum. Ein ganzes Distichon de or. 3, 20 complexi plus multo etiam vidisse videntur, quam quantum nostrorum ingeniorum acies. Tac. ann. 1, 1 urbem Romam a principio reges habuere — gewiß unabsichtlich, wie auch bei Livius der hexametrische Anfang der Praefatio und anderswo (22, 50, 10; 21, 9, 3; 4, 57, 7; 7, 11, 6) ganze Hexameter.

4) Der **Periodenbau** gilt mit Recht für die höchste Vollendung, das letzte Ziel für den Lateinschreiber. Je mehr ihn jemand versteht, um so höher steht er als Stilist. Eine vollendete Periode setzt eben auch durchgebildetes lateinisches Denken voraus, diese notwendigste Forderung alles Lateinschreibens. Wie nun die Leistungsfähigkeit Einzelner darin verschieden ist, so auch ganzer Zeitalter. Die silberne Latinität unterscheidet sich wie in vielen grammatischen Verbindungen, so auch darin von der klassischen, daß sie auf Bildung von längeren Perioden nicht ausgeht. — Weiter ist klar, daß eine ruhige Beweisführung am meisten zur Periodenbildung hinneigt, daß, je heftiger jemand aufgeregt ist, er desto mehr in kurzen Sätzen spricht, wie er desto gewaltsamer die Wortstellung behandeln wird, um seinen Gefühlen Ausdruck zu geben; daß aber auch jedwede Darstellung, die fortwährend in langen Perioden sich entwickelt, etwas Ermüdendes und Schwerfälliges hat. Es muß zu rechter Zeit wieder mit kürzeren Sätzen abgewechselt werden. Cf. die Vorschrift Ciceros: Non semper utendum est perpetuitate et quasi conversione verborum, sed saepe carpenda membris minutioribus oratio est. Wer schöne Perioden bilden und schöne Abwechslung in dieselben bringen lernen will, lese wieder und wieder — Cicero.

5) Man unterscheidet die **historische** Periode (Cäsar u. bes. Livius) und die **oratorische** Periode. Die historische Periode, welche eine durch einen oder mehrere Umstände näher bestimmte **Begebenheit** darstellen will, folgt dem Gesetze der Übersichtlichkeit und Deutlichkeit; sie ordnet die Sätze streng mit Rücksicht auf zeitliche Verhältnisse, schaltet die Nebensätze vorherrschend in den Hauptsatz ein und fordert insbesondere Abwechslung in den Zeitbestimmungssätzen durch Ablativi absoluti, Participia coniuncta und Sätze mit den Temporalkonjunktionen cum, ubi, postquam etc. So kann Livius, ohne daß dadurch die Deutlichkeit gefährdet wird, in eine Periode vereinigen, was wir im Deutschen durch drei und mehr Sätze ausdrücken müssen, z. B. Liv. 1, 6: **Numitor**, inter primum tumultum hostes invasisse urbem atque adortos regiam *dictitans*, *cum* pubem Albanam in arcem praesidio armisque obtinendam *avocasset*, *postquam* iuvenes, *perpetrata caede*, pergere ad se gratulantes *vidit*: extemplo *advocato consilio* scelera in se fratris, originem nepotum, ut geniti, ut educati, ut cogniti essent, caedem deinceps tyranni seque eius auctorem **ostendit**. Eine solche Periode wird sich vielleicht in allen Schriften Ciceros nicht finden, aber sie ist sehr geeignet, alle Nebenumstände in ihrer Unterordnung und ihrem zeitlichen Verlaufe auszudrücken. Cf. auch: **Servilius** consul levibus proeli*is* cum Gallis commiss*is* et uno oppid*o* ignobili expugnat*o*, *postquam* de collegae exercitusque caede audivit, *etsi* ipse aegro corpore erat, iam patriae moenibus metu*ens*, *ne* abesset in discrimine extremo, ad urbem iter **intendit**. — Die **oratorische** Periode, welche durch mehrere zu einem Ganzen vereinigte Sätze einen **Gedanken** ausdrücken will, erstrebt außer Übersichtlicheit und Deutlichkeit besonders Ebenmaß und rhythmischen Fall und Schmuck jeder Art; sie ist in der Regel in Vorder- und Nachsatz gegliedert und sieht auf eine genaue Korresponsion der einander gegenüberstehenden Sätze und Satzglieder.

Anm. 1. In welchem Grade die oratorische Periode das **Isocolon**, d. h. den gleichmäßigen Bau der korrespondierenden Glieder liebt, mögen folgende Beispiele zeigen:

a) Si quid est in me ingenii, iudices, || quod sentio quam sit exiguum,
aut si qua exercitatio dicendi, || in qua me non infitior mediocriter esse versatum,
aut si huiusce rei ratio aliqua ab optimarum artium studiis ac disciplina perfecta, || a qua ego nullum confiteor aetatis meae tempus abhorruisse:
earum rerum omnium vel imprimis hic A. Licinius fructum a me repetere prope suo iure debet.

b) Nunc, cum et auctoritatis in me tantum sit, || quantum vos honoribus mandandis voluistis,
et ad agendum facultatis tantum, || quantum homini vigilanti ex forensi usu prope cotidiana dicendi exercitatio potuit afferre:
certe, et si quid auctoritatis in me est, || apud eos utar, qui eam mihi dederunt,
et si quid in dicendo consequi possum, || iis ostendam potissimum, qui ei quoque rei fructum suo studio tribuendum esse duxerunt.

c) Zuweilen stimmt sogar die Zahl der Worte, z. B. Est igitur haec non scripta, || sed nata lex, || quam non didicimus, accepimus, legimus, | verum ex ipsa natura arripuimus, hausimus, expressimus, || ad quam non docti, sed facti, || non instituti, sed imbuti sumus.

Anm. 2. Zum Zwecke größtmöglicher Korrespons ion (**Concinnität**) gestaltet man auch untergeordnete Satzglieder übereinstimmend, z. B. Non minus nobis iucundi sunt ii dies, *quibus* conservamur, quam illi, *quibus* nascimur (nicht quam dies natales). Facile intellexi, Quirites, et *quid* de me iudicaretis et *quid* aliis praescriberetis (nicht vestra de me iudicia). Causa *quae* sit, videtis; nunc *quid* agendum sit, considerate (nicht causam). Tantum bellum Pompeius extrema hieme *ap*paravit, ineunte vere *sus*cepit, media aestate *con*fecit (nicht paravit). Deshalb giebt man, wenn das eine Satzglied einer näheren Bestimmung bedarf, eine solche auch dem korrespondierenden Satzgliede, während dasselbe außerhalb der Korrespons ion ohne nähere Bestimmung bleiben würde, z. B. Ut nihil mihi *ad existimationem turpius*, nihil *ad dolorem acerbius* accidere posset (nicht bloß acerbius); natura non tam *propensus ad misericordiam*, quam *implacatus ad severitatem* videbatur (nicht bloß implacatus); mundi partes nec *ad usum meliores* nec *ad speciem pulchriores* potuerunt esse (nicht bloß pulchriores); Mithridates omne reliquum tempus non *ad oblivionem veteris belli*, sed *ad comparationem novi* contulit (nicht bloß ad novum).

Anm. 3. Mit dem Isokolon ist die Figur der **Disiunctio** verwandt, wonach in solchen Sätzen, in denen sich der Deutsche mit einem Verbum begnügt, der Lateiner zu jedem Subjekt oder Objekt ein besonderes Verbum setzt (cf. ad Heren. 4, 37: Disiunctio est, cum eorum, de quibus dicimus, unumquidque certo concluditur verbo, sic: „*populus Rom. Numantiam delevit, Karthaginem sustulit, Corinthum disiecit, Fregellas evertit*"). Demnach werden die deutschen Sätze: „Aus den Wissenschaften erwirbt man Schätze, die weder durch Diebstahl, noch durch Feuer, noch durch Unglücksfälle überhaupt entrissen werden können"; „Die Rede dieses Schriftstellers fließt bald wie ein Gießbach, bald wie ein ruhiger Strom" übersetzt: Ex litteris parantur opes, quae nec *furto eripi* nec *incendio deleri* nec *casu* aliquo *adimi* possint; Oratio huius scriptoris tum *torrentis instar fertur*, tum *tranquilli fluminis instar labitur*. Ebenso: „Die Philosophie heilt die Seelen, indem sie die eitlen Sorgen, Begierden und Befürchtungen beseitigt" philosophia medetur animis, cum inanes *sollicitudines detrahit*, *cupiditatibus liberat*, *timores pellit* (cf. Cic. Tusc. 2, 11). — Cf. die folgenden aus Cicero genommenen Sätze: Luget senatus, maeret equester ordo, tota civitas confecta senio est, squalent municipia, afflictantur coloniae. — Tot annos ita vivo, iudices, ut a nullius unquam me tempore aut commodo aut otium meum abstraxerit, aut voluptas avocarit, aut denique somnus retardarit (Arch. 12). — Pompei semper voluntatibus non modo cives assenserunt, socii obtemperaverunt, hostes oboediverunt, sed etiam venti tempestatesque obsecundaverunt (Pomp. 48). Verr. 3, 217; Arch. 26 u. 12; Tusc. 5, 16.

542. 1) Die lateinische Sprache ist ungleich mehr als die deutsche zu periodischer Gestaltung der Rede geneigt; sie bildet in der Regel da Perioden, wo der Deutsche mehrere Sätze in koordinierender Form entweder unverbunden nebeneinander stellt oder mit „und, und so, und nun, und daher" 2c. verknüpft (cf. 532). Zu statten kommt ihr dabei einerseits die ungemeine Vorliebe für Participialkonstruktionen und Konjunktionalsätze, andrerseits die Gestattung einer höchst freien Satzstellung. Der Lateiner befolgt den Grundsatz: Von mehreren Gedanken, die sich unter einen gemeinsamen Gesichtspunkt fassen lassen, wird der wichtigste (d. h. derjenige, welcher das größte logische Gewicht hat und in der Gedankenentwickelung das entscheidende Moment enthält) zum Hauptsatz gemacht; die weniger wichtigen, welche nur vorbereitende oder begleitende Nebenumstände angeben, werden als Nebensätze oder als Participien untergebracht, und zwar so, daß ihre Beziehung zum Haupt-

gedanken leicht erkannt werden kann. Dabei ist aber mit der genausten Sorgfalt darauf zu achten, daß man jeden Nebensatz an der passenden Stelle einschaltet, daß weder eine logisch oder grammatisch unrichtige Verbindung der Nebengedanken mit dem Hauptgedanken, noch Eintönigkeit oder Unübersichtlichkeit entsteht, daß koordinierte Sätze möglichst gleichartig, subordinierte ungleichartig gebildet werden, daß zwischen Vordersatz und Nachsatz ein angemessenes Verhältnis hergestellt wird. — Iones, cum a Neleo Androcloque in Asiam essent deducti, Ioniam ab ipsis nominatam incolentes, compluribus civitatibus conditis, brevi et rerum opumque copia effloruerunt et in humanitate atque artibus omnium exspectatione celerius profecerunt. Hasdrubal, priusquam certus cladis acceptae nuntius allatus est, Hiberum transgressus, postquam castra amissa accepit, iter ad mare convertit. Thermopylas angustias, hinc mari altius stagnante, hinc Oetae iugis excurrentibus, ut sexaginta vix passuum latitudine transitus relinqueretur, ipsa natura muniverat. Plutarchus, auctor locupletissimus, Epimenidem narrat in insula Creta natum, cum Athenas discordia civium exorta arcessitus esset, nonnullis praeceptis suis Solonis legibus viam aperuisse. Cf. Consul multis hominibus iumentisque foede amissis, cum tandem de paludibus emersisset, ubi primum in sicco potuit, castra locat. — Hannibal, dum ibi castra habet, revocato **Maharbale** atque equitibus, cum instare certamen cerneret, nihil unquam satis dictum praemonitumque ad cohortandos milites ratus, vocatis ad contionem certa praemia pronuntiat, in quorum spem pugnarent. Bei der Übersetzung solcher Perioden muß der Deutsche ein oder mehrere Nebensätze, resp. Participialkonstruktionen in Hauptsätze verwandeln.

Anm. 1. Selten finden sich zwei oder mehr gleichartige Participialkonstruktionen unmittelbar nebeneinander, wenn sie nicht zugleich einander beigeordnet, d. h. durch *et, que, atque, vero* verbunden oder (bei größerer Anzahl, cf. 501) asyndetisch aneinander gereiht sind. Cf. Prima luce *productis omnibus copiis, duplici acie instituta, auxiliis in mediam aciem coniectis,* quid hostes consilii caperent, exspectabat. Caesar *intermissa profectione atque omnibus rebus postpositis* magnam partem equitatus ad hostes insequendos misit. Cf. auch Caes. b. c. 2, 22, 1; dagegen b. g. 1, 24, 5; 2, 11, 5; 2, 35, 1; 3, 1, 4; b. c. 1, 46, 1. — Man meide demnach ebensowohl, eine Participialkonstruktion einer andern gleichartigen unterzuordnen, als auch bei der Koordination gleichartiger oder der Subordination ungleichartiger Participialkonstruktionen das rechte Maß zu überschreiten, wie es Livius nicht selten thut (z. B. 3, 26, 9; 24, 4, 6). Cf. auch Anm. 4.

Anm. 2. Der Deutsche stellt solche Nebensätze, deren Inhalt dem des Hauptsatzes zeitlich oder begrifflich vorhergeht, ohne alles Bedenken hinter den Hauptsatz. Er sagt z. B. „Remus wurde von seinem Bruder erschlagen, weil er über die Mauern der neuen Stadt gesprungen war“; „Die Römer erklärten den Karthagern den Krieg, nachdem Sagunt von Hannibal zerstört war“; „Du wirst Verzeihung von ihm erlangen, wenn du ihm den ganzen Hergang erzählst“; „Der Feldherr setzte den Marsch fort, obgleich er an einer Wunde schwer zu leiden hatte“. Der Lateiner befolgt dagegen bei der Satzstellung das Grundgesetz: „Ein Nebensatz, dessen Inhalt zeitlich oder begrifflich demjenigen des Hauptsatzes oder eines andern Satzes vorhergeht, wird auch in der Periode vorangestellt (oder eingeschaltet)“. Demnach stehen **die konditionalen, temporalen (auch mit „bevor“, aber nicht mit „bis“), konzessiven, zum** Teil auch die finalen Nebensätze gewöhnlich vor dem Hauptsatze, während die relativen und konsekutiven Nebensätze, sowie die indirekten Fragesätze regelmäßig nachgestellt werden. Abweichungen von dieser Regel haben bei guten Schriftstellern stets einen bestimmten Grund, indem Nebensätze den Hauptsätzen z. B. dann nachgesetzt werden, wenn sie etwas nur Beiläufiges nachträglich angeben, oder wenn ihre Bedeutsamkeit dem Hauptgedanken gegenüber hervorgehoben werden soll, oder wenn sie den Übergang zu dem Nachfolgenden bilden, oder wenn ihre Beziehung deutlicher hervortreten soll u. ä. Cf. auch 260. — Besonders zu beachten ist, daß bei Gegenüberstellung korrelativer Sätze regelmäßig das relative Satzglied vorangestellt wird, weil nur so der Gegensatz der Glieder ganz zum Ausdruck kommt, z. B. Bellum, *ut* exposui, *ita* gestum est „der Krieg wurde so geführt, wie ich berichtet habe" *Quanto* vos attentius agetis, *tanto* adversariis animus infirmior erit. *Ut* hosti, *sic* obsiste dolori. Antonius Caesare interfecto, *qualem* in nos eum esse voluit, *talis* ipse in ceteros extitit.

2) Gar nicht selten bildet der Deutsche solche Satzgefüge, bei welchen der Hauptgedanke in einem Relativsatze steht, während der Hauptsatz nur einen untergeordneten Gedanken enthält. Der Lateiner läßt ein solches Verhältnis der Sätze nicht zu, sondern stellt das, was seinem logischen Momente nach Hauptgedanke ist, **entschiedener heraus**: — Alexander exercitu Persarum ad Granicum devicto totam Asiam sub potestatem suam redegit oder Alexander exercitum — devicit adeo, ut Asiam s. p. s. redigeret. Camillus, cum Gallis devictis rem publicam Romanam servasset, summa apud cives auctoritate fuit atque alter Romulus est appellatus. Cyrus, cum bellum Scythis intulisset, devictus atque occisus est. Xerxes Graecos id agere, ut ponte, quem in Hellesponto fecisset, dissoluto reditu in Asiam se intercluderent, a Themistocle certior factus, perterritus est adeo, ut fuga praecipiti in Asiam reverteretur. Cf. auch: Diu recusans nihil profeci „ich weigerte mich lange, ohne etwas auszurichten". Servus precibus regis diu secum volutatis tandem promisit „überlegte lange, bis er endlich versprach". Fama erat Samnites defectionem Campanorum exspectantes castra ad urbem admoturos „warteten nur auf den Abfall der Campaner, um gegen Rom vorzurücken" (cf. 456, 15 u. 16). Qua re laesus nunc tam implacabiliter irasceris „wodurch bist du denn beleidigt, daß dein Zorn jetzt unversöhnlich ist?" (cf. 412, 2).

3) Oft verbinden wir im Deutschen zwei Nebensätze durch „und", die, wenn man ihr logisches Moment genau erwägt, durchaus nicht auf gleicher Stufe stehen, sondern einen ganz verschiedenen Wert für den Hauptgedanken haben, so daß der eine dem andern untergeordnet sein müßte. Findet dieses Verhältnis statt, so wäre es im Lateinischen durchaus fehlerhaft, ein et zur Anwendung zu bringen, da et nur solche Sätze verbindet, die ihrem Werte nach vollständig gleich sind. Vielmehr stellt der Lateiner auch in diesem Falle das genaue logische Verhältnis her, indem er entweder den einen Nebensatz dem andern unterordnet oder beiden Nebensätzen verschiedene, dem Zusammenhange genau entsprechende Konjunktionen giebt. Dabei kann aber die Satzstellung höchst verschieden sein, nämlich:

1. (α : a) : A, Ubi redieris, si postulabis librum, dabo tibi lubens;
2. α : A / a, Ubi redieris, librum tibi dabo, si postulabis;
3. α : A (a) A, Ubi redieris, librum, si postulabis, tibi dabo;
4. A (α) A / a, Dabo tibi, ubi redieris, librum, si postulabis;
5. A (α) A (a) A, Tibi, ubi redieris, librum, si postulabis, dabo. Dazu könnten noch folgende (seltenere) Kombinationen kommen:
6. (a / α): A, Si postulabis librum, ubi redieris, tibi dabo;
7. a (α) a : A, Si postulabis, ubi redieris, librum, tibi dabo;
8. A / a / α, Librum tibi dabo, si postulabis, ubi redieris;
9. A / a (α) a, Librum tibi dabo, si, ubi redieris, postulabis u. s. w.

Stultus quidam homo, *dum* natare vult, *cum* non multum afuisset, quin submergeretur, non prius aquam se attacturum iuravit, quam natare didicisset. *Cum* Hannibal Saguntum delevisset, *ubi* Romani Carthaginiensibus bellum indixerunt, Galli nuper domiti erecti sunt ad spem fore, ut libertatem recuperarent.

Anm. 3. Gar nicht selten haben beide Vordersätze, während sie in dem angegebenen Verhältnisse stehen, dieselbe Konjunktion, wobei dann aber nicht ein et als ausgelassen betrachtet werden darf; das Eigentümliche dieser Struktur ist vielmehr, daß ein et gar nicht eingeschaltet werden könnte, z. B. *Cum* Cato percussus esset ab eo, qui arcam ferebat, *cum* ille diceret „Cave", rogavit, numquid aliud ferret praeter arcam. — *Si* is tu sis, qui multam utilitatem rei publicae afferre possis, *si* quid ob eam causam alteri detraxeris, non sit reprehendendum. Cic. off. 3, 60; Pomp. 59; Verr. 3, 40; Sest. 45; Or. 2, 131 u. 279; Cluent. 140. — Sehr selten finden sich begreiflicherweise drei voneinander unabhängige Vordersätze dem Hauptsatze vorangestellt (Cic. Verr. 1, 17).

Anm. 4. Auch **Participialkonstruktionen** werden nur dann durch **„und"** (*et, que, atque*) verbunden, wenn sie gleichwertig sind; andernfalls stehen sie asyndetisch, z. B. Massilienses bis navali proelio *superati et* crebris eruptionibus *fusi* sese dedere constituunt. Galba secundis aliquot *proeliis factis castellisque* compluribus eorum *expugnatis* castra movit. *His rebus gestis omni Gallia pacata* ingens eius belli opinio ad barbaros perlata est. Ceteri *exaudito clamore perturbatis ordinibus* in fuga sibi praesidium posuerunt. — Das Partic. coniunctum und der Abl. absol. werden in guter Sprache nicht durch *et* (*que, atque*) verbunden, z. B. Ibi barbarorum *copiis disiectis* tota regione, quam petierat, *potitus* multitudinem in agris collocavit „nachdem er hier die Truppen der Barbaren zerstreut und sich der ganzen Gegend bemächtigt hatte".

543. Die Einschiebung des Nebensatzes in den Hauptsatz ist ungleich häufiger als im Deutschen und leichter ausführbar, weil der Nebensatz gleich hinter dem ersten Worte des Hauptsatzes eingeschaltet werden kann. An den Anfang der Periode vor den Nebensatz tritt regelmäßig dasjenige Wort, welches beiden Sätzen gemeinschaftlich ist, und zwar in folgender Weise:

1) das Subjekt des Hauptsatzes ist zugleich Subjekt des Nebensatzes. In diesem Falle tritt das Subjekt gewöhnlich an die Spitze des Satzes vor die Konjunktion des Nebensatzes; eine Andeutung des Subjekts im Hauptsatze wird dadurch unnötig: Cicero, ubi spem libertatis amissam vidit, Italiam relinquere constituit. Agesilaus, cum ex Aegypto reverteretur, in morbum implicitus decessit. Stultitia, etsi adepta est quod concupivit, numquam se tamen satis consecutam putat.

Anm. 1. Wenn der Nebensatz des relativischen Anschlusses wegen vorangestellt werden muß, so tritt das beiden Sätzen gemeinschaftliche Subjekt zwischen Haupt- und Nebensatz, z. B. Quod cum audivisset Antiochus fractus est animo. — Übrigens erklärt es sich aus der häufigen Voranstellung des Subjekts, daß gar nicht selten auch in dem Falle, wenn der Hauptsatz ein anderes Subjekt hat, dennoch das Subjekt des vorangestellten Nebensatzes vor die Konjunktion tritt, z. B. *Caesar* cum ab hoste non amplius passuum duodecim milibus abesset, ut erat constitutum, ad eum legati revertuntur.

2) das Objekt des Hauptsatzes ist zugleich Objekt des Nebensatzes. In diesem Falle tritt das Objekt vor die Konjunktion des Nebensatzes; eine Andeutung des Objekts im Hauptsatze wird dadurch überflüssig. Demosthenem, quanquam omnes sunt admirati, tamen nemo assecutus est. Urbem Tyrum, cum cives fortissime defenderent, Alexander septimo mense, postquam obsidere coeperat, expugnavit.

3) das Subjekt des Hauptsatzes gehört zugleich als Objekt zum Nebensatze. In diesem Falle tritt das Subjekt des Hauptsatzes vor den Nebensatz; das Objekt im Nebensatze wird durch ein Pronomen angedeutet. Socrates, cum amici ex vinculis eum deducere vellent, mori maluit. Rex Prusias, cum Hannibali apud eum exulanti depugnare placeret, negabat se audere, quod exta prohiberent.

4) das Subjekt des Nebensatzes erscheint als Objekt im Hauptsatze. In diesem Falle tritt das Objekt voran, und das Subjekt wird im Nebensatze aus dem Vorhergehenden ergänzt. L. Manlio, cum dictator fuisset, M. Pomponius, tribunus plebis, diem dixit, quod is paucos sibi dies ad dictaturam

gerendam addidisset. Pompeius Cretensibus, cum ad eum usque in Pamphyliam legatos deprecatoresque misissent, spem deditionis non ademit.

Anm. 2. Auch Objekte, Genitive, temporale, lokale und adverbiale Bestimmungen, welche dem Haupt- und Nebensatze gleichmäßig angehören, treten vor den Nebensatz z. B. Caesar altero die, cum ad oppidum Senonum venisset, oppugnare instituit „als Cäsar am zweiten Tage — gekommen war, begann er . . .". Fratris tui res, ut semper tutatus sum, ita tueri non desinam. Nobis, quamdiu virtus manebit, manebit spes victoriae.

Anm. 3. Im Lateinischen kann abweichend vom Deutschen der regierende Satz ganz von dem abhängigen Satze eingeschlossen werden, z. B. In oratoribus Graecis *admirabile est* quantum inter omnes excellat Demosthenes. Orator *metuo*, ne languescat senectute. Sunt vitia, quae *nemo est*, quin effugere cupiat. — Ferner können die Glieder des regierenden Satzes mehrfach geteilt zwischen die Glieder des abhängigen Satzes treten und mit denselben verflochten werden, z. B. Hae virtutes *breviter* quales sint in Pompeio *consideremus*. Hoc *certa de causa* nondum *adducor*, ut faciam. A philosophia *ego* nullum *confiteor* aetatis meae tempus abhorruisse. *Quis* meum consulatum *praeter te* qui vituperaret *inventus est*? Cf. 538, 1, med.

544. Im 1. Satze hätte statt *cum enim* auch *nam cum* und im 2. statt *quanquam vero* auch *sed quanquam* gebraucht sein können; denn wenn eine Periode mit dem vorhergehenden Satze durch eine beiordnende Konjunktion (z. B. „daher, demnach, also, denn, nämlich, aber" ꝛc.) verbunden ist, so tritt diese bald an die Spitze des Satzes unmittelbar vor die Konjunktion des Nebensatzes, oder hinter dieselbe; daher heißt das deutsche „als daher" bald *itaque cum* bald *cum igitur*; „wenn daher" *itaque si* und *si igitur*; „als aber" *sed cum* und *cum autem* oder *cum vero*; „damit nämlich" *nam ut* oder *ut enim*; „nachdem nämlich" *nam postquam* und *postquam enim*; ebenso *nam quoniam* und *quoniam enim*, *nam ut* und *ut enim*, *sed quia* und *quia autem* u. s. w.

545. Einschachtelung findet dann statt, wenn man Nebensätze so ineinander einschaltet, daß die zu den einzelnen Sätzen gehörenden Verben auf einen Punkt zusammentreffen. Einschachtelung ist z. B. in dem deutschen Satzgefüge: „Ein Haupterfordernis eines gültigen Kontraktes ist, daß den Kontrahenten keine gesetzlichen Vorschriften, welche sie in der Befugnis, Kontrakte zu schließen, einschränken, entgegenstehen"; — und in dem lateinischen Satzgefüge: Milites sub colle constiterunt, nuntios in castra remissos, qui quid sibi, quando praeter spem hostis *occurrisset, faciendum esset, consulerent*, quieti opperientes. Das Häßliche einer solchen Satzbildung fällt sogleich auf, obwohl dieselbe, grammatisch betrachtet, fehlerlos ist. Vergl. jedoch auch bei Cicero: Cur tamdiu loquimur de eo hoste, *quem, quia, quod semper volui, murus interest, non timeo*? (Cat. 2, 17). Atque haec non ut vos, qui mihi studio paene *praecurritis, excitarem, locutus sum* (Cat. 4, 19). Cf. auch: de or. 1, 100; 1, 135; 3, 147; nat. d. 3, 35; Verr. 2, 50; Sull. 31.

546. Die erste Anforderung, die man an jeden sprachlichen Ausdruck stellt, ist die, daß er korrekt (sprachrichtig) sei, d. h. den Gesetzen der Grammatik und des Sprachgebrauchs in allen Teilen entspreche (pura et incorrupta oratio, pure et emendate loqui, Gegens. impura et inquinata oratio, vitiosa et corrupta consuetudo). Cf. Cic. de or. 3, 40: Ut Latine loquamur, videndum est, ut et verba efferamus ea, quae nemo iure reprehendat, et ea sic et casibus et temporibus et genere et numero conservemus, ut ne quid perturbatum ac discrepans aut praeposterum sit. — Fehler gegen die Korrektheit sind:

1) Solöcismen*), d. h. entschiedene Fehler gegen die Regeln der Grammatik,

*) So genannt von der Stadt Soli (Σόλοι) in Cicilien, deren Einwohner ihre griechische Muttersprache unter dem Verkehr mit der barbarischen Umgebung allmählich verdarben.

namentlich der Syntax. Ein Solöcismus ist z. B. im Deutschen: „Deiner Schwester ihr Kleid ist schmutzig" (statt „das Kleid deiner Schwester ist schmutzig"), oder: „Ich erinnere mir jenen Tag noch sehr gut". Das volkstümliche Latein der ausgehenden Antike und des Mittelalters ist reich an Erscheinungen, die vom Standpunkt der klassischen Latinität als Solöcismen gelten müßten. Die Gelehrten der Renaissance und des Humanismus setzten den Gebrauch des Lateins in seiner klassischen (ciceronisch-cäsarischen) Gestalt wieder durch.

2) **Archaismen**, d. h. veraltete Wörter, Wortformen und Konstruktionen, die bei den mustergültigen Schriftstellern der klassischen Zeit außer Gebrauch gekommen und durch andere ersetzt sind. Jul. Cäsar riet: Tanquam scopulum, sic fuge inauditum atque insolens verbum; Quintilian sagt: Abolita et abrogata retinere insolentiae cuiusdam est et frivolae in parvis iactantiae; fuerit paene ridiculum malle sermonem, quo *locuti sint* homines quam quo *loquantur*; Kaiser Augustus rügt den „Gestank verlegener Wörter" (reconditorum verborum foetores); Cicero mahnt: Non erit utendum verbis eis, quibus iam consuetudo nostra non utitur. Also sind zu vermeiden die veralteten Formen *aurai, laudarier, audibo, vestibam, accestis* (cf. 311) etc.: obsolete Wörter wie *duellum* statt bellum, *absque* statt sine, *cascus* statt priscus, *olli* statt illi, it clamor *caelo* statt ad caelum, *adulare* statt adulari, *necessitudo* „Notwendigkeit" statt necessitas u. s. w. Damit vergleiche Archaismen in der deutschen Sprache, wie: „anjetzo, sintemal und alldieweil, zween, zwo, hinfüro, geloffen, es geschicht, wir seind, Stücklein, Gelahrtheit" 2c. — Auf der andern Seite hüte man sich auch, an sich guten und durch den Gebrauch klassischer Schriftsteller gesicherten Wörtern eine fremde und neue Bedeutung unterzulegen. Man gebrauche z. B. nicht *votum* in der Bedeutung „Wahlstimme, abzugebende Meinung" (statt suffragium, sententia); nicht *traditio* in der Bedeutung „Tradition, geschichtliche Überlieferung" (statt memoria oder fama); nicht *stilus* für „Stil, Schreibart" (statt ratio scribendi oder dicendi genus); nicht *regula* für „Regel, Vorschrift" (statt praeceptum); nicht *linea* für „Zeile" (statt versus); nicht *communiter* für „gemeiniglich" (statt vulgo, plerumque, fere); nicht *capacitas* für „Kapazität, Fassungskraft" statt vis percipiendi, ingenii vis) u. s. w.

Anm. Einzelne Schriftsteller auch der besten Zeit, z. B. Sallust, Seneca, Tacitus, Gellius u. s. w., haben eine Vorliebe für Altertümliches und deshalb viele Archaismen zugelassen; man darf ihnen darin nicht nachahmen. Auch hat es zu allen Zeiten Gelehrte gegeben, welche durch veraltete Wörter ihr Latein zu würzen und zu verschönern und sich dadurch auch wohl den Schein tiefer Gelehrsamkeit zu geben meinten. Andrerseits ist zuzugestehen, daß die Verwendung eines Archaismus an richtiger Stelle höchst wirksam sein kann, z. B. um den Leser oder Hörer an eine ältere Zeitperiode, die man vorführt, zu erinnern, oder um der Rede einen würdevollen Nachdruck durch eine besondere Färbung zu verleihen. Mit Recht sagt deshalb Cicero (de or. 3, 153): Prisca ac vetusta ... sunt poetarum licentiae liberiora quam nostrae; sed tamen *raro* habet etiam in oratione poeticum aliquod verbum *dignitatem*. In dieser Beziehung kann Livius als Muster empfohlen werden, der, wenn er die Alten selbst redend einführt, seiner Darstellung ein maßvoll antikes Kolorit zu geben versteht, indem er Archaismen aus den älteren Annalisten, deren Werke er benutzte, in seine Rede herüberspielen läßt. Cf. auch 311.

3) **Gräcismen und Germanismen** nennt man solche unlateinische Konstruktionen und Verbindungen, die nach Analogie des Griechischen und Deutschen gebildet sind. Ein Gräcismus ist es z. B., wenn Horaz nach dem griech. *βασιλεύειν τινός* sagt regnare popul*orum*, oder wenn Sallust *amare* nach dem griech. *φιλεῖν* mit dem Inf. verbindet; ein Germanismus wäre es, wenn man den Satz: „Du hast deine Eltern in ihrer Erwartung getäuscht" übersetzte: Parentes in spe fefellisti statt spem parentum fefellisti, oder „Der Sieger war die Mäßigung selbst" victor fuit moderatio ipsa statt victore nihil fuit moderatius. (Über den Gebrauch griech. Wörter im Lateinischen cf. 171 und 172.) Da sich nichts leichter in die Rede einschleicht als die Eigenheiten der Muttersprache eines jeden Schreibenden, weil jeder in ihr zu denken und nach dieser Denkweise zu reden und zu schreiben gewohnt ist, so ist für alles Lateinschreiben als eine Fundamentalvorschrift hinzustellen: „Denke das zu Schreibende lateinisch!" Man lernt aber lateinisch denken nur durch vieles Lesen und genaue, lang fortgesetzte Vergleichung seiner Muttersprache mit der lateinischen.

4) **Anakoluth** (*ἀνακόλουθον, ἀνακολουθία*) ist diejenige Form der Rede, in welcher das Ende des Satzes der im Anfange gewählten Konstruktion nicht entspricht, der Satz also nicht so zu Ende geführt wird, wie der Anfang erwarten läßt. Das Anakoluth ist oft ein aus Nachlässigkeit und Unachtsamkeit entstandener Fehler, z. B. Cum haec ita fierent, *rex Iuba*, cognitis Caesaris difficultatibus copiarumque paucitate, *non est visum* dari spatium convalescendi. (Cf. Cic. Tusc. 3, 16; 5, 54; Fin. 3, 11; Verr. 5, 65.) Oft aber kann die Anakoluthie eine Schönheit werden, wenn sie sich natürlich und wie von selbst macht, so daß der Hörer und Leser unwillkürlich ihr folgt: rhetorisches Anakoluth. So finden sich Anakoluthien vorzugsweise nach Unterbrechungen durch längere Nebensätze oder durch parenthetisch eingeschaltete Bemerkungen, wo man eben durch die Unterbrechung leicht die Form der anfänglichen Konstruktion aus dem Sinne verliert; oft wird alsdann der abgerissene Faden der Rede wieder aufgenommen durch die Partikeln *verum, verumtamen, sed, sed tamen, igitur*, ***ergo, inquam,*** wo wir gewöhnlich „also“ oder „sage ich“ gebrauchen, z. B. Tum, cum ex urbe Catilinam eiciebam (non enim iam vereor huius verbi invidiam, cum illa magis sit timenda, quod vivus exierit); *sed* tum, cum illum exterminari volebam, reliquam coniuratorum manum simul exituram putabam. Scripsi etiam — (nam etiam ab orationibus disiungo me fere referoque ad mansuetiores Musas, quae me maxime iam a prima adulescentia delectarunt) — scripsi *igitur* Aristotelio more tres libros de oratore. — Ego hoc quaero: Qui potuerunt ista ipsa lege, quae de proscriptione est, sive Valeria est sive Cornelia (non enim novi, nec scio), *verum* ista ipsa lege bona Sex. Roscii venire qui potuerunt? — Cum essem in Tusculano, — erit hoc tibi pro illo tuo „Cum essem in Ceramico“ — *verumtamen* cum ibi essem, Roma puer a sorore tua missus epistulam mihi abs te allatam dedit. — M. Cato sententiam dixit, huius nostri Catonis pater; (ut enim ceteri ex patribus, sic hic, qui illud lumen progenuit, ex filio est nominandus), is *igitur* iudex pronuntiavit emptori damnum praestari oportere. — Nostra est enim (si modo nos oratores sumus, si in civium disceptationibus, si in periculis, si in deliberationibus publicis adhibendi auctores et principes sumus) nostra est, *inquam*, omnis ista prudentiae doctrinaeque possessio. — Omne pronuntiatum (sic enim mihi in praesentia occurrit ut appellarem *ἀξίωμα;* utar post alio, si invenero melius); id *ergo* est pronuntiatum, quod est verum aut falsum (statt omne pronuntiatum — est verum aut falsum). — Zuweilen findet sich auch ein längerer Vordersatz, ohne daß ein Nachsatz folgt (sog. *Anapodoton* oder *Anantapodoton*, z. B. Cic. Tusc. 3, 36 ff.; Att. 5, 10, 4); — oder es steht ein *primum*, ohne daß ein entsprechendes *deinde* folgt, z. B. Cic. Tusc. 1, 30 u. 57; off. 1, 44 u. 47 u. 100; — oder bei Einteilungen und Gegensätzen entspricht einem *et* (oder *neque* oder *aut* oder *vel* ꝛc.) kein folgendes *et* (oder *neque* oder *aut* oder *vel* ꝛc.), eine Art von Anakoluthie, welche man als *Particula pendens* zu bezeichnen pflegt, z. B. *Et* Epaminondas . . . fidibus praeclare cecinisse dicitur, Themistocles*que* (statt *et* Themistocles), cum recusaret lyram, est habitus indoctior (Cic. Tusc. 1, 4; 3, 5 u. 63; 4, 59; Lael. 73; Fin. 1, 48; 5, 64; Cat. 2, 28; off. 2, 33; 1, 9 u. 155; cf. auch 502); — oder es findet sich auch diese Art von Anakoluthie, daß nach Einschiebung eines Zwischensatzes der nachfolgende Teil des Hauptsatzes sich in seiner Konstruktion dem Zwischensatze anschließt, z. B. Sed *quoniam*, ut *placet* Stoicis, quae in terra gignantur, ad usum hominum omnia *creari*. Profecto est ita, ut mihi persuasi, *me esse* tibi curae. De quo homine hoc auditum est unquam, quod tibi accidit, *ut* eius in provincia statu*ae* deice*rentur* (Cic. Verr. 2, 158)? Si, ut Graeci *dicunt*, omnes aut *Graios esse* aut *barbaros*, vereor, ne Romulus barbarorum rex fuerit (statt Si, ut Graeci dicunt, omnes aut *Graii sunt* aut *barbari*, vereor, ne etc.) Cic. off. 1, 22 u. 33; rep. 1, 58; de or. 3, 3; leg. 1, 55; fam. 11, 4, 1. Nicht selten wird auch das Tempus durch den Zwischensatz bestimmt (cf. 327, Anm. 4).

547. Eine andere Forderung, die man an jeden sprachlichen Ausdruck stellt, ist die der Kürze und Bündigkeit (**Präcision**), d. h. gebrauche nicht mehr Worte, als zum klaren Ausdruck des Gedankens notwendig sind. Vermeide deshalb:

1) den **Pleonasmus**, d. h. einen solchen Zusatz zu einem Begriffe, welcher kein neues Merkmal angiebt, sondern schon in dem Begriffe selbst liegt. Pleonasmen sind z. B.: Ein alter Greis, ein weißer Schimmel, ein schwarzer Rappe, ein verworrenes Chaos, der Väter sonst'gen Ruhm, im gewöhnlichen Alltagsleben, er pflegt gewöhnlich früh aufzustehen, sic ore locuta est, finem dedit ore loquendi, cum parvulis filiolis, hoc plerumque iis accidere consuevit, initia incohare, principium anni incipit mense Ianuario, ante providere, obviam obicere, ante praeoccupare, rursus restituere proelium, propius appropinquare, saepius dictitare, falsa ementiri, porro ire pergere, retro redire; primo rem differre coeperunt; initio cogitare coepit; sacerdotes Alcibiadem rursus resacrare sunt coacti; perfacile factu est conata perficere.

Anm. 1. In manchen Fällen hat die lateinische Sprache den Pleonasmus in fast stehender Weise, nämlich:

a) wenn der Begriff des Hauptverbs im Nebensatze erweitert wird, namentlich bei Anführung der Rede eines andern, z. B. A Pausania *audivi, cum diceret* te secum esse quaestum. Saepe ex Sulpicio *audiebam, cum* se scribere neque consuesse neque posse *diceret.* Ita *locutus est, ut* auctoritatem vestram vitae suae se *diceret* anteferre. — Ein ähnlicher Pleonasmus findet sich in dem abhängigen Satze nach den Ausdrücken des Denkens und Meinens, z. B. Me quidem diu cogitantem ratio ipsa *in hanc sententiam ducit,* ut sapientiam sine eloquentia parum prodesse civitatibus *existimem.* Maiores nostri sic *senserunt,* ut causam mortis *censuerint,* non genus esse quaerendum. Facillime *statuetis,* quid apud ceteras nationes fieri *existimetis.* Theodori dicto *admoneor,* ut aliquid etiam de humatione et sepultura dicendum *existimem.* Nihil non postulandum *putari,* quod aequum esse *statuerem.* Sic *interpretantur,* ut — *dicant*; sic *praecipit,* ut — *putet*; ita *persuasum erat* civitati, ut — *arbitrarentur. Teneamus,* ut nihil *censeamus* esse malum. Cicero sagt sogar (off. 3, 20) *licentiam* dat, ut — *liceat* und (off. 1, 8): ita *definiunt,* ut — *definiant,* (dagegen off. 3, 96: sic *definiunt,* ut — *velint*); — ferner nach den Wörtern *licet, venia datur, permittitur* und *conceditur,* z. B. Totam Italiam suis coloniis ut complere *liceat, permittitur. Concedite* pudori meo, ut aliquam partem de istius impudentia reticere *possim.* Quaeso a vobis, ut mihi *detis hanc veniam,* ut me *patiamini* uti novo genere dicendi (Cic. Arch. 2, 3). Beachte auch die nicht seltene Verbindung *noli — velle, nolite — velle,* z. B. Nolite igitur id velle, quod fieri non potest (Cic. Ph. 7, 25; Cael. 79; Balb. 64).

b) wenn beim *Pronomen relativum* das vorhergegangene Substantiv wiederholt wird, meist um größere Bestimmtheit oder größern Nachdruck zu erzielen, oft aber auch ohne besondern Grund lediglich infolge der Gewohnheit. Diese Wiederholung ist namentlich bei *dies* ganz gewöhnlich, kommt aber auch bei *res, causa, tempus, lex, pars, genus* u. a. vor, z. B. Diem dicunt, *quo die* ad ripam Rhodani omnes conveniant. Diem scito esse nullum, *quo die* non dicam pro reo. Dixi in senatu fore in armis certo die, *qui dies* futurus esset a. d. VI. Kal. Nov. Erant omnino itinera duo, *quibus itineribus* domo exire possent. Ego tibi illam Aciliam legem restituo, *qua lege* multi condemnati sunt (der Deutsche sagt hier nachdrucksvoll mit einer Apposition „ein Gesetz, nach welchem" cf. 259). Habetis causam inimicitiarum, *qua causa* inflammatus Decianus ad Laelium detulit hanc accusationem. — Notwendig ist diese Wiederholung, wenn zwei Begriffe vorhergehen und es zweifelhaft sein würde, auf welchen von diesen sich das Relativ beziehen soll, z. B. Duo *genera* semper in hac civitate fuerunt *eorum,* qui versari in re publica atque in ea se excellentius gerere studuerunt, *quibus* ex *generibus* alteri se populares, alteri optimates et haberi et esse voluerunt. — Tanti maleficii crimen, *cui maleficio* tam insigne supplicium est constitutum. — Nullo modo animus audientis aut incitari aut leniri potest, *qui modus* a me non tentatus sit. (Beachte auch eine freiere Form der Wiederholung: illius temporis, *quo die*; ex civitate, *quae gens*; is reus, in *quo homine* u. ä.).

Anm. 2. Man sagt ganz gewöhnlich *pridie eius diei* und *postridie eius diei,* auch *post diem tertium (quartum* etc.) *eius diei.* — Während der Deutsche schlechtweg sagt: „Etwas entsteht", sagt der Lateiner oft: „Der Anfang oder die Ursache von etwas entsteht", z. B. Initium suspicionis ortum est ab ea re, quod .... Initia incohata sunt a Philippo. Initia amicitiae profecta sunt ab utilitatum spe.

Anm. 3. *Potius* und *magis* stehen nicht selten pleonastisch bei *malle* und *praestare,* z. B. Siculi ab omnibus se desertos *potius* quam abs te defensos esse *malunt.* Populus consulatum daturus est ei, qui *magis* vere vincere quam diu imperare *malult.*

Romano ita erat libertas insita, ut emori *potius* quam servire *praestaret*. Cic. Caecil. 21; Balb. 19; Pis. 15; Quinct. 9; fam. 15, 5, 2.

Anm. 4. Cicero liebt es ungemein, das einfache Verbum durch *videri* zu umschreiben, um der Aussage die Farbe bescheidener Zurückhaltung zu geben, oft auch wohl nur in der Absicht, dem Satze einen schönen, volltönenden Schluß zu verleihen, z. B. Restat, ut de imperatore ad id bellum deligendo *dicendum esse videatur*. Reliquum est, ut de Catuli auctoritate et sententia *dicendum esse videatur*. *Sperare videor* „ich schmeichle mir mit der Hoffnung". — Oft dient auch *coepi* mit Infin. lediglich zur Umschreibung des Imperf. oder Perfekts, z. B. Cum Athenienses victi essent, tum Demosthenes *censere coepit*, ut abirent Sicilia. *Coepi velle* ea Trebatium exspectare a te, quae sperasset a me.

Anm. 5. Nicht zum Pleonasmus, sondern zur Figur des *Hendiadyoin* gehören Zusammenstellungen wie: casu et fortuito, prudens sciens, vivus vidensque, fundere et fugare etc. Ebensowenig gehört zum Pleonasmus die Verbindung *multi saepe* oder *saepe multi* „viele zu verschiedenen Zeiten; der eine zu dieser, der andere zu jener Zeit" (z. B. Multi saepe exercitus clari et magni fuerunt. Cicero pro multis saepe dixit = pro aliis alio tempore); ebensowenig das sog. **Epitheton ornans** „das schmückende Beiwort", d. h. ein solches Adjektiv, welches zum Verständnis der Sache nicht notwendig ist, sondern zu einem Substantiv nur zu dem Zwecke hinzugefügt wird, um dem Gegenstande größere Anschaulichkeit und Sinnlichkeit zu verschaffen. Das Epitheton ornans spielt in der Poesie der Römer und Griechen, wie in der Posie aller Völker und Zeiten eine außerordentlich bedeutende Rolle und wird zum Schmuck der Gedichte in einem auffallenden Umfange verwandt. Der Dichter erwähnt z. B. kaum irgendwo die Blumen, ohne ihnen ein Epitheton ornans zu geben, wie flores laeti, varii, picti, nitidi, odori; er spricht nicht schlechtweg von einer Hütte, sondern von einer niedern Hütte, und nicht von einem Dache dieser niedern Hütte, sondern von einem bemoosten Dache, und nicht von einem Landmanne in derselben, sondern von einem zufriedenen Landmanne. Cf. Atra mors, vigiles curae, dirae Parcae, fragrans rosa, pallidus Orcus, mollis luxus, tristis hiems, ros aethereus, nivales boreae, velocia flumina, vallis opaca, pigrum gelu, dives autumnus etc.

2) die **Tautologie**, d. h. die Bezeichnung eines Begriffs durch zwei dasselbe besagende Worte, z. B. „Die Sonne ist bereits schon aufgegangen"; „Nur wenigen gelingt es, sich die allgemeine Liebe aller Menschen zu erwerben". Rursus denuo; statim continuo; repente e vestigio; praeter opinionem improviso; tum deinde, deinde postea; clam furtim; novus rursus de integro labor; mortem ipse mea manu inveniam.

Anm. 6. Der Deutsche bezeichnet die Möglichkeit oder Notwendigkeit einer Sache tautologisch oft doppelt, außer dem Verb noch durch ein Adverb; aber im Lateinischen fällt eins von beiden weg. Cf. Magnam partem militum tot proeliis interire necesse fuit „mußte notwendigerweise untergehen". Fieri non potest, ut te adiuvem „ich kann dir unmöglich helfen".

548. Ein **Tropus** (translatio) ist die Anwendung eines uneigentlichen Ausdrucks statt des eigentlichen oder die völlige Vertauschung zweier ähnlichen Vorstellungen, so daß die eine an die grammatische Stelle der andern tritt. (*Tropus est verbi vel sermonis a propria significatione in aliam cum virtute i. e. ornandae orationis gratia mutatio.* Quintilian.) Wenn man z. B. in dem Satze: „Der Wein erfreut des Menschen Herz" statt des Subjekts „Wein" das Subjekt „Bacchus" setzt, so hat man einen Tropus. — Während es sich also bei einem Tropus immer um die Vertauschung zweier einzelnen Begriffe handelt, kommt es bei den Figuren auf die Gestaltung der ganzen Ausdrucksweise an. Wenn man z. B. dem einfachen Behauptungssatze: „Niemand glaubt dieses", um eine größere Kraft zu erreichen, die Form der Frage: „Wer könnte dieses wohl glauben?" oder die Form des Ausrufs: „Dieses glaube ein anderer!" giebt, so hat man eine Figur.

Anm. Es ist bei jedem sprachlichen Erzeugnisse das hauptsächlichste Erfordernis, Gedanken zu entwickeln; aber es ist ein Unterschied, ob man diese Gedanken bloß verstandesmäßig angiebt oder bei ihrer Gestaltung auch die Phantasie thätig sein läßt. Wer bloß den Verstand walten läßt, gebraucht nur einfache („eigentliche") Ausdrücke und bildet schlichte Aussagesätze mit Innehaltung der gewöhnlichen Wort- und Satzstellung und der logischen Satzverbindung, und es läßt sich nicht leugnen, daß manche Schriftsteller durch diese schmucklose Art der Darstellung den Leser oder Hörer gewaltig ergreifen, vorausgesetzt daß ein Gedanke sich an den andern drängt und diese Gedanken neu und überraschend sind. Glänzende Beispiele dafür sind **die Schriften Cäsars sowohl in ihren darstellenden Teilen wie in den eingelegten Reden.** Aber neben dem Verstande (dem Vermögen der Begriffe) und der Vernunft (dem Vermögen der Ideen) ist auch die Phantasie und das Gefühl thätig, und diese Seelenkräfte verlangen als ihr Recht, daß der Darstellende seine Sprache schmückt und die gewöhnliche Ausdrucksweise durch eine schönere ersetzt.

549. Die **Metapher** (*μεταφορά*, translatio) oder Übertragung ist die Bezeichnung einer Vorstellung durch ein Bild. Sie ist der schönste und häufigste Tropus; ihr Gebiet ist ebenso unbegrenzt wie das des Bildes. (*Translatio permovendis animis plerumque et signandis rebus ac sub oculos subiciendis reperta est.* Quintilian.) Die Metapher beruht auf einer Vergleichung, aber der metaphorische (bildliche) Ausdruck wird nicht mehr durch ein vergleichendes Wort eingeleitet, sondern geradezu statt des eigentlichen Ausdrucks gesetzt.

Anm. 1. „Er hat gefochten wie ein Löwe“ ist eine Vergleichung. „Er war ein Löwe in der Schlacht“ ist Metapher.

Cf. Fabius scutum Romanorum fuit, Marcellus gladius. Hirundines nuntiae veris sunt. Ardens studium. Ira incensus. Ardet bello orbis terrarum. Devorare libros. Gurges libidinum. **Lumen civitatis.** Incurrere in suspicionem. Homo asper. Bellum extinguere. Exhaustae facultates. Naufragium rei familiaris. Discordia ordinum est venenum huius urbis. Virus acerbitatis evomere apud aliquem. Duo illi oculi orae maritimae, Carthago et Corinthus. Fluit voluptas corporis et prima quaeque avolat. Flos iuventutis. Committere se civilibus fluctibus. Consilium alicuius frangere. Voluptates frenare. Epistula frigida. Amicitia fucosa. Rem publicam fulcire. Contemnere fulmina fortunae. Segetes sitiunt. Silent leges. Caecus timor. Urbs somno vinoque sepulta etc. etc.

In Bezug auf den Gebrauch der Metaphern giebt Niebuhr in seinem „Briefe an einen jungen Philologen“ die kurze, aber inhaltreiche Lehre: „Ganz besonders sieh den Metaphern genau zu: was darin nicht ganz tadellos ist, ist unausstehlich“. Es bedarf daher genauer Achtsamkeit auf die in den mustergültigen Schriften vorkommenden Metaphern, deren Nichtbeachtung eben das sogenannte Küchenlatein erzeugt. Jeder Mensch nach seiner Bildung und Umgebung gebraucht andere Metaphern, ebenso jedes Volk. Demnach beruhen zwar sehr viele Metaphern im Lateinischen und Deutschen auf gleicher Anschauung, z. B. Ad gubernacula rei publicae sedere „am Staatsruder sitzen“; primas partes in re publica agere „die erste Rolle spielen“; fontes philosophiae aperire; segetes sitiunt; compressis manibus sedere „die Hände in den Schoß legen“; iura obterere „das Recht mit Füßen treten“; ne digitum quidem alicuius rei causa porrigere „keinen Finger rühren“; aures veritati claudere; assentatoribus patefacere aures suas; in philosophiae portum confugere; belli fluctibus circumiri; in his omnibus inest quidam sine fuco veritatis color; ardorem cupiditatum restinguere; — aber viele Metaphern beruhen im Lateinischen und Deutschen auf verschiedener Anschauung, z. B. Vulnera *inurere* rei publicae „dem Staate Wunden schlagen“; *cumulo* augere aliquid „einer Sache die Krone aufsetzen“; vitam pro patria *profundere* „opfern, (hingeben)“; arcem facere e cloaca „aus der Mücke einen Elefanten machen“; ferrum e terrae cavernis elicimus „wir gewinnen“; frigent omnia consilia „guter Rat ist teuer“; litteris imbutus „in die Wissenschaften eingeweiht“; — und sehr oft bedient sich die lateinische Sprache eines bildlichen Ausdrucks, wo die deutsche den eigentlichen setzt, oder umgekehrt, z. B. Ab Aristippo Cyrenaica philosophia manavit „ist ausgegangen“; magna utilitas efflorescit ex amicitia „entsteht“; libido consedit „der Sturm der Leidenschaft hat sich gelegt“; ad rem publicam accedere, a re publica recedere „die politische Bühne betreten, verlassen“; bellum in Africam transferre „den Kriegsschauplatz verlegen“; res ad voluntatem nostram *fluunt* „gehen nach Wunsch“; calamitatem haurire „den Leidenskelch leeren“; amicitiam iungere „das Band der Freundschaft knüpfen“; caritatem dirimere „das Band der Liebe zerreißen“; rem publicam labefactare „das Staatsgebäude erschüttern"; mos est „herrscht"; bellum inflammare „die Kriegsfackel entzünden"; vetustas monumenta exederat „der Zahn der Zeit hatte die Werke zernagt"; temporibus servire „den Mantel nach dem Winde hängen"; conatus alicuius reprimere „den Unternehmungen jemandes einen Damm entgegensetzen" rc.

Anm. 2. Der Metapher nahe steht der Tropus der Anspielung oder *Allusio*, durch welche in einer verkürzten Vergleichung auf eine historische Person oder Örtlichkeit oder Begebenheit oder Sitte u. dergl. hingewiesen wird, z. B. „Jetzt bin über den Rubikon gegangen", d. h. jetzt habe ich einen entscheidenden Schritt gethan, wie Cäsar, da er über den Rubikon ging. Anspielungen sind es ferner, wenn eine Person ein Spartaner, ein Sybarit, ein Epikureer, ein Cyniker, ein Attila, ein Vandale, ein Salomon, ein Mentor, wenn eine böse Frau eine Xanthippe, wenn ein schönes Thal ein Tempe, ein reizender Ort ein Elysium, wenn eine kurze Antwort lakonisch, ein schwelgerisches Mahl lukullisch genannt wird, oder endlich, wenn man von Argusaugen, herkulischen Arbeiten, neronischer Grausamkeit u. s. w. spricht.

550. 1) **Die Synekdoche** (*συνεκδοχή*, comprehensio) **beruht im wesentlichen auf der Teilung (Vereinzelung) und der Zusammenfassung (Vereinigung), ist also der Tropus der Division und Komprehension. Sie besteht darin, daß das Einzelne für das Gesamte** (Pars pro toto) **oder das Gesamte für das zu ihm gehörige Einzelne** (Genus pro specie) **gesetzt wird.** So steht die Einzahl für die Mehrzahl, z. B. Lucanus a nobis defecit (cf. 155); oder die Mehrzahl für die Einzahl, z. B. Miratur clipeum, dona parentis; nos für ego (cf. 224); oder der Teil statt des Ganzen, z. B. Tectum oder limen für domus, rota oder axis für currus, puppis oder carina für navis; oder das Ganze statt des Teils, z. B. Elephantus für ebur; quercus „Eichenlaub"; mare „Meerwasser"; fontem ferebant „sie brachten Wasser aus dem Quell"; oder die bestimmte Zahl für die unbestimmte, z. B. Sescenti für permulti; o terque quaterque beati! — Cf. auch 155, Anm. 1.

2) **Die Metonymie** (*μετωνυμία*, denominatio) **setzt an die Stelle des eigentlichen Substantivs ein anderes, welches einen mit dem eigentlichen Ausdrucke von selbst in unmittelbarer Verbindung stehenden Begriff enthält. Das Verhältnis der miteinander vertauschten Begriffe ist derart, daß, wenn beide zugleich gesetzt würden, das metonymische Subst. in den Genitiv treten, oder durch ein Adjektiv wiedergegeben, oder als Bestimmungswort mit dem eigentlichen Substantiv komponiert werden müßte. Die Metonymie ist also der Tropus des Attributs.**

Metonymisch können nun folgende Begriffe miteinander vertauscht werden:

a) das Bewirkende und das Bewirkte, z. B. Lego Homerum (= Homeri carmina); Mars für bellum, Ceres für frumentum, Liber für vinum, flamma für „Hitze", lux für „Tag", pericula für „gefahrbringende Dinge", arma für pugna. „Ihm schenkte — der Lieder süßen Mund Apoll". „Er ißt sein Brod mit Thränen" (= mit Sorge, Ursache der Thränen). „Diese That scheut die Sonne" (= das Sonnenlicht). „Des Landmanns Fleiß zertritt der Rosse Huf". „Schenkt mir Mut und Feuer ein".

b) der Stoff und das daraus Verfertigte, z. B. Ferrum für gladius; aurum für vasa aurea, frons für „Laubkranz", pinus für „Schiff", fraxinus für „Lanze", arundo für „Pfeil". „Der Reiche kleidete sich in Seide und köstliche Leinwand". „Der Acker trägt nährendes Brot". „Ein altes Pergament giebt Kunde von diesem Ereignisse". „Eurer Thaten Verdienst meldet der rührende Stein". „In rauhes Erz sollst du die Glieder schnüren, mit Stahl bedecken deine zarte Brust".

c) das Abstractum und das Concretum, z. B. Vicinitas für vicini; iuventus für iuvenes (cf. 164), amores für „die Geliebte". „Jugend hat keine Tugend". „Er war ein Verteidiger der Unschuld, ein Beschützer der Armut". „Da zerret an der Glocke Strängen der Aufruhr, daß sie heulend schallt".

d) das Herrschende oder Besitzende und das Untergebene oder Besessene; Ort oder Zeit und Person, z. B. Caesar pontem in Rheno fecit (cf. 293). Samnites devastare (cf. 162). Iam proximus ardet Ucalegon (= domus Ucalegontis). „Mein Nachbar ist abgebrannt". „Wenn Uri ruft, wenn Unterwalden hilft: der Schwyzer wird die alten Bünde ehren". „Zitternd hört es ganz Karthago". „Der 18. Oktober befreite Deutschland". „Der Wald besingt des Schöpfers Lob" (d. h. die Vögel im Walde). „Jahrhunderte harrten vergebens auf Rettung".

e) das sinnliche Zeichen und der Gegenstand und das Wesen, die Würde, der Zustand, z. B. Laurus oder tropaeum für victoria; toga für pax; taedae für nuptiae; cothurnus für tragoedia; pulvis für „stäubende Rennbahn", latrans für canis, saetiger für aper, sanguis für caedes. „Das Kreuz sank vor dem Halbmonde in den Staub". „Napoleon verlor seine Krone". „Unter dem Krummstabe ist gut wohnen".

3) Die **Antonomasie** (ἀντονομασία) setzt statt eines substantivischen Begriffs (besonders statt eines Eigennamens oder auch statt eines Personalpronomens) einen andern substantivischen Begriff, welcher dem eigentlichen Substantivum als Apposition oder vermittelst des Verbums „sein" als Prädikat beigelegt werden kann. Die Antonomasie ist also der Tropus der Apposition oder des substantivischen Prädikats; sie dient, abgesehen von der durch eine solche Vertauschung bewirkten Erweiterung des Gedankenkreises, hauptsächlich dazu, die Eintönigkeit der Wiederholung desselben Ausdrucks und die Unanschaulichkeit des Pronomens zu vermeiden. So steht Pelides für Achilles; senex Pylius für Nestor; filius Anchisae für Aeneas; fratres Helenae für Castor et Pollux; Iapeti genus für Prometheus; Troici belli scriptor für Homerus etc.

4) Die **Hyperbel** (ὑπερβολή, superlatio) ist der Tropus der Übertreibung. Sie wird gebraucht, wenn der Gegenstand etwas Außerordentliches hat, welches das natürliche Maß überschreitet: Quodsi me lyricis vatibus inseres, sublimi feriam sidera vertice. Nive candidior; luce clarius. „Er wollte die Welt aus ihren Angeln heben". „Das Wasser fehlt, wo ihre Rosse trinken". „Für die Ehre stirbt aus echtem Stamme selbst das neugeborne Kind". „Nicht eine Welt in Waffen fürchtet sie". Ludwig XIV. sagte hyperbolisch, um seine Macht zu bezeichnen, daß ohne seine Erlaubnis sich niemand im mittelländischen Meere die Hände waschen dürfe. — Auch zur Darstellung des Lächerlichen und Unbedeutenden kann die Hyperbel treffend verwandt werden, z. B. „Ein Landgut nennt das Varro; aber man kann es aus einer Schleuder werfen, wenn es nicht etwa vorher durch das Loch (der Schleuder) herausgefallen ist".

5) Die **Ironie** (εἰρωνεία, dissimulatio, illusio) ist der Tropus des Gegenteils. Der Redende gebraucht statt des eigentlichen Ausdrucks den entgegengesetzten, dessen wahre Bedeutung aber durch den Zusammenhang klar wird. Magnum imperatorem, fortem exercitum, quorum tot manus unam mulierculam avexerint! — Cicero sagt zu Catilina: Ad sodalem tuum, *virum optimum*, M. Marcellum, demigrasti. — Novum crimen, C. Caesar, et ante hunc diem inauditum propinquus meus ad te Q. Tubero detulit, Q. Ligarium in Africa fuisse.

Anm. 1. Über die Andeutung der Ironie durch *scilicet*, *nempe* etc. cf. 534. — Über *nisi forte* und *nisi vero* cf. 381, 2. — Über *quasi*, *quasi vero*, *proinde quasi* cf. 392. — Auch das eingeschobene *credo* hat sehr oft ironischen Sinn.

Anm. 2. Den bittern, schneidenden Spott nennt man Sarkasmus. Sarkastisch war z. B. das Wort Hattos: „Hört ihr, wie die Mäuse pfeifen?" — „Mit der Axt hab' ich ihm 's Bad gesegnet".

Anm. 3. In gewisser Weise gehört zur Ironie auch der Euphemismus (εὐφημισμός), d. h. die Bezeichnung einer anstößigen, unangenehmen oder widrigen Sache durch mildere und gelindere Worte. So steht z. B. statt mori euphemistisch vita decedere, de vita migrare, diem supremum obire, extingui, morbo naturae debitum reddere etc. Ein Euphemismus ist es, wenn von den Griechen die Erinnyen „Eumeniden" (d. h. die Gnädigen), von den Lateinern die **Totengeister mānēs (zu altlat. mānus „gut")** und von den Deutschen der Teufel „der Gottseibeiuns" genannt wird.

6) Die **Periphrase** (circumscriptio) ist der Tropus der Umschreibung eines bestimmten Begriffs durch ein Verbum oder durch einen ganzen Satz. Sie gehört zur phantasievollen Darstellung und erscheint in den verschiedensten Formen. Man kann jeden Begriff umschreiben, z. B. „Sie thaten, was sie thun mußten" = ihre Pflicht; „als der Hahn krähte" = am Morgen; „solange die Berge stehen auf ihrem Grunde" = immer; „ein Ort, wohin weder Mond noch Sonne scheint" = finster;

„der allgemeine Gläubiger der Menschheit“ = der Tod; „der Abend des Lebens“ = das Alter; „kennst du das Land, wo die Citronen blühen“ (= Italien)? Cicero sagt statt des schlichten parentes interfecit mit rhetorischer Umschreibung: Propter quos hanc suavissimam lucem aspexit, eos indignissime luce privavit. — **Zur Periphrase rechnet man ferner diejenige Umschreibung der Substantiva, in welcher eine Eigenschaft des Gegenstandes zum Substantiv erhoben und diesem das Substantiv des Gegenstandes als possessiver Genitiv beigefügt ist,** z. B. Vis Herculis = der gewaltige Herkules; obmutuit Ciceronis eloquentia = der beredte Cicero; innocentia Aristidis = der rechtschaffene Aristides. *Tanta vis hominis* magis lenienda quam exagitanda videbatur (Sall. Cat. 48, 5). Surrexit Apronius, *nova dignitas publicani* (Cic. Verr. 3, 31). Quibus in locis nunc est *Caesenni auctoritas*? (Phil. 12, 23). Parcite *dignitati Lentuli*, ignoscite *Cethegi adulescentiae* (Sall. Cat. 52, 32—34). „Zu Aachen — saß König Rudolfs heilige Macht“. Statt des attributiven Genitivs kann auch ein Adjektiv stehen, z. B. *Vis Herculea* perrupit Acherontem (= der starke Herkules). Cf. auch 164, b.

7) **Die Litotes** (λιτότης = Schlichtheit, Verkleinerung) **ist der Tropus des verneinten Gegenteils; sie bezeichnet scheinbar milder einen geringeren Grad einer Eigenschaft und drückt doch kräftiger einen sehr hohen Grad aus** (cf. 485, Anm.), z. B. *Non raro* = saepissime; *non parvus* = maximus; *non invitus* = „recht gern“; *haud contemnendae* copiae = „sehr beträchtliche“; *non rudis* imperator = „sehr erfahren“; Polybius *haudquaquam spernendus* auctor (= egregius); *non nolle* „gern wollen“; *non nescire, non ignorare* „recht gut wissen“; *non defuerunt, qui* „es gab viele, welche“; *non sine* = cum; *non parum* = satis (z. B. res non parum clara erat). „Wo das Unglück wählt, wählt's nicht den schlechtesten Mann“. — Über den Gebrauch von *haud* bei der Litotes cf. 469.

Anm. Wenn der Ton nicht auf der Negation, sondern auf dem folgenden Worte ruht, so wird ein mittlerer Zustand bezeichnet, z. B. Militia aliis grata erat, plerisque *non molesta* (d. h. „wenn auch nicht angenehm, so doch auch nicht lästig“). Ein Superlativ mit positiver Bedeutung, welchem non vorgesetzt ist, hat eine ähnliche Bedeutung = „nicht gerade sehr, nicht eben“, z. B. Epicurus, homo *non aptissimus* ad iocandum. Hat aber der Superlativ negative Bedeutung, so findet die wirkliche Litotes statt, z. B. Meae preces apud Caesarem *non minimum* (= plurimum) auctoritatis habebunt.

8) **Die Emphasis ist der Tropus der Prägnanz, d. h. der inhaltvollen Kraft. Sie hebt ein Wort von allgemeiner Bedeutung mit Nachdruck hervor und erwartet, daß man die tiefere Bedeutung erfasse,** z. B. „Laßt uns unser Unglück als Männer ertragen“ (= als tapfere, feste Leute). *Mulier* esse noli „sei kein Weib“. „Es giebt Richter in Berlin“. Demosthenes et Homerus summi sunt, sed *homines* tamen (d. h. unvollkommene, dem Irrtume unterworfene Wesen). — Über den prägnanten Gebrauch mancher Verben cf. 35.

551. 1) **Das Asyndeton** (ἀσύνδετον, dissolutio) **ist die Auslassung der Verbindungspartikeln zwischen Satzteilen und ganzen Sätzen; es dient entweder zur energischen Aufzählung** (**Asynd. enumerativum**), z. B. Villa abundat porco, haedo, agno, gallina, lacte, caseo, melle. Litterae adulescentiam alunt, senectutem oblectant, secundas res ornant, adversis perfugium et solacium praebent, delectant domi, non impediunt foris, pernoctant nobiscum, peregrinantur, rusticantur. Veni, vidi, vici. Catilinae profectione omnia patefacta, illustrata, oppressa, vindicata esse videbitis. „Der König sprach's, der Page lief, der Knabe kam, der König rief: Laßt mir herein den Alten!“ „Er rief mit lechzender Zunge: Mich dürstet! Rust's, trank, dürstete, bebte, ward bleicher, blutete, ruhte“. Cf. 501; 503, 3 u. 4. Dieses Asyndeton findet sich oft auch in Schilderungen und Erzählungen bei ganzen Sätzen, z. B. Cic. Rosc. Am. 60: Peroravit aliquando, assedit; surrexi ego; respirare visus est, quod non alius potius diceret; coepi dicere; mirari visus est; intellexi, quid eum pupugisset etc.; — **oder zur Angabe des Resultates einer vorhergehenden Aufzählung** (**Asynd. summativum**), welches teils am Schluß einer Reihe von Begriffen (z. B.

Aequitas, temperantia, fortitudo, prudentia, virtutes *omnes* „kurz alle Tugenden"), teils am Schluß einer Gedankenreihe sich findet (z. B. De sua salute desperantes aut suam mortem miserabantur aut parentes suos commendabant, si quos ex eo periculo fortuna servare potuisset: plena erant omnia timoris et luctus „kurz, alles war". Aderant unguenta, coronae; incendebantur odores; mensae conquisitissimis epulis exstruebantur: fortunatus sibi Damocles videbatur „so schien denn"; — **oder zur Bezeichnung einer selbstverständlichen Folge** (**Asynd. consecutivum**), z. B. Nox est: iam in tecta vestra discedite („deshalb"). Erat collis, quem opere circumplecti non potuerunt nostri: necessario paene iniquo loco castra fecerunt („deshalb"). Obsidemur ab hostibus, dux noster fugae consilium cepit: ipsi nostrae salutis rationem habere debemus. Cf. besonders 503, 6; — **oder zur Bezeichnung eines energischen Gegensatzes** (**Asynd. adversativum**; cf. 526); — **oder zur Angabe einer Erklärung oder Begründung** (**Asynd. explicativum** od. **causale**), z. B. Maiores nostri supplicium in parricidas singulare excogitaverunt: insui voluerunt in culleum vivos („nämlich"). Grata erga tantam virtutem civitas fuit: statua in comitio posita est („denn"). Haec maleficia aliis nefariis cumulant: crimen incredibile confingunt. So stets beim Epiphonem (cf. 551, 5, Anm.), z. B. Alexander, cum interemisset Clitum familiarem, vix a se manus abstinuit: *tanta vis fuit paenitendi.* Dionysius tyrannus Corinthi pueros docebat: *usque eo imperio carere non poterat.* Cic. Tusc. 3, 27; or. 1, 224; 2, 317; Deiot. 21; Att. 9, 19, 1.

2) **Das Polysyndeton** (*πολυσύνδετον*) **ist die mehrmalige Wiederholung derselben Verbindungspartikel; es dient dazu, die Menge der verschiedenen Gegenstände oder Erscheinungen zu malen,** z B. Asia tam fertilis est, ut *et* ubertate agrorum *et* varietate fructuum *et* magnitudine pastionis *et* multitudine earum rerum, quae exportantur, facile omnibus terris antecellat. — Socrates primus philosophiam devocavit a caelo *et* in urbibus collocavit *et* in domus etiam introduxit *et* coegit de vita *et* moribus rebusque bonis *et* malis quaerere. — Ego *et* miles *et* tribunus *et* legatus *et* consul versatus sum in vario genere bellorum. — *Cum* haesitaret, *cum* teneretur, quaesivi, quid dubitaret eo proficisci, quo iam pridem pararet, *cum* arma, *cum* secures, *cum* fasces, *cum* tubas, *cum* signa militaria, *cum* aquilam illam argenteam sciret esse praemissam. „Und es wallet und siedet und brauset und zischt". „Meine Töchter führen den nächtlichen Reihn und wiegen und tanzen und singen dich ein". „Da pfeift es und zirpt es und klinget und klirrt, da ringelt's und schleift es und rauschet und wirrt, da pispert's und knistert's und flistert's und schwirrt".

3) **Die Ellipse** (*ἔλλειψις*, omissio) **ist die Auslassung eines oder mehrerer Wörter (unter denen alsdann immer auch das Verb), ohne daß eine Ergänzung aus dem Zusammenhange stattfinden kann. Am gewöhnlichsten ist dies der Fall in kurzen, behauptenden Sätzen (Sentenzen), zu denen sich das Fehlende teils von selbst, teils auch aus der Kenntnis der Sprache des gewöhnlichen Lebens ergänzt.** Die häufigsten Ellipsen sind:

a) die Auslassung von *est* und *sunt*, cf. 4;

b) die Auslassung der *Verba dicendi* (des Sagens, Erwähnens, Antwortens ꝛc.), sowohl in Citaten, als in Dialogen und dialogisch gehaltenen Partien, als in einer großen Zahl rhetorischer Übergänge und Formeln, z. B. Capius olim: Non omnibus dormio. Philosophia quid est aliud nisi, ut Plato, donum, ut ego, inventum deorum? Scite Chrysippus, ut gladii causa vaginam, sic praeter mundum cetera omnia aliorum causa esse generata. Cicero Attico salutem (sc. dico od. dicit, oft als Überschrift von Briefen). Apud Stoicos de isto fato multa dicuntur, de quo alias (sc. dicam). Nimis multa videor de me (sc. dicere). Pergit in me maledicta (sc. dicere); perge reliqua, perge cetera (sc. dicere). Longum est ad omnia (sc. respondere). Itaque exspecto, quid ad ista (sc. sis responsurus). Non mehercle soleo temere contra Stoicos (sc. disputare). Bei Mitteilung eines Gespräches sind in der Angabe des Personenwechsels folgende elliptische Ausdrücke häufig: Haec (od. ita) ille „so weit jener"; tum ego; at ille; cui ego; et ego; tum Brutus etc. Sodann: sed quid vetera (sc.

commemoro)? sed quid poetas? sed nimis multa; quid multa? quid plura (sc. dicam)? sed haec hactenus u. s. w.

c) Formen von *facere, fieri, iudicare, statuere* u. ä. werden in kurzen Sätzen öfters ausgelassen, wenn über eine vorher angeführte Handlung oder Behauptung ein allgemeines Urteil ausgesprochen werden soll; jedoch muß alsdann das Subjekt genannt sein und zugleich ein zu dem ausgelassenen Verb gehöriges lobendes oder tadelndes Adverb stehen, z. B. Athenienses, quod honestum non esset, id ne utile quidem putaverunt: melius hi (sc. iudicaverunt) quam nos. Ita fit, ut non modo homines a diis, sed ipsi dii inter se ab aliis alii neglegantur: quanto Stoici melius (sc. censent), qui a vobis reprehenduntur. Tum demum Titurius trepidare et concursare cohortesque disponere: haec tamen ipsa timide (sc. faciebat). Qui in virtute summum bonum ponunt, praeclare illi quidem (sc. faciunt).

d) Besonders häufig werden Verba in der Sprache des gewöhnlichen Lebens, in Sprichwörtern, in Übergängen ausgelassen, z. B. Sed haec et multa alia coram (sc. tractabimus). Quae cum dixisset, finem ille (sc. fecit). Si omnia fato (sc. fiunt), quid mihi divinatio prodest? Ut solet, ut assolet (sc. fieri). Negas sine deo posse quidquam (sc. fieri). Ille ex me (sc. quaesivit), nihilne novi audiissem. Sed non necesse est nunc omnia (sc. commemorare). Itaque exspecto, quid ad ista (sc. dicturus sis). Quorsus haec (sc. pertinent)? Di meliora (sc. dent oder duint). Hoc nihil ad me (sc. attinet). Sed hoc nihil sane ad rem. Eo die Arpinum cogitabam (sc. proficisci, cf. 118,2). Per deos immortales (sc. iuro oder testor). Quid mihi cum hac re (sc. negotii est) „was habe ich damit zu thun?" Quo mihi bibliothecam (sc. parabo) „was soll ich mit einer Bibliothek machen?" Ne quid nimis (sc. fiat; *μηδὲν ἄγαν*). Bene te (sc. valere iubeo). Fortuna fortes (sc. adiuvat). Manus manum (sc. lavat). Manum de tabula (sc. tolle).

e) Sehr gewöhnlich ist die Ellipse des Verbs in kurzen, oft wiederkehrenden Frageformen, wie: Quid enim? quid ergo? quid igitur? quid tandem? wobei ais, censes, censemus etc. sich leicht ergänzt. Quid tum? quid postea? (sc. sequitur, factum est u. ä.); quid ita „warum das?" Quid? quod (i. e. quid dicam de eo, quod „was soll ich darüber sagen, daß" = „ja sogar, ferner", cf. 410).

f) Nach Vordersätzen mit *ut, ne, si, quod* und *quoniam* fällt im Nachsatze gewöhnlich ein *dico, respondeo, scito* oder *scitote, audi* oder *audite* u. ä. aus, z. B. *Quod* („was das anbetrifft, daß") scribis te velle scire, qui sit rei publicae status: („so wisse") summa dissensio est. *Si* verum ex me vis audire: („so sage ich dir") ne ego quidem hanc rem intellexi. *Ut* a familiari nostro exordiar: hunc ego Sulpicium primum audivi. *Ne* quis a nobis hoc ita dici miretur: („so wisset, daß") ne nos quidem huic uni studio penitus umquam dediti fuimus. *Si* sapientiam meam admirari soletis: in hoc sapiens sum („so bedenket, daß ich"). *Quoniam* mihi discessum obiecisti meum: („so entgegne ich darauf") scelus vestrum cedendo malui frangere quam resistendo. (Ausnahmen vereinzelt, z. B. Cic. Verr. 3, 62; 3, 220; Cat. 2, 23; leg. Man. 20; häufiger im Briefstile, z. B. ad Att. 1, 11, 2; 2, 3, 2; 12, 21, 5). Cf. 375, Anm. 1.

g) Über die Ellipse von *filius, filia, uxor, aedis* etc. cf. 73. Über *nihil aliud quam* cf. 496, Anm.

h) Öfters werden Substantiva bei einem Adjektiv ausgelassen, z. B. *tertia* (sc. pars) „ein Drittel", *decuma* „der Zehnte"; *primas* oder *secundas* (sc. partes) *agere* „die erste oder zweite Rolle spielen"; *calida* und *frigida* (sc. aqua); *ferina, bubula, vitulina* (sc. caro); *aestiva, stativa, hiberna* (sc. castra); *Latinae* (sc. feriae); *Circenses, Saeculares, funebres* (sc. ludi); *dextra* und *laeva* (sc. manus); *Formianum, Tusculanum* (sc. praedium); *Caecubum, Falernum* (sc. vinum); *tertiana, quartana* (sc. febris); *patria* (sc. terra, urbs), *natalis* (sc. dies), *recta* (sc. via) *ire, repetundarum* (sc. pecuniarum), *triremis* (sc. navis), *praetexta* (sc. toga), *dialectica* (sc. ars) etc.

i) Elliptisch sind auch die Beteuerungsformeln *mehercules, hercules, mehercule, mehercle, hercule, hercle,* welche vollständig lauten würden: ita me Hercules iuvet oder auch mit dem Vokativ ita me, Hercule, iuves. In ähnlicher Weise erklären sich die Ausdrücke *mecastor (ecastor)*, *medius fidius* (= me Dius fidius), *edepol* **und pol „beim Pollux" als Verkürzungen.**

3) **Die Aposiopese** (*ἀποσιώπησις*, reticentia): **der Redende bricht ab, weil er nicht fortfahren will oder kann,** z. B. Si perficitis, quod agitis, me ad vos venire oportet; si autem . . . sed nihil opus est reliqua scribere. De nostrum omnium — non audeo totum dicere (verschwiegen sind die Worte libertate ac vita actum erat). — „Dich schützt dein Wappenrock, sonst solltest du —". — Die bekannte vergilische Aposiopese (I, 135): Quos ego . . .! sed motos praestat componere fluctus. — „Mehr als das Leben liebe ich meine Freiheit, und wer mich hier verwundet — doch warum mit euch mich streiten über meine Rechte?" — „Einsam auf des Berges Höhen stark und immer grün zu stehen — Tanne, könnt' ich mit dir tauschen!"

5) **Der Ausruf** (exclamatio, *ἐκφώνησις*): **der Redende spricht etwas Wichtiges oder eine starke Empfindung mit erhöhter Stimme aus,** z. B. O tempora, o mores! senatus haec intellegit, consul videt: hic tamen vivit! — O quam dura premit miseros condicio vitae! — O di immortales! quemnam ostenditis exitum nobis! — O miserum et infelicem illum diem, quo consul omnibus centuriis P. Sulla renuntiatus est! **o falsam spem! o volucrem fortunam! etc. — Goethe:** „Er setzt ihn an, er trank ihn aus: O Trank voll süßer Labe! O wohl dem hochbeglückten Haus, wo das ist kleine Gabe!"

Anm. Die Figur des Ausrufes spielt eine wichtige Rolle unter den verschiedenen Formen des **Epiphonems**, d. h. eines solchen allgemeinen Urteils, durch welches eine Auseinandersetzung (namentlich eine längere Beispielserzählung) in kräftiger Weise abgeschlossen wird. Ein solcher abschließender Ausruf der Bewunderung oder der Klage kann entweder in einem vollständigen Satze ausgedrückt sein, wie z. B. Tusc. 5, 63, wo Cicero die Erzählung vom Tyrannen Dionysius, welcher der dritte im Bunde der beiden Pythagoreer zu sein begehrte, mit dem Epiphonem schließt: *Quam huic erat miserum* carere consuetudine amicorum, societate victus, sermone omnino familiari! — oder derselbe kann durch den ausrufenden Acc. (cf. 45) oder Nom. gegeben werden, z. B. Scipionem eum, qui primus Africanus appellatus sit, dicere solitum scripsit Cato, nunquam se minus otiosum esse, quam cum otiosus, nec minus solum, quam cum solus esset: *magnifica vero vox et magno viro ac sapienti digna!* — Wer das Beispiel des Archimedes anführen wollte, der in der Beschäftigung mit seinen mathematischen Figuren nichts von der Eroberung seiner Vaterstadt merkte, könnte mit dem Epiphonem schließen: *O singularem vim doctrinae*, quae tanto sui studiosos ardore incendat, ut ne maximis quidem terroribus atque adeo cladibus ab ea divelli possint! — Cf. auch folgende Epiphoneme: Praeclarum responsum et docto homine dignum! — O praeclarum munus aetatis, si quidem aufert voluptates, quae . . .! — O miserum senem, qui non viderit . . .! — O fortunata mors, quae naturae debita pro patria potissimum est reddita! — (Übrigens kann das Epiphonem auch durch einen demonstrativ begründenden Satz mit *tantus, usque eo, sic, ita, adeo* oder durch eine rhetorische Frage ausgedrückt werden, z. B. Dionysius Syracusis expulsus Corinthi pueros docebat: *usque eo* imperio carere non poterat. — *Adeo* ex parvis saepe magnarum momenta rerum pendent. — *Sic* distrahuntur in contrarias partes impotentium cupiditates. — Poteratne tantus animus non efficere iucundam senectutem? — Satisne videtur declarasse Dionysius nihil esse ei beatum, cui semper aliqui terror impendeat?). — Merke: In einem Epiphonem wird das deutsche **„nämlich, denn"** nie durch *nam* oder *enim* ausgedrückt, sondern bleibt **unübersetzt** (Asyndeton: 551, 1).

6) **Die Frage** (interrogatio, *ἐρώτημα*, **„rhetorische Frage" zeigt einen Satz, der tatsächlich eine Behauptung oder Aufforderung enthält, der größeren Eindringlichkeit halber als Frage formuliert (auf die eine Antwort nicht erwartet wird),** z. B. Quis hoc crediderit? (= nemo hoc credit). Quid est praestantius bonitate et beneficentia? Quid tam dissimile quam ego in dicendo et Antonius? Virtuti Pompei quae potest oratio par inveniri? Satisne videtur declarasse Dionysius nihil esse ei beatum, cui semper aliqui terror impendeat? „Will ich denn nicht das Beste meines Volkes?" — „Wer weiß, wie nahe mir mein Ende?" — „Labt sich die liebe Sonne nicht, der Mond sich nicht im Meer? Kehrt wellenatmend ihr Gesicht nicht doppelt schöner her? Lockt dich der tiefe Himmel nicht, das feucht verklärte Blau? Lockt dich dein eigen Angesicht nicht her in ew'gen Tau?" Oft dient die

Interrogatio zur Bezeichnung von Ungeduld, Verwunderung, Unwillen, z. B. Hunc ego non diligam? Te ut ulla res frangat? Vituperare quisquam audet sapientiam? Oft enthält sie eine Invektive, z. B. Quousque tandem abutere, Catilina, patientia nostra? — **Verschieden von dieser rhetorischen Frage ist die Figur der Percontatio** (*πύσμα*), **d. i. die Frage, welche eine Antwort verlangt und daher eine Exposition der fraglichen Sache nach sich hat. Diese Form ist dem wirklichen Gespräche nachgebildet, nur mit dem Unterschiede, daß der Redende hier beide Personen, die des Fragenden und Antwortenden, in sich vereinigt.** Die Frage wird teils (bes. in Reden) an den Gegner gerichtet, den sie widerlegen will, teils stellt sie der Sprechende an sich selbst oder denkt sie von anderen an sich gerichtet und giebt selbst sofort Bescheid darauf, z. B. „Was soll ein Mensch thun, der von einem Räuber angefallen wird? jedenfalls soll er sich verteidigen und sein Leben zu retten suchen". Cf. Ad Verrem *quis* detulit? nemo. — Ea multitudo *quae* erat? opinor eorum, qui in bonis erant occupati. — Quid? Pompei tertius consulatus in *quibus* actis constitit? nempe in legibus. — *Quid* ergo mei consilii est? Facere, quod maiores nostri fecerunt. — *Quid* igitur ait Hortensius? Si uni omnia tribuenda sint, dignissimum esse Pompeium. — Sed *quorsus* hoc pertinet? primum ad ea, de quibus acturi iam sumus. — *Quorsus* igitur haec tam multa de Maximo? Quia profecto videtis nefas esse dictu miseram fuisse talem senectutem. — *Cur* igitur Clodius victus est a Milone? Quia non semper viator a latrone, nonnumquam etiam latro a viatore occiditur. — Besonders zu merken sind die elliptischen Formen der Percontatio: 1) *quid deinde? quid tum? quid postea?*, welche den Fortschritt zu einem neuen Teile der Gedankenreihe in der Aufzählung oder Beweisführung bilden; 2) *quid enim? quid igitur? quid ergo?*, von deren widerlegender Natur in 410 die Rede gewesen; 3) *quid ita?*, welches in lebhafter Weise auf die Begründung der vorausgehenden Behauptung spannt. Cf. 410.

Anm. Eine besonders kunstvolle Art der Percontatio ist die **Subiectio** (*ὑποφορά*), die ihren Namen von *subicere* „unmittelbar anfügen" (sc. der Frage die Antwort, dem Einwande die Widerlegung) hat. Sie besteht zunächst aus einer allgemeinen Behauptung meist negativen Inhalts und in der Form der Interrogatio; daran schließt sich eine disjunktive Percontatio, d. h. Doppelfrage mit unmittelbar angefügter Antwort, meistens zwei- oder dreigliedrig. Der Sprechende führt die möglichen Einwände nacheinander vor, um jeden sofort als untriftig abzuweisen. Cf. Quid tandem te impedit? mosne maiorum? at persaepe etiam privati in hac re publica perniciosos cives morte multaverunt; an leges, quae de civium Romanorum supplicio rogatae sunt? at nunquam in hac urbe, qui a re publica defecerunt, civium iura tenuerunt (Cic. Cat. 1, 28). — Quid quaerendum est? factumne sit? at constat; a quo? at paret. — Quod nomen huic coetui dabo? militesne appellem? qui filium imperatoris vestri vallo et armis circumsedistis; an cives? quibus tam proiecta senatus auctoritas. — Audaciae, iudices, quis ignorat maximam illecebram esse peccandi impunitatis spem? In utro igitur haec fuit? In Milone, qui etiam nunc reus est facti aut praeclari aut certe necessarii, an in Clodio, qui iudicia poenamque omnino contempserat? (Cic. Mil. 43.)

7) Die *Iteratio* (*παλιλλογία*) ist die Wiederholung desselben Wortes oder desselben Ausdrucks. Sie erscheint in folgenden verschiedenen Formen:

a) als **Anaphora**, wenn mehrere Sätze hintereinander mit demselben Worte oder derselben Wendung beginnen, z. B. *Nihil* te nocturnum praesidium, *nihil* urbis vigiliae, *nihil* consensus bonorum omnium, *nihil* hic munitissimus habendi senatus locus, *nihil* horum ora vultusque moverunt? — *Me* cuncta Italia, *me* omnes ordines, *me* universa civitas priorem consulem declaravit. — *Scipio* Carthaginem delevit, *Scipio* Numantiam sustulit, *Scipio* pacem peperit, *Scipio* civitatem servavit. — *Tu* a civitatibus pecunias classis nomine coegisti, *tu* pretio remiges dimisisti, *tu* archipiratam ab oculis omnium removisti. — *Sic* oculos, *sic* ille manus, *sic* ora ferebat. — „Tapfer ist der Löwensieger, tapfer ist der Weltbezwinger, tapfrer, wer sich selbst bezwang". — „Und immer höher schwoll die Flut, und immer lauter schnob der Wind, und immer tiefer sank der Mut." Cf. 505.

b) als **Epiphora**, wenn mehrere Sätze hintereinander mit demselben Worte schließen, z. B. Poenos populus Romanus iustitia *vicit*, armis *vicit*, liberalitate *viri*. — Doletis tres exercitus populi Romani interfectos: interfecit *Antonius*; desideratis clarissimos cives: eos quoque eripuit *Antonius*; auctoritas huius ordinis afflicta est: afflixit *Antonius* (Cic. Phil. 2, 55; 1, 24). — „Laß mich weinen, an deinem Herzen heiße Thränen weinen!" „Ich sah auf dich und weinte nicht; der Schmerz schlug meine Zähne knirschend aneinander: ich weinte nicht; mein königliches Blut floß schändlich unter unbarmherz'gen Streichen: ich sah auf dich und weinte nicht."

c) **als Symploke, wenn Anaphora und Epiphora verbunden sind,** z. B. *Quem* senatus *damnarit*, *quem* populus Romanus *damnarit*, *quem* omnium existimatio *damnarit*, eum vos sententiis vestris absolvetis? — *Qui sunt, qui* foedera saepe ruperunt? *Carthaginienses*. *Qui sunt, qui* crudele bellum in Italia gesserunt? *Carthaginienses*. *Qui sunt, qui* Italiam deformaverunt? *Carthaginienses*. *Qui sunt, qui* sibi postulant, ut ignoscatur? *Carthaginienses*. — „Lebt wohl, ihr Berge, ihr geliebten Triften, ihr traulich stillen Thäler, lebet wohl!"

d) **als Geminatio** (*ἐπανάληψις, ἐπίζευξις, ἀναδίπλωσις*), **wenn dasselbe Wort mit Nachdruck doppelt gesetzt wird,** z. B. *Excitate, excitate* eum, si potestis, ab inferis. *Fuit, fuit* ista quondam in hac re publica virtus. „Es bricht sich die Welle mit Macht, mit Macht." „Es kommen, es kommen die Wasser all." „Heilig, heilig, heilig bist du, Gott der Grüfte!" **So wird das Verbum im Sinne des der Aussage vorausgeschickten deutschen „ja, fürwahr" zweimal gesetzt, öfters auch mit den Versicherungspartikeln** *certe, sane, profecto*, **welche aber nicht wie im Deutschen doppelt gesetzt werden können, sondern stets nur zu dem wiederholten Verbum treten:** *Erant, erant* illae contiones turbulentae. *Erit, erit* illud *profecto* tempus. *Est, est profecto* illa vis. *Non est* ita, iudices, *non est profecto*. Oft wird auch ein Wort mit zutretendem *inquam, plane dico, dico aperte* „sage ich, ich sage ausdrücklich" wiederholt, wenn der Sprechende auf den Gebrauch gerade dieses Wortes besonders aufmerksam machen will: *Virtus, virtus inquam* conciliat amicitias. *Nos, nos dico aperte* consules desumus. Omnium *vestrum* bona praeda sunt illius victoriae, *vestrum plane dico*.

Anm. Verschieden von der Epanalepsis ist die **Traductio**, d. h. die Wiederholung desselben Wortes gewöhnlich mit veränderter Form oder verschiedener Flexion (*πολύπτωτον*) oder verschiedenem Sinn, z. B. Ut tum ad *senem senex* de senectute, sic hoc libro ad *amicum amicissimus* scripsi de amicitia. — Eum tu *hominem* appellas, qui si fuisset *homo*, numquam tam crudeliter vitam *hominis* petisset. — Insidias *factas* esse constat, et id est, quod senatus contra rem publicam *factum* iudicavit; ab utro *factae* sint, incertum est. — Qui sibi *amicus* est, scito hunc *amicum* omnibus esse. Nicht selten dient die Traductio zu einem Wortspiele (cf. das letzte Beispiel).

8) **Die Dubitatio** (*ἀπορία*), **die Figur des Zweifels, ein absichtliches Bedenklichthun, was man bei der Menge oder Schrecklichkeit der Dinge zuerst sagen solle, wie man es nennen solle, wie man einen so reichhaltigen Stoff bewältigen und richtig verteilen solle u. s. w., meistens in Form einer Frage,** z. B. Quid primum querar aut unde potissimum, iudices, ordiar? aut quod aut a quibus auxilium petam? deorumne immortalium? populine Romani? vestramne, qui summam potestatem habetis, hoc tempore fidem implorem? „Wo fange ich an, wo höre ich auf, mein Auge zu weiden?" — Besonders häufig und wirksam ist die Figur im Anfange von Reden und Abhandlungen, wenn man von der Einleitung zur Ausführung übergeht, in den Formeln: Unde igitur (potissimum) ordiar? Unde igitur potius incipiam quam ab ...? Unde igitur ordiri rectius possumus quam a ...? Cf. Anhang 6, a.

9) **Die Permissio** (*ἐπιτροπή*) **ist die Figur der Anheimgabe; sie zeigt sich in Wendungen wie: „Das zu beurteilen will ich jedem rechtschaffenen Manne überlassen". „Ob ein solches Verfahren zu billigen sei, das möge dir dein eigenes Gewissen sagen".**

10) **Die Apostrophe** (Allocutio): **abwesende Personen oder leblose Sachen wer-**

**den als gegenwärtig oder lebend angeredet und gleichsam zu Zuhörern gemacht,** z. B. Vos iam, Albani tumuli atque luci, vos, inquam, imploro atque testor, vosque, Albanorum obrutae arae. — Tu, patria, ferrum, quo pro te armatus hanc arcem hostium inii, quoniam parens extorquet, recipe. — Horaz redet die ländliche Flur an (Sat. 2, 6, 60), Cicero die Philosophie (Tusc. 5, 5). — „Eilende Wolken, Segler der Lüfte! Wer mit euch wanderte, mit euch schiffte! Grüßet mir freundlich mein Jugendland! Ich bin gefangen, ich bin in Banden: ach, ich hab' keinen andern Gesandten! Frei in den Lüften ist eure Bahn, ihr seid nicht dieser Königin unterthan!" — „Lebt wohl, ihr Berge, ihr geliebten Triften! ihr traulich stillen Thäler, lebet wohl" u. s. w.

Anm. Hier mag auch die sogen. *Repraesentatio* erwähnt werden, d. h. die Aufforderung, der Hörer oder Leser möge sich eine Thatsache, ein Ereignis od. dergl. vergegenwärtigen oder zusammen mit dem Redenden betrachten: Ponite vobis ante oculos; proponite ante oculos vestros (od. apud animos); recordamini (vobiscum, cum animis vestris); memoriā repetite; age, contemplamini, accipite nunc, audite, considerate (cum vestris animis); lustrate oculis (od. animo, mente animoque); circumspicite paulisper mentibus vestris; percurrite mente ac cogitatione u. ä.

**Die Sermocinatio (ἠθοποιία) findet statt, wenn man eine dritte Person redend einführt und nach ihrem Charakter sprechen läßt. Dies geschieht besonders dann, wenn der Redende selbst durch die auszusprechenden Worte den Zuhörer verletzen würde. Demosthenes wendet, wenn er die Athener tadeln will, häufig diese Figur an.**

**Die Personificatio (προσωποποιία) findet statt, wenn leblose Wesen oder abstrakte Begriffe als lebende und handelnde Wesen eingeführt werden** (cf. 165, Anm. 2); vergl. **Quintil.** 6, 1, 25: Quin deducere deos in orationibus et inferos excitare concessum est; urbes etiam populique vocem accipiunt. So bei Cicero die herrliche Prosopopöie, in welcher das Vaterland den Catilina (1, 18) folgendermaßen anredend eingeführt wird: Nullum aliquot iam annis facinus extitit nisi per te, nullum flagitium sine te; . . . quamobrem discede atque hunc mihi timorem eripe, si est verus, ne opprimar, sin falsus, ut tandem aliquando timere desinam. Cf. auch Cic. Cat. 1, 27; Caecil. 19. Und bei Schiller: „Schön ist der Friede! Ein lieblicher Knabe liegt er gelagert am ruhigen Bach, und die hüpfenden Lämmer grasen lustig um ihn auf dem sonnigen Rasen. Süßes Tönen entlockt er der Flöte, und das Echo des Waldes wird wach, oder im Schimmer der Abendröte wiegt ihn in Schlummer der murmelnde Bach." — Die mythologische Personifikation wird nicht bloß von Dichtern, sondern auch von Prosaikern gebraucht, so Furiae, Poenae, Suada: Cic. Verr. 1, 7; 5, 113; Rosc. Am. 67; Cluent. 171; Brut. 59.

**Anm.** Wie die Personifikation im Verbum enthalten sein kann (cf. 165, Anm. 2), so wird sie auch häufig durch das Subst. und Adj. ausgedrückt, z. B. Ratio est domina omnium et regina. Voluptates blandissimae dominae. Dolor est acerrimus virtuti adversarius. Clamor favoris index. Festinatio improvida est et caeca u. ä. (cf. 187, Anm. 1).

11) **Die Antithese (ἀντίθεσις, oppositio, contrarium) ist die Figur des Gegensatzes,** z. B. Brevis a natura nobis vita data est, at memoria bene redditae vitae sempiterna. — Est igitur haec non scripta, sed nata lex, quam non didicimus, accepimus, legimus, verum ex natura ipsa arripuimus, hausimus, expressimus, ad quam non docti, sed facti, non instituti, sed imbuti sumus. — Qui in sermonibus et conventu amicorum verum dixerit nunquam, eum sibi in contionibus credis a mendacio temperaturum? — Domus tibi deerat? at habebas; pecunia superabat? at egebas. — Sed quam urbs ipsa opportuna oppugnantibus erat, tam inexpugnabiles hostium animi. — In pace ad vexandos cives acerrimus, in bello ad expugnandos hostes inertissimus. — Hauptstelle: Cic. Cat. 2, 25. — „Ganz Deutschland seufzte unter Kriegeslast, doch Friede war's im wallensteinschen Lager". „Der Wahn ist kurz, die Reu ist lang". „Gestern noch auf stolzen Rossen, heute durch die Brust geschossen". „Wie kleine Schritte geht ein so großer Lord"! „Es will der Feind, es darf der Freund nicht schonen". „Es bildet ein Talent sich in der Stille, sich ein Charakter in dem Strom der Welt". — Beachte auch die Paarung der Gegensätze, wie: Vicit pudorem libido, ti-

morem audacia, rationem amentia. Numquam Catilinam aut pudor a turpitudine aut metus a periculo aut ratio a furore revocavit.

Seltener erscheint die **Commutatio** (ἀντιμεταβολή), welche den Gegensatz durch die **Umstellung** der Worte bewirkt, z. B. Esse oportet ut vivas, non vivere ut edas. In otio tumultuaris, in tumultu es otiosus. Quia stultus es, ea re taces; non quia taces, ea re stultus es. Si poema loquens pictura est, pictura tacitum poema debet esse. Syriam Varus pauper divitem ingressus dives pauperem reliquit. Quocirca cum iudicaveris, diligere oportet, non cum dilexeris, iudicare. „Dieser Mensch ist groß in Kleinem und klein in Großem". „Es ist viel Gutes und Neues in diesem Buche; nur schade, daß das Gute nicht neu und das Neue nicht gut ist". „Es giebt Gegenden, die wir lieben, weil sie schön sind, und Gegenden, die nur schön sind, weil wir sie lieben".

12) Das **Oxymoron** (ὀξύμωρον) ist die enge Verbindung **widersprechender** Begriffe zu einer Einheit („scharfsinniger Unsinn"), z. B. Summum ius summa iniuria. P. Scipio dicere solebat nunquam se minus otiosum esse, quam cum otiosus esset, nec minus solum, quam cum solus esset. Insanientis dum sapientiae consultus erro. Magnas inter opes inops. Concordia discors. Mentes dementes. Muta solitudo indicat, caeca nox ostendit. Cum tacent, clamant. Tacendo loqui. Absentes adsunt. „Ein süßes Leid". „Ein jammervolles Glück". „Ein goldenes Elend". „Ein öffentliches Geheimnis". „Eile mit Weile". „Die Strafe ist das Recht des Unrechts". „Betrogene Betrüger". „Ein beredtes Schweigen". „War es immer wie jetzt? Ich kann das Geschlecht nicht begreifen: nur das Alter ist jung, ach! und die Jugend ist alt!" „Den Kaiser will man zum Herrn, um keinen Herrn zu haben".

13) Das **Paradoxon** (παράδοξον, d. h. unerwartet) führt in unvermittelter Weise den Hörer zu einem überraschenden Gedanken, z. B. „Man muß viel wissen, um einzusehen, wie wenig man weiß". „Wer mit sich selbst zufrieden ist, hat alle Ursache, mit sich selbst unzufrieden zu sein". „Der Mutige — weicht einen Schritt zurück". „Wer Frieden will, muß sich zum Kriege rüsten". „Der Geiz sammelt sich arm, die Liebe giebt sich reich". „Der wahre Bettler ist doch einzig und allein der wahre König". „Die Hälfte ist mehr als das Ganze".

14) Das **Hendiadyoin** (ἓν διὰ δυοῖν) ist die Figur, nach der ein **zusammengesetzter** Begriff in seine zwei **Teile** auseinander gelegt wird. Es werden dadurch die beiden Begriffe als gleichwichtig für die Darstellung erklärt, da sonst der eine nur eine Bestimmung und ein Merkmal des andern ist. Diese Form ist möglich bei allen Begriffswörtern, also beim Nomen, Verbum, Adverbium, z. B. Natura pudorque „natürliche Schüchternheit"; ardor et impetus „Hitze des Angriffs". Te semper amavi atque dilexi „innigst geliebt". Aperte atque ingenue „ganz unverhohlen". Das weitere cf. in 190; 490; 485 a. E.; 187, Anm.

15) Unter **Distributio** (διαίρεσις, μερισμός) versteht man die **Zerlegung** eines Hauptbegriffs in einzelne zu demselben gehörige Teile. Wenn z. B. Ovid sagen will: „Ich habe ein Werk vollendet, welches **kein Feind** vernichten kann", so zerlegt er den Begriff „**kein Feind**" in einzelne Teile und sagt: Opus exegi, quod nec Iovis ira, nec ignes, nec poterit ferrum, nec edax abolere vetustas. Cicero sagt: Omnem de re publica curam, cogitationem de dicenda in senatu sententia, commendationem causarum abieci = „ich habe mich von **allen** öffentlichen Geschäften zurückgezogen". Pro his tantis rebus, Quirites, nullum ego a vobis praemium virtutis, nullum insigne honoris, nullum monumentum laudis postulo (= „keine Auszeichnung"). Beispiele bieten sich bei jedem phantasievollen Schriftsteller von selbst dar; denn die Distribution, durch andere Figuren und Tropen bereichert, ist die Hauptfigur für die Beredsamkeit. —

Verschieden davon ist die **Congeries** (συναθροισμός), d. h. die **Häufung** Ähnliches bedeutender Wörter, z. B. Hanc legem non didicimus, accepimus, legimus, verum ex natura ipsa arripuimus, hausimus, expressimus. — Id candelabrum se dare, donare, dicare, consecrare Iovi („er widme den Leuchter auf das förmlichste und feierlichste"). — Falli, errare, labi, decipi turpe iudicamus. — Mea ratio haec in dicendo esse solet, ut, boni quod habeat causa, id amplectar, exornem, exaggerem, ibi commorer, ibi habitem, ibi haeream. — Omnia norat, omnium aditus tenebat; appellare, tentare, sollicitare poterat; nihil erat, quod non ipse obiret, occurreret, vigilaret, laboraret; frigus, sitim, famem ferre poterat.

16) **Die Klimax** (κλῖμαξ „Treppe, Leiter", gradatio) **ist die Figur der Steigerung, bei welcher das zuerst Gesetzte stets durch das Folgende überboten wird,** z. B. Si stas, ingredere; si ingrederis, curre; si curris, advola. — Facinus est vincire civem Romanum, scelus verberare, prope parricidium necare. — In urbe luxuries creatur; ex luxuria exsistat avaritia necesse est; ex avaritia erumpit audacia; inde omnia scelera ac maleficia gignuntur. — Abiit, excessit, evasit, erupit. — „Denn was er sinnt, ist Schrecken, und was er blickt, ist Wut, und was er spricht, ist Geißel, und was er schreibt, ist Blut". — „Thränen, Flüche, Verzweiflung sind die entsetzliche Mahlzeit, woran diese gepriesenen Glücklichen schwelgen".

17) **Die Praeteritio** (παράλειψις), **die Figur der Übergehung, findet statt, wenn der Redende sagt, er wolle etwas (Geringeres und Unwichtigeres) übergehen, und es deshalb nur kurz anführt. In der Regel soll die Verschweigung des einen auf die Wichtigkeit des andern, das folgt, vorbereiten und aufmerksam machen.** Die *Praeteritio* erscheint in der Form bald eines Aussagesatzes, bald eines finalen Zwischensatzes, bald eines Fragesatzes, z. B. *Non sum praedicaturus* (oder *allaturus),* Quirites, quantas ille res domi militiaeque, terra marique, quantaque felicitate gesserit; ut eius semper voluntatibus non modo cives assenserint, socii obtemperarint, hostes oboedierint, sed etiam venti tempestatesque obsecundarint: hoc brevissime dicam etc. Nihil necesse est mihi (de me ipso) dicere. Atque, ut ista divina studia omittamus, possum nominare ex agro Sabino rusticos. Quid de mathematicis plura dicam? brevi praecidam. — Die einfache Praeteritio wird gebildet durch *omitto, (silentio) praetereo, praetermitto, relinquo, mitto, missum facio, non dico* oder *nihil dico;* — *ut non dicam* (cf. 345), *ut plura non dicam, ut omittam, ut (silentio) praeteream;* — *quid commemorem, quid dicam* (cf. 332, Anm. 5). Praetermitto ruinas fortunarum tuarum, quas omnes impendere tibi proximis Idibus senties: ad illa venio, quae ad summam rem publicam pertinent. Mitto eam legem, quae omnia iura religionum et potestatum delevit. Mitto quaerere, qua de causa hoc feceris: hoc brevissime dicam .... Nihil attinet dicere; non necessarium est commemorare .... Non est huius loci accuratius disputare de ..., oder non est hic locus, ut accuratius disputem de .... Longum est et non necessarium commemorare .... Nolo commemorare, ne longus sim .... Nolo multus (oder nimius) esse in hac re. Verum haec missa facio: illud quaero .... Possum multa dicere de ..., sed ad illa venio, quae .... Dies me deficiat, si quae dici in eam sententiam possunt, coner expromere: tantum dico .... Sinite hoc loco, iudices, praeterire me nostram calamitatem .... Atque ut omittam Graeciam, quae semper eloquentiae princeps esse voluit: in hac ipsa civitate eloquentiae studia vehementissime viguerunt.

Anm. Manche der angeführten Sätze gehören zugleich zu der Figur der *Praecisio*, wenn der Redner sagt, daß er nicht alle Beispiele anführen könne, daß er sich bei der Fülle von Beispielen auf eines oder wenige beschränken, überhaupt sich kurz fassen werde. Cf. Anhang 21 a. E.

18) **Die Diminutio** (ταπείνωσις) **ist die Figur der Abschwächung; sie vermindert die Wichtigkeit einer Sache durch die Leichtigkeit der sie bezeichnenden Worte,** z. B. Scelus tu illud vocas, Tubero? Cur? isto enim nomine illa adhuc causa caruit. Alii errorem appellant; qui durius, spem, cupiditatem, odium, pertinaciam; qui gravissime, temeritatem; scelus praeter te adhuc nemo.

19) **Die Correctio** (ἐπανόρθωσις), **die Figur der Berichtigung, nimmt den eben gebrauchten Ausdruck als einen unangemessenen zurück und setzt einen richtigeren an dessen Stelle,** z. B. Stuporem hominis, *vel dicam* pecudis, attendite.

— Senatus haec intellegit, consul videt, Catilina tamen vivit! *Vivit? immo vero* etiam in senatum venit, fit publici consilii particeps, notat et designat oculis ad caedem unumquemque nostrum. — O clementiam populi Romani *sive potius* patientiam miram ac singularem! — Quae fuit unquam in ullo homine tanta constantia? constantiam dico? *nescio an melius* patientiam possim dicere. — Cuius nomen est occultatum? *occultatum dico*? cuius non statim divolgatum? — Leges, si leges nominandae sunt *ac non* (cf. 512) faces urbis. — Gebildet wird die Correctio in der Regel durch *vel, sive, aut*; *vel dicam, vel potius, sive (seu) potius*, (selten *aut potius*, cf. 522, Anm. 2), *atque adeo* (cf. 483, 11), oder in rhetorischer Weise durch fragende Wiederholung des Ausdrucks mit folgendem *immo* oder *immo vero*.

20) **Die Occupatio oder Praemunitio ist diejenige Figur, vermittelst welcher der Redende seine Meinung gegen die vorauszusehende Meinung des Gegners hält und sie im voraus mit den nötigen Gründen gegen Einwürfe sicher stellt.** So nimmt Cicero in der Rede pro Caelio den Vorwurf, als wolle er die Jugendsünden entschuldigen, vorweg mit den Worten: Dicet aliquis: „Haec igitur est tua disciplina? sic tu instituis adulescentes? ob hanc causam tibi hunc puerum parens commendavit et tradidit, ut in amore et voluptatibus adulescentiam suam collocaret et hanc tu vitam atque haec studia defenderes?" Ego etc., worauf die Widerlegung dieses Vorwurfs folgt. — Die *Occupatio* wird eingeführt (cf. Anhang 19) entweder durch das einfache *at, atenim* (cf. 524, 5, a; 529, 1); oder durch Ausdrücke wie: *dices, inquies* (in die direkte Rede eingeschoben!), *fortasse dices, dicet aliquis, dicet (fortasse) quispiam, dixerit quis, forsitan quispiam dixerit, requiretur fortasse nunc, forsitan quaeratis, hic quaerat quispiam, hic tu miraris, occurrit illud* „aber es tritt mir der Einwurf entgegen", wozu ja kein *at* oder *sed* treten darf, z. B. Dices: Quid postea, si Romae assiduus fui? respondebo: At ego omnino non fui. Requiretur fortasse nunc, quemadmodum reliquum possit magnum esse bellum. — Über die mit *ac, atque* gebildete Praemunitio cf. 510, 2; über *nam* cf. 533, Anm. 4. — Hierher gehören auch Wendungen wie: „Ich sage das nicht, um Lob zu ernten"; „Gewiß wird mir niemand den Vorwurf der Leichtgläubigkeit machen" u. s. w.

Anm. Der Occupatio sehr nahe stehen: 1) die **Concessio**, welche eine Behauptung des Gegners allerdings zugiebt, dieselbe sodann aber als bedeutungslos bezeichnet, z. B. Quod ut ita sit (nihil enim pugno): quid habet ista res aut laetabile aut gloriosum? Age, sit ita factum: quam est id exiguum! — 2) die **Fictio**, welche einen Fall als möglich setzt, den der Gegner als wirklich einwenden könnte, um daraus eine unberechtigte Folgerung zu ziehen. Die Fictio wird eingeleitet mit *fac, faciamus, finge, fingamus, fingite* (mit Acc. c. inf. oder Objektsacc.), die Entgegnung gewöhnlich mit *num idcirco, num ergo, num igitur*, z. B. Fac multos divites beate vivere: num idcirco eorum felicitas in divitiis posita est? Faciamus animum sic interire ut corpus: num igitur sensus est in corpore?

21) **Unter Brachylogie versteht man die Zusammenziehung oder Verkürzung der Sätze. Die gewöhnlichste Form derselben ist die Syllepsis („Zusammenfassung"), wenn das gemeinsame Prädikat zweier Sätze nur einmal gesetzt wird und deshalb in dem einen Satze ergänzt werden muß,** z. B. Beate vivere alii in alio (sc. ponunt), vos in voluptate *ponitis*. Tu *adeptus es* quod non multi homines (sc. adepti sunt). Haec si ego *dixero*, incredibilia videbuntur; si vos (sc. dixeritis), facile fidem invenerint. Haec omnia obstinatione quadam sententiae *repudiavi*; quam sapienter (sc. repudiaverim), non disputo, constanter quidem et fortiter certe (sc. repudiavi). Fingebat haec Homerus et humana ad deos *transferebat*; divina mallem ad nos (sc. transtulisset). In hac pernicie rei publicae ne illam quidem *consequuntur* gratiam, quam putant (sc. se consecuturos esse). Rogat, ut *invitet*, quos ei commodum sit (sc. invitare). — Sehr häufig ist aus einem negativen Ausdrucke ein affirmativer zu entlehnen (aus *nego* ein *dico*, aus *veto* ein *iubeo*, aus *nolo* ein *volo*, aus *nescio* ein *scio*, aus *nemo* ein *quivis*, selbst aus *ne* ein *ut*, z. B. Stoici *negant* bonum quicquam esse nisi honestum, virtutem autem ad beate vivendum se ipsa esse contentam (sc. dicunt). Nostri Graece fere *nesciunt* nec Graeci Latine (sc. sciunt). *Nolo* existimes me adiutorem huic venisse, sed audi-

torem (sc. volo existimes). Qui fit, Maecenas, ut *nemo*, quam sibi sortem seu ratio dederit seu fors obiecerit, illa contentus vivat, laudet (sc. quivis aus nemo) diversa sequentes? Denuntiatum est Antonio, *ne* Brutum obsideret, (sc. *ut*) a Mutina discederet. (Cic. Phil. 12, 11. Liv. 6, 35, 5; 32, 35, 5). — Nicht selten muß auch bei einem zweiten Verbum oder in einem neuen Satze das Pronomen is aus einem vorhergehenden Subst. entnommen werden, z. B. Utrum *artium* rudes estis an didicistis (sc. *eas*)? Metellus *Rutilium legatum* ad flumen misit, uti (sc. *is*) locum castris antecaperet. — Über die *Comparatio compendiaria* cf. 250.

22) **Hysteron proteron** (*ὕστερον πρότερον*) **ist die Stellung der Begriffe gegen die natürliche Ordnung, indem das, was in der Zeit vorausgeht, nachgestellt wird.** Das Hysteron proteron ist an und für sich ein Fehler, der sich nicht mit dem Namen einer Redefigur beschönigen läßt; aber wohl kann etwas in Gedanken früher erfaßt sein, was der Zeit nach bei der Ausführung später kommt, z. B. Moriamur et in media arma ruamus „wir wollen sterben und daher zu den Waffen stürzen". Dicebant Philippum refugientem *incendere ac diripere* urbes. Qui se ipse norit, intelleget, quanta instrumenta habeat ad *obtinendam adipiscendamque* sapientiam. Redibo *ad penates et in patriam*. *Noctes et* (oder *ac*) *dies*. *Incommoda et commoda* communia esse voluerunt.

Anm. Auch in Prosa steht nicht selten (besonders bei Verben der Bewegung) der *Terminus ad quem* vor dem *Terminus a quo*, z. B. Ephesum ab Sardibus proficisci; in senatum a villa arcessere; ad occasum ab ortu solis omnia populo Romano parebant. Cf. Quintil. 9, 4, 23: Est naturalis ordo, ut *viros ac feminas, diem ac noctem, ortum et occasum* dicas potius quam retrorsum.

23) **Das Zeugma ist die Beziehung zweier oder mehrerer Substantiva auf ein Verb, welches dem Sinne nach nur zu einem von ihnen genau paßt,** z. B. „Ich will Milch und Blumen auf sein Grab streuen". Oculos dextramque precantem *protendit*. Alii naufragio, alii a servis *interfectum* Magonem scriptum reliquerunt. In Iugurtha tantus dolus erat, ut pacem an bellum *gerens* perniciosior esset, in incerto haberetur. Germanicus quod arduum, sibi, cetera legatis *permisit* (wo aus permisit zu sibi etwa sumpsit zu ergänzen ist).

Anm. In Bezug auf den Gebrauch der Tropen und Figuren enthalten folgende Äußerungen berühmter Männer goldene Regeln. Quintilian sagt: Ego lumina orationis velut oculos quosdam esse eloquentiae credo. Sed neque oculos esse toto corpore velim, ne cetera membra suum officium perdant; et si necesse sit, veterem illum horrorem dicendi malim quam istam novam licentiam. Und G. J. Vossius sagt: Natura ipsa praeit. Nam et interdiu cernimus in pratis flores gramini adspersos, et noctu videmus caelo sereno non quidem stellas universum aetherei mundi spatium occupare, sed certis constitutas locis id pulcherrime distinguere.. Eodem igitur modo in oratione collocanda sunt illa verborum sententiarumque lumina.

# Anhang.

## Einige Regeln für die Abfassung lateinischer Aufsätze.*)

1. Jede Abhandlung (*dissertatio*), Chrie (*chria*) oder Rede (*oratio*) besteht in der Regel aus drei Hauptteilen (konstanten Teilen):
   a) Einleitung (*Exordium*, *Prooemium*, *Introitus*);
   b) Ausführung oder Abhandlung (*Tractatio*), zu welcher die Beweisführung (*Argumentatio*) gehört;
   c) Schluß (*Conclusio*).

2. Die **Einleitung** (*Exordium*), welche auf den Gegenstand der Abhandlung vorbereiten und zu ihm hinführen soll, muß kurz und präzise sein, das Interesse des Lesers oder Hörers für den zu behandelnden Gegenstand erwecken und am Schlusse das Thema selbst in derjenigen Form ankündigen, in welcher es als Grundlage der Abhandlung dienen soll (*Propositio*, d. h. Feststellung des Gegenstandes).

Anm. 1. Lange Einleitungen sind stets zu vermeiden, da dieselben die Aufmerksamkeit nicht spannen, sondern lähmen und ablenken; man soll möglichst rasch zur Sache selbst (in medias res) kommen.

Anm. 2. Dem Stoffe nach soll die Einleitung nichts enthalten, was in die Ausführung selbst gehört; jedes Vorgreifen schwächt das Interesse für die Sache. Auf der andern Seite sollen aber wieder die Gedanken der Einleitung in möglichst enger Beziehung zum Gegenstande stehen, sonst entsteht ein Exordium separatum. Sind die einleitenden Gedanken so allgemeiner Natur, daß sie nicht bloß zu dem speciellen Gegenstande, sondern zu allen mit ihm verwandten Gegenständen passen, so entsteht ein Exordium commune. Die Einleitungen sollen principia causarum propria sein.

Anm. 3. Die Klassiker verwenden beim Exordium häufig den *Dativus participii* in Wendungen wie: Saepissime mihi de (amicitia) cogitanti maxime illud considerandum videri solet, utrum — an. — Quaerenti mihi multumque et diu cogitanti, qua re possem prodesse quam plurimis, nulla maior occurrebat, quam si . . . — Cogitanti mihi saepenumero et memoria vetera repetenti mirum videri solet . . . — Mihi saepenumero in summos homines intuenti quaerendum esse visum est, quid esset, cur . . . . — Legenti mihi nuper Platonis Phaedonem exstitit quaedam quaestio subdifficilis, num . . . — Multa mihi legenti, multa audienti, quae populus Rom. domi militiaeque praeclara facinora fecisset, forte lubuit attendere, quae maxime res tanta negotia sustinuisset. Derartige Wendungen haben aber leicht etwas Gleißnerisches und Selbstgefälliges an sich.

Anm. 4. Oft, aber durchaus nicht immer, ist die Propositio mit einer **Partitio** (cf. 218) verbunden, d. h. einer kurzen und bestimmten Ankündigung der Hauptteile der Ausführung oder der Gesichtspunkte, nach denen abgehandelt werden soll. Beachte folgende Muster der Partitio: *Primum* de genere belli, *deinde* de magnitudine, *tum* de imperatore deligendo explicabo. — *Primum* igitur origo, *deinde* causa, *post* natura, *tum* ad extremum usus ipse explicetur orationis aptae atque numerosae. — Etenim cum complector animo,

---

*) Mit besonderer Benutzung von Seyfferts Scholae Latinae, Capelles und Hempels Anleitung zum lateinischen Aufsatz, Galbulas Lateinische Aufsätze, Hoffmanns Rhetorik für Gymnasien.

cur senectus misera videatur, quattuor reperio causas: *unam* quod . . ., *alteram* quod . . ., *tertiam* quod . . ., *quartam* quod . . .; earum si placet causarum quanta quamque sit iusta unaquaeque, videamus. — Cuius quidem rei cum causam quaererem, quidnam esset, cur . . ., has causas inveniebam duas: *unam* quod . . .; *altera* est haec, quod . . . — Ac *primum quanta* innocentia debent esse imperatores? *quanta deinde* in omnibus rebus temperantia, *quanta* fide, *quanta* facilitate, *quanto* ingenio? Quae breviter qualia sint in Pompeio, consideremus. — Tres sunt res, quae obstent hoc tempore Sex. Roscio: crimen adversariorum *et* audacia *et* potentia. — Als Verba zur Einführung der Partitio gebraucht man *explicabo, explicemus, dicemus, exponam, consideremus, videamus, dicendum est, disserendum est, mihi videtur esse dicendum* u. ä.

Anm. 5. Bei der Ankündigung des Themas *(Propositio)* kann man folgende Wendungen gebrauchen: paucis hoc loco exponere iuvat („es ergötzt") oder iuvat et magnas affert utilitates oder nescio an utile sit atque iucundum oder mirum quantum animum delectat oder operae pretium videtur esse; — age nunc, si placet, paulo accuratius perquiramus; — paulo diligentius considerare (oder paulo uberius docere oder breviter considerare) non alienum videtur oder haud alienum a studiis nostris videtur; — res digna videtur, in quam diligentius inquiramus; — paulo altius repetere mihi liceat; — breviter (oder paulo diligentius) exponere liceat; — mihi in animo est explicare. Das Weitere cf. unten 17.

3. Die **Ausführung** (*Tractatio*) hat den Zweck, über den zu behandelnden Gegenstand in planmäßiger Weise zu belehren, sein Wesen zu untersuchen und zu erörtern, mit Gründen die Wahrheit einer Sache zu beweisen. Sie kann in einen positiven und negativen Teil zerfallen (*Confirmatio* und *Refutatio*); jener führt den direkten Beweis, dieser den indirekten und widerlegt gemachte oder denkbare Einwürfe.

4. Der **Schluß** (*Conclusio*), welcher im Verhältnis zur Ausführung nur kurz sein darf, muß sich eng an die Ausführung anschließen. Er faßt in der Regel die wesentlichen Ergebnisse der Tractatio kurz und nachdrücklich zusammen (*Collectio* oder *Complexio* = Résumé), darf weder einen speciellen Gedanken der Ausführung weiter entwickeln noch einen neuen Gesichtspunkt für die Betrachtung des Gegenstandes enthalten, kann aber noch eine sogen. *Peroratio* hinzufügen, d. h. eine Abmahnung oder Ermahnung und Empfehlung, welche auf das Gefühl wirken soll.

5. Es versteht sich wie für eine deutsche, so auch für eine lateinische Abhandlung von selbst, daß in derselben der nach reiflicher Meditation zusammengebrachte Stoff richtig disponiert und in verständlicher, passender Form dargestellt werde. Wie aber schon für jeden deutschen Aufsatz eine Hauptforderung ist, die einzelnen Teile desselben, namentlich die Hauptteile, durch passende Übergänge zu verbinden, so daß alles wohl zusammenhängt und eines aus dem andern folgt, so stellt man diese Forderung in noch höherem Grade an einen lateinischen Aufsatz. Man eigne sich also die Kunst an, jene Verbindungsmittel, an denen die alten Sprachen so reich sind, überall anzuwenden und nicht leicht einen Satz oder einen neuen Teil zu beginnen ohne verbindende Partikeln oder solche Wendungen, die ihre Stelle vertreten, — eine Kunst, ohne die alles angebliche Latein eine Marter für den Leser ist. Dadurch wird man auch am besten den Fehler der Verworrenheit und Zusammenhanglosigkeit, den schlimmsten, der sich denken läßt, vermeiden.

6. Von der Einleitung (*Exordium*) zur Ausführung (*Tractatio*) ist ein doppelter Übergang möglich:

a) Wenn nur eine einfache Propositio, keine Partitio angegeben ist und das Thema einen so reichhaltigen Stoff bietet, daß die Bewältigung und richtige Verteilung desselben Schwierigkeit macht, so kann 1) eine *Dubitatio* (cf. 551, 8) vorausgeschickt werden in Formen, wie: Unde igitur (potissimum) ordiar? Unde igitur potius incipiam quam a . . .? Unde igitur ordiri rectius possumus quam a . . .? — oder es kann 2) eine Form der Aufforderung gewählt werden, wie: Atque hinc capiamus exordium. Ordiamur igitur, si placet, ab eo, quod . . .

Quamobrem id primum videamus, si placet ...; — oder der Sprechende legt 3) seine Absicht in einem Zwischensatze mit *ut* dar, wie: Atque ut inde oratio mea proficiscatur. Atque ut ordiar (oder proficiscar) a ... Atque ut facilius intellegere possitis. Ut autem a facillimis ordiamur.

b) Wenn aber in der Einleitung schon eine Partitio gegeben ist, so gebraucht man besonders: 1) die kopulativen Partikeln *ac*, *atque* oder *ac primum* oder *ac primum quidem* (cf. 510. Zu meiden ist *et primum*), — oder 2) das konklusive *igitur* oder *primum igitur* (cf. 530, 3. Zu meiden sind *et primum*, *itaque* und *ergo*). — Als Verba gebraucht man *videamus*, *consideremus*, *exponam*, *explicemus*, *explicabo*, *dicendum est*, *videtur esse dicendum*, *videndum est*.

7. Die Formen, mit denen der Übergang zu einem neuen Hauptteile der Rede gebildet wird, sind folgende:

a) *Venio ad; veniamus ad; atque ut veniamus ad;* die Partikel, die hinzutreten kann, ist *nunc*, bald vor, bald nachgestellt (cf. 467), z. B. Venio nunc, veniamus nunc; nunc dicamus de; videamus nunc mit indirektem Satze; nunc exponamus. Folgt ein besonders wichtiger Teil, so steht videamus nunc, id quod caput est; ut vero iam ad illa summa veniamus; ut aliquando ad illa maiora veniamus.

b) *Deinceps* dicatur; *deinceps* dicendum (videndum) est; *deinceps*, ut erat propositum, dicatur de (cf. 482, 3).

c) *Sequitur* (entweder mit dem Nominativ des Wortes, welches den Inhalt des neuen Teiles angiebt, z. B. Sequitur *illud*, quod a Milonis inimicis saepissime dicitur, oder mit *ut*, um die Aufgabe des neuen Teiles zu bezeichnen, z. B. Sequitur, *ut* de una reliqua parte honestatis dicendum sit); — *proximum est, ut doceam; tertium est propositum, ut; proximus est locus* (= „Teil einer Materie", wofür *pars* nicht steht!) mit einem erklärenden Genitiv.

Anm. Vor den rein zeitlichen Partikeln *deinde* oder gar *tum* hat man sich beim Übergange zu einem neuen Hauptteile zu hüten (cf. 510, Anm.).

8. Der letzte Hauptteil der Tractatio wird nicht mit denique oder postremo, auch nicht mit superest oder relinquitur, ut (c. 339, Anm. 4) eingeführt, sondern entweder mit *restat* oder *reliquum est*, welche entweder mit einem Nominativ oder mit *ut* konstruiert werden (z. B. Quart*a* restat caus*a*, quae maxime aetatem nostram angere videtur. Reliquum est, *ut* de felicitate pauca dicamus), oder mit Ausdrücken, wie: *ut ad extremum illud veniamus; ac ne illud quidem neglegendum est, quod mihi ego extremum proposueram.*

9. Der Übergang zu einem neuen Gliede (Unterteile) innerhalb eines und desselben Teils wird vermittelt:

a) entweder in einfacher Weise bei weniger scharfer Sonderung: 1) durch die kopulativen Partikeln *ac* und *atque* (cf. 510), *que* (cf. 510, Anm.), das lose anknüpfende *et* (namentlich in der Verbindung *et quoniam*), *atque etiam* „und desgleichen, und ferner"; — 2) durch die adversativen Partikeln *sed*, *autem*, *vero*, *at* (cf. 524); — 3) durch *iam*, *iam vero* „nunmehr, ferner" (cf. 467), namentlich in Formeln, wie: iam illud videmus; iam illud quidem perspicuum est; iam illa non longam desiderant orationem, quamobrem existimem ...; iam vero illa etiam notiora; — 4) durch *praeterea* (an erster oder zweiter Stelle, aber ja kein et dabei!), *eodem pertinet quod*, *accedit* (cf. 372), *adde* oder *huc adde* mit einem einfachen Objektskasus, *etiam*, *porro* (cf. 482, 4); —

b) oder in rhetorischer Weise durch: 1) *age, agedum, age vero* (cf. 306, 5); — 2) durch die mit *quid* eingeleitete Frage (cf. 410); — 3) durch *quid dicam de . . .? quid commemorem de . . .:* (cf. 332, Anm. 5); — durch *ecce*, welches die Aufmerksamkeit auf etwas namentlich Überraschendes und Unerwartetes lenkt, gewöhnlich in Verbindung mit autem, seltener sed; es kann ebensowohl der Nominativ (cf. 45, Anm. 2) als ein ganzer Satz darauf folgen, z. B. Ecce autem aliqui se Thucydideos esse profitentur, novum quoddam imperitorum genus. Sed ecce in manibus est vir praestantissimo ingenio, C. Gracchus. Als Übergangsform ist nicht selten *ecce aliud*, z. B. Ecce autem aliud minus dubium.

10. Außerordentlich gebräuchlich ist der Übergang von einem Teile zum andern durch die sogen. *Transitio*, deren Eigentümlichkeit darin besteht, daß die Propositio des neuen Teiles mit einer Collectio („Rekapitulation") des letztvorhergehenden Teiles verbunden ist. Von ihren mannigfaltigen Formen sind folgende die wichtigsten:

a) einfache Participialkonstruktionen, oft mit *igitur* oder *sed*, wie: Quibus expositis (oder cognitis) deinceps dicendum (explicandum, demonstrandum) est de . . .; — Exposita igitur (oder cognita igitur) causa deinceps dicendum est de . . .; — Sed expositis virtutibus Hannibalis nunc accedam ad . . .; — His satis cognitis, quae iam explicata sunt, nunc pauca dicemus de . . .

b) ohne Partikel in Form eines adversativen Asyndetons, wie: Dixi de . . ., nunc dicam de . . .; — Exposui . . ., nunc breviter exponam; — Cognovistis (oder audistis, videtis, habetis) . . ., convertite nunc animos ad . . . — Causa quae sit, videtis; nunc quid agendum sit, considerate. — Habetis de inveniendis rebus disponendisque quid sentiam; adiungam etiam de memoria. — De constantia satis dictum est; deinceps dicatur de iustitia. — Satis multa de Graecis; sequitur, ut de Romanis pauca addam.

c) das abschließende *atque* (selten *et*) in Formen, wie: Atque haec quidem hactenus (oder atque haec quidem de . . .), videamus nunc . . .; — Ac de prima quidem parte satis dictum est, sequitur, ut doceam . . .; — Ac mihi videor satis ostendisse . . ., proximum est, ut . . .; — Atque haec quidem hoc modo, nihil autem melius extremo; — Atque haec parva sunt, nunc reliqua videamus (cf. 510).

d) das motivierende *quoniam* „nachdem, nachdem so", wofür postquam oder postquam ita pure Germanismen sind (cf. 366, Anm. 2), z. B. Quoniam initia veteris eloquentiae satis demonstrasse videor, persequar nunc exercitationes antiquorum. — Quoniam igitur causam quoque ostendimus, naturam nunc, id enim erat tertium, si placet explicemus.

e) das abbrechende *satis* in Ausdrücken, wie: Satis mihi multa verba fecisse videor . . ., restat, ut . . .; — Satis dictum esse arbitror de . . .; deinceps, ut erat propositum, dicatur de . . .; — Satis hoc loco dictum est de . . ., nunc explicabo . . .; — Satis multa de natura; sequitur usus, de quo accuratius est disputandum.

f) vergleichende Partikeln (Korrespondsion): *atque ut — ita* (od. *sic*); *nec vero modo* (*solum*) *— sed etiam; et — et; cum — tum; nec — nec*, z. B. Atque *ut* in malis attingit animi naturam corporis similitudo (der absolvierte Teil), *sic* in bonis. — *Nec vero* corpori *soli* subveniendum est, *sed* menti atque animo multo magis. — Sed *cum* haec sunt gravia, iudices, *tum* illud acerbissimum est, quod . . . — *Nec* vero *minus* fortitudo Romanorum *quam* constantia laudanda est.

g) rhetorisch und zugleich mit Steigerung, wie: Loquor de . . ., quid? . . . nonne . . .?; — Sed quid commemoro (oder profero) . . .? — Sed quid duces et principes nomino, cum legiones scribat Cato in eum locum profectas, unde redituras se non arbitrarentur? — De sacris loquimur ac templis; quid tandem? de sacerdotibus nonne in mentem venit quantum periculi committatur? — Viros commemoro; qualis tandem Lacaena?

h) ein kurzes rückschauendes Urteil, welchem dann die Propositio des Neuen entgegengesetzt wird, z. B. Sed haec leviora, illa vero gravia atque magna. — Sed haec et vetera et a Graecis; Cato autem sic abiit e vita, ut causam moriendi nactum se esse gauderet. — Sed hic ea mente, qua natus est; quid? vos quo tandem animo eritis?

11. Will man nach einer Abschweifung vom Thema (*Digressio*) zu dem verlassenen Ausgangspunkte zurückkehren (*Reditus ad propositum*) oder nach einer längeren Auseinandersetzung abbrechen, um zu etwas anderem überzugehen (*Revocatio*), so gebraucht man dazu die Partikeln *sed* oder *verum* (nie autem) in Formeln, wie sie 524, 1 u. 2 angegeben sind. Cf. auch *quamquam* 391.

Anm. Zuweilen fehlt auch *sed* oder *verum*. Cf. Longius quam instituueram sum profectus, ad reliqua pergamus. Vereor, ne nimius in hoc genere videar. Non obtundam diutius, etenim iam dudum vereor, ne ... — Bezeichnungen der **Digressio** sind: (*a proposito*) *aberrare, deflectere, degredi, declinare*, (*defluere, deferri*).

12. Nicht selten gebraucht man die rhetorische Figur der *Praeteritio*, um durch das Verschweigen des einen auf die Wichtigkeit des andern, das folgt, vorzubereiten und aufmerksam zu machen. Vergleiche über dieselbe 551, 17.

13. Was die Beweisführung (*Argumentatio*) anbetrifft, so ist dieselbe entweder eine direkte oder indirekte. Der indirekte Beweis (Argumentum ex contrariis) giebt die Nachweisung, daß das Gegenteil einer uns wahrscheinlichen Sache nicht möglich sei. Er ist also eine deductio ad absurdum (*ἡ εἰς τὸ ἀδύνατον ἀπαγωγή*) und heißt auch apagogischer Beweis. — Der direkte Beweis giebt dagegen positive Gründe für unser Urteil an und ist entweder:

deduktorisch, d. h. er schließt vom Allgemeinen auf das Besondere. Seine eigentliche Form ist der volle Syllogismus oder logische Schluß, von dessen Gestalt und Wesen in 527 geredet ist. Seine verkürzte Form, das sogen. Enthymem, ist in 528 besprochen; — oder

induktorisch, d. h. er schließt vom Einzelnen und Besonderen auf das Allgemeine oder auf ein anderes Besonderes, sei es ex maiore ad minus oder ex minore ad maius oder ex pari ad par oder aus Beispielen der Geschichte, der Natur, des gewöhnlichen Lebens 2c. auf eine allgemeine Wahrheit oder aus einem charakteristischen Merkmale (indicium) auf die Sache.

14. Welche große Kraft das *Argumentum ex contrariis* (oder *ex repugnantibus*) hat, wenn es durch die rhetorische Frage mit *an* oder durch einfache Gegenüberstellung zweier Sätze ausgedrückt wird, darüber cf. 408 und 528. — Wie *nisi forte* und *nisi vero* eine ironische Deductio ad absurdum bezeichnen, lehrt 381, 2.

15. Eine genaue Kenntnis alles dessen, was zum rhetorischen Rüstzeug gehört, besonders die Kunst, von einem Teile einer Rede oder Abhandlung zu einem andern überzugehen, gewinnt man am besten aus derjenigen Form der Darstellung, die den Namen Chrie führt und die, wie sie das Hauptstück schon der alten Schultechnik bildete, so auch noch jetzt mit Vorliebe gepflegt wird, weil sie a) der jugendlichen Kraft einen nicht zu schweren und doch universellen Stoff zur Explizierung und Gestaltung eines Gedankeninhaltes giebt; b) durch ihr feststehendes Schema die Beweisführung zu einem geregelten Gange zwingt und vor Verworrenheit und unstäter Reflexion bewahrt; c) durch die Menge

und Mannigfaltigkeit der Teile Gelegenheit zu kunstvollerer Verbindung derselben und zur Abwechselung in den Übergangsformen bietet, worin Geschmack und Urteil des Darstellenden sich ganz besonders zu bethätigen hat; d) nicht nur den Verstand in Anspruch nimmt und zu scharfem Denken zwingt, sondern auch (namentlich bei Behandlung der Gleichnisse, der Beispiele und des Schlusses) die Phantasie und das Gefühl beschäftigt und den Darsteller dazu nötigt, sich zu einem gewissen Schwunge zu erheben und mit etwas lebendigeren Farben zu malen.

16. Die einzelnen Teile der Chrie — (dieselben sind mit Ausnahme der Conclusio enthalten in dem alten Verse: *Quis, quid, cur, contra, simile et paradigmata, testes*) — sind folgende:

1) *Exordium* (Einleitung) *cum laude auctoris* (d. h. der Bezeichnung des Schriftstellers, speciell des Werkes, dem das Thema entnommen, oder der historischen Person welcher der Ausspruch in den Mund gelegt ist [„Verbalchrie"], oder von der die Handlung ausgeht [„Realchrie"]) *et cum propositione* (d. h. der Aufstellung des Themas),
2) *Expositio* (Umschreibung oder Erklärung des Themas),
3) *Confirmatio* (direkter logischer Beweis),
4) *Contrarium* oder *Refutatio* (indirekter logischer Beweis),
5) *Simile* oder *Comparatio* (Gleichnis),
6) *Exemplum* (Beispiel),
7) *Testimonium* (Zeugnis),
8) *Conclusio* (Abschluß des Ganzen) *cum collectione* (d. h. einer kurzen Rekapitulation) *et adhortatione* (d. h. einer Empfehlung und Ermahnung oder einer Warnung).

17. Übergangsformeln von dem *Exordium* zur *Expositio* sind:

a) wenn das Thema eine Sentenz oder ein Ausspruch ist („Verbalchrie"): Quod quale (oder cuiusmodi) sit, paucis, si placet, videamus. Quod quam verum sit (oder quod verum esse, recte dictum esse) nunc explicare conabor. Quod quo iure dictum sit, breviter libet disserere. — Quod quid sibi velit, facile est ad intellegendum (manifestum est, in promptu est, quis prudens non intellegit?). — Cuius sententiae (dicti, vocis, responsi) vis (oder quae sit vis), ut error tollatur, brevi sic definiri potest. — Qua sententia quid (sibi) voluerit (oder quid significaverit) poeta (philosophus, scriptor u. s. w.), ut planius intellegatur (oder ut planius aperiam; ut facilius perspiciatis), quod ille brevius angustiusque (oder minus explanate, paulo obscurius) dixit (oder pronuntiavit), nobis uberius aliquanto fusiusque exponere (oder demonstrare) liceat; — oder kürzer: Quod ille pressius angustiusque, nobis uberius paulo ac fusius explicare liceat. — Quae sententia quid declaret (oder quorsum spectet; quo referenda sit; quid iubeat; quid praecipiat), facilius intellegetur, si ...... oder clarius evidentiusque apparebit, si ...; — oder Quae sententia per se tam perspicua tamque facilis est ad intellegendum, ut opus non sit illam copiosius explicari; quis enim tam hebes est, quin primo aspectu intellegat ...? — Quod dictum cum explicare nobis propositum sit, primum quid sibi velint illa verba, (age sis) consideremus. — Quo responso quid dixerit ille, si quaerimus, non errare nobis videmur, cum censemus (oder facile adducor, ut putem) ......

b) wenn eine bemerkenswerte Handlung Gegenstand der Darstellung ist („Realchrie"): Quod quale sit ...... Cuius facti quae ratio sit ...... Qua in re quid secutus esse videatur ...... Quod quibus de causis fecisse videatur ...... Quod quomodo factum esse videatur (oder quomodo evenerit) ...... (alle diese Formeln mit einem Nachsatz wie: haud difficile, ut opinor, est ad intellegendum oder primum est videndum oder ab initio, res quemadmodum gesta sit, exponemus oder altius paulo repetam necesse est u. s. w. Cf. oben 2, Anm. 4.

18. **Übergangsformeln von der *Expositio* zur *Argumentatio**) sind:**

a) **bei kürzerer Behandlung des Gegenstandes kann man einfach sagen:**
Et recte (quidem). Et iure (quidem). Et vero (oder sane, certe, profecto) sapientissime (oder prudenter). Et merito oder et optime. Nec (oder neque id) immerito (oder iniuria, temere, levibus de causis). Es folgt alsdann die Begründung mit *nam* —; oder man wählt einen Ausruf (cf. 551, 5, Anm.), wie: Regalis sane et digna tanto viro sententia. Praeclarum responsum et docto homine dignum. Magnifica vero vox et magno viro digna. O dictum sapientiae plenum, o vocem vel Christiano homine dignam! O praeclaram et admirandam hominis sapientissimi vocem! — oder eine rhetorische Frage, wie: Quid hac sententia dici potest praeclarius (oder divinius)? Quam sententiam quis est, quin assensu suo plane comprobet?

b) **bei ausführlicherer Behandlung:**
Causa quae sit, videtis; nunc, qua ratione quibusque argumentis ea confirmetur (oder probari possit, nitatur), consideremus. — Habetis ipsius dicti (oder facti) sententiam (= quoniam sententiam dicti (oder facti) exposuimus), nunc (oder age) quibus rationibus ea nitatur, videamus. — Quod quam vere (oder recte, quo iure) dictum sit, paucis, si placet (oder videtur), explicemus. — Atque id ita se habere (oder verum esse, recte factum esse) cur existimemus, causa non in obscuro est (oder non latet, aperta est) oder non ita longa demonstratione videtur opus esse.

19. **Das *Contrarium* (d. h. die Zurückweisung der Gegengründe oder die Widerlegung entgegenstehender Ansichten) wird eingeführt** (cf. 551, 20) **entweder:**

a) **in direkter Weise mit:**
*At, at enim* (seltener *at vero, at credo*), cf. 524, 5 und 529, 1. — Dices; fortasse dices; quaeres; inquies; — dicet aliquis, quaeret aliquis; dicet quispiam, quaeret quispiam, dicet fortasse quispiam, dixerit quis, forsitan quispiam dixerit; — forsitan quaeratis; forsitan occurrat illud; — hic quaerat quispiam; hic mihi afferunt (oder commemorant); hic quosdam mihi audire videor quaerentes (oder contra dicentes); — oder

b) **in indirekter Weise mit:**
Sunt autem, qui dicant (negent); — contra dicuntur a multis haec; — non sum nescius quibusdam et iis non indoctis (oder non levissimae auctoritatis) hominibus contra videri (mit folgendem Acc. c. inf.). — Nec vero audiendi sunt, qui putant... Nihil igitur afferunt, qui dicunt... Nec vero probanda est eorum sententia, qui... Itaque in iis perniciosus est error, qui existimant... Falluntur ergo atque errant vehementer. qui... Nam illud quidem funditus eiciendum est, quod a multitudine imperita dici solet. — Nam illud quidem adduci non possum, ut credam... Nam quod (quidam) aiunt... Nam si quis putat (forte dicit)..., ille capitali quodam errore ducitur (cf. 533, Anm. 4). — Oder man nimmt die Frage mit *an* (cf. 408) in Formeln, wie: An tu censes (oder existimas, putas)? An vero putas? An te movent voces eorum, qui...? An malumus eorum sententiam sequi (oder eos imitari), qui...? — oder das ironische *nisi forte* (oder *nisi vero*) putas (cf. 381, 2); — oder die mit *ac, atque* eingeführte *Praemunitio* in Ausdrücken wie: Ac ne putes... Ac ne quis forte putet... Ac ne cui forte hoc mirabile esse videatur... Ac ne quis temere hoc a nobis dici existimet... Ac ne quis a nobis hoc ita dici miretur... (man hüte sich hinzuzusetzen scito oder scitote, cf. 551, 3, f).

20. **Zur Verbindung des *Simile* (d. h. eines Gleichnisses aus dem gewöhnlichen Leben oder von Vorgängen der Natur) mit dem Vorhergehenden dienen:**

a) **in einfacher Weise:**
*Videsne, ut...? Videmusne, ut...? Atque ut — ita* oder *sicut enim — ita*... Über *ut si* cf. 397, Anm. 3.

---

*) Man unterscheide: *causa* „faktischer Grund, reale Ursache, Beweggrund"; *argumentum* der von Thatsachen hergenommene „Beweisgrund"; *ratio* der auf logischem Denken beruhende „Vernunftgrund" und der auf Vernunftgründen beruhende „Beweis"; *documentum* der zur Lehre und zum Beispiel dienende „Beweis".

b) in vollerer Weise:

Quod quale sit (oder quo iure dictum sit), exemplo a rerum natura petito demonstrare (oder probare) non alienum (oder absurdum, ineptum) fuerit; — Quod quidem quale sit, etiam in bestiis (oder in natura rerum) animadverti potest; — Quam similitudinem („etwas dem Ähnliches") videmus (oder cernere possumus) in bestiis; — Quod idem in (picturis) usu venit (oder accidit, fieri videmus); — Quod qui faciunt, similes sunt, ut si qui ... — Quod qui putant, similiter faciunt, ut si qui ... — **Sed quid ego argumentor**? quid plura disputo? ipsius naturae, optimae illius magistrae, ratio, quanta sit quamque late pateat (oboedientiae vis), declarat, eine Form, die sich auf vielfache Weise variieren läßt.

21. **Als Übergang zum *Exemplum* (d. h. zu dem aus der Geschichte oder der Mythologie oder der äsopischen Fabel genommenen Beispiele) dienen***):

a) in einfacher Weise (außer *ut*, *velut*, *sicut*, *nam*, cf. 397):

Exempli causa profero (oder nomino, commemoro) ... Testis est ... Cuius rei vel illustrissimum exemplum est ... Quod quidem cum multi, tum luculentissimo exemplo comprobavit (oder testimonio confirmavit) ... Ac vera esse, quae dicimus, cum ex multorum exemplis, tum ex ... intellegitur. — Talis fuit (talem fuisse constat); — Huiusmodi, hoc animo, ex hoc genere fuit ... Ex hoc numero esse contendo Catonem, qui ... Qualem fuisse Athenis Timonem nescio quem accepimus, qui ... Quod praeclare olim intellexisse videtur ... Non ignoravit hoc, non fugit hoc ... Quis non audivit (oder legit) ...? Cui non est auditum oder cui non in mentem venit ...? Cui non ante oculos versatur ...? Hoc loco quis est, cui non occurrat ...? Ponite ante oculos vobis ... Quod si cui forte dubium est, prodeat in medium ... Videsne, videmusne, videtisne, ut ...? cf. 403, Anm. 2.

b) in ausführlicherer Weise:

Quod ut verum esse exemplis probemus, non est, cur longe abeamus (longius repetamus). — Quod quam verum sit, fictae veterum fabulae satis declarant. — Quod verum esse omnibus aetatibus multi probe videntur intellexisse (oder multi et intellexerunt et re „durch die That" probaverunt). — Nec minus historia quam rerum natura verum esse illud quod proposuimus comprobat. — Atque ut eo planius intellegere possitis (oder verum esse intellegatis) quod disputo, rem ipsam exemplis quibusdam illustrioribus demonstrabo. — Sed ne rem argumentis solum persequar, alio me convertam et exemplis, quid velim, demonstrare conabor. — Ac ne haec,

---

*) „Eine (einzelne) Sage, ein Mythus" *fabula*; „Mythologie" *fabulae*; „mythologisch" *fabulosus, ut est in fabulis*. „Fabel" *fabula, apologus*. Geschichtliche Ereignisse, historische Thatsachen" *res gestae*; „Geschichte" als Darstellung des Geschehenen *historia*, als Überlieferung jeglicher Art, Tradition *memoria*, als schriftliche Überlieferung *litterae*; „schriftliche Denkmäler" *litterae ac monumenta*; „mündliche Überlieferung" *fama, sermo*. — „Ein Beispiel anführen" heißt im allgem. *exemplo uti* oder *exemplum afferre*. „Etwas als Beispiel anführen" *aliquid* (oder *aliquem*) *exempli causa ponere, commemorare, nominare, proferre*. „Beispiele für etwas anführen" *rem exemplis probare, comprobare, confirmare* oder *exemplis ostendere (demonstrare)* mit abhängigem Satze (z. B. quanta sit vis virtutis). „Die Beispiele werden entlehnt" *petuntur, repetuntur ab historicis, a memoria, a vetustate*; *capiuntur, promuntur, sumuntur ex annalibus, ex monumentis*; „aus der Geschichte" *a rerum gestarum* oder *annalium memoria, ex rerum gestarum monumentis*; „aus der Universalgeschichte" *ab omni memoria, ab omni memoria aetatum, temporum, civitatum, ab omnium rerum, gentium, temporum, saeculorum memoria*; „aus der römischen, griechischen Geschichte" *a rerum Romanarum, Graecarum memoria*; „aus der neuen und neuesten Geschichte" *a recentioris* (oder *huius*) *aetatis, horum temporum, nostra memoria*. „Zurückgehen auf das graue Altertum" *repetere ab ultima, extrema, prisca antiquitate, vetustate, ab heroicis temporibus*. „Die Geschichte (das Buch der Geschichte) befragen" *replicare memoriam temporum* (oder *annalium*), *evolvere litterarum monumenta*. „Beispiele häufen" *exempla copiose colligere, multa exempla in unum colligere*. „Aus einer großen Menge eins, einige anführen" *ex infinita copia unum alterumve, pauca sumere, decerpere, carpere ac delibare*. — Attribute für das Exemplum sind: *clarum, praeclarum, luculentum, illustre, magnum, grande* (nicht bonum). — Über „zum Beispiel" cf. 397; über „wir wissen" cf. 1, Anm. 2; über „wissen wir nicht?" cf. 403, Anm. 2.

quae disputavimus, ex meo potius sensu quam ex veritate expressa videantur, exempla nonnulla in medium proferam, quae rem vobis, de qua agitur, paene sub oculos subiciant. — Et verum esse, quod diximus, omnium aetatum historiae satis (oder satis superque) declarant. — Quae res ut exemplis comprobetur (oder demonstretur, apertior sit, evidentior sit), ponite vobis ante oculos (oder liceat mihi vos admonere oder age afferamus) ... Cf. auch 551, 10, Anm.

Sind der Beispiele, die zu Gebote stehen, sehr viele, so läßt sich folgende Form anwenden:

Plena exemplorum est veterum (oder omnium aetatum) memoria. — Plenae exemplorum sunt historiae, pleni litterarum annales, sed brevitatis causa exemplo contenti erimus uno. — Talibus exémplis historiae refertae sunt et quidem maxime nostrae. — In veterum scriptorum libris non desunt exempla eorum, qui ...

Zur Verknüpfung der Beispiele untereinander, insbesondere wenn man von denjenigen Beispielen, welche die alte Geschichte oder fremde Völker bieten, zu solchen übergehen will, welche der vaterländischen Geschichte oder der Neuzeit entlehnt sind, dienen folgende Transitiones:

Externa commemoro: quid? nostra patria nonne plena est exemplorum? — Vetera profero (colligo, conquiro), cum mihi liceat uti praesentibus exemplis (atque vivis). — Obsoleta haec et ex prisca antiquitate petita: quid? nostra aetas quae vidit, nonne multo illustriora sunt? — Loquor de Graecis: quid? Romani nonne omnia pro patria profuderunt? — Satis multa de Graecis: sequitur, ut de Romanis dicendum esse videatur. — Expositis igitur Graecorum factis illustribus, quae valuerint ad patriam servandam, nunc demonstrabimus, quid Romani pro patria fecerint. — Magna haec et admirabilia, sed illud maius, quod ... — Sed quid externa? domestica quanto illustriora sunt! — Sed quid ego longinqua ex veterum annalibus? convertamus nos ad nostrae aetatis memoriam. — Sed quid vetera et externa exempla conquirimus, cum recentium et domesticorum copia suppetat? — Sed quid in veteribus exemplis commoror, cum ...? — Sed quid foris exempla petimus, quorum infinita copia, domesticis cum non minus abundemus?

Außerdem kann die *Praeteritio* (cf. 551, 17) angewendet werden, welche ausspricht, daß sie etwas, was angeführt werden könnte, übergehen will, um auf die Wichtigkeit des folgenden vorzubereiten und aufmerksam zu machen. Formen derselben sind:

Mitto (omitto, praetermitto, missum facio, praetereo) ... Atque ut omittam (praeteream) ... Quid loquar de ...? Quid commemorem ...? Non est huius loci (oder non est propositi mei oder nihil attinet) accuratius disputare de ...

Hierher gehört auch der Fall, wenn man der Kürze halber nur andeutet, daß man viele Beispiele anführen könnte, oder daß es zu weitläufig sein würde, wenn man alle anführen wollte, und sich auf eins oder einige beschränkt (*Praecisio*, cf. 551, 17, Anm.):

Dies (me) deficiat, si velim enumerare ... (oder si omnia eiusmodi exempla coner afferre oder si plura id genus persequi velim). — Possum hoc loco cum ex veterum tum ex recentiorum temporum memoria infinita fere eorum exempla proferre, qui vitam pro patria profuderunt. — Infinitum est omnia in hanc rem exempla afferre. — Possum ab omnium saeculorum memoria atque a nationibus plurimis huius rei exempla repetere, sed unum illud insignius est, quam ut praeteriri liceat. — Longum (oder infinitum) est de singulis dicere ... Possum ex hac nostra memoria plurima commemorare, sed nolo esse longus in re tot exemplis contestata et certa. — Nolo commemorare, ne longum faciam (oder ne longum fiat), exempla eorum, qui ...

22. Übergänge zum *Testimonium*, d. h. zum Beweise aus der Auktorität (durch die Berufung auf Aussprüche bedeutender Männer oder auf Sprichwörter, Gesetze und Urkunden) sind:

Expositis igitur tot tamque illustribus exemplis deinceps dicendum (oder demonstrandum) est, quid veteres de ea re senserint, oder sequitur (restat), ut antiquorum in eam rem testimonia afferam. — Habetis exempla: cognoscite iam antiquorum testimonia; — oder Rerum gestarum memoria quid doceat, cognostis (oder videtis): nunc age convertite animos ad antiquorum testimonia; — oder Dixi de exemplis: sed si testimonia quoque veterum requiritis, audite, quid dicat . . . — Atque haec quidem exempla illustrium virorum: venio nunc ad testimonia; — oder Ac de exemplis quidem hactenus: videamus nunc de testimoniis. — Nunc, quoniam exemplis quod volumus demonstratum est, pergamus si placet ad veterum testimonia. — Satis mihi multa attulisse exempla ex omnium temporum memoria videor, quibus verum esse quod proposuimus planius intellegeretur: restat, ut gravissimorum testium in eam rem sententias ac iudicia proferam. — Sed de factis clarorum virorum satis dictum est: nunc, quid scriptis veteres litterisque ipsi professi sint, videamus. — Sed dies me deficiat, si omnia colligere velim, quae exempli causa ex veterum monumentis afferri possunt: ad testimonia festinat oratio auctorum certissimorum. Nec vero exempla solum et illustrium hominum facta, sed etiam gravissimorum scriptorum sententia et auctoritas commovere nos debet, ut verum id esse, quod probare volumus, existimemus. —

**Auch folgende Wendungen wird man, namentlich wenn man mehrere Testimonia anführt, passend anwenden können:**

Hoc illud est, quod dixit (oder respondit) Solo. — Nimirum hanc habet vim, quod dixit Plato. — Hoc idem significat Graecus ille in eam sententiam versus. — Hanc sententiam significare videtur Laconis illa vox . . . Huc spectat (huc pertinet, huc referendum est) illud Ciceronis. — Vidit hoc (intellexit hoc, sensit idem) Demosthenes, cum dixit . . . Ac ne illud quidem neglegendum est, quod dicit Horatius . . . Audite porro praeclaram vocem Socratis, qui . . . Nec minus est sapiens illud Ovidii . . . Simile quiddam est in eo libro, quem Xenophon scripsit de tuenda re familiari. — Quod idem melioribus etiam verbis Metrodorus. — Haec Platonis fere; apud Xenophontem autem . . . Atque etiam hoc commemorandum est, quod dicit Tacitus. — Accedit huc, quod Cicero dixit. — Cui porro non auditum est illud Horatianum? — Iam vero illa etiam notiora, quae dixit Croesus. — Sed ut omittamus vetera et externa, possum nominare ex Germania locupletissimos testes. — Sed ne externa magis ac vetera quam nostra et recentia amplecti videamur, audite quaeso, quomodo eam sententiam versibus persecutus sit Schillerus. — Sed quid poetas profero? vulgi sermone tritum est illud. — Iam vero Platonis auctoritatem quanti aestimandam putatis, qui quidem praeclare dixit . . . Neque vero quicquam potest sapientius esse Solonis lege, qua cautum est . . . *)

---

*) Unterscheide: *Dictum* „ein kernhafter Ausspruch, eine kurze, geistreiche, witzige Äußerung einer historischen Person". *Vox* „ein Ausruf, eine mündliche Äußerung des Gefühls und der Leidenschaft". *Verbum* „Spruch, sprichwörtlich gewordene Sentenz", fast = *proverbium* „Sprichwort". *Sententia* „Sinnspruch, Sentenz", (aber in dieser Bedeutung nicht mit dem Genitiv einer Person zu verbinden!). *Praeceptum* „Lebensregel, Anweisung". Über *illud Platonis* „der bekannte Ausspruch des Plato" cf. 238, Anm. 3. Eine längere Stelle in Prosa heißt *oratio*, eine längere Reihe von Versen *carmen*. *Vetus est* (meist ohne *verbum*) „es ist ein alter Spruch". — „Einen Schriftsteller citieren, anführen" *auctorem laudare, proferre, adhibere, auctore uti*. „Ein Zeugnis anführen" *testimonium afferre* oder *proferre*. (Man gebrauche mit Vorsicht *citare* „citieren" und *adducere* „anführen", welche beide nur ein persönliches Objekt bei sich haben können; nur selten stehen sie in Verbindung mit personificierten Sachnamen, bes. Örtlichkeiten, z. B. Cic. Off. 1, 75.) — Zum Mißbilligen oder Verwerfen eines Zeugnisses dienen *improbare, reprehendere, vituperare, non audire, dimittere, missum facere, reicere, refutare*. — Der *auctor* oder *testis* wird durch folgende Attribute ausgezeichnet: *optimus, idoneus, locuples, certus, gravis* (Gegens. mediocris, levis), *incorruptus, integer*, oder durch eine Apposition wie: *nobilis imprimis philosophus*; *ingeniosus poeta*; *auctor, quo nullum meliorem quaerimus*; *vir maximo ingenii acumine*; *Cicero, vir longe omnium in dicendo gravissimus*; *Varro, homo perfecte planeque eruditus*; *vir facile doctissimus omnium Romanorum*; *Cato, exemplar antiquae religionis*; *Euripides, sapientissimus poeta*; *Horatius, Romanae fidicen lyrae*; *Thucydides, auctor fide dignissimus* oder *prudentiae vi ac sententiarum gravitate insignis*; *Sophocles, princeps tragicorum*; *Aristoteles, homo omni in genere litterarum versatissimus* oder *vir summo ingenio, scientia, copia*; *Sallustius, rerum Romanarum florentissimus auctor*; *singulari vir ingenio ac paene divino*; *Horatius, cuius ego singulos versus singula testimonia puto.*

23. **Der Schluß** (*Conclusio*) **wird gewöhnlich angeknüpft mit:**
Quae cum ita sint, satis demonstrasse (mihi) videor ... Quibus rebus expositis satis docuisse videor ... Ex his, quae dixi, satis apparet (oder intellegitur) ... Ex his, quae breviter exposuimus, satis intellectum (oder intellegi posse oder apparere) puto ... Oft sagt man auch ohne jede Verbindung: Cognostis (audistis, videtis), quantum valeat amor. — Satis id, quod erat propositum, demonstrasse videor. — Habes (oder habetis) meum de hac re iudicium. — Haec habui de hac re quae dicerem. Es folgt dann in der Regel ein Quodsi, quoniam igitur, quoniamque oder Quod reliquum est, quod restat. — Zuweilen kann der Übergang auch in der Form der *Revocatio* vermittelt werden, z. B. Sed quid ego his argumentis (oder his testibus) utor, quasi res dubia aut obscura sit? satis apparere puto ...

**Ist die Conclusio, wie das bei der Chrie Regel ist, mit einer** *Adhortatio* **(„Ermahnung") verbunden, so wird dieselbe gewöhnlich mit** *igitur, quare* **oder** *quamobrem* **(zuweilen auch mit einem Hinweis auf den Schluß durch** *quod reliquum est* **oder** *quod restat*) **eingeführt und durch Phrasen folgender Art eingeleitet:** Omnem operam tribuamus (c. dat.); — omni cogitatione curaque (oder tota mente) incumbamus oder incumbere debemus (*ad* oder *in* c. acc.); — omnes curas cogitationesque conferamus (*ad*); — totos et animis et corporibus nos conferamus (*in* c. acc.); — omnem operam, curam, cogitationem in eo locemus, ut; — operam studiose (oder maxime, enixe) demus, ut; — omne studium industriamque ponamus oder collocemus (*in* c. abl.); — omnes curas defigamus (*in* c. abl.); — pro viribus eniti et elaborare debemus, ut; — quantum possumus, contendere et laborare nos decet, ut; — omni studio providendum et elaborandum nobis est, ut; — nihil nobis maiori curae esse debet, quam ut; — nihil antiquius habere debemus, quam ut; nihil nobis prius faciendum putemus, quam ut; — nihil prius aut antiquius ducamus, quam ut; — hoc teneamus oder hoc persuasum nobis sit; penitus hoc animis nostris mentibusque mandemus; — illud perpetuo animis nostris infixum habeamus (oder haereat); — hoc in memoria nostra penitus insideat; — insculpamus hoc mentibus nostris; — simus ea mente, ut putemus.

**Bei einer Aufforderung zur Nachahmung kann man folgende Wendungen gebrauchen:** Ne degeneremus (oder ne desciscamus) a virtute maiorum; — intueamur et imitemur exempla praeclarissimorum virorum, qui; — ad imitandum nobis proponamus eos, qui; — nos conformemus ad exemplum eorum, qui; — agamus (oder vivamus) ad exemplum eorum, qui; — ingrediamur (oder insistamus) vestigiis eorum, qui; — sempiternam memoriam pie servabimus eius, qui; — nulla unquam oblivio delebit memoriam eorum, qui ...

---

Die Art der Äußerung wird bezeichnet mit *bene, optime, praeclare, commode* („treffend"), *scite* („fein"), *facete, urbane, festive, argute, acute, salse, non male, divine, divinitus* („geistvoll"), *graviter, non absurde, non inscite.*

## Nachträge.

M$^{10}$ = Repetitorium, 10. Aufl., 1914

M$^{11}$ = Menges handschriftliche Notizen für die geplante 11. Auflage

K-St = R. Kühner, Ausführliche Grammatik der lat. Sprache, 2. Bd.: Satzlehre, 2. Aufl. von C. Stegmann, Hannover 1912/14.

S-H = Stolz-Schmalz, Lat. Grammatik, 5. Aufl. von M. Leumann und J. B. Hofmann, München 1928 („Syntax und Stilistik" von Schmalz und Hofmann)

Kühner-Gerth = R. Kühner, Ausführliche Grammatik der griechischen Sprache, 2. Teil: Satzlehre, 3. Aufl. von B. Gerth, Hannover 1898/1904

Neue-Wagener = F. Neue, Formenlehre der lat. Sprache, 3. Aufl. von C. Wagener, Leipzig 1902/05

Sommer Handb. = F. Sommer, Handbuch der lat. Laut- und Formenlehre, Heidelberg (Neudruck) 1948

Stolz-Leumann gleichbedeutend mit „S-H", bezeichnet den Teil „Laut- und Formenlehre"

Walde-Hofmann = A. Walde, Lat. etymologisches Wörterbuch, 3. Aufl. von J. B. Hofmann, Heidelberg 1938 ff.

zu 5 (S. 4):

Es leuchtet nicht ein, daß in den meisten der aufgezählten Verbindungen est das Verbum substantivum sein soll (wie Menge auch K-St § 4, 3 [I S. 9 f.]). Richtiger wird man mit S-H § 76 a (S. 467) *esse* hier einfach als Kopula und das Adverbium usw. als echtes Prädikat ansprechen; unannehmbar scheint ein wesentlicher Unterschied von res ita est: res talis est; inceptum frustra fuit: inceptum irritum fuit. Der Ausdruck Verbum substantivum ist (soweit er nicht einfach als Name des Verbums *esse* schlechthin gebraucht wird) auf die Fälle wirklicher ‚Existenzurteile' zu beschränken: ‚es gibt, ist vorhanden' (ital. *c' è*).

zu 31, Anm. 2 (S. 25):

4) **con:** *conscendere* cf. ascendere. — **Coire** *societatem cum alqo* „mit j-m eine Verbindung eingehen, ein Bündnis schließen" (abweichend Tac. ann. 12, 47); aber *coire cum alqo* „mit j-m zusammenkommen od. sich einigen", *ad alqm* „bei j-m zusammenkommen" (cf. 112, b). — **Convenire** *alqm* „j-n besuchen od. treffen, mit j-m zusammentreffen", um mit ihm zu reden; *alci* od. *in alqm*, *in* u. *ad* alqd „für j-n oder zu etw. passen, sich schicken" (z. B. haec res nobis od. aetati nostrae od. ad aetatem nostram non convenit; haec suspicio in nos (od. in nostrum ordinem) non convenit „ist auf uns (od. auf unseren Stand) nicht anwendbar, trifft uns nicht"; cothurnus apte ad pedem convenit; non in omnes omnia conveniunt); *cum alqo* (od. *cum* alqa *re*) „mit j-m übereinstimmen, übereinkommen, harmonieren" (z. B. somnium cum re convenit). Zu bemerken ist, daß bei convenire „übereinkommen, sich verständigen, verabreden, sich einigen" nicht die Person, sondern nur die Sache als Subjekt stehen darf, also: pax convenit „man einigt sich über den Frieden", condiciones inter nos conveniunt „wir verabreden die Bedingungen, wir kommen über die Bedingungen überein"; tempus et locus inter eos convenerat; illud unum inter eos convenit; cetera od. quaedam inter nos non convenient, (ungewöhnlich Iustin. 15, 4, 23). Vielfach wird das Verbum aber unpersönlich konstruiert, entweder *mihi cum alqo de re* od. *inter aliquos de re* (od. mit *ut, ne*) convenit, z. B. Quaedam sunt, de quibus inter omnes (od. mihi tecum) convenit. Mihi cum Deiotaro convenit, *ut* ille in meis castris esset. Cum de pace inter duces non convenisset, signa cecinerunt. Bene (optime) alci cum alqo convenit „jmd. steht mit j-m in gutem (bestem) Einvernehmen". — Ob **concursare** in der Bedeutung „bereisen, besuchen" mit einem Akk. (domos, provinciam) verbunden werden kann, ist fraglich.

5) **de u. ex:** *decurrere* spatium durchlaufen, aetatem zurücklegen; im Passiv duo milia passuum decursa sunt; — *deridere* „verlachen, verspotten" alqm u. alqd; — *expugnare* castellum, urbem, classem, loca munita, regis pertinaciam; auch *alqm* j-n „überwältigen, vergewaltigen" u. *alci alqd* „erkämpfen, erzwingen" (sibi legationem); — *ebullire* virtutes, *edormire* crapulam; — unklassisch u. meist poet. *eluctari* (Liv. 24, 26, 13), *evagari, elabi, enavigare* u. a. — **evadere** „herauskommen, entkommen, entgehen" wird mit *ex re* od. *ab alqo* konstruiert (ex balneis, ex insidiis, e periculo, e morbo; ab iniustis iudicibus), nachklassisch mit dem bloßen Abl. (z. B. periculo Liv. 8, 26, 4; 21, 33, 5) od. Akk. = „hinausgehen über" (media castra Liv. 7, 36, 2); evadere *in rem* „ersteigen, hinaufsteigen" (in muros, in iugum, in haec loca; unklassisch mit Akk., z. B. ardua Liv. 2, 65, 3 u. ö.) od. „ausschlagen zu, endigen mit" (in morbos longos). — **Egredi** u. **excedere** „hinausgehen aus" werden mit dem einfachen Abl. (castris, navi, urbe, finibus) od. der entsprechenden Präpos. (*ex, a*, auch *extra*) verbunden, cf. 94; unklassisch selten m. Akk. (urbem), aber klassisch in der Bedeutung „etw. überschreiten, hinausgehen über" (flumen Sall. Iug. 110, 8, munitiones, fines provinciae, bsd. übtr. annos, fidem, ordinem). Für das unklassische excedere modum sagt Cicero transire modum od. extra modum prodire. — Über *exire* cf. 94.

6) **in:** *impugnare* terga hostium, patriam, plebem, hominem; — *inclamare* comitem nomine; — *incessere* alqm iaculis od. conviciis (nachklassisch); — **inire** wird in der eigentlichen Bedeutung „hineingehen in" fast nur mit dem Akk. (urbem, domum, cubile, selten mit *in* c. acc., z. B. in urbem Liv. 24, 9, 2), in der bildlichen Bedeutung „etw. antreten, anfangen" ausschließlich mit dem Akk. verbunden (magistratum, bellum, proelium; gratiam inire ab alqo „sich bei j-m beliebt machen"). — **Insidēre** „besetzen" m. Akk. (locum, viam, silvas, tumulos; unklassisch m. Dat., z. B. silvestribus locis); aber bildlich *in re* „sich festsetzen in" (in animo, in memoria; poet. m. Dat.). — **Insidēre** *rem* „besetzt halten" (locum, Capitolium, fauces), aber *alci rei* „auf etw. sitzen" (equo, toro), *in re* „festsitzen, haften in" (in animo, in mente, in optimo homine). — **Insistere** *rem* „einschlagen, betreiben" (viam, iter, munus, negotium); *alci rei* „treten auf od. in" (iacentibus, vestigiis alcis), *alci* „j-m feindlich zusetzen" (hostibus); *in re* „stehen auf, festen Fuß fassen auf, stehen bleiben bei" (in iugo, in via lubrica, in manu Cereris, in tanta gloria, in singulis rebus); *in rem* „sich einer Sache eifrig zuwenden, sich auf etw. werfen" (in bellum; auch ad spolia legenda). — **Inspicere** im eig. Sinne (unklassisch) „in etw. hineinsehen" *in alqd* (in speculum); aber im Sinne von „etw. einsehen = in etw. nachsehen, Einsicht nehmen von etw." od. „besichtigen, mustern" stets mit bloßem Akk. (libros Sibyllinos, leges, vas, domum, viros, equos, res sociorum). — **Introspicere** „hineinsehen in" sowohl *in alqd* als bloß *alqd* (z. B. in speculum, in omnes rei publicae partes, domum alcis, casas, librum). — **Ingredi** „eintreten, betreten, hineingehen, einziehen in" u. „sich einlassen auf, sich an etw. machen" wird ebensowohl mit dem bloßen Akk. als mit *in* c. acc. (od. *intra* = in . . . hinein) verbunden, z. B. (in) urbem, (in) curiam, (in) navem, intra fines, intra munitiones, (in) vitam, (in) sermonem, (in) disputationem; im Sinne von „antreten, anfangen, beginnen" verlangt es den Akk. (z. B. iter, orationem, magistratum), u. in der seltenen Bedeutung „entschlossen sein, etw. zu tun od. zu übernehmen" wird es mit *ad* verbunden (z. B. ad dicendum, ad genus disputandi). — **Invadere** „hineingehen, eindringen in od. auf, überfallen" steht mit *in* c. acc. (in urbem, in hostem, in alcis fortunas, in rem publicam; vereinzelt mit Dat.: Cic. fam. 16, 12, 2), unklassisch (bei Sallust, Livius u. a.) meist mit bloßem Akk. (castra, urbem, hostem, populum, regnum alcis). — **Irridere** „verlachen, verspotten" alqm u. alqd. — *Irruere, involare, irrepere, illabi, immigrare, insilire* stehen in guter Sprache mit *in* c. acc. (bzw. *ad*); ebenso auch *irrumpere* (selten m. Akk., z. B. oppidum Caes. b. c. 1, 27, 3; 2, 13, 4. Sall. Iug. 25, 9; 58, 1; poet. m. Dat.), *incurrere* (unklassisch u. selten m. Dat., z. B. Liv. 28, 15, 3; Sall. Iug. 101, 8; noch seltener m. Akk., z. B. Liv. 28, 5, 7; Tac. ann. 1, 51), *incursare* (unklassisch m. Akk., z. B. Liv. 2, 48, 6; poet. und nachklassisch m. Dat.), *influere* (poet. u. spät m. Dat.), *innatare* u. a.; cf. auch 52. — Über *incedere, instare, insultare, invehi* cf. 52.

7) **inter:** *interequitare* ordines; — *interfluere* saxa, Naupactum et Patras; — *interfari* alqm (z. B. Liv. 32, 34, 2); — *interiacēre* Capuam Tifataque (Liv. 7, 29, 6); aber auch m. Dat. (z. B. 21, 30, 11) u. m. *inter*; cf. 52; — *intervenire* (Tac. ann. 3, 23, 1), *interstrepere* (Verg. ecl. 9, 36), *interfundi* (Hor. carm. 1, 14, 19).

8) **ob:** *obsidēre* arcem, vias, aures alcis; — *oppugnare* oppidum, castra, legatum pecuniā; — **obire** alqd „etw. besuchen, bereisen, bei etw. sich einfinden, z. B. terras, maria, provinciam, comitia, cenas, od. „etw. abwarten, besorgen, wahrnehmen", z. B. res suas, negotium, bellum, legationem, mortem sterben, (unklassisch bei Nepos diem supremum, nachklassisch morte). — **Occumbere** *mortem* „in den Tod gehen, den Tod (gewaltsamerweise, bsd. in der Schlacht) finden" (z. B. Cic. Tusc. 1, 102), unklassisch seit Livius (z. B. 1, 7, 7; 29, 18, 6) auch *morte*, poetisch *morti* u. *neci* (z. B. Verg. Aen. 2, 62; Ov. met. 15, 499); auch absolut occumbere (z. B. Cic. Att. 3, 15, 4).

9) **per:** *pervagari* agros, orbem terrarum, mentes; — *pervolare* sex milia passuum; — *pervigilare* noctem; — *pererrare* Latium; — *perequitare* aciem; meist mit per; — meist poet. *perflare, persultare, pervehi* u. a. — **Peragrare** regelmäßig mit Akk., z. B. urbes, insulas; ungewöhnlich mit *per* (Cic. de or. 1, 222). — **Percurrere** „durchlaufen" sowohl im eigentlichen als im übertragenen Sinne m. Akk., z. B. agrum, multas res mente od. oratione od. cogitatione, omnes quaestiones; selten findet sich übtr. *per* (z. B. Cic. Verr. 3, 100; Cluent 166). — **Pervadere** „durchdringen" steht im eigentlichen Sinne mit *per*

oder mit bloßem Akk., übertragen fast stets m. Akk. (incendium per agros pervadit, consul Thessaliam cum exercitu pervasit, fama urbem od. magnam partem Asiae, opinio animos gentium, murmur contionem pervasit; cf. jedoch Liv. 37, 25, 6).

10) **prae:** *praevenire* „zuvorkommen" sowie *praegredi* „vorangehen" u. *praecedere* „vorangehen, übertreffen" regieren in guter Sprache stets den Akk. (z. B. agmen, signa, nuntios), finden sich aber bei Klassikern selten oder gar nicht; — vereinzelt und unklassisch stehen *praeminere, praeiacēre, praelabi* u. a. m. Akk. — **Praecurrere** „vorauseilen, zuvorkommen" m. Akk. od. Dat. (indicium, certis rebus, alqm aetate, alci celeritate); cf. auch Anm. 4. — **Praeire** „vorangehen" wird meist absolut gebraucht, findet sich aber auch m. Dat. (z. B. Cic. rep. 2, 55; de or. 1, 41), nachkl. m. Akk. (z. B. Tac. ann. 6, 21; 2, 83). Zu beachten sind die Verbindungen *verba praeire* „die Formel od. die Worte (eines Gebetes, eines Eides, einer Weihung) vorsprechen" (Liv. 8, 9, 4 u. ö.) u. *alci voce* (od. *verbis*) *praeire* „j-m vorsagen" (Cic. Mil. 3). — **Praestare** *alqm* „sich für j-n verbürgen" (Messallam, auch se „für sich"; *alci* bei j-m, z. B. se sociis); *alqd* u. *alci alqd* „j-m etwas garantieren, für etwas bürgen od. stehen od. haften" (istam culpam, factum alcis, emptori damnum, felicitatem de se ipso, mare tutum) od. „etw. leisten, erweisen, erfüllen", wozu man verpflichtet ist (z. B. officium, pietatem parentibus, patri debitum honorem; *ab alqo* in j-s Namen); *alci alqa re* „sich vor j-m durch etw. auszeichnen, j-n übertreffen", unklassisch oft auch *alqm*, z. B. Nep. Epam. 6, 1; Hann. 1, 1. Liv. 5, 36, 4; 7, 30, 4; 42, 34, 14; cf. Wb.-M. zu 44, 38, 5. — Den Akk. regieren auch *praeferri* (Liv. 5, 26, 7), *praefluere* u. *praevehi*, in denen prae unklassisch statt praeter steht, cf. Wb.-M. zu Liv. 1, 45, 6 u. 44, 10, 12. — Über *praesidere* cf. 52.

11) **sub:** *subsistere* alqm „den Kampf mit j-m bestehen" (Liv. 1, 4, 9; 9, 31, 6); — *suggredi* castra (Sall. hist. 4, 83). — **Subire** steht mit dem Akk. sowohl = „treten unter" (tectum; nur poetisch mit Dat.) als auch übtr. = „etw. auf sich nehmen, sich unterziehen, über sich ergehen lassen" (onus, periculum, laborem, invidiam, dolorem, poenam); nur in der militärischen Sprache in der Bedeutung „an etw. heranrücken" wird es auch mit *ad*, seltener mit *in* c. acc. verbunden (ad muros, ad montem, aber *in* montem „den Berg hinaufsteigen"). Nachklassisch subire *alci* „j-n ablösen" = succedere (z. B. Liv. 25, 37, 6; cf. Wb.-M. zu 40, 8, 10). — **suspicere** „emporschauen zu etw." steht mit dem bloßen Akk. od. mit *in* rem, *ad* rem (z. B. astra, caelum, in caelum, ad caelum); übtr. = „hochachten" (selten „beargwöhnen" Sall. Iug. 70, 1) stets m. Akk. — Über *succedere* cf. 52.

12) **subter u. super** (supra): *subterfugere* poenam, periculum; — *supervadere* ruinas, munimenta; — *supergredi, superscandere* u. (Liv. 1, 32, 8) *suprascandere*, (poet. *supereminere, superstare* u. a.). (M[10])

zu 46 (S. 36):

*Summum* und *minimum* in dieser Bedeutung können ebensowohl als ursprünglich parenthetische Nominative aufgefaßt werden; keinesfalls leuchtet ihre Verknüpfung mit dem Acc. Graecus ein. Die vorher genannten *ceterum, multum* usw. lassen sich besser aus dem Akk. des Inhalts (29 b) entwickeln, so K-St § 71 Anm. 3 (I S. 280) und S-H § 16 d (S. 381).

zu 52 (S. 43):

— **affigere** „anheften an" mit Dat. od. *ad alqd* (z. B. Prometheum Caucaso u. ad Caucasum, alqm cruci „kreuzigen", alqd capiti u. ad caput), bisweilen mit *in* c. abl. (z. B. Ithaca in asperrimis saxulis affixa); übtr. mit Dat. (z. B. alqd animo od. memoriae „fest einprägen", auch in animo). — **affligere** „etw. an etw. schlagen od. schmettern" *alqd ad alqd* od. m. Dat. (navem ad scopulos, vasa parietibus). — **affluere** „heranfließen, hinströmen an" mit Dat. od. *ad* (z. B. utrisque castris, ad ripam). — **aggregare** „beigesellen, anschließen" *alqm* u. *alqd* mit ad, seltener mit

Dat. (filium ad patris interitum, se ad amicitiam alcis, se Romanis); auch *in alqd* „einreihen unter od. in", z. B. alqm in nostrum numerum. — **annumerare** „zuzählen, hinzurechnen zu od. unter" mit Dat., jedoch auch mit *in* c. abl. (z. B. alqm his duobus, in vatibus, in grege patronorum; Cic. Brut. 75; Rosc. Am. 89). — **appellere** navem (classem) „landen" *ad* od. *in locum* (ad od. in insulam, ad villam; cf. 112, Anm. 2), nachklassisch auch mit Dat. (z. B. litori Liv. 25, 26, 4, ripae u. a.); = „herantreiben, hinlenken" *alqd ad alqd* (z. B. turres ad moenia; bsd. animum od. mentem ad alqd „seinen Sinn auf etw. richten"). — **applicare** „anlehnen, anschließen" u. *se applicare* „sich anschließen an" *ad alqm* u. *ad alqd* (exercitum ad urbem, se ad patronum od. ad alcis amicitiam, voluptatem ad honestatem), unklassisch auch mit Dat. (castra flumini); = „landen" hat es dieselbe Konstruktion wie appellere (cf. 112, Anm. 2). — **apponere** „etw. zu od. an, bei etw. setzen" *alqd ad alqd* od. mit Dat. (notam ad malum versum od. epistulis, manum ad os); aber „j-n einem andern beigeben, beiordnen, zur Seite setzen" od. „j-m etw. vorsetzen (zum Essen od. Trinken)" stets m. Dat. — **apportare** „herbeitragen, bringen" *alqd alci* u. *ad alqm*, auch *alqd ad* u. *in locum*. — **appropinquare** „sich nähern" mit Dat. (z. B. moenibus, Oceano, hostibus), selten mit *ad* (z. B. Cic. fin. 4, 64. Nep. Tim. 3, 3. Liv. 40, 58, 3), unklassisch mit Akk. od. *in* c. acc.; im übertragenen Sinne stets mit Dat., z. B. libertas nobis appropinquat. — **asciscere** *sibi alqd* „sich etw. aneignen od. anmaßen" (z. B. sibi provinciam od. imperium od. sapientiam); *sibi alqm* „j-n an sich ziehen, mit sich verbinden"; *alqm ad alqd* „j-n zu etw. zuziehen" (z. B. socios ad id bellum, alqm ad spem praedae od. ad hoc sceleris foedus); *alqm in alqd* „j-n in etw. aufnehmen (z. B. in civitatem, in numerum civium.) — **ascribere** *alqd alci rei* „etw. einer Sache schriftlich beifügen od. zu etw. hinzusetzen" (z. B. suum nomen emptioni), auch *alqd in re* u. *in, ad* rem (z. B. diem in epistula, poenam ad legem u. in ea lege u. in eandem legem); *alqd ad* od. *in alqd* „etw. zu etw. rechnen, einer Zahl beizählen, in eine Zahl aufnehmen" (alqm ad od. in numerum, ad amicitiam, ad hoc genus, in civitatem; selten mit Dat., z. B. alqm poëtis, alcis sententiam suae); *alci alqd* „j-m etw. zuschreiben od. beimessen" (Scipioni incommodum); *alqm alci* „j-n j-m beigeben od. zugesellen" (alqm tutorem liberis, me socium tuis laudibus). — **assumere** *sibi alqd* „sich etw. aneignen od. anmaßen, für sich beanspruchen" (z. B. sibi potentiam od. laudem); *alqd ad alqd* „etw. zu etw. hinzunehmen" (z. B. molestiam ad reliquos labores); *alqd alci rei* „etw. für etw. in Anspruch nehmen" (nihil meae laudi od. auctoritati assumo). — **attexere** „daranflechten, hinzufügen" *alqd ad alqd* od. m. Dat.

2. Von den mit **ante** zusammengesetzten Verben verbinden sich mit dem Dat. **anteferre** u. **anteponere** „vorziehen, den Vorzug geben vor": *alqm* od. *alqd alci* od. *alci rei*. Im übrigen cf. 31, II, 3.

3. Von den mit **cum** (= **con**) zusammengesetzten Verben verbinden sich:
   a) mit dem Dat.: **condicere** alci „sich bei j-m zu Gaste bitten" (unklassisch *cum alqo cenam* od. *ad cenam*); unklassisch auch *alqd cum alqo* „etw. mit j-m verabreden od. festsetzen" (tempus et locum; abweichend *alci alcis rei* Liv. 1, 32, 11);
   b) mit *cum* werden klassisch verbunden: *coalescere* „verwachsen mit", *cohaerere* „zusammenhangen mit" (unklassisch auch mit Dat.), *colloqui* „sich besprechen, sich unterreden", *colludere* „mit j-m unter einer Decke spielen", *commetiri* „etw. mit etw. messen od. vergleichen", *commiscere* „vermischen mit" (cf. 106, Anm. 4, d), *concertare* „eifrig streiten mit j-m", *concinere* „mit j-m harmonieren", *concordare* „einig sein mit", *concurrere* „zusammentreffen mit", *conectere* „verknüpfen mit" (unklassisch auch mit Dat.), *confundere* „vermengen mit", *congredi* „zusammentreffen mit" (unklassisch auch mit Dat., z. B. Curt. 9, 7, 20), *congregare* „vereinigen mit" (nachklassisch auch mit Dat.), *coniurare, conqueri, conserere manum* u. *manus* „handgemein werden mit", *consociare* „vereinigen, gemeinsam machen mit", *conspirare* „Hand in Hand gehen, zusammenwirken mit", *constituere* „vereinbaren, verabreden mit", *contendere* „wettkämpfen, -streiten, vergleichen mit" (unklassisch auch mit Dat.), *contrahere* rem od. negotium, rationem „eine Geschäftsverbindung abschließen mit" u. a. — **communicare** *alqd cum alqo* „j-m etw. mit-

teilen" im Sinne von „j-n an etw. teilnehmen lassen" od. „mit j-m an etw. teilnehmen od. etw. gemeinschaftlich beraten od. sich über etw. einigen" (z. B. victum, pericula, laborem, paupertatem, gloriam, consilium, rationes belli gerendi. Die ungewöhnliche Konstruktion *his* statt *cum his* Caes. b. G. 6, 13, 7 u. 23, 9 hat ihren Grund im Streben nach Konzinnität). Über den absoluten Gebrauch *communicare cum alqo de re* „mit j-m über etw. Rücksprache nehmen od. sich verständigen" cf. 36, 7; auch *inter se*. — **copulare** „verknüpfen, verbinden" wird klassisch mit *cum* und nur im Passiv auch mit dem Dativ verbunden (z. B. Cic. div. 2, 143. Liv. 21, 28, 8). — **conflictari** *cum alqo* „sich mit j-m herumschlagen, mit etw. zu kämpfen haben" (z. B. cum adversa fortuna); meist *re* „von etw. hart mitgenommen od. heimgesucht werden" (z. B. morbo, inopiā, incommodis);

c) sowohl mit dem Dat. als mit *cum*: *commori* „zugleich sterben mit" (unklassisch). — **contribuere** „zuteilen, einverleiben in, zu einem Bestandteile von etw. machen" *alqm* u. *alqd alci* u. *cum alqo* (z. B. Locrenses Aetolis, se Aetolis, Calagurritanos cum Oscensibus); auch „vereinigen, verbinden zu etw." **ad** u. **in** alqd (z. B. novos cives in unam urbem, urbes ad condendam Megalopolim) — **constare** *cum re* „mit etw. übereinstimmen od. harmonieren"; *sibi constare* „sich gleich bleiben, konsequent sein". — **comparare, componere, conferre** „vergleichen mit" werden meist mit *cum*, seltener mit dem Dat. verbunden (hominem cum homine, alcis dicta cum factis, novum hominem cum superbia optimatium, pacem cum bello, exercitum exercitui, parva magnis, Catonem Lysiae). — **congruere** u. **consentire** „übereinstimmen" stehen gleichgut mit *cum* u. mit dem Dat. — Über **coniungere** „verbinden" cf. 103, 3.

4. Von den mit **in** zusammengesetzten Verben verbinden sich:

a) mit dem Dat.: **illacrimari od. illacrimare** „über etw. weinen", (spätlateinisch auch mit Akk., z. B. Iustin. 11, 12, 6); — **illidere** „anschlagen, anstoßen" (caput foribus); auch *alqd ad alqd*; — **immiscere** „mischen in od. unter etw.", nachklassisch (aquam pici, pedites equitibus, plebem patribus, se turbae servientium); oft übtr.; — **immori** „bei od. in etw. sterben", nachklassisch; — **impingere** „etw. an etw. stoßen od. schlagen" (caput parieti, dentes arbori, alci fustem; übtr. alci epistulam „aufdrängen"); — **imputare** „j-m etw. anrechnen, beimessen", nachklassisch; — **incedere** *alci* „j-n befallen, anwandeln, überkommen" (von Affekten, z. B. cura patribus, timor omnium animis, dolor exercitui); unklassisch bsd. seit Livius auch *alqm*, cf. Wb.-M. zu Liv. 1, 17, 4 u. 4, 57, 10. Nachklassisch incedere *alqd* u. *in alqd* „etw. betreten, in etw. kommen" (scaenam, locum, in castra) u. *in alqm* „über j-n hereinbrechen" (pestilentia in Poenos incessit); — **incubare** „in oder auf etw. liegen"; — **inculcare** „fest einstampfen in", nur übtr. *alqd alci* u. *alci rei* „j-m. etw. aufnötigen, aufdrängen, eintrichtern, einschärfen" u. ä.; — **ingignere** (selten; nur die Formen ingenuit u. ingenitus sind gebräuchlich) u. **ingenerare** „einpflanzen, anerschaffen" *alci alqd*; — **inhiare** „den Mund nach etw aufsperren" *alci rei* (z. B. uberibus lupinis); übtr. „nach etw. trachten" nachklassisch (alcis opibus); — **innutriri** „aufwachsen, groß werden in od. unter", nachklassisch; — **instillare** „einträufeln" (oleum lumini); übtr. „einflößen" *alci alqd* fast nur dichterisch; — **instare** „auf j-n eindringen, j-m zusetzen" klassisch mit Dat. (z. B. hostibus), mit Akk. nur Nep. Epam. 9, 1 u. Eum. 4, 2. Bei Caes. b. c. 3, 17, 5 *alqd* „auf etw. bestehen, etw. dringend verlangen"; poet. Verg. Aen. 8, 434; — **inurere** cf. 54, Anm. 2; — **invigilare** „über od. für etw. wachen (z. B. rei publicae); — **irrogare** „etw. gegen j-n beim Volke beantragen" (legem privatis hominibus, alci privilegium), bsd. „j-m (eine Strafe) auferlegen, zuerkennen" (alci multam);

b) mit der Präpos. (bsd. *in* c. acc. od. abl.): **illabi** „hineingleiten" *in* u. *ad alqd*, unklassisch mit Dat.; — **illicere** „verlocken" *alqm in* u. *ad alqd*; — **illigare** „etw. anbinden, befestigen, anbringen an od. in etw." *alqd in re* bzw. *in rem* (z. B. litteras in iaculo, Regulum in machina, emblemata in poculis, Mettium in currus quadrigarum, paeana in solutam orationem „einmischen in"); übtr. „etw. an etw. binden od. knüpfen, j-n durch etw. verpflichten od. in etw. verwickeln" *alqd* od. *alqm re* (pacem condicionibus, alqm magnis pignoribus, Romanos bello); — **immergere** *in alqd*, unklassisch mit Dat. od. Abl.; — **immigrare** *in alqd*; —

**immittere** *alqm* od. *alqd in* (bzw. *ad*) *alqd*, unklassisch mit Dat.; — **impellere** *alqm in* u. *ad alqd;* — **impendĕre** „verwenden auf" *alqd in* od. *ad alqd* (pecuniam in res vanas, laborem in od. ad incertum casum); nachklassisch auch *alqd alci rei* u. *in re;* — **incīdere** „einhauen, eingraben" cf. 112, Anm. 1; — **inducere** „hinein=, einführen" *alqm* u. *alqd in alqd*, unklassisch mit Dat.; „j-n zu etw. anleiten od. verleiten" alqm *in* od. *ad alqd* (in spem, in errorem, ad bellum, ad misericordiam, ad credendum); „etw. mit etw. überziehen" *alqd re* (scuta pellibus); — *infundere*, *ingerere*, *ingruere* (unklassisch), *se ingurgitare* „sich stürzen in", *insilire* (unklassisch mit Dat. u. Akk.), *insuere* (unklassisch mit Dat. u. Abl.) u. a.; cf. auch 31, II, 6; — **inquirere** *alqd* „nach etw. suchen" (corpus alcis, veram honestatem), aber *in alqd* „nach etw. forschen od. nachforschen, etw. untersuchen"; *in alqm* „eine Untersuchung od. Forschung anstellen gegen j-n od. bei j-m" (spez. zur Beschaffung gerichtlicher Beweismittel), z. B. in competitores, in Siciliam; — **intueri** *alqd* „etw. anblicken, anschauen, betrachten, beachten" sowohl im eigentlichen als im übertragenen Sinne (amicum, solem adversum, terram, signa, rerum naturam, populi libertatem); dagegen *in alqd* „den Blick auf etw. richten" (z. B. Cic. Tusc. 2, 31; 3, 28; de or. 1, 6);

c) sowohl mit dem Dat. als mit einer Präpos.: **illudere** „verspotten, verhöhnen" hat die Sache im Dat. od. Akk. bei sich (dignitati consulis, eam artem); die Person steht im Akk. od. mit *in* c. acc. (miseros, nos, in Albucium). — **imminere** „emporragen über, hart angrenzen an, drohend bevorstehen, in bedrohlicher Nähe sein" mit Dat., aber „begehrlich trachten nach, lauern auf" *in alqd* (z. B. in fortunas alcis, in occasionem, in victoriam; selten *alci rei* u. *ad alqd).* — **immorari** (nachklassisch) „bei etw. verweilen" *alci rei,* selten *in re.* — **impendēre** „schweben über" regiert im eigentlichen Sinne nur den Dat. (saxum Tantalo impendet, gladius cervicibus), im übertragenen Sinne den Dat. od. *in* c. acc. (omnibus terror impendet, in nos terrores impendent). — **implicare** „verflechten, verwickeln in etw." *alqd in alqd* od. (= penitus inserere) mit Dat., meist *alqm re*, bsd. im Passiv implicari re (z. B. morbo, negotiis, bello, aliquo genere vitae; cf. 114). — **imponere** *alci alqd* „j-m etw. aufsetzen od. auflegen, (zu tragen) auferlegen, beilegen, beibringen, antun" (victori coronam, bovi onus, collegae diadema, populo tributa od. leges duras od. servitutem, praetori negotium, alci nomen, iniuriam, vulnus, laboribus finem, alqm classi „setzen über"); *alci* „j-n hinters Licht führen, täuschen"; *alqd in alqd*, selten *in re* „etw. setzen, legen, stellen in od. auf etw.", cf. 112, Anm. 1. — **importare** „aus der Fremde einführen *alqd ad alqm* u. *in alqd* (z. B. vinum ad se, commeatum in urbem); aber übtr. „verursachen" *alci alqd* (jedoch nur von schlimmen Dingen, z. B. sociis calamitatem od. incommodum, pestem). — **imprimere** „eindrücken, einprägen" *alqd alci rei* od. *in re* (z. B. sigillum in cera, anulum litteris, dedecus civitati, deorum notionem in hominum animis), selten *in alqd* (cf. 112 nebst Anm. 1). — **incĭdere** *in alqm* od. *in alqd* „auf j-n od. auf etw. stoßen, geraten in od. auf etw." (in Caesarem, in hostes, in foveam, in insidias, in morbum, in hostium manus, in furorem, in invidiam, in mentionem alcis „auf j-n od. etw. zu sprechen kommen", mihi alqd in mentem incidit „mir kommt etw. in den Sinn"); dagegen sagt man von Stimmungen u. Affekten, die j-n „befallen od. überkommen", incĭdere m. Dat. (z. B. terror exercitui, mihi suspicio). Selten ist incidere *alci rei* „sich in etw. hineinstürzen" (castris, portis) u. *ad alqd faciendum* „auf etw. verfallen" (Cic. fam. 5, 8, 3), *alci* „j-n überfallen" (ultimis) u. „j-m begegnen, widerfahren" (tales casus multis incidunt). — **incumbere** „sich werfen auf, sich stürzen in" steht klassisch nur vereinzelt mit Dat. (Cic. de or. 2, 324; rhet. Her. 1, 18; seit Livius häufiger, z. B. 3, 16, 5; 44, 36, 5. Tac. ann. 2, 17; 5, 7 u. ö.), sonst regelmäßig im eigentlichen Sinne mit *in* c. acc. (in hostes, in gladium; vereinzelt mit bloßem Akk.: Sall. hist. 3, 40), im bildlichen Sinne mit *ad* od. *in* c. acc. (in bellum, ad salutem rei publicae, in od. ad litteras). — **incutere** „etw. schlagen od. stoßen an, gegen etw." *alqd in alqd* od. m. Dat.; = „j-m etw. einflößen od. einjagen" *alci alqd*, z. B. timorem, amorem, pudorem. — **indere** „hineintun" *alqd in alqd*, unklassisch (z. B. salem in aquam); übtr. nomen od. cognomen *alci*

„beilegen" (cf. 55, Anm. 4). — **indormire** „bei etw. schlafen" *alci rei*, auch *in re*. — **inesse** wird nach dem Vorgange Ciceros (cf. jedoch off. 1, 151) besser mit *in* c. abl. als mit dem Dat. (Sallust, Nepos, Livius u. a.) verbunden; das Perf. heißt nicht infui, sondern nur *fui*. — **inferre** im eigentlichen Sinne „hineintragen, -bringen, einführen" *alqd in alqd* (z. B. in castra, in curiam, in ignem), seltener (bsd. nachklassisch) mit Dat. (z. B. castris, sepulcro, aerario, urbi); übtr. „etw. bringen über j-n, verursachen, einflößen" alqd mit Dat. der Person, z. B. alci bellum, cladem, metum, terrorem, vim, arma, dolorem, infamiam, iniuriam u. ä.; aber bei signa inferre u. se inferre („irgendwohin eilen, geraten") steht bei Personal- u. Sachnamen ebensowohl der Dat. als (häufiger) *in* c. acc. — **infigere** „hineinstoßen, -bohren, einprägen" *alqd in alqd* u. *alci rei*, auch (bsd. im Passiv) *in re*. — **infligere** „schleudern gegen" eig. *alqd in alqd* od. *in alqm*, aber „j-m durch Schlagen etw. zufügen" *alci alqd* (z. B. plagam, vulnus, turpitudinem). — **ingemiscere** (unklassisch *ingemere)* „bei od. über etw. seufzen" *in re* od. (selten) mit Dat., unklassisch auch m. Akk. u. m. Abl. — **inhaerere** „an etw. hangen, in etw. festsitzen" mit Dat. od. *in re* od. *ad rem* (z. B. corporibus, memoriae u. in memoria, in mentibus, ad saxa). — **inhaerescere** „sich anhängen an, sich festsetzen in" mit Dat. od. *in re* (visceribus, in sordibus aurium). Vereinzelt steht auch das Simplex **haerere** mit dem Dat. (cf. Cic. Sest. 62; Rosc. com. 17. Liv. 2, 6, 9; 23, 9, 9 u. ö. Verg. Aen. 4, 73. Hor. carm. 1, 32, 9) statt des gewöhnlichen *in re*, seltener *ad rem* (z. B. Cic. Cael. 75) u. *re* (z. B. rep. 6, 18). — **inicere** „hineinwerfen" selten alqd *in alqd* (z. B. milites in naves, alqd in flammam), meist eig. u. übtr. alqd *alci* u. *alci rei* (alqm equo, urbi ignem, foculo manum, alci pallium od. catenas, curam, terrorem, metum, spem); aber *se inicere* fast ausschließlich mit *in* c. acc. (in ignem, in medios hostes). — **iniungere** „einfügen, anfügen" alqd mit Dat. od. *in rem;* aber „aufbürden, auferlegen" nur mit Dat. (alci onus, leges, iniuriam, damnum, servitutem). — **innare** (unklassisch) u. **innatare** „auf od. in etw. schwimmen" mit Dat. (z. B. aquae), aber „in etw. hineinschwimmen" *in alqd* (z. B. in concham), unklassisch mit Akk. — **innasci** „in od. auf etw. wachsen" *in re* od. mit Dat.; ebenso *innatus* „angeboren" (omnibus, in animis hominum). — **inscribere** „auf etw. schreiben" mit Dat. od (häufiger) mit *in re* (z. B. nomen monumento od. in monumento, statuae od. in statua, cf. 112, a); *alqd re* „etw. mit etw. beschreiben" (z. B. columnam litteris, statuam suo nomine); librum *alci* „j-m eine Schrift widmen", epistulam alci „an j-n adressieren". Cf. auch 37, Anm. 1. — **inserere** „einpflanzen" alqd mit Dat. od. *in* c. abl., selten mit *in* c. acc.; aber das Partizip *insitus* wird, bsd. in übertragener Bedeutung, in der Regel mit dem Dat. verbunden (z. B. cognitionis amor menti od. hominibus insitus; selten mit *in* c. abl. od. c. acc, z. B. Cic. Brut. 213; Sest. 72). — **inserere** „hineinstecken" *alqd in alqd,* selten mit Dat. (collum in laqueum, cibum alci in os, falces longuriis); aber übtr. „einfügen, einmischen" mit Dat. (rationes orationibus, deos minimis rebus). — **insidēre** u. **insidĕre** cf. 31, II, 6. — **se insinuare** u. bloß **insinuare** „eindringen, sich einschleichen, sich einnisten" *in alqd* (z. B. in forum, in familiaritatem alcis, in sermonem alcis, in philosophiam; weniger gut *ad* alqd; auch *inter alqd* „zwischen od. unter etw. eindringen", z. B. Caes. b. G. 4, 33, 1. Liv. 7, 10, 10); aber mit dem Dat. der Person „sich einschmeicheln bei" (z. B. plebi, regi). — **insistere** cf. 31, II, 6. — **insultare** „umherspringen auf, verhöhnen" mit Dat. od. *in* c. acc., unklassisch mit dem bloßen Akk. — **intendere** „richten, wenden" im eigentlichen Sinne *alqd in* u. *ad alqd* (z. B. iter ad praetorem od. in Italiam, oculos, auch animam, cogitationem, curam u. ä. ad id unum od. ad, in bellum), übtr. crimen, periculum u. ä. *alci* od. *in alqm; intentus* „aufmerksam auf" *in* u. *ad alqd* od. (unklassisch) *alci rei* u. mit Abl., vereinzelt *adversus alqd* (Liv. 24, 10, 4). — **intentare** „etw. drohend richten auf" *alqd in alqm* od. *alci* (gladium od. sicam in consulem od. consuli, manus in legatum od. legato); übtr. *alci alqd* „j-m etw. androhen" (arma Latinis). — **intexere** „einweben, verweben in od. mit" *alqd alci rei* od. *in re*. — **invadere** cf. 31, II, 6. — **invehere** bzw. intr. **invehi** „hinein-, einfahren, einführen" im eigentlichen Sinne regelmäßig mit *in* c. acc. (vinum in Galliam, pecuniam in aerarium, carpento invehi in forum od. in Capitolium), unklassisch mit Dat. (z. B. Liv. 1, 59,

10; 22, 5, 8); der bloße Akk. steht klassisch nur bei Städtenamen, nachklassisch auch sonst, z. B. portum, urbem, cf. Wb.-M. zu Liv. 35, 8, 9); stets **invehi** *in alqm* „j-n anfahren, losziehen od. sich ereifern gegen j-n". Aber *alci alqd* invehere „etw. über j-n bringen" (mala, cf. Cic. Tusc. 3, 26).

5. Von den mit **inter** zusammengesetzten Verben verbinden sich:

a) mit dem Dat.: **intercurrere** „mit unterlaufen bei etw." (his exercitationibus). — **intervenire** „zwischen etw. kommen, eintreten während, etw. unterbrechen od. stören" regiert klassisch nur den Dat. (nox intervenit proelio, hiems aspera rebus gerendis, alcis orationi od. querelis, servo quiritanti; den Akk. Tac. ann. 3, 23);

b) sowohl mit dem Dat. als mit der Präpos.: **intercedere** „zwischen etw. sich befinden od. stattfinden" verlangt *inter*, aber den Dat. in der Bedeutung „Einsprache tun, protestieren gegen" (legi, rogationi, praetori, mihi) u. in Verbindungen wie mihi amicitia intercedit cum alqo (cf. 55, Anm. 2). Auch *pro alqo* „für j-n vermittelnd eintreten od. sich verbürgen" *(alqd* mit einer Geldsumme, z. B. magnam pecuniam). — **interesse** „zugegen sein bei, beiwohnen, teilnehmen an" mit Dat. od. (häufiger) mit *in* c. abl. (z. B. pugnae u. in pugna, proelio, omnibus (in) rebus, in caede, in testamento faciendo); = „zwischen etw. sein od. liegen", räumlich u. zeitlich, stets mit *inter* (collis inter segetes et castra intererat, viginti anni inter primum et quartum eius consulatum intersunt); *interest* „es ist ein Unterschied zwischen" mit *inter* (inter nos, inter me et te). — **interiacēre** (unklassisch) mit *inter*, öfter mit Dat. od. Akk. (Wb.-M. zu Liv. 7, 29, 7); cf. 31, II, 7. — **intericere** „dazwischen-werfen, -legen, -stellen" mit Dat. od. *inter;* am häufigsten *interiectum esse* „da-zwischenliegen". — **interponere** „dazwischenstellen, einschieben zwischen" mit Dat. od. *inter;* aber *se interponere* „sich in etw. (vermittelnd od. hindernd) einmischen" mit Dat. (z. B. bello, iurgio, alcis audaciae; selten *in alqd,* z. B. in pacificationem).

6. Von den mit **ob** zusammengesetzten Verben verbinden sich:

a) mit dem Dat.: *obambulare* (unklassisch) „umhergehen vor od. an etw." (muris, gymnasio; mit Akk. nur Ov. met. 14, 188); — *obequitare* „hinreiten an od. vor etw." (nachklassisch); — *obiacēre* „liegen vor etw." (pedibus, promunturio); — *obicere* j-n od. etw. j-m od. einer Sache entgegenwerfen, hinwerfen, preisgeben, j-m etw. verursachen od. vorwerfen": — *obloqui* „widersprechen" (cf. 49, Anm. 3); — *obesse* „hinderlich sein, schaden"; — *obnuntiare* „Einspruch erheben gegen" (consuli, comitiis); — *obrogare* legi „ein Gesetz stillschweigend beseitigen"; — *obsecundare* „begünstigen" = *obsequi;* — *obsistere* „sich widersetzen", *obstare, obstrepere, obtemperare, obtingere, obvenire, offerre, opponere, occurrere* „begegnen = entgegenkommen, -treten, vor die Seele treten", *officere* „Eintrag tun, im Wege stehen, hinderlich sein"; — *obstruere alqd alci rei* „etw. vor od. gegen etw. bauen" (omnes res portis castrorum); *alci alqd* „j-m etw. verbauen, verrammeln, versperren" (hostibus iter od. aditum ad alqd); *alci rei* „etw. verbauen" (z. B. luminibus alcis das Licht od. die Fenster j-s, monumento alcis); übtr. alci „j-n verdunkeln";

b) mit dem Dat. u. mit der Präpos.: **obrepere** „beschleichen, überschleichen" mit Dat. (senectus adulescentiae od. nobis obrepit); aber übtr. *ad alqd* „etw. erschleichen" (ad honores), *in alqd* „sich einschleichen in" (in animum alcis); *alqm* „j-n über-rumpeln" (vorklassisch u. vereinzelt bei Sallust). — **obversari** „sich aufhalten vor, vorschweben" mit Dat. (castris, Carthagini, animo; unklassisch *in re),* aber neben ocul*is* auch *ante* oculos. — **offundere** „ausgießen, verbreiten über" alqd mit Dat. (noctem rebus, caliginem od. terrorem oculis animoque); mit *ob* nur in den Verbindungen ob oculos u. ob os (cf. 141). Im Passiv auch offundi *alqa re* „mit etw. erfüllt, von etw. überstrahlt werden".

7. Von den mit **post** u. **prae** zusammengesetzten Verben verbinden sich mit dem Dat.: *postferre* (unklassisch), *posthabere* u. *postponere* „nachsetzen, zurücksetzen hinter od. gegen" (z. B. privatum commodum publicae saluti); ebenso die gegenteiligen *praeferre* u. *praeponere* alqm u. alqd m. Dat.; — *praebibere* „vortrinken" *alci alqd* selten statt propinare; — *praecinere, praeducere, praeesse, praefari* (cf. 306, 11), *praeficere, praelucere, praeoptare* alci alqd „j-m etw. vorziehen" (unklassisch), *praescribere;* —

**praetendere** alqd alci rei „etw. vorhalten vor" (übtr. „etw. als Deckmantel gebrauchen für, beschönigen mit"), z. B. **legatorum decretum calumniae, alcis nomen sceleribus.** Bei Livius u. Späteren bedeutet praetendi mit Dat. „sich vor od. an etw. hinstrecken". — **praesidēre** „beschützen, decken, die Aufsicht führen über" (meist im militärischen Sinne) klassisch stets mit Dat. (z. B. huic urbi, itineri, Nolae, libertati, rebus urbanis), bei Sallust u. Tacitus auch mit Akk. (z. B. Sall. hist. 2, 94. Tac. ann. 4, 72; 3, 49). — Cf. auch 31, II, 10 u. Anm. 4.

8) Von den mit **sub** zusammengesetzten Verben verbinden sich:

a) mit dem Dat.: *subdere* „etw. unter etw. bringen od. legen", *subesse* „unter od. hinter etw. sein, bei etw. zugrunde liegen, untergeordnet sein, in unmittelbarer Nähe sein" *(alci rei,* selten *in re), substernere, substituere, subtexere, subvenire* „zu Hilfe kommen", *suscensere, succumbere, succurrere, suggerere, supponere* u. a. — **subscribere** „unten auf etw. schreiben" *alqd alci rei* (z. B. statuae), übtr. „beipflichten, beitreten" *alci rei* (alcis orationi od. odiis). — **suffragari** „für j-n stimmen, j-n empfehlen, unterstützen" *alci* u. *alci rei* (Lysandro, domino, consilio alcis), *ad alqd* „zu od. für etw." (ad consulatum);

b) bloß mit der Präpos.: *subrepere* „kriechen unter etw." *sub alqd,* unklassisch mit Akk. od. Dat. — **subigere** „j-n zu etw. nötigen od. zwingen" alqm *ad, in, sub alqd* (z. B. ad od. in deditionem alcis, sub imperium od. sub dicionem alcis). In der Bedeutung „unterjochen, unterwerfen" *alqm* u. *alqd* hat es nie einen Dat. bei sich; fehlerhaft ist also *sibi* **subigere** populum od. terram;

c) sowohl mit dem Dat. als mit der Präpos.: **subicere** „werfen od. legen unter etw." regiert im eigentlichen wie im übertragenen Sinne vorwiegend den Dat. (bsd. der Person): alqm u. alqd *alci* u. *alci rei,* doch nicht selten auch *sub* c. acc. (nicht *sub* c. abl.): *sub alqd,* nicht häufig *sub alqm* (z. B. fortunas alcis sub praeconem). In der Bedeutung „unterwerfen" wird es in guter Prosa nur dann mit dem Dat. derjenigen Person verbunden, welcher etwas unterworfen wird, wenn Subjekt u. Objekt die gleiche Person bezeichnen. Deshalb kann man wohl sagen victi hostes Caesari *se* subiecerunt od. imperio (potestati, sub potestatem) Caesaris *se* subiecerunt, aber nicht Caesar Gallos Romanis (od. imperio Romanorum) subiecit, sondern dafür werden Phrasen verwendet wie sub od. in imperium (od. potestatem, dicionem) alcis redigere, dicionis suae facere, sub imperium alcis subiungere; cf. jedoch Tac. ann. 13, 55; 14, 29; Curt. 8, 1, 37. — **suffigere** „heften an" mit Dat. (z. B. alqm cruci), weniger gut *in re* (in cruce), spätlateinisch *in alqd* (z. B. Iustin. 18, 7, 15). — **succedere** „an etw. heranrücken" mit Dat. od. mit Präpos., z. B. moenibus u. ad moenia, munimentis, sub primam aciem, ad u. sub montem, ad castra, bisweilen auch mit bloßem Akk. (muros, tumulum), *in* alqd „in etw. einrücken od. emporsteigen" (in pugnam, in stationem, in arduum); aber in der Bedeutung „j-m (zeitlich) nachfolgen, j-s Nachfolger sein" u. „glücken" nur mit Dat.; „in j-s Stelle treten" in alcis locum (selten alci) succedere. — Cf. auch 31, II, 11.

9) Von den mit **super** zusammengesetzten Verben verbinden sich mit dem Dat.: *superesse* entweder „überleben, überdauern" (z. B. patri, exercitui, pugnae) od. „für j-n od. für etw. übrig sein" (mihi, rebus gerendis) od. „von etw. übrig bleiben" (hominis avarissimi satietati); — *superponere, superimponere, superstare, superiacēre* u. a.

10) *Circumiacēre* „herumliegen um" steht bei Livius mit Dat. Im übrigen cf. 31, I, 1.

**(M[10])**

zu 68 (S. 52):

Die Beispiele sind belassen worden, weil die Genitivkonstruktion auf jeden Fall einprägenswert ist. Doch ist ihre Bezeichnung als Gen. subiectivus teilweise anfechtbar, überhaupt Menges Vereinigung des Gen. subiectivus mit dem Gen. possessivus, die von K-St § 83, 3 und 4 (I S. 414 f.) und S-H § 23 und 25 (S. 392 und 395) als getrennte Erscheinungen dargestellt werden. Richtig bemerkt übrigens S-H S. 395, daß die Scheidung des

Gen. subiectivus vom Gen. obiectivus nach von außen herangetragenen logischen Kategorien erfolge. Will man sie durchführen, so muß man doch eine Zwischen-Gruppe anerkennen, bei welcher beide Auffassungen möglich sind, z. B. *honor* (Menges 5. Beispiel), je nachdem ob man ‚Ehrenrecht' oder ‚Ehrung' versteht. *Contumelia Caesaris* (4. Beisp.) ist zweifellos ‚objektiv', wie schon Menges Übersetzung in den „Fragen" zeigt, ebenso *comitia consulum* (5).

zu 78 (S. 59):
Dieser sogen. Genitivus materiae — vgl. K-St § 84, 3 a (I S. 429); S-H § 22 a (S. 388) — bleibt jedoch auf Abhängigkeit von Substantiven beschränkt, die sich im weiteren Sinne doch als Teil- oder Maßangaben auffassen lassen. Konstruktionen, die dem griechischen κώπη ἐλέφαντος. „Griff aus Elfenbein" (Kühner-Gerth § 414, 2 e [I S. 333]) entsprächen, kennt das Lateinische nicht.

zu 82 b) (S. 62):
Die Konstruktion der Appositio partitiva findet stets statt bei *alius alium* (cf. 236, 18), z. B. bestiis aliud alii praecipui a natura datum est „von den Tieren ist dem einen . . ." **(M[10])**

zu Ablativ Vorbem. A 3. und 4. (S. 71):
Neuere Aufgliederungen des lateinischen Ablativgebrauchs bei K-St § 78 ff. (I S. 346 ff.) und S-H § 46 ff. (S. 420 ff.), bei denen insbesondere der Abl. limitationis (K-St § 81, Anm. 11; S-H § 58) und Abl. mensurae (K-St § 81, 10 und 17; S-H § 59) überzeugender dem Instrumentalis zugeordnet wird, während der Abl. comparationis, dessen Verknüpfung mit dem Abl. mensurae (so Menge) nicht einleuchtet, in der Verwandtschaft des Abl. separationis („echten Ablativs" nach neuerer Terminologie) verbleibt (K-St § 80, 7; S-H § 50).

zu 116 Anm. 1 (S. 92):
Nach neuerer Auffassung sind die *i*-Formen, die in klassischer Latinität bei gesicherten Konsonantstämmen nur selten erscheinen (z. B. Cic. leg. agr. II 90 *Karthagini*, Nep. praef. 4 *Lacedaemoni*), altlateinisch allerdings häufiger sind (Neue-Wagener I S. 370 ff.), trotzdem nichts eigentlich Altes, sondern Analogiebildungen: Sommer Handb. § 214, Anm. 3 (S. 378); Stolz-Leumann § 190c (S. 273).

zu 123, 1 c) (S. 94):
Mit adjektivischer Ableitung von dem Personennamen findet sich *Sullanum tempus* Cic. dom. 43 (vgl. har. resp. 2), und ebenso kann ein Zeitalter durch den Singular von *tempus* bezeichnet werden in pronominalen Wendungen wie *illo tempore, eiusdem temporis* u. ä. (Cic. Brut. 117. 131. 166. 167). **(M[11])**

zu 125, 1) (S. 95):

Übrigens kann anstatt: Plato mortuus est octoginta annos *natus* auch gesagt werden: Plato mortuus est *senex* octoginta annorum od. *cum* octoginta annos *haberet* od. *cum* unum et octogesimum annum *ageret*, uno et octogesimo *anno aetatis*, nach dem Sprachgebrauche des Nepos u. Livius auch m. Gen. qualit. octoginta ann*orum*, cf. Nep. Cato 1, 2; Att. 17, 1; Ham. 3, 1; Eum. 13, 1. Liv. 21, 1, 4; 30, 37, 9; cf. auch 74, Anm. 1. (M[10])

zu 184, Anm. 2 (S. 136):

Daß hier gerade die Formwörter wie *omnia* die Träger der substantivischen Bedeutung sind, ist mindestens bei einem Teil der Beispiele zweifelhaft.

zu 188, Anm. 1 (S. 137):

Besonders zu beachten ist die häufige Verwendung des allgemeinen *magnus (maior, summus, maximus)*, wo der Deutsche transitive od. intransitive Partizipia Präs. sowie auch Adjektive speziellerer Bedeutung verwendet, z. B. magnum argumentum „ein schlagender Beweis", magnae preces „dringende Bitten", summa iniuria „schreiendes Unrecht", magnae suspiciones „dringende Verdachtsgründe", magnae curae „quälende Sorgen", magnum (doch auch ardens) studium „glühender Eifer", summa pax „tiefer Friede", magna (summa) hieme „im tiefsten Winter", magna voce „mit lauter Stimme", maximum vinculum „enges Band", magnus casus „reiner Zufall", magni questus „laute Klagen", magna consuetudo „lebhafter Verkehr" u. a. Cf. auch 192, 3. (M[10])

zu 190 (S. 138):

Die Substantive sind entweder 1) synonym, wobei der eine Begriff den anderen verstärkt, z. B. „ängstliche Furcht" metus ac sollicitudo, „harmonische Übereinstimmung" convenientia consensusque, „zornige Entrüstung" indignatio et ira; oder 2) nicht synonym, und zwar a) der eine Begriff vervollständigt den anderen ergänzend und näher bestimmend, z. B. „laute Entrüstung" vociferatio atque indignatio, „lauter Beifall" clamor atque assensus, „lautes Murren" clamor et admurmuratio; bsd. ein allgemeiner und ein besonderer Begriff, z. B. „frevelhafte Gesinnung" scelus et mens, „unbefleckte Tugend" virtus et integritas, „rechtschaffener Charakter" probitas et mores, „drohende Worte" minae ac verba; b) der eine Begriff ist die Folge des anderen, z. B. „angstvolle Bestürzung" pavor et trepidatio, „unsinnige Begierde" cupiditas atque amentia, „freche Lüge" temeritas et mendacium, „jugendlicher Irrtum" iuventus et error; c) der eine Begriff ist konkret (bzw. nicht bildlich), der andere abstrakt (bzw. bildlich), z. B. „wütende Geschosse" furor ac tela, „geneigtes Gehör" studium et aures, „hitziger Angriff" ardor et impetus.

Anm. Im Deutschen steht gewöhnlich ein Subst. mit attributivem Adj.; doch kann auch stehen: a) ein Subst. mit Gen., z. B. „Länge der Zeit" longinquitas et dies, „Ausdruck der Entrüstung" vox ac dolor; b) ein zusammengesetztes Subst., z. B. „Augenzeuge" testis et spectator, „Fieberhitze" aestus febrisque; c) ein Subst. mit Präpositionalausdruck, z. B. „durch Furcht vor Gefahr erschreckt werden" metu et periculo terreri; „die Bewunderung bei seiner persönlichen Ankunft" ipsius adventus admiratioque.

(M[10])

zu 219 (S. 156):

Die Nominative der Personalpronomina werden ferner gesetzt: e) um die besonders beliebte Zusammenstellung von Pronominen (cf. 539) zu ermöglichen: *Credo ego vos, iudices, mirari; haec ego semper de vobis expetivi; quod mihi ego extremum proposueram.* — f) rein pleonastisch in Antworten: *ego vero; ille vero* (cf. 411 „ja" 14 c). (M[10])

zu 224 (S. 158):

Menges Darstellung ist in sich nicht widerspruchsfrei, was $M^{11}$ durch Streichungen zu mildern suchte. In Wahrheit ist der Gebrauch des Pluralis modestiae oder auctoris noch nicht genügend erforscht, sodaß sich kaum Regeln aufstellen lassen. Im einzelnen vergl. K-St § 24, 3. 4 (I S. 88 f.); S-H § 9 f (S. 372); H. Amman, Bursians Jahresbericht 270 (1940), S. 136—141.

zu 256 (S. 172):

Anm. 2. Wenn das Verbum od. ein indefinites Pronomen bzw. Adverbium dem *ne* . . . *quidem* vorausgeht, so müssen dieselben negativ, nicht positiv gestaltet werden, z. B. „Irgendeine schönere Gestalt kann nicht einmal gedacht werden", *nulla* (nicht ulla!) species ne cogitari quidem potest ornatior (Cic. de or. 3, 179). „Nicht einmal jenes werde ich übergehen" *non* praetermittam ne illud quidem (Cic. Q. fr. 2, 5, 2). „Cäsar sagt, daß er nicht einmal bessere griechische Sachen gelesen habe" Caesar *negat* se ne Graeca quidem meliora legisse (ib. 2, 16, 5). „Denn nicht einmal dieses darf übergangen werden" *non* enim praetereundum est ne id quidem. „Ich fliehe nicht einmal diese Menschen" *non* fugio ne hos quidem homines. ($M^{10}$)

zu 261 (S. 175):

Caes. b. G. 1, 45, 2 Bello superatos esse Arvernos et Rutenos . . ., quibus populus Romanus ignovisset neque in provinciam redegisset neque stipendium imposuisset (anstatt: quosque in provinciam non redegisset quibusque stipendium non imposuisset). Vgl. K-St § 198, 1 a (II S. 323 f.).

zu 274, 5 (S. 182):

f) oft neben Verben u. Adjektiven tadelnden od. ablehnenden Inhalts, wie *miror, admiror, indignor, mirum, indignum, turpe, vitiosum, absurdum, iniquum, scelus, nefas, arrogantia est; angor, moleste fero, doleo* u. ä., z. B. Permirum est *quemquam* exstare, qui credat Chaldaeis (d. h. eigentlich sollte man das von niemandem erwarten). Admiratus sum te *quicquam* a me commissum, quod esset alienum nostra amicitia, credidisse. Turpe est oratori *quicquam* sua oratione audiri libentius. Scelus est *quemquam* praeteriri. Dolebamus *quicquam* esse ex illis reliquiis, quod videre possemus. ($M^{10}$)

zu 299 (S. 192):

Anm. 1. Bei unpersönlicher Konstruktion ist das Passiv *coeptum est* u. *desitum est* notwendig, z. B. Pugnari coeptum (od. desitum) est, armis disceptari coeptum est, dici a defensore coeptum est, contra eos disputari desitum est (Cic. fin. 2, 43; fam. 4, 4, 3; off. 2, 27; Verr. 3, 209; rep. 2, 59. Liv. 25, 19, 3; 5, 17, 5). Bisweilen steht so auch der Inf. von einem Deponens, z. B. *Loqui* est coeptum (Cic. fam. 8, 8, 2; Liv. 36, 44, 4).

Anm. 2. Bei Cicero u. Cäsar findet sich *coepisse* nur in Verbindung mit einem Inf., aber bei Sallust, Livius u. a. auch für sich allein bei Personen u. Sachen, z. B. dies (od. deditio, pugna u. a.) coepit, civile bellum a Vitellio coepit, ita coepit tyrannus. cf. Sall. Iug. 72, 7; 85, 17; 91, 4. Liv. 2, 6, 10; 34, 31, 1 u. ö. Nep. Epam. 10, 3. Tac. hist. 2, 47; ann. 1, 41 u. ö. Zu meiden ist coepisse m. Akk., z. B. (Tac.) huius modi orationem coepit; (Cic. legg. 2, 69?; fam. 1, 9, 21?). Dagegen ist passivisches **coeptus** „angefangen, begonnen" klassisch (z. B. Cic. Verr. 5, 174; Cat. 4, 17. Liv. 1, 8, 6; 35, 36, 5 u. ö.). ($M^{10}$)

zu 310 (S. 196):

Betreffs *capsis* folgt Menge der Deutung Ciceros, Orator 154, die nicht unbestritten ist: vgl. Kroll (1913) z. St.; Neue-Wagener III 514; Sommer Handb. § 334 (S. 517). — Über die in *sodes* vorausgesetzte Bedeutung von *audere* vgl. Walde-Hofmann s. *audeo*.

zu 316 b., Anm. 3 (S. 200):

Bedenken gegen diese Deutung bei K-St § 37, Anm. 4 (I S. 152), vgl. auch S-H § 155 a (S. 563).

zu 317 (S. 200):

Es empfiehlt sich, mit S-H § 153 a (S. 560) den Ausdruck Perfectum logicum auf diejenige Abart des Perf. praesens zu beschränken, bei der das negative Resultat der vergangenen Handlung ins Auge gefaßt ist, also auf die ersten beiden Mengeschen Beispiele *dixi* und *vixi* sowie Verg. Aen. 2, 325 *fuimus Troes* und andere Fälle bei K-St § 33, 2 (I S. 125).

zu 327 f) Anm. (S. 211):

c) wenn die Handlung des untergeordneten Nebensatzes mit der des Inf. (od. Coni.) perf. der Zeit nach völlig zusammenfällt (**Koinzidenz**), cf. 325, II, Anm., z. B. **Fateor me err*asse*, qui hoc mal*uerim*** (selbständig: **erravi, qui mal*ui***); **fateor insan*isse*, qui cum illis *senserim***. Solo sapienter *fecisse* dicitur, cum de parricidio nihil *sanxerit*, quod antea commissum non erat. Id recte *fecisse* mihi videor, quod statim litteras *miserim*. Commemorabo, quid olim mali C. Iulius *fecerit*, cum dieculam *duxerit*. Sentio, quid sceleris adm*iserim*, cum acceptam pecuniam frustra dissip*averim*; — d) ebenso in vielen anderen ursprünglich indikativischen Nebensätzen, z. B. Hoc Periclem praest*itisse* ceteris dicit oratoribus Socrates, quod is Anaxagorae *fuerit* auditor (selbständig: praest*itit*, quod *fuit*). Vides omnia contra ac dicta *sint* even*isse*. Intellego me plura dix*isse* quam aut opinio *tulerit* aut voluntas mea. Negat se ingratis civibus *fecisse*, quae *fecerit*. Videamus, quanta ista pecunia *fuerit*, quae pot*uerit* Heium a pietate deducere (selbständig: quanta *fuit*, quae pot*uit*). Laudationem gaudeo me ante *dedisse*, quam tuas acc*eperim* litteras. Romulus, ut natus *sit*, dicitur exponi iuss*us esse*. Intellegetis eum, quoad po*tuerit*, restitisse. Respondeo, si falsum dix*erim*, te idem dix*isse*.

**(M[10]) Cf. 458; K-St § 180, 9 (II S. 183).**

zu 376, 1 (S. 251):

Anm. 1. Im Hauptsatz kann statt des Ind. auch der Imperativ od. *Coni. potentialis, adhortativus, concessivus, dubitativus, optativus* u. a. stehen, z. B. Si bona vestra retinere vultis, expergis*cimini* aliquando et capess*ite* rem publicam. Parc*ite* dignitati Lentuli, si ipse famae suae unquam pepercit. *Ne sim* salvus, si aliter scribo ac sentio. Quid tim*eam*, si post mortem beatus futurus sum? Si turbidissima sapienter ferebas, tranquilliora laete fer*as*. Si meis incommodis laet*abamini*, urbis tamen periculo commov*eremini* „ihr hättet bewegt werden sollen". Si quis antea mirabatur, is ex hoc tempore mir*etur* potius. Si me audietis, adulescentes, solem alterum *ne metueritis*. Si sciens fallo, tum me Iuppiter pessimo leto affic*iat*. Si quid habes certius, *velim* scire. Mir*er*, si vana vestra auctoritas ad plebem est (Liv. 3, 21, 4).

Anm. 2. Zu beachten ist, daß das unbestimmte Subjekt „man" in Bedingungssätzen allgemeinen Inhalts durch die 2. Person des Konjunktivs ausgedrückt werden muß (cf. 1, d, $\beta$), z. B. Memoria minuitur, nisi eam exerc*eas*. Mens atque animus, nisi tanquam lumini oleum instill*es*, exstinguuntur senectute. Aequabilitatem vitae conservare non poss*is*, si aliorum naturam imitans omitt*as* tuam. Feras bestias, si ad cubilia et catulos earum ire perg*as*, ad opem suis ferendam avert*as*. **(M[10])**

zu 376, 2 (S. 251):

Der Potentialis der **Vergangenheit** (Konj. des Impf., cf. 332, 4) ist verhältnismäßig selten; cf. Cic. Tusc. 1, 90 Cur et Camillus dol*eret*, si haec eventura put*aret*, et ego dol*eam*, si put*em*? „warum hätte sich Camillus betrübt, wenn er gedacht hätte ... und warum würde ich mich betrüben, wenn ich dächte?" Verr. 4, 52 Qui (= si quis) vid*eret*, urbem captam dic*eret*. Vgl. Rosc. Am. 103; Sest. 63 u. 64; Mil. 89; Cluent. 80.

**(M[10])** Vgl. unten Nachtrag zu 382, 1.

zu 382, 1 (S. 253):

Bei K-St § 214, 2 (II S. 396 f.) — vgl. § 215, 2 (II S. 400) — werden Sätze dieser Art als Potentiale der Vergangenheit (siehe oben Nachtrag zu 376, 2) aufgefaßt. Eine Scheidung ist nicht möglich. Vgl. S-H § 160 c (S. 570) und § 336 (S. 774).

zu 406 (S. 272):

In zweiteiligen Wortfragen (bei vorausgehendem *quis, quid, quando* u. dgl.) wird „oder nicht" durch **aut non** oder asyndetisch unter Wiederholung des Fragewortes ausgedrückt; der Hauptbegriff des Prädikats wird in beiden Fällen wiederholt: Quid faciendum (esse) iudicas aut non faciendum? oder Quid faciendum (esse) iudicas? quid non faciendum? In indirekten derartigen Fragen kann statt *aut* auch das angehängte *-ve* gebraucht werden: Videamus, quid faciendum non faciendumve sit.

zu 408 (S. 273):

An in einfacher direkter Frage drückt besonders im lebhaften Dialog Erstaunen aus: Adeone me delirare censes, ut ista esse credam? — An tu haec non credis? „Ja glaubst du das denn nicht?" (Cic. Tusc. 1, 10).

zu 411 „ja" b (S. 276):

Anm. 1. **Omnino** dient nicht, wie das deutsche „ja, allerdings", zur einfachen Bejahung einer Frage, sondern entspricht bei folgendem *sed* oder *autem* dem deutschen „allerdings (od. freilich) ... aber", „ja, aber ... auch", wenn nämlich eine Angabe zwar im ganzen anerkannt, derselben aber etwas anderes berichtigend oder beschränkend gegenübergestellt wird. Cf. 220, Anm. In ähnlicher Weise hat **et quidem** in der Erwiderung modifizierende (widerlegende) oder begründende Bedeutung, jedoch ohne folgendes sed, z. B. Aliud censet Epicurus gaudere, aliud non dolere. *Et quidem,* inquit Torquatus, vehementer errat „allerdings glaubt er's, aber er irrt gewaltig" (Cic. fin. 2, 9; 1, 35; Planc. 31; Rab. Post. 22; Lael. 79; Tusc. 3, 48; or. 168). Dieselbe Bedeutung hat bisweilen auch das einfache *et* und das einfache *quidem* (z. B. Cic. nat. d. 3, 82; Verr. 1, 25; 4, 20).

**(M[10])**

zu 420 II 1 (S. 282):

Der Acc. c. Inf. steht auch nach Redensarten, die einem Verbum sentiendi oder declarandi gleichkommen, z. B. certiorem facere, spem habere, nuntium afferre, suspicionem movere u. a., bisweilen auch in Abhängigkeit von Adjektiven wie ignarus, nescius, conscius, memor u. ä.

**(M[10] u. M[11])**

zu 451, 2 (S. 304):

*Causā* und *gratiā* haben auch insofern präpositionale Geltung, als sie nicht den Gen. gerundii mit Akkusativ-Objekt regieren können (Ausnahmen Plaut. Curc. 706 und Liv. 2, 25, 3 stilistisch begründet): Legati Delphos missi sunt oraculi (nicht -lum!) consulendi causa. — Über sui ulciscendi (auch Fem.!), nostri videndi (nicht -dorum!) vgl. 226.

zu 451, Anm. 2 (S. 306):

Neuere Erklärungen bei K-St § 132, 10 (I S. 745) und S-H § 178 I A (S. 597).

zu 457 IV. (S. 311):

Bei der Fassung dieser Regel ist der häufigste (normale) Fall der Or. obliqua vorausgesetzt, bei dem der Erzähler (Historiker) die Worte, die ein anderer zu viel früherer Zeit und an anderem Orte gesprochen hat, inhaltlich wiedergibt (oder, wie Cäsar, von sich in der 3. Person berichtet). Keineswegs aber ist die Regel mechanisch durchzuführen, sondern jeweils der Situation entsprechend können die genannten Pronomina usw. auch, wenn sie noch passend sind, beibehalten, oder selbstverständlich auch in anderer Weise, als die Regel angibt, ersetzt werden. Z. B. nach der Einleitung Heri vobis, Quirites, dixi braucht kein Ersatz stattzufinden außer bei Zeitadverbien wie cras (> hodie); nach Nuper Clodius apud vos disseruit wäre außerdem ein iste oder Cicero in der vorausgesetzten Rede des Clodius durch me zu vertreten, wenn Cicero referiert, usw., wie es das Nachdenken ohne weiteres ergibt.

zu 488, Satz 6 (S. 327):

In Sätzen dieser Art (Cic. off. 2, 25; de div. 2, 23 u. a., vgl. K-St § 228, 5, Anm. 2 [II S. 500]) steht nicht etwa ein von *censere* abhängiger Fragesatz wider die Regel im Acc. c. Inf., sondern der Satz ist aufzufassen als vereinfachende Zusammenziehung zweier Fragen: Quid censemus Dionysium (fecisse od. ähnl.)? quo cruciatu eum angi solitum esse censemus?

zu 536, 2 (S. 357):

2a) **Numeralia:** Kardinalzahlen stehen gewöhnlich voraus (das Gegenteil zeigt besondere Betonung an: partes tres), ebenso die Zahladjektiva wie multi, plures, omnes, pauci. Von den Ordinalien stehen die kürzeren, besonders primus, ebenfalls gern voran, Nachstellung aber ist üblicher a) bei den vielsilbigen, b) nach annus, dies, hora, besonders in der Datierung: ante diem sextum, c) in Überschriften wie liber septimus.

# Index.

(Die Zahlen zeigen die Fragen und Antworten an.)

Ein Sternchen * bedeutet, daß der Hinweis sich auf die Nachträge (S. 401—417) bezieht. Besonders häufig ist dies in den Abschnitten 31 und 52 der Fall. Da Abschnitt 31, Anm. 2, übersichtlich nach der alphabetischen Reihenfolge der Präverbien gegliedert ist, konnte die Nennung der bezifferten Unterabteilungen 1)—12) im Index im allgemeinen unterbleiben. Aus der großen Zahl von Verben, die in den genannten beiden Abschnitten aufgeführt werden, sind einige in den Index nicht aufgenommen, deren Konstruktion sich entweder nicht vom Deutschen unterscheidet oder der klassischen Prosa fremd ist. Ein Gedankenstrich verweist auf den Nachtrag zum Index (S. 466).

## A.


A, ab, abs Form 134, Anm. untersch. von per 106. steht bei Sachnamen 106, Anm. 1. untersch. von ex, de 134. steht oder fehlt beim Abl. der Trennung 94. bei Städtenamen 117, 1. beim Gerundiv statt des Dativs 63. bei Adj. statt des Abl. limitationis 98, Anm. 5; 153, 16. fehlt bei Personennamen 106, Anm. 1; 103, 2. naturā u. a natura 106, Anm. 1. a fronte, a tergo u. ä. 113. bei den Verben des Anfangens, Beginnens, Hangens, Hängens 113, Anm. a „seit" 125, 3. a puero, a pueris 162; 125, 3. für das deutsche „nach" (secundus ab aliquo u. ä.) 150, 9. bei den Verben des Nennens 150, 11. beim Gerund. 451, 6. bei Maßbestimmungen statt des Abl. (z. B. *a* milibus passuum duobus castra posuit) 121, Anm. bei den Verben „verteidigen, schützen" 141, Anm. 3. esse alicui ab epistulis, a bibliotheca, a rationibus u. ä. 153, 10. a Iovis (sc. templo) 73; 551, 3, g. perire, interire ab aliquo 106, Anm. 2.

abalienare konstr. 94, Anm. 1.

abdere u. abditus konstr. 112, Anm. 2; 114 nebst Anm. abdi „sich verstecken" 294.

abdicare (se) konstr. 94, Anm. 4.

abducere konstr. 94, Anm. 2.

aber sed, vero etc. 524, aber nicht neque vero 513. aber fällt in Gegensätzen weg 526. fällt beim Relativ weg 258, 4. aber, könnte man einwenden, höre ich sagen 524, 5, a.

aberrare a 94, Anm. 2.

abesse konstr. mit a od. Abl. 94, Anm. 1. mit Acc. od. Abl. der Entfernung 121. non multum (nihil) abest, quin 357, 3. non abest suspicio, quin 357, 3, Anm. 4. tantum abest, ut—ut 340. multum (od. longe) abest, ut 339, Anm. 3.

Abhängigkeit der Tempora voneinander 327—329; 385.

abhinc Bed. u. Konstr. 126, 3.

abhorrere konstr. 94, Anm. 1. longe od. multo abhorrere 98, Anm. 9.

abicere a 94, Anm. 2.

abire konstr. 94, Anm. 2. mit Supinum auf um 455.

abiudicare konstr. 94, Anm. 2.

Ablativ, Bed. im allgem. pag. 19. Syntax 94—110. Arten des Abl. 94, Vorbemerk. Abl. qualitatis 74 u. 75. stets mit einem passenden Adj. verbunden 75. statt eines deutschen Adj. 74, Anm. 3. Abl. pretii 107; 88, Anm. 3. Abl. zur Bezeichnung der Strafe, zu welcher jemand verurteilt wird 89, Anm. 5. Abl. instrumenti 106. bei Personennamen 106, Anm. 1; 103, 2. wo der Deutsche eine Ortsbezeichnung hat 114 u. 115. bei Tiernamen 106, Anm. 1. Abl. loci 111 ff. auf die Frage „woher"? 94, Anm. 5; 111, Anm. 3. bei Städtenamen 116 ff. bei Bücherstellen mit u. ohne in 111, d. Abl. temporis mit oder ohne in 123 ff. entspricht dem deutschen „nach" 126, Anm. 2. bei Dauer der Zeit statt per c. acc. 124, 3. Abl. separativus mit oder ohne die Präpos. a, de, ex 94. Abl. causae 108. in Verbindung mit Participien 108, Anm. 2. Abl. limitationis 98, c. Abl. modi mit oder ohne cum 103 u. 104. untersch. von per 104, Anm. 2. Abl. mensurae 98, d; 126, 1. Abl. comparativus 100—102. Abl. copiae u. inopiae 96. Abl. bei opus est 98, a. bei den Verben des Messens, Beurteilens, Schätzens 98, b. auf die Frage „wie lange vorher od. nachher" 126, 1 u. 2. bei militärischen Ausdrücken mit oder ohne cum, a 103, 2; 106, Anm. 1. zur Angabe der Entfernung bei abesse u. distare 121. von defektiven Subst. auf u 108, Anm. 3. Abl. des Gerundiums 451, 6. statt des Partic. Präs. 451, Anm. 3.

Ablativus absolutus 440, II. mit Konjunktionen 446. mit Prädikatsnomen 445, Anm. wenn das Subjekt desselben im Hauptsatze vorkommt 447. eines Particips allein 444. durch „ohne zu" übers. 361. fehlerhaft, wenn er in gar keinem zeitlichen Verhältnis zum regierenden Satze steht 443.

ablegare a 94, Anm. 2.

abnuere c. inf. 415, 2. c. acc. 31, Anm. 2.

abripere konstr. 94, Anm. 2.

abscedere konstr. 94, Anm. 2.

abscondere konstr. 112, Anm. 2.

absens, Adj. statt des deutschen Adv. 21, 2.

Absichtssätze 342 ff.

absistere konstr. 94, Anm. 2. m. Abl. gerund. 452, 6. mit Inf. 415, 2. absiste mit Inf. als dichterische Umschreibung des Imperativs 337, Anm. 3.

absolvere konstr. 89; 94, Anm. 3.

Absoluter Gebrauch der Verba 36. Absolute Relativsätze 260, Anm. 2.

absque Bed. u. Gebr. 145; 546, 2.

absterrere konstr. 94, Anm. 1.
abstinere konstr. 94, Anm. 4. trans. u. intrans. 292. mit Gen. 94, Anm. 5. mit quominus 359. non abstineo, quin 357, 3. quominus 359, Anm. 1.
abstrahere a 94, Anm. 2.
Abstrakte Subst. für konkrete 164; 550, 2, c. mit konkreten vertauscht 162 u. 163. im Plural 158. statt der Concreta 164; 161, Anm. für deutsche Adj. 178. umschrieben 177. auf -io u. -us 168 u. 169.
abstrudere konstr. 112, Anm. 2.
abundare konstr. 96. abundans c. gen. 84, d. abunde c. gen. 78, e.
abuti, Bed. u. Gebr. 109 nebst Anm. 2.
ac, atque Form 499. Bed. u. Gebr. 499 ff. in der Propositio minor 527. für das deutsche „als, wie" nach den Adj. u. Adv. der Gleichheit u. Ähnlichkeit 507—509. für sed 506, 2. „und wirklich" 506, 3. bildet den Übergang zur Auseinandersetzung 510. „und somit" dient zum Abschlusse einer Argumentation 511. „und zwar" 506, 1. atque is „und zwar" 252. ac quidem 252; 483, 4; 506, 1 u. Anm. 2. ac non u. neque 512. ac ne — quidem 512, Anm. 4. nach non alius, nihil aliud 508. atque adeo, atque etiam 483, 11. ac si c. coni. 392; 507, Anm. 1.
accedere konstr. 52, 1c ut nihil possit accedere 199, 10. accedit, ut u. quod 372; 498, 8. in Übergängen 510, Anm.
accidere konstr. 52, 1c ; 60, 3 nebst Anm. 1.
accidit, ut u. quod 339, 3; 369, a, β. dient zur nachdrucksvollen Umschreibung des einfachen Verbs 341.
accingere konstr. 52, 1b.
accipere mit doppeltem Acc. od. Nom. 3; 37, c. mit Dat. des Zwecks 66 u. 67. mit dem Gerundiv 451, 7. mit Abl. instrum. statt der Präpos. in 114 nebst Anm. in bonam (malam) partem 475, 4.
accitu 108, Anm. 3.
acclamare c. dat. 52, 1a.
accolere mit Acc. 31, Anm. 2.
accommodare konstr. 52, 1c.
accommodatus konstr. mit Dat. od. ad 59, Anm. 1; 451, 3.
accuratus u. diligens 188, Anm. 2.
accurrere ad 52, 1b; m. Acc. 31, Anm. 2.
accusare konstr. 89; 153, 12. mit cum 438, 5. mit quod od. Acc. c. inf. 370.
accusatio, Bed. 168, Anm. 1, 4.
Accusativ, Bed. pag. 18. Syntax 29—48. bei Intransitiven, nam. solchen, die eine unangenehme Empfindung bezeichnen 29, a. bei zusammenges. Verben 31. bei passivischen (medialen) Verben 46, Anm. bei Verben mit Objekt desselben Stammes (inneres Objekt) 29, b. Acc. graecus 46; 29, c. doppelter Acc. 37—44. Acc. der Ausdehnung 120 u. 121; 124. Acc. beim Ausrufe 45. Acc. ohne in auf die Frage wohin? 111, Anm. 4. in adverbialer Bedeutung 29, c; 47. bei Städtenamen 116 ff. bei Ländernamen ohne Präpos. 118. für das deutsche „seit" 125, 3. bei abhinc 126, 3. bei natus 125, 1 u. 2. Acc. des Prädikatsnomens bei einem als Subjekt stehenden Infin. 416. Acc. in einem mit einem Acc. c. inf. verbundenen Vergleichungssatze 424. Acc. bei Partic. auf ans u. ens 85 nebst Anm. Acc. des Gerund. 451, 5 u. 7.
Accusativus c. inf., Syntax 420—438. bei unpersönl. Redensarten u. Verben 420, I. bei den Verbis sentiendi u. declarandi 420, II. statt des deutschen „wie" 494, Anm. 2. bei den Verben der Gemütsstimmung 370. mit Weglassung des Subjektsaccusativs 438, 11; 423, Anm. statt deutscher Adverbien „hoffentlich, wahrscheinlich" u. ä. 486. im Ausrufe u. bei unwilligen Fragen 435. bei dicitur, traditur, videtur etc. 436 u. 437; 438, 12. zur Umschreibung deutscher Subst. 177, b. bei den Verben des Fürchtens 438, 3. fehlerhaft von einem einzelnen Subst. abhängig 434. bei Verbis voluntatis, untersch. vom einfachen Infin. 426. in Or. obl. 457, 1; 436, Anm. 2. in rhetorischen Fragen der Or. obl. 457, 3. in Nebensätzen der Or. obl. 457, II. Acc. c. inf. Pass. statt des deutschen Infin. Akt. bei unpersönl. Verben 415, Anm. 1. statt des deutschen von mit folgendem daß 430. bei non dubito 438, 1. statt der deutschen Wendungen „wenn man, daß man" 1, f; 415, Anm. 2. Acc. c. inf. statt des deutschen „wenn man" 1, f; 415, Anm. 2; 384, 21.
accusator meus u. mei 71, Anm. 2.
acerbus mit Supinum 455, 2.
ac ne — quidem 512, Anm. 4.
ac non 512.
acquiescere konstr. 108, Anm. 5.
acquirere ad 52, 1b.
Activum s. Aktiv.
ad untersch. von apud 135. bei Städtenamen 117, 2. beim Acc. Gerund. 451, 5 u. 7 bei Zeitbestimmungen 126, 8. ad untersch. von cum 103. bei Adj. statt des Abl. limitationis 98, Anm. 5; 153, 16. bei den Adj. „nützlich, schädlich, passend, notwendig" u. ä. 59, Anm. 1; 455, Anm. 4. „im Vergleich zu" 150, 6. „nach" 150, 12. die mit ad zusammenges. Verben regieren den Dativ 52. regieren den Acc. 31. ad als Adv. gebraucht „ungefähr" 128; 150, 3. bei interest u. refert 92, Anm. 3. statt des Dat. des Zweckes 66, Anm. ad Spei (sc. templum) 73. ad—versus 129, Anm. ad bellum proficisci 152, 1. ad verbum u. verbo tenus 146, Anm.
adaequare konstr. 33, a.
addere: ut nihil supra possit addi 199, 10. adde in Übergängen 510, Anm. additur, ut od. quod 372, Anm. addere mit doppeltem Acc. 37. mit Dat. od. ad 52, 1c.
addicere c. dat. 52. 1a.
addubitare 33, c.
adducere, ut, ne 342, I, c. adducor mit ut od. Acc. c. inf. 347, 4. m. Dat. od. Präp. 52, 1c.
adeo, Bed. 484. atque adeo 483, 11. adeo non — ut 339, Anm. 6. non adeo — quam 516, 4, Anm.
adequitare konstr. 52, 1c.

adesse konstr. 52, 1c mit in c. acc. 118, 3. mit Dat. Gerund. 451, 4. scribendo adesse 451, 4.
adhaerere, adhaerescere konstr. 52, 1a u. c.
adhibere konstr. 52, 1c; verschied. von uti 150, 5.
adhortari, Bed. u. Konstr. 87, Anm. 2. mit ut, ne 342, I, b.
adhuc, Bed. 477. im Briefstile 326, Anm. 1. fehlerhaft vor dem Komparat. 477; 199, 6. adhuc locorum 78, Anm. 8.
adiacere konstr. 52, 1c.
adicitur ut od. quod 372, Anm. adicere c. dat. od. ad 52, 1c.
Adjektive, Syntax 178—198. statt deutscher Adverbien 21 u. 22. bei Nominibus propriis 179. deutsche Adj. im Lat. durch den Gen. eines Subst. ausgedr. 191. lat. Adj. statt eines deutschen Gen. od. Präpositionalausdrucks 193; 194; 136, 1. deutsche Adj. werden im Lat. in ein Subst. verwandelt 178. werden im Lat. durch subst. Hendiadys ausgedr. 190. durch Gen. od. Abl. qualit. übers. 74, Anm. 3. deutsche Adj. im Lat. nicht besonders ausgedr. 189. Adj. mit akt. u. pass. Bed. 196. substant. Gebr. der Ad. 180—186. Adj. eingeordnet u. beigeordnet 503, 1, 2, 5. Lat. Subst. als Adj. gebr. 10. Adj. kongruieren mit ihrem Subst. 6, b, Adj. im Neutrum bei Subst. anderer Genera 6, Anm. 2. Neutrum der Adj. als Adv. gebr. 29, b, Anm. 4. Substantivierte sächl. Adj. mit Präpos. verb. 183. mit Gen. partit. verb. 184. Adj., welche nicht für leblose Gegenstände passen 187. Römische Gentilnamen als Adj. gebr. 10, Anm. 2. Stellung der Adj. 536, 2; 537; 130, 2. Bedeutung der Adj. auf ilis u. bilis 195. relative Adj. 196, Anm. ein Adj. zu mehreren Subst. gehörig 11; 536, 2; 160, 1. Adj. der Gleichheit u. Ähnlichkeit mit ac konstr. 507—509.
adigere konstr. 52, 1c.
adipisci mit ut, ne 342, I, d.
adire konstr. 31, Anm. 2.
adiudicare c. dat. 52, 1a.
adiungere konstr. 52, 1c. adiungitur, ut od. quod 372, Anm. mit doppeltem Acc. 37, c.
adiuvare konstr. 33, a.
admirari konstr. 29, a. mit quod od. Acc. c. inf. 370.
admirationi esse 66, Anm.
admiscere konstr. 106, Anm. 4, d.
admodum Bed. u. Gebr. 150, 3; 199, Anm. 2. non admodum 470, 9. admodum puer 12, c.
admonere Bed. u. Konstr. 87. mit ut, ne 342, I, b. mit bloßem Konj. 344. mit ut od. Acc. c. inf. 347, 5. mit Inf. 342, Anm. 1; 438, 4.
admovere konstr. 52, 1c.
adnare mit Acc. 31, Anm. 2; mit Dat. 52, 1c.
adnuere siehe annuere.
adoriri mit Inf. 415, 2.
adscendere konstr. 31, Anm. 2.
adscribere konstr. 52.
adsistere konstr. 52, Anm. 2.
adspectu als Abl. temp. 123, 1. als Supin. 455, 2.
adspergere konstr. 54.
adspicere mit Part. oder Acc. c. inf. 431. adspectu 455, 2.
adspirare konstr. 52, Anm. 4.
adstringere konstr. 52; 113, Anm.
adulari konstr. 33, a nebst Anm.
adulescens, Commune 6, c „in der Jugend“ 162. statt des deutschen „der Jüngere“ 98, Anm. 7. adultus 300.
adulescentia für adulescentes 164.
advenire konstr. 112, b.
adventu Bed. 123, 1, b.
Adverbien auf itus 462. auf im 463. Adverbien mit Gen. 78, f. beim Subst. 12. bei subst. Partic. Perf. Pass. 12, a. beim Infin. 414, 3. fallen im Lat. weg 497. mit prägnanter Kürze gebr. 419. statt eines deutschen Präpositionalausdrucks 489. statt eines Pronomens mit der Präpos. 491. bei esse 5, Anm. 1. durch Verben ersetzt 486; 490; 487. durch Verba composita übers. 489. adverbialer Acc. 29, c; 46 u. 47. deutsche Adverbien werden im Lat. zu Adj. 21 u. 22; 194. werden durch ἐν διὰ δυοῖν übers. 485 u. 490. durch das Neutrum eines Adj. ausgedr. 29, b, Anm. 4. deutsche Adv. bei Übergängen umschrieben 498. Präpositionen als Adv. 128. Adverbien der Qualität nicht mit Adj. od. Adv. verbunden 485. Adv. unmittelbar zum regierenden Verbum gezogen 419.
adversari konstr. 49, Anm. 3. mit quominus od. ne 359; 342, III, 2.
adversarius c. gen. od. dat. 60, 5.
Adversative Konjunktionen 524 ff.; 362, Anm. 7,
adversus, Adj. statt des deutschen Adv. 22, 8. adverso flumine 150, 4. adversus als Adv. 128. als Präpos. 150. ex adverso 150, 1. bei Adj. 59, Anm. 1.
advertere animum konstr. 52, 1b.
advolare konstr. 31, Anm. 2.
aedis „Tempel“ ausgelassen 73; 551, 3, g.
aeger animi 84, Anm. 4. aeger ab aliquo 106, Anm. 3.
aegre 483, 10. aegre ferre konstr. mit quod od. Acc. c. inf. 370.
aemulari konstr. 33, a nebst Anm.
aequalis konstr. 60, 5.
aequare konstr. 33, a nebst Anm. 1.
aeque ac 507. aeque ac si 392. aeque — aeque oder aeque — et 509. aeque quam 508, Anm.
aequiperare konstr. 33, a.
aequus konstr. 507; 59, Anm. 1. aequi bonique facere 88, Anm. 2. aequo maior, minor u. ä. 100, Anm. 2. aequo animo 104, Anm. 1; 158, Anm. 3. aequum est, aequius erat, Ind. statt Konj. 330 u. 331. aequum est mit Inf. od. Acc. c. inf. 415, I u. 420, I.
aes alienum, Singulare 155, Anm. 2; 192, 3, b.
aestimare heißt nicht „hochschätzen“ 88, Anm. 1; mit Gen. od. Abl. pretii 88; 107. mit Abl. od. ex 98, b.
aetas: id aetatis 47. annus aetatis, tempus aetatis 192, 2. aetate alicuius 123, Anm. 1. a prima (od. ineunte) aetate 125, 3. aetas sua und aetas illa 231.

affatim c. gen. 78, e.
affertur sc. nuntius mit Acc. c. inf. 437. afferre mit Dat. od. Präpos. 52, 1 c.
afficere konstr. 106, Anm. 4.
affigere konstr. 52, 1 c. *
affingere c. dat. 52 1 a.
affinis mit Gen. od. Dat. 60, 5.
afflare c. dat. 52, 1 a.
affluere mit Abl. 96, m. Dat. 52, 1 c. *
affulgere c. dat. 52, 1 a.
age, agite 306, 5. verstärkt durch dum 467, 9. age, age vero u. ä. beim Übergange 510, Anm.; 306, 5; 524, Anm. 3. age porro 482, 4.
agere ausgel. bei nihil aliud quam 496, Anm. liber agit de fehlerhaft 165, 2. agitur res u. de re, agitur mecum 152, 11. id agere, ut, ne 342, I, a. lege agere konstr. 89.
aggredi konstr. 31, Anm. 2. mit Inf. 415, 2.
aggregare konstr. 52, 1 c. *
agmine, Abl. modi 104, Anm. 1.
aio, Gebr. u. Stell. 306, 1 u. 2. ausgelassen 551, 3, b. ut aiunt u. ä. 165, Anm. 3; 1, Anm. 2. ain für aisne 403, Anm. 1; 310, 5. ain tu, ain tandem 403, Anm. 4.
Aktiv von dem, was man durch andere thun läßt 293. bezeichnet eine reflexive Thätigkeit 294 u. 295. deutsches Aktiv ins Pass. verwandelt 165; 423.
aleam ludere 29, b, Anm. 2.
alias „sonst" 478. alias—alias 516, 5.
alienare konstr. 94, Anm. 1.
alienus konstr. 59, Anm. 2. de alieno largiri 153, 3.
alioqui 478.
aliquamdiu 480, 5.
aliquando, Bed. 464. tandem aliquando 481.
aliquantum mit Gen. partit. 78, d. für aliquanto 98, Anm. 10. aliquanto als Abl. differ. 98, Anm. 8. aliquanto u. paulo 282, 13 u. 14. post aliquanto 126, Anm. 1.
aliqui u. aliquis 274. „überhaupt jemand" 282, 3. aliquis sapiens 280. „sonst einer" 478. für das deutsche „man" 1, e. heißt bei Zahlen „etwa" 274, Anm. 2. wird mit der 2. Person des Imperativs verb. 6, Anm. 9. unus aliquis 274, Anm. 3. ne aliquis 277. si aliquis 282, 3. aliquid mit Gen. partit. 78, d; 80. als adverb. Acc. 29, c; 46. mit einem sächlichen Adj. 80. hat die Bedeutung „viel, bedeutend" 275. sine aliquo u. sine ullo 276 nebst Anm. im Lat. fehlerhaft mitübersetzt 152, 10; 282, 6.
aliquot 274, 4.
aliter est 5, Anm. 1. aliter ac 507. sin aliter 380. 82 b, *
alius alium od. alii alios 236; epistulae aliae aliis iucundiores 100, Anm. 3. alius ac od. et 507—509. alii omnes, Stellung 537, 3. alius fällt neben multus aus 515, Anm. alius super alium 151, 5. non alius ac, quam, nisi 508. alius post alium 151, 5. nihil aliud 80, Anm. 1. nihil aliud facere (agere) quam 496, Anm. alii „die andern" 204, 3. aliud est oratio 6, Anm. 2.
alle nemo non, nullus non 288; 287, Anm. 1. durch quisque übers. 286 u. 287; 209 u. 210. durch ullus übers. 276. ohne alle Ausnahme 151, 9. alle Jahre, alle zwei Jahre u. ä. 214, 17.
allgemein: im allgemeinen 489, Anm.; 22, 6.
allidere konstr. 52, 1 b.
alligare konstr. 52, 1 b, 113, Anm.
Allitteration 538, 3, a.
allmählich durch coepisse übers. 487.
Allocutio, Figur 551, 10.
Allusio, Tropus 549, Anm. 2.
als bei der Apposition, wie zu übers. 19 u. 20. fällt beim Komparativ weg 100—102. fällt bei plus, amplius, minus, longius weg 101. durch ac, atque übers. 507—509. als in Korrelation zu talis, tantus, tot etc. 265; 507, Anm. 1. als ob, als wenn 392. nicht als ob 371. als daß nach Komparativ 339, 2; 398, b, Anm. 2.
also übers. 527—531.
altaria, Plurale 156, 2.
alter Gebr. 291. alter u. secundus 215, 2; 214, 3. alter — alter „der erstere — der letztere" 240, Anm. 2. alter alterum 236. mit Prädikat im Plur. 7, d. „Nebenmensch" 291, Anm. alterum tantum, altero tanto 98, Anm. 8; 214, 27. unus aut alter 214, 32. unus et (aut) alter mit Sing. des Prädik. 7, Anm. 1.
alterni Bed. 237, Anm. 2. alternis annis, alternis diebus 214, 17 u. 18; 237, Anm. 2.
Altertum: im Altertum 123, Anm. 1.
Altertümliche Konjugationsformen und Wörter 311; 546, 2.
alteruter 291, 14.
altitudo: in altitudinem 153, 15.
alumnus, alumna bildl. 6, c.
amare c. inf. 418, 8. amabo te beim Imperativ 336, Anm. 1. amans c. gen. 85 u. 86. amatus fehlerhaft als Adj. gebr. 27, Anm.; 188, Anm. 2.
ambire Bed. u. Konstr. 31, Anm. 3.
ambo Bed. u. Gebr. 215, 1.
ambulatio Bed. 168, Anm. 1, 4.
amicus, amicissimus konstr. 60, 5.
amovere a 94, Anm. 2. amotus a 94, Anm. 4.
amplius Bed. 207 u. 208. steht mit od. ohne quam 101. non amplius 208, 10.
an „oder" in Doppelfragen 405 ff. an non 406; 408, Anm. 1. an „doch wohl" 408, Anm. 2. an, an vero in einfachen direkten Fragen 408. anne für an 409, 4, num — an 405, Anm. 2. an für ne od. num in indirekten Fragen 409, 5; 403, Anm. 5. bei non dubito, nescio u. ä. 411; 479. an statt sive 522, 4. an forte 479; 408. an fehlerhaft statt aut od. vel 407, 1.
Anadiplosis, Figur 551, 7, d.
Anakoluth 546, 4.
Anaphora, Figur 551, 7, a; 505.
Anapodoton, Anantapodoton 546, 4.
Anastrophe praepositionis 130, 7.
anbetreffen: „was anbetrifft" 375; 398, f.
ancilla als Adj. gebr. 10. ausgelassen 73.
angere se animi 84, Anm. 4. angi „sich ängstigen" 294. konstr. 29, a, Anm. 3; 108, Anm. 1.
angustiae 156, 2.

angustus mit akt. u. paff. Bed. 196, 6.
Anhänger umschrieben 166, Anm. 3.
anhelare transitiv 29, b, Anm. 3.
animadvertere konstr. 33, c; 52, Anm. 5. mit Part. od. Acc. c. inf. 431.
animus zur Umschreibung statt des bloßen Personennamens 229. animi, Lokativ 116, Anm. 1; 84, Anm. 4. animum advertere konstr. 52, 1b. animum attendere konstr. 52, Anm. 5. cum animo suo cogitare u. ä. 136, 8; 103; 229, 1. bono, laeto, tristi etc. animo esse 74, 3; 158, Anm. 2. aequo animo u. ä. 104, Anm. 1. (in) animum inducere konstr. 351, Anm. 2; 415, 2. in animo habere c. inf. 415, 2. mihi in animo est mit Inf. 415, 2. eo animo, ut 342, II. animus und animi 158, Anm. 3.
anne statt an 409, 4.
annectere konstr. 52.
Annominatio 538, 3, b.
annon 406; 408, Anm. 1.
annumerare konstr. 52, 1c. *
Anspielung, Tropus 549, Anm. 2.
ante Präp., Gebr. 141; 142, Anm. als Adv. 128. mit Acc. und Abl. 126, 1; 98, Anm. 8. ante paulo 126, Anm. 1. ante hos decem annos 126, 3. die mit ante zusammenges. Verben regieren den Dat. 52. regieren den Acc. 31.
anteaquam 367.
antecedere konstr. 31, Anm. 2 u. 4. mit Abl. differ. 98, Anm. 8.
antecellere konstr. 31, Anm. 4.
anteferre mit Dat. 52, 2 *
antegredi konstr. 31, Anm. 2.
anteire konstr. 31, Anm. 2 u. 4.
anteponere mit Dat. 52, 2 *
antequam konstr. 367.
antevenire konstr. 31, Anm. 2.
Anticipatio 413, Anm.
ἀντιμεταβολή, Figur 551, 11.
antiquitas für antiqui 164. in antiquitate fehlerhaft 123, Anm. 1.
antiquitus 462.
antiquius nihil habeo quam ut od. ne 342, I, a.
Antithese, Figur 551, 11.
Antonomasie, Tropus 550, 3.
Antwort bei Fragen ausgedr. 411, 14.
an vero 408.
anxius mit akt. u. paff. Bed. 196, 5. anxius animi 84, Anm. 4. mit Abl. 108, Anm. 1. anxius sum, ne, ne non, ut 353.
apage 306, 7.
Apenninus, Singulare 156, 5.
aperire alicui caput 57, Anm. 1.
aperte 483, 6. apertum est mit Acc. c. inf. 420, I.
Apodosis 376.
Apollinaribus, Abl. temp. 123, 1.
Ἀπορία, Figur 551, 8.
Aposiopese, Figur 551, 4.
Apostrophe, Figur 551, 10.
apparatus, Singulare 155, Anm. 2.
apparere Bed. 3, Anm. 3. c. dat. 49, Anm. 3. apparet mit Acc. c. inf. 420; 486. mit Abl. od. ex, de 108, Anm. 6.
apparare mit Inf. 415, 2.
appellare mit doppeltem Acc. oder Nom. 3; 37. „an jemanden appellieren" 33, c.
appellere konstr. 52, 1c. * ; 112, Anm. 2, absolut gebr. 36, 1.
appetens c. gen. 85 u. 86.
appetere transitiv u. intrans. 292, 2.
applaudere 57, Anm. 1; 489 b, Anm.
applicare konstr. 52, 1 c. * ; 112, Anm. 2.
apportare konstr. 52, 1 c. *
Apposition, Arten derselben 14. Syntax 14—20. bei Städtenamen 116, b. zu einem ganzen Satze gehörig 14, Anm. in den Relativsatz gezogen 259. Prädikat richtet sich nach der Appos. 15. partitive oder distributive Apposition 82, b. deutsche Apposition im Lat. durch den epexegetischen Genitiv übers. 9; 69. Genitiv als Apposition beim Pron. possess. 71, Anm. 1. Apposition beim Vokativ 28. Apposition statt eines deutschen Adjekt. bei Eigennamen 179. „nämlich" bei der Appos. 17 u. 18. „als" bei der Appos. 19 u. 20; 92, Anm. 2. mit oder ohne ut, tamquam, quasi 19, b. u. c. Stellung der Appos. 536, 7. die Präpos. fällt bei der Appos. weg 132, a.
Appositiver Genitiv 69.
apprime 483, 5.
appropinquare konstr. 52, 1c.*
aptus konstr. mit Dat. od. ad 59, Anm. 1; 451, 3. mit ex 113, Anm. mit qui c. coni. 398, b, Anm. 3.
apud u. ad 135. apud exercitum u. in exercitu esse 153, 1. verba facere apud senatum u. in senatu etc. 141, Anm. 2. apud Homerum, apud Sallustium u. ä. 136, 1.
aqua ausgelassen 551, 3, b.
aratio Bed. 168, Anm. 1, 4.
arbitrari mit dopp. Acc. 37, b. arbitratus hat Präsensbed. 301. mit Gen. poss. 76, Anm. 1. arbitratus non sum „ich hätte nicht geglaubt" 330, IV.
arbitrii sui facere 76, Anm. 1.
arbitratu 108, Anm. 3.
arbori, Lokativ 116, Anm. 1.
Archaismus 546, 2. Archaistische Verbformen 311.
arcere konstr. 94 nebst Anm. 2.
arcessere mit Gen. 89.
auxilio arcessere 66, Anm.
ardere c. acc. 29, a, Anm. 1. mit Inf. 415, 2.
Areopagus u. Areus pagus 172.
arguere mit Gen. criminis 89. mit Acc. c. inf. 370, Anm. 2. arguor mit Nom. c. inf. 436.
Argumentum ex contrario 528. argumento esse 66, u. 67, 15.
arrepere konstr. 52, 1b.
arridere konstr. 52, 1a,
ascendere konstr. 31; Anm. 2.
asciscere mit doppeltem Acc. 37, c; m. Dat. 52, 1c.*
Asia minor 200, Anm. 2.
aspectu als Abl. tem. 123, 1. als Supinum 455, 2.
aspergere konstr. 54.
aspernari fehlerhaft mit Inf. 415, 2.
aspicere konstr. 431. aspectu 455, 2.

aspirare konstr. 52, 1 b
assentari, assentiri c. dat. 52,1 a.
assequi mit ut, ne 342, I, d.
asservare in locum 118, 3.
assidere konstr. 31, Anm. 2.
— assim, asso, archaistische Verbalendung 311, Anm.
assis non facere u. ä. 88, Anm. 2.
assistere konstr. 52, 1 b.
assolere Gebr. 306, 12.
assuefacere konstr. 106, Anm. 4. mit Inf. 415, 2.
assuescere, assuetus konstr. 106, Anm. 4. mit Inf. 415, 2; 418, 4.
Assumptio 527.
assurgere c. dat. 57, Anm. 1.
ast 524, 5.
astringere konstr. 52; 1 b, 113, Anm.
Asyndeton, Figur 551, 1; 501; 503; 526. bei drei oder mehr Begriffen 501; 503, 4, bei paarweisen Gegensätzen 503, 4. bei Namen obrigkeitlicher Personen 503, 3. nicht bei zwei beigeordneten Adj. 503, 1. bei Sätzen 503, 6; 526; 334, Anm. 3. bei schroffen Gegensätzen 526. bei zwei Begriffen 503, Anm. 1.
at, Bed. u. Gebr. 524, 5; 510, Anm. in der Propositio minor 527. fehlerhaft in der Occupatio bei dices, dicet aliquis u. ä. 551, 20. si non — at, at certe, at tamen 377. atenim 529, 1. at tamen 524, 6. at vero, at certe, at contra 524, 5. at et 502.
atenim 529, 1.
atque s. ac.
atqui 525; 527.
attendere (animum) 31, Anm. 2. 52, Anm. 5.
attexere konstr. 52, 1 c. *
attinet mit Inf. 415, 1. quod attinet ad 375; 298, f; 52, 1 b.
Attraktion des Modus in Nebensätzen 398, d nebst Anm. 2; 325, 4, Anm. 2. Attraktion des Kasus bei licet 416, 10. bei est mihi nomen 55, Anm. 4. des Relativpronomens, 23, 1 u. 2.
Attribut, Syntax 9 ff.
Attributive Adjektive beigeordnet od. eingeordnet 503, 1, 2, 5. Stellung derselben 536, 2; 11. attributiver Gen. gestellt 536, 6. Hervorhebung eines Attributs durch is 252.
auch etiam, quoque, et 256; 502. et ipse, ipse quoque, idem 255. auch nicht ne — quidem 199, 8; 253, 22. auch Flickwort 497; 6.
auctor sum konstr. 348; 342, I, b; 451, 1 u. Anm. 1. auctore aliquo fehlerhaft 443.
auctrix barbarisch 6, c.
audere mit Inf. 415, 2. ausim 311, Anm.
audire mit Part. Präs. od. Acc. c. inf. 431. audire a, ex 151, 11. audire c. acc. 152, 4. audivi eum, cum diceret 362; 431; 547, Anm. 1, a. audior mit Nom. c. inf. od. Acc. c. inf. 436 u. 437. bene (male) audire, Bed. 475, 1. dicto audientem esse konstr. 60, Anm. 1. audito als Abl. abs. 444. mihi auditum est 64. quis non audivit „wer hätte nicht gehört?“ 330, VI. auditu 455, 2.
auf übers. 152; 126, 5.
aufer c. inf. 337, Anm. 3.
Aufforderungssätze im Konjunktiv 332, 2. in der Or. obl. 457, 2. durch das 1. Fut. ausgedr. 336, Anm. 3.
Aufzählungen 218; 481; 501; Anhang 2, Anm. 3. die Präpos. bei Aufzählungen nicht wiederholt 132, b. Asyndeton und Polysyndeton bei Aufzählungen 501; 503, 4.
augenscheinlich durch Verbum regens übers. 486.
augeri „sich vergrößern“ 294.
auguratus hat pass. Bed. 302.
aus durch Partic. Perf. Pass. übersetzt 108, Anm. 2; 154.
auscultare 152, 4.
Auseinanderstellung zusammengehörender Worte 538, 1.
ausim 311, Anm.
Auslassung von Wörtern 551, 3.
Ausnahme: ohne alle Ausnahme 151, 9.
auspicato als Abl. absol. 444.
auspicio, auspiciis, Abl. modi. 104, Anm. 1; 152, 14.
Ausruf, Figur 551, 5. Ausrufe im Acc. 45 im Vok. 45, Anm. 4. im Nom. 45, Anm. 4. im Acc. c. inf. 435. ohne non 473.
Ausspruch: Anhang 22. durch illud übers. 176; 238, Anm. 3.
außer 152, 8.
äußerer bleibt unübersetzt 189, 2.
außerordentlich übers. durch singularis od. unicus 213. durch quidam 278. durch mirum quantum, incredibile quantum u. ä. 411.
Aussagesätze in Or. obl. 457, 1.
auswendig 489, 16.
sich auszeichnen vor 31, Anm. 4. „sich auszeichnen als“ 19, Anm. 1.
aut Bed 522, 1. in negativen Sätzen für das deutsche „und“ 522, Anm. 503, 8; 520. in Fragen 407. „oder vielmehr“ 522, Anm. 2. bei Zahlen „bis“ 523. „sonst, widrigenfalls“ 522, Anm. 1; 478. aut potius 522, Anm. 2. aut — aut 522, 1. statt nec — nec 520. neque aut — aut 520, Anm. ne aut — aut 342, Anm. 4. Subjekte, welche durch aut auseinander gehalten werden, haben das Prädikat im Sing. oder Plur. bei sich 6, h. aut non 406 *
autem Bed. 524, 4. Stell 531, Anm. 1 bis 3. hinter einer Präpos. 130, 5. in der Propositio minor 527. qui autem fehlerhaft 258, 4; 262, Anm. 1. neque autem 513, Anm. autem für das deutsche „ferner, sodann“ 510, Anm. nunc autem 467. 8, sin autem 380; 381, 5.
auxilio für das deutsche „durch“ 154, 12. auxilio vocare 66, Anm.
avarus c. gen. 84, a.
ave, avete 306, 3 u. 4.
avere mit Inf. 415, 2, für das deutsche „gütigst, gern“ 487.
adversus, Adj. statt des deutschen Adv. 22, 8. mit a 94, Anm. 4.
avertere: iter 35. averti m. Acc. 31, Anm. 2.
avidus c. gen. 84, a. mit Gen. Gerund. 451, 2. als Adverb 21, 1.
avocare a 94, Anm. 2.

## B.


Bacchanalia vivere 29, b, Anm. 2.
bald 483, 7. bald — bald 516.
barbaria kollekt. statt barbari 164, 3.
Bedingungssätze s. Hypothet. Sätze.
Befehl durch das 1. Fut. ausgedr. 336, Anm. 3. durch den Imperativ 336—338. durch den Konj. Präs. 336, Anm. 4; 332, 2. in Or. obl. 457, 2.
Begleiter, umschrieben 166, Anm. 3.
Begleitung durch den bloßen Abl. ausgedr. 103 bis 105.
in Begriff sein, etwas zu thun 324, Anm. 1 u. 2; 439, Anm. 4.
beharrlich durch Verbum regens übers. 487.
Behauptungssätze in Or. obl. 457, 1.
bei, Präpos. 135 u. 136.
beide übers. 215; 285. fällt im Latein. weg 212, Anm. 3.
beigeordnete Adjektive 503, 1 u. 5.
beinahe 483, 8; 330, III.
Beispiel: zum Beispiel 397.
Beiwort, schmückendes 547, Anm. 5.
bekanntlich durch Verbum regens übers. 486.
bellare c. dat. 65, 2.
belli „im Kriege" 116, Anm. 3. bello u. in bello 123, 2, c. ad bellum proficisci 152, 1.
bene est 5, Anm. 1. bene als Quantitätsadverb 485. bene vivere Bed. 475, 2. bene audire 475, 1. bene emere 107, Anm. 1. bene dicere alicui 49, Anm. 3; 489, 20. bene accipere 475, 4. bene scire aliquid 475, 5. bene tibi volo od. cupio 51. bene facere alicui 489, 20. bene c. acc. od. abl. 46, Anm. 2.
benedicere 49, Anm. 3.
beneficio für das deutsche „durch" 154, 12.
benevolus konstr. 59, Anm. 1.
benignus konstr. 59, Anm. 1.
bereit, etwas zu thun 324, Anm. 2; 439, Anm. 4.
berühmt sein als 19, Anm. 1.
besitzen übers. 55 u. 56.
besonderer: im besondern 489, Anm.; 22, 6.
bestehen aus 76, Anm. 4.
bestimmt sein, etwas zu thun 324, Anm. 2; 439, Anm. 4.
Beteuerungen 335.
betitelt 258, 2.
(in) Betreff 375; 398, f.
bevor 367.
(sich) beweisen als 42.
Bewohner s. Einwohner.
bibere dare u. ministrare 417, 2.
biduum 214, 21.
Bildliche Ausdrücke 549. kühnere, wie gemildert 279.
—bilis, Adjektivendung 195.
bini statt duo 214, 15.
bis, Präpos. 146, 3. bei Zahlen 523. Konjunktion 365. bis endlich 365, Anm. 3.
bis in die (anno etc.) 123, 2.
boni consulere 88, Anm. 2. boni viri u. viri boni 540. bono animo esse 74, 3; 158, Anm. 3. bono animo u. animo bono 540.
bona mala 503, 4. bono esse, cui bono est 67, 14. aequi boni facere 88, Anm. 2.
Brachylogie 551, 21.
brauchen phraseologisch 298.
brevi, brevi tempore, brevi post u. ä. 483, 7.
Briefstil 326; 113, Anm.
Brüche im Lat. ausgedr. 214, 23 u. 24.
Büchererstellen mit oder ohne in 111, d.


## C.


cadere in 153, 17.
caecus mit akt. u. pass. Bed. 196, 2.
caelitus 462.
calamitati esse 67, 3.
calida, sc. aqua 551, 3, h.
canere c. abl. des Instrumentes 106, Anm. 4. receptui canere 67, 6. bellicum canere 29, b, Anm. 2.
capacitas Bed. 546, 2.
capax c. gen. 84, d.
capere mit doppeltem Acc. 37, c; 40.
capita mit Präd. im Maskul. 7, c. capitis u. capite damnare 89, Anm. 5.
capsis 310, 4.
care emere 107, Anm. 1.
carere konstr. 96, 2.
caro ausgelassen 551, 3, h.
carptim 463.
cascus archaistisch 546, 2.
castra ausgelassen 551, 3, h.
Casus recti u. obliqui pag. 18.
catenae, Plurale 156, 2.
catervatim 463.
causa „wegen", Gebr. 137. Stellung 129. exempli causa 397. mit Gen. Gerund. 451, 2; nihil est causae, quid est causae, quin 357, Anm. 4; quod 400. cum causa 230, Anm. ex causa 151, 12. alicuius causa cupere, velle 51.
cautus konstr. 141, Anm. 3.
cavere konstr. 51; 141, Anm. 3. cave c. coni. als Umschreib. des Imperat. 337, Anm. 3. cavere, ut u. ne 342, I, a u. III, 2; 343. cave „laß nicht" 297. mit Inf. 355.
cavillari konstr. 33, c.
—ce, Suffix 239.
cedere konstr. 94. mit Acc. 29, a, Anm. 5.
cĕdŏ, Imperativ 306, 6. verstärkt durch dum 467, 9.
celare konstr. 43, a.
cenare mit Gen. od. Abl. pretii 107, Anm. 1. cenatus 300.
censere konstr. 350; 3; 37. für das deutsche „wohl, gewiß" 488. censeri mit Acc. 29, b, Anm. 2.
cernere mit Part. od. Acc. c. inf. 431. cerneres „man hätte sehen können" 332, Anm. 4. cernere c. abl. 108, Anm. 6.
certamen u. certatio 168.
certatim 463. certare mit Dativ 65, 2. certato als Abl. absol. 444.
certe u. certo 461, 1. certe in Antworten „ja" 411, 14. certe in der Geminatio 551, 7, d. at certe 524, 5; 377. quidem certe 483, 4.
certus animi 84, Anm. 4. certus quidam 274,

Anm. 7. certum u. pro certo affirmare 19, Anm. 2. certiorem facere konstr. 87, 38, Anm. 1.
cervices, Plurale 158, Anm. 3; 156, 2.
cessare c. inf. 415, 2.
ceteri omnes, Stell. 537, 3. ceteri u. reliqui 204, 3 nebst Anm. cetera „in den übrigen Beziehungen" 46.
ceteroqui 478.
ceterum für sed, verum 524, 7.
ceterus, Form 204, Anm.
ceu, Gebr. 397, Anm. 2.
Chiasmus 538, 2.
cingi „sich gürten" 46.
circa, Adv. 128. von circum versch. 143. bei Zeitbestimmungen 126, 6. = ungefähr 150, 3.
circensibus, Abl. temp. 123, 1.
circiter mit dem Acc. 128, Anm. 1. „ungefähr" 150, 3.
circum u. circa 143; 136, 6. circum urbes mittere 136, 6. viele mit circum zusammenges. Intransitiva regieren den Acc. 31.
circumdare konstr. 54.
circumequitare c. acc. 31. circumducere konstr. 31, Anm. 1.
circumfluere konstr. 96.
circumfundere konstr. 54, Anm. 2.
circumiacēre c. dat. 52, 10*.
circŭmire konstr. 31.
Circumscriptio, Tropus 550, 6.
circumsedere, circumsistere, circumstare u. ä. konstr. 31.
circumspicere mit Acc. 33, c; 57, Anm. 3. circumspectus hat akt. Bed. 300.
circumvehi konstr. 31, Anm. 2.
circumvenire c. acc. 31.
cis, citra Bed. 144. citra als Adv. 128.
citare „citieren" Anhang 22. mit Gen. criminis 89.
citius quam (ut) 344, Anm. quam cito 354, Anm. 2.
civitas für das deutsche Wort „Stadt" 165. mit Plur. des Verbs 7, a. als Apposition zu einem Völkernamen 15.
clam Gebr. 128, Anm. 1.
claudere konstr. 112, Anm. 2.
claustra, Plurale 156, 2.
Climax 551, 16.
coarguere konstr. 89 nebst Anm. 3
coepi u. coeptus sum 299. für das deutsche „allmählich" 487. pleonastisch 547, Anm. 4. mit Inf. 415, 2.
cogere konstr. 342, II, c nebst Anm. 1; 112, b. cogi 428; 436. cogor „ich bin gezwungen" 316. „ich sehe mich gezwungen" 298.
cogitare mit Inf. 415, 2. mit ut, ne 342, Anm. 1; 347, 4; 353, Anm. 2. mit Acc. 29, a, Anm. 5; 33, c.
cogitatio u. cogitatum 168 u. 169, 24.
cognatus mit Gen. u. Dat. 60, 5.
cognomen mihi est, datur konstr. 55, Anm. 4.
Cognomen vor das nomen gentilicium gestellt 536, Anm. 5.
cognoscere mit Gen. u. Abl. qualit 74, Anm. 1. mit doppeltem Acc. od. Nom. 3; 37. mit Abl. od. ex, de 108, Anm. 6; 151, 11. intrans. mit de 292, Anm. 4. cognosci mit Nom. c. inf. 436 u. 437. cognito als Abl. absol. 444. cognitu 455, 2.
cohaerere konstr. 52, 3b. *
cohortari Bed. und Konstr. 87, Anm. 2; 342, I, b.
coire c. acc. 31 nebst Anm. 2. mit in acc. 112, b. comitiis 115, 8.
colens c. gen. 85 u. 86.
Collectio, Anhang 10.
Collectiva mit Plur. des Verbs 7, a. statt der Personen im Plur. 164. collectivischer Singular 155 u. 156; 550, 1.
collocare konstr. 112. in matrimonium collocare 112 Anm. 1. nuptum collocare 455.
comes alicuius u. alicui 60, 2.
comis konstr. 59, Anm. 1.
comitari konstr. 49, Anm. 4. mit Abl. 106, Anm. 1. comitatus hat pass. Bed. 302.
comitatu 104, Anm. 1.
comitia consulibus creandis 456, 9. comitiis als Abl. temp. 123, 1. als Abl. instrum. 115, 8.
commeminisse konstr. 87.
commemorare: quid commemero und quid commemorem? 332, Anm. 5; 510, Anm.
commendari „sich empfehlen" 294 u. 295.
commentatus hat pass. Bed. 302.
comminus eminus 503, 4.
commiscere konstr. 106, Anm. 4, d.
commiserari 91, Anm. 4.
committere konstr. 342, I, e. dient zur nachdrucksvollen Umschreib. 341.
commodare trans. u. intrans. 292.
commodus konstr. 59, Anm. 1. commodo esse 66, Anm. commodo u. commodum 461, 8. commodo, Abl. modi 104, Anm. 1.
commonere Bed. u. Konstr. 87. mit ut, ne 342, I, b. mit bloßem Konj. 344.
commonefacere 87. mit ut, ne 342, I, b.
commori konstr. 52.
commovere mit ut, ne 342, I, c.
Communia 6, c.
communicare konstr. 52, 3b. * absolut gebr. 36, 7.
communis konstr. 59, Anm. 3.
communiter 546, 2.
commutare konstr. 107, Anm. 2.
Commutatio, Figur 551, 11.
comparare konstr. 52, 3c. *
Comparatio compendiaria 250.
Comparativ s. Komparativ.
compedes, Plurale 156, 2.
compellere, ut, ne 342, I, c.
compensare konstr. 106, Anm. 4, d.
compertus konstr. 89, Anm. 1. comperto als Abl. absol. 444.
complere konstr. 96.
complexus hat pass. Bed. 302. hat Präsensbed. 301.
Complosio syllabarum 538, 4, b.
complures Bed. 204, 1; 274, 4. complures nostri milites 82, a.

componere konstr. 52, 3 c. *
compos konstr. 84, c.
Comprehensio, Tropus 550, 1.
conari mit Inf. 415, 2. mit si 383.
concedere konstr. mit Gerundiv 451, 7. mit ut, ne 342, I, d. als transitives Verb 29, a, Anm. 5. mit Inf. oder Dat. Partic. 342, Anm. 1. mit Acc. c. inf. 347, 4.
Concessio, Figur 551, 20, Anm.
concessiv s. konzessiv.
concinere cum 52, 3 b. *
Concinnität 541, 3, d; 541, 5, Anm. 2.
conclamare 25, Anm. 2.
concludere konstr. 112, Anm. 2.
Conclusio in Schlüssen 527 u. 528. in Aufsätzen: Anhang 1, 4, 23.
concordare cum 52, 3 b. *
Concreta s. Konkreta.
concupiscere c. inf. 415, 2.
concurrere konstr. 112, b.
condemnare konstr. 89. mit cum 438, 5.
condere konstr. 112, Anm. 2.
Condicionalsätze s. Hypothetische Sätze.
condicione, Abl. modi 104, Anm. 1. sub condicione 152, 13.
condolescere konstr. 29, a, Anm. 4.
conducere mit Gen. od. Abl. pretii 107. conducit mit Inf. od. Acc. c. inf. 415, 1 u. 420, I, 2.
conectere konstr. 52, 3 b. *
conferre konstr. mit in c. Gerund. 451, 5. mit Dat. od. cum 52, 3 c.* mit in od. ad 112, Anm. 2.
confessus mit pass. Bed. 302.
conficere mit doppeltem Acc. 37.
confidere konstr. 108, Anm. 4.
confinis konstr. 60, 5.
confirmari u. se confirmare 295.
confisus konstr. 108, Anm. 4. hat Präsenzbed. 301.
confluere konstr. 112, b.
confugere ad 33, a, Anm. 1.
confundere cum 52, 3 b. *
Congeries, Figur 515, 15.
conglobare konstr. 112, b.
congredi konstr. 52, 3 b; 112 b.
congregare konstr. 52, 3 b* 112 b. congregari „sich versammeln" 294.
Congruenz, Syntax derselben 1—24. Cf. auch 325, 2.
congruere konstr. 52, 3c. *
Coniugatio periphrastica 324; 382, Anm.; 385.
coniuges et liberi 192, 3, d.
Conjunktionen s. Konjunktionen.
Conjunktivus s. Konjunktiv.
coniungere konstr. 52, 3 c. * coniungere bellum, castra 35, 1. coniunctus mit Abl. 103, 3.
coniurare konstr. 52, 3 b. *; 418, 1.
coniuratio statt coniurati 164.
coniuratus 300.
conqueri konstr. 29, a; 52, 3 b. *
consalutare mit dopp. Acc. 37.
conscendere konstr. 31, Anm. 52, 2 c. navem konstr. 113, Anm. absolut gebr. 36, 2.
conscius mit Gen. 84, b. mit Dat. od. de, in 84, Anm. 2. mit Gen. Gerund. 451, 2. mit magis, maxime, nicht mit melius, optime kompariert 199, 15. mit Acc. c. inf. 421, Anm.
Consecutio temporum 327—329. in Folgesätzen 327, 6 u. 328, 1. in hypothet. Sätzen 385. in Or. obl. 457, Anm. 6; 458.
consensu, Abl. modi 104, Anm. 1.
consentaneum est mit Acc. c. inf. 420, I. Indik. statt des Konj. 330 und 331.
consentire konstr. mit Acc. 29, b, Anm. 2. mit Dat. oder cum 52, 3 c. *
consequens est Konstr. u. Gebr. 339, Anm. 4, 527.
consequi, ut, ne 342, I, d.
conservatio u. salus 168.
consideratus hat akt. Bed. 300.
considere konstr. 112.
consilium capio, habeo, est mit Inf. od. Gen. Gerund. 450. hoc consilio 104, Anm. 1. consilio für das deutsche „durch" 154, 12. consilium dare, ut, ne 342, I, b. eo consilio, ut 342, II.
consimilis konstr. 59, Anm. 5.
consistere konstr. 108, Anm. 5; 112.
consociare cum 52, 3 b. *
consolari mit quod od. Acc. c. inf. 370. consolatus mit Präsensbed. 301.
consors mit Gen. 84, c.
conspicere mit Partic. od. Acc. c. inf. 431.
conspirare cum 52, 3 b. *
constare „bestehen aus" 76, Anm. 4; 108, Anm. 5. „kosten" mit Gen. u. Abl. pretii 107 nebst Anm. 1. constat mit Acc. c. inf. 420, I, 2. mit Dat. od. cum 52, 3 *
constituere mit doppeltem Acc. 37, a; 40. mit in c. abl. 112. mit ut, ne, Inf. u. Acc. c. inf. 351; 415, 2; 342, I, c. constitutum mihi est 64.
Constructiones ad sensum 7.
consuescere konstr. 106, Anm. 4. mit Inf. 415, 2. consuevisse für das das deutsche „gewöhnlich" 487. consuetus mit Inf. 418, 4.
consuetudo od. consuetudinis est 76, Anm. 2. konstr. mit ut 339, 3. mit Inf. od. Gen. Gerund. 450. consuetudine, Abl. modi 104, Anm. 1.
consuetus mit Inf. 418, 4.
consul statt in consulatu 162 u. 163. primum (iterum, tertium etc.) consul 12, b.
consulere konstr. 51; 43, e. mit ut, ne 342, I, a. boni consulere 88, Anm. 2. consultum mihi est 64.
consulte u. consulto 461, 6.
consultus konstr. 84, b. hat akt. Bed. 300.
consumere konstr. 112, Anm. 2.
contemnere fehlerhaft mit Inf. 415, 2.
contemptui esse 67, 1.
contendere trans. u. intrans. 292. mit Inf. 415, 2; 342, Anm. 1; 455, Anm. 3. mit ut, ne 342, II, a nebst Anm. 1. mit Acc. c. inf. od. ut 347, 4. für das deutsche „eilig, schleunig" 487. mit Dat. 65, 2. aliquid ab aliquo 43, d.
contentus sum Bed. 91, Anm. 5. konstr. 108,

Anm. 5. unklassisch mit Inf. 415, Anm. mit dem Inf. Perf. 417, 1, b. als relatives Adj. 196, Anm.
contestatus hat pass. Bed. 302.
continenter Bed. u. Gebr. 461, 5; 124.
contineri Bed. u. Gebr. 108, Anm. 5. vix me contineo, quominus od. quin 357 u. 359, Anm. 1. continere se moenibus u. a. 114 nebst Anm.
contingit, ut 339, 3. mit quod 369, a, β; 339, 3. mit Inf. 438, 7. contigit, ut mit Coni. imperf. 327, 6, Anm. 1. dient zur Umschr. 341.
continuo Bed. 461, 5.
continuus beim Acc. der Zeitdauer 124.
contra als Adv. 128. contra esse 5, Anm. 1. contra flumen fehlerhaft 150, 4. contra ac 507. contra quam 508, Anm. at contra 524, 5. qui contra 483, 11. contra als Präpos. 150.
contradicere Gebr. 49, Anm. 3. non contradico, quin 357, Anm. 4.
contrahere mit in c. acc. 112, b. contraho mihi morbum fehlerhaft 227; m. cum 52, 3 b. *
Contrarium, Figur 551, 11. Argumentum ex contrario 528.
contrarius mit Gen. od. Dat. 60, 5. mit ac 507.
convalescere ex 151, 10.
convenire Konstr. u. Gebr. 31, Anm. 2; * 112, b nebst Anm. 2. comitiis conv. 115, 8. mit ut, ne 342, I, c. mit Inf. u. Acc. c. inf. 415, 1 u. 420, I, 2. convenit, Indik. statt des deutschen Konj. 330, I u. 331; 382, 3.
convertere mit in c. Gerund. 451, 5.
conviciari mit Dat. 49, Anm. 3.
convincere mit Gen. criminis 89. mit in 89, Anm. 2. testibus convictus 106, Anm. 1.
cooptare Bed. 40.
copiae u. milites untersch. 165, Anm. 4. copiae magnae, parvae u. ä. 192, 3, a. copiam dare mit ad od. Gen. Gerund. 451, Anm. 1.
Copula s. Kopula.
copulare konstr. 52, 3 b. *
coram als Adv. 128. Bed. u. Gebr. 141 nebst Anm. 2.
cordi esse 66, Anm.
corona: sub corona vendere 153, 7.
corpus zur Umschreibung statt des bloßen Personennamens 229.
Correctio, Figur 551, 19.
correctives quamquam u. etsi 391.
crassus nicht mit Acc. der Ausdehnung 120.
creare Bed. 39 u. 40. mit doppeltem Acc. od. Nom. 3; 37.
creber c. abl. 96, Anm. 2.
credere mit doppeltem Acc. oder Nom. 3; 37. transitiv u. intrans. gebr. 292. credor mit Nom. c. inf. od. Acc. c. inf. 436 u. 437; 438, 12. credas, crederes „man sollte glauben" 332, 4. credunt „man glaubt" 1, b. mihi crede u. crede mihi 336, Anm. 6. credo „ich sollte meinen", 330. credere pleonastisch gebr. 547, Anm. 1, a. für das deutsche „wohl, gewiß" 488.
credibile est mit Acc. c. inf. 420, I.
crepare mit Acc. 25, Anm. 2; 29, Anm. 5.
criminari mit Gen. 89. mit Acc. c. inf. 370, Anm. 2.
crimini dare 66 u. 67. crimine bei gerichtlichen Verben 89, Anm. 4.
crudelis konstr. mit Supinum 455, 2. mit erga, in, adversus 59, Anm. 1.
cubitum ire 455.
cuicuimodi 286, Anm.
culpae esse, dare 66 u. 67.
cum Präpos., Stell. 129. Geb. 103—105. fehlt od. steht beim Abl. modi 103 u. 104. fällt bei militärischen Ausdrücken weg 103, 2. steht bei Angabe von Kleidungsstücken 103. fehlt bei Bezeichnung von Körperteilen 103, 1. dient zur Bezeichnung eines die Handlung begleitenden Nebenumstandes 103. Numerus des Prädikats, wenn cum zwei Subjekte verbindet 7, e. cum aliquo facere 57, Anm. 3; 152, 5. cum animo suo cogitare 136, 8; 103; 229, 1. ut cum Cicerone loquar fehlerhaft 150, 8. cum primis 483, 5. cum causa 230, Anm. secum habere 336, Anm. 7. cum dient zur Umschreibung deutscher Adj., welche ein Versehensein mit etwas bezeichnen 13, e. die mit cum zusammenges. Verben regieren den Dativ 52. den Acc. 31. cum flumine fehlerh. 150, 4.
cum Konjunktion, konstr. 362 u. 363. von dum verschieden 364. von si untersch. 362, Anm. 5. von quia, quod, quoniam versch. 368. von quamquam versch. 389, 5. quod cum 264. cum praesertim 362, Anm. 6; 483, 5. steht nach gratulor, vitupero u. ä. 438, 5. cum enim, cum igitur statt nam cum, itaque cum 544. cum statt des deutschen Relativs 267. statt quo, quibus in Bezug auf einen Zeitbegriff 491. statt der deutschen Apposition 19, b u. 20. cum „seit" 362, Anm. 4. „sooft, jedesmal wenn" 362, Anm. 1; 325, 4. cum interim mit Acc. c. inf. 457, Anm. 4. cum interea, cum nondum konstr. 362, Anm. 4. cum primum 366; 458, Anm. cumque 510, Anm.
cum — tum 515.
cumulare konstr. 96.
cunctari mit Inf. 415, 2.
cunctus mit od. ohne in 111, Anm. 2.
cupere konstr. 51. mit Inf. 415, 2; 426. mit Acc. c. inf. 426. nicht mit ut 342, I, c. cupio, cupiam, cuperem 334, Anm. 2. bene tibi cupio 51. cupienti mihi est 65. Anm. cupere mit doppeltem Acc. 37, Anm. 4.
cupidus c. gen. 84, a. mit Gen. Gerund. 451, 2. als Adverb 21, 1.
cur, Bed. 493. cur non u. quidni 493. non est cur, nihil habeo cur c. coni. 400.
curae esse 66 u. 67. curae mihi est, ut, ne 342, II, a. curam impertire mit Dat. Gerund. 451, 4. cura est, ne, ne non, ut 353.
curare, Bed. u. Konstr. 33, c. mit ut, ne 342, II, a. (non) curare mit Inf. 415, 2 nebst Anm. 4. curare mit Gerundiv 451, 7. „lassen" 297. cura, ut als Umschreib. des Imperat. 336, Anm. 2.
curatio „Heilmethode" 168, Anm. 1, 3.
curiosus c. gen. 84, a.

currere cursum, stadium 29, b.
custodire a 141, Anm. 3.

# D.

Dadurch umschrieben 498, 7. „dadurch daß" cum 362, I, 3.
daher 530 ff.; 527. umschrieben 498, 3. „und daher" 532.
damit 342. damit nur 387.
damnare konstr. 89. damnatus voti 89, Anm. 1. damnare, cum 438, 5.
dann 466. durch Wiederholung des vorhergehenden Verbs ausgedr. 249. durch ut übers. 466, Anm. umschrieben 498, 2. fällt nach einem Befehls- oder Wunschsatze weg 503, 6; 334, Anm. 2.
darauf s. dann.
dare mit doppeltem Acc. od. Nom. 3; 37. mit doppeltem Dativ 66 u. 67. mit Gerundiv 451, 7. de suo dare 153, 3. bibere dare 417, 2. duim statt dem 311. dare accipere 503, 4. nuptum dare 455. dare mit ut, ne 342, I, e. nomen dare konstr. 55, Anm. 4. hostes victos dare u. ä. 319, Anm.
darum s. daher.
daß man durch den Infin. übers. 1, f; 415, Anm. 2. durch Zusammenziehung der Sätze beseitigt 419.
Dativ, Syntax 49—67. Dat. commodi u. incommodi 57. für das deutsche „als" 19, e; 66. Dat. ethicus 61. Dat. bei esse „haben" 55. bei zusamenges. Verben 52 u. 53. bei dono, circumdo u. ä. wechselnd mit einer andern Konstruktion 54. mihi nomen est, datur etc. mit Dat. 55, Anm. 4. Dat. statt des Gen. 60, Anm. 2. Dat. des Standpunktes 57, Anm. 2. Dat. abhängig von Subst. 60, Anm. 2. abhängig von Adj. 59. Dat. u. Gen. wechselnd in gewissen Redensarten 60. Dat. des Zweckes 66 u. 67. Griech. Dat. bei Passiven zur Bezeichnung der thätigen Person 64. Dat dichterisch auf die Frage „wohin?" 65. dichterisch bei den Verben des Kämpfens 65, 2. Dat. beim Gerundiv statt a 63. Dat. des Gerund. 451, 3 u. 4; 456, 9. Dat. c. inf. bei licet u. necesse est 416, 10.
dauern übers. 292, Anm. 1.
de untersch. von ab u. ex 134. steht od. fehlt beim Abl. der Trennung 94. „was anbetrifft" 375; 430. bei sonst transitiv gebrauchten Verben 292, Anm. 4. statt des Gen. partit. 79. = „noch während" bei Zeitbestimmungen 126, 9. de suo dare 153, 3. de fehlerhaft, wenn ein Acc. c. inf. folgt 430. damnare, accusare de 89, Anm. 2. de mit Gerund. 451, 6.
debellare transitiv 19, a, Anm. 5.
debellato als Abl. absol. 444.
debere Bed. 428; 292. mit Inf. 415, 2. Indik. statt des deutschen Konj. 330, I; 382, 3. debebam, debui, debueram untersch. 330, Anm. 1.
decedere konstr. 94; 57, Anm. 1.
decemviri mit Dat. Gerund. 456, 9.
decernere konstr. 351; 415, 2; 342, I, c.
decertare c. dat. 65, 2.
decet u. dedecet Gebr. u. Konstr. 33, b nebst Anm. 2; 428. Indik. statt des deutschen Konj. 330, 1; 382, 3. mit Infin. 415, 1, $\beta$. mit Acc. c. inf. 420, I, 2. mit Acc. c. inf. pass. statt des deutschen aktiven Infin. 415, Anm. 1. mit Infin. Perf. 417.
declarare mit doppeltem Acc. od. Nom. 3; 37; 40.
Decomposita 309.
decori esse 66 u. 67.
decurrere konstr. 31, Anm. 2; 94, Anm. 2.
dedecet s. decet.
dedecori esse 66 u. 67.
dedocere 43, Anm. 3.
deducere konstr. 94, Anm. 2.
deesse konstr. 52, Anm. 2. non desunt, qui c. coni. 398, c. deesse mihi nolo, quin 358, Anm. 4; 360, 15. mit Dat. Gerund. 451, 4.
defendere konstr. 94, Anm. 4; 141, Anm. 3. prägnant gebr. 35, 7. im Passiv mit Nom. c. inf. 436.
deferre konstr. 52, Anm. 3.
deficere konstr. 33, a nebst Anm.; 94, Anm. 1.
defigere konstr. 112.
definire konstr. 98, b.
Definitiver Genitiv 69.
deflectere intransitiv gebr. 294, Anm.
deflere konstr. 29, a.
defluere konstr. 94, Anm. 2.
defugere konstr. 33, a, Anm. 1.
defungi Bed. u. Konstr. 109 nebst Anm. 2. defunctus für mortuus 109, Anm. 2.
degenerare a 94, Anm. 2.
degredi konstr. 94.

deicere konstr. 94.
deinceps 482, 3.
deinde Bed. 482, 3; 510, Anm. in Aufzählungen 218. fehlerhaft bei Übergängen 510, Anm. quid deinde? 410, 2. deinde nach einer Participialkonstruktion 440, Anm. 5.
delabi konstr. 94, Anm. 2.
delectari „sich ergötzen" konstr. 108, Anm. 1. delectat mit Inf. 415, 1.
deliberatum mihi est 64.
deligare ad 113, Anm.
deligere mit doppeltem Acc. od. Nom. 3; 37; 39, 2; 40.
demergere konstr. 112, Anm. 2.
demigrare konstr. 94, Anm. 2.
Deminutio, Figur 551, 18.
Deminutivsubstantiva, Gebr. 170. deminutive Verben 308, 4.
demittere konstr. 94, Anm. 2; 57, Anm. 1.
demnach s. daher.
demonstrari mit Nom. c. inf. od. Acc. c. inf. 436 u 437.
Demonstrativpronomina, Syntax 238—244. stehen vor der Präpos. 130, 7. richten sich nach dem Prädikatsnomen 23. durch tam verstärkt 242. statt des Relativs im zweiten Satze 261. beim Infin. 414, 3, Anm. statt deutscher Subst. 176. mit attraktionsartiger Kürze 72. Stell.

536, 4. pleonastisch bei quidem 220. in Or. obl. 457, 6 u. Anm. 4.
demori c. acc. 29, a, Anm. 1.
demovere konstr. 94.
demum Bed. 481.
denique Bed. u. Gebr. 481; 218.
denken: „ich dächte, hätte gedacht", Indik. statt Konj. 330, 6.
denn 533. denn nicht 513. denn auch, Flickwort 497.
dennoch 524, 6. dennoch nicht 513.
Denominatio, Tropus 550, 2.
denuo 492.
densus c. abl. 96, Anm. 2.
depellere konstr. 94.
deperire c. acc. 29, a, Anm. 1.
deplorare konstr. 29, a.
Deponentien haben im Partic. Perf. zuweilen pass. Bed. 302. haben im Partic. Perf. präs. Bed. 301.
deponere konstr. 94, Anm. 2. fehlerhaft statt ponere 489 b, Anm.
deprecari Bed. u. Konstr. 43, Anm. 4.
derjenige, welcher durch is qui od. Participium übers. 440 Anm. 1. bloß durch qui übers. 247.
deridere mit Acc. 31, Anm. 2. *
desciscere konstr. 94, Anm. 1.
describere mit Abl. oder ex 98, b.
desecare konstr. 60, 8.
deseri a mente u. ä. 106, Anm. 1.
deshalb s. daher.
Desiderative Verben 308, 2.
desiderare konstr. 33, c. mit Inf. 415, 2. mit Acc. c. inf. 426.
designare Bed. 40.
designare mit doppeltem Acc. od. Nom. 3; 37.
desilire konstr. 94, Anm. 2.
desinere mit Inf. 415, 2. desii u. desitus sum 299. für das deutsche „nicht mehr, nicht weiter" 487. mit Gen. 94, Anm. 5.
desistere mit Abl. 94, Anm. 2. mit Inf. 415, 2. mit Abl. gerund. 452, 6. für das deutsche „nicht länger" 487. non desistere für das deutsche „unaufhörlich" 487.
desperare konstr. 29, a, Anm. 3. desperatus 300, Anm.
destinare mit Inf. 415, 2.
destitutus a spe 106, Anm. 1.
desuefactus a 84, Anm. 2.
deterior u. peior 199, 14.
Determinativpronomen 245—257.
deterrere konstr. 94, Anm. 1. mit quominus od. ne 359; 342, III, 2. mit quin 357, Anm. 4. mit Inf. 359, Anm. 3.
detestatus hat pass. Bed. 302.
detrahere konstr. 94, Anm. 2.
deturbare konstr. 94.
deversari konstr. 112, Anm. 2.
devertere, deverti konstr. 112, Anm. 2.
dextra sinistra 503, 4. dextrā u. dextre 461, 7. dextrā ohne in 111, Anm. 3. a dextra 113.
διαίρεσις, Figur 551, 15.
dicere mit doppeltem Nom. od. Acc. 3; 37.
dictatorem dicere 40. dicunt „man sagt" 1, b. dicas „man könnte sagen", diceres „man hätte sagen können" 1, d; 332, 4. quod diceret 373. dicor mit Nom. c. inf. 436. mit Acc. c. inf. 436, Anm.; 437; 438, 12. dicere, ut 347, 3. dico „ich meine nämlich" konstr. 17, a. ut ita dicam mildert kühne Metaphern 279. sic dictus, supra dictus u. ä. fehlerhaft 258, 2. dico, plane dico in der Geminatio 551, 7, d. Formen von dicere ausgelassen 551, 3, b, c. f. pleonastisch 547, Anm. 1, a. quid dicam de 332, Anm. 5; 510, Anm. ne dicam u. ut non dicam 345. dici non potest, quin 357, Anm. 4. dictu 455, 2. dixisse dicitur 538, 4, Anm. at dices, at dicet quispiam u. ä. fehlerhaft 524, 5, a. non dico od. non dicam — sed 518. non dicere u. negare 471. dicta dicere 29, b, Anm. 1. ut dixi u. ut diximus 224, Anm.
dicionis suae facere 76, Anm. 1.
dictatorem dicere 40.
dictu 455, 2.
dictum Bed. Anhang 22. mit Adv. 12, a. dicto citius, maius u. ä. 100, Anm. 2. dicta dicere 29, b, Anm. 1. dicto audientem esse konstr. 60, Anm. 1.
dies beim Relativ wiederholt 547, Anm. 1, b. fällt weg bei den Namen der Feste 214, 30. dies noctesque etc. 540. in dies „von Tage zu Tage" 151, Anm. 1. diem dicere mit Dat. Gerund. 451, 4. mit Gen. criminis 89. diem ex die exspectare 151, 5.
differre transitiv u. intrans. 292, 7. konstr. 94, Anm. 1. mit Inf. 415, 2.
difficilis konstr. mit Supin od. anders 455, 2. difficile est, erat, fuit, Ind. statt Konj. 330 u 331. difficile est mit Inf. od. Acc. c. inf. 415, 1 u. 420, I.
diffidere konstr. 108, Anm. 4. diffisus hat Präsensbed. 301.
diffluere c. abl. 114, Anm.
dignari Bed. u. Konstr. 108, Anm. 5.
dignus mit Abl. 108, Anm. 5. mit qui c. coni. 398, b, Anm. 3. mit ut 438, 9. mit Supin auf u 455, 2. als relatives Adj. 196, Anm.
digredi konstr. 94, Anm. 1.
dilabi konstr. 94, Anm. 1.
dilectus fehlerhaft als Adj. gebr. 27, Anm.; 188, Anm. 2.
diligens c. gen. 85 u. 86. untersch. von accuratus 188, Anm. 2.
dimensus hat pass. Bed. 302.
dimidius, dimidium 194, Anm.; 214, 1. mit quam 508, Anm.
Diminutivsubstantiva, Gebr. 170. Diminutive Verben 308, 4.
dimittere konstr. 94, Anm. 1. fehlerhaft statt mittere 489 b, Anm.
Direkte Rede mit der obliquen wechselnd 457, Anm. 5.
dirigere c. abl. od. ad 98, Anm. 2.
discere statt doceri 43, Anm. 2. mit Inf. 415, 2. Graece discere 475, 3. discere ex od. a 151, 11.
discernere konstr. 94, Anm. 1.
discessu als Abl. der Zeit 123, 1.

discordare konstr. 94, Anm. 1.
discrepare konstr. 94, Anm. 1. non discrepat, quin 357, Anm. 4.
discribere mit Abl. od. ex 98, b.
Disiunctio, Figur 541, 5, Anm. 3.
disiungere konstr. 94, Anm. 1. disiunctus a 94, Anm. 4.
Disjunktive Fragen 405 ff.
dispar c. gen. od. dat. 59, Anm. 5. mit ac 507.
dispellere konstr. 94, Anm. 1.
displicet mit Inf. 415, 1. mit Acc. c. inf 420, I, 2.
dissentire konstr. 94, Anm. 1. multo od. longe dissentire 98, Anm. 9.
dissidere konstr. 94, Anm. 1.
dissimilis c. gen. od. dat. 59, Anm. 5. mit ac 507.
dissimulare mit Acc. c. inf. 421, Anm. 392, Anm. 1. mit trans. u. intrans. Bed. 292.
Dissimulatio, Tropus 550, 5.
dissuadere konstr. 49, Anm. 4.
distare a 94, Anm. 1. mit Acc. od. Abl. der Entfernung 121.
distinguere a 94, Anm. 1.
distrahi a u. cum 94, Anm. 1.
distribuere mit Dat. od. inter 152, 12.
Distributio, Figur 551, 15.
Distributive Apposition 82, b.
Distributivzahlen 214, 11 ff.; 217, Anm. bei Plur. tantum 214, 15. nicht mit Gen. partit. zu verbinden 82, Anm. 1.
diu est, cum 362, Anm. 4. iam diu 483, Anm. 3.
diversus ac 507. mit a 94, Anm. 4. Adj. statt des deutschen Adv. 21, 3.
dives nicht mit Gen. 84, Anm. 3. divites pauperes 503, 4.
dividere konstr. 94, Anm. 1; 152, 12. prägnant gebr. 35, 4.
divinam rem facere konstr. 106, Anm. 4.
divinitus 462.
docere konstr. 43, b. mit Inf. 415, 2. hat im Passiv gewöhnlich discere 43, Anm. 2.
documento esse 66 u. 67, 15.
dolere konstr. 29, a nebst Anm. 3 u. 4. mit Acc. c. inf. od. quod 370. mit si 438, 6. dolendus 29, a, Anm. 2.
dolo malo dicere 104, Anm. 1. per dolum 104, Anm. 2.
dolori esse 67, 8.
dominari konstr. 49, Anm. 4.
domus konstr. wie Städtenamen 116, Anm. 3 u. 4.
donare konstr. 54.
donec konstr. 364 u. 365.
dono dare, accipere 66 u. 67.
Doppelfragen 405 ff.
drohen mit Acc. c. inf. fut. 421, 4; 436, Anm. 3. Cf. auch 33, c.
Dubitatio, Figur 551, 8. sine dubitatione 151, 7 nebst Anm. 2.
Dubitativus 332, 5.
dubito, an „vielleicht“ 411. dubitare mit de od. Acc. 33, c. non dubito, quin 357. dubito, num, ne 357, 3, Anm. 3. dubitare „Bedenken tragen“ konstr. 415, 2; 357, 3, Anm. 3. non dubito mit Acc. c. Inf. 438, 1. für das deutsche „wohl, gewiß“ 487; 488.
dubius mit aktiver u. pass. Bed. 196, 12. mit Gen. 84, Anm. 4. dubium als Subst. „der Zweifel“ 151, Anm. 2. sine dubio 151, 7 nebst Anm. 2. dubium non est, quin 357. mit Acc. c. inf. 438, 1. dubium est, an 411. haud dubio als Abl. absol. 444.
ducere mit doppeltem Acc. od. Nom. 3; 37. mit Gen. possess. 76, Anm. 1. mit Dat. des Zweckes 66 u. 67. absolut gebr. 36, 3. mit Gen. pretii 88. mit pro, loco, inter 19, Anm. 2.
ductu, Abl. modi 104, Anm. 1.
dudum: iam dudum 483, Anm. 3.
duellum archaistisch 546, 2.
duim statt dem 311.
dulcis mit Supin. auf u 455, 2.
dum, Suffix an Imperat. u. Interjektionen 467, 9.
dum „während“ 364. „bis, bis daß“ 365. „wenn nur“ 387. dum ne 387. in Or. obl. 458. dum „noch“ bei Negationen enklitisch 477, Anm. 2. dum tandem, dum postremo ungewöhnlich 365, Anm. 3.
dummodo, dummodo ne 387.
dumtaxat 495, 1; 518, Anm.
duo, Bed. u. Gebr. 215; 214, 32. muß im Lat. wegfallen 212.
duoviri u. duumviri 214, 35. mit Dat. Gerund 456, 9.
durare Bed. 292, Anm. 1.
durch übers. 151, 4; 106. umschrieben durch substantivische Abl. 154, 12. durch ein Partic. Perf. Pass. 108, Anm. 2.
dürfen als phraseolog. Verb 298. durch Imperativ übers. 336, Anm. 3.
duumviri u. duoviri 214, 35. mit Dat. Gerund. 456, 9.
dux, Commune 6, c.

# E.

e, ex Präpos., Form 134, Anm. unterschieden von ab u. de 134. bei gigni, nasci, oriri u. ä. 95. steht od. fehlt beim Abl. der Trennung 94. bei den Verben des Schätzens u. Beurteilens 98, b. statt des Gen. partit. 79 ff. ex steht da, wo der Deutsche „wo?“ fragt 113. bei den Verben des Hangens u. Hängens 113, Anm. bei den Verben des Nennens 150, 11. ex meo iudicio, ex mea sententia 98, Anm. 6. fieri ex 3, Anm. 2. facere, fingere, formare, fabricari ex 106, Anm. 4, d. ex „seit“ 125, 3. = „nach“ 150, 12. ex „unmittelbar nach“ 150, 10; 153, 11. diem ex die exspectare 151, 5. ex quo, ex eo quo „seit“ 362, Anm. 4. e regione „gegenüber“ 150, 1. ex „zum Nutzen, im Interesse“ 153, 6. ex itinere scribere 149. ex mit Gerund. 451, 6. viele mit ex zusammenges. Verben regieren den Acc. 31. ex morbo convalescere u. ä. 151, 10. bei audire, scire u. ä. 151, 11. hac ex causa 151, 12.
eben: nicht eben 470, 9.

ebenfalls durch idem, et ipse, item übers. 255—257.
ebensosehr als 521; 516.
ebensowenig als 521.
ecastor 551, 3, i.
ecce konstr. 45, Anm. 2; Anhang 9, b, 4. ecce tibi 61, Anm. 1.
ecqui, ecquis 403, Anm. 3; 268, Anm. 1. ecquid für num 409, 2.
edepol 551, 3, i.
edicere „lassen" 297. konstr. 342, I, c. edicto als Abl. absol. 444.
editus mit Abl. 95.
edocere konstr. 43, b.
educere konstr. 94, Anm. 2.
efferre konstr. 94, Anm. 2.
efficere „machen", Bed. u. Konstr. 38; 3, Anm. 1. mit ut, ne 342, I, d. mit Acc. c. inf. 349. 6. effici „werden" 3 nebst Anm. „lassen" 297. ex eo (inde) efficitur „daraus folgt" 339, Anm. 4; 527; 498, 6. efficiens c. gen. 85 u. 86.
effugere konstr. 33, a, Anm. 1. fehlerhaft statt fugere 489 b, Anm.
effundi „sich ergießen" 294.
egere konstr. 96. egens c. gen. 84, d.
ego wird nos 224. egomet 222. egone verwundernd fragend 403, Anm. 4.
egredi konstr. 94; 31, Anm. 2.*
egregie 483, 5; 199, Anm. 2. als Quantitätsadverb 485.
eheu mit Acc. 45.
ehodum 467, 9.
Ehre: „zu Ehren jemandes" durch dat. commodi übers. 57, Anm. 1.
eicere konstr. 94, Anm. 2.
eigen übers. 230, 2; 55; 232, 2.
Eigennamen im Plur. 160, 2—4. mit Adj. verbunden 179.
eigentlich durch ipse übers. 253. denn eigentlich 482, 1.
eilen 455, Anm. 3.
eilig, eiligst durch properare, maturare u. ä. übers. 487.
einander 236 u. 237.
einer durch is od. tantus übers. 251. durch idem 214, 34. durch homo 180, 3. durch ille 238, Anm. 3. fällt im Lat. weg 212; 214, 5. einer den andern 236 u. 237.
Einheit des Subjekts 541, 3, Anm. 4. der Periode 341. 3, a.
einige 274, 4.
einmal 497; 481; 464. und nicht einmal 512, Anm. 4.
Einordnung der Adj. 503, 2 u. 5; 537.
Einschachtelung, Fehler 545.
einst übers. 464.
Einwohner stehen statt des Ländernamens 162. Ländernamen statt der Einwohner 163.
Einwurf 524, 5, a; 529, 1; 551, 20.
einzelner 214, 33; 213.
eiusmodi Gebr. 339, Anm. 1.
ἐκφώνησις, Figur 551, 5.
elabi konstr. 94, Anm. 2.
elaborare in eo, ut, ne 342, I. a.
Elativus 199, 2.
elicere konstr. 94, Anm. 2.
eligere mit dopp. Acc. od. Nom. 3; 37; 39, 2.
Ellipse, Figur 551, 3.
ementitus hat pass. Bed. 302.
emere konstr. 107.
emigrare konstr. 94, Anm. 2.
emittere konstr. 94, Anm. 2.
emolumento esse 66 u. 67.
Emphasis, Tropus 550, 8.
en „siehe" konstr. 45, Anm. 2.
Ἐν διὰ δυοῖν s. Hendiadys.
endlich 481. bis endlich 365, Anm. 3.
enim u. nam 533. Stell. 531, Anm.; 130, 5. non enim u. neque enim 513; 536, 12. enim „zum Beispiel" 397. sed enim 524, Anm. 1. at enim 529, 1. quid enim? 410, 5. cum enim u. nam cum 544. neque enim non 500. qui enim wann fehlerhaft 262, Anm. 1.
enimvero 529, 2.
eniti mit ut, ne 342, II, a. mit Inf. 415, 2.
Entfernung ausgedr. durch Acc. od. Abl. 121.
Enthymem 528.
entschlossen, etwas zu thun 324, Anm. 2; 439, Anm. 4.
eo c. gen. 78, f. „deshalb" 530, 5, Anm. 2. quo — eo „je — desto" 210. usque eo non — ut 339, Anm. 6.
Epanalepsis, Figur 551, 7, d.
Epanorthosis, Figur 551, 19.
Epexegese 238, Anm. 2; 369, Anm. 1.
Epexegetischer Genitiv 69; 9.
Epiphonem 551; 1 u. 5, Anm.; 14, Anm.
Epiphora, Figur 551, 7, b.
Epitheton ornans 547, Anm. 5.
ἐπιτροπή, Figur 551, 9.
Epizeuxis, Figur 551, 7, d.
eques kollektivisch 155, 2.
equidem 223; 220.
er, sie, es übers. 219, Anm.
—er, Anhängesilbe b. Inf. Praes. Pass. 311, Anm.
—ere, für —erunt im Perf. Act. 312.
erga bei Adj. 59, Anm. 1. Sonstiger Gebrauch 150.
ergo, Präpos. mit Gen. 137, Anm. 1; 129. ergo, Konjunktion, Gebr. 530, 1; 527. itaque ergo 530, 5, Anm. 1. quid ergo? 410, 4. et ergo 532. ergo dient zur Wiederaufnahme des unterbrochenen Satzanfanges 546, 4. non ergo 536, 12.
erinnern, sich erinnern 87; 227, Anm. 2.
eripere konstr. 94, Anm. 2.
Ersatz der Konjunktive der Futura 328 b.
erst 481 nebst Anm.; 497.
ersterer — letzterer 240.
ἐρώτημα, Figur 551, 6.
erubescere c. acc. 29, a, Anm. 1 u. 3. mit Inf. 415, 2.
erudire konstr. 43, Anm. 2; 114.
erwähnen: der oben erwähnte u. ä. 258. 2.
es übers. 1, Anm. 3.
escendere konstr. 31, Anm. 2, 2.
esse als Verbum substant. 5. Formen von esse ausgelassen 4; 551, 3, a; 438, 11. Stellung 536, 1. mit dem Nom. od. Acc. des Prädikats=

nomens 3; 416. für das deutsche „leben, herrschen" 5 nebst Anm. mit Adv. 5, Anm. 1. mit Partic. Präs. 440, Anm. 3. mit Dat. des Zweckes 66 u. 67. mit Gen. od. Dat. possess. 55; 76 u. 77. est mihi aliquid cum aliquo 55, Anm. 2. esse mit Gen. od. Abl. qualit. 74, Anm. 1. est alicuius „es ist Pflicht, Sache, Aufgabe" rc. 76 u. 77; 162, d; 428. esse mit Gen. „bestehen aus" 76, Anm. 4. mit Gen. u. Abl. pretii 88; 107. prägnant mit in c. acc. 118, 3. sunt qui c. Coni. 398, c. est ubi, est unde, est quatenus u. ä. c. Coni. 398, c; 399, 8. est quod od. cur mit Konj. 400. est, ut 339, 3. in eo est, ut 339, 3 u. Anm. 3. est mit Inf. 418, 9. mit Part. Präs. als Prädikatsnomen 440, 5, Anm. 3. esse mit Gen. od. Dat. Gerund. 452; 451, 4. laudatus sum u. laudatus fui untersch. 318. esto, Bed. u. Gebr. 336, Anm. 7. quod in aliquo est 398, f. est „man liest" 1, Anm. 2. esse ab aliquo 152, 5; 166, Anm. 2. esse ex usu, e re mea u. ä. 153, 6. esse alicui ab epistulis, a bibliotheca, a rationibus u. ä. 153, 10. id est in Or. obl. 457, I, 1

— esse, — esso altertümliche Endung 311, Anm.

esto „es sei, nun gut" 336, Anm. 7.

et, Bed. u. Gebr. 499 ff. für etiam 502. et ipse „auch" 225—257. et is „und zwar" 252. et „und zwar" 506, 1; 17, c; 252, Anm. adversativ „sondern" 506, 2. „und wirklich, und in der That" 506, 3. „und doch" 506, 4. bei Zahlen „bis" 523. „und überhaupt" 506, 5. et durch Anaphora beseitigt 505. et verbindet zwei beigeordnete Adj. 503, 1. bei drei od. mehr Begriffen weggelassen od. gesetzt 501. bei multi, pauci, unus 503, 5. fällt nach einem hypothet. Imperativsatze weg 503, 6. et qui, wo im Deutschen bloß welcher steht 503, 9. et — et, et — que 514. verschieden von partim — partim 517. et neque — neque 520, Anm. et — neque, neque — et 514, Anm. 1. ne et — et 342, Anm. 4. et — et — et für das deutsche „erstens, zweitens, drittens" 218. et non u. nec 512. et nullus, et nemo, et nihil u. ä. 512, Anm. 3. et ne — quidem 512, Anm. 4. et tamen 524, 6. et igitur, et idcirco, et ergo fehlerhaft 532. et vero 524, Anm. 3. et quidem 252; 483, 4; 506, 1 nebst Anm. 2. et in der Propositio minor 527. et fehlerhaft bei Aufzählungen 218. et fehlerhaft bei Verbindung zweier Nebensätze od. Participialkonstruktionen 542, 3; 504. et statt ac bei Ausdrücken der Gleichheit u. Ähnlichkeit 509. et bei unwilliger Frage 506, 4.

etenim 533.

etiam u. quoque 256. „noch" 477. beim Komparat. 199, 6. beim Superl. 199, 8; 253, 19. „ja" 411, 14. etiam nunc, etiam tum, etiamnum 477; 467, 5; 466. sed etiam wird sed 518. atque etiam 483, 11. at etiam 524, 5. cum etiam tum konstr. 362, Anm. 4. etiam atque etiam 477, Anm. 1; 492. quin etiam 483, 11. ut — sic etiam 393, Anm.

ἠθοποιία, Figur 551, 10.

etiamsi Bed. 389, 2; 391.

etsi Bed. u. Gebr. 389, 2. zu einem Partic. gesetzt 446. correctivum 391. zur Angabe einer beschränkenden Bemerkung 391. quod etsi 264. mit Acc. c. inf. 457, Anm. 4.

etwa: „wer etwa, welcher etwa" 386.

etymologische Figur 29, b.

Euphemismus 550, 5, Anm. 3.

evadere konstr. 31, Anm. 2.* „werden", Bed. u. Gebr. 3 nebst Anm.

evehere konstr. 94, Anm. 2.

evenit, ut 339, 3. quod 369, a, β. dient zur nachdrucksvollen Umschreib. 341.

evigilare librum 35.

evocare konstr. 94, Anm. 2.

exadversus, exadversum 150, 1.

exaequare konstr. 33, a nebst Anm.

examinare c. abl. 98, Anm. 2.

excedere konstr. 31, Anm. 2.*

excellentia, Singulare 155, Anm. 2.

excellere konstr. 31, Anm. 4; 19, Anm. 1.

exceptio: sine ulla exceptione 151, 9.

exceptus 152, 8.

excerpere konstr. 94, Anm. 2.

excidere konstr. 60, Anm. 1.

excipere, Bed. u. Konstr. 33, c; 114. exceptus „außer" 152, 8.

excitare mit ut, ne 342, I, c.

Exclamatio, Figur 551, 5.

excludere konstr. 94.

excurrere konstr. 94, Anm. 2.

excusare prägnant gebr. 35, 9. excusari u. se excusare 295.

exempli causa (gratia) 397. exemplo esse u. ä. 66 u. 67, 15. exemplum edere, statuere konstr. 112, Anm. 2, h.

Exemplum fictum 397, Anm. 3.

exequias ire 29, b, Anm. 2.

exercere, Bed. u. Konstr. 152, 3; 112, Anm. 2; 114. exerceri „sich üben" 294 u. 295.

exheres c. gen. 84, c.

exigere nicht mit ut, ne konstr. 342, I, b. aliquid ab aliquo 43, c.

eximie 483, 5; 199, Anm. 2; 485.

eximere konstr. 94, Anm. 3.

exire konstr. 94, Anm. 2; 112, Anm. 2.

existere konstr. 94, Anm. 2. „werden", Bed. u. Gebr. 3 nebst Anm. existunt, qui c. coni. 398, c.

existimare mit doppeltem Acc. od. Nom. 3; 37. mit Gen. pretii 88. mit Gen. poss. 76, Anm. 1. mit Gen. u. Abl. qualitatis 74, Anm. 1. mit Abl. od. ex 98, b. pleonastisch 547, 1, Anm. 1, a. für das deutsche „wohl, gewiß" 488. existimari mit Nom. c. inf. od. Acc. c. inf. 436 nebst Anm.; 437.

exitu als Abl. temporis 123, 1, b.

exonerare konstr. 94, Anm. 3.

exoptare mit Inf. 415, 2.

exorare, ut, ne 342, I, b.

exordiri a 113, Anm.

exoriri konstr. 95. exorti sunt, qui c. coni. 398, c.

exornare fehlerhaft 489 b, Anm.

exosus, Bed. u. Konstr. 300.

expedire konstr. 94, Anm. 2.

expedit mit Inf. oder Acc. c. inf. 415, 1 u. 420, I, 2.
expellere konstr. 94.
expendere c. abl. 98, Anm. 2.
experiri, si 383. fehlerhaft mit Inf. verb. 415, 2; 418, 7. experiens als Adj. 188. expertus hat pass. Bed. 302.
expers c. gen. 84, c.
expetere mit Inf. 438, 4. mit Acc. c. inf. 346. nicht mit ut, ne 342, I, b.
explere konstr. 96.
Explikativer Genitiv 69.
explorato als Abl. absol. 444.
exponere konstr. 112, Anm. 1. intransitiv mit de 292, Anm. 4. exposito als Abl. absol. 444.
expromere konstr. 112, Anm. 2.
exsequias ire 29, b, Anm. 2.
exsistere s. existere.
exsolvere konstr. 94, Anm. 3.
exsors c. gen. 84, c.
exspectare dum 365, Anm. 2. si 383; 365, Anm. 2. ut, ne 342, II, b. quam mox 354, Anm. 2. exspectavi „ich hätte erwartet" 330, IV. ungewöhnlich mit Acc. c. inf. 422, Anm. fehlerhaft mit Konj. Fut. im abhängigen Nebensatze 354, Anm. 2. exspectato maior, celerior u. ä. 100, Anm. 2.
exspectatione maior, celerior u. ä. 100, Anm. 2.
exsudare prägnant gebr. 35.
exsultare konstr. 29, a, Anm. 3.
exterminare konstr. 94.
externus fehlerhaft 189, 2.
extorquere konstr. 94, Anm. 2; 60, 9.
extorris konstr. 94, Anm. 4.
extra als Adv. 128. als Präpos. 144, Anm.; 152, 8.
extremus, Adj. statt des deutschen Adv. 21, 3; 194. extremum c. gen. 78, Anm. 5; 184. ad extremum 218; 461, 2.
exturbare konstr. 94.
exuere konstr. 54 nebst Anm. 1; 227. exuor „ich ziehe mir aus" 46, Anm.

# F.

fabrica, Singulare 155, Anm. 2.
fabricari ex 106, Anm. 4, d.
fabricator mundi 39, 1.
fabula, Stellung 536, 7, Anm.
facere u. reddere „machen" 38. facere hat im Pass. fieri 304, 3. facere aliquid ex re 106, Anm. 4, d. quid huic od. (de) hoc faciam 57, Anm. 3. facere mit Gen. possess 76, Anm. 1. mit Gen. pretii 88. mit doppeltem Acc. 37. aequi boni facere 88, Anm. 2. quod eius facere possum 78, Anm. 6. nihil aliud facere nisi od. quam 496, Anm. facere „opfern" = sacrum facere, rem divinam facere konstr. 106, Anm. 4. facere „lassen" 297. mit Partic. Präs. Akt. od. mit Inf. Präs. Pass. 349, 3; 440, I, c. fac mit Konj. 344; 336, Anm. 2; mit Acc. c. inf. od. ut, ne 349; 342, I, d. mit quod 369, a, β. fac ne 337, Anm. 3.
fac, faciamus mit Acc. c. inf. 349, 2. Formen von facere weggelassen 551, 3, c; 496, Anm.; 419. facio, ut dient zur nachdrücklichen Umschreibung 341. facere non possum, ut od. quin 357, 3, e; 428. facere cum aliquo 57, Anm. 3; 152, 5. nihil reliqui sibi facere ad 78, Anm. 6. certiorem facere konstr. 87. facinus facere 29, b. factu 455, 2.
facessere intransitiv gebr. 292, 5.
facilis mit Supinum od. ad c. Gerund. 455, 2. mit Inf. od. Acc. c. inf. 415, 1 u. 420, 1. facile „unstreitig, entschieden" 199, 8. facile est, Indik. statt Konj. 330 u. 331.
facinus facere 29, b.
factu 455, 2.
factum mit Adj. od. Adv. 12, a.
facultatem dare mit ad od. Gen. Gerund. 451, Anm. 1.
faenerari c. acc. 29, a, Anm. 5. faenori dare 67, 13.
faktitiver Dativ 66 u. 67.
fallaciter 474, 2.
falli „sich täuschen" 294. fallit me 33, b. nisi me fallit 33, Anm. 2; 379.
falsus mit akt. u. pass. Bed. 196, 12; 300. falsum est, ut 438, 2. falso 474, 2. falsum iurare 29, b, Anm. 4. falsum sentire u. ä. 180, 4, a.
fama, Singulare 155, Anm. 2. fama est mit Acc. c. inf. 420, I.
fames: in fame 123, 2, c.
familiaris mit Gen. od. Dat. 60, 5.
fari, Bed. u. Gebr. 306, 11.
fas mit Supinum auf u 455, 2. fas est „es wäre recht", Indik. statt Konj. 330 u. 331. mit Inf. u. Acc. c. inf. 415, 1 u. 420, I.
fast 483, 8; 330, III.
fastidire konstr. 29, a. mit Inf. 415, 2. fastidiosus c. gen. 84. a.
fauces, Plurale 158, Anm. 3; 156, 2.
favere konstr. 49.
faxim statt fecerim 311.
febris ausgelassen 551, 3, h.
fecundus nicht mit Gen. 84, Anm. 3.
feindlich übers. 192, 1.
Feldfrüchte im Sing. 155, 1.
fenori dare 67, 13.
ferax c. gen. 84, d.
fere u. paene 483, 9; 150, 3.
feriae ausgelassen 551, 3, h.
ferire foedus 35, 8.
ferme 483, 9; 150, 3.
ferner 510; 498, 8; 410.
ferre aegre, moleste, graviter mit Acc. c. inf. od. quod 370. non fero, ferre non possum u. ä. mit Acc. c. inf. 425, b. aliquid (ita) fert, ut 339; 3; 152, 15. ferunt „man sagt" 1, b. feror mit Nom. c. inf. 436 u. 437. ferri „sich stürzen" 294. secum ferre, natura (ita) fert u. ä. 152, 15. ferre „hervorbringen" statt proferre 489 b, Anm.
fertilis konstr. 84, d; 96, Anm. 2.
fessus ab 106, Anm. 3.
Festnamen mit Abl. ohne in 123, 1.

festinare mit Inf. 455, Anm. 3; 415, 2. mit Acc. 29, a, Anm. 5.
Fictio, Figur 551, 20, Anm. Exemplum fictum 397, Anm. 3.
fidere konstr. 108, Anm. 4. fisus hat Präsensbed. 301.
fides „die Leier" 156, 2.
fides: pro deum hominumque fidem 45, Anm. 2. bona fide, mala fide 104, Anm. 1. per fidem 104, Anm. 2.
fidius 551, 3, i.
fiducia mei u. mea 71.
fieri untersch. von evadere, existere 3, Anm. 1. als Passiv zu facere 304, 3; 38, Anm. 2. mit Gen. possess. 76, Anm. 1. quid mihi od. (de) me fiet 57, Anm. 3. mit Gen. pretii 88. mit dem Nom. des Prädikatsnomens 3. mit Dat. des Zweckes 66, a. fieri ex od. de 3, Anm. 2. fit, ut od. quod 339, 3; 369, a, $\beta$. fit, ut dient zur nachdrucksvollen Umschreibung 341; 530, 2. factum est, ut mit dem Konj. Imperf. 327, 6, Anm. 1. ita fit, ex quo fit, ut in Schlüssen 527, 339, Anm. 4. fieri non potest, ut od. quin 357, 3, e; 428. per me fit, quominus 359, Anm. 1. quod eius fieri potest 78, Anm. 6.
figere konstr. 112.
Figuren, Begriff u. Arten 548 ff. Figura etymologica 29, b.
filius, filia ausgel. 73; 551, 3, g. statt des deutschen „der jüngere" 98, Anm. 7.
Finalsätze 342 ff.
fingere ex 106, Anm. 4, d. sibi fingere fehlerhaft 227. „lassen" 297. mit Partic. Präs. od. Inf. Präs. Pass. 440, 1, c; 349, 3. finge, fingamus c. acc. c. inf. 551, 20, Anm. fingor mit Nom. c. inf. od. Acc. c. inf. 436.
finire c. abl. oder ex 98, b.
finis: finem facere c. gen. od. dat. 60, 7. fini oder fine „bis an" 146, 2.
finitimus c. gen. od. dat. 60, 5.
firmare stationes 35, 2.
firmus a 98, Anm. 5; 113.
fisus konstr. 108, Anm. 4. hat Präsensbed. 301.
flagitare konstr. 43, c. mit ut, ne 342, I, b. mit bloßem Konj. 344.
flagrare c. acc. 29, a, Anm. 1.
flectere absolut gebr. 36, 11. viam, promunturium flectere 33, c.
flere konstr. 29, a.
flocci non esse, facere u. ä. 88, Anm. 2.
florere praeter ceteros 31, Anm. 4; 204, Anm. „als etwas berühmt sein" 19, Anm. 1. florere c. abl. 96, 1.
flumen Stell. 536, 7, Anm. flumine statt in flumine 114. adverso u. secundo flumine 150, 4.
Flußnamen im Abl. instrum. 114. fluxus 300.
foedus ferire, icere 358, 8.
Folge der Zeiten 327—329.
folgen: daraus folgt, daß 339, Anm. 4.
folglich 530; 527. umschrieben 498, 6.
fore u. forem Bed. u. Gebr. 305. fore, ut 432; 385. fore mit Partic. perf. pass. 432, Anm. 2; 305, Anm.
formare ex 106, Anm. 4, d.
forsitan 479.
fortasse, fortassis 479. num fortasse fehlerhaft 403, b.
forte, Bed. 479. nisi forte 381, 2. ne forte 342, Anm. 3. num forte fehlerhaft 403, b; 479. an forte fehlerhaft 408; 479.
forti animo esse 158, Anm. 3.
fortunā u. a fortuna 106, Anm. 1.
Frage, Figur 551, 6. zwei Fragen in einem Satze vereinigt 412. Fragen der Verwunderung im Acc. c. inf. oder mit ut 435; 432, Anm. 6.
Fragepartikeln 403 ff. ausgelassen 404.
Fragesätze 402—413; 268—273. in Or. obl. 457, I, 3, Fragesätze mit quid eingeleitet 410. ohne Fragepartikeln 404. Doppelfragen oder disjunktive Fragen 405 ff. direkte Frage statt einer indirekten 412, 3. unwillige Fragen ausgedr. 506, 4; 435. indirekter Fragesatz zur Umschreib. eines deutschen Subst. 177, d. statt eines deutschen Relativsatzes 413. zwei Fragen in einem Satze vereinigt 412. indirekte Fragen und Relativsätze untersch. 407, 2.
Fragende Pronomina 268—273.
fraudare konstr. 96.
fraudatio u. fraus. 168. per fraudem 104, Anm. 2.
Fremdwörter im Lat. 171 u. 172.
fremere mit Acc. 29, a, Anm. 5.
frequens, Adj. statt des deutschen Adv. 21, 3 u. 22. mit dem Abl. 96, Anm. 2.
frequentatio u. frequentia 168.
Frequentative Verben 308, 1.
fretus konstr. 108, Anm. 4.
frigida sc. aqua 551, 3, h.
frons: a fronte 113.
frui, Bed. u. Konstr. 109 nebst Anm. 2. fruendus 303.
frustra, Bed. 474, 1. frustra est 5, Anm. 1.
fuga: in fuga u. ex fuga praedari 149.
fugere konstr. 33, a nebst Anm. me fugit 33, b nebst Anm. 2. non me fugit, quin 357, Anm. 4. mit Acc. c. inf. 420, I, 2. mit Inf. 415, 2. fuge c. inf. 337, Anm. 3. fugiens c. gen. 85 u. 86.
fui mit Partic. Perf. Pass. 318. fuit tempus (dies), cum mit Konj. 362, Anm. 2.
fühlen sich, phraseologisches Verbum 298.
fundamenta iacere 156, 2.
funditus 462.
fungi, Bed. u. Konstr. 109. fungendus 303.
für übers. 139 u. 140. durch Dat. commodi 57. für und wider 133, 4.
furtim 463.
Futurum, Bed. im allgem. 314; 316 b; 324. bezeichnet einen Befehl 336, Anm. 3. wo im Deutschen das Präsens steht 325, 1—3. für das deutsche „wollen" 324. Genauigkeit des Lateiners beim Gebrauch des Fut. 325, 1—3. Futurum II statt des Fut. I 316 b, Anm. 2 u. 3. Perf. statt des Fut. II 317, Anm. 1. Imperativus futuri 336—338. Konjunktiv der Futura ersetzt oder umschrieben 328 b. Konjunktiv Fut. fehlerhaft nach den Verben des Fürchtens 354.

futurum est, ut 339, 3; 324, Anm. 1. futurum esse, ut 432; 385. futurum fuisse, ut 385; 432, Anm. 1.
futurus „künftig" 439, Anm. 4.

## G.

Gallia cisalpina 200, Anm. 2.
ganz wird im Lat. nicht besonders ausgedrückt 189, Anm. durch quidam übers. 278.
gaudere konstr. 29, a, Anm. 1 u. 3. mit Acc. c. inf. od. quod 370. mit cum 438, 5. mit si 438, 6. gavisus hat Präsensbed. 301.
Gefühl nicht durch sensus übers. 161, Anm.
gegen übers. 150. = „ungefähr" 150, 3.
Gegenfrage mit an 408.
Gegensätze paarweise stehen asyndetisch 503, 4.
gegenseitig 236 u. 237.
gegenüber übers. 150.
Gegenwart, Begriff 314. Cf. Präsens.
gehören übers. 55 u. 56; 76 u. 77.
Geld (viel, wenig u. ä.) 192, 3, b.
geliebt 27, Anm.; 188, Anm. 2.
gemäß übers. 150, 12; 260, Anm. 2.
gemere konstr. 29, a.
Geminatio, Figur 551, 7, d.
gemütlicher Dativ 61.
genannte: der schon oben genannte, der sogenannte u. ä. 258, 2.
Genauigkeit der lat. Sprache bei Bezeichnung der Zeitverhältnisse 325. im Gebrauch des Numerus 158.
generatus mit Abl. 95.
genießen, nicht immer durch frui zu übers. 109, Anm. 2.
Genitiv, Bed. im allgem. pag. 19. Syntax 68—93. Gen. epexegeticus od. explicativus 69; 9. subjektiver od. objektiver Gen. pag. 51; 68; 70 ff. Gen. qualitatis 74 u. 75. stets mit einem passenden Adj. verbunden 75. Gen. partitivus 78 ff. wann fehlerhaft 79; 81 u. 82. abhängig von einem substantivierten sächl. Adj. 184; 78, Anm. 2. Gen. possessivus untersch. vom Dat. possess. 55; 76. Gen. u. Dat. wechselnd in manchen Redensarten 60. Gen. bei den Ausdrücken „es ist Sache, Pflicht, Aufgabe" u. ä. 76. Possessivpronomen statt des Gen. obiectivus 71. Gen. eines Subst. statt des deutschen Adj. 191; 74, Anm. 3. lateinische Adj. statt eines deutschen Gen. 193. Gen. quantitatis oder generis 78 ff. Gen. abhängig vom Adj. 84. Gen. bei Partic. auf ans u. ens 85. Gen. pretii 88; 107. Gen. criminis bei gerichtlichen Verben 89. Gen. statt der deutschen Apposition 69. zwei Genitive von einem Subst. abhängig 70, Anm. Gen. des Gerund. 451 u. 452. Attributiver Gen., Stell. 536, 6; 130, 3. Gen. bei Städtenamen 116 ff.
genitus konstr. 95.
Gentilnamen als Adj. gebr. 10, Anm. 2.
gentium bei unde, ubi, eo u. ä. 78, f.
Genus pro specie, Tropus 550, 1.
genus humanum, Stell. 510. homines omnis generis u. omne genus hominum 74, Anm. 4.
id genus, omne genus adverbial 47. ex eo genere, quae c. plur. 72.
gerade ipse 253. quisque 287, 2. „gerade jetzt" 253, 7. „nicht gerade 470, 9.
gerere se mit Adv. od. pro 42.
Germanismus 546, 3.
Gerundium und Gerundivum, Syntax 448—454. Bedeutung im allgem. 448; 428. Gerundium mit passiver Bedeutung 448, Anm. Verwandlung des Gerundiums ins Gerundiv 449. Genitiv Gerund. bei Adj. 451, 2. bei esse 452, 1. bei Subst. 451, 1. Dat. Ger. bei Adj. 451, 3. bei einzelnen Verben u. Phrasen 451, 4. bei Würden u. Ämtern zur Bezeichnung ihrer Bestimmung 456, 9. statt a c. abl. 63. Gen. Ger. od. Inf. bei tempus est, mos est, consilium capio u. ä. 450. Inf. statt des Gerund. bei Dichtern 418, 3 u. 4. Acc. Gerund. mit Präpos. 451, 5. bei Verben (do, trado, curo u. ä.) 451, 7. Abl. Gerund. mit u. ohne Präpos. 451, 6. Gerundiv auf ndi auch bei Feminin. od. Plural der Personalpronomina 226. Gerundiv bezeichnet nie ein Können 454. dient zur Umschreib. deutscher Verbalsubst. 453. Abl. des Gerund. statt des Partic. Präs. 451, Anm. 3. Acc. des Gerundivs fehlerhaft als Objekt gebr. 451, Anm. 4.
geschweige denn, daß 388.
gesetzt daß 332, 3; 389, 6.
gestire mit Inf. 415, 2. für das deutsche „gütigst, gern" 487.
gestus, Singulare 155, Anm. 2.
gewiß übers. 488; 461, 1.
gewissermaßen 279.
gewöhnlich durch solere, consuevisse übers. 487.
gigni konstr. 95.
glauben: „ich sollte glauben, das hätte ich nicht geglaubt", Ind. statt Konj. 330, VI. glaube mir 336, Anm. 6.
gleichfalls 255—257.
gleich nach 150, 10: 253, 4.
gloriari konstr. 108, Anm. 5. mit Acc. c. inf. 370, Anm. 2. gloriandus 303, Anm.
gloriosum est, ut 438, 2.
gnarus mit Gen. 84, b.
Gräcismus 546, 3.
Grad, nicht durch gradus übers. 203.
Gradatio, Figur 551, 16.
gradatim 483, 13.
gradus, Bed. u. Gebr. 203.
Grammatische Wortstellung 535, 2.
grandis natu 98, Anm. 7.
gratia „wegen" Gebr. 137; 129. gratias agere mit quod od. Acc. c. inf. 370. mit cum 438, 5. gratiam inire *ab* 113. exempli gratia, verbi gratia 397. gratia für das deutsche „durch" 154, 12. mit Gen. Gerund. 451, 2.
gratis, gratuito 474, 1. gratis stare 107, Anm. 1.
gratulari konstr. 442. mit cum 438, 5. mit quod od. Acc. c. inf. 370. mit Partic. Perf. Pass. 442.
gratulatio c. gen. 70, 8.

gratus in aliquem 60, Anm. 3. pro re 139, 5. (gratissimum) alicui facere 180, 4, a; 199, 3.
gravari mit Inf. 415, 2.
gravis mit akt. u. pass. Bed. 196, 1. mit Supinum auf u 455, 2. grave est, erat u. s. w., Ind. statt Konj. 330 u. 331. graviter ferre mit quod od. Acc. c. inf. 370. graviter als Qualitätsadv. 485. graviter aestimare 88, Anm. 3.
Griechische Wörter u. Eigennamen im Lat. 171 u. 172. Griech. Acc. 46; 29, c. Griech. Dativ bei Pass. 64.
gubernaculum im Plur. 156, 2.
gustare absol. gebr. 36, 10.

## H.

haben übers. 55 u. 56.
habere mit doppeltem Acc. od. Nom. 3; 37 nebst Anm. 2. habere pro od. loco 19, Anm. 2. haberi mit doppeltem Nom. 3; 37, Anm. 2. sibi habere aliquid 57, Anm. 3. habeo u. mihi est 55, Anm. 1. mit Dat. des Zweckes 66 u. 67. mit Gen. possess. 76, Anm. 1. mit Gen. pretii 88. mit Gen. u. Abl. qualit. 74, Anm. 1. habere in custodiam, in potestatem u. ä. 118, 3. nomen habere konstr. 55, Anm. 4. habere mit Partic. Perf. Pass. zur Umschreib. 319. habeto, sic habeto 336, Anm. 7. habet hoc aliquis, ut 339, 3; 152, 15. non habeo, quid habes, quod od. cur c. coni. 400; 398, c. in animo habere c. inf. 415, 2. haec habeo dicere, scribere u. ä. 417, 2. res bene habet 294, Anm.
habitare, Bed. 292, Anm. 1. mit Gen. u. Abl. pretii 107, Anm. 1. inter falcarios habitare 153, 13.
hactenus 483, 1.
haerere mit Dat. 52, Anm. 2. in terga haerere 118, 3.
halb, Hälfte übers. 214, 1; 194, Anm.
hangen, hängen konstr. 113, Anm.
hasta: sub hasta vendere 153, 7.
haud, Bed. u. Gebr. 469. hauddum 477, Anm. 2. haud fere 483, 9. haud ita 470, 9. haud scio an 411; 479; 469. Stell. von haud 536, 12.
haudquaquam 470.
Hauptaussagesätze und Hauptaufforderungssätze in Or. obl. 457, 1 u. 2.

heluari c. abl. 96, 1.

Hendiadys 551, 14; 190; 187, Anm. 2, a; 490; 547, Anm. 5; 485.
hercules, hercle 551, 3, i.
heres ex asse, ex semisse 153, 9.
herrschen esse 5, Anm. 2.
heu mit Acc. 45.
hic, Pronomen, Bed. u. Gebr. 238; 219, Anm. Stellung 536, 4; 130, 2 u. 7. hic — ille „der letztere — der erstere“ 240. hic ille verbunden 238, Anm. 3. hic mit tam, tantus, talis 242. hic qui u. is qui 246. hic dolor „der Schmerz hierüber“ u. ä. 72. hic locus „unsere Stelle“ 231. his decem annis, hoc biduo u. ä. 126, 3 nebst Anm. 2. hinc in Or. obl. 457, Anm. 7. in historischer Erzählung 244. hic richtet sich nach dem Prädikatsnomen 23. hoc c. gen. 78, d. hoc adverbieller Acc. 29, c. hoc als Abl. differ. 98, Anm. 8. hoc vertritt ein deutsches Subst. 176. hoc primum 214, 22. hoc bereitet auf einen folgenden Gedanken vor 238, Anm. 2; 100, Anm. 5; 369, Anm. 1; 370, Anm. 1. hoc dico, hoc constat versch. von tantum dico, tantum constat 241. hoc beim Infin. 414, 3, Anm. quo — hoc mit Komparativ 210. hicne u. hicine 403, Anm. 1. huiusce u. s. w. 239.
hic „hier“ mit Gen. 78, f. hic mihi 61, Anm. 1.
hicine 403, Anm. 1; 45, Anm. 1.
hinc „deshalb“ 530, Anm. 3. hinc sequitur fehlerhaft 339, Anm. 4.
hindurch von der Zeit 124.
Historischer Infinitiv 322. Historisches Präsens 322; 327, 5. Historisches Perfekt 317. Historische Periode 541, 5.
hoc s. hic.
höchstens bei Zahlen 495, Anm.
hoffentlich durch Verbum regens übersetzt 486.
homo Romanus, homo Graecus u. ä. 180, 3. homo statt is 245, Anm. 2.
Homöoptoton 538, 3, c.
Homöoteleuton 538, 3, c.
honestas „Gefühl für Anstand“ 161, Anm.
honestus mit akt. u. pass. Bed. 196, 7. mit Supin. auf u 455, 2. honestum mit Inf. u. Acc. c. inf. 415, 1 u. 420, I.
honor „Sinn für Ehre“ 140, 14. honori esse, tribuere u. ä. 66 u. 67.
hören: „aber, höre ich sagen“ 524, 5, a. die Verben des Hörens konstr. 431. „so höret“ bleibt unübersetzt 551, 3, f; 375, Anm. 1. „auf jem. hören“ 152, 4.
horrere konstr. 29, a. mit Inf. 415, 2, a.
horrescere konstr. 29, a, Anm. 1.
hortari, Bed. und Konstr. 87, Anm. 2. mit Inf. 438, 4; 342, Anm. 1. mit ut, ne 342, 1, b. mit bloßem Konj. 344.
hortatu 108, Anm. 3.
hostilis u. hosticus 192, 1. in hostico 183, 15.
hostis, kollekt. Singular 155, 2. hostium für das deutsche Adj. „feindlich“ 192, 1.
huc mit Gen. 78, f u. Anm. 9.
humanitas „Gefühl für Menschlichkeit“ 140, 14.
humanitus 462.
humi 116, Anm. 1 u. 3.
Hypallage adiectivi 197.
Hyperbaton 538, 1.
Hyperbel, Tropus 550, 4; 100, Anm. 3, a.
Hypothetische Sätze 376—388. Consecutio temporum derselben 385. Hypothetische Vergleichungskonjunktionen 392. Hypothetischer Konjunktiv 332, 6.
Hysteron proteron 551, 22.

# I. J.


i, lokales i bei Städtenamen 2c. 116, Anm. 1.
ja auf eine Frage ausgedr. 411, 14. ja sogar, ja vielmehr" 483, 11.
iacēre mit Partic. Perf. Pass. zur nachdrucksvollen Umschreibung 319.
iactare (se) konstr. 33, c.
Jahr übers. 192, 2.
iam fehlerhaft für ipse 254. iam „nunmehr" den Fortschritt bezeichnend 467; 510, Anm. in der Propositio minor 527. iam porro 482, 4. iam vero 510, Anm.; 527; 524, Anm. 3. non iam, nihil iam „nicht mehr, nichts mehr" 208, 10. fällt im Lat. weg 497 nebst Anm. 1. iam — iam 516, 5. iam nach einem hypothet. Imperativsatze 503, 6. iam inde a 497, Anm. 1. iam diu, iam pridem, iam dudum 483, Anm. 3. iam inde a 125, 3; 497, Anm. 1. ut iam, iam ut 389, 6.
—ibam statt —iebam in der 4. Konj. 311, Anm.
—ibo, Futurendung statt —iam 311, Anm.
Ich: mein Ich, dein anderes Ich u. ä. 219, Anm. 2.
icere foedus 35, 8.
id s. is.
idcirco 530, 4. et idcirco selten 532. non idcirco quod 371. idcirco ut 342, II. idcirco quod 369.
idem c. gen. 78, d. für etiam u. tamen 255 bis 257. als adverbialer Acc. 29, c. idem, unus idemque „einerlei, ein und derselbe" 214, 34. mit ac od. qui 507, Anm. 1; 265. mit dem Dat. statt mit ac 65, 3. mit et 509. idem, qui fehlerhaft statt is qui 247, Anm. 2.
identidem 492.
ideo 530, 5. et ideo, ideoque selten 532. non ideo quod 371. ideo ut 342, II. ideo quod 369.
idoneus mit Dat. od. ad 59, Anm. 1. mit Dat. Gerund. od. ad 451, 3. mit qui c. coni. 398, b, Anm. 3.
id quod 23, 4.
je — desto übers. 210.
jeder 286 ff. durch Distributivzahlen zu übers. 214, 14.
jedoch s. aber.
jemand 274 ff.; 411, 4. „niemals jemand, nirgends jemand" 468.
jenachdem 396.
—ier, archaistische Infinitivendung 311, Anm.
jetzt übers. 467.
igitur, Bed. 530, 3. Stellung 531. et igitur, igiturque 532. igitur im Schlußsatze 527; 530, 3. quid igitur? 410, 4. qui igitur wann fehlerhaft 262, Anm. 1. igitur dient zur Wiederaufnahme des unterbrochenen Satzanfangs 546, 4. cum igitur, postquam igitur weniger gebräuchlich 544. igitur zusammenfassend 530, 3, Anm. non igitur 536, 12.
ignarus konstr. 84, b. mit Gen. Gerund. 451, 2. Bed. 196, 12.
ignorantia u. ignoratio 168.
ignorare: non ignoro 475, 5. mit quin konstr. 357, Anm. 4.
ignoscere konstr. 49, Anm. 4. mit si 438, 6.
—ilis, Endung von Adjektiven 195.
illabi konstr. 31, Anm. 2;* 52, 4b.*
illacrimari mit Dat. 52, 4a.*
ille, Bed. 238; 219, Anm. weist auf eine bekannte Sache hin 238, Anm. 3. Stellung 536, 4. hic ille verbunden 238, Anm. 3. ille bei Eigennamen 179. ille richtet sich nach dem Prädikatsnomen 23. für das deutsche „einer" 238, Anm. 3; 251. hic — ille „der letztere — der erstere" 240. ille mit tam, tantus verb. 242. in Or. obl. 457, IV. u. Anm. 7. illa fama „das Gerücht hiervon" 72. illud als adverbialer Acc. 29, c. vertritt ein deutsches Subst. 176. bereitet auf einen folgenden Gedanken vor 369, Anm. 1; 370, Anm. 1; 238, Anm. 2. illud Homericum od. illud Homeri 238, Anm. 3. illud postremum 214, 22. illud beim Infin. 414, 3, Anm.
illinere konstr. 54, Anm. 2.
illudere konstr. 52, 4c.*
Illusio, Tropus 550, 5.
—im, Endung von Adverbien 463. alte Konjunktivendung 311, Anm.
imbuere konstr. 114.
imitari c. acc. 33, a.
immane quantum 411, 4.
immemor c. gen. 84, b. mit Gen. Gerund. 451, 2.
immergere konstr. 52, 4b;* 112, Anm. 2.
immerito 104, Anm. 1.
immigrare konstr. 31, Anm. 2;* 52, 4b.*
imminere konstr. 52, 4c.* Bed. 33, c.
immiscere mit Dat. 52, 4a.*
immittere konstr. 52, 4b.*
immo, Bed. 483, 11; 411, 14.
immolare konstr. 106, Anm. 4.
immunis konstr. 84, d nebst Anm. 3.
impar konstr. 59, Anm. 5. mit Dat. Gerund. 451, 3.
imparatus ab 98, Anm. 5.
impatiens c. gen. 85 u. 86.
impedimento esse 67, 14. mit quominus od. ne 359; 342, III, 2.
impedire konstr. 359; 342, III, 2. non impedio, quin 357, 3, Anm. 4. mit Inf. 359, Anm. 3. ohne Acc. eines Personalpronomens 227, Anm. 3. impedire „nicht lassen" 297.
impellere ut, ne 342, I, c. mit Inf. 342, Anm. 1; 438, 4; mit Dat. od. Präp 52, 4b.*
impendēre konstr. 52, 4c.*
impendĕre konstr. 52, 4b.* operam impendere mit Dat. Gerund. 451, 4.
impendia, Plurale 156, 2.
imperare konstr. 346 nebst Anm.; 49, Anm. 4. „lassen" 297. mit ut, ne 342, I, c; 346.
Imperativ, Arten und Syntax 336—338. vertritt die Stelle eines hypothet. Satzes 503, 6. durch „man" übers. 1, Anm. 2.
imperator Stell. 536, 7, Anm.
Imperfectum, Bed. u. Gebr. 320 ff. Perf. statt des Imperf. 320, Anm. deutsches Imperf. wird im Lat. Plusqpf. 325, 4 u. 5. Imperf.

de conatu 321. im Briefstil 326. bei müssen, sollen, können 2c. 330, Anm. 1. in Wunschsätzen 334. bei zweifelnden Fragen 332, 5. in hypothet. Sätzen 376 ff. (besonders 382); 332, 6. im Coni potentialis 332, 4.
imperii sui facere 76, Anm. 1. imperio, Abl. modi 104, Anm. 1.
imperitus konstr. 84, b.
impertire konstr. 54. impertire curam mit Dat. Gerund. 451, 4. se impertire 37, d.
impetrare mit ut, ne 342, I, d. mit de 292, Anm. 4.
impingere c. dat. 52, 4 a.*
implere konstr. 96.
implicare m.Dat.od.Präp.52,4c* m.Abl.114 u.115.
implorare konstr. 43, d. mit ut, ne 342, I, b.
imponere konstr. 51;52,4c*; 112, Anm. 1. mit Gerundiv 451, 7.
importare konstr. 52, 4c*
impotens c. gen. 84, c.
imprimere konstr. 52; 4c*; 112.
imprimis 483, 5. et alia et hoc imprimis 515, Anm.
improvidus mit Gen. 84, b.
imprudens mit Gen. 84, b. Adj. statt des deutschen Adv. 21, 2.
impugnare c. acc. 31, Anm. 2*
impune esse 5, Anm. 1.
imus statt deutscher Adverbien 194.
in mit Acc. u. Abl. 147. bei Zeitbestimmungen 123 ff.; 126, 5. bei Städtenamen 117, Anm. in = „innerhalb" 123, Anm. 2. statt des Gen. partit. 79. bei Adj. 59, Anm. 1. = „trotz" 136, 9. = „gegen" 150. fehlt od. steht bei Raumbestimmungen 111 ff. fehlt bei Ländernamen 118. fehlt bei Bezeichnung von Bücherstellen 111, d. in Sallustio u. apud Sallustium 136, 1. abweichend vom Deutschen mit dem Acc. od. Abl. konstr. 112. ersetzt durch den Abl. instrum. 114 u. 115. esse, habere in potestatem u. ä. 118, 3. bis in anno, ter in die 123, 2, a. in exercitu u. apud exercitum esse 153, 1. in senatu u. apud senatum verba facere 141, Anm. 2. in itinere u. ex itinere 149. in eo est, ut 339, 3 u. Anm. 3. in dies, in annos u. ä. 151, Anm. 1. in quibus, in eis, in his „unter ihnen" 245, Anm. 1. in mit Abl. Gerund. 451, 6. mit Acc. Gerund. 451, 5. viele mit in zusammengesetzte Verben regieren den Acc. 31. regieren den Dativ 52.
inanis konstr. 84, d; 96, Anm. 2.
inauditum est, ut 438, 2.
incautus c. gen. 84, Anm. 2.
incedere konstr. 52, 4a*
incendere mit Abl. instrum. 114 nebst Anm. mit ex, ab 113, Anm.
incertus mit Gen. 84, Anm. 4. incerto als Abl. absol. 444. incertum est, an „vielleicht" 411.
Inchoativa 308, 3.
incĭdere konstr. 52, 4c* ; 60, Anm. 1.
incīdere konstr. 52, 4b*; 112
incipere, Gebr. 299. mit a 113, Anm. mit Inf. 415, 2.
incitare mit Abl. 114. mit ut, ne 342, I, c.
inclinare intransitiv gebr. 294, Anm.; 292, 6.
includere konstr. 112, Anm. 2.
incolere u. habitare 292. Anm. 1.
incolumis, Adj. statt Adv. 21, 2.
incommodare c. dat. 49.
incommodo esse 66, Anm.
incredibilis mit Supin auf u 455, 2. incredibile quantum 411, 4. incredibile est, ut 438, 2.
incubare c. dat. 52, 4a*
incumbere konstr. 52, 4c,* mit ut, ne 342, I, a.
incuriosus c. gen. 84, a.
incurrere konstr. 31, Anm. 2*; 60, Anm. 1.
incursare konstr. 31, Anm. 2*
incusare konstr. 89.
inde „deshalb" 530, 5, Anm. 3. inde sequitur fehlerhaft 339, Anm. 4. iam inde a 497, Anm. 1; 125, 3.
Indefinite Pronomina, Syntax 274—291. Stellung 536, 5.
indicari mit Nom. c. inf. od. Acc. c. inf. 436.
Indicativus statt des deutschen Konj. 330 u. 331. in Folgerungssätzen des 3. hypothet. Falles 382, 3. in Nebensätzen der Or. obl. 457, 7; 362, Anm. 8. bei nisi forte, nisi vero 381, 2.
indicio est 243, Anm. 2.
indigere konstr. 96. indigens c. gen. 84, d.
indignari konstr. 29, a. mit quod od. Acc. c. inf. 370. mit si 438, 6. fehlerhaft mit Inf. 451, 2.
indignus konstr. 108, Anm. 5. mit qui c. coni. 398, b, Anm. 3. mit ut 438, 9. mit Supinum auf u 455, 2. indignum est mit Inf. u. Acc. c. inf. 415, 1 u. 420, I. indigne ferre mit quod oder Acc. c. inf. 370. indignus als relatives Adj. 196, Anm.
Indikativ s. Indicativus.
Indirekte Fragen 402 ff. untersch. von Relativsätzen 407, 2. statt eines deutschen Relativsatzes 413. zur Umschreibung eines deutschen Subst. 177, d.
Indirekte Rede 457—460; 398, e.
indoles, Singulare 155, Anm. 2; 156, 3.
inducere „lassen" 297. konstr. 342, I, c. (in) animum inducere 351, Anm. 2; 415, 2. inducere mit Acc. Partic. Praes. 440, I, c; 349, 3; m.Dat.od Präp.52,4b*
induere konstr. 54 nebst Anm. 1; 227. induor „ich ziehe mir an" 46, Anm.
in eo est, ut 339, 3 u. Anm. 3.
inesse konstr. 52, 4c.*
inferi „Unterwelt" 162, Anm.
inferior—superior statt hic—ille 240, Anm. 2. inferior aliquo 100, Anm. 3, f.
inferre konstr. 52, 4c*
infestus konstr. 59, Anm. 1. mit akt. u. passiver Bed. 196, 3.
infidus konstr. 59, Anm. 1.
infigere konstr. 52, 4c,*
infimus statt eines deutschen Adverbs 194.
Infinitiv, Syntax 414—438. als Subj. u. Obj. 415. statt des deutschen „wenn man, daß man" 1, f; 415, Anm. 2; 384, 21. mit dem Prädikatsnomen im Acc. od. Nom. 416. Inf. beim Ausrufe 435. mit Adv. 414, 3. zur

Umschreib. deutscher Subst. 177, b. bei Dichtern in gräcisierender Weise 418; 455, Anm. 2. abhängig von Adj. 418, 4. bei Verben der Bewegung zur Bezeichnung des Zwecks 418, 1; 455, Anm. 2. Inf. Perf. statt Präs. 417, 1. Inf. Fut. nach „hoffen, schwören" u. ä. 421, 4 u. 422. Infinitivus historicus 322; 327 c. Inf. Präs. bei memini 429. bei interest inter 417, 3. bei Verbis timendi 415, 2; 355. bei Verbis voluntatis 426. Nom. c. inf. 436 ff.
infinitum est, Ind. statt Konj. 330 u. 331.
infit 306, 9.
infitias ire 29, b. Anm. 2.
inflammare konstr. 114. mit ex, ab 113, Anm.
influere konstr. 31, Anm. 2.*
infra, Adv. 128. Präpos. 144, Anm.; 146, 4; 152, 14. mit Abl. differ. 98, Anm. 8.
infundere konstr. 52.
ingenii als ergänzender Gen. 84, Anm. 4.
ingignere, ingenerare c. dat. 52. 4 a.*
ingredi konstr. 31, Anm. 2.* mit Inf. 415, 2.
inhaerere konstr. 52, 4 c.*
inicere konstr. 52, 4 c.*
inimicitiae, Plurale 156, 2.
inimicus mit Gen. od. Dat. 60, 5.
iniquus konstr. 59, Anm. 1.
inire konstr. 31 nebst Anm. 2.* inire gratiam *ab* 113. ab ineunte aetate 125, 3.
initiare konstr. 114.
initio, Abl. temp. 123, 1. initium sumere a 113, Anm. initium oritur u. ä. 547, Anm. 2.
iniungere konstr. 52, 4 c.*
iniuria tua u. tui „Unrecht gegen dich" 71. iniuriā, Abl. modi 104, Anm. 1. per iniuriam 104, Anm. 2. iniuriarum als Gen. criminis 89.
iniussu 108, Anm. 3.
innerer bleibt unübersetzt 189, 2.
inneres Objekt 29, b.
innerhalb bei Zeitbestimmungen 123, Anm. 2.
innerlich abhängige Nebensätze 232, 3.
inniti konstr. 108, Anm. 5.
innocentia statt innocentes 164.
innoxius mit Gen. 89, Anm. 1; 84, Anm. 4. mit akt. u. pass. Bed. 196, 12.
inops mit Gen. 84, d. mit a 98, Anm. 5; 113.
inquam, Bed. u. Stell. 306, 2. steht bei der Geminatio 551, 7, d. fällt aus 551, 3, b. inquit „sagt man" 1, Anm. 1. inquam fehlerhaft zu at gefügt 524, 5, a.
inquirere konstr. 52, 4 b.*
inscius mit Gen. 84, b. mit Gen. Gerund. 451, 2. Adj. statt des deutschen Adv. 21, 2.
inscribere konstr. 37, Anm. 1; 52, 4 c* ; 112. statuas inscribere 35, 11. liber, qui inscribitur 258, 2.
insculpere konstr. 112.
Inseln konstr. wie Städtenamen 116 ff.
inserere konstr. 52, 4 c.*
insidere konstr. 31, Anm. 2;* 52, 4 c.*
insidiandus 303, Anm.
insignite 199, Anm. 2; 485.
insimulare konstr. mit Gen. 89. mit Acc. c. inf. 370, Anm. 2.
insinuare konstr. 52, 4 c.*
insistere konstr. 31, Anm. 2;* 52, 4 c* mit Inf. 415, 2.
insitus konstr. 52, Anm. 5.
insofern, inwieweit 396.
insolitus u. insolens konstr. 84, b nebst Anm.
insons mit Gen. 84, c; 89, Anm. 1.
inspicere konstr. 31, Anm. 2.*
instar, Bed. u. Gebr. 174, 1 u. 175.
instare mit Dat. 52, 4 a.* mit Inf. 415, 2.
instituere konstr. 43, Anm. 2; 114 nebst Anm. mit Inf. 415, 2.
institutio u. institutum 168. instituto, Abl. modi 104, Anm. 1.
Instrumentalis pag. 19. Instrumentaler Ablativ 106.
instrumentum, Singulare 155, Anm. 2.
insuescere mit Inf. 415, 2.
insuetus konstr. mit Gen. 84, b. mit Gen. Gerund. 451, 2. mit Inf. 418, 4.
insultare konstr. 52, 4 c.*
insumere konstr. 112, Anm. 2.
insuper 477.
integer mit Gen. 84, Anm. 4. integrum est, ut 438, 2. de integro 492. integrum sibi reservare 180, 4, a.
intellegere mit doppeltem Acc. od. Nom. 37, Anm. 1. mit Abl. od. ex, de 108, Anm. 6. absolut gebr. 36, 12. im Passiv mit Nom. c. inf. od. Acc. c. inf. 436 u. 437; 420, I, 2. ex quo intellegitur in Schlüssen 527; 329, Anm. 4. intellectum mihi est 64. quod intellegam 398, f. intellecto als Abl. absol. 444. intellegens mit Gen. 85 u. 86. intellectu 455, 2.
intendere mit Inf. 415, 2. animum intendere konstr. 52, 4 c.*
Intensive Verben 308, 1.
intentare konstr. 52, 4 c.*
intentum esse konstr. 451, 4; 52, Anm. 5.
inter statt Gen. partit. 79. bei interesse wiederholt 132, Anm. inter quos „unter ihnen" 245, Anm. 1. „während" 123, Anm. 2; 136, 4. inter omnes excellere, praestare 31, Anm. 4. mit Gerund. 451, 5: 136, 4. inter sicarios accusare 153, 12; 89, Anm. 2. inter paucos „besonders" 153, 5. inter nos, inter vos, inter se „einander" 236 u. 237. inter mit Infin. bei interest 417, 3. viele mit inter zusammenges. Verben regieren den Acc. 31. regieren den Dat. 52.
intercedere konstr. 52, 5 b.* intercedit mihi aliquid cum aliquo 55, Anm. 2.
intercludere konstr. 54, Anm. 2.
interdicere konstr. 54, Anm. 2. mit quominus od. ne 359; 342, III, 2.
interdum—interdum 516, 5.
interea: cum intera konstr. 362, Anm. 4. interea loci 78, Anm. 8.
interesse „zugegen sein" konstr. 52, 5 b.*
interest u. refert, Bed. u. Konstr. 92. mit Inf. 415, 1, β. interest inter laudare et blandiri 417, 3.
interiacere konstr. 31, Anm. 2;* 52 Anm. 5 b.*
intericere konstr. 52, 5 b.*
interim: cum interim konstr. 362, Anm. 4. in Or. obl. mit Acc. c. inf. 457, Anm. 4.

interior statt eines deutschen Präpositionalausdrucks 194.
interire ab aliquo 106, Anm. 2.
intermittere c. inf. 415, 2. nihil intermitto, quin 357, 3. non intermittere für das deutsche „unaufhörlich" 487.
internoscere konstr. mit a 94, Anm. 1.
interponere konstr. 52, 5 b *
interpretari mit doppeltem Acc. 37, Anm. 1. interpretatus hat passive Bed. 302.
interrogare konstr. 43, e.
Interrogatio, Figur 551, 6.
intimus statt eines deutschen Präpositionalausdrucks 194.
Interrogativpronomina 268—273. richten sich nach dem Prädikatsnomen 23. zwei fragende Pronomina verbunden 412.
intervallum im Abl. auf die Frage wie weit? 121.
intervenire mit Dat. 52, 5 a*
intexere konstr. 52, 4 c.*
intra, Adv. 128. Präpos. 123, Anm. 2; 126, 10; 144, Anm.
Intransitiva als Transitiva gebr. 29. mit Objekt desselben Stammes 29, b. transitive Verben intransitiv gebr. 292; 294, Anm. bilden ein Partic. Perf. Pass. 300.
intrare konstr. 29, a, Anm. 5.
introire konstr. 31, Anm. 2.
intueri konstr. 52, 4 b*. mit Part. od. Acc. c. inf. 431.
inurere mit Dat. 52, 4 a* Cf. auch 54, Anm. 2.
inusitatum est, ut 438, 2.
inutilis konstr. mit Dat. od. ad 59, Anm. 1; 451, 3.
invadere konstr. 31, Anm. 2.* 52, 4 c.*
invehere konstr. 52, 4 c*.
invenire mit doppeltem Acc. od. Nom. 3; 37. inveniuntur, qui c. coni. 398, c. inveniri mit Nom. c. inf. od. Acc. c. inf. 436 u. 437.
inventio u. inventum 168 u. 169. inventum mit Adv. 12, a.
Invertierte Wortstellung 535, 3.
invicem 237.
invictus „unbesieglich" 195.
invidere konstr. 49 nebst Anm. 1 u. 2. invidendus 303, Anm.
invidus c. gen. od. dat. 60, 5.
invitare konstr. 114.
invitus, Adj. statt des deutschen Adv. 21. invito mihi est 65, Anm.
involare konstr. 31, Anm. 2.*
inwiefern 396, Anm.; 272.
inzwischen umschrieben 498, 1.
—io, Verbalsubst. auf io, Bed. u. Gebr. 168 u. 169.
iocari prägnant gebr. 35, 13.
iocus: per iocum 104, Anm. 2.
ipse, Bed. u. Gebr. 253 ff.; 219, Anm. meus ipsius pater 71, Anm. 1; 253, 15 me ipsum u. me ipse 253, 9. ipse bei Städtenamen 116, c. ipse in Or. obl. 457, IV; 235. inter ipsos 236. nunc ipsum, tum ipsum 253, 7; 467, 3. ipse „schon" 254. et ipse, ipse quoque „auch, gleichfalls" 255; 257. ipse fehlerhaft beim Superl. 199, 8; 253, 19. ipsum beim Inf. 414, 3, Anm.
iratus, Adj. statt des deutschen Adv. 21.
ire mit 1. Supinum 455. viam ire 29, b, Anm. ire redire 503, 4. perditum ire, ultum ire 455, Anm. 3.
Ironie, Tropus 550, 5. bezeichnet durch scilicet, videlicet, nimirum 534. durch nisi forte, nisi vero 381, 2. durch quasi, quasi vero u. ä. 392.
irrealer Fall der hypoth. Sätze 376, 3.
irrepere konstr. 31, Anm. 2.*
irridere mit Acc. 31, Anm. 2.*
irruere konstr. 31, Anm. 2.*
irrumpere konstr. 31, Anm. 2.*
is, ea, id, Bed. u. Gebr. 245 ff.; 219, Anm.; 244. ausgelassen vor dem Relativ 247. Stell. 130, 2. is nicht gesetzt, wo im Deutschen „der" c. gen. steht 250. is „dieser Mann, dieser Fürst" u. ä. 243. is fällt weg bei dem zweiten Verbum od. Nomen 248. beim Abl. absol. 444, Anm. bei einem Particip 228; 440, Anm. 1. für das deutsche „einer" 251. is vertritt ein Subst. bei der letzten von zwei Präpos. 133. is qui „derselbe, welcher" 247, Anm. 2. is qui u. hic qui 246. isque, et is, atque is „und zwar" 252. is est od. is qui est „nämlich" 17, a. is numerus, qui statt eorum numerus, qui 72. quod eius facere possum od. fieri potest 78, Anm. 6. is in Or. obl. 457, IV. id c. gen. 78, d. id temporis, id aetatis 47. id vertritt ein deutsches Subst. 176. alia id genus 47. id bereitet auf einen folgenden Gedanken vor 238, Anm. 2; 100, Anm. 5; 369, Anm. 1. id quod „was" 23, 4. in eo est, ut 339, 3 u. Anm. 3. id als adverbialer Acc. 29, c. eo als Abl. differentiae 98, Anm. 8. eius modi, Gebr. 339, Anm. 1. quo — eo „je — desto" 210. eo = ideo 530, 5, Anm. 2. is sum qui *c. coni.* 398, b nebst Anm. als nachdrucksvolle Umschreibung 266, Anm. id est in Or. obl. 457, I, 1
Isocolon 541, 5, Anm. 1—3.
ist es, welcher fällt weg 266.
iste, Bed. u. Gebr. 238 nebst Anm. 4; istuc 239.
ita u. sic 484. ita, ita est als Antwort „ja" 411, 14. non ita „nein" 411, 14. non ita, haud ita „nicht eben" 470, 9. itane, itane est befremdend fragend 403, Anm. 4. ita im Schlußsatze 527. ut — ita 393 u. 394. quid ita? 410, 3. ita — ut 396; 339, Anm. 5. 361, h. ita non — ut 339, Anm. 6. ita — ut bei Beteuerungen 335. ita — ut qui c. superl. 199, 10. ita fit, ut 530, 2; 527. non ita valde 470, 9. ita nach einer Participialkonstr. 440, Anm. 5. ita auf einen vorhergebrauchten Ausdruck zurückweisend 3, Anm. 4.
itaque, Bed. 530, 2. Stell. 531. itaque ergo 530, 5, Anm. 1. et itaque 532.
item 255; 393. non item 472. itemque 510, Anm. item ut oder quemadmodum 507
iter u. profectio 168. iter ire 29, b. itinere statt in itinere 114. in itinere u. ex itinere 149.
Iteratio, Figur 551, 7.

iterum 492; 214, 22. iterum consul 12, b. iterum iterumque 492.
—ītus, Adverbialendung 462.
iubere konstr. 425. im Passiv konstr. 436 nebst Anm. für das deutsche „lassen" 297. „müssen" 428.
iucundus konstr. mit Supin. od. anders 455, 2.
iudicare mit Acc. 29, a, Anm. 5. mit doppeltem Acc. od. Nom. 3; 37. mit Gen. 89. mit Nom. c. inf. od. Acc. c. inf. 436. mit Abl. od. ex 98, b. Formen von iudicare ausgelassen 551, 3, c.
iudicium: meo iudicio od. ex meo iudicio 98, Anm. 6. iudicio bei gerichtlichen Verben 89, Anm. 4. sui iudicii esse 74, 4.
iungere, iunctus c. abl. 103, 3.
iuniores 98, Anm. 7.
Juppiter Optimus Maximus 540; 503, Anm. 1.
iurare konstr. mit Acc. c. inf. 421, 4 u. 422. ius iurandum iurare 29, b. iuratus 300. falsum iurare 29, b, Anm. 4.
ius est konstr. 450; 339, 3. iuris u. iure consultus (peritus) 84, Anm. 2. sui iuris esse 74, 4. iure, Abl. modi 104, Anm. 1. meo, tuo etc. iure 230, 3. summo iure 230, 3.
iussum mit Adj. u. Adv. 12, a.
iussu 108, Anm. 3.
iustitia „Gefühl für Gerechtigkeit" 161, Anm.
iustum est, erat u. s. w., Indik. statt des Konj. 330 u. 331. mit Inf. od. Acc. c. inf. 415, 1 u. 420, I. iusto maior, minor u. ä. 100, Anm. 2.
iuvare konstr. 33, a. iuvat me „es freut mich" 33, b. mit Inf. od. Acc. c. inf. 415, 1 u. 420, I, 2. mit Inf. Perf. 417.
iuvenis als Adj. gebr. 10. „im Jünglingsalter" 162.
iuventas 172.
iuventus kollektivisch mit Plur. 7, a. statt iuvenes 164.
iuxta Adv. 128. Präpos. 136, 5. iuxta ac 507. iuxta — que 509.

# K.

Kakophonie 538, 4.
Kapitel im Abl. ohne in 111, Anm. 5.
**Kasus**, Bed. im allgem. pag. 18 u. 19. Syntax 24—110.
*Κατὰ σύνεσιν* 7.
**kaum** 483, 10.
Kausalsätze und Kausalkonjunktionen 368—375. statt eines deutschen Relativsatzes 267. statt einer deutschen Apposition 19, b. statt des deutschen „und daher" 532 u. 542, 1. durch Particip ausgedr. 440, I, b. kausale Relativsätze im Konj. 398 u. 399.
**kein** durch non od. nullus übers. 289. durch nemo od. nullus 281 u. 280.
Kettenschluß 527.
**Kind** im bildlichen Sinne 6, c. „Kinder" 192, 3, d.
Klagende Ausrufe im Acc. c. inf. 435.
**Klauselrhythmus** 541, Anm. 5
Klimax 551, 16.
Koincidenz 325; 327 f) Anm. c; 362, 3.
Kollektive s. Collectiva.
Kollektivischer Singular 155 u. 156; 550, 1.
*Κολοφώνιον σχῆμα* 60, Anm. 2.
Komparativ, Syntax 199—210. von Participien 206. doppelt gesetz 199, 4. durch „zu, allzu, ziemlich" u. ä. übers. 199, 1. statt des deutschen Positivs od. Superl., wenn von zwei Teilen die Rede ist 200; 291. mit Negation statt des deutschen Superl. 102. mit Abl. comparat. 100 nebst Anm. 3, d u. 102. mit Abl. mensurae 98, d; 199, 13. verstärkt durch etiam, multo 98, Anm. 9; 199, 6 u. 7. mit Gen. partit. 78, b.
Komparativsätze und Komparativkonjunktionen 392—397.
kompendiarischer Vergleich 250.
Konjunktionen, Syntax 339—397; 499 ff. statt deutscher Relative 267.
Konjunktionalsätze statt deutscher Appositionen 19, b. statt eines deutschen Relativsatzes 267. zur Umschreibung deutscher Subst. 177, e. in Or. obl. 457, 4. durch Participien ausgedr. 440, I, b.
Konjunktiv, Wesen u. Arten 332. C. optativus 332; 334. C. hortativus od. suasorius 332, 2, concessivus 332, 3. potentialis 332, 4. dubitativus 332, 5. hypotheticus 332, 6; 376 ff.; 385. in Relativsätzen 398 ff. in indirekten Fragen 402 ff. in Or. obl. 457; 398, e. ohne ut 344. deutscher Konj. wird im Lat. der Ind. 330—331. Konj. nach quod mit einem Verbum des Sagens od. Meinens 373. Coni. Praes. statt des Imperativs 336, Anm. 4; 337, Anm. 1 u. 4. Konjunktiv infolge einer Attractio modi 398, d. Konj. Imperf. u. Plusq. zur Bezeichnung wiederholter Handlungen 325, 4, Anm.; 398, g. Konj. der Futura umschrieben od. ersetzt 328 b. Konj. für das deutsche „man" 1, d.
Konkreta für Abstrakta zur Bezeichnung des Lebensalters rc. 162. mit abstrakten Subst. vertauscht 164; 550, 2, c. im Plur. 158.
**können** als phraseolog. Verb. 298. steht im Indik. 330 u. 331. nicht durch das Gerundiv zu übers. 454.
Konsekutivsätze 339, ff.; 327, 6. zur Periodenbildung 532 u. 542, 1.
Konstruktionsordnung 535, 2.
Konzessivischer Konjunktiv 332, 3. Konzessivkonjunktionen 389—391; 362, II, 2. Konzessivsatz statt des deutschen Relativsatzes 267.
Kopula 3. Auslassung 4, 551, 3, a. Kopulaartige Verben 3. Stellung der Kopula 536, 1.
Kopulative Konjunktionen 499 ff. Kopulative Verben 3.
Körperteile im Plural 158, Anm. 3.
Korrektheit des Ausdrucks 546.
Korrelative Wörter 265; 507, Anm. 1.
**kosten** 107.
**kurz** denique 481. quid multa u. ä. 551, 3, d; 410, Anm.
Kürze des Ausdrucks 547; 419.

# L.


labefactare konstr. 34, 1.
laborare konstr. 108, Anm. 4. mit ut, ne 342, II, a. selten mit Inf. 415, 2. mit a 153, 16.
lacessere mit Abl. instrum. od. ad 114.
laetari konstr. 29, a, Anm. 3. mit Acc. 29, c. mit quod oder Acc. c. inf. 370. laetandus 303, Anm.
laetus mit akt. u. pass. Bed. 196, 8. Adj., statt des deutschen Adv. 21. mit Gen. 84, Anm. 4. mit Abl. 108, Anm. 1.
laevā ohne in 111, Anm. 3. a laeva 113.
lamentari konstr. 29, a.
Ländername ohne Präpos. 118. im Plur. 158, Anm. 4. statt der Bewohner 163. Bewohner statt des Landes 162, c.
lange: schon lange 483, Anm. 3.
längst 483, Anm. 3.
lapidibus pluit 106, Anm. 4, c.
largiri de suo, de alieno 153, 3.
lassen übers. 297. durchs Aktiv übers. 293. phraseolog. Verbum 298. „sich lassen" durchs Passiv übers. 296.
latere konstr. 33, Anm. 2. dient zur Umschreib. des einfachen Verbs 319, 9.
Latinae, sc. feriae 551, 3, h; 123, 1. Latine scire, optime Latine scire 475, 3.
latitudo: in latitudinem 153, 15.
latrocinium statt latrones 164.
laudare mit doppeltem Acc. 37.
laudatio c. gen. 70, 8.
laudi, Dat. des Zweckes 66 u. 67. laus est mit Inf. od. Acc. c. inf. 415, 1 u. 420, I.
laudare mit Acc. c. inf. od. quod 370. mit cum 438, 5.
lavare u. lavari 294 nebst Anm.

laxare intransitiv 36.
leben vivere u. esse 5, Anm. 2.
Lebensalter durch Subst. concreta ausgedr. 162. auf die Frage wann? mit od. ohne in 123, 2, b.
legatio statt legati 164.
legatus c. gen. od. dat. 60, 4.
legere senatores 40. scriptum legimus „man liest" 1, Anm. 2.
leider übers. 497, Anm. 2.; 411, 4.
lesen: man liest 1, Anm. 2.
levare konstr. 94, Anm. 3 u. 4. mit Gen. 94, Anm. 5.
leviter als Quantitätsadverb 485.
lex est, ut 339, 3. lege, hac lege, Abl. modi 104, Anm. 1. lege bei gerichtlichen Verben 89, Anm. 4.
libens statt des deutschen Adv. 21.
liber konstr. 94, Anm. 3.
liberalis konstr. 84, d; 59, Anm. 1.
liberare konstr. 89; 94, Anm. 3. mit Gen. 94, Anm. 5.
liberi u. pueri 192, 3, d.
libet mit Inf. 415, 1.

liceri c. acc. 33, c.
licet mit Inf. 415, 1. mit Dat. c. inf. 416, 10. mit Inf. Pass. statt des deutschen Inf. Akt. 415, Anm. 1. si licuerit 316 b, Anm. 3. licet pleonastisch 547, Anm. 1, a. licet per aliquem 137, Anm. 3. licet, Konjunktion 389, 4. licere „feilstehen" 107.
Limitativer Abl. 98, c.
linea, Bed. 546, 2.
litare konstr. 106, Anm. 4.
Litotes, Tropus 550, 7; 485, Anm. mit haud 469.
littera, Stell. 536, 7, Anm. litterae „Briefe" 159, a. per litteras „schriftlich" 104, Anm. 2.
locare konstr. 107; 112. mit Gerundiv 451, 7.
loco mit od. ohne in 111, b. loco, in loco „an rechter Stelle" 111, b; 230, Anm. loco für das deutsche „als, für" 19, Anm. 2. locum dare mit ad od. Gen. Gerund. 451, Anm. 1. locum eligere, capere mit Dat. Gerund. 451, 4. loci, locorum als partit. Gen. 78, f. loci u. loca 159, b. non est hic locus, ut 339, Anm. 2.
locupletare c. abl. 96.
Logisches Perfekt 317.
Lokativ pag. 19; 116, Anm. 1.
longe c. acc. 121, Anm. beim Superl. und Kompar. 98, Anm. 9; 199, 7. longe a 94, Anm. 4; 117, Anm. bei den Ausdrücken der Entfernung u. Verschiedenheit 98, Anm. 9. longius mit od. ohne quam 101. non longe abest, quin 357, 3.
longus mit Acc. der Ausdehnung 120. longum est 199, Anm. 1; 330.
longitudo :in longitudinem 153, 15.
loqui bella, classes u. ä. 29, a, Anm. 5. Latine loqui 475, 3. quid loquar de 332, Anm. 5. ut loquar cum Cicerone fehlerhaft 150, 8.
luci 116, Anm. 3.
lucri facere aliquid 76, Anm. 1.
luctari c. dat. 65, 2.
ludere mit Acc. 29, a, Anm. 5; 29, b, Anm. 2. mit Abl. 106, Anm. 4, d.
ludi ausgelassen 551, 3, h. Stell. 9, Anm.; 536, Anm. 1. ludis Abl. d. Zeit 123, 1.
ludibrio esse, habere 67, 12.
ludificari c. acc. 29, a, Anm. 5.
lugere konstr. 29, a u. c.
luxuriari c. abl. 96, 1.


# M.


mactare konstr. 54.
macte, Bed. u. Gebr. 28, Anm.
maerere konstr. 29, a nebst Anm. 3; 108, Anm. 1.
maestus, Adj. statt des deutschen Adv. 21. mit Abl. 108, Anm. 1.
magis untersch. von plus u. amplius 207 u. 208. fehlerhaft statt pluris 88. magis mulier u. maior mulier 12, c. magis pleonastisch bei malle u. praestare 547, Anm. 3. magis in dies 208, 16. non magis—quam 521. magis —quam bei Vergleichung zweier Eigenschaften 199, 4.
magnificum est, ut 438, 2.
magnopere 199, Anm. 2. non magnopere 470, 9.
magnus nicht mit Acc. der Ausdehnung zu verb.

120. magnam partem adverbial 47. magni u. magno zur Bezeichnung des Preises 88; 107. magnum est, Indik. statt Konj. 330 u. 331. magnum dicere 180, 4, a. statt spez.
maiestatis als Gen. criminis 89. Adj. 188 1*)
maior natus konstr. 125, 2. maior natu 98, Anm. 7. maioris fehlerhaft statt pluris 88.
Majorität 204, 2.
male mihi est 5, Anm. 1. male audire 475, 1. male emere 107, Anm. 1. male vivere 475, 2. male accipere 475, 4. male scire aliquid 475, 5. male als Quantitätsadverb 485.
maledicere konstr. 49 nebst Anm. 3.
malevolus konstr. 59, Anm. 1.
malle mit Inf. od. Acc. c. inf. 426; 415, 2. mit ut, ne 342, I, c nebst Anm. 1. mit einfachem Konj. 344. mit doppeltem Acc. 37, Anm. 4. alicui aliquid malle 51. mit Abl. differentiae 98, Anm. 8. mit quam 508, Anm. malle als Inf. Fut. 422, 4. malo, malim, mallem 334, Anm. 2.
malum „zum Henker" 45, Anm. 2.
man übers. 1 u. 2; 332, 2; 337, Anm. 4; 330, Anm. 4. Cf. auch 57, Anm. 2; 376. 1, Anm. 2*.
manare konstr. 106, Anm. 4, c.
manche 274, 4.
mandare ut, ne 342, I, c. mit einfachem Konj. 344. mit Gerundiv 451, 7.
mane, Bed. u. Gebr. 174, 2.
manere mit Nom. des Prädikatsnomens 3. mit Gen. poss. 76, Anm. 1. mit Dat. od. Acc. 33, Anm. 1. mit dum 365, Anm. 2.
manifestus c. gen. 89, Anm. 1. manifestum est mit Acc. c. inf. 420, I; 486. manifesto „auf frischer That" 152, 6.
Mann im Lat. nicht mitübers. 243. „ein Mann wie Horaz" u. ä. 238, Anm. 3; 160, 3.
manus ausgel. 551, 3, h. kollektivisch mit Plur. 7, a. manu „durch Kunst" 155, Anm. 2. manu mittere 94, Anm. 2. in manibus esse 153, 20. per manus tradere 153, 21. manum u. manus conserere, inferre u. ä. 158, Anm. 1.
mari „zu Wasser" 111, c; 114.
matrimonium: in matrimonium collocare 112, Anm. 1.
maturare mit Inf. 455, Anm. 3; 415, 2. für das deutsche „schleunig, eilig" 487. mit Acc. 29, a, Anm. 5.
maturus konstr. 451, 3.
maxime 483, 5. tum maxime u. tunc maxime 466. si maxime-tamen 383, 3.
maximus natu 98, Anm. 7. maxima minima 503, 4. maximam partem adverbial 47. maximi, maximo zur Bezeichnung des Preises 88; 107.
mecastor 551, 3, i.
mederi konstr. 49 nebst Anm. 1. medendus 303, Anm.
medicare 49, Anm. 1.
mediocris „nur mäßig" 497.
meditari mit Inf. 415, 2.
medius „mitten, die Mitte" 194 nebst Anm.; 21, 3. medium mit Gen. 78, Anm. 5. medius mit Gen. od. inter 84, Anm. 5. mit od. ohne in 111, Anm. 2.
medius fidius 551, 3, i.
medullitus 462.
mehercules, mehercle 551, 3, i. non mehercle 536, 12.
mei als objektiver Genitiv 71.
mein fällt in der Anrede weg 27, Anm.
meinen: ich meine nämlich 17, a.
melius est, erat, Ind. statt Konj. 330 u. 331. mit Inf. Perf. 417, 1.
melle dulcior 100, Anm. 3, a.
meminisse, Bed. u. Konstr. 87. mit Acc. c. inf. praes. 429. mit Inf. 415, Anm. 4. mit cum 362, Anm. 3. quod meminerim 398, f.
memento c. inf. zur Umschreib. des Imperativs 336, Anm. 2.
memor c. gen. 84, b. mit Gen. Gerund. 451, 2.
memorari mit Nom. c. inf. od. Acc. c. inf. 436 u. 437. memoratu 455, 2.
memoria nostri u. nostra „Andenken an uns" 71. memoria teneo konstr. 429. *sibi* in memoriam revocare fehlerhaft 227, Anm. 2; 87, Anm. 1. ex memoria „auswendig" 489, 15.
memoriter 489, 15.
mens: in mentem venit, Bed. u. Konstr. 87. hac mente 104, Anm. 1. ea mente, ut 342, II.
mentionem facere konstr. 87.
mereri c. Adv. 476, 1. bene mereri de 476, 1; 152, 9. pedibus, equo merere 115, 8. mereri, ut 398, Anm. 3.
mergere konstr. 112, Anm. 2.
μερισμός, Figur 551, 15.
merito, Abl. modi 104, Anm. 1. meritum in od. erga 152, 9.
—met als Suffix 222; 253, 9.
Metapher 549. Kühnere Metaphern gemildert 279.
metatus hat pass. Bed. 302.
metiri c. abl. od. ex 98, b.
Metonymie 550, 2.
metuere konstr. 51. mit ne, ne non, ut 353. mit Acc. c. inf. 438, 3. mit Inf. 355. metuens c. gen. 85 u. 86.
metus est mit Acc. c. inf. 438, 3. mit ne, ne non, ut 353.
meum est 76; 428. meus fehlt od. steht beim Vok. 27, Anm. hic liber me*us* est 55; 76. accusator meus, laudator meus u. ä. 71, Anm. 2 mea interest, refert 92, a.
migrare c. acc. 29, a, Anm. 5.
mihi fällt weg 227. ethischer Dat. 61. mihi crede 336, Anm. 6.
miles kollektivisch 155, 2. milites u. copiae 165, Anm. 4.
militia, Singulare 155, Anm. 2. militiae „im Kriege" 116, Anm. 3.
Militärische Ausdrücke ohne cum od. a 103, 2; 106, Anm. 1.
mille mit Gen. 216; 214, 4. mit Prädikat im Sing. 216. hyperbolisch gebr. 214, 7. milia mit Prädikat im Maskul. 7, b.
millies „sehr oft" 214, 7.
minari, minitari konstr. 33, c. mit Acc. c. inf. fut. 421, 4.
mindestens bei Zahlen 495, Anm.
minime, minime vero „nein" 411, 14. verstärktes non 470.

minimum „wenigstens" bei Zahlen 495, Anm., 46. non minimum 46. mit Gen. partit. 78, d. minimi u. minimo bei Preisbezeichnungen 88; 107. minimus natu 98, Anm. 7.
ministrare bibere 417, 2.
minor natus konstr. 125, 2. minor natu 98, Anm. 7. minoris als Gen. pretii 88; 107.
minuere intransitiv 294, Anm.
minus mit od. ohne quam 101. non minus — quam 521. minus mit Gen. partit. 78, d. si minus, sin minus 380. nihil minus „nein" 411, 14. nihilo minus 524, Anm. 5. minus abgeschwächtes non 470.
mirabilis mit Supinum auf u 455, 2.
mirari konstr. 29, a. mit Acc. c. inf. od. quod 370. mit si 438, 6. prägnant gebr. 35, 10. mit indirektem Fragesatze 354, Anm. 2.
mire quam, mirum quantum 411, 4. mirum est, ut 438, 2. mirum est, si 438, 6.
mirifice bei Adj. 485.
miscere konstr. 106, Anm. 4, d.
miseret konstr. 91.
misereri u. miserari 91, Anm. 4. mit quod od. Acc. c. inf. 370. miseretur unpersönl. 91. miseritus mit Präsensbed. 301.
misericordia tui u. tua „Mitleid mit dir" 71.
missum facere 319, Anm.
mißbrauchen 109, Anm. 2.
mit übers. 103—106. „mit sich bringen" 152, 15.
Mittelsperson durch per bezeichnet 106.
mittere mit Supinum 455. mit Gerundiv 451, 7. mit qui c. coni. 398, b. mit Dat. des Zweckes 66 u. 67. manu mittere 94, Anm. 2. mitto, quod 369, Anm. 2. mit Inf. 415, 2. mitte c. inf., Umschreibung des Imperativs 337, Anm. 3. missum facere 319, Anm. mittere „abschicken, entsenden" u. dimittere 489 b, Anm.
Mobilia substantiva 6, c.
moderari konstr. 51. mit Abl. 98, Anm. 2.
Modi verbi 330 ff. Attractio modi in Nebensätzen 398, d.
modo u. in modum 104, Anm. 3. quoquo modo, quocumque modo 290. modo für das deutsche „als" 19, e. nullo modo 470. nescio quo modo 411, 4. eius modi, Gebr. 339, Anm. 1.
modo, Konjunktion c. coni. 387. verstärkt den Imperativ 336, Anm. 2. modo ne 387. si modo 387, Anm. modo „jüngst" 483, 12. modo „nur" 495, 1. fällt weg 497. modo non „beinahe" 483, Anm. 1. modo — modo 516, 5. non modo — sed etiam 518, Anm. non modo — sed 518. ne — quidem — non modo 388; 519, Anm. 3. non modo im zweiten Gliede 519, Anm. 3. non modo — sed ne — quidem 519. non statt modo non 519, Anm. non statt non modo 518. modo ut 387, Anm.
möglichst 199, 9.
molestus: nisi molestum est 227, Anm. 3. moleste ferre konstr. 370.
moliri konstr. mit Inf. 415, 2. mit ut, ne 342, I, a.
monere mit Acc. eines sächl. Pron. od. Adj. 29, c. mit ut, ne 342, I, b. mit einfachem Konj. 344. mit Acc. c. inf. od. ut 347, 5. mit Inf. 342, Anm. 1; 438, 4.
monitu 108, Anm. 3.
mons, Stellung 536, 7, Anm.
mora nulla est, quominus od. ne 359, Anm. 1 u. 2. mit quin 357, Anm. 4.
morari transitiv u. intransitiv gebr. 292, 9. mit Infin. 415, 2.
mordicus 489, 18.
mortales für homines 186.
morte od. mortis damnare 89, Anm. 5. mortem od. morte mori 29, b.
mos od. moris est 76, Anm. 2. konstr. 339, 3; 450. more, Abl. modi 104, Anm. 1. für das deutsche „als" 19, e; 20, 9.
motio u. motus 168, Anm. 2.
movere konstr. 94. „sich bewegen" 294, Anm. absolut gebr. 36, 3. moveri „sich bewegen" 294 u. 295. mit ut, ne 342, I, c.
mox, Bed. u. Gebr. 483, 7. quam mox 354, Anm. 2. mox — mox fehlerhaft 516, 5; 483, 7.
mulieres ac pueri 192, 3, d. mulier statt ea 245, Anm. 2.
multi hat et bei sich 503, 5. multi saepe 547, Anm. 5. quid multa, ne multa „kurz" 410, Anm. multus bei Dichtern mit Sing. 157, Anm. multum u. multa versch. 182, 1. multum als adverb. Acc. 46. multa adverb. Acc. 29, c. multum mit Gen. partit. 78, d. multi amici mei „viele von meinen Freunden" 82, a. multo vor Kompar. u. Superl. 199, 7; 98, Anm. 8 u. 9. multum statt multo 98, Anm. 10. multo fehlerhaft statt magni u. magno 88; 107.
multiplex quam 508, Anm.
multitudo mit Prädikat im Plural 7, a.
mundus, Bed. u. Gebr. 192, 3, e.
munire castra, rupem u. ä. 35. munire a 141, Anm. 3.
munus est alicuius 76, Anm. 2.
müssen übers. 428; 488. als phraseolog. Verbum nicht mitübers. 298; 428, Anm. „du müßtest, hättest gemußt" u. ä., Indik. statt Konj. 330 u. 331.
mutare konstr. 107, Anm. 2. mutare u. mutari „sich ändern" 294 nebst Anm.
Mutter im bildlichen Sinne 6, c.
mutuus u. mutuo 237.

# N.

nach, Präpos. 150, 9—12; 260, Anm. 2. unmittelbar nach 150, 10. das zeitliche nach durch den Abl. übers. 126, Anm. 2. nach bei den Verben „beurteilen, schätzen" 98, b. bei den Verben „benennen" 150, 11.
nachdem 366. durch quoniam übers. 366, Anm. 2.
Nachfolger umschrieben 166, Anm. 3.
nae s. ne.
nam u. enim 533. an Fragewörter gehängt 533, Anm. 1. nam non 513. nam „zum Beispiel" 397. nam in der Praeteritio u. Occupatio 533, Anm. 4. nam et 502.

Name des Volkes für das Land od. des Landes für das Volk 162, 163, 165.
Name (bei nomen est, datur u. ä.) im Nom. od. Dativ 55, Anm. 4.
nämlich 533. bei der Apposition 17 u. 18. beseitigt durch den Gen. epexeget. 69; 17, d. fällt im Lat. weg 551, 1 u. 5, Anm.
namque 533.
nancisci mit doppeltem Acc. 37.
narrari mit Nom. c. inf. 436 u. 437. narrant „man erzählt" 1, b.
nares u. nasus 158, Anm. 3.
nasci konstr. 95. nascitur, ut 339, Anm. 4. nasci c. Nom. 3.
natu 98, Anm. 7. fällt weg bei maior, maximus etc. 98, Anm. 7.
natus konstr. mit Dat. Gerund. 451, 3. mit Dat. od. ad 59, Anm. 1. mit Abl. od. ex 95. natus „alt" konstr. 125, 1 u. 2.
naturā u. a natura 106, Anm. 1.
natürlich, ironisch 534.
nauci non esse, facere u. ä. 88, Anm. 2.
navare operam konstr. 451, 4.
navigare transitiv 29, a, Anm. 5.
ne (nae) „fürwahr" 221.
ne „daß nicht" 342 ff. bei den Verben des Verhinderns, Widerstrebens u. ä. 342, III. bei den Verben der Furcht 353—355. ne non bei den Verben der Furcht 353. ne u. ut non 339, Anm. 7; 342, Anm. 3 u. 4. ut ne 343; 339, Anm. 5. ne quis u. ne quisquam 277; 342, Anm. 3. dummodo ne, dum ne 387. ne beim Coni. optativus, hortativus, concessivus 332; 334. beim Imperativ 337. ne mit Coni. perf. 337. ne dicam u. ut non dicam 345. ne aut — aut 342, Anm. 4. ne durch „sonst" übers. 478. quod ne zur Satzverbindung 264.
ne, Fragepartikel 403 ff. wirft das e ab 403, Anm. 1. statt nonne 403, Anm. 2. in der Doppelfrage 405 ff. bei indirekten Fragen „ob" 403, Anm. 5. nicht an Präpos. gehängt 403, Anm. 1; 130, 8. bei unwilligen Fragen mit Acc. c. inf. 435. necne u. annon 406.
neben, übers. 136, 5; 142.
Nebenmensch 291, Anm.
Nebensätze in Or. obl. 457, 4—7; 398, e. in einen Hauptsatz zu verwandeln 542, 2. Stellung 541 ff. wann fehlerhaft durch et verbunden 542, 3. innerlich abhängige Nebensätze 232, 3.
nec, neque u. et non 512. für neve 342, Anm. 4; 337, Anm. 2. = „auch nicht" 502, Anm.; 512, Anm. 4; 506, Anm. 1. nec quisquam, nec unquam u. ä. 284, 2. nec für das deutsche „und" 503, 8. nec aut — aut 520, Anm. nec — nec, nec — et, et — neque 514, Anm. 1. ut neque — neque 342, Anm. 4. nec „ohne zu" 361, g. nec „jedoch nicht, aber nicht" 512, Anm. 1. nec non „und" 500. et neque — neque 520, Anm. nec — quidem 512, Anm. 4. nec vero, nec tamen, nec enim 513; 524, Anm. 3. nec vero non 500; 524, 3. neque autem 513, Anm. neque is 252. aut — aut für neque — neque 520. necne 406.
necdum, nequedum 477, Anm. 2.
necessarius mit Gen. u. Dat. 60, 5. mit ad 59, Anm. 1.
necessarium est konstr. 427, Anm.
necesse est, Bed. 428, konstr. 427. mit Acc. c. inf. pass. statt des deutschen Inf. Akt. 415, Anm. 1. necesse habere 427, Anm. Indik. statt des deutschen Konj. 330, I.
necessitudo u. necessitas 546, 2.
necne 406.
nec non „und" 500.
necubi 342, Anm. 3.
necunde 342, Anm. 3.
nedum 388.
nefas mit Supin auf u 455, 2. nefas est mit Inf. od. Acc. c. inf. 415, 1 u. 420, 1.
negare trans. u. intrans. 292. „sagen, daß nicht" 471. negari c. Nom. c. inf. od. Acc. c. inf. 436 u. 437. non nego, quin 357, Anm. 4.
Negationen 468—471. zwei Negationen bilden eine Bejahung 288. zwei Negationen heben sich nicht auf 288, Anm. Stell. der Negat. 536, 12. Negationen beim Konj. u. Imperat. 332; 334; 337 nebst Anm.
neglegens c. gen. 85 u. 86. neglegere mit Inf. 415, 2.
negotium est alicuius 76, Anm. 2. nullo negotio 104, Anm. 1.
nein auf eine Frage 411, 14. nein vielmehr 483, 11.
nemo dekliniert 173, a nemo u. nullus 281. nemo als Adj. 280. nemo unquam, nemo usquam 468. nemo unus 213, Anm. nemo non u. non nemo 288. et nemo statt nec quisquam 512, Anm. 3. nemodum fehlerhaft 477, Anm. 2. ut nemo u. ne quis 339, Anm. 7; 342, III, Anm. 3. nemo est, qui c. coni. 398, c. dient zur Umschreib. 266, Anm. nemo mit Superl. 199, Anm. 3.
nempe 534. 408, Anm. 2.
nequaquam 470.
neque s. nec.
ne — quidem 253, 22; 199, 8; 256. Stellung 536, 12, Anm. 2. ne — quidem — non modo 388. ac ne — quidem 512, Anm. 4. non modo non — sed ne — quidem 519.
nequiquam 474, 1.
nequire, Gebrauch 307. mit Inf. 415, 2.
nescio an „vielleicht" 411; 479. nescio quis, quid, quomodo u. ä. 411, 4. nescire mit Inf. 415, 2.
nescius mit Gen. 84, b. Adj. statt des deutschen Adv. 21, 2.
neu s. neve.
neuter mit Prädikat im Plural 7, d.
neutiquam 470.
Neutrum von Adj. als Subst. gebr. 180 ff.; 6, Anm. 2. als Adv. gebr. 29, b, Anm. 4. mit Präpos. verbunden 183. Neutrum des Prädikats bei andern Geschlechte des Subjekts 6, Anm. 2.
neve, neu 342, Anm. 4; 337, Anm. 2. ut neve — neve 342, Anm. 4.
ni u. nisi 379.
nicht fällt in Ausrufen weg 473. wird am

Ende des Satzes nicht durch das einfache non übers. 472. und nicht 512. nicht eben, nicht gerade 470, 9. und nicht, aber nicht bloß durch non übers. 526. oder nicht in Doppelfragen 406 nicht als ob 371.
nihil dekl. 173, b. nihil verstärktes non 470; 46. mit Gen. partit. 78, d; 80. nihil novum od. novi, nihil memorabile etc. 80. nihil non u. non nihil 288, et nihil u. nec quidquam 512, Anm. 3; 284, 2. nihil als Gen. pretii 88; 173, b, 1. nihilo als Abl. pretii 107. pro nihilo putare u. ä. 88, Anm. 1. nihilo als Abl. differentiae 98, Anm. 8. nihil aliud 80, Anm. 1. nihil aliud nisi, quam, ac 508. nihil aliud (facere, agere) nisi od. quam 496, Anm. nihil unquam, nihil usquam 468. nihildum 477, Anm. 2. nihil reliqui sibi facere ad 78, Anm. 6. nihil est, quod c. coni. 398, c; 400. dient zur Umschreibung 266, Anm. nihil abest, quin 357, 3. nihilo minus, nihilo setius 524, Anm. 5. nihil minus, nihil sane „nein" 411, 14. quam nihil „wie wenig" 480, 6. nihil habeo, quod od. cur c. coni. 400. ut nihil u. ne quid 339, Anm. 7; 342, III, Anm. 3. nihil statt nemo 164, Anm. 1.
nihilum 173, b, 2.
nil statt nihil 173, b.
nimirum 534; 17, b.
nimis u. nimium 199, 1. mit Gen. partit. 78, d u. e. nimium quantum 411, 4. non nimis 470, 9. nimio statt multo 98, Anm. 8.
nisi u. si non 377. nisi si 381, 1. nisi forte u. nisi vero 381, 2. nisi quod 381, 3. quod nisi 264. non nisi „nur" 496. nisi „als" nach Negationen 507, Anm. 1. für das deutsche „ohne daß" 361, e. nisi nach non alius 508; 496. nihil aliud facere nisi 496, Anm.
niti konstr. 108, Anm. 5. mit Inf. 415, 2. mit ut, ne 342, I, a.
nive candidior 100, Anm. 3, a.
nobilitas statt nobiles 164. mit dem Prädikat im Plural 7, a.
nocens stets absolut gebr. 59, Anm. 1.
noch, übers. 477. vor einem Komparativ 199, 6. fällt weg 497.
nolle mit Inf. od. Acc. c. inf. 426; 415, 2. mit Konj. 344. nicht mit ut 342, I, c nebst Anm. 1. noli, nolito zur Umschreibung des verneinten Imperat. 337. noli velle 547, Anm. 1. b. non nolle für das deutsche „gern, willig" 487. nolo, nolim, nollem 334, Anm. 2. nolle als Inf. Fut. 422, 4. alicui nolle 51. hoc factum (esse) nolo 426. nolo „ich will, daß nicht" 471.
nomen amoris u. ä. 9. nomen mihi est, nomen dare u. ä. konstr. 55, Anm. 4. nomen accipere, dare etc. ab od. ex aliquo 150, 11. nomine, Abl. modi 104, Anm. 1; 152, 13. nomine bei gerichtlichen Verben 89, Anm. 4.
Nomen gentilicium, Stellung 536, Anm. 5.
nominare mit doppeltem Acc. od. Nom. 3; 37. ab od. ex aliquo 150, 11.
nominatim, Bed. 483, 5; 463.
Nominativ, Bed. im allgem. pag. 19. Syntax 3; 25 u. 26. Nom. im Ausrufe 45, Anm. 4. Nom. statt des Vokativs 28. Nom. fehlerhaft statt eines obliquen Kasus 25, Anm. 2. Nom. des Prädikatsnomens bei einem als Objekt stehenden Inf. 416. Nom. fehlerhaft in einem abgekürzten Vergleichungssatze, der zu einem Acc. c. inf. gehört 424. Nom. der Personalpronomina fällt weg oder wird ausgedr. 219.
Nominativus c. inf. 436 ff.
non u. haud 469. et non, ac non u. nec 512. non ita 469 u. 470, 9. non unus, non semel 208, 8. non u. ne beim Konj. u. Imperat. 332; 334; 337, Anm. 2. ut non u. ne 339, Anm. 7; 342, Anm. 3. u. 4. nec non „und" 500. Stellung von non 536, 12. non, non ita „nein" 411, 14. quam non „wie wenig" 480, 6. non fällt im Ausrufe weg 473. non (item) am Ende des Satzes 472. non nisi „nur" 496. si non u. nisi 377. non nemo u. nemo non, non numquam u. numquam non etc. 288. non für das deutsche „kein" 289. non si 384, 13. non statt nonne 409, 3. non est, qui c. coni. 398, c. non enim, non vero, non tamen 513. non statt non modo non 519, Anm. non — sed 518.
nondum 477, Anm. 2. cum nondum konstr. 362, Anm. 4.
non magis quam u. non minus quam 521.
non modo — sed etiam (quoque) 518, Anm. non modo — sed 518. non modo — sed et 502. non modo — sed ne — quidem 519. non modo im zweiten Gliede 519, Anm. 3.
nonne 403 ff. non statt nonne 409, 3. ne statt nonne 403, Anm. 2. nonne „ob nicht" in einfachen indirekten Fragen 403, Anm. 5. nonne „nicht wahr?" 403, Anm. 4. nonne vides, nonne videmus 403, Anm. 2.
nonnemo 288.
nonnihil 288; 46.
non nisi „nur" 496.
nonnullus 288. nonnulli 274, 4.
nonnunquam 288.
non quo, non quod, non quin 371.
non si 384, 13.
non solum — sed etiam 518. Anm. non solum — sed quoque 256, Anm. non solum im zweiten Gliede 519, Anm. 3.
non tam — quam 516, 4, Anm.
non tantum — sed etiam 518, Anm. non tantum — sed quoque 256, Anm.
norma, Bed. 155, Anm. 2.
nos statt ego 224. nos u. nobis fehlerhaft mitübersetzt 227. nostri als objektiver Gen. 71.
noster statt meus 224. noster locus, Plato noster u. ä. 231. nostri u. nostrum 225. nostrum est 76; 428.
novissime 483, 12.
novum est, ut 438, 2.
noxius mit Gen. criminis 89, Anm. 1. nicht mit Dativ 59, Anm. 1.
nubere, Bed. u. Konstr. 49. nuptum dare, collocare 455.
nudare konstr. 96.
nudus konstr. 96, Anm. 2.
nullus fehlerhaft für nemo 281 u. 280. nullus

unus 213, Anm. steht nicht immer für das deutsche „keiner" 289. nullus als verstärktes non 289; 470. nullus meus liber „keines von meinen Büchern" 82, a. nullus non u. nonnullus 288. nullius u. nullo statt neminis u. nemine 173, a. nulla res statt nihil 173, b. nullo c. abl. für das deutsche „ohne" 104, Anm. 1; 151, 8. et nullus 512, Anm. 3. nullus est, qui c. coni. 398, c. ut nullus u. ne qui 339, Anm. 7; 342, III, Anm. 3. nullusdum 477, Anm. 2. nullus mit Superl. 199, Anm. 3.

num, Fragewort 403 ff. „ob" in indirekten Fragen 403, Anm. 5. numne 409, 1. num forte 479; 403, b. num — an 405, Anm. 2.

Numeralia, Syntax 211—218. Stellung 536, 2a.*

numerare mit doppeltem Acc. 37. mit in c. abl. 112 nebst Anm. 1.

Numerus des Prädikats 6 ff. Numerus der Periode 541, 3, e.

numerus mit dem Prädikat im Plural 7, a. numero für das das deutsche „als, für" 19, Anm. 2. is numerus, qui c. plur. 72. in aliquo numero esse 275. in numero reponere (referre) 112, Anm. 1. numerus „Masse, Menge" 78, Anm. 1.

numne 409, 1.

numquid für num 409, 2.

nun übers. 467; 506, Anm. 2. nun aber beim Syllogismus 527. bei Hervorhebung der Wirklichkeit 467, 8.

nunc, Bed. 467. im Briefstile 326, Anm. 1. in Or. obl. 457, Anm. 7. nunc ipsum 467, 3; 253, 7. nunc demum (od. denique) 481; 467, 4. nunc in Übergängen 467; 218, Anm. nunc vero, nunc autem 467, 8. nunc — nunc 516, 5.

nunquam non u. nonnunquam 288. ut nunquam u. ne unquam 339, Anm. 7; 342, III, Anm. 3. et nunquam u. nec unquam 284, 2; 512, Anm. 3. nunquam quisquam u. nemo unquam 468.

nuntiare mit in c. acc. 112, b. nuntiari mit Nom. c. inf. od. Acc. c. inf. 436 u. 437. nuntiato als Abl. absol. 444.

nuper, Bed. 483, 12.

nupta konstr. 49, Anm. 1.

nur fällt weg 497. übers. 495 u. 496. „nicht nur nicht — sondern nicht einmal" 519. wenn nur 387.

nusquam mit Gen. 78, f. nusquam non u. nonnusquam 288. nec usquam u. et nusquam 284, 2; 512, Anm. 3. nusquam quisquam 468. ut nusquam u. ne usquam 339, Anm. 7; 342, III, Anm. 3.

## O.

o beim Vok. 27. beim Acc. 45 nebst Anm. 1. o si bei Wünschen 334.

ob, Präposition, Bed. u. Gebr. 137; 141. mit Gerund. 451, 5. viele mit ob zusammenges. Verben regieren den Acc. 31. regieren den Dativ 52.

ob in einfachen indirekten Fragen ne od. num 403, Anm. 5. si 383. ob nicht nonne 403, Anm. 5. *an* 411. ob — oder in Doppelfragen 405 ff. als ob 392. nicht als ob 371.

obducere c. dat. 52, Anm. 6.

obenerwähnt 258, 2.

obequitare c. dat. 52, 6a.*

Oberitalien 200, Anm. 2.

obesse c. dat. 52. 6a.*

obgleich 389 ff.

obiacere c. dat. 52, 6a.*

obicere mit Dativ 52, 6a.*

obire konstr. 31. Anm. 2.*

Objekt ausgelassen 36. inneres Objekt 29, b. Objekt bei Verbis sentiendi u. declar. tritt in den indirekten Fragesatz 413.

Objektiver Genitiv 70 ff. Subst. mit obj. u. subjektiver Bed. 161.

obiurgare konstr. 33, c.

Oblique Kasus pag. 19. Oblique Rede 457—460. Übergang aus der Or. obl. in die Or. recta 457, Anm. 8.

oblivisci konstr. 87. mit Inf. 415. 2.

obloqui c. dat. 49, Anm. 3. 52, 6a.*

obnuntiare c. dat. 52, 6a.*

obrepere konstr. 52, 6b.*

obruere c. abl. 96.

obscurari „sich verdunkeln" 294.

obsecro mit ut, ne 342, I, b. beim Imperativ 336, Anm. 1.

obsecundare c. dat. 52, 6a.*

obsequi c. dat. 33, a; 52, 6a.*

obsistere mit Dat. 52, 6a.* mit quominus od. ne 359; 342, III, 2.

obstare mit Dat. 52, 6a.* mit quominus od. ne 359; 342, III, 2.

obtemperatio c. dat. 60, Anm. 2.

obtestari, ut, ne 342, I, b.

obtinere mit ut, ne 342, I, d. Bed. 55, Anm. 1.

obtrectare konstr. 49 nebst Anm. 3.

obversari konstr. 52, 6b.*

occasio est mit Inf. od. Gen. Gerund. 450. per occasionem 104, Anm. 2; 230, Anm.

occasu als Abl. temp. 123, 1.

occidens, Gebr. 165, Anm. 1.

occidione occidere 29, b.

occulere konstr. 112, Anm. 2.

occultare konstr. 112, Anm. 2; 114, nebst Anm.

occumbere konstr. 31, Anm. 2.

occupare mit Inf. 455, Anm. 3.

occupatus konstr. 106, Anm. 4, d; 114, Anm.

Occupatio, Figur 551, 20; 533, Anm. 4.

occurrere mit Dativ 52, 6a*

oder 522. in Doppelfragen 405 ff. „oder vielmehr" 522, Anm. 2. „oder wenigstens" 522, Anm. 2.

odium „verhaßte Persönlichkeit" 164. odio esse 66, Anm.; 67, 2. odium mei u. meum 71.

Odysseus 172.

offenbar durch Verbum regens übers. 486.

offerri „sich darbieten" 294 u. 295. mit Gerundiv 451, 7.

officere c. dat. 52, 6a.* quominus od. ne 359; 342, III, 2.

officium „Pflichtgefühl" 161, Anm. officium est alicuius 76, Anm. 2.
offundere konstr. 52, 6b*
oft durch solere, consuevisse übers. 487.
ohne, Präposition, übers. 151, 6. umschrieben 154, 13 u. 23. durch nullus übers. 104, Anm. 1; 151, 8. ohne alle, nicht ohne einige Hoffnung 276. ohne daß, ohne zu übers. 361. ohne Zweifel 151, 7 nebst Anm. 2.
olere konstr. 29, a.
olim, Bed. 464.
Olympia vincere 29, b, Anm. 2. ludi Olympia 9, Anm.
omitte c. inf. zur Umschreibung des verneinten Imperativs 337, Anm. 3. omittere mit Inf. 415, 2.
omnino „ja" 411, 14. mit Nachtr.
omnis u. quisque 286, 4. omnes fere 483, 9. omnes mit Superl. 199, Anm. 3. omnium nostrum, vestrum omnium 225. Stellung von omnes 537, 3; 536, 4, Anm. ad unum omnes 151, 9. unus omnium verstärkt den Superl. 202. omnium zum Superl. gefügt 199, 11. omnes improbi u. improbissimus quisque 209 u. 210. omnia adverbial 29, c. omne genus 47. omnis ohne in 111, Anm. 2.
onerare mit Abl. 96.
oneri esse 67, 14.
onustus c. abl. 96, Anm. 2.
operā für das deutsche „durch" 154, 12. operam dare (navare) mit ut, ne 342, I, a. mit Dat. Gerund. 451, 4. mit Adverbien verbunden 21, Anm. 5. *sibi* operam dare fehlerhaft 227, Anm. 1.
operari c. dat. 49, Anm. 4.
opinari für das deutsche „wohl, gewiß" 488. opinor „ich sollte meinen" 330, IV.
opinio est mit Acc. c. inf. 420, I. opinione maior, celerior 100, Anm. 2.
oportet, Bed. 428. mit Inf. 415, *β*. mit Acc. c. inf. od. dem bloßen Konj. 427. mit Acc. c. inf. Pass. statt des deutschen Inf. Act. 415, Anm. 1. mit Inf. Perf. 417, Anm. Indik. statt des deutschen Konj. 330, 1.
opperior, dum 365, Anm. 2. ut, ne 342, II, b.
oppido „gar sehr" 199, Anm. 2. oppido quam 411, 4.
oppidum als Apposi. bei Städtenamen 116, b; 15.
opplere konstr. 96.
opportunus konstr. 59, Anm. 1; 451, 3.
Oppositio, Figur 551, 11.
opprimere absolut gebr. 36.
opprobrio esse, ducere 66 u. 67.
optare, ut, ne 342, I, c; 426, Anm. mit Inf. 438, 4; 342, Anm. 1.
optimus mit Supin. auf u 455, 2. optimum est, erat etc., Ind. statt Konj. 330 u. 331. optimum est, ut 438, 2.
opulentus konstr. 96, Anm. 2.
opus est, Bed. 428. konstr. 98, a. mit Inf. od. Acc. c. inf. 427; 98, a; 420, I. mit Supinum auf u 98, a. mit Abl. des Partic. Perf. Pass. 98, Anm. 1.
orare konstr. 43, d. mit ut, ne 342, I, b. oro te beim Imperativ 336, Anm. 1.
Oratio obliqua 457—460; 398, e.
oratu 108, Anm. 3.
orbare konstr. 96.
orbis: in orbem stare 118, 3. in orbem consistere 112, Anm. 1. orbi, Lokativ 116, Anm. 1.
orbus konstr. 96, Anm. 2.
Orcus dichterisch 162, Anm.
Ordinalzahlen statt der Kardinalzahlen 123, Anm. 1. in den Relativsatz gezogen 260, Anm. 1.
ordine, Abl. modi 104, Anm. 1.
Ordo verborum 535, 1.
ordiri a 113, Anm. mit Inf. 415, 2.
oriens, Gebr. 165, Anm. 1.
oriri konstr. 95. oriundus a 95.
ornamentum u. exornatio 168.
Ortsbestimmungen 111 ff. deutsche Ortsbestimmungen werden im Lat. durch den Abl. instrum. übersetzt 114.
ortu als Abl. temporis 123, 1.
os: in ore esse alicui u. alicuius 60, 1.
ostendere se 42.
ostendare c. acc. 33, c.
Oxymoron, Figur 551, 12.

# P.

pacisci mit ut, ne 342, II, b.
pactum: nullo pacto 470. pacto als Abl. absol. 444. nescio quo pacto 411, 4. pactus hat passive Bed. 302.
paene u. fere 483, 8 u. 9; 150, 3. mit Ind. Perf. 330, III; 382, 3. paene ut, Stell. 536, 14. paene miles 12, c.
paenitet konstr. 91. mit Inf. 415, 1, *β*. mit Inf. Perf. 417. paenitendus 303, Anm.
palam, Bed. 483, 6. mit dem Abl. 128, Anm. 1. palam esse 5, Anm. 1.
pallere c. acc. 29, a, Anm. 1.
παλιλλογία, Figur 551, 7.
par mit Gen. od. Dat. 59, Anm. 5. mit Dat. Gerund. 451, 3. mit ac, atque 507. mit qui 507, Anm. 1. par est „es wäre billig", Indik. statt Konj. 330 u. 331. mit Inf. od. Acc. c. inf. 415, 1 u. 420, I.
Paradoxon, Figur 551, 13.
παράλειψις, Figur 551, 17.
Parallelismus 538, 2, Anm. 2.
parare mit Inf. 415, 2. mit Acc. „sich rüsten zu" 33, c.
Parataxe 236; 539.
paratus a 113. mit Inf. 418, 4. paratus ad 59, Anm. 1.
parcere konstr. 49. parce c. inf. 337, Anm. 3. hat im Perf. Pass. temperatum est 49, Anm. 1.
parens „Vater, Mutter" im bildlichen Sinne 6, c.
Parenthesen 524, Anm. 4. mit nam, enim 533.
pariter ac 507; 509. pariter als Quantitätsadv. 485.
Paronomasie 538, 3, b.
parricidii als Gen. criminis 89.
pars kollektivisch mit Plur. 7, a. wird ausgelassen 551, 3, h. parte, partibus ohne in

111, Anm. 3. magnam u. maximam partem 47. pro mea parte u. ä. 139, 4. a partibus alicuius stare 152, 5.
Pars pro toto, Tropus 550, 1.
particeps konstr. 84, c.
Participia, Syntax 439—447. Partic. Praes. auf ans u. ens als Prädikatsnomina mit esse verbunden 440, 5, Anm. 3. mit Gen. 85 u. 86. Participien substantivisch gebraucht 180, 440; 12, a. statt des deutschen „derjenige, welcher" 440, Anm. 1. Partic. Praes. Act. von transitiven Verben dürfen nicht absolut als Adj. gebraucht werden 188. Partic. Perf. Pass. als Adj. gebraucht 188, Anm. 2; 300. Participia kompariert 206. fehlerhaft statt eines Relativsatzes 440, Anm. 1. Lat. Participien dienen zur Umschreibung deutscher Subst. 177, a; 453. zur Umschreibung des deutschen „dann, darauf, und dann" 249. Partic. Perf. Pass. haben akt. Bed. 300. vertreten im Abl. absol. das fehlende Partic. Präs. 439, Anm. 2, c. Partic. Perf. von Deponentien haben Präsensbed. 301. haben passive Bed. 302. Partic. Perf. Pass. mit Verben wie habeo, teneo, possideo dienen zur nachdrucksvollen Umschreibung 319. Partic. Praes. de conatu 321, Anm. 1. Partic. Praes. bei den Verben des Hörens u. Wahrnehmens 431. Partic. mit einer Konjunktion verbunden 446. Partic. Fut. Act. den Zweck bezeichnend 324, Anm. 2; 439, Anm. 4. Fehlende Partic. ersetzt 439, Anm. 1 u. 2. Genauigkeit des Lat. im Gebrauche des Part. Präs. 439, Anm. 3. Dativ des Partic. zur Bezeichnung des Standpunktes 57, Anm. 2. Participien beim Abl. causae 108, Anm. 2; 154. Participialkonstruktionen bei der Periodenbildung 542. mehrere nebeneinander 542, Anm. 1 u. 4.
Particula pendens 546, 4 g. E.
partim — partim Gebr. 47, Anm. c; 7, Anm. 1. von et — et untersch. 517. mit Gen. 78, e; 47, Anm. c.
Partitio: Anhang 2, Anm. 3.
Partitive Apposition 82, b. Partitiver Genitiv 78 ff., 184.
partitus hat pass. Bed. 302.
parum, Bed. 480. mit Gen. 78, e. parum vir 12, c. parum abgeschwächtes non 470. non parum 550, 7.
parumper 480, 5.
parvi u. parvo bei Preisbezeichnungen 88; 107. a parvis, a parvulis 161, 8.
pasco u. pascor, Bed. u. Konstr. 296, 4; 109, Anm. 2.
passend wird nicht übers. 230, Anm.
Passiv, Gebr. 292 ff. statt des deutschen Aktivs 423. das fehlende Passiv ersetzt 304, 5. bei leblosen Subjekten 165. für das deutsche „man" 1 u. 2. statt des griech. Mediums 46, Anm. bezeichnet eine reflexive Thätigkeit 294 u. 295. muß durch „sich lassen" übers. werden 296.
pater im bildlichen Sinne 6, c. statt des deutschen „der ältere" 98, Anm. 7.
patere dient zur Umschreibung 319, 8.
pati „lassen, zulassen" 297. konstr. mit Acc. c. inf. 425, b; 342, Anm. 1; 420, II, 3. mit ut 438, 8; 342, I, e. patiens c. gen. u. acc. 85 u. 86. fortia pati 35.
patrocinari c. dat. 49, Anm. 4.
pauci „nur wenige" 497. hat et hinter sich 503, 5. pauci amici nostri „wenige von unsern Freunden" 82, a. paucis te volo 43, Anm. 5. pauca als adverb. Acc. 29. c. inter paucos „besonders" 153, 5.
paulatim 483, 13.
paulisper 480, 5.
paulum 480. mit Gen. partit. 78, d. paulo, Abl. differentiae 98, Anm. 8; 282, 13. paulo post 483, 7; 126, 1. paulum abest, quin 357, 3.
paululum 480, 5.
pauper nicht mit Gen. 84, Anm. 3. divites pauperes 503, 4.
pavere mit Acc. 29, a, Anm. 1.
pax: (in) pace 123, 2, c.
peccati als Gen. criminis 89.
peculatus als Gen. criminis 89.
pecunia, Bed. u. Gebr. 192, 3, b.
pedes kollekt. Singular 155, 2.
pedetemptim 483,13; 463.
peior u. deterior 199, 14.
pellere konstr. 94.
pellis: sub pellibus hiemare 153, 8.
pendēre ex, a, de 113, Anm. pendere animi 84, Anm. 4.
pendĕre mit Gen. pretii 88. mit Abl. od. ex 98, b; 113, Anm.
penes, Bed. 136, 3.
penitus 462.
pensi nihil habere 78, Anm. 6.
per, Präpos. untersch. von a 106. von trans 153, 2. heißt bei Schwüren „bei" 136, 2. zur Bezeichnung der Art und Weise 104, Anm. 2. bezeichnet die Mittelsperson 106. „wegen" 137, Anm. 3. per bei Zeitdauer wechselnd mit dem einfachen Acc. od. Abl. 124. bezeichnet die Verbreitung über einen Raum 152, 2. „über" bei Bezeichnung eines Weges 151, 4. per me ipse u. ä. 253, 9. per, Stell. bei Schwüren 130, 1. Bed. von per in Verbis compositis 489. per me stat (od. fit), quominus 359, Anm. 1. viele mit per zusammenges. Intransitiva werden transitiv 31.
peragrare konstr. 31, Anm. 2.*
percontari konstr. 43, e.
Percontatio, Figur 551, 6.
percurrere c. acc. 31 nebst Anm. 2.*
perdere hat im Passiv perire 304, 2. perditus 304, 2. perduim 311. perditum ire 455, Anm. 3.
perduellionis als Gen. criminis 89.
perequitare konstr. 31, Anm. 2.*
Perfektum, Bed. u. Gebr. 314; 317 ff. für das deutsche Präsens 325, 4. statt des Fut. II 317, Anm. 1. statt des Plusqpf. 317, Anm. 3. Inf. Perf. statt des Inf. Präs. 417, 1. Perf. untersch. vom Imperf. 320. im Briefstile 326. Perfectum historicum u. logicum (od. praesens) 317; 327, 3 u. 4. deutsches Perfekt wird im Lateinischen das Präsens 316.

umschrieben durch das Partic. Perf. Pass. mit habeo, teneo u. a. 319. laudatus sum u. laudatus fui untersch. 318. Partic. Perf. Pass. statt des fehlenden Partic. Präs. Pass. 439, Anm. 2, c. zur Umschreibung deutscher Subst. 453. Konj. Perf. statt des verneinten Imperativs 337.
perficere mit ut, ne 342, I, d.
perfrui 109.
perfungi, Bed. u. Konstr. 109.
pergere mit Inf. 415, 2. mit iter 29, a, Anm. 5; 292. mit Ellipse von dicere 551, 3, b.
perhibeor mit Nom. c. inf. 436.
perhorrescere c. acc. 29, a.
periculum est, ne, ut, ne non 353.
perinde ac 507. perinde ac si mit Konj. 392.
Periode u. Periodenbildung 541 ff. historische u. oratorische Periode 541, 5.
Periphrase, Tropus 550, 6.
Periphrastische Konjugation 324, Anm.; 382, Anm. 2; 385.
perire ist Passiv zu perdere 304, 2. perire ab aliquo 106, Anm. 2. mit acc. 29, a, Anm. 1.
peritus konstr. mit Gen. 84, b. iuris u. iure 84, Anm. 2. mit Gen. Gerund. 451, 2. als relatives Adj. 196, Anm.
permiscere konstr. 106, Anm. 4, d.
Permissio, Figur 551, 9.
permittere mit ut, ne 342, I, e. mit bloßem Konj. 344. mit Inf. 342, Anm. 1. „lassen" 297. mit Gerund. 451, 7. permisso als Abl. absol. 444. permittere pleonastisch 547, Anm. 1, a.
permovere, ut, ne 342, I, c.
permutare konstr. 107, Anm. 2.
perniciei esse 67, 3.
perosus, Bed. u. Konstr. 300.
perpendere mit Abl. od. ad 98, Anm. 2.
perperam 474, 2.
perpetrare mit ut, ne 342, I, d.
perquam, Bed. u. Gebr. 199, Anm. 2.
perrumpere transitiv u. intransitiv 292, 4.
Perses u. Perseus 172.
perseverare c. inf. 415, 2. für das deutsche „beharrlich" 487.
persistere mit Inf. 415, 2.
Personalpronomen fällt weg oder wird ausgedrückt 219; 227. fällt beim Acc. c. inf. weg 438, 11; 423, Anm. Gerundiv auf —ndi auch beim Feminin u. Plural der Personalpronomina 226. mihi, tibi als ethische Dative 61. Personalpron. durch ein bezeichnenderes Subst. ersetzt 229. Personalpronomen fehlerhaft statt des reciproken Pronomens 236, Anm. 2.
Personennamen im Plur, 160, 2—4. als bloße Werkzeuge behandelt ohne a u. cum 106, Anm. 1; 103, 2. statt des Sachnamens 162, b. Stellung 536, Anm. 5.
Personificatio, Figur 551, 10; 165, Anm. 2.
perspici mit Nom. c. inf. od. Acc. c. inf. 436 u. 437; 420, I, 2. mihi perspectum est 64. perspectum habeo 319.
perspicuum est in Schlüssen 527. mit Acc. c. inf. 420, I; 339, Anm. 4.
perstare mit Inf. 415, 2.
persuadere konstr. 49 nebst Anm. 5; 342, I, b; 343; 347, 2.
pertaesus konstr. 300.
pertinere, Gebr. 153, 18 u. 19; 375; 398, f. quod attinet ad 375, Anm. 2.
pervadere mit Acc. 31 nebst Anm. 2.*
pervagari c. acc. 31 nebst Anm. 2.*
pervenire konstr. 112, b.
pestis, Bed. u. Gebr, 192, 3. c.
petere konstr. 43, c. mit ut, ne 342, II, b. fehlerhaft mit Inf. 415, 2; 418, 6.
philosophicus unlateinisch 191, 6.
Phraseologische Verben 298; 428, Anm.
piget konstr. 91. mit Inf. 415, 1, β. pigendus 303, Anm.
pignori ponere 67, 13.
pili non esse, facere u. ä. 88, Anm. 2.
pisce sanior, taciturnior 100, Anm. 3, a.
placet mit Inf. 415, 1; 351, Anm. 2. mit Acc. c. inf. 420, I, 2. mit ut, ne 351, Anm. 2. si placet 227, Anm. 3. si placuerit 316 b, Anm. 3.
plane vir 12, c. planum facere 38, Anm. 1.
plaudere mit Acc. 29, b, Anm. 3. statt applaudere 57, Anm. 1; 489 b, Anm.
plebs kollekt mit Plural 7, a.
plenus konstr. 84, d. dient zur Umschreibung deutscher Adj. 187, Anm. 2, b.
Pleonasmus 547, 1.
plerique, Bed. 204, 2. mit Gen. partit. 82, c. hat im Gen. plurimorum 204, 2.
plorare c. acc. 29, a, Anm. 1.
pluere konstr. 106, Anm. 4, c.
pluma, Singulare 155, Anm. 2.
plündern, trans. u. intrans. 292, Anm. 1.
Plural des Prädikats bei mehreren Subjekten 6, d ff. Eigentümlichkeiten im Gebrauche des Plurals 155 ff. bei Kollektiven 7, a; 158, Anm. 2. von Eigennamen 160, 2—4. von Ländernamen 158, Anm. 4. von Abstrakten u. Wettererscheinungen 158. Pluralis maiestatis 224. Plur. statt des Sing. 550, 1. Genauigkeit des Lateinischen im Gebrauch des Plur. 158. Plur. von Adj. substantivisch gebr. 180 ff.
Pluralia tantum 156, 2.
plurimus bei Dichtern mit Sing. 157, Anm. plurimi u. plerique 204, 2. plurimum mit Gen. partit. 78, d. plurimo u. plurimi bei Preisbezeichnungen 88; 107.
plus, Bed. u. Gebr. 207 u. 208. mit Gen. partit. 78, d. mit oder ohne quam 101. non plus quam für non magis quam 521, Anm. pluris als Gen. pretii 88; 107. plures u. complures 204, 1. plures „die meisten, die Majorität" 204, 2.
Plusquamperfekt 323. für das deutsche Imperf. 325, 5. im Briefstile 326. statt des Perfekts bei Bezeichnung der Schnelligkeit 323, Anm. Perf. statt des Plusqpf. 317, Anm. 3.
poenitet s. paenitet.
pol 551, 3, i.
polliceri konstr. mit Acc. c. inf. fut. 421, 4. mit Inf. Präs. 438, 10. bene, benigne etc. polliceri 489, 20.

Polyptoton 551, 7, Anm.
Polysyndeton 551, 2; 501.
ponderare konstr. 98,. b.
pondo, Bed. u. Gebr. 174, 3.
pone, Adv. u. Präpos. 128; 146, 1.
ponere konstr. 112, a. ponere u. deponere 489 b, Anm.
pontem facere in flumine 151, 3.
populatus hat pass. Bed. 302.
porro, Bed. 482, 4. in der Propositio minor 527. age porro 306, 5.
portā, portis statt per portam, per portas 114.
portio: pro portione 139, 4.
poscere konstr. 43, c. nicht mit ut, ne 342, I, b nebst Anm. 1.
Positiv im Lateinischen statt des deutschen „zu, allzu" 199, Anm. 1. bei quamvis 389, 3. bei quo od. quanto 210, Anm.
possessio, Bed. 168, Anm. 1, 4.
Possessivpronomina 230 ff. fallen aus 230, 1. statt des Gen. obiect. 71. stehen bei esse statt des Gen. der Personalpronomina 55; 76. bezeichnen das Günstige, Passende 230, 3. stehen beim Infin. 414, 3, Anm. Stellung 536, 3.
possidēre, Bed. 55, Anm. 1. dient zur Umschreibung des einfachen Verbs 319.
possum, poteram etc., Indik. statt Konj. 330, I; 382, 3. im Konj. 330, Anm. 4; 331, Anm. mit Infin. 415, 2. mit Infin. Perf. 417, 1. non possum non mit Infin. 357, 3, Anm. 2, quam brevissime possum, quam maximis itineribus potuit u. ä. 199, 9. posse durch „lassen" übers. 297. potest, ut 339, Anm. 2. posse als Inf. Fut. 422, 4. facere non possum, fieri non potest, ut od. quin 357, 3, e; 428. quod facere possim 398, f. potuero statt potero 316 b, Anm. 3.
post als Adv. 128. in Aufzählungen 218. mit Acc. u. Abl. 126, 1; 98, Anm. 8. fehlerhaft statt a 150, 9. fehlerhaft statt secundum 150, 9. vor quam ausgel. 366, 2. viele mit post zusammenges. Verben regieren den Dativ 52.
postea: quid postea? 410, 2. postea loci 78, Anm. 8.
posteaquam konstr. 336.
posterior — prior statt hic — ille 240, Anm. 2. posterior c. abl. 100, Anm. 3, f.
posthabere mit Dativ 52,7*
postponere mit Dativ 52,7*
postquam konstr. 366. mit Plusqpf. im Briefstil 326, Anm. 1. in Or. obl. 458. fehlerhaft statt quoniam 366, Anm. 2.
postremo u. postremum 461,2; 214, 22; 218; 481. hoc postremum 214, 22. postremum consul 12, b, dum postremo ungewöhnlich 365, Anm. 3.
postremus, Adj. statt des deutschen Adv. 21, 3; 194.
postridie konstr. 126, 4. im Briefstile 326, Anm. 1. postridie eius diei 547, Anm. 2. postridie quam mit Perf. oder Plusqpf. 126, 4.
postulare konstr. 43. c. mit de 292, Anm. 4. mit Gen. criminis 89. mit de 89, Anm. 2. mit ut, ne 342, I, b. mit einf. Konj. 344. mit Inf. 438, 4; 342, Anm. 1. mit Acc. c. inf. 346.
postulatio u. postulatum 168.
potens konstr. 84, c.
Potentialis 332, 4. potentialer Fall der hypothet. Sätze 376, 2.
potestatis suae facere 76, Anm. 1. in potestatem esse, habere 118, 3.
potiri konstr. 109 nebst Anm. potiundus 303; 311.
potissimum, Bed. 483, 5.
potius versch. von plus, magis, amplius 207 u. 208. pleonastisch bei malle u. praestare 547, Anm. 3. quin potius 483, 11. vel potius, sive potius 522. potius fehlerhaft gebr. 516, 4, Anm. aut potius 522, Anm. 2. potius quam konstr. 344, Anm. non potius quam 516, 4, Anm.
potus, Bed. 300.
prae, Präpos., Bed. u. Gebr. 137; 141; 142; 150, 6. als Adv. gebr. 128. viele mit prae zusammenges. Verben regieren den Acc. 31. regieren den Dativ 52.
praebere se fortem u. ä. 42.
praecedere konstr. 31, Anm. 2* u. 4.
praecidere konstr. 60, 8. absolut gebr. 36.
praecipere, ut, ne 342, I, c. mit einf. Inf. 425, Anm.
praecipitare „sich stürzen" 294, Anm.
praecipue, Bed. 483, 5.
Praecisio, Figur 551, 17, Anm.
Präcision des Ausdrucks 547.
praeclarum est, ut 438, 2. praeclare facis, cum 438, 5.
praecurrere konstr. 31, Anm. 2.*
praedari intrans. 292, Anm. 1.
praedicere, ut, ne 342, I, c.
Prädikatsnomen im Nom. od. Acc. 3; 37; 416. bei Participialkonstruktion 445, Anm.
praeditus konstr. 84, Anm. 3; 96, Anm. 2.
praedium ausgelassen 551, 3, h.
praeesse mit Dat. 52,7* m. Dat. Gerund. 451, 4.
praefari, konstr. 52,7* Bed. 306, 11.
praefectus konstr. 60, 2.
praeferre mit Dativ 52,7* fehlerhaft mit Inf. 415, 2. praeferri m. Acc. 31, Anm. 2.*
praeficere mit Dativ 52,7* m. Dat. Gerund. 451, 4.
praefigere konstr. 54, Anm. 2.
Prägnanz 550, 8. Prägnanz der Verben 35. der Präpositionen 153, 22. Prägnante Ausdrücke mit in c. acc. 118, 2 u. 3.
praegredi mit Acc. 31, Anm. 2.*
praeire konstr. 31, Anm. 2. *
praelucere c. acc. 29, b, Anm. 2; c. dat. 52,7*
Prämisse 527 u. 528.
Praemunitio, Figur 551, 20.
praemunire konstr. 54, Anm. 2.
praeoptare c. dat. 52,7* ; mit Inf. 415, 2. *
praeponere mit Dativ 52, 7.
Präposition, Gebr. u. Syntax 128—154. als Adv. gebr. 128. stehen und fehlen bei Städtenamen 116 ff. Stellung 129—131. fallen bei

der Appos. weg 132, a. fallen bei Aufzählungen u. Einteilungen weg 132, b. vor dem Relativ nicht wiederholt 132, d. zwei Präpos. zu einem einzigen Subst. gehörig 133. zwei Präpos. dürfen nicht unmittelbar zusammenstehen 131. Präpos. bei mehreren beigeordn. Subst. wiederholt oder nicht wiederholt 132. durch einen bezeichnenderen Ausdruck umschrieben 154. von einem Substantiv abhängig 13. Präpositionalausdruck statt des Gen. obiect. 70, Anm.; 13, b. Deutscher Präpositionalausdruck durch Adverbien übersetzt 489. zum Objekt eines Verbs gemacht 34. durch Adj. übers. 193; 194; 136, 1. durch Gen. obiect. übers. 70. Verben, die mit zwei Präpos. zusammenges. sind 309. Präpos. statt des Gen. partit. 79. prägnant gebr. 153, 22.
praescius mit Gen. 84, b.
praescribere, m. Dat. 52, 7;* ut, ne 342, I, c.
Präsens 314; 315 ff. deutsches Präsens wird im Lateinischen das Futur 325, 1. wird im Lateinischen das Perfekt 325, 4. Praes. historicum 322; 327, 5. Lateinisches Präsens für das deutsche Perfekt 316. Präsens statt des Futurs in Nebensätzen 382, 2. Imperativus Praesentis 336—338. Konj. Präs. statt des Imperativs 336, Anm. 4.
praesens, Adj. statt des deutschen Adv. 21, 2. in praesens 126, 5. in praesenti u. in praesentia 123, 2, c.
praesertim, Bed. 483, 5. praesertim cum u. cum praesertim 362, Anm. 6. praesertim qui 401.
praesidere mit Dativ 52, 7*
praesidio relinquere u. ä. 66 u. 67. praesidio für das deutsche „durch" 154, 12.
praestantia, Singulare 155, Anm. 2.
praestare, Gebr. u. Konstr. 31, Anm. 2*u. 4; 42. mit Abl. differ. 98, Anm. 8. mit quam 508, Anm.
praestolari c. dat. 49, Anm. 3.
praetendere c. dat. 52, 7 *
praeter, Adv. 128. Präpos. 136, 7; 142; 150, 7; 152, 8. viele mit praeter zusammenges. Intransitiva werden transitiv 31.
praeterea in Übergängen 510, Anm. = „sonst" 478.
praeterfluere mit Acc. 31.
praetergredi c. acc. 31.
praeterire c. acc. 31. praetereo, quod 369, Anm. 2. praeterit me 33, b.
Praeteritio, Figur 551, 17; 533, Anm. 4; Anhang 12.
praeteritus 300.
praetermittere nihil, quin 357, 3. mit Inf. 415, 2.
praeterquam I28; 152, 8. praeterquam quod 381, 3.
praetervehi mit Acc. 31.
praetervolare c. acc. 31.
praetexere mit Dat. 52. Cf. auch 54, Anm. 2.
praevenire konstr. 31, Anm. 2.*
pransus 300.
precari konstr. 43, c. mit ut, ne 342, I, b. preces precari 29, b.
preces, Plurale 156, 2.
pretium „äußerer Wert" 189, 2.
pridem 483, Anm. 3.
pridie konstr. 126, 4. im Briefstile 326, Anm. 1. pridie eius diei 547, Anm. 2; 78, Anm. 8. pridie quam 126, 4.
primitus 462.
primo u. primum 461, 4; 214, 22. primum in Aufzählungen 218; 481. hoc primum 214, 22. primum consul 12, b. cum primum, ubi primum konstr. 366.
primus, primo, primum 21, Anm. 2; 461, 4. prima postrema 503, 4. primae, sc. partes 551, 3, h. primus quisque, primo quoque tempore 287, Anm. 2. primus statt eines deutschen Adverbs oder Präpositionalausdrucks 194.
princeps mit Gen. Gerund. 451, 1. princeps sum konstr. 451, Anm. 1. Adj. statt des deutschen Adv. 21, 3.
principio als Abl. der Zeit 123, 1. bei Aufzählungen „zuvörderst" 218.
prior statt des deutschen Adv. 21, 3. statt primus 200. prior — posterior statt ille — hic 240, Anm. 2. prius quam = prius quam ut 344, Anm.
priusquam konstr. 367.
privare konstr. 96.
privatim, Bed. 483, 6.
pro, proh Interjektion, konstr. 45, Anm. 2; 497, Anm. 2.
pro, Präpos., Bed. u. Gebr. 139 u. 140; 150, 12. vor in lokaler Bed. 141. „vorn auf" 141, Anm. 1. gemäß 150, 12; 139, 4; 260, Anm. 2. „im Verhältnis zu" 139, 4. quam pro nach Komparat. 199, 5. pro für das deutsche „als" 19, Anm. 2. pro eo ac 507, Anm. 2. pro eo ut 396. pro mit dem Gerund. 451, 6. pro nihilo putare u. ä. 38, Anm. 1.
probare, Bed. u. Konstr. 64, Anm. 2. qui probari potest, ut 438, 2; 339, Anm. 4.
probro esse, habere 66 u. 67, 5.
Procent ausgedr. 214, 28.
procreare „schaffen" 39, 1. procreatus c. abl. 95.
procul konstr. 94, Anm. 4; 128, Anm. 1. non procul abest, quin 357, 3.
prodere interregem 40. proditum est mit Acc. c. inf. 436, Anm.
prodest mit Inf. od. Acc. c. inf. 415, 1 u. 420, I, 2. prodesse mit Dativ 52.
proelio u. in proelio 123, 2, c.
profectio u. iter 168.
profecto in der Geminatio 551, 7, d. schließt den Nachsatz an einen Wunsch 334, Anm. 2. fällt weg 497 nebst Anm. 1. non profecto u. profecto non 536, 12.
proficisci ad bellum, in pugnam 152, 1. iter proficisci 29, b. mit Supinum auf um 455.
profiteri konstr. 37, Anm. 1.
profluere ex 95.
profugus konstr. 94, Anm. 4.
profundus steht nicht mit Acc. der Ausdehnung 120.
profusus c. gen. 84, d. hat aktive Bedeutung 300.

prognatus konstr. 95.
prohibere konstr. 94, Anm. 4. mit Inf. od. quominus 359, Anm. 3. ohne Acc. eines Personalpronomens 227, Anm. 3. prohibeor mit Nom. c. inf. 436. prohibere „nicht lassen" 297.
proin 530, 4.
proinde, Bedeutung 530, 4. et proinde selten 532. proinde ac 507. proinde quasi c. coni. 392.
Prolepsis adiectivi 198. des Subjekts eines indirekten Fragesatzes 413, Anm.
proles, Singulare 155, Anm. 2.
promissio u. promissum 168.
promittere konstr. mit Acc. c. inf. fut. 421, 4. mit inf. praes. 438, 10. bene, benigne etc. promittere 489, 20.
promptus ad 59, Anm. 1.
promunturium ausgel. 73.
Pronomina, Syntax 219—291. in Or. obl. 457, IV. Stellung 536, 3—5. richten sich nach dem Prädikatsnomen 23. Neutrum der Pronomina steht adverbial 29, c. Pronomina durch ein bezeichnenderes Substantiv umschrieben 229.
pronus ad 59, Anm. 1.
propalam, Bed. 483, 6.
prope als Adv. 128; 483, 8 u. 9. als Präpos. konstr. 59, Anm. 4. mit Indik. Perf. 330, 3; 382, 3. prope est, ut 339, 3 u. Anm. 3. prope ut, Stell. 536, 14.
propemodum 483, 8.
properare mit Inf. 455, Anm. 3; 415, 2. mit Acc. c. inf. 426. für das deutsche „eiligst, schleunig" 487. mit Acc. 29, a, Anm. 5.
propinquus mit Gen. od. Dat. 60, 5.
propior, propius konstr. 59, Anm. 4.
proponere c. gerund. 451, 7. mit ut 342, II. mihi proposui c. inf. fehlerhaft 415, 2.
Proportion der Periode 541, 3, d u. 5, Anm. 2.
Propositio, Anhang 2. Propositio maior u. minor 527 u. 528.
proprius, Bedeutung 230, 2. konstr. 59, Anm. 3. für das deutsche „im besondern" 489, Anm.; 22, 6. proprium est alicuius statt est alicuius 76, Anm. 2.
propter, Adv. 128. Präposition 136, 5; 137. statt des Abl. causae 108, Anm. 2.
propterea 530, 5. propterea ut 342, II. propterea quod 369.
prorsus 199, Anm. 2.
*προσωποποιία*, Figur 551, 10.
prospicere konstr. 51. mit ut, ne 342, I, a.
Protasis 376.
prout, pro eo ut 396; 507, Anm. 2.
provectior (aetate) 206, Anm.
providere konstr. 51. mit ut, ne 342, I, a. mihi provisum est 64.
providus konstr. 84, c.
provincia, Stell. 536, 7, Anm. in provinciam redigere 38, Anm. 1.
provocare konstr. 114 nebst Anm.; 33, c.
proxime 483; 12. konstr. 59, Anm. 4. proximus konstr. 59, Anm. 4. proximum est, ut 339, 3. proximus a 150, 9.
Prozent ausgedrückt 214, 28.
prudens konstr. 84, b nebst Anm. prudens u. prudenter 21, 2 nebst Anm. 1.
—pte als Suffix 222.
publica privata 503, 4. in publico 483, 6. publice 483, 6. de publico sumere 153, 3.
pulcher mit Supinum auf u 455, 2.
pudet konstr. 91. mit Inf. 445, 1, *β*. mit Inf. Perf. 417. pudendus 303, Anm.
pudor „Schamgefühl 161, Anm.
puer „in der Kindheit", a puero, a pueris 162; 125, 3. pueri u. liberi 192, 3, d.
(in) pueritia 123, 2, b. a pueritia 125, 3.
pugnare c. dat. 65, 2. pugnam oder pugnā pugnare 29, b. non pugno, quominus 359, Anm. 1.
pulmones 158, Anm. 3.
purgare konstr. 33, c; Anm. 4; 89. mit Gen. 94, Anm. 5.
durus mit Gen. 84, Anm. 4. mit Abl. od. a 96, Anm. 2.
puta „nämlich, zum Beispiel" 397, Anm. 2.
putare mit doppeltem Acc. oder Nom. 3; 37. putare pro, loco, in 19, Anm. 2. mit Acc. c. inf. 420, II. putor mit Nom. c. inf. od. Acc. c. inf. 436 nebst Anm.; 437. putant „man glaubt" 1, b. putes, putares „man sollte glauben" 332, 4. non putabam, putavi, putaveram „ich hätte nicht geglaubt" 330. putare für das deutsche „wohl, gewiß" 488. mit Gen. possess. 76, Anm. 1; 162, d. mit Gen. pretii 88. mit Abl. pretii 88, Anm. 3; 107. pleonastisch 547, Anm. 1, a.
Pyrenaeus u. Pyrenaei 156, 5.
*Πύσμα*, Figur 551, 6.

## Q.

qua — qua 516, 1.
quacunque ratione 290.
quadriduum 214, 21.
quaerere konst. 43, e. fehlerhaft mit Inf. 415, 2; 418, 6. quid quaeris 410, Anm. quaero, si 383.
quaeso, quaesumus 306, 8. beim Imperativ 336, Anm. 2. mit ut, ne 342, 1, b.
quaestio u. quaestus 168, Anm. 2.
quaestui habere 67, 2.
qualis — talis 265; 507, Anm. 1. qualis als Fragewort 268, Anm.
qualiscunque mit Indik. 330 u. 331. durch Tmesis geteilt 536, Anm. 4. absolut ohne Verbum 290, Anm.
quam ausgelassen nach dem Komparat. 100 bis 102. quam sum, quam eram für das einfache deutsche „als" 100, Anm. 4. steht oder fehlt nach plus, amplius, longius, minus 101. quam ut u. quam qui nach Komparat. 339, 2; 398, b, Anm. 2. quam pro nach Komparat. 199, 5. quam hat nach Komparat. negativen Sinn 274, 5. quam c. coni. statt quam ut 344 nebst Anm. quam „wie" untersch. von ut 494. für das deutsche „welcher, welch einer" 258, 3. quam non,

quam nihil „wie wenig" 480, 6. quam mox 354, Anm. 2. quam statt postquam 366, 2. quam c. superl. 199, 9. quam nach non alius, nihil aliud 508; 496, Anm. quam quisque — tam c. superl. 210, Anm. tam — quam 265; 507, Anm. 1. tam — quam qui c. superl. 199, 10. mire quam, sane quam 411, 4. quam nach alius, secus, contra, supra, malle u. ä. 508, Anm.
quamdiu 364, b; 265.
quamobcausam 493.
quamobrem 493; 530, 2; 532. mit Konj. 400.
quamquam, Bed. u. Gebr. 389 ff. correctivum 391. zu einem Partic. gesetzt 446. in Or. obl. mit Acc. c. inf. 457, Anm. 4. quamquam vero u. sed quamquam 544.
quamvis, Bed. u. Gebr. 389 ff. mit Indik. 380, 1. zu einem einzelnen Adj. gehörig 389, Anm. 1. zu einem Partic. gesetzt 446. quamvis licet 389, 4. quamvis non „sowenig auch" 480, 16.
quando „weil" 368. si quando u. si unquam 464, Anm. nescio quando 411, 4. ne quando 342, Anm. 3. quando „wann?" fragt stets nach der Zeit 273.
quandoque „weil" 368; 464.
quandoquidem „weil" 368.
quantopere 494; 265.
quantum mit Gen. partit. 78, d. statt quanto 98, Anm. 10. quantum Fragewort 494. quantum „inwieweit" 398, f. 396. quantum in se est 232, Anm. 3. mirum quantum, incredibile quantum 411, 4. quanto als Abl. differ. 98, Anm. 8. quanti als Gen. pretii 88; 107. quanto — tanto bei Komparat. 210. quantus — tantus, Korrelative 265; 507, Anm. 1. tantus — quantus mit Superl. 199, 10. quantus als Fragewort 268, Anm. 1.
quantuscunque mit Indik. 330 u. 331. absolut ohne Verbum 290, Anm.
quapropter 493; 530, 2. = „und daher" 532.
quare c. coni. 400 = „und daher" 532. Bed. 493; 530, 2.
quasi bei der Appos. 19, c. = „ungefähr" 150, 3. bei Metaphern 279. zu einem Particip gesetzt 392, Anm. 3. mit dem Konj. verbunden 392. proinde quasi 392. quasi — ita 393.
quatenus 396 nebst Anm.; 368; 398, f. est quatenus c. coni 399, 8.
que, et, ac 499 ff. que „und zwar" 506, 1. isque „und zwar" 252. que für sed 506, 2. „und überhaupt" 505, 5. an Präpos. gehängt 130, 8. wird nicht an Infin. gehängt 499, Anm. 2. bei Zahlen „bis" 523. schließt eine Auseinandersetzung ab 510, Anm. „und somit, und folglich" 506, 5; 510, Anm. steht beim letzten Gliede einer Reihe von Begriffen 501. que — que 514. neque — que 514, Anm. 1. que — et 514. que für ac bei Ausdrücken der Gleichheit und Ähnlichkeit 509.
quemadmodum — ita 393. in Or. obl. mit Acc. c. inf. 457, Anm. 4. fragend 494.
queri konstr. 29, a nebst Anm. 3. mit Acc. c. inf. od. quod 370.
qui, quae, quod, Relativpronomen, Syntax 253—267; 398 ff.; 244. qui fehlerhaft statt quam 258, 3. qui autem, qui vero, qui enim u. ä. fehlerhaft 258, 4; 262, Anm. 1. qui vero, qui autem fehlerhaft 258, 4. id quod „was" 23, 4; 258, 6. qui wird mit dem untergeordneten Nebensatze verschränkt 262, b u. 263. qui statt des Demonstrativs dient zur Satzverbindung 262, a u. 263. qui c. coni. 398 ff. qui vocatur, quem dicunt etc. „sogenannt" 258, 2. richtet sich nach dem Prädikatsnomen 23; 258, 1. quae admiratio „die Verwunderung über welche Sache" 72. idem — qui 507, Anm. 1; 265. quo, qua, quibus als Abl. comparat. 100, Anm. 3, d; 102. quae tua est prudentia od. qua es prudentia „deiner Klugheit gemäß" 260, Anm. 2. si qui „welcher etwa" 386. quam qui nach Komparativen 398, b, Anm. 2. ut qui, quippe qui, utpote qui 401. praesertim qui 401; 483, 5. sed qui 503, 9; 258, 4. qui quidem 483, 4. nescio qui 411, 4. et qui, wo im Deutschen bloß „welcher" steht 503, 9. qui steht vor der Präposition 130, 7. steht statt des Demonstrativs mit einer Konjunktion 262 u. 263. quocum u. cum quo, quibuscum u. cum quibus 129. quicum 272, 3. quo, qua, quibus statt postquam 366, 2. ne qui, ne ullus, ut nullus 342, Anm. 3; 277; 399, Anm. 7. inter quos, in quibus „unter ihnen" 245, Anm. 1. Cf. auch Relativsätze.
qui, Fragewort 268; 270. = quo „wie?" 272; 494; 396, Anm.
qui als unbestimmtes Pronomen 274, 3.
quia, Bed. 368. in Or. obl. mit Acc. c. inf. 457, Anm. 4. quod quia 264.
quicum 272, 3.
quicunque, Bed. 286, 5. mit Indik. 330 u. 331. durch Tmesis geteilt 536, Anm. 4. quacunque ratione, quocunque modo 290. quodcunque c. gen. 78, d.
quid u. quod untersch. 269. quid bei Definitionen 23, 1. mit Genitiv 78, d; 80. durch „wo" übersetzt 273. als adverbieller Acc. „wozu, warum" fragend 29, c; 493; 269, Anm. quid est quod dient zur Umschreibung 266, Anm. nescio quid 411, 4. quid est quod, quid causae est quod c. coni. 400; 398, c. ne quis u. ut nemo 342, Anm. 3; 339, Anm. 7. ne quid u. ne quidquam 277. quid „wie?" leitet rhetorische Fragen ein 410; 551, 6; 510, Anm. quid deinde? quid tum? quid postea? 410, 2. quid vero? 410, 1. quid ita? 410, 3. quid ergo? quid igitur? 410, 4. quid enim? 410, 5. quid quod 410, 6; 498, 8. quid si 410, 6. quid quaeris? 410, Anm. quid multa, quid plura „kurz" 410, Anm.
quidam, Bed. 274, 4; 282, 11 u. 12. bei Metaphern 279. certus quidam 274, Anm. 7. „ganz außerordentlich" 278. „eine Art von, gewissermaßen ein" 279, Anm. Stellung 536.

quidem, Bed. u. Gebr. 483, 4. „zum Beispiel“ 397, Stellung 531, Anm.; 130, 5. si quidem 381, 4. quidem — sed, Gebr. 220. ne — quidem — non modo 388. equidem 220; 223. ne — quidem s. oben bei ne. et quidem, ac quidem 252; 483, 4; 506, 1 nebst Anm. 2. (et) quidem in Antworten 411 „ja“ b.*)
quidni 493.
quidquid mit Gen. 78, d.
quid quod 410, 6; 498, 8.
quid si 410, 6.
quietus 300.
quilibet, Bed. 286, 6.
quin „warum nicht“, Gebr. 358; 493. quin, quin etiam, quin potius „ja sogar“ 483, 11; 358, 3. „ohne zu“ 361, a. quin, Konjunktion mit Konj., Gebr. 357. non quin „nicht als wenn nicht“ 371.
quintum u. quinto 214, 22.
quippe, Bed. 534; 368; 17, b. quippe cum 368; 362, Anm. 6. quippe qui 401; 19, b. bei Angabe eines faktischen Grundes 395, 1.
quire, Gebr. 307. mit Inf. 415, 2.
quis, Pron. indefin., untersch. von aliquis 274, 3. für das deutsche „man“ 1, e. ne quis u. ne quisquam 277; 342, Anm. 3. ne quis u. ut nemo 339, Anm. 7; 342, Anm. 3. si quis 386. nescio quis 411, 4.
quis, Pron. interrogat., untersch. von qui und quid 268—270. heißt in Fragen „wo“ 273. quis est, qui c. coni. 398, c. dient zur Umschreibung 266, Anm. quis sapiens? quis aegrotus u. ä. 280.
quisnam 533, Anm. 1.
quispiam, Gebr. 274, 2. für das deutsche „man“ 1, e. adjektivisch gebr. 280.
quisquam, Gebr. 274, 5. als Adj. gebr. 280. nach Komparativen 274, 5, c. ne quisquam statt ne quis 277; 342, Anm. 3. ne quisquam statt et nemo 284, 2; 512, Anm. 3. si quisquam u. si quis 282, 3. quidquam mit Gen. partit. 78, d; 80. als adverbialer Acc. 29, c.
quisque, Bed. 286, 1. Stellung 287. für das deutsche „man“ 1, e. mit dem Superl. im Sing. od. Plur. 209, Anm. nicht mit Gen. partit. zu verbinden 82, Anm. 1. ut quisque c. superl. — ita c. superl. 210 nebst Anm. quisque fehlerhaft für das deutsche „jeder“ 287, Anm. 1. omnes improbi u. improbissimus quisque 209 u. 210. quisque bei Ordnungszahlen 287, 3; 214, 17 u. 18. primus quisque 287, Anm. 2.
quisquis, Bed. u. Form 286, 5 nebst Anm. mit Ind. statt des deutschen Konj. 330 u. 331. quoquo modo 290.
quivis Bed. 286, 6.
quo — eo mit Komparativ 210. quo c. gen. 78, f. quo als Abl. differ. 98, Anm. 8. quo relativisch = ad quem, ad quos 491. quo c. coni. = ut eo 356. non quo — sed, non quo non — sed 371.
quoad, Bed. u. Gebr. 364 u. 365. „insofern, inwieweit“ 398, f; 396. quoad fieri potest 78, Anm. 6.
quocirca 530, 2. = „und daher“ 532.
quocunque mit Ind. 330, 4.
quod u. quid untersch. 269. id quod „was“ 23, 4; 258, 6. quod sciam, meminerim u. ä. 398, f. quod dient zur Satzverbindung 264. quod c. gen. 78, d.
quod, Konjunktion, Syntax 369 ff. „weil“ 368. quod „daß“ 369. nach den Verben der Gemütsstimmung 369, c u. 370. „was den Umstand anbetrifft, daß“ 369, b; 375. non quod „nicht als ob“ 371. quid quod 410, 6. quod mit dem Konj. der Verben des Sagens und Meinens 373. est quod, nihil est quod, quid est quod u. ä. c. coni. 400. nisi quod, praeterquam quod 381, 3. quod mit „wenn“ übersetzt 369, b. quod für das deutsche „als, da“ nach eo mit dem Komparativ 374, 17. tantum quod non 483, Anm. 1.
quodammodo 279, Anm.
quodsi 264, Anm; 381, Anm.
quominus, Gebr. 359. dafür ne 359, Anm. 2.
quomodo 494; 273. fehlerhaft in allgemeinen Fragen 273. nescio quomodo 411, 4. quomodo — ita 393.
quondam, Bed. 464.
quoniam, Bed. 368 für das deutsche „nachdem“ 366, Anm. 2. quod quoniam 264.
quoque, Stell. 531, Anm.; 256, Anm. quoque u. etiam 256. qui quoque fehlerhaft 262, Anm. 1. ipse quoque 255. sed quoque statt sed etiam 256, Anm.
quoquo modo 290.
quot, Bed. 271, a. quot — tot 265; 507, Anm. 1. quot et quanti 503, 5.
quotquot 330 u. 331.
quotus 268, Anm. 1.
quotusquisque, Bed. 271, b. quotusquisque est, qui c. coni. 398, c.
quousque 477.
quum s. cum.

## R.

radicitus 462.
raptim 463.
rarus, Adj. statt des deutschen Adv. 21, 2. „nur selten“ 497. rarum est, ut 438, 2.
ratio nostri u. nostra „Rücksicht auf uns“ 71. ratio est mit ad od. Gen. Gerund. 451, Anm. 1. mit Inf. 450, 3. quacunque ratione 290. ratione ac via, Abl. modi 104, Anm. 1. ratio dient als Ersatz für deutsche Adj. 190, Anm.
ratus hat Präsensbed. 301. pro rata (parte) 139, 4.
Raumbestimmungen 111 ff.
—re statt —ris in der 2. Pers. Sing. Pass. 313.
realer Fall der hypothet. Sätze 376, 1.
reapse 497, Anm. 1.
recedere konstr. 94, Anm. 1.
recens a, ex 94, Anm. 4.
receptui canere 67, 6.
recipere konstr. 51; 114. sessum recipere 455.
**Reciprokes Pronomen 236 u. 237.**

reconciliare konstr. 49, Anm. 4.
recondere konstr. 112, Anm. 2.
reconvalescere 492, Anm.
recordari, Bed. u. Konstr. 87. mit Acc. c. inf. praes. 429.
recreari „sich erholen“ 294. se recreare ex 151, 10.
rectā sc. viā 551, 3, h. rectā u. recte 461, 7.
recusare, quominus od. ne 359; 342, III, 2. non recuso, quin 357, Anm. 4. mit einf. Inf. 359, Anm. 2. mit de 292, Anm. 4.
reddere „machen“ 37 u. 38.
reden mit 150, 8.
redigere mit doppeltem Acc. 37. in provinciam redigere 38, Anm. 1.
redimere konstr. 107.
redire ex itinere 151, 10.
Reditus ad propositum 524, 1 u. 2; Anhang 11.
redolere konstr. 29, a.
redundare konstr. 96.
refercire konstr. 96.
referre in numero 112, Anm. 1.
refert, Bed. u. Konstr. 92.
refertus konstr. 84, d.
reficere „wiederwählen“ 40.
Reflexivpronomen, Syntax 232 ff. in Or. obl. 457, 6. fällt beim Particip weg 228. mit quisque 287, 1.
Reflexivität durch das Pass. bezeichnet 294 u. 295; 46, Anm. durch das Aktiv 294 u. 295. nicht besonders ausgedrückt 227 u. 228.
reformidare konstr. 29, a. mit Inf. 415, 2.
refrigerari „sich abkühlen“ 294.
refugere konstr. 33, Anm. 1.
regere u. regnare 49, Anm. 4.
regio: e regione „gegenüber“ 150, 1.
regnare u. regere 49, Anm. 4. c. gen. 546, 3.
regula, Bed. 546, 2; 155, Anm. 2.
reinigen von 96, Anm. 4.
Relative Adjektive 196, Anm.
Relativpronomen, Syntax 258—267; 398—401. Siehe qui, quae, quod.
Relativsätze, Syntax 398—401. stehen im Konjunktiv 398 u. 399; 503, 9; 373. stehen in Or. obl. im Konj. od. Acc. c. inf. 457, II nebst Anm. 3. zur Umschreibung deutscher Subst. 177, c. statt des deutschen „sogenannt“ u. ä. 258, 2. untersch. von indirekten Fragesätzen 407, 2. stehen vor dem Demonstrativsatze 260. in einen indirekten Fragesatz zu verwandeln 413. in einen Konjunktionalsatz zu verwandeln 267. durch Particip übersetzt 440, I, a. in einen Hauptsatz zu verwandeln 542, 2. statt einer deutschen Apposition 14, Anm.; 19, b; 92, Anm. 2. zwei aufeinanderfolgende Relativsätze werden durch „und“ verbunden oder stehen asyndetisch 504. Relativsatz durch et an ein vorausgehendes Attribut geknüpft 503, 9. durch sed verbunden 258, 4, 503, 9. Subst. in den Relativsatz gezogen 260; 259. im Relativsatze muß die Beziehung auf die 1. od. 2. Pers. festgehalten werden 23, 5; 258, 5. absolute Relativsätze 260, Anm. 2. Superlativ in den Relativsatz gezogen 199, 11; 260, Anm. 1. der zweite Relativsatz geht in die demonstrativische Konstruktion über 261. Relativsatz statt eines Demonstrativsatzes zur Satzverbindung 262, a u. 263. Verschränkung des Relativsatzes 262, b u. 263. Relativsatz nicht auf einen Superlativ unmittelbar bezogen 199, 11.
Relativverschränkung 262, b u. 263.
relaxare konstr. 94, Anm. 3.
religare ad 113, Anm.
religio mihi non est, quominus 359, Anm. 1. religioni habere 67, 5.
relinquere c. dat. des Zweckes 66 u. 67. mit Gerundiv 451, 7. relinquitur, ut 339, 3 nebst Anm. 4.
reliqui u. ceteri 204, 3 nebst Anm. reliqui omnes, Stellung 537, 3. reliquum est, ut 339, 3 nebst Anm. 4; 498, 4. alicui nihil reliqui facere 78, Anm. 6.
reminisci, Bed. u. Konstr. 87.
remittere transitiv u. intransitiv 292, 1 nebst Anm. 4.
removere konstr. 94, Anm. 1. remotus a 94, Anm. 4.
remunerari konstr. 33, c.
renes, Plurale 158, Anm. 3.
renuntiare mit doppeltem Nom. od. Acc. 3; 37; 40. mit Dativ 49, Anm. 4.
reperiuntur, qui c. coni. 398, c. reperiri mit Nom. c. inf. od. Acc. c. inf. 436 u. 437. reperire mit doppeltem Nom. od. Acc. 3; 37.
repetundarum als Gen. criminis 89.
replere konstr. 96.
reponere konstr. 112, Anm. 1.
reportare victoriam, Gebr. u. Konstr. 151, 1.
reposcere konstr. 43, c.
Repraesentatio, Figur 551, 10, Anm.
reprehendere konstr. mit cum 438, 5. mit quod od. Acc. c. inf. 370.
repugnare mit quominus oder ne 359; 342, III, 2.
requiescere a oder ex 151, 10.
requirere nicht mit ut, ne 342, I, b. mit Acc. 33, c.
reri, Gebrauch 306, 10. ratus hat Präsensbedeutung 301.
res für das deutsche „es“ 1, Anm. 3. für das deutsche „etwas“ 282, 5. zur Umschreibung sächl. Subst. 6, Anm. 2; 152, 10; 181; 185. quae res = id quod 23, 4. quod res est 23, Anm. 1. e re mea, tua est 153, 6. re „in Wirklichkeit“ 497, Anm. 1. (in) secundis rebus, (in) adversis rebus 123, Anm. 3.
res gestae mit Adv. u. Adj. 12, Anm.
resecare ad vivum 153, 14.
resipere konstr. 29, a.
resistere mit quominus oder ne 359; 342, III, 2.
respicere c. acc. 29, a, Anm. 5; 33, c.
respirare a 151, 10.
respondere, ut 347, 6. ius respondere 29, b, Anm. 2. respondere c. dat. od. ad 152, 7.
responsum mit Adj. u. Adv. 12, a. mit Dativ 60, Anm. 2.

restat, ut 339, 3 nebst Anm. 4; 498, 4; 466, Anm.
Reticentia, Figur 551, 4.
retineri non possum konstr. 357, 3.
reus konstr. 89 nebst Anm. 1. reum facere 38, Anm. 1.
revenire 492, Anm.
revera 497, Anm. 1.
reverti ex itinere 151, 10.
revidere 492, Anm.
revocare memoriam 87, Anm. 1.
Revocatio 524, 1 u. 2; Anhang 11.
rex u. regina als Subst. mobilia 6, c. Stell. 536, 7, Anm.
Rhetorische Frage, Figur 551, 6. in Or. obl. 457, 3. mit quid eingeleitet 410.
Rhetorische Wortstellung 535, 3 u. 4.
Rhythmus der Periode 541, 3, e. Rhythmische Wortstellung 535, 3.
richtig wird nicht übersetzt 230, Anm.
ridere konstr. 29, a. risum ridere 29, b.
ritu, Abl. modi 104, Anm. 1.
rogare konstr. 43, d u. e. mit ut, ne 342, I, b. mit einfachem Konj. 344.
rogatu 108, Anm. 3.
Roma: urbs Roma, Stell. 536, 7, Anm.
—ρος, Endung griech. Eigennamen in er verwandelt 172.
rudis konstr. 84, b. rudis ad 98, Anm. 5.
ruere transitiv 29, a, Anm. 5.
rursus, rursum 492.
rus konstr. wie Städtenamen 116, Anm. 3.

## S.

sacer c. gen. oder dat. 59, Anm. 2. sacra profana 503, 4. sacrum facere konstr. 106, Anm. 4.
sacrificare konstr. 106, Anm. 4.
saepe multi 547, Anm. 5.
saeptus c. abl. der Person 106, Anm. 1.
sagen: „so sage ich" bleibt unübers. 551, 3, d; 375, Anm. 1. „sage ich" in der Geminatio 551, 7, d. „sage ich" beim Anakoluth 546, 3. „aber, höre ich sagen" 524, 5, a. „ich sage, daß nicht" 471.
sal u. sales 156, 2.
saltem 495, 2.
saluber mit akt. u. paſſ. Bed. 196, 9.
salus u. conservatio 168. saluti esse 66; 67, 4.
salutare mit dopp. Acc. od. Nom. 3; 37.
salutaris konstr. 59, Anm. 1.
saluti esse 66 u. 67.
salvere ab aliquo 106, Anm. 2. salve, salvete 306, 3.
salvus, Adj. statt des deutschen Adv. 21, 2. quod salva fide possim 398, f.
sancire mit ut, ne 342, I, c. capite, supplicio u. ä. sancire 89, Anm. 5.
sane, sane quidem „ja" 411, 14. in der Geminatio 551, 7, d. nihil sane „nein" 411, 14. haud sane, non sane 469; 470, 9. non sane u. sane non 536, 12. sane quam 411, 4.
sanguine pluit 106, Anm. 4, c. multo sanguine constare 107, Anm. 1.
sapere konstr. 29, a.
Sarkasmus 550, 5, Anm. 2.
satagere 78, e.
satiare c. abl. 96.
satin statt satisne 403, Anm. 1; 310, 7.
satis c. Gen. partit. 78, e. satis magna pecunia u. ä. 78, Anm. 7. satis est, erat, satius fuit u. ä., Indik. statt Konj. 330 u. 331. satis est, satis habeo mit Inf. 415, Anm. 3. mit Inf. Perf. 417, 1. mit Dat. Gerund. 451, 4. satis superque suarum rerum alicui est 78, e.
satus mit Abl. 95.
Satzbau u. Satzstellung 541 ff.
Satzfragen 402, 1.
saucius ab aliquo 106, Anm. 3.
scalae, Plurale 156, 2.
scatere konstr. 96.
schaffen 39, 1.
schätzen s. aestimare.
σχῆμα Κολοφώνιον 60, Anm. 2.
scheinbar qui videtur 258, 2.
schleunig durch Verbum regens übers. 487.
schließlich 481; Anhang 8. umschrieben 498, 4.
Schluß der Periode 541, 3, e.
Schlußreihen, Schlüsse 527 u. 528.
schon fällt weg 497 nebst Anm. 1. durch ipse übersetzt 254. schon längst 483, Anm. 3.
Schüler umschrieben 166, Anm. 3.
scelus est mit Inf. u. Acc. c. inf. 415, 1 u. 420, I. sceleris als Gen. criminis 89. scelere bei gerichtlichen Verben 89, Anm. 4.
sciens konstr. 84, b; 451, 2. sciens u. scienter 21, 2 nebst Anm. 1.
scientia, Bed. u. Gebr. 156, 4; 155, Anm. 2.
scilicet 534; 17, b.
scire: haud scio an 411; 479; 469. Latine scire 475, 3. quod sciam 398, f. bene scire aliquid 475, 5. scitu 455, 2; 98, a. scire mit Inf. 415, 2, mit a od. ex 151, 11. scito, scitote statt sci, scite 336, Anm. 7. fällt im Lateinischen weg 298; 375, Anm. 1. im Lateinischen fehlerhaft 1, Anm. 2.
sciscitari konstr. 43, e.
scitus mit Gen. 84, b.
scribi mit Nom. c. inf. od. Acc. c. inf. 436 u. 437. scribendo adesse 451, 4. scriptum videmus (legimus) „man liest" 1, Anm. 2.
secedere konstr. 94, Anm. 1.
secernere konstr. 94, Anm. 1. secretus a 94, Anm. 4.
sectari konstr. 33, a.
secundum, Präpos. 150, 9—12; 136, 5 u. 7; 153, 4.
secundus u. alter 215, 2; 214, 3. secundus a 150, 9. secundo flumine 150, 4. secunda mensa 194, Anm. 1.
securus de od. a 141, Anm. 3. mit Gen. 84, a nebst Anm. 1.
secus „Geschlecht", Gebr. 47, Anm.
secus ac 507. secus quam 508, Anm. sin secus 380. nihilo setius 524, Anm. 4. secus est 5, Anm. 1.

sed, Bed. 524, 1. sed tamen 524, 6; 546, 4. sed enim 524, Anm. 1. sed et 502. sed ausgelassen 526. non — sed 518. non modo — sed 518. sed qui 258, 4; 503, 9. quidem — sed 220. sed dient zur Wiederaufnahme des unterbrochenen Satzanfanges 546, 4.
segregare konstr. 94, Anm. 1.
sehen: hoc factum volo „ich will dies gethan sehen" 426. „sich sehen" als phraseologisches Verbum 298. die Verben des Sehens konstr. 431.
seit als Konjunktion, übersetzt 362, Anm. 4; 366, 4. als Präpos. übers. 125, 3.
seiungere konstr. 94, Anm. 1.
selbst ipse 253 ff. vor einem Superl. etiam od. vel 199, 8. selbst nicht ne — quidem 199, 8; 253, 22.
semel, Bed. 214, 31; 464 nebst Anm. 2. non semel „mehr als einmal" 208, 8. semel „nur einmal" 497.
semis „halb, Hälfte", Gebr. 214 1.
senatus populusque Romanus Stell. 540. mit dem Sing. des Verbs 6, Anm. 5. senatu als Abl. temp. 123, 1.
senectus kollekt. statt senes 164. in senectute 123, 2, b.
senex „im Greisenalter" 162. als Adj. gebr. 10.
sensim 483, 13.
sensus, wann fehlerhaft 161, Anm.
sententiam rogare, interrogare 43, e. suae sententiae esse 74, 4. meā sententiā u. ex mea sententia 98, Anm. 6.
sentire: quod sentiam 398, f. mit doppeltem Acc. 37, Anm. 1.
seorsus, seorsum a 94, Anm. 4.
separare konstr. 94, Anm. 1.
septentriones, Gebr. 165, Anm. 1; 156, 2.
sequi c. acc. 33, a. secutus hat Präsensbed. 301. sequitur, ut 339, 3; 527. hinc, ex eo, inde sequitur, ut 339, Anm. 4.
sereno als Abl. absol. 444.
serior u. serius 205.
Sermocinatio, Figur 551, 10.
sero u. serus 205.
serva unklassisch 6, c.
servire servitutem 29, b.
servitium statt servi 164.
servus ausgelassen 73. als Adj. gebr. 10.
sescenti „unzählige" 214, 7 u. 8; 550, 1.
sessum recipere 455.
setius: nihilo setius 524, Anm. 5.
seu s. sive.
si in hypothetischen Sätzen konstr. 376 ff. verschieden von cum 362, Anm. 5. nach mirari 438, 6. si non u. nisi 377. si non — at 377, si minus 380. nisi si 381, 1. si quidem 381, 4. si „ob" für num 383. si quis, si qui „wer etwa" 386. si aliquis, si quisquam 282, 3 ff. si „wenn auch" 383, 2. si „wenn schon" 383, Anm. non si „auch in dem Falle nicht, wenn" 384, 13. ac si, tamquam si u. ä. 392; 507, Anm. 1. si modo 387, Anm. quod si 264; 381, Anm. ut si 397, Anm. 3. o si in Wünschen 334. in Beteuerungen 335. si vero 524, 3; 381, Anm. si — si statt sive — sive 522, Anm. 3. si unquam u. si quando 464, Anm. quid si 410, 6. quodsi 264, Anm.; 381, Anm. si forte 479 nebst Anm.
sic u. ita 484. sic selten in Beteuerungen 335, Anm. sic — ut qui c. superl. 199, 10. ut — sic 393. sic auf einen vorhergehenden Ausdruck zurückweisend 3, Anm. 4.
sicarius: inter sicarios accusare 153, 12; 89, Anm. 2.
sicut in Vergleichen 393. „zum Beispiel" 397. bei Participien 392, Anm. 3. sicut sum „wie ich wirklich bin" 497, 6 ff. sicut — ita 393. sicut est, erat, fuit mit Prädikatsnomen 393, 2.
Sieg davontragen 151, 1.
significare mit doppeltem Acc. 37, Anm. 1. mit de 292, Anm. 4.
signum dare mit ad od. Gen. Gerund. 451, Anm. 1.
signifikante Verben 319.
silentio, Abl. modi 104, Anm. 1.
silere konstr. 29, a, Anm. 5.
similis mit Gen. od. Dat. 59, Anm. 5. similis ac 507. similis et 509. verisimile est, ut 438, 2.
si modo 387, Anm.
simul, Bed. 257, 10. c. Abl. 128, Anm. 1. simul — simul, simul — et (que, atque) 516, 2; 509. simul = simulac 366.
simulac, simulatque konstr. 366. in Or. obl. 458. im Briefstil 326, Anm. 1.
simulare konstr. mit Acc. c. inf. 421, Anm.; 392, Anm. 1. mit trans. u. intrans. Bed. 292.
sin, sin autem, sin vero 381, 5; 380; 264, Anm. sin aliter, sin minus u. ä. 380.
sind es, welche fällt weg 266.
sine fehlerhaft für das deutsche „ohne" 151, 6. dient zur Umschreib. deutscher Adj., welche einen Mangel bezeichnen 13, e. sine ullo u. sine aliquo 276. sine ulla exceptione 151, 9. sine dubio u. sine dubitatione 151, 7. sine für das deutsche „ohne daß" 361, b. sine nicht mit Gerund. 451, 6.
sinere „lassen" 297. mit einfachem Konj. 344. mit Acc. c. inf. 420, II, 3; 425, b. nicht mit ut, ne 342, I, e. sinor mit Nom. c. inf. 436 nebst Anm.
Singular bei mehreren Subjekten 6, d ff. bei quisque 209, Anm. kollektivisch gebr. 155 u. 156; 550, 1. deutscher Sing. wird im Lateinischen der Plur. 158; 224. Sing. von Adj. substantivisch gebr. 180 ff. verschieden vom Plur. 181.
Singularia tantum 155, Anm. 2; 156.
singularis, Bed. u. Gebr. 213. singulare est, ut 438, 2.
singulus, singuli 214, 33. nicht mit Gen. partit. zu verbinden 82, Anm. 1.
sinistrā ohne in 111, Anm. 3. a sinistra 113.
Sinn für nicht durch sensus übers. 161, Anm.
Sinnkonstruktionen 7.

siquidem 381, 4.
sis statt si vis 310, 1.
sistere mit doppeltem Acc. 37.
sitire mit Acc. 29, a.
sive, seu Bedeutung 522, 4. sive potius 522, 4 u. Anm. 2. sive quod, sive quia 330, Anm. 3. sive — sive 522, 4. mit Indik. 330 u. 331.
so sic, ita, tam u. s. w. 484. durch den Superl. ausgedrückt 201. durch ille auszudrücken 238, Anm. 3. fällt weg 484, Anm. 1, und in „sogenannt“ 258, 2. und so 510 u. 511. wie — so 393. „so (zum Beispiel)“ ut, velut 397, Anm. 1.
sodann 510.
sodes 310, Anm.
sogenannt 258, 2.
Sohn fällt im Lateinischen aus 73. im bildl. Sinne alumnus 6, c.
solere mit Inf. 415, 2. für das deutsche „gewöhnlich“ 487. solitus hat Präsensbed. 301 nebst Anm. 2. solito maior, minor u. ä. 100, Anm. 2. Perf. od. Imperf. 320, Anm. 2.
sollen durch Coni. periphrastica od. Partic. Fut. ausgedr. 324, Anm. 2; 439, Anm. 4.
sollicitare mit ut, ne 342, I, c. sollicitus sum, ne, ne non, ut 353.
Solöcismus 546, 1.
solum „nur“, Gebr. 495, 1. beim Infin. 414, 3, Anm. non solum — sed etiam 518, Anm. non solum im zweiten Gliede 519, Anm. 3.
solus: mea sol*ius* ira etc. 71, Anm. 1. Adj. statt des deutschen Adv. 21, 3. in den Relativsatz gezogen 260, Anm. 1.
solvere konstr. 94, Anm. 3. absolut gebr. 36, 4 u. 5. solvendo esse 451, 4. solvere mit Gen. 94, Anm. 5.
somit: und somit 510 u. 511.
somnium somniare 29, b.
sonare raucum, subrusticum u. ä. 29, b, Anm. 4.
sondern 524, Anm. 2; 527, 2; 526, Anm.
sonst übers. 478; 522, Anm. 1. umschrieben 498, 5.
sordes, Plurale 156, 2.
Sorites 527.
sortiri c. acc. 29, a, Anm. 5. sortitus hat pass. Bedeutung 302.
sowohl — als auch 514; 517. nicht sowohl — als vielmehr 521. sowohl — als besonders 515.
spät, später 205; 126.
später zu erwähnend 258, 2.
spatium im Abl. auf die Frage „wie weit?“ 121.
specie, per speciem 104, Anm. 1 u. 2; 152, 13.
specimen, Singulare 155, Anm. 2.
spectare, ut, ne 342, I, a. mit ex 98, Anm. 2.
sperare konstr. mit Acc. c. inf. 421, 4 u. 422. mit ut 438, 10. mit Inf. Präs. 438, 10. bene sperare 489, 20.
spernere fehlerhaft mit Inf. 415, 2.
Sperrung zusammengehörender Worte 538, 1.
spes est mit Acc. c. inf. 420, 1. spe maior, celerior u. ä. 100, Anm. 2.
Spiele: die Namen der Spiele im Abl. ohne in 123, 1.
spirare mit Acc. 29, b, Anm. 3.
spoliare konstr. 96.
sponte, Bed. u. Gebr. 174, 4; 465.
Sprichwort: wie man im Sprichwort sagt 1, Anm. 2; 165, Anm. 2.
spumare c. acc. 29, b, Anm. 3.
stadium currere 29, b, Anm. 2.
Städtenamen konstr. 116 ff. stehen statt der Bewohner 162, 163, 165.
Standpunkt: Dativ des Standpunktes 57, Anm. 2.
stare mit Gen. u. Abl. pretii 107. stare ab aliquo 113; 152, 5. stat per me, quominus 359, Anm. 1. in orbem, in aciem stare 118, 3. stare c. abl. 108, Anm. 5.
statim a od. ex 150, 10.
statuere konstr. mit in c. abl. 112 exemplum statuere konstr. 112, Anm. 2, h. mit Inf., Acc. c. inf. od. ut 351; 415, 2; 342, I, c. Formen von statuere ausgelassen 551, 3, c. statutum habeo 319. tempus statuere mit Dat. Gerund. 451, 4. apud animum suum statuere 136, 8.
status: statu ohne in 111, Anm. 3.
Stellung der Wörter u. Sätze 535 ff. des Vokativs 27.
sterilis nicht mit Gen. 84, Anm. 3.
stillare mit Acc. 29, b, Anm. 3.
stilus, Bed. 546, 2.
stipatus c. abl. 106, Anm. 1.
stirpitus 462
stomachari konstr. 29, a, Anm. 3.
Strafe im Gen. od. Abl. 89, Anm. 5.
Straße steht im Abl. instrum. statt mit in od. per 114 u. 115.
studere konstr. 49. mit Dat. Gerund. 451, 4. mit Inf. od. Acc. c. inf. 426; 415, 2. mit ut, ne 342, I, a nebst Anm. 1.
studiosus konstr. 84, a. mit Gen. Gerund. 451, 2. als Adv. 21, 1.
stulti est, stultum est, stultitiae est 76, Anm. 3.
stupere mit Acc. 29, a, Anm. 1.
suadere konstr. 49, Anm. 4. mit ut, ne 342, I, b. mit Inf. 342, Anm. 1; 438, 4. mit bloßem Konj. 344.
suavis mit Supin 455, 2.
sub konstr. 147. Bed. 126, 6; 144, Anm.; 150, 10. sub corona vendere 153, 7. sub lege, sub condicione 104, Anm. 1; 152, 13. sub pellibus hiemare 153, 8. viele mit sub zusammengesetzte Verben regieren den Acc. 31. regieren den Dat. 52.
subesse mit Dativ 52, 8 a.*
subicere, Bed. u. Konstr. 52, 8 c.*
Subiectio, Figur 551, 6, Anm.
Subjektiver Genitiv 68 ff. Subst. mit subj. u. objektiver Bed. 161.
Subjektswechsel zu meiden 541, 3, Anm. 4.
subigere, Bed. u. Konstr. 52, 8 b * mit ut, ne 342, I, c. mit Inf. 415, 2.
subire konstr. 31, Anm. 2.*
sublimis, Adj. statt des deutschen Adv. 22, 13.
suboles, Singulare 155, Anm. 2.
subsidere, konstr. 112, a.

Substantiva, Syntax 155 ff. Lateinisches Subst. als Adj. gebr. 10. Lateinisches Subst. statt eines deutschen Adj. 10; 178; 191. Abstrakte Subst. statt der konkreten 164. konkrete Substantive statt der abstrakten 162 u. 163. Substantive mit objektiver und subjektiver Bedeutung 161. Subst. verbalia auf io u. us, Bed. u. Gebr. 168 u. 169. Subst. mobilia auf tor, trix 6, c; 166; 10. Subst. communia 6, c. Subst. diminutiva 170. zusammengesetzte deutsche Subst. ausgedrückt 170 b. deutsche Subst. fallen im Lateinischen aus 176; 243. werden im Lateinischen umschrieben 177; 453. Gen. eines Subst. statt eines deutschen Adj. 191. substantivisches Hendiadys 190; 187, Anm. 2. Subst. beim Relativ wiederholt 547, Anm. 1, b. in den Relativsatz gezogen 260. Bezeichnenderes Subst. statt der bloßen Person 229. Subst. bei der zweiten Präpos. wiederholt 133.
Substantivierung der Adj. u. Participien 180 bis 186; 6, Anm. 2.
subter konstr. 147.
subterfugere konstr. 33, a, Anm. 1.
subvenire c. dat. 52, 8 a.*
succedere konstr. 52, 8 c. *
succumbere mit Dativ 52, 8 a.*
succurrere mit Dativ 52, 8 a.*
sudare mit Acc. 29, b, Anm. 3. mit Abl. 106, Anm. 4, c.
suetus c. inf. 418, 4.
sufficere „wählen" 40. „genügen" mit Dat. Gerund. 451, 4. unklassisch mit Inf. 415, Anm. 3.
suffigere konstr. 52, 8 c.*
suffragari mit Dativ 52, 8 a.*
suggerere mit Dativ 52, 8 a.*
sui, sibi, se, suus Reflexivpronomina, Gebr. 232 ff. in Or. obl. 457, IV. sui Feminin od. Plur. verbunden mit Gerundiv auf ndi 226. sui als objektiver Genitiv 71. amor sui, conservatio sui u. ä. 71, Anm. 2. se fällt im Acc. c. inf. weg 438, 11; 423, Anm.
sultis statt si vultis 310, 2.
sumere mit doppeltem Nom. od. Acc. 3; 37. mit Gerundiv 451, 7. sumere pro concesso 19, Anm. 2. sumere de publico 153, 3.
summe 483, 5; 199, Anm. 2.
summus, Adj. statt des deutschen Adv. 21, 3; 194. summi infimi 503, 4. summum „höchstens" bei Zahlen 495, Anm.; 46. summum mit Gen. 78, Anm. 5; 184. summo iure 230, 3. statt spez. Adjektiva 18 8, 1. *
supellex, Singulare 155, Anm. 2.
super konstr. 147. = de 148. alius super alium 151, 5. super u. supra versch. 144, Anm. super als Adv. 128. viele mit super zusammengesetzte Verben regieren den Acc. 31. regieren den Dativ 52.
superare intransitiv 292, 8. mit Abl. differ. 98, Anm. 8.
superbus mit Abl. 108, Anm. 1.
superest, ut 339, 3. superesse mit Dativ 52, 9*.
superior konstr. 100, Anm. 3, f. superior — inferior statt ille — hic 240, Anm. 2.
Superlatio, Tropus 550, 4.
Superlativ, Syntax 199—210. richtet sich im Geschlechte nicht nach dem Gen. partit. 6, Anm. 3. verstärkt durch unus od. unus omnium 202. fehlerhaft bei quamvis 389, 3. mit longe od. multo 98, Anm. 9; 199, 7. verst. durch vel oder etiam 199, 8. durch quam (possum) 199, 10. Superlativ mit quisque 209 u. 210; 287, 2. statt des deutschen „so" 201. von Participien 206. deutscher Superlativ durch den lateinischen Komparativ übersetzt 200; 100, Anm. 3, d u. 102; 291. Superlativ mit Gen. partit. 78, b. Lobende und tadelnde Adj. stehen im Superlativ 179; 199, 2. Relativsatz nicht auf einen Superl. unmittelbar bezogen 199, 11. Superlativ in den Relativsatz hineingezogen 199, 11; 260, Anm. 1.
supersedere konstr. 94, Anm. 3. mit Inf. 415, 2. supersedendus 303, Anm.
superstes konstr. 59, Anm. 2.
supervadere c. acc. 31, Anm. 2. *
supervenire mit Dat. 52.
Supina, Syntax 455.
suppeditare transitiv und intransitiv 292, 3.
suppetias ire, venire 29, b, Anm. 2.
supplex mit Gen. od. Dat. 60, 5.
supplicare mit Dat. 49.
supplicatio mit Acc. der Dauer 74, Anm. 2.
supponere mit Dat 52, 8 a *
supra Präpos., versch. von super 144, Anm.; 146, 5. als Adv. 128. mit dem Abl. differentiae 98, Anm. 8. mit quam 508, Anm. ut nihil supra possit, ut supra possit nihil addi 199, 10.
suscensere konstr. mit quod oder Acc. c. inf. 370; m. Dat. 52, 8 a.*
suscipere c. Gerundivo 451, 7.
suspectus mit Gen. criminis 89, Anm. 1.
suspendere ex, de, a 113, Anm.
suspicari mit Acc. c. inf. 392, Anm. 1.
suspicere konstr. 31, Anm. 2.*
suspicio non abest, quin 357, Anm. 4. suspicio est mit Acc. c. inf. 434, Anm.; 392, Anm. 1. in suspicionem venire mit Nom. c. inf. 436.
suspiciosus mit akt. u. pass. Bed. 196, 10.
suspirare c. acc. 29, a, Anm. 1.
sustinere, Bed. u. Konstr. 33, c. absolut gebr. 36, 9. mit Acc. c. inf. 425, b.
suus, sui, sibi, se als Reflexivpron., Gebr. 232 ff. in Or. obl. 457, IV. suo anno, suo iure, suo loco u. ä. 230, 3. de suo dare 153, 3. sui „die Seinigen, Ihrigen" 232, 2.
Syllepsis, Figur 551, 21.
Syllogismus 527 u. 528.
Symmetrie der Periode 541, 3 u. 5.
Symploke, Figur 551, 7, c.
συναθροισμός, Figur 551, 15.
Synekdoche, Tropus 550, 1.
Synesis: Constructiones ad synesin 7.
Synkopierte Verbformen 311, Anm.
Syntaxis congruentiae s. convenientiae 1 bis 24. Syntaxis casuum 24—110. Syntaxis verbi 292 ff.

# T.

tacere konstr. 29, a, Anm. 5.
tacitus, Adj. statt deutschen Ad. 21, 2.
taedet konstr. 91. mit Infin. 415, 1, $\beta$.
talis fehlerhaft statt hic 238, Anm. 5. talis — qualis 265; 507, Anm. 1. talis sum, qui c. coni. 398, b; 265, Anm. 2.
tam, Bed. u. Gebr. 484. verstärkt ein Demonstrativ 242. fehlerhaft statt des Superl. 201. tam — quam 265; 516, 4; 507, Anm. 1. non tam — quam 516, 4, Anm. tam — — quam qui c. superl. 199, 10.
tamdiu — quamdiu 265.
tamen, Bed. u. Gebr. 524, 6. tamen beim Relativ 258, 4. tamen steht hinter der Präposition 130, 5. non tamen u. nec tamen 513. tamen nach vorausgehendem Particip 446. tamenetsi 389, 2. nec tamen non 500. ita — ut tamen 339, Anm. 5.
tametsi, tamen etsi 389, 2; 391.
tandem, Bed. 481. bei Fragen der Verwunderung 482, 1. tandem aliquando 481. dum tandem fehlerhaft 365, Anm. 3. itane tandem 403, Anm. 4.
tanquam bei der Appos. 19, c. tanquam — ita 393. zu einem Partic. gesetzt 392, Anm. 3. mit dem Konj. verbunden 392.
tantidem als Gen. pretii 88; 107.
tantopere 484. tantopere — quantopere 265; 507, Anm. 1.
tantummodo 495, 1. tantummodo ut 387, Anm.
tantus für das deutsche „ein" 251. tantus — quantus 265; 507, Anm. 1. tantus sum, qui c. coni. 398, b; 265, Anm. 2. mit Superlativ 199, 10. tanti als Gen. pretii 88; 107. tanti (mihi) est 88, Anm. 2. quanto — tanto „je — desto" 210. tanto als Abl. differ. 98, Anm. 8. tantum statt tanto 98, Anm. 10. alterum tantum, altero tanto maior u. ä. 98, Anm. 8; 214, 27. tantum mit Gen. partit. 78, d; 80. wann fehlerhaft 78, Anm. 4. ter tantum „dreimal soviel" 214, 27. tantum abest, ut — ut 340. tantum non „beinahe" 483, Anm. 1. tantum „nur" 495, 1. non tantum — sed etiam 518, Anm. non tantum — sed 518. tantum dico, tantum constat 241. tantum quod 362, 2. tantum quod non 483, Anm. 1. tantum „nur" fällt weg 497 nebst Anm.
*Ταπείνωσις*, Figur 551, 18.
Tartarus, dichterisch 162, Anm.
Tautologie 547, 2.
te Suffix (tute) 222.
tegere a 141, Anm. 3.
teils — teils 517.
temperare konstr. 51. temperatum est statt parsum est 49, Anm. 1. temperare mihi non possum, quominus u. quin 357 u. 359, Anm. 1.
templum ausgelassen 73; 551, 3, g.
Tempora der lateinischen Sprache, Gebr. 314 bis 326. im Briefstil 326.
Temporalkonjunktionen 362—367.
tempus est mit Inf. od. Gen. Gerund. 450; 415, 1. non id tempus est, ut 339, Anm. 2. tempore u. in tempore 123, 2, c; 230, Anm. ad tempus 126, 8; 480, 5. id temporis 47. tum temporis 78, Anm. 8. eo tempore, cum 362, 1. temporibus (nicht tempore) alicuius 123, Anm. 1. meo tempore „zu rechter, günstiger Zeit" 230, 3. tempus beim Relativ wiederholt 547, Anm. 1, b. tempus statuere mit Dat. Gerund. 451, 4.
tendere trans. u. intrans. gebr. 292; 36, 6. mit ut, ne 342, I, a.
tenere se castris u. ä. 114. tenere mit Part. Perf. Pass. zur Umschreibung 319. fama tenet 294, Anm. tenere mit Gen. criminis 89, Anm. 1. teneri non possum, quin 357,3.
tentare si 383. fehlerhaft mit Infin. verbunden 415, 2; 418, 7.
tenuiter aestimare 88, Anm. 3.
tenus, Stell. u. Bed. 129; 146, 2.
ter in anno u. ä. 123, 2, a.
tergum: a tergo 113.
Terminus a quo u. ad quem 551, 22, Anm.
terni, trini 214, 15.
terrā „zu Lande" 111, c. terrarum als Gen. partit. 78, f. Stell. von terra 536, 7, Anm.
terruncii non esse, facere u. ä. 88, Anm. 2.
testatus passivisch 302.
testimonio esse 66 u. 67, 15; 243, Anm. 2.
testibus convictus 106, Anm. 1. teste aliquo fehlerhaft 443. testis sum mit Acc. c. inf. 434, Anm. eius rei testis est 243, Anm. 2.
Thore im Abl. instrum. statt per 114 u. 115.
Tiernamen als Sachen od. Personen behandelt 106, Anm. 1.
timere konstr. 51. prägnant gebr. 35, 5. mit ne, ne non, ut 353 ff. mit Inf. 415, 2; 355. mit Acc. c. inf. 438, 3.
timidus c. gen. 84, Anm. 4. Adj. statt des deutschen Adv. 21.
tiro als Adj. gebr. 10.
Titel, Stellung 536, 7.
Tmesis 536, Anm. 6.
tolerare mit Acc. c. inf. 425, b.
tonare c. acc. 29, a, Anm. 5.
Tonstellen im Satze 535, 3 u. 4.
—tor, trix, Endung vieler Mobilien und Gebrauch derselben 166, 10; 6, c.
tot — quot 265; 507, Anm. 1. tot et tanti 503, 5. tot hat Pluralbedeutung 271, a.
toties — quoties 265; 507, Anm. 1.
totidem — quot od. ac 507, Anm. 1.
totus, Adj. statt des deutschen Adv. 21, 3. mit u. ohne in 111, a. totum hoc beim Infin. 414, 3, Anm.
tradere mit Gerundiv 451, 7. tradunt „man sagt" 1, b. trador mit Nom. c. inf. 436 u. 437. traditur, traditum est mit Acc. c. inf. 437; 436, Anm. 1; 438, 12.
traditio, Bed. 546, 2.
traducere konstr. 31, Anm. 1.
Traductio, Figur 551, 7, Anm.
tragoedia, Stell. 536, 7, Anm.
Traiectio 538, 1.
traicere konstr. 31, Anm. 1.

tranare c. acc. 31.
tranquillo als Abl. absol. 444.
trans untersch. von ultra 144. von per 153, 2. die mit trans zusammenges. Intransitiva werden transitiv 31.
transducere, transicere, transmittere, transire konstr. 31, Anm. 1.
transferre mit in c. Gerund. 451, 5.
transire c. acc. 31.
Transitio: Anhang 10.
Transitive Verben haben intransitive Bed. 36; 294, Anm ; 292.
transitu 455, 2.
Translatio, Tropus 548 u. 549.
transmittere konstr. 31, Anm. 1.
transnare c. acc. 31.
transportare konstr. 31, Anm. 1.
transvolare c. acc. 31.
tremere mit Acc. 29, a, Anm. 1.
trepidus, Adj. statt des deutschen Adv. 21.
tresviri u. triumvir 214, 35. mit Dat. Gerund. 456, 9.
tribuere mit doppeltem Acc. od. Nom. 3; 37. mit Dativ des Zweckes 66 u. 67.
triduum 214, 21.
trini u. terni 214, 15.
tristis mit akt. u. pass. Bed. 196, 11. mit Abl. 108, Anm. 1.
triumphare de oder ex 151, 2.
triumphum clamare 25, Anm. 2. triumphum triumphare 29, b. per triumphum 104, Anm. 2.
triumvir, tresviri 214, 35.
Tropen, Begriff 548. Arten 549 u. 550.
trotz übersetzt 135, 9.
Truppen copiae u. milites 165, Anm. 4. viele, wenige Truppen 192, 3, a.
tu, verstärkt tute 222.
tueri a 141, Anm. 3.
tui als objektiver Genitiv 71.
tum, Bed. 466, 1; 467; 510, Anm. tum ipsum 253, 7. tum in Aufzählungen 218; Anhang 2, Anm. 3. tum temporis 78, Anm. 8. etiam tum 477. tum demum, tum denique 481. tum vero führt eine Katastrophe ein 524, Anm. 3. tum in Or. obl. statt nunc 457, Anm. 7. quid tum? 410, 2. cum etiam tum konstr. 362, Anm. 4. cum — tum 515. tum maxime 466. tum (tum vero u. ä.) nach einer Participialkonstr. 440, Anm. 6. tum — tum 516, 3 u. 5. tum fehlerhaft in Übergängen 510, Anm. tum nach einem hypothetischen Imperativsatze 503, 6.
tunc, Bed. u. Gebr. 466, 1; 467. tunc maxime 466.
turba mit Verbum im Plural 7, a.
turbare bellum 35.
turbulentus, Bed. 196, 4.
turpis mit Supinum 455, 2. turpe est mit Inf. od. Acc. c. inf. 415, 1 u. 420, I.
turpitudini, Dativ des Zweckes 67, 5.
— tus, Verbalia auf tus, Gebrauch 168, Anm. 2.
tute, tutemet 222.
tutus a 141, Anm. 3.
tuum est 76; 428. tua interest, refert 92, a. hic liber tuus est 55; 76.


## U.


über, übersetzt 151; 148; 146, 5 u. 6.
überall 483, 2.
übertreffen 31, Anm. 4.
überzeugt sein 40, Anm. 5.
ubi fragt stets nach dem Orte 273. mit Gen. 78, f. ubi = in quo, in quibus 491. fehlerhaft als temporales Relativ gebraucht 123, Anm. 1. fehlerhaft in allgemeinen Fragen 273. est ubi c. coni. 399, 8. ubi „sobald „als" konstr. in Or. obl. 458. im Briefstil 326, Anm. 1. quod ubi 264.
ubicunque mit Gen. 78 f. mit Indik. 330 u. 331.
ubique Gebr. 483, 2.
ulcisci konstr. 33, c. ultum ire 455, Anm. 3.
ullus u. quisquam 274, 5 nach Komparativen 274, 5, c. si ullus 282, 3. bei sine 276. nec ullus u. et nullus 284, 2; 512, Anm. 3. ne ullus, ut nullus, ne qui 277; 339, Anm. 7; 342, Anm. 3.
ultimum c. gen. 78, Anm. 5; 184. ultimus Adj. statt des deutschen Adv. 21, 3; 194.
ultra als Präpos. 144; 146, 6. ultra mulierem mollis 146, 6. als Adv. 128. mit dem Abl. differ. 98, Anm. 8. mit quam 508, Anm.
ultro, Bed. 465. ultro citro 503, 4.
um, Präpos. 143; 152, 10. um zu übers. 456; 339 ff.
Umschreibung deutscher Subst. 177; 453. deutscher Adj. mit plenus 187, Anm. 2, b. der Pronomina durch ein bezeichnendes Subst. 229. der Präpositionen 154. der Verba durch habere, tenere, iacere u. ä. 319. durch videri u. coepisse 547, Anm. 4. durch is sum qui, nemo est qui u. ä. 266, Anm. durch fit ut; accidit ut, committere ut u. ä. 341. mit futurum esse, fore, futurum fuisse, ut 385; 432. Umschreibung der Konjunktive der Futura 328 b. von Adverbien 486—488; 177, Anm. 2; 498. S. auch Periphrase.
una u. simul 257, 10.
unaufhörlich durch Verbum regens übers. 487.
unbedenklich durch Verbum regens übers. 487.
und 499 ff. und daher, und deshalb, und so 542, 1; 532. und somit 510 u. 511; 506, 5. und zugleich 255—257. und zwar 252; 506, 1. durch nec non übersetzt 500. und dann, und darauf durch Partic. Perf. Pass. übers. 249. und weder — noch 520, Anm. und fällt bei Aufzählungen weg 501; 503. und fällt nach einem hypothetischen Imperativsatze weg 503, 6. fällt im Enthymem weg 528. bei einem Ausrufe durch at übers. 524, 5, c. und fehlerhaft bei Verbindung von Nebensätzen u. Participialkonstruktionen 542, 3; 504. und zu einem Relativsatze hinzugefügt 503, 9. und durch Anaphora ersetzt 505. und durch aut, vel, ve übers. 503, 8. und nicht nec, et non, ac non 512. und nicht einmal 512, Anm. 4. und nicht bloß durch non übers.

526. und zwischen zwei beigeordneten Adj. eingeschoben 503, 1 u. 5. und damit nicht 342, Anm. 4.
undare mit Acc. 29, b, Anm. 3.
unde c. gen. 78, f. = a quo, a quibus 491. est unde c. coni 399, 8. = „und daher" 532.
undecunque mit Indik. 330, IV.
undique, Bed. 483, 2.
unerklärlich durch nescio quis, mirum quantum u. ä. übers. 411, 4.
unicus, Bed. u. Gebr. 213.
universus, Adj. statt des deutschen Adv. 21, 3; 22, 6; 489, Anm. mit oder ohne in 111, Anm. 2.
unmittelbar durch ipse übersetzt 253. unmittelbar nach 150, 10; 253, 4.
unmöglich 357, 3, Anm. 1; 486.
unquam 464, Anm. nemo unquam, nihil unquam 468. nec unquam statt et nunquam 284, 2; 512, Anm. 3. ne unquam u. ut numquam 342, Anm. 3; 339, Anm. 7.
unsere Stelle hic locus u. ä. 231.
unter, übers. 152, 12—14; 245, Anm. 1. durch cum übers. 103. „unter einander" 236 u. 237.
unterdessen umschrieben 498, 1.
Unteritalien 200, Anm. 2.
unterrichten 43, Anm. 2; 114.
Unterwelt 162, Anm.
unübertrefflich 199, 10.
ununterbrochen durch Verbum regens übersetzt 487.
unus im Plural 211. bei Plur. tantum 211, a; 114, 15. hat et bei sich 503, 5. unus „nur einer" 497 nebst Anm. 1. unus mit Gen. partit. od. ex, de 79, b; 212, Anm. 1. Adj. statt des deutschen Adv. 21, 3. unus oder unus omnium verstärkt den Superlativ 202. unus im Lateinischen fehlerhaft 212; 214, 5. unus in den Relativsatz gezogen 260, Anm. 1. unus et alter mit Sing. des Prädikats 7, Anm. 1. unus aut alter 214, 32. nemo unus, nullus unus 213, Anm. unus = unus aliquis 274, Anm. 3. unus idemque 214, 34. non unus „mehr als einer" 208, 8. ad unum omnes 151, 9. unum als adverbialer Acc. 29, c. mea *unius* opera u. ä. 71, Anm. 1. uni — alteri — tertii 211, c.
unusquisque 286, 2.
unwillkürlich 411, 4.
unzählige durch sescenti od. mille übersetzt 214, 7 u. 8.
unzufrieden sein mit 91, Anm. 5.
urbanae res u. res urbanae 540.
urbs, Stell. 536, 7. ausgelassen 73. als Apposition bei Städtenamen 116, b; 15. fehlerhaft statt civitas 163.
urere absolut gebr. 36, 8.
— us, Verbalia auf us, Gebrauch 168, Anm. 2.
usitatum est, ut 438, 2.
usquam, Bed. 464, Anm. nemo usquam, nihil usquam 468. nec usquam statt et nusquam 284, 2. ut nusquam u. ne usquam 339, Anm. 7; 342, Anm. 3.
usque, Bed. u. Gebr. 146, 3; 128, Anm. 1. usque eo non — ut 339, Anm. 6.
Usuelle Wortstellung 540.
usurpare mit doppeltem Acc. 37.
usus est statt opus est 98, a. usui esse 66, Anm. usu venit 66, Anm. usu venit, ut 339, 3. ex usu esse 153, 6.
usus hat Präsensbed. 301.
ut „wie" untersch. von quam 494, Anm. bei der Apposition 19, b u. c; 20. giebt einen faktischen Grund oder eine Beschränkung an 395; 19, b. ut „zum Beispiel" 397; 19, e. ut si c. coni. 392; 397, Anm. 3; 507, Anm. 1. führt ein exemplum fictum ein 397, Anm. 3. ut est, ut erat, ut fuit mit Prädikatsnomen 260, Anm. 2; 393, 2. ut „gesetzt daß" 389, 6; 332, 3. ita — ut 396; 339, Anm. 5. ita — ut qui c. superl. 199, 10. ut — ita 393 u. 394. in Beteuerungen 335. ut quisque c. superl. — ita c. superl. 210 nebst Anm. ut „sobald als" 366. ut primum, simul ut 366. ut es prudens = quae tua prudentia est „gemäß deiner Klugheit" 260, Anm. 2. ut qui konstr. 401. ut mit Acc. c. inf. 457, Anm. 2. videsne ut, videmusne ut 403, Anm. 2.
ut consecut. u. finale 399 ff. Stellung 536, 14, statt des deutschen „und daher" 532. statt des deutschen „dann" 466, Anm. ut non u. ne 339, Anm. 7; 342, Anm. 3 u. 4. ut non dicam u. ne dicam 345. ut ita dicam mildert Metaphern 279. ut ne 343. ut wird weggelassen 344. fällt bei quam weg 344, Anm. nach den Verben des Fürchtens 353. ut nemo u. ne quis etc. 339, Anm. 7; 342, III, Anm. 3. steht bei Verbis dicendi 347. quam ut nach Komparat. 339, 2. tantum abest, ut — ut 340. ut nach unpersönlichen Redensarten statt des Acc. c. inf. 438, 2. ut in Fragen des Unwillens 435. = utinam 334. ita — ut (tamen) 339, Anm. 5. ita non — ut, adeo non — ut 339, Anm. 6.
utcunque, Bed. 396, Anm. mit Indik. 330 u. 331.
uter, Gebr. 268, Anm. 1.
uterlibet 286, 7.
uterque, Bedeutung u. Konstr. 215, 1; 286, 3. im Plural 285; 82, d. mit Gen. partit. 82, d. mit dem Prädikat im Plural 7, d. uterque alterum 236. utrumque doleo u. ä. 29, c.
utervis 286, 7.
uti — ita, sic etc. 393. ut — sic etiam 393, Anm.
uti c. abl. 109. „haben, besitzen" 55, Anm. 1. „genießen" 109, Anm. 5. usus hat Präsensbedeutung 301. für das deutsche „durch" 154. utendus 303.
utilis mit Dativ od. ad 59, Anm. 1. utile u. utilia „das Nützliche" 181. mit Dat. Gerund. od. ad 451, 3. als relatives Adj. 196, Anm. utile est, utilius erat etc., Indik. statt Konj. 330 u. 331.
utinam, utinam ne 334. utinam non 334, Anm. 4. quod utinam 264.

utique 483, 3.
ut ne statt ne 343; 339, Anm. 5.
utpote cum 362, Anm. 6. utpote qui 401. utpote zur Angabe eines faktischen Grundes 395, 1; 19, b.
utrum — an 405 ff. utrumne 409, 1. utrum — ne — an 405, Anm. 2.
ut si 392; 507, Anm. 1. führt ein exemplum fictum ein 397, Anm. 3.
utut mit Indik. 330, 4.
uxor ausgelassen 73; 551, 3, g.

## V.

vacare konstr. 51; 94, Anm. 3; 96, 2.
vacuus konstr. 84, Anm. 3; 96, Anm. 2. mit Gen. 94, Anm. 5.
vae mit Dat. 45, Anm. 2.
valde 199, Anm. 2. non ita valde 470, 9. quam valde 494.
valere ab aliquo 106, Anm. 2. mit Abl. 114. mit Inf. u. ad c. gerund. 418, 5. vale, valete 306, 4. vale dicere 49, Anm. 4.
vapulare 304, 4.
vasa conclamare 25, Anm. 2.
vastatio u. vastitas 168; 169, 17 u. 18.
Vater im bildlichen Sinne 6, c.
ve, Bed. 522,3,406.* bei Zahlen „bis" 523. statt des deutschen „und" 503, 8. Stell. 130, 8.
vehementer als Quantitätsadverb 485; 199, Anm. 2.
vehere u. vehi 296, 5. \vehens 294, Anm. 1.) mit Abl. instrum. 114.
vel „oder" 522, 2. „sogar" mit Superl. 199, 8; 253, 19. „schon" 254. „oder" in Fragen 407. vel potius, vel dicam 522, 2; 551, 19. vel — vel 522, 2; 517. statt neque — neque 520. neque vel — vel 520, Anm.
velle mit Inf. od. Acc. c. inf. 426; 415, 2. mit ut 342, Anm. 1. mit einfachem Konj. 344; 336, Anm. 2. mit Inf. Perf. statt Präs. 417, 1. hoc factum volo 426. velle als Inf. Fut. 422, 4. für das deutsche „gütigst, gern" 487. im Sinne von malle mit quam verb. 508, Anm. voluero statt volam 316 b, Anm. 3. velle c. dat. 51. quid me vis, paucis te volo 43, Anm. 5. quid tibi vis, quid sibi vult 61, Anm. 2. volenti mihi est 65, Anm. volo, velim, vellem 334, Anm. 2. velim nolim 503, 4. scripturus sum, scribam u. volo scribere untersch. 324. velle mit doppeltem Acc. 37, Anm. 4.
velut „zum Beispiel" 397. beim Partic. 392, Anm. 3. velut si 392.
venatio, Bed. 168, Anm. 1, 4.
vendere hat im Pass. venire 304, 1. mit Gen. u. Abl. pretii 107. sub corona, sub hasta vendere 153, 7.
veneo, Pass. zu vendo 304, 1; 107. venire ab aliquo 106, Anm. 2.
venire mit Dativ des Zweckes 66 u. 67. mit Supinum 455. mit Partic. Präs. 455, Anm. 1. venit mihi in mentem, Bed. u. Konstr. 87. venturus „künftig" 439, Anm. 4.
Verba, Syntax 292 ff. absolut gebraucht 36. prägnant gebr. 35. mit transitiver u. intransitiver Bed. 292. phraseologische Verben 298; 428, Anm. Verbum substantivum 5. Verba intensiva, frequentativa, incohativa 308. Verba decomposita 309. Kongruenz des Verbs mit dem Subjekte 6 ff. Tempora verbi 314 ff. Modi verbi 330 ff. Consecutio temporum 327—329. das einfache Verbum im Lateinischen umschrieben 341. Verbum für deutsche Adv. 486. Verbum im zweiten Gliede wiederholt 526; 472. Verben fallen im Lateinischen aus 551, 3. verbales Hendiadys 490. Verba composita statt der deutschen simplicia 489 b.
Verbalia auf tor u. trix 10; 166; 6, c. auf io, tio, sio 168 u. 169. auf tus u. sus 168, Anm. 2. Verbalsubstantive mit dem Dativ 60, Anm. 2.
verbero u. verberor 304, 4.
verbum, Bed.: Anhang 22. verbum currendi u. ä. 9. verbi causa (gratia) 397. verbo tenus 146, Anm. verbis alicuius 152, 13. ne verbum quidem facere 214, 5.
vere u. vere 461, 3. vere puer, vere Romanus 12, c.
verecundari mit Inf. 355.
vereri konstr. 51; 353. mit Inf. 415, 2; 355. mit Acc. c. inf. 438, 3. me veretur alicuius 91. veritus hat Präsensbed. 301.
Vergangenheit, Begriff 314.
vergeblich 474.
Vergleichungssätze 392—397. Comparatio compendiaria 250.
verisimilis 59, Anm. 5. verisimile est mit Acc. c. inf. 420, I. mit ut 438, 2.
veritas, Bed. 182, 2; 161, Anm.
vermutlich durch Verbum regens übers. 486; 411.
vero „aber, vollends" Bed. 524, 3; 510, Anm. Stellung 531, Anm.; 130, 5. cum vero, quamquam vero 544. qui vero fehlerhaft 258, 4; 262, Anm. 1. vero „ja" 411, 14. iam vero, age vero in Übergängen 510, Anm.; 524, Anm. 3. quid vero? 410, 1. nisi vero 381, 2. 'quasi vero 392. non vero u. nec vero 513; 524, Anm. 3. vero u. vere 461, 3. nec vero non 500; 524, 3. an vero 408. enim vero 529, 2. si vero 524, 3; 381, Anm. at vero 524, 5. nunc vero 467, 8. immo vero 483, 11. sin vero 381, 5. et vero 297, Anm. 3.
Versammlungen im Abl. ohne in 123, 1.
Verschränkung des Relativs 262, b u. 263.
Verse in der Prosa 541, 3, e nebst Anm. 6. stehen im Abl. ohne in 111, Anm. 5.
versus, Präposition, Stellung u. Gebr. 129 nebst Anm.
vertere intransitiv 294, Anm. mit Dativ des Zweckes 66 u. 67.
verum u. vera versch. 181. von veritas versch. 182, 2. verum est mit Acc. c. inf. 420, I. mit ut 438, 2.
verum „aber, sondern" 524, 2. dient zur Wiederaufnahme des unterbrochenen Satzanfangs 546, 4. verum et 502.
verumenimvero 529, 3.

verumtamen 524, 6. dient zur Wiederaufnahme des unterbrochenen Satzanfangs 546, 4.
vesci, Bed. u. Gebr. 109 nebst Anm. 2. vescendus 303.
vesperi 116, Anm. 3.
vestis kollektivischer Sing. 155, Anm. 2; 156, 1. vestem ponere 489 b, Anm.
vestri u. vestrum 225; 71. vestri verbunden mit Gerundiv auf ndi 226. vestrum est 76; 428.
vetare „befehlen, daß nicht" 471. konstr. mit Acc. c. inf. od. anders 425. mit Nom. c. inf. 436. mit ne od. quominus 441. vetare „nicht lassen" 297.
vetus est 180, 4, a.
vi u. per vim 104, Anm. 1 u. 2.
via „der rechte Weg" 230, Anm. viā, Abl. ohne in 114.
vicem, vice 47, Anm.
vicinitas statt vicini 164.
vicinus mit Gen. od. Dat. 60, 5.
vicissim 237; 463.
victor, victrix 6, c. als Adj. gebr. 10.
victoriam reportare konstr. 151, 1. victoriam clamare 25, Anm. 2.
videlicet 534; 17, b.
viden statt videsne 403, Anm. 1; 310, 6.
videre mit Partic. Präs. od. Acc. c. inf. 431. vidi eum, cum ambularet 362, Anm. 3; 431. videro statt videbo 316 b, Anm. 3. visu 455, 2. videres „man hätte sehen können" 332, Anm. 4. videre, ut, ne 342, I, a. vide ne, videte ut 353, Anm. 2. videsne, videmusne, Bed. u. Konstr. 403, Anm. 2. videre videor, vidisse videtur 538, 4, Anm. sibi videre aliquid 57, Anm. 3.
videri mit Nom. des Prädikatsnomens 3. mit Nom. c. inf. 436; 392, Anm. 1. mit Acc. c. inf. od. ut 437; 436, Anm.; 438, 12. mihi videor mit einf. Inf. 421, 1; 436, Anm. 3. ut mihi videor 436, Anm. 3. videri pro 19, Anm. 2. videri für das deutsche „wohl, gewiß" 488. dient zur Umschreib. des einfachen Verbs 547, Anm. 4. mit Gen. u. Abl. qualit. 74, Anm. 1. mit Gen. poss. 76, Anm. 1; 162, d. si videtur u. si tibi videtur 227, Anm. 3. qui videtur „scheinbar" 258, 2. videre videor u. ä. 538, 4, Anm.
vielleicht 479; 411; 353, Anm.; 325, 1, Anm.
vielmehr fällt im Lateinischen weg 340; 516, 4, Anm. „oder vielmehr" 522, Anm. 2. „und nicht vielmehr" 512. „nein vielmehr, ja vielmehr" 483, 11.
vigere 5, Anm. 2.
vin statt visne 310, 3.
vincere Olympia, iudicium 29, b, Anm. 2. absolut gebr. 36. mit Abl. differ. 98, Anm. 8.
vindicare konstr. 33, c.
vinum ausgelassen 551, 3, h.
vir fehlerhaft im Lateinischen mitübersetzt 243. viri mulieres 503, 4. duoviri, tresviri 214, 35. vir statt is 245, Anm. 2.
virgo als Adj. gebr. 10.
virilis: pro virili parte 139, 4; 540.
vis mit dem Verbum im Plur. 7, a. per vim u. vi 104, Anm. 1 u. 2.
vitam vivere 29, b. in vita 123, 2, c.
vitare mit Inf. 415, 2.
vitio dare 66 u. 67. vitio, Abl. modi 104, Anm. 1. vitium est, ut 438, 2.
vituperare mit Acc. c. inf. od. quod 370. mit cum 438, 5.
vivere u. esse 5, Anm. 2. bene, male vivere 475, 2. vitam vivere 29, b. „noch am Leben sein" 497.
vivus: ad vivum resecare 153, 14.
vix, Bed. 483, 10. hat negativen Sinn 483, 10; 284, 1; 274, 4, b. vix ut 536, 14; 483, 10. vix me contineo, quin 357; 359, Anm. 1. vix beim Gerundiv 454, Anm. 1.
vixdum 477, Anm. 2.
vocare mit doppeltem Nom. od. Acc. 3; 37. in ius vocare mit Gen. criminis 89. auxilio vocare 66, Anm. qui vocatur „sogenannt" 258, 2.
Vokativ, Bed. u. Gebr. 27 u. 28; 45, Anm. 4. Stell. 27. stimmt mit der Form des Nom. überein 28. bei der Apposition 28.
volenti mihi est 65, Anm.
Volk für das Land 162, 163, 165. Völkernamen adj. gebr. 10.
vollends 524, 3.
voluntarius, Adj. statt des deutschen Adv. 21.
voluntate 465; 104, Anm. 1.
voluptati esse 67, 7.
von 134.
vor 141 u. 142.
vovere mit Acc. c. inf. fut 421, 4.
votum, Bed. 546, 2. voti damnatus 89, Anm. 1.
vox, Bed.: Anhang 22. v. voluptatis u. ä. 9.
vulgus kollekt. mit Plur. 7, a. vulgo 483, 9. in vulgus notus, gratus 60, Anm. 3.
vulnerare konstr. 112, Anm. 2, f.

## W.

Wählen, wie zu übers. 39, 2; 40.
während übers. 364; 362, Anm. 7. fällt im Enthymem weg 528.
Wahrheit übers. 182, 2. fällt weg 176.
wahrscheinlicherweise 486; 411.
wann durch quis übers. 273.
warum, warum nicht 493.
was id quod 23, 4; 258, 6.
weder — noch 342, Anm. 4. und weder — noch 520, Anm.
wegen 137 u. 138.
Wegfall deutscher Subst. 176. deutscher Adj. 189. deutscher Adv. 497. der Pronomina 227; 228; 230. der Kopula 4.
Weib und Kind 192, 3, d.
weit durch multo od. longe übers. 98. Anm. 9; 199, 7.
Welt übers. 192, 3, e.
wenig 480. ebensowenig — als 521. wie wenig 480. so wenig, daß 339, Anm. 6; 340.
wenn aber 264, Anm.; 381, Anm.
wenn man durch Inf. übersetzt 1, f; 415, Anm. 2; 384, 21. durch Zusammenziehung der Sätze beseitigt 419.

weshalb, fragend 493.
Wettererscheinungen im Plural 158.
wie in Fragen 494; 410. durch Acc. c. inf. zu übers. 494, Anm. 2. „wie wenn" 392; 371. wie — so 393.
wieder übers. 492.
Wiederholung desselben Wortes 551, 7. des Subst. beim Relativ 547, Anm. 1, b. der Präpos. 132. des Verbs im zweiten Gliede 526; 472. des Subst. bei der zweiten Präpos. 133; 250.
wiewohl 389 ff.
wirklich fällt im Lateinischen weg 497, 6 ff. „und wirklich" 500; 506, 3. durch ipse übersetzt 253.
wissen als phraseologisches Verb 298. „so wisse, so wisset" fällt weg 551, 3, f; 375, Anm. 1. wissen durch videre übers. 403, Anm. 2. hoc factum volo „ich will gethan wissen" 426. wohl wissen 475, 5. wir wissen 1, Anm. 2.
wo durch quis, quid übers. 273.
wohl übers. 488; 325, 1, Anm. wohl wissen 475, 5. wohl aber im Lateinischen nicht übersetzt 526. doch wohl an 408, Anm. 2.
wohnen 292, Anm. 1.
wollen durch das Imperf. de conatu übersetzt 321. durch velle oder das Fut. oder Coni. periphrast. übers. 324; 439, Anm. 4. „ich will, daß nicht" nolo 471. wollen als phraseologisches Verb 298.
Wort bleibt unübersetzt 176. durch illud übers. 238, Anm. 3.
Wortfragen 402, 1.
wörtlich 146, Anm.
Wortstellung im Lateinischen 535 ff. Usuelle Wortstellung 540.
Wunschsätze 332, 1; 334; 387. in Or. obl. 457, 2.

## Z.

Zahladverbien bei Amtsnamen 12, b.
Zahlwörter, Syntax 211—218; 123, Anm. 1. mit Gen. partit. 78, c.
sich zeigen als 42.
Zeit, Zeitalter: seine Zeit, ihr Zeitalter übersetzt 231.
Zeitbestimmungen 123—127. im Briefstil 326, Anm. 1.
Zeiten im Lat. 314—326. im Briefstil 326.
Zeugma 551, 23.
zu durch cum übers. 103.
zuerst übers. 21, Anm. 2.
zufrieden sein mit 91, Anm. 5; 415, Anm. 3; 196, Anm.
zugegeben, daß 332, 3; 389, 6.
zugleich 255—257; 257, 10.
Zukunft s. Futur.
zumal 483, 5; 401.
zusammengesetzte Verba statt der deutschen einfachen 489 b.
zwar — aber übers. 483, 4; 389, Anm. 2; 394; 220; 339, Anm. 5. und zwar 252; 506, 1.
Zweck übers. 177, 29. fällt weg 176.
zwei übers. 215; 214, 32. fällt im Lat. weg. 212.
Zweifel 151, 7 nebst Anm. 2.
zweifelnde Fragen 332, 5.
zweiter, alter u. secundus 215, 2.

# Nachtrag

**adhinnire** 52, 1 b
**admittere** 52, 1 c
**adnectere** 52, 1 c
**adniti** 52, 1 b
**advehere** 52, 1 b
**advocare** 52, 1 b
**advolvere** 52, 1 c
**affligere** 52, 1 c*
**allicere** 52, 1 b
**allinere** 52, 1 a
**alt (soundsoviel Jahre)** 125, 1 u. 2
**annuere** 52, 1 a
**annus in Altersangaben** 125, 1 u. 2
**apponere** 52, 1 c*
**arrogare** 52, 1 a
**ascribere** 52, 1 c*
**assumere** 52, 1 c*
**astare** 52, 1 b
**attrahere** 52, 1 b
**aversari** 31, Anm. 2
**concursare** 31, Anm. 2*
**condicere** 52, 3 a*
**conflictari** 52, 3 b*
**conserere** 52, 3 b*
**contribuere** 52, 3 c*
Digressio 524, 1 u. 2; Anhang 11.
**em** Interj. 45
Enallage siehe Hypallage
**illicere** 52, 4 b*
**illidere** 52, 4 a*
**illigare** 52, 4 b*
**immorari** 52, 4 c*
**immori** 52, 4 a*
**imputare** 52, 4 a*
**inculcare** 52, 4 a*
**incutere** 52, 4 c*
**indere** 52, 4 c*
**indormire** 52, 4 c*
**infligere** 52, 4 c*
**ingemiscere** 52, 4 c*
**inhiare** 52, 4 a*
**innare** 52, 4 c*
**innasci** 52, 4 c*
**innatare** 52, 4 c*
**innutriri** 52, 4 a*
**instillare** 52, 4 a*
**intercurrere** 52, 5 a*
**introspicere** 31, Anm. 2, 6*
**invigilare** 52, 4 a*
**irrogare** 52, 4 a*
**obrogare** 52, 6 a*
**obstrepere** 52, 6 a*
**obstruere** 52, 6 a*
**subscribere** 52, 8 a*